1998—2000

中国水力发电年鉴

李鹏

第六卷

中国水力发电工程学会 主办
中国水力发电年鉴编辑部 编纂

中国电力出版社

二〇〇一年·北京

图书在版编目（CIP）数据

中国水力发电年鉴．第6卷，1998～2000/中国水力发电年鉴编辑部编著．—北京：中国电力出版社，2001
ISBN 7-5083-0709-7

Ⅰ．中… Ⅱ．中… Ⅲ．水利电力工业-中国-1998～2000-年鉴 Ⅳ．F426.61-54

中国版本图书馆CIP数据核字（2001）第049200号

中国电力出版社出版、发行
（北京三里河路6号 100044 http：//www．cepp．com．cn）
实验小学印刷厂印刷
各地新华书店经售
*
2001年8月第一版 2001年8月北京第一次印刷
787毫米×1092毫米 16开本 49.75印张 1689千字 28插页
印数0001—4300册 定价**98.00**元

1999年6月19日国家主席江泽民视察小浪底工程，水利部部长汪恕诚汇报工程情况　　梁　君　摄

1999年4月19日国家主席江泽民视察二滩工程与工地领导合影　　宋志评　摄

全国人大常委会委员长李鹏2000年11月11日~13日视察三峡工程听取长江三峡总公司总经理陆佑楣汇报工程进展情况

孙荣刚 摄

全国人大常委会委员长李鹏接见第20届国际大坝委员会主席

李 磊 摄

1998年12月30日国务院总理朱镕基在湖北秭归县银杏沱移民小区张登礼家询问生产和生活情况　　孙荣刚 摄

1999年8月9日国务院总理朱镕基视察小浪底工程　　梁 君摄

全国政协主席李瑞环视察四川福堂水电站导流洞施工听取介绍　　水利水电第十四工程局 提供

1999年3月26日国家副主席胡锦涛视察小浪底工程　　梁　君　摄

中共中央纪检委书记、全国总工会主席尉健行1999年2月考察三峡工程时亲切慰问三峡建设者　　孙荣刚　摄

国务院副总理李岚清视察三峡工程，听取三峡总公司总经理陆佑楣汇报泄洪坝段下游施工情况　　孙荣刚　摄

1999年5月8日国务院副总理温家宝视察小浪底工程

梁 君摄

1999年6月广西自治区领导与国家电力公司副总经理周大兵在龙滩水电站检查工作

雄伟壮观的三峡工地　　孙荣刚 摄

三峡左岸机组尾水管施工　　郭朝阳 摄

二滩水电站大坝及水库全景

宋志评 摄

小浪底工程全景

梁 君 摄

大朝山水电站碾压混凝土大坝施工 曾令银 摄

大朝山水电站吊装座环 曾令银 摄

广东飞来峡水利枢纽全景　　胡　璟　摄

湖南江垭工程溢流坝中孔泄洪　　宋向宁　摄

柘林水电站扩建5号6号机组（2×120MW）厂房施工　　连　勇　提供

湖北白水峪水电站大坝及厂房　　李珍洪　摄

天生桥一级水电站鸟瞰　　刘德禄 提供

天生桥二级水电站全景　　刘德禄 摄

天生桥一级水电站全景

天生桥二级水电站厂房　　刘德禄 摄

棉花滩碾压混凝土大坝施工现场　　闽江工程局 提供

陈耀忠 摄

福建斑竹水电站全景　　　　　　费京伟 提供

青海黑泉混凝土面板砂砾石坝施工　　　　　　宋永杰 摄

湖南大源渡航电枢纽灯泡贯流式机组管型壳吊装

王学东 摄

西藏满拉水利枢纽发电厂房

王永平 摄

西藏沃卡一级水电站厂房

李宏国 摄

水利水电科学院100t大型动、静三轴试验机　陈 宁 摄

国务院副总理温家宝在第20届国际大坝会议上讲话　　李　磊摄

第20届国际大坝会议会场　　李　磊摄

1999年12月《中国水力发电年鉴》第六卷编委扩大会议在厦门召开

《中国水力发电年鉴》第六卷
编辑委员会

特约编辑 (以姓氏笔划为序)

门光永　王守德　毛国权　艾玉兰　边建利
次进军　许　勇　许松林　叶　青　叶钟黎
孙居森　孙永娟　任晓风　吕祖珩　易其英
刘德禄　刘效黎　朱耀泉　朱教新　李　扬
李建华　李万钧　李如芳　李世东　李朝东
余家钰　余根示　陈宗桂　陈品祥　周尚洁
林国庆　林玉枢　林云茂　杨世平　姜　斌
张志良　张津生　韩　立　夏才清　涂方萌
郝丽雅　郝汉椿　庞云翼　赵　虹　诸维珍
顾洪宾　葛浩然　费京伟　常会萍　程树荣
曹国权　舒燕平　彭景铮　靳东来　戴庆忠
戴泽沛　谢兴旺

《中国水力发电年鉴》第六卷
编辑出版工作人员

顾　　问　张培基
主　　编　陈叔康
副 主 编　陈上奎
编　　辑　吕玉英
责任编辑　杨万涛　姜　萍　丁　莉
美术设计　范文东　杨晓东
版式设计　王　群
责任描图　李冬梅　宋更生
责任校对　刘振英　黄　蓓　庞俊秀
出版印刷　杨志国　蔺义舟
编　　务　安淑莲

编　辑　说　明

（一）本年鉴的时段为1998年～2000年，按序排列为第六卷。框架结构由篇目、栏目、条目三个层次组成，经多方征求意见，编委会审定，共列1个特载20个篇目和3个附录，80个栏目470个条目。每个篇目以隔页列出，栏目、条目分别用通栏、双栏并铺以不同的网底，以示醒目。

（二）本年鉴属专业性行业年鉴，主要服务对象为全国水电行业从事勘测、规划、设计、科学研究、建设管理、工程施工、设备制造、生产运行、院校教学的工程技术人员、师生和各级领导与干部。

（三）编纂本卷年鉴的指导思想是：以继续推进水电建设深化改革，大力实施水电可持续发展战略及水电科学技术进步为主体内容，全面反映本时段水电发展情况和各方面的成就，做到“大事不漏、小事不上”，更好地为中国水电建设事业服务。

（四）本卷篇目除按照第五卷篇目相对稳定外，为适应深化改革新形势，水电事业发展情况和各方面提出的意见，将“水电发展战略”篇目取消，内容合并到“水电建设概况”篇目内。将“科学技术研究成果”和“教育与出版”合并成为“科技、教育、出版与信息研究”篇目。各篇中的栏目有所调整。

（五）本卷的时段正值水电建设50年，编辑部特请一些专家撰写水电主要专业50年发展历程的条目作为特载列入篇目之前。

（六）本卷年鉴所刊登的全国性统计数字未包括我国台湾省。

（七）本卷年鉴实行文责自负，条目内容、数据、资料、插图等，均由撰稿人校核及有关领导审定。

（八）本卷年鉴实行责任编辑负责制。“重要文献”、“水电建设管理”、“机电”、“技术法规与标准”等4个篇目的责任编辑为陈叔康；“水电站经济效益与社会效益”、“小水电及农村电气化”、“水电工程经济”、“生产运行”、“学术团体”、“国际合作与交流”、“人物与机构”、“大事记”等8个篇目的责任编辑为陈上奎；“水库移民与环境保护”、“规划”、“勘测”、“施工”等4个篇目的责任编辑为张培基；“水电建设概况”、“大中型水电站”、“水工”、“科技、教育、出版与信息研究”等4个篇目和“台湾省的水力发电”、“国外水电发展水平”2个附录的责任编辑为吕玉英。

（九）本卷年鉴编辑过程中，力求内容全面，资料准确，整体规范、文字简炼，特别注意了年鉴的实用性、科学性、可读性和连续性。但由于水平有限，不妥和疏漏甚至错误之处在所难免，欢迎读者批评指正。

中国水力发电年鉴编辑部

2001年3月

抓住西电东送机遇，加快水能资源开发

（代前言）

国家电力公司　周大兵

在新世纪到来之际，在“十五”计划开局之年，《中国水力发电年鉴》第六卷即将出版，为更好地总结我国水电建设工作，先简要回顾一下我国水电事业发展的历程。

我国水能资源得天独厚，理论蕴藏量为6.76亿kW，可开发装机容量为3.78亿kW，为世界第一，发展潜力巨大。水电是清洁的可再生能源，集发电、防洪、灌溉、旅游等多种效益于一身，是各国均优先考虑开发的能源资源。改革开放以来，我国的水电得到了迅速的发展，装机规模不断增大，建设水平逐步提高，为我国的社会、经济发展做出了巨大贡献。

进入“八五”以来，我国经济飞速发展，电力供应出现紧张局面。水电工程规模庞大，工期较长，涉及面广，加之我国社会主义市场经济处在不断发展完善的阶段中，投融资体制改革相对滞后。水电建设在工期和融资上与电力紧缺局面不是很适应，新开工建设规模在“九五”期间进入了短暂的低潮。我国的水电建设者面对种种困难和挑战，加快改革步伐，主动适应新形势的发展，保持了我国水电事业的稳步发展。

随着社会的发展，人们对人口、资源、环境、生态协调发展的认识逐步加深。煤炭、石油等一次能源因过度开采储存量日趋减少，使用它们所带来的温室效应和环境污染也日趋严重。丰富、清洁、可再生的水能资源进一步得到了人们的重视，可持续发展得到了全社会的公认。我国实施西部开发战略和西电东送战略也为水电的发展带来了难得的历史机遇。在这世纪交替的关键时刻，全面客观地回顾“九五”期间水电建设，总结经验和教训，评判成绩与失误，对今后水电的健康发展具有重大意义。

一、“九五”成就巨大

1．装机容量跃居世界第二

“八五”末我国水电装机容量为5218.4万kW，年发电量为1867.7亿kW·h。据初步统计，到2000年底，我国水电装机容量达到7680万kW，年发电量达到2400亿kW·h。“九五”期间水电新增装机容量约2500万kW，平均每年增长500万kW，平均年增长约8%。1999年底我国的水电装机容量超过7297万kW，跃居世界第二，年发电量为第四。

2．技术水平达到国际一流

“八五”期间，我国新开工了一大批规模大、技术难度高的水电站。这些水电站的主体施工均在“九五”期间进行。三峡工程装机容量1820万kW，为世界上已建和在建工程中规模最大的水电站。1997年顺利实现一期截流，目前已进入主体二期工程施工阶段，第一台机组将于2003年投产发电。二滩水电站装机容量330万kW，“九五”期间全部投产，是我国已建成的最大水电站，混凝土双曲拱坝坝高240m，为世界第四高坝，单机容量55万kW，为我国已安装最大机组。黄河小浪底水利枢纽装机容量180万kW，地质条件恶劣，地下工程复杂，围岩稳定、防渗及泥沙等问题突出，被国内外公认为最具有挑战性的工程，目前已全部建成投产。天生桥一级水电站混凝土面板堆石坝坝高178m，为世界第二，“九五”期间全部投产。广州抽水蓄能电厂二期工程120万kW，“九五”期间全部投产后，总装机容量达到 240 万 kW，为世界上最大的抽水蓄能电站。西藏羊湖抽水蓄能电站正常蓄水位为海拔 4440m，利用水头落差 800 多米，是世界上海拔最高的抽水蓄能电站。

这些规模和技术难度在国际上都处于领先地位的水电站均由我国自行设计。在建设过程中，引进了一些国际上知名的承包商和咨询公司，它们带来的先进设计技术、施工方法、施工设备、管理方法已为我国设计和施工单位所掌握。二滩水电站等大型水电设备的制造采用国际招投标，通过先引进，后吸收，最终国产化，大大提高了国内制造水平。这些工程的成功建设标志着我国的水电建设达到了国际一流水平。

3. 体制改革适应水电发展

“九五”期间，我国电力工业体制发生重大变革，极大地推动了水电的发展。根据国务院国发（1996）48 号文，为建立社会主义市场经济体制，有利于转变政府职能、实行政企职责分开、深化电力体制改革，国务院决定组建国家电力公司。国家电力公司由国务院出资设立，采取国有独资形式，是国务院界定的国有资产的出资者和国务院授权的投资主体及资产经营主体，是经营跨区送电的经济实体和统一管理电网的企业法人，按企业集团模式经营管理。

国家电力公司在全国范围内进行资源的合理配置，优化和调整电力结构，推进全国联网，实施西电东送战略，培育和建立“网厂分开、竞价上网”的电力市场。它充分发挥全国性公司的特点，大力开发水电，积极投资控股、参股参与水电建设，直接投资建设“五大一小”（龙滩、小湾、公伯峡、三板溪、洪家渡、杂谷脑）六个电站。“九五”期间，这六个工程的前期工程都有了实质性的推进，近期将正式开工建设。

4. 建设市场逐步完善规范

通过借鉴国际咨询工程师联合会编制的《土木工程施工合同条件》，并结合中国水电建设实际情况，在经过大量的调查分析之后，原电力部、水利部、国家工商行政管理局于 1996 年颁发了《水利水电工程施工合同条件》，在全国推行实施，对规范招投标行为、保障各方合理权益起到了重要作用。1999 年，我国正式颁布了《中华人民共和国招投标法》，用法律对招投标工作做出了进一步规定。针对该法，并结合《水利水电工程施工合同条件》的实施情况，我国于 2000 年颁布了《水利水电施工合同条件和招标文件示范文本》，对招投标行为做出了更为科学、实际、细致的规定和指导，使我国水电招投标工作在规范化和标准化上又向前迈进了一大步。

原电力工业部于 1996 年颁布了《水电工程建设监理规定》、《水电工程建设监理单位资质管理办法》、《水电工程监理工程师资质管理办法》等一系列文件，对于规范水电建设监理市场，确保水电工程建设质量起到了极大的促进作用。水库移民工作是水电工程建设的难点，因涉及社会稳定和移民生活等政治性和社会性问题，以前一直采用地方政府包干的方式进行。“九五”期间，我们积极探索，寻求市场机制新方法，于 1998 年颁布了《水电建设工程移民监理管理办法》，并在福建棉花滩水电站进行试点，对于切实保障库区移民的利益、保证库区建设的顺利进行起到了很好的促进作用。

原电力工业部于 1996 年颁布了《水电工程建设经济合同争议调解暂行规定》，并成立了争议调解委员会开展工作，对于预防和公正调解水电工程建设经济合同争议，维护双方当事人的权益，促进水电建设工程顺利进行起到了很好作用。此外，二滩水电站在合同争议调解工作中，引入国际上流行的纠纷仲裁（DRB）模式，执行效果良好，也为我国的争议调解工作积累了不少经验。

这些工作的开展，使得我国水电建设市场建立起一套行之有效的运行机制，不再是行政干预性很强的市场经济，极大地完善、深化、规范了我国水电建设市场。

5. 流域开发遍地开花结果

随着《公司法》的颁布实施，我国的市场经济体系逐步完善发育，对大型水电站的开发，开始采用多家投资，注入部分资本金成立有限责任公司，再到市场上融资进行建设的模式。在建设过程中，我们进一步认识到，流域滚动开发，不仅在工程建设期间能通过科学规划，充分利用公用实施、设备，大大降低建设成本，在运行期间也能通过联合调度，取得增发电量，提高供电质量的梯级效益。在“流域、梯级、滚动、综合”开发方针的指导下，水电流域开发公司得到了迅速的发展，全国十二个水电基地已有九个基地成立了流域开发公司。

长江三峡工程开发公司在建设三峡工程的同时，已开始考虑滚动开发建设长江上游、金沙江上的其他水电站，对向家坝和溪洛渡进行了大量设计和比选工作。二滩水电开发公司在完成二滩水电站的建设后，已开始进行雅砻江上官地、锦屏等水电站的前期工作。国电电力股份有限公司在完成收购铜街子、龚嘴水电站后，正在筹划开发瀑布沟、独松等水电站。黄河上游水电开发有限责任公司正在以龙羊峡、李家峡水电站滚动开发公伯峡水电站，远期将开发拉西瓦、积石峡等水电站。澜沧江水电开发有限责任公司正以漫湾水电站滚动开发小湾水电站。龙滩水电开发有限公司正以岩滩水电站滚动开发红水河上的龙滩水电站。清江水电开发有限责任公司在建设完隔河岩、高坝洲水电站后，正在建设水布垭电站。五凌水电开发有限责任公司在建设完五强溪、凌津滩水电站之后，正在建设洪江、碗米坡水电站，同时筹划开发建设三板溪水电站。乌江水电开发有限责任公司正在进行乌江渡水电站扩机、洪家渡水电站的建设，同时筹划开发建设构皮滩水电站。杂谷脑水电开发有限责任公司正在建设红叶二级电站，并将陆续开工建设狮子坪等水电站。此外，一些已建成的水电站也正在积极扩机和开发其他水电站。我国的水电流域滚动开发呈现出一派遍地开花、欣欣向荣的景象。

这些流域开发公司充分利用市场经济手段，灵活有效运作，具备了自我滚动发展能力，为我国的水电开发赋予了极强的生命力，使我国的水电开发进入了良性发展的轨道。

6. 国际合作得到广泛开展

“九五”期间，水电对外技术、经济的交流和合作活动得到了广泛开展。具体体现在以下几个方面。

经济合作方面，以二滩和小浪底为代表，它们分别利用外资10亿美元和11亿美元，工程施工和设备供应采用国际招投标。国内施工单位和国外知名公司组成了多个联合体承包，进行了各种方式的合作。通过这些工程的建设，我国施工单位的施工管理水平和合同管理水平得到了很大的提高，培养了一大批国际型人才。通过二滩水电站的建设，国内的水轮机制造水平也提高到55万kW。

技术交流方面，我国“九五”期间共成功举办了两次大型会议。我国于1996年举办了’96国际水电会议，来自19个国家和地区的226名专家、学者参加了会议，就开发水电能源的意义及水电工程技术有关问题进行了广泛交流。2000年举办了国际大坝委员会第68届年会执行会议和第二十届国际大坝会议，来自60多个国家的1000多名专家、学者参加了会议，就大坝建设的最新技术、动态及大坝建设对环境、生态的影响进行了广泛交流。这些活动的开展，使我国在国际水电界的地位得到了很大提高，在世界范围内造成了良好影响。

开拓国际市场方面也取得了可喜的成绩。“九五”期间，中国水利水电工程总公司系统在亚洲、非洲等22个国家和地区开展了工程承包和技术合作。1998年到2000年之间签约国际工程合同额达4.2676亿美元，其中1999年签约的泰国科隆泰丹水坝工程合同额达到1.57亿美元。在1999年美国权威杂志《工程新闻记录》评选全球最大的252家工程承包公司中，中国水利水电工程总公司被评为136位，已成为在国际市场上具有一定影响力的国际工程承包公司。葛洲坝集团“九五”期间签约国际工程合同额达8616.65万美元，其中尼泊尔波迪科西水电站合同额为4634万美元，采用EPC模式进行承包，包括勘测、设计、施工，为交钥匙工程。“九五”后期，我国施工企业发挥自身优势，积极实施“走出去”的战略，努力创造品牌效应，缓解了国内水电建设市场供需矛盾，并在国际水电市场上占有了一席之地。

二、“十五”前景辉煌

随着党中央、国务院确定的“西部大开发”战略和“西电东送”战略的实施，电力结构的调整和可持续发展战略的实施，为进一步加快水电开发创造了难得的历史机遇。党的十五届五中全会通过的《中共中央关于制定国民经济和社会发展第十个五年计划的建议》要求进一步调整电源结构“积极发展水电、坑口大机组火电”。在国家计委召开的“西电东送”工作会议上，进一步明确“西电东送”要以水电为主，优先发展水电。国家在产业政策、电力市场、项目审批等多方面对水电给予倾斜，为加快水电发展创造了良好的环境和条件，我们期盼已久的水电开发的春天正在来临。

根据国家规划，到2005年、2010年、2015年水电装机将分别达到9500万kW、1.25亿kW和1.5亿kW。战略布局为通过“西电东送”南线、中线、北线三条通道，将西部丰富的水电输送到经济相对发达、资源相对缺乏的东部沿海地区。“西电东送”第一步战略目标为西部地区“十五”向广东送电1000万kW。为实现上述目标，国家电力公司将在水电资源丰富的中西部地区加快大型水电基地开发和骨干水电站的建设，在缺少常规水能资源的东部地区，积极建设一批抽水蓄能电站。“十五”期间我们将开工建设龙滩、小湾、水布垭、构皮滩、公伯峡、三板溪、瀑布沟等常规水电站和桐柏、泰安、宜兴、琅琊山、西龙池、张河湾等抽水蓄能电站。根据形势的发展，我们还要抓紧做好糯扎渡、拉西瓦、思林、平班等项目的前期工作，争取这些水电站在“十五”末或“十一五”初能开工建设。

目前作为首批西电东送项目的贵州的洪家渡、引子渡、乌江渡扩机工程已于2000年11月8日开工。广西的龙滩水电站2001年将正式开工。云南的小湾、青海的公伯峡、新疆的吉林台水电站项目建议书均获得通过，也将于近期正式开工建设。水电“十五”的前景将十分辉煌。

三、抓住机遇，加快发展

面临水电开发的大好形势，我们广大水电工作一定要牢牢把握这千载难逢的历史机遇，以高度负责的敬业精神，团结一致，勇于进取，重点做好以下几项工作。

1. 加强全局观念，科学统筹规划。我国水能资源分布极不平衡，西部地区水能可开发装机容量为2.74亿kW，约占全国总量的72.3%。地区之间经济发展差距也较悬殊，电力负荷主要分布在东部沿海地区。我们一定要从大局出发，在全国范围内进行资源优化配置，根据西电东送的战略布局，打破地区壁垒，综合考虑流域规划和地区规划情况，制定出切实、可行的开发规划，提高投资效益。

2. 加快前期工作，促进电站开工。水电工程的特性决定了水电前期工作的复杂性和长期性。为落实西部开发、西电东送战略，国家电力公司组织了开展西北、四川等地区的西电东送规划课题研究，从初步研究结果看来，前期工作滞后，“九五”期间开工严重不足，已经影响了“十五”及其后期的规划实施。针对这一情况，我们应加快水电站前期工程，争取在“十五”期间，按规划要求开工一批大型水电站。

3. 加强建设管理，确保工程质量。水电工程质量是直接关系到人民群众生命财产安全的重大社会问题，是水电事业赖以生存和发展的基础，也直接关系到我们设计、施工、业主的效益和形象。我们一定要高度重视质量工作，通过加强管理，建立健全各项规章制度，并切实实施，确保水电工程的施工质量。

4. 加大科技应用，提高建设水平。我国的水电建设取得了很大成就，但我们也清醒地认识到，我们在管理上与发达国家相比还存在很大差距。我们一定要加大科技投入，加快科技创新步伐，大力推广新工艺、新材料、新技术的应用，提高建设水平。特别是推广计算机在工程管理中的应用，加快管理现代化，提高管理水平。

《中国水力发电年鉴》自 1983 年创刊以来，已出版了五卷。由于它内容翔实，信息全面，总结了水电事业发展的经验教训，涵盖了水电学科各个专业，十分方便实用，深受广大水电工作者的欢迎，是我们工作上的得力助手。在水力发电年鉴编辑部的努力下，年鉴一卷胜似一卷。希望后面的各卷都能够客观、实事求是地总结水电事业改革、发展、创新的成果，办得更有特色，为“西部开发”“西电东送”战略和“十五”计划的实施做出应有的贡献。

篇　　目

目　　录

特　　载

1. 重　要　文　献

2. 中国水电建设概况

3. 水电建设管理

4. 水电站经济效益与社会效益

5. 大 中 型 水 电 站

6. 小水电及农村电气化

7. 水电工程经济

8. 水库移民与环境保护

9. 规 划

10. 勘 测

11. 水 工

12. 机　　电

13. 施 工

14．生产运行与大坝安全

15. 科技、教育出版与信息研究

16. 技术法规与标准

17. 学术团体

18. 国际合作与交流

19. 人物与机构

20. 大　事　记

附录一　台湾省的水力发电

附录二　国外水电发展水平

内　容　索　引

彩色插页目录

水电单位简介

今日西津更风流
广西麻石水力发电厂
广西宜州水力发电厂
《水力发电》杂志社

许继电气股份有限公司
四川高新自动化设备有限公司
四川鲍尔设备自动化控制工程有限公司
中国电力出版社

特 载

特　　载

水电建设50年成就与展望

我国水力资源丰富,可能开发的水力资源装机容量3.78亿kW,年电能1.92万亿kW·h,其蕴藏量居世界第一。1949年中华人民共和国成立以来,党和政府对水电开发给予了高度重视,进行了大规模的水电工程建设。50年来,我国不仅在水电建设规模上,而且在质量和技术等各方面都取得了举世瞩目的成就。

（一）水电建设规模跨入了世界前列

新中国的50年，是中国水电建设历经坎坷曲折、从小到大、从弱到强不断发展壮大的50年。1949年新中国成立之时，全国水力发电设备总容量仅36万kW（不包括台湾省，下同），最大的水电站的装机容量仅为3.6万kW，水电年发电量约12亿kW·h。

新中国成立以后，中国人民自力更生、奋发图强，陆续建成了新安江、柘溪、丹江口、刘家峡、龚嘴、葛洲坝等大中型水电站。

党的十一届三中全会以后，改革开放政策极大地促进了水电的开发建设。从80年代开始，水电建设进入了大发展时期。80年代初，鲁布革、铜街子等水电站先后开工；其后，天生桥二级、岩滩、隔河岩、漫湾、五强溪、水口、李家峡和广州抽水蓄能（以下简称广蓄）一期等装机容量100万kW以上的大型水电站陆续开工建设。

进入90年代之后，中国水电建设继续高速发展，二滩、天生桥一级、十三陵抽水蓄能、天荒坪抽水蓄能、三峡、小浪底、大朝山、广蓄二期、莲花、棉花滩等水电站相继开工建设。二滩、三峡、小浪底等水电站的建设，将中国水电建设推向了世界水电发展的最高峰。二滩装机330万kW，单机容量55万kW，是本世纪中国已投产发电的最大水电站；在建三峡工程装机26台，单机容量70万kW，是目前世界上装机容量最大的水电站；广蓄一、二期共装机240万kW，也列为世界同类电站之冠。

50年的水电发展日新月异，平均年投产145.5万kW，特别是1993年以来，连续6年投产超过300万kW，1997年投产415万kW，1998年投产534万kW，1999年投产633万kW，这在世界水电发展史上是空前的。到1999年底，已建中型水电站200多座，大型水电站57座，其中100万kW及以上水电站20座，全国水电装机容量7297万kW，年发电量达到2129亿kW·h，分别居世界第2位和第4位。

（二）水电建设技术达到了世界水平

半个世纪以来，中国水电建设坚持“独立自主、自力更生”方针，积极引进和学习外国的先进技术，不断探索，努力实践，发奋图强，培养壮大了自己的力量。我国是世界上筑坝最多的国家，大规模的建设实践，使中国的水电技术达到了世界水平，其中有的领域进入了世界先进行列。

50年来，修建了多座坝高百米以上的常规土石坝，如小浪底、碧口、鲁布革等。还成功地建设了240m高的二滩混凝土双曲拱坝，在世界高拱坝中名列第三。80年代以来大力推广混凝土面板堆石坝和碾压混凝土坝，修建了10多座坝高百米以上的混凝土面板堆石坝，天生桥一级水电站坝高178m，居亚洲第一。已建和在建的碾压混凝土坝有50多座，并形成了有中国特色的碾压混凝土筑坝技术。其中江垭碾压混凝土重力坝坝高131m，列世界第三位；沙牌碾压混凝土拱坝的高度也居世界前列。此外，在基础处理、高速水流及消能工建设等方面均有独特的建树。

50年的实践充分说明，目前中国水电建设已经具有相当高的技术水平，有能力在各种复杂的条件下自行设计和修建各种类型的水电站。三峡、二滩、天生桥一级等水电工程的开工兴建，标志着中国水电建设已经逐步迈向世界先进水平。

（三）成功地进行了水电建设管理体制的改革

随着水电建设的不断发展，在党的十一届三中全会提出改革开放的大背景下，中国水电建设开始了对管理体制改革的探索和制度的创新。

1.探索出了“流域、梯级、滚动、综合”的开发模式

近年来,先后在湖北的清江、湖南的沅水、贵州的乌江、四川的雅砻江等流域进行“流域、梯级、滚动、综合”开发,为水电的良性循环发展开辟了道路。

这种模式充分利用了母体电站所形成的资本、人才、管理、体制、机制等方面的优势，增强了水电的发展后劲。同时，这些按规范运作的水电开发公司作为“独立电厂”，为建立“厂网分开、竞价上网”的电力市场创造了条件。

2. 确立了水电工程建设管理新体制

在改革开放以前，水电建设体制基本上是由施工单位（工程局）作为建设单位或总承包单位，对项目进行施工和管理，也有少数工程由设计单位作为工程的总承包单位。工程建设由上级主管部门作指令性任务安排，工程建设后向施工单位移交。

1984年鲁布革水电站利用世界银行贷款进行建设，工程施工实行国际招标，拉开了水电建设体制改革的序幕。此后，随着我国改革开放的不断深入和社会主义市场经济的逐步建立，水电建设体制逐步完善，并形成了以项目法人负责制、建设监理制和招标投标制为主要内容的水电工程建设管理新体制。水电建设新体制的建立，调整了水电建设中不适应生产力发展的生产关系，极大地推动了水电建设生产力的迅猛发展，涌现了一批建设速度快、施工质量好、投资控制得力的水电工程项目。

3. 打破单一投资形式，实现多渠道集资办电的新格局

市场经济的建立，打破了由国家单一办水电的格局。实行多渠道集资办水电，大大调动了地方办水电的积极性，形成地方政府乃至企业、集体、个人积极参与投资水电建设的局面。合资项目和合资金额逐年增加，合资的地区范围不断拓展，合资方式也多种多样。投资渠道的开放，弥补了水电项目的投资不足，促进了水电的开发建设。地方政府的参与，对于加快水电建设速度，提高经济效益起到了很好的作用，特别是在水库移民工作中发挥了不可替代的作用。

（四）水电站在我国经济发展和社会进步中发挥了巨大的作用

50年来，遍布全国的规模各异的水电站，在发电、防洪、航运、灌溉、水产养殖、改善环境、发展旅游等方面产生了巨大的社会效益和经济效益，在我国的经济发展和社会进步中发挥了巨大的作用。

1. 发电

据统计，1950年～1999年，年全国（不含台湾省）水电累计发电20909亿kW·h，相当于减少耗煤85800万t，并因此大量减少了粉尘、硫化物及氮化物的排放。水力发电不仅没有环境污染，而且运行成本极低，创造效益巨大。据原电力工业部财务口径统计，1980年～1996年，全国总发电量为62660.8亿kW·h，其中水电占15.3%，火电占84.7%，总售电利润1037.5亿元，其中水电约占64%。水电还在电网中承担了主要的调峰、调频和事故备用任务，在保证电力品质和系统安全方面更是发挥了不可替代的重要作用。

2. 防洪

50年来，我国水电站水库在历年抗洪斗争中发挥了巨大的防洪效益，大大减少了洪水灾害给人民生命和财产所造成的损失。如1998年长江流域发生特大洪水，洪峰流量和水位均与1954年接近，但洪灾损失较1954年大大减少，其中重要的原因之一就是隔河岩、葛洲坝、五强溪、柘溪、凤滩、丹江口、柘林、安康、二滩等一大批水电站水库调蓄洪水、削减洪峰，为减轻洪灾损失做出了突出贡献，创造了巨大的社会效益。

3. 航运及灌溉

水电站的建设，提高了大坝上游水位，急流险滩被淹没，水面加宽，航深加大，流速减缓，大大改善了通航条件。另一方面，由于有水库的调节，洪峰被削减，中水期持续时间增长，枯水期保证了一定的稳定下泄流量，使得电站所在河流的通航期加长，枯水期水深加大，因而通航保证率大大提高。建设水电站形成的水库，为农业灌溉和城镇供水提供了可靠、优质的水源，为农作物的稳产高产和城镇日益增长的用水需求提供了保障。

4. 旅游

建设水电站，高峡出平湖，加上矗立于昔日荒谷的雄伟大坝和开闸泄水时的壮观景色，以及水库库区形成的集山、水、岛、洞于一体的独特景观，形成了一批宝贵的旅游资源。优美的环境不仅成为城乡居民极好的旅游休闲场所，而且有力地拉动了地方经济的发展。

（五）21世纪将迎来中国水电建设的新高潮

水电是清洁的可再生能源，开发水电不仅可节约有限的矿产资源，有利于保护环境，还具有多种综合利用功能和拉动地方经济发展的重要作用，其整体和长远经济效益显著，是21世纪中国实现社会和国民经济可持续发展战略的需要。在当前我国能源结构中，虽然水电总装机容量已名列世界前茅，成为世界公认的水电大国，但是与中国巨大的可开发水能资源蕴藏量相比，其开发利用程度还比较低，至1999年底仅为19.7%，水电开发还有着巨大潜力。当前正在进行的中国电力工业管理体制的改革，电力结构的调整，全国联合电网的推进，“西电东送”战略的实施，“厂网分开、竞价上网”电力市场的形成，为水电大发展提供了有利的机遇。所有这些都预示着今后中国水电建设前途远大、任重道远。

根据中国资源分布情况和国民经济与社会发展对电力的需求，国家已经把水电列为优先发展的产业，加速水电开发的进程。按照国家有关部门的“十五”计划及远景规划，到2005年中国水电装机容量将达到9500万kW以上，到2010年水电装机容量将达到1.25亿kW，并力争将全国水电在电源结构中的比重提高到30%。

为了实现上述水电发展目标，我们必须坚持电力工业发展的基本方针，即：积极发展水电，优化发展火电，适当发展核电，因地制宜发展新能源，重点发展电网，加快城乡电网建设与改造，推进全国联网。必须贯彻以市场需求为导向、以经济效益为中心、以资源优化配置为基础、以优化调整电力结构为重点的指导思想和原则。

21世纪，我国将着力实施西部大开发战略，我国西部特别是西南地区的水电资源将得到加速开发，从而实现“西电东送”，促进全国联网，使我国能源结构更趋合理。随着洪家渡水电项目的开工，西部大开发的序幕已经拉开。一批大型水电站如龙滩、小湾、公伯峡、三板溪等也即将开工建设。在此基础上，将全面开发金沙江、雅砻江、大渡河、澜沧江、乌江、红水河和黄河上游水电资源，形成南、中、北三条“西电东送”大通道。同时，在煤炭短缺、水能资源丰富的华中、福建、浙江、四川等地区，挑选一批调节性能好、电能质量高的中小河流，进行梯级连续开发；在调节能力弱、系统峰谷差大的电网，在加强电网调峰规划的基础上，积极推进扩机增容改造和建设一批大型抽水蓄能电站。这一大批水电站和抽水蓄能电站的开工建设，将再一次把中国水电建设推向一个新的高潮，使中国水电雄居世界首位

（国家电力公司　张学知）

水电建设的体制改革与发展机遇

我国水电建设在近50年来取得了瞩目的成绩，回顾我国水电体制的变革过程，总结水电发展历程，对今后我国水电的持续发展具有积极的意义。

一、水电建设体制的改革

建国以来，我国水电建设总体上经历了改革前后由计划经济模式向过渡模式到市场经济模式发展的三步曲。

（一）计划经济时期的水电建设体制

1979年以前，我国水电建设体制为纯粹计划经济模式，体制特征为全国15大水电工程局直接隶属水电部水电建设总局管理，按照国家计划并代表国家实行自营建设体制，同时实行建管分离的管理模式，水电工程局负责建设电站，建成后移交电力局运行。水电工程局随着工程走，实行大兵团作战模式，一切按国家计划调遣和执行，国家对水电开发负无限责任。由于国力有限，加上主要依靠人治管理的经济大锅饭体制，至1979年底全国水电装机不到1400万kW。

（二）改革开放后的变化

1979年十一届三中全会以后，国家实施以经济建设为中心的发展方针，全面实行改革开放政策。我国水电建设也随之开始步入体制转轨阶段，逐步实现由计划经济模式向市场经济模式的转化。水电体制改革大体经历了工程概算总承包责任制、项目业主责任制和项目法人责任制三个重要阶段。

第一个阶段改革的代表性工程为东北的红石、白山和太平湾水电站，80年代初在水电总局的领导下，实行工程概算总承包制度，以不突破设计概算为目标，强化企业内部管理，首次在水电施工领域打破大锅饭体制，有效控制了工程造价（当时的大中型水电站的单位千瓦投资控制在1500元左右），提高了水电工程局的整体管理水平，也为水电后来的深化改革打下了一定的基础。

第二个阶段改革的代表性工程为鲁布革水电站。随着我国经济体制改革的不断深化，国家开放利用外资市场，鲁布革水电站于1982年在全国建筑业率先引用世界银行贷款，工程建设按照国家惯例实行招标投标制，首次在水电建筑业内引入竞争机制，开始打破长期以来的自营建设体制。1984年，鲁布革的冲击，全面揭开了水电建设体制向市场化改革的序幕。从此之后，随着国家拨改贷政策的实行，以及随着当时代表国家全权行使水电建设行政管理职能的水电部水电总局职能的转变，致使其所属的各大水电工程局几乎一夜之间断绝皇粮，我国水电建筑业从此迅速进入市场。业主责任制、建设监理制和招标承包制随之应孕而生，水电建设在计划向市场过渡期间，克服重重困难，不断完善着市场发展机制，有效推动了水电事业的发展。这一时期改革的代表作是被誉为五朵金花的五座百万千瓦级的大型水电站（水口、岩滩、五强溪、隔河岩、漫湾）。这一时期的水电建设体制框架为：由于实施拨改贷和集资办电（两分钱）政策，水电工程建设的资金全部为贷款性质，因此，工程建设必须实行甲（项目业主）乙（工程承包商）方制，而电力局在系统内分工经营水电站，具有还贷能力，于是理所当然地被指定为水电建设的业主单位，而水电工程局作为承包商，全面进入建筑市场的竞争激流中。由于在计划经济体制下的分工不同，各电力局均没有水电建设管理职能，因此必然要派生出一种机构来代行业主的职能负责水电站的建设管理。因此水电项目建设管理局作为电力局的派出机构应孕而生。这一阶段的体制特征为指定业主责任制，在计划的自营大锅饭体制基础上已经向前大大迈进了一步。

第三阶段的改革实际上是伴随着党的十四大以来建立社会主义市场经济体制的方针以及《公司法》的出台而展开的。对于水电建设来讲，就是对老项目实

施公司化改制，对新项目按照《公司法》成立有限责任公司等规范化运作，体制特征为项目法人责任制。应该说明的是，这与第二阶段的业主责任制有着本质的区别，项目业主是出资方组成的董事会，换句话说，项目法人责任制是真正意义上的业主责任制。在这一阶段，清江、二滩、五凌、桂冠等公司率先进行公司化改造，新的机制保证了公司的健康发展，目前所有水电新建项目已全部按照《公司法》规范化运作。

以上三个阶段对应了水电体制改革的三个里程碑。水电建设管理体制通过“三级跳”初步实现了由计划经济向市场经济的跃进。

二、可再生资源的利用与水电发展的机遇

（一）加快可再生资源开发的意义

综观世界经济的可持续发展不难发现，一个国家掌握了可再生资源，就掌握了永久的财富，就会在世界经济循环中始终立于不败之地。中国水电甲天下，抓住机遇尽早开发我国丰富水电资源，体现的一定是国家和民族利益。

（二）目前我国水电发展几大机遇

1. 电力买方市场的出现为我国电力结构调整带来契机

改革开放以来，随着社会经济的发展需要，以及市场机制的激励作用，我国电力工业得到迅速发展，1997年我国首次在全国范围内出现电力的买方市场，电力供求关系缓解。从电力建设与社会经济发展的关系上看，为进行电力结构调整提供了时间保证。（客观条件）

2. 国家电力公司的成立客观上形成了中央水电投资主体

1997年初，国家电力体制改革，成立国家电力公司，经国务院授权经营中央电力资产，实施全国联网工程和开发对电网运行和跨区送电具有重要作用的大型电源点。

水电站的建设具有投资大、工期长和移民难等特点，属于基础性产业并具有明显的社会性。纵观我国水电建设历史，几乎没有一座大型水电站不是以中央出资为主或没有中央参与出资的。水电建设无论过去还是将来，必须存在一个中央投资主体。计划经济时期的中央拨款，过渡时期的拨改贷，在社会主义市场经济发展的今天，国家电力公司的成立在体制上客观地形成了中央水电投资主体。（生产关系）

3. 环境保护意识的加强使全社会呼唤清洁可再生能源

改革开放后，随着我国经济的迅速发展，电力供需矛盾十分突出，其间由于火力发电相对其他电源具有工期短、动态投资少、规模效应大等优势得以重点开发，对迅速解决我国电力供求紧张的矛盾起到了关键性的作用。但是随着社会不断进步与发展，人类对环境保护意识的迅速加强，火力发电必须实施清洁燃烧技术，从而加大了工程造价，加之运行成本高，必然降低其在市场经济条件下的经济性与竞争力。

水电作为清洁和可再生能源是世人公认的。而水电的规模开发效应以及在电力系统中特有的运行灵活性和低成本性，使水电在电力系统中的作用和经济性会随着社会经济的发展越来越体现出来。（外部环境）

4. 金融环境与贷款政策为水电开发提供良好发展基础

随着我国经济体制改革的不断深入，市场经济体制的不断完善，以及中央成功地实施了一系列宏观经济调控政策，使我国经济进入了稳步发展阶段。当前我国金融形势不断趋好，国力不断增强。这就自然为电力结构调整，大力发展水电提供了良好的国力保证。

水电具有投资大、工期长、高投入、高产出的特性，但是在市场经济发展初期，由于市场的短期效益行为，使水电建设难于在较短时间内满足经济发展对电力的需求，同时在高利率、短还贷期的条件下，还本付息电价又远高于火力发电，在这一时期（90年代）水电发展必然受到制约。因此贷款政策对水电发展有着至关重要的作用，但是，随着市场经济的不断完善，金融体制的进一步深化改革，对于水电建设来说，我们自然地得到了一条最重要的政策条件，这就是银行贷款利率的降低和可延长还贷期。在这种条件下水电能源的自身优越性将得以充分体现。（经济环境）

5. 西电东送战略为大电网与大水电互补发展创造机遇

从目前的外部经济环境和发展形势来看，水电在电力结构调整中的地位是明显的，但如何有效发展中国的水电，则必须结合我国水电资源的分布特点来研究。我国水电资源多富集于黄河中上游流域，长江中上游流域（包括金沙江流域），澜沧江中下游流域以及红水河流域等西南和西北地区，而我国经济发展较快和对电力需求较大的地区多分布在中部和东南沿海地区。因此在总体趋势上，西电东送是水电供电的大方向。全国联网工程的实施，对有效开发我国西南和西北丰富的水电矿藏具有举足轻重和至关重要的作用。西北与华北联网、华中与华东联网、云南与广东联网，是目前我国北、中、南三条主要的水电西电东送走廊。另外，四川与西北联网，带动大渡河的开发，华南与华中、华东联网，带动红水河的开发，并且对实现网际之间的互补调节具有重要意义。电网建

设为水电开发创造必备条件，大型水电站的建设同时促进大电网的建设，灵活运行的水电站是电网安全稳定运行的良好保证。水电与电网互补发展的作用与其他类型电源相比具有明显的优势。因此，西电东送、全国联网为水电的发展扩展了空间。(政策环境)

6. 西部大开发战略为水电发展创造了良好的外部政策

从地理位置上说，我国水电资源大部分集中分布于西部地区，西部大开发，水电占据区域优势。另外，水电项目一般规模很大，在建设期间对当地经济具有相当明显的投资拉动作用，而水电站建成以后所形成的企业债务是优良债务（以电的交换价值计算考虑)。因此，水电在西部开发中具有相当大的综合优势，体现了国家利益。(政策条件)

三、目前水电发展形势与展望

对于水电来说，国家电力公司的成立在客观上形成了中央水电投资主体，理论上建立了新型的水电发展生产关系。先进的生产关系必然推动生产力的发展。国家电力公司成立的三年里，先后在中西部地区布局和开展了“五大一小”的水电项目的前期工作（红水河的龙滩水电站420万kW、澜沧江的小湾水电站420万kW、黄河上游的公伯峡水电站150万kW、乌江的洪家渡水电站54万kW、沅水的三板溪水电站100万kW和岷江上游一级支流的杂谷脑流域开发45万kW)，同时为了解决电力调峰问题，提高电网安全与供电水平，在东部沿海地区积极推动抽水蓄能电站的建设（目前山东泰安和浙江桐柏百万千瓦级项目已经进入开工倒计时的准备阶段，另有宜兴、西龙池、张河湾、琅玡山、宝泉等一批抽水蓄能项目在积极开展前期工作)。水电开发在新的起点上掀起了又一次浪潮。

到目前为止，我国水电建设体制已经基本按照现代企业制度进行了规范，理顺了生产关系。随着社会的发展与科技的进步，如何使我国水电建设在科学技术与现代化管理方面更进一步，推动生产力在新的起点上的发展，正是我们始终不懈追求的目标。在这一方面，我们有很多工作需要做，从宏观上看，主要是处理好体制与管理之间的辨证关系，体制是生产关系，管理是生产力。目前，水电建设应强化管理，在现有水电建设体制进一步按照市场经济原则进行规范和完善的基础上，注重研究和建立良性的发展机制，继续完善和规范水电建设的“三制”，推动水电建设在管理方法、技术方案和实施计划等多方面的科技进步，充分运用系统工程的思想统筹规划各项工作，使我国水电事业在新的体制下得以健康发展。我们需要走的路还很长，但是我们有充分的信心！

我们相信，随着市场经济体制的不断完善和现代化管理水平的不断提高，水电在市场经济条件下的经济性会充分体现出来，我国水电发展前景广阔。

（国家电力公司　陈东平）

河流水电规划工作50年

建国50年来，随着国民经济和水电建设的发展，我国河流水电规划工作经历从小到大、由浅入深，逐步调整提高和修订补充完善的过程，取得了显著的成绩和丰硕的规划成果，也积累了十分宝贵的经验。下面按不同时期的发展情况，对我国河流水电规划工作作一简要的回顾。

（一）50年代

解放前，全国曾进行过一次水力地址的调查以及个别河流的初步开发规划，对蕴藏的水能资源也作过估算，因为当时统计的范围不全，反映的数字偏小很多。新中国成立后，党和国家十分重视开发水电，1950年政务院讨论通过了《全国水力发电工程会议决议》,《决议》中提出了开发水电的方针与任务，其中就有首先应集中力量对一些河流（河段）进行勘探、规划与设计工作的要求。此后，于1953年～1955年进行了比较全面、正规的水能资源理论蕴藏量的普查，得出了5.4亿kW的数据；1958年又在复查的基础上进行补充和修正，得出5.8亿kW的数字。与此同时开展了河流水电规划工作。在此期间，主要依靠自己的力量开展工作，同时也得到了前苏联专家的帮助，学习吸收了前苏联进行河流规划的经验。

1954年，来华工作的前苏联专家编写出一本《技术经济调查报告规程》，并由当时的水总正式印发执行。该规程系统介绍了前苏联河流水电规划的指导思想和工作经验，对当时的黄河规划以及其他许多河流的规划起到了重要作用。同年4月在前苏联专家的指导下，开始我国第一条大河的综合利用规划——《黄河综合利用规划技术经济报告》的编制工作。这项工作于1954年12月完成，提出的规划报告于1955年7月由全国人大第一届第二次会议讨论审议，表决通过。这是我国首次通过国家批准的大江大河的综合利用规划。

在编制黄河综合利用规划的同时，还对长江、珠江、黑龙江、汉江、沅水等大江大河开展了规划，并相继进行了龙溪河、上犹江、古田溪、以礼河、猫跳河、新安江、资水、浑江等河流的规划工作。这些规划成果包括已经编制完成的中小河流的规划报告，虽多数未经正式审批，但对指导进一步开展河流规划工作，以及对这些河流和有关地区的水电建设，都起到了重要的指导作用。我国最早形成梯级连续开发的以礼河、龙溪河、古田溪、猫跳河均是以50年代所完成的河流规划为基础进行的。

（二）50年代末期至70年代中期

在1958年开始的“大跃进”中，水电规划工作作为水电建设的重要组成部分，也受到了“左”的干扰和破坏，出现了忽视水电建设基本规律、否定水电规划作用的倾向。在这种情况下，不少人全盘否定《技术经济调查报告规程》，认为这是“苏修框框”；有些人主张用“查勘选点代替规划”；有的即使作了“规划”，也没有达到应有的深度和质量要求，不能用于正确指导水电工程建设和进一步的前期工作。现在看来，“大跃进”时期开工建设的水电项目，由于大部分的规划是以前作的，内容基本上是正确的，因而工程进展比较顺利；但也有一些规划设计作的不当或不成熟的工程，由于当时求电心切，仓促上马，开工后就出现重大问题，因而停建或缓建。例如：当时仅瓯江青田、闽江建溪、岷江鱼嘴和紫坪铺等工程，就是由于规划不当、淹没过大，以及极左思潮、不尊重科学等原因而停工报废，造成大量资金浪费，教训是深刻的。1961年中央决定对国民经济实行“调整、巩固、充实、提高”的方针，水电建设前期工作认真贯彻了这个方针，修改补充了以前的规划设计，并对过去的规划进行复查、调整，从而使水电规划设计工作又逐步走上正轨。

1966年～1976年“文革”时期，水电规划设计工作和全国水电建设一起，再次遭受“左”的严重干扰和破坏，特别是部直属勘测设计院除东北院和成都院部分保留下来以外，机构均被取消，人员下放到施工单位，只搞某一工程的设计，致使地区水电规划、河流规划、初步设计等前期工作基本陷于停顿，给水电建设的发展造成严重的负面影响。

（三）70年代后期以来

1976年粉碎“四人帮”之后，特别是1978年12月党的十一届三中全会以来，随着国家工作重点的转移，水电战线经过拨乱反正，认真贯彻党的“调整、改革、整顿、提高”的方针，恢复和重建被撤消的水电建设总局和各地区水电勘测设计院，河流水电规划设计工作受到重视，并得到加强。主要表现在：

为了指导河流水电规划工作，1976年制订了《河流水电规划工作若干规定》，并于1978年以水电部水电规字第47号文关于加强电力规划若干意见的通知印发试行。在该《规定》中提出河流规划的指导思想、适用范围和主要任务；概括规定了水文、测量、工程地质勘察、水能计算、枢纽布置、施工总体布置等方面的工作内容及深度要求，以及报告编写内容和审核程序等。该《规定》对当时及以后一段时期内的河流水电规划工作，起到了一定的指导作用。

1981年6月原电力部召开了全国水电规划工作座谈会，会议总结了32年来特别是10年动乱期间水电规划工作的经验教训，讨论制订了加强规划工作的措施。1981年9月，水电建设总局召开了水电前期工作和工程质量管理会议。会议总结水电建设的经验教训，进一步清理“左”的影响，研究加快水电前期工作和提高工程质量问题。在河流水电规划方面，会议明确提出：要“加强规划工作，搞好水电建设布局。各院要根据分管地区内主要河流现有规划情况，按计划要求抓紧河流（河段）规划工作，3年内做到近期内可能开发的河流有合理可行的规划。要搞好综合利用，注意梯级开发，对水库淹没问题要十分慎重。主要河流规划要酌情设项目总工程师（设总）。建议有关部门对河流规划报告要组织审批”。在这次会议讨论的基础上，水电建设总局随即颁发了《加强水电规划工作的几点意见》的试行文件。文件中强调指出：“水电规划是水电建设前工作的首要环节，是一项重要的战略任务。但是，长期以来，由于‘左’的思想影响和其他主客观原因，此项工作落后于水电建设的需要”。“水电规划涉及面广，政策性强，影响因素多，要做好此项工作必须认真总结经验，提高认识，加强领导，采取有力措施，下决心扎扎实实地做好工作，以逐步扭转当前被动的局面”。在这个文件中，还针对当时存在的问题，从加强河流规划工作、加强地区水电选点和长远规划工作、编制规划任务书和规划大纲、加强电力系统规划、加强经济分析工作、认真对待水库淹没处理和移民安置工作、开展对环境和生态平衡影响的调查研究工作、充实力量加强组织措施、加强审核建立审批制度等9个方面提出了具体意见和要求。这次会议提出的指导思想和工作部署，以及会后颁发的《加强水电规划工作的几点意见（试行）》的文件，对端正提高对河流规划、水电规划的认识，加强河流水电规划工作，起到了很大的作用。

为了更好地指导和规范河流水电规划编制工作的开展，原水电部水利水电建设总局根据《加强水电规划工作的几点意见（试行）》文件提出的关于组织编制《河流水电规划编制规范》的意见，于1984年2月正式发文，确定由成都勘测设计院负责编制起草工作。该院于1993年6月完成《规范》的送审稿，以后又经过审查、修订完善。1995年7月，该《规范》由电力工业部正式批准颁布实施，并被列入水利水电勘测设计技术标准体系。这本《规范》总结吸收了建国以来河流水电规划的基本经验教训，结合国情进一步明确了河流规划编制的原则、工作内容与技术深度要求；颁布实施后，对河流水电规划工作起到了重要指导作用和促进作用。

70年代后期以来，随着一系列有关加强水电规划工作会议、文件精神和有力措施的贯彻实行，全国河流水电规划工作很快摆脱了十年动乱造成的被动局面，并逐步开展起来，取得了很大的进步和明显的成绩。具体情况是：从1977年4月份开始，又一次开展了全国水能资源普查工作，于1980年10月份胜利完成。这一次普查工作的重点是：查明我国到底有多少可能开发的水能资源，同时复核过去普查的理论蕴藏量。这次普查历时3年多，利用的基本资料之丰富，动员人力之多，普查范围之广，完成工作量之大，研究问题之深，都是前所未有的。由于资料翔实，比较全面准确地弄清了我国水能资源蕴藏量为6.76亿kW，可开发的水能资源为3.78亿kW，年发电量为1.92亿kW·h，进一步确认了我国水能资源居世界首位。普查成果对我国能源建设布局产生了巨大影响，为我国水电建设奠定了基础。70年代后期以来，规划设计在指导思想上初步改变了就水电论水电的旧观念，注意根据河流开发和地区自然资源的具体情况，把水能资源的开发与整个能源的开发和水资源的综合利用合理地结合起来，同配合江河治理和国土整治以促进地区经济发展结合起来。根据这些指导思想，先后进行了红水河（补充）、南盘江、大渡河、澜沧江、乌江、闽江、黄河上中游等河流规划开发方案的优选工作，加强了水电开发的宏观战略研究；到1988年底，长江、黄河、淮河、海河、珠江、辽河、松花江等7大江河，都在原有规划的基础上进行了补充修订，长江中上游、金沙江、雅砻江、大渡河、乌江、红水河、澜沧江、黄河上中游等10大水电基地都有了河流（河段）规划或水电开发规划，在此基础上，组织编写了《十大水电基地开发设想》；1989年10月，在各水电勘测设计单位大量工作的基础上，根据现有资料，又编印了《十二大水电基地》的规划性文件；对沿海和严重缺电省的不少中小河流也进行了水电开发规划。这些规划较好地适应了国家制订社会经济发展和能源工业、电力工业发展中长期计划的要求。

应特别提及的是，80年代以来，不仅规划成果倍出，而且规划报告都得到了比较及时的审批。例如，《红水河综合利用规划报告》1980年提出，1980年10月经国家能委和国家计委组织审查后上报，1981年11月国务院作了批复；《乌江干流规划报告》1987年完成，1988年8月通过审查，1989年5月国家计委代表国务院作了批复；《长江流域综合利用简要报告》1990年修订完成，1990年5月由全国水资源与水土保持工作领导小组主持审查，国务院于1990年9月批转同意上报的审查意见。到目前为止，凡是已完成的河流水电规划，均已经过审批。

综上所述，建国50年来有关单位和人员在水电规划方面做了大量工作，取得的丰硕规划成果为已经和正在进行的水电建设提供了重要的指导和依据，同时也为今后更大规模水电建设的宏观决策和进一步优选开发项目创造了有利条件。在长期规划工作中取得的经验和教训，经过认真、深入的总结，并在实践中加以运用和提高，必将促使河流水电规划做得更好，为我国水电事业的大发展不断做出新的贡献。

（水电水利规划设计总院　朱铁铮）

水电工程地质工作50年发展历程

建国50年来，随着水电事业的发展，水电工程地质工作在解放前十分薄弱的基础上，经历艰难曲折、从小到大、从弱到强的发展过程，逐步形成了一支专业齐全有实力的地质勘察队伍，摸索出了一套具有中国特点的工作方法和经验。特别是在近20年的改革开放中，通过不断总结经验，引进发展先进勘察测试设备，工程地质勘察技术取得了长足的进步，水电工程地质科学日趋成熟，已经有能力完成各种复杂工程地质条件下的高坝大库和大跨度地下洞室群的工程地质勘察和安全鉴定任务，从而不仅为我国水电建设的发展做出了巨大贡献，同时也为今后解决大规模水电开发中更加复杂的工程地质问题准备了条件。

下面按不同时期对我国水电工程地质工作发展历程和取得的主要成绩作一回顾。

1．创建发展时期（1950年～1965年）

50年代初期，我国水电建设面临的一个突出矛盾是地质勘测力量薄弱，为此，新成立的水力发电建设总局于1953年5月首次召开全国水电勘测会议；会议在总结经验教训的基础上，着重强调了水电建设中勘测工作特别是工程地质工作的重要性，并对今后的工作提出了明确要求，作了具体部署。随即采取一系列措施发展工程地质力量和提高勘探技术水平。其间，除吸收地质大专生外，还陆续培养大批测量地质人员，并不断增加钻探机组，建立物探队。在各水电勘测设计院建立了地质勘察队伍；同时先后聘请多名前苏联地质专家来华帮助指导工作，并翻译了大批前苏联水电地质勘察规程、规范、手册和方法指南，以及波波夫主编的《水电建设工程地质勘察》（上、下卷）。该书系统阐述了河流规划和不同设计阶段的地质勘察任务、工作内容和方法。上述措施对壮大水电工程地质力量、加快工程地质勘察速度、提高成果质量和技术水平，起到了积极作用。据统计资料，到50年代末，全国水电地质勘察队伍已发展到1万余人，累计完成地质测绘 40 万 km^2，钻探进尺约 100 万 m，以及大量的工程物探和岩土试验，承担了全国各大江河的水能资源普查和一大批水电站工程规划设计前期地质勘察和施工地质任务，共完成 300 多项大中型水电站不同阶段的地质报告，为我国“一五”和“二五”计划期间兴建的水电工程提供了基本资料，并为 60 年代以后的一些水电计划项目准备了初步资料。

50 年代末期在“大跃进”中，由于受到高指标、浮夸风的影响，一些水利水电工程，采取“边勘察、边设计、边施工”，以及简化勘察程序、推行工程地质报告图表化的做法，出现了质量问题。为此，原水电部于 1959 年 5 月在武汉主持召开了全国水利水电工程地质会议，进一步强调工程地质在水电建设中的重要作用，明确提出要在保证质量的前提下加快勘察速度的方针。据此，原水利水电建设总局从 1960 年开始，对水电勘察工作进一步加强管理，同时在解剖已建、在建工程地质问题的基础上，编写并公开发表了《我国大型水利水电工程地质勘察的主要经验》。随后又举办“研究班”，编写了《水利水电工程地质勘察规范》和压水与抽水试验、地质测绘和内业整理规程等初稿（后因“文革”开始而未能审定），从而使地质勘察成果质量得到了保证。为了从理论上提高，各水电勘测设计院开展了高坝工程专题地质总结；同时与中国科学院地质研究所合作，编写了《水利水电工程地质》一书约 65 万字（1974 年正式出版）。

实际情况表明，从 50 年代初到“文革”开始前，通过水电工程前勘察和施工地质工作的实践，广大地质勘察人员的技术水平不断提高，经验日益丰富，我国的水电勘察队伍已经成长为一支能够独立完成各种工程地质勘察任务和解决复杂工程地质问题的力量。

2．“文革”动乱和恢复调整时期（1966 年～1980 年）

在“文革”浩劫中，水电建设经历了极大的动乱，水电地质队伍也受到严重的摧残。1969 年，北京、上海、西北、长沙、昆明、贵阳等 6 个设计院被宣布撤销，地质勘测人员和有关人员一道被下放到各工程局，仅保留东北、成都两院。在机构拆散、人员下放的同时，大量宝贵资料被毁掉或散失，一些工程又陷入边勘察、边设计、边施工的状态。只是由于有了“文革”前打下的基础，加上有关地质人员努力排除干扰，积极工作，使工程中不少实际问题仍然得到解决，保证了在建水电工程的进展。

1975 年，中央着手对全国许多方面的工作进行了整顿，形势有了明显好转。在这种情况下，被撤销的水电勘测设计、科研等机构开始恢复、发展。在重建机构和队伍的过程中，开始更新或添置新的仪器设备，开展各种岩体原位试验和原型观测，使地质勘探工作的手段和方法逐步走向多样化和完善化。1978 年，规划总院召开了全国水利水电工程地质勘察技术交流会，对以往的地质勘察技术经验进行了全面系统的总结和交流；同年还颁布了《水利水电工程地质勘察规范》和 11 本勘察规程，又正式出版了《水利水电工程地质手册》。据统计，到 80 年代初，部属水利水电地质勘察人员已恢复到 15000 人以上，每年平均完成钻探进尺 10 万 m 以上，洞探进尺 1.0 万～1.5 万 m。

3．改革开放大发展时期（1980 年以后）

进入 80 年代以来，党的十一届三中全会提出的改革开放政策极大地促进了水电事业的发展。同时，也为水电工程地质勘察工作的发展和技术理论水平的提高创造了十分有利的条件。

为了加强地质勘察工作的管理和体制改革，原水电部于 1981 年 9 月召开了水电前期工作和工程质量管理会议，明确提出调整时期要加强勘测工作，保证基础资料可靠的要求，随后原水电建设总局颁发了《加强水电勘测设计技术管理工作若干规定》。1984 年 11 月原水利水电建设总公司召开了全国勘测工作会议，会议在总结近几年经验的基础上，本着改革精神，制订了《水利水电地质勘测工作管理基本要求》等文件。1985 年 1 月，原水利水电建设总公司召开体制改革座谈会，确定了当前水利水电勘测设计和施工单位当前改革的方向。1991 年 1 月水利水电规划设计总院勘测处发表了《积极采用新技术、新装备，不断提高水利水电勘测水平》的文章。1992 年 10 月水电规划总院召开了全国水利水电勘测工作会议，会议讨论了由总院提出的《水利水电勘测队伍状况及调整意见》、《水电前期项目执行收费标准及前期勘测设计费偿还的若干补充规定》、《关于水利水电勘测设计前期工作实行项目承包的补充规定》、《水利水电勘测设计单位财务结算办法》、《勘测技术发展目标》及《保证材料供应，促进装备发展，努力为勘测工作创造物质条件》等 6 个专题报告，研究提出了进一步深化改革的措施。在技术管理方面，水利水电建设总局曾于 1985 年 7 月颁发了《各规划设计阶段工程地质勘察工作深度和质量要求》。此外，由总院主编的国家标准《水利水电工程地质勘察规范》（GB 50287—99）和《工程岩体试验方法标准》（GB/T 50266—99），分别于 1999 年 8 月和 1999 年 5 月正式颁发执行。1982 年 1 月中国水力发电工程学会成立地质及勘探专业委员会，至今共举办专业学术活动 35 次，提出论文约 1600 篇，促进了勘测各专业的经验交流和专业水平的提高与发展。水利水电工程地质信息网刊《工程地质》至 2000 年已出版 60 期。

通过采取上述一系列有力措施，产生了积极的效果。首先是，各勘测设计院逐步推行了全面质量管理制度，建立技术管理和岗位责任制度，并使管理体制的改革逐渐向企业化、社会化方向发展；一些勘测单位正全面推行技术经济承包责任制，逐步成为独立核算、自负盈亏的全能勘测生产指挥系统和经济实体。其次是，由于制订、颁布了多种有权威性的规程规范，使整个地质勘察工作有章可循，基本做到勘测资料能如实反映客观情况，对主要工程地质问题论证充分，分析透彻，选用参数合理，结论正确。

这一时期内，在水电工程地质科研方面列入国家重点科技攻关水电科技项目的，"六五"有"复杂地基的勘测与处理技术"、"水电地下工程围岩分类研究"和"复杂地基（软弱夹层缓倾角）工程地质研究"等；"七五"有"深厚覆盖层建坝研究"、"高坝坝基岩体稳定性评价及可利用岩体质量的研究"、"勘测新技术研究"和"高速滑坡机理的研究"等；"八五"有"岩质高边坡稳定分析方法和软件系统研究"、"勘测关键技术及综合应用研究"、"岩质高边坡开挖及加固措施研究"、"岩质高边坡勘测及监测技术方法研究"等。这些课题极大地促进了水电工程地质问题（包括区域构造稳定、水库诱发地震、混凝土坝坝基建基面的确定、软弱夹层、水文地质电模拟试验、岩质高边坡勘察、抽水蓄能电站高水头有压隧洞的围岩稳定性、岩溶地区坝址选择、高坝坝基岩体稳定、深厚覆盖层上建坝等）的研究与发展，取得了丰硕的成果。

最后要提出的是，通过50年的艰难曲折历程，广大地质勘察人员已经摸索形成了一整套有中国特色的水电工程地质勘察体系和经验，概括起来有以下几点：① 重视基础地质资料的搜集；② 地质勘察以查明工程地质条件为中心，对主要工程地质问题要有明确结论；③ 按勘察设计阶段循序进行，确定任务、内容和工作深度；④ 重视规划选点、坝址、厂址选择的地勘工作；⑤ 综合使用各种勘探手段搜集资料；⑥ 确立地勘工作由区域到场地、由地表到地下、由一般性调查到专题研究、由定性到定量评价的原则；⑦ 地质与勘探并重，试验与监测并重，基础资料搜集与分析研究并重；⑧ 重视主要工程地质问题的研究；⑨ 积累经验，制订技术标准，确保地质资料的质量。

（水电水利规划设计总院　朱建业）

大坝建设及其主要技术成就

（一）我国大坝建设概况

50年来，我国共建水库86000多座，形成水库的大坝在数量上居世界各国之首。我国坝工建设根据不同河流的特点、水库用途、坝址地形地质条件和当地建筑材料等因素，因地制宜地选择坝址、坝型。土石坝、重力坝和拱坝作为3种基本坝型的筑坝技术在我国筑坝史上均有较大发展。

1. 土石坝

我国土石坝建设数量最多，约占各类坝型的90%以上，但在80年代以前，坝高100m以上的仅有石头河、碧口和鲁布革3座，且均属土质防渗墙土石坝。80年代以来混凝土面板堆石坝（下称面板坝）筑坝技术从国外引进，从此面板坝建设有很快发展，据不完全统计至90年代末在建的有35座，已建的有39座。小浪底壤土斜心墙堆石坝，最大坝高154m，天生桥一级面板坝，坝高178m，分别为我国目前最高的壤土防渗墙堆石坝和混凝土面板堆石坝。我国坝高100m以上的土石坝有14座，其中9座为面板坝，见表1。

表1　坝高100m以上的土石坝

序号	工程名称	建设地点	坝型	坝高 (m)	库容 (10^6m^3)	坝体工程量 (10^6m^3)	建设年份
1	天生桥一级	贵州、广西	面板坝	178	10260	19.13	1990～1999
2	小浪底	河南	斜心墙堆石坝	154	12600	51.85	1991～2000
3	乌鲁瓦提	新疆	面板坝	138	347	6.8	1995～1999
4	金盆	陕西	心墙砂砾石坝	133	200	7.75	1996～2001
5	珊溪	浙江	面板坝	132.5	1922	5.7	1997～2000
6	白溪	浙江	面板坝	124.4	164	3.7	1998～2000
7	黑泉	青海	面板坝	123.5	182	5.56	1996～2000
8	白云	湖南	面板坝	120	360	1.7	1991～1996
9	古洞口	湖北	面板坝	118	138	1.9	1993～1998
10	高塘	广东	面板坝	110.7	96	1.95	1996～1999
11	石头河	陕西	心墙砂砾石坝	105	147	8.35	1976～1982
12	鲁布革	云南、贵州	心墙堆石坝	103.8	142.5	1.85	1983～1988
13	碧口	甘肃	心墙土石坝	101.8	521	4	1969～1976
14	柴石滩	云南	面板坝	101.8	437	2.17	1996～2000

我国碾压式土石坝的建设在数量上居世界第一，但在坝高上与世界300m级水平尚有较大差距。我国面板坝的筑坝技术与世界先进水平相当。

2. 混凝土重力坝

我国高坝建设中混凝土重力坝发展最早最快。50年代建设新安江、古田一级、上犹江、三门峡，60年代修建刘家峡、丹江口、云峰、湖南镇等高重力坝。80年代前重力坝大多采用实体重力坝、宽缝重力坝和空腹重力坝。80年代以来，碾压混凝土筑坝技术从国外引进，从此碾压混凝土重力坝发展较快，至90年代末已建在建碾压混凝土重力坝近40座。长江三峡大坝为实体混凝土重力坝，坝高183m，是目前我国正在建设中规模最大最高的重力坝。我国坝高100m以上的重力坝有20座（其中2座由大头坝加固补强改建），见表2。

我国重力坝的技术水平与国外同类型坝相比，基本相当，但坝高尚有差距。碾压混凝土筑坝技术吸收了国外先进经验，并有所发展，逐步形成具有中国特色的筑坝技术。

3. 拱坝

我国已建成300多座高度大于30m的拱坝，成为世界上修建拱坝最多的国家之一，但高拱坝是在80年代以后才有较大的发展，如东风、李家峡、东江等。近年来建设的二滩双曲拱坝，坝高240m，为世界第三高拱坝。我国坝高100m以上的拱坝有13座见表3。

表2 坝高100m以上的重力坝

序号	工程名称	建设地点	坝型	坝高(m)	库容(10^6m^3)	坝体工程量(10^6m^3)	建设年份
1	三峡	湖北	重力坝	183	39300	14.8	1993～2003
2	刘家峡	甘肃	重力坝	147	6090	0.76	1964～1974
3	漫湾	云南	重力坝	132	1110	1.53	1986～1993
4	宝珠寺	四川	重力坝	132	2550	2	1985～1995
5	湖南镇	浙江	梯形重力坝	129	1170	1.45	1970～1977
6	安康	陕西	重力坝	128	3200	2.1	1976～1992
7	江垭	湖南	碾压混凝土重力坝	131	1740	1.35	1995～1999
8	故县	河南	重力坝	121	1200	1.34	1978～1990
9	大朝山	云南	碾压混凝土重力坝	118	890	1.5	1997～2001
10	云峰	吉林	宽缝重力坝	113.8	3856	2.74	1958～1967
11	棉花滩	福建	碾压混凝土重力坝	111	200	0.55	1997～2001
12	岩滩	广西	碾压混凝土重力坝	110	2430	1.72	1984～1992
13	潘家口	河北	宽缝重力坝	107.5	2930	2.62	1975～1983
14	水丰	辽宁	重力坝	107	14660	3.4	1937～1943
15	黄龙滩	湖北	重力坝	106	1170	0.98	1969～1975
16	三门峡	河南	重力坝	106	16200	1.63	1957～1973
17	新安江	浙江	宽缝重力坝	105	21626	1.38	1957～1960
18	新丰江	广东	支墩坝	105	14000	1.06	1956～1960
19	柘溪	湖南	大头坝	104	3560	0.86	1958～1962
20	水口	福建	宽缝重力坝	101	2600	1.81	1986～1993

表3 坝高100m以上的拱坝

序号	工程名称	建设地点	坝型	坝高(m)	库容(10^6m^3)	坝体工程量(10^6m^3)	建设年份
1	二滩	四川	双曲拱坝	240	6170	4.25	1988～1998
2	龙羊峡	青海	重力拱坝	178	27630	1.57	1976～1987
3	东风	贵州	双曲拱坝	173	1025	0.44	1986～1995
4	李家峡	青海	双曲拱坝	165	1728	1.15	1988～1998
5	乌江渡	贵州	重力拱坝	165	2140	1.88	1974～1979

续表

序号	工程名称	建设地点	坝　型	坝高（m）	库容（10^6m^3）	坝体工程量（10^6m^3）	建设年份
6	东江	湖南	双曲拱坝	157	9530	0.9	1978～1986
7	隔河岩	湖北	重力拱坝	151	3770	2.17	1986～1993
8	白山	吉林	重力拱坝	149.5	5997	1.63	1976～1983
9	江口	重庆	双曲拱坝	142	497	0.75	1999～2003
10	沙牌	四川	碾压混凝土拱坝	132	78	0.42	1997～2001
11	风滩	湖南	空腹重力拱坝	112.5	17.15	1.17	1970～1978
12	紧水滩	浙江	双曲拱坝	102	1393	0.3	1980～1987
13	群英	河南	浆砌石拱坝	100.5	20	0.18	～1971

通过二滩拱坝建设的实践和小湾、溪洛渡300m级高拱坝的设计和科研，我国拱坝筑坝技术已与世界水平相当。

（二）我国大坝建设的主要技术成就

1.地质勘探技术

大坝基础地质勘探广泛采用新技术、新设备和新工艺。在区域地质调查和工程地质图测绘时，采用遥感技术。运用物探、钻探和洞探等综合勘探方法查明基岩埋深、岩体风化、隐伏地质构造和地下水。调查历史地震资料、断层构造发育情况和近期地震观测成果进行坝址地震危险性分析。采用SM植物胶固化冲积覆盖层获取原状砂砾石。采用彩色电视摄像编录钻孔岩心地质构造、裂隙产状和软弱夹层状况。通过大量工程地质勘探实践，我国已能在各种复杂的地质包括碳酸盐岩溶地质条件下，对水库渗漏、边坡稳定和高坝地基作出科学的工程地质评价，并为工程设计提供重要依据和地质参数。

2.科学试验和计算机应用

在大坝建设科技领域中，有关材料、结构、水力学、泥沙、岩土力学等学科的基础理论和应用科学，随着大规模水利水电工程建设的发展而迅速提高。从事水利水电行业的勘测设计院、科学研究院和大专院校都普遍使用计算机，编制有大量计算机应用程序和计算机辅助设计软件。在材料、结构、水工、泥沙、岩土、抗震等方面的试验技术、原型测试技术等具有较高水平，完全能承担大型水利水电工程中各种复杂问题的物理模型试验。所有这些成就都为我国坝工建设提供了可靠的技术保证。

3.土石坝建设的技术成就

我国在土石坝筑坝材料、坝体分区、坝体稳定、渗流、沉降及应力应变分析、基础处理、填筑标准、施工机具等一系列关键技术问题方面积累了丰富的经验。

（1）用砾质土或风化料作为高坝的防渗土料。已建成的鲁布革心墙堆石坝，采用全风化砂页岩作心墙料获得成功。拟建的瀑布沟心墙堆石坝，高186m，心墙土料采用筛除80mm以上粒径砾石的天然砾质土；这种土和风化料抗剪强度高、渗透系数小、压缩模量大，其物理力学性能较好，能满足堆石坝防渗体的要求。

（2）成功地建成了多种形式的面板坝。修建在深厚覆盖层上的面板坝，基础采用混凝土防渗墙处理，趾板与防渗墙连接采用柔性接缝结构，以适应地基变形。黏土防渗墙土石坝与混凝土面板相结合，这种形式的坝可用在下部为已建的土石坝，上部需要加高而采用面板坝。用喷混凝土作成的薄面板堆石坝，这种形式的面板坝目前修建的大坝高度不高。正在设计的水布垭面板坝为世界最高的面板坝之一，坝高233m，坝坡1:1.4，坝体堆石体按垫层、过渡层、主堆石区和次堆石区进行分区，趾板建在灰岩岩基上，趾板下设帷幕灌浆，周边缝设可靠止水。正在建设的以砂砾石为主要筑坝材料的面板坝有4座，坝高都在120m以上。砂砾石料具有压缩性低、抗剪强度和变形模量高、施工易压实、工程单价低等优点，但由于砂砾石抗渗流冲蚀能力低，易发生渗透变形破坏，故需强调做好面板周边缝止水，并在坝体分区上设堆石排水体和反滤层。

（3）在强地震区和活断层上建土石坝必须查清含砂地基液化性能和坝体填筑料的动力特性。我国对地震作用下坝基和坝体二维、三维动力分析有深入研究，并能进行振动台物理模型和离心机模型试验。土石坝抗震常采用加宽坝顶、放缓坝坡、加强反滤排水结构、以抗剪强度高的堆石料压坡和必要时在坝内加筋等措施，实践证明这些措施是有效的。

（4）深厚覆盖层地基上的土石坝，常采用混凝土防渗墙或高压旋喷灌浆幕作防渗处理。目前我国混凝土防渗墙的最大深度达82m，防渗墙的渗透系数小于10^{-8}cm/s，强度40MPa；高压旋喷灌浆压力40MPa以上，防渗帷幕的渗透系数为10^{-5}～10^{-6}cm/s，强度为2～3MPa。

（5）坝体材料特性试验可进行全级配料大型三轴试验、渗流试验和压缩试验。对坝体坝基稳定、渗流、沉降、应力和应变计算编制有各种非线形二维、三维有限元程序，可供工程实际应用。

4．重力坝建设的技术成就

（1）多种型式的重力坝，包括实体重力坝、宽缝重力坝、空腹重力坝、浆砌石重力坝以及近10多年来发展很快的碾压混凝土重力坝。

（2）重力坝设计理论有新的发展。坝体设计除采用材料力学法进行结构分析外，还采用有限元分析，将有限元分析得出的拉应力区的宽度不大于坝底宽的1/5作为坝体断面设计的控制标准。用概率理论，进行可靠度分析。用数学规划方法对坝体断面进行优化。考虑坝体分层施工和分期蓄水，对坝体进行应力仿真计算；用断裂力学分析坝体裂缝的产生及其扩展。这些新的理论和方法已被普遍应用于高重力坝设计。

（3）碾压混凝土重力坝已被广泛采用。碾压混凝土坝的设计力求做到体型简单，以方便施工，缩短工期；碾压混凝土配合比采用低水泥用量，高掺粉煤灰，粉煤灰掺量50%～70%；采用富胶材料以提高碾压混凝土自身抗渗性能，胶凝材料用量一般不少于150kg/m^3；采用高效复合外加剂，使碾压混凝土缓凝、减水，并有良好和易性；碾压混凝土常采用薄层连续通仓浇筑，以加快施工进度。

（4）重力坝坝身泄洪过去常采用单一的挑流、底流、面流和戽流消能，现在经多项工程实践和水工模型试验验证，创造出中国特有的宽尾墩联合消能工型式。这种消能型式的特点是将溢流坝闸墩的尾部放宽，并与挑流、底流、面流或戽流等消能型式相结合，使消能效果大为提高。宽尾墩可使水流通过溢流坝面产生多股收缩壅高水流，再在反弧段下落坦化、交汇和混合，极大地加强水流内部的紊动、剪切、掺混和碰撞，改变平尾墩二元水流为完全的二元水流，使水流获得更大的消能效果，以达到缩短消能建筑物长度，减轻对下游河床的冲刷。

（5）复杂岩基上混凝土重力坝的地基处理，采用高压水泥灌浆，丙凝、环氧或聚氨酯化学灌浆，磨细水泥灌浆，高压喷射冲洗灌浆和稳定性浆液灌浆，提高了灌浆效果，使基岩的防渗性能、强度和弹性模量有较大的提高。

（6）三峡工程重力坝为世界最宏伟的重力坝。坝身泄洪流量大，泄洪建筑物结构复杂。巨大的洪水全部集中在坝身宣泄，最大的泄洪流量达102500m^3/s。坝身分3层布置泄洪孔口，上部为表孔、中部为深孔、底部为底孔，孔口尺寸大、孔数多，流速大于35m/s，孔口最大拉应力达4MPa以上，孔口周围布设多排钢筋。三峡工程采用坝后式厂房，厂房机组26台，单机容量700MW，总装机容量18200MW；通过坝身的压力钢管直径12.4m，钢管以浅埋槽方式布置在坝后，采用钢衬钢筋混凝土联合受力结构。三峡工程总混凝土工程量2600万m^3，其中重力坝工程量1600万m^3，总工期16年，最高年混凝土浇筑强度410万m^3，最高月浇筑强度46万m^3，采用先进施工方法，在筑坝史上规模空前，居世界领先地位。

5．拱坝建设的技术成就

我国拱坝建设将攀登世界技术高峰，其特点是，坝体愈来愈高，坝身泄洪流量和水头愈来愈大。

（1）拱坝枢纽布置。拱坝多建于峡谷河床，对于泄洪流量大、电站装机规模大的高拱坝，枢纽布置更加困难。必须根据地形地质条件、泄洪流量大小、电站装机规模因地制宜合理布置。我国以拱坝为坝型的枢纽布置创造了多种型式：厂房布置在拱坝腹腔内，坝顶泄洪；厂房布置在坝后，坝顶和厂房顶泄洪；厂房布置在坝后，两岸坝身浅孔、中孔滑雪道式泄洪；厂房布置在地下，坝身和岸边隧洞泄洪。因地制宜多种型式的枢纽布置，须通过水工模型试验论证，做到泄洪、发电安全可靠，经济合理。

（2）拱坝体型优化。拱坝体型参数选择直接影响着坝体应力和工程量的大小，拱坝体型优化是利用数学规划方法在给定的约束条件下，寻求拱坝应力条件最好、工程量最小的方法。对拱坝优化已编制有计算机程序，可考虑静力和地震动力作用的体型优化和控制坝踵开裂的体型优化，也可考虑稳定安全系数约束优化。可以对一个工程分别以双心圆、三心圆、抛物线、椭圆曲线、双曲线和对数螺旋曲线等6种体型进行优化和比选，选出最佳体型及相应参数。据对30多个实际工程的统计，经过优化可减少20%的坝体混凝土工程量，节省投资15%～35%。

（3）拱坝拱座稳定。拱座稳定是确保拱坝安全的前提，在充分考虑坝体应力条件下，高拱坝趋向扁平拱型，限制拱圈中心角，使拱应力与岸坡有较大夹角，以利拱座稳定。拱座稳定除应控制变形外，主要是拱座岩体抗滑稳定，而拱座抗滑稳定主要受控于岩体结构面的滑动失稳。目前通常用刚体极限平衡法、有限元法和地质力学模型进行静力、动力分析，以判断拱座的稳定性。为了确保拱座安全，需对拱座软弱岩体结构面进行基础处理，以改善其力学性能，提高坝肩拱座的稳定性。

（4）拱坝应力三维非线性仿真计算。拱坝应力分析常用拱梁分载法和有限元法。拱坝在水荷载作用下是以压应力为主的超静定结构，在温度荷载作用下出现拉应力。对于高拱坝，应力应变呈非线性状态，以研究混凝土本构模型为基础，用断裂损伤力学和弹塑性理论，研制了一整套三维非线性多拱梁法和有限元程序，该程序可考虑分期施工、分期灌浆封拱和分期蓄水全过程仿真，这在一定程度上发展了拱坝计算理论，代表了拱坝坝体应力分析的近代技术水平。

（5）拱坝泄洪消能。近年来我国设计的高拱坝，如拉西瓦、构皮滩、小湾、溪洛渡和已建的二滩高拱坝，泄洪流量30000～50000m^3/s，泄洪落差200m以上，泄洪功率30000～70000MW，代表了在峡谷河床中大流量高水头的泄洪消能，其特点是泄洪功率大，能量集中。泄洪消能方式，采用坝身表孔、中孔和岸坡隧洞联合泄洪，选择合适的表孔、中孔体型、鼻坎高程、挑角和布置，使多股水流在空中碰撞后分散落点。在坝后设二道坝形成水垫塘，控制水流对底板的冲击力，利用岸边泄洪洞挑流分散在水垫塘以外消能，经水弹性模型试验验证，在水荷载和泄洪消能冲击荷载作用下，坝体及坝基的振动、变形和应力能够满足安全要求。

（6）碾压混凝土拱坝。碾压混凝土拱坝的建设吸取了碾压混凝土重力坝的经验，同时又考虑了拱坝的特点，主要的经验有：采用全断面碾压混凝土，不采用常态混凝土外包，仅在溢流坝面、闸墩及孔洞周围采用部分常态混凝土；坝体设若干条横缝或诱导缝，不分柱状块浇筑，采用全断面薄层连续浇筑，横缝或诱导缝内埋灌浆设施，待坝体温度下降后灌浆；碾压混凝土采用高掺粉煤灰、低水泥用量和富胶凝材料；依靠碾压混凝土的高质量自身防渗，在每一填筑层间铺洒水泥粉煤灰净浆或水泥砂浆，以提高抗渗能力；避免夏季高温季节浇筑，简化温控措施，做好防止气温骤降温度影响，采用保温措施，并加强养护。

（三）展望

我国水利水电建设在21世纪将有更大的发展，国家把水利作为国民经济的基础产业，将会在资金上加大投入。大规模的水利水电建设将把坝工建设提高到一个新的水平。目前正在设计的坝高150m以上的部分高坝有21座，其中土石坝12座，重力坝5座，拱坝4座。预计21世纪前期，我国将建成世界上最高的拱坝和混凝土面板堆石坝，我国的坝工建设将跻身于世界一流水平。

（水利水电规划设计总院　许百立）

50年水电工程施工技术发展水平

建国50年来，我国水电建设的发展，尤其是一批大型水电站和高坝的建成，促使我国水电工程施工技术取得了巨大的成就和长足的进步，在有些方面已经达到了世界先进水平。以能够反映水电工程施工技术和组织水平的坝工建设为例，在50年中，已建和在建的100m以上的高坝有50座。前30年有10座，最大坝高为刘家峡水电站混凝土重力坝，高147m；碧口水电站心墙土石坝，高101.8m。后20年有40座，最大坝高为二滩水电站混凝土双曲拱坝，高240m；江垭碾压混凝土坝，高131m；天生桥一级水电站混凝土面板堆石坝，高178m。目前在建的18座高坝中，混凝土面板堆石坝10座，碾压混凝土坝5座，其他坝型3座，可见混凝土面板堆石坝和碾压混凝土坝已成为当前首选的坝型。以下从几个方面综述我国水电工程施工技术的发展水平。

（一）施工导截流和围堰

在大江大河上常采用立堵截流。50年代最大的截流工程为三门峡（工程简称，以下均如此）；80年代葛洲坝在长江干流上截流，难度大，龙口最大流速7.5m/s，日抛投强度7万m^3；90年代二滩采用平立堵截流获得成功；规模最大的三峡截流，采用平抛垫底、单戗立堵，日最大抛投强度19.4万m^3，为世界最高水平。

导流建筑物规模巨大。80年代隔河岩导流洞断面为13m×16m；90年代二滩两条导流洞，断面为17.5m×23m，为国内最大，分层开挖，月均进尺150m以上。规模最大的为三峡右岸可通航导流明渠，宽350m，轴线长3410m，总开挖量2138万m^3，可宣泄83700m^3/s洪水流量。

挡水围堰有很大发展。紧水滩拱围堰采用低热微膨胀水泥拌制混凝土通仓浇筑，岩滩、隔河岩、大朝山（薄拱堰高52.5m）都采用碾压混凝土围堰，水口、宝珠寺还采用复合土工膜作防渗层，都取得成功，效果很好。规模最大的是三峡二期上下游围堰，最大堰高82.5m，总填筑量超过1000万m^3。在过水土石围堰和围堰拆除等方面也积累了丰富的经验。

（二）土石方开挖

据已建和在建的51座大型水电站的统计，共完成土石方开挖4.45亿m^3，其中开挖量在1000万m^3以上的有6座，年最大开挖强度超过1000万m^3的有葛洲坝和小浪底。在建的三峡工程土石方开挖总量达1.21亿m^3，年最大开挖强度4400万m^3。

在石方开挖中已普遍采用预裂爆破和光面爆破技术，以及建基面一次爆除保护层技术。东江坝基预裂爆破半孔率达87.5%，岩壁面平整。三峡建基面一次爆除保护层，建基面声波测试值均大于4400m/s。三峡还首次采用乳化炸药混装车技术，既安全，效果又好。天生桥二级、漫湾、三峡等大型工程还遇到各种不同的复杂高边坡问题，通常采用综合措施进行处理，效果较好。三峡永久船闸最大开挖深度170m，其中直立岩面高 60m，开挖总量约 4000 万 m^3，除排水、锚喷等措施外，还设预应力锚索 3600 余根，高强锚杆约 10 万根。隧洞开挖常采用钻爆法，鲁布革引水隧洞开挖直径 8.8m，平均月进尺 231m，最高单头月进尺 373.7m，创最好水平。甘肃引大入秦隧洞开挖直径 5.53m，采用双护盾全断面掘进机施工，开挖衬砌同时完成，创最高月成洞进尺 1300.8m 的纪录。地下厂房尺寸最大的是二滩，280.5m×25.5m×65.5m（长×宽×高），开挖断面 1620m^2，月开挖强度已超过 2 万 m^3。岩锚吊车梁技术在地下厂房中已被广泛采用，经济效益显著。在隧洞衬砌方面也取得了显著进步，各种针梁模板、钢模台车已被广泛采用。广州抽水蓄能电站还使用多功能模板，可一模多用；天荒坪斜长井衬砌采用自行研制的滑模施工，创最高月滑升 230.3m 的新纪录，其性能优于国外同类滑模。隔河岩、小浪底隧洞还采用了预应力混凝土衬砌。

丰满、密云、汾河、响洪甸等各类隧洞的进水口开挖均采用水下岩塞爆破技术，已取得丰富经验。

（三）地基处理

常用的地基处理技术有灌浆、防渗墙和高压喷射灌浆等。大坝岩石地基处理已广泛采用灌浆方法，而砂砾石地基除采用灌浆方法外，更常采用防渗墙方法。具有中国特色的高压水泥灌浆技术用于岩溶和非岩溶地层的帷幕、固结灌浆，最大灌浆压力达 6～9MPa。灌浆材料也得到较快发展，如二滩的超细水泥、五强溪的湿磨细水泥浆液、红枫的膏状浆液、龙羊峡的中化—798（环氧类）和聚氨酯化学灌浆，均取得了很好效果。近年还研制成功智能灌浆自动记录仪，在一些工程中推广使用。

70 年代前防渗墙技术获得成功后，促进了在砂砾石地基上修建土石坝和混凝土闸坝的发展。八九十年代革新了造墙机具和墙体材料，以提高效率和质量，开始使用冲击反循环钻机、液压导板抓斗，三峡还使用双轮铣钻机；开始使用弹模极低的塑性混凝土和固化灰浆。据统计，防渗墙深度超过 40m 的有 44 道，总面积 54 万余 m^2，其中小浪底主坝防渗墙最深，为 81.9m，冶勒防渗墙试验段已深达 101m，宝珠寺左岸岸坡防冲墙最宽，为 1.4m，规模最大的为三峡二期上下游围堰，墙体总面积达 9.6 万 m^2。

80 年代以后，高压喷射灌浆成墙技术也广泛用于围堰覆盖层防渗。此外，沉井、抗滑桩和振冲加固技术也用于一些有特殊要求的地基处理中。

（四）土石坝工程

70 年代前施工机械化程度很低，以人力为主修建均质土坝、黏土心墙或斜墙砂砾石坝。还采用水中填土、水力冲填和定向爆破等筑坝技术。如密云和岳城水库都动用 20 余万民工，岳城最高年填筑 1366 万 m^3。70 年代后逐步引进、开发各种大型土石方机械，特别是 90 年代施工机械的斗容、马力和吨位都明显增大，机械性能良好，使碾压式黏土心墙堆石坝和混凝土面板堆石坝得到迅速发展。小浪底斜心墙堆石坝（高 154m）和天生桥一级混凝土面板堆石坝（高 178m）是我国最高的土石坝。小浪底大坝总填筑量为 5158 万 m^3，最高月填筑强度 157 万 m^3；天生一级最高月填筑强度 118 万 m^3，创最好水平。筑填材料尽可能利用附近料场，并充分利用工程开挖料。鲁布革大坝首次采用砂页岩风化料作心墙料，压实后渗透系数可满足小于 1×10^{-5}cm/s 的要求。

混凝土面板坝虽起步较晚，但发展迅速，据统计已建和在建的约 70 座，在建的坝高 100m 以上的有 10 座，近期开工建设的有水布垭（坝高 233m）、洪家渡（坝高 182m）等 5 座，正攀登世界先进水平。另外，在提高混凝土面板的抗裂、防渗和耐久性，改进周边缝止水结构和材料，以及面板无轨滑模和洞室爆破开采级配料施工技术等方面都有所发展和创新。

沥青混凝土防渗技术开始在天荒坪上库坝和三峡茅坪溪防护坝工程中使用。

（五）混凝土工程

在已建装机容量 1.2 万 kW 以上的水电站中混凝土坝约占 70%，共浇筑混凝土 2.48 亿 m^3；在大型水电站中混凝土坝占 88%，可见混凝土坝在过去 50 年中占主导地位。

60 年代前混凝土工程骨料以天然砂石料为主，70 年代乌江渡建成以灰岩为料源的大型人工砂石料系统，最高年产量为 71.8 万 m^3。此后除灰岩外，正长岩、玄武岩、花岗岩，以至流纹岩、石英岩等强磨蚀性岩石都被加工成砂石骨料。五强溪成功地解决了强腐蚀性石英岩加工骨料的关键技术。三峡以花岗岩为料源，古树岭和下岸溪系统的月设计生产能力为 48 万 m^3（76 万 t）和 26 万 m^3（39 万 t），是世界上规模最大的人工砂石骨料系统。

大体积混凝土常以中热硅酸盐水泥为主，近年来还提倡使用具有微膨胀性能的水泥（如安康）。80 年代才广泛掺用粉煤灰，有些工程还掺用凝灰岩和磷矿渣。另外，还提倡使用引气剂、缓凝剂和复合高效减水剂等外加剂。在混凝土配合比方面除保证混凝土强度和抗渗性外，还更注意改善和提高混凝土的抗裂性、耐久性和抗蚀性。东西关利用当地极细砂（细度模数 1.12～1.44），采用“两低两高”综合措施，配制出性能优良的水工混凝土。另外，在外掺 MgO 和大体积混凝土中掺硅粉等方面也取得了经验。小浪底隧洞还采用抗冲耐磨性能优良的无毒环氧砂浆抹面，可在常温下施工。

随着综合机械化程度和水平的提高，一些工程年浇筑量达 100 万 m^3 以上。二滩 1996 年浇筑混凝土 181 万 m^3，三峡大坝高 183m，1999 年浇筑混凝土 458 万 m^3，2000 年计划浇筑 540 万 m^3，创世界纪录。

在温度控制方面，夏季已能生产 7～10℃低温混凝土，使一些工程能采用通仓薄层浇筑。另外，在配套机械、模板和缝面处理等方面都有所进步。

碾压混凝土筑坝技术发展很快，目前已建在建的近 40 座，其中 100m 以上 6 座，碾压混凝土总量超过 1000 万 m^3，最高的为江垭重力坝，高 131m，其次为沙牌拱坝，高 132m。中国碾压混凝土的特点是高掺粉煤灰、低稠度、短间隙、薄层全断面碾压、快速连续上升。近年还开始采用斜层铺筑碾压新工艺。在坝体上游侧铺筑二级配碾压混凝土，解决坝体防渗问题。另外，在模板、负压溜槽方面有所革新，在层面结合、变态混凝土作业等工艺方面有较大创新。

（六）水电工程施工工期

技术进步和建设体制改革使施工工期明显缩短。据 43 座已建水电站的初步分析，自截流至首台机组发电的工期，重力坝型由六七十年代的 55 个月，到 90 年代后期的 38 个月，缩短工期 30%；拱坝坝型由七八十年代的 77 个月，到 90 年代的 64 个月，缩短工期近 20%；土石坝坝型最短，为 36 个月，引水式电站最长。二滩从截流到首台机发电仅 57 个月。小浪底工程规模巨大，覆盖层深，从开工到首台机发电为 100 个月，从截流到首台机发电仅为 27 个月。另外，广州蓄能、水口、岩滩等工程在工期、质量等方面也取得了令人瞩目的成绩。

（水利水电工程总公司　何本善）

水电站机电工程 50 年

建国 50 年来，我国水电建设取得了巨大的成就。1949 年全国水电装机容量仅 36 万 kW，发电量 12 亿 kW·h。到 1999 年底，全国水电装机已达到 7297 万 kW，为 1949 年的 202.7 倍；水电发电量达到 2129 亿 kW·h，为 1949 年的 177.4 倍。

水电站的机电设备，包括水轮发电机组、变压器、高低压配电装置，以及调速器、励磁装置、继电保护、控制系统等，建国前全靠进口；建国后机械制造行业从无到有、从小到大，发展到现在除高水头、大容量抽水蓄能机组外，所有机电设备全部能够自己设计、制造，不仅能满足国内水电事业发展的需要，而且能出口国外。回顾过去 50 年，水电站机电设计、安装和机电设备的研究、设计、制造技术是随着水电站工程建设规模由小到大而发展起来的。从丰满水电站恢复改建开始，向前苏联学习，采用前苏联的技术和设备，到现在我们自己建设世界上规模最大的三峡水电站，我国从事水电机电专业的工程技术人员经过半个世纪的艰苦奋斗，经历了一个很不平凡的历程。

50 年来机电工程大致可分为以下几个阶段：

（1）1949～1953 年，我国大、中型水电站建设从丰满水电站恢复和改建开始，丰满安装第 7、第 8 号机由前苏联设计并提供设备，并派专家指导。这二台机组是当时单机容量和外型尺寸最大的机组，它的设计、安装标致着我国水电机电设计、安装的第一个里程碑，通过这二台机组及其配套设备的机电设计、安装实践，培养了一大批工人和技术人员，学习并掌握了大型水电站设计和安装、调试技术。在这期间，单机容量 6000kW 以上大、中机组投产 2 台共 14.5 万 kW。

（2）1954～1958 年，全国水电建设蓬勃发展，一批中型水电站如河北官厅、福建古田溪、四川龙溪河、云南以礼河、安徽佛子岭与梅山、江西上犹等水电站相继开工建设。至 1958 年除丰满 2 号、6 号、5 号机组外，官厅、古田一级、狮子滩、上硐、上犹、流溪河、黄坛口、梅山、以礼河二级等电站也陆续投产发电，总共安装投产大、中型机组 31 台，共 62.05 万 kW。这些新建电站的机组容量除丰满外都在 1 万 kW 左右，所有机组及配套设备都采用国产设备。

这一时期安装的水轮机大部分为立轴混流式、金属蜗壳。水轮机座环为有蝶形边的整铸结构或铸焊结构，金属蜗壳材质为低碳钢板，在制造厂分块滚压成型，运往电站组装焊接。蜗壳采用单节拼焊成型挂装于座环上。水轮机模型采用国外的转轮模型资料，转轮整体铸造，加工后运到工地安装，发电机均为悬吊型，密闭空冷式，带下机架有两个导轴承。定子铁心外径不超过 5.5m，一般在工厂制造分 2～3 瓣运到工地组合，然后嵌装合缝处线棒。定子线棒为沥青云母带浸胶 B 级绝缘，下线时采用加温吊拔和嵌装工艺，接头联接用碳弧加温，锡焊固接。转子中心（轮毂）与大轴采用加温热套，依靠紧配合与键的联合作用，传递扭矩。直径大于 4m 的转子用 3～5mm 的钢板冲成扇形片，在工地交错叠成磁轭，磁轭与转子支架采用径向键在冷状态下打紧联接成整体。

（3）1959～1965 年，共安装投产大中型机组 60 台 149.53 万 kW。装机容量超过 25 万 kW 的大型水电站，如浙江新安江、广东新丰江、甘肃盐锅峡、湖南柘溪、河南三门峡等，以及 2.5 万～25 万 kW 的中型水电站，如猫跳河梯级、密云、岗南、黄坛口等水利水电工程相继开工建设。在这期间，一方面在以美国为首的资本主义国家对我国采取敌视封锁的政策，另一方面由于中苏关系紧张，前苏联撤走了在华的全部专家。我国依靠自己的力量，自力更生、奋发图强，继续发展自己的民族工业，水电站机电工程随着电站规模不断地增大，单机容量的加大而进一步得到了发展。

西津水电站机组，单机容量 5.72 万 kW，前苏联制造，是我国安装的第一台轴流式（卡普兰）机组。水轮机转轮直径 8m，叶片可调节，调速器采用双调。既能随着负荷变化调节导叶开度，又能根据水头的不同调节轮叶的角度。西津第一台机于 1964 年投产发电。

三门峡水电站机组，单机容量 14.5 万 kW。水轮机转轮直径为 5.5m，转轮上冠和下环的钢材采用 20MnSi，由于受铁路运输限制，分为两瓣制造，运到工地后组合焊接，焊后进行热处理退火消除应力。转轮焊接在没有外国专家的指导下，我国依靠自己的力量，通过精心的试验、摸索，终于取得了大型分瓣转轮焊接成功的经验。从这以后刘家峡、丹江口、龚嘴、白山、龙羊峡、安康、岩滩、李家峡、漫湾、二滩等水电站以及三门峡 6 号、7 号机共 50 多个转轮焊接均获得了成功。

大型水轮机蜗壳的材料采用低合金高强度钢板，选用碱性低氢型焊条，焊接时辅以预热措施，利用超声波、X 射线、γ 射线等对焊缝进行检验。水轮发电机采用伞式或半伞式结构，推力轴承采用液压支柱式弹性油箱结构等新技术。

60 年代初，安徽响洪甸 4 号机，单机容量 1 万 kW。哈尔滨电机厂研究设计，试制了第一台双水内冷水轮发电机，发电机定子绕组和转子绕组部分导线采用空心导线，内部通以经过离子处理的水进行冷却。这项技术对发电机冷却是一项重大革新，它对发展大容量水轮发电机或高转速、大容量抽水蓄能发电电动机，当定子空冷设计、制造有困难时是一个较好的方案。

（4）1966～1976 年，在这期间共有大、中型机组 210 台、816.325 万 kW 投产发电。水电建设虽然受十年动乱的影响也遭到不同程度的破坏，但从中央到地方，从领导到基层仍有一大批干部和群众在极其困难的条件下坚持为水电建设坚守岗位，埋头苦干，建成了一批对国民经济具有十分重要意义的大、中型水电站，如盐锅峡、刘家峡、丹江口、云峰等。机电设计、制造、安装技术得到了进一步的发展。

刘家峡 22.5 万 kW 机组是我国第一台大型水轮发电机组，它的设计、制造、安装和投产标致着我国水电设备达到了一个新的里程碑。当时刘家峡水电站部分机组及 220kV，330kV 高压变压器和高压配电器装置都布置在地下，为了缩小开关站的面积，220kV 和 330kV 主接线采用角形接线。当时国内还没有气体绝缘金属封闭开关设备（GIS），因而北京勘测设计研究院与沈阳、西安高压开关厂等单位研制成高压敞开式组合电器。220kV、330kV 高压出线和母线采用国产的充油电缆。我国第一条 330kV 高压输电线和甘肃天水、陕西汤峪两个 330kV 变电所的全部输变电设备都由国内制造。

1966 年河北岗南水电站首先安装第一台抽水蓄能机组，该机组从日本富士电机引进，水泵水轮机为可逆斜流式，为了适应较大的水头变幅，机组采用改变磁极数的方法，可以两个转速运行。推力轴承具有电磁减载装置，机组的控制采用无触点晶体管逻辑元件。水泵启动方式为半电压异步启动，励磁系统为静止励磁装置等，通过引进设备和相应的新技术，使我国技术人员开始接触和了解有关抽水蓄能机组和控制系统的新技术。

除此之外国内在机组自动化方面也有了新的进展，自动控制采用晶体管无触点逻辑电路代替继电器有触点逻辑电路，电气液压调速器代替机械液压调速器，晶闸管励磁调节器代替电磁式励磁调节器以及晶体管继电保护代替电磁型继电保护等。

（5）1977～1983 年。1978 年党的十一届三中全会以后，全国各条战线取得了拨乱反正的胜利，水电建设开创了新的局面，新的大、中型水电站陆续开工建设。在这个阶段，总共有大、中型机组 103 台，492.75 万 kW 投产发电。随着水电站建设规模及单机容量增大，机电技术也有了很大的发展。

葛洲坝二江电厂 1 号和 2 号机组是当代国际上容量最大、外形尺寸最大的轴流转桨式机组之一。水轮机转轮直径 11.3m，发电机铁心直径 17.5m，推力轴承负荷 3800t，它的设计、制造、安装达到了最高水平。

马迹塘水电站位于湖南资江干流上，安装了奥地利引进的三台 18.5 万 kW 灯泡贯流式机组。同时国内有关制造厂也研究试制成低水头贯流式机组。从这以后国内很多径流式电站得到了开发利用。

随着发电机容量不断增大，定子、转子绕组的冷却问题日益突出。60～70 年代水内冷电机在国外已有成熟经验。我国继响洪甸第一台双水内冷发电机投运后，又试制了新安江 9 号机（7.5 万 kW）、刘家峡 5 号机（30 万 kW），于 70 年代先后投产运行。由于水冷机组需要一套水处理装置，定子、转子线圈水接头很多，容易发生漏水、堵水事故，影响机组安全运行。1983 年中国科学院电工研究所和东方电机厂联合研究定子绕组采用氟里昂蒸发冷却，在云南大寨水电站5号、6号机上试验。发电机定子线圈部分空心导线通以氟里昂冷却介质，它具有自循环特点，不需要外加动力。氟里昂冷却介质具有良好的绝缘性能，即使少量泄漏也不会危害电机绝缘，也没有水内冷电机可能产生的定子线棒空心导线氧化生锈、堵塞、电解等问题。冷凝器用普通清洁水，不需要水处理设备，因此维护简单。继大寨以后，陕西安康5.25万kW机组和青海李家峡4号机40万kW也采用了定子蒸发冷却技术，先后于1991年和1999年投产成功。

为了保护大气臭氧层，国际环保组织提出限制和禁止使用氟里昂的条件和年限。中国科学院为此研究采用环保允许的新型蒸发冷却介质，并已取得成果。

1973年我国自行设计研制的110kV GIS安装在丹江口水电站。1979年乌江渡水电站地下开关站首次从法国引进220kV气体绝缘金属封闭开关设备(即GIS)。从此以后地处深山峡谷，难以布置敞开式高压配电装置的水电站或抽水蓄能电站都采用进口或国产的220kV、330kV、550kV GIS，这一技术得到了发展。

(6) 1984～1999年期间全国共安装投产大、中型机组335台，3353.94万kW，其中有代表性的有鲁布革、潘家口、岩滩、水口、天生桥、五强溪、二滩、万家寨、凌津滩等水电站以及广州、十三陵、天荒坪以及西藏羊卓雍湖抽水蓄能电站。水电建设在改革开放政策的形势下，一方面通过出国考察、技术交流，使我们了解到世界上很多机电设计、制造、安装方面的新技术、新设备；另一方面通过与国外合作生产，引进了一批具有世界先进水平的高水头、大容量机组和相应的配套设备，如单机容量为20万kW、30万kW抽水蓄能机组（十三陵、广州、天荒坪），单机容量为55万kW（二滩）和正在安装的70万kW（三峡）的混流式水轮发电机组，单机容量为20万kW的轴流转桨式机组（水口），水头高达800m的三机式抽水蓄能机组（羊卓雍湖）以及交流220、330、550kV的气体绝缘金属封闭电器，220、500kV充油和挤包绝缘电力电缆，±500kV直流换流站设备和500/220kV36万kVA的变压器，微机励磁装置，微机保护，微机调速器以及计算机监控系统，水情自动测报系统等。所有这一切使我国水电机电工程在短短十几年内赶上了国际水平，这是我国从闭关自守向全面开放转变下取得的重大进展。

（华源水电咨询公司　王　冰）

小水电建设50年

中国具有丰富的水力资源，技术可开发容量3.78亿kW，其中中型水电（2.5万～25万kW）可开发容量6500万kW，小型水电（2.5万kW以下）可开发容量7400万kW，全国有1500多个县具有小水电资源。

中国境内利用水力发电可追溯到20世纪初，1904年7月在台湾省淡水河支流新店建起了龟山水电站，装机容量500kW。1912年在云南省昆明市螳螂川上建起大陆上第一座小水电站——石龙坝水电站，装机480kW。到中华人民共和国成立的1949年大陆水电装机容量16.3万kW，其中小水电站34座，总装机3700kW。中华人民共和国成立后的50年间，特别是改革开放以后，小水电得到快速发展。随着时代的进步和经济的发展，中国小水电的界定电站装机容量不断变大，50年代容量只限于500kW以下，60年代容量扩大为3000kW以下，70年代容量扩大为1.2万kW以下，80年代容量又扩大为2.5万kW以下，90年代后期，建设小水电容量标准为5万kW（本文所涉及的小水电容量数据，均为当时年代数据统计）。

一、小水电50年发展概况

1．小水电的装机容量逐年增加

到1999年年底，全国共有小型水电站4.3万多处，总装机2348万kW，50年来全国小水电发展情况见下表。

50年来全国小水电装机容量变化情况

时　间	小水电座数	小水电装机容量（万kW）
1949年末	34	0.37
1959年末	5586	15.03
1969年末	18935	72.95
1979年末	89669	682.01
1989年末	62179	1235.60
1999年末	43333	2348.30

1979年小水电座数达到历史最高峰，近9万座。1999年为4.3万座。20年内电站座数下降了50%以上，但是装机容量却大大增加，由1979年底的682万kW增加到1999年底的2348万kW，将近翻了两番。小水电电站单机容量不断升级，全国小水电平均单机容量也从1959年底的27kW，逐步增加到1969年底、1979年底、1989年底的39kW、76kW、199kW，一直到1999年底达到542kW，40年增加20倍。

2．小水电在全国电力的比重由小变大

50年来，小水电在全国水电总装机中占的比重不断增加。1949年年底为2.3%，1959年年底为9.3%，1969年年底为14.4%，到1979年年底已达到35.7%。改革开放20年来，小水电占全国水电三分之一的比重一直维持下来。小水电成为我国水力发电中的一支重要力量。

小水电占全国总装机的比重也从1949年的0.2%，到1959年的1.6%，1969年的0.35%，1979年的10.8%。改革开放20年来，小水电占全国电力比重一直稳定在十分之一左右。小水电又是我国电力事业不可缺少的一部分。

3. 小水电配套电网不断完善

小水电经过50年，配套电网逐步形成与完善。比较完善的县电网有800多个，县际间联网形成的区域电网40多个。电网主电压等级也逐渐从10kV、35kV发展到110kV。小水电有配套高压线路92万km，低压线路179万km。以小水电供电为主的县781个，其中年发电量超过1亿kW·h的县（市、区）228个。小水电固定资产总值1200亿元。全国从事小水电建设管理的职工数53万人。小水电配套电网成为全国农村电网的重要组成部分。

二、中国小水电发展的四个阶段

1. 小水电的兴起阶段

中华人民共和国成立之初到50年代末期，在开展水利建设当中，兴建了一批中小水库并结合兴建了一批小水电，既达到对水的合理利用，又满足了农村农民对用电的要求与渴望，同时激发了农民群众利用廉价水力资源开发小水电的积极性。政府也积极鼓励群众的热情，小水电开始有组织、有计划、有领导地发展起来。1953年国家在水利部设置了专门的小水电管理机构。通过举办小水电训练班等方式，引导各地骨干力量学习国家的有关政策，掌握小水电技术。在治水办电过程中，农民主要依靠自己的力量，通过兴建小水电解决了照明、碾米等生活用电问题，也从中看到了未来希望。到50年代末，小水电的装机总容量跃上了10万kW的台阶，1959年达到15万kW。这一阶段兴建的小水电规模和容量都比较小，装机容量只限于500kW以下。但这种治水办电相结合，开拓了中国小水电的发展之路。

2. 小水电的成长阶段

这一阶段大致从60年代初到70年代末。1963年在原水电部设立了“农村电气化局”，从此以后，小水电的工作开始紧紧围绕“农村”与“电气化”进行。这一阶段，小水电开始由解决农村生活用电为主，更多转向为生产服务，为小水电的发展提供了更为广阔的空间，如很多地方发展小水电解决排灌等生产问题。全国长期电力短缺，广大农村用电依靠大电网供电意味着需要长期等待。70年代初，全国电力装机总容量只有2000多万kW，全国农村高压线路也只有50万km。小水电资源丰富的地区多是老少边山地区，便选择了自力更生兴办小水电站和架设配套线路的道路，这也成为中国小水电的一个鲜明特色。1969年10月，原水电部在福建永春召开了全国小水电现场会，总结推广了福建永春县自力更生兴办小水电的经验，并及时制定了一系列扶持政策。如政策上规定了“谁建、谁管、归谁所有”，资金上明确了国家补助标准等。一系列政策的贯彻实施，调动了地方群众办电的积极性，小水电的建设在广大农村逐步普及起来。在此期间，小水电装机容量跃上100万kW的台阶，1970年全国总装机容量达到101.9万kW。

3. 小水电的壮大阶段

80年代初到90年代中期，国家以经济建设为中心，并把农业和能源列为发展重点，给与农业和能源有紧密联系的小水电提供了大发展的契机。当时国内长期缺电已成为经济发展的瓶颈，与此同时世界上也出现了能源危机，各国纷纷寻求新能源。小水电的发展引起了各国的关注，也引起了中国的高度重视，中央和地方纷纷出台了不少文件鼓励开发小水电。在这种形势下，这段时间小水电发展很快。80年代初，小水电的规模不断扩大，在许多地方逐渐形成以小水电供电为主的地方电网，电压等级由10kV、35kV、发展到110kV，输配电容量不断扩大，弥补了过去那种分散发电，孤立供电的缺陷。不少地方形成了完整的县电网，成为解决县内工农业及生活用电的支柱，不少小电网也在国家的支持下与大电网联网，逐步建立起买卖关系。在此期间农村电气化试点县建设的工作，也在中央和地方政府的支持下积极开展起来。1982年11月，中央开始提出在有小水电资源的地方建设一百个具有中国特色的初级电气化试点县的任务。1985年，电气化试点县的工作开始启动。国务院专门发了文件，批转了一百个农村初级电气化试点县的名单，并规定了支持政策，中央每年拿出1亿元，作为国家的扶持资金，专门用于电气化试点县的建设，其余由地方和群众自筹解决。电气化试点县的建设实施，符合中国国情，极大激发了地方群众兴办小水电的积极性。

第一批农村初级电气化县的试点工作到1990年圆满完成，达到农村电气化试点县的验收标准的县有109个。这些县在工业总产值、人均用电量、人均生活用电量、农民人均纯收入等指标方面都翻了一番，发展速度明显高于全国平均水平。1991年开始进行第二批农村初级电气化县的建设，到1995年底超额完成国家下达的计划，实际完成208个县。经过十年努力，完成两批电气化县建设，共有317个县实现了农村初级电气化。十年全国投入农村水电及电气化建设资金达543亿元，群众投入劳工8.6亿个工日，增加发电装机1039万kW，小水电的发展跃上了第三个台阶，9300万农村人口告别了无电的历史，这些边远落后县的社会、经济和文化有了较大发展。

4．小水电的持续发展阶段

从1996年开始到2000年，进行着第三批农村初级电气化县的建设，共300个县，计划2000年年底全部完成达标验收。到目前为止，全国小水电已开发2348万kW，在三分之一的县和四分之一的人口范围内主要由农村小水电电网供电。小水电还成为不少中小城市的主要供电电源。电网也由最初的一站一线方式，逐步形成结构复杂的电网。

到90年代后期以后小水电已经进入一个持续发展阶段。这个阶段主要以保护生态环境、治理污染，合理利用水资源，走可持续发展的道路为出发点，以提高设备质量、产品质量，提高管理水平、技术水平为主要内容，以促进农村农民以脱贫致富，讲究经济效益，促进地方经济发展为目的继续开发利用小水电。

三、小水电的特点与经验

1．小水电与农村电气化紧密结合

小水电的建设包括配套小电网的建设，是中国小水电的一大特点。通过农村初级电气化建设，小水电的功能突破了行业、地区的限制扩展到了全社会，得到了全社会特别是人民群众的支持，小水电成为一支自力更生、顽强发展的力量，其中包含着先进生产力的因素。

2．有一套促进小水电发展的方针政策

(1) 有效的“三自”方针。长期以来，中国政府为地方自力更生办电制订了一系列的优惠政策，鼓励各级政府和当地群众就近开发山区丰富的小水电资源。60年代初出台的“自建、自管、自用”的“三自”方针，一直是小水电健康发展的指南。“自建”就是允许和鼓励地方政府和当地群众自行规划、建设地方小水电站。资金筹措也以地方为主。“自管”表示谁投资归谁所有，避免了政策上的平调，保护了地方和群众办电的积极性。“自用”是指小水电站发出来的电应以当地就近使用为主。

(2) 优惠的财政政策。从中央到地方各级政府，每年都要从财政经费中安排数亿元补助资金用于小水电建设。

以电养电政策：由小水电站及地方电网产生的利润，不缴地方财政，全部留在企业，用以再发展小水电。这条政策实行了近20年，对发展小水电起到了重大作用。

税赋政策：在1994年初实行新税制之前，小水电只征收电站收入的5%为产品营业税，1994年起改为6%的增值税。所得税按规定33%征收。有些省补充规定，其征收的所得税一半返还给电站，用于“以电养电”，还有的规定全部返还给电站。

电价政策：小水电的电量属计划外电量，可参与市场调节，其电价可以按成本加税金再加适当利润确定。

(3) 积极的投资政策：实行“谁投资、谁所有、谁收益”，实行多渠道、多层次、多模式筹资办电，鼓励农民个人投资或群体投资，鼓励企业投资，也允许外部资金来投资办电站。采用股份制或股份合作制进行集资、融资，包括利用外资，小水电企业自身滚动的投资。由于几十年来的连续投入和建设，每年都有很多电站和电网，将产生的一定数量的利润及“以电养电”资金再投于小水电建设。农业银行、建设银行、工商银行、中国银行等商业银行都曾为农村水电专门设立专项贷款，用于支持小水电建设。

3．发挥多种积极性

小水电具有很高的经济效益、社会效益和生态环境效益。目前，全国小水电年营业收入达300亿元，年税利80亿元。据1996年对第一、二批初级电气化试点县的统计，第一批农村初级电气化县乡镇企业产值十年增长23倍，工农业总产值十年翻两番；第二批农村初级电气化县乡镇企业产值五年增长3.8倍，工农业总产值翻一番。第一批农村初级电气化县十年内县财政收入增长8.3倍。小水电成为山区特别是中西部山区经济的重要支柱、地方财政的主要来源。在农村初级电气化县中，农民人均纯收入在电气化建设前只相当于全国平均收入的50%，经过十年的建设，超过了全国人均水平。小水电成为农民脱贫致富的重要途径，扶贫效益显著。中小水电水库总库容达1000亿m^3，有效地提高了江河的防洪能力，改善了生态和农业生产条件。1971年～1999年30年间，小水电累计发电8400亿kW·h，相当于减少了3.36亿t标准煤产生的烟尘排放。小水电地区开展以电代柴，减少了林木砍伐，更取得双倍的生态效益。

4．实用的小水电技术

(1) 制定有小水电特点的技术标准：除套用大水电大电网的技术标准外，针对自身的特点，制定了几十种全国通用的小水电技术标准。

(2) 推广应用新技术：在小水电建设中大力推广应用新技术，主要有无人值班电站和变电站、自动清污拦污栅、电网调度自动化、用电管理自动化、优化运行调度、跨流域调水开发、集水网优化运行、多梯级水库群优化运行；碾压混凝土拱坝、面板堆石坝、沥青心墙堆石坝；研究开发了高效转轮、氟塑料轴瓦、简易水机自动操作器、无刷励磁，新型开关等等。这些新技术新设备的推广应用，大大提高了小水电装备的科技含量和技术水平。

(3) 培养培训了大批人才。充分利用高等院校的优势，利用全国12所高校，专门为小水电定向招生，学生毕业后回本地工作。同时，从有实践工作经验的在职职工中，选择学员到有关学校进修，以提高技术水平和管理水平。开办了各类培训班，每年对在岗职工进行岗位培训，并进行考核，合格者发给岗位培训证书，实行持证上岗。

小水电取得了很大成绩，但应该看到，中国仍然是一个发展中国家，经济还欠发达。小水电资源丰富的地区多是处于中西部地区、北部地区，即使在东南部沿海省份也是经济相对落后地区，其中有不少地方到1999年还没有脱贫。现在已建成和正在建设的电气化县总数是600多个，基本覆盖了水电资源比较集中的主要地方。但从全局看，仍然有不少地方没有用上电，既使那些已达标验收实现农村初级电气化的县，标准还是很低的。从能源结构调整，合理利用水资源，防治污染走可持续发展道路考虑，中国今后要大力发展水电。从政策上继续支持发展小水电将是国家坚定不移的方针。

（水利部农村水电及电气化发展局 刘晓田）

水库移民工作50年历程

新中国建立以来，有关部门为发展水利水电事业，兴建了大批水库，完成了大量艰巨的移民工作任务。据不完全统计，1949年～1999年间已建、在建工程水库移民共约1250万人，成为当今世界水库移民人数最多的国家。由于水库移民工作是一项技术性、政策性和社会性较强的系统工程，其处理做法和成效如何，常同国家一定时期内的政治、经济、社会状况和经验的积累有着密切的关联。因此，我国50年来的水库移民工作经历了一个曲折、发展和提高的过程，这个过程大体上可划分为以下三个阶段。

（一）第一阶段（1950年～1957年）

在此阶段，兴建了黄坛口、狮子滩、上犹江、流溪河、古田一级、官厅、大伙房、佛子岭、响洪甸等项目，水库移民共约30万人，同时开展了三门峡、新安江等项目的前期工作。在建国初期，各级政府对水库移民工作均持慎重态度，移民安置后基本能在较短时间内恢复原有生产生活。概括起来有如下几点情况：

(1) 水库淹没实物指标比较单一，主要是农村人口、耕地和房屋，专业设施甚少，且可由各专业部门负责改建。人们生活水平也较低，贫困者多，移民安置的目标只是不降低他们的原有水平。

(2) 正值全国土地改革和农业合作化时期，各地政府均掌握部分公有耕地，农民人均占有耕地也较多，可以通过划拨及调剂现有耕地安置移民。

(3) 淹没补偿内容较少，并按“等价交换”原则考虑。对于耕地，依据1953年政务院公布的《国家建设征用土地办法》，按其最近3年产量总值补偿。移民人均补偿投资，狮子滩为275元，上犹江为337元，古田一级为219元，官厅为292元，大伙房为273元，流溪河为500元。

(4) 各级人民政府对移民安置成立专门机构负责实施。如，为狮子滩水库移民，四川省成立了移民工作委员会；为官厅水库移民，河北省成立了官厅水库移民办事处；在新安江水电站的前期工作阶段，浙江省即成立了天目山经济开发委员会。有些工程项目还建立了移民安置验收制度。

（二）第二阶段（1958年～1978年）

在此阶段，全国转入大规模的社会主义建设，兴建了大量大中型水电站和水利工程，按1.2万kW以上水电站统计，水库移民约253万人。其间经历过“大跃进”、“人民公社”、三年严重自然灾害和“文化大革命”等特殊的历史时期，因而水库移民工作受到了相应的影响，造成了许多遗留问题。概括起来有以下几点情况：

(1) 重工程建设、轻移民安置的思想带有普遍性，移民工作不遵循科学，不按经济规律办事，以人为本的思想淡薄，主要依靠行政手段，按长官意志行事，损害了许多移民的合法权益。

(2) 水库移民前期工作未能受到重视，专业机构和专业力量薄弱，大多限于调查淹没损失和估算补偿投资，普遍缺少可供实施的移民安置规划，即使有移民安置规划（如新安江、三门峡）也未能付诸实施。

(3) 移民安置普遍强调就地后靠，忽视环境容量可能承受能力；或者远迁外地偏远山区，生存条件难以适应。对移民的安置，主要限于划拨一定的土地和复建住房，对安置区的水、电、路、文、教、卫等基础设施的恢复，没有引起重视。

(4) 移民补偿标准普遍偏低，安置经费明显不足。耕地补偿，执行1958年1月国务院修正的《国家建设征用土地办法》和1973年国家计委、建委发布的《关于贯彻执行国务院有关土地在基本建设中节约用地的指示的通知》中的规定，征用土地（主要是耕地）的补偿费以其最近2～4年的定产量的总值为标准。水库淹没的耕地，一般采用3年产量总值补偿，有的则不直接给土地补偿费，而给以一定的生产补偿费。对于房屋，大多不按受淹面积而按一定的人均面积进行补偿。对受淹的林地、草地和生活辅助设施，概不补偿或者补偿标准甚低。

（三）第三阶段（1979年～1999年）

在此阶段，建成了白山，红石，太平湾，潘家口，紧水滩，沙溪口，水口，万安，葛洲坝，东江，五强溪，岩滩，乌江渡，隔河岩，飞来峡，东风，漫弯，铜街子，宝珠寺，二滩，龙羊峡，安康，天生桥一、二级等一大批水电站，加上在建的三峡、小浪底、棉花滩、珊溪等项目，共70多个大中型水利水电工程，移民人数达到250多万人。本阶段的水库移民工作，随着国家政治上的拨乱反正，经济上的改革开放，思想上的实事求是，走向了完善、有序的道路。概括起来，特点如下：

1．政策法规较为完善

国务院于1981年发布了《国家建设征用土地暂行规定》，1982年公布了《国家建设征用土地条例》，1983年国家计委、农牧部、城乡建设部联合颁发了“关于印发国家建设征用土地若干问题的说明”，1986年全国人大通过了《中华人民共和国土地管理法》（该法于1998年全国人大常委会进行了修订），同年国务院办公厅批转了原水电部《关于抓紧处理水库移民问题报告的通知》，1987年原水电部发出了《关于加强水库移民工作的通知》，1991年国务院发布了《大中型水利水电工程建设征地补偿和移民安置条例》，1992年国务院批转了国家计委《关于加强水库移民工作的若干意见》，1993年国务院发布了《长江三峡工程建设移民条例》。同时，全国人大、国务院及其他部门颁布的法规，有的也与水库移民工作有一定的关系。

《大中型水利水电工程建设征地补偿和移民安置条例》规定了水库移民的基本政策：①国家提倡和支持开发性移民。采取前期补偿补助与后期生产扶持的办法，逐步使移民生活达到或者超过原有水平。②移民安置应当因地制宜，全面规划，合理利用库区资源，就地后靠安置；没有后靠安置条件的，可以采取开发荒地滩涂、调剂土地、外迁等形式安置。③按照经济合理的原则，编制移民安置规划。没有移民安置规划的，不得审批工程设计文件、办理征地手续，不得施工。经批准的移民安置规划，由县级以上地方人民政府负责实施。④国家设立库区建设基金，用于大中型水利水电工程库区维护和扶持移民发展生产。

2．前期工作得到加强

原水利电力部于1984年颁发了《水利水电工程水库淹没处理设计规范》，1986年制定了《水利水电工程水库淹没实物指标调查细则》及《水库库底清理办法》，草拟了《水库移民安置规划编制规程》和《水库淹没处理补偿投资概算编制规定》。1991年原水利水电规划设计总院发布了《关于加强水库淹没处理前期工作的通知》，制定了《不同设计阶段的水库淹没处理工作深度暂行规定》。1996年原电力工业部对上述1984年规范进行修订后发布了《水电工程水库淹没处理规划设计规范》，从而使前期工作的质量基本能满足国家对水库移民工作的要求。

3．实施管理体制基本形成

（1）健全了移民管理机构。按照“条块结合、以块为主、分级负责”的原则，凡有水库移民任务的地方，在各级政府中普遍设立了移民管理机构，在国务院所属的部（委）中，水利部设有水库移民开发局，原电力工业部设有水电站库区移民办公室，三峡工程建设委员会内设有三峡工程移民开发局。在全国31个省、自治区、直辖市中，有23个省、区、市设有不同规格的水库移民机构。凡有移民实施任务的县（市），都设立了县级移民机构。国务院有关部委设立的机构负责移民工作的宏观决策、制定法规、审定安置规划和投资概算，在实施过程中执行监督、检查、验收等职责；地方政府机构的职责是密切配合前期工作与负责实施。

（2）明确了经济责任制。80年代初期，国家计委等中央部门联合颁发了《基本建设项目投资包干责任制办法》，在此基础上颁发了《关于征用土地费包干使用办法》，1992年初，国务院批转国家计委《关于加强水库移民工作的若干意见》中规定：“水库移民工作由省、地、县级政府负责，移民经费从工程预算中划出，交由省、地、县级政府包干使用”。

（3）建立了移民监理制。近10年来，受国家基本建设普遍实行监理制度取得明显成效的启示，水库移民工作也开展了监测评估和监理。有的水库移民通过监理，在保证移民实施计划的完成、促进移民生产开发和合理使用资金等方面取得了明显效果。1998年原电力工业部发布了《水电工程水库移民监理规定》。

4．移民补偿标准大有提高

按照国家水库移民政策调整、经济体制转轨变型和妥善安置移民的要求，近20年来，移民补偿标准逐步有所提高。如征用土地包括各类有收益的土地，均予以补偿。对耕地的作物，过去只计其主作物，现在则计入其他作物和相应的副产品；对其年产量，过去只以年报数为准，现在还计入规划期内的增产因素；过去只计土地补偿费，现在增列了移民安置补助费，因此，耕地每亩补偿、补助费达到了其年产值的8～10倍。同时，对移民的补偿范围，也有明显扩大或改进，除淹什么补什么外，还增加了移民安置区的水、电、路、文、教、卫等基础设施和库周交通恢复建设的投资。对受淹的城（集）镇和专业设施，在原规模、原标准或恢复原功能的原则下，通过迁（改）

建，都出现新的面貌。

此外，从1991年开始，将一个工程项目的总投资，划分为枢纽建筑物和水库淹没处理两大块，以利于水库淹没处理投资形成一个整体，既便于管理，又能保证它的有效价值。据统计，农村移民人均补偿投资，70年代建成的乌江渡为3490元，80年代建成的安康、万安、东江、铜街子在5200～6000元之间，90年代中期建成的水口、岩滩、隔河岩达到了11500～12500元，90年代中后期建成的五强溪约为17800元，天生桥一级则超过了20000元。

（水电水利规划设计总院 刘兰桂）

50年来我国水利水电技术的发展

建国50年来，特别是近20年来，我国水利水电建设发展很快，建成了一批大型水电站和水利工程，大型抽水蓄能电站，举世瞩目的长江三峡巨型水电站正在兴建，黄河小浪底水利工程已基本建成，部分机组已发电，这些成就标志着我国水利水电建设和科学技术水平已跃进了世界先进行列。

50年来我国水利水电科学技术水平发展的过程具有以下方面的特点：

（一）紧紧结合水利水电建设中的关键技术开展科研工作，在建设大中型，特别是大型、巨型水利水电工程中遇到的突出技术问题有：高坝技术，复杂的地下工程，大坝基础处理，大流量高水头泄洪消能，大型水轮发电机组，高坝施工、大流量导流等。因此50年来我国水利水电科技研究从"六五"到目前的"九五"都是围绕上述诸题，特别是高坝技术作为重点进行攻关，这是从工程建设实际需要出发的。

（二）采用科技攻关方式，解决重大关键技术问题，我国自1981年来开始对科技研究采用攻关方式。攻关主要组织形式分为国家级和部级两个层次。自1981年～2000年已进行了"六五"、"七五"，"八五"和目前的"九五"国家级和部级水利水电科技攻关，取得了大批具有重大价值的科技成果。

（三）重视科技成果转化为生产力。例如碾压混凝土筑坝技术，自建成普定拱坝以来，先后将该项成果推广到温泉堡、溪柄溪，沙牌、引水渡等工程中应用，并在拱坝结构布置、温度控制、横缝型式、质量控制等方面有新的发展。面板堆石坝技术也是重点推广应用的成果，已用到坝高233m的水布垭坝，据设计估算可省2亿～3亿元，提前一年发电。在水电工程地质勘测技术，包括坝基软弱层的工程特性，地下工程围岩分类，高坝坝基勘测，岩体稳定性评价及可利用岩体质量标准，岩质高边坡稳定分析及软件系统等方面已推广用到溪洛渡、小湾，明显地加快了勘探工作进度。

（四）建立科技奖励制度，鼓励科技人员多作贡献。早在1978年之前，我国已设有国家发明奖，1978年又设全国科技大会奖，原电力工业部也随后设立了重大技术成果奖，1985年设立国家科技进步奖。自1986年～2000年随着机构变化设立的奖励有：原水利电力部科技进步奖，原能源部科技进步奖，原电力工业部科技进步奖，电力科技进步奖和国家电力公司科技进步奖。所有这些奖励受到广大水利水电科技人员的欢迎，起到了应有的积极作用。据不完全统计，到1990年底，水电科技成果获奖的有668项，其中应用性成果1等奖有34项，理论性成果1等奖有14项，这批获奖成果均经过查新，证实是最新的高水平成果。

目前，我国水利水电科学技术水平，已跻身于世界先进行列，反映在以下各方面：

（一）水能技术经济

应用系统工程的理论和系统分析，研制成功河流水电梯级开发方案选择，电力系统电源选择；水电站开发时序选择及其水能参数优化的模型和相应的软件。

（二）地质勘探

1．遥感　可绘制大比例（1:2000和1:500）的地形图，地质彩色影像图并已开展地震地质、岩溶、边坡失稳等现象的调查。

2．钻探　大口径（1200mm）全断面钻进在中等硬度岩体可钻进60m深度。小口径双层单动金刚石钻进可无软弱夹层岩芯。MS植物胶小口径金刚石钻进在砂砾石层可取原位不扰动岩芯。

3．物探　浅层反射波地震勘探、瑞利波、电磁波、CT、地震波CT等技术都有新发展。

（三）坝工技术

1．面板堆石坝　已开发和研制了较多计算程序，以及坝体非线性有限元数学模型。对坝体材料性能，合理级配、接缝止水、基础处理、齿墙连接，面板分缝，堆石坝体过水度汛和渗流模型等研究均取得了新的成果和经验。江西东津面板坝利用垫层挡水排水层排水取得成功，水深37.9m，削减水头95%。浙江舍网面板坝坝高36.5m，首次成功用喷混凝土做面板。新疆乌鲁瓦提面板坝，坝高138m，利用当地砂卵砾石筑坝，节省了投资。

2．碾压混凝土坝　在我国发展很快，筑坝技术日趋成熟，如：普定拱坝采用双曲非对称拱坝，坝体不设纵横缝，有诱导缝并预埋重复灌浆系统。防渗是在迎水面用二级配，富胶凝材料碾压混凝土，层间喷洒特种水泥粉煤灰缓凝净浆。温度应力用温度徐变应力分析数学模型和碾压混凝土整体拱坝三维仿真温度应力分析方法。在施工方面采用全断面通仓连续浇筑，包括真空溜槽，汽车和缆机运输，可调式全悬臂钢模板，还研制成功无损快速检测施工质量用的面波仪，高温缓凝剂，深槽高速皮带机等。

3. 高混凝土拱坝　开发了可考虑地震荷载，控制坝踵开裂及抗滑稳定安全系数约束的体形优化方法。首次提出坝与地基耦合地震波动响应时域计算模型，已用于拱坝动力分析，得出地基辐射阻尼效应可降低拱坝动力影响的结论，对强震区高拱坝设计有重要意义。还发展了裂隙岩体渗流基本理论，三维裂隙渗流网络的模型，渗流场与应力场耦合的三维非线性有限元分析，在理论上均有所创新。

（四）大坝安全监测

1. 监测仪器　开发了新型步进式垂线坐标仪和引张线仪，这是一种低故障、可自校的遥测仪器。研制成三向垂线坐标仪和双向引张线仪，可以简化监测系统，对实现坝体沉降自动化监测具有重大作用。还在隔河岩大坝外部变形自动化监测中应用GPS技术。

2. 数据自动化采集　已研制多种型号的大坝监测自动化系统，在陈村、新安江、飞来峡等大坝中应用。

3. 资料分析和信息处理　开发了多测点模型和多维模型，它能同时反映效应量的时空态势，是分析大坝性态的有效方法。

（五）地下工程

1. 围岩工程分类　由单因素进化到多因素的分类，提出了围岩和差累计评分的计算方法。

2. 围岩稳定分析和支护　用回归分析法和原位试验洞的反演计算分析地应力，合理选用地下厂房位置和喷锚支护结构，已用于工程。还开发矢量解析法在微机上计算各种组合岩体几何形状、尺寸、重量、失稳模式、稳定性和所需的支护锚固力。

3. 高水头隧洞的山体稳定评价　应用上抬理论准则和最小主应力准则来评价山体稳定取得新进展。

（六）施工技术

在施工方面，已掌握修建装机1000MW级大型水电站成套技术，并正修建装机18200MW的三峡巨型水电站。有能力修建坝高100～200m量级的面板堆石坝和碾压混凝土坝及坝高240m的双曲拱坝。在施工截流方面，三峡创造了截流抛填强度、截流流量、截流水力学等方面的世界之最，打破了巴西伊泰普水电站的抛填记录。

（七）岩质高边坡处理

建立了适用于我国边坡工程的岩体分类和评价体系以及统计数据库。开发了爆破网络技术，预裂小直径低爆破速炸药结构，可减少开挖爆破对高边坡岩体的损害。首先提出了群锚增效效应、优化参数和先锚后挖等对策。

（八）泄洪消能

已开发多种型式坝下游的联合消能，包括宽尾墩与消力池联合消能，宽尾墩与挑流联合消能、宽尾墩与戽式消力池消能等，均已应用于实际工程；还发展了隧洞内的孔板消能和用旋涡式竖井消能、前者用于小浪底水利枢纽，后者用于沙牌工程。

（九）机电和电气

首创水轮发电机定子绕组蒸发冷却代替传统的空气冷却，李家峡第四台机组400MW已采用此项新技术。在输电技术方面，葛洲坝水电站送上海和华东地区距离为1100km，用500kV交流和±500kV直流输电。

（十）计算机技术和应用计算机技术已广泛用于水电规划、勘测、设计、科研、施工、运行和管理

最近一些软件公司开发了多项高水平的软件，如HCOM三维地理信息系统，CIS混凝土施工管理信息系统，EWWY二维围岩稳定有限元分析软件包，AIS施工管理辅助决策系统，NESG工程与科学计算网络，CDMD中国大坝多媒体数据库，3D-ESS工程仿真系统，VAS工程量自动计算系统，EMOY工程师移动办公系统。这些软件都在水利水电工程中应用。FEPG水电3.0有限元程序自动生成系统可进行工程全过程仿真，除了在水利水电工程中应用外，还推广到石油、化工、铁道、学校等40多个单位应用。利用有限元程序自动生成系统建立的工程与科学远程计算网络（www.nesc.com.cn）已于1998年向国内外开通。

当前我国水利水电科学技术水平与国外相比还存在差距，仅列举一些情况如下：

（1）我国的高坝技术目前还处于发展阶段，坝高超过200m的二滩双曲拱坝仅是刚刚建成。国外已建坝高200m以上的有28座，其中坝高200～300m量级有22座，这些高坝已经过多年运行考验，技术上较成熟。我国在高坝技术水平上存有明显的差距。

（2）我国在大容量水轮发电机组，包括常规机组、抽水蓄能机组，还有大型施工设备，目前多数还是引进为主，或是合资共同制造。国内制造能力与国外相比存有明显的差距。

（3）我国在水利水电工程运行管理方面，如电站工作人员数量、自动化管理水平、无人或少人值守等方面与国外相比存在明显差距。

（4）我国水利水电的环保技术，也包括工程施工的环保，虽近年来得到各方面的重视，技术水平也有所提高，但与国外相比存有明显差距。

（中国水力发电工程学会　陈宗梁）

重要文献

重　要　文　件

国家电力公司科学技术成果鉴定管理办法（试行）

（1998年4月7日　国电科教［1998］106号通知）

第一章　总　　则

第一条　为加强国家电力公司科学技术成果（以下简称科技成果）鉴定工作的管理，促进科技成果的完善和科技水平的提高，加速科技成果推广应用，依据《中华人民共和国科学技术进步法》、《中华人民共和国促进科技成果转化法》和国家科委、经贸委分别颁发的《科学技术成果鉴定方法》、《软科学研究成果评审办法》、《新产品新技术鉴定验收管理办法》，特制定本办法。

第二条　本办法所称科技成果鉴定是指科技管理部门组织同行专家按本办法规定的形式和程序，对科技成果进行审查和评价，并作出相应的结论。科技成果鉴定工作应坚持实事求是、科学民主、客观公正、注重质量、讲求实效的原则，保证鉴定工作的严肃性和科学性。

第三条　科技成果鉴定是评价科技成果质量和水平的方法之一，公司鼓励科技成果通过市场竞争以及学术上的百家争鸣等多种方式得到评价和认可。

第二章　鉴　定　范　围

第四条　公司负责组织下列科技成果的鉴定：

1. 公司承担的国家科技攻关项目、新产品新技术项目的成果；

2. 公司科技计划内的重大科技项目、新产品新技术项目的成果；

3. 各全资子公司、控股公司、中国电力工程咨询顾问公司、中国水电水利工程咨询顾问公司制定并经公司认定的科技项目的成果；

4. 直属科研院所、高校制定并经公司认定的科技项目的成果。

第五条　下列科技成果不组织鉴定：

1. 软科学研究成果，按国家科委颁布的《软科学研究成果评审办法》进行评审；

2. 已申请专利的应用技术成果；

3. 研究开发方按《技术合同法》的规定已转让给其他企业并投入工业生产的应用技术成果；

4. 公司所属企业、事业单位自行开发的一般应用技术成果；

5. 按照国家法律、法规规定，必须经过法定的专门机构审查确认的科技成果。

第三章　鉴　定　组　织

第六条　国家电力公司科技成果鉴定管理工作由科技管理部门负责组织。

第七条　组织鉴定单位可根据科技成果的特点和应用要求选择下列鉴定验收形式：检测鉴定、会议鉴定、函审鉴定、合同验收。四种形式具有同等效力。

第八条　鉴定委员会成员为7～15人，原则上为单数，函审组为5～7人。

第九条　参加公司组织鉴定工作的专家，原则上从国家电力公司专家库中遴选，申请鉴定单位不得自行聘请。

第十条　组织鉴定单位选聘参加鉴定的同行专家应当具备下列条件：

1. 具有高级技术职称；

2. 对被鉴定科技成果所属专业有较丰富的理论知识和实践经验；

3. 坚持原则、求实公正，具有良好的科学道德和职业道德。

第十一条　鉴定委员会专家应当履行下列职责：

1. 接受组织鉴定单位的领导，并对其负责；

2. 坚持实事求是，科学严谨的态度进行审查和评价；

3. 组织审议科技成果的答辩会及验证试验；

4. 提出鉴定报告。鉴定委员会成员对鉴定结论负责。

第四章　鉴　定　程　序

第十二条　申请公司组织鉴定的科技成果，应符合本办法第4条的规定，并具备下列条件：

1. 已完成合同或计划任务书规定的任务；

2. 不存在科技成果完成单位及完成人名次排列的异议和权属方面的争议；

3. 有关文件和技术资料齐全，符合科技档案管理部门的要求；

4. 经国家或公司认定的科技信息机构出具的查新报告。

第十三条 凡需公司组织鉴定的科技成果，由成果完成单位通过其主管部门向公司科技管理部门提出申请鉴定计划，于每年1月底前和7月底前报送到公司科技管理部门，公司审定后下发组织鉴定项目计划表。

第十四条 成果完成单位按规定程序向公司科技管理部门提交成果鉴定申请表及有关资料。

第十五条 公司科技管理部门接到科技成果鉴定申请后，应当在收到申请之日起30天内作出是否受理鉴定申请的批复。

第十六条 科技成果鉴定的主要内容：

1. 是否完成和达到合同或计划任务书要求的任务及指标；

2. 技术资料是否齐全完整，并符合规定；

3. 应用技术成果的创造性、先进性和成熟程序；

4. 应用技术成果的应用价值、推广条件和前景；

5. 存在的问题及改进意见。

鉴定结论必须写明“存在问题”和“改进意见”，否则退回重新鉴定、补正。

第十七条 公司科技管理部门和受委托的主持鉴定单位应对鉴定结论进行审核，并签署具体意见。

第十八条 通过鉴定的科技成果和新产品新技术成果由公司科技管理部门颁发国家科委制定的《科学技术成果鉴定证书》和国家经贸委统一制定的《新产品新技术鉴定验收证书》。

第十九条 科技成果鉴定的文件、材料，分别由组织鉴定和申请鉴定单位按科技档案管理部门的规定归档。

第五章 鉴定管理

第二十条 参加科技成果鉴定工作的有关人员，应严格遵守科学道德和职业道德规范，抵制各种不正之风对鉴定工作的干扰，保证科技成果鉴定的严肃性和科学性。

第二十一条 科技成果完成者在申请鉴定过程中，应当据实提供必要的技术资料，包括真实的实验记录、国内外技术发展的背景材料，以及引用他人成果或结论的参考文献等。

第二十二条 组织鉴定单位和主持鉴定单位应当严格控制鉴定会的规模，除参加鉴定工作的专家和少数必要的管理人员外，不得邀请其他人员参加。

组织鉴定单位和主持鉴定单位对在科技成果鉴定中出现的不正之风，应及时制止并严肃查处。

第二十三条 公司科技管理部门对正在进行或者已经完成的科技成果鉴定，发现有错误的，有权责令与其有关的单位及时纠正，错误严重的可直接进行查处。

第二十四条 对参加鉴定工作的专家，可酌情发给技术咨询费。

第六章 法律责任

第二十五条 完成科技成果的单位或个人窃取他人科技成果的，在鉴定过程中徇私舞弊、弄虚作假的，一经查实，组织鉴定单位应中止鉴定。已完成鉴定的，应当予以撤销。已给国家、社会造成损失的，由其所在单位或上级主管机关给予直接责任人员行政处分。

第二十六条 组织鉴定单位或主持鉴定单位的工作人员在鉴定过程中玩忽职守，以权谋私、收受贿赂的，由其所在单位或上级主管机关给予行政处分。

第二十七条 参加鉴定工作的专家玩忽职守，故意作出虚假结论，造成不良后果的，由其所在单位或上级主管机关给予行政处分，并取消其承担鉴定任务的资格。

第二十八条 参加鉴定的有关人员，未经完成科技成果的单位或个人同意，擅自披露、使用或者向他人提供和转让被鉴定科技成果的关键技术的，应当依据有关法则，追究其法律责任；给科技成果完成单位或个人造成损失的，应赔偿损失。

涉及国家技术秘密的，依照《中华人民共和国保守国家秘密法》和科学技术保密的有关规定处理。

第七章 附 则

第二十九条 本办法由国家电力公司科技管理部门负责解释。

建设工程设备监理管理暂行规定

（1998年3月12日国内贸易部、机械工业部内贸成联字［1998］7号）

第一章 总 则

第一条 为加强建设工程设备成套市场的管理，保护当事人的合法权益，促进商品市场和生产要素市场的发展，确保建设工程项目设备系统的优化组合，形成完整的生产能力，发挥投资效益，制定本规定。

第二条 本规定所称建设工程设备监理（以下简称设备监理）是指在建设工程项目投资和建设各阶段，对建设工程设备成套组织活动进行监督管理的行为。

第三条 设备监理是以提供信息、技术为特征的中介性服务活动，要体现公开、公平、公正和诚信原则。

第四条 本规定依据国际惯例及我国有关政策、法律、法规制定。当事人合法签定的设备招投标文件、供货合同、采购合同、技术服务合同是执行本规定的技术依据。

第五条 在中国境内从事设备监理活动的法人和其他经济组织，应当遵守本规定。

第二章 管理体制及职责

第六条 设备监理管理体制采取政府指导下的社会监理制度。

第七条 设备监理工作由国内贸易部设备成套管理局和机械工业部生产与信息统计司共同组建设备监理办公室进行管理，委托行业协会组织实施。

第八条 管理部门的职责

(一) 制定并组织实施设备监理法规，规范行为准则；

(二) 制定监理机构的资质标准，认定甲、乙级资质监理单位；

(三) 检查督促国家大中型建设工程项目设备重大事故的处理；

(四) 管理和指导全国设备监理工作；

(五) 组织设备监理工程师培训和资格考核；

(六) 接受国家大中型建设工程项目当事人各方的申诉，对提出的争议进行调解；对违反本规定的进行裁决，并采取补救措施。

第三章 监理当事人及关系

第九条 设备监理当事人

(一) 监理法人：对建设工程项目成套设备组织过程中的技术经济活动进行监督、检查、控制的法人。

(二) 项目法人：对建设项目的筹划、筹资、建设直至生产经营、归还债务以及资产的保值增值，实行全过程负责的法人。

(三) 承包法人：按建设工程项目设计要求，组织或提供成套设备及相应设备成套服务的法人。

第十条 当事人之间的关系

(一) 监理法人是项目法人的代理人，双方通过监理合同确定委托与被委托关系。

(二) 监理法人与承包法人在行政、财务、经济关系上相互独立，双方是监理与被监理关系。

(三) 承包法人是项目法人的成套设备供应方和设备成套服务方，双方通过招投标文件或供货合同确定承发包关系。

第四章 范围及内容

第十一条 下列工程项目原则上应实施设备监理：

(一) 国家大中型建设项目；

(二) 各省、自治区、直辖市大中型建设项目；

(三) 其他有关建设项目。

第十二条 依据国际惯例和国内具体情况，承担设备监理的机构应当具备下列条件：

(一) 具有法人资格，有固定的场所和资金，能独立承担民事经济责任的中介服务机构；

(二) 有组织建设工程设备监理及咨询工作的专业水准、技术力量、规章制度和工作业绩；

(三) 具有相应国家审批的设备咨询及监理资质；

(四) 具有经国内外培训并取得资格的设备监理工程师。

第十三条 设备监理机构职责是：

(一) 承担设备功能、质量等技术方面的监理责任；

(二) 承担设备的造价、进度等经济方面的监理责任；

(三) 承担设备的争议、索赔等法律方面的监理责任。

第十四条 设备监理合同签订后，要组成有总监理工程师、监理工程师及其他监理人员参加的设备监理工作组并长驻现场。总监理工程师全权代表监理法人，履行合同中所规定的义务和获取应得的权利和利益，设备监理工程师履行具体的监理职责。

第十五条 设备监理业务内容

(一) 协助项目法人与承包法人签订承包合同；

(二) 对设备中标单位进行追踪监督，对大型、关键设备制造过程，派人驻厂监督、检查；

(三) 对招标以外方式采购设备的，要制定相应的监管措施；

(四) 组织设备运输、开箱验收、仓储等项工作；

(五) 检查设备质量、价格、交货等综合指标，对出现的问题要及时处理；

(六) 监督设备安装、调试、严格按技术规范和施工计划进行，处理有关设备问题；

(七) 项目投产运行一年后进行后评估。

设备监理工程师对工程项目必须进行科学的管理，对工程实施严格的控制，以保证工程项目总目标的实现。要做到三项控制：投资、质量、进度控制；二项管理：合同管理、信息管理；一项协调：组织协调。

监理的组织机构要根据上述任务的需要设置相应

的职能部门进行管理。采取何种形式，要综合考虑工程规模、特点、难易程度、项目法人的服务要求，以及工程采用的承发包形式等因素来确定。

第十六条 项目法人与各承包法人之间签定的招投标文件、采购或供货合同，必须写有详细的技术标准、规范、参数、双方所承担的义务和获取的权利和利益，监理法人以此作为设备监理工作的依据。

第十七条 设备监理程序

（一）项目法人向监理法人办理监理委托手续；

（二）成立监理工作组，根据建设工程项目总体规划和批准的设计文件，编制设备监理计划及方案；

（三）监理法人向项目现场派驻监理工程师，监理工程师按照职责进行工作；

（四）监理工程师签发设备验收合格意见，作为业主支付设备款的依据。

第五章 罚 则

第十八条 设备监理机构要遵守国家法律、法规。如因自身的原因，影响项目工程投资、质量、进度，要承担经济责任。

第十九条 设备监理管理部门要定期组织对监理单位的监理工作进行监理检查。对不能严格履行监理职责的监理单位，视情况给予停业整顿直至取消监理资格的处罚；对造成重大损失的，要追究负责人刑事责任。

第二十条 由于项目法人或承包法人违约，影响项目工程质量或进度，根据合同规定分别进行处罚。

第二十一条 禁止从事下列行为：

（一）监理法人营私舞弊，谋取私利；

（二）项目法人与承包法人互相串通，搞假招标；

（三）其他不正当行为。

第六章 附 则

第二十二条 设备监理收费按照设备成套收费标准执行。

第二十三条 本规定由国内贸易部设备成套管理局、机械工业部生产与信息统计司负责解释。

第二十四条 本规定从发布之日起执行。

水电工程验收管理暂行规定

（1999年2月4日国家经贸委
国经贸电力［1999］72号）

第一章 总 则

第一条 为加强水电工程验收管理，保障工程及上下游人民生命财产安全，根据《水库大坝安全管理条例》和国家有关法规，制定本规定。

第二条 本规定适用于列入国家建设计划或在国家登记备案的水电工程。列入地方建设计划或在地方登记备案的水电工程，参照执行。

第三条 水电工程在截流、下闸蓄水、机组启动时应进行阶段性验收，工程整体竣工时应进行竣工验收。能独立发挥效益且不影响工程运行安全的单项工程验收，不能与工程阶段性验收和竣工验收同步进行时，可单独进行竣工验收。

第四条 工程蓄水和竣工验收前，应按原电力部《水电建设工程安全鉴定规定》（电综［1998］219号）进行工程安全鉴定。

第五条 国家经贸委负责水电工程验收的监督与协调工作。

第二章 验收组织

第六条 工程截流验收，由项目法人会同有关省级政府主管部门共同组织工程截流验收委员会进行。

第七条 工程蓄水验收，由国家经贸委委托国家电力公司或其他单位会同有关省级政府主管部门共同组织工程蓄水验收委员会进行。

第八条 机组启动验收，由项目法人会同电网经营管理单位共同组织机组启动验收委员会进行。

第九条 工程竣工验收，应分别按枢纽工程、库区移民两个专项组织竣工验收。

枢纽工程专项竣工验收由国家经贸委委托国家电力公司或其他单位负责组织。

库区移民专项竣工验收由有关省级政府主管部门负责组织。

环保、消防、劳动安全卫生、工程档案等方面的验收及工程竣工决算审计，按有关部门的规定进行。

第十条 单项工程竣工验收，由项目法人自行组织进行，必要时，会同有关部门或单位共同组织单项工程竣工验收委员会进行。

第三章 工程蓄水验收

第十一条 项目法人应在计划蓄水时间9个月前，向国家经贸委报送蓄水验收申请报告。

蓄水验收申请报告应包括以下内容：

（一）蓄水验收计划安排；

（二）有关省级水库移民管理机构名称；

（三）工程蓄水验收委员会正副主任委员建议人员名单。

第十二条 国家经贸委负责下达工程蓄水验收任务，指定工程安全鉴定单位，确定库区移民初步验收的负责单位、工程蓄水验收委员会正副主任委员名单，提出验收工作完成时限要求。

第十三条　工程安全鉴定和库区移民初步验收的负责单位分别提出工程蓄水安全鉴定报告和库区移民初步验收报告，交项目法人，由项目法人报送工程蓄水验收委员会。

第十四条　工程蓄水验收委员会的主要工作是：

（一）听取并研究项目法人的工程建设报告、工程度汛措施计划报告、工程安全鉴定报告、库区移民初步验收报告及有关单位、部门的意见；

（二）检查工程及库区移民迁建、清库的进度和质量，并作出评价；

（三）对存在的问题提出处理意见；

（四）研究并批准下闸蓄水的组织措施、技术方案以及蓄水后工程安全度汛措施；

（五）确定下闸蓄水时段和次年工程度汛标准；

（六）提出工程蓄水验收鉴定书。

第十五条　工程蓄水验收委员会成员在有关问题上发生意见分歧时，由主任委员负责协调并裁决，重要问题的裁决意见报国家经贸委备案。

第十六条　项目法人应在下闸蓄水前，将工程蓄水验收鉴定书报国家经贸委备案。

第四章　工程竣工验收

第十七条　项目法人在工程竣工验收计划时间12个月前，向国家经贸委报送工程竣工验收计划及枢纽工程专项竣工验收申请；在工程竣工验收计划时间9个月前，向有关省级政府报送库区移民专项竣工验收申请，并抄报国家经贸委。

环保、消防、劳动安全卫生、工程档案等方面的验收申请，按有关部门的规定办理。

第十八条　国家经贸委负责下达枢纽工程专项竣工验收任务，指定工程安全鉴定单位和枢纽工程专项竣工验收的负责单位，提出验收工作完成时限要求。

有关省级政府负责下达库区移民专项竣工验收任务，指定库区移民专项竣工验收的负责部门，提出验收工作完成时限要求。

第十九条　工程安全鉴定单位提出工程竣工安全鉴定报告，送项目法人，由项目法人报送枢纽工程专项竣工验收的负责单位。

枢纽工程专项竣工验收的负责单位提出枢纽工程专项竣工验收报告，报国家经贸委，并抄送项目法人。

库区移民专项竣工验收的负责部门提出库区移民专项竣工验收报告，报省级政府，并抄送项目法人。

第二十条　各项验收（包括枢纽工程、库区移民、环保、消防、劳动安全卫生、工程档案、工程竣工决算）工作完成后，项目法人对验收工作进行总结，提出工程竣工验收总结报告，报国家经贸委。

工程竣工验收总结报告应包括以下内容：

（一）工程概述；

（二）验收工作简况；

（三）各项验收报告（或鉴定意见）的主要结论；

（四）对各项验收报告所提主要问题和建议的处理情况；

（五）工程竣工验收时未能同步进行验收而遗留的单项工程的验收计划安排；

（六）结论。

第二十一条　全部验收工作完成并经审核合格后，由国家经贸委向项目法人颁发工程竣工验收证书。

第二十二条　国家经贸委颁发工程竣工验收证书的基本条件是：

（一）已按规定程序完成工程竣工验收的全部工作；

（二）各项验收报告均有明确的可以通过工程竣工验收的结论；

（三）遗留的单项工程，不致对工程和上下游人民生命财产安全造成影响，并已落实建设和单项工程竣工验收计划。

第五章　附　　则

第二十三条　水电工程验收的组织工作和技术要求，本规定未作明确规定的，参照《水电站基本建设工程验收规程》执行。

第二十四条　本规定由国家经贸委负责解释。

第二十五条　本规定自印发之日起执行。现行有关工程验收和安全鉴定规定，凡与本规定有抵触的，均以本规定为准。原电力部颁发的《水电建设工程竣工验收工作改进意见》（电水农［1996］549号）同时废止。

水利部明确流域机构有关行政权限

5月13日，水利部发出通知，明确流域管理机构依照《防洪法》有关规定决定行政处罚和行政措施权限。

通知指出，为加强长江、黄河、淮河、海河、珠江、松花江和辽河、太湖等七大流域的防洪工作，依据《中华人民共和国行政处罚法》和《中华人民共和国防洪法》第六十四条有关规定，经研究决定：长江、黄河、淮河、海河、珠江、松辽水利委员会和太湖流域管理局及其所属管理机构在以下指定范围内决定《防洪法》第七章规定的行政处罚和行政措施：

一、在江河、湖泊上建设防洪工程和其他水工程、水电站等，按照有关规定，应由国务院水行政主管部门或者流域管理机构签署规划同意书，而未经其签署规划同意书，擅自建设防洪工程和其他水工程、水电站的；或者违反规划同意书的要求，影响防洪的。

二、在由国务院水行政主管部门批准规划治导线的河道上，未按规划治导线整治河道和修建控制引导河水流向、保护堤岸等工程，影响防洪的。

三、在流域管理机构管理的河段，有下列违法行为之一的：一是在河道、湖泊管理范围内建设妨碍行洪的建筑物、构筑物；二是在河道、湖泊管理范围内倾倒垃圾、渣土，从事采砂、采金、取土、垦殖等影响河势稳定，危害河岸堤防安全和其他妨碍河道行洪的活动；三是在行洪河道内种植阻碍行洪的林木和高秆作物；四是围湖造地、擅自围垦河道。

四、在国务院水行政主管部门确定的长江、黄河、珠江、辽河、淮河、海河人海口范围内，违反河口整治规划围海造地的。

五、河道管理范围内的建设项目，按照有关规定，应由流域管理机构审查同意，发放建设项目同意书，未经其审查同意发放建设项目同意书，或者未按照其审查批准的位置、界限，在河道、湖泊管理范围内从事工程设施建设活动的。

六、在由流域管理机构管理的洪泛区、蓄滞洪区内建设非防洪建设项目，未编制洪水影响评价报告的；或者防洪工程设施未经流域管理机构验收，即将建设项目投入生产或者使用的。

七、破坏、侵占、毁损流域管理机构管理的堤防、水闸、护岸、抽水站、排水渠等防洪工程和水文、通信设施以及防汛备用的器材、物料的。

流域管理机构实施行政处罚的程序等，按照《行政处罚法》和水利部令第八号《水行政处罚实施办法》的规定执行。

（原载1999年5月27日中国水利报）

电力行业标准化管理办法

（国家经济贸易委员会令第10号
1999年6月16日发布）

第一章 总 则

第一条 为加强电力行业标准化管理，促进电力工业技术进步，根据国家标准化工作的有关规定，结合电力行业的实际情况，制定本办法。

第二条 电力行业标准化工作包括拟订电力国家标准、制定电力行业标准、组织并监督电力标准的实施、指导推动电力企业开展标准化工作。

第三条 电力标准包括以下方面的标准：

（一）电力工程勘测、规划、设计、施工、安装、调试和验收；

（二）电力设备及系统运行、检修、试验和维护；

（三）电力行业产品制造、组装、检测和质量保证；

（四）电力设备、材料、原料、燃料、工质、装置仪表的试验、测量、监督、质量评定和订货技术条件；

（五）电力行业引进技术和进口设备的技术条件；

（六）电力建设和生产的劳动保护、安全；

（七）电力工业环境保护、节能和资源综合利用；

（八）电力工业计算机应用与信息技术；

（九）电力调度自动化、通信和网络；

（十）电力工业技术管理、技术术语、符号、代码和制图方法；

（十一）电能质量；

（十二）电力工业计量器具检定；

（十三）电力行业其他有关标准。

电力标准分为强制性标准和推荐性标准。

第四条 电力标准化工作应当及时收集、研究国际标准和国外先进标准，并结合我国电力工业实际适时采用。

第二章 组织机构与职责分工

第五条 国家经济贸易委员会负责电力行业标准化行政管理工作，主要行使下列职责：

（一）制定电力行业标准化规章和政策，负责电力行业标准化的宏观管理与监督协调工作；

（二）组织审查电力行业标准体系及长远规划；

（三）审批、下达电力行业标准年度计划；

（四）组织制定电力行业标准，归口管理电力行业标准编号；

（五）组织拟订电力国家标准；

（六）组织实施电力标准并对电力标准的执行情况进行监督检查；

（七）决定电力行业标准化工作的其他重大事项。

根据工作需要，设立电力行业标准化管理委员会。电力行业标准化管理委员会协助国家经济贸易委员会协调电力行业标准化各有关方面的重要工作关系，研究电力行业标准化工作中的重大事宜，并提出工作建议。电力行业标准化管理委员会是非常设的协调咨询机构，其成员由电力生产、技术管理的资深专家和有关方面负责人组成。

第六条 中国电力企业联合会负责电力行业标准化的具体组织管理和日常工作，主要行使下列职责：

（一）组织编制电力国家标准计划项目建议，组织起草电力行业标准的制订修订计划；

（二）审核全国标准化技术委员会和电力行业专业标准化技术委员会拟订的电力国家标准和行业标准；

（三）负责电力行业专业标准化技术委员会的具体组建和换届工作，组织、指导电力行业专业标准化技术委员会的工作；

（四）负责国际电工委员会相关技术委员会中国业务的归口管理工作，组织参加国际标准化活动，推动电力行业适时采用国际标准和国外先进标准；

（五）负责组织或授权专业标准化技术委员会选派专家代表电力行业参加其他行业有关国家标准的起草和审查工作；

（六）管理电力行业标准化经费；

（七）组织电力行业标准化服务工作，组织电力行业标准出版工作，归口管理标准成果，负责标准成果申报；

（八）受国家经济贸易委员会委托，具体负责电力行业标准的编号；

（九）受国家经济贸易委员会委托，指导电力企业标准化工作，办理省级以上电力公司企业标准的备案；

（十）承办国家经济贸易委员会委托的其他标准化工作。

第七条 电力行业专业标准化技术委员会是电力行业标准化的技术机构，由本专业领域的权威专家和其他相应资格的专家组成，主要行使下列职责：

（一）提出电力标准立项计划建议；

（二）拟订电力标准及对电力标准草案进行技术审查；

（三）提供电力标准化服务；

（四）承办中国电力企业联合会委托的其他标准化工作。

第三章 标准制定的计划与程序

第八条 电力行业各专业标准化技术委员会和电力行业有关企业、事业单位应于每年六月底以前向中国电力企业联合会标准化部门提出本年度电力国家标准和行业标准制订、修订项目计划建议。

第九条 中国电力企业联合会标准化部门对电力国家标准和行业标准制订、修订项目计划建议分别进行汇总、审查、协调后，送国家经济贸易委员会电力司。

电力国家标准制订、修订项目计划建议，由国家经济贸易委员会电力司报国务院标准化行政主管部门；属工程建设类国家标准的，报国务院建设行政主管部门。

电力行业标准制订、修订项目计划建议，由国家经济贸易委员会电力司审批后下达。

第十条 中国电力企业联合会标准化部门根据年度计划项目与项目承担方签订项目合同书，有关部门和单位按照合同规定拨付标准化工作经费。

第十一条 电力行业标准化经费，主要由国务院标准化行政主管部门提供的补助费用、中国电力企业联合会会费、有关单位资助和企事业单位筹集的经费组成。

电力行业标准化经费按专款专用原则使用。

第十二条 中国电力企业联合会标准化部门应于每年十一月底以前提出国际标准化合作、交流计划草案，报国务院有关行政主管部门。

第十三条 电力国家标准和行业标准的制定应按标准起草、标准送审和标准报批的程序进行。

第十四条 专业标准化技术委员会组织标准起草工作组；标准起草工作组负责起草标准，并形成标准送审稿。

第十五条 电力国家标准送审稿应当由专业对口的全国标准化技术委员会组织审查；没有专业对口的标准化技术委员会的，由国家经济贸易委员会授权中国电力企业联合会标准化部门组织审查。

电力行业标准送审稿应当由各专业标准化技术委员会组织审查；不属于专业标准化技术委员会业务范围内的，应当由中国电力企业联合会标准化部门会同有关部门组织审查。

审查方式为会审或函审。

审查通过的标准送审稿，经修改补充后，形成标准报批稿。

第十六条 电力国家标准报批稿由中国电力企业联合会标准化部门审核后，送国家经济贸易委员会电力司，由国家经济贸易委员会电力司报国务院标准化行政主管部门；属工程建设类国家标准的，报国务院建设行政主管部门。

电力行业标准报批稿由中国电力企业联合会标准化部门审核、编号后，送国家经济贸易委员会电力司，由国家经济贸易委员会批准、发布。

第十七条 标准送审稿和报批稿必须在充分征求有代表性的单位和专家意见的基础上形成。

第十八条 制订、修订标准应及时吸收成熟的科技成果。

第十九条 报批电力国家标准和行业标准，应当按照有关规定提交相应文件和材料。

第二十条 采用快速程序制定电力国家标准，应按照原国家技术监督局《关于印发《采用快速程序制定国家标准的管理规定）的通知》（技监局标发[1998] 03号）执行。

第二十一条 已发布的电力标准应当适时修改。中国电力企业联合会标准化部门应当及时组织对标龄五年以上的现行电力行业标准复审，分别提出确认、修订或废止意见，报国家经济贸易委员会审核发布。对于急需修改补充的个别标准条款，可采用修改通知单的方式及时修订。

对电力国家标准的复审，按照国务院标准化行政主管部门的规定和安排进行。

第二十二条 强制性电力行业标准的代号为DL，推荐性电力行业标准的代号为DL/T。

第四章 标准的实施与监督

第二十三条 电力行业企业、事业单位应当严格执行强制性标准。鼓励电力企业采用推荐性国家标准和行业标准，制定严于国家标准和行业标准的企业标准，在企业内部使用。电力企业标准应采用国家规定的企业标准代号Q/＊＊＊。

电力企业不得无标准作业。

第二十四条 电力行业进口设备和引进技术必须按规定进行标准化审查。电力企业、事业单位进口的设备和引进的技术必须符合我国有关标准。

电力行业企业、事业单位进口列入《进口机电产品标准化管理目录》的产品，应当向有关部门或单位办理标准化管理备案手续。

第二十五条 电力行业企业、事业单位技术负责人，应把贯彻执行标准作为主要职责之一。

第二十六条 违反有关标准规定，造成人员伤亡、设备损失或其他严重危害社会后果的，依法追究有关人员的行政责任；构成犯罪的，依法追究有关人员的刑事责任。

第二十七条 对制定标准和执行标准工作中做出突出业绩的人员和单位，应给予表扬和奖励。

第二十八条 电力行业标准及其汇编的出版应由符合国家有关规定的出版单位承担。未经批准不得自行印刷发行国家标准和行业标准及其汇编。

第五章 附 则

第二十九条 本办法由国家经济贸易委员会负责解释。

第三十条 本办法自发布之日起施行，《电力工业部标准化管理办法》同时废止。

国家电力公司科学技术进步奖励办法和国家电力公司科学技术进步奖励办法实施细则

（2000年7月12日 国电科[2000]406号）

为推进国家电力公司科技进步，自1999年起公司设立了科学技术进步奖，并印发了《国家电力公司科学技术进步奖励办法》（试行）。根据试行情况，国电公司组织对《奖励办法》进行了修订，并制定了实施细则。7月12日，国电公司以国电科［2000］406号文，印发了《国家电力公司科学技术进步奖励办法》和《国家电力公司科学技术进步奖励办法实施细则》。国电科［1999］374号文印发的《国家电力公司科学技术进步奖励办法》（试行）同时废止。

国家电力公司科学技术进步奖励办法

第一章 总 则

第一条 为奖励在推动电力科学技术进步活动中做出重要贡献的单位（集体）和个人，充分发挥广大科学技术人员的积极性和创造性，促进国家电力公司的科技进步，提高国家电力公司的综合实力，根据《国家科学技术奖励条例》和有关规定，结合国家电力公司实际情况，制定本办法。

第二条 国家电力公司科学技术进步奖贯彻尊重知识、尊重人才的方针，实行精神奖励与物质奖励相结合的原则。

第三条 国家电力公司科技管理部门负责公司科学技术进步奖评审的组织工作。

第四条 国家电力公司设立科学技术进步奖励评审委员会（以下简称“评委会”）和奖励工作办公室（以下简称“奖励办”）。评委会是国家电力公司科学技术进步奖的最高评审机构。评委会组成人员的人选由国家电力公司科技管理部门提出，报国家电力公司批准。

奖励办挂靠在国家电力公司科技管理部门。

第二章 国家电力公司科学技术进步奖的授奖条件

第五条 国家电力公司科学技术进步奖授予在电力科学研究和技术开发中，在应用推广先进科学技术成果，完成重大科学技术项目等方面，做出突出贡献的下列单位（集体）和个人：

（一）在电力科学研究和技术开发项目中，完成重大科学技术创新、科学技术成果转化，创造显著经济效益的。应用推广先进科学技术成果并具有新的创新，取得显著经济效益的；

（二）在电力科学理论研究、标准、计量、科技信息、非在线应用软件等项目中，具有显著的科学贡献和创新，取得重大成果及其推广应用，并经过实践检验，创造显著社会效益和经济效益的。

第六条 国家电力公司科学技术进步奖分为一等奖、二等奖、三等奖3个等级。

第三章 国家电力公司科学技术进步奖的推荐

第七条 国家电力公司科学技术进步奖实行限额推荐制度。国家电力公司系统外单位研究完成的科学技术水平高、经济（社会）效益大，对推动电力工业科技进步有重大贡献的科技成果，可以申请国家电力公司科学技术进步奖。

第八条 国家电力公司科学技术进步奖由下列单位推荐：

（一）国家电力公司各分公司及直属子公司；

（二）国家电力公司直属科技型企业、高等院校；

（三）经国家电力公司科技管理部门认定的符合资格条件的其他有关单位。

第九条 推荐国家电力公司科学技术进步奖的项目应获得推荐单位科技进步一等奖或二等奖。

第十条 推荐单位限额推荐国家电力公司科学技术进步奖项目；推荐时，应当填写统一格式的推荐书，提供真实、可靠的评价材料。

第四章 国家电力公司科学技术进步奖的评审和授予

第十一条 国家电力公司科学技术进步奖每年评审一次。国家电力公司科学技术进步奖的评审规则由国家电力公司科技管理部门制定。

第十二条 国家电力公司科学技术进步奖实行评委会、评审组和初评三级评审制。

初评，由同行专家对形式审查合格的项目提出参评、不授和缓评的评审意见。

评审组评审，在初评建议的基础上做出认定科技成果的结论，并向评委会提出获奖人选和奖励等级的建议。

评委会根据评审组的建议做出获奖项目人选和获奖项目奖励等级的决议。

第十三条 国家电力公司科学技术进步奖的评审实行异议制。获奖项目人选和获奖项目奖励等级在发布奖励通报前进行公布。异议期时效为自公布之日起30日，逾期不再受理。

第十四条 存在异议的项目由评委会进行复审并做出最终裁决。

评委会裁决结果和无异议项目的评审结果由国家电力公司科技管理部门进行审核，报国家电力公司批准后，发布奖励通报。

第十五条 国家电力公司科学技术进步奖由国家电力公司颁发证书和奖金。

第十六条 国家电力公司科学技术进步奖的奖励经费由国家电力公司支付。各种奖励等级的奖金数额由国家电力公司规定。

第五章 罚 则

第十七条 剽窃、侵夺他人科学技术成果的，或以其他不正当手段骗取奖励的，由国家电力公司科技管理部门报国家电力公司批准后撤销奖励，追回奖金。

第十八条 推荐的单位和个人提供虚假数据、材料，协助他人骗取奖励的，由国家电力公司科技管理部门通报批评；情节严重的，暂停或者取消其推荐资格；对负有直接责任的主管人员和其他直接责任人员，依法给予行政处分。

第十九条 参与国家电力公司科学技术进步奖评审活动和有关工作的人员在评审活动中弄虚作假、营私舞弊的，依法给予行政处分。

第六章 附 则

第二十条 国家电力公司各直属子公司、科技型企业、高等院校可根据情况设立本系统、本单位的科学技术进步奖，其奖励办法自行规定，报国家电力公司科技管理部门备案。奖励经费按国家有关规定自行解决。

第二十一条 本办法由国家电力公司科技管理部门负责解释，并根据本办法制定实施细则。

第二十二条 本办法自发布之日起施行。1999年7月30日国家电力公司国电科［1999］374号印发的《国家电力公司科学技术进步奖励办法》（试行）同时废止。

国家电力公司科学技术进步奖励办法实施细则

第一章 总 则

第一条 为了做好国家电力公司科学技术进步奖励工作，保证国家电力公司科学技术进步奖的评审质量，根据《国家电力公司科学技术进步奖励办法》（以下简称奖励办法），特制订本实施细则。

第二条 本细则适用于国家电力公司科学技术进步奖的推荐、评审、授奖等各项活动。

第三条 国家电力公司科学技术进步奖贯彻“尊重知识、尊重人才”的方针，鼓励自主创新，鼓励攀登科学技术高峰，促进科学研究、技术开发与电力生产建设、经济、社会发展的密切结合，促进科技成果商品化和产业化，加速电力科技创新战略的实施。

第四条 国家电力公司科学技术进步奖的推荐、评审和授予，实行公开、公平、公正原则，不受任何组织或者个人的非法干涉。

第五条 国家电力公司科学技术进步奖授予在电力科学研究和技术开发中，在应用推广先进科学技术成果，完成重大科学技术项目等方面做出重大贡献的单位（集体）和个人。在科学技术研究和技术开发项目中仅决定出资立项而未进行实际开发的单位不得作为国家电力公司科学技术进步奖的候选单位，仅从事辅助服务的工作人员不得作为国家电力公司科学技术进步奖的候选人。

第六条 国家电力公司科学技术进步奖是国家电力公司授予单位（集体）或个人的荣誉，授奖证书不作为确定科学技术成果权属的直接依据。

第七条 国家电力公司科学技术进步奖评审委员会负责国家电力公司科学技术进步奖励的宏观管理和指导。国家电力公司科技管理部门负责国家电力公司科学技术进步奖评审的组织工作，国家电力公司科学技术进步奖励工作办公室负责日常管理工作。

第二章 奖励范围和评审标准

第八条 奖励办法第五条（一）所称“电力科学研究和技术开发项目”是指在电力科学研究和技术开发、技术改造、电力生产建设、工程建设、重大装备研制活动中，完成具有重大市场价格的产品、技术、工艺、材料、设计及其应用推广。

第九条 国家电力公司科学技术进步奖候选人应当具备下列条件之一：

（一）在设计项目的总体技术方案中做出重要贡献；

（二）在关键技术和疑难问题的解决中做出重大技术创新；

（三）在成果转化和推广应用过程中做出创造性贡献；

（四）在高技术产业化方面做出重要贡献。

第十条 国家电力公司科学技术进步奖候选单位应当是在项目研制、开发、投产、应用和推广过程中提供技术、设备和人员等条件，对项目的完成起到组织、管理和协调作用的单位。

直接承担国家有关综合管理部门和国家电力公司下达项目的推荐单位，可以作为主要完成单位。

第十一条 推荐项目主要完成单位、主要完成人的排序原则上应与技术评价证明（验收证明或科技鉴定证书等）排序一致。如有特殊变动应详细说明原因，并出具相应情况的证明材料。

第十二条 国家电力公司科学技术进步奖授奖人数和授奖单位数实行限额。一等奖人数不超过 15 人，单位不超过 10 个；二等奖人数不超过 10 人，单位不超过 7 个；三等奖人数不超过 7 人，单位不超过 5 个。

第十三条 国家电力公司科学技术进步奖候选人或者候选单位所完成的项目应当符合下列条件：

（一）技术创新性突出：在技术上有重要的创新，特别是在高新技术领域进行自主创新，形成了产业的主导技术和名牌产品，或者应用高新技术对传统产业进行装备和改造，通过技术创新，提升传统产业；技术难度较大，解决了公司和电力工业发展中的热点、难点和关键技术问题；总体技术水平和主要技术经济指标达到了电力工业的领先水平。

（二）经济效益或者社会效益显著：所开发的项目经过一年以上较大规模的实施应用，产生了很大的经济效益和社会效益，实现了技术创新的市场价值或者社会价值，为电力工业发展和电力安全生产做出了很大贡献。

（三）推动科技进步作用明显：项目的转化程度高，具有较强的示范、带动和扩散能力，提高了公司和电力工业的整体技术水平、竞争能力和系统创新能力，促进了产业结构的调整、优化、升级，对电力工业的发展具有很大推进作用。

第十四条 国家电力公司科学技术进步奖授奖等级根据候选人或者候选单位所完成的项目进行综合评定，评定标准如下：

在技术上有重大创新，技术难度大，总体技术水平和主要技术经济指标达到了国内领先并接受国际先进及以上水平，成果转化程度高，取得了重大的经济、社会效益，对促进电力科技进步和产业结构优化升级有重大作用的，可以评为一等奖。

在技术上有较大创新，技术难度较大，总体技术水平和主要技术经济指标达到了国内先进水平，并接近国内领先水平，成果转化程度较高，取得了显著的经济、社会效益，对促进电力科技进步和产业结构调整有较大意义的，可以评为二等奖。

在技术上有一定创新，有一定技术难度或复杂程度，总体技术水平和主要技术经济指标达到了国内同专业领先水平并接近国内先进水平，取得较大经济、社会效益，可进一步推广应用，对促进电力科技进步和产业结构调整有一定作用和意义的，可以评为三等奖。

对于推广类成果的评审，必须具有新的创新并取得显著经济效益、社会效益。在参照本条评审标准的基础上，还要求：已推广面占电力行业可用面的20%以上或占省内可用面的70%以上。

对于科技论著的评审，在参照本条评审标准的基础上，还要求：其科学理论为国内外首次提出，或者在国内外首次阐明，且主要论著为国内首次发表，并在国内外公开发行的学术刊物上发表或者作为学术专著出版一年以上，其重要科学结论已为国内外同行所引用或者应用。在学术上处于国内领先或以上先进水平，对推动电力科学发展有重大意义，或者对于经济建设和社会发展有重要影响。

对于标准的评审，在参照本条评审标准的基础上还要求：必须突出标准中所进行的研究试验及取得的技术创新，而将标准作为研究试验的实现成果。同时考虑该标准在电力设计、运行、制造等领域中的重要作用。

第三章 评审机构

第十五条 国家电力公司科学技术进步奖评审委员会主要职责是：

（一）审定国家电力公司科学技术进步奖的评审结果；

（二）对国家电力公司科学技术进步奖励工作进行指导；

（三）研究、解决国家电力公司科学技术进步奖评审工作中出现的其他重大问题。

第十六条 国家电力公司科学技术进步奖评审委员会委员15至20人。设主任委员1人，由国家电力公司分管科技工作的副总经理担任；副主任委员1至2人，常务秘书1人。国家电力公司科学技术进步奖评审委员会委员由科研、生产、规划、设计、基建等领域的专家和有关部门的领导组成。委员人选由国家电力公司科技管理部门提出，报国家电力公司批准。

国家电力公司科学技术进步奖评审委员会实行聘任制，每届任期3年。

第十七条 国家电力公司科学技术进步奖评审委员会下设评审组，其主要职责是：

（一）负责国家电力公司科学技术进步奖的评审工作；

（二）向国家电力公司科学技术进步奖评审委员会报告评审结果；

（三）对国家电力公司科学技术进步奖评审工作中出现的问题进行处理；

（四）对完善国家电力公司科学技术进步奖励工作提出建议、意见。

第十八条 国家电力公司科学技术进步奖评审组设组长1人，副组长1至2人，委员若干人，秘书1人。评审组委员实行资格聘任制，其资格由国家电力公司科技管理部门认定。

奖励工作办公室根据当年国家电力公司科学技术进步奖推荐的具体情况，从具备资格的专家中聘请评审组成员，报国家电力公司科学技术进步奖评审委员会备案。

第十九条 根据评审工作需要，国家电力公司科学技术进步奖可以设立若干由同行专家组成的专业初评组。

专业初评组负责各自专业范围内的国家电力公司科学技术进步奖初评工作，并将初评结果报国家电力公司科学技术进步奖评审组。

第二十条 各专业初评组设组长1人、副组长1至2人、委员若干人。专业初评组委员实行资格聘任制，其资格由国家电力公司科技管理部门认定。

奖励工作办公室根据当年国家电力公司科学技术进步奖推荐的具体情况，从具备资格的专家中聘请专业初评组的成员，报国家电力公司科学技术进步奖评审委员会备案。

第二十一条 国家电力公司科学技术进步奖评审委员会及其评审组、专业初评组的评审委员和相关的工作人员应当对候选人和候选单位所完成项目的技术内容及评审情况严格保守秘密。

第四章 推 荐

第二十二条 奖励办法第八条（三）所称“认定的有关单位”是指：经国家电力公司科技管理部门认定具备推荐条件的公司系统外有关企事业单位。

（一）国家电力公司系统外省级电力公司；

（二）直接承担国家电力公司科研项目的系统外单位；

（三）国家电力公司系统外具有电力专业（学科）的综合类大学。

第二十三条 国家电力公司科学技术进步奖实行限额推荐制度。各推荐单位在奖励工作办公室当年下达的限额数内进行推荐。

第二十四条 国家电力公司科学技术进步奖推荐的基本程序如下：

一个单位完成的科技成果，按完成单位的隶属关系逐级推荐；

几个单位完成的科技成果，由科技成果的第一完成单位按其隶属关系逐级推荐。

国家电力公司系统内单位和系统外单位合作研究的成果，由系统内单位按隶属关系逐级推荐。

第二十五条 推荐单位推荐国家电力公司科学技术进步奖的候选人、候选单位，应当征得候选人和候选单位的同意，填写由奖励工作办公室制作的统一格式推荐书，并提供必要的证明或者评价材料。推荐书及有关材料应当完整、真实、可靠。

第二十六条 推荐国家电力公司科学技术进步奖的项目应获得奖励办法第九条规定的推荐单位的科技进步一等奖或二等奖。

第二十七条 已经推荐或获得其他省、部级科学技术进步奖的成果，不能再被推荐国家电力公司科学技术进步奖。

第二十八条 正在研究中的项目，原则上应待其完成后，整体推荐。

重大项目被推荐时，应包括该项目的子项。若某子项成果确因水平很高，技术难度很大，不仅适用于本项目，还可独立应用于其他生产方面，并经实践证明具有较大经济效益或社会效益时，经与总项目主持单位协商同意后，可单独推荐。但重大项目推荐时，应注明其中的某子项已推荐或获得何种等级奖励；对重大项目评审时，应剔除单独获奖的子项后，加以综合评定。单独推荐或获奖的子项不再分享总项目的荣誉和奖金。

第二十九条 某一重大项目，其局部关键技术或关键装备系从国外引进，则该项目推荐时，应在推荐书中写明引进的有关技术内容。

第三十条 已推荐或已获奖（包括题目不同、内容相似）的项目，以后又有重大技术创新的，若再次推荐，需提交详细的情况说明。

第三十一条 缓评项目重新推荐时，应附缓评项目通知单，并证明确已解决了缓评问题，另附必要的情况说明。

第三十二条 凡存在知识产权以及有关完成单位、完成人员等方面争议的，在争议未解决前不得推荐参加国家电力公司科学技术进步奖评审。

第三十三条 经评定未授奖的候选人、候选单位，如果其完成的项目或者工作在此后的研究开发活动中获得新的实质性进展，并符合奖励办法及本细则有关规定条件的，可以按照规定的程序重新推荐。

第三十四条 各推荐单位应以所推荐项目进行以下几个方面的审查：

（一）按照本实施细则的有关条款和预审单内容要求对申报项目进行形式审查，包括奖励范围、推荐条件、推荐程序、推荐渠道等是否符合要求；

（二）是否重复报奖或多方报奖；

（三）申报项目的资料及其附件是否齐全、合格，装订打印是否符合要求；

（四）申报项目的技术内容和效益计算是否真实，是否存在产权争议；

（五）主要完成单位、主要完成人资格及排序是否符合规定，是否存在异议。

主要完成人的创造性贡献应当具体、属实、相对独立，并与项目创新点对应。

现职副处级及以上各级领导干部，若确实参加了某项课题的研究，并符合有关主要完成人条件，需由项目完成单位出具详细书面说明，并经上级单位主管领导签字后方可作为主要完成人之一。

各推荐单位应在审查的基础上，根据项目的创新性、技术水平和推广应用情况等，择优推荐，并客观地写明推荐意见和推荐等级。

第五章 评 审

第三十五条 符合奖励办法第八条及本细则规定的推荐单位，应当在规定的时间内向奖励工作办公室提交推荐书及相关材料。奖励工作办公室负责对推荐材料进行形式审查。对不符合规定的推荐材料，可以要求推荐单位在规定的时间内补正，逾期不补正或者经补正仍不符合要求的，可以不提交评审并退回推荐材料。

第三十六条 对形式审查合格的推荐材料，由奖励工作办公室提交相应专业初评组进行评审。

第三十七条 各专业初评组将初评意见提交国家电力公司科学技术进步奖评审组进行评审。

第三十八条 评委会对评审组的评审结果进行审定。

第三十九条 国家电力公司科学技术进步奖的评审表决规则和内容如下：

（一）初评由各专业初评组以会议方式进行。

初评工作主要内容：

（1）核准推荐项目材料是否符合有关要求，核准主要完成单位、主要完成人资格；

（2）按照评审标准对推荐项目进行讨论和评审，以专业评审组的意见分别提出参评项目、不授项目和缓评项目的具体建议，并逐项填写初评意见。

（二）评审组评审以会议方式进行评审，以投票表决产生评审结果。

评审组主要工作内容：

（1）听取初评组建议意见；

（2）听取主审人逐一介绍各项目情况，在充分讨论的基础上，打分、投票表决，推荐一等奖项目，评定二等、三等奖项目，并逐项填写评审意见。

（三）评委会以会议方式对评审组的评审结果进行审定。

评委会评审工作主要内容：

（1）听取评审组推荐的一等奖项目（第一完成

人）情况介绍，并进行项目答辩；

（2）经过讨论，投票表决，评定一等奖项目，审核二等奖、三等奖项目；

（3）在推荐书中填写评委会的审批意见；

（4）评委会有权否决评审组的评审结果，有权裁定对获奖项目的异议。

（四）国家电力公司科学技术进步奖评审委员会及其各评审机构的评审会议应当有三分之二以上多数（含三分之二）委员参加，会议表决结果有效。

第四十条　国家电力公司科学技术进步奖评审实行回避制度，被推荐为国家电力公司科学技术进步奖的候选人不得作为评审委员参加当年的评审工作。评审委员不得参加本单位推荐项目的评审、表决。

第六章　异议及其处理

第四十一条　国家电力公司科学技术进步奖励接受社会的监督。国家电力公司科学技术进步奖的评审工作实行异议制度。

任何单位或者个人对国家电力公司科学技术进步奖候选人、候选单位及其项目持有异议的，应当在国家电力公司科学技术进步奖评审结果公布之日起30日内向国家电力公司奖励工作办公室提出；逾期且无正当理由的，不予受理。

第四十二条　提出异议的单位或者个人应当提供书面异议材料，并提供必要的证明文件。

提出异议的单位、个人应当表明真实身份。个人提出异议的，应当在异议材料上签署真实姓名，提供工作单位、联系电话和通信地址。以单位名义提出异议的，应当加盖本单位公章，提供联系人、联系电话和通信地址。匿名书面异议不予受理。异议者姓名需要保密的，应在异议材料中注明。

第四十三条　异议分为实质性异议和非实质性异议。凡对涉及候选人、候选单位所完成项目的创新性、先进性、实用性等，以及推荐书填写不实所提的异议为实质性异议；对候选人、候选单位及其排序的异议，为非实质性异议。

推荐单位及项目的完成人和完成单位对评审等级的意见，不属于异议范围。

第四十四条　奖励工作办公室在接到异议材料后，应当对异议内容进行审查，如果异议内容属实，并能提供充分证据的，应予受理。

第四十五条　实质性异议由奖励工作办公室负责协调，由有关推荐单位协助。涉及异议的任何一方应当积极配合，不得推诿和延误。推荐单位或者个人接到异议通知后，应当在规定的时间内核实异议材料，并将调查、核实的情况报送奖励工作办公室审核。奖励工作办公室认为必要时，可以组织评审委员及专家进行调查，提出处理意见。

非实质性异议由推荐单位负责协调，提出初步处理意见报送奖励工作办公室审核。涉及跨单位的异议处理，由奖励工作办公室负责协调，相关推荐单位协助，其处理程序参照前款规定办理。

推荐单位或者个人在规定的时间内未提出调查、核实报告和协调处理意见的，不予复评。

第四十六条　奖励工作办公室向国家电力公司科学技术进步奖评审委员会报告异议核实情况及处理意见，提请国家电力公司科学技术进步奖评审委员会决定，并将决定意见通知异议方和推荐单位。

第四十七条　异议自国家电力公司科学技术进步奖评审结果公布之日起60日内处理完毕的，可以提交本年度复评；一年内处理完毕的，可以提交下一年度评审；一年后处理完毕的，可以重新推荐。

第七章　授　　奖

第四十八条　国家电力公司科技管理部门对评委会作出的获奖人选、项目及等级的决议进行审核，报国家电力公司批准。

第四十九条　国家电力公司科学技术进步奖各等级奖励金额为：一等奖4.5万元，二等奖2万元，三等奖0.7万元。

第五十条　国家电力公司科学技术进步奖由国家电力公司颁发证书和奖金。

第八章　附　　则

第五十一条　本细则由国家电力公司科技管理部门负责解释。

第五十二条　本细则自发布之日起施行。

水利部　国家电力公司　国家工商行政管理局关于印发《水利水电工程施工合同和招标文件示范文本》的通知

（2000年3月1日　水建管[2000]62号）

各省、自治区、直辖市、计划单列市水利（水电）厅（局）、电力局（公司）、工商行政管理局，各流域机构，新疆生产建设兵团水利局，各有关单位：

为加强水利水电建设市场的管理，规范招标投标工作和合同管理，切实保障发、承包双方的合法权益，确保水利水电工程的建设管理和工程招标投标在公平、公正的基础上健康有序地进行，根据《中华人民共和国合同法》和《中华人民共和国招标投标法》

的规定，现颁发《水利水电工程施工合同和招标文件示范文本》（以下简称《范本》）。并对《范本》实施的有关问题规定如下：

一、凡列入国家或地方建设计划的大中型水利水电工程使用本《范本》，小型水利水电工程可参照使用。

二、修改后的《水利水电土建工程施工合同条件》（GF—2000—0208）（以下简称《合同条件》）颁发后，1997年8月水利部、原电力工业部和国家工商行政管理局联合颁发的《水利水电土建工程施工合同条件》（GF—97—0208）同时废止。

各水利水电工程的发包人在编制招标文件和施工合同文件时，《合同条件》应按本通知第三条的规定应用，《范本》的其他文件可根据建设项目的实际情况参照使用，但不得违反《合同条件》中所确立的或隐含的公正、公平原则。若编制的上述文件内容与《合同条件》的规定不一致时，应以《合同条件》为准。

三、《合同条件》分为“通用合同条款”和“专用合同条款”两部分。

1.“通用合同条款”应全文引用，不得删改。

2.“专用合同条款”则应按其条款编号和内容，根据工程实际情况进行修改和补充。

3.除《合同条件》的“专用合同条款”中所列编号的条款外，“通用合同条款”其他条款的内容不得更动。若确因工程的特殊条件需要变更“通用合同条款”的内容时，应按工程建设项目管理的隶属关系报送水利部、国家电力公司及国家工商行政管理局的业务主管部门批准。

四、水利水电工程的建设管理应按水利部和国家电力公司的有关规定全面推行建设监理制，发包人应委托具有水利水电工程监理资质的单位承担监理工作。监理人应在发包人授权范围内公正地履行其职责。

五、根据我国当前水利水电施工企业普遍存在的流动资金不足的现状，为确保工程按合同计划顺利开工建设，发包人应按《合同条件》的规定及时拨付工程预付款，不得要求或变相要求承包单位带资承建。

工程预付款的额度应由发包人在工程招标时通过编制工程的施工规划和资金流予以科学测定。其预付款总金额应不低于合同总价的10%，第一次预付款金额应不小于预付款总金额的40%。

六、除某些小型工程设备（如观测仪器）可由承包人负责采购外，永久工程设备应由发包人负责提供。工程所需的材料和施工设备原则上应由承包人负责采购、验收、运输和保管。今后为避免材料供应方面的责任交叉而增加合同管理的复杂性，不宜由发包人自行采购材料后向承包人供应。若确因工程的特殊需要，发包人可指定材料的供应来源。而由承包人直接与供货厂家签订合同，但发包人应承担由于指定材料供应来源的相关责任。

七、发包人应妥善解决好工程建设过程中的价格调整问题，原则上应采用《合同条件》规定的公式法调价，应按合理分担价格风险的原则确定可调因子、定值权重系数和变值权重系数。

若确因工程的具体情况难于采用《合同条件》规定的公式法调价时，应在“专用合同条款”中详细规定双方可接受的科学操作的调价办法。

八、由于水利水电工程的复杂性，在工程建设过程中发生变更和索赔等均属合同有序管理的正常范畴，应认真按《合同条件》规定的程序公正、公平地及时予以处理以避免问题积累而增加后处理的难度。对于索赔事项还应及时作好当时记录以利于监理单位作出公正的决定。

九、《合同条件》吸取了国际和国内一些工程解决合同争议的经验，规定水利水电工程建设应建立合同争议调解机制，当监理单位的决定无法使合同双方或其中任一方接受而形成争议时，可通过由双方在合同开始执行时聘请的争议调解组或行业争议调解机构进行调解，以寻求争议合理解决。

十、鉴于水利水电工程建设具有风险大的特征，发包人和承包人均应按《合同条件》的规定进行保险以增加抗风险能力。

十一、本《范本》的解释权属水利部、国家电力公司和国家工商行政管理局的业务主管部门。参建各方应在工程实践过程中及时将本《范本》施行中遇到的问题和意见及时反馈给我们以有利于在今后的修订版中补充完善。

十二、本《范本》自印发之日起施行。

二〇〇〇年三月一日

国家经贸委关于请国家电力公司承担电力系统水电站大坝安全管理工作的函

（1999年1月12日 国经贸厅安全[1999]14号）

国家电力公司：

为加强水电站大坝的安全管理，根据国务院机构改革和政府职能调整的实际情况，经研究，同意目前由你公司的大坝安全监察中心对电力系统水电站大坝安全工作进行管理。

一、大坝安全监察中心主要负责做好以下工作：

（一）编制水电站大坝安全工作计划和规划；该计划和规划经国家经贸委批准后，负责指导主管单位实施。编制和组织实施水电站大坝安全管理人员的培训计划。

（二）开展大坝安全巡查工作，配合和指导主管单位进行重要大坝的安全检查；对安全检查报告和专题技术报告提出评价意见，并报国家经贸委审定；指导主管单位对险坝、病坝进行除险加固处理和消除大坝的不安全隐患。

（三）受国家经贸委委托，主持或参加水电站大坝加固和改造设计的竣工验收，以及参加水电站初期蓄水和工程竣工验收工作；负责水电站大坝安全的注册工作。

（四）组织建立大中型水电站大坝的安全监测数据库和档案库。

（五）开展国内外大坝安全管理技术交流和新技术的推广应用。

二、水电站大坝的安全，不仅关系到人民生命财产安全，还关系到国家经济建设和社会大局的稳定。为此，要求：

（一）认真贯彻执行国家有关大坝安全的法律法规和方针政策，督促有关责任单位按照“谁管的水电站，谁承担大坝安全责任”的规定，切实加强大坝安全管理工作，保障大坝的安全。

（二）在做好经常性工作的同时，要加强基础性工作和队伍建设，不断完善规章制度，培养专业人才，配置技术手段，提高大坝安全管理水平。

（三）在水电站大坝安全方面要对国家经贸委负责，并期向国家经贸委汇报大坝安全工作，及时报告重大安全题。

国家电力公司关于转发国家经贸委请国家电力公司承担电力系统水电站大坝安全管理工作的函的通知

（1999年3月9日　国电安运[1999]103号）

现将国家经贸委办公厅《关于请国家电力公司承担电力系统水电站大坝安全管理工作的函》（国经贸厅安全［1999］14号，以下简称经贸委14号文）转发给你们，并就有关问题通知如下，请一并认真贯彻落实。

一、加强领导，明确责任，全面贯彻认真执行国家有关大坝安全的方针政策和法律法规，加强责任制，坚持“谁管的水电站，谁承担大坝安全责任”的规定，切实加强大坝安全管理工作，保障水电站大坝安全。

二、水电站大坝安全责任单位，要按照经贸委14号文的精神，继续贯彻《水电站大坝安全管理办法》的规定，全面做好大坝安全工作。当前，要重点抓好第二轮大坝安全定期检查和安全注册工作，抓紧大坝补强加固和对病险坝的治理，并按轻重缓急作出安排。确保大坝安全，确保下游人民生命财产的安全。

三、大坝安全监察中心对水电站大坝安全继续履行“规划、监督、指导、服务”的职责。按经贸委14号文的精神，在水电站大坝安全方面国家电力公司对国家经贸委负责并报告工作。大坝安全监察中心定期向国家电力公司和国家经贸委报告大坝安全工作，重大安全问题及时报告。

四、按照经贸委14号文的要求，大坝中心应结合电力系统水电站大坝安全现状，尽快提出贯彻文件的具体意见，并抓紧制定大坝安全工作规划和年度计划，报国家电力公司和国家经贸委。

水电站大坝安全，责任重于泰山，国家电力公司各级大坝安全责任单位和大坝中心，要不断完善各项规章制度，加强专业培训，根据工作需要配备先进的技术手段，全面提高水电站大坝安全管理水平。

附件：（略）

国家计委水电前期工作管理暂行办法

（2000年9月30日国家计委计办投资［2000］780号）

第一条　为了加强水电前期工作的管理，建立和健全水电前期工作管理机制，特制订本管理办法。

第二条　国家计委负责管理属于政府行为的水电前期工作，内容包括：水电发展政策研究（包括国家计委组织开展水电发展政策研究所需经费）、全国水力资源普查（含复查）、大中型河流（河段）水电规划及其补充规划、部分具有战略意义的大型水电站预可行性研究。

第三条　水电前期项目可由国家电力公司水电水利规划设计总院（以下简称水规总院）提出项目建议书，国家计委邀请专家咨询后确定；也可由国家计委直接确定前期项目。

第四条　经国家计委确定的水电前期项目，由国家计委委托水规总院管理，水规总院对国家计委负责，按项目管理的原则组织项目的实施。

第五条 水电前期工作费用计划暂由国家计委下达给国家电力公司。国家电力公司将国家计委下达的水电前期工作费用专项安排给水规总院。水规总院要保证资金专款专用。

第六条 水电前期工作项目的实施，实行招标投标制和合同管理制（具体招标投标办法由水规总院另行制订），水规总院负责组织招投标工作并与中标单位签订合同，按合同进行全过程管理。

第七条 在项目实施过程中，水规总院必须加强组织管理，各项目承担单位必须以高度的责任心确保项目的顺利实施。国家计委将对项目的质量、进度和经费使用进行检查和监督。

第八条 项目完成后，由水规总院按合同组织验收，并报国家计委批准。

第九条 利用国家计委水电前期工作经费完成的预可行性研究项目,实行项目成果有偿转让制度,有偿转让收入列专户,滚动使用,根据国家计委计划用于水电开发前期工作,以进一步推动水电前期工作的开展。

第十条 每年完成的水电前期工作量，由水规总院负责按国家有关规定上报有关统计报表，同时抄报国家计委。

第十一条 本办法由国家计委负责解释，自发布之日起施行。

国务院办公厅就电力工业体制改革有关问题发出通知

2000年10月17日，国务院办公厅以国办发[2000] 69号文，发出《国务院办公厅关于电力工业体制改革有关问题的通知》(以下简称《通知》)。

《通知》说,为了更好地满足经济建设和人民群众日益增长的物质文化生活需要,推动电力工业的健康发展,促进电力工业引入竞争机制,尽快建立符合社会主义市场经济要求的电力工业管理体制,经国务院同意,1998年12月国务院办公厅转发了《国家经贸委关于深化电力工业体制改革有关问题的意见》(国办发[1998]146号,以下简称《意见》)。经过各地区、各有关部门的共同努力,改革试点工作取得了一定成绩,为下一步继续深化电力工业体制改革(以下简称电力体制改革)积累了经验,打下了基础。根据目前改革试点工作的实际情况,国务院决定对已经开展的电力体制改革试点内容作必要的调整。为做好此项工作,经国务院同意,现就有关事项通知如下:

一、电力体制改革工作由国家计委牵头,会同国家经贸委、财政部、国务院法制办、国务院体改办、国家电力公司及中国电力企业联合会等有关部门和单位组成的电力体制改革协调领导小组负责。电力体制改革总体方案由协调领导小组组织制订,报国务院审批。地方各级政府不再相应设置电力体制改革领导机构，也不得自行制订或出台本地区电力体制改革方案。

二、按照政企分开的原则，各省、自治区、直辖市要继续按照《意见》的要求，结合地方机构改革工作，将电力局（公司）现承担的行政管理职能移交给地方政府综合经济管理部门，并接受其指导与监督。地方各级政府均不设立电力专业管理部门。

三、自本通知下发之日起，除按照《意见》确定的辽宁、吉林、黑龙江、上海、浙江、山东6省（市）外，其余各省、自治区、直辖市一律暂停执行地方政府或电力企业自行制订、实施的“竞价上网”发电调度方式。已经进行试点的6省（市）电力公司，在新的电力体制改革总体方案出台前，可以继续在原试验电量的范围内进行竞价上网发电调度。有关省为实体的试点范围暂不扩大，尚未进行的一律暂停。

关于改革农村电力管理体制，实现“两改一同价”的工作，仍按《意见》的精神继续进行。

四、为确保电网的安全运行和电力体制改革的顺利进行，国家电力公司系统及其他电力企业要加强管理，明确责任，服从调度，切实保证电力企业日常生产和各级电网的安全运行。

五、为规范运作,防止国有资产流失,除正常生产经营外,有关各级国有电力企业资产重组、电站出售和其他资产处置问题,将纳入电力体制改革总体方案统筹考虑。目前除按国家规定程序审批的资产重组、电站出售、盘活存量项目外,停止其他任何形式的国有电力资产的流动,包括电力资产的重组、上市、转让、划拨及主业外的投资等;凡项目未经国家批准的,其已经变现所得的资金应停止使用并予以暂冻结。

《通知》强调，各地区、各有关部门和单位要顾全大局，统一认识，按照国务院的统一部署和各自职责分工，做好电力体制改革有关工作。对因玩忽职守，给国家电力资产造成损失或酿成安全事故的单位和个人，要依法严肃追究有关责任人的责任。

国家经贸委办公厅转发《国务院办公厅关于电力工业体制改革有关问题的通知》

2000年11月6日，国家经贸委办公厅以急国经贸厅电力［2000］450号文，向各地经贸委（经委）、西藏电力工业厅转发了《国务院办公厅关于电力工业

体制改革有关问题的通知》(以下简称《通知》,同时提出:

一、要认真贯彻《通知》精神,按照国务院的总体部署和要求,统一思想,提高认识,从实际出发,处理好深化改革和当前工作的关系,要按照要求,将电力工业政企分开改革、厂网分开、竞价上网改革试点和农村电力体制改革工作扎扎实实地开展下去。

二、加快推进电力工业政企分开改革。要按照国务院办公厅国办发[1998]146号和中央机构编制委员会办公室中编办发[2000]14号文件的要求,将分散在各专业管理部门、行政性公司等单位的政府管电职能,划入经贸委。要尽快完成职能交接工作,并按照国家经贸委经贸厅电力[2000]386号文的要求,在今年年底前完成撤销各省、自治区、直辖市电力局的工作。

三、继续进行厂网分开、竞价上网改革试点工作。辽宁、吉林、黑龙江、上海、浙江、山东六省市要继续做好试点工作,按照工作部署和要求抓好试运行工作,并注意发现问题,总结经验,不断完善改革试点方案,为建立规范有序的电力市场创造条件。

四、加大农村电力体制改革和加强农村电力管理工作力度。要按照国务院国发[1999]2号文件精神和国家经贸委有关配套文件的要求,结合实际,积极推进县级供电企业和乡镇电管站的改革。要认真抓好加快农电体制改革、加强农村电力管理的实施方案的贯彻落实。在推进改革的过程中,要加大检查和督促力度,及时发现和协调解决工作中出现的矛盾和问题,以保证农电体制改革的顺利进行。

五、确保电网的安全稳定运行。要切实加强监督和协调,督促电力企业强化安全意识,加强安全生产管理,完善各项防范措施,落实安全责任制,确保电力安全生产和电网稳定运行。

国家经贸委办公厅在国经贸厅电力[2000]450号文提出,各地经贸委作为电力行政管理部门,要切实负起责任,履行好电力行政管理职能,注意加强与有关部门的沟通和协商,认真研究电力改革和发展中的重大问题,积极做好各项工作,使电力工业更好地适应社会主义市场经济体制的要求,促进国民经济发展。

朱镕基总理就“西电东送”首批项目开工作重要批示

国务院总理朱镕基于2000年10月23日就“西电东送”首批工程开工作了重要批示。

朱镕基总理的重要批示是:“‘西电东送’工程是西部地区大开发的重点骨干项目,必须全力以赴,按时完成,力争到‘十五’计划期末新增向广东送电能力1000万kW,这对于开发西部地区电力资源,满足广东经济发展用电需要,提高双方整体经济效益,都有重要作用。‘西电东送’工程的开工标志着西部地区大开发拉开序幕,我代表国务院表示祝贺。”

国务院办公厅转发建设部等部门关于中央所属工程勘察设计单位体制改革实施方案的通知

(2000年10月24日　国办发[2000]71号)

各省、自治区、直辖市人民政府,国务院各部委、各直属机构:

建设部、国家计委、国家经贸委、财政部、劳动保障部、中编办、中央企业工委、人事部、税务总局、国家工商行政管理局《关于中央所属工程勘察设计单位体制改革实施方案》已经国务院同意,现转发给你们,请认真贯彻执行。

关于中央所属工程勘察设计单位体制改革实施方案
(建设部　国家计委　国家经贸委　财政部　劳动保障部　中编办　中央企业工委　人事部　税务总局　国家工商行政管理局)

(2000年9月28日)

根据《国务院办公厅转发建设部等部门关于工程勘察设计单位体制改革若干意见的通知》(国办发[1999]101号),现对中央所属工程勘察设计单位(以下简称勘察设计单位)的体制改革,提出如下具体实施方案。

一、基本原则

(一)勘察设计单位要按照建立社会主义市场经济体制的总体要求,在国务院批准改革实施方案后,半年内全部由事业单位改制为科技型企业(以下简称企业)。具备条件的,可以依照《中华人民共和国公司法》改制为有限责任公司或股份有限公司。勘察设计单位要参照国际通行的工程公司、工程咨询设计公司、岩土工程公司和设计事务所等模式改造成为适应社会主义市场经济要求的法人实体和市场主体。

（二）勘察设计单位体制改革参照《中共中央办公厅、国务院办公厅关于中央党政机关与所办经济实体和管理的直属企业脱钩有关问题的通知》（中办发［1998］27号）的规定，一律与主管部门解除行政隶属关系。

已经进入中央管理的企业的80个和移交地方管理的12个勘察设计单位（名单详见附表六和附表七），这次改革不再调整其隶属关系。

（三）进入中央管理的企业的勘察设计单位，作为该企业的成员单位，应保留其独立法人资格，自主经营，自负盈亏。

（四）移交地方管理的勘察设计单位，划归所在省、自治区、直辖市直接管理，不得再下放。

二、体制改革方案

（一）管理体制调整。此次管理体制调整涉及86个单位，具体方案为：

1. 中国建筑设计研究院等10个勘察设计单位交由中央管理（名单详见附表一）。

2. 中国市政工程东北设计研究院等48个勘察设计单位进入中央管理的企业（名单详见附表二）。

3. 信息产业部电子综合勘察研究院等4个勘察设计单位移交地方管理（名单详见附表三）。

4. 水利部所属的水利部东北勘测设计研究院等6个勘察设计单位交由相应的流域机构管理(名单详见附表四)。铁道部所属的铁道部第一勘测设计院、铁道部第二勘测设计院、铁道部第三勘测设计院、铁道部第四勘测设计院和铁道部专业设计院等5个勘察设计单位的管理体制调整与铁路运输企业的改革一并进行。这11个勘察设计单位也要按照国办发[1999]101号文件要求,在本实施方案发布后,半年内改为企业。

5. 国家有色金属局所属的沈阳铝镁设计研究院等13个勘察设计单位（名单详见附表五）管理体制的调整，按照《国务院关于调整中央所属有色金属企事业单位管理体制有关问题的通知》（国发［2000］17号）执行。

6. 勘察设计单位改为企业后，若需调整隶属关系，可由企业自主协商并按有关规定办理。

（二）交由中央管理的勘察设计单位，与原主管部门解除行政隶属关系后，领导干部职务由中共中央企业工作委员会（以下简称中央企业工委）管理，原主管部门要将移交单位的领导干部名单、职务资料登记造册，移交中央企业工委。党的关系原在国家机关的，交由中央企业工委管理；党的关系原在地方的，不作变动。资产与财务管理由财政部负责。行业管理工作由建设部负责。

（三）进入中央管理的企业的勘察设计单位，由原主管部门按批准的方案，解除行政隶属关系，并按有关规定办理领导干部职务、党的关系、资产及财务关系移交和划转手续。

（四）移交地方管理的勘察设计单位，与原主管部门解除行政隶属关系后，其领导干部职务及党的关系移交所在省、自治区、直辖市管理，资产与财务管理由同级财政部门负责。

（五）勘察设计单位在体制改革过程中需要办理资质调整、变更手续的，按国家有关规定办理。

三、配套政策

勘察设计单位改为企业后，享受国办发［1999］101号文件及本方案规定的扶持政策。

（一）离休、退休人员和在职职工参加地方社会保险统筹。

1. 从2000年10月1日起，改为企业的单位及其职工按当地人民政府规定的比例和统筹层次，分别以2000年10月的单位工资总额和职工个人缴费工资为基数缴纳基本养老保险费，建立基本养老保险个人账户。2000年10月1日前的连续工龄（工作年限）视同缴费年限，不再补缴基本养老保险费。

2. 改为企业前已经离退休的人员，原离退休待遇标准不变，由社会保险经办机构按国家规定的事业单位离退休费标准支付基本养老金。基本养老金的调整按照企业职工基本养老金调整办法执行，所需经费从基本养老保险统筹基金中支付。

3. 改为企业前参加工作、改为企业后退休的人员,基本养老金计发办法按照企业职工基本养老保险制度的规定执行。为保证退休人员待遇水平平稳衔接,对在2005年10月1日(不含)前退休的人员,按企业职工基本养老金计发办法计发的基本养老金,如低于按原事业单位职工退休金计发办法计发的基本养老金,采用加发补贴的办法解决,所需费用从基本养老保险统筹基金中支付,由社会保险经办机构负责办理。补贴基数为2000年10月当地企业基本养老金平均标准与本人2000年10月按事业单位办法计算的退休金的差额。补贴基数一次核定后不再变动。其中,2000年10月1日至2001年10月1日(不含)前退休的,发给补贴基数的90%;2002年10月1日(不含)前退休的,发给补贴基数的70%;2003年10月1日(不含)前退休的,发给补贴基数的50%;2004年10月1日(不含)前退休的,发给补贴基数的30%;2005年10月1日(不含)前退休的,发给补贴基数的10%;2005年10月1日后退休的,不再发给该项补贴。核定的补贴标准与个人按企业办法计算的基本养老金之和,不得高于按原事业单位职工退休金计发办法计发的养老金。

有条件的单位可建立补充养老保险。

4. 改为企业后参加工作的人员退休，按有关规定执行当地企业职工基本养老保险办法。

5.2000 年 10 月 1 日（不含）前，已经参加当地企业职工基本养老保险社会统筹而基本养老金仍按事业单位计发办法执行的勘察设计单位，按本方案规定调整执行。已经随原行业基本养老保险统筹移交地方管理的勘察设计单位，仍按国家有关规定执行。

6. 勘察设计单位要严格按国家规定的退休政策办理退休手续。

7. 退休人员和在职职工按照属地化原则，参加所在统筹地区的城镇职工基本医疗保险，执行当地统一政策。离休人员的医疗保险政策按国家有关规定执行。

8. 勘察设计单位改为企业后应继续参加失业保险，履行缴费义务，职工失业后按规定享受失业保险待遇。

（二）国家计委、建设部要会同国务院有关部门按照国办发［1999］101 号文件精神，尽快制定颁布新的勘察设计收费标准，此项工作原则上与体制改革工作同步完成。

（三）勘察设计单位改为企业后，有关税收政策按《关于工程勘察设计单位体制改革若干税收政策的通知》（财税字［2000］38 号）的规定办理。在改制前属于财政拨款的勘察设计单位，其自用土地的税收政策按照《关于国家经贸委管理的 10 个国家局所属科研机构转制后税收管理问题的通知》（国税发［1999］135 号）的规定办理。

（四）勘察设计单位改为企业时，要在工商行政管理部门登记为企业法人。交由中央管理的勘察设计单位，按规定在国家工商行政管理局登记，其子公司及直属分支机构到所在省、自治区、直辖市工商行政管理部门登记。进入中央管理的企业的勘察设计单位，按国家工商行政管理局的有关规定办理登记。移交地方管理的勘察设计单位，到所在省、自治区、直辖市工商行政管理部门登记。

勘察设计单位改为企业后的名称，可用原单位名称（去掉主管部门），或用符合企业名称登记管理规定的其他名称。考虑到原单位名称的品牌和无形资产，改为企业后的 5 年内，在工程勘察设计资质证书上可附注原单位名称。

（五）勘察设计单位改为企业后，工资分配管理按以下原则进行。

1. 凡原实行工效挂钩办法的勘察设计单位，可按国家现行政策规定，继续执行工效挂钩办法。改为企业后，工资总额增长幅度低于经济效益增长幅度、职工平均工资增长幅度低于劳动生产率增长幅度的，经税务主管机关审核，在计算应纳税所得额时，其实际发生的企业工资总额可在税前扣除。

2. 可根据有关政策，结合本单位的实际情况，在贯彻“两低于”的前提下，实行其他工资分配形式。

3. 有条件的单位，要积极探索适合科技型企业特点的分配制度，进行项目核算分配制、年薪制等改革试点。

四、组织领导

（一）勘察设计单位体制改革工作由建设部牵头，会同国家计委、国家经贸委、财政部、劳动保障部、中编办、中央企业工委、人事部、税务总局、国家工商行政管理局及勘察设计单位原主管部门负责组织实施，并及时协调解决改革过程中出现的有关问题。对改革过程中遇到的重大问题要及时向国务院报告。

（二）各省、自治区、直辖市人民政府，要切实做好移交地方管理的勘察设计单位的接收工作，不得将接收单位再下放，不得随意向这些单位安置人员，确保此项工作按要求如期完成。

（三）在体制改革期间，勘察设计单位的现有领导班子要保持相对稳定，交接工作尚未完全到位时，日常工作仍以原主管部门管理为主。

（四）地方人民政府及其有关部门要认真执行国办发［1999］101 号文件和本方案要求，尽职尽责地支持勘察设计单位的体制改革工作。

（五）国务院有关部门及所属勘察设计单位在此次体制改革工作中，必须严格遵照中办发［1998］27 号文件的有关规定，防止国有资产流失，查处违法违纪行为。

（六）国务院有关部门原直属企事业单位、社团组织及派出机构等所属的勘察设计单位，参照本方案实施改革，同时享受国办发［1999］101 号文件和本方案的有关政策，具体名单和体制改革方案由建设部会同国家计委、国家经贸委、财政部、劳动保障部、中编办、税务总局、国家工商行政管理局等部门负责审核批准。

（七）地方人民政府有关部门所属勘察设计单位体制改革，由各省、自治区、直辖市参照国办发［1999］101 号文件精神和本方案进行。

（八）勘察设计单位改为企业并与政府部门解除行政隶属关系后，要充分发挥勘察设计行业协会在行业自律中的作用，地方各级人民政府建设行政主管部门和国务院有关部门要加强对行业协会以及勘察设计企业的监督管理。

附表：

附表一　交由中央管理的10个勘察设计单位名单(略)

附表二　进入中央管理的企业的48个勘察设计单位名单（略）

附表三　移交地方管理的4个勘察设计单位名单（部分）

编号	部门	单位名称	所在地	备注
1	水利部	水利部电力工业部上海勘测设计研究院	上海	转为科技企业，划归上海市

附表四　交由流域机构管理的6个水利勘察设计单位名单

编号	部门	单位名称	所在地	备注
1	水利部	水利部东北勘测设计研究院	吉林	交由松辽水利委员会管理
2	水利部	水利部天津勘测设计研究院	天津	交由海河水利委员会管理
3	水利部	长江水利委员会长江勘测规划设计研究院	湖北	交由长江水利委员会管理
4	水利部	黄河水利委员会勘测规划设计研究院	河南	交由黄河水利委员会管理
5	水利部	水利部淮河水利委员会规划设计研究院	安徽	交由淮河水利委员会管理
6	水利部	珠委勘测设计研究院	广东	交由珠江水利委员会管理

附表五　国家有色金属局所属13个勘察设计单位名单（略）

附表六　已进入中央管理的企业的80个勘察设计单位名单（部分）

编号	单位名称	所在地	备注
44	中国水电顾问有限公司	北京	已进入国家电力公司
45	水利部能源部北京勘测设计研究院	北京	已进入国家电力公司
46	国家电力公司华东勘测设计研究院	浙江	已进入国家电力公司
47	国家电力公司中南勘测设计研究院	湖南	已进入国家电力公司
48	国家电力公司贵阳勘测设计研究院	贵州	已进入国家电力公司
49	国家电力公司昆明勘测设计研究院	云南	已进入国家电力公司
50	国家电力公司成都勘测设计研究院	四川	已进入国家电力公司
51	国家电力公司西北勘测设计研究院	陕西	已进入国家电力公司

附表七　已移交地方管理的12个勘察设计单位名单（略）

重 要 讲 话

朱镕基总理考察三峡工程的重要讲话

中共中央政治局常委、国务院总理朱镕基在12月28日至30日考察三峡工程时指出，三峡工程是具有世界意义的跨世纪特大型工程，必须采取有力措施，千方百计地确保工程质量，丝毫不能懈怠。同时，要总结经验，完善政策，妥善安置库区移民，搞好库区生态环境建设。

12月29日下午5点多钟，朱镕基来到坝区，在雾霭下的薄暮中视察了三峡工程二期基坑开挖、混凝土浇筑和永久船闸、电站厂房等建设工地，详细询问了工程建设有关情况。12月30日上午，冒着濛濛细雨，朱镕基考察了秭归新县城和银杏沱移民新村，并认真了解了移民崔帮萍一家的生活情况。此前，朱镕基总理考察了重庆市的移民工作。考察期间，朱镕基听取了有关三峡工程质量和移民工作情况汇报，评价说，工程建设各方做了大量工作，成绩显著。他说，这次来工地，真感到三峡工程伟大，感到自豪和骄傲。

朱镕基特别强调要重视三峡工程质量。他充分肯定了中国三峡总公司总经理陆佑楣关于工程尤其是质量方面的情况介绍，认为讲得很好。三峡工程是世纪性、世界性工程，是民族的千秋大业，举世瞩目。他强调说，质量是三峡工程的生命，质量责任重于泰山，哪个方面都不能马虎，从设计、设备、原材料到施工等各环节，要实行全方位、全过程的有效控制，各环节都要充分准备、精心组织、精心施工、严格监督。“千里大堤毁于蚁穴。”一个螺丝钉也不能放过，务求做到万无一失，不留隐患。否则，会遗祸子孙，造成难以挽回的损失。

二期工程施工是非常重要的阶段，每一个参建者都要有历史责任感，有对国家和子孙后代高度负责的精神，牢固树立“质量第一”的思想，确保三峡工程的一流质量。他要求，为了确保三峡工程质量，必须实行严格的监理制度，选择资质合格、认真负责、严格执法的监理，对工程质量、进度全面监督和检查，不留情面；某些重要工程部位，可聘请国外知名度高、有信誉、有经验的监理公司，参与工程监理。监理要忠于职守，认真履行职责，切实对项目质量负责。要加强对监理单位和监理工作的监督和管理，对违反规定、弄虚作假者，严厉查处。要认真实行项目法人制、工程招标制、合同管理制，把工程质量管理纳入规范化、法制化轨道。要搞好科研攻关和试验，依靠科技提高工程质量。还要加强队伍教育和培训，不断提高整体素质，为一流质量提供坚实、可靠的组织保证。

做好移民工作，是三峡工程建设的关键。朱镕基指出，一期移民保证了大江截流如期实现。从现在到2003年，是二期移民的攻坚阶段，任务更加艰巨，要坚定信心，加强领导，拓宽思路，完善措施，确保移民目标的实现。他说，要坚持多种方式移民的方针，要因地制宜，把本地安置、异地安置、集中安置与分散安置、政府安置与自找门路结合起来。特别是要制定鼓励外迁的政策，对到外地投亲靠友的移民，当地政府应予积极接纳；对集体搬迁到区外、省外的移民，有关政府应热情欢迎、协助定居、开发，而不应层层收费、借机自肥。他强调，库区移民搬迁建设要合理规划，量力而行，绝不能脱离库区实际，不顾自身的财力、物力，随意扩大规模，盲目提高标准，乱铺建设摊子。新城镇建设规划超规模、超标准的，必须坚决予以纠正；即使是符合规划的建设，也要分步实施，逐年到位，不能急于求成，不能企图把多少年以后的事情一下子都办成。农村移民建房，要由农民根据自己的经济实力自主决定，政府要周密规划，但不得强令农民按统一标准建房。针对库区沿岸的地质滑坡问题，他要求，一定要切实搞好库区地质环境的调查评价，加强地质工程勘察工作，预防各类地质灾害发生。

朱镕基要求，库区企业搬迁，要与经济结构和企业结构调整紧密结合起来，抓住千载难逢的机遇，下决心淘汰那些产品落后、设备陈旧、污染环境、破坏资源、资不抵债的企业，决不能按原样搬迁，形成新的亏损源、污染源；同时，考虑到全国工业产品生产能力多数供过于求的情况，除名、特、优产品和确有竞争力的产品外，一般不再搬迁、重建，而应着力调整经济结构，寻找新的经济增长点，提高国民经济的整体效益。要妥善处理移民建设与环境保护的关系，防治污染，保护山林，保持水土，防止乱占耕地。对25度以上的坡地，要停止开垦，已开垦的要有计划有步骤退耕还林；25度以下的坡耕地，要建成高标准梯田。要努力实现库区经济建设、移民安置、生态环境建设的协调发展，为中华民族留下青山绿水，把库区建设成经济繁荣，环境优美，人民安居乐业的新型经济区。

朱镕基强调，要加强对三峡工程建设资金和移民资金的监督管理，提高资金使用效益。要建立严格的稽核制度，强化审计监督，按照限额包干原则，加强资金计划、项目、财务管理，增强资金使用透明度，确保专款专用。对那些侵吞、挤占、挪用移民资金的单位和个人，要依法追究责任，严肃查处，并进行曝光。移民迁建项目严禁层层转包，建设用地严禁转卖，绝不能造成移民资金的变相流失。

随同朱镕基总理考察的有国务院有关部门负责人曾培炎、周永康、黄镇东、郭树言、陈邦柱、阎海旺、解振华等；重庆市、湖北省主要领导张德邻、蒲海清、贾志杰、蒋祝平，中国三峡总公司总经理陆佑楣，副总经理袁国林、贺恭、王家柱，三建委移民局局长漆林等陪同考察并介绍有关情况。

（1998年12月31日中国三峡工程报）

朱镕基总理在三峡工程移民工作会议上的讲话

新华社5月23日电（人民日报记者江夏、新华社记者　鹿永建）5月19日至20日，国务院在京召开三峡工程移民工作会议。中共中央政治局常委、国务院总理朱镕基在会上发表了重要讲话。他指出，三峡工程是我国现代化建设中的千秋大业，举世瞩目。工程建设能否顺利进行，关键在移民和搬迁。库区各级党委政府要进一步加强领导，落实政策，坚持以多种形式安置移民的方针，加大搬迁企业结构调整力度，确保二期移民搬迁任务圆满完成，确保三峡工程建设顺利进行。

朱镕基指出，党中央、国务院对三峡工程建设十分重视，制定了一系列方针、政策。三代中央领导集体为兴建三峡工程，倾注了大量心血。江泽民、李鹏等中央领导同志，多次到库区、坝区视察，作了许多重要指示。我们一定要认真贯彻执行，努力把三峡工程建设的各项工作做得更好。他说，三峡工程建设自1993年开始施工准备，1994年12月正式开工以来，在党中央、国务院的领导下和全国人民的大力支持下，经过广大建设者和库区各级党委政府的积极努力，取得了很大成绩。枢纽工程建设进展顺利，移民工作取得阶段性成果，胜利完成了以大江截流为标志的一期任务，并为二期工程创造了条件。当前，三峡工程建设正处在一期转向二期的关键时期。二期工程建设的主要任务是：枢纽工程建设将实现水库蓄水至135米水位，第一批机组发电，永久船闸通航；库区移民搬迁安置55万人。二期工程建设同一期比较，任务更加艰巨，更加繁重。

朱镕基强调，要完成这个艰巨任务，根据三峡工程建设的实践，当前必须实行政策上的两个调整。第一是调整和完善移民政策，第二是调整企业的搬迁政策。

他说，三峡库区山高坡陡，环境容量十分有限；随着水库蓄水升高，大量耕地还将被淹没；25度以上坡地要停止开垦，已经开垦的要逐步退耕还林，人多地少的矛盾将进一步加剧。如果强求就近后靠安置，势必开垦陡坡，毁坏植被，造成新的水土流失，破坏生态环境，贻害无穷。为此，一定要坚持多种方式安置农村移民的方针，把本地安置与异地安置、集中安置与分散安置、政府安置与自找门路安置结合起来。他指出，现在看来，需要鼓励更多的移民外迁安置，首先要尽量在本省市非库区安置；本省市安置不了的，在临近省安置；然后适当考虑在沿江各省和长江下游滩涂地及其他省区市安置。有关省区市要积极接收安置移民，为三峡工程建设多做贡献。要大力支持农村移民投亲靠友分散外迁，认真执行农村移民外迁政策，保证外迁移民能拿到应得的补助。迁入地政府要妥善解决迁入移民承包土地、购买或新建住房、转入户口等问题，安排好他们的生活和生产。他强调，库区移民搬迁建设要量力而行，严格控制迁建规模。绝不能不顾自身的财力、物力，贪大求洋，乱铺建设摊子，盲目提高标准。要加强对移民迁建规划的执法监察。凡是超过规划的，必须坚决退回；规划内的建设，也要分步实施，逐步到位，不能急于求成。不得强行规定农村移民住房标准，允许移民在统一规划下分户自主建房。

朱镕基强调，要加大迁建工矿企业结构调整力度。他说，当前全国工业生产能力普遍过剩，大多数产品已形成买方市场，库区绝大多数企业规模小，设备陈旧，污染环境，亏损严重，竞争力差，不进行结构调整是没有出路的。原样搬迁库区工矿企业，势必形成新的亏损源、污染源，给库区经济背上更大的包袱。三峡工程建设为库区工业结构调整提供了难得的机遇。要抓住这个千载难逢的机遇，着力调整企业结构和产品结构。除少数生产名特优新产品和有市场、有效益产品的企业外，要下决心淘汰那些落后的企业。对因迁建工矿企业破产或关闭而使地方财政减少的收入，由中央财政采取转移支付办法予以适当补助。要妥善安置关停企业的职工，使他们的基本生活得到保障，并且积极扩大再就业门路。要采取切实措施和鼓励政策，帮助更多的关停企业职工从事农业生产。

朱镕基说，质量是三峡工程的生命，质量责任重于泰山。三峡枢纽工程建设要达到一流的工程、一流的质量、一流的管理水平。三峡工程法人单位和所有参建单位，要以对国家、对人民、对子孙后代高度负责的精神，把质量放在工程建设的首位，确保万无一失，不留隐患。要认真推行项目法人责任制、招投标制、合同管理制和工程监理制。选择资质合格、认真负责的监理单位，对工程的质量、进度进行不讲情面的全面监督和检查。对出现重大质量事故的，要依法依纪追究责任。他指出，移民搬迁建设项目多，质量隐患不少，甚至有一些“豆腐渣”工程。对此，必须高度重视，严加稽查，认真解决。要层层建立移民工程责任制，严格移民工程项目管理，强化工程建设监理，按各自的职责对移民工程质量负终身责任。

朱镕基指出，三峡工程的成败系于各级领导干部的素质。参建单位和库区的各级干部要以高度的责任感和历史使命感，切实负起责任，做好各项工作。要加强对各级干部的教育培训，不断提高综合素质，为三峡工程建设提供可靠的组织和人才保证。湖北省、重庆市要选派一批素质高、能力强的干部，充实移民工作第一线，加强对移民工作的领导。库区各级干部要树立廉洁奉公、勤奋敬业的精神，全心全意为移民群众服务。他强调，移民资金来之不易，必须十分珍惜，每一分钱都要用在移民重建家园上。要进一步建立健全严格的稽核制度，强化审计监督，加强资金计划、财务管理，保证移民资金专款专用，不断提高移民资金使用效益。要加大对侵吞、挤占、挪用移民资金案件的查办力度，严厉打击和清除腐败分子。

中共中央政治局委员、国务院副总理吴邦国在19日的开幕会上作了工作报告。他首先肯定了三峡枢纽工程和移民工作所取得的成绩，并就二期移民工作的一些重大问题，控制迁建规模、多种形式安置移民、加大企业调整力度、确保工程质量、管好用好移民资金、做好环境保护和文物保护等，进一步明确了政策措施。他要求，库区各级党委和政府要进一步加强对移民工作的领导，如期完成二期移民任务。继续把移民工作摆在经济工作的首位，建立严格的目标管理责任制。各级移民管理机构要充分发挥职能作用，协调有关部门和单位同心协力做好移民工作。库区各级移民干部要遵纪守法，照章办事，认真贯彻执行移民工作的各项方针政策。他强调，要坚持“优势互补、互惠互利、长期合作、共同发展”的方针，继续做好全方位的对口支援。有关省区市在做好对口支援工矿企业迁建的同时，还要加大对基础设施建设、高效生态农业、旅游开发和社会事业发展等方面的支援。在资金投入和技术转让方面，进行广泛合作。国务院有关部门要进一步加强对三峡库区的行业指导和支援工作，在政策上给予倾斜，大力支持三峡工程建设和库区经济发展。

国务院副总理温家宝、国务委员兼国务院秘书长王忠禹出席了会议。国家有关部门负责人、有关省区市负责人参加了会议。

（原载 1999 年 5 月 27 日中国水利报）

解放思想，实事求是，迎接 21 世纪对水利的挑战

（钱正英 1999 年 9 月 24 日在水利部机关欢庆新中国成立 50 周年会议上的讲话）

同志们：

今天是中秋佳节，非常高兴能够回到水利部，跟大家团聚，共同回顾水利工作的五十年。要谈回顾五十年，最有资格的是我们在座的张老（注：张含英）了。他是新中国成立时水利部的副部长，而且是本世纪水利的见证人。我自己 1949 年的时候还没到水利部工作，还在黄河上。1950 年调到华东水利部，以后去治淮，大概在 1952 年的冬天，才被任命到水利部工作。从 1953 年一直到 1988 年，在水利部工作了 35 年。1988 年离开水利部后，开始反思过去工作中有些什么问题。1989 年约了一部分同志，共同编了一本《中国水利》。过了若干年，人好像离那个镜头越来越远了，看得更清楚一点了，比较能更客观地看一看走过的路了。1998 年写过一篇《中国水利发展的方向》。最近，又组织各方面专家，承担了一个咨询项目叫做《中国 21 世纪可持续发展水资源战略研究》。这次汪部长要我到这儿来作报告，开始我谢绝了，后来觉得还是可以来谈谈，但不是作官方报告。我只想在中秋佳节，讲一讲自己 50 年来对水利的一些体会，因为没有时间查对资料，很可能有差错，希望在座的同志们加以指正。讲的是一些个人的观点，你们同意就接受，不同意就不接受，认为有害的就批判，绝不是指示。

一、辉煌的成就

水利 50 年来的成就，确实很大。可以说，中国水利在 50 年间起了历史性的、根本性的变化。1949 年新中国建立以前的 100 年，国势极度衰落。从江河格局来讲，1855 年黄河在铜瓦厢决口以后，黄河由夺淮入海改从利津单独入海，淮河和海河都摆脱了黄河的干扰。1860 年和 1870 年长江大水，向洞庭湖冲开了藕池口和松滋口两个大口子，形成了四口入洞庭湖的局面，江汉平原灾害有所缓解，但洞庭湖淤积、围垦，防洪压力越来越严重。长江、黄河在 100 年中格局有了这么大的变化，照说水利应该相应地跟上，但是那个时候水利建设基本上停滞。再加上那些年中间，水旱灾害频繁。从 20 世纪数过来，1915 年珠江大水，淹了广州；1920 年北方大旱；1921 江淮大水；1928 年华北、西北、西南大旱；1929 年黄河流域大旱；1931 年江淮大水，淹了武汉，南京也淹了半个城；1933 年黄河大水，黄河两岸都决了口；1935 年，黄河南岸再次决口，同时汉江和洞庭湖的澧水发生大水灾；1938 年国民党挖开花园口；1939 年海河大水，淹了天津；1942 年～1943 年华北大旱，广东也大旱。从我小时候起，每天报上长篇累牍都是水旱灾害，旱的时候，不少地方以观音土充饥，大水的时候是一片汪洋，饿殍载道。连年的水旱灾害，每一次灾害死人都是几万甚至十几万。可以说，严重的水旱灾害，已经威胁到中华民族的生存基础了，到了必须变革不可的时候了。

对比这种情况，可以看出 50 年变化之大。江河建成了新的格局，常遇水旱灾害得到初步控制，农业建立了高产稳产的基础，城市工业得到快速发展。就以 50 年来的进程来看，我回想一下，50 年代初，从上海坐火车来北京，天津到北京中间的永定河泛区是一片水。那时候，淮河流域许多地方叫做“大雨大灾，小雨小灾，无雨旱灾”。到 60 年代，中央书记处研究农业问题，最发愁的就是南粮北调，研究冀鲁豫怎么能够不吃南方的粮食。当年李先念同志有一句名言：“一人一亩地的地方，养活一人三亩地的地方。”在冀鲁豫也有一句名言：“不怕旱不怕涝，只怕中央挂不上号。”到 80 年代末，我们还在研究三峡、小浪底的兴建时机。这一切，都成过去了！从 50 年本身可以看出，水利建设的进展速度是如此之快。

在回顾成就的时候，总要想到当年开创水利的傅作义、李葆华、张含英以及已故的冯仲云、何基沣、郝执斋、李化一、王化云、王英先、刘瑶章、朱国华、杨文汉、王雅波、张子林等老同志和以须恺、冯寅、高镜莹、崔宗培、刘钟瑞、刘德润为代表的一批老专家。我感到，他们不论是健在或是去世，今天在我们回顾水利五十年的时候，他们都是和我们在一起的。请允许我代表大家，向历届水利部的各级领导和工作的同志们致以最崇高的敬意和衷心的感谢！

二、曲折的过程

50年水利虽然取得了这样大的成就，但并不是一帆风顺，中间经过了很多的曲折和挫折。从大的方面讲起来，经过了两次高潮和两次低潮。

第一次高潮是从新中国成立以后开始，那时大家的情绪非常高涨，加上土改的完成，农民的积极性非常高。在广大干部和群众的支持下，中国人民开始了很多开创性的工作。例如：当年要打开淮河和海河的出路，首创了漫滩行洪的入海新河；为了安排洪水的调蓄措施，搞了以荆江分洪区为代表的分、蓄、滞洪区；在解放前除了原素欣同志设计修建了一座鸳鸯池水库（中型）外，几乎没有建成过水库，但是解放后，大中小水库很快地都相继建起来了。又例如：黄河下游从来不敢引黄灌溉，但以黄河人民胜利渠为开端，开辟了很多黄河下游的灌区。那个时候，意气风发，有许多创新的东西。当然也有缺乏经验的东西，例如黄河三门峡水库等等。在50年代的时候，周总理专门交代，国民经济计划的整个安排由国家计委统一汇报，但是其中水利一定要单独安排一次汇报。

但到1958年“大跃进”的时候，就发展到离谱了。典型的指导思想是“人有多大胆，地有多大产”，出现了许多“左”的提法和做法。在水利上比较有名的就是“三主”方针，即“以蓄水为主，以小型为主，以群众自办为主”，简称“蓄、小、群”，与之对立的是“排、大、国”。说“蓄、小、群”是“无产阶级的路线”，“排、大、国”是“资产阶级专家的路线”。这当然是违反辩证法的。一直发展到这样的口号，叫做“一块地对一块天”，就是把“蓄、小、群”发展到极端——冀鲁豫平原、黄淮海平原涝灾怎么解决呢？每一块地都四面围起来，把天上下的雨蓄住，不让它流到河里，这样不就没有洪涝了吗。以后批判的浮夸风、共产风、平调风当时在水利方面都是非常严重的。浮夸风——在安徽，几天就挖了8亿方土方，过了几天又来一个8亿方，一连三个8亿方！共产风——水库移民敲锣打鼓就欢送走了，根本就没好好安置。平调风——那个时候就是无偿的大兵团作战。这些都大大伤害了农民的积极性，影响水利的效果，最后造成的是黄淮海平原严重的涝碱灾害。在三年困难时期，大批水利工程项目都下了马。在当时的中央工作会议上，一些省委书记要求中央检讨，为什么把钱投到水利上，水利变成了无底洞，为什么投资到冀鲁豫，一片责难声。水利界以山东省的一句顺口溜为代表，叫作“水利干了七八年，得了一身关节炎，爹娘骂、老婆怨，灰溜溜地回家转”。这是一个大低潮。

一直到1962年中央的七千人大会以后，在周总理的指示下，水利部门写了一系列的调查研究报告，沉痛地总结水利的一些规律和经验，到1965年提出了“三五”方针。那个时候的“三五”方针叫治水方针，是毛主席批准的，但大家都知道它不能作为全国的治水方针，却不敢改。只好变个名字，不叫治水方针，由于正在第三个五年计划时期，就叫“三五”工作方针。“三五”工作方针是在周总理的主持之下定出来的，叫做“大寨精神，小型为主，全面配套，加强管理，更好地为农业增产服务”，简称为“大、小、全、管、好”。这个方针现在看来是普普通通的方针，也不见得有什么新意，但是那个时候，这个方针统一了全国在水利方面的思想。后来中央提倡各个方面总结经验，农业几十条，工业几十条，我们水利也搞了20条。这样子，一直到1965年开了水利工作会议，定了“三五”方针。这期间也把冀鲁豫的涝碱灾害逐步治理，水利逐渐恢复了正常。

到1966年2月，北方大旱，周总理主持召开了北方抗旱会议。北方八省（自治区、直辖市）包括京、晋、冀、鲁、豫、陕、辽和内蒙古，每一个省都以一位副总理担任抗旱组的组长，周总理兼任河北和北京的组长。我们这些人都陪着去当副组长，这样水利又逐渐兴起了高潮。到1966年以后“文革”开始了，水利方面也同样遭到了严重的灾害，机构拆散，人员下放。但是水利工作刚总结了“大跃进”期间的一些“左”的经验教训，再加上各级刚“站”出来重新工作的领导干部，别的事也干不成，就干水利。那个时候，水利总结经验以后，各地也搞了一些规划，都憋了一股劲，国务院在周总理主持之下，李富春、李先念同志主持了国务院业务小组，当时工业都停产了，业务小组的钱也用不掉，干脆就去搞水利。所以水利在那几年干成了几件事：一个是华北地区的打井，一年要打30多万眼井，整个华北地区打了200多万眼机井。一个是根治海河，1963年大水之后，搞了规划，当时根治海河深得河北人民的拥护，两派打仗都不准干扰海河，车上挂了根治海河的牌子谁都不敢动。再就是以学大寨为契机，搞以治水、改土为中心的农田基本建设，小型水利，坡改梯，平整土地，搞了好大的规模。在这几件事的基础上，我国在

70年代末扭转了历史上长期南粮北调的局面。从隋炀帝开挖运河运粮食开始南粮北调直到70年代末，主要在华北机井建设、发展灌溉以及农田基本建设、根治海河的基础上扭转了南粮北调。当然这是依靠农业的综合措施，包括种子、化肥、农药等等，但是水利在这方面起了很大的作用。到70年代后期，在李先念同志的主持下，大型水利、农田水利，总共每年的水利资金到100多亿元，在各个行业的计划中是相当突出的。这又是一个高潮。

但是到80年代初期，水利又进入一个低潮。在肃清"文革"期间"左"的流毒时，有的同志提出水利也是"左"的产物。在80年代国民经济的调整过程中，水利又一次下马，水利资金又一次被大大削减，中央下划到各省的农田水利资金很多都挪到别的方面去了。

随着改革开放形势的发展，在中央的领导之下，又经过广大干部群众对水旱灾害的体验，水利又一步一步地被重视，一直到前一个时期被列为基础设施的首位，最近两年又进一步提高。可以说正在兴起第三次高潮。

三、经验与教训

这些年来经过这样一些曲折过程，我的最基本的体会，就是要坚持正确的思想路线，解放思想，实事求是。要坚持这样的思想路线，有三个具体环节要做好。

首先一个环节，就是我们水利部门一定要努力做到自己的认识正确。做到认识正确不是一件很容易的事情，因为水利是一门很复杂的科学。当年周总理讲，搞水利比上天还难，他的意思就是要我们高度重视水利工作的复杂性和长期性，这是因为水利不但涉及到自然环境，而且还涉及到社会，搞不好会带来严重后果。当年水科院一位副院长谢家泽同志有一句名言：水利涉及到天、地、人。在水利工作的两次低潮期间，人们都曾怀疑水利的地位和作用，怀疑水利是不是花了冤枉钱，是否是个无底洞。要使人家重视我们水利，根本的还是要依靠我们自己的认识正确。在两次低潮中进行过两次大辩论，就是中国到底该不该搞水利。第一次是在"大跃进"以后。那个时候，我们自己都搞糊涂了，自己心里都没有底，所以人家提出的种种责难，我们只能低头考虑怎么总结经验教训，怎么来认识事物的规律，怎么把错误搞清楚、清理好，很难理直气壮地辩论。第二次的辩论，在80年代初。这时我们心里是有底的。我们认为，虽然"文革"中间有很多"左"的东西，但在60年代初打了个防疫针，而且是相当厉害的防疫针。广大干部、很多同志都知道这些事情，在水利问题上是可以理直气壮地辩论的。要人家重视水利，对我们自己来说，关键就是要认识正确，自己心里有底；相反，如果自己搞不清楚，领导个人吃苦头事小，广大群众由于我们的错误吃大苦头，那就非同小可，我在这里也想举两个例子，一个是三门峡，一个是三峡。

三门峡可以算我们水利工作中的典型。说到三门峡，同志们回忆的时候，很少写最早的一段。当时黄河水利委员会研究解决黄河洪水的方案，不是三门峡，是叫邙山水库。那个时候考虑到黄河的泥沙非常严重，在邙山做一个低坝水库，主要是起滞洪的作用，这样能够保证泥沙不淤积。在苏联专家提出三门峡水库方案的时候，水利部的内部是有不同认识的。苏联专家的论点是：水土保持能很快生效，进入三门峡的泥沙能很快减少，因此可用三门峡的高坝大库全部拦蓄泥沙，使三门峡下泄清水来刷深黄河下游的河床，从而把黄河一劳永逸地变为地下河。当年水利勘测设计局的局长江国栋同志，查勘黄河回来以后就偷偷地跟我讲，水土保持能那么快起作用吗？但这个话他不敢大声讲，大声讲人家会给你戴一顶帽子，说你怀疑社会主义制度的优越性。当时他是有怀疑的，包括当时在水利部工作的苏联专家也是有怀疑的，中央领导中陈云同志也提出过怀疑，但是后来一片声音搞三门峡，赞成苏联专家搞三门峡的指导思想。我们自己的问题出在哪里呢？挖私心来讲，我们自己内部有一个小算盘：那时水电和水利是分开的，水电是电力部，水利是水利部，三门峡这个项目马上就要上，为了争三门峡的领导权，就是三门峡归水利部主管还是归电力部主管，我们的调子也高了，都赞成搞三门峡了。当然也有认识上的问题，尽管有些怀疑，但是大家都相信，所以也相信了。9月里面认为黄河下泄的清水可以刷深河床，下游也接着搞很多拦河枢纽。但在1960年三门峡蓄水后不久，就开始出问题了。到了1962年、1963年，三门峡的淤积越来越严重。事实上由于很多人怀疑，三门峡的设计在1958年后经过总理主持修改，把三门峡蓄水位已经改低了，但还是发生了严重的淤积。到了1964年春天，由于三门峡库区末端的淤积严重影响渭河两岸，甚至威胁到西安的安全，当时我们的总书记邓小平同志带人察看西北，走过西安，在陕西省强烈呼吁下，黄委会同志仓促提出了三年修两个拦泥库的方案。黄委会同志这个方案拿到北京，中央书记处要我们表态，我们认为没有把握。会议要求水电部继续研究，提出方案。过了几天，周总理出国访问回来，晚上把我找到他的办公室，对三门峡忧心忡忡，说毛主席都讲了，三门峡要真不行就炸掉它。我说我在书记处会议上已经承担了到实地去考察研究修建拦泥库的方案。1964年4月，到西北去看了两个拦泥库的坝址和以前修的拦泥库，结论是，拦泥库的方案不可行。最后还得到西安去交代啊，那时王林同志是西北局的书记，说你思想上可得准备啊。我说都准备了，我准备到三门峡库区去看，那时候库区把潼关以上渭河南岸的支流沟口都淤积了，被称为二华夹槽的地带，涝碱非常严重，我都要到现场去看，听取意见。王林说，他听陕西省委向下边交代了，说既然钱正英自己来看了，你们也别让她太过不去。我回来后，水电部开始研究三门峡的改建问题。1964 年的 12 月，周总理主持召开治黄工作会议，那次会议上周总理的总结讲话，在周总理文选中都有了。在这以后我们组织一大批专家，到黄河去研究问题。在周总理主持开黄河工作会议的时候，只定了第一期改建方案，后边怎么改建还没有把握。一直到 1969 年，周总理已经抽不开身了，委托我们几个人到三门峡再去开会，那次开会定下来三门峡的整个改建方案。这个三门峡的改建方案一直到 1975 年完成，我们做了一次报道。当时周总理已经重病在身，要纪登奎同志打电话问我，究竟这个报道是真还是假。我跟纪登奎同志讲，这是真的，请报告总理，这个问题已初步得到解决。从 1960 年三门峡开始发生淤积，1969 年最后决定改建，到 1975 年，一共经过了 15 年，才把三门峡的淤积问题初步解决，至今还在继续研究，解决遗留问题。

再讲三峡。我个人的观点，长江规划肯定要以三峡工程为主体，但是我在“文革”以前一直不主张三峡上马，认为那个时候没有条件，有几次关于三峡上不上的报告，我都在周总理面前表了态。但是到“文革”期间，缺电非常严重，我们又反反复复酝酿三峡，有些同志曾经想过，即使三峡不能解决防洪问题，能解决发电问题也行，何况多少总能够解决一点防洪问题，因此曾经在 1969 年的时候，就是“九大”以后，给中央打报告，建议上蓄水位很低（不到 150 米）的三峡，但是这个报告让毛主席给否定了，主要是考虑战争的威胁。以后到 70 年代，决定先上葛洲坝，为三峡做实战准备。到现在，自己反思感觉到还是正确的。到葛洲坝建成了，又研究上三峡。起先想回避掉一些问题，减少一些矛盾，建议蓄水位 150 米。在我们授意之下，请长江水利委员会即当时的“长办”做了一个 150 米的可行性报告，那时给国务院几位领导也事先讲清楚了。这个可行性报告提出之后，以姚依林同志为首，组织了一个审查委员会，规模也不小。审查中间虽然有一些不同意见，最后姚依林同志做结论，赞成 150 米方案。后来国务院的常务会议也基本上通过了，同意按照 150 米上。但社会上提出各种意见，有的非常尖锐，到后来，国务院也不好说了，最后到 1986 年几经周折，决定要我组织重新论证。那次论证我也总结了一些经验教训，感觉到欲速则不达，想快定还定不了，问题还很多，要不闹清楚这些问题，自己不放心，也不可能定下来。因此宣布，进度服从质量，首先保证论证的质量。原定计划用一年时间论证，最后延长到两年多、将近 3 年，1989 年才定下来。那次因为时间比较久，问题弄得比较透，到后来没有大的反复，最后，人大也算是通过了。现在也开工了，而且建设得也比较顺利，但是从我个人思想上讲，我对自己主持的论证到现在还没有做最后的结论。曾经有一些地方约我写三峡论证的文章，我都没有写，我感觉到最后还是要经过实践的检验。当时论证中认为有两个问题是最担心的，一个是泥沙问题，一个是移民问题，现在我还加上一个库区污染问题，我认为这三个问题仍然值得非常重视。

先从泥沙问题讲，泥沙专家组组长林秉南院士今天也来了，在他们组织研究之下，认为三峡水库上游淤积和下游冲刷的一些基本规律，还是认识了的。但是这里边还有一些问题，需要进一步解决。对库区的上游讲，当时就说库区会有淤积，采取相应措施以后可以解决。究竟什么措施？现在认为最有效的措施，应当是在金沙江上建溪洛渡水库，在嘉陵江上建亭子口水库，这对解决三峡库区末端淤积是最有效的，现在我还在积极促成这两个水库的立项建设。对三峡下游的冲刷问题，现在林秉南同志的专家组还在继续研究，还没有提出正式报告。有许多问题一定会在三峡蓄水以后出现，要采取相应的措施加以解决。例如葛洲坝的三江船闸，葛洲坝下游肯定要冲刷，冲刷以后水位要降低，三江船闸的过闸水深可能不够。这个问题论证报告中都提了，现在还在研究采取什么措施加以解决。三峡下游的整个冲刷过程，都要认真对待。我给三建委写过信，保留三峡泥沙工作组，把水库下游的冲刷问题搞清楚。

再一个移民问题。移民问题在论证过程中也有过争论，当年的中科院副院长孙鸿烈同志和几位专家，专门找我提出，认为三峡库区的环境容量不够。对这个问题，曾专题进行过讨论，大多数同志认为，三峡的环境容量还是可以的，论证是按照大多数的意见做了结论。但我个人思想上还是做了最坏的打算。我认为三峡环境容量究竟行不行，将来还得继续看。准备了一个坏的打算是什么呢？三峡水库淹没的农田面积是 35 万亩，以中国之大，在某一个地方，划出 35 万亩农田，或者围垦出 35 万亩土地，再加上就地后靠等措施，还是可以解决问题的。所以当时的结论是环境容量可以，同时也准备了第二手。三峡开工以后，照这两年的情况看起来，三峡环境容量确实是紧张的。比较好的办法是移出一部分人，我给三峡建设委员会提了这个建议，三峡建设委员会也同意这个意见，现在还在研究具体方案，适当增加三峡库区的外迁，保证三峡的环境，这个问题也还没有完。

第三个问题呢，我们当时在论证中间没有展开很大的讨论，就是污染问题，在重庆研究时也有过争论。当时争论的焦点是谁负责治理，重庆认为应该三峡治理，专家认为应该重庆治理。但这个问题当时没有展开，从现在的经验看起来，我认为三峡库区的污染问题应当非常重视，搞得不好将来可能是最大的问题，所以还准备继续研究。所以我个人感觉到，三峡的论证虽然是结束了，三峡工程虽然是开工了，对论证究竟行不行，还要经过长期的实践考验。目前讲起来，如果发现问题，还来得及处理，还来得及纠正，决不能掉以轻心，对来自反面的意见应给予充分的重视。

第二个环节，就是要努力当好参谋。水利部门是个参谋部门，参谋当然是贯彻领导的意图。总的说来，领导比我们站得高，看得远，我们首先要努力学习和领会领导的指示，这是没有疑问的。但是也要意识到参谋的责任，参谋的责任就是要及时提供正确的情况，而且提出自己的建议，特别是当领导的意见不完全符合实际情况的时候，更要负起参谋的责任。这点要做到是很不容易的，这也是考验我们党性的时候。我有幸在周总理、李先念副总理等领导下工作，在他们两位的领导下，可以无所顾忌地提出自己的各种不同的意见，也完全可以畅所欲言。但是在有的领导下面也有说不清楚的时候。例如，我前面说到的1958年的“三主”方针，我们真是说不清楚啊！1958年召开广州会议，我没有参加，李葆华、刘澜波两位同志参加。有个别省的领导正在那里攻水利部，说这个水利部搞资产阶级专家一套，搞“排大国”，他们主张搞“蓄小群”等等，并且讲得头头是道。结果主席也肯定了，在讲话中间也点名批评过我，钱正英是资产阶级专家。广州会议回来之后，李葆华、刘澜波两个人带了广州会议毛主席讲话的记录，先在党组会议上传达，第二天还要在司局长会议上传达。我们一看谈话记录，钱正英被点名，李葆华同志也没有办法，我们面面相觑：明天司局长会议就宣布了，我们非挨批判不可。正在这个时候，中办主任杨尚昆同志传来了一个向司局长传达的记录，一看记录，把那些话划掉了，才算侥幸过关。当时我们这些人，包括李葆华同志虽然没被点名，但也是受批判部门的主要负责人，确实是害怕的。一直到八大二次会议前，我们协助李葆华同志起草在八大二次会议的发言，当时是翻来覆去的斟酌，很难写啊，心里是不太通，但是还一定要跟上中央，怕受批判，这个滋味实在不好受啊。1958年八大二次会议以后，水利工作就基本失控了，谁听你水利部的，各人干各人的。黄河下游引黄灌溉等等，一个县修一个闸，谁都可以修，县、地、省修“边界堤”，拦阻上游的来水。水利部根本管不了，也不敢管。那个时候我们确实也是怕字当头，怕受批判。到1962年时，冀鲁豫一片白茫茫的盐碱化，群众总结：“引黄灌溉一年增产，两年平产，三年减产，四年绝产”。我们到那里看，真是白茫茫的，寸草不生，群众住房的土墙因为受盐碱化都倒塌了，房梁拿出去当柴卖，公路两边的树皮被扒了一圈后就自己死了，当柴烧。那个时候看到这个情况，自己确实是感到惭愧，没有负起责任来，一方面是由于怕，另一方面也是知识不够，虽然理论上、书本上知道盐碱化怎么样，但是真正盐碱化到这个程度，是没有见过，所以我说自己吃苦头事小，群众吃苦头可真是我们的罪过啊！我认为，我的一些知识是以群众的血泪代价换来的。这以后对冀鲁豫的盐碱化，我们就是排水治涝，阻水的堤都打掉等等，整整搞了三年，土地才基本恢复。这些年给了我们深刻的教训，所以后来到“文革”，有些不了解情况的同志又提“三主”方针，说“三主”方针是毛主席提的，你怎么篡改？我当时思想上是豁出来了，反正这次一定要顶住，决不能再犯这样的错误。

当参谋还有一个问题是要得罪人，有的时候要得罪好大的人物。我记得有两次，那我们真是硬着头皮顶住了。一次是60年代什么时候，四川省委要把都江堰改建成一个水电站，他们没经过水电部同意就动工了，我们坚持不同意。经过激烈争论，在李富春同志主持下得到解决。再一次，是1965年，那个时候，蒋介石要反攻大陆，当时最可能大规模登陆的地点，是苏北的开阔平原。当时军队同志提出，在滨海一带开一条南北的运河，这条运河要西边的堤高，东边的堤低，准备做成人工地形，挡住国民党军队的可能侵犯。对这个方案我们认为不可行，经过争论，在周总理主持下才得到解决。

第三个是要团结内外，取得共识。水利是关系人民的大事，要靠大家共同努力。首先要能够听取不同意见。例如，当年我在治淮期间修润河集水闸，由于没有重视中国专家的不同意见，结果水闸的消力池出了问题。三门峡出了问题，没有重视不同的意见也是一个重要因素。搞水利必须树立唯物主义态度，水利跟自然打交道，有问题是客观存在的，不要怕别人提出问题，就怕别人看到问题不提。当时没有提出问题，事后再提出，那改正也来不及了。如果有彻底的唯物主义态度，就不怕人家提问题，问题早提有好处，可以避免错误。只有充分尊重人家的意见，才能够团结人，发挥人家的积极性。不同意见讨论以后，大家还是好朋友，团结起来为了一个共同的目标。在这方面许多领导同志为我们树立了榜样。李葆华同志当年是党组书记，我在他领导下工作，我们可是没少争论，争论最激烈的一次是关于密云水库的装机多少问题。争论后还能更好地团结共事。此外，水利工作不是一个部门能做的事情，要跟友邻各部团结共处。各部门各有各的角度，意见可能不同，这就需要我们互相学习，互相理解，互相支持。我体会最深的就是“互相”两字。当年华北机井建设以及农田水利基本建设，没有农林部、农机部、粮食部、商业部以及机械部等的支持，那我们是完成不了这些工作的。三峡工程论证，如果没有交通部的支持，也不可能顺利完成。

四、今后的展望

水利部总结了当前水利的三个问题，就是水多、水少、水脏的问题，我认为这是非常正确的。我们对水资源战略的研究，也是围绕着这三个问题展开的。

第一，关于洪水问题。我们研究以后提出这样一个思路，认为洪水是一种自然现象，而洪灾是人类开发江河冲积平原以后所产生的问题。具体地讲，就是人类过度开发江河冲积平原，降低了江河在大洪水、特大洪水时的蓄洪和泄洪的能力，因此，自然要给予报复。那么我们的指导思想应该是怎样呢？回顾一下防洪减灾历史，有三个阶段：一是局部性防御。当时生产力水平比较低，只能局部性地筑一些堤来开发土地，如果遇到不可抗拒的洪水，再换一个地方来开发土地。二是生产力水平提高以后全面开发土地，一直到近代二次世界大战以后，人类掌握了筑坝建库技术，对自然的控制能力越来越强，人们的思想就是要征服洪水，人定胜天。到了最近的阶段，我国也包括美国、荷兰等国开始发生这样的问题，虽然防洪系统建得标准很高，但仍不可能做到控制特大洪水。从国内外的经验看，一般要达到防御百年一遇的洪水，就要付出相当的代价。如果标准再高，经济上就不合理。但是洪水是自然现象，它还有千年一遇、万年一遇和可能最大洪水。如果遇到超标准的洪水怎么办呢？这个问题现在没有哪一个国家能完全用工程系统来解决。因此，人们的认识逐渐从要征服洪水、人定胜天，向人与洪水共处转变。对江河要做成有一定标准、有质量保证的防洪工程体系，这肯定是应该的，但是如遇到大洪水、特大洪水，我们还是要准备让出一部分土地，让出一部分农田，从而确保城市工业、重要的交通以及农村的人民群众生命财产安全，这一定要确保。在这样的前提下，让出一部分用于农业的土地，我们认为是可以考虑的。以 20 年一遇防洪标准为例，相对保证率也就是 95%，对农业来讲，应当是可以的。保证人民的生命财产安全，不能光靠水利工程，应该靠社会的综合措施，例如移民建镇，应当在城乡建设中充分考虑适应大洪水、特大洪水可能淹没的情况来进行规划，进行城乡建设，以确保人民生命财产安全。因此，准备提出一个指导思想，就是要在建设防洪工程系统的基础上，进一步发展成为建立全面的防洪减灾系统。全面防洪减灾系统，就是包括我刚才讲的如何保证城乡人民生命财产安全，如何保证有一部分土地在洪水淹没以后得到社会保险补偿等等，而不是单纯地靠防洪工程系统。21 世纪我国的防洪减灾希望达到两个目标：第一，在遇到常遇洪水和较大洪水的时候，社会经济正常运作不受影响，不需要千军万马上阵，靠专业队伍就可以保证正常防汛。第二，遇大洪水或特大洪水，有预定的方案，有切实的措施，保证国民经济总体和长期计划不受影响。我们在课题研究中把洪水分成四个等级，就是常遇洪水指 20 年一遇以下，较大洪水指 50 年一遇以下，大洪水指 50 年一遇以上，特大洪水指 100 年一遇以上。说明一下，我们搞这个项目研究并不代替水利部门的规划，只是给水利部门的规划提供一些参考思路。

第二，关于缺水问题。当前的主要问题就是供水的增长赶不上需水的增长。因此，建议今后工作要从以供水管理为主转到重视需水管理。反思过去的工作思路，就是各地提出需要多少水，我们就尽量修水库、修各种引水工程来满足，所以事实上我们过去的工作是一个供水管理。今后要重视需水管理。首先要管一管水的需求是否合理，缺水地区的经济结构怎样，产业政策如何，具体的建设项目是否合理。我们要转变过去计算需水增长的办法，即经济增长多少就预测需水要增长多少。现在世界发达国家已经改变了，经济增长了，需水却是极少增长或零增长甚至是负增长。现在好多国家做到这一点了。我们也应该尽最大的努力，尽早做到在经济增长的情况下需水做到零增长或者负增长。这就必须加强需水管理。我们认为南水北调是需要的，我们 7 个课题组里面就有一个南水北调课题组，潘家铮和张泽祯同志任课题组正副组长，但是如果不加强需水管理，调水再多也解决不了问题。

第三，关于水污染问题。目前我们国家的水污染问题很严重，到现在为止，成功的经验还不多。在国外，比较提倡的经验，称做三个 R：第一个 R 是 Reduce，减少；第二个 R 是 Recycle，再循环；第三个 R 是 Reuse，再利用。就是说水污染的治理要从源头上治起，污水处理厂当然是需要的，但光搞污水处理厂还不能解决问题。首先要把工业、城市节约用水放在第一位。工业、城市的用水大概 80% 都要转化为污水，你供水越增加，污水也就越增加，所以第一要节约用水，减少用水。减少用水用什么办法呢，就是工业用水本身的再循环。污染物本身是个资源，应当把污染物如重金属等等留在厂子里面，不要把它和水一起排出，这是根本的。然后把处理过的污水用在别的地方，例如灌溉，这叫污水资源化。因此，我们防治污染如果不明确思路，光搞污水处理，是不能从根本上解决问题的。就我个人看来，现在水的污染还没有引起从中央到地方的足够重视，不如像对待洪水、缺水那么重视。而今后最大的危机，可能是水污染。刚才讲到三峡，别的问题我们都注意了，但库区污染问题我们还没有足够重视。水的三个问题我就简单说这些。这三个问题，我们都需要针对当前的发展情况提出一些思路。

目前水利正在兴起第三个高潮，第三个高潮是更大的高潮，国家下了很大决心。第三个高潮要求我们的工作也要提高到一个新的水平。听说，汪部长提出变工程水利为资源水利的问题。我个人认为，汪部长提出今后的工作方向问题，是很及时的，大家应当重视并充分讨论这个问题。水利部作为中央在水利方面的参谋，它的责任决不仅仅是传达贯彻，它有责任研究新情况，提出新建议。参谋部门不尽这个责任是不行的。我相信水利部党组一定会集中大家的意见，群策群力，提出能够引导整个水利工作更上一层楼的新的思路。我总的感觉，现在水利工作正面临着一个空前未有的发展机遇，国家的投入这么多，中央这么重视，我们应当好好利用这个机遇。有这样大的机遇，相应也就是这么大的挑战。这个挑战就是考验我们能不能真正抓住这个机遇，用好这个机遇。回顾50年，总的就是希望你们在运用过去经验、吸取过去教训的基础上，做得比过去更好。我坚信，长江后浪推前浪，一代更比一代强。最后，引用毛主席的一句话：数风流人物，还看今朝。

祝你们的工作取得更大胜利！

（原载1999年9月28日中国水利报）

试论水电发展趋势

（汪恕诚）

新中国成立50年来，我国水电建设事业取得了飞跃发展，特别是改革开放以来，随着广蓄、天生桥（高坝）、小浪底、二滩、三峡等一批世界级水电站的建设，中国已逐步进入世界水电建设前列。目前，我国是世界上水电在建规模最大的国家，是水电发展速度最快的国家，我们可以有把握地说：2010年以前，中国将成为世界水电第一强国。

在跨入21世纪前夕，客观地分析和研究水电发展趋势，将有利于水电事业的健康快速发展。本文试图就此问题谈几点看法，供同行们参考。

一、可持续发展战略要求水电更加注重移民和生态问题

随着社会的不断进步，可持续发展问题越来越被人们所重视，“人口、资源、环境”将成为21世纪社会发展的首要课题。水资源和水环境问题，已是目前世界各国的科学家、社会各界人士和政府领导人广泛关注的热点。研究水资源、国民经济、生态环境之间的相互关系，是水电进一步发展的前提。

水电站建设离不开流域规划。流域规划要注意把水资源与国民经济和社会发展紧密联系起来，进行综合开发、科学管理。也就是说，水电开发要注意与治理洪水灾害、干旱缺水、水土流失和水资源保护等功能结合起来，才能有更强的生命力。当前，大江大河频繁发生的洪涝灾害已成为我国经济发展的心腹大患，具有防洪功能的水电项目将会得到优先发展。

水电站建设的移民问题一直是影响水电发展的重要因素，随着经济的不断发展和人民生活水平的不断提高，移民搬迁的矛盾将更加突出。今后，单纯为得到发电效益而需大量移民的水电站建设将会越来越困难。

21世纪的水电建设将更加注重生态环境问题，水电站对上下游的影响、对动植物的影响、对国土资源的影响，以及对人类生存环境的影响等等，都将成为我国需要认真研究的课题。这里，还需要强调一下发展小水电的问题。在世界范围内，从可持续发展的角度看，大家对小水电给予了完全的肯定。我国是小水电发展最快的国家。世界许多国家包括发达国家都到我国学习经验。我们要对小水电的发展继续给予支持。

二、充分发挥水电调峰优势实现电力资源优化配置

就电能而言，水力发电和其他发电手段相比，其优势在于有很好的调峰能力。调峰能力强，不仅给电网的电力调度带来了方便，同时也可带来很好的经济效益。同样，一些水电站的水库库容小，调节性能差，保证出力低，也给电网的运行带来了困难。今后，我们要特别注意发展那些具有多年调节性能的大型、特大型水电站，尤其是流域开发的龙头水电站。只有充分发挥水电的调峰优势，才能进一步推进水电的发展。

根据我国电力工业发展的特点，经济发展较快的东部沿海地区，电力工业已具备了相当的发展规模，但因当地缺乏水力发电容量，电网调峰容量短缺，因此建设一批抽水蓄能水电站已成为当务之急。同时，

当前要注意燃油发电机组的发展动向，从理论上比较、论证水力发电与燃油、燃气发电的优劣，避免出现盲目发展油、气机的倾向。

三、平抑电价是水电在市场经济条件下得到发展的重要前提

在市场经济条件下，发电成本和上网电价的高低将是水电发展快慢的决定性因素。水力发电的成本与其他发电手段相比应该是最低的，因此要求的上网电价应该是低的；但由于水电的一次性投资大，偿还银行贷款的负债压力大，导致水电站投产发电后偿还银行贷款期间上网电价过高，影响了水电的发展。尤其当电力工业实行“厂网分开，竞价上网”改革后，这个矛盾将会更加突出。

为平抑水电电价，当前要注意做好两件事：

一是按“流域梯级滚动开发”的精神，组建流域水电开发公司。这个开发公司，一定要以老水电站为滚动开发的起动电站，筹措资本金开发建设新电站。这样做，最重要的目的是平均新老水电站的负债水平，开发公司按一个价报出公司的上网电价，从而达到平抑水电电价的目的，使水电在市场经济条件下，仍然具有较强的竞争能力。

二是在原电力工业部、财政部工作的基础上，继续争取“降低水电增值税”和“延长还款年限”的政策要求，从政策上平抑水电电价，支持水电的发展。

四、开工建设一批大型水电项目是当前经济形势发展的需要

目前，为保持国民经济一定的发展速度，需要通过提高市场需求来拉动经济的发展。近两年来，国家投资开工建设了一大批基础设施，水电建设应该成为我国经济发展的新的增长点。当前，我们一定要牢牢抓住这不可多得的历史机遇，加速完成项目开工前的一切前期准备工作，争取新开工一批水电建设项目。

为更有效地拉动中国经济的发展，水利水电项目基本上不再使用外资，尤其是土建工程一律不搞国际招标采购，机组设备也要尽可能采用国产设备。对我国目前还不能生产的机电设备，要加大技术引进力度，在进口机电设备的同时，下决心引进技术，加快机电产品国产化进程。为进一步开拓国际市场，要精选几支队伍，补充资本金，增强企业实力，增强国内水利水电施工企业参与国际竞争的能力。

另外，有计划地对一批老水电站进行扩机增容、更新改造，对于提高水电站的经济效益是十分有益的，需要抓紧进行。

（原载 1999 年 10 月 29 日水利水电工程报）

抓住机遇，开拓进取，为促进水电建设事业更大发展而努力

（周大兵于 1999 年 11 月 25 日在贵阳国家电力公司水电发展研讨会上的讲话）

一、目前水电建设的基本情况

1999 年是我国建国 50 周年，也是迈向 21 世纪的最后一年。世纪之交，回顾建国 50 年来特别是改革开放 20 年来水电建设事业取得的巨大成就，总结水电建设改革和发展的成功经验，分析判断水电建设发展形势，明确今后一个时期的水电建设发展工作任务，对于进一步深化水电建设改革，促进水电事业更大发展具有特别重大的意义。

半个世纪以来，几代水电建设者付出了艰苦的努力。水电建设事业蓬勃发展。50 年来，中国大江大河发生了不平凡的历史性变化，我国水电建设也发生了一系列深刻的变化。主要表现在：

1. 水电发展规模宏大，建设水平显著提高

新中国的 50 年，是水电建设历经坎坷曲折，从小到大、从弱到强不断发展壮大的 50 年。旧中国水电建设十分落后。1912 年，在云南建成的石龙坝水电站是中国第一座水电站。其后几十年间，建设了一些水电站，但都是规模极小的小型电站。1949 年，全国水电装机容量仅为 16.3 万千瓦，水电年发电量约 12 亿千瓦·时。

新中国成立以来，特别是改革开放以来，由于党和政府重视水电开发，水电建设迅猛发展，工程规模不断扩大，尤其是三峡、小浪底工程和一批流域梯级电站工程的开工建设，标志着我国水电工程建设进入一个新的发展时期。目前我国已经建成或正在建设的装机容量 100 万千瓦以上的水电站共 20 座，其中三峡工程装机容量为 1820 万千瓦，是当今世界装机容量最大的水电站。广东抽水蓄能电站 240 万千瓦，在世界同类电站中名列第一。

据初步统计，全国已建在建大中型水电站约 220 座，其中 100 万千瓦以上的大型水电站就有 20 座。截至 1998 年底，全国水电装机总容量达 6506.5 万千瓦，约为 1949 年的 400 倍；水电年发电量达 2042.95 亿千瓦·时，是 1949 年的 170 倍。1998 年，中国水电装机容量和发电量为全世界的第 3 位和第 4 位。1999 年国家计划水电投产 24 台 531.4 万千瓦，又是一项国内国外的首创纪录。到今年底我国水电装机将超过 7000 万千瓦。目前中国是世界上水电在建规模最大的国家，是水电发展速度最快的国家，预计

2010年前，中国将成为世界水电第一强国。

改革成为发展的动力，水电建设管理体制的成功改革，极大地推动了水电建设生产力的迅猛发展，工程建设水平显著提高。水电建设由此呈现出丰硕的成果，一批批建设速度快、施工质量好、投资得到控制的工程项目涌现出来，80年代，有广蓄、水口、隔河岩、岩滩、漫湾“五朵金花”；90年代，有五强溪、李家峡、天荒坪、十三陵、莲花；世纪之交，有二滩、三峡、小浪底、天生桥、大朝山、棉花滩。90年代的水电投产情况也集中显示了水电建设改革与发展成果。10年间，全国水电新增装机容量不断迈上新的台阶，10年投产3600万千瓦以上，这样的投产速度在世界水电建设史上实属少见。当21世纪初，三峡水电工程第一批机组投产时，水电建设年投产容量将继续维持在400万～500万千瓦的高水平。能在相当长的一个时期，始终保持这么高的投产强度，可谓世界水电建设之奇迹。

2. 水电建设实力雄厚，技术水平明显进步

半个世纪以来，水电建设不仅在规模上发生了天翻地覆的变化，而且水电建设整体实力更是今非昔比。新中国成立后，水电建设事业坚持独立自主、自力更生方针，积极引进和学习外国的先进技术。努力奋斗，发奋图强，不断培养壮大自己的力量，培养了一支训练有素的勘测设计、施工队伍，积累了丰富的水电设计和施工经验，为加快水电开发打下了良好的基础。

50年来，水电建设依靠自己的力量，在长江、黄河等大江大河上，兴建起了各种不同类型的水电站。在水电建设不断发展过程中，随着一系列设计、施工中技术难题的解决，水电规划、勘测、设计、施工和科研等各方面的技术水平获得了明显的进步和较大的提高，取得了许多重大成就，日益走向了成熟，很多已达到世界先进水平。其中：在坝工建设上，在已独立建成了大量100米以上混凝土坝和土石坝的基础上，进行了一批200米以上高坝的可行性研究和设计工作，使水电设计理论与筑坝技术有了新的突破和提高，特别是已顺利蓄水发电的四川二滩水电站，混凝土抛物线双曲拱坝高240米，是中国第一座坝高超过200米的高拱坝水电站，其坝高目前居世界第4位。水电建设机电安装技术水平明显进步，实现了较大的飞跃。继刘家峡、龙羊峡之后，岩滩、隔河岩、广蓄等一批单机30万千瓦以上的大型水轮发电机组相继投产发电，李家峡单机容量为40万千瓦，二滩单机容量为55万千瓦已先后投产发电，三峡单机容量为70万千瓦正在建设中。

经过50年的实践，充分说明目前水电建设已经具有相当高的技术水平，有能力在各种复杂的条件下，自行设计和修建各种类型的水电站。三峡、二滩、天生桥一级等水电工程的兴建，标志着我国水电建设已经逐步迈向世界先进水平，并且逐步成为世界水电技术发展的中心。

3. 制度创新成果丰硕，确立了以项目法人负责制、建设监理制、招标投标制为主要内容的建设管理体制

从建国初期到80年代初，在国家计划经济体制下，水电建设主要采取自营式建设管理体制。由于政企不分，企业缺乏自主权和活力，再加上实行设计、施工、生产运行各自独立地对自己的上级主管单位负责，人为地将一个建设项目整体分割管理，致使水电建设长期处于“工期长、投资大、见效慢”的被动局面，水电建设发展由此受到了严重制约。为了克服水电建设管理体制的弊端，水电建设经历了一个积极试点认真探索、全面系统总结经验、建章建制定型完善的艰苦改革过程。

水电建设管理体制改革，是从1984年云南鲁布革水电站引水隧洞实行国际公开招标开始的。在学习国外工程建设先进管理经验的基础上，水电建设积极探索实践，率先改革开放，以市场为取向，逐步改革了原有的计划经济管理体制，将市场经济的原则办法引进到水电建设中来，把主要依靠行政办法组织建设转变为用经济办法来组织建设。在长期探索努力和不断实践基础上，改革成果明显成熟，基本确立了以业主（项目法人）负责制、建设监理制、招标承包制为主要内容的水电建设新的管理体制，形成了水电建设业主（项目法人）、监理、施工和设计咨询新的格局。制度创新取得决定性进展，新的管理体制成为水电建设充满生机和活力健康发展的根本保证。从1986年起，全国水电建设全部实行了新的管理体制，结束了计划经济下自营体制的历史。十多年来，水电建设体制改革始终为全国基本建设走向市场起到开路先锋的作用。

1992年，党的十四大明确提出建立社会主义市场经济体制。面对市场经济的要求，水电建设改革不断深化继续推进。为了更好地调动投资各方的积极性，保障各方的权益，随着《公司法》的颁发实施，水电建设领域积极推行公司制，改造和组建项目法人单位，把业主责任制按照现代企业制度的要求再往前跨一步，使其更加规范完善。在此期间，先后组建成立和改组改制了二滩、清江、乌江、桂冠、大朝山、五凌等一批水电开发公司。这些公司作为主体在水电开发建设中发挥了重要的作用。同时，伴随我国电力工业体的改革，经过改组改制规范运作的水电开发公司作为“独立电厂”，为建立“厂网分开，竞价上网”的电力市场创造了有利的条件。

4．打破单一投资形式，形成了投资主体多元化的新格局

过去国家计划兴建的大中型水电站，全部由中央投资。水电建设全方位的改革，打破了单纯由国家单一办水电的格局，实行了多渠道集资办水电，大大调动了地方办水电的积极性，形成地方政府乃至企业、集体、个人积极参与投资水电建设的局面，集资办水电取得了很大成效。1985年从云南漫湾水电站开始，实行中央和地方合资兴办水电的政策，中央和地方按各自投资占项目总投资的比例拥有产权，分电分利。其后，水电建设集资办电得到很好的发展，合资项目和合资金额逐年迅速增加，电站规模明显增大，合资的地区范围不断拓宽扩展，合资方式也广泛多样。合资方式有中央和地方双边合作，也有中央和几个省（区）跨区域的多方合作，合资资金有内资，也有外资。采取的具体形式，则根据资源条件，销售市场和各自的资金能力等多种因素确定，在促进联合，优势互补，互利互惠，共同发展的原则基础上，形成了水电建设投资多元化的新局面。特别值得一提的是，水电建设已由中央和地方合资发展到企业（特别是非电力行业企业）投资和股份制等多种形式，如红塔集团投资云南大朝山水电站，其投资占总投资的30%；广西组建桂冠电力股份有限公司，向社会融资建设百龙滩水电站。目前，全国新开工的水电站绝大多数都是中央和地方合资建设的。由于地方投资，一方面增加了水电建设资金的投入；另一方面则调动了地方兴办水电的积极性。地方各级政府和电力企业直接参与水电站的建设，打破了水电建设原有格局，这对于加快水电建设速度，提高经济效益起到了非常好的作用。

二、水电建设面临的形势

21世纪即将到来，纵观水电发展形势，概括为一句话就是：前景看好，困难不少。水电发展的有利条件很多，在较长时期内有广阔的发展空间，完全有条件、有能力、有信心，在新的世纪里，取得更大的成就。水电发展的有利条件主要为：

1．丰富的水能资源和巨大的市场需求为水电建设长期发展奠定了坚实的基础

我国水能资源得天独厚，居世界第一。水能资源理论蕴藏总量达67605万千瓦，可装机容量37853万千瓦，年发电量19200亿千瓦·时。但是，目前水电开发程度较低，开发率不足17%，按电量算只有9%左右。不但远远落后于美国、加拿大、法国等发达国家，也落后于巴西、埃及、印度等发展中国家。从人均用电水平来看，美国为1.8千瓦，巴西也有0.5千瓦，我国仅有0.2千瓦。随着我国现代化水平的提高和社会经济的不断发展，人民生活水平的不断提高，水电建设有着巨大的市场需求。而且，目前我国电源结构中，10万千瓦及以下的小火电约占总装机容量的32%，占火电装机的43%，优化和调整电力结构，这些中小火电机组需要逐步进行更新改造甚至淘汰。根据我国资源情况和国民经济与社会发展对电力的需求，党和政府将会始终高度重视水电资源的开发，坚实的物质基础和广阔的需求市场使水电建设蕴藏着巨大的发展潜力，水电发展大有可为。

2．实行可持续发展战略为大力发展水电开辟了广阔的天地

党的十五大报告明确指出："我国是人口众多、资源相对不足的国家，在现代化建设中必须实行可持续发展战略。"可持续发展其目的是使经济发展同人口增长、资源利用和环境保护相适应，实现资源、环境与经济、社会的协调发展，保证社会具有长期持续性发展能力。实行可持续发展战略，已成为世界各国经济社会协调发展的共识，我国已对联合国等世界组织作出郑重承诺。

水电是一种可再生的清洁能源，不开发利用就白白地流走，开发水电不但能够提供电力和获得防洪、灌溉、航运、给水、旅游等综合利用效益和社会效益，而且能够促进所在地区的工农业发展，有利于节约石油、煤炭资源，有利于减少大气污染保护环境。水电在电网中具有发电启停方便、运行操作灵活、运行成本低廉的特点，在担任系统的调峰、调频任务，保证了电网安全运行。开发水电有利于防止污染保护环境，有利于提高资源利用率和经济社会的综合效益，符合中华民族的长远利益，符合我国实行可持续发展战略的需要。因此，大力发展水电是21世纪中国实施社会和国民经济可持续发展战略必然选择。实行可持续发展战略为水电发展开辟了广阔的天地，在战略上提供了有利的支撑。

3．实施西部大开发战略为水电发展创造了重要的历史机遇

江泽民总书记高度重视西部大开发问题，多次明确指出："实施西部地区大开发是全国发展的一个大战略、大思路"，"加快中西部开发的条件已经具备，时机已经成熟"，"从现在起，这要作为党和国家一项重大的战略任务，摆到更加突出的位置"。西部开发要重点抓好交通、通信、能源等基础设施建设，尤其要把水资源的合理开发和有效利用放在突出位置。我国水能资源东部地区只占7%，开发率大于50%；西部地区占3/4以上，开发率仅为8%，西部地区可开发利用的水能资源十分丰富，水电开发的任务主要在西部地区。开发西部地区的水能资源，既可以满足经济发展对电力的需求，也可以把西部地区潜在的资源

优势变为现实的经济优势。因此，开发建设大中型水电工程是西部开发的重要内容。实施西部大开发战略，加快西部地区的经济开发，同时必将带动西部地区水能资源的开发，促进水电建设的大发展。

4. 成立国家电力公司对水电发展起到极大的推动作用

政企职能分开是我国经济体制改革的一项重要内容，随着政企分开的推进和我国电力工业管理体制的改革，国务院成立了国家电力公司。国家电力公司的成立，标志着我国电力工业管理体制由计划经济向市场经济的转变迈出了重要的一步。根据国家电力公司的性质和任务。在我国电力工业发展中，国家电力公司将在全国范围进行资源的合理配置，优化和调整电力结构、推进全国联合电网、实施西电东送战略、培育和建立“厂网分开、竞价上网”的电力市场等等，国家电力公司作为经营跨区送电的经济实体和统一管理国家电网的企业法人，将发挥不可替代的重要作用。

国家电力公司的成立对开发水电产生了积极的影响，直接推动了水电发展。一方面，国家电力公司作为国务院授权的投资主体及资产经营主体，将根据市场需求和自身发展战略，积极控股参股参与水电建设，大力开发水电。另一方面，国家电力公司对全国电力结构进行优化和调整，实行全国联网，为西电东送铺平道路，一旦有网架作桥，水电的优越性就会显现出来，开发进程就会加快。

5. 目前我国经济发展的良好环境为水电建设提供了前所未有的有利条件

改革开放以来，经过积极探索和艰苦努力，我国经济发展取得了举世瞩目的成就。党的十四大、十五大以来，按照建立社会主义市场经济体制的要求，大步推进了财政、税收、金融、外贸、外汇、计划、投资、价格、流通和社会保障等体制改革，市场经济体制正在逐步建立，市场在资源配置中的基础性作用明显增强，宏观调控体系的框架初步形成，国民经济持续快速健康发展，国家经济实力显著增强。过去，由于资金困难，投资相对较大、工期相对较长的水电工程项目难以开工建设，大中型水电建设发展受到严重阻碍。当前，我国经济整体环境愈来愈好，资金环境和融资条件越来越宽松，为水电建设提供了前所未有的外部条件，这些都是过去不曾或不可能具备的有利条件。尤其是近两年，国家为了保持国民经济的发展速度，实行积极的财政政策，努力扩大内需，加强基础设施建设，拉动经济增长，一大批水利、交通、能源等基础设施开工建设，水电发展面临了不可多得的大好时机。

在水电建设发展上，我们要正确认清形势，保持清醒头脑，全面分析判断，要看到水电发展道路上存在着不少困难和不利因素，其中：

1. 长期的粗放型电力增长方式使水电建设举步维艰

长期以来，在国家计划经济管理体制下，指令性计划作为配置资源的主要手段和方式，我国经济长期处于卖方市场。在短缺经济中，长时期电力供应不足，一直困扰着电力的建设发展。在缺电的压力下，电力部门不可避免地存在认识上的偏差，过多地重视规模的扩大和数量的增加，片面追求数量、速度，忽视整体电源质量，被动地填补供电缺口，大铺摊子，乱上项目，造成电力结构不合理，污染环境和浪费资源的现象较为突出。尽管明确水电的优越性，由于水电本身具有工期长、投资大的特点，没有充分认识水电在电力建设中的重要地位和作用，在短期利益驱动下，水电建设长期以来没有得到大力发展，优先发展水电成为空洞的口号，没有真正得到落实。可以说长期的粗放型电力增长方式使水电优先发展难以落实。

问题的解决，关键还是要靠电力企业自己，在电力发展上积极推进经济增长方式的转变，使总量增长和结构优化相统一，实现电力发展增长方式从数量速度型向质量效益型转变，从粗放型向集约型转变。努力做到电力发展以供给导向为主，被动地填补供电缺口，转向以需求导向为主，主动开拓市场，促进资源优化配置，确保可持续发展。

2. 水电开工规模严重不足，发展势头减缓

近几年，水电新开工项目较少，在建规模逐年缩小，而且前期工作滞后，流域滚动开发的气候至今没有形成，水电开发的发展势头明显减缓。虽然，水电发展取得了很大成就，但是从整个电力发展和电力结构来看，水电与火电相比，发展速度相对较慢，水电比重逐年下降，电力结构不合理。水电在全国电力中的比例，在装机容量上，“四五”末最高达到30.9%，以后逐年下降，特别是“七五”、“八五”下降幅度最大，1996年，下降到17%左右，电力结构不合理的问题日益突出。

近期以来，开工规模严重不足，规划目标难以实现。“八五”期间，原电力部计划的水电项目，少开工了18项，共计1342万千瓦。1995年开工项目为24万千瓦；1996年开工项目为零；1997年开工项目为76万千瓦；1998年开工项目为大朝山和棉花滩。近期将安排开工的公伯峡、洪家渡等水电项目，但是，项目较少，装机总量不足，不仅满足不了优化和调整电力结构的需要，也影响了水电发展速度。按电力发展规划确定的2000年和2010年水电发展目标，由于近期水电项目开工严重不足，现在看来很难实现。

3. 前期工作滞后，已经影响与制约着水电发展

前期工作对于水电建设发展关系重大，水电前期工作的周期较长，一个大型工程，从预可行性研究到完成招标设计，大约需要若干年时间。前期工作与在建规模之间，有着逐步递减的比例关系，如在建工程为1，那么可行性研究应该是1.5；预可行性研究则为2.5。但是，目前实际的比例关系是颠倒过来，水电前期工作跟不上开工建设的需要，已经成为制约水电建设的重要因素之一，不同程度地直接影响着水电开发的进程。

前期工作滞后的主要原因是前期经费缺乏。由于前期工作经费缺乏，直接影响着预可行性研究和设计工作的进行，造成水电设计储备少，致使投资者难以优选工程项目，水电项目就无法开工建设。改革以来，集资办前期为增加水电前期工作经费，开辟了一条十分重要的新途径。水电建设项目法人不仅负责工程项目的资金筹措，还要负责承担前期工作经费。这种集资办前期的办法很有成效，在水电前期工作中，发挥了重要的作用。例如：二滩公司出资搞官地、锦屏；清江公司出资搞水布垭；乌江公司出资搞洪家渡；三峡公司出资搞溪洛渡等。但是，前期工作经费缺口很大，仍然满足不了前期工作的整体需要。前期工作的现状不改变，则会造成水电发展的被动局面。

4. 优先发展水电政策没有落到实处，现行政策制约着水电发展

由于水电工程建设一次性投资较大，施工期相对较长，近年来，国家相继出台了统一无区别的税收、信贷等政策，没有考虑水电建设的特点，加重了水电建设的负担，挫伤了投资水电建设的积极性，使得水电发展处于不利的地位。例如：统一征收的17%增值税。水电是一次能源和二次能源同时开发，没有上游产品增值税可以抵扣，需要全额缴纳。而火力发电由于有煤炭和燃油的增值税作抵扣，税负比水电轻得多，两者相比，水电税负明显偏重。建设期贷款利息当年扣除。原建设期贷款利息按挂息处理，电站投产后偿还本息。从90年代起，建设期贷款利息需当年扣除，这一办法大大增加了水电建设的还贷利息，加重了水电建设期的资金困难。另外，统一的贷款利率和统一的还贷期，以及耕地占用税、矿产资源税、进口关税等政策，成为水电工程造价偏高的直接原因，使水电的优越性无法充分体现，水电的优势被人为地转换为劣势，由此严重影响和制约了水电的发展。

三、国家电力公司水电开发的设想和部署

1. 水电开发建设是国家电力公司的重要任务

根据国务院国发（1996）48号文件，根据建立社会主义市场经济体制和《中华人民共和国国民经济和社会发展“九五”计划和2010年远景目标纲要》的要求，为有利于转变政府职能、实行政企职责分开、深化电力工业体制改革，国务院决定组建国家电力公司。国家电力公司由国务院出资设立，采取国有独资的形式，是国务院界定的国有资产的出资者和国务院授权的投资主体及资产经营主体，是经营跨区送电的经济实体和统一管理国家电网的企业法人，按企业集团模式经营管理。

国家电力公司的主要职责之一，负责全国电力联网建设，经营管理联结区域电网的主干网络和跨区送电的大型电厂以及必要的调峰、调频骨干电厂。

最近，国家电力公司总经理高严讲话明确指出：“电力工业具有的自然垄断和属于公用事业的产业特性，决定了电网和骨干电厂必须由国有经济控股。国家电力公司在电力工业的主导地位，决定了公司系统必须保持对电网经营企业和调峰、调频电厂、大型骨干电厂的控制力。因此，目前国家电力公司不但要管住输电网和配电网，而且调峰、调频及一些骨干电厂也必须管住，我们现在的主要资产在这里，我们的效益也在这里。不管电厂，我们的安全就没有保证，我们的资产、效益就无法体现。不但要管调峰、调频骨干电厂，而且要管核电、天然气发电以及一些新能源电厂。”高严总经理的讲话非常清楚，根据国务院48号文件的规定和国家电力公司的职责，开发水电从事大型水电站的建设是国家电力公司的主要任务之一，对此，我们必须统一认识澄清疑惑，开展工作决不能顾此失彼，要充分认识开发水电是党和政府赋予我们的光荣使命，我们不但要开发建设水电，而且要经营管理水电，国家电力公司将始终高举水电发展大旗，任何时候不可动摇。

2. 水电开发的主要目标和基本思路

根据国家“十五”计划和2015年远景规划，水电开发的目标为：到2000年水电装机达到7500万千瓦，占电力总装机比重的24%；到2005年水电装机达到9500万千瓦，占电力总装机比重的27%；到2010年水电装机达到12500万千瓦，占电力总装机比重的28%；到2015年水电装机达到15000万千瓦，占总装机比重仍维持28%，届时水能资源开发程度将达到40%。

为了实现上述水电发展目标，国家电力公司将坚持电力工业发展的基本方针，即积极发展水电，优化发展火电，适当发展核电，因地制宜发展新能源，重点发展电网，加快城乡电网建设与改造，推进全国联网。指导思想和原则为以市场需求为导向、以经济效益为中心、以资源优化配置为基础、以优化调整电力结构为重点。今后一个时期，国家电力公司水电开发

的基本思路是：根据电力工业发展重点及布局，水电建设主要开发调节性能好、水能指标优越的大型水电站和因地制宜开发中小型水电；重点水电站开发和流域梯级开发相结合。重点开发黄河上游、长江中上游及其干支流、红水河、澜沧江中下游和乌江等流域。积极推进国家“西电东送”战略，支持中西部地区和少数民族加快水电的发展。在煤炭短缺、水能资源丰富的华中、福建、浙江、四川等地区，挑选一批调节性能好、电能质量高的中小河流，进行梯级连续开发。在调峰能力弱、系统峰谷差大的电网，在加强电网调峰规划的基础上，选择优良站址，适当建设抽水蓄能电站。

3. 水电开发的规划与部署

（1）重点开发“西电东送”骨干水电站，促进全国联网，实现资源优化配置

国家电力公司全国联网规划要求：到2000年，以三峡电站建设为中心，首先形成我国的中部电网。到2010年基本形成北、中、南三个跨区互联电网，北部电网由华北、东北、西北和山东电网组成，中部电网由华中、华东、川渝和福建电网组成，南部电网由广东、广西、云南、贵州、香港、澳门电网组成。水电建设应适应电网发展规划的要求，结合全国联网南、中、北三条“西电东送”通道，大力加快大型水电基地开发和骨干水电站的建设。

南路部署开发南盘江红水河、澜沧江、乌江水电基地，加强南部电网，加大向广东方向送电的力度。其中红水河的龙滩、澜沧江的小湾、乌江的洪家渡均是调节性能好的“龙头”水电站，是国家电力公司拟在近期开发的重点项目。

中路部署开发长江中上游（含清江）水电基地、金沙江中下游水电基地，送电华中、华东。目前长江三峡在建，清江水布垭准备开工建设。金沙江中下游是全国最大的，也是技术经济指标较好的水电基地，是西电东送最重要的电源，溪洛渡和向家坝电站的前期工作正在积极开展，待三峡工程第一批机组投产后，相继开工建设。

北路部署开发黄河上游水电基地。黄河上游水电基地的开发，除满足西北地区电力需求外，将通过西北电网和华北电网联网实现西电东送，使得两网水火互补，提高经济效益，其中公伯峡是国家电力公司拟在近期开发的项目。为促进西北与华北联网，抓紧开展拉西瓦水电站的前期工作。

（2）积极开发区域性水电站，满足当地经济发展对电力的需要

广泛动员社会办电力量，采取流域滚动开发的模式，开发大渡河、雅砻江、湘西和闽浙赣水电基地及川渝的其他水电资源，满足当地的用电需要，并利用网络将盈余电力外送，其中三板溪是沅水梯级“龙头”水电站，是国家电力公司拟在近期开发项目。

（3）适当建设抽水蓄能电站，缓解电网的调峰矛盾

为解决电网日益尖锐的调峰问题和配合核电建设，在缺少常规水能资源的东部地区，积极研究与安排筹备建设一批抽水蓄能电站。具体为浙江桐柏、江苏铜官山、安徽响水涧、山东泰安、辽宁蒲石河、河北张河湾、山西西龙池、北京板桥峪、内蒙古呼和浩特、黑龙江荒沟等。

四、当前水电改革发展的主要任务

1. 努力建立和维护规范有序的水电建设市场

规范有序的水电建设市场是水电发展的重要保证。改革以来，水电建设经过多年的积极探索实践和不断深化改革，水电建设市场及其运作规则基本形成。市场经济不是完全自由放任的，竞争并不意味着那种无规则、无秩序的你争我夺，公平竞争是一种有规则、有秩序的较量和竞赛。当前，进一步建立和完善规范有序的水电建设市场，维护市场秩序，保证公平竞争，既是政府有关部门和国家电力公司的一项中心任务，也是所有水电建设者共同的义务与责任。国家电力公司将积极协助配合政府有关部门继续健全市场规则，不断加强市场管理，保证市场正常运行，共同创造一些必要条件，形成水电建设市场的一个良好竞争环境。在市场经济条件下，国家电力公司作为市场主体，进一步完善和规范项目法人负责制、建设监理制和招投标制，将采取有力措施，建立有效的约束机制，自觉维护水电建设市场秩序，在深入调研的基础上，即将出台有关招投标和合同管理、工程建设质量管理、工程安全与文明施工管理、机电与金属结构设备管理等一系列规定和办法，主动解决水电建筑市场竞争主体混乱问题，特别要规范招投标中各类竞争主体的市场行为，加强行业自律，消除不公开竞争，避免恶性竞争，水电建设业主单位、设计单位、监理单位、施工单位都要在市场中规范自己的行为，通过公平竞争，树立企业信誉。做好水电工程经济合同争议调解工作，努力建立和形成一套既符合我国水电工程建设实际又与国际惯例接轨的争议调解机制，维护水电建筑市场的正常秩序，促进水电建设的健康发展。

2. 充分发挥国家电力公司在水电开发中的主导作用

国家电力公司作为控股型、经营型、现代化、集团化管理的国有特大型企业，在水电开发建设中具有举足轻重的地位，理所当然在水电发展中发挥重要的主导作用。

一是加快电网建设，积极实施西电东送战略。我国水能资源主要分布在西部地区，而电力负荷主要在东部沿海地区。国家电力公司主要通过全国联网、西电东送，实施全国范围的电力资源优化配置。加快电网建设，实现全国联网、西电东送战略，将为水电发展创造极为有利的客观条件。没有全国联网、西电东送，水电建设的大发展就将是一句空话。

二是积极优化和调整电力结构。党的十五届四中全会《决定》指出，要“从战略上调整国有经济布局，要同产业结构的优化升级和所有制结构的调整结合起来，坚持有进有退，有所为有所不为”。目前，全国电量供需相对平衡。在电力供需矛盾不突出的情况下，国家电力公司要抓住有利时机，优化调整电力结构。由过去重点建设电源转到重点发展电网；由过去重点建设火电转到重点开发水电；由过去重点建设迳流水电站转到重点建设调蓄性能好的大型水电站。除符合规定条件的可开工项目外，国家电力公司3年内原则上不新开工火电项目。并且采取有力措施，加快关停小火电的步伐，利用有限的增量，积极发展水电。要加快做好水电前期工作，抓紧在3年内安排开工一批调节性能好的大型水电项目和抽水蓄能电站项目。

三是加大水电开发的投资力度。近期，高严总经理多次批示指出：“要加大对大型水电厂的投资力度。加快水电开发势在必行，要统一认识，加快步伐，抓住时机，趁势而上。”对目前已摆上议事日程的龙滩、小湾、公伯峡、三板溪、洪家渡等水电项目，要积极运作，筹措资金，确保前期施工准备。为了提高国有资本对电力工业的控制力、影响力和带动力，国家电力公司作为市场主体，积极控股参股参与水电建设，加大水电投资力度，促进水电的发展。

3. 积极争取有利水电开发的导向政策

在市场经济条件下，水电建设的投入产出关系将在很大程度上影响水电的发展。投入包括资本金注入和贷款的筹集；产出包括发电量的销售和电价的承受能力。我国的水电资源集中分布在西部地区，这些地区的经济相对比较落后，既缺少资金投入，又不具备一定的电价承受能力。为了解决这个矛盾，除国家采取必要的向西部倾斜政策外，国家通过税收、信贷等政策的调整，为加快水电发展创造良好的资源优化配置条件。根据水电建设的实际状况，当前，亟需在政策上考虑解决的主要问题为：

在税收方面，适当降低水电税赋。火电增值税税率抵扣燃料进项后，实际税赋约为11%，水电无抵扣，则缴纳17%的增值税，应将水电的增值税调低至11%。在还贷期间，对所得税实行“先征后返”，采取先少后多、逐年到位、总量补齐的办法。对耕地占用税实行与水利工程同样免征或减征政策。对机电设备执行与火电机组相同的设备进口税率。

在信贷方面，根据水电建设投资大、工期长的特点，政府降低水电贷款利率，给予水电专门的低息贷款。延长还贷期限，贷款偿还期从现在的15年延长为25年。这样，水电工程总投资和上网电价会有较大幅度的降低。

实行水电投资分摊或效益补偿政策。按现行的体制和政策，政府及其他社会受益部门不能按效益分摊水电建设投资，投资者无法享受水电综合利用效益回报，社会效益得不到应有的补偿，形成利益共享的“大锅饭”局面。世界许多发达国家在水电建设中，都实行水电工程投资分摊政策。考虑到水电站显著的综合利用效益和社会效益，遵循市场经济规律，政府应投资或拨款水电建设，补偿水电的效益，解决投资分摊或效益补偿问题，制定符合我国实际的具体办法。

虽然这些政策的制定和出台掌握在国家政府部门，但是，国家电力公司作为企业，要本着对水电建设事业高度负责的精神，组织力量，作全面的深入分析研究，积极向政府有关部门汇报反映实际情况，提出切实可行的建议方案，争取政府有关部门的理解和支持，逐步形成共识，结合世界各国水电开发的实践，在产业政策上给予水电建设必要的优惠和倾斜，尽早制定出台有利于加快和推动水电开发的具体导向性政策，促进水电建设的发展。

4. 抓紧做好水电前期工作

水电前期工作的进展直接影响到工程建设的立项，进而影响到水电事业发展。抓紧做好水电开发的前期工作，就是按照国家电力公司的水电发展规划，集中精力，集中力量，扎扎实实做好每一项工程项目的前期工作，保证工程项目如期立项开工。对于不能满足立项要求的，要及时调整补充完善。目前，水电前期工作经费缺口较大，一方面要加大筹措前期工作费用的力度，积极落实解决水电前期工作所需经费；另一方面一定要把现有的前期经费花到刀刃上，安排在准备立项开工的工程项目上，安排在国家电力公司电力规划内的工程项目上，切实做好每一个准备开工建设项目的勘测、设计工作。

水电前期工作具有周期长的特点，各工程建设项目法人特别是流域开发公司要及早到位，积极介入前期工作，如期投入前期工作经费，这样才能有序地研究解决重大的工程问题，才有充足时间优化设计，获取工程项目整体经济效益。

水电勘测设计单位应继续转变观念，牢固树立为工程、为业主服务的思想，加强前期工作的组织和领导，不断提高水电勘测设计质量，千方百计克服困难，保质保量完成勘测设计任务。根据电力发展规划和市场需求，接受政府的委托，开展河流（河段）水电开发规划。不能干扰国家水能资源开发利用部署，盲目抢地盘打乱仗分散工作重点。

前期工作要重视水库移民安置中有关前期工作资金的安排，及时反映水库移民工作的重大问题，积极协助配合各级政府做好水库移民安置工作。

5. 抓住机遇，乘势而上，开工建设一批水电工程项目

发展是硬道理。目前，水电建设面临着不可多得的历史发展机遇，能否抓住机遇，是水电事业兴衰的大问题，我们一定要本着高度负责的态度，牢牢抓住世纪之交的大好机遇，加大水电比重，扩大在建规模，开工建设一批水电工程项目，促进水电事业更大的发展。

针对过去大量建设径流水电站致使水电调节性能差、保证出力低的状况，近三年内，国家电力公司要重点开工建设一批调节性能好的大型水电站，如龙滩、小湾、公伯峡、三板溪和洪家渡等水电站。这些电站的开工建设将大大提高各自流域和电网的整体效益。我国东部沿海地区缺乏常规水能资源，电网调峰能力弱、系统峰谷差大，因此，建设一批抽水蓄能电站成为当务之急。近期，在加强电网调峰规划的基础上，选择优良站址，拟安排筹备建设一批抽水蓄能电站，如浙江桐柏、安徽响水涧、山东泰安、河北张河湾等。在这批水电工程项目开工审批前，要认真做好施工准备，抓好筹建和前期工作，抓紧各项与开工建设有关的工作。

6. 加强水电建设管理，保证工程建设顺利进行

加强工程建设管理是水电建设发展的永恒主题，强化水电建设管理是水电建设深化改革的重要内容。国家电力公司作为企业要更加注重管理。在水电建设中，要始终坚持眼睛向内抓管理，苦练内功，扎实过硬地做好管理基础工作，努力实现制度创新、技术创新和管理创新并举，不断提高水电建设管理水平。当前，国家电力公司各水电工程建设要以实现工程整体经济效益为宗旨，以现代生产方式为标准，向国际先进水平看齐，追求均衡生产，坚持文明施工，在整个工程建设中，全方位、全目标、全系统、全过程的实施建设管理。具体要求将于12月下旬在二滩召开的水电建设管理工作会议上提出。

在工程建设中，要继续坚持项目法人负责制，充分发挥业主在工程建设中的核心作用，坚持建设监理制和招标承包制。项目法人处于中心地位，工程建设很大程度取决于项目法人的管理水平。在目前情况下，项目法人要真正起到主导作用，不断提高建设管理水平。要正确地处理工期、质量、造价的关系，对工程建设的组织管理着眼于宏观控制，解决主要矛盾。要坚持高标准、严要求，采取有效措施，搞好工程建设。要不断增强业主责任，珍惜业主权力，真正履行业主职能，建立和完善自我发展，自我约束，讲求效益的项目法人负责制。要努力向现代企业制度迈进，积极探索实现管理科学的途径，确保工程建设的顺利进行。

多年以来，水电建设的改革大潮将施工企业推向市场，使施工企业在市场竞争中谋生存求发展。竞争的压力成为企业改革发展的动力，促进了企业在各方面的积极变化。目前，施工企业要进一步加大体制转轨和结构调整的力度，全面强化企业内部管理，积极参与市场竞争，努力开拓国内国际市场，大力开展多种经营，用更多的精力向质量要信誉，向管理要效益。切实改进和完善现场施工管理，开展和推行均衡生产文明施工，精心安排施工生产，要采取有力措施抓好安全，保证工程质量。

根据当前水电工程建设管理情况，突出强调两点：

一是切实加强合同管理。在市场经济条件下，合同管理是工程建设管理的中心内容。建设管理必须严格按合同力事，树立正确的合同观念，建立甲乙双方的信赖关系，统一规范合同管理。水电工程项目都要建立工程建设争议调解机制，正确处理甲乙双方合同争议，合理维护甲乙双方的合法权益，为合同管理创造必要条件。

二是加强质量管理。在工程建设管理上，切实改进和完善现场施工管理，强化工程质量管理，不能单单在工期进度上做文章，而是特别注重在工程质量和工艺水平上下工夫。要积极开展和推行均衡生产文明施工，精心安排施工生产，采取有力措施抓好安全，保证工程质量，真正使工程施工达到速度快、质量好、成本低、效益高的目的。

国家电力公司各单位、各工程项目要从实际出发，结合自身特点，充分利用自己的有利条件，分析对照检查，采取有效措施，解决建设管理中存在的问题。各水电工程都能像广蓄、二滩、莲花等工程一样，实施和强化工程建设管理，整体建设管理水平的进一步加强和提高，必将促使水电工程建设出现一个崭新的局面，必将促进水电建设的更大发展。

改革是发展的动力。做好水电建设发展各项工作，归根结底必须深化改革。用改革统揽全局，正确处理改革、发展、稳定的关系，继续推进水电建设管理体制的改革，把改革贯穿于水电建设各个方面，不断深化改革，深入研究解决水电建设体制转变中的深层次问题，在水电建设中进一步发挥市场机制作用，从实际出发，创造性地开展工作，努力实现水电建设

上的两个根本性转变。

在即将跨入21世纪之际，在世纪之交的关键时刻，召开这次水电建设发展研讨会非常及时十分必要。希望会议成为一次团结的会议，成功的会议，以此为开端，整个水电建设战线统一认识，齐心协力，面对时代的召唤和事业的重托，认清形势明确任务，抓住机遇开拓进取，为促进水电建设在新世纪的更大发展而努力，为我国水电建设事业攀登世界最高峰而努力奋斗。

（原载1999年12月3日水利水电工程报）

西部大开发，电力要先行
（摘　要）

（国家电力公司党组书记、总经理　高严）

西部大开发是以江泽民同志为核心的党的第三代领导集体，按照邓小平同志提出的“两个大局”的思想，在我国现代化建设即将全面实现第二步战略目标，并开始向第三步战略目标迈进的时候，总揽全局，审时度势，作出的重大决策。实施西部大开发必将进一步促进经济结构的调整，扩大内需，促进经济增长，加强民族团结和社会稳定，实现东西部协调发展和共同富裕，是一项面向21世纪的大战略，具有重要的现实意义和深远的历史意义。

（一）

江泽民总书记在关于西部大开发的重要讲话中强调指出：“在社会主义市场经济条件下，加快开发西部地区，要有新的思路，充分考虑国内外市场需求的新变化，按客观经济规律办事。”电力工业要做到统一认识，理清思路，大有作为，就要从整体和全局上分析、理解和把握西部大开发的时代特色和政策取向，从大战略、大发展、大政策的宏观角度看西部大开发战略的特点。

（二）

积极实施西部大开发战略，电力工业大有作为。一方面西部能源资源丰富，特别是水能资源是西部地区最主要的优势资源之一，有效开发这一优势资源是西部大开发应有之义。西部10省（自治区、直辖市）水电资源理论蕴藏量约55749万千瓦，占全国的82%，可开发水电资源约27434万千瓦，占全国的72%，已开发2693万千瓦，占可开发资源的9.8%；已探明煤炭资源保有量为3882亿吨，约占全国的39%。丰富的能源资源为电力工业提供了资源条件和发展潜力；西部电力工业已取得的长足进步以及从全国电力协调发展角度已进行的“西电东送”、水电流域开发等为进一步发展打下了基础。另一方面西部大开发需要培育新的经济增长点，带动整个经济的发展，而重点实施好基础设施的建设，是党中央西部大开发战略政策中加以强调的中心环节之一。电力工业有条件成为西部大开发的一个重要的经济增长因素，在西部大开发中大有作为。正如朱镕基总理在贵州考察时指出的那样：“贵州既能致富又能支持全国的主要是电力。”电力的发展不仅要在促进资源优化配置中发挥作用，还要为其他产业在西部的发展提供基础性支持，为改善西部投资环境提供条件，为地方经济的发展服务。在看到机遇的同时，还要清醒地认识到西部电力发展面临的挑战：一是体制条件发生了根本性转变，需要更多地依靠市场机制，通过深化电力改革，促进西部电力和全国电力的协调发展。这就要求我们在西部电力开发中，既要进一步解放思想、开拓创新，又要坚持实事求是、因地制宜。二是国内市场发生了重大变化，电力从卖方市场转向买方市场，西部地区同样存在这个矛盾。这就要求我们站在全国电力协调发展的角度，加大电力市场建设力度，加大电力在更大区域和范围的市场交易，加快电力结构的调整，在更深更广的领域开拓电力市场。三是环境保护和可持续发展对西部电力发展提出了更高的要求。这就需要我们把电力增长的方式转变到依靠科技进步、提高效率和效益上来，把注重“量”的扩张转变到注重“质”的提高上来，抓住机遇，迎接挑战。这是我们在西部电力开发中提出新的思路，进行新的实践的基本出发点。

（三）

在西部电力发展中，我们要抓住一条主线，做好四个结合，处理好八个关系，实现两个目标。

一条主线，就是全面推进“西电东送”。“西电东送”是党中央、国务院的战略部署，是联接东西部能源经济的桥梁。“西电东送”涉及到把西部资源优势同东部经济发展相结合，涉及到全国电力结构的合理优化调整，涉及到把西部潜在的资源优势转变为现实的经济优势。这是一项从根本上实现全国能源资源优化配置的关键性、全局性、系统性开发战略。因此，我们要把“西电东送”作为贯彻西部大开发战略的主线抓紧抓实抓好。

四个结合，一是把开发西部电力与促进西部地区经济发展相结合。要改变仅仅把西部作为国家的能源、原材料基地的观念，开发西部电力资源要立足于为西部地区经济发展和人民生活水平提高服务，这是电力作为基础产业的性质决定的。电力开发要带动一批相关产业的发展，要为改善当地的投资环境提供基础条件，为西部地区的城乡建设和发展服务。二是把“西电东送”与促进全国联网、实现更大范围的资源优化配置相结合。要把西部能源资源优势变成产业优势，继而变为经济优势，就必须把“西电东送”作为全国联网的一个重要组成部分，以此加快全国联网进程，在国民经济结构和布局的战略性调整中，实现电力资源的整体性优化配置，这是西部电力开发的关键所在。三是把西部电力开发与全国电力结构调整、实现产业升级相结合。这就要求我们站在全国电力发展的高度，通过总体规划和协调，科学地、按照市场经济的客观要求调整东西部地区的电力结构布局，在积极进行存量结构调整的同时，在电力建设项目的总体规划上，加大西部大型水电项目、火电坑口项目、电网建设的力度。发挥国家电力公司在全国电力结构调整、实现资源优化配置中的重要作用。四是把西部电力发展与引入竞争、建立电力市场和深化电力体制改革相结合。开发西部电力，改革是关键。要通过体制创新、机制创新、技术创新和管理创新，创建促进开发西部电力的新机制。西部各省（自治区、直辖市）电网要尽快完成政企分开改革，建立以完善的法人治理结构为核心的现代企业制度；创造良好的体制条件，广泛吸引各类投资主体共同参与西部电源开发；积极探索水电流域滚动开发体制；在西部电网中尽快进行厂网分开、竞价上网改革，在形成省级电网电力市场的同时，加快建立区域电网电力市场，最终使西部电力在全国统一、开放、竞争、有序的电力市场中发挥应有作用；消除省间电力交易壁垒、深化电价改革；按照党的十五届四中全会的精神，在确保国家对电网控制力的基础上，积极探索电网股权多元化改革的新路子，在西部探索电力公司整体上市的路子。总之，在有条件的情况下，西部要努力探索力度更大的电力改革措施。

在西部电力开发中，我们要处理好以下八个方面的关系：

第一，电力资源开发与市场需求的关系。西部电力资源具有比较优势，具有发展潜力。但是，全国市场有效需求不足制约了西部电力的发展。要按照市场经济的规律，通过全国电力结构的调整，腾出市场空间,充分发挥市场作用，促进西部电力发展。当前和今后相当长一段时期，一方面要依靠市场的作用，引导资源的合理配置；另一方面，要紧紧依靠各级政府，在政策引导方面进行强有力的推动，采用经济的、法律的、行政的手段，打破地区市场壁垒。东部地区的电力企业，要服从于“西电东送”的大局。

第二，开发速度与提高西部电力发展质量的关系。西部电力开发不能单纯追求发展速度，而要与提高电力发展的质量和提高西部电力企业的素质结合起来。为此，要努力在西部实现电源、电网结构的合理布局，加快产业升级；加强电力高新技术的推广应用，大力提高西部电力的科技含量和技术水平，高起点起步，高效益产出；坚决防止和制止各地区、各种形式的重复建设。

第三，局部利益和全局利益的关系。国家电力公司要服从于西部大开发的大局；东西部电力企业要服从于电力产业结构调整，实现产业升级，实现资源优化配置的大局。

第四，近期发展和长远规划的关系。由于西部大开发是一项涉及全局的历史性任务，因此，电力的发展一定要在党中央和国务院的统一部署下，总体规划，分步实施，突出重点，加强协调，全面推进。要树立立足于长远发展的思想，不可急功近利，近期项目一定要符合长远目标。必须严格控制东部地区新的常规燃煤火电项目；在西部电源开发中，坚持积极发展水电、优化发展火电的原则，同时，要重点加强电网建设。要加强电力发展的前期工作。在西部电力开发中，要建立和完善包括规划、项目、投入、市场等相结合的新机制。

第五，电力开发与资源保护、环境保护的关系。要把能源资源的合理有效开发和环境保护作为同等重要的问题。我们要应用高新技术，提高洁净能源和可再生能源的比重，把开发水电放到首位，在实现电力发展的同时，实现资源保护和环境保护。

第六，电力发展与西部地区城市化发展的关系。西部地区城市化程度较低，包括城市电网在内的基础设施落后是制约西部经济发展的重要原因。加快西部发展，必须加快城市化进程，这是实现西部腾飞的必由之路。因此，加强电网建设，特别是城网建设，开拓城市以及周边地区用电市场，是我们的一项极其重要的工作。

第七，电力发展与西部农村发展的关系。西部地区有国家重点扶贫县 307 个，占全国 50%以上。目前，西部地区农村电网总体上还十分薄弱。在西部电力发展中必须十分重视农村电网建设，深入搞好“两改一同价”，积极探索符合西部情况的农电体制改革，把搞好农电工作作为扶持西部农村脱贫致富的一个重要方面。

第八，全国电力发展与西部电力开发的关系。西部大开发不只是中央和西部地区的事情，而是全国的事情。国家电力公司系统的所有企业，都有为西部电力开发作贡献的责任。要在技术、管理、人才、资金投入等方面对西部电力企业给予大力支持。

西部电力开发从总体上要实现两个目标：一是西

部电力开发要为西部地区经济发展和提高人民生活水平服务；二是西部电力开发要为全国经济协调发展服务，通过“西电东送”实现东西部地区电力资源的优化配置。

(四)

朱镕基总理在国务院西部地区开发领导小组会议上强调指出，各部门、各地区要站在我国现代化建设全局和战略高度，把思想和行动统一到党中央的重大决策上来，不失时机地推进西部地区大开发。国家电力公司作为在电力行业起主导作用、在国民经济中发挥控制力、影响力、带动力的国有企业，必须而且也有能力在西部大开发中大有作为。为了贯彻落实党中央、国务院西部大开发战略，国家电力公司已成立机构，加强对“西电东送”的领导和协调。在今后一个时期，将重点抓好以下建设项目：

——加快西部地区水电建设步伐。预计在2000年～2010年期间，在西部10省（自治区、直辖市）开工水电4000万～4800万千瓦，其中“十五”期间开工1189万千瓦，投产222万千瓦；2005年～2010年投产约1200万千瓦，结转2010年以后的建设规划约2600万～3400万千瓦。“十五”开工项目中，有黄河上游公伯峡水电站（150万千瓦）、乌江上游洪家渡水电站（54万千瓦）、沅水上游三板溪水电站（100万千瓦）、红水河龙滩水电站（420万千瓦）、澜沧江中游小湾水电站（420万千瓦）、四川杂谷脑流域梯级开发项目（45万千瓦）。按照“流域滚动，梯级开发”的原则，我们组建了具有独立法人资格的滚动开发机构负责开发建设。

——适当开发西部地区坑口火电基地。在贵州西部六盘水、织纳、黔北煤炭基地远景规划装机规模可达2740万千瓦；陕西府谷、神木、榆林等煤炭基地装机规模1000万千瓦；宁夏煤炭基地除满足自身和西北网内需要外，长远可配合黄河上游水电向华北送电；新疆哈密煤炭基地尚未进行规划，今后可结合向西北主网送电进行规划。国家电力公司正在对这些项目开展前期工作，研究开发建设时序，配合“西电东送”适时开工建设。

——突出电网建设，加快“西电东送”，促进实现全国联网。到1999年底，西部10省（自治区、直辖市）35千伏及以上输电线路长度约16.7万千米，占全国的25%；相应的变电容量14068万千伏·安，占全国的15.3%。西部地区电网建设，重点是结合西部大型水电和坑口火电的开发，实施“西电东送”，加强和完善西部区域主干网架和负荷中心受端网架建设，推进区域联网、全国联网和跨国联网。“西电东送”将形成北、中、南三个通道，进而促进形成北、中、南三片跨大区电网的形成，三片电网再进行多点互联，进而形成全国统一联合电网。在这一大格局中，北部电网在2000年实现东北、华北联网，2005年左右与山东电网联网，西北电网将根据水电开发程度适时与华北联网；中部电网在2003年左右实现川渝、华中、华东、福建等电网互联；南部电网将随着天生桥、龙滩、小湾等电站的建设，由南方互联电网与海南、香港、澳门联网组成。2005年左右将实现北部电网和中部电网的多点互联，2010年前后将基本形成全国统一联合电网。

——加快结构调整，近期的重要举措是停运小火电机组。西部地区10个省（自治区、直辖市）及广西、内蒙古两自治区总装机容量为6459万千瓦，占全国的23%，年发电量2630亿千瓦·时，占全国的22.7%。目前，国家电力公司在西部地区拥有5万千瓦及以下关停范围的装机容量为442万千瓦，占国家电力公司总关停容量的36%，比例较高。公司将加大关停小机组的力度，坚决为西部开发腾出容量和市场空间。

(五)

由于西部地区经济发展相对滞后，投资环境需要改善，要发挥电力工业在西部大开发中的作用，需要得到政策的支持。

——投资政策支持。需加大政策性资金投入，采取贴息、发行水电建设债券或电力企业债券，落实国家已原则同意的对西部地区农网改造的国债实行“贷改拨”政策，加大资本金比例等。要有优惠政策引导社会资金投向西部电力开发。

——税收政策支持。水电发展的突出问题是税赋较重。增值税改革后，由于水电进项抵扣少，实际税赋为16.35%，比火电高出5个百分点；与税制改革前相比，税赋增加14%，影响水电发展。应有水电税收优惠政策，支持西部水电开发。此外，还应落实水电项目经营期延长到30年的政策，减轻水电还本付息的压力。

——价格政策支持。目前国家电力公司在西部地区10省（自治区、直辖市）的平均销售价格为每千瓦·时0.285元，比系统平均水平低20%。西部的电价政策既要能吸引对电力的投资，使新建电源、电网有还本付息能力，又能促进地区经济的发展。因此，电价政策应该着力引导控制电力工程造价，同时，鼓励西部地区发展有电价承受能力、附加值高的工业。从引入竞争、建立电力市场的发展方向看，还需理顺电价的形成机制和管理机制，适应竞争和市场的要求。

西部大开发给电力工业的发展带来了难得的机

遇。我们要动员起来，抓住时机，进一步解放思想，开拓进取，上下一心，团结一致，在西部大开发中电力先行，为实现我国现代化建设的第三步目标作出积极贡献。

（原载2000年5月11日中国电力报）

全国政协副主席钱正英在国际大坝委员会第68届执行会议上的讲话

（2000年7月17日）

尊敬的国际大坝委员会主席霍格先生，尊敬的各位代表，女士们，先生们：

在世纪更替、千年交接之际，世界各国的大坝专家聚集北京，共同探讨大坝建设中所需关注的问题，总结光辉的历程，展望富有挑战性的未来，是非常有意义的。我代表中国政府、代表中国的大坝工作者向来自世界各地的代表表示热烈的欢迎，同时预祝第68届年会和第20届国际大坝会议取得圆满成功！

1987年曾在北京成功地召开了国际大坝委员会第55届执行会议。在座的朋友中可能有些参加了那次会议，可能有些曾在最近十多年多次到中国参观、访问或承担各种各样的国际合作项目，你们是中国大坝工作者的老朋友；也可能有些是第一次到中国，你们是我们的新朋友。我相信，所有的新朋友和老朋友，通过参加第68届年会、三峡工程技术研讨会、面板坝国际研讨会和第20届国际大坝会议，通过参观中国水利水电成就展，参加会前、会中、会后的参观，将会对中国和中国的大坝建设有进一步的了解。

中国是世界上最大的发展中国家，为了确保中国人民生存和发展所需要的水资源，保护和改善人民的居住环境，中国的大坝工作者在学习各国经验的基础上，艰苦奋斗了50年，取得了相当的成就，目前超过30m的大坝已建了4731座，在建的超过30m的大坝有188座，其中包括长江上的三峡和黄河上的小浪底这些举世关注的工程，也包括众多发展很快的面板坝和碾压混凝土坝这些新型大坝。

展望新的世纪，为更好地解决洪涝灾害、干旱缺水，更好地发挥水电这一绿色能源的作用，中国将进一步加强各大江河流域开发和治理的力度，实现水资源的优化配置。中国政府已决定实施西部大开发战略，在这一战略中，水利水电基础设施建设将占有十分重要的地位，需要修建更多的大坝工程和调水工程，以满足水利水电与国民经济协调发展的需要，因此中国大坝建设在21世纪的前途是光明的。

作为发展中国家，随着中国加入WTO，必然将邀请更多的各国专家参与中国的大坝建设，中国的大坝工作者也将更多地参与国际水利水电发展。所以，我衷心希望通过国际大坝委员会及各国代表的共同努力，全世界的大坝工作者有更多的相互交流、相互了解和相互学习的机会，共同促进世界各国经济与技术合作，衷心希望大坝建设在21世纪保证人类生存和发展中发挥更大的作用。

祝愿大家身体健康，一切顺利！

谢谢！

国务院副总理温家宝在第20届国际大坝会议开幕式上的讲话

（2000年9月19日）

尊敬的国际大坝委员会主席霍格先生，尊敬的各位来宾，女士们，先生们：

今天，1500多位中外专家汇聚一堂，隆重举行第20届国际大坝会议。在此，我谨代表中国政府向会议的召开表示衷心的祝贺，向各位来宾表示热烈的欢迎！我相信，通过这次会议，必将进一步增进中外专家之间的友谊和交流，把国际大坝领域的技术合作提高到一个新水平。

由于特殊的地理和气候条件，我国水资源总量不足，时空分布极不平衡，降水集中且年际丰枯变化很大，水资源地域分布与人口、耕地也不相适应。因此，我国既是一个洪水灾害频繁的国家，又是一个水资源严重短缺的国家。这在客观上决定了水的问题在中国具有特殊的重要性，决定了我国治水的长期性、艰巨性和复杂性。同时，我国还是一个水能资源十分丰富的国家，水能资源理论蕴藏量为6.76亿千瓦，其中可开发的水电总装机容量为3.78亿千瓦，居世界首位。水电开发是我国能源建设的一个重要方面。总之，治水和开发水能资源是关系我国经济社会发展的大事。

新中国成立以来，中国政府对水利水电建设十分重视，领导全国人民进行了大规模的建设，取得了举世瞩目的伟大成就。全国累积修建加固堤防26万多公里，建成大中小型水库8.6万多座，初步控制了大江大河的常遇洪水；形成了5600多亿立方米的年供水能力，灌溉面积从1600万公顷扩大到5300多万公顷；建成水电装机7297万千瓦，年发电量2129亿千瓦·时。水利水电建设为保障国家的经济发展和社会进步发挥了重要作用。

但是，我们也清醒地看到，我国水利水电建设还不能适应国民经济和社会发展的需要。洪涝灾害历来是中华民族的心腹大患，现在依然没有根除。90年代以来，我国几大江河接连发生几次较大的洪水，给经济建设和人民生命财产带来巨大影响。干旱缺水越来越成为我国经济社会发展的主要制约因素之一。我国水能开发利用率也很低，目前只有19%。因此，中国政府将一如既往把兴修水利摆在国民经济发展的重要位置。坚持全面规划，统筹兼顾，标本兼治，综合治理。实行兴利除害结合，开源节流并重，防洪抗旱并举，把节约和保护水资源作为一项根本性措施，以水资源的可持续利用保证经济社会的可持续发展。

从新世纪开始，我国将实施现代化建设第三步战略部署。我们要围绕这个目标，规划我国的水利建设事业。在防治水旱灾害、开发利用水资源和水能资源中，大坝建设是一项十分重要的工程措施。目前，我国已建成的大坝数量居世界首位，在筑坝技术的许多领域也有较高的水平。大坝建设在防洪、灌溉、供水、发电等方面发挥了重要的作用。在未来相当长的时间内，我国水库大坝建设任务依然非常繁重，目前设计中高于100米以上的大坝就有30多座。大坝建设关系人民生命财产的安全，千年大计，质量第一。必须科学论证，精心设计，精心施工，确保万无一失。同时，要十分重视对生态环境的影响，做到人与自然和谐共处。

我们正处在一个科技革命迅猛发展的时代，我国水利水电事业的发展和大坝建设都必须依靠科学技术。我们要充分发挥广大专家和工程技术人员的作用，加强科学技术研究，吸收和引进国外先进技术和先进经验，大力推广新技术、新材料、新工艺，不断提高水利水电建设和大坝建设的现代化水平。我们希望同各国专家进一步加强交流与合作。

预祝大会取得圆满成功，祝各位来宾身体健康。

谢谢大家。

水利部部长汪恕诚在第20届国际大坝会议开幕式上的讲话

（2000年9月19日）

主席先生，女士们，先生们：

值此第20届国际大坝会议开幕之际，我谨代表中华人民共和国水利部和第二十届国际大坝会议组织委员会，向来自世界各地的与会代表表示热烈的欢迎。

9月14日至17日，在北京已成功地召开了国际大坝委员会的第68届年会。年会期间，除研究讨论了国际大坝委员会的有关事务外，中国方面还对长江三峡的工程进展情况作了具体介绍。9月18日，组织了面板堆石坝的专题研讨会，来自世界各地的20多位专家作了专题发言。今天在此召开的本届国际大坝会议共设大坝的风险分析等四个技术专题，还将举办技术展览。为让中外代表更多地了解中国的水利水电工程建设情况，在会前、会间及会后，组委会组织了十几条参观和技术考察线路，包括长江三峡、黄河小浪底及二滩水电站等世人瞩目的工程。我希望这次会议，能为与会代表之间开展广泛的技术交流提供一个良好的场所和机会，进一步加强各国同行之间的友谊和合作，共同促进21世纪世界大坝建设的进步与发展。

和世界上许多文明古国一样，中国的水利工程建设有着悠久的历史。四千多年前，我国就有大禹治水的传说；公元前六百多年，孙叔敖在淮河上修建的安丰塘灌溉水库至今还在发挥作用；闻名于世的都江堰水利工程建于两千多年前，综合解决了岷江上的引水、防沙、排洪和导漂等问题，效益经久不衰，至今还灌溉和保护着成都平原上的千万亩良田。中华人民共和国建国五十年来，中国人民付出了极大的努力和代价，修建了数以万计的水库，总库容达4600亿立方米，约占全国河川总径流量的17%，这些水库在防洪、洪水、灌溉、水力发电、航运、水产养殖及旅游等方面发挥了重要的经济效益、社会效益和环境效益。改革开放20余年以来，中国的大坝工程建设在建坝规模、新技术、新材料，以及新坝型的研究与推广等方面有了长足进展和新的突破。正在建设的长江三峡工程的建设规模、混凝土浇筑总方量和强度、长达6公里的双线五级船闸、1820万千瓦的电站装机容量等均为世界第一。正在筹建的水布垭坝高达233米，是目前世界上最高的混凝土面板堆石坝。即将建成的黄河小浪底工程具有目前世界上最大的泥沙调节能力。四川省的沙牌坝是目前世界上最高的碾压混凝土拱坝。正在积极筹建的龙滩碾压混凝土重力坝，坝高将达216米，也为目前世界最高。现已投入工程前期建设的小湾拱坝，坝高292米，为目前世界最高，采用了先进的优化设计。已建成的二滩双曲混凝土拱坝坝高240米，居目前世界拱坝的第四位。这些都说明，中国的大坝建设技术已取得了巨大的进步。

面向21世纪，中国的大坝建设任重道远。由于中国的水资源时空分布极不均匀，大约有三分之二的水资源由雨洪形成，洪水丰枯变化大，洪旱灾害仍十分频繁，特别是随着人口增加和经济发展，水资源短缺问题越来越突出，因此建设包括水库大坝在内的各类水利工程，对水资源进行有效调蓄，减轻洪水灾害，增加供水量，并提高保证率是十分必要的，对于中国经济社会可持续发展具有特别重要的战略意义。

中国政府已全面规划了长江、黄河等七大江河流域的中长期开发治理规划，规划中统筹兼顾了流域的防洪、水资源综合开发利用和优化配置、生态环境保护和建设等综合目标。从能源供应看，中国能源的特点是：储藏量大，但人均量低，单位产值能耗高，目前仍然以煤为主，污染严重。加上石油资源紧缺，煤炭供求形式也不容乐观。而中国具有丰富的水力资源，可开发的3.78亿千瓦的水力资源和2.97亿千瓦经济可开发量均居世界首位。中国政府十分重视水电开发，规划中的全国12大水电基地建设、西电东送工程，将使全国能源结构的布局更为合理；中国政府正在实施的西部大开发战略，也将使我国西部地区对建设水利水电工程的需求大大增加。基于以上情况，在今后相当长的时期内，中国仍需要建设一大批相当规模的大坝，仅目前设计中高于100米以上的就有31座，大坝建设在未来的中国将得到更为长足的发展。

众所周知，任何水利水电工程的建设，都会对流域的生态环境、移民、渔业、泥沙、下游河道防洪等方面产生种种利弊不同的影响。和世界上许多国家同样，中国对大坝建设的思路和视野已大大不同于几十年之前。通过多年的实践，当今的中国大坝建设思路立足于工程建设要与大自然协调共处，立足于全流域的社会、经济、环境的协调和可持续发展。在工程实施之前，我们对工程建设之后有可能对当地，乃至全流域产生的各种影响开展十分审慎的评价与研究，寻求各种工程的或非工程的措施，扬利抑弊，并已在这方面积累了不少经验。以世人关心的长江三峡工程为例，该工程以防洪、发电为主要目标，多年来中国政府对该工程建设的各类风险、移民、环境生态、泥沙淤积、下游防洪、文物保护、河口地区盐水入侵、鱼类洄游和珍稀鱼类保护、卫生与健康等各方面的利弊影响，组织多学科的科研人员开展了大量的、卓有成效的科学评价和研究。将在三峡上游金沙江上兴建的向家坝、溪洛渡等工程与三峡工程的交互影响评价，如泥沙淤积、生态环境等，及其相关对策研究，也正在全面展开。三峡工程已开工数年，工程的开发性移民政策、库区的水环境保护和水土保持工作等正有计划地付诸实施，国家对工程建成之后下游河道冲淤关系的变化和防洪态势的影响等重大问题还在投入大量的人力物力开展研究，寻求更优的对策。在水利工程的技术、经济、管理等方面，我们更加注重科学性，并注意引进、总结国内外的先进经验和管理手段，在流域开发中积极推广梯级滚动开发等机制，我国水利工程建设事业的发展已充满生机和活力。

这次盛会在中国召开，是我们加强与世界各国同行交流切磋的极好机会。我们过去与世界的同行们已有过许多很好的合作，希望今后能与世界上更多的国家开展更为广泛的交流与合作，中国的大坝建设技术也将更全面地进入国际市场。我希望，在这次大会组织的参观和考察活动中，来自世界各国的朋友们，能更清楚地看到中国当今大坝工程建设的真实面貌，并留下你们宝贵的意见和建议。

预祝全体代表和同行人员身体健康，在中国的旅途愉快。

谢谢大家。

国家电力公司副总经理周大兵在技术成就展览开幕式上的讲话

（2000年9月19日）

尊敬的国际大坝委员会主席 霍格先生 新任主席 先生：尊敬的各位客人，女士们，先生们：

今天，在北京隆重召开了第20届国际大坝会议。值此世纪交替之际，选择在中国召开这次大坝建设者的盛会我们感到十分高兴，同时也感到意义重大。20世纪是世界上建坝的高潮，同时也是中国水电事业蓬勃发展的时代。特别是新中国成立50年来，中国的水利水电建设事业得到了迅速发展，目前的建坝总数已居世界首位，水电装机容量位居世界第二，建坝规模、技术、材料及新坝型的研究与推广等在近年更有了新的突破。目前正在修建的长江三峡工程就是世界上规模最大的水电枢纽工程，其他如小浪底工程、二滩工程等在多项技术指标上也在世界名列前茅。为促进交流，让世界大坝建设的同行能更好地了解中国的大坝建设进展情况，并加强与各国同行间的交流，我们将于9月19～22日大坝会议期间举办中国水利水电建设成就展览，其间有27家国内大型水电工程单位参加展出，并特制了模型，将能生动地展示了三峡、葛洲坝、二滩、小浪底等大型工程的面貌。

按照国际大坝会议的惯例，大会在此同时举办技术展览。有来自国内外的41家单位（或公司）参展，包括瑞士、奥地利、意大利、法国、西班牙等20余家外国公司和中国水利水电科学研究院、长江科学院、南京水利科学研究院等20家国内单位。世界各国、各地区在大坝建设领域的新技术、新产品、新材料和新设备等方面的展示，将更有助于各国同行对世界大坝建设发展趋势和技术动态的了解，进一步加强国际合作和交流。

让我们进一步加强沟通，积极合作，共同为促进世界各国的水利水电建设与发展而努力！

预祝本次展览圆满成功！

全国人大委员长李鹏在会见第20届国际大坝会议部分代表时的讲话

（2000年9月22日）

首先，我代表中国政府对大家表示欢迎。另外，我也是一个从事水电事业多年的工作人员，以同行这样一个身份来欢迎大家。

中国水利水电事业对中国的经济发展、社会安定都有着非常重要的作用。有一句话做“水利是农业的命脉”。中国的人均水资源占有量低于世界的平均水平，而且在时空上分配不均匀。从地域上看，一般北方比较干旱，南方水量比较多。在时间上分配也不均匀，比如说，洪水集中在6、7、8这三个月。举一个例子：黄河是我们中华民族文明的摇篮，它既抚养了我们中华民族，同时也带来巨大危害。因为其中游河段泥沙较多，淤积在河床，所以在有历史记载的将近3000多年来，几乎每100年到200年就因为淤积而发生河道改变。黄河一改道，沿岸人民受害严重。

新中国成立以来，我们建设了8万多座大中小型坝，首先是解决农业的问题，增加灌溉面积，让旱地变成水浇地。中国现在是以占世界10%的耕地养活占世界22%的人口，其中一条原因，就是依赖水利工程。而且水利工程还极大程度地减少了洪水危害。比如说黄河上游修建的许多梯级电站，在新中国的50年里使黄河没有发生洪水灾害。

为了进一步治理洪水，我们还要在大江大河上继续建设控制性的工程。三峡工程的首要任务就是减轻洪水灾害，其次才是发电和航运。中国能源资源在西部比较集中，特别是在西南部，而用电的中心主要是在沿海地带。所以我们实行西部开发的战略，还要实施“西电东送”。随着经济的发展，人类对环保的要求越来越高。发展水电，不但可以提供廉价的能源，同时可以有利于环保，减少火力发电对大气的污染。中国还有很大的水电资源开发潜力。所以，第一点就是，无论从发展农业、城市供水还是电力，中国都要继续发展水电事业。这次国际大坝会议在中国召开，为中国的水电届提供了一次机会，能够让我们向同行学习。其次，在开发新的水电资源时，一定要保护好环境，而不是破坏环境。三峡不仅是一项大型水电工程，本身也有很重要的环保任务需要解决。现在从大体上讲，三峡在2009年建成，26台机组发电，总投资近200亿美元。55%的投资用于工程，45%的投资用于移民和环境保护。三峡移民政策是“开发性移民”，即在三峡工程建成之后，从淹没区迁出的移民，生活水平不但不降低，还要提高，地区经济也要得到发展。为了保持生态，现在长江上游也实行种草种树，退耕还林，坡度在25度以上的耕地都要退耕。另外，沿岸的地质要保护、水库要清理、污染要治理。总之，虽然工程建设任务很重，但是移民和环境的任务更重、更复杂。

在开发利用水电资源时，要结合可持续发展战略来进行。如果说我们过去的水电建设很成功，但是也有很多经验教训，就是对环保和可持续发展注意不够。现在我们要来修正这些不足，新的工程要达到可持续发展的标准，已建成的工程要进行补救。虽然工程造价会增加，但保护了环境，钱花的值得。

国际大坝会议已经临近尾声，我了解到会议开得很好，对您们表示祝贺。谢谢。

加快水电建设，迎接21世纪

（中国长江三峡开发总公司　陈赓仪）

21世纪就要到来了,改革开放以来我国的水电建设步入了一个崭新的发展时期。1998年底全国装机容量27728.9万千瓦,其中水电装机容量6506.5万千瓦,占23.5%。目前水电在建规模3155.84万千瓦,这几年正在积极筹备建设龙滩、小湾、公伯峡、洪家渡、三板溪、水布垭等一大批水电站,长江上游溪洛渡、向家坝等水电站也正在抓紧做好前期工作,准备在21世纪初开工建设。我国水力资源蕴藏丰富,目前仅开发了14%,潜力很大,发展形势将会更好。

为迎接21世纪我国水电建设的新时期，进一步开创水电建设的新局面，对业主的自身建设我提出几点建议，供大家探讨。

一、转变观念

在社会主义市场经济体制中，水电流域开发公司和水电站有限责任公司都将是市场经济中的竞争主体。过去我们只搞工程建设，把注意力放在搞好工程造价、质量、工期的管理上这是必要的。但是现在我们不但要搞好工程建设，还要负责电站建成后的生产经营管理，搞好工程管理与生产经营管理是互相联系、互相结合的。因此，我们要转变观念，要将水电企业从工程建设型转变为工程建设和生产经营相结合的管理型的企业。转轨变型过程中最主要是要树立市场竞争主体意识。在工程建设中，企业是工程建设的主体，要努力降低造价、提高质量、缩短工期，增强市场竞争能力。电站建成后企业是生产经营的主体，要讲求电站生产经营的经济效益，增强企业的经济实力。转变观念，树立市场经济体制下的主体意识、竞争意识和工程建设及生产经营中的风险意识。这是我国水电流域开发公司和水电站有限责任公司从领导班子到工作人员需要转变观念的主要内涵。

二、加强组织

加强组织首先是要建立一个具有远见、有事业心、有经营头脑、既能搞工程建设又能搞生产经营管理的领导班子。

过去的水电企业着重抓工程管理,因此企业内部各部门如计划合同、财务、工程建设、设备、材料、科技、劳动、人事等部门都是围绕着工程建设设置的。今后水电企业需要增设生产运行、经营财务等部门,有一些较大的流域开发公司或水电站有限责任公司还需要专门设置开发经营策略研究部门,做电力市场情况调查研究和负责做好电力市场预测工作,研究和制定开发和经营策略方案,向领导班子提供咨询意见。

目前水电流域开发公司和水电站有限责任公司的领导骨干多半是学工程、干工程出身的，今后根据工作需要应适当培养既懂工程又懂经济的复合型人才。

三、开展经营管理的研究工作

水电企业是电力生产企业，是电力的供给者，需要对电力市场需求的现状和预测进行调查研究，对电力市场中的竞争对手即其他电力企业的现状和发展趋势也要进行调查研究。由于电力市场是在不断变化的，因此调查研究工作不可能一次完成，需要逐年、逐月作动态调查，只有掌握真实的、详细的市场调查资料，才能在此基础上制定企业长、中、短期的经营管理计划和策略。

由于水电站的生产运行受气候条件、自然来水、防洪、航运、供水等其他综合利用部门的制约，需要根据这些条件详细研究水电站的运行特性及运行方式。那种认为电力系统优化运行是电力部门的事、水电企业只要听从电力系统的调度就行了的认识是停留在计划经济的认识。在市场经济时代，水电企业与电网管理部门是买卖电的双方，是签订购销电合同的双方，若不去研究自身的最优运行方式，何以获得最大经济效益呢?

电价是市场经济的主要竞争要素，不仅要研究按会计成本测算的电价，也要研究按边际成本测算的电价；不仅要研究单一的电度电价，也要研究丰、枯、峰、谷及分容量、电量的两部制电价。

四、建立广泛的业务联系

水电企业要与国家计委、国家经贸委、国家电力公司和省（市）计委、经委、物价局、省（市）电力公司等密切的联系，畅通信息渠道。

此外，水电企业还需要与有关水电建设管理专业委员会、设计院、科研所、大专院校以及社会中介组织如咨询机构、咨询公司等建立联系，充分利用各方面的力量包括委托这些机构和专家研究一些问题，提出一些咨询意见等，这样能更顺利地开展工作。

五、增强水电竞争能力

在市场经济中竞争的两个要素就是产品和价格，水电企业的产品就是电力和电量，水电企业的价格就是电价。

水电企业要充分研究在各种不同水文条件下丰、枯、峰、谷各时段的水电站能产出的电力和电量，水电站的汛期电量要充分保证电量和次等电量，还要研究减少汛期弃水的运行方式。

制定有竞争性的电价方案是增强水电站竞争能力、提高经济效益的一项重要工作。根据水电站的运行方式来制定丰、枯、峰、谷电价的电价和容量、电量两部制电价十分必要。

只有将水电站运行方式研究透了，才能显现它的价值，也才能据此制定具有竞争性的电价方案。

搞过世界银行贷款和海外协力基金贷款的人都知道，世行和海外协力基金在签订贷款协议时，不但重视工程建设的管理而且还重视工程建成投产后的还贷期和经营期内的生产经营效益。世行还要求在贷款中拨出专款来研究电价、优化运行、经营管理组织等课题，要求水电企业和电力部门一起委托国内外咨询机构做课题研究，据此列入贷款承诺条件。所以，在市场经济条件下，在实行新的建设体制时，水电企业同样需要关心全部投资的回报、资本金的收益、贷款的偿还、成本降低和利润提高，同样要求充分发挥水电站的优势以取得最大的经济效益。

综上所述，我国水电流域开发公司、水电站有限责任公司和广大水电建设者都要认清形势、转变观念、加强组织、积极开展经营管理的各项研究工作，建立各方面的关系，千方百计挖掘潜力和发挥自身的优势，这样就将大大提高水电的竞争能力。

国家电力公司总经理高严在国家电力公司2001年工作座谈会上的讲话（摘要）

（2000年12月23日至25日）

一、2000年工作回顾

（一）生产经营目标全面实现

全国发电量预计完成13500亿千瓦时,同比增长9.5%。全社会用电量13260亿千瓦时，同比增长9.7%。预计到年底，全国发电装机容量达到3.16亿千瓦。公司全资及控股发电量预计完成6770亿千瓦·时,同比增长8.5%。公司系统售电量预计完成8780亿千瓦·时,同比增长10%。

公司系统固定资产投资预计完成1694亿元。其中：基建大中型项目737亿元；“以大代小”技改项目35亿元；小型基建项目64亿元；城网项目290亿元；农网项目568亿元。

公司系统参股电厂投产1117.4万千瓦，结转2001年在建规模2163万千瓦；新开工619.7万千瓦，至此，“九五”期间实际开工3812.8万千瓦，与1999年调整方案相比，进一步推迟开工681万千瓦。投产330千伏及以上输电线路5020千米、变电容量1248万千伏·安;新开工线路4665千米、变电容量1352万千伏·安。

销售收入预计完成3450亿元，同比增长15.6%。实现利润92亿元，同比增加5.3亿元，增长6.1%。实现利税353亿元，同比增加40亿元，增长12.5%。到年底公司系统资产总额预计达到12650亿元，同比增长14.8%；净资产达到4998亿元，同比增长9.3%。资产负债率为56%。

电热欠费余额预计182亿元，为近几年最好水平。

（二）（略）

（三）结构调整取得重大进展

大力推进“西电东送”。洪家渡、引子渡、乌江扩建三个水电项目和天广三回、云南宝峰至罗平500千伏输变电项目的开工建设，拉开了西部大开发的序幕，标志着电力工业在西部大开发中先行一步。

进一步调整电源结构。在今年的开工规模中，中西部项目占68%，水电项目占36%。龙滩、小湾、公伯峡等西部水电项目和洁净煤示范工程、风电和核电项目的前期工作加快。坚决贯彻落实国务院关停“五小”的决定，关停小火电311万千瓦。

切实加强电网建设。公司系统电网投资达到1156亿元，占全年固定资产投资的68.2%，比1999年提高近15个百分点，创历史最高水平。

（四）（略）

（五）体制改革稳步推进

按照国务院的改革部署，继续推进政企分开改革，在各省政府机构改革的同时，完成了撤销省电力工业局和大区电业管理局的准备工作，江苏等8个省电力工业局已经批准撤销；国务院确定的6省（直辖市）“厂网分开、竞价上网”改革试点取得阶段性成果，浙江等省电力市场开始运行；按照国务院国办发[98]146号文件精神，在总结东北分公司改革试点经验的基础上，完成了华东、华中、西北电力集团公司的改组；农电体制改革进一步推进，完成了1183个县公司的代管、223个县的股份制改造和2万多个乡电管站的改革；科研、设计、教育、施工等管理体制改革稳步推进。

根据国务院的部署，积极配合国家计委等有关部门，对进一步深化电力体制改革进行调查研究，认真听取各方面的意见，积极地提出改革建议。

（六）（略）

（七）（略）

（八）（略）

二、2001年面临的形势和任务（略）

三、2001年的重点工作

（一）（略）

（二）继续调整电力结构

电力结构调整的实质是电力资源优化配置。要通过战略性结构调整，实现产业升级，使电力工业发展方式从数量速度型向质量效益型转变，从以供给导向为主、被动地填补供电缺口，转向以需求导向为主、优化资源配置、确保可持续发展。要立足基本国情，因地因网制宜地进行电力结构调整，发挥比较优势和规模经济效益，在更大范围内优化资源配置。

电力结构调整必须以深化改革和科技创新为动力。要通过深化改革，解决制约电力资源优化配置的体制性矛盾。要提高科技进步对结构调整的贡献率，以科技进步带动电力结构调整，形成自主改造和创新的内在动力与机制。要以提高现有生产能力为重点，加快科技创新步伐。要引进、消化、吸收国际先进技术，自主开发关系全局的、支持结构调整和产业升级的共性技术、关键技术和配套技术，推进设备国产化。要紧密结合“西电东送”和全国联网，实现技术跨越式发展。

电力结构调整的关键是实现生产力布局的战略性调整。要按照五中全会《建议》的要求，研究编制公司的“十五”计划，突出发展这个主题，突出电力结构战略性调整这个主线，打破省内自我平衡的市场格局，以推动全国联网和更大范围的资源优化配置为目标，调整电源结构和布局，加强受端电网建设，加强跨省、跨大区电网建设。

继续调整电源结构。大力发展水电，在开工建设龙滩水电站的同时，积极开展公伯峡、小湾水电站等项目的前期工作；做好水电流域规划和重大项目的前期工作，保持必要的项目储备。发展坑口大机组火电，做好“三西”煤电基地的规划论证和项目前期工作。继续抓好“以大代小”技术改造，坚决按计划关停小火电。继续推进洁净煤示范工程项目、风电项目和核电项目。配合“西气东输”工程，做好燃气发电项目的前期工作。

切实加强电网建设。加大投资力度，确保“西电东送”和全国联网项目。加强和完善区域电网和省网的主干网架，建设对“西电东送”和三峡电能消纳有重要影响的配套输变电项目。基本完成城乡电网建设与改造，积极推进同网同价。

（三）大力推进“西电东送”和全国联网

“西电东送”是西部大开发的标志性工程，是解决我国电力资源分布和负荷中心分布不均衡矛盾的最佳途径，对实现电力结构战略性调整具有重大意义。要立足当前，着眼长远，总体规划，分步实施，突出重点，防止重复建设，用好国家出台的西部开发政策。

“西电东送”的重点是确保“十五”期间实现向广东送电1000万千瓦。这是中央交给我们的一项光荣而艰巨的任务，必须站在讲政治、讲大局的高度来认识这项工作，全力实施，务期必成。年内实现天广直流双极投产；开工建设三峡至广东直流联网工程、贵州至广东交直流输电工程；开工建设安顺电厂二期、纳雍电厂、黔北电厂和龙滩水电站。在实施“西电东送”的同时，要大力推进全国联网。发展大电网是电力工业发展的基本规律，是实现在更大范围内优化配置资源的需要，是建立全国统一、公平竞争、规范有序的电力市场的必然要求。要以“西电东送”为契机，以三峡工程为中心，加快南北电网互联，积极推进全国联网，形成全国统一的互联电网。搞好三峡输变电工程建设。2001年三峡输变电工程进入大规模建设阶段。新开工“五变六线”，投产“五变六线”。落实三峡向广东送电300万千瓦的直流输电工程。加快三峡至万县的输变电工程建设，打通四川电能外送通道，为2002年汛前送电创造条件。继续推进大区联网。在东北与华北联网工程建成并投入运行的同时，基本完成华东与福建联网工程建设。争取开工建设华北与华中联网工程，2002年汛前完成。抓紧开展华中与西北、山东与华北、西北与川渝、山东与华东、华北与西北联网工程的前期工作。加大跨区输电力度。在充分利用现有通道的同时，加快技术进步，提高现有通道的输电能力，加大跨省、跨区的输电力度，充分利用现有发电能力，发挥联网效益。

（四）积极稳妥地推进电力体制改革

国家电力公司是深化电力体制改革的产物。公司成立以来，始终按照党中央、国务院的部署，积极稳妥地推进公司系统的体制改革，并取得了重要成果。当前电力体制改革处在一个重要时期。在中央经济工作会议上，江泽民总书记和朱镕基总理都对包括电力行业在内的垄断行业的改革提出了明确要求。我们要认真贯彻落实党中央、国务院的部署，以对党、对人民、对事业高度负责的精神，积极稳妥地推进电力体制改革，引入竞争机制，增强企业活力。要充分认识和理解改革是动力的深刻含义，只有深化改革才能建立和完善具有创新力和竞争力的经营机制，使电力企业充满生机和活力；只有深化改革才能建立与生产力发展相适应的生产关系，促进电力工业更快、更好地发展。

在推进改革的过程中，要充分把握我国生产力的多层次性、所有制结构的多样性、地区经济发展的不平衡性这一基本国情；充分考虑我国仍处于社会主义初级阶段、电力供需初步缓和、电力市场初级形态这一客观条件，坚持长远目标与近期目标相结合，分阶段推进电力体制改革。我国能源资源分布和生产力布局特点，决定了必须在全国范围内优化电力资源配置，因而电力体制改革的长远目标应该是：推进全国联网，建立全国统一、公平竞争、规范有序的电力市场。中国的国情和目前的生产力水平，决定了电力市场形态的多样性。近期目标应该是：开放省内市场，发展区域市场，培育国家市场。改革的基本思路是：打破垄断，引入竞争，改善服务，提高效率，降低电价，促进发展。在改革中，要把降低电价和改善服务作为检验改革成果的两个重要标志，改革后如果电价上升了、服务水平没有提高，改革就是不成功的。电力工业关系国计民生，特别是电网具有基础性、网络性、规模性、安全性的特点。在推进电力体制改革中，要坚持以下原则：坚持市场化的改革方向，发挥市场在资源配置和结构调整中的基础性作用；坚持改革、发展、稳定相协调，稳中求进，确保电网安全稳定、职工队伍稳定和经营秩序稳定，维护社会稳定；坚持电网的统一和开放，电网实行统一规划、统一建设、统一调度、统一管理；坚持从实际出发，因地因网制宜，不追求某种特定模式；坚持政府主导，立法先行；切实维护消费者合法权益，努力降低成本，降低电价，提高服务质量，使用户受益。2001年，我们要按照党中央、国务院的部署，全面完成政企分开改革，各电管局、省电力局全部撤销，平稳地完成职能移交工作；认真总结6个试点省（市）的经验，继续推进厂网分开、竞价上网改革，建立竞争性的发电市场；加快农电体制改革，推进县电力公司的股份制改造，规范代管，基本完成乡电管站的改革；加快建立现代企业制度，完善法人治理结构；在推进厂网分开的同时，稳妥地推进主辅分开，分离企业办社会职能；按照国务院的要求，继续实施好对西藏电力公司的管理；配合政府有关部门，深化电价改革，形成合理的分环节电价机制；认真研究改革中的重大问题，充分听取社会各界对电力改革的意见，积极提出改革建议，配合国家有关部门做好深化电力改革方案的制定和实施。

（五）（略）

（六）（略）

（七）（略）

（八）（略）

（原载2000年12月30日中国电力报）

中国水电建设概况

2

综　　述

"九五"水电完成情况和"十五"水电发展纲要

一、"九五"水电完成情况

截至1999年底，全国水电装机总容量为7279万kW，占全国发电装机总容量的24.36%，完成"九五"计划的104.2%。其中，"九五"期间完成水电装机容量达1913万kW（含农村小水电）。全国水电发电量共计2129亿kW·h，占全国发电量的17.27%，完成"九五"计划的98.3%。

"九五"期间，大中型水电新开工22项，共658.3万kW。大中型水电投产46项，共1744.04万kW。"九五"大中型水电项目新开工和投产情况见表1。

表1　"九五"大中型水电项目新开工和投产情况　万kW

地区	"九五"新开工		"九五"投产	
	合计	项目	合计	项目
全国合计	660.3		1744.04	
华北地区			168	＊万家寨6×18，十三陵蓄能3×20
东北地区	33.4	＊尼尔基5×5，＊金哨2×4.2	99	＊小山2×8 莲花4×13.75，丰满三期2×14
华东地区	30	＊珊溪4×5，沙河蓄能2×5	216	天荒坪蓄能6×30，溪口蓄能2×4，响洪甸2×4，＊珊溪4×5
华中地区	95.7	高坝洲3×8.4，洪江5×4.5，碗米坡3×8，柘林扩机2×12	211.1	凌津滩3×9，高坝洲3×8.4，咸丰朝阳寺3×1.5，古洞口一级3×1.5，白水峪3×1.5，天堂蓄能2×3.5， ＊小浪底3×30，＊江垭3×10， ＊三门峡1×7.5，＊王甫洲4×2.725，
西北地区	9	石泉扩机2×4.5	199	大峡4×7.5，李家峡4×40，石泉扩机2×4.5
川渝地区	136	小关子4×4，宝兴4×4，冷竹关3×6， ＊大桥4×2.5，＊紫坪铺4×19	479.6	二滩6×55，宝珠寺4×17.5，太平驿1×6.5，东西关3×4.5，＊大桥4×2.5，宝兴河梯级2×4+4×4+4×4，冷竹关1×6，沙牌2×1.8
贵州省	149	洪家渡3×18，引子渡3×12，乌江渡扩机2×25+3×3		
云南省	135	大朝山6×22.5	9	螺丝湾3×2，吉仁河3×1
西　藏	2	沃卡河一级4×0.5	11.54	查龙2×0.27，沃卡河一级4×0.5，羊卓雍湖4×2.25
福建省	70.2	棉花滩4×15，竹洲3×1.8，沙县城关3×1.6	17.6	涌溪三级2×2，芹山2×3.5，竹洲1×1.8，沙县城关3×1.6
广东省			134	广蓄二期4×30，＊飞来峡4×3.5
广西壮族自治区			19.2	百龙滩6×3.2
新疆维吾尔自治区			6	乌鲁瓦提4×1.5
不分省			174	天生桥二级二期2×22，天生桥一级4×30，跨广西、贵州，＊响水2×5，（跨贵州、云南）

注　项目名称前加"＊"的为水利口项目。

从总体上看，“九五”水电计划完成情况是比较好的，不仅建成了全国最大的二滩水电站（330万kW），而且也基本具备了修筑240m高双曲拱坝和修筑180m级各类大坝和施工大型抽水蓄能电站的能力。但也要清醒地看到，“九五”期间电源结构不合理，调节性能差的径流式电站比例过大。

二、“十五”水电发展纲要

“十五”期间电力工业发展的基本方针是：重点发展电网，积极发展水电，适当发展核电，发展新能源和可再生能源；开发与节约并重，高度重视环保，提高能源利用效率。“十五”期间电力工业发展的指导原则是：以市场为导向，以经济效益为中心，正确处理速度与效益的关系；调整产业结构，加强技术创新，推进产业升级；深化体制改革，培育市场机制；实施可持续发展战略，提高能源利用率；加大西部电力开发力度，大力推进“西电东送”，促进西部大开发战略实施；切实加大水电开发力度；重视电力经济安全性；促进民族工业发展；继续实行对外开放、利用外资的政策，引进国际上先进的技术，并逐步消化吸收，最终实现国产化；贯彻科教兴电战略。

根据“十五”电力工业发展的基本方针和指导原则，“十五”期间水电开工2486万kW（其中抽水蓄能500万kW），占开工总规模的31.8%；水电投产规模（大中型）1847万kW，占总投产规模的25%；2005年水电装机总容量9530万kW，占总装机容量的26.1%，比2000年提高了1.7个百分点。

“九五”结转“十五”水电项目510.2万kW，“十五”结转“十一五”水电项目3199.7万kW。

“十五”期间，在国家的“西部大开发”战略中，电力工业的首要任务是积极开发西部的水电资源，实现“西电东送”。

“十五”期间西部地区水电新开工项目1484万kW，占西部地区新开工项目2920万kW的59.7%。重点开发黄河上游、长江中上游及其干支流、红水河、澜沧江中下游和乌江等流域，实行流域梯级滚动开发。在调峰能力弱、系统峰谷差大的电网，要在对各种调峰手段进行充分技术经济论证和电网调峰规划的基础上，选择优良站址适当建设抽水蓄能电站。

“十五”期间开工广西龙滩、青海公伯峡、云南小湾、湖北水布垭以及贵州三板溪等调节性能好的大型水电站，改善水电性能。开工浙江桐柏、山西西龙池、安徽琅琊山、江苏宜兴等大型抽水蓄能电站，改善电网的电源结构，加强电网的调峰能力。同时要通过技术进步和技术改造，实现水电站无病险坝；使大中型水电机组平均等效可用系数保持稳定；对部分水电机组进行扩机增容改造，提高出力和效率，提高水电站自动控制水平。

积极做好金沙江溪洛渡（1260万kW）和向家坝（600万kW）、澜沧江糯扎渡（550万kW）、黄河上游拉西瓦（372万kW）和积石峡（100万kW）、大渡河瀑布沟（330万kW）和独松（140万kW）、乌江构皮滩（240万kW）、红水河恶滩（60万kW）、雅砻江锦屏一级（300万kW）和锦屏二级（300万kW）、金沙江上游的虎跳峡（500万kW）和白鹤滩（1000万kW）等大型水电站的前期工作，为“十一五”和“十二五”的开工建设做好准备，同时还要增加国家投入，做好水电河流规划和重大项目的前期工作，保持必要的水电项目的前期储备。

（国家电力公司计投部　张蒲转）

水电发展战略与政策研究

水电发展战略与政策研究概述

一、水电发展战略

根据中国能源资源的特点，在相当长的时间内，“以电力为中心，以煤炭为基础”的能源政策是中国能源发展的必然选择，但这种选择增加了电力发展对环境的压力，环境的巨大压力必然反过来极大地影响电力的发展。要缓解这一矛盾，必须充分发挥我国丰富的水力资源优势，大力发展水电，优化电力结构。水电是清洁的可再生能源，开发水电是解决能源供给的重要措施。世界电力建设的实践证明，尽早开发水力资源，优先发展水电，是电源建设中一个成功的经验。今日经济发达的国家，正是昔日水电开发较好的国家。因此，必须改变我国水电开发长期缓慢的落后局面，加快构筑社会主义市场经济条件下水电发展的新机制，迎接电力发展对水电开发的需求。

根据目前的水电项目建设情况，到2000年，我国水电装机容量约可达到7669万kW，约占总装机容量的24.4%；根据“十五”计划，到2005年，全国水电装机容量将可达到9530万kW左右，占总装机容量的比重将提高到约26.1%，我国水电装机容量将居世界第一，成为名副其实的水电大国；到2010年，三峡水电站将全部投产，我国水电装机容量可望达到12500万kW以上，占总装机容量的比重为28%左右；展望到2020年，我国水电装机容量预计有望达到16500万kW，占总装机容量的比重可保持在28%左右，届时我国水能资源的开发利用率将超过40%。

在2000年～2020年期间，随着全国联网的建设，我国的水电开发重点是在西南和西北地区，推进“西电东送”，在体制上推行水电的流域梯级滚动和综合开发；在政策上鼓励开发清洁的再生能源，加大对中西部地区水电开发的力度，发挥西部水电优势，实现最大范围的资源优化。因地制宜，大中小结合，充分发挥不同调节类型电站的补充和联合运行的优势，适应电力系统运行的需要和市场需要。大力加快大型水电基地的建设，尽早开发西部水电“富矿”，实施“西电东送”的资源优化配置战略，使东西部优势互补，带动经济共同发展，根据规划和设想，在此期间将以南、中、北三条“西电东送”通道为主轴线进行大规模的水电开发建设。

1. 南路，南盘江、红水河、澜沧江及乌江水电基地

南盘江、红水河基地共11个梯级，总装机1312万kW，年发电量533亿kW·h，有多年调节的龙头水库，技术经济指标优越，距缺电的华南负荷中心又较近。目前已投产的有鲁布革、大化、恶滩、百龙滩及天生桥一级和二级电站；正加紧进行龙滩复工前的准备工作，强化南方四省网架，预计龙滩水电站（420万kW）2001年开工，2007建成投产；平班（40万kW）、恶滩扩建（60万kW）及大藤峡水电站（120万kW）将于2020年前建成投产。

澜沧江水电基地共14个梯级，总装机2137万kW，年发电量1094亿kW·h。近期先开发功果桥以下8个梯级，共1520万kW。澜沧江水电基地水量稳定、调节性能好、供电质量高，是“西电东送”的主力电源。目前漫湾水电站已投产；大朝山水电站已开工建设；计划2002年左右开工建设小湾水电站（420万kW）；2005年左右开工建设景洪水电站（150万kW），向泰国送电；2010年～2020年开工建设糯扎渡水电站，加大向广东和泰国送电的力度。在开发水电，满足云南省内电力需求和“两广”用电的同时，应积极探索与亚太次区域各国电力双边合作，争取将云南富余的水资源向国外输送，化资源优势为经济优势，逐步形成云南省与周边地区和国家的互联电网，实现更大范围内的资源优化配置。

乌江水电基地共11个梯级，总装机868万kW，年发电量418亿kW·h，全梯级电站调节性能好，径流稳定，以发电为主，具有综合开发的条件。目前投产的有乌江渡、普定、东风；2001年前开工建设龙头水库洪家渡水电站（54万kW），2010年前开工建设构皮滩（200万kW）、思林（80万kW）、索风营（40万kW）等水电站，水、火配合向广东送电，形成南部电网“西电东送”的另一通道。

2. 中路，三峡水电站及金沙江中下游水电基地

长江上游水电基地干流5个梯级、支流清江3个梯级，共2831万kW，年发电量1360亿kW·h。目前葛洲坝和隔河岩已投产，三峡和高坝洲正在建设，在2005年前水布垭水电站（160万kW）开工建设，届时清江流域将全部滚动开发完毕。

金沙江中下游水电基地共9个梯级，装机4789万～5198万kW，年发电量2611亿～2634亿kW·h，是全国技术经济指标最好、最大的水电基地，是“西电东送”最重要的电源。目前正在开展前期工作的有向家坝和溪洛渡电站，在三峡水电站第一批机组投产后，将在“十一五”初期部署开发溪洛渡水电站（1200万kW），“十二五”再接着开发向家坝水电站（600万kW），两电站总共的容量又相当于三峡电站的容量，强大的电力将主要送往华中和华东地区，从而使我国中部电网的网架结构得到加强。此外，2010年前还将建设大渡河水电基地的瀑布沟水电站（330万kW）、雅砻江水电基地的锦屏一级水电站（330万kW），这两座水电站都是具有季调节以上性能的水库，可以解决四川电网目前丰水期大量弃水、枯水期水电出力不足的问题，增加电网枯水期的可调容量。在湘西水电基地，“十五”期间将开工建设沅水龙头水库三板溪水电站（100万kW），为下游梯级的连续开发创造条件。在闽浙赣水电基地，“十五”期间将建设浙江滩坑水电站（60万kW）和福建街面水电站（30万kW）。

3. 北路，黄河上游水电基地和中游北干流水电基地

黄河上游水电基地（龙羊峡～青铜峡）25个梯级共1560万kW，年发电量568亿kW·h，建设条件好，且调节性能也好，可以发挥巨大的社会经济效益。目前已建的龙羊峡、刘家峡、八盘峡、盐锅峡、青铜峡等5个电站装机329万kW；在建的有李家峡和大峡水电站。黄河上游水电基地开发，除满足西北地区电力需求外，将通过西北电网和华北电网联网实现西电东送，使得两网水火互补，大大提高经济效益。黄河中游北干流水电基地规划开发8个梯级，装机609万kW，年发电量193亿kW·h。已建天桥水电站，在建的有万家寨、小浪底水电站。计划在“十

五”初期开工建设黄河上游的公伯峡水电站（150万kW），向西北地区供电。“十一五”期间，配合西北与华北电网联网，开工建设拉西瓦水电站（372万kW），为华北电网输送调峰电力；黄河中游北干流水电基地由于河流含沙量较大，又有调水问题，将结合水利开发建设龙口（50万kW）和碛口水电站（180万kW）。

除上述三条“西电东送”通道为主轴线进行大规模水电开发、推动“西电东送”外，各地区其他水能资源将随着地区经济发展对电力的需求逐步得到开发，在2000年～2010年间会相继成立一些梯级流域滚动综合开发的水电电源开发企业，开发各地区的中小型河流。在此期间，在以火电为主的电网内还将建设一批抽水蓄能电站。在山东电网将建设泰安抽水蓄能电站（100万kW）；在华北电网建设张河湾抽水蓄能电站（100万kW）、西龙池抽水蓄能电站（120万kW）；在华中电网建设河南宝泉抽水蓄能电站（120万kW）；在华东电网开工建设安徽琅琊山（60万kW）、浙江桐柏（120万kW）、江苏宜兴（100万kW）等抽水蓄能电站；在东北电网建设白山泵站（30万kW）、蒲石河抽水蓄能电站（120万kW）。

2020年～2050年期间，将在2020年已有的水电基地的开发基础上，大规模开发长江、黄河、红水河、澜沧江等干支流水力资源；水电开发将进入崭新阶段，包括在复杂地区修建大型、特大型水电站，水电开发技术、开发速度将大幅度提高；“西电东送”的三大通道将形成规模，水电基地将全部建成。预计到2050年，水电经济可开发项目将基本开发完毕，水电开发量将达到2.28亿～2.67亿kW，占水电可开发量的60%～70%，西藏雅鲁藏布江大峡谷3000多万kW的水电有望得到开发建设。2050年时尚未开发的水力资源将主要是一些海拔较高、开发难度较大、经济指标较差的项目。

二、水电发展政策

1990年～2000年，关于水电发展政策的研究，大体上可分为三个比较重要的阶段。

第一阶段是1994年～1996年，在此阶段内主要针对国家财政、金融、税收政策的变化对水电建设的影响进行研究，提出了两项重要的经济政策。

（1）大型水电站的贷款期太短，迫使还贷电价太高，不利于大型水电站的建设，经研究提出了将大型水电的贷款偿还期合理延长到20年～30年，目前此项政策已在执行之中。

（2）在我国税制改革前，水电的产品税和附加税合计平均为2.12%。税制改革以后，水电的税赋主要为增值税和所得税，增值税根据国家统一规定按17%税率征收，水电的税赋变为改革前的8.3倍，极大地加重了水电的还贷负担。小水电的税率为6%，火电抵扣后的实际税率约为8%，为此提出了将大中型水电站的增值税率降为6%～8%，这一政策已得到国家综合部门的认可，有望近期出台。

第二阶段是1996年～1998年，在此阶段主要结合对水电站经济评价方法的修改和对电源结构的调整，对电价的结构和体制以及梯级水电站效益合理分配等方面进行政策研究。

（1）由于还本付息电价政策暴露出越来越多的缺点，影响电力工业进一步地健康发展，结合国际上经济发达国家的电价政策，提出了推行容量和电量两部制电价结构政策以及丰枯、峰谷电价政策，并建议先从抽水蓄能电站试行两部制电价。目前此项政策已进入试行和执行阶段。

（2）由于经济政策方面的原因，水电的开发建设多偏重于径流式水电站，致使电源结构不合理，汛期大量弃水，系统重复容量大。结合对电源结构调整的要求，以四川省为实例研究制定调节水电站的补偿调节效益返还政策，鼓励建设调节性能好的水电站，改善水电的调节性能，促进水电发展，这一政策得到了四川省人民政府的批准。

第三阶段是1999年～2000年，在此阶段主要针对我国电力供需基本平衡，国家实施可持续发展、西部大开发和“西电东送”战略，集中研究提出了多项水电发展的政策。

（1）研究和实施一次能源政策。采取征收电力生产的污染费和资源补偿费以及厂网分开、竞价上网等措施。污染费和资源补偿费的征收，使得电力生产的成本包含了外部成本和使用者成本；电价竞争是实现能源资源有效配置和电源结构优化的经济手段。通过上网电价的竞争，可以使得整个电网的成本降到最低点，达到电源结构的优化。

（2）加强电力规划和开发的法制化建设，从宏观规划上保证水电的发展空间。强调电力发展规划对项目的指导作用和权威地位，有利于水电的长期发展。

（3）制定跨区送电的政策，鼓励吸收区外水电。编制“西电东送”规划；制定送电方和受电方的利益分配，包括优先开发水能资源的扶持政策、合理分配税收办法、电价、送电的数量和质量、电站的经营和调度、库区移民的后期扶持、发生争议时的仲裁等一系列的政策和法规；加快厂网分开、竞价上网实施的进程，实行同网、同质、同价等。

（4）制定界河水电站的权益分配政策。对电站大坝、厂房等枢纽建筑物和水库淹没区分属两个或多个行政区划的界河水电站，实施有关的权益分配政策。

（5）综合利用工程投资分摊和效益补偿政策。国家电力公司作为国家独资企业，应向政府提出综合利用工程投资分摊的政策要求，并研究提出投资分摊和效益补偿的原则规定和具体操作办法。

(6) 研究和争取优惠的用地政策，建议国家仍按前期补偿补助、后期扶持的原则制定大中型水电站征地补偿和移民政策，并适当延长水电工程临时用地年限，减少永久征地数量。

(国家电力公司战略规划部　刘连玉)

综合效益水电站投资费用分摊研究

(一) 概述

水利水电工程一般都具有防洪、发电、灌溉、航运、水产养殖、城镇供水和工业用水等多方面的任务，实行水资源综合利用，可取得综合效益，发挥水资源的多种功能。为了确定各综合利用目标的投资效果，正确反映各目标的经济效益，实事求是、讲求实际地贯彻综合利用的原则，确保水资源获得最大限度的开发利用，达到国民经济效益最大的目的，就应研究综合利用水利水电工程的投资费用分摊的问题。

80年代以来，国家对投资体制进行了改革，水电站由国家拨款建设改为由建设单位贷款，实行资金有偿使用，使具有综合效益的水电站面临“多家受益，一家还贷”的局面；特别是新的财税制度改革后，国家对水电站与其他产业部门实行同一政策，致使水电站还贷更加困难。另一方面，有的部门对水电站提出过高的要求，使整个工程的投资费用增大，影响工程建设，不能调动兴建部门的积极性，影响了水资源的合理开发利用。

由于上述情况，综合效益水电站的投资费用实行分摊已显得十分迫切。为了对综合利用工程做出清晰的经济评价，应单独分析某项功能的投入产出，也为了体现“谁受益、谁投资”，实事求是、讲求实际地贯彻综合利用的原则，也有必要对综合利用水电站进行费用分摊。

1985年国务院以国发［1985］117号文件，批转国家经委《关于开展资源综合利用若干问题的暂行规定》，其中明确指出：在开展综合利用时，实行“谁投资、谁受益”的原则，对综合利用工程建设实行优惠政策。此外，国家计委编制的《建设项目经济评价方法与参数》，要求对综合利用水利水电工程项目，作为一个系统进行总体评价，计算其总效益和总费用，同时还应按有关部门的子项目分别计算效益和费用，评价其经济效果。为此，水利水电工程项目经济评价规程中也作了相应规定。

近些年来，投资费用的分摊，除从理论方法上进行研究外，也已用于水利水电工程的设计中，有的工程已经实行了投资费用分摊。例如，1986年～1988年三峡工程综合经济评价专家组对三峡工程的综合效益和投资费用分摊进行了专题研究，采用效益比例分摊法、替代方案折算费用等4种方法进行计算，结果表明防洪和航运可分摊总投资费用的20%～30%，相应发电成本、单位千瓦和单位电度投资、电价都显著下降。黄河水利委员会勘测设计院根据黄河小浪底工程的开发任务，并适当考虑效益大小等因素，测算的投资费用分摊结果是：防洪、减淤和防凌分摊40%，灌溉、供水分摊33%，发电分摊27%。江垭水利枢纽工程以防洪为主，兼有发电、灌溉、航运、供水和旅游效益。该工程经投资分摊测算，防洪部分应分摊总投资的59%，其余为发电部分投资，因而江垭工程投资费用分摊结果是：防洪为20亿元，由水利部、湖南省各拨款10亿元，发电为13亿元，全部使用贷款。这些工程投资费用分摊的研究、设计与实践，都为进一步实行投资费用分摊打下了基础。

本次综合效益水电站费用分摊研究，是从收集分析国内外费用分摊的理论和方法着手，分析研究各投资费用划分方法的优缺点和适用条件，分析比较各分摊媒介的计算方法及适用条件，最后提出了综合效益水电站投资费用分摊办法的建议。

(二) 关于综合效益水电站投资费用分摊办法的建议

(1) 投资费用分摊原则。①投资费用分摊应体现综合利用的任务和效益大小，各受益功能分摊的投资费用应具有合理的经济效果。②各受益功能分摊的总投资费用，应小于该目标的效益，同时也不大于相应替代方案的投资费用。③任意若干功能分摊的投资费用之和都应小于或等于这几个功能兴建一项综合利用工程的投资费用。④当某功能的效能因兴建本工程而受到影响时，为恢复其原有效能而采取的补救措施或予以补偿的投资费用，由各受益功能共同负担。超过原有效能而增加的工程投资费用，由该功能承担。⑤投资费用分摊方法涉及到效益时，应按各功能在国民经济评价中效益的比例进行分摊计算。⑥当兴建其他综合利用项目工程或扩建其规模，对已建水电站效益产生影响时，应在协商补偿原则和方法的基础上，对受影响水电站予以补偿。⑦投资费用分摊包括工程建设投资分摊和年运行费分摊。⑧投资费用分摊中投资费用系指综合利用枢纽工程的投资费用，不包括各功能的配套工程投资费用。

(2) 投资费用划分。综合利用枢纽工程总投资费用可划分为专用工程投资费用和共用工程投资费用；或划分为可分离投资费用和剩余共用投资费用。①专用工程投资费用是各功能自身需要的工程投资与年运行费的总和。②共用工程投资费用是各功能共用工程的投资和年运行费的总和，等于工程总投资费用减去各功能的专用工程投资费用。③某功能的可分离投资费用等于工程总投资费用减去不包括该功能而使剩余功能仍保持原有效益的工程投资费用。④剩余共用投资费用等于工程总投资费用减去各功能的可分离投资费用。

(3) 各功能共同需要的共用工程的投资费用（或剩余共用投资费用、工程总投资费用），通过投资费用分摊计算，由各功能合理分摊。

(4) 各功能所应承担的投资费用等于该功能的专用工程投资费用加上分摊的共用工程投资费用；或等于该功能的可分离投资费用与分摊的剩余共用投资费用之和。

(5) 主要为某功能服务，同时又是项目不可缺少的组成部分，并对其他功能也有一定效用的工程，其投资费用分摊计算，可将其他功能的投资费用按等效替代工程投资费用分出，其余投资费用由该某功能承担。

(6) 几个功能共同使用的工程设施，可先将这几个功能视为一个整体，参与投资费用分摊计算，再将所分出的投资费用，在这几个功能之间进行分摊。

(7) 推荐以下投资费用分摊方法：①按各功能利用综合利用工程某些指标（如水量、库容等）的比例分摊共用工程投资费用。②按各功能获得的效益现值的比例分摊共用工程投资费用或工程总投资费用。③按各功能等效替代方案费用现值的比例分摊共用工程投资费用或工程总投资费用。④按“可分离投资费用——剩余效益法”分摊剩余共用投资费用。

可分离投资费用——剩余效益法的计算步骤为：计算各功能的效益和等效替代方案投资费用现值，取两者中的较小值，作为该功能的合适效益；计算各功能的可分离投资费用和剩余共用投资费用；各功能的合适效益减去可分离投资费用现值，即为该功能的剩余效益；按各功能剩余效益的比例分摊剩余共用投资费用。为简化计算，分摊剩余共用投资费用，也可按下列三种比例关系选用：①按各功能的效益与可分离投资费用差值的现值比例进行分摊；②按各功能的等效替代方案投资费用与可分离投资费用差值的现值比例进行分摊；③按各功能利用综合利用工程某些指标（如水量、库容等）的比例分摊。按工程任务的主次关系分摊，当综合利用各功能之间的主次关系明显，主要受益功能的效益占工程总效益的比重大时，可由主要受益功能承担大部分投资费用，次要功能只承担其可分离投资费用或专用工程投资费用。

(8) 各功能承担的投资费用，应从以下几个方面进行合理性检查：①必须具有合理的经济效益；②应小于该功能的等效替代工程投资费用；③应不小于该功能的专用工程投资费用或可分离投资费用；

如发现某些功能承担的投资费用未尽合理时，应进行适当调整。

(9) 重要工程宜同时选用多种投资费用分摊方法进行计算，选取较合理的分摊成果。

（水电水利规划设计总院　朱铁铮）
（昆明勘测设计研究院　张　平）

新形势下中型水电的开发方式及政策研究

一、近几年来中型水电发展简述

自80年代中期国家对中型水电实行定额补助政策以来，中型水电的发展取得了喜人的成绩，对地方的经济发展起到了积极的促进作用。最近几年来，各地开发中型水电的积极性虽然很高，但实际情况并不乐观，中型水电的开发还处于一种低速和萎缩的状态。主要是由于电力市场情况变化和中型水电开发自身存在一些问题等。

二、近几年开发中型水电的经验和做法

总结近几年来中型水电的开发情况，主要的经验和做法有以下几点：一是选择调节性能较好的单个电站或梯级电站进行开发，以适应电力市场的需要；二是要有一个政治素质好、懂业务、责任心强的公司领导班子，具备协调好与公司经营有关的各种外部关系的能力，以及具备较强的对工程质量、安全、进度和投资进行严格控制的能力；三是切实加强前期工作，主要是资金的筹集、优化设计和招标设计的审查、招标文件的审定、水库淹没实物指标和赔偿标准的审定，并真正做到费用包干；四是加强公司制度建设，尤其是招标管理办法、财务管理办法、概算控制管理办法等；五是切实重视和加强监理工作，特别是加强监测设备和监测手段以及旁站监理的到位。

三、存在的几个主要问题

(1) 电力市场供求关系的影响。近年来，随着我国电力工业的快速发展，电力供需形势发生了很大的变化，持续多年的严重缺电局面得到了根本缓解，各地电力市场的相对饱和影响了已建电站的效益发挥。

已开发的中型水电的效益普遍受到了较大影响，近几年的发电量和上网电量远远没有达到设计能力。

在水电资源丰富的地区，水电在电网中的比重较高，已经开发的水电大都为调节性能不好的径流式电站，给电网的调峰造成了一些困难，使中型水电的开发受到了较大的限制；但对水电资源较少的一些省份的中型水电开发影响相对较小。

(2) 中型水电的管理问题。中型水电大都位于边远山区，且属于县办企业，大都没有组建规范的有限公司，项目的日常经营受地方政府的干预较多，人员多、成本费用高，经济效益较差；普遍处于亏损状态，还本付息困难，甚至支付利息都有问题，股东根本没有利润可分，在一定程度上影响了投资者的投资积极性和银行贷款的信誉。人员较多还成为下一步改制的难题，如有的电站装机容量仅6万kW左右，而人员多达600多人，人浮于事。而较早就成立有限公司的同类电站人员仅100多人，近几年开发的一些同规模电站，人员控制在80人左右，仅工资性支出一项就减少成本几百万元。这些电站的出路在于股份制改造，减员增效，强化经营管理，这是一项艰巨的任务。

(3) 建设项目资本金筹集成为一个难题。大型水电一般由国家以及省级电力部门、省投资公司和一些大型企业共同出资开发，有较强的资金实力，而中型水电在电网运行中的作用较小，当地的电力企业和省投资公司受资金筹措的限制，往往无法顾及其开发，大都由地、县为主组织开发，而县级单位往往是吃财政饭，没有足够资金投入项目开发，即使投入了部分资本金也往往是东拼西凑，致使建设期和投产经营以后矛盾重重。没有足够的资本金，银行的贷款就无法落实，项目开发就无从谈起。这也是近几年中型水电开发萎缩的原因之一。

四、今后几年中型水电的发展方向和开发方式

(1) 中型水电开发以股份制形式为主将成为主流。随着国有企业改革的不断深化、社会主义市场经济的逐步建立和国家债转股（“拨改贷”和“经营基金”转为国家资本金）等政策的推行，近几年组建和成立了一大批水电有限责任公司和股份公司。这些公司的成立，产权关系明确，通过法人治理结构的不断规范，管理水平不断提高，减少了政府的行政干预，产生了较好的经济效益。比如在人员控制、成本费用控制、资金规范运作、偿还银行贷款本息等方面都比没成立公司的项目有明显优势，增加了项目的竞争力和生存能力。

(2) 资产重组将会促进中型水电的发展。随着国家电力体制改革的深化，县级电力部门大部分归电力部门代管，随着其资产关系的进一步理顺和“厂网分开、竞价上网”的不断推进，中型水电的经营将会受到较大冲击，包括一些比较规范的且具有较好经济效益的有限责任公司，由于其规模太小，竞争能力差，也会促使其加快资产重组。资产重组将会增强企业的经济实力，增加开发中型水电的可能。

随着国家城网和农网改造进程的加快，农村用电将会逐年增加，在一些电网的末端，选择一些经济技术指标较好的中型水电进行适时开发也将成为可能。

(3) 中型水电的开发将出现新的方式。随着电力体制的改革和我国加入世贸组织，中型水电的开发方式将出现新的变化，外资和民营资金将进入水电行业，打破“国有”的一统天下。比如外商独资开发单个中型水电的新局面已经出现，如已经批准外商独资建设青海直岗拉卡水电站，四川出现民营企业介入中型水电的前期勘测设计投资工作。这些政策的出台，将会为中型水电的开发创造更多的机会。

(4) 中型水电的开发方式也要随着市场的变化发生根本变化。开发方式由过去的径流式开发为主向具有较好调节性能龙头水库的中小流域梯级滚动开发转变，各地的电力主管部门和设计规划部门应抓紧选择一些开发条件较好、具有调节性能的中小流域进行规划和设计工作，以适应形势发展的需要。如华能四川分公司为主进行宝兴河流域梯级滚动开发；贵州黔源公司继开发普定之后准备开发引子渡电站；甘肃小三峡公司继开发大峡之后准备开发小峡电站，以及福建尤溪和沙溪的梯级开发等。

五、国家政策的支持

(1) 继续支持中型水电的开发。随着国家战略布局的调整和电力结构的调整，积极开发没有环境污染的水电资源，完全符合国家倡导的“西部大开发”方针政策和国家电力发展政策。中型水电作为水电开发的一个组成部分，具有工期短、投资省、见效快等优点，在实施国家“西电东送”的战略中，除大力开发条件较好的大型水电外还应继续贯彻“因地制宜、大中小并举”的方针，积极支持中型水电的开发。

(2) 政策支持。开发调节性能好、电能质量高的龙头水库电站，往往具有水库淹没补偿大、工程造价高、股东回报低、还本付息困难等问题，而这类电站往往还有灌溉、防洪和供水等社会综合效益，国家应该在适当降低增值税和耕地占用税、实行峰谷电价、资本金筹集和延长银行贷款期等方面给予优惠政策。

（国投电力公司　张元领）

四川省水电发展的对策

开发四川省水电，首先应该从全国资源优化配置的角度来考虑问题。特殊的地理位置决定了四川省水电在全国电力平衡中的地位。流经四川省的河流，径流丰沛，大多数发源于青藏高原，经过短短数百公里的流程，便从4000～5000m高程降到400～500m高程，从而蕴藏了巨大的水力资源。这是四川省的资源，更是中华民族的资源。资源，只有在开发以后才能变为财富。水电资源开发是一项综合的系统工程，需综合考虑建设、发电、输电、用电之间的关系。四川省水电资源蕴藏量142688.5MW，年理论发电量12499.51亿kW·h，其中金沙江、雅砻江、大渡河三大江河水电资源的技术可开发容量82700MW，占全省技术可开发容量的80%，丰富而集中，是四川和全国最大的水电"富矿"区。当金沙江、雅砻江、大渡河等主要江河的梯级开发完成以后，四川省水电的枯期电量将占年电量的46%～50%，全年各个季节都能稳定供电。其往东、往北、往南出川输电至负荷中心的距离基本相当，处于扇形输电区的轴心位置，在国家"西电东送"的北线、中线、南线方案中，四川水电是最可靠、最优质、最经济的电源基地。

水电发展，与当地和周边地区的用电水平密切相关。1999年，四川全省发电装机容量15952.7MW(其中水电装机容量10263.4MW)，全省累计发电490.68亿kW·h。2000年，全省发电装机容量将达16500MW，而全省用电量预计为508亿kW·h，富余电力3280MW，富余电量226亿～235亿kW·h；到2005年，预计全省年用电量为580亿～650亿kW·h，届时即使无大的电源点投运，四川全省也将富余75亿～145亿kW·h电量，富余电力1270～2350MW。低用电水平下的电力电量富余是当前制约四川水电发展的主要因素。国家西部大开发战略的实施为四川水电开发带来了千载难逢的机遇。开发四川水电必须立足当前，着眼长远；立足四川，着眼全国。要把开发四川水电与国民经济特别是四川经济发展结合起来，为国民经济协调发展服务；要把四川水电开发与国家电力工业总体发展和长远规划结合起来；要把四川水电开发和市场开拓结合起来，大力推进"西电东送"，加快城乡电网改造，积极开拓市场；要把企业行为与政府支持结合起来，争取政府在投资、税收、价格等方面必要的政策引导，形成积极、合理、有效的西部电力开发机制。

四川水电发展的根本出路在于川电出川，可按近、中、远期三个步骤分步实施：

(1) 近期。利用二滩水电站建成后出现电力富余的契机，抢建万县至三峡346km、500kV输电线路，打通"西电东送"通道，将四川丰富的水电送往华中、华东地区。

(2) 中期。结合电网发展，建设瀑布沟、锦屏等有调节能力的大中型水电站，改善四川电网的电源结构，使四川水电能够全年均衡保证供电；完成川渝电网和西北电网、川渝电网与南方电网的联网工程；将四川省丰富的水电电量外送华中、华东和华南，并与西北电网进行电网间的水、火电量置换，借道"西电东送"北线向京、津、唐地区供电。

(3) 远期。开发金沙江水电基地，建设溪洛渡、向家坝等特大型水电站；完成雅砻江、大渡河流域梯级开发；配套建设全国超高压联网工程，向华中、华东地区送电，向广东及东南沿海地区送电，向京津唐地区送电。

四川水电发展的核心问题是川电外送，对受电地区来说则需解决川电的准入问题。长期以来，电网输电技术的制约和四川水电站枯水期出力不足，使四川水电始终没有走出盆地；由于条块分割，财政、税收、就业等因素，也决定了一些地区宁可牺牲环境，自建火电厂来满足当地的用电需求。为此，必须寻找适合各方发展的办法：

(1) 对国家来说，必须从资源、环境的整体规划来布置电源点，华东、华中和东南沿海地区，一般不再建设燃煤电厂。国家电力公司统一规划、建设"西电东送"超高压输电线路，按国家公用事业的标准收取输电成本。

(2) 四川各大江河，优先建设有调节库容的水电站，改善电源结构，使四川各水电站的枯期电量能达到年发电量的40%～50%，使川电的外送电力起到替代当地火电装机容量的作用。

(3) 实行分税制，按合理的比例分配发、受电地区的税收，让受电地区分享到一定的税收。进一步，鼓励受电地区投资四川水电，受电地区凡投资于有调节库容水电站的股份，可视同于本地企业，财政、税收不因地理位置而变动。

(4) 国家应出台鼓励发展水力发电的政策。①有综合利用功能的水力发电工程，享受国家水利工程待遇，由国家分担水利工程相应部分的投资，减轻水电投资负担。②降低贷款利率，对水电建设资金实行低息或贴息贷款政策。③优惠税收政策，国家应按现行小水电6%的税率征收增值税，或采用增值税模拟抵扣（抵扣11%）的办法，减轻水电税赋，促进水电发展。对所得税，则应比照改革开放初期东南沿海地区普遍采用的15%的税率征收。或者对超征部分实行"先征后还"的办法。④延长水电工程建设还款期，将水电工程还款期时间延长至25年～30年，同时实行宽限期制度，建设期都作为宽限期。⑤有了好的内外环境和优惠的税收政策，四川水电事业定能吸引众多的投资者前来投资，此时的关键是要有完善的规划和优秀的设计。每条江河都应按资源规划的最优原则开发，切忌资源开发中的自由主义和本位主义。组织全国的优秀专家对每座水电站的设计严格把关，确保设计质量。⑥组建流域开发公司，开发公司的投资主体可分别由国家电力公司、省投资集团、华能集团、省电力公司、地方政府、地方企业、受电地区及企业组成。大的流域开发公司，将是“西电东送”的主力电源点，关系国计民生，应由国家电力公司控股组建，使四川水电开发纳入国家电力工业“十五”计划和2015年远景规划，积极、稳妥、有序地协调开发，从而使水电成为四川经济的首要支柱产业。

（四川省水力发电工程学会　樊天龙）

流域梯级滚动综合开发

水电工程的滚动开发

邹家华副总理曾多次指示，水电开发要贯彻“流域、梯级、滚动、综合”的方针，在一个流域上国家投资建设第一个梯级电站，电站建成后，电费收入先不上交国家，用这笔钱去开发第二个梯级电站，然后再拿两个电站的收入去滚动开发第三个电站，这样一个梯级一个梯级靠自己滚动往上发展。

水电滚动开发的提法由来已久，但真正进入操作阶段是在原能源部时期的1989年。当时在黄毅诚部长的提议和推动下，提出以贵州在建的东风水电站（装机51万kW）和青海在建的李家峡水电站（装机120万kW）为基础分别组建水电开发公司，负责所在河流的水电开发。

1991年，国家计委批复同意成立乌江水电开发公司。

1993年初，针对水电建设中投产后劲不足、在整个电力装机中的比重还在逐年下降和开工规模严重偏少、邹家华副总理提出的2000年底水电装机达到8000万kW的目标将无法实现的情况，许多专家学者呼吁加快水电开发，他们认为产生以上问题的原因主要是水电建设资金筹措困难，再就是机制问题。根据邹家华副总理关于水电滚动开发的批示精神，国家计委能源司召集原电力部计划司、青海省计委等部门，重点研究黄河上游水电滚动开发问题。原电力工业部组织系统内（水利水电规划设计总院、西北勘测设计研究院等）有关单位，对全国河流水电开发进行了研究，对潜在具备进行梯级滚动开发的河流进行规划，提出了水电流域梯级开发的规划设想和成立流域公司的基本思路；同时对水电流域滚动综合开发政策进行研究，对当时水电开发公司的现状进行分析，推荐对8条河流进行滚动开发：

（1）长江上游流域开发公司，以在建的三峡为启动项目，向上游开发；

（2）雅砻江流域开发公司，以二滩水电站为启动项目，实现雅砻江的连续开发；

（3）大渡河流域开发公司，以已建的龚嘴、铜街子为启动电站；

（4）乌江水电开发公司，拟以乌江渡、东风水电站为启动电站；

（5）南盘江、红水河流域开发公司，以岩滩和天生桥水电站为启动电站，首先开发龙滩水电站；

（6）澜沧江流域开发公司，以漫湾和大朝山为启动电站；

（7）清江流域开发公司，当时湖北省已成立清江水电开发公司，并按“还本付息”原则确定了上网电价，是当时水电流域开发中较为成功的项目；

（8）黄河上游流域开发公司，以龙羊峡和李家峡电站为启动电站。

据当时测算，上述8个水电滚动开发公司规划总装机1.4亿kW左右，年发电量6700多亿kW·h，均占全国水电可开发容量和电量的35%左右。为了积累水电滚动开发的经验，逐步推动水电滚动开发，当时的研究建议首先选择已组建完成的乌江水电开发公司和清江水电开发公司、并组建四川宝兴河和黄河上游水电开发公司进行滚动开发。该研究成果还提出，对水电滚动开发一是要明确体制，界定产权，要有明确的国有资产代表；二是要落实滚动政策，可以将已建成的水电站资产划归滚动开发公司，或分年注入，用于第一个水电工程的开发，河流规划梯级开发完成以前实行“还贷结合”（将按期偿还银行的贷款，继续贷给公司用于下一个梯级的开发）；三是要按“还本付息”要求确定上网电价；四是对流域公司在滚动开发期间减免部分税费；五是要解决水电施工企业的流动资金贷款。

1995年初，为了进一步推动水电滚动开发，争取各相关部门的支持和落实有关政策，原电力部部长史大桢致信邹家华副总理，汇报了电力部对水电流域梯级滚动开发问题的研究意见，提出为了不致给国家的经济运行造成太大的影响，在操作上可以分期分批组织实施，近期内建议先改造湖北清江和贵州乌江两个水电开发公司，并按《公司法》的要求新组建四川宝兴河和黄河上游（青海段）水电开发公司。史大桢部长在信中说，实施水电流域梯级滚动开发，涉及到财政、银行、税收、物价等部门，需要中央和地方各部门的支持，有些具体问题尚待研究解决，建议以文件的形式固定下来，这样才能落到实处。信中还建议请国家计委牵头，由财政部、国家开发银行、建设银行、国家税务总局、国家物价局、电力部等单位组成一个工作小组，对上述4个流域开发公司的具体政策进行专门研究，提出一个具体可操作的办法报国务院审批。

由于水电滚动开发涉及到方方面面的利益，各相关部门、单位都表示支持，但一涉及具体问题往往是“需要研究研究”。为了切实促进水电滚动开发的实现，原电力部决定以黄河上游水电动力开发为突破口，深入研究，以点带面。当时的意见是以已建的龙羊峡和在建的李家峡水电站为起动电站，先期滚动开发公伯峡、拉西瓦和积石峡水电站。新建3个电站的装机容量620万kW，估算投资300多亿元。龙羊峡水电站是青海省最大的骨干电厂，李家峡水电站是当时西北四省（区）的集资建设项目，从原产权单位划出对原单位影响很大，困难很大，涉及到许多经济利益，难以协调，因此，黄河上游水电滚动开发一时难有进展。

1997年国家电力公司成立，将开发水电列为重点工作之一，将黄河上游水电开发、广西龙滩水电站、云南澜沧江水电站和四川杂谷脑流域开发（即“三大一小”，后加上了三板溪水电站，改为“四大一小”）确定为公司直接投资的水电项目，其中黄河上游水电开发更是被列为水电开发的重点。

1998年9月11～12日，国家电力公司副总经理汪恕诚带队，何璟顾问和计划部、水电局、政法局、财经部等部门负责人参加，赴宁夏银川，就黄河上游水电开发和成立黄河上游水电开发有限责任公司等问题与青海、甘肃、宁夏和陕西四省（区）电力公司和地方投资公司进行商讨。九家发起人采取多种形式充分交换意见，友好协商，并尽量照顾各方利益，协调各方关系，最终就共同开发黄河上游水电资源达成一致意见。国家电力公司、西北电力集团公司、青海省电力公司、甘肃省电力公司、宁夏回族自治区电力公司、陕西省电力建设投资开发公司、甘肃省电力建设投资开发公司、青海省投资公司、宁夏电力开发投资有限责任公司九家发起人签署了《黄河上游水电开发有限责任公司发起人协议》，揭开了黄河上游水电滚动开发的序幕。

1979年原电力工业部计划司编制了《十大水电基地开发设想》，将黄河上游龙羊峡～青铜峡河段水电开发列入十大水电开发基地，预计装机容量1415.48万kW，年发电量507.93亿kW·h。这是黄河上游水电开发第一次以整体开发的形式提出来。

1989年10月，原能源部、水利部水利水电规划设计总院在原《十大水电基地开发设想》的基础上，增添了东北及黄河北干流两个水电基地，编制完成了《十二大水电基地》，再次提出黄河上游水电整体开发设想，将黄河上游水电开发规划分16级（或17级）开发，总利用水头1114.8m，装机容量1415.48万kW，年发电量507.93亿kW·h。本河段开发的主要任务是发电，为西北地区提供稳定可靠的电源，远景规划西北与华北、西南联网，进行水、火电间及不同调节性能水电站间的补偿调节，从而改善华北电网调峰困难、西北电网特枯水年缺电和四川汛期弃水、枯水期缺电等问题，使3大电网水、火电站的潜力得以发挥。到2010年前后，基本建成黄河上游水电基地。

1988年8月17～22日，受国家计委的委托，中国国际工程咨询公司原材料项目部主任韦思超，原冶金部副部长刘学新率领考察组，为完成“黄河上游水电梯级开发和地区经济发展”专题研究，赴宁、甘、青、陕进行考察。考察报告认为，黄河上游水电梯级开发应结合该地区冶金工业的发展，相互补充，相互发展。

1994年，原电力工业部计划司会同原水利水电规划设计总院、西北勘测设计研究院、西北电管局，对黄河上游水电滚动开发方案进行综合研究，对各种方案进行测算，对西北电力需求进行预测。西北电管局和西北勘测设计研究院有关人员20多人集中起来对黄河上游水电滚动开发进行研究。上述研究结果表明，滚动开发黄河上游水电站对西北电价上涨影响最小，是西北电力开发的最佳方案。此研究成果为黄河上游水电开发奠定了基础。

1998年2月16～26日，国家电力公司顾问何璟，就黄河上游滚动开发事宜与宁夏自治区、青海省政府、青海省电力公司、西北电力集团公司进行了协调、磋商，提出了黄河上游水电滚动开发的初步方案。

1999年1月28日在西安，由西北电力集团公司副总经理邵仲仁主持召开了十个股东方代表出席的会议。会议产生了董事会和监事会，董事会由13人组成，监事会由4人组成，西北电力集团公司总经理谢振华为董事长，西北电力集团公司党组纪检副组长高联斌为监事会召集人。会议通过了黄河上游水电开发有限责任公司章程，明确了黄河上游水电开发有限责任公司筹备组成员，组长为史天锡。

1999年3月10日，国家电力公司上报财政部关于请求对组建黄河上游水电开发有限责任公司项目资产评估结果进行确认的函。评估结果为：龙羊峡水电厂资产总额719947万元，负债总额171882万元，净资产548065万元；李家峡水电有限责任公司资产总额为898387.98万元，负债总额为755588.60万元，净资产为142799.38万元。评估基准日为1998年9月30日。

1999年3月30日，国家电力公司向国家计委上报公伯峡水电站项目建议书。

（国家电力公司战略规划部　方春阳）

乌江流域水电滚动综合开发

（一）乌江流域水电开发规划及开发现状

乌江是长江上游右岸最大支流，其上游分南、北两源，南源三岔河（视为正源，长325.6km），北源六冲河（长273.4km），均发源于贵州毕节乌蒙山东麓，至鸭池河汇流后称为乌江，流向自西南向东北，贯穿贵州中部7个地区38个县，经重庆东南8个县市，于涪陵注入长江，全长1037km。乌江流域气候温和，雨量充沛，年降雨量为900～1400mm，流域面积87920km^2，年径流量534亿m^3，与黄河水量相当，可开发水能资源为8340MW。乌江河谷深切，总落差2123.5m，乌江流域河流众多，其中流域面积在1000km^{2}以上的一级支流有15条。

根据国家计划委员会1989年批复的《乌江干流规划报告》，乌江干流开发任务以发电为主，其次为航运，兼顾防洪、灌溉等。水电开发按11个梯级电站规划，在三岔河上规划有普定、引子渡电站，在六冲河上规划梯级开发的龙头电站洪家渡，下接东风、索风营、乌江渡、构皮滩、思林、沙沱、彭水电站，最后一级大溪口电站待三峡水库正常蓄水位确定后再另行考虑。其中除彭水、大溪口外其余9个电站均在贵州省境内，总装机容量为7745MW。

目前，乌江干流上已建成的电站有乌江渡（630MW）、东风（510MW）和普定（75MW）；准备2000年开工的电站的有洪家渡（540MW）和引子渡（360MW）。

在乌江的众多支流中，完全开发的仅有猫跳河。猫跳河全长181km，天然落差549.6m。从1958年～1974年在猫跳河上相继建成了红枫、百花、修文、窄巷口、红林和红岩6个梯级电站，总装机239MW。其他主要支流有清水河（规划5个电站，共装机267MW）、洪渡河（7座电站，共140MW）和芙蓉江（3座电站，共189MW）。

（二）乌江流域水电开发机制及有利条件

乌江流域水能资源丰富，是我国的水电富矿之一，已建电站效益显著，乌江流域水能资源的进一步开发将有力地促进贵州省及其邻近地区经济的发展。对此早在80年代中期，国内水电专家就有共识。在此基础上，贵州省提出组建乌江水电开发公司，采取按“流域、梯级、滚动、开发”的模式，加快乌江流域的水电开发。1992年，乌江水电开发公司经国务院同意，由国家计委批准正式成立，是全国最早按流域组建的水电开发公司。乌江水电开发公司由中央和贵州省合资经营，主要任务是开发贵州境内乌江河段水电资源和从事电力生产，国家将已建成的乌江渡发电厂和东风发电厂划归乌江水电开发公司经营管理，作为乌江流域水电滚动开发的初始资本。1999年按现代企业制度对乌江水电开发公司进行了改制，成立了贵州乌江水电开发有限责任公司，国家电力公司的产权比例为51%，贵州省为49%。国家对乌江水电开发公司的优惠政策不变，即在乌江流域滚动开发期间，双方股东不向乌江水电开发公司收取投资收益，公司形成的利润除按照财政部地字［1995］158号文件要求上交财政的3000万元（财政部财经字［1999］820号文件将这一政策执行期暂定为1999年～2005年，2006年后根据乌江流域实际开发情况再研究是否延续）外，其余全部用于乌江流域的滚动开发。实践证明，这些政策对东风发电厂还贷和为新建洪家渡水电站筹集资本金都发挥了巨大的作用。为了使新建电站的上网电价具有竞争力，贵州省人民政府批准乌江水电开发公司实行统一电价，即所谓流域电价。它是由新建电站较高的上网电价与母体电站较低的上网电价加权平均而得。这样乌江流域水电开发就具备了滚动开发的所有基本条件：①一个按流域组建的、符合现代企业制度的组织机构——贵州乌江水电开发有限责任公司；②滚动开发的原始资本——母体电站乌江渡和东风发电厂；③国家给予的优惠政策；④统一的、有利于新电站生存和竞争的流域电价。

（三）乌江水电滚动开发的规划目标及初步实施情况

1. 乌江干流近期开发计划及中、长期发展规划设想

项目名称	装机（MW）	前期工作	计划开工时间	计划完成时间
洪家渡	540	1993年批项目建议书 1999年三通一平 2000年批可研、开工	2000年 二季度	2006年6月
乌江渡 扩机增容	扩机500 增容90	1999年完成可研报告 2000年完成评审立项	2000年四季度 2004年	2003年 2005年
引子渡	360	2000年批可研、开工	2000年	2004年
东风扩机	100	1994年完成可研	2004年	2006年
索风营	540	1999年完成预可研	2003年	2008年
构皮滩	2400	1999年4月完成可研 2000年年内完成审查	方案1：2007年 方案2：2013年	2015年 2020年
思　林	1000	1994年完成可研 1995年可研审查	方案1：2014年 方案2：2007年	2020年 2014年
沙　沱	1000	2000年6月完成预可研	2019年	2025年

2．近期准备开发的项目概述

（1）洪家渡水电站（见本卷大中型水电篇有关条目）。

（2）乌江渡水电站扩机增容。乌江渡发电厂于1970年开工，1982年3台210MW机组全部投产，总装机容量为630MW。计划在原有3台机组的基础上扩机2×250MW，然后对3台老机组进行增容改造，由原来每台210MW扩容为240MW，这样在整个扩机改造项目完成后乌江渡电厂达到2×250MW+3×240MW=1220MW的装机规模。按1999年价格水平计算，乌江渡扩机、增容工程的静态投资分别为7.4478亿元、1.518亿元，总投资分别为7.823亿元、1.623亿元。

（3）引子渡水电站。引子渡水电站位于三岔河上，装机在第一阶段考虑240MW，静态投资为127400万元，总投资为139500万元，最终的装机为360MW，计划在2000年开工，2005年建成。

（4）东风水电站扩机。东风发电厂总装机容量510MW，1987年动工，1995年3台机组发电。东风水电站竣工结算资产总值为28.62亿元，目前正处于还贷期。为充分利用洪家渡水电站龙头水库的调节作用，东风电站可扩机100MW。扩机项目的总工期为2年4个月，总投资为2.25亿元。计划在2006年前完成，具体开工时间在2004年左右。

（5）索风营水电站。索风营水电站装机540MW，水库淹没损失极小，淹地893亩，迁移人口676人，整个工程的施工期为5年。根据1999年12月完成的预可行性研究报告，该项目静态投资为24.0733亿元，总投资为25.9822亿元，计划2003年开工建设，2007年建设投产。

（贵州乌江水电开发有限责任公司　何开明）

集资办水电

国家开发银行水电项目贷款及评审情况

1994年～1999年底，国家开发银行（下简称开行）对电力项目累计发放贷款2227亿元，约占开行同期发放贷款总额的30%左右；电力项目贷款中，水电项目774亿元，火电项目（含核电）715亿元，电网项目738亿元，各占1/3左右。电力是开行重点支持的行业，水电是重点支持的对象。

1．开行对水电项目贷款承诺及发放情况

自1994年～1999年底，开行对全国水电项目共承诺贷款1048亿元；到1999年底累计发放贷款774亿元，已承诺未发放贷款274亿元。近几年开行主要支持了三峡、二滩、天生桥等一大批国家重点水电项目，为保证工程早日建成投产、发挥预期效益，提供了金融支持，发挥了重要作用。

2．1998年～2000年大中型水电项目评审情况

1997年以来，全国用电量增长缓慢，大部分地

区电力出现一定富裕，新开工项目不多，在建项目大部分已建成投产发电，开行水电项目的贷款规模大幅度下降。根据国家对电力结构进行优化调整的要求，开行拟对一批调节性能好的大型水电项目进行评审，但由于多种原因，多数项目未能评审，评审的水电项目及贷款额度明显偏少。1998年以来，开行共评审水电项目8项，评审总投资3103084万元，其中开行贷款998880万元，各项目的基本情况详见下表。

国家开发银行1998年～2000年评审大中型水电项目基本情况

序号	项目名称	借款单位	装机容量（万kW）	评审项目总投资（万元）	承诺贷款（万元）	评审时间
1	柘林水电站扩建工程	江西柘林水电开发有限责任公司	24	70832	31970	1998年8月
2	沅水一期水电站	湖南五凌水电开发有限责任公司	46.5	400895	188330	1998年8月
	其中：洪江水电站		22.5	199458	80710	
	碗米坡水电站		24	201437	107620	
3	南桠河水电站一期工程	四川南桠河流域水电开发有限责任公司	37.2	366217	133790	1998年11月
4	陡岭子电站	湖北十堰陡岭子水电有限责任公司	6	37850	20000	1999年7月
5	泰山蓄能电站	山东泰山抽水蓄能电站有限责任公司	100	432590	114890	1999年10月
6	紫坪铺水电站	四川紫坪铺开发有限责任公司	76	640931	191770	1999年12月
7	宝珠寺水电站	四川省电力公司	70	654362	46700*	2000年1月
8	洪家渡水电站	贵州乌江水电开发有限责任公司	54	499407	271430	2000年5月
	总计		413.7	3103084	998880	

注　46700万元为调增贷款，共承诺贷款464994万元。

3．意向性承诺贷款情况

开行作为全国最大的政策性银行，认真贯彻国家宏观经济政策、产业政策和地区经济发展政策，积极参与国家西部大开发战略。在做好项目评审的同时，积极配合国家计委、国家电力公司等有关部门和借款单位做好项目的报批工作。1999年以来，为加大支持西部开发的力度，开行先后与西部各省区或借款单位签订了合作协议，或出具贷款意向书，意向承诺对三板溪、公伯峡、吉林台、水布垭、小湾、街面水电站和张河湾、西龙池抽水蓄能电站等几个重大水电项目提供贷款340多亿元。根据项目的前期进展情况，适时对龙滩、水布垭等水电项目进行评审。

4．开行将提供优质金融服务

为支持西部地区的经济发展，开行1999年已在兰州、南宁、昆明、成都、重庆、贵阳等西部省市区新设立了分行或资产管理部，将积极跟踪、提前介入有关项目，提供金融服务；同时，针对水电项目资金需求量大、建设周期较长、初期现金流量较小的特点，对暂时有困难的水电项目，通过提供“搭桥贷款”或适当延长贷款期限的方法，缓解借款单位的还款压力；对新评审的水电项目，根据经营期上网电价最低的目标，借款期从目前的15年延长到18～25年。

（国家开发银行评审一局　邱言文）

水电前期工作周转金管理综述

为了贯彻新设立的水电前期工作周转金制度，水电前期工作周转金管理中心（下简称管理中心）认真抓好项目的评审和合同条件两个环节，处理好水电前期工作的老项目、新项目以及借款主体的关系，做好计划编制、项目考察和条件落实、合同签订四方面的工作；同时加强在建工程前期工作费用的回归力度和管理，从而有效地加大了水电项目业主的前期工作责任，推动了水电勘测设计前期工作管理体制的改革，促进了水电前期工作的顺利进行。

（一）水电前期工作周转金的基本情况

在90年代初，为解决水电前期工作费用不足的问题，除了国家增加水电前期工作费用的投入外，还对漫湾等六项大型在建工程的初步设计费用实行了有偿使用，随后又对12项在建工程的前期工作费用回收，从而为建立水电前期工作费用的良性循环机制奠定了基础。

为了规范水电前期工作费用的有偿使用，1997年6月财政部颁发了《水电前期工作周转金管理办法》。《办法》规定水电前期工作周转金采取“按照有偿方式投放，到期收回，周转使用”的原则。资金主要来源为国家财政每年专项安排的水电前期工作费，即原电力部水电前期工作主管部门管理的水电前期工作事业费和资源勘探费，以及从已建和在建水电工程中回收的水电前期工作费用。1997年12月成立了相应的管理机构——水电前期工作周转金管理中心；而负责管理水电前期工作的水电水利规划设计总院随即将1997年水电前期项目勘测设计计划移交给管理中心。此后管理中心着手编制了1997年水电前期工作周转金使用预算，这标志着水电前期工作周转金开始了运作。

在移交1997年水电前期工作项目的基础上，1998年初建立了周转金申请制度，统一了周转金申请格式，要求项目业主或主管单位提出申请报告，开展项目考察，听取借款单位的汇报以及项目借款单位担保方的意见。经过一系列的工作，管理中心对借款单位提出的38项申请使用周转金项目进行了初审，并对部分项目组织了考察、评审，编制出1998年度水电前期工作周转金使用预算计划。

1999年初，根据《国务院办公厅转发财政部整顿财政周转金方案的通知》（国办发［1999］1号文）的精神，确认水电前期工作周转金属于清理整顿范围，为此，管理中心暂停了对新项目的立项工作，并将水电前期周转金的使用情况和清理工作，向有关部门作了汇报。

经过近一年多的清理，2000年6月份财政部将1998年底前签订的《水电前期工作周转金合同》中1999年、2000年度尚未支付的额度下达管理中心，管理中心按照《水电前期工作周转金合同》的要求，于2000年履行了所有周转金合同。

（二）1997年～2000年水电前期周转金执行情况

为保证水电前期项目勘测设计工作的连续性、有效性，并按时完成项目前期阶段性设计报告，在研究1997年水电前期工作周转金使用预算时，充分考虑上年度结转项目和已签订项目前期费用出资协议或勘测设计合同等因素，严格按照周转金的有关规定，对1997年项目出资协议的转换条件、担保单位情况进行了综合评价，有34项同意列入安排周转金计划，这些项目的前期工作费用达41161万元，周转金所占的比例为35.6%。在安排项目中，规划项目14项，预可行性研究7项，可行性研究13项；上年度结转的有22项，新列项目有11项。

1998年，项目业主或建设单位向管理中心提出申请使用水电前期工作周转金的项目有38项。经初步审议，进行立项考察的有18项，这些项目通过了项目评审，列入安排周转金计划。这些项目筹集到前期工作费用31613万元，周转金所占的比例为37.6%，促进了水电前期项目勘测设计工作的正常开展。

经两年的运作，安排水电前期工作周转金的项目有52项，筹集到前期工作费用总额达72774万元，周转金占36.6%，并分别于1997年～2000年根据项目前期进度支付周转金，高峰的1998年安排了12180万元。

（三）水电前期工作周转金的实践成效

水电前期工作的地质勘探工作量大，外部条件相对复杂，涉及面广，协调工作量大。正是由于水电前期工作中资源勘探的艰巨性和复杂性，使得水电前期工作具有周期长、费用大的特点。因此，只有得到政府的大力扶持和引导，才能顺利完成大量地质勘探工作，充分论证后提出经济合理、设计可行的设计报告，为国家宏观决策服务，为促进企业投资开发水电资源创造条件。

考虑到水电前期工作各阶段的工作特点，促使水电前期各阶段勘测设计工作均衡发展，管理中心严格执行有关规定，在确定周转金使用占用费率时，实行差别费率。具体费率标准划分为河流规划、预可行性研究、可行性研究三档，分别按银行同期贷款利率下调50%、20%、10%，体现国家对水电前期工作的重视和支持，从而大大地调动了项目业主和项目主管部门申请使用周转金的积极性。周转金实际运作虽只有两年，但对水电前期工作起到了很大的促进作用，也取得了可喜的成效。主要表现在：

（1）由于河流水电规划属于政府行为，一般项目业主或投资方都不愿出资开展河流水电规划工作。两年来，管理中心安排的河流水电规划项目的周转金共有18项，安排周转金总额达3427万元，同时结合河流的自然条件和特点，研究合理利用开发水电资源的技术方案，及时调整河流（河段）水电规划布局，补充、修改、完善河流（河段）水电开发规划，从而大大地扶持了河流的水电规划，为水电开发建设提供了指导性文件。

（2）由于水电资源开发的特点，特别是项目的预可行性研究，涉及社会、经济、环境、文化、综合开发利用和权益分配等问题，需由政府有关部门进行协调和决策，这是水电前期工作成败的关键。因此，水电前期工作得到国家的支持是非常重要的，也是非常必要的。管理中心安排了云南糯扎渡、四川锦屏一级、湖北江坪河等9个项目的预可行性研究，保证了必要的水电前期工作项目储备。

（3）由于水电前期项目所需的费用较大，周期较长，完全由项目业主从项目预可行性研究阶段一开始就投入自筹资金几千万元，甚至上亿元，用于安排项目的前期工作是不太可能的，也是不现实的。项目业主把注意力放在内部经营管理上，一般要等项目成熟再抓水电前期工作。这种前期工作费用高、风险大，业主一时难以筹措较多的水电前期工作费用的现象较为普遍。水电前期周转金制度给水电开发机构提供了筹措前期工作费用的机制，增强了积极开展水电项目前期工作的决心。两年来，管理中心支持二滩水电开发公司、乌江水电开发公司等水电开发机构开展水电前期工作，安排锦屏一级、索风营、水布垭、碗米坡等项目使用周转金，推动了流域水电滚动开发的实现，从而体现了国家对开发水电的鼓励和引导。

(4) 积极扶持老、少、边地区开展水电前期工作，促进水电开发建设。两年来，安排了云南那兰和威远江、西藏巴河、陕西蔺河口等水电站的前期工作费用，推动了这些地区中小型水电的开发建设。

从总体讲，周转金制度的建立，有利于使前期工作经费保持一个稳定的来源，为加大前期费用筹措力度创造更好的条件；有利于水电的流域梯级连续开发，为投资主体优选项目和政府的立项决策，提供更为充分的依据；有利于进一步完善水电项目业主责任制，保证项目前期工作顺利进行。可见，这项机制的建立，对保证水电前期工作的有序进行、促进水电建设发展，具有现实而重要的意义。

（水电水利规划设计总院　晏志勇　翁新雄）

部分省区中型水电站发展情况和经验

四川省“九五”地方电力建设概况

截至1999年底，全省地方电力发电装机381万kW，年发电量153亿kW·h，均占全省总量的1/3。全省181个县（市、区）中，由地方电网供电的有121个，占66%，对促进四川经济发展和社会进步发挥了巨大作用。

1. 四川地方电力“九五”建设成绩

四川省地方电力“九五”建设成绩各年情况表

	单位	到1999年底累计达到	“九五”完成情况				
			合计	1996年	1997年	1998年	1999年
新增发电装机	万kW	381.41	128.38	34.42	37.38	30.79	25.79
中小水电装机	万kW	341.52	112.77	29.58	31.85	28.10	23.24

“九五”期间，四川省有45个县（市、区）列入全国第三批农村电气化试点县建设。在各级有关部门的大力支持下，4年来，共建成农村水电初级电气化达标县（市、区）28个（泸县、合江县、三台县、资中县、马边县、沐川县、丹棱县、彭山县、南部县、高坪区、珙县、兴文县、长宁县、广安区、渠县、达县、开江县、南江县、松潘县、小金县、阿坝县、马尔康县、若尔盖县、丹巴县、炉霍县、巴塘县、冕宁县、越西县），这些达标县（市、区）4年中共净增发电装机81万kW，架设高压线路3346km，投产供电变压器26.57万kV·A。

“九五”期间，在电源建设的同时还强化电网建设，4年中共架设高压线路1.7万km，投产供电变压器159.89万kV·A。

1998年～1999年两年中，通过全省农村电网建设与改造和“两改一同价”工作，带动了全省地方电力系统乡镇电管站体制改革。全省水利系统认真整改农村电网，合理布置配电台区，两年中建设与改造农村电网3402km，新建与改造配电台区2457个，使这些区域内农村农民到户电价接近城镇用电价格水平，基本实现了党中央通过农网建设与改造、减轻农民负担的目的。

2. 存在的主要矛盾和问题

四川省地方电力在前进过程中存在的主要矛盾和问题，主要是企业规模小、经营分散、集约化程度低、调节能力差、丰枯峰谷矛盾突出、富余人员多、债务沉重、社会负担大、普遍未形成产权纽带、行业管理松散，面对电力市场供求关系急据变化，竞争实力薄弱，容易被其他行业支解，处境非常被动。

3. 四川省地方电力发展规划

四川素有“千河之省”之称，水力资源极其丰富，理论蕴藏量1.43亿kW，技术开发量1亿kW，目前仅开发了1/10，其潜力名列全国第一。根据这种实际情况，四川省委、省政府坚持贯彻国家促进中小水电、电气化改革发展的方针政策，按照大小水电并存的原则，协调发展电力工业格局，在挖掘水电资源潜力上大做文章，出台了《关于积极发展四川小水电的若干规定》、《关于处理好大小电网关系、促进四川经济发展》等文件，有力地推动了四川省地方电力、农村电气化事业的持续健康发展。

(1) 指导思想。遵照党中央对开发西部经济的方针,抓住机遇,发挥资源优势,改革运行机制,使地方电力更好地为"治水兴蜀"服务,把农村水电和电气化事业推向21世纪,优先滚动开发有调节能力的电源点,同时抓紧电网建设,除满足四川省经济发展需要外,还要为"西电东送"做出应有的贡献。

(2) 任务目标。根据水利部提出的《中国水电农村电气化2001年～2015年发展纲要》，计划完成"九五"发电装机计划2000年应累计达到400万kW，(新增发电装机150万千瓦)，建成农村水电初级电气化试点县（市、区）45个，再超额17个县（市、区），共计62个。2000年累计达到98个县（市、区），占全省地方电网供电县（市、区）的80%；继续完成109个县（市、区）地方电网供电县（市、区）的农村电网建设与改造工作。

(3) 措施。主要有①统一认识，坚持改革，狠抓营运机制的转变，走大公司、集团化的道路，在本行业建设完备的现代企业制度和组建产业集团；进一步提高认识，稳定和完善水利系统对水电及农村电气化管理机构和体制的信心。要在国家的扶持下，继续依靠地方、群众自己的力量发展中小水电，并遵照执行"分散布点、就地开发、就近上网、成片供电"的原则；建立独立的配电公司，培养多法人主体有序竞争的电力市场；坚持资金来源多渠道，投资主体多元化，实行公有制形式多样性，推进水电建设的进程。②着手规划和选点，满足"十五"期间国家下达四川省的电气化建设县的任务。③根据农村电网建设与改造资金来源80%靠贷款的特点，要深入细致、不厌其烦地去做工作，认清落实贷款是实现农村电网改造任务完成的关键。④扎实做好流域滚动开发、水电及电气化有关项目的前期准备工作。选好点子，组织好力量，筹集好前期工作经费。⑤根据四川省地方电力建设的特点，集思广益，认真研究地方电力建设存在的突出矛盾，抓住关键问题，使水电建设、农村电网建设与改造、水电及电气化建设再上一个新台阶。

(四川省水利电力厅　邹居昌　傅　军)

云南省水电发展现状及"十五"规划概要

云南省水电可开发装机总容量约9000万kW，年发电量约4500亿kW·h，占全国可开发装机容量3.78亿kW的23.8%，仅次于四川，居全国第二位。省内水能资源主要分布于金沙江、澜沧江、怒江、珠江、红河和伊洛瓦底江等六大水系，其中金沙江、澜沧江、怒江三个水系在云南省境内河段可开发装机容量达7710万kW，占全省可开发装机总容量的85.7%，是我国水电资源中的"富矿"。目前云南水电资源开发率只达到5.5%，远低于全国平均水电开发率约17%的水平。加快开发可再生的水能资源，对于调整云南乃至全国的能源消费结构及布局，实现可持续发展战略，具有十分重要的作用。

(一) 云南水电发展现状及"九五"水电投产情况

截至1999年底，云南省发电总装机容量735.8万kW，其中水电装机493.9万kW，占总装机的67.12%，较"八五"末水电装机年均增长4.01%；全省年发电量298.2亿kW·h，其中水电发电量184.91亿kW·h，占年发电量的62.01%，较"八五"末水电发电量年均增长3.05%。

由于云南丰富的水能资源及电网水电装机比重较大的特点，在各方的共同努力下，自1993年8月至1999年底，云南电网已向广东及广西累计输送季节性电能37.51亿kW·h。

目前，云南水电发展存在的突出问题是径流水电比重过大。在全省493.9万kW的水电装机容量中，具有年调节能力的电站约为72万kW，仅占全省水电装机容量的14.5%。径流水电比重过大，导致系统汛枯矛盾突出，枯期供电紧张，汛期水电弃水，不能充分发挥水电效益。

"九五"期间，云南电网没有新的大型水电机组投产，系统汛枯矛盾十分突出，因此抢建一批大型火电项目乃是必然的对策。与此同时，省政府提出兴建100万kW有调节性能的中小型水电站的计划也得到逐步实施。至1999年底，"九五"期间新增中小水电投产容量73.2万kW，预计2000年新投产21.1万kW，合计"九五"期间全省新增中小型水电装机容量达100.3万kW。到2000底，全省装机容量将达780.9万kW，其中水电装机容量将达515万kW，占65.9%。"九五"期间建成投产的中小型水电有：徐村（7.8万kW）、户宋河（6.3万kW）、螺丝湾（6万kW）、响水（5万kW）、红石岩（4.4万kW）、柴石滩（4万kW）、老虎山（3.7万kW）、吉仁河（3万kW）、茄子山（1.6万kW）、渔洞坝后电站（1.26万kW）等。

(二) "十五"及2015年云南省水电发展思路概要

按照中央关于西部大开发的发展战略以及国家电力公司"十五"计划和2015年长期电力发展规划思

路，为使云南电力工业成为拉动云南经济发展的优势产业，实现云南成为我国“西电东送”、“云电外送”主要能源基地的战略构想，今后一个时期云南省电力工业发展的指导思想为：抓住一个机遇（实施西部大开发的机遇），贯彻两个战略（“西电东送”战略和“走出去”开放战略），发挥两个优势（云南水电资源和区位优势），作好三个项目（即小湾、景洪、糯扎渡电站）的前期准备工作。

为加快开发云南水电资源，积极推进“西电东送”、“云电外送”战略的实施，结合云南电力的实际，云南电力工业的发展思路为：积极发展调节性能优越的大中型水电，适当配置大容量、高参数火电，严格限制径流式中小型水电，禁止新建非综合利用的小火电；积极推进全省联网，加强骨干电网建设和与周边电网的联系；不断开拓“西电东送”和“云电外送”市场，建设以水电为主的云南能源基地，使云南成为全国“西电东送”、“云电外送”的主力，把云南电力工业逐步培育成为云南的支柱产业。

云南实施“西电东送”、“云电外送”的规划设想是：

(1) 2001 年，向华南电网汛期送电 60 万 kW，枯期送电 30 万 kW。

(2) 2002 年，向华南电网汛期送电 60 万 kW，枯期送电 60 万 kW。

(3) 2003 年～2010 年，结合大朝山电站及后续电源投产，向华南电网汛期送电 160 万 kW，枯期送电 90 万 kW。

(4) 2011 年～2014 年，结合小湾电站、景洪电站、糯扎渡电站（2014 年底投产 275 万 kW）的建成投产，形成“云电东送”华南电网 300 万 kW 和“云电外送”泰国 300 万 kW。

(5) 2015 年以后，随着糯扎渡电站的全部建成投产，实现“云电东送”华南电网 500 万 kW 的规模。另外，随着溪洛渡电站（1260 万 kW）的投产，实现向华中、华东电网送电 630 万 kW。①2002 年开工建设小湾水电站，2010 年左右第一台机组投产，以满足云南本省用电和“西电东送”的需要。②2005 年开工建设糯扎渡电站（550 万 kW），2013 年第一台机组投产，实现 2014 年向泰国增加送电 150 万 kW 和 2015 年后向南方电网增加送电 200 万 kW，即“云电东送”500 万 kW。③2007 年开工建设景洪电站（150 万 kW），2011 年第一台机组投产，实现 2013 年开始向泰国送电 150 万 kW。④在开发大型水电项目的同时，根据市场需求，适当配置补充火电机组（开远电厂技改，曲靖电厂二期等）和具有调节性能的中型水电站，如昭通高桥电站（9 万 kW）、马鹿塘电站一期（5 万 kW）、保山阿鸠田（9 万 kW）、三江口（扩机 2 万 kW）、朝阳（2.4 万 kW）、乌泥河（2.4 万 kW）、槟榔江三岔河（4.2 万 kW）、猴桥（3.6 万 kW）、苏家河口（15.6 万 kW）等。⑤结合大型水电站送出工程，加强云南 500kV 主网架建设；根据“云电东送”和“云电外送”的需要，建设相应的输电通道，促进实现与全国联网和向泰国送电。

预计“十五”末，全省水电装机容量将达 687.7 万 kW，占全省装机容量 1048 万 kW 的 65.6%。“十五”新增水电装机 172.7 万 kW，其中，中小型水电新增装机容量 37.7 万 kW。

近期云南水电资源开发的重点，首先是澜沧江中下游河段梯级电站。澜沧江是我国水电资源的“富矿”，中下游规划两库八级开发，其中小湾和糯扎渡具有多年调节水库；各梯级总库容 411.87 亿 m^3，总调节库容 230.83 亿 m^3，总装机容量 1555 万 kW，总保证出力 741.4 万 kW，总年发电量 734.5 亿 kW·h，是全国十二大水电基地之一。其中，装机 125 万 kW 的漫湾电站一期工程已于 1995 年全部建成投产，装机 135 万 kW 的大朝山电站第一台机组将于 2001 年底发电，小湾、景洪、糯扎渡等梯级电站已经做了较深入的开发前期工作。

小湾电站（420 万 kW）调节性能优越、发电效益巨大，是澜沧江水电能源基地的“龙头”电站，是西部大开发中对云南具有举足轻重的战略工程，对于满足 2010 年以后云南国民经济发展用电需求，实现云南电源结构战略性调整、为“云电东送”奠定基础，具有不可替代的重大作用。目前，小湾电站已经列为云南省实施西部大开发战略的首选项目，电站建设各投资方已经明确，项目建议书评估已正式通过，澜沧江水电开发公司即将组建成立，各项前期工程正加快步伐，并按照 2002 年开工建设、2010 年左右投产第一台机组的目标抓紧进行前期施工的准备工作。

(三) 中型水电开发建设的基本思路

(1) 在建立现代企业制度的基础上，坚持对具有龙头调节水库的河流实行梯级连续滚动开发。

(2) 结合云南中型水电资源开发的优越性和云南边疆省区扶贫攻坚战略的实施，积极争取国家和地方给予相应的扶持政策，在资金、税收、征地移民等方面给予一定支持。

(3) 结合地方的农田水利工程、水土保持、产业结构调整以及云南特有的矿电结合模式，在充分调动地方积极性的基础上，合理分摊工程费用，降低上网电价，发挥集资办电的积极性，以推动地方经济的发展。

(4) 结合“西电东送”、“云电外送”战略的实施，在纳入全省统一电网规划的基础上，立足于本地区的电力电量平衡，合理考虑外送和季节性补偿。

(5) 充分认识设计工作在水电建设中的“龙头”作用，重视和加强中型水电的前期勘测设计工作，尤其是地质勘察工作。对设计方案的优化和调整进行严格论证和相应的评审，引入设计监理模式，确保设计质量。

(6) 积极推行业主负责制、招标承包制、建设监理制。实行业主负责制，通过公开招投标，择优选择报价合理、信誉良好、有资质和特长的专业施工队伍，以加快施工进度，降低工程造价。推行工程监理制，严格把住工程建设的投资、进度、质量关，确保项目业主的投资效益。

（云南电力集团有限责任公司水电处）

贵州省1998年～2000年地方水电建设情况

贵州省中、小水电资源丰富，经济开发量为674万kW；从建国初期至1995年底止，累计建成76.6万kW（含地方电网配套小火电6.7万kW），占经济开发量的11.3%，开发率低，今后开发潜力很大。

“九五”期间，根据国家对地方水电（特别是发展中型水电）和《国家八七扶贫攻坚计划》对农村电力发展的要求，加快了中、小水电的建设步伐，开工建设规模约为50万kW。重点建设项目为续建云贵两省合办的响水电站（10/2万kW）、荔波县大七孔电站（3.2万kW）、盘县田边寨电站（2.5万kW），新建安龙县白水河二级电站（3.2万kW）、安顺王二河水库（三岔湾电站的龙头水库，总库容0.97万m^3），以及建设长顺、岑巩等第三批农村电气化县。

完成情况是：1998年当年建成地方水电站9处24台，装机容量5.92万kW，累计达到1197处2000台，装机容量89.67万kW，年发电量29.5亿kW·h；建成长顺、岑巩两个农村电气化县，通过达标验收；大七孔水电站建成首台机组1.6万kW发电。1999年建成地方水电站9处26台，新增装机容量7.65万kW，累计达到97.1万kW；全省最大的地方水电——响水电站2×5万kW（云贵各半）发电；新增高压线路252.6km，累计达到56564km；新增供变电容量51500kV·A，累计达到96.7万kV·A；年发电量31.5亿kW·h；全省86个县（市、区）中，拥有水电的县有80个，全省的乡通电率为100%，村通电率为87.9%，户通电率为83.1%。2000年计划新增装机4.45万kW，盘县田边寨电站首台机组（1.25万kW）及安龙县白水河电站（3.2万kW）发电，预计累计装机可达101万kW。

贵州中小水电建设的特色与经验主要表现在以下方面：

①采用岩溶地区筑坝建库技术；②采用适应山区特点的砌石拱坝技术；③采用高水头水电站的水工和机电技术（如白水河二级电站，装机2×1.6万kW，水头580m；响水电站，装机2×5万kW、水头212m；大七孔水电站装机，2×1.6万kW，水头320m）；④由省水电厅地电局和华北电力大学共同研制的QDYT—/型全数字电动液压水轮机调速器，于1998年10月在荔波县大七孔水电站投入运行，居国内领先水平。

贵州地方水电建设下一步发展思路是：面临国家实施西部大开发战略的历史机遇，中小水电建设是基础设施建设的组成部分之一，必须加快发展。首先是充分利用贵州水能资源丰富的优势及属清洁能源的优点，重点按“流域、梯级、综合、滚动”原则进行中小水电开发，并择优建设综合利用（结合发电）的水利枢纽，“十五”期间拟开工建设规模82万kW，其中投产20万kW，重点是建设中型水电项目；后十年继续加快建设速度，并适当地发展地方电网。同时，在目前全省已建有13个农村小水电初级电气化县的基础上，根据21世纪初期中小水电地区改革与发展的需要，按高标准争取建设一批“中国水电农村电气化县”（要求乡通电率100%，户通电率98%，30%的户使用电炊，人均年用电600kW·h），以促进生态环境的改善及农村社会经济的全面发展。为此，贵州省政府已向国务院申报16个第四批电气化县。此外，下一步按国务院国发（1999）2号文件精神，深化农电的体制改革和农村电网的配套建设和改造，以充分发挥农电的经济效益，为广大农村脱贫致富作贡献。

（贵州省水利电力厅　刘周祥）

湖南省1998年～1999年水电建设情况

（一）基本情况

截至1999年底，属湖南省电力公司管理的水电厂的装机容量为288.115万kW，其中：省公司全资水电厂的装机容量为145.65万kW，股份制水电厂的装机容量为142.45万kW。上述水电厂1999年全年的发电量为1827315万kW·h，比1998年减少6.70%。

至1999年底，湖南省电力公司新增水电装机容量15万kW，即凌津滩水电厂的5台30MW机组，该厂的另4台机组将于2000年年底前相继投产发电。

（二）沅水流域开发近况

沅水流域可供开发的水力资源约712万kW，目前已开发了约三分之一。装机容量为120万kW的五强溪水电厂已于1996年全部建成投产发电，装机容量为27万kW的凌津滩水电站将于2000年年底全部建成发电。沅水流域的水电建设按照“流域、梯级、滚动、综合”开发方针，拟选择技术经济指标较为优越的10个梯级电站，一次立项、分期建设、滚动开发。原电力工业部、湖南省计委已分别于1996年1月和1996年4月向国家计委呈报了沅水流域梯级水电站项目建议书。这10个梯级电站依次为：三板溪(装机容量100万kW)、托口（26万kW)、江市(9.2万kW)、洪江（22.5万kW)、安江（12.75万kW)、铜湾（18.0万kW)、清水塘（9.75万kW)、大伏潭（15.48万kW)、渔潭（6.0万kW)、碗米坡(24万kW)。优选出的10个梯级电站将纳入国家基本建设计划，由湖南五凌水电开发公司负责建设与运营。这10个梯级电站将分三期建设，一期工程的洪江、碗米坡、三板溪水电站已纳入国家“九五”计划，三个电站的总装机容量为146.5万kW，年发电量41.92亿kW·h，总投资115.64亿元。其中洪江水电站已于1998年3月开始建设，当年12月实现截流，计划2001年年底第一台机组发电。该电站的单机额定输出功率达45MW，水轮机最大水头为27.3m，是目前世界上水头最高、国内单机输出功率最大的大型灯泡贯流式水轮发电机组。碗米坡水电站位于沅水最大的支流酉水河上，该项目计划在2002年前后第一台机组投产发电。碗米坡工程的开工报告已报国家电力公司审查，由国电公司向国家计委汇报，开工报告在2000年获得批准。

三板溪电站是沅水干流的龙头电站，装机容量100万kW，具有多年调节性能，年发电量24.28亿kW·h，电站建成后主要向湖南省供电。2000年1月11日在北京签定了三板溪水电开发有限责任公司发起人协议，这标志着三板溪水电工程的前期准备工作已迈出了关键性的一步。

（三）近尾洲水电工程复工

地处湖南省衡南县境内湘江河段的近尾洲水电工程于1995年开工，计划安装3台机组，总装机容量为65.7MW，后因资金问题于1998年停工，当时右岸厂房及9孔半溢流坝土建工程已基本完成，引进的奥地利灯泡式机组设备已运到工地。该项工程的停工已造成诸多不良影响。

1999年6月13日，湖南省常务副省长周伯华主持召开会议，专题研究近尾洲水电工程复工建设问题，确定五凌公司为近尾州水电工程的项目法人，接收并续建该项工程，工程所需资金由五凌公司筹措，并对该项工程制定了一些优惠政策。

五凌公司于1999年11月底完成复工进场，全面恢复续建施工。

（四）经验与教训

以五凌公司为业主，实行公司一级法人责任制，有利于整个沅水流域梯级电站开发的策划、筹资、建设、经营、还贷和资产的保值增值，通过5年多成功的运作实践，为湖南省水电开发建设作出了显著成绩。1999年五强溪水电厂以优异的成绩完成了达部标工作。但仍有以下一些教训值得记取：

(1) 五强溪水电厂的建设成本过高，1984年的工程概算为20亿元，1989年核定为33.58亿元，1992年核定为46.67亿元，1998年3月核定为56.15亿元，同年的7月又核定为80.63亿元，不久又增至89亿元。工程造价的不断增加给日后的还本付息增加了负担。

(2) 由于种种原因,已建成的水电站难以很快产生足够的资金积累来“滚动”开发下一个水电工程,五强溪水电厂之后的凌津滩工程、洪江工程、碗米坡工程主要靠再贷款来维持运作,常有“找米下锅”的局面出现。如此“滚动”开发的工程越多、摊子铺的越大、战线拉得越长,困难的局面就会愈明显和持久。

(3) 五凌公司财务目前已出现不佳状况，1998年底公司的还本付息支出高达13亿元，公司的负债率高达90%，年资金缺口达5亿元以上，靠短期贷款融资，将使财务风险增大。

（五）近期工作目标

五强溪水电厂2000年实现创国内一流企业目标，东江、柘溪、凤滩水电厂在今后两年内实现创国内一流企业目标；凌津滩水电工程2000年年底全部建成并网发电，2001年实现基建达标；洪江水电工程在2001年年底实现第一台机组并网发电；近尾洲工程2001年实现第一台机组并网发电。

（湖南省电力公司水电处）

广西壮族自治区 1998年～2000年水电建设情况

1998年～2000年，广西没有新的大中型水电工程项目开工，只有4个中型水电工程续建项目，装机容量共342MW，其中：百龙滩4号～6号机组3×32MW，贵港4×30MW，左江3×24MW，浮石3×18MW。2000年底前建成投产324MW。各年机组投产情况是：1998年，百龙滩水电站4号机组投产，

32MW。1999年，贵港水电站4台机组全部建成投产，120MW；左江水电站1号、2号机组投产，48MW。2000年，百龙滩水电站5号、6号机组投产，64MW；左江水电站3号机组投产，24MW；浮石水电站1号、2号机组投产，36MW。

截至1999年底，广西水电装机容量4024MW，比重为63%。

广西水电存在的主要问题有：①广西现有水电比重大，低水头径流式电站多，缺乏调节库容，丰水期弃水电量多，枯水期出力小，需要较多的火电调剂运行。近期投产的中型水电站都是低水头径流式电站，更加重了电网运行的困难，甚至出现丰水期有电销不出、枯水期又缺电的局面。②1998年～2000年续建的中型水电项目中，除百龙滩和贵港水电站工程有较好资金来源外，左江、浮石水电站工程投资超概算太多，资金来源困难，不得不由内资改成利用外资建设，还拖长了工期。

广西下一步水电开发目标是加快建设龙滩水电站和百色水利枢纽工程。①龙滩水电站（工程概况见本年鉴第四卷第136页）。1993年国家计委列为预备开工项目，并开始筹建。1999年底龙滩水电开发有限公司正式成立，由国家电力公司、广西电力有限公司、广西开发投资有限责任公司和贵州基本建设投资公司共同出资建设。龙滩水电站是解决广西2010年前后用电及“西电东送”的关键性工程。目前，正在按2001年正式开工的要求，加快筹建工作。②百色水利枢纽（工程概况见本卷大、中型水电篇）由水利部门筹建，目前正做施工准备。

另外，还有以下几个大型水电项目，可行性研究已审查通过：①恶滩水电站，位于红水河中游忻城县境，是红水河规划的第八个梯级，以发电为主，兼有航运、灌溉等综合效益。由原1台6万kW机组改建为4台15万kW机组，多年平均发电量33.45亿kW·h。该电站技术经济指标优越，建设条件好，工期短，可考虑作为“短、平、快”项目建设。②平班水电站，位于红水河上游广西隆林和贵州册亨的交界处，是红水河规划的第三个梯级，以发电为主，其上游有天生桥多年调节水库。装机3台13.5万kW机组，多年平均发电量为16亿kW·h。该电站技术经济指标优越，建设条件好，工期短，可考虑作为“短、平、快”项目开发。③长洲水电站，位于梧州市上游的浔江河段上，靠近广东，有“西电东送”的地缘优势，应及早开发。该电站以发电、航运为主，装机15台4.142万kW贯流式机组，多年平均发电量为30.9亿kW·h，技术经济指标较优越。

广西在今后的水电建设中应注意的问题是：①在水电比重大、低水头径流式水电站多的电网，应考虑多上有调节库容的水电站，不宜再建设低水头径流式水电站，否则电站建成后效益低下。②新建水电站，上网电价偏高，超过用户承受能力。“厂网分开、竞价上网”是必然趋势，应多考虑如何提高竞价上网的能力。诸如政策倾斜、优化设计、延长还贷期、按各项效益分摊投资等等问题，都应认真研究。

（广西电力有限公司　农甘宝）

福建省1998年～2000年水电建设情况

（一）概述

1998年～2000年福建水电建设得到了持续发展。继1996年底闽江水口水电站7台200MW机组全部投产发电后，装机4×150MW的汀江棉花滩水电站主体工程已于1998年3月正式开工，2000年底可下闸蓄水，2001年上半年首台150MW水轮发电机组可投产发电，并建成高111m的自防渗碾压混凝土重力坝，2002年上半年4台150MW水轮发电机组可全部投产发电。总装机400MW的穆阳溪梯级第一级芹山水电站（装机70MW），主体工程已于1997年5月正式开工，1999年10月下闸蓄水，1999年底2台35MW水轮发电机组具备发电条件，2000年上半年基本建成坝高120m的钢筋混凝土面板堆石坝，并形成2.65亿m^3的多年调节龙头水库。计划在2001年开始2×125MW的穆阳溪二级周宁水电站主体工程施工，争取在2004年建成。

1998年～2000年还在闽江中上游支流沙溪、金溪、尤溪、富屯溪兴建6座中型水电站、总装机278.3MW，有的已投产发电，有的在建，2002年上半年全部建成（见下表）。

河　流	电站名称	电站型式	装机容量（MW）	开工日期 年．月	首台机投产日期 年．月	全部投产日期 年．月
尤　溪	雍　口	径流式	50	1996.11	1998.10	1999.3
金　溪	孔　头	径流式	40.5	1996.10	1998.9	1999.4
富屯溪	峡阳*	径流式	43.8	1995.1	2001.10（计划）	2002上半年（计划）

续表

河　流	电站名称	电站型式	装机容量（MW）	开工日期 年．月	首台机投产日期 年．月	全部投产日期 年．月
沙　溪	城　关	径流式	48	1997.12	1999.12	2000.5
沙　溪	竹　洲	径流式	54	1998.8	2000.12（计划）	2001上半年（计划）
沙　溪	贡　川	径流式	43	1998.8	2000.12（计划）	2001上半年（计划）

注　上表未包括水利系统建设的中型水电站。

* 峡阳水电站原由“长动”投资，2000年初转由省电力公司闽能水电开发公司控股投资。

至2000年底福建已建和在建大型水电站（大于250MW）3座、总装机2300MW，待建大型水电站尚有穆阳溪二级周宁水电站（装机250MW，已完成初步设计）和尤溪街面水电站（装机300MW，已完成预可研报告）。

至2000年底福建已建和在建中型水电站（大于25MW、小于250MW）34座，总装机1598MW。待建的中型水电站35座，总装机2005MW。古田溪4个梯级已全部开发完毕。沙溪7个梯级除25MW的台江等水电站待建外，即将开发完毕。福建水电资源开发率接近60%，在全国居于领先水平。

1998年～2000年福建已建成水口—泉州—厦门500kV输变电工程，缓解了福建省电网输电压力，并为与华东电网乃至与广东电网联网奠定了基础。

（二）主要经验

（1）全面实现水电建设投资多元化。1998年～2000年在建的棉花滩、穆阳溪梯级，竹州、贡川、峡阳等水电站均为福建电力公司控股，与省、地、市、县合资建设和经营项目，各自成立项目责任有限公司，实行项目法人责任制和资本金制度。

（2）全面实行招投标制。1998年～2000年在建项目全部（包括工程、材料、设备、监理）实行招投标，择优选择承包单位，已建立规范化的招投标机制。

（3）全面实行建设监理制。1998年～2000年在建项目均实行施工全过程的建设监理，通过招标择优选择监理单位。

（4）全面实行合同管理制。1998年～2000年在建项目均按承包合同进行管理，进行进度、质量、投资控制。

由于全面实行项目法人责任制、资本金制度、招投标制、建设监理制和合同管理制，各项目均取得了建设速度快、质量好、投资不超概算的良好效益。

（三）下一步打算

今后5年～10年福建水电建设的目标和任务是开发调节性能好的龙头水电站，组建区域、流域公司，实现流域滚动开发。目前正积极筹资，申报立项，争取尽早动工兴建调节性能好的穆阳溪二级周宁水电站和三级闽东水电厂，加快进行尤溪街面大型水电站前期工程；在基本完成沙溪梯级开发的基础上重点抓好穆阳溪、金溪、尤溪、霍童溪和熬江等5条流域水电开发建设，争取在2010年水电总装机达7500MW以上，水电资源开发率达到70%以上，基本完成福建省水电资源的开发。

根据预测，随着大容量火电机组的投入，到2010年福建省电力负荷峰谷差将达6000MW以上，有必要建立一些大容量的抽水蓄能电站，以确保电网安全可靠经济运行。根据普查，目前福建省有23个较好的站址，总装机近50000MW。仅在负荷比较集中的福建东南沿海一带就可开发20座左右700～2400MW的抽水蓄能电站，总装机达31200MW，引水比（L/H）均小于7，资源较好，正抓紧前期准备工作，以便适时优选，进行开发。

（福建省电力工业局　基建部）

江西省1998年～2000年水电建设情况

（一）概述

截至1997年底，全省水电装机166.6万kW，至1999年底，全省水电装机173.45万kW。水电装机占全省电力装机的30.09%，两年新增水电装机6.85万kW，以地方中小型水电站为主，1999年底全省年发电量187.8亿kW·h，其中水电机组发电53.08亿kW·h，占全省年发电量的28.26%。

准备扩建的柘林水电站，具有多年调节性能，现有装机18万kW，自1972年8月第一台机组投产发电以来，截至1999年底，已累计完成发电153.4亿kW·h，为江西经济发展作出了巨大贡献。随着江西电力市场的发育，峰谷差越来越大，为了满足市场需求，迫切需要在江西省寻找具有良好调节性能、经济指标好的新电源点。经过反复论证研究，认为在柘林水电站扩机，具有“短、平、快”的特点，投资省，利用原水库无移民问题，水库具有多年调节性能，库容也大，因而作为1999年江西电力工业的“重中之重”而加紧了扩建的进程。经多方努力，国家计委以计投资［1999］2237号文下达了开工计划。

（二）下一步安排

江西地处长江中下游，赣、抚、信、饶、修五大河流汇成鄱阳湖水系，水能理论蕴藏量616万kW，可能开发水力资源510万kW，年电量190亿kW·h。目前江西已开发水电装机173.45万kW，占可开发水能资源的34%。赣江干流梯级水电站开发存在淹没损失大的不利局面，经济指标不够理想。因而江西省办电主体主要集中在赣西北修河上的抱子石水电站（4万kW）和赣南桃江支流的居龙滩水电站（6万kW）等中小型水电站的开发。目前，以上两个项目已完成可行性研究，争取在“十五”期间能够开工建设。

（江西省电力工业局计划发展处　连　勇）

统　计　资　料

1998年～2000年基本建设投资情况表

亿元，%

全国及各省、自治区、直辖市	1998年				1999年				2000年			
	电力投资	增长率	水电投资	增长率	电力投资	增长率	水电投资	增长率	电力投资	增长率	水电投资	增长率
全　国	1422.44	6.26	225.75	-7.51	1153.70	-18.89	144.31	-36.08	953.66	-17.34	108.74	-24.64
北京市	31.56	-22.79		-100.00	34.62	9.70			21.01	-39.32		
天津市	17.72	-40.04			9.46	-46.62			12.58	32.93		
河北省	75.67	13.64			68.31	-9.73			42.89	-37.22		
山西省	73.02	44.28			59.88	-18.00			44.32	-25.99		
内蒙古	39.42	-30.59			9.95	-74.76			20.51	106.11		
辽宁省	60.60	-21.84			46.71	-22.93			25.38	-45.66		
吉林省	24.97	36.17	6.08	-12.47	18.99	-23.97	2.57	-57.80	22.43	18.12	4.38	70.64
黑龙江	44.89	-26.61	8.54	-33.87	28.69	-36.09		-100.00	11.59	-59.60		
上海市	50.84	153.58	0.01		29.04	-42.87		-100.00	29.15	0.35		
江苏省	76.13	-4.27	0.82		58.80	-22.76	0.94	15.05	43.31	-26.36	2.24	138.03
浙江省	108.14	39.73	19.14	7.58	114.67	6.05	5.72	-70.13	121.39	5.85	1.46	-74.41
安徽省	35.43	6.82	0.79	-45.23	48.05	35.62	0.85	7.68	31.45	-34.55	0.40	-52.90
福建省	58.13	80.98	15.20	24.82	34.90	-39.96	12.94	-14.91	22.19	-36.43	13.12	1.38
江西省	20.63	10.28			19.87	-3.72	0.78		29.01	46.03	2.64	239.54
山东省	72.32	-13.00			74.55	3.08			56.66	-24.00		
河南省	32.38	-35.06			42.57	31.46			40.57	-4.70		
湖北省	67.42	0.83	13.70	66.84	36.69	-45.57	10.07	-26.49	15.44	-57.93	1.83	-81.79
湖南省	43.08	2.03	14.66	25.44	17.98	-58.25	5.55	-62.13	31.26	73.83	10.98	97.78
广东省	88.14	4.55	10.91	-50.41	90.63	2.82	13.80	26.54	103.81	14.54	3.09	-77.65
广西区	25.46	79.04	3.23	-52.36	12.72	-50.04	2.14	-33.67	11.38	-10.53	1.88	-12.24

续表

全国及各省、自治区、直辖市	1998年				1999年				2000年			
	电力投资	增长率	水电投资	增长率	电力投资	增长率	水电投资	增长率	电力投资	增长率	水电投资	增长率
海南省	0.53	43.70	0.26		0.07	-86.04		-100.00	0.92	1136.66		
重庆市	33.25	134.65	0.00	-100.00	12.08	-63.67			5.90	-51.15	1.69	
四川省	80.63	-37.52	66.59	-16.77	78.93	-2.11	48.34	-27.40	32.37	-58.99	23.04	-52.34
贵州省	17.48	-6.30			12.57	-28.11			13.34	6.14	1.47	
云南省	25.91	-13.99	8.08	18.14	25.28	-2.44	8.97	11.06	31.40	24.25	15.02	67.34
西藏自治区	3.20	-17.95	3.20	-15.79	3.24	1.28	1.68	-47.40	0.30	-90.74	0.00	-100.00
陕西省	30.13	12.16	0.39		25.34	-15.87	0.93	138.64	24.13	-4.78	1.69	83.10
甘肃省	26.89	-1.13	2.61	-68.55	24.85	-7.61	1.50	-42.69	19.16	-22.88	1.68	12.43
青海省	21.57	6.85	12.17	-18.89	11.58	-46.30	5.37	-55.90	5.82	-49.78	4.20	-21.68
宁夏回族自治区	3.72	-71.59			1.41	-62.23			2.19	55.41		
新疆维吾尔自治区	17.36	174.29		-100.00	14.39	-17.14			9.18	-36.16		
不分区	115.80	153.50	39.36	40.88	86.88	-24.98	22.16	-43.70	72.66	-16.37	17.93	-19.10

注 表中数字为项目投资50万元以上的。

(国电公司综合计划与投融资部 谢兴旺)

1998年～2000年全国水电增长情况统计表

全国及各省、自治区、直辖市	1998年					
	装机容量(万kW)			发电量(亿kW·h)		
	全部	水电	水电增长率(%)	全部	水电	水电增长率(%)
全国	27728.92	6506.51	8.93	11576.97	2042.95	5.00
华北地区	4090.53	225.85	9.40	1929.00	25.99	-2.33
北京市	407.89	106.96	0.00	155.46	9.53	6.01
天津市	477.28	0.58	0.00	181.61	0.16	-30.43
河北省	1328.41	69.5	1.71	688.90	8.05	-24.20
山西省	1096.61	43.79	69.07	551.76	6.52	13.19
内蒙古	780.34	5.02	7.49	351.27	1.73	71.29
东北地区	3160.42	548.23	7.39	1304.93	78.74	-1.38
辽宁省	1380.04	122.31	0.18	605.13	22.35	-22.29
吉林省	790.33	347.47	7.04	274.56	43.11	6.00
黑龙江	990.05	78.45	22.98	425.24	13.28	27.57
华东地区	7930.41	1097.17	11.39	3471.56	359.39	13.70
上海市	952.65			482.86		
江苏省	1627.42	2.97	3.85	781.07	0.74	39.62
浙江省	1433.88	382.91	29.26	539.00	99.63	62.03
安徽省	743.91	57.9	2.03	316.18	13.75	41.90
福建省	810.27	475.82	4.39	322.70	184.96	0.90
江西省	572.64	170.95	2.61	181.06	59.39	-1.87

续表

全国及各省、自治区、直辖市	1998年					
	装机容量(万kW)			发电量(亿kW·h)		
	全部	水电	水电增长率(%)	全部	水电	水电增长率(%)
山东省	1789.64	6.62	-1.93	848.69	0.92	64.29
中南地区	7358.88	2206.1	3.92	2796.09	759.93	-2.36
河南省	1378.44	62.8	-1.23	626.24	16.82	26.47
湖北省	1317.23	653.17	2.08	500.52	238.31	-3.06
湖南省	992.03	510.32	1.86	350.00	195.85	0.91
广东省	2906.95	551.2	10.49	1038.54	152.87	-0.63
广西区	610.56	375.27	1.75	244.10	146.02	-6.74
海南省	153.67	53.34	5.12	36.69	10.06	-31.24
西南地区	2893.94	1529.9	14.08	1162.67	550.60	2.93
重庆市	390.52	83.64	0.10	158.67	40.14	27.92
四川省	1284.1	770.59	26.69	475.76	252.88	3.17
贵州省	528.09	223.51	2.54	257.04	82.22	-4.23
云南省	661.09	427.91	5.01	264.62	169.9	1.35
西藏自治区	30.14	24.25	2.06	6.58	5.46	10.53
西北地区	2176.74	781.26	8.64	873.03	228.61	22.42
陕西省	635.31	124.91	1.26	252.23	31.19	38.81
甘肃省	591.35	281.02	5.98	251.51	93.91	17.17
青海省	324.12	265.85	18.80	100.90	67.25	33.96
宁夏回族自治区	230.23	30.63	0.00	110.63	8.03	14.06
新疆维吾尔自治区	395.73	78.85	3.45	157.76	28.23	5.02
不分区	118	118	34.09	39.69	39.69	70.93

全国及各省、自治区、直辖市	1999年					
	装机容量(万kW)			发电量(亿kW·h)		
	全部	水电	水电增长率(%)	全部	水电	水电增长率(%)
全国	29876.79	7297.09	12.15	12331.41	2129.30	4.23
华北地区	4501.29	263.10	16.49	2082.41	31.93	22.85
北京市	491.57	105.81	-1.08	172.06	9.49	-0.42
天津市	504.75	0.50	-13.79	190.72	0.17	6.25
河北省	1458.90	71.99	3.58	771.87	8.43	4.72
山西省	1164.70	61.78	41.08	567.15	11.18	71.47
内蒙古	881.37	23.02	358.57	380.61	2.66	53.76
东北地区	3268.24	552.27	0.74	1324.87	87.20	10.74
辽宁省	1368.86	124.00	1.38	614.46	27.47	22.91
吉林省	809.13	350.82	0.96	294.39	49.04	13.76
黑龙江	1090.25	77.45	-1.27	416.02	10.69	-19.50
华东地区	8529.72	1191.94	8.64	3728.88	357.90	-0.41
上海市	996.43			500.30		
江苏省	1845.73	3.06	3.03	845.59	0.32	-56.76
浙江省	1556.42	457.95	19.60	603.54	106.26	6.65
安徽省	800.06	45.50	-21.42	319.46	12.45	-9.45
福建省	968.42	506.99	6.55	357.45	185.28	0.17
江西省	555.63	173.45	1.46	187.80	53.08	-10.62
山东省	1807.03	4.99	-24.62	914.74	0.51	-44.57
中南地区	7787.49	2433.31	10.30	2962.20	712.57	-6.23
河南省	1477.36	92.80	47.77	658.85	16.36	-2.73

续表

全国及各省、自治区、直辖市	1999年					
	装机容量(万kW)			发电量(亿kW·h)		
	全　部	水　电	水电增长率(%)	全　部	水　电	水电增长率(%)
湖北省	1449.32	657.72	0.70	522.78	238.89	0.24
湖南省	1026.41	571.47	11.98	348.46	182.35	-6.89
广东省	3033.37	655.40	18.90	1140.04	110.57	-27.67
广西区	634.67	402.42	7.23	253.42	153.95	5.43
海南省	166.36	53.50	0.30	38.65	10.45	3.88
西南地区	3358.05	1874.67	22.54	1244.43	606.25	10.11
重庆市	425.34	107.03	27.97	158.27	32.29	-19.56
四川省	1584.49	1041.69	35.18	492.16	303.53	20.03
贵州省	602.86	231.01	3.36	289.06	79.88	-2.85
云南省	712.20	467.69	9.30	298.20	184.91	8.83
西藏自治区	33.16	27.25	12.37	6.74	5.64	3.30
西北地区	2284.00	833.80	6.73	932.26	277.09	21.21
陕西省	667.45	129.20	3.43	264.12	22.59	-27.57
甘肃省	612.82	286.80	2.06	262.42	117.47	25.09
青海省	379.60	307.52	15.67	124.14	97.15	44.46
宁夏回族自治区	227.23	30.63	0.00	112.28	9.82	22.29
新疆维吾尔自治区	396.90	79.65	1.01	169.30	30.06	6.48
不分区	148.00	148.00	25.42	56.36	56.36	42.00

全国及各省、自治区、直辖市	2000年					
	装机容量(万kW)			发电量(亿kW·h)		
	全　部	水　电	水电增长率(%)	全　部	水　电	水电增长率(%)
全　国	31932.08	7935.23	8.75	13684.82	2431.35	14.19
华北地区	4702.58	317.86	20.81	2309.90	36.02	12.81
北京市	445.16	105.81	0.00	188.96	9.47	-0.21
天津市	503.60	0.50	0.00	216.43	0.14	-17.65
河北省	1583.07	72.72	1.01	844.42	4.70	-44.25
山西省	1274.85	97.77	58.26	620.87	16.12	44.19
内蒙古	895.90	41.06	78.37	439.22	5.59	110.15
东北地区	3457.63	560.00	1.40	1373.79	80.89	-7.24
辽宁省	1523.03	124.85	0.69	647.17	16.52	-39.86
吉林省	846.13	353.67	0.81	293.80	50.17	2.30
黑龙江	1088.47	81.48	5.20	432.82	14.20	32.83
华东地区	9343.02	1325.52	11.21	4201.95	345.49	-3.47
上海市	1060.43			558.27		
江苏省	1925.22	3.36	9.80	972.56	0.71	121.88
浙江省	1808.44	542.03	18.36	697.33	89.76	-15.53
安徽省	872.24	54.63	20.07	368.14	7.29	-41.45
福建省	1043.66	532.49	5.03	403.74	195.18	5.34
江西省	632.03	184.60	6.43	201.06	52.25	-1.56
山东省	2001.00	8.41	68.54	1000.85	0.30	-41.18
中南地区	8186.68	2617.21	7.56	3321.77	853.41	19.77
河南省	1531.70	152.80	64.66	702.73	22.74	39.00
湖北省	1510.93	707.05	7.50	559.12	281.40	17.79
湖南省	1033.54	585.80	2.51	376.37	210.63	15.51
广东省	3189.56	701.55	7.04	1353.47	155.73	40.84

续表

全国及各省、自治区、直辖市	2000年					
	装机容量(万kW)			发电量(亿kW·h)		
	全部	水电	水电增长率(%)	全部	水电	水电增长率(%)
广西区	741.82	416.32	3.45	289.09	168.87	9.69
海南省	179.13	53.69	0.36	40.99	14.04	34.35
西南地区	3525.53	1993.54	6.34	1364.55	720.11	18.78
重庆市	432.20	132.70	23.98	167.90	38.22	18.36
四川省	1709.84	1100.83	5.68	556.38	369.05	21.59
贵州省	606.36	235.81	2.08	315.97	90.95	13.86
云南省	741.41	494.72	5.78	317.46	216.08	16.86
西藏自治区	35.72	29.48	8.18	6.84	5.81	3.01
西北地区	2464.64	869.10	4.23	1017.07	299.64	8.14
陕西省	737.56	145.12	12.32	283.00	36.00	59.36
甘肃省	655.22	295.15	2.91	280.27	114.34	-2.66
青海省	395.37	311.39	1.26	138.80	109.71	12.93
宁夏回族自治区	230.63	30.63	0.00	132.02	9.06	-7.74
新疆维吾尔自治区	445.86	86.81	8.99	182.98	30.53	1.56
不分区	252.00	252.00	70.27	95.79	95.79	69.96

（国电公司综合计划与投融资部 谢兴旺）

水电建设管理

3

勘 测 设 计 管 理

水电水利规划设计总院及其系统的深化改革

国家电力公司水电水利规划设计总院的前身，是能源部、水利部两部共管的水利水电规划设计总院。1993年原电力工业部成立后，经电力、水利两部协商决定，将原水利水电规划设计总院按两部隶属关系分开。1995年2月9日，原电力工业部以电人教(1995) 74号文《关于成立电力工业部水电水利规划设计总院（电力工业部水电水利规划设计管理局）的批复》，正式宣布成立电力工业部水电水利规划设计总院（以下简称水规总院），同时挂有“电力工业部水电水利规划设计管理局”（以下简称水规局）的牌子，属全额拨款的事业单位。

水规总院受部委托的主要职能是：组织和协调全国大中型水电的前期工作；代部管理北京院、华东院、中南院、成都院、贵阳院、昆明院、西北院等七个直属勘测设计研究院和中国水利水电建设工程咨询公司等。

水规局受部委托的主要职能是：代部组织河流（河段）水电规划的编制及审查；水电项目的预可行性研究和可行性研究设计的审查；在建项目的工程概算和移民补偿概算调整的审查等。

1999年底，水规总院系统职工人数为11934人，离退休人员7517人，净资产44727万元。

水规总院系统的改革起步较早，对各直属院采取的改革措施主要有：

(1) 1981年开始，将勘测设计事业费由原来吃“大锅饭”的“人头费”，改为按项目安排的“项目费”，即按项目和勘测设计实物工作量安排经费。

(2) 1983年开始，推行技术经济承包责任制，华东院和中南院为试点单位。并实行了院长负责制和任期制，建立了院长任期目标责任审计制。

(3) 1993年经国务院批准，在全国事业单位实行工效挂钩试点，直属院及总院全都参加。各院都加大了“一业为主、两头延伸、多种经营”和“外进内转”（外部进入设计咨询监理市场，内部加大转换经营管理机制）的力度。

(4) 1996年开始，各直属院均开展了三项制度、改革和项目管理试点工作。北京院被原电力部和建设部选为全国工程勘测设计单位建立现代企业制度的试点单位。

水规总院机关本身采取的改革措施主要有：

(1) 对市场经济条件下的水电前期工作管理体制，进行了大量的调查研究和探索工作，调整了前期工作设计阶段划分，初步形成了集资办前期的基本格局，并在前期工作项目选择勘设单位时试行招投标制，如大广坝和锦屏二级工程。

(2) 1983年成立了“中国水利水电建设工程咨询公司”，1995年又成立了“北京水规远科技开发中心”和“北京山川设备材料中心”，进入了水利水电和新能源发电设计、施工监理以及计算机软件开发等市场。

(3) 1998年3月19日，原电力工业部《关于水电水利规划设计总院体制改革的批复》（电综［1998］197号）明确，水规总院的改革本着由上而下和积极稳妥的原则，分两个阶段进行：第一阶段，组建“中国水电水利及新能源发电工程顾问有限公司”；第二阶段，7个直属院按照建立现代企业制度的要求，组建有限责任公司。

1998年5月，经国家工商行政管理局批准“中国水电水利及新能源发电工程顾问有限公司”注册成立（1999年12月24日变更登记为“中国水电顾问有限公司”）。1998年5月25日，国家电力公司印发《关于暂时保留电规总院和水规总院及其直属院名称的通知》（国电人劳［1998］170号），将“电力工业部水电水利规划设计总院”更名为“国家电力公司水电水利规划设计总院”。

中国水电顾问有限公司是国家电力公司的全资子公司，1998年11月5日，国家电力公司印发《关于立即开展建立资本纽带实施工作的通知》（国电财［1998］600号），界定中国水电顾问有限公司的国家资本金为41300万元，并与7个直属院建立了资本纽带关系。

中国水电顾问公司的主要经营范围是：

(1) 编制河流（河段）水电开发规划。

(2) 水电水利和新能源发电项目的勘测、设计、科研和造价编制。

(3) 水电水利和新能源发电项目的招标咨询、工程造价评估、水库环保评估、经济评价与财务评估、设备采购标书编制和评标咨询。

(4) 水电水利和新能源发电项目的建设监理及工程总承包。

(5) 水电水利项目的水库移民规划编制、咨询和移民工程监理。

(6) 工业民用建筑和岩土工程的勘测、设计、咨询和施工等。

通过这些改革，取得了一定的成绩。七个直属院已实现“事业单位、企业化管理”多年，基本建立激励与约束的机制，调动广大职工的积极性，努力开拓市场，经营收入逐年增加。到1999年，七个直属院共实现营业收入87133万元，全员劳动生产率为7.34万元/(人·年)。

到目前为止，七个直属院正在按照国家电力公司的统一部署，研究自己的体制改革方案。改革的目标是将其改制成为中国水电顾问有限公司的全资或控股子公司，并以中国水电顾问有限公司为母公司，七个直属院改制以后的公司以及中国水利水电建设工程咨询公司为子公司，组建“中国水电顾问集团”，以增强公司的竞争实力，应对我国加入WTO后将面临的一系列挑战。

(水电水利规划设计总院　程念高　何根寿)

水电水利规划设计总院系统1998年～2000年生产经营及效益

国家电力公司水电水利规划设计总院系统七个直属院，2000年年末在册职工11702人。七个直属院除了承担国家水电水利重点工程的勘测设计以外，还发挥自身优势，跨越地域和行业界限，积极参与市场竞争，实行大土木、大咨询、多元化经营战略，在火电、工民建、公路、桥梁、航运、地铁、机场、港口码头等领域占有一定市场。继续推行“一业为主、两头延伸、多种经营、多种功能”的方针，大力发展第三产业。通过广大职工的艰苦奋斗，不仅年年较好地完成了生产任务，而且产值逐年有较大幅度的提高，设计院的实力也得到了大大增强。1999年，建设部对全国工程勘察设计单位的统计年报，从勘察设计单位的技术业务能力、营业收入、上缴利税、利润、完成的勘测设计工作量、年末资产、资产的保值增值、微机装备及应用等方面进行了综合指标评估，总院系统七个直属院全部进入全国百强行列。

七个直属院主要承担全国大中型水电水利工程的勘测设计工作，包括河流(河段)规划、预可行性研究、可行性研究、指标设计、施工详图等。在1998年～2000年的三年时间内，共完成河流(河段)规划19项，预可行研究22项，可行性研究42项。三年完成的水电前期项目勘测设计实物工作量为：规划设计实耗工日166万个，钻探11.99万标准m，洞探5.68万m(标准)；竖井3236m(标准)；坑槽探29.77万m^3(标准)；物探21.59万标准点；地质实耗工日83.07万个；工程测量1907km^2(标准)；水文175标准站年；地震监测6标准台年。

七个直属院立足于水电建设行业，同时加大开拓市场的力度，跨行业参与市场竞争，设计院内部通过转换经营机制，适应市场发展的需要，调动职工的积极性和创造性，提高劳动生产率，较好地完成了年度生产经营目标，1998年～2000年完成总产值见表1。

表1　完成总产值表(万元)

年份	总产值	设计	勘测	科研	其他	外协
1998	78964	17533	14421	3044	1790	41623
1999	89329	20854	16212	4148	2020	46095
2000	93796	21897	17023	4355	2121	48400

从表1可见，1998年～2000年完成总产值为26.21亿元，平均每年产值为8.74亿元，人均产值7.4万元。

三年实现财政决算收入和人均收入见表2。

表2　总收入和人均收入表(万元)

年份	总收入	年增长率	人均收入	年增长率
1998	80910	15.1%	6.55	15.5%
1999	88713	9.6%	7.34	12.1%
2000	94000	5.96%	8.03	9.4%

从表2可见，1998年～2000年实现收入26.36亿元，平均每年实现收入增长10.22%，年人均收入为7.30万元。

七个直属院所承担的任务来源为两大块，即国家水电建设项目(一般称水电前期在建项目)和通过市场竞争获得的项目(一般称外协)，1998年～2000年实现的水电前期在建项目和外协项目的收入见表3。

表3　水电前期在建项目和外协项目收入表(万元)

年份	总收入	前期在建项目	比重	外协项目	比重
1998	80910	39322.3	48.6%	41623	51.4%
1999	88713	42618	48.04%	46095	51.96%
2000	94000	45600	48.51%	48400	51.49%

从表3可见，三年总产值的构成中，水电工程前期在建项目和外协工程任务的比重分别为48.38%和

51.62%。1998年～2000年的三年中，外协收入占总收入的51.62%，已超过水电前期在建项目的收入，面对水电在建工程任务少的现实情况，各院加大市场开拓力度，跨行业经营取得显著效益，同时在市场竞争中得到发展壮大。

（水电水利规划设计总院　王民浩　张书军）

中国水电顾问有限公司 1998年～2000年生产经营成效

中国水电顾问有限公司（以下简称“顾问公司”）是根据国务院国发（1996）48号文和原电力工业部电综（1998）197号文，经国家工商行政管理局注册登记，于1998年5月成立，属国家电力公司全资子公司。主要经营范围为：水电水利和新能源发电项目审查评估、环境保护评价、工程承包、招投标咨询；经营与水电水利及新能源发电工程有关的设备和材料；工业与民用建筑和岩土工程勘测设计；中小电力项目投资；计算机应用软件和信息服务。为此，顾问公司在原水电总院从1998年3月开始对水电项目审查评估任务实行适当收费、弥补事业经费不足的基础上，以水电项目前期设计报告审查评估、工程概算和水库移民概算调整评审为主，逐步开拓业务领域。2000年初顾问公司进行了实体化改革，重新调整其业务范围，主要从事水电项目前期设计报告审查和工程安全鉴定等业务。

（一）生产经营简况

自从1998年公司成立起，重点抓好设计报告审查评估的业务龙头，巩固水电发展政策研究工作，积极开拓工程安全鉴定、工程设计咨询（监理）新领域的业务。经过三年的实践，业务经营范围做了适当的调整，以适应深化改革和市场经济发展的需要，基本形成了自己有特色的业务范围，取得了一定的经营成效。

（二）生产任务完成情况

1．做好设计项目评审，保证项目前期工作进展顺利

1998年和2000年，国家经贸委电力司每年都下达顾问公司《关于委托水电顾问公司承担有关水电项目审查评估工作的批复》任务，前期阶段性设计报告有77项，其中：水电规划18项，预可研18项、1257万kW，可研41项、2512万kW；在建工程和水库调概24项。根据这一任务要求，结合项目业主或主管单位提出项目设计报告评审的要求，顾问公司认真安排、积极组织，保证了项目前期工作的顺利进行，推动水电开发建设。1998年～2000年，完成设计报告和专项评审有60项，其中：规划项目5项，预可研项目13项，可研项目26项，调概项目16项。

2．抓好工程设计咨询（监理），为业主当好顾问

1999年开始承担工程设计咨询项目，并作为公司本年度重点开拓业务，基本实现了从前期设计咨询和专题咨询，逐步向招标设计监理（咨询）方面发展，并对水电建设全过程技术咨询进行了探讨，为公司实现经营目标和发展多方位咨询奠定基础。经过前期准备工作，1999年下半年承接了溪洛渡、向家坝两个巨大型工程可研阶段的咨询，水布垭招标设计咨询，黄龙滩扩机可研咨询，蔺河口水电站设计监理，以及棉花滩、岩滩、平班、洪家渡等水库专题咨询任务。2000年承接了龙滩和小湾工程咨询、锦屏一级工程设计咨询、回龙抽水蓄能电站招标阶段咨询、吉林台建设咨询和水布垭水库监理等项目。

3．认真组织水电专题研究课题，为促进水电发展出谋献策

以前水电规划总院曾承担上级政府部门安排的水电有关政策软课题研究，为继续充分发挥顾问公司的长处，从1998年起该项业务已成为顾问公司的主要业务，并经过认真组织、安排，落实水电发展政策软课题的研究工作。1998年底与国家电力公司签订九项研究课题合同，1999年一季度完成九项课题大纲编制，通过规划处、定额处的精心组织、积极安排，使课题研究得以顺利进行，2000年基本完成全部课题任务。1999年下半年受国家电力公司投融资部委托，又承担了水电发展政策研究课题，且已完成了该课题的任务，提出了水电建设宏观政策的建议和措施，为大力发展水电出谋献策，其成果得到了有关部门的高度评价，受到了国家电力公司领导的表扬，从而巩固了公司在水电发展政策软课题研究中的地位。2000年还开展了“未来三十年水电战略规划”等3项研究，并计划开展全国水力资源复查工作。软课题的研究拓宽了公司的在改革中求发展的思路，增强了公司顾问、咨询的特色，为确立公司的全方位服务奠定了基础。

4．及时组织工程安全鉴定，保证工程按时蓄水发电和竣工验收

工程安全鉴定业务于1999年从工程咨询公司移交顾问公司。根据工程建设进度，在上级主管部门的指导和支持下，1999年组织开展了高坝洲、芹山水库的蓄水前安全鉴定工作，保证了两项工程下闸蓄水的顺利进行。2000年完成了棉花滩水电站蓄水前安全鉴定工作，完成了二滩水电站、松江河小山梯级、高坝洲和芹山水库等4项工程竣工的安全鉴定任务，为竣工验收提供了充分的技术基础。

（三）主要经验

1998年顾问公司的生产经营仅仅是单一的设计报告审查业务，经过顾问公司领导层的运筹，到1999年发展到工程设计咨询（监理）、软课题研究和工程安全鉴定的多领域业务格局，积极探索开拓新业务。同时，根据勘测设计单位改机建制和电力工业深化改革及较好适应水电勘测设计市场的需要，2000年公司进行了实体化改革，及时调整了顾问公司的经营业务，从而促进了公司的发展。

（1）围绕着公司发展策略，积极探讨公司的发展途径。主动向国家电力公司领导请战，主动与项目业主探讨如何发挥公司的优势，千方百计为公司创造出一个良好的外部环境条件，使得各部门、全体员工同心协力、积极配合，不仅超额完成公司确定的生产经营目标，而且在水库移民监理、工程建设技术咨询方面开创了新局面。

（2）抓住项目设计报告评审这一龙头，与项目业主建立良好的关系。认真的工作态度、务实的工作作风，促进了工作质量的提高，提高了公司的信誉，使政府主管部门放心、项目业主满意，从而树立了公司在市场中的良好形象，为今后的业务开拓奠定了基础。在职职工工作作风扎实，老专家工作作风严谨、严肃认真，得到了业主的一致好评。例如蔺河口设计监理、龙口抽水蓄能电站可研评审等都得到了业主的高度评价。

（3）注意收集项目信息，对项目进行跟踪，为开拓业务做好充分准备。公司领导强调每位总经理都要参与经营，使生产经营工作颇有起色，同时与项目业主建立了良好的关系，保证了项目业务的有序进行和落实。

随着改革的深化，水电勘测设计技术的发展，顾问公司必须转变观念，做好“两为服务”，讲经济效益，努力做到技术和经济相统一；必须转变内部经营机制，以调动各专业处的积极性，体现多劳多得、效率优先的原则，同心协力，高质量、高水平地完成各项任务，为水电事业的发展做出贡献。

（中国水电顾问有限公司 翁新雄 张书军）

1998年～2000年预可研和可研审查项目表

序号	项 目 名 称	装机规模（万kW）
一	预可研项目	1285
1	云南糯扎渡	550
2	四川锦屏一级	300

续表

序号	项 目 名 称	装机规模（万kW）
3	广东惠州蓄能	120
4	江苏宜兴（铜官山）蓄能	100
5	湖北白莲河蓄能	60
6	吉林双沟蓄能	50
7	贵州索风营	42
8	重庆江口	27
9	福建洪口	20
10	四川狮子坪	12
11	西藏巴河一期	4
12	浙江滩坑	60
13	湖北江坪河	50
二	可研项目	1263.92
1	四川官地	180
2	云南景洪	160
3	湖北水布垭	160
4	河南宝泉蓄能	120
5	山西西龙池蓄能	120
6	泰安蓄能电站	100
7	江苏宜兴（铜官山）蓄能	100
8	贵州乌江渡扩机	50
9	湖南凤滩扩机	40
10	广西平班	40
11	四川福堂	36
12	湖北黄龙滩扩机	34
13	福建街面	30
14	新疆察汗乌苏	26
15	四川硗碛	24
16	贵州引子渡	21
17	青海直岗拉卡	19.2
18	西藏达嘎	2.52
19	西藏八一三级	1.2
20	贵州光照	100
21	重庆江口	27
22	西藏巴河一期	4
23	四川自一里	12

（水电水利规划设计总院 刘庆华）

上海勘测设计研究院项目管理

（一）勘测设计单位推行项目管理的要求

随着我国社会主义市场经济体制的建立和完善，与业主责任制相应的项目管理制将成为我国工程项目管理的主要形式。设计作为工程建设设计、采购、施工、开车四个阶段的关键阶段，在工程建设中起主导作用。因此设计院内部管理体制必须与我国推行的工程建设项目管理体制相配套，在项目的设计阶段推行项目管理。

（二）上海勘测设计研究院项目管理实践

1996年上海勘测设计研究院（以下简称上海院）在学习国外有关项目管理经验的基础上，开始着手准备工作，1997年成立了课题组，在收集资料、调查研究的基础上，结合上海院的具体情况，编制了《上海勘测设计研究院项目管理实施细则》（试行），提交职工代表大会审议通过，并决定自1998年1月1日起在上海院正式试行项目管理。

1. 建立以工程设计为主体的项目管理体系

根据上海院具体情况建立的以工程设计为主体的项目管理体系，采用了以项目管理为中心，专业管理为基础的矩阵式结构管理模式，由项目经理组建项目组，其成员向各职能部门和专业室聘用；实行动态管理，并由项目经理负责项目全过程的实施，项目中勘测、科研、建筑设计和环境保护等工作由项目经理委托勘测公司、科研所、建筑分院和环保分院等二级机构承担，签订内部承包合同，并各自实行其内部的项目管理。

2. 项目管理的范围

项目管理范围主要包括：①与业主建立了合同关系或以其他形式委托上海院承担的项目；②属于政府行为的工作，如河流河口的规划、工程项目可研（预可研）等；③科技开发项目、标准化工作、规程规范编制等。

3. 建立项目组

根据上海院承接项目的具体情况，项目组实行动态管理，可按一个大型工程建立一个项目组，或按地区工程建立，也可按专业来建立，同时考虑到目前市场的需求可对一些小型工程归口组建一个项目组。项目组实行项目经理负责制，项目组设有项目总工程师、合同工程师、计划工程师、质量工程师和财会人员。各专业设计人员由项目经理提出要求，经各专业室主任推荐协商确定专业主设计人和专业设计人员，实行动态管理。项目经理由生产管理处提出推荐名单，经人事处组织有关部门和有关人员进行考核，报院批准后由院长聘任。

4. 生产部门的设置

根据矩阵式项目管理的要求及上海院的资质，结合承担任务的具体情况，将原有的4个专业设计处调整为5个专业室，即：规划室、水工室、施工概预算室、机械室和电气室，并规定了各专业室的业务范围，保留并调整了二级生产机构，即：勘测公司、科研所、建筑分院、环保分院、监理公司和电算中心。

5. 管理部门的设置

根据项目管理要求，原经营开发处、生产管理处、科技质量处、人事处和财务处的设置不变，主要是制定和明确了各管理部门在项目管理中的主要职责。项目经理归口在生产管理处，院还建立了隶属于人事处的人才中心，加强对“中心”人员的管理并负责向有关专业室、项目组、二级机构推荐“中心”人员上岗。

6. 建立以项目管理为中心的管理制度

以项目管理为中心的管理制度包括：①制订了项目经理的资质和条件，项目经理的职权；②制订了专业室主任、主任工程师和专业主设计人的工作职责，明确相互之间的分工和关系，具体规定了专业主设计人的资质和条件；③对项目合同管理、计划管理、质量管理、人事管理和成本管理作出了具体要求和规定；④对项目结算和效益分配明确由生产管理处负责，会同财务处等有关部门统一管理，并规定了项目奖由“产值奖”和“成本节支奖”两部分组成；⑤制订了项目经理的奖金发放办法，其奖金根据其岗位职责、项目管理实绩和工作量等因素进行综合考核；⑥制订了项目估工和结算控制办法。

（三）上海勘测设计研究院项目管理取得的成效

以项目管理为中心、专业管理为基础的矩阵式结构管理模式，比原设总和专业处的体制要合理，更能适应市场的要求。实行项目管理后优化了劳动组合，有利于生产调度，加强了项目设计的整体性；初步形成了竞争机制，调动了生产人员的积极性，绝大部分设计人员从“要我干”转变为“我要干”；项目经理责权利明确了，基本做到了代表院长对外履行合同，对内全面主持项目组工作，通过实践逐步把项目经理培养成为懂技术、会管理、善经营的复合型人才；上海院自1998年实行项目管理后完成产值逐年有较大幅度增加，取得了明显效果，为上海院适应市场竞争迈出了坚实的一步，但离国际通行模式的项目管理体制还有相当大的差距，今后将继续不断总结，不断完善，逐步提高。

（上海勘测设计研究院　石小强）

东北勘测设计研究院改企建制工作的成效与前景

东北勘测设计研究院（简称东北院）改企建制工作经历了实行企业化管理，推行技术经济责任制，适应市场、转换经营机制、奠定改企建制基础工作三个重要阶段，现已步入由事业改为企业并建立现代企业制度的新阶段。

（一）东北院面向市场转换经营机制、拓宽业务范围所取得的成效

1. 解放思想、更新观念、确立了面向市场的经

营发展战略

围绕着从传统的计划经济体制向社会主义市场经济体制转变，从粗放型的经济增长方式向集约型转变的总题目，全院干部职工曾开展了三次大学习大讨论活动，形成并确定了东北院经营发展战略。在1995年8月的“改企建制研讨班”上着眼于提高院综合能力、整体素质、总体效益的目标，初步形成了坚持“一业为主、两头延伸、多种经营”的方针，创建全方位、多功能、国际通行的现代设计咨询企业的经营发展战略构想。在1996年1月在建立企业运行机制研讨班暨院务（扩大）会议上做出了面向国内外两个市场“立足设计、扩展设计、跳出设计”，建立以设计为主业的，以工程咨询、工程监理、工程总承包和兴办科技实业、发展多种经营为主要内容的发展经营战略部署。在1998年3月深化改革研讨会上确定了以市场为导向，由单纯为行业服务转入为社会各行业服务，由单一经营转为多种经营，全面实施突破地域、行业两个界限，以大土木工程设计为主，以工程咨询、工程监理、工程总承包和兴办科技实业为两翼，立足设计、扩展设计、跳出设计的三维经营发展战略，努力把东北院塑造成为社会主义市场经济的微观主体。

2. 调整结构、转换生产组织方式，建立了适应市场的生产经营组织体系

东北院依照“立足设计、扩展设计、跳出设计”的经营发展方针，不断地调整产业、专业结构、转换生产组织方式，适应开拓市场的需要。

（1）立足设计。首要巩固水利水电行业的工程勘测设计，在巩固水利水电行业工程勘测设计业务的同时，走出水门，迈向相近行业的工程勘测设计市场。

1995年以来，东北院圆满地完成了国家重点建设项目和水利部、原电力两部下达的松花江、辽河防洪规划，青海黑河规划，北水南调、尼尔基、蒲石河、荒沟、大腾峡、马鹿塘、丰满永庆、毕拉河口、马家、白山、双沟、金哨、临江、文得根、四湖沟、二道沟、晓奇、遮冒等水利水电项目的可行性研究、初步设计等指令性任务14788万元；完成了集资在建的莲花、松江河梯级、满拉、荒沟（下池）、丰满三期、山口、宝山、象山、桓仁扩机、西江等水电站建设工程的技术供应，其中9座电站相继装机23台机组，总装机110.75万kW。五年来东北院水利水电勘测设计总收入达33750万元，占经营总收入的59.1%，为国家完成设计投资总额224.75亿元。

为立足设计主业，扩大设计市场和迎合市场开发和项目经营管理的需要，东北院新组建了经营开发部、项目管理部；调整充实科技质量部职能部门；在大连、深圳、北海、海南、西藏设立了承揽工程项目的窗口机构；同时在已有的水利、水电、公路、水运、建筑、电力、市政勘察设计资质基础上又申办了人防、环境污染防治、水土保持方案、压力容器设计、地质勘察、测绘等资质；还大力贯彻GB/T 19001—ISO9001标准，通过了院质量保证体系的认证，获准了对外经济技术合作许可证书；合理配置人力资源，调整了水文、规划、勘测、水工、机电、施工、科研等业务部门的专业力量；调整生产组织机构，转换生产组织方式，将建筑设计处改组为建筑设计院，组建了压力容器设计研究所，使东北院在建筑、市政、环保、电力、交通、通信等行业的勘察设计市场中争得了席位。表1中的数据显示在经营总收入中勘察设计收入仍占主体，其中非水利水电行业勘测设计经营收入逐年增长，占院总收入的份额也逐年增高，标志着东北院正立足设计主业，逐步从单一行业的勘测设计研究院成为综合性的勘测设计研究院。

表1 东北院1996年～1999年经营总收入情况

年份	勘察设计收入占年经营总收入比例	非水利水电行业勘测设计收入占勘察设计总收入比例	非水利水电行业勘察设计收入较上年增长幅度
1996	93.2%	9.5%	28.5%
1997	64.1%	11.9%	15.4%
1998	62.3%	15.9%	67.4%
1999	56.5%	16.1%	-9.7%

（2）扩展设计。在发展设计主业的同时，向设计“两头市场延伸”，为工程建设全过程服务。运用已取得的水利、水电、建筑、市政、水文地质、工程地质、公路、水运、电力、邮电、通信、城市规划等专业的工程咨询、工程造价咨询、环境影响评价、水文水资源评价资格，及岩土工程施工、建筑装饰装修工程施工、工程监理、工程总承包等资质条件，合理地调用拥有的10个专业技术系列的271名高级与507名中级技术人才资源，利用已有的以振摆高喷技术为代表的一批先进工艺的专有技术，以及以水平锚索钻进钻机为代表的一批自行研制的先进设备的优势，努力拓展业务范围。为适应勘察设计业务扩展的需要，进一步调整生产组织，充实了“东勘咨询总公司”、“东勘岩土工程公司”、“东勘装备技术开发公司”，组建了“科研咨询中心”、“建筑工程监理中心”，“建筑装饰处”等企业。从表2的一组数据中可以看出“两头延伸”与“岩土工程”施工的经营收入已成为东北院的重要经济来源，东北院的业务范围已逐步由工程设计延伸到工程咨询、工程监理、岩土工程施工，又逐步扩展到工程总承包以及造价咨询、投标代理等固定资产投资活动全过程的各阶段的智力服务领域，为

塑造具有（设计、采购、管理）多功能型的咨询设计单位奠定了基础。

表2　　东北院1996年～1999年
"两头延伸"及"岩土工程"收入情况

年份	两头延伸及岩土工程收入占总收入比例	两头延伸收入占总收入比例				岩土工程收入占总收入比例
		合计	其中			
			工程咨询	工程总承包	工程监理	
1996	17.9%	11.3%	4%	30.2%	65.8%	6.6%
1997	28%	23.5%	17.1%	60.6%	22.3%	4.5%
1998	30.3%	26.8%	20.1%	58.2%	21.7%	3.5%
1999	30.6%	26.1%	11.8%	58.1%	30.1%	4.5%

（3）跳出设计。在扩展咨询设计业务范围的同时，为培育新的经济增长点，依靠自有科研成果，实施科技成果产业化，组建科工贸实业，向产业延伸，向企业延伸，向社会延伸。先后以机电专业技术人员多年来开发研制的"无人值班，少人值守"的计算机监控系统技术，"新型拼块镶嵌式控制屏及动态模拟系统装置"等科研成果为依托，利用深圳经济特区环境，调配专业人才，注入启动资金，与具有经济实力的深圳与香港两家企业合资共建了东北院控股的"深圳博威仿真控制工程有限公司"，设计生产电气控制屏等十三项电子产品；依靠科研院技术人员研究成功的"SK型引气减水剂"等成果，兴办了"东勘新型建筑材料有限公司"，生产出"SK型混凝土引气减水剂"、"CNC型混凝土砂浆早强剂"、"溶冰牌混凝土砂浆防冻剂"等五项新型建筑材料；利用空置房屋、场地添置设备，安置富余人员，办起了家政服务中心等多种经营企业。从表3一组数据中可以看出东北院的多种经营正健康地发展，并越来越成为院经济收入的重要来源之一。

表3　　东北院1996年～1999年
多种经营收入情况

年份	多种经营企业经营收入较上年增长幅度	多种经营企业经营收入占院总收入的比例
1996	66.7%	11.9%
1997	5.3%	11.2%
1998	43.8%	13.9%
1999	20.9%	17.9%

（二）强化管理、转换经营机制，建立了自我发展、自我约束的企业管理模式，促进生产力发展的内部管理体制

为建立"一业为主、两头延伸、多种经营"生产经营组织体系，不断地进行了以转换经营机制、强化经营管理、健全领导体制为主要内容的制度建设。

（1）建立了规范的领导体制和运行机制，发挥班子的整体功能，形成了"两个文明建设"、"科技发展"、"人才培养"、"技术装备"与"计算机技术应用"的长远发展规划。

（2）培育适应市场经济的生产经营管理机构，以生产经营为主线，一方面合并和精简机关、党群、行政职能部门，一方面强化充实经营管理业务机构，不断完善机关部门的岗位责任制、业务部门的技术经济责任制、生产经营单位的工效挂钩制度及院属企业的经营承包责任制，推行项目经理负责制，形成激励与约束机制。

（3）制订经济合同管理、财务资产管理、人力资源管理、技术质量管理、科技档案管理、企业管理等制度，初步形成规范化、法制化的科学管理体系。

（三）东北院改企建制的前景

依据东北院的人才、技术、信息、资产的优势和实力，以及具备参与国际市场竞争的条件与能力，将改企建制的目标基本确定为：

（1）生产经营组织的改革。选择国际型工程公司模式。通过技术进步，产业调整，拓宽业务将院改造为具有设计、采购、项目管理、试车考核和融资能力的可为多行业服务的工程公司，以其自身的专业技术、工程经验和项目管理能力代政府和业主组织和管理整个建设项目。

（2）资产组织形式的改革。选择多种所有制共存的、股权多元化的有限责任公司形式。通过资产重组，将院创建成为国家股、法人股、集体股、职工股多种股权合理配置的、以最大限度调动科技人员及经营管理者积极性为特点的、具有现代企业制度特征的工程有限责任公司。

（3）组织机构的改革。选择资产经营与生产经营并行的方案。通过资产二次重组和业务重组，优化配置资源，参照工程咨询设计公司、岩土工程公司模式，按照母公司—子公司的体制，将东北院的建筑设计、机电工程设计、科技咨询、工程监理、工程勘测及基础处理等专业组织分别改组为工程公司控股的咨询设计子公司或岩土工程子公司，由工程公司的企业发展、资产管理等部门承担其子公司资产运营职能。

工程公司在资产运营的同时从事生产经营。按总公司—分公司的体制在本部设立各工程项目经理部，推行项目管理。设立各专业业务室和经营部、项目管理部、项目控制部、质量保证部、采购部、施工部、开车部等经营管理部门，并对各工程项目实行矩阵式管理。

通过上述三个方面的改革使东北院逐步形成"一业为主，多业并举"的、以产权为主要连接纽带的工程咨询设计集团公司，为国内外两个市场中的固定资

产投资活动提供技术性、管理性服务。

东北院改企建制的前程艰难，前景光明。

（东北勘测设计研究院 郭士斌 孟秀玲）

大朝山水电站工程设计管理与设计优化

云南大朝山水电有限责任公司（以下简称公司）1994年底成立之日起，在公司第一次董事会上就确定设立公司下属技术管理部和设备物资分公司（以下合称技术管理部门），负责土建和机电设计的管理（监理）工作，这种做法得到了国家电力公司北京勘测设计研究院和昆明勘测设计研究院（以下简称两院）的理解和支持，在工作中建立了良好的合作关系，并取得了显著的成绩。工程从1992年7月筹建开始，公司（前期为筹备处）就参与设计的前期工作，1993年参加了电站的初步设计审查，之后由公司先后组织施工规划设计审查、招标文件编制、技施设计重要专题报告的审查、机电专业技施设计大纲的审查以及专题技术讨论会和专家咨询会。这些重要活动为缩短建设周期、提高工程质量和降低工程造价起到了良好的作用。现将大朝山水电站工程（以下简称大朝山电站）设计管理及设计优化中业主与勘测设计的关系、设计管理的主要内容、方法和措施及设计优化的主要成果作一简要介绍。

（一）业主与勘测设计单位的关系

大朝山电站位于云南澜沧江中游、漫湾水电站下游，是澜沧江上已开发的第二个水电站，澜沧江流域规划由国家电力公司昆明勘测设计研究院完成。电站前期设计工作由水电规划设计总院按指令性计划分别下达给两院完成，因此本工程未采用招标形式选择勘测设计单位，两院在初步设计前签订了合作进行电站勘测设计的合作协议。

公司与两院是委托与被委托的合同关系，1998年共同补签了勘测设计总合同。按委托合同规定，两院负责电站的可行性研究、初步设计、招标设计和施工图设计。总合同上规定了设计范围、供图总要求和资金年度使用计划，根据工程建设进展情况每年签订勘测设计供图协议作为总合同的补充。

大朝山电站实行项目业主负责制、工程建设监理制和招标承包制，公司是电站建设的业主，与两院是合同关系，在设计管理关系上又是监理与被监理的关系，公司技术管理部门负有监理工程师职责。

（二）设计管理的主要内容

在工程建设管理的质量、进度和投资控制中，设计是龙头。在招标及施工图设计阶段，设计管理工作是在公司分管副总经理的领导下，由公司技术管理部门负责组织，公司技术管理部代表业主统一对外。设计管理工作的主要内容可以从以下两方面加以概括。

1. 设计技术管理

设计技术管理的实质就是对设计质量进行管理，设计质量直接影响工程建设的质量、安全、进度和投资。设计质量控制的直接责任在两院。公司对设计质量的管理本着是否有利于方便工程施工、有利于保证工程建设质量、有利于缩短建设工期和效益优先的原则，分层次对设计质量进行监督管理。

（1）对重大设计技术问题，形成以分管副总经理为首的审批和联合编审制度。由公司组织，先后审定了《云南大朝山水电站施工规划报告》、大朝山水电站工程六大标招标文件、《大朝山水电站C_4标地下厂房洞室群施工程序合理性分析专题报告》，由公司和两院联合编审完成了《大朝山水电站截流规划设计报告》和《云南大朝山水电站施工总进度专题报告》。

（2）机电专业进行设计大纲、设备订货技术条件审查和召开设计联络会。按业主的要求，设计单位分专业进行大纲设计，包括各专业设计方案、重大和关键部位设计要点，业主组织专家对设计大纲进行审查，尽可能避免在施工设计阶段发生方案性失误；设备采购招标阶段首先抓好订货技术条件的编写和审查工作，对重要设备，通过与各厂家进行技术交流，确保技术条件的先进性，确保设备在性能和安全方面满足电站安全、稳定运行的要求，并为“无人值班、少人值守”奠定基础；实行设计联络会制度，鉴于水电站机电设备涉及的专业、制造厂众多，业主花费较大精力搞好设计联络管理工作，重要设备甚至要进行两次设计联络。

（3）由技术管理部门对全部设计图纸和技术要求进行审查。

（4）对于一般的设计修改及变更，由技术管理部门牵头，实行审定会签制度。

（5）地下工程中涉及人员生命及设备安全需及时处理的，由监理工程师根据合同及设计确定的处理原则现场处理。

2. 设计合同管理

（1）进行限额设计，确保投资控制、技术措施到位。把对电站的限额设计要求写进了勘测设计总合同中作为控制目标之一，两院在招标设计和施工图设计中自始至终把限额设计的思想贯彻在具体工作中。在施工图设计阶段重点是控制施工图上工程量不突破招标及合同文件，经过参建各方的密切配合，目前总投资完全控制在业主预算内，比国家批准的初步设计概算有一定程度的节余。

（2）保证技术供应及时到位。公司技术管理部门行使业主职能，负责与勘测设计单位商谈勘测设计总合同，根据工程进展情况和施工总网络进度计划的要求，确定分年度施工图供图协议。按监理工程师职责负责检查、监督设计合同的执行，以保证技术供应满足工程建设的需要。

(3) 坚持现场技术交底制度。根据设计进度和现场施工进度要求，组织主要专业重要部位的设计交底工作，为施工方搞好技术准备工作提供条件。

(4) 组织设计配合现场施工。按总合同的要求，督促两院选派满足工程需要的现场服务人员，紧密结合实际，做好设计的现场服务工作。主要包括现场处理设计修改及设计变更、了解现场施工情况、进行设计前后方联络、参加隐蔽工程验收、重大设计问题及时反馈到设计院研究处理、必要时进行现场设计。

(三) 设计管理的操作方法和措施

(1) 设计管理坚持以超前性、科学性和实践性为原则。大朝山水电站工程的设计管理中以超前性、科学性和实践性“三性”为原则，突出超前性以满足工程建设之急需。事事突出技术供应（包括图纸供应、技术要求供应和技术措施供应）的超前性，设计管理（监理）活动中对设计方案和设计图纸的供应均以此为原则。

(2) 成立专门机构从事设计管理工作。1994年底公司成立了技术管理部门，受分管副总经理领导从事设计及技术管理工作。公司技术管理部有专职设计管理人员8人，其中具有高级技术职称的有5人。在技术管理方面的工作职责主要包括技术供应的组织工作、按分管副总经理的思路完成重大技术问题的研究和落实工作、主办技术咨询会议、审定施工详图、审定施工现场的设计变更和修改、负责新技术的推广应用工作，所有设计文件均经技术管理部门审定下发。技术管理部负有“立法”职责，而工程监理部负有“执法”职能。

(3) 建立以公司分管副总经理为首的设计管理体系。技术管理工作按电站建设的总体思路进行，在不影响初步设计（现可行性研究）原则的前提下，大朝山电站建立以分管副总经理为首的设计管理体系，又按专业特点分为土建及机电两个子系统进行。

公司从初步设计开始，主动参与设计工作，全面了解设计意图。工程筹建期间，参加了初步设计审查、项目可行性评估。公司成立后负责组织并参与编写电站施工规划报告和招标文件、组织重要专题报告及重要技施设计大纲的审定、组织进行设计现场交底，在对设计广泛深入理解的基础上结合工程实际督促做好设计优化工作。

(4) 对工程重大技术及安全问题及时聘请专家咨询并进行技术鉴定，确保工程安全。

(5) 制定《大朝山水电站工程合理化建议评审办法》。公司1998年向公司董事会提出了对合理化建议进行奖励的报告，提出评审办法后得到了董事会认可。1999年提出了第一次合理化建议奖励报告，建议对河床坝段坝基开挖、地下厂房顶拱开挖及支护和尾水调压室顶拱开挖及支护三个项目进行奖励，三个项目经估算节约投资约1330万元。

(6) 用“合格工程进度奖”对两院勘测设计人员进行奖励。为了加快工程建设进度，若两院按年度供图协议圆满完成了计划，则按季度给予两院奖励，以调动勘测设计人员的积极性。

(四) 设计优化的主要成果

根据公司要求，设计人员认真贯彻“求实创新、优化设计”的方针，同时公司积极支持设计和施工中采用新技术。大朝山电站初步设计完成后，在招标和施工图设计过程中，两院结合实际做了大量的设计优化工作。

(1) 在初步设计审查后，公司提出洞挖和明挖可用石渣料作人工砂石料源，设计人员做了具体详细的对比分析工作后取消了新开石料场，虽然此项变更为建设管理工作增加了难度，但仅此一项可节约数千万元投资。

(2) 高压组合开关GIS从地下移到地面，减少主变室开挖50000m^3，使地下洞室群的三大洞室（主厂房、尾调室和主变室）得到了合理调整，降低了主变室地下施工规模及难度。

(3) 对大朝山电站地下洞室前期施工地质条件的设计工作进行了深化，设计人员为此做了大量的对比计算分析工作。在技施设计阶段将尾水隧洞混凝土衬砌厚度由招标设计时的1m改为0.5m，开挖直径减少1m，分别减少开挖量和混凝土用量约60000m^3，施工中又对一期喷锚支护做了进一步的优化，方便了施工并节约了投资。

(4) 大胆采用新技术，大坝混凝土由金包银改为全断面碾压混凝土，方便了碾压混凝土的施工。

(5) 结合现场开挖揭露出来的坝基地质情况，普遍抬高大坝建基面。其中进水口坝段建基面较招标设计抬高最大达10m；河床坝段（11#～15#坝段）建基面较招标设计时抬高8m，仅河床坝基就减少开挖及混凝土浇注约46000m^3；

(6) 电站左右岸边坡由于全面采用预裂爆破技术，减轻了施工爆破对岸基边坡的破坏影响，并结合地质构造对边坡支护进行了优化设计，取消抗滑桩10根及预应力锚索350根。

(7) 经过设计人员大量的对比分析工作，决定取消尾水调压室下游边墙的混凝土衬砌，并对支护设计进行优化，仅尾水调压室835m高程以下预应力锚索就减少 487 根。

(8) 地下厂房顶拱支护的设计方案一方面关系到厂顶施工期和运行期安全，同时也关系到工程能否按计划实施。公司将其作为难点、重点，组织设计、施工单位及监理单位从优化设计及优化施工措施入手，采取切实可行的措施精心组织施工。厂顶支护初步设计时全部采用了国内传统的顶拱衬混凝土支护方式，招标设计时顶拱衬砌段长 183m（主厂房全长 234m），施工图设计初期经过多方案比较后仅保留了对围岩较差地段采用混凝土衬砌段 45m 长，衬砌厚度也由 1.2～1.8m 改为 1.0～1.5m，取而代之为系统锚喷支护。公司和两院并未就此满足，而是两次聘请咨询专家，有针对性地对影响厂顶稳定安全的 T_4 凝灰岩夹层进一步做地质勘探工作，加深并统一了认识，最终采纳专家意见，用喷钢钎维混凝土肋拱替代混凝土衬砌的设计方案，使大朝山地下厂房顶拱开挖顺利度过了厂顶施工安全关。结合地下工程对主厂房顶拱原位观测资料的分析，设计人员在现场确定取消厂顶 T_4 凝灰岩地段预应力锚索 42 根。

上述设计优化工作的付诸实施，初步估算节约投资超过 1 亿元，体现了设计为业主服务、为工程负责以及业主和设计之间的良好合作精神，更进一步充分说明设计管理工作在工程项目实施过程中的重要作用。

（大朝山水电有限公司　胡晓林　杨　诚）

水电勘测设计资质框架和证书标准修订

水电勘测设计资质框架和证书标准一直是按照国家的有关规定贯彻实施的。根据《中华人民共和国建筑法》，凡从事工程勘察设计的单位都必须具备规定的条件，申请取得相应的资格证书，并经工商登记取得营业执照后，方能在其资质等级许可的范围内承接工程设计业务。这一规定明确了勘察设计单位实行资质管理的法律依据，对于规范市场行为、提高单位素质、优化队伍结构、保证设计质量、引导设计改革都起着非常重要的作用，是行业管理和行业建设的重要手段。

勘察设计单位资质认证制度开始于 1980 年，是实施认证制度最早的行业。在计划经济时代，我国勘测设计单位所承担的勘测设计任务是由主管部门以计划下达的，客观上不存在资质审查确认的问题。随着经济体制的改革，勘测设计单位实行技术经济责任制，开始收取勘测设计费。为配合勘察设计单位由事业开支向设计取费的改革试点，1980 年国家计委制定颁发了《对全国勘察设计单位进行登记和颁发证书的暂行办法》，《办法》规定："全国专门从事基本建设勘察设计工作的独立的勘察设计单位，必须向有关部门办理登记手续，经审查批准，发给勘察设计证书"。证书按能承接大中型、小型项目规模能力划分为两个级别，审批程序也比较简单。这一措施比较有效地控制了无证单位为盈利而盲目进入市场，对保证设计质量和改革试点工作的顺利进行起到了积极的作用。

这一管理办法从实施到现在，已做过三次大的修订。

(1) 1986 年修订颁发了《全国勘察设计单位资格认证管理暂行办法》，把原来按大中型、小型项目分类的两级证书，改为"工程勘察证书"和"设计证书"两种，并按技术能力等要求划分甲、乙、丙、丁 4 级。在管理办法上主要是按隶属关系认证管理。按照新办法，1986 年～1987 年，对全国持证单位重新进行了审查和认证。

1991 年、1992 年对 1986 年的"办法"进行了较大的修改并制定了两个配套办法：《工程勘察设计单位实行收费资格证书的规定》和《工程勘察设计单位登记管理暂行办法》。在管理办法上强调了统一管理，成立了国家和地方两级资格审查委员会。规定甲、乙级由中央建设行政主管部门审批，丙、丁级由地方省级建设行政主管部门审批。明确"二证一照"（设计证、收费证、工商营业执照）齐全方能进入市场。1992、1993 两年按新标准组织了全国的换发证书工作。

(2) 现行的资质管理办法是经 1997 年修订的，并以建设部第 60 号部令《建设工程勘察和设计单位资质管理规定》颁发。目前，工程勘察、工程设计证书分两类 3 种。一类是《工程勘察证书》；另一类是《工程设计证书》，包括《专项工程设计证书》。这三种证书是现在市场上从事工程勘察、设计的合法证书。

现行的资质管理制度是在计划经济体制下建立起来的，随着市场机制的建立，已经做了不少修改和调整，但与市场经济的需要和国际惯例的要求，还有许多的不适应。在国际上，比较普遍的做法是强调专业人士的作用，但考虑到我国的国情，在相当一个时期内还要实行"单位资质与个人资质相结合"的认证管理体制，并逐渐向强化个人资格过渡。90 年代中，我国开始推行勘测设计个人执业资格的审查和注册制度，勘测设计资质主管部门成立了全国注册工程师管理委员会，负责全国各行业注册工程师个人资格考核认定工作，并组织进行了注册建筑工程师（一、二级）和注册结构工程师（一级）个人资格考核认定和考试认定工作。新的勘测设计资质认证办法和分级标准，将增加单位资质与个人资质挂钩的条款。

工程勘察设计属技术咨询业，目前，国家有关部门正在研究技术咨询类证书的改革。其主要框架是：

技术咨询设置工程设计证书、勘察与岩土证书两种。工程设计证书分为三类：综合类、行业类和专项类。每类证书根据需要设置级别。三类证书的关系为：综合类证书涵盖行业类证书，行业类证书涵盖专项类证书，以减少重复认证和交叉领证。

新的资质管理办法将对规范勘察设计咨询市场、减少无序竞争、防止恶性竞争，起到积极的作用。

（水电水利规划勘测设计总院　陶永庆）

各直属水电勘测设计院质量贯标认证表

单位名称	认证单位名称
北京勘测设计研究院	中国船级社质量认证公司
华东勘测设计研究院	浙江质量体系审核中心
中南勘测设计研究院	中国船级社质量认证公司
成都勘测设计研究院	北京九千质量体系认证中心
贵阳勘测设计研究院	中设质量体系认证中心
昆明勘测设计研究院	北京九千质量体系认证中心
西北勘测设计研究院	华信技术检验有限公司

（中国水电质量管理协会　颜　敏）

1998年～2000年水电水利勘测设计系统部级（电力行业）优秀QC小组评选情况

1998年度共评出部级优秀QC小组一等奖2名，二等奖4名，三等奖10名，见表1。

1999年度共评出部级优秀QC小组一等奖2名，二等奖7名，三等奖5名，见表2。

2000年度共评出电力行业优秀QC小组12名，先进QC小组3名，见表3。

QC小组活动的开展，对调动企业职工的积极性、创造性，提高企业的管理水平和经济效益等方面都起到了积极作用。由于领导重视，把QC小组活动情况作为双文明单位考核的一项内容，水电水利勘测设计系统的QC小组活动得到了健康发展，活动成果质量也不断得到提高。

但是，QC小组活动发展也不平衡，有的单位领导重视不够，活动开展困难。有的单位指导不够，成果质量还不高。

表1　水电水利勘测设计系统1998年度部级优秀QC小组名单

获奖等级	编号	单位名称	QC小组名称	课题名称
一等	01	成都勘测设计研究院	成勘院住宅楼打桩质量控制QC小组	成勘院住宅楼打桩质量控制
	02	中南勘测设计研究院	水布垭工程堆石料碾压试验QC小组	确保水布垭现场碾压试验顺利完成
二等	03	华东勘测设计研究院	工程设计五部电脑建筑渲染制作QC小组	制作高质量的电脑建筑渲染图
	04	贵阳勘测设计研究院	深埋复杂地质洞段水工隧洞结构计算QC小组	深埋复杂地质洞段水工隧洞结构计算质量控制
	05	昆明勘测设计研究院	施工导流研究QC小组	确定景洪水电站施工导流方式
	06	昆明勘测设计研究院	Auto CAD制图标准化QC小组	Auto CAD水工专业制图标准化
三等	07	北京勘测设计研究院	贯标工作QC小组	贯标认证工作研究与实施
	08	昆明勘测设计研究院	天生桥二级电站1997年洪水预报软件研制QC小组	天生桥二级电站1997年洪水预报软件研制
	09	西北勘测设计研究院	沃卡河一级水电站许莫首部枢纽泥沙模型试验研究QC小组	许莫首部枢纽泥沙模型试验研究
	10	广西电力工业勘察设计研究院	水库调度QC小组	提高汛末运行水位增加岩滩水电站发电效益
	11	中南勘测设计研究院	孟洲坝QC小组	提高二期基坑围堰防渗及基础处理质量
	12	贵阳勘测设计研究院	上仰勘探孔钻探QC小组	天生桥二级水电站引水隧洞上仰勘探孔钻探质量控制
	13	中南勘测设计研究院	堆石坝材料承载能力试验QC小组	水布垭混凝土面板堆石坝堆石体变形特性试验研究质量、进度控制
	14	华东勘测设计研究院	印制部晒图质量管理QC小组	提高CAD底图的晒图清晰度
	15	成都勘测设计研究院	水工设计微机应用技术研究QC小组	应用微机技术提高水工专业设计工作质量及效率研究
	16	成都勘测设计研究院	河流梯级开发方案纵剖面图绘制QC小组	河流梯级开发方案纵剖面图绘制

表2　　水电水利勘测设计系统1999年度部级优秀QC小组名单

获奖等级	编号	单位名称	QC小组名称	课题名称
一等	01	昆明勘测设计研究院	水库初期蓄水研究QC小组	天生桥一级水库1998年蓄水调度方案研究
	02	华东勘测设计研究院	二勘公司水流桥水库堵漏QC小组	确保水流桥水库堵漏成功
二等	03	华东勘测设计研究院	超高面板坝接缝止水结构仿真模拟试验QC小组	实现超高面板坝接缝止水结构仿真模拟
	04	西北勘测设计研究院	绘图中心QC小组	MAPCAD/MAPGIS在工程地质成图中的应用
	05	西北勘测设计研究院	康扬水电站枢纽推移质泥沙模型试验研究QC小组	康扬水电站枢纽防排沙布置优化模型试验研究
	06	中南勘测设计研究院	承压热水孔施工QC小组	深层承压热水观测孔施工技术攻关
	07	广西电力工业勘察设计研究院	勘察分院汽车运输QC小组	提高服务质量　保证车辆完好率
	08	成都勘测设计研究院	泥沙室QC小组	提高泥沙系列特征值计算成果质量
	09	昆明勘测设计研究院	金沙江其宗水电站江中钻孔施工项目部QC小组	深厚冲积层钻进工艺
三等	10	中南勘测设计研究院	三维牵引治疗腰突症QC小组	应用三维牵引技术，提高腰突症疗效
	11	昆明勘测设计研究院	边坡综合治理QC小组	天生桥一级水电站溢洪道引渠边坡综合治理
	12	贵阳勘测设计研究院	天生桥二级电站引水隧洞静力触探测试QC小组	天生桥二级电站引水隧洞静力触探测试
	13	中南勘测设计研究院	云南大朝山水电站DCS/C^{4}标坝基帷幕灌浆QC小组	云南大朝山水电站C^{4}标坝基帷幕灌浆工程施工监理
	14	成都勘测设计研究院	姚河坝QC小组	姚河坝4$^{\#}$支洞成洞条件研究

表3　　2000年度电力行业（水电水利勘测设计系统）优秀和先进QC小组名单

获奖等级	编号	单位名称	小组名称	课题名称
优秀	01	中南勘测设计研究院	丰顺垸锯槽成墙新工艺开发QC小组	复杂地层锯槽成墙防渗处理新工艺施工
	02	华东勘测设计研究院	华东院企业内部网应用开发QC小组	建好华东院企业内部网（Intranet）
	03	广西电力工业勘察设计研究院	平班水电站消能工优化设计QC小组	平班水电站消能工优化设计
	04	中南勘测设计研究院	钻孔彩色电视摄像QC小组	提高钻孔彩色电视摄像观测质量
	05	西北勘测设计研究院	电视新闻、专题片制作播放规范化管理QC小组	提高电视新闻、专题片外发数量
	06	昆明勘测设计研究院	拱坝坝肩稳定分析QC小组	小湾水电站拱坝坝肩稳定分析
	07	贵阳勘测设计研究院	“应用Win98图形处理系统编辑雷达测试数据”QC小组	应用Win98图形处理系统编辑雷达测试数据
	08	成都勘测设计研究院	“二滩国际公司”房建项目部QC小组	防止屋面渗漏
	09	昆明勘测设计研究院	鲁布革电站厂区防护灌浆工程项目部QC小组	鲁布革电站副厂房支洞倒垂帷幕灌浆施工工艺
	10	西北勘测设计研究院	公伯峡项目QC小组	公伯峡水电站高精度控制网施测改进措施
	11	广西电力工业勘察设计研究院	平班水电站机组机型选择QC小组	平班水电站机组机型选择
	12	成都勘测设计研究院	动能室QC小组	四川省宝兴河龙头水库特征水位—跷碛水库死水位选择

续表

获奖等级	编号	单位名称	小组名称	课题名称
先进	13	中南勘测设计研究院	湘江防洪堤加高加固设计 QC 小组	提高湘江防洪堤岸防渗及防洪标准
	14	贵阳勘测设计研究院	隧洞监理数据库 QC 小组	数据库在天生桥二级水电站隧洞施工监理工作中的应用
	15	昆明勘测设计研究院	勘探大队技术部 QC 小组	天生桥一级电站溢洪道钻孔灌浆塔架的研制与应用

（水电水利规划设计总院　郭宝秀）

1998 年度和 2000 年度大中型水电站优秀勘察、优秀设计评选结果

国家电力公司委托水电水利规划设计总院进行 1998 年度和 2000 年度优秀工程勘察、优秀工程设计的评选工作。经审定后评出 1998 年度国家电力公司优秀工程勘察 1 项、优秀工程设计 5 项（见表 1），评出 2000 年度国家电力公司优秀工程勘察 2 项、优秀工程设计 3 项（见表 2）。并由国家电力公司统一向建设部申报全国优秀工程勘察、全国优秀工程设计奖。经全国优秀勘察设计评选委员会评选，建设部批准，1998 年度全国第六届优秀工程勘察金质奖 1 项；全国第八届优秀工程设计 7 项，其中金质奖 2 项、银质奖 2 项、铜质奖 3 项（见表 3）。2000 年度全国第七届优秀工程勘察 4 项，其中金质奖 3 项、银质奖 1 项；全国第九届优秀工程设计 9 项，其中金质奖 2 项、银质奖 3 项，铜质奖 4 项（见表 4）。

表 1　1998 年度大中型水电站国家电力公司优秀工程勘察、优秀工程设计项目

类别	序号	项目名称	获奖等级	勘察设计单位	评选时间
优秀工程勘察	1	福建闽江水口水电站工程勘察	部级优秀勘察	华东勘测设计研究院	1998 年 6 月
优秀工程设计	1	湖南沅水五强溪水电站工程设计	部级优秀勘察	中南勘测设计研究院	1998 年 6 月
	2	西藏查龙水电站工程设计	部级优秀设计	北京勘测设计研究院	1998 年 6 月
	3	二滩水电站导流隧洞工程设计	部级优秀设计	成都勘测设计研究院	1998 年 6 月
	4	天生桥二级水电站 500kV 变电站设计	部级优秀设计	贵阳勘测设计研究院	1998 年 6 月
	5	湖南镇水电站扩建工程设计	部级优秀设计	华东勘测设计研究院	1998 年 6 月

表 2　2000 年度大中型水电站国家电力公司优秀工程勘察、优秀工程设计项目

类别	序号	项目名称	获奖等级	勘察设计单位	评选时间
优秀工程勘察	1	湖南沅水五强溪水电站工程勘察	部级优秀勘察	中南勘测设计研究院	2000 年 9 月
	2	云南澜沧江漫湾水电站工程勘察	部级优秀勘察	昆明勘测设计研究院	2000 年 9 月
优秀工程设计	1	福建闽江水口水电站工程设计	部级优秀勘察	华东勘测设计研究院	2000 年 9 月
	2	云南澜沧江漫湾水电站工程设计	部级优秀设计	昆明勘测设计研究院	2000 年 9 月
	3	黄河大峡水电站工程设计	部级优秀设计	西北勘测设计研究院	2000 年 9 月

表 3　全国第六届优秀工程勘察和第八届优秀工程设计获奖项目

类别	序号	项目名称	获奖等级	勘察设计单位	评选时间
优秀工程勘察	1	福建闽江水口水电站工程勘察	金奖	华东勘测设计研究院	1998 年 6 月
优秀工程设计	1	湖南沅水五强溪水电站工程设计	金奖	中南勘测设计研究院	1998 年 6 月
	2	岩滩水电站工程设计	金奖	广西电力工业勘察设计研究院	1998 年 6 月
	3	太平驿水电站工程设计	银奖	成都勘测设计研究院	1998 年 6 月
	4	二滩水电站导流隧洞工程设计	银奖	成都勘测设计研究院	1998 年 6 月
	5	天生桥二级水电站 500kV 变电站设计	铜奖	贵阳勘测设计研究院	1998 年 6 月
	6	湖南镇水电站扩建工程设计	铜奖	华东勘测设计研究院	1998 年 6 月
	7	万安溪水电站工程设计	铜奖	福建省水利水电勘测设计研究院	1998 年 6 月

表4 全国第七届优秀工程勘察和第九届优秀工程设计获奖项目

类别	序号	项目名称	获奖等级	勘察设计单位	评选时间
优秀工程勘察	1	贵州乌江东风水电站地质勘察	金奖	贵阳勘测设计研究院	2000年12月
	2	湖南沅水五强溪水电站工程勘察	金奖	中南勘测设计研究院	2000年12月
	3	云南澜沧江漫湾水电站工程勘察	金奖	昆明勘测设计研究院	2000年12月
	4	兰州中川民用机场扩建工程飞行区详细勘察	银奖	中国市政工程西北设计研究院 北京勘测设计研究院	2000年12月
优秀工程设计	1	福建闽江水口水电站工程设计	金奖	华东勘测设计研究院	2000年12月
	2	贵州乌江东风水电站工程设计	金奖	贵阳勘测设计研究院	2000年12月
	3	云南澜沧江漫湾水电站工程设计	银奖	昆明勘测设计研究院	2000年12月
	4	莲花水电站工程设计	银奖	东北勘测设计研究院	2000年12月
	5	黄河大峡水电站工程设计	银奖	西北勘测设计研究院	2000年12月
	6	天生桥一级水电站深孔弧形工作闸门设计	铜奖	昆明勘测设计研究院	2000年12月
	7	韩城发电边坡蠕滑应急治理工程设计	铜奖	西北勘测设计研究院	2000年12月
	8	新疆叶尔羌河卡群一级水电站工程设计	铜奖	新疆水利水电勘测设计研究院 喀什叶尔羌河管理处勘测设计院	2000年12月
	9	湖北宣恩龙洞水库电站工程设计	铜奖	湖北省水利水电勘测设计研究院	2000年12月

（国家电力公司水电水利规划设计总院 丁永生 陈琍琍）

建设项目管理

三峡工程第二阶段工程质量管理

三峡工程建设总工期17年，分三个阶段施工，1998年～2003年是第二阶段，也是建设任务最繁重艰巨的关键阶段，其目标是要在2003年实现水库初期蓄水、左岸电站第一批机组发电、永久船闸通航。本阶段施工的主要工程项目包括：左岸大坝及电站厂房开挖、混凝土浇筑及金属结构制造安装工程，永久船闸二期开挖、混凝土浇筑及金属结构制造安装工程，左岸电站水轮发电机组制造、安装工程、升船机土建工程，茅坪防护大坝工程，导流明渠截流及三期围堰工程等；需完成的主要工程量为：土石方开挖3082万m^3，土石方填筑2287万m^3，混凝土浇筑1848万m^3（最高年强度540万m^3），金属结构安装19.73万t（最高年强度6.96万t），投产水轮发电机组4台。与第一阶段相比，第二阶段工程技术更为复杂，施工难度更大，施工强度更高，因而工程质量控制的难度更大。为确保工程质量，三峡工程在认真总结第一阶段工程建设管理经验的基础上，加大了工程质量管理的力度，进一步健全和完善工程质量管理体系，提高参建单位和人员的工程质量意识，采取各种有效的质量控制措施。现将三峡工程质量管理的要点分述如下：

(1) 完善工程质量管理体系。由三峡工程项目法人三峡总公司牵头，组织参建的各设计、施工、监理单位的主要负责人共同组成“三峡工程质量管理委员会”，负责指导和督促各级质量管理组织和工程质量管理制度的建立和健全，对工程质量管理有关的重大问题进行决策。质量管理委员会下设办公室，负责委员会的日常工作。质量管理委员会制定了《三峡工程质量管理办法》，明确了项目法人、设计、施工、监理单位对三峡工程质量各自应负的责任。根据这个管理办法，各单位相应建立了工程质量管理机构和质量保证体系，制定了工程质量控制的各种规章制度和实施细则，明确了各级质量负责人，建立全员质量岗位责任制，加强施工单位和生产厂家的工程质量自我约束机制、监理单位和项目法人对工程质量的监督机制，建立工程质量激励机制，并规定了奖罚办法，从而进一步激励广大参建人员为创建优质工程而奋斗。

（2）加强监理力量，提高监理素质。第二阶段工程建设中，监理人员数量有较大幅度的增加，监理人员的生活待遇和工作条件也有较大的改善，同时项目法人对监理的素质也提出了较高的要求，既充分尊重监理在合同授权范围内独立行使职权，又加强对监理单位的管理和考核。为进一步加强对工程质量的检测，项目法人为各监理单位配备了较完善的试验检测手段，要求对隐蔽工程、重要部位和重要工序实行旁站监理，一般部位和工序也要加强巡视，及时发现和纠正不符合质量标准的工艺过程，严格验收程序。同时，根据三峡工程实际情况，还聘请少量国外知名公司的专家对关键项目和大型施工设备进行监理和咨询，通过招标选择了法国国家技术监督局和法国电力公司联合体承担左岸电站水轮发电机组的监造任务。

（3）制订三峡工程质量标准。三峡总公司组织参建单位的专家，根据国家现行标准结合三峡工程施工合同中的技术规范和设计要求，编制了《三峡工程质量标准》，大量印发给各参建单位，作为指导和规范施工质量控制、质量检验和评定的依据。一般说来，三峡工程质量标准采用了国家现行标准中最高等级的要求，其中不少部分高于国家现行标准。严格按照《三峡工程质量标准》实施，将可实现一流工程质量的目标。

（4）加强从原材料、设备制造到现场施工工艺各环节的全过程、多方位的质量跟踪控制，层层把好质量关。原材料、设备出厂前，必须经厂家自检和驻厂监理（监造）人员检验，符合合同规定的质量标准。进入工地后，还须经现场监理检验确认后方可使用。对现场施工全过程的各个环节，均提出明确的质量标准，由现场监理认真监督实施并加以严格的检验，前一道工序不符合质量要求的，不得进行后续工序施工。三峡总公司还设置了测量中心、试验中心、金属结构检测中心、安全监测中心等检测机构，对原材料、设备和现场施工各环节的质量随机进行抽检，进一步加大质量监督和控制的力度。

（5）大力整顿建筑市场。选好施工单位和生产厂家是抓好工程质量的源头。三峡工程项目法人遵循公开、公平、公正的原则，通过招标从优选择施工单位和生产厂家，杜绝层层转包，严禁无序分包。确因工程专业配套和技术优势互补需要分包的，必须按合同规定的程序，经监理审查认可分包队伍的资质和分包合同，报项目法人审批。工程项目的主体部分不得分包。分包的份额要从严控制。中标承包施工单位和生产厂家要对其分包项目的质量、进度负责，并应将其分包队伍或劳务协作单位纳入其质量保证体系中统筹管理。项目法人依据合同经常进行检查，一旦发现违规，立即予以清理，以防止因资质不良的分包队伍介入而招致工程质量得不到保证。

（6）加强工程质量信息管理。三峡总公司与加拿大 Monanco 公司合作，建成了比较完善的三峡工程管理信息系统（TGPMS），已在第二阶段工程中投入运用。该系统包含了合同管理、质量管理、进度管理、财务管理、物资设备管理、设计管理等十多个子系统，信息网络连接三峡总公司和有关的设计、监理、施工单位，包括工程质量情况在内的工程管理各种有关信息均能及时在网上查询和传输，使各级管理人员能及时掌握工程质量和其他各种动态信息，据以作出分析、判断和决策。

（7）高层专家的指导和把关。国务院三峡建设委员会成立了三峡枢纽工程质量检查专家组，由全国政协副主席钱正英和张光斗、潘家铮等院士和专家组成，每年定期对三峡工程质量进行检查和评价。他们对工程质量的严格要求、真知灼见和极有针对性的指导意见，对于三峡工程质量水平的提高起了重要的作用。此外，三峡总公司还不定期地邀请国内著名专家对工程质量进行咨询。

当前，三峡工程的质量保证体系已经建立并日趋健全，工程质量管理的力度不断加强，收到了明显的效果，工程质量良好，满足设计要求，尚未发现严重的工程质量事故。在施工过程中，出现过局部的质量缺陷或质量事故，也已采取或正在采取措施进行认真严格的处理，决不给工程留下隐患。全体三峡工程建设者将以对人民负责、对历史负责的态度，兢兢业业，精益求精，为创一流的工程质量而努力奋斗。

（中国长江三峡工程开发总公司　贺　恭　邓景龙）

小浪底工程建设管理

（一）概述

小浪底工程位于河南省洛阳市以北 40km 的黄河干流上，控制流域面积 69.4 万 km^2。其开发目标以防洪、防凌、减淤为主，兼顾供水、灌溉和发电，综合利用，除害兴利。水库总库容 126.5 亿 m^3。小浪底水电站装机 6 台，单机容量 30 万 kW，总装机容量 180 万 kW，多年平均发电量 51 亿 kW·h。

小浪底工程总工期 11 年，1991 年前期工程开工，1994 年主体工程开工。1997 年 10 月大河截流，1999 年底首台机组具备发电条件，以后每 5 个月投产一台机组，2001年底工程竣工。

小浪底水库淹没影响总人口18.97万人，移民安置分三期实施：第一期为围堰截流期，需进行库水位180m以下的移民，该工作在1997年大坝截流前完成并通过验收；第二期为水库初期运行期，即库水位180～265m之间的移民工作，要求在1997年～2000年完成；第三期为水库正常运行期，即库水位265～275m之间的移民工作，要求在2000年～2003年完成。

小浪底工程总投资347.46亿元人民币，其中内资255.19亿元，外资11.09亿美元。工程建设管理以“建设一流工程、总结一流经验、培养一流人才”为目标，实行“业主责任制、招投标制、建设监理制”。

（二）工程建设进展（截至2000年2月底）

1. 投资完成（见表1）

表1 截至2000年2月工程投资完成一览表

	内 资（万元）	外 资（万美元）	总计（折合人民币万元）
枢纽部分	1032084	75606	1661126
移民部分	571286	10030	654736
合 计	1603370	85636	2315862

2. 主要工程量（见表2）

表2 截至2000年2月完成主要工程量一览表

项 目	工 程 量
土方开挖（万 m^3）	2744.63
石方明挖（万 m^3）	1821.71
石方洞挖（万 m^3）	314.82
土石方填筑（万 m^3）	5874.58
混凝土（万 m^3）	341.42
固结灌浆（万 m）	42.26
帷幕灌浆（万 m）	13.71
金属结构（万 t）	2.83

3. 工程形象

一标：大坝填筑进展顺利，右坝肩4A区填筑至281m高程，已达设计高程，1区中心线剖面填筑至259m高程，上游4A区填筑至257.5m高程。

二标：泄洪工程的进水塔混凝土浇筑已全部完成；明流洞、排沙洞、1#孔板洞改建完成；2#、3#孔板洞龙抬头段改建和明流洞、孔板洞的修补工作正在进行；消力塘全部完工。

三标：引水发电工程全部完成。

四标：6#机组已正式并网发电，5#机组已成功吊装定子，4#机组正在进行蜗壳拼装；地面副厂房、坝顶控制楼装修工作基本完成。

2000年汛期小浪底大坝已具备防御500年一遇以上洪水能力。

4. 移民安置

库区215m高程以下移民安置全部完成，共完成移民建房19686户，移民搬迁63245人，180～215m高程库盘清理工作结束。

（三）工程度汛

1999年中长期气象预报提示雨区将北移，为了提高小浪底工程度汛能力，小浪底水利枢纽建设管理局（以下简称小浪底建管局）实施大坝加速施工计划。在业主、监理和承包商的共同努力下，大坝在6月30日达到220m高程，比加速施工计划高出10m，比合同计划目标高出20m，防洪标准比设计要求的300年一遇有较大提高，保证了小浪底枢纽在上游出现特大洪水时可拦蓄洪水27亿 m^3，初步发挥小浪底工程的防洪效益，为黄河下游安全度汛提供了条件。

（四）首台机组发电

首台机组发电是对小浪底工程建设各项工作的综合检验，也是1997年截流后的又一重要里程碑。在工期十分紧张的情况下，为了保证1999年底首台机组具备发电条件，小浪底建管局加强对承包商的管理和协调，同时采取一系列保证质量、激励抢工的有效措施。经过工程建设各方的奋力拼抢，克服了工期紧张、设备供货等方面的困难，实现了小浪底首台机组年底具备发电条件的目标，并于2000年元月9日正式并网发电。

（五）工程管理

1. 坚持业主在建设管理中的主导地位

随着工程进展，小浪底建管局调整了工程建设初期业主和监理的组织机构和职责，形成并且保持了小业主、大监理的机构框架，使业主和监理职责分明。为了使技术问题与工程建设的质量、进度、投资目标得到统盘考虑，小浪底建管局将设计、监理、承包商有关工程建设的技术方案审查、质量控制等项工作，纳入工程建设总目标进行统一管理，尤其把各项技术变更与工程进度进行了很好的权衡；建立了工区内各施工单位与业主之间的党务联系会议制度，加上经济激励措施的配合，业主成功地控制了施工主导权。

2. 充分发挥监理的作用

在“小业主、大监理”框架内，充实监理力量，强化施工一线的管理，全面行使合同中赋予的各项职能。咨询公司可以代表业主对工程项目的经济问题进行审核和处理；经总监理工程师签字后直接办理支付手续。咨询公司可以确定合同变更和暂定单价，审查、批复外商提交的施工进度计划、施工方案，全权解决现场出现的一般技术问题。

3. 高度重视质量管理

小浪底建管局制定了《小浪底工程质量管理办法》。在项目业主总工程师负责制框架之内形成业主对国家负责、各有关协作单位对业主负责的质量管理格局。咨询公司在业主授权范围内，按合同规定对工程建设中的设计和施工质量负监控责任，并向业主负责；黄河水利委员会勘测设计研究院对工程设计的质量向业主负责，并为施工质量的监督、管理提供技术支持；承包商及其分包商对其施工的工程质量和使用的原材料、构配件的质量负全部责任，接受咨询公司监督。水利部基本建设工程质量监督总站在小浪底工地设立了工程质量监督项目站，行使政府监督职能。

小浪底工程建设质量始终处于严密受控状态，没有出现重大质量事故，蓄水安全鉴定和首台机组发电前验收顺利通过。

4. 强化合同管理

小浪底建管局增强全员合同意识，在业主和监理人员中开展全员学合同活动；完善合同管理机构，建立由业主计划合同处、咨询公司合同部和各标代表部合同部三级组成的合同管理体系；改善工作手段，建立了以计算机管理为依托的信息管理系统；充分发挥监理在合同管理中的作用；建立了内部合同会签制度和法人代表委托签订合同制度。同时，小浪底建管局在合同管理的实践中，注重培养合同管理人才，全面提高合同管理人员的业务素质，进一步提高了合同管理的质量。

合同管理始终是小浪底工程建设管理的核心，合同管理的正常有序不仅保证了工程建设的顺利进行，而且节约了大量的建设资金，维护了国家利益。

（水利部小浪底水利枢纽建设管理局 路 韦）

小浪底工程技术管理

小浪底水利枢纽工程是一项规模宏大的跨世纪工程，其地质条件复杂，水沙条件特殊，运用要求严格，建筑物设计和施工需解决一系列技术难题，被中外水利专家称为世界上最复杂的工程之一，技术管理难度很大。加之主体土建工程建设又按国际通用的FIDIC条件管理，技术决策必须兼顾“变更”、“索赔”等合同问题，力求总体效益最优，因而使技术管理面临更为严峻的挑战。

面对如此复杂工程的技术管理，小浪底水利枢纽建设管理局（以下简称“建管局”）采取了以下做法。

1. 注重建章立制

“建管局”先后制定了《关于技术管理的若干规定》（以下简称《规定》）、《关于落实技术管理若干规定的实施意见》，对小浪底工程技术管理职责、技术保障体系、技术决策原则及程序、权限以及设计变更、技术联络会议等作了明确规定。这是小浪底工程技术管理的重要文件，为技术管理走向科学化、规范化奠定了基础。

质量管理是技术管理的重要环节，建管局同时又制定了《小浪底工程质量管理办法（试行）》，全面规范质量管理工作，保证质量管理有序进行。

2. 确立业主技术管理的主导地位

小浪底工程是按“三制”（招标投标制、建设监理制、项目法人责任制）进行建设管理的，在技术管理和技术决策中由张基尧副部长倡导，率先实行项目业主总工程师负责制，即：总工程师代表业主进行工程技术问题的决策，业主对水利部和国家负责。同时《规定》明确指出：小浪底工程咨询有限公司（监理单位）对工程建设的质量、进度和投资进行全面控制，并向业主负责。黄委会勘测设计研究院对枢纽工程的设计向业主负责。建管局、咨询公司和设计院对工程建设分工负责，各方加强理解、充分协商、密切配合是将小浪底工程建成世界一流工程的基本保证，从而理顺了技术决策中业主、监理、设计三方的关系，确立了业主技术管理的主导和龙头地位，是技术管理领域实行民主集中制的一次创新。

3. 提高技术决策的时效性

施工现场技术决策的快慢往往直接影响工程进度和安全。为保证技术决策的时效性，《规定》大力提倡在现场解决问题：一般问题由各部位工程师代表助理与设计工程师商定；如未能取得一致意见，可由工程师代表与设计院设总协商确定。较大技术问题，或有分歧意见的技术问题，由建管局总工程师召开专题技术会议研究解决，从而大量的技术问题能及时在现场得以决策，没有发生过因决策延误而影响施工和安全的情况。

4. 增强技术决策的科学性

技术决策的科学性主要体现在：满足有关规程规范的要求；符合现场施工实际；有利于工程质量和进度；尽可能减少合同处理难度，力争总体效益最优。

为增强技术决策的科学性，我们着重抓了以下两个方面：

（1）及时召开研究较大技术问题的专题技术会议（技术联络会议）。一般半月召开一次（情况紧急时适时召开），由建管局总工程师主持，业主、监理、设计三方有关部门人员参加。会前发出通知及有关资料，各方作好准备；会上认真讨论，各抒己见，以理服人，集思广益，最后由总工程师归纳总结，作出决定；会后整理成纪要下发执行。

(2) 设计单位认真进行方案比选，最大限度地减少设计变更；对必须进行的设计变更，事先与业主、监理沟通情况，共同研究，把可能造成的损失减到最小；对个别重大变更，先通过试探性传递信息，了解外商索赔意向后再慎重决策。

由于既尊重设计的意见，又充分发挥群体的智慧和力量，大大增强了技术决策的科学性。

5. 保证技术决策的权威性

科学的决策本身就具有权威性。另外，我们还建立了以下三个重要的技术咨询机构，进一步保证技术决策的权威性：

(1) 加拿大 CIPM 公司国际咨询专家组。

(2) 国际一流专家组成的大坝安全特别咨询专家组（简称“特咨团”）。

(3) 由国内一流水利水电专家组成的小浪底工程建设技术委员会（由工程院院士陈明致任主任，知名专家张光斗、李鹗鼎、陈庚仪、潘家铮、罗西北任顾问）。

小浪底相当多的重大技术问题都是通过以上一个或一个以上咨询机构咨询后决策的，他们给予的技术支持和帮助，保证了我们的技术决策具有权威性。

6. 资料共享和及时沟通

现代工程管理是信息管理，充分发挥各类信息的作用是技术管理的重要内容。小浪底工程的业主、工程师、设计三方均认识到虽然分工不同，责任不同，但目标一致，因此能做到及时交流情况，沟通信息。

咨询公司及时将有关试验、质检、监测、地质素描等资料送业主和设计院，设计院除按合同提供施工图纸和设计文件外，其他阶段性或专题总结分析资料、地质预报、科研成果等亦及时送业主并转咨询公司。这样既密切了各方的关系，提高了信息的利用率，也便于各方及时全面地了解工程质量和安全状况，有利于及时采取预防、补救措施和优化设计及反馈分析。

7. 技术管理关键在人

技术管理人员不仅应该技术精湛、业务娴熟、态度认真、作风严谨，而且应该有强烈的事业心和责任感，顾全大局，求实奉献。因而我们重视高素质技术管理队伍的建设，通过业务培训考核，岗位实践锻炼和政治思想教育，不断提高技术管理人员的业务素质和政治素质，从而保证了十分繁重的技术管理工作的顺利进行，为实现工程建设的一个又一个阶段目标作出了应有的贡献。

（小浪底水利枢纽建设管理局　曹征齐）

小浪底工程监理机构和问题的处理

（一）说明

业主单位：水利部小浪底水利枢纽建设管理局。

监理单位：小浪底工程咨询有限公司。

设计单位：黄委会水利水电勘察设计研究院。

咨询单位：加拿大国际工程咨询公司，简称。CIPM

世界银行项目经理：Gunaratnam 先生。

特别咨询团组长：赵传绍。

（二）监理机构

业主对工程的施工管理授权由工程师执行。工程师根据分标情况在前方设代表部，对进度、质量、合同支付、协调等进行管理；后方设技术、试验、测量、原观、地质等归口管理部门。具体设置为：

(1) 前方：大坝工程师代表部，泄洪工程师代表部，发电设施工程师代表部，机电安装工程师代表部。

(2) 后方：工程技术部，合同管理部，测量计量部，原形观测室，质量管理试验室，地质素描，前方总值班室，总监办公室。

通过设置的机构，工程师对工程施工的全过程进行管理。

按照 FIDIC 条款，工程师除对进度、质量、支付进行现场管理之外，合同处理的全过程也直接操作。合同双方产生争端，也由工程师作出决定。工程师还参加 DRB 处理争端听证会。当 DRB 提出建议后，工程师和业主一起，与承包商进行商谈，直至达成协议。工程师在小浪底工程建设中，作出了重要的贡献，得到了世行和国内外专家的高度赞扬。三个国际标工期提前 6～12 个月，质量优良。

（三）存在问题及解决

1. 合同文件的编写和审查

合同文件在双方的责任、权力、利益方面要写得准确、严密、具体和易于操作，避免含糊不清、模棱两可的不具体、不严谨等留有尾巴的条款。小浪底工程的合同是一份好文件，但由于缺乏国际工程管理经验，有的条款叙述时缺乏唯一性、准确性、可操作性，如劳务调差、断层带计量支付、防汛、管理费等等，甚至造成较大的合同争端。争端最终还是通过 DRB 的建议协商解决的。

(1) *劳务调差*是采取公式法计算的，但是公式之中的参数取值描述不准确，特别是劳务的级别和每一个级别的工资标准、人数的确定、调差指数的确定等，标书中写的都缺乏准确性和唯一性，双方产生了争端。承包商不满意工程师的决定，提交 DRB 听证。DRB 从合同和法律的角度认真地对合同进行分析，提出了原则建议。业主和承包商接受了 DRB 的建议，经过多次协商，达成了一致意见。

(2) 合同中关于防汛部分是按设计标准签定合同的，但是我们国家历年对防汛的要求是"立足早来汛、来大汛"，业主不得不要求承包商按照上级要求来办，进而改变了合同，业主也为自己指示承包商多做和早做的工作进行支付。

2. 前期地质勘探工作

在 FIDIC11、12 条款中，主要是论述地质资料的提供和地质条件的预见性。它对业主和承包商都具有较大的风险。

业主应当把前期地质勘察工作做得充分，特别是断层的构造、产状及特性等，提供给承包商。业主方面和社会各参与科研的单位在发表论文时，注意资料对合同的影响，避免造成隐瞒"地质资料"和承包商利用"不可预见"的理由向业主提出索赔。

针对出现的复杂地质条件，小浪底监理工程师果断指示承包商及时地、科学地、安全地组织施工，及时作了预支付，但承包商没有接受工程师的决定。

小浪底工程地质可预见性的争端最终还是通过 DRB 听证后提出建议，双方再协商解决的。对地质的争端双方应避免进行仲裁。

3. 努力避免大的设计变更

大型水利水电工程施工中，设计变更不可避免。设计单位对变更的影响责任也在逐步明确。工程施工中，在关键线路上的变更往往对承包商的作业计划造成大的影响，甚至工期延误。若不延长完工日期，这就要求承包商赶工，必将引起进度、合同管理、费用等方面一连串的争端。

对设计变更的评价和批准，虽然经上级管理部门的审定和更高专家委员会的论证和确认，但他们往往从技术上把关，代替不了合同方面的争端处理。设计应适应 FIDIC 条件，对招标设计负责，避免大的设计变更。

小浪底工程设计变更大部分是工程师和承包商友好协商解决的，也有几个大的变更是通过 DRB 听证、建议来解决的，避免了采取仲裁。

4. 合同是管理的中心

按照 FIDIC 条款，合同管理是核心。业主委托工程师作为合同的管理者，他和承包商的一切往来都是通过工程师来完成的。双方严格按照合同各司其职。业主超越合同的一切要求，可以通过工程师指令承包商去实施，由于合同的需要，小浪底工程在施工中工程师发布了不少的指示，承包商执行了这些指示，业主也做了支付。如 OTFF 的引进。二标承包商施工初期发生了延误，按照水利部的要求必须保证 1997 年 10 月底按期截流。业主和承包商采纳了工程师的建议，引进了成建制的中国水电第一、三、四、十四 4 个工程局对导流洞土建施工进行劳务分包。在业主的统一管理下，工程师发挥了前方的主导作用，挽回了被承包商延误了的 11 个月的工期，确保了按期截流，业主也向承包商支付了相应的额外费用。

5. 后继法规

双方签定合同后，国家或省级法律法规不断修订，这在 FIDIC 条款中有具体的规定。对小浪底工程合同来说，主要是税制改革和新《劳动法》的颁布。小浪底工程师是经过大量的计算后，与承包商进行了几年的协商，才最终达成了一致的意见。

6. 外部协作

(1) 国内机械设备制造质量和供货日期影响合同的执行。一些厂家出现的质量问题和供货日期延误的风险都转移到了业主身上，造成工期延误而引发合同纠纷。工程师只能根据实际情况，估算业主应当给予的补偿费用，来解决质量处理和赶工的问题。

(2) 国际机械设备制造商保质保工期供货。国际承包商对合同写明的规定，执行是认真的，但对于合同中不具体的条款是千方百计要推脱的。

7. 及时解决合同双方的各种争端

为避免争端的扩大和增加财务费用的索赔，应及时解决各种争端。小浪底对承包商提出的索赔，暂时处理不完的采取挂帐支付的办法。

总之，小浪底工程管理全面与国际工程管理接轨，做到了工期提前，质量优良，投资完全控制在概算之内。

（小浪底水利枢纽建设管理局　李其友）

二滩水电站国际合同的实施

位于四川省西南部雅砻江上的二滩水电站规模宏伟，其双曲拱坝的最大坝高 240m，是已建成的中国第一高坝和世界同类型第三高坝，坝体建有 7 个表孔和 6 个中孔，其最大泄洪能力为 16500m^3/s。右岸建有两条泄洪洞，其最大泄洪能力为 7400m^3/s。左岸的地下厂房安装 6 台 55 万 kW 的水轮发电机组，总装机容量 330 万 kW；年发电能力 170 亿 kW·h。1999 年 12 月 4 日，二滩水电站最后一台机组并网发电，这标志着在 20 世纪内建成的中国的最大水电站已全部投产。

二滩水电站由国家开发投资公司、四川省投资集团公司和四川省电力公司按 48%、48%和 4%的比例投入股本金，并利用国家开发银行和建设银行的内资贷款，以及世界银行和国际财团的9.3亿美元外资贷款，通过成功地实施国际合同，全面与国际惯例接轨，取得了工程建设的显著效益。

二滩水电站主体工程自1988年1月刊登招标通告，经过编标、资格预审、售标、投标、开标、评标、授标、合同谈判等规定程序后，于1991年8月31日由业主和承包商正式签订施工合同。

1991年9月14日，“工程师”发布开工令；1993年11月26日，实现河床截流；1995年2月23日，大坝开始浇筑；1996年8月1日，发电机组设备开始安装；1997年11月4日，导流洞下闸，实现二次导流；1998年5月1日，水库开始蓄水；1998年12月31日，SGEJV承担的地下厂房合同工程基本完工（比合同规定工期提前半年）；1999年4月15日，EJV承担的拱坝合同工程基本完工（比合同规定工期提前一个半月）；1998年8月18日，二滩水电站第一台机组开始并网发电；1998年11月16日，第二台机组并网发电；1999年3月6日，第三台机组并网发电；1999年6月2日，第四台机组并网发电；1999年9月18日，第五台机组并网发电；1999年12月2日，第六台机组并网发电；整个电站于1999年末全部完建。

二滩水电站主体工程自1991年9月开工，八年建成，比原合同工期提前半年；工程质量符合技术规范和标准；工程动态投资控制在国家核定的284.7亿的概算之内。

二滩水电站建设中，全面运用国际通用的FIDIC管理模式，有效地实施国际合同。

（1）为了适应FIDIC管理模式，二滩水电站建立真正到位的业主和工程师机构。

二滩水电开发有限责任公司（EHDC）是二滩水电站的项目业主，按照《公司法》的要求，比较规范地构筑了现代企业制度的法人治理结构。在中国经济体制改革的进程中，率先创造了大型工程按现代企业制度规范运行的初步经验。

二滩建设咨询工程公司（EEC）是二滩水电工程的建设监理单位，全面履行了FIDIC合同条件下工程师的施工监理和合同管理职责，获得了国际咨询专家和国际承包商的接受和认可，积累了国际合同管理的有益经验。

成都勘测设计研究院（CHIDI）是二滩水电工程的设计单位，向业主提供了良好的设计服务。

为二滩业主提供咨询服务的有：常驻现场的外国咨询专家组——美国哈扎咨询公司（HARZA）和挪威咨询顾问团（AGN）；定期给予高层次专业性咨询的有世行特咨团（SBC）和世行环保移民特咨团；澳大利亚雪山公司（SMEC）为业主提供了组织机构和财务体制改革的专题咨询；二滩在我国首次引进了国际“**争议评审团**（DRB）”。这些咨询对实施国际合同以及引进先进的技术和管理起了重要作用。

十年来，以业主为主导，通过工程师、设计者、咨询专家的共同努力和合作，对合同工程进度、质量、成本三大目标起到了有效的控制和协调作用。

（2）二滩主体工程和主要设备的采购严格按照FIDIC推荐的程序进行国际竞争性招标，选择了真正有能力的承包商和供货商。

通过严密的招标程序，二滩的业主选择了以中国、意大利和法国五家施工企业共同组成的二滩联营体（EJV）作为拱坝工程的承包商；以中国和德国三家施工企业共同组成的中德二滩联营体（SGEJV）作为地下厂房工程的承包商；以中国四家施工企业共同组成的机电安装联营体（GYBD）作为主机安装的承包商；加拿大通用电气公司（GE）与中国东方电机公司、哈尔滨电机公司合作，是6台55万kW水轮发电机组的制造供货商；主变压器、GIS设备、500kV高压电缆、发电机断路器以及计算机监控系统等重要设备也通过国际招标，分别由外国厂商制造和供货；所有的金属闸门及其启闭机、厂房桥吊通过国内招标，分别由国内的厂商制造和供货。

实践表明：正确选择有能力且可胜任的承包商和供货商，这是成功地完成二滩电站建设的重要基础。

（3）按照FIDIC合同（第四版）推荐的格式签订国际承包合同，按照国际市场的方式进行合同管理。

按照平等互利和风险共担的市场交易原则，将FIDIC的通用规则和二滩工程的实际相结合，在二滩的业主—工程师—承包商之间，逐步建立了一整套责权对应、明确有序、科学合理的国际合同业务管理流程和机制，包括合同各方的交往和联系方式，工程计划管理和施工进度控制，工程质量监督和检查验收，工程计量支付和结算，施工现场的协调，工程和合同的变更、索赔和争议的处理等，使国际合同比较顺利地实施。

（4）在工程建设中大力引进先进技术和推行技术创新。

在设计、施工、安装中大量采用先进技术和方法，改变了我国传统的施工布置方式，节约了投资，提前了工期，保证了质量；创造性地制定和采用了“**斜线切割法**”的独特招标方式引进机电设备及技术，开创了我国水电建设的新思路，并为巨型水轮发电机组的逐步国产化创造了条件，积累了经验。

（二滩水电开发公司　王音辉）

二滩水电站施工阶段进度控制与协调

二滩水电站土建、金属结构安装、机电工程共分三个标，即拱坝工程标（Ⅰ标）、地下厂房工程标（Ⅱ标）和机电安装标（Ⅲ标）。

二滩水电站第一台机组发电的关键线路上的各工程项目是：左右岸导流洞施工—河床截流—大坝施工—导流洞封堵—大坝临时导流底孔下闸、水库蓄水—第一台机组发电。

业主在合同中，确定了如下目标工期：

1991年8月30日业主同Ⅰ、Ⅱ标承包商签定了工程承包合同；1991年9月14日工程师发布了Ⅰ、Ⅱ标主体工程开工令；1993年10月15日Ⅱ标完成左右岸导流洞施工；1993年12月10日Ⅰ标完成雅砻江河床截流；1997年11月10日Ⅰ标完成左右岸导流洞下闸；1998年4月30日前Ⅰ标完成导流洞封堵；5月1日大坝临时导流洞底孔下闸，水库蓄水；1998年6月15日Ⅲ标完成第一台机组启动；10月1日机组并网发电，投入商业运行。

按照惯例，自开工令下达之日至第一台机组并网发电投入商业运行作为机组发电工期标准，二滩水电站发电工期为84.5个月。

工程师根据合同中的进度目标要求，在施工中采用了以下方法对施工进度进行控制和协调。

(1) 提醒业主按合同规定向承包商提供施工条件(如征地拆迁、施工用地、施工用电等)。检查和监督承包商为开工需要准备的人力、材料和设备。达到开工条件后及时报请业主同意，工程师发布开工令。

(2) 审批承包商的施工进度计划。工程师督促承包商在收到开工令后的42天内，向工程师提交施工进度计划，供工程师审查批准。经批准的进度计划就成为工程正式的进度计划（基线计划）。工程师在审批进度计划时，应注意以下几点：①工程项目的划分是否合理、有无重项和漏项。②进度计划中所列关键线路上的工程项目完成时间是否满足目标工期要求；关键线路上的工程项目所投入的资源能否满足进度要求。③非关键线路上的各工程项目的总时差，各承包商占用是否合理。④施工顺序的安排是否符合逻辑，与其他承包商交面衔接的时间是否满足合同要求。⑤在进度计划中，承包商提出的业主施工场地的提供、图纸的供应、材料设备的供货日期等对施工进度有影响的活动，是否符合业主在合同中的承诺。⑥当工程师提供的图纸的编制依赖于承包商所提交的资料时，应注意是否给工程师留有足够的时间。

(3) 根据已批准的进度计划，工程师协助业主编制与进度计划相适应的工程师供图计划及在合同中规定的由业主提供的材料、设备供货计划。

(4) 根据各承包商的进度计划，编制工程项目各主要施工工序之间的协调进度计划。该协调进度计划，应得到各承包商的响应和业主的同意。

(5) 在施工过程中，工程师加强现场监督、检查承包商周、月、年的施工计划，特别是检查承包商的现场资源情况。发现未能按进度计划完成的项目时，应督促承包商采取积极措施，加速或调整原施工进度计划。调整后的进度计划作为新的基线计划。

(6) 对工程的延期和延误而引发的索赔进行评价，及时、准确地提出评价报告。

在长达八年的施工过程中，工程师利用了合同赋予工程师的权利，较成功地消除了工程延期和延误所带来的影响，保证了各主要里程碑的按期实现。以下所举案例足以说明，工程师在进度控制与协调方面所起的作用。

(1) 左右岸导流洞施工。左右岸导流洞长度分别为1090m、1167m。衬砌后断面为宽17.5m、高23.0m的城门洞形。Ⅱ标承包商还承担进出口闸门埋件安装。评标阶段，专家曾对承包商的施工方案提出增加施工支洞的建议。但是，承包商出于自信，计划安排在只有进出口两个工作面的情况下，25个月内完成左右岸导流洞施工。开工后不久，发现施工进度迟于计划安排。就此，承包商提出了增设施工支洞的要求。工程师考虑到导流洞是关键线路上的工程项目，及时批准了增设施工支洞的方案。

(2) 大坝施工。坝基开挖的前期受到了两岸边坡处理、缆机移动端设置方案的改变、导流洞增设施工支洞后的干扰等诸多因素的影响，开挖工期拖后了半年。在这种情况下，大坝施工只有优化混凝土浇筑及灌浆才能保证水库蓄水里程碑的实现。在保证质量的前提下，业主、工程师、设计单位采取了诸多措施，优化了承包商的施工组织设计。如：①在加强通水冷却的前提下，强约束区混凝土浇筑层厚由1.5m改为3.0m；②由于混凝土有微膨胀性，坝体横缝接缝灌浆开始的时间，不受限于混凝土三个月日期要求，而取决于混凝土冷却后达到的设计最终温度的时间；③接缝灌浆浆液采用单一水灰比；④二滩拱坝混凝土浇筑施工模拟系统研制成果的应用，合理地解决了跳仓浇筑安排的难点；⑤督促承包商增加骨料加工设备和制冷设备的容量；增加混凝土运输设备，达到混凝土浇筑稳产、高产。这些优化措施实施后，大坝的施工进度满足了下闸蓄水的要求。

(3) 泄洪洞进口施工。根据合同，泄洪洞进口的开挖、混凝土浇筑、进口闸门及启闭机的安装由Ⅰ标承包商施工。洞身及出口的开挖和混凝土衬砌由Ⅱ标承包商施工。由于洞身进口段的开挖需从进口工作面进入，因此在合同中规定了两个承包商在进口工作面的进度衔接的具体时间要求。

由于Ⅰ标承包商在进口高边坡的开挖过程中严重拖延了工期，导致进口工作面滞后一年交给Ⅱ标承包商。Ⅱ标承包商要求延期将工作面返回给Ⅰ标。工程师分析了以下几个因素：①合同中给Ⅱ标承包商占用进口工作面进行进口段前75m的洞挖时间较富裕；②Ⅰ标承包商进行进口混凝土浇筑和闸门启闭机安装的工期不宜缩短。在这种情况下，工程师指令Ⅱ标承包商加速，并同意增设联系洞增加工作面。这样，Ⅱ标承包商在合同规定的日期将工作面返回给了Ⅰ标。

（4）电站进水口施工。根据合同，进口的开挖、混凝土浇筑、闸门及启闭机安装由Ⅰ标承包商施工。六条压力引水道的开挖和混凝土衬砌由Ⅱ标承包商施工。由于诸多原因Ⅰ标承包商未按合同要求交出开挖工作面，导致了Ⅱ标承包商要求延期。工程师考虑到Ⅰ、Ⅱ标施工中的浮动时间都较少，难以大幅度压缩，因此采取了以下措施：①将两个承包商的工作面交接由整出整进变为分机组段移交；②增加施工支洞，增加开挖工作面；③督促Ⅱ标承包商采用先进技术和设备，加快施工。通过以上措施，电站进水口工程按期完成。

（5）厂房土建与机组安装。根据合同，地下厂房的开挖，一、二期混凝土浇筑，尾水锥管及肘管金属结构安装由Ⅱ标承包商施工。水轮机、发电机及埋件安装由Ⅲ标承包商施工。这样在主机间形成了Ⅱ、Ⅲ标承包商多次互交工作面的情况。由于Ⅲ标招投标晚于Ⅱ标，在批准Ⅱ标基线计划时不可能详细安排Ⅲ标的进度。因此，Ⅲ标进场后Ⅱ、Ⅲ标在进度上需作大量的协调工作。在两个承包商达不成一致意见时，工程师编制了总进度协调计划来控制发电工期。

工程师在Ⅲ标进场前批准的Ⅱ标新的基线计划规定了每台机组的二期混凝土浇筑时间为189天。其中水轮机埋件安装和周围混凝土浇筑安排了119天，水轮机层以上二期混凝土安排了70天。Ⅲ标进场后发现119天的水轮机埋件安装和周围混凝土浇筑的时间是远远不够的。为了避免出现较大的变更和争议，在主机间各工序有较多的浮动时间的前提下，工程师主动地合理安排了土建和机电的工期。决定将Ⅲ标的水轮机埋件安装及检测，单独安排5.5个月。189天全部给Ⅱ标施工，包括蜗壳周围二期混凝土、水轮机层、发电机层二期混凝土、厂房上下游墙土建和装修；且要求Ⅱ标在189天的时间内，必须留40天的时间给Ⅲ标进行压力钢管与蜗壳之间过渡段的安装焊接施工。（允许Ⅱ标在不影响Ⅲ标施工的情况下，施工其他部位）。协调进度计划被Ⅱ、Ⅲ标承包商接受。这样，二滩电站主机间形成了台阶、流水的施工条件，为1998年两台机投产，1999年4台机投产打下了基础。

通过业主和工程师对施工进度的控制和协调，二滩水电站关键目标工期都按期或提前实现了合同工期；1993年11月26日，提前14天完成雅砻江河床截流；1997年11月4日，提前6天完成左右岸导流洞下闸；1998年5月1日，按时完成大坝临时导流洞底孔下闸，水库蓄水；1998年8月18日，提前43天第一台机组并网，投入商业运行；1998年11月16日，提前76天第二台机组并网，投入商业运行；1999年1#～4#机组陆续并网发电。二滩水电站较合同工期提前半年全面建成投产。

（二滩建设咨询工程公司　颜福林）

二滩水电站机电安装工程监理

（一）概述

二滩水电站是我国在20世纪建成投产的最大的一座水电站，大坝是240m高的双曲拱坝，地下厂房内共装设6台单机容量为550MW的混流式水轮发电机组，总装机容量为330万kW，电站于1996年开始机组安装，1998年第一台机组投产发电，1999年6台机组全部安装完毕，比原定工期提前半年。

二滩工程公司（EEC）为工程师监理单位，对水电站机电安装施工进行有效的合同管理。根据项目管理需要，EEC下设拱坝部（Ⅰ标）、厂房项目部（Ⅱ标）、机电项目部（Ⅲ标）。每个项目部下设办公室、合同部、技术部、工程监理部，在工程师代表的直接领导下，全面行使对承包项目的监理职能。

二滩水电站的机电设备安装监理工作，Ⅱ、Ⅲ标由二滩工程公司（EEC）和北京华源水利水电工程咨询公司共同承担，华源公司先后派遣具有丰富安装经验的监理工程师50多名常驻工地参加安装监理，其中教授级高工7名，高级工程师22名及工程师21名，他们在工作中与二滩工程公司、成都勘测设计研究院、国内外制造厂代表及安装单位密切配合，使工程施工顺利进行。

（二）监理工作的几点做法和体会

1．建立组织明确分工

鉴于二滩水电站是国际公开招投标工程，实行的是国际合同管理体制，对工程施工实行全面监理制。根据机电安装工程专业性、系统性、连续性和完整性的特点，我们采取分专业、按系统由专人负责从设计、安装、调试及试运行进行全面跟踪监理，重要工序的施工及调试、试运行，现场监理工程师必须到场，这样，既加强了各系统专业工程师的责任，又便于他们全面熟悉和掌握自己分管系统的情况，对现场发生的问题能及时处理和反馈。根据各专业的任务多寡进行配置，一般每个人负责1～2个系统或项目，另外一个人协助进行交叉管理，这样，在人员休假或有事外出时，工作不受影响。一般的专业内日常事务，由专业组长负责协调。

2. 抓程序管理，统一认识，理顺关系

由于二滩电站机电辅助设备安装工程是以外国承包商为主，实行的是国际合同管理体制，各参建单位都以合同作为联系纽带，没有合同关系的基本上不直接往来，而各单位在工作中都会有各自的要求和想法；加之语言障碍、思维方式和工作方法的差异，土建和机电的干扰；设计，技术和监理的不协调；业主供货和资料的问题；承包商、分包商与制造商的关系不顺等，因此，在施工初期工作显得忙乱，问题较多，质量上不去，工程进度迟缓。针对上述情况，工程师及时组织各方共同讨论制定现场工作程序（包括文件、资料传递处理，材料鉴定，现场检查签证等）和主要机电及金属结构设备安装、检查、调试程序（包括施工手段、方法、步骤、进度、质量、安全和工艺要求等），同时制订一些相应的记录表格，在程序制订和讨论的过程中统一各方的认识，最后以工程师的名义下发，作为施工依据。在执行过程中，工程师加强协调和督促，经过一段时间的努力，相互间的关系逐步得到改善，共同语言多了，相互间有了理解和支持，抱怨减少了，合作关系逐渐理顺，工程质量有所改善，工程进度渐趋正常。

3. 施工过程中质量进度控制

单元工程开工之前，应认真审查、签发施工图纸及有关设计文件，并组织施工技术督导，进行施工技术交底；严格审批承包商单元工程施工组织措施计划；进行特殊施工作业如焊接预热、温控等专用施工材料、设备投入，以及组织如蜗壳、转轮焊接的焊工考试认证，等待开工准备条件的检查。严格执行单元工程的开工报告和报告审批制度，工程变更申请报告的审核、批复制度，以及工程施工质量的验收、签证制度。施工过程中，应坚持以施工工序为基础，在确保施工质量的前提下促进施工进度。对诸如发电机定子、转子叠片、转轮、蜗壳焊接等工程项目的任何施工环节，当未按设计图纸或工艺技术措施要求施工时，应及时停工整顿。造成严重后果者，应追查责任。每道工序或每一单元工程尚未自检报验或三级自检手续不完备，监理工程师应及时追查和不得进行施工质量签证。一旦发现施工质量不合格，应态度坚决，狠下决心进行返工处理。对施工中不执行监理指令、不按程序盲目施工、质量既不符要求又不接受劝告的施工人员，应视情节轻重及时采取口头警告、签发备忘录、下达停工或返工指令、拒绝签证、不准进入下一道工序、不签付工程款，以至勒令退场等监控手段，随时注意规范承包商的施工行为。

同时，应随时追踪施工质量和工程进度，当发现偏离预期目标，及时召开以质量或进度为专题的现场会议，分析原因、追查责任、限期进行改正，并酌情扣罚质量、进度目标奖，以强化施工承包商对施工质量、进度的自我控制意识。

4. 各项管理工作尽可能地做到主动、超前、预控

在监理工作中，除尽力作好通常的控制、管理工作外，应对每项单元工程，以致每道工序所采用的重大机具设备、材料、工艺措施等，以超前、预控观念与慎重的态度，尽可能地预见必将发生的问题，及时提请业主和忠告承包商重视；必要时发备忘录、召开专题会议、深入研究，将可能出现的问题扼制在发生之前，杜绝对施工问题漠然置之的作风。如二滩监理及时指出6#机定子铁芯叠片工艺外商指导错误，必有后患；6#、1#转轮加工后时效变形圆度超差等重大问题，使业主免遭不必要的损失，并防止了监理工作的被动局面。

5. 必须加强监理组织的内部管理

（1）结合监理工作的实际情况订立相应的监理规章制度。机电安装工程施工监理肩负着服务和控制的双重责任，须以合理的规章制度，规范与约束监理人员的工作行为，保证监理人员忠于职守、热情服务，树立严格监理和公正协调监控的作风。

（2）建立各级岗位责任制。机电安装工程施工监理是一项庞杂艰辛的工作，对监理各级人员在注重素质培养和职业教育的同时，应建立岗位责任制度和相应的考核奖励制度。

（3）建立和完善监理文档管理制度。二滩电站及其他机电安装工程施工质检记录，监理日志、周报、月报以及各种文函资料，在质量进度控制和技术、经济管理工作中的作用表明它们既是追踪与反映现场施工质量、进度控制和工程施工实况的第一手资料，又是沟通总监、业主控制决策层与操作执行层的重要渠道，也是分析质量进度问题、进行工程奖罚、索赔与反索赔、以及变更计量不可缺少的宝贵资料。因此，应建立相应的规章制度，明确监理日志、周报、月报编报，以及施工质检、各类文函资料归档管理的有关规定。

水利水电工程是一项庞大而复杂的系统工程，特别是大型和特大型工程，情况就更为复杂多变，因

此，很难用一种固定的模式进行管理，必须根据各工程的具体情况制定切实的管理方法和程序，并在实践过程中不断地修改、补充和完善，只有这样才能较好地完成工程监理任务。

（华源水利水电工程咨询公司）

大朝山水电站建设管理

大朝山水电站是国家和云南省实施流域、梯级开发澜沧江中游河段规划中的重要组成部分，电站位于漫湾水电站的下游。大朝山电站装机容量为1350MW，多年平均发电量为59.31亿kW·h，待漫湾上游具有多年调节性能的小湾电站（装机容量4200MW）建成后年发电量可达70亿kW·h。电站技术经济指标十分优越，移民安置量小（总计移民6100人，水库淹没线以下84人），电站总投资88.7亿元，其中静态投资52.6亿元，是目前国内同类型电站技术经济指标比较优越的电站之一，是国家实施西部大开发的一个重要工程项目。

电站于1993年底开始导流洞支洞的施工，1996年5月15日导流洞过水，1997年11月10日大江截流，计划2001年底第一台机组发电，2002年投产3台机组，2003年最后两台机组投产发电，工程全部完工。

（一）建立与社会主义市场经济体制相适应，深化水电管理体制改革的建设管理体制

云南大朝山水电有限责任公司（以下简称公司）成立于1994年底，是全国率先在大型水电建设工程中实施现代企业制度、建管结合的大型水电项目试点之一。公司由国家开发投资公司、云南红塔实业有限责任公司、云南省开发投资有限公司、云南省电力公司按5:3:1:1的出资比例组建而成。公司设立股本金12亿元（后按总投资的20%改为17.7亿元），分三年按20%、40%、40%的比例注入。

公司在投资管理体制上的重大突破是采取多元化集资方式建设水电站，尤其是跨行业吸引大型企业集团——云南红塔集团投资水电建设，这是我国水电建设管理体制改革的一大创举。由于投资体制的变化，相应带来建设管理体制的重大变化，即公司实行建管结合，按照独立发电厂的方式进行建设，为实行厂网分开起到摸索和积累经验的作用。

（二）工程建设严格执行项目法人责任制、招投标制、建设监理制

公司作为工程项目的法人，集资金筹措、工程建设、运行管理、债务偿还、股东分红、自我发展为一体。公司是工程建设管理的主导，也是搞好工程建设管理的原动力。

由于公司主导地位的确立，招投标制、建设监理制也就成为公司搞好工程建设管理的重要手段和措施。

大朝山工程的5个土建主标和主机制造以及其他主要机电设备都是在公开、公平、公正的条件下进行招标，选定施工单位和设备制造商的。同样，在全国范围内通过招标方式选择葛洲坝水电集团公司与昆明勘测设计研究院和中南勘测设计研究院与水电第九工程局两个联营体作C_3、C_4标的监理单位。工程建设的实践证明，认真执行三项制度是搞好工程建设的重要保证。

（三）认真进行标后管理，实事求是处理合同执行过程中出现的问题

大朝山工程开工后，甲乙双方都严格按合同办事，标后管理亦步入正常。但由于外部条件的变化，诸如国家推迟批准开工，以及设计、施工、地质、业主等各方面的变化，给正常执行合同带来一定的困难，因此，实事求是处理合同执行过程中出现的问题是业主单位大量而繁杂、原则而又具体的问题，处理得当对工程建设有事半功倍的效果。

（四）建立激励与约束机制，促进工程顺利进展

为调动设计、施工、监理和建设单位广大职工和工程技术人员的积极性，公司建立了合格工程进度奖、合理化建议奖等有关激励与约束的办法。

（五）库区移民安置工作由地方政府包干

大朝山水电站的水库移民安置工作由公司与云南省移民安置办公室（以下简称省移民办）按设计概算签订包干协议。实物量指标一次包死，国家政策变化可适当调整。省移民办再分包给云县和景东县移民办、公司与两县移民办只有业务上的联系而无直接的经济往来，使公司能集中精力抓工程，整个移民工作井井有条，完全可确保水库按期下闸蓄水。

（六）值得注意的问题

（1）工程建设成败的关键是设计质量的高低，项目业主必须十分重视对设计质量的管理。大朝山公司专门成立了技术部，负责对设计质量进行管理，实际上是对设计进行监理。

（2）工程招标不要过多地追求低报价，过低报价的中标在标后管理中带来的麻烦和对工程的影响是难以估计的。

（3）除像三峡这样巨型工程外，一般像大朝山这样规模的水电站工程，最好不要采取“联营体”的方式中标，因为目前国内的水电工程局都有独立完成分项招标项目的实力。大朝山工程的实践说明：“联营体”的方式还需要研究和进一步完善。如果一定要采用，也最好是以一家为主，比例在7:3或6:4为好，

切忌5.1∶4.9，以免“联营体”内部发生争执使工程受到影响，迫使业主去协调矛盾，加大了管理的难度。

（大朝山水电有限公司　游万龙）

天生桥一级水电站建设管理

天生桥一级水电站是红水河梯级开发的首级电站，地处黔桂界河南盘江上。枢纽工程主要建筑物有：混凝土面板堆石坝、开敞式岸坡溢洪道、放空隧洞、引水隧洞和电站地面厂房。坝高178m，是亚洲第一、世界第二高的混凝土面板堆石坝，坝体总方量1800万m^3，属世界第一。水库总容量102.6亿m^3，属不完全多年调节水库。装机容量为120万kW（4×30万kW），多年平均发电量52.3亿kW·h。

电站于1991年4月由国家计委批准开工，1994年底截流，1998年底首台机组并网发电，计划于2000年全面竣工。总投资103.5亿元（内含部分外资）。

电站由国家电力公司与广东、广西和贵州三省（区）政府（投资公司）共同合资建设，并于1990年开始筹建中国南方电力联营公司（现改制为国家电力公司南方公司），代表各投资方行使业主职责。天生桥电站建设管理局（以下简称建管局）是中国南方电力联营公司的派出机构，负责电站建设在现场的全面管理工作。1996年在国家计委的协调下，决定天生桥电站实行资本金制度，并由投资方组建天生桥一级水电开发有限责任公司，接替国电南方公司行使业主职能，该公司于1999年3月正式成立。

（一）工程建设实行业主负责制、招投标制、工程监理制和合同管理制

按照公司章程，天生桥一级电站建设实行企业法人负责制，并在建设中发挥主导作用。公司理事会每年都要召开1～2次会议，与各投资方就资金、施工年度计划、总进度计划等进行研究决策。建管局作为建设单位，其机构编制是按“小业主”、“大监理”的思路组建的。工程的“三大控制，一协调”工作主要委托监理负责。建设期间，建管局以“组织、协调、服务、管理”的八字工作方针，认真履行业主的职责和合同中的各项承诺，及时组织、协调处理施工中存在的重大经济、技术和质量问题，与各单位间建立起互信、互谅和相互支持、团结友好的合作关系。

天生桥一级电站除临时工程部分项目外，一概采用国际或国内招标，择优选择承包单位和制造厂家。在合同实施过程中，严格执行合同条件，但在处理具体问题时，还根据国情和各单位存在的实际问题和困难，在不违背合同原则的条件下，给予实事求是的处理。

（二）建设过程中遇到的问题

（1）工程项目经国家批准后，未完成征地，即仓促开工，使得施工与征地同步进行，甚至先用后征（经政府同意），结果遭农民强烈反对和阻止，不但协调施工用地难度极大，且工期无法保证，工区治安环境也不好。

（2）大坝、溢洪道和引水发电系统工程招标工作于1993年3月按计划如期进行，但由于各方面原因，直到次年5月才发出中标通知书，11月才正式签订合同，因此这两个标开工被推迟了一年，打乱了施工总进度计划的实施。

（3）1995年～1996年间，各投资方在国家财税制度改革后，都出现了一些财政困难，建设资金到位越来越差，曾面临停工下马的困境。

（4）1997年6～8月间，因征地补偿费用问题，库区移民上千人到大坝上静坐阻止施工，先后两次长达35天，迫使各项目实际停工40～90天。

以上问题，使主体工程工期损失达18个月。但各投资方并未因此同意工期后延。南方公司天生桥建管局只能从变化了的情况和按原定的1998年底首台机组发电的目标出发，重新调整计划认真组织实施。

（三）采取各种应变措施，抢回了失去的工期，实现了原计划目标

（1）依靠地方各级政府和上级主管部门（原电力部），协调解决用地问题和各种经济纠纷，大力进行地方治安综合治理，为施工创造良好的环境。

（2）依靠设计、监理力量。通过各种渠道密切与各方的联系，营造互信、互谅、相互支持、团结友好的氛围，为顺利实施各项合同创造条件。

（3）面对主体工程大坝、溢洪道标和发电引水系统标，迟迟不能决标的情况，经公司理事会研究决定：①重新调整施工计划和施工方案。若按原计划、原施工方案组织施工，那么蓄水发电仍按原计划是不可能的。只能对大坝、溢洪道和发电引水系统、机电安装的施工方案和计划进度进行科学的调整，并制定分阶段目标，邀请专家咨询进行决策后，组织实施。②对C_3标和C_4标范围重新界定，调整承包任务，把一些可独立完成，又有利于该标任务完成的子项，如大坝的左、右岸坝肩基础开挖（40万m^3），溢洪道表土剥离开挖和电站厂房后边坡开挖（100万m^3）任务分别从C_3和C_4标中划分出来，另择施工单位提早施工，以缩短该标施工工期。③采取工程措施。按原方案施工，必须于1998年汛前封堵导流洞，才能满足发电的条件，但却无法满足1998年度汛的要求。为此经研究论证后决定，将溢流堰建基面从原设计

752m 高程，降至 745m（同引渠高程），使溢洪道 1998 年汛前具备过水条件；大坝填筑高程从原设计 787.3m 高程降至临时度汛断面 768m 高程。按此措施实施的结果，工程形象达到 1998 年度汛要求，为按原计划 1998 年底发电创造了条件。导流洞于 1997 年底封堵。④鼓励优化设计，采用先进技术和工艺，果断决策，缩短了工期，又节约了投资。

（天生桥电站建设管理局　叶彩鹏）

天荒坪抽水蓄能电站质量控制

（一）质量控制的总体思路

质量问题，一是管理、二是技术，这是千真万确的道理。

督促施工单位建立并完善质保/质控体系能够最有效地控制和保证工程质量，也是加强质量管理的基础环节。监理要求施工单位的质检人员应能独立行使监督和检查的权力，采取措施控制各种不符合项，可以直接向最高领导提出建议，必要时有权停止施工，不这样做就不能保证有效的质量管理。

我们建立了从总监、专业工程师、项目监理工程师到现场监理员一条龙的质保/质控体系，同时建立了文件管理、设计管理、材料设备控制、分包管理、过程控制、检查试验、对不符合项控制等工作程序，通过审批、现场指令、停返工指令、质量事故分析、中间检查、验收等大量的具体工作予以实施。

（二）施工阶段工程质量控制的几点实践

1. 测量控制的特点和实绩

天荒坪上、下水库库底天然高差约 590m，复杂的地下洞室、各种隧洞 45 条（个），主体工程土建施工承包商有 4 家。为保证工程测量的精度，我们在全工地建立了一个高精度的测量控制网，工地上设控制网点 24 个，均达到二级控制网优良标准。监理将经验收后的控制网统一提供给各承建单位，作为他们引线到各自的控制点的依据。此外，从各个洞口到各地下洞室或引水道主干道的洞内测量，监理坚持采用双导线的控制方法，坚持审查或抽查测量原始记录，严格地进行复核计算，重要部位跟班测量并在现场复核数据，如不符合精度要求则推倒重来。实践的结果是：地下洞室相互贯通精度均在优良范围内，700m 斜井上、下导井开挖均一次贯通成功。

2. 原材料的监理“批号”管理制度

天荒坪工程合同规定，用于主体工程的三材由业主提供，其他材料则由承建单位自行采购。为帮助承建单位加强材料管理，监理发文要求施工单位建立“原材料批号运行程序”和“材质认证审批制度，即监理对施工单位报送的材料品种、规格、数量连同材质证明和抽检结果进行审查并命名材料的“监理批号”，签章后返回施工局；材料出库时，出库凭证上必须注有“监理批号”以供现场质检人员和现场监理核查并记载于验收单中，该批材料消耗完后，该“监理批号”也随之停止使用。每隔一定时间，监理将现场进场材料的同一“监理批号”总量与入库时监理编制批号的总量进行对照以资核查，作为对施工单位仓库材料管理工作的评价，这种方法在整个施工期间运行有效，受到各方好评。

3. 质量控制的新思路

监理对混凝土施工的质量控制主要分两条线进行，即混凝土生产的质量控制和混凝土浇筑的质量控制。我们根据施工人员中民工多的特点制定了新的混凝土质量控制流程图，特别把施工单位质量三检人员的质量管理情况作为评分标准之一，并规定了对质量管理人员的奖罚细则。监理工程师通过现场跟班和抽检确认施工单位质检人员到位情况及填表的真实性，并据此填写质量管理评估意见。对于该单元工程的目标奖，建议要求施工单位将其中的 5% 作为质量管理奖，根据项目监理工程师的质量管理评估意见发放给相关质量管理人员。

4. 新拌混凝土测试仪的工程应用

为了加强现场混凝土本身的质量控制，我们从国外引进了 FCT101 新拌混凝土测试仪。该仪器包括主机、温度探头、充电器、软件等，利用探头在新拌混凝土中旋转，通过旋转阻力来测试稠度，并以 FCT 值显示，同时还可以读出坍落度、水灰比和 28d 的抗压强度，该仪器的内存可存储 72 次测试结果，可以卸载到计算机上进行分析并得出质量控制报告。经和标准试样的实验室结果进行对照，该仪器的量测结果可信，我们使用它经常对施工现场新拌混凝土进行突击抽查，对及时掌握新拌混凝土质量及加强监督力度均起到很好的作用。

5. 立足现场的质量管理

一般情况下，项目监理工程师每天要在分管的工程项目现场巡查，并在现场发现问题、解决问题，每次巡查均必须有现场记录，如发现较大问题则必须报告项目部长和总监。

对于关键工程和重要部位的施工，监理常采取跟班旁站的形式了解和掌握施工全过程。天荒坪工程中 24h 旁站的部位有地下厂房喷锚支护、吊顶小牛腿混凝土浇筑、岩壁吊车梁混凝土浇筑、下库坝趾板施工、下库坝面板混凝土施工、厂房机组混凝土施工、高压岔管混凝土施工、高压斜井混凝土施工、高压灌浆等等。大量事实说明现场旁站是发现问题解决问题的最有效的方法。监理的旁站监督不仅能解决现场质量问题，而且也对提高施工进度有很大作用。

（华东勘测设计研究院　汪易森）

在市场经济条件下项目管理中的生产关系

业主单位或者说业主领导下的建设管理单位，如何以建设过程中的中心地位身份，适应市场经济的环境，提高管理水平，推动工程建设的顺利进行，是一个值得探讨的课题。结合天荒坪项目，从理顺生产关系，到全面推行项目管理的实践，谈几点体会。

（一）天荒坪工程项目管理的基本特点

1. 工程规模大，投资额度大，建设工期紧

天荒坪抽水蓄能电站装机1800MW，单机容量300MW，主要机电设备全部布置在地下；电站土石方工程量超过1500万m^3；金属结构制作安装近7000t；概算总投资73.7亿元人民币。自1992年6月开始三通一平，到2000年上半年全部建成，建设周期8年，其中，自1994年3月主体工程开工，到1998年8月首台机组投产，约53个月。

2. 投资主体多元化，资金渠道多样化

按照中央多渠道集资办电的方针，天荒坪工程项目由中央和地方共同集资兴建。华东电力集团公司代表国家出资约42%，其他部分由华东三省（江苏、浙江、安徽）、一市（上海市）出资，约占58%。除资本金外，世界银行贷款3亿美元，国家开发银行负责国内配套资金1/3部分的贷款。这就形成了“婆婆多”的基本格局。

3. 建筑安装承包商和成套设备供货商多，协调工作量大

天荒坪工程主要有4个建筑安装承包商：上水库开挖和填筑，由中国水利水电第五工程局（简称“水电五局”）中标承建；上库库盆沥青混凝土由德国STRABAG公司中标承建；引水系统由中国水利水电第一工程局（简称“水电一局”）中标承建；地下厂房、下水库、尾水系统及机电安装工程，由中国水利水电第十四工程局（简称“水电十四局”）中标承建。高峰期施工人数约4000人。电站成套设备主要通过国际竞争性招标向国外采购。其中主机及监控设备由挪威KVAENER公司—加拿大GE公司—奥地利ELIN公司联合体中标；GIS由瑞士ABB公司中标；500kV高压电缆由日本HITACHI公司中标；主变压器由英国PEEBLES公司中标。这一特点决定了“媳妇多”的基本格局。

另外，由于历史的原因，设计和监理单位未能按招投标方式选择队伍。全项目的设计工作由华东勘测设计研究院（简称“华东院”）完成；上水库的监理由上海勘测设计研究院完成；其他工程的监理由华东院担任，机电监理由天荒坪抽水蓄能电站工程建设公司（简称“建设公司”）承担。

总之，天荒坪项目建设管理的基本特点是：纵向多层次，横向大跨度，生产关系比较复杂。

（二）按照项目管理要求，建立适应市场经济条件的生产关系

天荒坪工程生产关系的复杂性，以及项目的一次性、产品的单一性，决定了项目管理的必要性。在我国当前市场经济的条件下，以何种手段落实业主责任制，决定了天荒坪工程实施项目管理的紧迫性。

业主作为建设期间的投资主体，靠产权利益关系的纽带把大家联系在一起。集团公司的财务管理对董事会保持了极大的透明度，工程建设取得了较好的进度和质量成果，使得各投资方满意，再加上对用电的急需，使得天荒坪工程资金环境的“小气候”比较宽松，在全国宏观经济调控力度较大的情况下，仍保证了工程所需资金的及时到位。

在工程建设现场，建设公司受华东电力集团公司的全权委托，以业主代表的身份，负责建设管理和电厂筹建工作。建设公司以项目管理的手段和方法，把建设管理过程中的业主责任制落在实处，把公司的班子作为项目班子，把总经理作为项目经理来运作。

1. 建立一套适应天荒坪工程特点的运行机制

针对天荒坪工程“婆婆”多、“媳妇”多、生产关系复杂的特点，建设公司提出并确定了以业主为中心，以承包商为主体，各方密切配合的运行管理机制。

建设公司是项目建设管理的责任方，作为建设管理的中心，实行总经理负责制，就天荒坪工程建设的安全、质量、进度、投资控制，向集团公司和董事会负责，其工作的主要内容是管理、协调、服务、监督。

承包商是工程施工的主体，依合同的约定，要按期交出符合设计要求和国家规范规定的质量标准的工程产品，并获取相应的工程价款。

设计单位是工程建设主体的一部分，其主要任务是按合同约定，及时提供符合国家政策、法律、质量标准规定的勘测设计图纸资料。

监理工作是建设管理工作的一部分。监理单位依合同约定，对承包商的安全、质量、进度实施监督管理，并就业主的授权行使安全、质量的否决权；按业主和承包商的合同规定，对工程价款的结算负责；协助建设单位审查承包商的索赔和原合同外工程项目价格。

2. 按照精干、高效、多功能的原则，组建建设单位的项目班子及办事机构

华东电力集团公司核定的建设管理和电厂生产总定员150人，其中电厂为100人。目前到位人员136人，其中建设管理人员约70人。

党委及行政班子共计7人，总经理主持公司的行政工作，党委书记兼管电厂筹建并出任厂长，两位副总经理分管土建和机电，设总工程师、总经济师、纪委书记各1名。全班人马在书记和总经理的带领下，分工协作，团结奋进。建设管理的目标是：建成一个安全好、质量高、速度快、效益佳的一流工程。

公司共设8个部门：工程部、设备部、计划合同部、财务部、物资部、综合部、党政办公室、外事办公室及电厂筹建处。部门采取合署办公，办事人员要求一专多能，最大限度减少管理人员，提高工作效率。

3. 严格实施目标管理

以项目为依托，以实现项目最终目标为目的的科学的运行机制和管理方法是项目管理的中心内容。

关于总体目标，根据1994年初国家批准的概算和董事会的决定，电站建设总工期为8年，即1992年开工，2000年建成。党的十四届五中全会后，建设公司党政班子提出了一定要把天荒坪电站建成安全好、质量高、速度快、效益佳的一流工程的总体目标。现在看来，虽然下库区因大规模塌方，对工程进度产生了较大的影响，但通过参建单位的共同努力，这一目标仍是可能实现的。

总体目标确立之后，我们把更多的精力投入到了阶段目标的控制和管理上。董事会确定的年计划下达以后，我们要求各施工单位把它分解成季度目标，报监理工程师审查，公司核定执行。目标的内容包括：进度、质量标准、安全标准和奖惩办法。目标的设置坚持科学性、合理性，目标的执行坚持严肃性。建设公司要求自己和工程监理言而有信，取信于民。

目标管理的效果是显著的。上水库水电五局的施工进度曾一度推迟半年之久，实施目标管理后，不仅抢回了工期，还总体上提前近3个月，满足了德国承包商摊铺沥青混凝土的需要。1995年下半年，月平均开挖上坝强度都在60万m^3左右，工程质量也达到或高于设计要求，受到国内外专家和德国承包商的好评。水电一局在大洞径、陡倾角、长斜井的开挖中，创造了月进度127m的好成绩，在斜井滑模混凝土施工中，创造了月进尺146m的高产纪录，斜井施工胜利在望，已彻底摆脱了作为关键线路的压力。水电第十四工程局在主厂房顶拱全断面开挖中，创造了月进尺75m的好成绩；岩壁吊车梁的施工，通过荷载试验，最大弹性变位仅0.04mm，达到了优良标准。

4. 推广应用新技术，优化设计施工方案

按照尊重科学、发扬技术民主的原则，建设公司倡导并组织了由设计、施工、监理单位参加的三总工联席会议，国内外专家组成的技术咨询会议，解决了一系列技术难题，推动了工程建设向高速度、高质量的方向发展。

在上水库坝体填筑的施工中，在潮湿多雨的气候条件下，通过改善填筑程序、改变检测方法、调整施工规划，解决了土石坝快速施工的难题，加快了施工进度，确保了工程质量，避免了国外承包商的索赔。

在斜井施工中，坚持采用自制滑模新技术，解决了长斜井混凝土快速施工的难题，节约投资近2000万元，为我国的水电施工技术填补了一项空白，有力地保证了这一关键线路上工程的按期完成。为了加快施工进度，提出并实施了增加施工工作面、将长斜井分段施工的建议，争取了时间，提高了工程质量。

在下库坝的施工中，根据以往土石坝施工的经验，提出并采用了以天然砂石料替代机械加工垫层料的设计方案，解决了缺料的难题。

在地下厂房的施工中，面对上游高边墙突然出现的两组陡倾角和厂房轴线交角较小的节理密集带，在设计人员的积极配合下，提出并采用了预应力锚杆加固和固结灌浆处理的方案，保证了岩壁梁方案的成功。

在厂房顶拱结构型式的选择上，在设计和施工单位的配合下，选用了轻型网架方案，实施了和土建机电安装的平行作业，不仅争取了时间，而且为地下厂房装修引进了新创意。

5. 对工程造价实行静态控制、动态管理

工程实施过程中，对工程造价坚持静态控制、动态管理的原则，以合同为依据，实事求是地解决建设过程中甲乙双方的利益矛盾。

(1) 关于两笔价外计费的使用。特殊技术装备补贴费和基地建设补助费，是在计划经济向市场经济过渡时期，为解决国有大型施工企业历史遗留问题的一项临时性政策措施。本工程两笔费用已全部到位，对稳定施工队伍，加快施工进度起到了积极有效的作用。

(2) 关于合同外新增项目的价格问题。水电工程是概算开工，合同外新增项目在所难免。1996年6月，在天荒坪电站第10次董事会会议上，决定了新项目新价格的原则。建设公司根据这一决定，提出在不违反原概算编制规定的前提下，结合现行政策取费标准，制定新项目编制原则和一套严格的审查程序，既维护了施工单位的利益，又保证了概算的严肃性。

(3) 关于动态管理中的政策性调整问题。天荒坪项目自始至终执行了部颁政策性调差文件，费用已全

部到位。

(4) 关于合同内索赔问题。合同是严肃的，所谓以合同为依据，即单价合同的单价和总价合同的总价是不能改变的。在这样的前提下，通过监理、建设单位严格审查后，可以在概算范围内给予合情合理的解决。就整体效益而言，这样的解决对甲乙双方都是有利的。

(天荒坪抽水蓄能电站建设公司　尚明华)

施 工 企 业 管 理

项目法施工探索与管理创新

我国水电建设推行项目法施工已历时十余年。项目法施工作为一种先进的生产方式，为加快水电建设发挥了重大作用，不仅缩短了建设工期，提高了工程质量，降低了施工成本，而且促使水电施工企业的管理理念、经营观念发生了重大转变。

为了深入发掘项目法施工的巨大潜能，1995 年以来的四年间，水电第十四工程局深入进行项目法施工探索。这一探索主要运用现代化管理系统工程理论，以项目法体制改革与管理创新为着力点，按照系统整体最优原则，实施子系统效率开发，各元素功能强化，力求施工管理科学化、企业管理现代化的有机融合。

(一) 项目法体制改革——从管理机构臃肿到精干优化配置

水电第十四工程局以往承建大型工程，实行项目分局、分公司、作业队“两级核算、三级管理”体制，曾发挥过积极作用。但随着管理实践的深入，尤其通过系统各子项结构性剖析，这种体制逐步暴露出组织机构重叠、管理关系复杂、临建多头设置、资源浪费较大等弊端。对此我们大胆改革，取消了分公司管理机构，强化作业队管理职能，将“两级核算、三级管理”体制改为“一级核算、两级管理、队为基础”的体制。这一改革产生了显著成效：一是降低了施工成本，全局仅 5 个大型项目的管理人员就由 647 人精简为 385 人，一年可节省 262 名管理人员的工资、其他管理费、临建设施费共 579 万元；二是提高了管理效率，由于取消分公司管理层，减少了指挥管理层次，整个项目管理直接深入到作业队，大大增强了施工组织协调、信息反馈流通和动态管理效率；三是提高了施工水平，经过改革后，全局一年产值 1 亿元左右的项目点，只配备管理人员约 50 人，作业人员约 500 人，而人均产值却由过去 5 万元提高到 16 万元，4 年增长了 300%。

(二) 项目法模式探索——从单一管理模式到多种管理模式

1995 年以前，水电第十四工程局项目法施工的管理模式比较单一，很难满足工程市场要求。为了适应承包多样化、施工集团化、联营国际化的发展趋势，这几年根据不同项目特点，成功地探索了多种新型管理模式。例如：国内合同项目分“三类两型”，即按工程规模大小，局管一类项目、分局管二三类项目的独立承包型和多家联营型；国际合同项目分“两类三型”，即标前中外联营型、标后分包联营型、本局独立分包型。这些模式各有一套管理机制，可根据项目特点灵活择定。如在小浪底，水电第十四工程局参与中外联营、国际分包和中方联营的 11 个合同，就采用了 3 种适应不同特点的管理模式，结果全都满足了合同工期与质量要求，取得成功；而在三峡，又针对坝体大仓位连续浇筑和地下洞室群密集施工的特点，大胆采用资源集成化、管理一体化的紧密型联营新模式，与兄弟工程局组成青云公司和三联总公司两个联营体施工。由于实行紧密型联营，三峡大坝的坝体浇筑进度快、质量好，地下输水工程的整个开挖，投入设备仅为原计划的 50%。

(三) 项目法管理创新——从传统管理方式到科学管理机制

创新，曾使水电第十四工程局创造了“广蓄经验”，取得多方面的重大成果。近几年来，管理创新又作为提高项目法施工水平的内在动力，成为全局各项目点的探索重点，至少在三个方面有所进步。

一是重视资源类优化配置。凡新项目都坚持严格把关、有效投入、重在产出的原则，合理配置人员、设备等资源。在整体实施中，实行项目经理年薪考核制，双元结构劳务等级工资制，合理调用施工设备，优化组合生产要素，统一内部预算单价，目标管理定期考核等等。总之，以增强各要素的整体功能为目的，努力形成高效率的运行机制。

二是狠抓直接费成本控制。将以往管理重点不突出、主控因素不明确的事后统计式管理，改为以直接费成本控制为主的事中调控式管理。例如：分析人工、材料、机械费中的主控因素，对主要材料的消耗，以稍低于定额耗量为考核标准，节、超各奖罚15%；严格考核直接费成本，对工、料、机的消耗进行二次考核，节、超各奖罚5%。由于注重分析、过程调控、动态管理，使实际成本普遍降低5%以上。

三是探索市场化运作机制。为促使施工中物资流、资金流的良性循环，合理占用资金，加速资金周转，规定各种施工材料一律按市场价高进高出，按市场机制运作。推行仓库主任负责制，建立物资流核算体系，探索定额耗量监控，实行ABC分类、经济批量、最低库存等管理办法。设立内部质量保证金，超挖超填按直接费15%处罚等。

（四）投入产出法探索——从单纯生产经营到全面资产经营

在项目法改革创新中，全局还注重整个企业的配套改革，以整体适应项目法施工为主导，努力从三个层面上提高资源利用和资产经营效率。一是项目层面的投入产出。主要是加强施工中人员配置、材料消耗、机械台班和使用情况的写实记录，按照施工实际需要，对工、料、机进行定额量、配比量、实耗量的对比分析，选出最佳平衡点，确定最优投入产出方案。二是企业层面的资产经营。通过改革全局组织机构，理顺内部管理关系，建立“以财务管理为中心，以资产管理为保证，以项目管理为基础”的资产经营机制，优化配置并充分利用各种资产，确保国有资产的保值增值。三是市场层面的资源利用。根据施工需要，以本局专用设备为龙头，外赁社会通用施工设备，或以技术、管理为控制手段，利用社会资源组织施工。这种引进社会资源为我所用的偿试，既减少了企业直接投入，又提高了效益产出，是企业资产经营向社会市场的延伸。

（中国水利水电第十四工程局　马洪琪）

福建省中型水电站施工管理

福建省水力资源较丰富，但除了少数几处河谷适合建造大型水电站外，大部分河谷只适合建造中型水电站。目前，已建成发电的中型电站共34座，总装机容量为1500MW。近年来，随着水电施工技术和施工管理的进步，使中型电站建设的速度加快，1998年以来建成发电的8座电站，从开工到发电的工期约在22～32个月，电站建设的质量也不断提高，进一步促进了福建水电建设事业的发展。

（一）量化成本，建立施工队伍的激励机制与约束机制

由于中型水电站建设的标价相对较低，施工单位在中标后，如何运作十分关键。项目部结合邯郸钢铁公司管理经验，进行成本量化管理，保证电站建设质量和速度。雍口电站项目部经营层通过预算分块，层层分解，把可能的赢亏点充分暴露出来，通过摸底了解，编制了施工单位针对特定项目的内部定额。同时采取了职工内部承包责任制。承包的原则是：多项指标考核、风险抵押、精确计算、节约留成。尽可能划小承包核算单位，并签订合同。在预算成本计算时，将上缴资金、不可预见费、保险费等在成本中留足，做到心中有数。

施工项目部将成本层层分解后，带来了职工人人当家的效应。每项工作都精打细算，施工人员必然进行优化组合，进出场都经过招考，生产中的易损件及能耗费用大大降低，设备完好率不断提高，促使工程进度不断加快。

成本和任务层层分解后，项目经理部各科室的任务不是减少了，反而是更加重了，项目经理部与各科室之间签订了双文明考核指标，科长进行风险抵押，各科室加强对工程进度、质量、安全、成本的管理、检查和考核，同时加强双文明建设，使水电建设工地整体面貌不断改善。

（二）采用网络进度技术控制施工速度

中型水电站建设施工进度快，才能提高整体经济效益。施工队伍在近几年的施工中引进了系统工程，普遍采用网络计划来控制进度，孔头电站从开工到第一台机组发电的时间仅用了22个月，项目指挥部在工程进度管理中采用计算机P3软件系统，通过分析各单位和各单项工程所需的时间以及各工序之间的互相衔接，排出总进度网络计划，确定施工进度的关键线路和影响总进度的关键工序。据此，项目经理部明确了主攻方向，在人员安排、材料准备、机械设备配备、资金以及技术的准备方面都做了预先的安排。由于关键工序和关键线路得到了保证，因而整个工程的工期也能得到有效保证。其次，将进度计划分解成月、周计划，部分计划甚至分解到各道工序，以工序计划的完成来保证周计划的完成，以周计划的完成来保证月计划的完成。如此，环环保证，步步落实，确保了总进度按计划进行。在施工过程中，若发现总计划有问题，及时进行动态调整，同时施工中的各种资源也相应变动，保证建设的速度。在执行进度计划时，留有余地，尽量不因节日、庆典等影响到原有计划的执行。

（三）依靠科技进步，群策群力推动工程建设

中型电站枢纽根据福建省的地形和河流流域特点，主体大坝的类型不仅有常态混凝土大坝，还有碾压混凝土坝、堆石面板坝和砌石坝等多种型式。河床

式电站采用常态混凝土坝为主，引水电站则多采用碾压混凝土坝或堆石面板坝，而山区峡谷则多建设砌石坝。在电站建设过程中，施工单位重视科技进步，充分调动科技人员的积极性，努力引进新技术、新工艺、新设备、新材料，使工程建设达到优质和高效。

在开挖作业中，控制爆破技术被广泛采用。孔头电站在厂房开挖中采用了非电接力式孔间微差网络爆破系统，控制了单响药量，一次完成了厂房 2200m^2 保护层岩体的开挖，谟武、雍口等电站围堰采用多排孔间微差控制爆破网络，一次性将围堰爆破拆除，从而加快了施工进度。

在模板工程中，复膜胶合大模板被广泛推广使用，胶合木模板根据工程混凝土的外形，设计成轻型大模板。立模面积一般为 3m×3m 或 3m×4m。采用轻型方钢做为支棱，重量仅为组合钢模板的三分之一，且整体性好，可用手拉葫芦进行提升，使用很方便，同时也提高了混凝土成型后的外观质量。

中型电站施工中，采用多种形式的混凝土运输方法，如皮带机输送、门机吊运、缆机吊运、泵送混凝土以及汽车直接入仓等。

由于采用了大型装运设备，中型电站施工中，截流、开挖、砂石料和混凝土的运输强度得到提高，采用土石料立堵截流成为中型电站施工截流的首选方案。同时，可能把截流时间选在汛末或汛初。如金山电站为争取施工时间，安排在四月份进行截流，截流的准备和截流过程所用的时间相应缩短，为主体工程的施工争取了更多的时间。

此外，在芹山等电站施工中还引进了反井钻机进行竖井开挖，采用多臂钻机进行洞挖，采用滑模进行浇筑，在局部使用预制构件等。

（四）加强质量管理，提高中型水电站建设质量

在建筑施工质量更加主要的依靠建设监理和社会监督的情况下，施工单位并没有放弃自己内部的质量监督功能。为了提高企业的信誉，创建优质工程成为各施工单位的一项主要目标。近年来，随着施工队伍质量体系的建立和健全，在项目施工中推行 ISO9002 质量体系，以 ISO9002 国际标准对工程质量实施全面的控制。每年由社会第三方对其进行监督审核，施工单位也对此质量保证体系进行内部审核，使工程质量管理工作走上正规化、程序化。同时，为了配合质量管理工作，项目部都出台有关的质量控制方面的奖惩办法，监理单位和业主单位也积极支持，使工程建设的质量一年比一年提高。1998 年以来竣工发电的工程如雍口、沙县、芹山等电站，工程质量综合评定均为优良。

（水电闽江工程局　王健亮）

1998 年及 2000 年水电施工企业获省、部级 QC 小组奖

（一）1998 年获奖单位

武警水电第一总队修配厂金属结构制作 QC 小组

武警水电二总队第七支队八连 QC 小组

葛洲坝集团公司机电建设公司第二工程处三峡公司焊接 QC 小组

葛洲坝集团公司电力公司三峡发变电 QC 小组

葛洲坝集团公司第七公司高坝洲木材加工 QC 小组

葛洲坝集团公司三峡指挥部机电部管理一科 QC 小组

葛洲坝集团公司第一公司三峡指挥部综二队 QC 小组

（二）2000 年获奖单位

广西水电工程局混凝土 QC 小组

中国葛洲坝水利水电工程集团公司五公司高坝洲指挥部砂石大队 QC 小组

中国葛洲坝水利水电工程集团公司机电公司第二工程处焊接 QC 小组

中国葛洲坝水利水电工程集团公司电力公司天广直流导线防磨 QC 小组

中国葛洲坝水利水电工程集团公司国际工程公司项目开发部 QC 小组

（中国水电质量协会　颜　敏）

4 水电站经济效益与社会效益

1998 年水电站防洪作用

华中电网水电站的防洪功能及在 1998 年抗洪中的巨大作用

1998 年，长江流域发生了自 1954 年以来最大一次全流域性大洪水。在抵御这次特大洪水过程中，华中电网内的水电站，特别是位于长江干支流上的隔河岩、丹江口、柘林、五强溪、柘溪、凤滩、葛洲坝等大型水电站的水库，承受了超蓄洪水的风险和超高水位运行的压力，最大限度地拦蓄了洪水调节洪峰，有效地支持了长江及“两湖”抗洪抢险，极大地减轻了水库下游及长江中下游地区的洪涝灾害，对夺取 1998 年抗洪抢险斗争的全面胜利起到了重要作用。

（一）主要水电站的防洪功能

华中电网覆盖湖北、河南、湖南、江西四省，现有统调大中型水电站近 30 座，主要分布在长江、黄河干流及汉江、清江、堵河、沅江、资水、湘江、赣江、修河、抚河等江河上，大多以发电为主，兼有一定防洪功能，水库总库容 748 亿 m^3，留有防洪库容 262.56 亿 m^3。其中长江流域库容 10 亿 m^3 以上的水电站 12 座，总库容达 564.63 亿 m^3，防洪库容 163.81 亿 m^3。

以发电为主的清江隔河岩水电站的水库联同拟建的水布垭水电站的水库预留的防洪库容，在一般洪水年份，可使长江荆江河段防洪标准从 5 年一遇提高到 10 年一遇，对特大洪水可避免或推迟荆江分洪的时间。

以防洪为主的丹江口水利枢纽作为汉江防洪控制工程，拥有防洪库容 78 亿 m^3，能够有效地拦蓄洪水，削减洪峰，减轻汉江中下游的洪水灾害，缓解武汉及长江中下游地区防洪压力。

长江流域库容 10 亿 m^3 以上的水电站概况见表 1。

表 1　长江流域库容 10 亿 m^3 以上的水电站概况

电站名称	水系	省区	控制流域面积（km^2）	总库容（亿 m^3）	防洪库容（亿 m^3）	装机容量（万 kW）	主要任务	建成年份
葛洲坝	长江	湖北	1000000	15.8		271.5	发电、航运	1988
隔河岩	清江	湖北	14430	34	5	121.2	发电、防洪	1994
丹江口	汉江	湖北	95200	209	77.2	90	防洪、灌溉	1973
东江	湘江（支）	湖南	4719	81.2	1.58	50	发电、防洪	1987
五强溪	沅水	湖南	83800	29.9	13.6	120	发电、防洪	1996
柘溪	资水	湖南	22640	35.65	6.2	44.75	发电、防洪	1962
凤滩	沅水（支）	湖南	17500	17.4	3.49	40	发电、防洪	1980
柘林	修水	江西	9340	79.2	32	18	发电、防洪	1972
万安	赣江	江西	37000	22.16	10.19	40	发电、防洪	1993
黄龙滩	汉江（支）	湖北	11140	11.62	1.5	15	发电、防洪	1978
富水	富水	湖北	2450	16.2	8.07	3.4	防洪、发电	1966
白莲河	浠水	湖北	1800	12.5	4.98	4.5	防洪、灌溉	1960
合计			1300019	564.63	163.81	818.35		

（二）在抵御1998年特大洪水中发挥的巨大作用

在1998年防汛抗洪中，华中电网水电站的水库充分发挥拦蓄调节洪水作用，根据防洪的需要适时运用，在确保大坝安全的前提下，尽全力拦洪、错峰、削峰，有效拦蓄洪水250多亿m^3，错、削峰60余次，最大削峰流量达15840m^3/s，削减洪峰比例最高达89%，减少灾害损失上百亿元。隔河岩、丹江口、柘林、五强溪、凤滩、柘溪以及葛洲坝等大型水电站水库的防洪减灾作用尤为突出（见表2），这些水电站在自身枢纽工程承受巨大压力和严峻考验的情况下，以大局为重，克服重重困难，立足局部保全局，勇担风险，精心组织，在保证大坝安全的前提下，有效地实施预报预泄，腾空库容；预报拦洪，削减洪峰；蓄泄兼备，错开洪峰；超高蓄水，压低江湖水位；减少发电流量，控制江湖水位回涨。科学地运用水库，尽全力为长江错峰、削峰，为实现中央提出的“三个确保”、争取抗洪抢险斗争的胜利作出了巨大贡献。

表2　华中电网部分大中型水电站1998年汛期拦洪错峰情况

水电站	发生洪水次数	最大洪峰流量（m^3/s）	最大削峰流量（m^3/s）	最大削峰比例（%）	拦蓄洪量（亿m^3）	错、削峰次数	错、削峰历时（h）	最高水位（m）	超汛限高度（m）	正常高水位上运行时间（h）	拦洪错峰减灾效益
葛洲坝	8	63600	2700	4.5	2.31	3	62	67.00	0.5	70	在长江第6～8次洪峰中，分别在10～25h内削峰1800～2700m^3/s，减轻了荆江河段防汛抢险压力
隔河岩	7	12300	4200	51.2	24.65	6	339	203.94	3.94	78.5	在长江第4、6次洪峰中，使沙市水位在8～16h内平均少涨20～40cm，为避免荆江分洪发挥了关键作用
五强溪	9	35000	15000	73.7	45.98	9	90	109.86	1.86	203.5	6～8月拦洪相当于降低洞庭湖水位0.7m，为避免下游大面积溃垸，为城陵矶水位未超36m起了重要作用
丹江口	5	18300	15840	86.6	132	5		155.36	6.36		超蓄37亿m^3，避免了杜家台分洪，成功地实现与长江第六次洪峰错峰，缓解了长江中下游地区抗洪抢险压力
柘　林	9	8540	7590	88.9	29.09	6	612	67.97	2.97	598	降低永修水位0.17～0.29m，为保住京九铁路、南九高速公路及郭东、永北围堤发挥了关键作用
凤　滩	10	19300	5657	76.7	19.4	23		206.06	1.06	504	与五强溪配合，适当超蓄洪水，减少人湖流量，降低洞庭湖水位，为避免大面积溃垸发挥了重要作用
柘　溪	4	11300	8300	73.0		4		168.96	1.96		极大地缓解了桃江、益阳等地的防洪压力，并在长江第五、六次洪峰期间，减轻了洞庭湖的防洪压力
万　安	6	13510	2910	42.1		5		95.84			减轻下游防洪压力

隔河岩水电站在长江出现第四次洪峰时，水库承担巨大风险控制下泄流量，库水位曾一度上升到203.94m，超过正常蓄水位3.94m之多，接近万年一遇的校核水位。库水位在200m以上运行78h。由于隔河岩水库的错峰削峰，沙市水位从最高可达45.13m降至实际的44.95m，使水位控制在分洪预案的45m的分洪水位线内。8月16日长江第六次洪峰与清江洪峰遭遇，隔河岩水库从16日8时起的6h内为长江平均削峰3700m^3/s，最大为4600m^3/s，库水位在201.98～203.85m之间运行73h，再次为避免荆江分洪创造了条件，受到了国务院领导和湖北省委、省政府的高度评价。

葛洲坝水电站是径流式水电站，水库无调节库容，工程设计不承担防洪任务。但面对长江特大洪水和中下游地区的严峻防洪形势，挖掘潜力，采取洪峰到来前降低运行水位至65m和洪峰抵达时将水位蓄至 67m 等措施，从而利用约 1.45 亿 m^3 的库容调蓄来水，拦洪削峰。

柘林水库超正常高水位运行近 600h，累计拦蓄洪水近 30 余亿 m^3，水库水位两创历史新高，为下游抗洪减灾先后错峰、削峰 6 次，错、削峰总历时达 612h，最高削峰 7590m^3/s，发挥了巨大的拦洪错峰作用。

湖南沅江、资水上的五强溪、凤滩、柘溪三座大型水电站水库充分发挥了大水库拦蓄洪水、调节洪峰的作用。在 7 月 20 日～24 日的 5d 时间里，三大水库共拦蓄洪水 27.6 亿 m^3，使洞庭湖在此期间降低了大约 1m 的水位，大大减轻了洞庭湖区的洪灾。

（华中电力集团公司 夏才清）

丹江口水电厂 1998 年防洪作用

丹江口水利枢纽是汉江上最大的一座水利工程，该工程控制流域面积 95200km^2，占流域面积 60%。现已完成的初期工程坝顶高程 162m，大坝总长 2.5km，最大坝高 97m，总库容 209 亿 m^3。丹江口水电厂原装机容量 6×150MW，现经过改造增容已达到 942MW，设计年平均发电量 38.3 亿 kW·h，是华中电网的主力调峰、调频电厂之一。汉江是长江的最大一条支流，属秋汛流域。自 1991 年来，汉江连年来水偏枯，电厂经常处于发电死水位（139m）左右运行，月发电量仅约为 1.5 亿 kW·h。然而，当 1998 年长江出现罕见的洪水灾害时，汉江汛期也提前到来，丹江口水库的防汛面临着严峻考验。

1998年 7 月中旬，当长江出现第二次洪峰时，汉江上游流域也发生了强降水过程，汉江上游石泉、安康水库大量泄洪，下泄流量分别达到 17100m^3/s 和 12900m^3/s，丹江口水库库水位急剧上涨，并于 7 月 14 日突破了 149m 的夏季汛限水位。按长江防总的命令，于当日开启两个深孔闸门（每孔流量 600m^3/s）泄洪，以腾出库容，迎战更大的洪水。

8 月 13 日，库水位上涨至 151.43m，超过汛限水位 2.43m。此时汉江上又出现了第二次洪峰，16 日汉江入库洪峰流量达 18700m^3/s，为了减轻长江的洪水压力，丹江口水利枢纽顾全大局，勇于承担风险，按湖北省防总的要求，减小了下泄洪量，水库水位骤涨到了 154.41m，超汛限水位 5.41m。当长江第六次洪峰到来时，丹江口水库在汉江第三次洪峰即将到来的危险情况下，紧闭闸门 96h，拦蓄洪水 36 亿 m^3,100%削减了汉江洪峰，实现了汉江与长江洪峰的错峰调度，减轻了长江及汉江中下游的抗洪压力。为此，湖北省防总通电嘉奖了丹江口水电厂在抗洪关键时刻发挥的巨大作用。当长江第六次洪峰顺利通过武汉以后，丹江口水库才开始开闸泄洪。8 月 23 日，汉江上游又有 11200m^3/s 的洪水入库，24 日 8 时库水位又达 153.36m，直逼最大正常蓄水位 157m。

然而，由于受到长江洪水的顶托，汉江中下游的水位也不断增高，如果丹江口水电厂为限制库水位加大下泄洪量，杜家台分洪区将分洪运用，这样将会造成分洪区内 10 万亩耕地被淹，16 万人口受到洪水威胁，直接损失将达到 9.45 亿元。于是，丹江口水库发挥调蓄库容的功能，密切监视汉江中下游的水情，科学调度，根据中下游控制水位调整下泄流量，维护了河堤的稳定，保障了汉江中下游地区的安全度汛。9 月 2 日，丹江口水库水位降到 153.18m，这时进一步降低下泄流量（平均 2800m^3/s），控制库水位于秋季汛限水位 154m 以下。

在 1998 年抗洪期间，丹江口水电厂一方面严格服从抗洪大局，科学调度，积极配合长江全流域的防洪工作；另一方面也勤调整、勤操作，不断改善运行方式，充分地利用弃水多发电，特别是 1 号发电机增容改造提前 53d 于 6 月 15 日并网发电，提前工期多发电量 19560 万 kW·h，确保了抗洪抢险期间的电能供应，更有效地支持了抗洪抢险工作的顺利进行；为汛期提供可靠的电源和华中电网的稳定运行作出了贡献，保证了丹江口水利枢纽防汛设施的准确、灵活运用；不仅发挥了巨大的社会效益，也同时提高了电厂的经济效益，仅 7、8 两月的发电量就分别达到 4.95 亿 kW·h、5.5 亿 kW·h，占当年发电总量的 41.5%，是近几年来发电量较高的月份。

（丹江口水力发电工程学会 王绍枚）

凤滩水电厂 1998 年防洪作用

酉水是洞庭湖回水之一沅水的最大支流，流域面积 18530km^2，径流量 170 亿 m^3，干流全长 427km，天然落差 920m。凤滩水电厂位于酉水下游，距沅陵县城 45km，坝址控制流域面积 17500km^2。

凤滩水电厂以发电为主，兼有防洪、航运、灌溉、发展渔业等综合效益。混凝土空腹重力拱坝最大坝高 112.5m，总库容 17.4 亿 m^3，正常蓄水位 205.0m，相应库容 13.9 亿 m^3，死水位 170.0m，相应库容 3.3 亿 m^3，有效库容 10.6 亿 m^3，属季调节水库。防洪限制水位 198.5m，预留防洪库容 2.77 亿 m^3,可适当拦蓄洪水，以减轻沅水尾闾洪水灾害。

1998 年长江发生了 1954 年以来又一次全流域的大洪水，酉水流域又是沅水流域的主要暴雨区，因此，凤滩水库洪水调度工作直接关系到干流五强溪水库、关系到下游常德及洞庭区的防洪形势。凤滩水电厂1998年防洪作用主要表现在以下几个方面。

发电预泄，腾空库容。凤滩水库作为一个季调节水库，其防洪库容仅有2.77亿m^3。在1998年的大洪水、特大洪水调度中，凤滩水电厂充分利用发电加大预泄，尽量腾空库容，以期解决“水大库小”的矛盾，收到明显效果。1998年遭遇的洪水中，其洪峰大于3000m^3/s的洪水有10次，由于调度合理，起调水位低于防洪限制水位的调度就有5次。起调水位最低的一次为980614号洪水，起调水位为184.15m，腾空防洪限制水位以下库容4.7亿m^3，预留总防洪库容7.5亿m^3。

蓄泄兼施，削峰、错峰。在1998年的洪水调度中，凤滩水库为下游削峰、错峰23次，拦蓄洪量19.4亿m^3，相当自身容量的1.4倍。最大的一次削峰为980614号洪水，洪峰流量为7380m^3/s，而最大出库流量仅有1723m^3/s，削峰率达77%，拦蓄洪量4亿m^3。1998年7月22日凤滩水库流域发生了有记录以来最大的一次洪水过程，其洪峰流量为19300m^3/s（相当于50年一遇的设计洪水标准）。在980722号特大洪水调度中，削减洪峰流量1170m^3/s，峰前最大削减流量6085m^3/s，峰前最大拦蓄洪量1.15亿m^3，共错峰9次（详见下表），为下游拦蓄洪量达3.49亿m^3。

超高蓄水，压低湖水位。长江第六次洪峰出现后，凤滩水库在自身防洪形势十分严峻的情况下，为减轻下游及湖区的压力，超高蓄水，致使库水位在正常高水位以上运行时间达504h，最高库水位为206.06m，并与五强溪水库共减少入湖水量6亿m^3，使洞庭湖的最高水位降低约0.2m，有力地支持了湖区人民的抗洪斗争。

980722号洪水错峰情况统计表

错峰次序	时　　间	库水位（m）	削峰或降低总出库（m^3/s）
1	7月23日11:00	204.61	250
2	7月23日12:30	204.56	2844
3	7月23日14:00	204.67	3614
4	7月23日19:00	204.65	896
5	7月23日22:15	204.52	1130
6	7月23日23:00	204.50	1128
7	7月23日23:15	204.55	1136
8	7月24日01:32	204.78	1179
9	7月25日01:00	204.82	1180

（凤滩水力发电厂　彭　祖）

柘林水库1998年防洪减灾的作用

柘林水利枢纽工程位于赣西北的修河中游末端。坝址以上控制面积为9340km^2。水电厂装机4×45MW。设计多年平均发电量6.3亿kW·h。多年调节水库，最大库容79.2亿m^3，是目前国内库容量大的土坝水库，属一等Ⅰ级工程。主要建筑物有主坝、副坝（三座）、溢洪道（二座）、泄洪放空洞、引水发电系统及厂房、灌溉取水建筑物和过坝建筑物等。

洪水调度原则：当坝址洪水小于50年一遇洪水时，水库对区间洪水进行补偿调节，使下游安全泄量不超过6500m^3/s，如果区间洪水超过6500m^3/s，水库仅下泄发电流量。

柘林水电厂取得了1998年抗洪抢险工作的全面胜利，为保护下游的京九铁路、郭东围堤、永北围堤、昌九高速公路和下游人民财产的安全，作出了很大的贡献。

（一）98626号洪水过程

6月份降雨量522.0mm，为有资料以来的同期降雨第三大值，6月26日降雨量120.3mm（建库以来日降雨最大值）。最大2h入库流量为10200m^3/s，相当于13年一遇；洪水总量为23.1亿m^3，相当于20年一遇；最高库水位为66.89m，创历史最高值。此期间，共接受省防总调度命令共17次，操作闸门26扇次，泄水总量16.4亿m^3。6月26日最大入库流量8540m^3/s，为与潦河削峰、错峰，确保京九铁路安全，从2时49分开始下泄流量为零。拦蓄洪量16.39亿m^3，削减洪峰率88.9%，相当于降低了永修山下渡0.29m，最大限度地缓解了下游京九铁路、郭东围堤、永北围堤、昌九高速公路的汛情；节省围堤加高费用12659万元（按堤宽1.5m、加高0.29m、土方单价15元/m^3计），经济、社会效益可观。

（二）98725号、98730号洪水过程

7月25日库水位达65.91m，入库流量6700m^3/s,由于潦河流域也连降暴雨，山下渡水位达历史最高水位22.90m，此时，汛情非常紧急，而潦河流域洪水调蓄能力差，柘林水电厂按省防总命令，于26日13时命令关闭第一溢洪道一孔与潦河错峰。98725号洪水最高洪水位为66.88m。7月29日至31日山下渡水位创新纪录，达23.48m。为确保京九铁路、郭东围堤、永北围堤、昌九公路的安全，柘林于29日13时、30日7时30分先后两次关闭第一溢洪道一孔（下泄流量2100m^3/s）为下游潦河削峰、错峰，30日20时三孔全开，四台机组21时起空载运

行。

7 月 30 日 23 时，入库流量 7470m³/s，库水位超过 67m，经对弧形闸门进行局部开启试验，关闭第一溢洪道三孔闸门的 1/3 开度。31 日 16 时 40 分按要求下泄流量控制为 2700m³/s。31 日 23 时最高洪水位为 67.97m，接近 50 年一遇洪水位（按汛限水位 63.5m 计算）。

在 98725 号、98730 号洪水过程中，共接受省防总调度命令 17 次，操作闸门 32 扇次，泄水总量 25.61 亿 m³，为下游拦蓄洪量达 12.6 亿 m³，两次洪水分别为下游削减洪峰 71.1%、81.9%。

1998 年汛期，柘林水库水位三次接近或超过 50 年一遇洪水位，超正常高水位运行达 598h。柘林水电厂在确保大坝安全的前提下，充分挖掘内部潜力，牺牲局部，严格执行省防总、省局防办调度命令。利用库区水情自动测报系统和省气象局专题气象信息对水库预泄，最长达 72.5h，相当于降低库水位 0.34m；采用第一溢洪道闸门为下游潦河削峰、错峰 6 次，采用控制发电机组流量方式为下游潦河削峰、错峰 4 次，削峰、错峰历时 612h；最大下泄流量在 3000m³/s 以内（远小于下游河道设计安全泄量 6500m³/s），充分发挥了水库的调蓄作用，为确保下游京九铁路、郭东围堤、永北围堤、昌九高速公路，为保障下游县、乡、镇人民生命财产和下游工矿企业的安全作出了重大贡献。

（柘林水力发电厂　陶志亮、潘华海）

隔河岩水电站 1998 年防汛抗洪作用

1998 年入夏以来，清江流域洪水与长江发生全流域性的特大洪水长时间频繁地遭遇，抗洪形势十分严峻。隔河岩水电站完成了清江与长江洪水错峰的艰巨任务，为避免灾难性的分洪，夺取长江抗洪抢险的全面胜利，发挥了重要作用。

（一）隔河岩水电站圆满完成了与长江错峰的任务

1998 年 5 月 10 日～8 月 21 日，清江流域共发生 7 次大的洪水，洪峰流量在 4300～12300m³/s 之间，累计降水 127 亿 m³，比正常年份同期高出 67.9%。这期间，长江 6 次洪峰都同清江洪峰遭遇。

长江第 4 次洪峰于 8 月 7 日 21 时抵达宜昌，洪峰流量 61500m³/s，隔河岩水库入库洪峰流量为 5000m³/s。为确保下游安全，隔河岩水库一直控制下泄洪量，库水位上升到 203.49m，超过正常蓄水位（200m）3.49m 之多。由于隔河岩水库及时控制、调节下泄流量，从 8 月 7 日起的 16h 内平均为长江削峰 1300m³/s 以上，最大为 2000m³/s。据测算，清江隔河岩水库每下泄 1000m³/s，下游沙市水位就要上升 6～8cm。这样，使沙市水位从 7 日 21 时起的 16h 内平均少上涨 11cm 以上，最大达 18cm。由于隔河岩水库的错峰削峰，使沙市水位从最高水位可达 45.13m 降至实际最高水位 44.95m，使水位控制在预案中 45m 分洪水位线以内。

长江第 6 次洪峰于 8 月 16 日 14 时～16 时抵达宜昌，流量为 63600m³/s，隔河岩水库洪峰流量为 8200m²/s，隔河岩水库从 16 日 8 时起的 8h 内为长江平均削峰 3700m³/s 以上，最大为 4600m³/s，使沙市水位从 16 日 21 时起的 8h 内平均少上涨 30cm 以上，最大达 37cm，使沙市水位从最高可达 45.50m，降至实际最高水位 45.22m，错峰效果十分明显，再次为避免荆江分洪创造了条件。

（二）隔河岩水电站工程经受了严峻考验

隔河岩水库库容 32 亿 m³，其中留有 5 亿 m³ 防洪库容，正常的蓄水位为 200m。1998 年为确保与长江洪峰错峰，特别是与长江的第 4 次和第 6 次洪峰错峰，尽量控制、调节下泄流量。在第 4 次洪峰期间，隔河岩库水位在 200m 以上连续运行了 78h，最高达 203.94m，超过 1000 年一遇的设计水位，接近万年一遇的校核水位。在第 6 次洪峰到来时，隔河岩水库又连续 73h 在 201.98～203.85m 高水位运行。根据专家计算，由于超设计蓄水能力，隔河岩水库水位达到 204m 时，大坝受力比正常蓄水位时增加 15% 以上，闸门总推力增加 50%，大大超过设计标准。这期间，整个隔河岩水电枢纽工程所承受的负荷都达到了极限状态，承受了极大的风险和压力。关键时刻依靠科技力量，进行科学决策。一是利用清江拥有的一整套现代化的水雨情预报和分析系统，严密监视气象卫星云图变化动向，适时测报水雨情况和洪水入库流量；二是发挥信息功能，每隔 1h 收集 1 次重庆、宜昌、沙市、监利和武汉等水文站水雨信息，全面、及时地掌握长江流域洪水动态；三是科学分析两江洪水峰谷变化规律和大坝的水库运行状况。通过分析论证，提出了水库调度方案，及时报省防总批准实施。在长江第 4 次洪峰 61500m³/s 的流量尚未到达宜昌，而宜昌及下游河段为 58000m³/s 时，适时加大泄量，减轻隔河岩工程的压力，确保库水位不超过 204m；当 61500m³/s 到来时，隔河岩水库就尽量少泄或仅利用发电泄洪，减轻长江抗洪压力，从而避免两江洪峰叠加。同时科学界定 204m 为隔河岩库水位安全极限高水位。在 1998 年抗洪斗争中，最大限度发挥水库的调蓄功能，其关键问题是如何确定隔河岩水库安全极限蓄水高度。8 月 7 日，隔河岩水位超过 203m，并且是来量大大高于泄量，大坝运行工况越来越恶劣。经过专家实地观测，并对枢纽的主要部位，包括大坝、金属结构、机电等的受力情况进行认真分析、计算，用大量的观测记录的资料数据进行校核，确定了204m是枢纽安全的极限值，并及时向国家防总和省防总报告了积极而又稳妥的控制线，得到了上级的认可。

在防汛抗洪期间，24h不间断地对大坝等水工建筑物的1000多个监测点及机电设备、泄洪闸门、起臂设备等进行观察和监测，每小时必须向湖北省防汛抗旱指挥部报告情况；对关家冲土石副坝等薄弱地方，日夜巡察，严防死守。整个防汛抗洪期间，共发现和排除100多次险情，确保了大坝和防汛设施及机组安全度汛。根据大量观测资料和汛后的仔细检查，整个枢纽运行正常。

（湖北清江水电开发有限责任公司　李　扬）

宝珠寺水电站1998年削峰拦洪效益

（一）工程概况

宝珠寺水电站工程位于四川省广元市境内，嘉陵江水系白龙江干流上，工程以发电为主，并有防洪、灌溉等综合效益。水库正常蓄水位为588m，汛限水位为583m，水库总库容为25.5亿m^3，调节库容为13.4亿m^3，电站装机容量为70万kW，年发电量为22亿kW·h。拦河坝为混凝土重力坝，最大坝高132m；泄水建筑物由左、右两个底孔及布置于右河床的两个表孔和布置于左河床的两个表孔组成。大坝千年一遇洪水设计（$Q=19600m^3/s$）相应最大下泄流量10350m^3/s，万年一遇洪水校核（$Q=25600m^3/s$）相应最大下泄流量16060m^3/s。工程于1984年11月开工，1996年10月下闸蓄水，1996年12月首台机组发电，1998年工程仍属施工期，拦河坝的施工形象不能达到永久运行要求。

（二）白龙江洪水特性

白龙江发源于青、川、甘交界的岷山与西倾山之间，至广元市昭化镇汇入嘉陵江，全长576km，流域面积达31808km^2。宝珠寺水电站位于白龙江下游，距河口27km，控制流域面积为28428km^2，占全流域面积的89%。枢纽下游主要有广元、南充、重庆等城市及宝成铁路。

白龙江洪水主要集中在武都、文县以下，特别集中在碧口至宝珠寺区间，最大洪峰发生在7月上旬或8月下旬。根据历史洪水调查及实测洪水资料分析，洪水可分为三种类型：①区间型。洪水产生区主要在碧口至宝珠寺区间，洪水历时短，陡涨陡落，洪量主要集中在24h内。②全流域型。全流域普降暴雨产生较大来水，持续时间较长，约3天左右，涨落较缓慢，一般为双峰型洪水。③干流型。此类洪水是以碧口以上来水为主，持续时间长，涨落比全流域型洪水更缓慢，峰型短胖。

（三）1998年削峰拦洪情况

由于宝珠寺工程1998年仍属施工期，因此拦河坝的施工形象决定了水库汛限水位。根据工程形象进度，确定7月份汛限水位为570m，8月份汛限水位为580m。

1998年白龙江第一次洪水发生在7月4日，最大入库流量为2600m^3/s，由于当库水位为560m，低于汛限水位570m，所以洪水没有下泄，全部存蓄于水库。

8月20日白龙江发生历史特大洪水，最大入库洪峰流量为16470m^3/s，相当于400年一遇洪水。超过了1871发生的历史最大洪水（15200m^3/s）。从8月19日晚开始，白龙江流域持续普降暴雨，当时水库水位为575m；8月20日8时，入库流量为1187m^3/s，库水位为576.42m；20日12时，入库流量为6140m^3/s，库水位为577.20m；20日14时，入库流量为8540m^3/s，库水位达578.33m；到20日15时40分，入库流量达16470m^3/s，为历史最大洪水，库水位达580.3m，已超过580m防洪限制水位。此时段上游碧口水库下泄流量较稳定，为2800～3200m^3/s，说明区间流量很大，为区间洪水。鉴于此类洪水历时短、陡涨陡落、洪峰大、洪量小这一特点，决定只开左、右两底孔，再根据来水情况决定是否开启中孔、表孔，尽量减轻对下游嘉陵江及长江沿岸的抗洪压力。20日16时50分，左、右两底孔全部开启，下泄流量为4300m^3/s；20日17时，入库流量降至11900m^3/s，库水位升至581.05m；20日18时，入库流量8060m^3/s，库水位581.3m；20日21时40分，入库流量降至4886m^3/s，库水位达581.53m，此时宝珠寺工程已完成削峰任务，为降低水库水位，迎接新的洪峰，逐步开启中孔控泄，最大下泄流量达6865m^3/s；21日2时，入库流量降至2454m^3/s，中孔关闭；21日10时，入库流量降至1110m^3/s，库水位降至580m，关闭底孔。白龙江此次洪水过程从8月20日8时～21日8时，历时24h。

（四）宝珠寺工程削峰拦洪效益

白龙江发生的历史最大洪水，由于宝珠寺工程的削峰作用，使此次洪水对下游影响减小到最小程度，工程的防洪效益十分明显。当洪峰达到最大值16470m^3/s时，水库并未开闸泄洪，将最大洪峰拦蓄在水库里，泄洪前其拦蓄洪量为2.64亿m^3。泄洪时流量控制到最小程度，削减洪峰 10000m^3/s。由于宝珠寺水库的削峰错峰，保证了宝成铁路及嘉陵江沿岸广元、南充、重庆等城市的安全，并避免了与长江第七次洪峰遭遇，为长江沿岸抗洪减轻了压力，发挥了巨大作用。

（西北勘测设计研究院　孙宝平）

丰满、白山水电站 1998 年联合调度的防洪作用

丰满、白山水电站是位于第二松花江上游的两座大型梯级水电站，水库的总库容分别为 114.7 亿 m^3 和 59.1 亿 m^3。下游梯级丰满水库控制流域面积为 42500km^2，占第二松花江流域面积的 55%，占松花江干流哈尔滨以上流域面积的 11%。两电站联合调度对下游洪水大小有直接影响。

1998 年汛期，嫩江流域 7 月～8 月连续发生三次大洪水，其中 8 月中旬第三次洪水为超历史记录的特大洪水，江桥水文站洪峰流量达 26400m^3/s（8 月 14 日），相当于 500 年一遇洪水，嫩江下游堤防溃决，跑水近 100 亿 m^3。在嫩江跑水及丰满、白山水库调节下，松花江干流哈尔滨站仍发生了自 1898 年有实测资料以来的第一位大洪水，实测洪峰流量为 16600m^3/s（8 月 22 日），超过 1932 年还原后的洪峰流量 16200m^3/s。实测最高水位为 120.89m，比 1932 年洪水位 119.77m 高出 1.12m，高水位持续时间长达 30h，经沿江军民的全力抢险，保住了大堤和人民群众生命及财产的安全。

为减轻松花江干流及哈尔滨市的防洪压力，白山、丰满水电站从 6 月 27 日开始拦蓄洪水，减少发电出流。白山水电站 7 月 15 日的入库洪峰达 2570m^3/s，出流仅为 202m^3/s；8 月 13 日入库洪峰为 1540m^3/s，出流为 611m^3/s；6 月 27 日～8 月 17 日共拦蓄洪水 12.35 亿 m^3，库水位由 400.82m 升至 412.24m。经白山水电站调节后的丰满水库 7 月 16 日入库洪峰流量达 2410m^3/s，出库仅为 150m^3/s；8 月 14 日入库洪峰流量 2722m^3/s，出库为 159m^3/s，削减洪峰 96%，以后的出流不大于 200m^3/s。7 月 2 日～8 月 31 日共拦蓄洪水 51.64 亿 m^3，库水位由 239.61m 升至 259.35m。7 月和 8 月丰满、白山两水电站共拦蓄洪水 65 亿 m^3，使其下游扶余站与哈尔滨洪峰相应的洪水，由 3230m^3/s 减为 572m^3/s，削减了 2660m^3/s，致使哈尔滨的洪峰流量削减了 2000m^3/s。因此，如果没有白山、丰满水库的合理调度，哈尔滨站的实测洪峰流量将为 18600m^3/s，最高水位将超过防浪墙的高程，其后果将不堪设想。嫩江、二松、松干主要控制站洪水成果见下表。

丰满、白山水电站联合调节对下游洪水影响比较表

河流	地点		洪峰流量 Q_m (m^3/s)	出现时间（月．日）	备注
第二松花江	丰满（$A=42500km^2$）	天然	3470	8.14	已考虑白山水电站调节
		出库	<200	8 月中下旬	经白山、丰满水电站调蓄后
	扶余*（$A=71783km^2$）	天然	3230	8.21	
		实测	572	8.21	经白山、丰满水电站调蓄后
嫩江	大赉（$A=221715km^2$）	天然	22100	8.18	考虑两岸跑水还原后
		实测	16100	8.15	
松花江	下岱吉（$A=363923km^2$）	天然	23300	8.21	考虑跑水还原后
		实测	16000	8.19	
	哈尔滨（$A=389769km^2$）	天然	23500	8.24	
		实测	16600	8.22	
		无二松水库调节	18600		

*　扶余站流量为与哈尔滨最大洪峰相应的流量。

（东北勘测设计研究院　袁国臣　段元胜）

新安江水电站 1998 年、1999 年发电及防洪效益

1998 年、1999 年新安江水电厂由于正确使用水文气象预报和情报，合理、安全调度水库，年发电量创历史之最，分别达到 27.19 亿 kW·h 和 26.59 亿 kW·h。1998 年由于采用汛前发电消落水位，虽遭遇百年不遇大洪水袭击，仍将洪水全部拦蓄在水库中减少的经济损失在 20 亿元以上。1999 年 6 月下旬到 7 月上旬，按设计洪水推算，遭遇万年一遇洪水袭击，但泄量（包括发电流量）控制在 6706m^3/s，削峰拦洪三分之二以上；还利用气象预报，避免了 8 月底防洪、预泄，共减少 10 亿元以上的经济损失。

（一）二年发电效益

1998 年年初，新安江电厂得知当年为降水特多年后，于年初开始加大发电量，用提前大发电的措施来消落水库水位，腾出近 40 亿 m^3 的库容来拦蓄大洪水。由于将 6 月份的水库水位从规定的 102.0m 降到

96.60m，既将以后发生的两场大洪水全部拦蓄在水库中，又多发电3.4023亿kW·h折合人民币2688万元，全年发电量达27.19亿kW·h，是1960年建厂以来发电量最多的一年。

1999年，在电厂召开的1999年新安江流域降水量预报座谈会上，专家一致认为降水量将偏多。由此计算分析提出，为减轻1999年度防洪度汛工作的压力，上半年采取“以水定电”的方式实行控制运行，一季度加大发电量，电量在4.0亿kW·h以上，以利消落水库水位。

1999年第二季度初，又根据华东电管局主持召开的新安江流域汛期降水量会商会预报分析意见，认为降水时空分布很不均匀，降水时段主要集中在5月～7月上半月，此期间仍有洪涝灾害发生，提出5月、6月尽量加大发电量，月电量每月不得少于3.0亿kW·h，大大超过调度图操作月电量1.14亿kW·h。由于措施得力，水库调度安全合理，1999年全年发电量为26.59亿kW·h，为建厂以来第二个极大值。

近二年年发电量是多年平均电能18.61亿kW·h（原设计）的1.461倍和1.4288倍，为过去37年平均电能15.5亿kW·h的1.754倍和1.7155倍。

新安江水电厂是华东电网第一调峰、调频电厂，为提高全网供电质量，稳定系统频率作出了有益贡献。1998年～1999年除汛期3个月为避免弃水担任一定基荷任务外，其他9个月都是以调峰、事故备用为主，据统计近二年第一、二、四季度峰荷、腰荷电量分别达18.70亿kW·h和9.069亿kW·h，占全年发电量的53.59%和23.13%，合计占76.72%。1994年以后，华东网局实行峰谷分时电价，高峰时段电价为0.614～0.602元/kW·h，按此办法计算，新安江水电厂仅从调峰电价中就可增加亿元以上的收入。

在事故备用中也作出了显著成绩，1998年全年顶系统事故出力21次，314min，计588万kW；1999年为28次，489min，计713万kW。由于系统需要，机组经常超铭牌出力，最大出力达81万kW（设计为66.25万kW），机组超铭牌运行二年达300次之多。

近二年逐月发电量及峰腰荷比例见表1。

表1 1998年、1999年发电量概况表

年份	项目	月份												合计
		1	2	3	4	5	6	7	8	9	10	11	12	
1998	发电量（亿kW·h）	2.90	2.97	3.52	4.24	3.40	2.42	2.22	1.99	1.17	1.50	0.47	0.38	27.19
	峰腰荷（%）	74.76	74.27	67.31	59.51	42.03	49.73	89.95	88.46	77.36	87.93	80.22	82.28	75.01
1999	发电量（亿kW·h）	1.596	1.105	0.932	1.441	2.78	3.33	4.05	2.58	3.83	1.801	1.63	1.52	26.59
	峰腰荷（%）	95.77	96.03	94.87	94.95	87.45	71.53	62.09	81.54	64.65	63.38	76.76	85.41	76.83

（二）拦洪削峰之防洪效益

1998年为降水偏丰年，年降水量为1960mm；1999年为降水特丰年，年降水量为2418mm，为建库以来特大值。两年共发生4000m^3/s以上的洪水12次，其中洪峰流量不小于10000m^3/s的洪水4次，1998年6月18日大洪水的洪峰流量为19042m^3/s，次大洪水洪峰流量达12870m^3/s，由于使用长期气象预报，通过合理调度，将当年的洪水全部拦蓄在水库中，极大地减轻了沿江下游的淹没损失。

1997年12月，预测新安江流域1998年1月～9月降水总量为1780mm，同期实况降水量为1843mm，预报准确率达96.6%。1998年4月份的修正预报进一步强调汛期5月～7月降水量将偏多，综合为920mm，同期实况为998mm，预报准确率为92.2%。面对降水预报偏多和水库水位较高的情况，正式向华东电管局提出关于1998年第一季度新安江水库控制运用的意见，即为减轻1998年防洪度汛工作的压力，避免和减少泄洪，建议新安江水电厂第一季度加大发电量，电量在4.8亿kW·h以上，以利消落水库水位，将3月末的水库水位控制在100m以内。由于实况与预测极为接近，偏丰水年没有泄洪，极大地减轻了下游防汛工作的压力，得到浙江省防汛指挥部等上级领导的一致好评。

1998年防洪的社会效益是明显的，因为新安江的下游为钱塘江流域，乡镇企业很多，农业生产水平发达，是浙江省的“粮仓加钱仓”之一，据1994年～1997年调查统计，一场中等洪水造成十几亿元的经济损失是常有的事。1998年6月份二次洪峰流量大于10000m^3/s，新安江水库全部拦蓄，下泄的发电流量仅1000m^3/s，根据浙江省防汛指挥部有关专家统计分析，1998年梅汛期新安江水库拦洪削峰效果显著，下游沿江两岸减少的经济损失在20亿元人民币以上。

1999年预报为特丰水年。经过分析计算，建议上半年多发电，争取梅汛期到来之前腾出一部分库容来拦蓄洪水，因此6月20日水库水位仅有101.59m，

多预留 17 亿 m^3 库容来拦蓄洪水，所以尽管 1999 年发生八次洪水，其中七次洪水全部拦蓄在水库中，只在 6 月 23 日～7 月 2 日，遭遇历史特大暴雨洪水袭击，才被迫于 6 月 29 日 13 时 02 分开闸泄洪，到 7 月 6 日 8 时 32 分停止，共泄水 21.78 亿 m^3，最大出库流量（包括发电流量）6706m^3/s，仅及天然洪峰流量的三分之一。

1999 年 603 号洪水，由于受切变线静止锋影响，从 6 月 23 日 13 时开始，流域内普降暴雨到大暴雨，持续 6d，总降水为 586.2mm，是多年平均年降水量的五分之二，来水总量达 56.16 亿 m^3。按原技术设计推算，为万年一遇的洪水；将资料延长到 1999 年推算，为 250 年一遇洪水。由于事先有足够的准备，下泄流量最大只有 6706m^3/s，仅及天然洪峰流量的三分之一，拦蓄洪水总量近 34 亿 m^3，水库防洪效益显著。

1999 年 8 月下旬，受 8 号热带气旋外围环流和冷空气共同影响，流域降水 81.5mm，出现洪峰流量达 11023m^3/s，9 月 1 日水库水位上升到 107.363m，浙江省防汛指挥部命令作好开闸泄洪准备，由于电站综合分析了各气象台站的预报信息，正确预测未来降雨趋势，及时为省防汛指挥部决策提供了依据，避免了再次开闸泄洪，既减少弃水 7 亿 m^3 的损失，增发电量 1.25 亿 kW·h，又避免了下游淹没损失，若按照原来调查资料分析，避免的经济损失在 10 亿元以上。

1998 年、1999 年洪水预报与评定成果见表 2。

表 2　　1998 年、1999 年汛期洪水预报与评定成果表

洪水号	项目	洪峰 (m^3/s)	误差 (m^3/s)	评定	峰现时间	误差 (h)	评定	洪水总量 (亿 m^3)	误差 (亿 m^3)	评定	最高水位 (m)	误差 (m)	评定 (m)
980501	预报值 实测值	5602 5851	－249	优	13 日 20 时 13 日 23 时	－3	良	6.29 6.47	0.18	优	99.19 99.23	－0.04	优
980601	预报值 实测值	18912 19042	－130	优	18 日 19 时 18 日 17 时	2	良	13.53 12.91	0.62	优	99.32 99.46	－0.14	良
980602	预报值 实测值	11003 11477 12870 12540	－1876 －1063	合格 良	25 日 22 时 26 日 06 时 25 日 18 时 26 日 03 时	4 2	合格 良	21.11 22.20	－1.09	优	103.45 103.40	0.05	优
980701	预报值 实测值	7145 7675	－530	良	23 日 16 时 23 日 14 时	2	良	14.22 14.19	0.03	优	104.38 104.42	－0.04	优
99301	预报值 实测值	4214 4058 5076 4712	－862 －684	合格	26 日 12 时 26 日 18 时 26 日 11 时 26 日 19 时	1 －1	良 良	6.69 6.11	－0.58	良	97.61 97.63	－0.02	优
99401	预报值 实测值	6010 6108	－98	优	17 日 3 时 17 日 3 时	0	优	8.44 8.16	0.28	优	99.41 99.46	－0.05	优
99402	预报值 实测值	5262 5937	－675	合格	25 日 13 时 25 日 14 时	－1	良	6.36 5.78	0.58	良	100.52 100.51	0.01	优
99501	预报值 实测值	6497 8788 6846 9718	－349 －930	良 良	23 日 3 时 24 日 1 时 23 日 2 时 24 日 1 时	1 0	良 优	12.8 11.88	0.92	良	101.34 101.298	0.042	优
99601	预报值 实测值	7765 6614	1151	合格	10 日 15 时 10 日 15 时	0	优	6.28 5.91	0.37	优	100.48 100.62	－0.14	合格
99602	预报值 实测值	6016 6307	－291	优	17 日 1 时 17 日 1 时	0	优	8.68 8.60	－0.08	优	101.81 101.95	－0.14	良
99603	预报值 实测值	15500 14200 15800 17700	－300 －3500	优 良	25 日 16 时 29 日 16 时 25 日 15 时 29 日 14 时	1 2	良 良	55.08 56.16	－1.08	优			泄洪不作水位预报
99801	预报值 实测值	7783 11023	－3240	合格	30 日 15 时 30 日 13 时	2	合格	7.78 9.22	－1.44	合格	107.41 107.40	0.01	优

（新安江水力发电厂　粟运华）

水电站经济效益与社会效益

黄河上游已建成的梯级水电站综合利用效益

截止1999年底，黄河上游干流已建成大中型梯级水电站7座，总装机容量534.5万kW。其中，龙羊峡128万kW、李家峡160万kW、刘家峡122.5万kW、盐锅峡44万kW、八盘峡18万kW、大峡32万kW、青铜峡30万kW。设计多年平均电量227亿kW·h，是国内已建成的最大的梯级水电站群。梯级水电站形成的水库总库容330亿m^3。其中龙头水库龙羊峡库容247亿m^3，可调节库容193.5亿m^3，库容系数0.94，为多年调节水库；刘家峡水库库容59亿m^3（目前淤积后有效库容43亿m^3），为不完全年调节水库；其他5个水库均为日调节水库。黄河上游梯级水电站装机容量约占西北电网总装机容量的30%，是西北电网的骨干调峰、调频、事故备用电源。其中龙羊峡、刘家峡水电厂是西北电网的第一调频厂。龙羊峡、刘家峡水库还承担水库下游及城市的防洪、防凌、灌溉、城市供水等综合利用任务。90年代以来，尽管黄河全流域发生连续枯水，但龙羊峡、刘家峡梯级水库在满足发电和灌溉等综合利用的同时，为缓解下游断流发挥了重要作用。

（一）1998年、1999年水情及发电情况

1998年、1999年黄河上游龙羊峡水库入库流量分别为185.5亿m^3和243.4亿m^3，分别较常年（距平）减少9.5%和增加18%，汛末最高水位分别为2564.04m、2581.08m（1999年汛后最高水位突破了历史记录）。

1998年、1999年黄河上游梯级水电站发电量分别为145.3亿kW·h、197.1亿kW·h，其中汛期（7月～10月）梯级平均发电出力分别为176.6万kW、239.5万kW；供水期（非汛期）梯级平均发电出力分别为159万kW、215.9万kW。两年汛期平均出力仅比枯水期分别增加11%、11.1%，说明经龙羊峡、刘家峡水库调节后不管是偏枯年份，还是丰水年份，季节性电能所占比重不大，反映了黄河上游水电的质量及有利于电网均衡吸收的特性，而且这两年水能利用率均为100%（无弃水），这在国内其他河流水电站是难以达到的。特别是李家峡水电厂是集团公司绝对控股的电厂，1999年发电计划36.5亿kW·h，汛期遇到丰水，为了处理好网、省电力公司的经济利益，及时对李家峡超基数电量按全网火电平均燃料成本向各省网销售，让利给各省电力公司，全年李家峡水电厂发电43.4亿kW·h，较年计划超发18.9%，实现了水能资源的充分利用。

由于龙羊峡和刘家峡水电厂（第一调频厂）实现了AGC功能，在其他电厂的配合下，1998年、1999年全网频率合格率达99.99%以上，跨入了国内先进行列。此外，龙羊峡等水电厂的进相能力较大（龙羊峡水电厂32万kW单机，可进相12万kvar），为提高全网无功电压水平发挥了重大作用。

1998年、1999年，刘家峡、盐锅峡、八盘峡3个厂，发电成本均在0.10元/（kW·h）以下，是甘肃省电力公司发电利润的主要来源；龙羊峡水电厂发电成本为0.1～0.15元/（kW·h），亦是青海省电力公司利润的主要来源；李家峡水电厂（新厂）1998年、1999年平均上网电价分别为0.31、0.246元/（kW·h），比网内同期建设投运的火电厂上网电价低0.04～0.1元/（kW·h）。

1998年、1999年龙羊峡、李家峡水电厂成为青海省重点利税大户，并为带动青海省地方经济发展起着重大作用。

（二）防洪、防凌效益显著

龙羊峡、刘家峡水库承担黄河上游梯级水电站及兰州市防洪任务。仅龙羊峡水库可将可能最大洪水10500m^3/s削减为6000m^3/s，削减洪峰流量43%，2000年一遇洪水可削峰1540m^3/s，从而提高了李家峡、刘家峡、盐锅峡、八盘峡等水库的防洪标准。1998年、1999年汛期，龙羊峡水库入库洪峰流量不大（均小于3000m^3/s），梯级水电站安全度汛。需要说明的是，1999年8月5日李家峡水电厂因外送线路受局部暴雨造成山体滑坡被迫全厂停止外送电。由于青海省电力公司组织全力抢修，10天就恢复向外送电，电网及梯级水库运用未受多大影响。

为了保证宁蒙河段的防凌安全，龙羊峡、刘家峡两水库承担防凌期（每年11月至来年3月）控制泄流的任务。经过多年实践，已摸索出封河期至开河期完整的防凌控制经验，使刘家峡建库前宁蒙河段两年一遇的凌灾得到有效的控制。1998年度宁夏、内蒙古河段凌汛期安全度过。1999年由于冬季气温偏低，

封河时间长，槽蓄水量达 18 亿 m^3 以上，超历史记录，凌汛期严格控制刘家峡水库泄水，开河情况顺利，没有出现凌灾。

（三）综合利用效益

由于黄河上游 60% 的来水集中在汛期，而沿河用水高峰期（夏、冬灌）却在枯水期，来水不能满足需要。刘家峡水库投运后，每年为甘、宁、蒙灌区预留 8 亿 m^3 春灌用水。龙羊峡水库投运后，实际预留的灌溉用水进一步增加。1998 年、1999 年春灌期，龙羊峡、刘家峡两水库实际补水 14.7 亿 m^3、27.8 亿 m^3，为宁、蒙等灌区的增产丰产奠定了基础。

龙羊峡、刘家峡两水库的调节补水也提高了黄河下游地区的用水保证率，平均缩短下游断流时间 36 天（90 年代平均）。

为了配合小浪底工程下闸蓄水，1999 年 9 月 20 日～10 月 22 日加大刘家峡水库出库流量，共为下游补水 24.1 亿 m^3，圆满完成国家防总下达的任务。

此外，黄河上游梯级水电站与白龙江、汉江水电站进行了跨流域补偿调节，提高了两流域安康、石泉、碧口水电站保证出力近 30%。

（西北电力集团公司　秦云全）

葛洲坝水力发电厂经济效益和社会效益

（一）2000 年效益

2000 年，葛洲坝水力发电厂的电力安全生产、多种经营、服务三峡等工作任务都完成得较好。一是安全生产高纪录，截至 2000 年底 12 月 31 日创造了建厂以来第六个安全无事故年和连续安全生产最高历史纪录 1191d，在全国同类型电厂中处领先水平。二是年发电量高产，全年发电量达到 162.222 亿kW·h，完成年度计划的 106.03%。三是电力生产成本降低，全年完成发电销售收入 14.04 亿元，发电总成本较上一年降低 3.1%，单位电力生产成本经过努力终于控制在中国三峡总公司年初规定的 0.043 元/(kW·h)以内，为 0.04298 元/（kW·h)。

本年度，该厂销售电量 161.42 亿 kW·h，完成计划的 105.5%，比 1999 年的 155.96 亿 kW·h 增加 5.46 亿 kW·h；实现电力销售收入 14.07 亿元，比 1999 年增长 12.98%；实现利润总额 6.87 亿元，净利润 4.65 亿元，增长幅度分别为 31.18% 和 30.8%；电力生产总成本 6.97 亿元，比 1999 年下降 2170 万元，下降幅度 3.02%；上缴三峡基金首次达到 6 亿元，归还葛洲坝水利枢纽工程基建借款 1.55 亿元，平均电价首次达到 0.102 元/（kW·h)，当年电费全部回收。

全年水能利用很好，年发电耗水总量为 3659.8 亿 m^3，占全年来水总量 4714.14 亿 m^3 的 77.6%，每发 1kW·h 电量耗水 22.55m^3，水能利用提高率达 6.16%。通过合理抬高水库运行水位、开展厂内经济运行、挖掘设备潜力、合理安排检修等一系列措施，全年夺得节水增发电量 9.4057 亿 kW·h。

作为径流式水电厂仍然为电网调峰作出了贡献，5 月～9 月的平均调峰量为 22.1 万 kW，最大调峰量达 59.3 万 kW，由于该厂水库调度、运行管理部门与电网调度加强信息联系，不仅满足了电网调峰要求，又使全年弃水调峰损失电量减小到了机组全部投产以来历年的最小值 1.485kW·h。

机组主辅设备仍保持在良好水平，主设备完好率为 100%，设备年平均利用小时为 5974.98h，为设计年利用小时 5783h 的 103.3%，这一指标在全国水电厂中也是首屈一指的。

由于科学合理的调度，确保了葛洲坝区域的长江航道安全，2000 年葛洲坝 1 号、2 号、3 号船闸共运用 12528 闸次，货运量 1202.7 万 t，输送旅客 270 万人次。

（二）20 年创造社会效益两万亿元

11 月 24 日，葛洲坝水力发电厂隆重集会庆祝建厂 20 周年。20 年来，葛洲坝水力发电厂以最大限度地发挥葛洲坝工程的经济效益和社会效益为己任，回报社会和人民，坚持以安全生产为中心，坚持两个文明一起抓，取得了令人瞩目的成就。截至 2000 年底，已累计发电 2483.2 亿 kW·h；实现连续安全生产天数 1191d；创直接工业产值 196 亿元（按 1970 年不变价 0.079 元/（kW·h）计算，创造社会经济效益近两万亿元（按华中、华东地区每千瓦时电量产生经济效益 7.5 元估算）；累计实现利税 80 亿元；上交三峡工程建设基金 36 亿元；现有总资产 71 亿元，所有者权益 49 亿元；累计战胜长江上大于 45000m^3/s 以上的洪水 45 次，尤其是在 1998 年特大洪水面前，超常规拦洪错峰，为长江流域取得抗洪救灾全面胜利发挥了重要作用。20 年来，该厂荣获包括“全国五·一劳动奖状”、“全国精神文明建设先进单位”、“国家电力公司双文明单位”、“湖北省最佳文明单位”在内的省、部级以上各种荣誉数十项。

（三）全厂“九·五”期间发电量远大于全国“一·五”期间的发电量

在国家“九·五”计划期间（1996 年～2000 年）的五年时间里，葛洲坝水力发电厂一个厂的发电量就达到 763.37 亿 kW·h，远远大于全国在国家“一·五”计划期间 684 亿 kW·h 的总发电量，并超出 79.4 亿 kW·h；五年内这个厂的平均年发电量 152.675

亿 kW·h,为我国 1949 年全国发电量 43 亿 kW·h 的 3.55 倍。两组数据比较，足以说明葛洲坝水力发电厂在“九·五”期间为国家“九·五”计划的全面完成和人民生活提高所做出的巨大贡献。

（葛洲坝水力发电厂　谢兴发）

莲花水电站经济效益和社会效益

莲花水电站位于黑龙江省海林市境内，是牡丹江水电站下游梯级（莲花水电站以下有二道沟、白虎哨、长江屯三个待建梯级水电站）的龙头水电站，距牡丹江市约 130km。电站以发电为主，主要承担黑龙江省电网的调峰、调相及事故备用等任务，兼顾拦洪、灌溉、养殖、旅游等综合利用效益。水库总库容为 41.8 亿 m^3，有效库容 27.2 亿 m^3，属不完全多年调节水库。电站装机容量 550MW（4×137.5MW），保证出力 55.8MW，多年平均年发电量 8 亿 kW·h。该电站于 1992 年 10 月正式动工兴建，1996 年 12 月第一台机组并网发电，1998 年 9 月全部机组建成投入电网运行。该电站是黑龙江省最大的水电站，也是该省电网骨干调峰电源。莲花水电站全部工程总投资为 470232 万元，静态总投资 201290 万元。

（一）调峰及改善电源结构效益

多年来黑龙江省电网水火电比例严重失调，电网运行中既缺少水电调峰工作容量，又缺少负载及事故备用容量，莲花水电站调节性能好，地理位置适中，恰好满足这一要求。莲花水电站 550MW 容量投入运行后，在设计枯水年电力系统最大负荷时期可承担调峰工作容量 410MW，占系统最大峰谷差的 13.8%。负载及事故备用容量 140MW，占系统相应备用容量的 10.5%，调峰效益明显。在改善电源结构方面作用显著，在莲花水电站建设前，1991 年黑龙江省电网总装机容量 6788MW，水电装机容量仅 162.6MW，水、火电装机比例为 1∶41，严重失调；莲花水电站全部投运后的 1998 年底，电网总装机容量 8981MW，水电装机容量 719MW，水、火电装机比重为 1∶11.5，大大地改善了电网的电源结构及火电的运行工况。

（二）梯级调节效益

莲花水电站正常蓄水位 218m，其调节库容为 15.9 亿 m^3，具有不完全多年调节性能。经其调节，可使调节流量由入库的 60.5m^3/s 提高到 119m^3/s，增加了一倍。在莲花水电站下游还有待建的二道沟、白虎哨、长江屯三个梯级水电站，装机容量分别为 100MW、56MW、69MW。其中二道沟水电站在拟建中，已完成初设报告。作为龙头的莲花水电站可使下游梯级水电站的保证出力由 17.3MW 提高到 32.3MW，增加 15MW，增加比例为 87%。

莲花水电站对其上游已建的镜泊湖水电站也有一定的梯级调节效益，根据东北勘测设计研究院编制的镜泊湖、莲花水库梯级联调报告成果，可增加多年平均发电量达 1300 万 kW·h，电量效益提高 1.22% 以上。

（三）常规水电站与抽水蓄能电站综合效益

莲花水电站除上述梯级效益外，还为荒沟抽水蓄能电站节省一下池水库。荒沟抽水蓄能电站的上池水库位于莲花库区左岸的三道河上。目前正在开展初步设计工作，黑龙江省电力发展规划已将其列入 2004 年开工，　“十一五”投产项目，电站装机容量 1200MW，最大水头 450.96m，设计水头 403.95m。其特点是水头高、输水洞短，距离黑龙江东部火电电源中心较近，尤其是莲花水库为其提供得天独厚的下池。在莲花大坝施工中，已将其下池进（出）水口进行了先期施工。为抽水蓄能电站的兴建创造了条件。莲花水电站与荒沟抽水蓄能电站的联合建设、管理运行具有明显的节省投资的优点。

（四）综合利用效益

莲花水电站水库对其下游起到一定的拦洪作用，如遇 0.2% 及 PMF 频率设计洪水时，可消减最大洪峰流量分别为 25.4% 和 34.8%。也为发展渔业养殖和旅游业提供了良好的条件和工程景观。目前库区的养殖业、旅游业开发已初具规模。在风景优美、气候宜人的莲花湖边，地方政府及有关部门建起了渡假村，开发出森林公园以及老道庙、鹰嘴峰、影壁山等景点。

（东北勘测设计研究院　罗义文　王相波）

松江河梯级水电站的经济效益与社会效益

（一）工程概况

松江河梯级水电站地处吉林省抚松县境内，位于白山水库上游的头道松花江的两条主要支流漫江、松江河上。工程包括漫江上的松山引水工程，松江河自上而下的梯级小山水电站（含三道松江河引水工程）、双沟水电站及石龙水电站。本工程的任务以发电为主并兼顾下游抚松县城防洪。梯级水电站总装机容量 510MW，多年平均发电量 8.369 亿 kW·h，其工程特性见下表。

松江河梯级水电站工程于 1993 年 11 月正式开工建设，其一期工程之一的（松江河梯级工程的一期工程为小山水电站及松山引水工程，其余为二期工程）

小山水电站已于1997年年底竣工投产。截止1999年底，松山引水工程的12.6km引水洞已开挖8.8km，大坝浇筑了总工程量的40%，溢洪道开挖结束；双沟水电站已实现了“三通一平”。预计松山引水工程将于2000年可实现通水，2003年整个工程将全面竣工。

松江河梯级水电站工程特性表

工　　程	松山	小山	双沟	石龙	备　注
建设情况	正建	已建	待建	待建	小山中三道引水未建
流域面积（km^2）	1302	2554	2966	3008	为实现引水后面积
多年平均流量（m^3/s）	24.2	45.5	50.7	51.5	为实现引水后流量
正常蓄水位（m）	711	683	585	479	
死水位（m）	671	664	567	478	
总库容（亿m^3）	1.38	1.07	3.91	0.40	
有效库容（亿m^3）	1.07	0.53	1.45	0.02	
调节性能	年	年	多年	日	
装机容量（MW）		160	280	70	
保证出力（MW）		19.3	31.0	8.3	
多年平均发电量（亿kW·h）		3.244	3.868	1.257	
工程总投资					
发电（通水）时间（年．月）	2000.7	1997.12	2002.12		

（二）工程效益

1．发电效益　松江河梯级水电站主要工程效益是发电，兴建后，将为东北电力系统提供510MW的调峰、调频电力，平均每年可发出8.369亿kW·h的电量。建成该工程后每年可为东北电力系统节约标准煤约30万t，每年节约运行费6000万元。

同时，由于漫～松引水的实现及小山、双沟水库的调节作用，对松江河下游已建成的北江水电站（装机12.8MW）将增加其发电量及保证出力，进而促进其电站规模的扩大。该水电站目前正实施扩建工程，扩建装机8MW，竣工后每年平均可增加发电量3749万kW·h，比原电厂发电效益几乎翻了一番。

2．防洪效益　松江河梯级水库的兴建，提高了下游抚松县城的防洪能力。当发生$P=2\%$的洪水时，双沟水库的入库洪峰2515m^3/s，经双沟水库调节后下泄流量为2015m^3/s，可为抚松镇削减洪峰500m^3/s。同时通过梯级水库联合调节，对漫江与松江河的洪水起到错峰作用。

3．财务评价　松江河梯级水电站建设工程总投资459413万元，其中建设期利息81969万元。整个梯级多年平均发电量为8.369亿kW·h，上网电价1.24元/kW·h［国家计委批准为1.337元/（kW·h），扣除网损失、电厂开关站出口处电价为1.24元/（kW·h）］。其财务评价结论为：

（1）偿还能力较强，已发生的贷款均能按借贷合同偿还，待发生的贷款均可在10～12年左右偿还。

（2）盈利能力强，项目全部投资的财务内部收益率12.53%，财务净现值7041万元，投资利润率12%，利税率19.9%。资本金财务内部收益率20.17%，净现值12230万元，资本金利润率73.1%。

4．社会效益　松江河梯级水电站工程全部位于抚松县境内，兴建后可满足地方用电要求、促进中小城镇的形成与发展、促进县城内公路发展、改善生态环境和发展旅游业。

（东北勘测设计研究院　朱　未）

二滩水电站的发电效益及1998年防洪作用

二滩水电站位于我国四川省西南部攀枝花市境内的雅砻江干流上，距雅砻江与金沙江的汇合口33km，是雅砻江干流上规划建设的21座梯级水电站中的第一座。

二滩水电站水库控制流域面积11.64万km^2，多年平均径流量517亿m^3，正常高蓄水位1200m，发电最低运行水位1155m，总库容58亿m^3，调节库容33.7亿m^3，为季调节水库。电站内装6台55万kW的水轮发电机组，总装机容量330万kW，多年平均发电量170亿kW·h，保证出力100万kW，是我国已建成投产的最大水电站。枢纽主要建筑物有240m高的混凝土双曲拱坝（坝身设7个表孔和6个中孔用以渲泄洪水，4个底孔作放空水库之用）、左岸地下厂房系统、右岸两条泄洪洞和左岸过木机道等。

二滩水电站于1991年9月14日主体工程开工，1998年5月1日水库开始蓄水，同年8月18日第一台机组投产、11月第二台机组投入运行，其余4台机组先后相继在1999年内全部投产。

（一）发电效益和调峰调频作用

二滩水电站通过三条500kV高压线路向川渝电网送电。四川电网以水电为主，其水电装机的比例超过60%，而绝大多数水电站无调节能力，缺少枯期电量；重庆电网则主要是火电，调峰能力很弱。二滩水电站的投产不仅使四川电网统调机组的容量增加了约三分之一，并几乎占了其中水电容量的一半，且为其中仅有的两个具有季调节水库的大型水电站之一。作为具有单机容量最大的水轮发电机组的全国最大水电站，自投产后在电网中一直担负着第一调频电厂和调峰的重要任务，为川渝电网的稳定运行和高质量供电发挥了重要作用。目前，由于送出线路建设滞后，电网建设不能满足需求和电力市场的暂时疲软且有待规范，到1999年底，电站虽已安全运行500d，上网电量仅56.2亿kW·h，不到发电能力的40%，其发电能力和效益尚未能充分发挥。随着电力改革的深入和国家西部大开发战略的实施，在中央和四川省委省政府、国家计委、国家电力公司的直接关心和协调下，二滩水电站2000年的发电量达到83.85亿kW·h。二滩水电厂建立和完善了电力生产的各项规章制度，认真服从调度，努力保证了川渝电网的安全运行和电厂的安全稳发水平，创造了连续安全生产521d的纪录。

（二）1998年防洪作用

二滩水电站设计无防洪任务，双曲拱坝按千年一遇洪水（洪峰流量20600m^3/s）设计，五千年一遇洪水（洪峰流量23900m^3/s）校核，设计洪水位1200m与正常高水位一致，未设防洪库容。1998年5月1日下闸蓄水后第一个汛期，即遭遇长江流域的特大洪水。雅砻江是金沙江的最大支流，水量丰沛，二滩坝址以上流域面积约占金沙江（宜宾以上）的四分之一，年径流量却是金沙江的三分之一。从1998年6月下旬到9月上旬，雅砻江暴雨洪水不断，相继出现5次二滩水库入库洪峰流量在8000m^3/s以上的洪水过程。当时二滩大坝尚未浇筑到顶，接缝灌浆只达1175m高程，允许最高蓄水位1186m。汛期本应及时泄洪，但为了减轻长江中下游的防洪压力，二滩水电站在确保大坝安全的前提下，利用水库拦洪削峰，尽力缓解下游的严峻形势。7月2日入库洪峰流量9080m^3/s、水库削峰5160m^3/s、拦蓄洪量12亿m^3；8月10日发生自1953年有水文记载以来的第二大洪水，入库洪峰流量10200m^3/s，水库削峰3120m^3/s，拦蓄洪量近5亿m^3。这两次洪峰分别与下游宜昌7月8日和8月16日的洪峰相应（二滩至宜昌河道距离约1900km，洪峰传播时间6d左右），二滩水库拦洪削峰，对减少下游重庆、宜昌、沙市的最大洪水流量和降低洪水位显然起了相当的作用。二滩水库在五次洪水过程中的削峰拦洪情况见下表，先后拦洪总量达34.24亿m^3，水库最高水位达1182.26m，充分体现了上游水库在防洪中的重要作用，二滩大坝也初次经受了洪水的严峻考验。

二滩水库1998年汛期削峰拦洪统计表

编号	洪水过程 月.日	最大入库流量 (m^3/s)	出现时间 月.日.时	同时出库流量 (m^3/s)	削减洪峰流量 (m^3/s)	削峰百分比 (%)	拦蓄洪量 (亿m^3)
1	6.29～7.07	9080	7.02.05	3920	5160	57	11.959
2	7.21～8.01	8390	7.26.14	5670	2720	32	9.766
3	8.01～8.14	10200	8.10.02	7080	3120	31	4.922
4	8.14～8.20	10020	8.16.04	6320	3700	37	6.412
5	8.29～9.07	9410	9.05.08	7990	1420	15	1.183
五次洪水过程拦蓄洪水总量							34.242

（二滩水电开发有限责任公司　黄新生）

广州抽水蓄能电站（一期）运行效益

广州抽水蓄能电站（以下简称广蓄）一期装机4×300MW，1993年6月29日首台机组并网运行，1994年3月12日四台机组全部投产。几年来的运行情况汇总见表1。

图1反映了广州抽水蓄能电站是如何配合系统负荷变化需求，充分发挥调峰填谷作用的。

广蓄建成后由广东电网、香港九龙半岛电网各调度运行50%的容量，以其调峰填谷、负荷备用、事故备用、调频调相多种动态功能为电网服务。抽水蓄能的动态效益到目前为止国内外尚无获得广泛认可的量化计算方法。

作为参考，广东抽水蓄能电站联营公司（广蓄的法人单位）与武汉水利电力大学共同研制了一套计算机软件进行实时运行试算。结论是，600MW抽水蓄能机组在广东电网中运行每年可节约煤（标准煤）18万t，仅事故备用一项可产生4000万元/年以上的效益。此外，香港中华电力公司可认为60万kW机组在香港九龙电网中，每天可节约运行成本的4.7%。广蓄以4kW·h低谷电加工成3kW·h高峰电，在国内尚无合理的峰谷电量价差、又无科学的容量电价体制下,不可能以蓄能电站为实体单独计算其经济效益。抽水蓄能电站的效益存在于电力系统之中,只有以电网为对象,以系统的观点,用有与无抽水蓄能电站并网服务为评价基础,才能显示出抽水蓄能电站在热力发电(燃煤)为主、峰谷负荷差较大系统中的运行效益。

抽水蓄能电站在电力系统中是为提高供电质量、增加供电可靠性、改善电网的调峰能力而设计建设的,它不是发电厂,不能仅以发电量的多少去评价其效益。而且上述的各种效益多属社会效益,俗称为"看得见拿不着"的效益。只有在电力工业发展到一定程度后,在法制化管理下,具备有自我约束、自我激励机制,才能在供用电责任者中认可抽水蓄能电站建设是必要的、其效益是存在的。

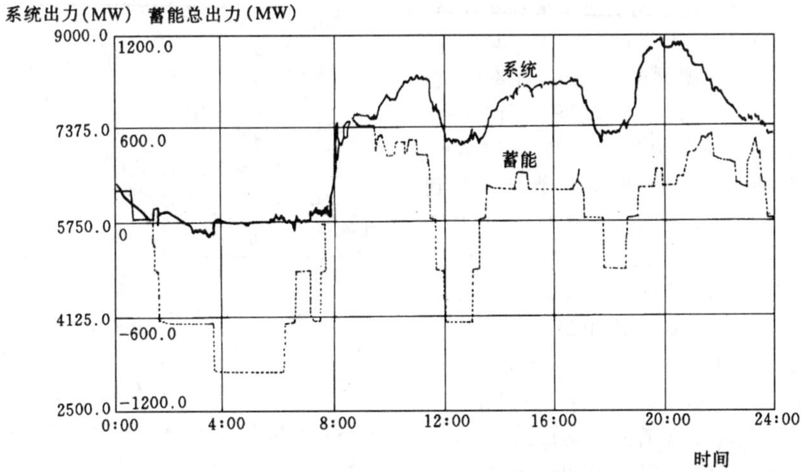

图1 广蓄在广东电网中运行过程曲线

(1998年4月23日实时过程)

表1 1994年~1999年运行情况汇总

年 份	1994	1995	1996	1997	1998	1999
抽水运用电网总电量(亿 kW·h)	11.56	13.68	14.60	16.30	12.02	11.3
发电上网总电量(亿 kW·h)	9.11	10.79	11.18	12.60	9.33	8.32
发电启动次数	1631	1952	2033	2079	1704	1726
发电启动成功率(%)	96.60	98.40	98.70	99.30	99.65	99.83
抽水启动次数	1107	1342	1467	1423	1184	1120
抽水启动成功率(%)	89.40	92.80	94.30	96.90	97.22	97.68
机组可用率(%)	74.7	83.5	94.9	85.3	66.4	82.2
运行综合效率(%)	74.7	76.1	75.74		76.83	76.24

鉴于现实于此,广蓄公司为独立经营广蓄电站,以容量服务电网时间为计费依据,向电网收取费用。从而比较客观地认可了抽水蓄能的综合效益,又回避了难以量化计算操作的困难。几年来的实践,广东电网、香港九龙电网、广蓄公司各方都取得较满意的运营效益。作为独立核算自主经营的广蓄公司也认为,在目前国内的电价体制下,是较好的经营模式。

广东是能耗大省,也属于一次能源贫乏省。一次能源的80%要从外省输入,1997年全省总发电量981亿kW·h,其中火电占71.5%;1998年发电量1035.9亿kW·h,其中火电占73.4%,而且日峰谷差几乎都占当天最大负荷的40%,因此,十分需要抽水蓄能电站在电网中协助运行。广蓄二期4×300MW容量已于2000年3月14全部建成投入运行,可以肯定,目前世界最大容量的广州抽水蓄能电站(8×300MW)以其良好性能,必将为广东电网发挥更大的效益。

(广州抽水蓄能电站联营公司 许接源)

天荒坪抽水蓄能电站在华东电网的调峰作用及效益

天荒坪抽水蓄能电站是华东电网内兴建的第一座抽水蓄能电站,装机总容量180万kW。电站位于浙江省安吉县境内,距杭州市57km,距上海市175km,接近华东电网的负荷中心。电站装6台30万kW立轴、可逆、混流式水泵水轮发电电动机组。工程于1994年3月正式开工,1998年10月首台机组投运,至1999年底共投运4台。它的建设对增强华东电网调峰、调频能力,提高电网安全经济运行水平可发挥重大作用。

(一) 天荒坪抽水蓄能电站缓解电网调峰困难

华东地区是我国经济发展较早的地区,目前华东电网已发展成为中国最大的跨省市电网，1999年底全网（6000kW以上电厂）总装机容量4871.89万kW。由于电网所属的江苏、浙江、安徽三省及上海市地区水电资源有限（水能资源蕴藏量仅占全国的1.8%）且开发已达50%以上，华东电网的水电比重逐年下降，由1968年的占25.9%下降至1999年的仅占8.22%（若不包括天荒坪抽水蓄能电站则仅为5.9%），成为名符其实的以火电为主的电网。

随着经济的迅速发展，人民生活水平不断提高，华东电网的用电结构也发生了较大变化，据统计，1986年城乡居民用电仅占总量的4.31%，1999年已达12.27%。电网峰谷差增长速度高于最高负荷的增长，如1990年最大峰谷差为最高负荷的34.6%，1997年（天荒坪抽水蓄能电站投产前）上升到38.1%。电网峰谷差1989年为440.9万kW，1998年已达1122.9万kW，1999年达1420.7万kW。

虽然近年来安装的新型火电机组调峰能力有所提高，如进口30万kW以上火电机组最小可调出力50%～60%，但1998年火电综合调峰幅度仍仅为30.8%。电网调峰能力严重不足，运行十分困难。

以电网今后发展来看，随着浙江秦山二期（2×60万kW），三期（2×70万kW），江苏连云港（2×100万kW）核电于2002年～2004年陆续并网投产，大量三峡汛期基荷电（630万kW）送到华东，以及山西阳城电厂送江苏仅考虑25%的调峰能力等因素，华东电网的调峰缺口将会进一步扩大。

天荒坪抽水蓄能电站装机容量180万kW，投产后可承担系统峰谷差360万kW（检修月份承担峰谷差300万kW），电站日蓄能电量865.8万kW·h，设计年发电利用小时1756h，发电量31.6亿kW·h，抽水年利用小时2381h，年抽水用电量（填谷）42.86亿kW·h，可大为缓解华东电网的调峰困难。据统计，天荒坪抽水蓄能电站1999年投产运行4台机组后（可承担峰谷差240万kW），华东电网综合调峰能力达44.09%。1999年天荒坪实际发电8.0391亿kW·h，利用小时1177.45h；抽水10.0333亿kW·h，利用小时1488.56h。由于投运机组少，发电水头较高，机组一般处于较佳效率状态运行，发电抽水比达80.12%，高于设计综合效率76%。1999年华东电网频率合格率达99.994%（1998年为99.990%），其中天荒坪抽水蓄能电站功不可没。

（二）天荒坪抽水蓄能电站机组具有快速转换运行状态能力

华东电网在峰谷差增大的同时，负荷变化时升荷与卸荷速度也越来越快。近年最大升（卸）荷速度达14万kW/min。据了解各类燃煤机组热态爬（卸）荷速度约为1%～1.5%（60万kW机组为1万kW/min，30万kW机组为0.3万kW/min，12.5万kW机组为0.2万kW/min），显然，即使燃煤机组处于热备用状态，担任负荷快速调峰也是有难度的。而天荒坪抽水蓄能电站的停机、发电、水泵、发电调相、水泵调相等工况都能自动快速相互转换，所需时间见下表。

机组运行工况转换表 s

开始→ 终止	静止	发电满载	发电调相	抽水	抽水调相
静止	====	正常转换 120	—	SFC385 B/B310	正常转换 300
发电满载	正常转换 400	====	正常转换 180	—	—
发电调相	正常转换 400	正常转换 60	====	—	—
抽水	正常转换 360	正常 520 紧急 300	—	====	正常转换 120
抽水调相	正常转换 300	—	—	正常转换 120	====

由表可知，机组由静止状态到发电满载仅需2min，爬升速度可达15万kW/min，远远大于燃煤机组0.2～1万kW/min，一台机组即可满足电网目前最大的升荷速度。即使所需时间最长的（由发电满载转换到静止）为400s，相应卸荷速度约为4.5万kW/min，亦远快于燃煤机组。因此天荒坪抽水蓄能电站将为电网稳定运行带来十分有利的条件和手段。

（三）天荒坪抽水蓄能电站为电网提供事故备用能力

为电网稳定运行，系统中必须有一定的备用容量，其中负荷备用（9%），尤其是事故备用（5%）往往需要快速投运。到1999年底止，华东电网系统内单机容量30万kW以上的大机组已有59台，其中单机容量60万kW的机组有8台，一旦发生故障，一台30～60万kW的机组解列，电网即可能造成频率下降0.1～0.2Hz（允许变动范围为50±0.2Hz，时钟误差30s），若30s内无其他机组迅速顶替，即可能造成电能质量不合格。显然，由燃煤机组升荷速度可见，依靠燃煤机组备用是无法满足快速顶替要求的。

天荒坪抽水蓄能电站在上水库设置有51万m^3事故备用库容，一次可向系统提供60万kW·h事故电能，即可顶替60万kW事故容量1h或30万kW事故容量2h。当机组处于抽水工况时，若系统发生事故，蓄能电站会自动退出水泵运行工况，并自动启动机组进入发电工况。紧急时，可在5min内将水泵满载工况紧急转换为发电满载运行工况。天荒坪抽水蓄能电站机组还具备黑启动能力，当电网瓦解，全部停电情况下，可帮助系统恢复电力供应，即允许一台机组带小系统（约5万kW）启动（此时厂用电负荷由厂内备用柴油发电机提供)。

（四）天荒坪抽水蓄能电站上网电价及效益

天荒坪抽水蓄能电站调节能力强，可随时根据电网需要投入不同的运行工况，直接为电网服务，其效益融化在电网中。因此上网电价采用二部制电价，即由容量电价和电能电价两部分组成，其中容量电价以按期还本付息，回收大部分固定成本、合理利润和应计税费为原则制定；电能电价主要回收抽水电费和少量固定成本。上网电价和抽水电价原则上一年一定。按上述原则计算出的电价水平，大致为全网平均抽水电价 0.1828 元/（kW·h），电度电价 0.2637 元/（kW·h),容量电价平均为 470 元/（kW·a)。

由于合理电价尚未全部到位，天荒坪抽水蓄能电站 1999 年亏损 1.82 亿元，2000 年机组仍未全部投运，可用容量有限，故 2000 年电站仍有亏损，但 2001 年后将可获得盈余。

（华东电力集团公司　舒燕平）

大中型水电站
5

大中型水电站

云南小湾水电站

（一）概述

小湾水电站位于云南省西部南涧县与凤庆县交界的澜沧江中游河段与支流黑惠江交汇处下游1.5km处，系澜沧江中下游河段规划八个梯级中的第二级。电站距昆明公路里程为455km。电站以发电为主兼有防洪、灌溉、拦沙及航运等综合利用效益，系澜沧江中下游河段的“龙头水库”。

电站具有多年调节能力，总库容约151亿m^3，调节库容近100亿m^3；投产后，可向系统提供装机容量420万kW，保证出力185.4万kW，可满足云南电力系统2010年～2015年的负荷增长需求。电站的建设还可大大改善系统水电的调节性能，提高水电站保证电量的比例。电站正常运行后，使下游漫湾、大朝山、景洪三电站的保证出力增加约110万kW；年发电量增加25.75亿kW·h（均为枯期电量），并将15.65亿kW·h的汛期电量转变为枯水期电量，使云南不合理的电源结构得到根本改善，同时使系统增加了调峰能力。

电站的环境效益：小湾水电站建成后可替代燃煤火电的电量约252.4亿kW·h，每年可节省标煤约860万t。拦沙：小湾水库在坝址以上平均每年可拦蓄悬移质泥沙4800万t和推移质150万t，从而解决漫湾和大朝山电站的泥沙问题。防洪：小湾水库可提供与兴利库容结合的调洪库容为13.18亿m^3，为保障大坝安全进行的调洪可削减洪峰12%。航运：小湾水电站所处河段目前不通航，水库建成后可形成干流库区深水航道178km，支流黑惠江库区深水航道123km，为发展库区航运创造了条件；经水库调节后使澜沧江下游河道的枯水期流量增加，可改善航运条件。同时还发展当地旅游业，并能满足2010年以后云南省国民经济发展用电的需求。

（二）小湾水电站地形地质

枢纽工程区位于滇西纵谷山原区，地质环境较复杂，与工程关系密切的断裂构造是澜沧江断裂带，在坝址附近，其规模较小。建筑物及其邻近地区虽不属强震发生区，但被强震发生带所包围。经国家地震局复核、地震烈度评定委员会审查，确定工程建筑物地区的地震基本烈度为8度，按600年超越概率10%取地震动参数，基岩峰值水平加速度为0.308g。

由地质工作得出的结论是：①水库不存在渗漏问题。②水库区两岸山坡总体稳定条件较好，虽在一些地段分布有失稳岩体，但其稳定条件好，对工程不会造成危害。③库区淹没损失小，水库淹没范围内尚未发现重要工业矿床，也不存在浸没问题。④水库蓄水后存在产生诱发地震的可能，但对枢纽建筑物区的可能影响烈度不超过5度。

枢纽区河谷深切呈“V”形，分布岩石为致密坚硬的黑云花岗片麻岩和角闪斜长片麻岩，但新鲜完整的片岩仍属坚硬类岩，岩石完整、强度高、质量好。枢纽区的地质构造为一横河走向、陡倾上游的单斜构造，除有Ⅱ级断层F_7外，尚分布有Ⅲ级断层20条。除F_{20}为NNE走向外，其余均为NWW走向，陡倾角。NWW向断层属层间挤压性质，破碎带物质以碎块岩、碎裂岩为主，结构紧密，仅在断层壁附近有薄层泥分布。

小湾坝址地形地质条件适于修建高约300m的拱坝和跨度30m左右的地下厂房。建基面岩体质量，以微风化～新鲜的Ⅰ、Ⅱ类岩体为主，仅在左岸高程1210m以上地段和部分拱座的坝趾部位分布有Ⅲ、Ⅳa类岩体。控制坝肩抗滑稳定的地质边界条件和结构面的基本组合型式：以近SN向的各类陡倾角破裂结构面、蚀变岩体为侧向切割面（侧滑面），顺坡中缓倾角节理组为底滑面，上游拉裂面为走向NWW陡倾角的顺层错动面和节理组，下游临空面除应考虑出露在坝下游地形临空面外，还考虑下游NWW组陡倾角断层被压缩变形的影响和它们作为抗滑体下游边界以及在坝下游冲沟中剪出的情况。作为底滑面的顺坡中缓倾角（32°～45°）节理组的连通率，在Ⅰ、Ⅱ类岩体中平均为25%～30%，而两岸地面高程1000m附近地段，连通率可达57%左右。地应力较高，$\sigma_1=16.4\sim26.7$MPa。除断层通过地段外，岩体完整、强度高，总体稳定条件较好。不利条件是，地下水位高，裂隙水压力大。

（三）小湾水电站主要建筑物

小湾水电站枢纽工程主要由混凝土双曲拱坝、坝后水垫塘和二道坝、右岸地下厂房、左岸泄洪洞组成，坝身设有泄洪表、中孔和放空底孔。枢纽布置见附图。

拱坝坝顶高程 1245m，最低建基面高程 953m，最大坝高 292m，坝顶长 922.74m，拱冠梁底宽 69.49m，拱冠梁顶宽 13m。坝身设 5 个开敞式表孔溢洪道、6 个泄水中孔和 2 个放空底孔。枢纽总泄量在设计洪水位时为 17680m³/s，校核洪水位时为 20680m³/s（其中：坝身表孔泄 8625m³/s，中孔泄 6730m³/s，左岸泄洪洞泄 5325m³/s）。

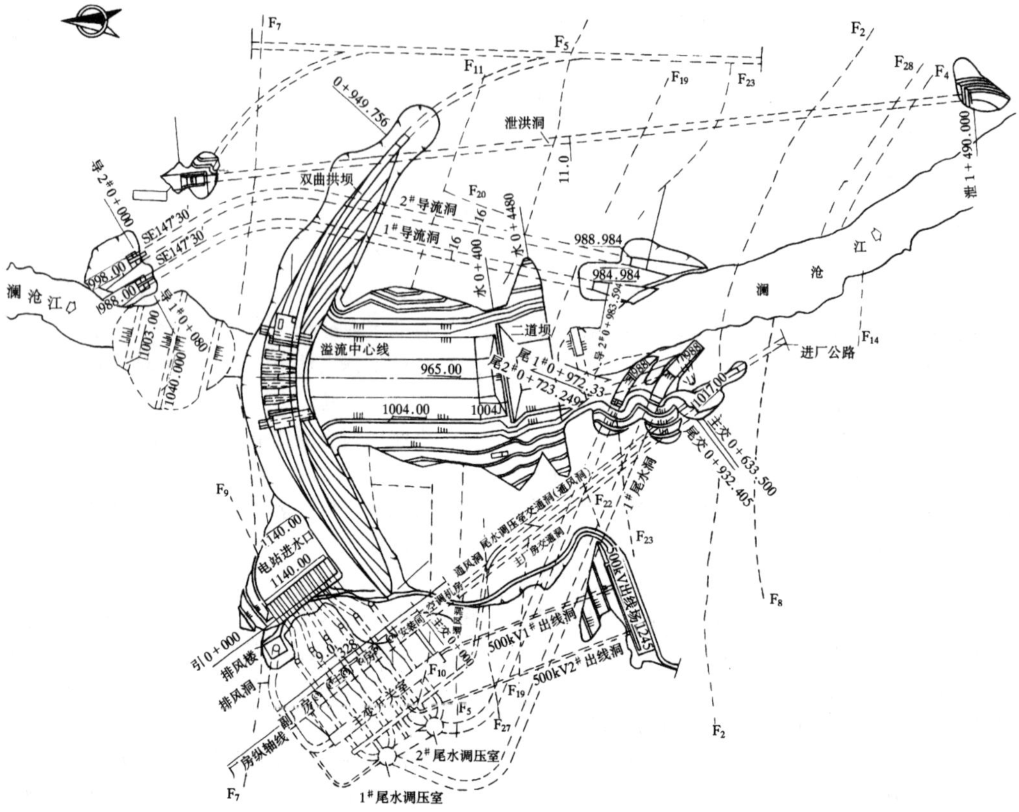

小湾水电站枢纽布置总平面图

左岸布置 2 条泄洪隧洞，单独泄洪时，可以宣泄常年洪水（考虑机组过流量）。泄洪洞由短有压进水口、龙抬头段、直槽斜坡段以及挑流鼻坎组成。2 条洞轴线间距为 40m，1 号洞长为 1490m，2 号洞长为 1550m。

引水发电系统布置在右岸，压力管道为地下埋藏式，单机单管供水方式，管道内径为 9.6～9.0m，每管最大引水流量 390m³/s。

地下厂房洞室群位于右岸坝端下游，断层 F_7 与 F_5 之间约 400～500m 范围的山体内，垂直埋深 300～500m。厂房、主变压器开关室和尾水调压室平行布置。

主厂房总长 326m（其中主安装间长 55.5m，机组段长 210m，副安装间长 15m，副厂房长 45.5m）。开挖跨度最大为 29.5m，最大开挖高度 65.5m。厂房内装有 6 台 700MW 混流式发电机组。

（四）前期工作准备及立项情况

1986 年完成《澜沧江中下游河段规划报告》，并于 1987 年经原水电部和云南省政府联合审查通过。

1995 年 12 月完成初设报告并经原电力部、云南省人民政府联合审查通过《澜沧江小湾水电站可行性研究（初步设计）报告》。

由于小湾水电站工程规模巨大，技术问题复杂，在各设计阶段曾结合国家“八五”、“九五”科技攻关，联合国内知名科研单位和高等院校对高拱坝及泄洪消能等重大技术问题作了大量的科研试验工作，并邀请美国、挪威、俄罗斯、法国等知名专家到小湾进行过实地考察和咨询。

1998 年 5 月，云南省人民政府成立了《支援小湾水电站建设协调领导小组》，负责小湾水电站建设的省内协调、服务，并与上级主管部门联系和配合工作。

1999 年元月国家电力公司、云南电力集团有限公司、云南省开发投资有限公司、云南红塔实业有限责任公司（简称“四个投资方”）正式签订了《澜沧江水电开发有限责任公司发起人协议书》。建议中明确以漫湾水电站为母体电站，经资产评估并重组后，设立“澜沧江水电开发有限责任公司”，本着水电实行“流域、梯级、滚动、综合”开发的原则，对云南省境内的澜沧江等流域水电站实行滚动开发。因此，小湾水电站的建设已落实了投资主体。

1999年4月上报了《小湾水电站项目建议书》，1999年6月成立了《云南小湾水电站工程建设前期筹备处》，具体负责小湾水电站建设的前期筹建工作。

小湾水电站的建设安排为：目前开始前期筹建，对外公路已开始建设，场内公路已进行招标，争取2002年开工建设，2009年底第一台机组投产，2010年起参加云南电力系统电力电量平衡。

受国家发展计划委员会的委托，中国国际工程咨询公司于2000年3月下旬在昆明对小湾水电站项目建议书进行了评估，专家组意见认为：小湾水电站的建设对于云南的经济持续发展，资源的合理配置，优化云南电力系统的电源结构，以及在市场需求和市场竞争力和效益等方面，均是目前云南无可替代的电源项目。同时小湾水电站建设将有力地推动澜沧江的梯级开发，为西电东送奠定良好的基础。

（昆明勘测设计研究院　傅树红）

湖北水布垭水电站

水布垭水电站是清江梯级水电开发的龙头工程，位于湖北省巴东县境内，上距恩施市117km，下距隔河岩水电站92km，距高坝洲水电站142km。

水布垭水电站是以发电、防洪为主，兼顾航运及其他的水电工程。正常蓄水位高程400m，汛期限制水位高程397m，总库容45.8亿m^3，有效库容24.8亿m^3，是一座多年调节水库，并为长江中下游预留防洪库容7.68亿m^3。电站总装机容量1600MW，保证出力310MW，多年平均发电量39.2亿kW·h。电站建成后，与隔河岩同步调峰，并承担系统事故备用。据测算，2010年～2015年将承担华中电网调峰容量的7%～9%；同时，与下游水库联

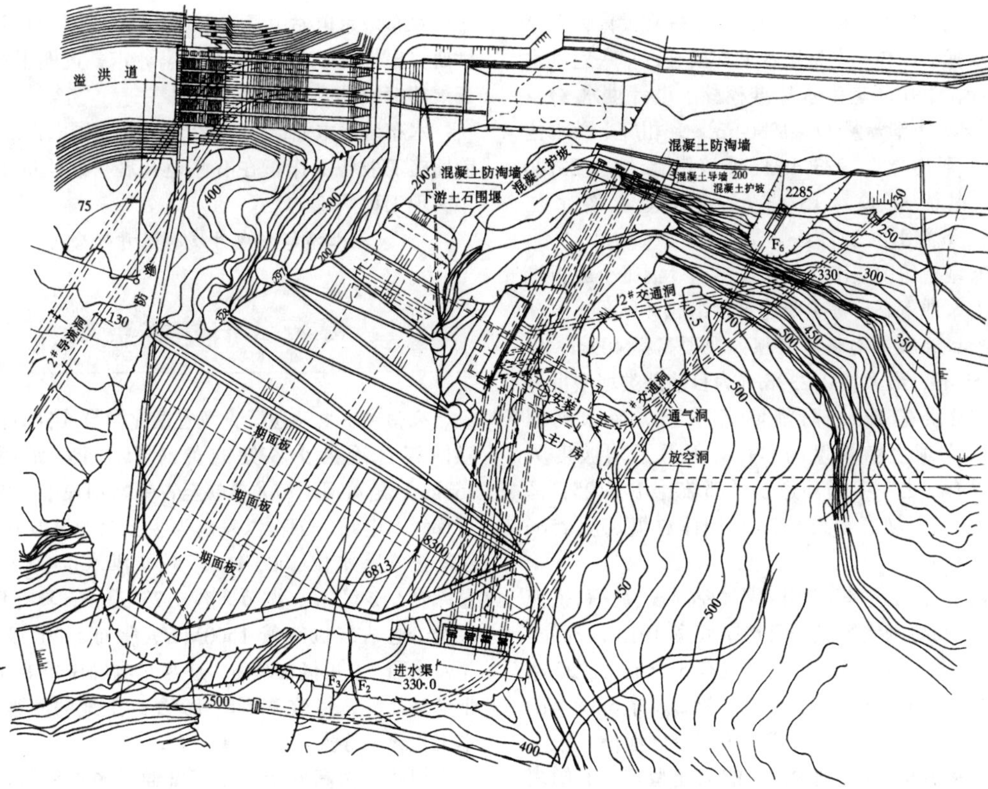

水布垭水电站枢纽总布置图

合调度，可根治清江中下游洪水灾害并有效提高长江荆江河段的防洪标准，遇长江1954年和1998年洪水，可推迟荆江分洪时间约19h，减少分洪量10多亿m^3。水库形成后，干、支流深水航道长约200km，可促进地方航运和旅游事业的发展，同时为发展水产养殖业提供良好的条件。

水布垭水电站坝址区地壳稳定，区内无孕震和地震构造，工程按基本裂度6度设防。水库封闭条件好，无绕坝渗漏问题，水库固体径流问题不明显。

大坝地基岩体为二叠系马鞍组（P_{1ma}）砂页岩夹煤层，栖霞组（P_{1q}）灰岩层有大量的软弱夹层，其厚度不等，最厚可达10余米。软层是含炭泥质较重的薄～极薄层生物碎屑灰岩、灰质泥岩及页岩、炭质页岩，并受到不同程度的层间剪切破坏，风化较强，性状较差仅适应修筑当地材料坝（经过综合比较选定为混凝土面板堆石坝）。

河谷形态在高程400m以下呈阶梯状高陡谷坡，属“U”形谷，其中在高程350m以下两岸地形陡峻，基本对称；350～400m高程则左陡右缓，两岸不对称，谷底宽度100～110m。

水布垭水电站工程属一等大（1）型工程，永久主要建筑物为1级，次要建筑物为3级。拦河大坝、溢洪道、地下厂房采用千年一遇洪水标准设计，万年一遇洪水标准校核；电站尾水平均按五百年一遇洪水标准设计，千年一遇洪水标准校核。设计洪水$Q=20800m^3/s$，下泄流量$Q=12804m^3/s$，相应上游水位402.1m，下游水位223.4m；校核洪水$Q=26700m^3/s$，下泄流量$Q=15243m^3/s$，相应上游水位404.5m，下游水位227.4m。

水布垭枢纽由左岸开敞式溢洪道、混凝土面板堆石坝、右岸地下厂房等主要建筑物组成（见图）。

水布垭混凝土面板堆石坝：坝顶高程409m，坝轴线长584m，最大坝高233m（为目前此类坝型世界最高），坝顶宽12m，防浪墙高5.2m，墙顶高程410.2m。大坝上游坡度为1:1.4，下游平均坡度为1:1.4，设有“之”字形马道，局部坡比1:1.25，马道宽4.5m，大坝底宽约632m。坝体总填筑量1566万m^3。

溢洪道：位于左岸，由引水渠、控制段、泄槽、挑流鼻坎、护岸及防淘墙组成。引水渠底宽101m，底高程350m，轴线长895.98m。控制段设有5个14m×20m、堰顶高程380m的表孔和1个出口断面尺寸6m×9m、底板高程350m的深孔。溢流坝采用分区泄槽一级光面窄缝挑流鼻坎（收缩比0.25）的消能型式。泄槽表孔每孔一区。下游防冲采用护岸和防淘墙的方案。

电站：采用引水地下式，位于右岸，安装4台单机容量为400MW的水轮发电机组。主厂房位于高程330m，顶高程407m，平面尺寸141m×23m×68m（长×宽×高）。机组安装高程187.2m。

放空洞：布置于地下厂房的右侧。进口检修塔底高程250m，塔顶高程407m，平面尺寸9m×20m，内设2个孔口尺寸5m×9m的检修闸门和1个孔口尺寸6m×7m的工作闸门。

工程主要工程量：土石方开挖2516.5万m^3，混凝土158.1万m^3，钢筋6.42万t，固结灌浆26.2万m，帷幕灌浆39.2万m^2，金属结构制作与安装10760t。

工期及施工进度：施工总工期为9年半，发电工期为7年半，施工准备期3年，主体工程施工期4年半，工程完建期2年。筹建期不计入总工期。

工程经济指标：按1998年价格水平测算，工程静态总投资88亿元，动态总投资120亿元。水布垭水电站投产期上网电价经测算为0.38元/kW·h。如果把清江梯级3个电站捆在一起联合测算，则还贷期上网电价0.37元/kW·h，经济指标表明，水布垭水电站具有强有力的市场竞争力。

水布垭水电站由湖北省清江水电投资公司和华中电力集团投资合建，投资比例为各50%，由湖北清江水电开发有限责任公司负责工程建设。

水布垭水电站由长江水利委员会设计，项目可行性研究报告于1999年通过国家评审，近期正在紧张开展招标设计。

水布垭水电站已于1999年底获得国家批准立项。前期施工准备工作正在有序地开展，预计将于2002年实现工程截流。

（湖北清江水电开发有限责任公司　孙贵平）

青海公伯峡水电站

公伯峡水电站位于青海省循化撒拉族自治县和化隆回族自治县交界处的黄河干流上，距西宁市153km，是黄河上游龙羊峡至青铜峡河段中第四个大型梯级水电站。工程以发电为主，兼顾灌溉及供水。水库正常蓄水位2005.00m，校核洪水位2008.00m，总库容6.2亿m^3，调节库容0.75亿m^3，具有日调节性能。电站装机容量1500MW，保证出力492MW，年发电量51.4亿kW·h，是西北电网中重要调峰骨干电站之一，可改善下游16万亩土地的灌溉条件。本工程属一等大（Ⅰ）型工程。

坝址区为高原半干旱型气候，多年平均降水量266.1mm，年蒸发量2189mm，多年平均气温8.5℃。坝址以上控制流域面积143619km^2，坝址处多年平均径流量226亿m^3，多年平均流量717m^3/s。经上游龙羊峡水库调蓄，使入库的水量均衡，从而改善水库调节性能，提高电站发电效益，并大幅度减少入库洪水。设计洪峰流量 5440m^3/s（$P=0.2\%$），校核洪峰流量 7860m^3/s（$P=0.01\%$），施工洪水 3510m^3/s（$P=5\%$）。年入库沙量 747 万 t，泥沙中值粒径 0.03mm。

坝址位于公伯峡峡谷出口段，河道平直，平水期水面宽 40～60m，水深 12～13m，河床覆盖层厚一般 5～13m，正常蓄水位时谷宽 389m。河谷不对称，右岸 1980.0m 以下为 40°～50°的岩质边坡，以上为Ⅲ级阶地的砂壤土和砂卵砾石层；左岸在 1930.0～1950.0m 有坡积碎石覆盖的Ⅱ级阶地，其余为平均 30°的岩质边坡。坝址区主要岩性为：前震旦系片麻岩、云母石英片岩及石英岩，白垩系紫红色砂岩，第三系红色砾砂岩，第四系砂壤土及砂卵砾石层，加里东期花岗岩等。坝址区地震基本烈度为 7 度。

水库回水长 53.4km，水库面积 22km^2，库区由川、峡两部分组成。水库不存在永久渗漏问题，库岸基本稳定，个别滑坡稳定性较差，但整体下滑可能性小，而是分期分批坍塌式破坏。水库淹没耕地 7879.5 亩，淹没及影响人口 5571 人。

公伯峡水电站枢纽由河床大坝、右岸引水发电系统、左岸溢洪道、左右岸泄洪洞及左右岸灌溉取水口等建筑物组成。见图。

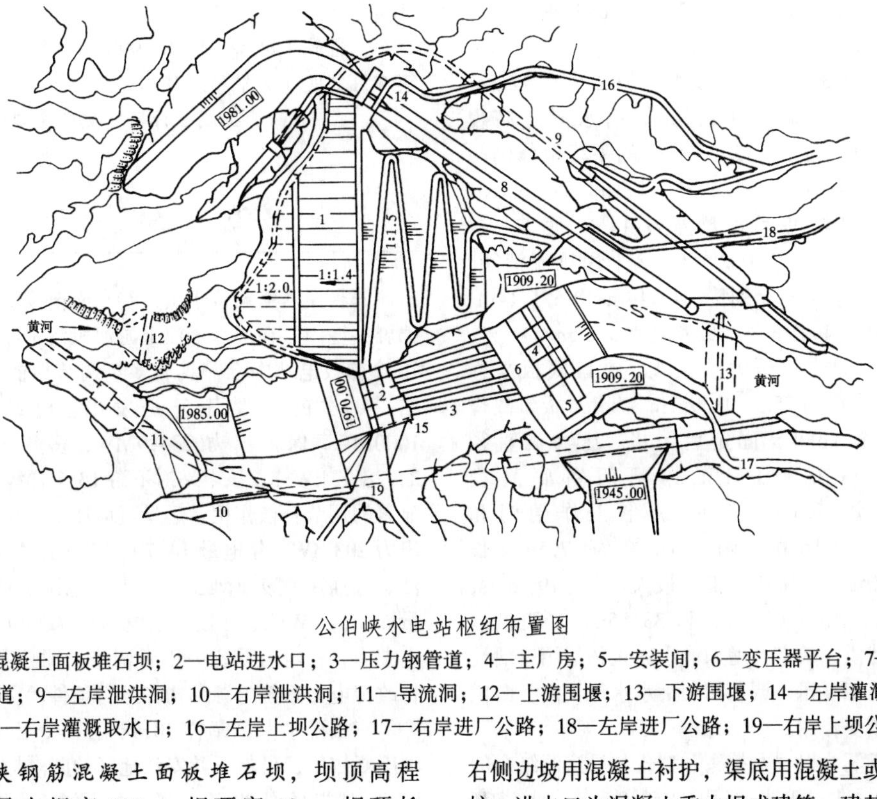

公伯峡水电站枢纽布置图

1—钢筋混凝土面板堆石坝；2—电站进水口；3—压力钢管道；4—主厂房；5—安装间；6—变压器平台；7—开关站；8—溢洪道；9—左岸泄洪洞；10—右岸泄洪洞；11—导流洞；12—上游围堰；13—下游围堰；14—左岸灌溉取水口；15—右岸灌溉取水口；16—左岸上坝公路；17—右岸进厂公路；18—左岸进厂公路；19—右岸上坝公路

公伯峡钢筋混凝土面板堆石坝，坝顶高程 2010.0m，最大坝高 139m，坝顶宽 10m，坝顶长 429.0m。上游坝坡坡度为1∶1.4，下游坝坡设有 10m 宽为“之”字形上坝公路，净坡度为 1∶1.5～1∶1.4，综合坡度为 1∶1.86。坝体填筑分垫层、过渡料、主堆石（块石及砂砾石）、次堆石等区，大部分利用工程开挖渣料，仅过渡料及主堆石不足部分由料场开采补充。钢筋混凝土面板厚度 0.3～0.7m。趾板建在弱风化岩体上，长 4～8m，厚 0.4～0.8m。由于两岸坝肩分别为溢洪道和引水发电明渠，故均设有高趾墙与面板连接，高趾墙最大高度 38.5m。

公伯峡引水发电系统由引水明渠、进水口、压力钢管、厂房及开关站等建筑物组成。引水明渠长约 300m，宽 100m 左右，渠底高程 1985.0～1970.0m，右侧边坡用混凝土衬护，渠底用混凝土或喷混凝土衬护。进水口为混凝土重力坝式建筑，建基于弱风化花岗岩上，坝底最大宽度 69m，最大坝高 58m。进水口全长 94m，分为 5 个坝段，每个坝段设 4 孔 3m×25m 的拦污栅、7m×10m 的平板检修闸门和 7m×9m 的快速工作闸门各 1 孔，分别由坝顶 3200kN/400kN 门机和 3200kN/1500kN 液压启闭机操作。压力钢管为敷设在地基上的明管，基础以弱风化花岗岩为主，设有连续钢筋混凝土基础板。钢管直径 8.0m，外包 0.5～1.0m 厚的混凝土。钢管上弯段埋设在进水口坝内，经伸缩节与 1∶2.3 的斜管段相接，斜管段放射状布置，经下弯段及下平段，以 75°角斜向进入厂房，下弯段镇墩与变压器平台结合，钢管长度 252～279m。厂房位于坝脚下游右岸岸边，为地面厂房，基础为弱微风化花岗岩。主厂房尺寸为128.35m×29m×63.55m，厂内设5台单机容量30万kW的水轮发电机组及2台5000kN/1250kN的桥式起重机。安装间长55.7m，位于主厂房右侧，其底板高程与发电机层、尾水平台相同，为1909.2m。尾水副厂房共分6层（尾水平台以上1层），宽度12m。中控楼位于安装间下游侧，尺寸为37.64m×14.74m×11m，分3层（不含地面以下电缆夹层），与尾水副厂房相通。尾水平台宽13.9m，设2×360kN尾水门机操作8.4m×8.3m尾水闸门。尾水渠宽128.35m，以1∶4反坡与河床底衔接。5台变压器布置在厂房上游侧平台上，其下为低压配电层。主变出线经电缆道通至下游Ⅱ级阶地（高程1945.0m）330kV GIS户内式开关站，以两回大截面导线接入系统。

公伯峡溢洪道位于左岸坝肩，为2个孔12m×18m的表孔，堰顶高程1987.0m，引水渠底高程1981.0m。闸室内设2－12m×18m的平板检修闸门和弧形工作闸门，由2×1250kN门机和2×1600kN液压启闭机操作。堰后泄槽宽各14m，底坡$i=0.155$（左孔尾部$i=0.002$），末端采用挑流消能，左、右孔建筑物全长分别为642.14m及551.14m。溢洪道最大泄量4495m^3/s，最大流速34.2m/s。

左岸泄洪洞为长压力洞型式。进口底板高程1940.0m，进水塔高75m，内设7m×9m平板事故检修闸门和2×3200kN固定启闭机。压力洞直径8.5m，洞长607m。出口工作闸门室底高程1935.0m，内设7.5m×6.0m弧形工作闸门和4000kN液压启闭机。闸后明槽宽7.5m，长318.62m，末端采用挑流消能。最大泄量1190m^3/s，最大流速20.97m/s（洞内）和33.55m/s（明槽）。该洞除参与泄洪、放空、增加泄水建筑物运用灵活性外，在参与施工度汛、调节初期蓄水水位及向下游供水等方面有重要作用。

右岸泄洪洞为以“龙抬头”型式与导流洞结合的明流泄洪洞。进口底板高程1950.0m，进水塔高63m，内设7m×11.5m平板事故检修闸门和7m×10m弧形工作闸门，分别由2×3200kN固定启闭机及4000kN液压启闭机操作。由渐变段、渥奇段、斜井段（$i=0.4$）和反弧段组成的非结合段长169.32m，断面为9m×11.5m城门洞形。反弧后经套衬的扩散段（40m）与导流洞12m×15m城门洞形断面相接，结合段全长713.15m，其中洞内段312.6m，底坡$i=0.5\%$；12m×19m城门洞形明涵220m；12m宽的明槽段140.55m。末端设斜扭挑流鼻坎消能，最大泄量1871m^3/s，最大流速40.8m/s。

左右岸灌溉取水口分设在溢洪道进口左侧墙及电站进水口右侧墙处，引用流量分别为3.2m^3/s和4.8m^3/s。

工程采用枯水围堰挡水、汛期坝体临时断面拦洪、隧洞导流、基坑全年施工的导流方式。施工总工期6年半、4年半第一台机组发电。主体工程主要工程量为：土方明挖478.2万m^3，石方明挖746.2万m^3，石方洞挖33.8万m^3，土石方填筑554.8万m^3（其中坝体481.5万m^3），混凝土142.7万m^3，钢筋4.51万t，钢材（钢管）0.865万t，帷幕灌浆2.43万m，固结灌浆13.63万m。工程总投资66.1亿元（1999年价格水平）。

公伯峡水电站枢纽工程由黄河上游水电开发有限责任公司负责建设和管理，由西北勘测设计研究院设计。

工程施工准备工作于1998年7月开始，至2000年6月“四通一平”已基本完成。

（西北勘测设计研究院　吴曾谋　陈念水）

贵州三板溪水电站

三板溪水电站位于贵州黔东南苗族、侗族自治州锦屏县境内，在沅水干流上游河段清水江上，为沅水15个梯级电站中唯一具有多年调节性能的龙头水电站。开发的主要任务是发电，电站装机容量1000MW，保证出力234.9MW，多年平均发电量24.28亿kW·h。该电站对下游13个梯级电站还起到显著的调节补偿作用，远景可增加下游梯级电站保证出力203MW，年电量14.7亿kW·h；近期可增加洪江、五强溪、凌津滩3个电站保证出力55MW，年电量6.4亿kW·h。三板溪水电站投产发电后，全部送电湖南，在电力系统中用于调峰、调频和事故备用，将改善电力系统电源结构和运行条件。

三板溪水库总库容40.94亿m^3，由于水库的蓄洪削峰作用，可将下游安江地区的防洪标准由目前的5年一遇提高到20年一遇，与下游五强溪水库联合防洪，防洪效果更加显著。该电站并兼有航运、养殖、旅游等综合效益。

坝址位于峡谷前缘，为不对称V形横谷，宽高比约2.4，右岸山体雄厚，岸坡陡峻，坡度45°～60°，左岸坡40°～45°，山顶高程487.00m，山后为一较单薄的长条形山脊，长80m，垭口高程较低，为477.00～479.00m。枯水期水位218.6m时，水面宽度不足60m，水深6.0～7.5m，两岸坡在高程370.00m以下，基岩裸露，为元古界上板溪群清水江组浅变质厚层、巨厚层凝灰质砂岩与板岩、凝灰岩与层凝灰岩，岩层走向30°～35°，倾向SE，倾角35°～55°，坝址无较大断层分布，亦未发现顺河断裂，缓倾角节理不发育，岩石致密坚硬，饱和抗压强度高，坝址水文地质条件简单，边坡稳定性较好，具备建高坝和大地下洞室群的条件。

三板溪水电枢纽工程，为一等大（Ⅰ）型工程，永久性挡水和泄水建筑物按洪水重现期500年一遇设计，相应洪峰流量为18800m³/s，按洪水重现期1000年一遇校核，相应洪峰流量为27000m³/s，面板堆石坝拦洪度汛按洪水重现期200年一遇设计，相应洪峰流量为14300m³/s。

枢纽总布置，河中为混凝土面板堆石坝，坝顶高程482.50m，L形防浪墙顶高程为483.90m，趾板建基高程297.00m，最大坝高185.5m，坝顶长度423.75m，左坝头布置开敞陡槽式溢洪道。堰顶高程456.00m，设3孔20m×19m（宽×高）溢流表孔，在设计水位476.24m时，下泄流量10306m³/s，在校核水位479.21m时，下泄流量13100m³/s，鼻坎单宽流量为218.3m³/s，采用挑流消能。泄洪洞位于溢洪道左侧，进口底板高程400.00m，岸塔式进水口设2个5m×9m（宽×高）的深孔，洞身为12m×13m（宽×高）无压隧洞，最大泄量为2940m³/s，左岸垭口为混凝土面板堆石副坝，最大坝高62.5m。岸塔式电站进水口布置在右坝头上游右侧，4条引水隧洞内径为7.0m，单洞单机引水至主厂房的竖轴混流式水轮机，主厂房尺寸为132.00m×23.50m×55.80m（长×宽×高），布置4台单机容量为250MW的水轮发电机组。主变压器和开关站洞室位于主厂房洞室下游，洞宽为18.60m，2个尾水管通入1个尾水调压

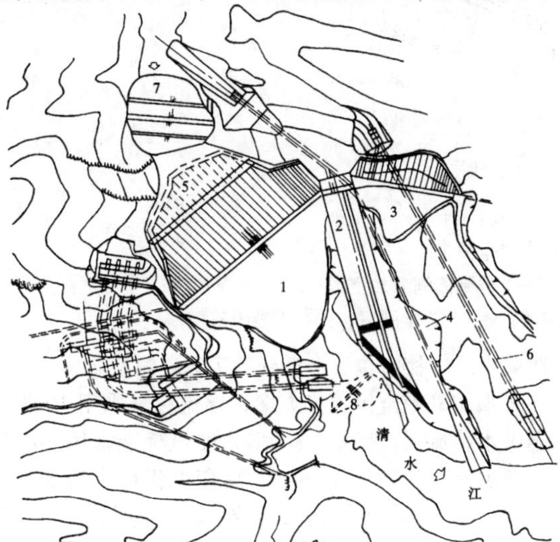

三板溪水电站枢纽总布置图

1—混凝土面板堆石坝；2—溢洪道；3—副坝；4—泄洪洞；5—引水发电系统；6—导流洞；7—上游围堰；8—下游围堰

井，直径为30m，2条城门洞形尾水洞，断面尺寸为13.00m×12.40m，即2台机共用1个尾水调压井和1条尾水隧洞，中控楼与出线平台布置在右岸地面，利用地下电缆道，电缆竖井和电梯井连接主副厂房与主变压器洞。左岸坝头上游小乌沟布置驳运码头，枢纽总布置见图。

本电站对外交通较方便，施工条件较好，工程截流后3年7个月首台机发电，计入导流工期及施工准备期，总工期6年。

三板溪水电站可行性研究报告已于1995年12月通过审查，1996年3月由原电力工业部批准。“三板溪水电站建设必要性及电力市场研究”于1998年8月也经国家评审通过。《沅水三板溪水电开发有限责任公司发起人协议》于2000年1月11日在京正式签字，《三板溪水电站利用外资项目建议书》已于2000年2月底在京讨论通过，并报国家计委。

（中南勘测设计研究院　陈霞林）

贵州洪家渡水电站

洪家渡水电站位于贵州省织金县与黔西县交界的乌江干流北源六冲河下游，距贵阳市154km，距下游东风水电站65km，为乌江干流11个梯级中的第一级，是整个乌江干流梯级电站中唯一具有多年调节性能的龙头水电站。

电站以发电为主，兼有防洪、供水、养殖、旅游及改善生态环境和航运等综合效益。正常蓄水位1140m，总库容49.47亿m³，属多年调节水库。电站总装机容量540MW（3×180MW），保证出力171.5MW，年发电量15.94亿kW·h。本工程对下游梯级电站的补偿效益大于本身效益，近期可提高下游东风、乌江渡水电站保证出力239MW，增加年电量11.79亿kW·h；远景使下游梯级保证出力增加833.1MW，年发电量增加15.96亿kW·h。电站建成后在电网中主要用于调峰、调频和事故备用，对优化电网水、火电结构，提高供电质量，对乌江流域能源基地建设有举足轻重的作用。

坝址处河流由N45°E转向S45°E，形成向西凸出的直角河弯。枯水期河水面宽30m，水深3～4m。坝址岩层倾向上游偏左岸，倾角25°～55°。枢纽建筑物基础地层从上游至下游依次为永宁镇组灰岩、九级滩段泥页岩及玉龙山段灰岩。河床及岸边分布有冲积层、残坡积—崩积层，河床覆盖深3～7m。坝区内共有断层20余条，不存在顺河断层。坝址上游转弯点右岸发育有底纳河伏流，下游有K40溶洞。右岸下游数百米分布有1号、2号塌滑体。坝址区地震基本

烈度为6度。

坝址以上控制流域面积9900km^2，占六冲河流域面积的91%。坝址多年平均流量155m^3/s，多年平均径流量48.9亿m^3。水库为山区峡谷和湖泊混合型，正常蓄水位时回水长84.89km，最宽处3.57km，水面面积80.5km^2。淹没耕地6.3万亩，需迁移人口4.5万人。

经环境影响质量指标综合评价，认为工程的建设使环境有所改善。电站的建成可为坑口火电站提供充足的水源，可发展养殖业，规划水产养殖年产量可达1650t；水库可与邻近的国家级旅游景点织金洞、黔西百里杜鹃等组成贵州西北部旅游热线；可建立库周用材林和经济林等防护林带；可发展库区航运。充足的水源、优越的电能，以及库周丰富的矿产资源，将促进水库区经济的发展，形成新的经济区，产生巨大的社会效益。

电站为一等工程，拦河坝及泄洪系统为1级建筑物，引水发电系统为2级建筑物，各次要水工建筑物为3级建筑物。大坝按可能最大洪水校核，相应入库流量11000m^3/s，校核洪水位1145.40m，下泄流量6234m^3/s；500年一遇洪水设计，相应入库流量6550m^3/s，设计洪水位1141.34m，下泄流量3835m^3/s，正常洪水位1140m，死水位1076m。

洪家渡枢纽主要建筑物由面板堆石坝、洞式溢洪道、泄洪洞、放空洞、引水发电系统、左右岸帷幕灌浆系统等组成（见图）。除大坝外的主要水工建筑物均位于左岸。钢筋混凝土面板堆石坝最大坝高179.5m，坝顶高程1147.5m，坝顶长447.43m，坝顶宽10.95m，上、下游坝坡均为1∶1.4。洞式溢洪道进口为开敞式溢流堰，堰顶高程1122m，无压隧洞长788.65m，纵坡7.5%，断面14m×21.54m。泄洪洞仅参加宣泄校核洪水，在底板高程1082m的进水口接长699m、断面7m×12.41m的城门洞形无压隧洞，隧洞纵坡7.5%。放空洞由1号导流洞按“龙抬头”形式改建而成，进口底板高程1030m，导流洞利用洞段长约647m，占导流洞全长的66%。

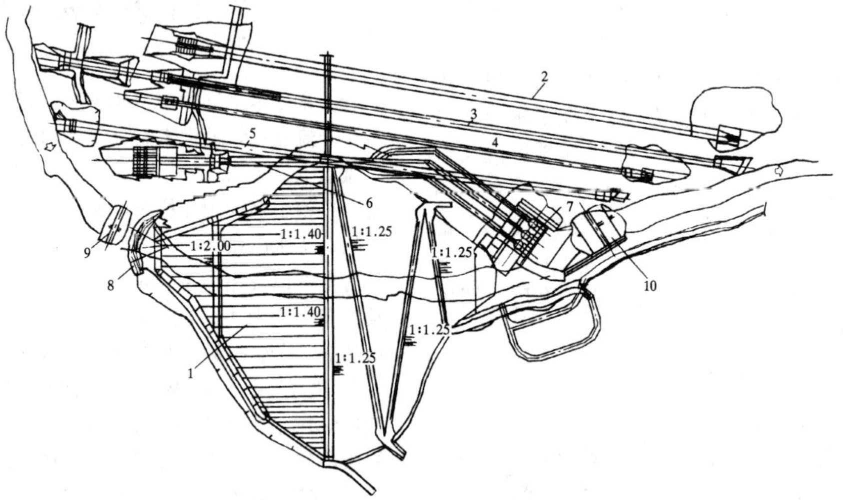

洪家渡水电站枢纽总布置图

1—面板堆石坝；2—洞式溢洪道；3—泄洪洞；4—1号导流洞兼放空洞；5—2号导流洞；6—引水系统；7—地面发电厂房；8—上游拱围堰；9—上游土围堰；10—下游土石围堰

引水发电系统为一洞三机地面厂房方案，引水线路位于左坝肩、泄洪洞右侧。进水口为岸边竖井式，底板高程1055m，塔顶高程1147.5m，引水隧洞洞径12～7m，总长228.23m，1～3号压力钢管分别长：256.86m、233.46m、250.90m，洞径5.5m。厂房为位于坝脚左岸的岸边式厂房，主厂房尺寸为90m×55.2m×54.96m（长×宽×高），装3台180MW水轮发电机组，单机引用流量为155m^3/s，机组安装高程为974m。主厂房上游与山体之间设置上游副厂房。在上游副厂房顶和开挖平台上布置GIS开关站及出线杆塔。中控室位于上游副厂房上游侧右端。

坝体采用全年导流方案，导流标准采用10年一遇洪水，流量3250m^3/s。坝体度汛标准采用100年一遇洪水，流量5210m^3/s。后期度汛标准为500年一遇，流量6650m^3/s。2条导流洞分别长798m和965m，1号洞上半圆半径为6.5m，下圆弧半径为15.1m，底宽8m，2号洞上半圆半径为5.8m，下圆弧半径为14.5m，底宽为8m，均为修正马蹄形。

主体工程量：覆盖层开挖135.97万m^3，明挖石方318.56万m^3，洞挖石方57.92万m^3，堆筑石方

909.11 万 m^3，填筑土方 2.18 万 m^3，混凝土和钢筋混凝土 52.51 万 m^3，金属结构及安装 5912t，帷幕灌浆 11.36 万 m，固结灌浆 8.73 万 m。

根据 1998 年价格水平估算，洪家渡水电站静态总投资 297511 万元，计入水库淹没补偿及建设期贷款利息后，项目总投资 455187 万元，其中资本金投资总额度为 136600 万元，约占工程总投资的 30%。洪家渡水电建设的业主代表是贵州乌江水电开发有限责任公司。该公司是我国第一个经国务院批准的对流域梯级水电站进行滚动开发的水电开发公司，公司目前承担乌江梯级已建东风、乌江渡水电厂的建设管理、生产经营及工程贷款资金的还本付息。除洪家渡工程外，由该公司开发的水电项目还有：索风营（540MW）、乌江渡扩机（500MW）、构皮滩（2400MW）、思林（1000MW）、沙沱（1000MW）等项目。

洪家渡工程可行性研究报告于 1988 年 7 月通过审查，初步设计于 1992 年通过审查，于 2000 年 11 月开工。目前已完成厂内外交通、供电等前期准备工作，并完成了导流洞标、砂石混凝土标、左右岸坝肩、厂房后边坡及进水口开挖标的招标工作。工程将于 2001 年 10 月截流，2004 年首台机组发电，2006 年底工程全部完工。

（贵州乌江水电开发有限责任公司　杨体中）

四川官地水电站

官地水电站位于四川省凉山彝族自治州西昌市与盐源县交界的雅砻江上，是二滩水电站上游的衔接梯级，下距二滩水电站约 145km。电站距西昌市的直线距离约 35km，公路里程约 80km。

官地水电站是雅砻江梯级开发的第三级梯级，主要任务是发电。电站为堤坝式开发，正常蓄水位以下总库容 7.54 亿 m^3，死水位为 1310m，调节库容为 2.5 亿 m^3，具有月调节性能。电站总装机容量 1800MW，保证出力 382MW，多年平均发电量 87.13 亿 kW·h，年利用小时为 4840h。当上游锦屏一级水电站不完全年调节水库建成后，本电站保证出力可提高到 74.5MW，多年平均发电量达 100.3 亿 kW·h，年利用小时数增为 5570h。电站以两回 500kV 线路供电四川省和重庆市。

官地水电站坝址以上流域面积 110117km^2，占雅砻江总流域面积（136121km^2）的 80.9%。坝址处多年平均流量 1370m^3/s，多年平均含沙量 0.466kg/m^3，推移质年输沙量为 71.7 万 t。坝址区出露地层为二叠系上统玄武岩和下统平川组灰岩及砂岩。坝轴线选择在雅砻江打罗河湾竹子坝沟口下游约 150m 的 $P_2\beta^5$ 层斑状玄武岩和角砾集块熔岩地层上。岩层陡立，厚度约 288～302m，岩石坚硬，裂隙不太发育，岩体完整性较好。大坝和地下主要建筑物都布置在该岩层范围内。坝基河床发育有几组缓倾错动带，一般倾向下游，倾角 11°～34°，延伸长度 80～130m，控制着大坝的深层抗滑稳定；河床右侧及右岸岸坡下有玄武岩裂隙承压水，初期流量及孔口压力较大，其埋深较深，环境封闭。在 1700m 高程以上接受大气降水补给，与河水和库水不发生水力联系，但地下厂房基础开挖可能遇上。地层走向与河流大角度相交，两岸谷坡呈 40°～50°的 V 形谷。河床枯水期河面宽约 100m，覆盖层厚 1～35m。坝址邻近区域第四纪以来无强烈差异活动，东缘安宁河谷虽存在差异活动，但距坝区较远，坝区地壳稳定条件相对较好，电站场地地震基本烈度为 7 度。

官地水电站水库总面积 14.84km^2，回水长度 58km，为河道形水库。水库淹没耕地 45.4hm^2，搬迁人口 298 人，采用后靠安置解决。

官地水电站属一等工程，永久性主要建筑物挡水坝、泄洪建筑、引水发电建筑按一级建筑物设计。混凝土重力坝设计洪水为 500 年一遇，流量 13600m^3/s，校核洪水为 5000 年一遇，流量 16300m^3/s；地下发电厂房设计洪水为 200 年一遇，流量 12400m^3/s，校核洪水为 1000 年一遇，流量 14400m^3/s；泄洪建筑物下游消能防冲设计按 100 年一遇，流量为 11500m^3/s。

官地水电站枢纽布置是在河床中布置重力式挡水和泄洪建筑物，由左、右岸挡水坝段、河床中部表孔溢流坝段和两侧泄洪兼放空中孔坝段组成（见图），共分 24 个坝段。坝顶总长 465m，坝顶高程为 1334m，最大坝高 168m，相应坝底宽 153.2m。坝的长高比为 2.77。溢流坝段总宽 100m，设 5 个溢流表孔，每孔净宽 13m。闸门高度 21m，闸墩厚 7m。溢流堰顶采用幂曲线，后接 1:0.7 的下游坝坡，反弧段后与下游消力池底板衔接，底流水跃消能。消力池宽 93m，长 145m，尾坎高 6m。校核洪水时，表孔堰顶单宽流量为 213$m^3/s·m$，消力池单宽流量为 175.3$m^3/s·m$。溢流坝两侧各设 1 个进口为 5m×9m、出口为 5m×7m 的深式有压泄水中孔，供泄洪、排沙和放空水库使用，出口采用鼻坎挑入消力池中消能。校核洪水时单孔最大泄流量 1224m^3/s。引水发电系统布置在右岸地下，为首部式布置。进水口为岸塔式，与右坝头相连，前沿宽 157.4m。为有利于初期尽早蓄水发电，设置高、低进水口。其中 1 号、2 号、3 号进水口底板高程为 1300.0m，4 号、5 号进水口底板高程为 1285.0m。采用单机单管供水，压力管道内径 9.4m，管长 273.4～304.3m。地下厂房主厂房、主变压器室、尾水调压室平行布置。主厂房包括主机间、安装间，总长 228.7m。最大开挖跨度 30m，最大开挖高度 67.24m，安装 5 台 360MW 机组。主变压器室长 173m，宽 18.6m，高 21.8m，安装 3 台主变压器，通过母线洞与主厂房相连。5 条尾水管后接两个简单式尾水调压室，其尺寸分别为 100m×18m×70m 与 55m×18m×72.82m（长×宽×高）。两尾水调压室之间以 18.4m 厚的岩柱分隔，上部相通。2 条尾水隧洞分别从 2 个尾水调压室中引出，1 号尾水洞长 538.8m，断面为 16m×18m 的城门洞形，最大过流量 1100m^3/s；2 号尾水洞长 827.3m，断面为 12m×16m，最大过流量 773m^3/s。500kV 地面开关站布置在竹子坝沟内，采用开敞式的。占地为 200m×100m，有出线洞与地下主变压器室相通。地面综合控制楼布置在开关站北侧靠近电站进水口上游，平面尺寸 50.1m×23.8m，共 8 层，内部布置一、二次副厂房，中控室和其他办公房间，可通过专设的交通洞、竖井与主厂房联系。

官地水电站大坝基坑施工采用全年断流围堰、隧

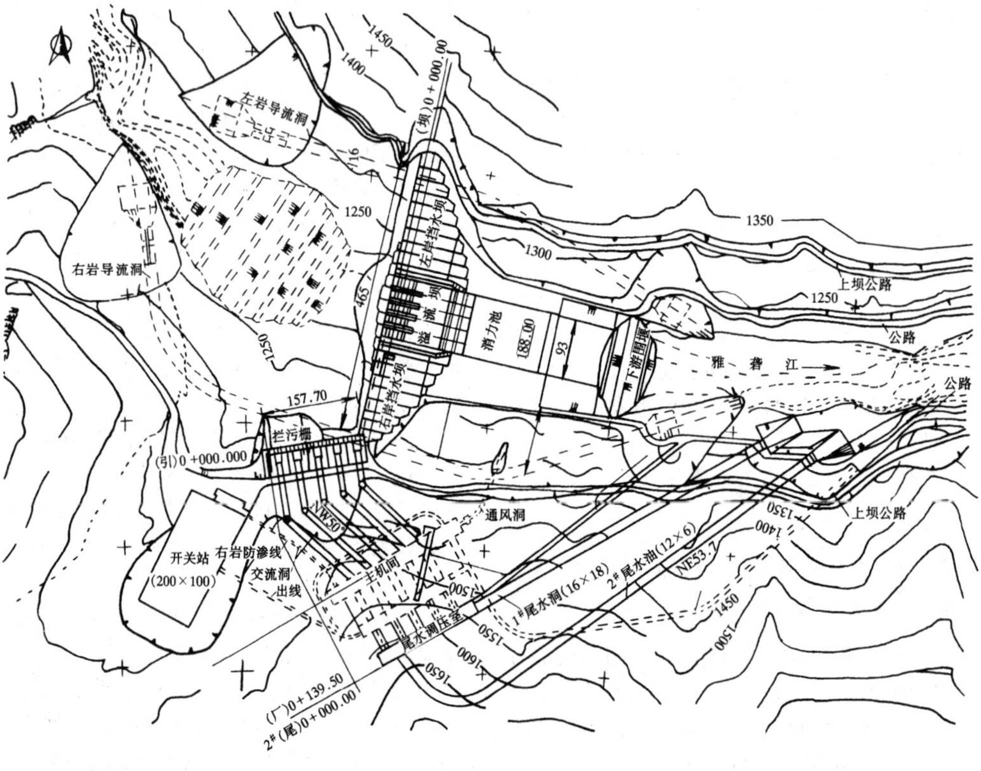

官地水电站枢纽平面布置图

洞导流方式。导流标准按 20 年一遇洪水设计，相应流量 9390m^3/s。2 条断面为 16m×19m 的导流隧洞布置在左、右两岸，长度分别为 687m 和 1004m。本工程重力坝施工是控制性项目，选用 3 台辐射式缆机配 9m^3 混凝土罐可满足大坝混凝土浇筑 32 个月工期要求，最高月浇筑强度 16 万 m^3。

该工程主要工程量土石方明挖 467.8 万 m^3，石方洞挖 147.4 万 m^3，混凝土 389.6 万 m^3，其中重力坝混凝土 296.9 万 m^3。工程施工总工期 80 个月，从开工到第一台机组发电工期 60 个月。按 1997 年 6 月底价格水平和政策编制的概算，工程静态总投资为 67.63 亿元，总投资为 103.15 亿元。

官地水电站工程由成都勘测设计研究院设计，已于 1997 年 9 月完成可行性研究报告。工程由二滩水电开发有限责任公司负责兴建，是二滩水电站发电之后，雅砻江滚动开发后续工程之一。目前该工程项目建议书已上报国家有关部门，对外交通的北线公路正在兴建，该公路也是今后锦屏一级水电站对外交通的组成部分。

（成都勘测设计研究院　易乃厚）

新疆吉林台一级水电站

吉林台一级水电站是喀什河流域规划中的第 10 个梯级电站。电站位于喀什河中游的吉林台峡谷段中

部，西距尼勒克县城 32km，距下游托海水电站 95km，距伊宁市 150km，与乌鲁木齐市的公路距离为 850km，交通便利。

坝址处断面控制了全河流域面积的 63.3%、年径流量的 89%和可利用水头的 50%。坝址处多年平均流量 $112m^3/s$，多年平均径流量 34.61 亿 m^3；设计洪水流量为 $1399m^3/s$（$P=1/500$），校核洪水流量为 $2187m^3/s$（PMF）；多年平均含沙量 $0.40kg/m^3$，多年平均输沙总量 153.2 万 t。据乌拉斯台水文站资料统计，喀什河多年平均流冰量为 $1124.03m^3/a$，最大行凌期 146d。

该枢纽所在的吉林台峡谷是一个相对稳定的地块，具备修建高坝的条件。坝址河谷呈 V 形，谷坡陡峻。出露的岩性主要为凝灰岩、凝灰角砾岩及安山岩等。河床覆盖层厚度 3～5m。库区基岩岩性为侏罗系湖沼相含煤、砂、泥岩地层，库岸地下水位均高于水库正常蓄水位，库区周边岩体为弱透水及相对隔水层，无邻谷渗漏问题；大部分库岸不存在边坡稳定问题。坝址区地震基本烈度为 8 度，大坝按 9 度设计。

吉林台一级水电站以发电为主，兼有灌溉和防洪效益。该电站在北疆电网中担负系统调峰、调频和部分事故备用，可改善电网的运行条件。电站总装机容量为 460MW，保证出力 91.6MW，多年平均发电量 9.38 亿 kW·h。通过吉林台一级水电站水库的调节，可使吉林台下游 8 个梯级电站的保证出力从单独运行时的 100.5MW 提高到 349.2MW，提高 3.47 倍，年发电量将增加 10%；可使下游灌区的灌溉保证率提高到 75%以上，使下游防洪标准由目前的 5 年～10 年一遇提高到百年一遇的水平。

电站枢纽建筑物分别由拦河坝、泄洪隧洞、开敞式溢洪道、发电引水隧洞、压力管道、地面式厂房及户内开关站（GIS）等组成（见图）。水库总库容 25.3 亿 m^3，调节库容 17 亿 m^3，为不完全多年调节水库。水库设计洪水位为 1420.00m，校核洪水位 1422.98m，死水位 1380.00m。水库淹没耕地 2.63 万亩，草场 3.3 万亩，迁移人口 3362 人。

吉林台一级水电站枢纽总平面布置图

吉林台混凝土面板砂砾堆石坝，最大坝高 157m，坝顶长 44.5m，坝顶高程 1427m（防浪墙顶），上游坝坡 1∶1.7，下游马道之间坝坡 1∶1.5，平均坝坡 1∶1.96。面板面积 $75250m^2$，最大斜长 256.7m。坝体材料为：坝轴线上游部分为河床砂砾石，下游部分为爆破开挖料。大坝土石方开挖总量为 196.8 万 m^3，总填筑方量为 944.5 万 m^3，混凝土 7.14 万 m^3。

吉林台泄洪建筑物包括开敞式溢洪道和中孔泄洪洞。开敞式溢洪道利用左岸天然垭口及天然冲沟布置，设计泄量 $451.4m^3/s$，校核泄量为 $710.8m^3/s$，最大泄量为 $876.7m^3/s$。采用明渠开敞式进口，WES 剖面堰，堰顶高程 1411.00m，堰宽 8m，设弧形工作闸门和平板检修闸门各 1 道，堰后设消力池，底流消能。中孔泄洪洞系由导流洞改建而成，设计泄量 $516.5m^3/s$，校核泄量 $532.9m^3/s$。采用岸塔式进水口，孔口尺寸 5m×4m，进口底板高程为 1370.00m，洞身为圆拱直墙式断面，龙抬头段断面尺寸为5m×6.5m，反弧段末端为8m×10.4m，洞长807.06m。进口设拦污栅、弧形工作闸门和平板检修门各1道，出口采用挑流消能。

发电引水洞采用两机一洞，共2条，单洞过水能力为250m³/s，单机引用流量124.83m³/s。进口采用岸塔式进水口，分设拦污栅、平板检修闸门和事故闸门各1道。孔口尺寸8m×9m，进口底板高程为1350m，闸顶平台高程1427m；洞径9m，洞长分别为670.485m和660.995m，两洞中心线间距32m，洞挖方量为11.38万m³。

厂房布置在大坝下游左岸，为地面厂房，内装4台115MW的水轮发电机组。机组间距19.05m，主厂房长112.2m，宽25.5m，高52.855m。一、二次副厂房均布置在主厂房上游侧。机组安装高程1276.7m，发电机层高程1289.02m。4台主变压器布置在厂房上游侧主变压器平台上。开关站采用GIS户内布置，共四回220kV出线，其中两回经精河变电所连入乌鲁木齐电网，一回到伊犁中心变电所，一回预留。厂房土石方总开挖量93.66万m³，混凝土9.78万m³。

施工导流采用河床一次断流、导流洞导流、基坑全年施工的方式。临时建筑物挡水设计标准为20年一遇洪水，相应流量924m³/s。导流洞布置在左岸，全长1157.7m，断面尺寸8m×10.4m，为明流隧洞，进口底板高程为1285.0m，纵坡0.6%；上下游围堰均采用土石围堰，上游围堰高38.5m，下游围堰最大堰高7.5m。

工程总工期为4.5年，其中工程准备期9个月，主体工程施工期2年8个月，工程完建期为1年零1个月，第四年五月第一台机组具备发电条件。

本工程已于1999年12月通过国际工程咨询公司评估，计划在2001年9月截流。

（新疆水利水电勘测设计研究院　谷水龙）

黑龙江尼尔基水利枢纽

尼尔基水利枢纽工程位于黑龙江省与内蒙古自治区交界的嫩江干流上，坝址右岸为内蒙古自治区莫力达瓦达斡尔族自治旗，左岸为黑龙江省讷河市，下游距齐齐哈尔市约130km。尼尔基坝址处控制流域面积6.64万km²，占嫩江流域面积的22.4%。坝址处多年平均流量332m³/s，多年平均径流量104.7亿m³。

尼尔基水利枢纽是松花江流域水资源开发利用的核心工程之一，具有防洪、工农业用水、发电、航运、灌溉、环境保护和鱼苇养殖等综合利用效益，是嫩江流域水资源开发利用、防治水旱灾害的控制性工程，也是实现北水南调的重要水源工程。

水库正常蓄水位216.00m，校核洪水位219.70m，死水位195.00m，汛限水位212.60m。水库总库容83.24亿m³，调节库容58.1亿m³，防洪库容23.68亿m³。建成后将使下游齐齐哈尔市的防洪标准由50年一遇提高到100年；坝址至齐齐哈尔之间两岸农田（包括大庆油田）的防洪标准由20年一遇提高到50年。可为水库下游工农业、环境、航运等方面提供水量48.55亿m³。并可向流域外引水7.56亿m³。水电站装机容量250MW，年平均发电量5.4亿kW·h，并承担黑龙江省电力系统调峰和备用任务。

水库区右岸多为沉积台地和剥蚀丘陵，高程约210～350m，相对高差最大达100m左右，山头多浑圆状。左岸为侵蚀堆积二级阶地，高程约210～250m，相对高差25m左右，与松嫩平原相接。区域分布岩层以火成岩为主（花岗岩、闪长岩），变质岩（花岗片麻岩与硅质片岩）次之。并有少量沉积岩，第四系岩层中有砂砾石层，黏性土层等冲、洪积层。库区主要断裂延伸方向为北东向。地下水位一般高于水库正常蓄水位，渗漏可能性不大。库区基本地震烈度为6度。

坝址处河谷底宽1770m，基岩以花岗闪长岩为主，河谷中部分布有深埋藏谷，谷宽1270m，其上为厚30～37m的砂砾石层，有丰富的天然建筑材料，可以满足工程需要。

水库正常蓄水位216m时，水库面积483km²，回水长度114.35km，淹没耕地为2.27万ha，需迁移人口53203人。

尼尔基水利枢纽工程为一等工程，枢纽由拦河坝、溢洪道、河床式电站厂房及左右岸灌溉引水建筑物组成（见图）。拦河坝全长7242m，主坝长1709m，位于河谷内，坝顶高程221m，坝型为沥青混凝土心墙砂砾石坝，最大坝高40m，坝顶宽8m，上游二级坡分别为1:2.25和1:2.5；下游二级坡分别为1:2和

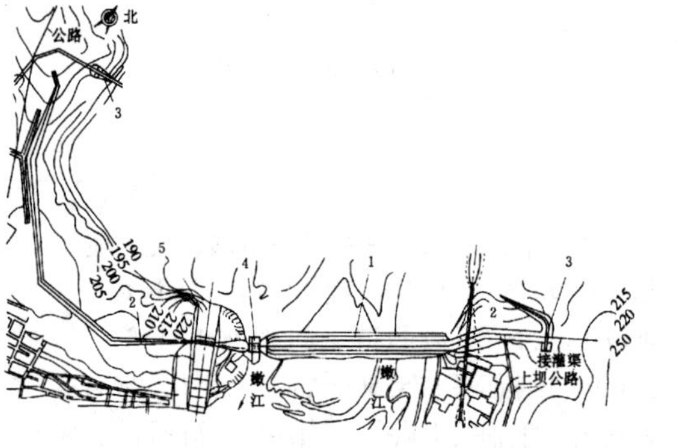

尼尔基水利枢纽工程总布置图

1—主坝；2—左、右副坝；3—左、右岸灌溉引水系统；4—厂房坝段；5—溢洪道

1∶2.25，上下游两级坡间 205m 高程各设 4m 宽的戗道。沥青混凝土心墙厚度 0.6～0.7m，坝基砂砾石层采用混凝土防渗墙防渗，基岩进行帷幕灌浆。左右岸副坝均为黏土心墙土石坝。左副坝坝长 1438m，最大坝高 27m，坝顶宽 8m，上、下游坝坡分别为 1∶2.25 和 1∶2。坝基为 16～30m 厚的黄土状壤土和黏土，渗透系数在 2×10^{-3}m/d 以下，上、下游方向为连续良好的天然铺盖，坝基不另作防渗处理。右副坝坝长 3775m，最大坝高 15m，坝顶宽 8m，上、下游坝坡分别为 1∶2.25 和 1∶2。坝基覆盖层厚 5～30m，层次复杂，主要为黏土、粉质黏土和壤土层，局部夹有含砾石黏土，壤土及中细砂透镜体等，黏壤土渗透系数在 1×10^{-1}m/d 以下。

尼尔基水利枢纽泄洪建筑物为岸坡溢洪道，由 11 孔开敞式溢流孔组成，单孔净宽 14m，总宽 200m，堰顶高程 203m，溢流堰采用 WES 型堰，由弧形门控制泄流，校核水位时最大泄量 17800m³/s，升槛式斜坡水跃消能，消力池长 70m。

河床式电站厂房总长 120m，紧靠河床右岸布置，开关站布置在右岸台地上，距安装间 180m，面积 70m×80m。主厂房尺寸 120m×27m×60.1m（长×宽×高）。内装有 3 台 ZZ587A—LH—732 型水轮发电机组，单机容量 83.34MW，总装机容量 250MW，为满足左岸讷河灌区和右岸莫旗灌区的灌溉要求，在左右岸各设一灌溉引水建筑物，左岸采用坝下埋管，管长 115m，断面尺寸为 2.2m×2.3m（宽×高）；右岸采用有压隧洞，隧洞为圆形断面，$D=4.0$m，洞长 840m，见图。

大坝施工导流分两期，一期导流标准为 10 年重现期大汛标准，流量为 $Q=4880$m³/s，二期导流标准以二期截流标准控制，即 5 年重现期 10 月中旬平均流量，流量为 $Q=534$m³/s。

工程总工期（不包括筹建期）5 年整，其中净准备期 8 个月。准备工程于第一年初开工，主体工程于第一年 9 月底开工，第四年 4 月底蓄水，第一台机组于第五年 6 月上旬并网发电。主要项目总工程量，土石方开挖 725.25 万 m³，土石方填筑 940.56 万 m³，混凝土浇筑 77.61 万 m³。主要建筑材料，水泥 24.96 万 t，钢材 3.84 万 t，木材 7.20 万 m³。

工程静态总投资 47.84 亿元，其中水库淹没处理总投资为 21.62 亿元；工程总投资为 56.60 亿元，其中水库淹没处理总投资 23.87 亿元。

尼尔基水利枢纽工程是 1994 年 8 月国务院批准的松花江及辽河流域水资源综合开发利用规划推荐的第一期工程，由东北勘测设计研究院负责设计，并于 1999 年对原可研报告进行了修订，同年 5 月通过了水利水电规划设计总院的审查。目前，设计单位正在抓紧进行初步设计。

（东北勘测设计研究院 鞠连义）

广西百色水利枢纽

百色水利枢纽位于广西郁江上游的右江上，坝址在百色上游 22km 处，是开发治理郁江的关键性工程，是以防洪为主，兼有发电、灌溉、航运、供水等效益的综合利用的大型水利工程。

坝址以上集雨面积 19600km²，占右江流域面积的 47.6%，多年平均径流量 82.3 亿 m³。水库正常蓄水位 228m，相应库容 48 亿 m³；可能最大洪水相应库水位 233.73m，相应库容 56 亿 m³；死水位 203m，死库容 21.8 亿 m³。水库调节库容 26.2 亿 m³，库容系数 0.316，属不完全多年调节水库。防洪限制水位 214m，相应防洪库容 16.4 亿 m³。工程建成后，与南宁市的防洪堤结合运用，可将南宁市防洪能力由 20 年一遇提高到 50 年一遇，与郁江的防洪堤结合运用，郁江沿岸的防洪能力由 10 年一遇提高到 20 年一遇，右江沿岸防洪能力达到防御 50 年一遇洪水，保护人口 187.3 万人，保护耕地 7.28 万 hm²；水电站装机 54 万 kW，多年平均发电量 16.9 亿 kW·h，年利用小时 3130h，保证出力 12.3 万 kW。通过百色水库调节并辅以航道整治，可使百色至田东河段航道通 300t 级船舶，达到五级航道标准，田东至南宁河段通航 500t 级船舶，达到四级航道标准。

主坝坝址所在河段呈开阔 V 形斜向谷，河面宽 50～140m，左岸地形较完整，右岸地形较平缓且岩石破碎。坝址为辉绿岩较坚硬，硅质岩和灰岩为中等坚硬岩石或破碎的坚硬岩石，及泥岩类岩石较软弱，坝址处在软硬相间的基础上，增加了建坝的复杂性。

百色水利枢纽工程总体布置分为主坝区和通航建筑物两部分，此外还有两座副坝。该枢纽分两期建设，一期工程有主坝区和两座副坝，二期为通航建筑物。主坝区主要建筑物有主坝、地下发电厂房及相应的引水系统和地下式升压站，见图。

百色主坝为全断面碾压混凝土重力坝，坝顶高程 234m，最大坝高 130m，坝顶长 700m，坝顶宽 10m；上游坡分为两级，142m 高程以下为 1∶0.2，142m 高程以上为垂直；下游坡为 1∶0.75（溢流坝段为 1∶0.7）。最大坝底宽 103.9m。坝体不设纵缝，由 22 条横缝分成 23 个坝块，最大宽度 36m，最小 22m，一般为 30m 左右。溢流坝设在河流中部偏左，长 88m，设有 4 孔 14m×18m 的表孔溢流坝，堰顶高程为 210m，采用“宽尾墩加中孔挑流加底流式消力池”

的联合消能方式。消力池上游基础为辉绿岩，下游建在软岩上，设有基础锚杆和抽排水设施，长 123.6m，深 15m。在 3 个中墩下部的无水区设有 3 个中孔，孔口为 4m×7m，进口底槛高程 167.5m。

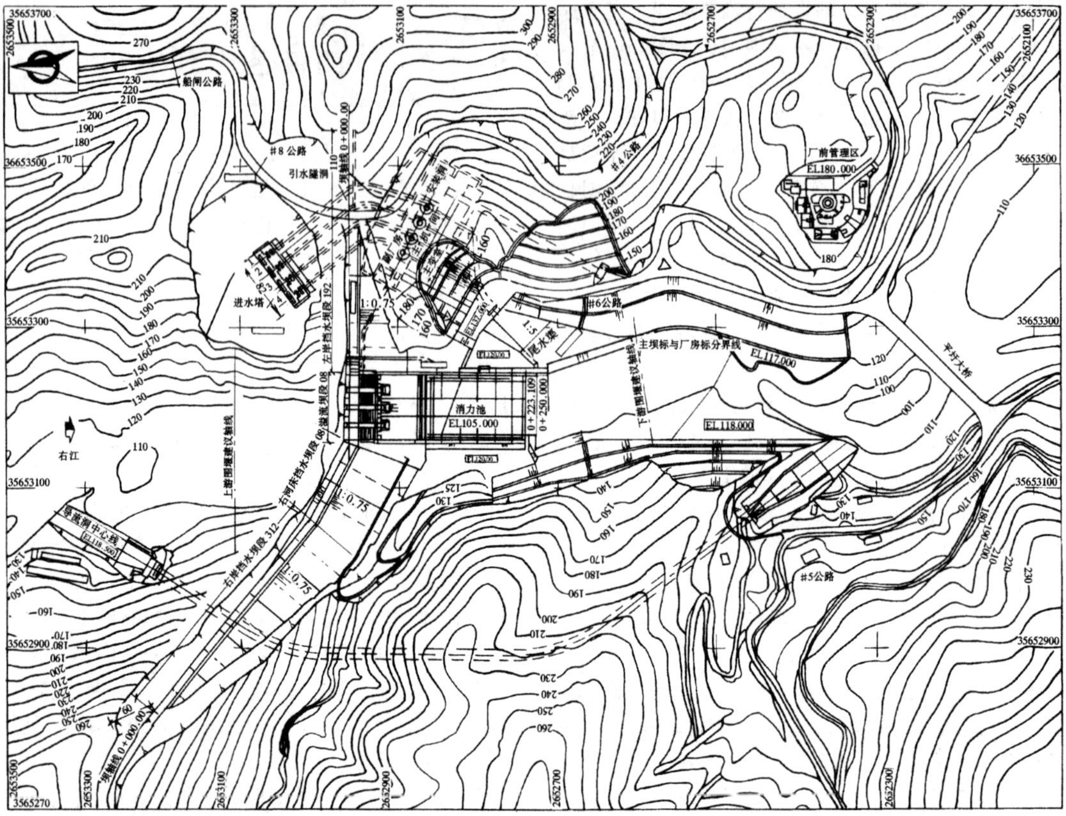

百色水利枢纽布置平面图

两座副坝远离坝区。银屯副坝位于主坝区东侧约 5km 的分水岭处，坝基为三叠系中统百蓬组泥岩和沙岩，全风化厚度约 25m，坝型为混合料心墙堆石坝，坝顶高程 235m，最大坝高 50m，坝顶长 375m，坝顶宽 7m；香屯副坝位于主坝东北约 4.8km 的另一个分水岭处，地层与银屯副坝相同，坝型为均质土坝，最大坝高 30m，长 96m，顶宽 7m，在左坝头设有一个引水灌溉隧洞。

百色水电站为地下式，设在左坝头下游的辉绿岩中，其塔式进水口在坝上游左侧库岸，基础为泥岩和硅质岩，建基面高程为 177m，进水口底高程为 179m，塔高 59m，宽 82m，长 24m，设有 4 扇 5.1m×6.5m 快速闸门和 1 扇检修门，通过 50m 长的工作桥与左岸公路相连。采用一机一洞单元引水，钢筋混凝土压力引水隧洞内径为 6.5m，下平段 45m 用钢板衬砌，最长的 1 号洞 284m。不设调压井。受辉绿岩厚度限制，水电站主厂房洞轴线与岩层走向几乎平行，主厂房洞宽 20m，高 50m，总长 123m，内装 4 台 13.5kW 水轮发电机组，有一交通洞与下游高程 137m 的公路相接。尾水闸门室与地下升压站结合布置，地下升压站尺寸为 19.2m×26m（宽×高），该洞室与主厂房洞平行，净距 20.6m，布置有尾水闸门室、主变压器层、电缆廊道层、全封闭高压开关设备层。尾水洞由 4 条宽 8m、高 9.3m 的支洞和一条宽 13m、高 25m 的主洞组成，尾水渠底高程为 117m。

百色通航建筑物的进口设在水库左岸距主坝区 3.3km 的银屯沟，经那禄沟于主坝下游 7km 处进入右江河道，全长 4338m，采用 2×300t 两级升船机，最大提升高度为 115m，其中第一级为 25m，第二级为 90m。

施工导流采用枯水期隧洞导流方式，采用 10 月中旬至次年 5 月中旬的 10 年一遇洪水为设计标准，导流设计流量为 1390m^3/s。采用汛期过水围堰与隧洞联合导流，隧洞最大流量为 2002m^3/s，洞长 828m，断面为圆形，直径 13.2m。

该枢纽主要土建工程量为：土石方总量 1177 万 m^3，其中一期 524 万 m^3（包括洞挖石方 30 万 m^3）；混凝土总量 301 万 m^3，其中一期 278 万 m^3（包括 RCC200 万 m^3）；工程静态投资 49.3 亿元，其中一期 42 亿元；工程动态投资 77.8 亿元，其中一期 65.6

亿元。水库淹没耕地 45638 亩，迁移人口 23140 人。

百色水利枢纽主坝、水电站等项目及广西境内的移民工程的勘测设计工作，由广西水利电力勘测设计研究院承担；副坝、通航建筑物及云南省境内的移民工程的勘测设计工作由珠江水利委员会设计院承担。主体工程分两期建设，一期包括主坝、副坝、水电站、移民及通航建筑物库区内部分；二期工程为通航建筑物。主坝区“四通一平”的施工准备工作已于 1999 年完成，导流洞和坝区公路已于 1999 年 11 月开工。一期主体工程 2000 年开工，总工期 6 年。该工程由广西区政府和水利部集资建设，其中利用世界银行贷款 4 亿美元。业主单位为广西右江水利开发有限责任公司。

（广西水利电力勘测设计研究院　韦卓信）

广东飞来峡水利枢纽

飞来峡水利枢纽位于珠江流域北江干流中游的广东省清远市境内，上距英德县城 50km，下距清远市 33km，坝址控制流域面积 34097km^2，占北江流域面积的 73%。北江地处亚热带气候，高温多雨，年降水量在 1400～2500mm 之间，多年平均流量 1100m^3/s,多年平均年径流量 347 亿 m^3。

飞来峡水利枢纽是以防洪为主，兼有航运、发电等多目标开发的综合性利用工程。水库防洪库容 13.36 亿 m^3，船闸为 500t 级，电站装机容量 14 万 kW。枢纽建成后，防洪方面：通过飞来峡水库控制北江洪水，结合北江大堤和潖江天然滞洪区联合运用组成蓄泄兼施的北江下游防洪体系，逐步提高广州地区的防洪标准。近期首先达到防御本世纪 1915 年特大洪水（200 年一遇），远期在北江大堤达到百年一遇加固标准后，提高到防御 300 年一遇的洪水标准。航运方面：可渠化库区干支流河道 116km，通航标准从原来 50～100t 级提高至 300～500t 级。发电方面：正常蓄水位 24m，总装机容量 14 万 kW，年发电量 5.55 亿 kW·h，电站可进行日调节，承担系统部分调峰任务，并将促进养殖业、旅游业和改善生态环境等事业的蓬勃发展。

水库正常蓄水位 24m 时，北江干流回水长度 72.1km，连江支流回水长 34.7km，淹没影响范围涉及英德县和清远市飞来峡区属下的 11 镇 55 个村，淹没及工程占用耕地 3.36 万亩，迁移人口 3.91 万人。

飞来峡枢纽水库库岸地形分水岭雄厚，库区普遍分布非碳酸盐岩层，水库无永久性渗漏。坝址两岸及河床多为第四系地层覆盖，高漫滩上部为厚 8～18m 的砂壤土、壤土和黏土交互沉积，下部为厚 10～20m 的砂卵砂石层；河床部分为砂卵砾石层，主要为厚 15～20m 的含砾中～粗砂。覆盖层下伏基岩为燕山四期中细粒花岗岩，河床部位强风化岩层厚约 5～10m，坝址河床及左岸混凝土建筑物部位未发现规模较大的顺河断裂，坝基弱风化带的饱和抗压强度在 60MPa 左右，可满足建坝要求。本枢纽地震基本烈度为 6 度，水库蓄水后不会诱发地震，区域稳定性好。

飞来峡水利枢纽为一等工程，挡水建筑物为 1 级，洪水标准按 500 年一遇洪水设计，5000 年一遇校核，主土坝和副坝按 10000 年一遇洪水校核，设计最大洪峰流量 28700m^3/s。水库正常蓄水位 24.0m，设计洪水位 31.17m，校核洪水位 33.17m，防洪最高水位 31.17m，汛期运行最低水位 18.0m。枢纽布置从左至右，由非溢流挡水坝、船闸，非溢流挡水坝、厂房、溢流坝，连接坝、右岸土坝等组成，见图。

溢流坝：采用混凝土重力坝，前缘长 285m，建于弱风化花岗岩上，最大坝高 52.3m，底宽 30m，坝顶高程 34.8m。共设 16 个溢流孔，其中 15 孔为带双胸墙的泄洪孔，孔口尺寸 14m×12m，堰顶高程 9.0m，校核泄量为 27400m^3/s；另一孔为排漂表孔，孔口宽 14m，堰顶高程 16.0m，闸门挡水高程 28.2m，百年一遇以上洪水参与泄洪。消能方式采用高挑坎淹没面流型式，最大单宽流量 105m^3/s。采用帷幕固结灌浆进行基础处理。

非溢流挡水坝：溢流坝右端设连接坝段与右岸土坝连接，厂房与船闸、船闸与左岸之间均采用非溢流挡水坝连接，为混凝土坝，建于弱风化花岗岩上，合计总长 118.7m。

主土坝及副坝：河床右侧和右岸滩地采用土坝挡水，土坝合计全长 1777.8m，最大坝高 25.8m，坝顶高程 34.8m，顶宽 8m，上设 1.2m 高的防浪墙；左、右岸共有四处垭口布置副坝，最大坝高 24.65m，总长 586.9m。均为均质土坝，主土坝基础采用混凝土防渗墙防渗。

飞来峡船闸：采用单线一级船闸、船闸级别为Ⅳ级，船闸闸室有效尺寸为 190m×16m×3m（长×宽×槛上水深)。船闸由上、下游引航道，上闸首、闸室、下闸首及主、副导航墙和靠船墩、隔流堤、分流墩和其相应设备组成。上引航道长约 1460m，下引航道长约 1575m，航道为梯形断面，标准底宽 45m。闸首设人字工作门。

厂房：河床式厂房为挡水建筑物，前缘长 130.5m，主厂房长 88.1m，安装 4 台灯泡式水轮发电机组，型号为奥地利 MCE，KR4/70，单机容量为 3.5 万 kW。

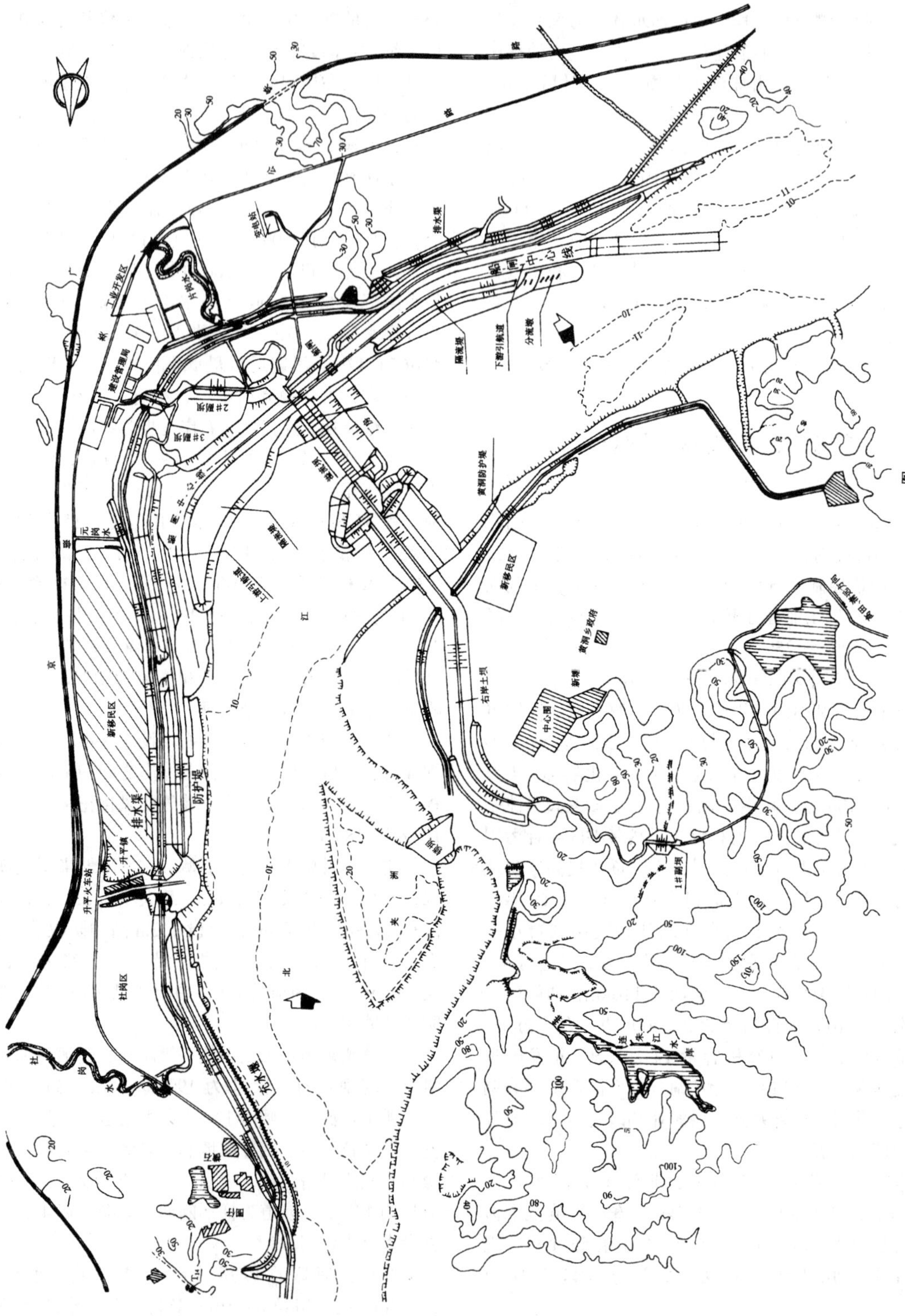

图

飞来峡水利枢纽总平面图

社岗防护工程：社岗防护区的防洪标准按抵御北江100年一遇洪水设计，主要建筑物有防护堤、排水渠、充水堰和排水涵洞等。

该水利枢纽工程分两期施工，第一期为左岸船闸、厂房及全部16孔溢流坝，利用经扩宽的右侧河床导流和通航；第二期是利用枯水期封堵右侧河床段，修筑其中土坝段，由左岸已完建的溢流坝导流和临时通航。一期围堰均采用土石围堰，二期截流戗堤与土坝结合。堰基砂砾覆盖层厚达20m，采用高压喷射灌浆板墙进行防渗，防渗水头30～40m。

枢纽主要工程量（含施工导流）为：土方开挖1103.4万m^3，石方明挖101万m^3，土石方填筑800万m^3，混凝土108.8万m^3，钢材2.41万t，帷幕固结灌浆2.3万m，混凝土防渗墙5.1万m^2，金属结构安装1.06万t。

本工程经国家计委批准的设计修改概算：工程静态总投资为42.961亿元，总投资为52.919亿元，其中利用日本国输出入银行贷款8000万美元。

飞来峡水利枢纽业主单位是广东省飞来峡水利枢纽建设管理局，由水利部珠江水利委员会勘测设计研究院承担工程的勘测设计，广东省水利电力勘测设计研究院承担监理，广东省水利厅下属各施工工程局、公司等负责施工，广东省清远市和英德市负责库区移民迁安工作，电站水轮发电机组及其辅助设备由奥地利伊林电气公司及奥钢联公司联合体中标提供。

飞来峡水利枢纽于1992年4月由国家计委批准立项兴建，1992年6月完成初步设计报告，同年11月审查通过。1994年10月开工，1999年5月第一台机组发电，施工总工期5年，2000年10月工程竣工验收。

（珠江水利委员会勘测设计研究院　余伟桥）

湖南江垭水利枢纽

（一）工程概况

江垭水利枢纽工程位于湖南省慈利县江垭镇上游，澧水一级支流溇水中游，距慈利县城57km。枢纽的任务是以防洪为主，兼有发电、灌溉、航运、供水及旅游等综合效益。坝址控制流域面积3711km^2，占溇水流域的73%。水库总库容17.4亿m^3，其中防洪库容7.4亿m^3。电站装机容量300MW，年发电量7.56亿kW·h；灌溉农田8.57万亩；改善航道124km；为约5万人提供生活用水；为张家界国家森林公园提供新的旅游景点。江垭水库建成后，可将沿河两岸及淞澧平原的防洪标准由原来的4～7年一遇提高到17年一遇，远景与皂市水库和宜冲桥水库联合调度，可提高到50年一遇，且对减轻洞庭湖区洪涝灾害也十分有利。

枢纽由拦河大坝、引水发电系统、通航和灌溉取水系统等建筑物组成，枢纽平面布置见图。

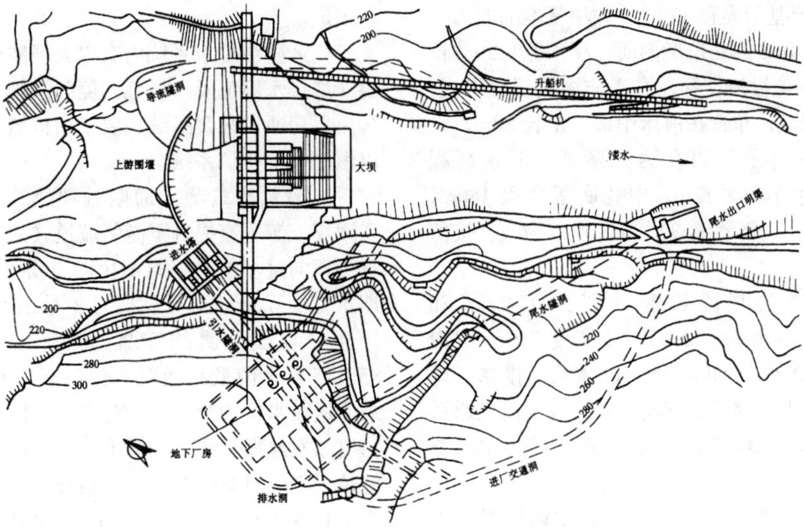

江垭水利枢纽平面布置图

（二）地形地质条件

江垭坝址位于柳支坪峡谷中段，距峡谷出口4.5km。坝址河谷呈U形，河谷狭窄，河床两岸较对称，山体雄厚，基岩裸露，山头标高700～800m以上。河床枯水位125m时，谷宽75～90m，水深1～3m，正常库水位236m时，谷宽290m。岩层倾向下游，倾角38°，走向40°～70°，与河流近乎正交，是典型的横向河谷。

坝基主要持力层为二叠系栖霞灰岩，岩体新鲜完整，风化较浅，岩质坚硬较均一，力学强度高。坝区内断层均以扭性和压性为主，延伸不长，规模不大，影响较大的断层有 F_{11}、F_{12}和 F_{19}。F_{11}在坝前横切河床，F_{12}和 F_{19}位于左岸。F_{12}规模较大，破碎带宽 1.1～1.5m。层间错动较发育，连续且左右岸对称，厚 10～40cm，一般充填页状滑石化灰岩鳞片与大量方解石晶片，是坝基防渗处理的主要对象。岩溶表现为溶沟、溶槽、溶穴、溶井、溶洞，规模不大，发育不深。地下水为岩溶裂隙水，由大气降水补给，顺岩溶通道渗出地表，总流量不大。

厂房位于右岸坝头的山体内，布置地下厂房。厂区围岩为层状岩体，呈单斜构造，为下二叠统栖霞组和茅口组灰岩。厂区断层主要有 7 条，规模较小，断层破碎带宽度一般为 10～40cm。主要层间错动有 10 条，均为页状滑石化灰岩鳞片及灰岩碎屑充填，连续性好。

厂区围岩除上述断层和层间错动外，岩石较完整、新鲜坚硬、力学指标较高。岩石饱和抗压强度 65～100MPa，弹性模量为 18～23MPa，$f=6\sim9$，主要洞室围岩为Ⅱ、Ⅲ类，成洞条件好。厂区地应力以地质构造应力为主，属中等地应力区，最大水平主应力为 17.22MPa，方向为 N10°～20°W。

（三）江垭水利枢纽主要建筑物和施工方案

1. 大坝　江垭大坝是目前世界上已建和在建最高的全断面碾压混凝土重力坝，最大坝高 131m，坝顶高程 245m，建基面高程 114m。大坝基本剖面为上游铅直，下游 1:0.8 的三角形剖面。坝顶宽 12m，长 327m，由河床部位溢流坝和左右岸非溢流坝段组成。溢流坝分 3 个坝段，布置在河床中部，全长 88m，设 4 个表孔和 3 个中孔。表孔为开敞式，堰顶高程 224m，孔口尺寸 14m×12m。中孔底板高程 180m，孔口尺寸 5m×7m，下游出口段为试验抛物线，接低挑坎反弧段。

左右岸非溢流坝段长度分别为 114.5m 和 124.5m，各分 4 个坝段，最大坝段宽度 35m。坝内在高程 120m、180m、240m 分别设灌浆、排水、观测及交通廊道，由电梯井和交通竖井构成坝内交通系统。10 号坝段设有灌溉取水口，设钢闸门控制灌溉流量。

坝体混凝土总量为 134 万 m^3，其中碾压混凝土 111 万 m^3，占坝体混凝土总重的 82.8%。大坝坝体除基础垫层、中孔周边、闸墩、导墙、溢流面及坝顶细部构造采用常态混凝土外，其余均采用碾压混凝土。上游面防渗部位为二级配富胶凝材料碾压混凝土，标号为 $R_{90}200$，抗渗标号 W_{12}；190m 高程（溢流坝中孔）以下为三级配中等胶凝材料碾压混凝土，标号为 $R_{90}150$；190m 高程以上为三级配中等胶凝材料碾压混凝土，标号为 $R_{90}100$。

为增强坝体的抗渗性能，上游坝面高程 190m 以下设 5mm 厚的 SRCM 橡胶乳液改性水泥砂浆涂层，抗渗标号 W_{16}。

大坝基础防渗主帷幕设计下限伸入底部隔水层，左右岸帷幕分别从坝端转向上游，与底部隔水层顶板 P_{1q}^{1-2}封闭。防渗帷幕在河床部位设了 3 排帷幕孔，两岸为两排，最大帷幕孔深约 80m。

2. 电站　电站由引水系统、发电系统、升变电系统和尾水系统组成。电站建筑物的主要工程量为明挖 19.8 万 m^3、洞挖 38 万 m^3、混凝土约 13 万 m^3。

电站引水系统由进水塔和引水隧洞组成，进水塔布置在水库右岸 4 号冲沟下游侧陡崖部位，为岸塔式结构。电站采用单机单管引水，引水隧洞直径 6m，中心距 18m，洞长 158.04m，由上平段、上弯段、斜管段、下弯段和下平段组成。

发电系统建筑物由主副厂房、母线洞、风机油库室等地下洞室群组成。主厂房为城门洞型，尺寸为 103.5m×19m×46m（长×宽×高），中部为主机间，安装 3 台 100MW 混流式水轮发电机组，机组段宽 18m，设 1 台 2×200/40/2×10t 双小车桥式起重机，左端为地下副厂房，布置有中控室和计算机控制室。

升变电系统建筑物由主变压器洞、高压电缆廊道、电缆竖井和开关站组成。

尾水系统建筑物由尾水管、尾水调压室和尾水隧洞组成。

厂区防渗排水系统由右岸大坝防渗帷幕、厂房上游 4 层排水廊道及厂房临河侧防渗帷幕等组成。

厂房通风采暖系统主要采用机械送排风方式，辅以恒温恒湿空调系统。

3. 过坝建筑物　通航过坝建筑物为干运方式，采用坝上游垂直提升下游斜坡道式的升船机。设计年货运双向过坝能力近期 4 万 t，远景发展为 8 万 t；近期木材 1 万 m^3，远景发展为 2 万 m^3。升船机设于左岸 9 号坝段呈直线布置，其轴线和坝轴线交角 85.125°。上游最高通航水位为正常蓄水位 236.0m，最低通航水位为死水位 188.0m，下游最低通航水位为电站发电保证出力时水位 126.2m。最大通航船只吨位为 20t，门机提升，门机轨距 8.5m。下游斜坡段水平长度 560.8m，坡比为 1:7，轨距 3.5m。

4. 施工方案　该工程采用一次断流，左岸隧洞导流方案，导流标准采用 10 年一遇洪水，坝体拦洪度汛标准采用 100 年一遇。

大坝上游采用碾压混凝土拱围堰，下游采用土石围堰。地下厂房尾水和升船机下游基坑分别单独设置简易土石围堰。总工期 5 年。

(四) 工程建设

江垭工程建设中实行业主负责制、招标投标制、工程监理制。业主单位为水利部、湖南省澧水流域水利水电综合开发公司,设计单位为湖南省水利水电勘测设计研究总院,监理单位为长江水利委员会江垭工程建设监理总站。大坝施工采用国际招标,辽宁水电工程局——意大利孔多特公司联营体中标;引水发电系统土建施工采用国内招标,中国水电第三工程局——铁道部第十六工程局联营体中标;主要机电设备为国际招标,东方电机股份有限公司等单位中标。

工程总投资 33.1372 亿元(调概值),由水利部和湖南省各投资 50%,资金主要来源为水利部拨款、湖南省自筹、世界银行贷款和中国建设银行贷款等。

工程于 1995 年 7 月正式开工,1998 年 10 月 18 日下闸蓄水,1999 年 5 月 18 日 1 号、2 号机组投产发电,1999 年 12 月第 3 台机组投产发电。

(湖南省水利水电勘测设计研究总院 王成菊)

山西龙口水利枢纽

龙口水利枢纽位于黄河北干流托龙段的尾部,库坝区左岸为山西省偏关县和河曲县,右岸为内蒙古自治区的准格尔旗。坝址距上游万家寨水利枢纽 25.6km,下游距天桥水电站约 70km。黄河北干流托龙段全长 128km,落差 124m,其中从拐上至龙口全长 94km,落差 117m。1984 年 5 月原水电部审查批示:关于托龙段开发,现结合晋、蒙两省能源基地供水,确定选用万家寨高坝,配合龙口低坝的二级开发方案。华北电网以及晋、蒙电网均以火电为主,目前仅有天桥和万家寨 2 座水电站,水电比重 7.6%。龙口水利枢纽建成后,水电装机容量可达到 1708MW,相应的水电比重将提高到 10.74%。

枢纽具有良好的地形和水能开发条件,水库正常蓄水位 898m 时,回水至万家寨枢纽下游,水库总长约 25km。库区河谷为 U 形谷,两岸陡峭,顶部高于正常蓄水位 50~70m,为峡谷形水库。工程区地处大地构造相对稳定地块,无大的构造带;地震基本烈度为 6 度;库岸稳定,库区浸没问题不大;坝址区基岩为奥陶系马家沟组灰岩、豹皮灰岩,岩石强度高,比较完整,发育有多层泥化软弱夹层,适合建中等高度的混凝土重力坝。

龙口水库库区淹没损失少,移民占地问题与相同规模的水库比是容易处理的。龙口水利枢纽坝址区地形宽阔,有着不完全的一、三、四级阶地,便于施工设施及生活区的布置。

龙口水利枢纽以发电为主,同时具有防洪、供水等综合效益。水库总库容 1.957 亿 m^3,调节库容 0.71 亿 m^3。大坝为混凝土重力坝,最大坝高 51m,坝顶长 420m。电站为河床式电站,总装机容量 500MW,多年平均发电量 12.89 亿 kW·h,装 5 台轴流转桨式机组,单机容量 100MW。电站在系统中担负调峰任务。枢纽设计标准为百年一遇,洪峰流量 12500 m^3/s,校核洪水标准为千年一遇,洪峰流量 17600m^3/s。多年平均输沙量 1.67 亿 t,多年平均含沙量 8.5kg/m^3。

龙口枢纽建筑物由拦河坝、河床式电站厂房、泄流底孔、表孔、排沙洞、开关站等组成(见图)。大坝自左至右划分为 20 个坝段:1 号、2 号坝段为左岸非溢流坝段,3 号、4 号坝段为主安装间坝段,5 号~9 号坝段为电站厂房坝段,每个机组段布置 2 个 1.9m×1.9m 的排沙洞;10 号坝段为隔墩坝段,坝段下游靠电站一侧布置副安装间,11 号~15 号坝段为底孔坝段,每个坝段布置 2 个 4.5m×6.5m(宽×高)的泄水排沙底孔;16 号坝段为隔墩坝段,17 号、18 号坝段为表孔坝段,每个坝段布置 1 个 10m×12m(宽×高)的表孔;19 号、20 号坝段为右岸非溢流坝段,底孔、表孔泄水时采用二级底流式消力池消能。

枢纽对外交通便利,左岸山西侧有河(曲)~偏(关)公路从坝头通过,上行 32km 可达偏关县城,下行 16km 可达河曲县城。偏关至万家寨、大同,河曲至三岔均有三级公路相通。右岸内蒙古侧,坝址下游 2.5km 处的榆树湾有公路通至薛家湾,薛家湾有二级公路通至呼和浩特市。已投入运营的丰(镇)准(格尔旗)铁路专线可达薛家湾车站。万家寨水利枢纽薛家湾转运站可供龙口水利工程使用。

龙口水利枢纽永久建筑物主要工程量:土石方开挖 113.2 万 m^3,土石方回填 18.3 万 m^3,混凝土浇筑 93.6 万 m^3,帷幕灌浆 22900m,固结灌浆 44700m,金属结构安装 7678t。工期从主体工程开工至第一台机组发电为 33 个月。工程静态总投资 21.32 亿元,工程总投资 27.73 亿元。

继万家寨工程之后滚动开发龙口水利枢纽,可充分利用万家寨工程现有的施工设施及设备,避免重复建设和购置,缩短工期,节省投资。万家寨水利枢纽完建后,可利用水库的调蓄能力,为龙口工程的施工导流、截流创造非常有利的条件。龙口水利枢纽采用分期导流,围堰设计洪水标准为 20 年一遇,龙口坝址流量为 8880m^3/s,万家寨工程完建后,通过水库调蓄,流量可削减至 5500m^3/s,洪峰流量减少 38%。通过万家寨水库控泄可为二期围堰的截流提供极大的方便。滚动开发龙口水利枢纽,符合国家关于调整能源结构、优先开发水电和加强基础设施建设、拉动经

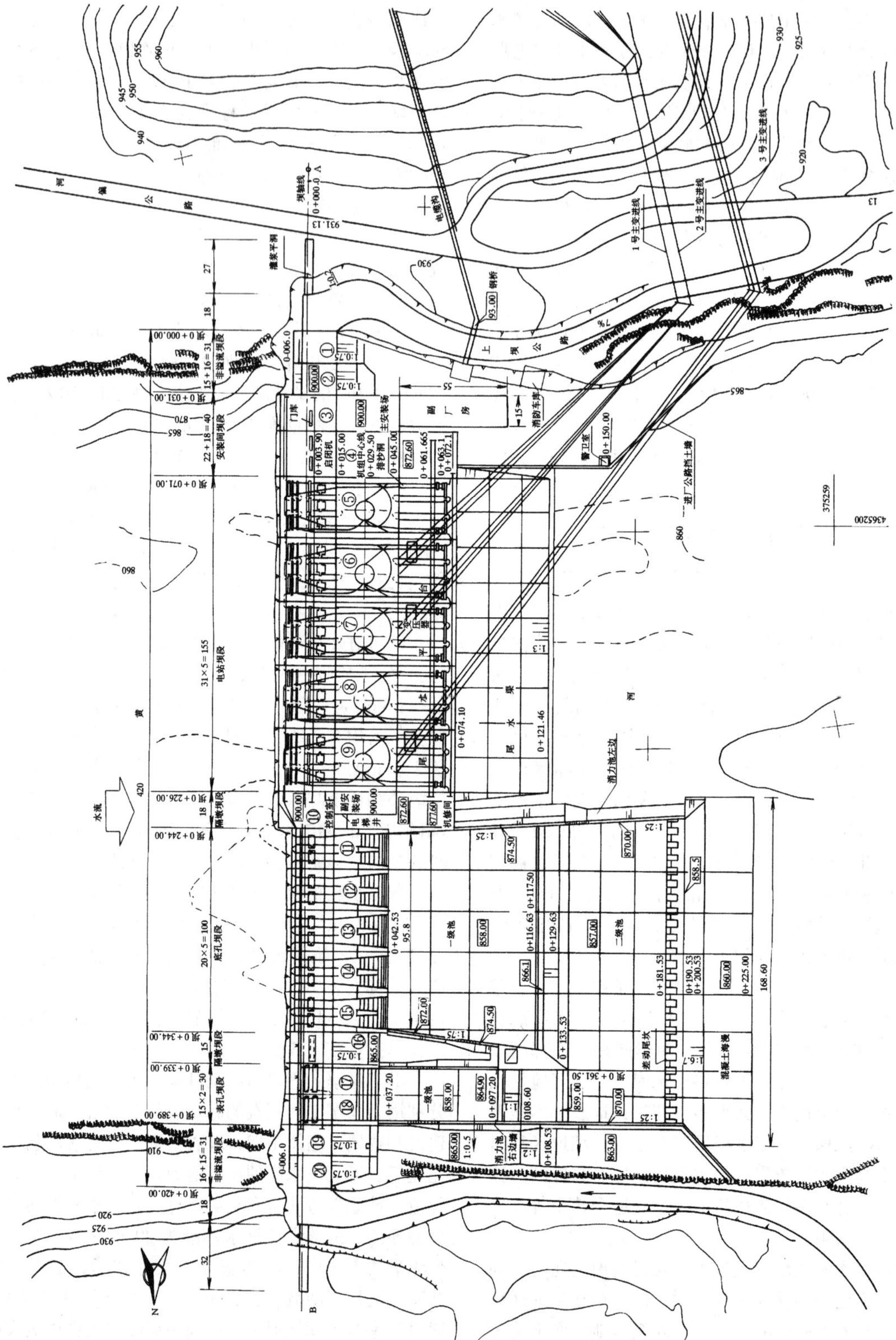

龙口水利枢纽平面布置图

济的部署，符合“梯级开发、滚动、发展”的水电建设方针。

（天津勘测设计研究院　陆宗磐）

江苏沙河抽水蓄能电站

沙河抽水蓄能电站位于江苏省溧阳市天目湖镇境内，距溧阳市区18km，距常州103km。电站所处位置交通便利，地形、地质条件较好，水源有保证，开发条件优越。电站装机容量100MW，按日调节运行。电站以一回220kV输电线路接入江苏省电网溧阳变电站，承担常州和溧阳市的调峰、填谷任务。年发电量1.82亿kW·h，年抽水电量2.44亿kW·h。

沙河蓄能电站枢纽由上水库、输水系统、尾水渠、厂房和变电站等工程组成，下水库为已建成的沙河水库。(见图)。

上水库位于沙河水库东侧龙岕沟源荒田冲处，由主坝、东副坝和库周山岭围成。库周主要由侏罗系上统灰白色熔结凝灰岩组成，岩性致密，岸坡整体稳定。上水库集水面积0.145km^2，正常蓄水位136.00m，设计洪水位（$P=1\%$）136.34m，校核洪水位（$P=0.5\%$）136.38m，正常发电消落水位120.00m，死水位116.00m。上水库总库容为244.97万m^3，其中有效库容为230.20万m^3。主坝和东副坝为混凝土面板堆石坝，最大坝高分别为47m和30m，坝顶长度分别为528.71m和234.10m。主坝上游边坡1∶1.4，下游边坡为1∶1.3～1∶1.4，每隔20m高设宽2m的马道。东副坝上、下游边坡均为1∶1.3，为保证下游边坡的稳定，在坡脚设置了高8m的混凝土挡墙。筑坝材料采用库盆和输水洞开挖料。主坝、东副坝和北库岸部分地段基岩的地下水位和相对不透水层低于水库正常蓄水位，按常规进行了帷幕灌浆防渗处理。上水库有宽约2m的F_6、F_8断层以及其他若干条小断层穿越主、副坝趾板和库岸，对这些的断层采取以垂直防渗为主的断层处理。由于北库岸垭口地势较低，对在路面以下较厚的强风化带采用混凝土截水墙防渗。

输水系统沿水竹沟山和龙兴亭山脊由东向西布置，由上进、出水口、引水隧洞上平段、上游事故检修闸门井、竖井、引水隧洞下平段、尾水隧洞、下游事故检修闸门井、下进、出水口等组成。上、下进出水口均采用侧式布置。上游输水采用一洞两机联合供水方式，引水隧洞采用钢筋混凝土衬砌，内径6.5m，长574.11m；下平段靠厂房竖井上游采用了钢衬，主管长56.78m，内径5.0m，两条支管内径3.4～2.8m，每条长24.22～27.81m，岔管为对称Y形内加强月牙肋形式。尾水隧洞采用单洞单机布置，采用钢筋混凝土衬砌，内径为4.8m。电站运行最大水头121m，输水道平均长度约890m，引水道和尾水道均不设调压室。上、下游设置了拦污栅和事故检修闸门，上游4孔拦污栅不设固定启闭机，下游6孔拦污栅采用单向门机起吊，上游的1扇闸门、下游的2扇闸门均采用固定式卷扬机启闭。

下水库为已运行30多年的大（2）型沙河水库。本电站下水库正常蓄水位19.00m，设计洪水位（$P=1\%$）21.23m，校核洪水位（$P=0.5\%$）21.64m，死水位13.00m。尾水渠是连接下水库的通道，长459m，采用对称梯形断面，底宽50m，深12.5m，边坡1∶2。渠底和边坡采用浆砌块石保护。在下进、出水口下游95m处，横跨尾水渠设置了拦鱼设施，防止下水库的鱼进入输水道。

厂房位于龙兴亭山坡西侧，采用一井两机的竖井半地下式布置。厂房竖井内径为29m，井周采用1m厚的混凝土衬砌，井深42.3m。井筒内安装2台50MW的单级可逆式水泵水轮机和发电电动机组，分发电电动机层、中间层、水泵水轮机层，下游侧的副厂房有7层。地面主厂房长51m，宽23.40m，高21.3m，安装1台125/50t的桥机；下游侧地面副厂房共4层，长51m，宽10.1m，高18.0m，中控室设在顶层。厂房下游布置有220kV开敞式变电站，长81m，宽57.5m；紧靠副厂房为2台主变压器场地，西侧为开关站，两者之间由1条交通通道分隔。

本电站施工在下游尾水渠出口的沙河水库边设置挡水围堰，利用尾水渠两侧的2条排水沟将上游集水直接排入沙河水库。输水洞、厂房竖井采用上、下2条支洞作为施工通道。主要工程量有土石方明挖166万m^3，石方洞挖7万m^3，土石方填筑129万m^3，混凝土7.9万m^3，帷幕灌浆1.4万m，金属结构制作安装786t。按1998年价格水平计算，工程总投资6.03亿元，静态投资4.95亿元。

本电站可行性研究、招标设计和施工图设计阶段的勘测设计由上海勘测设计研究院承担，其中可行性研究阶段河海大学设计院参加了部分设计工作。电站由江苏省国际信托投资公司、江苏省电力局、江苏省溧阳投资公司、江苏电力（香港）有限公司合股投资，由四单位组成的江苏沙河抽水蓄能发电有限公司负责电站的建设和运行。经招标，土建工程由水电第十四工程局中标承建，机电设备安装由水电第一工程局承担。主机设备制造商为法国ALSTOM公司。电站于1998年9月正式开工，2001年4月第一台机组发电，6月第二台机组投入商业运行。

（上海勘测设计研究院　陆忠民）

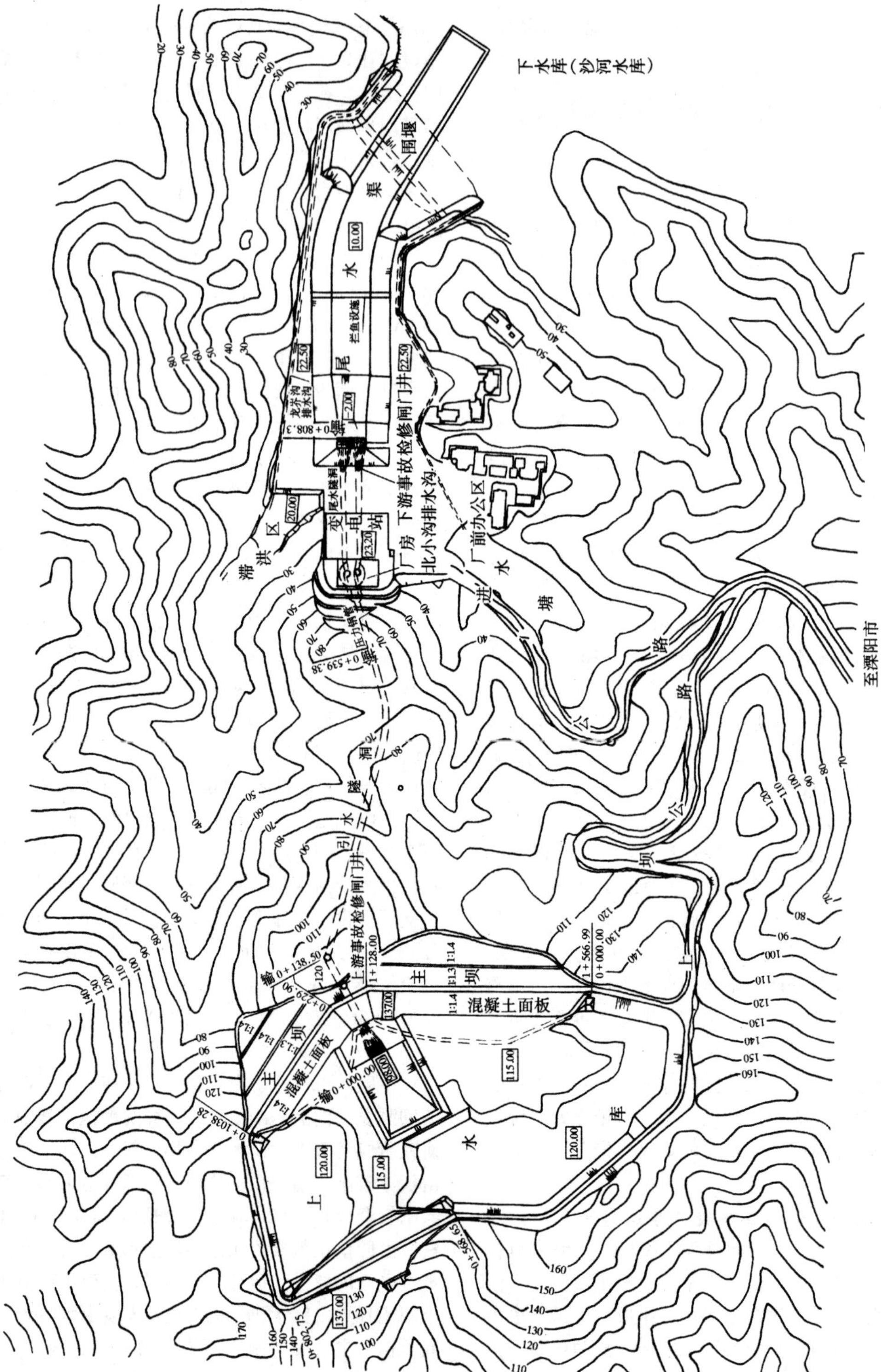

沙河抽水蓄能电站枢纽布置图

河北张河湾抽水蓄能电站

张河湾抽水蓄能电站位于河北省石家庄市井陉县测鱼镇附近的甘陶河上，距石家庄市直线距离 53km，公路里程 77km，距井陉县城 45km。电站总装机容量 1000MW，装机 4 台，单机容量 250MW，设计年发电量 16.75 亿 kW·h，年抽水电量 22.04 亿 kW·h。电站建成后接入冀南电网，在系统中担负调峰填谷、调频调相和紧急事故备用等任务，具有快速跟踪负荷、提高系统供电可靠性等多种作用与效益。

冀南电网覆盖河北省南部包括石家庄、邯郸、邢台、保定、沧州、衡水 6 个地区。截至 1998 年底，冀南电网装机容量为：水电 130.1MW，占 1.8%，火电 7116.4MW，占 98.2%，基本为纯火电系统。由于用电结构的变化，负荷不断增加，峰谷差由 1991 年的 1256MW 增加到 1998 年的 2451MW，年平均递增率为 10.02%。根据预测，冀南电网 2005 年装机容量将达到 11600MW 左右；2005 年～2010 年间每年还需新增装机约 700MW，届时电网最大峰谷差将达到 3779～5196MW。为了电网调峰填谷和经济运行等需要，冀南电网急需建设张河湾抽水蓄能电站。

本抽水蓄能电站利用现有未完建的张河湾水库作为下水库，电站枢纽建筑物主要由上水库、水道系统、地下厂房系统及地面出线场、下水库拦河坝工程等组成，工程等级为一等。(见图)。

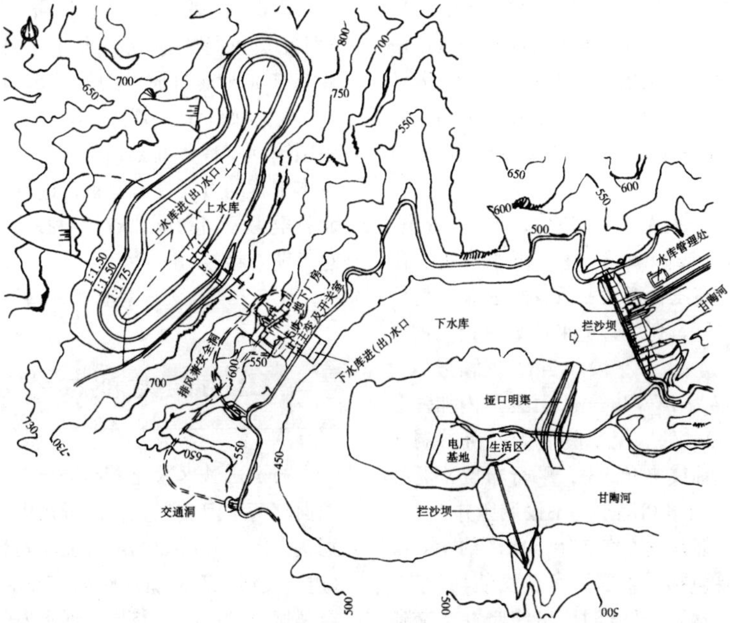

张河湾蓄能电站平面布置图

(一) 工程地形地质条件

工程地处太行山中段的中低山区，为一相对稳定区域，场地地震基本烈度为 6 度，设防烈度为 7 度。上、下水库天然高差约 350m，上、下水库的进、出水口之间的水平距离约 550m，电站平均发电水头约 324m，距高比约 1.75:1，条件很优越。

上水库老爷庙山顶为一古夷台坪，三面沟谷深切，南北长约 2000m，东西宽约 250～700m，地面高程 740～846m，台面平缓起伏，出露寒武系馒头组和长城系大红峪组地层，二者为假整合接触，胶结良好。馒头组岩性为薄层细晶灰岩粉砂质泥岩、中厚层砂泥岩夹泥灰岩和粉砂岩。大红峪组地层为厚层石英砂岩和中厚层铁质砂岩，岩石坚硬性脆，层状结构，走向近南北，倾向西，倾角 8°～10°。地层中普遍发育有顺层的软弱夹层，层面起伏较小。台坪岩体裂隙发育，以陡倾角为主，周边存在一定范围的强卸荷带。上水库岩体透水性强，需要采取全库盆防渗。

水道系统地层由中古元界长城系砂岩和下元古界甘陶河群块变质安山岩组成，二者呈角度不整合接触；地下厂房系统位于蒿亭组变质安山岩地层中。长城系地层裂隙发育，以陡倾角为主，断裂构造不发育，岩石以Ⅲ类为主，不整合接触面附近接近Ⅳ类。在蒿亭组地层中，小断层较多，破碎带宽约 5～20cm，只有 f_{13}、f_{14}破碎带较宽可达 20cm 左右，断层多为中等倾角，未见缓倾角断层。蒿亭组变质安山岩、变质安山岩火山砾岩裂隙发育，厂房围岩介于Ⅱ～Ⅲ类之间，厂区地应力的最大主应力在 5.5～13.37MPa 之间。水道和厂房区域地下水为基岩裂隙水，主要由大气降雨补给，地下水位约在490～520m，整个枢纽区未发现泉水出露。长城系地层透水性不均一，变质安山岩为微透水和极微透水。

下水库库区属中低山峡谷地带，两岸山体雄厚，不存在库区渗漏问题。已建的浆砌石重力坝坝基主要为微风化和弱风化的变质安山岩，透水性小，两岸岩体裂隙较为发育。右岸坝头及下游山坡岩体存在不稳定的坍滑体。

（二）主要水工建筑物

上水库位于甘陶河左岸的老爷庙山顶，通过开挖和填筑堆石筑坝围库而成。正常蓄水位810m，死水位779m，工作水深31m，总库容785万m^3，其中调节库容为720万m^3，具有日调节性能。堆石坝采用库盆开挖的砂岩填筑，上游坝坡1∶1.75，下游坝坡1∶1.5，坝顶高程812m，坝轴线处最大坝高57m。库顶轴线长2846.1m，其中堆石筑坝坝轴线长1935.0m（其中半挖半填段长1735.0m），土石方开挖量约1000万m^3，填筑量约560万m^3。故上水库采用复式沥青混凝土面板全库盆防渗，总防渗面积34.5万m^2。

水道系统由上、下水库进、出水口、压力管道，尾水隧洞等组成，全长约840m。上、下水库进、出水口均为岸边侧式，高压管道为一管两机2条压力管道平行布置，垂直进厂。高压管道采用竖井式，钢板衬砌，主管直径为6.4m，下平段5.2m，支管直径为3.6m，钢板衬砌厚度为16～38mm，月牙形内加强肋钢岔管位于厂房前42m处。尾水隧洞为一机一洞布置，共4条，与厂房轴线夹角83°，平行布置，洞径5m。水道系统较短，引水和尾水均不设调压井。

地下厂房采用尾部开发方案，距下水库约160m。地下厂房洞室群主要包括：主副厂房及安装场洞室、主变压器及开关洞（室）、母线洞、出线竖井、交通洞和排风兼安全洞等。主、副厂房呈一字形布置，主机间布置在中间，厂房开挖尺寸为：150.08m×23.4m×48.3m（长×宽×高），机组间距22m。主变压器及开关洞布置在厂房下游43.4m处，开挖断面为119.74m×17.8m×27.8m（长×宽×高）。主变压器室上部为GIS开关站。主变压器洞与厂房之间布置4条母线洞相通。厂房内装有4台单机容量为250MW混流可逆式水泵水轮机组，发电工况水头范围342.56～280.48m，抽水工况扬程范围351.14～294.85m，水轮机转速333.33r/min，吸出高度－48m，安装高程418.0m，在下水库正常蓄水位488.0m以下70m。水泵工况机组启动以变频方式为主，“背靠背”同步启动作为备用。地面出线场以500kV一回出线接至石家庄变电站。

下水库为未完建的张河湾水库，坝址以上流域面积1834km^2，多年平均实测径流量1.04亿m^3。拦河坝为浆砌石重力坝，于1976年11月开工兴建，1980年停建，现坝顶高程466.65m，最大坝高54m，库容2300万m^3。续建后的下水库是蓄能发电与灌溉并重的综合利用水库，正常蓄水位488m，保证抽水蓄能电站发电水位471m，死水位464m，总库容8330万m^3（天然库容），为年调节水库。下水库拦河坝需加高到490.0m，续建加高坝轴线仍沿用原坝轴线，大坝加高23.35m，最大坝高为77.35m。由于甘陶河汛期含沙量较大，因此在下水库大坝上游1.8km处布置拦沙坝，并利用拦沙坝上游右岸垭口扩挖成过流明渠，汛期直接将含沙水流从垭口明渠导向拦河大坝前，减轻电站进、出水口的泥沙淤积和过机泥沙含量。

本电站由北京勘测设计研究院设计，于1994年6月完成可行性研究报告（等同原初步设计报告），1995年1月通过原电力工业部组织的审查。1998年3月电站项目建议书已由国务院批准。1999年5月，中国国际工程咨询公司受国家发展计划委员会委托，对本工程的可行性研究报告进行了评估。本电站由河北省电力公司和河北省建设投资公司共同出资兴建，总工期6年。

（北京勘测设计研究院　吕明治）

山西西龙池抽水蓄能电站

西龙池抽水蓄能电站位于山西省五台县镜内、滹沱河与清水河交汇处，距忻州市、太原市直线距离分别为50km和100km，距北同蒲铁路忻（州）河（边）支线火车站直线距离17km。朔黄铁路和东冶镇至芙城口的国防公路均经下水库附近通过，对外交通十分便利。电站距山西省电力负荷中心较近，地理位置较好，是目前山西省抽水蓄能电站较理想的站址，项目建议书已通过国家计委评审。

山西省煤炭资源非常丰富，水资源比较贫乏，可供开发的水资源为数不多，电网结构以火电为主。山西省自用发电最高负荷年平均增长速度为6.84%，而最大峰谷差年平均增长速度为8.5%。1998年山西省内用电最大峰谷差率已增加到34.5%。峰谷差增长速度明显高于负荷增长速度，从而使电网调峰问题更加突出，为此，山西电网亟需解决调峰电源严重不足的问题。西龙池蓄能电站投入运行后，可改善电网单一的电源结构，在山西电网中承担调峰、填谷、调频、调相及事故备用的任务，极大地提高山西电网运行的安全、可靠性。

电站总装机容量为1200MW，厂房内布置4台单机容量为 300MW 竖轴单级混流可逆式水泵水轮机组。电站额定水头 624m，年发电量 18.05 亿 kW·h，年抽水电量 24.07 亿 kW·h，年利用小时发电：为 1504h，抽水为 2006h。电站建成后，按一回线路出线，一回备用，出线电压等级为 500kV。

西龙池抽水蓄能电站地形、地质条件：工程区地处山西高原，太行山山脉中部，系舟山山系北端，山顶高程一般在 1500～2500m。工程区域为沉积岩系，岩性以灰岩、白云质灰岩、白云岩、砂岩及页岩为主。第四系为崩坡积、坡积、冲积和洪积物，由碎石土、土及砂砾石等组成，主要分布于山前坡脚、河流两岸、沟谷及其出口地段。

大地构造部位处于祁吕——贺兰山字形构造体系东翼外缘，新构造分区属太行山断裂隆起区。近场区分布有 3 条区域性断裂和 4 条规模较大的褶皱，但工程区未发现活动性断裂。该区岩溶较为发育，上、下水库库盆、库岸均需进行全面防渗处理。工程区内基岩裸露，岩层面平缓，其稳定性较好，不存在边坡和坝基稳定性问题。地下建筑物围岩为Ⅱ—Ⅲa～Ⅲc 类，厂区地应力一般为 6.0～12.0MPa，地下厂房系统洞室群整体稳定性较好。

区域内地震基本烈度为 7 度，主要建筑物按 7 度设防。主要建筑物按一级标准设计，次要建筑物按三级标准设计。

枢纽建筑物组成及其主要建筑物的布置：西龙池抽水蓄能电站由上水库、输水系统、地下厂房系统、下水库、地面开关站及副厂房、补水建筑物等组成（见图）。

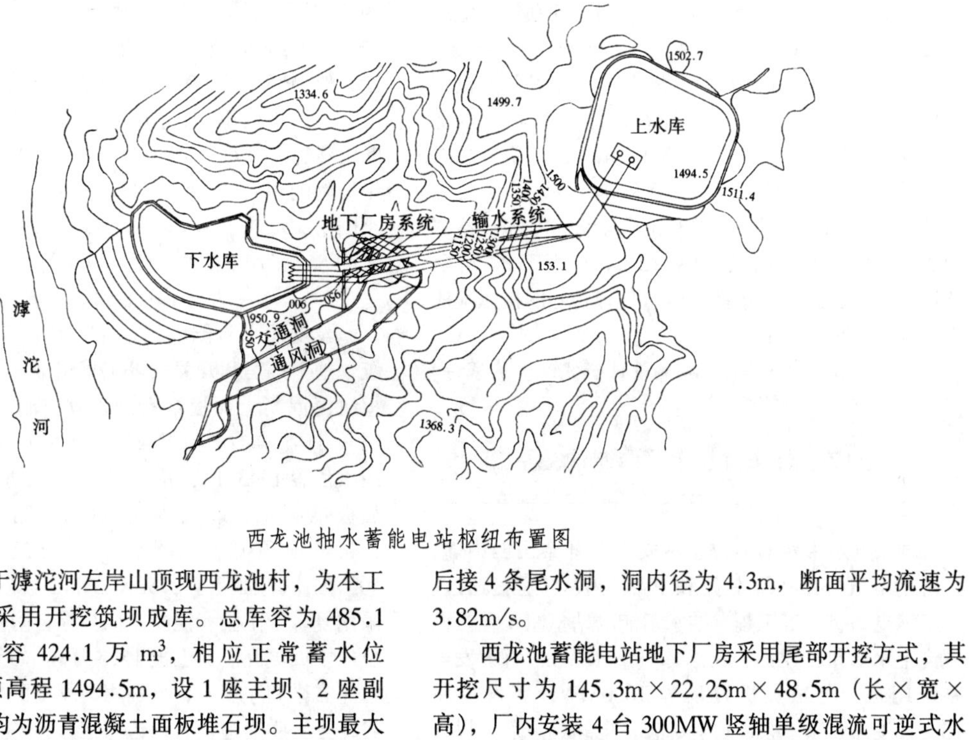

西龙池抽水蓄能电站枢纽布置图

上水库位于滹沱河左岸山顶现西龙池村，为本工程区最高点。采用开挖筑坝成库。总库容为 485.1 万 m^3，调节库容 424.1 万 m^3，相应正常蓄水位 1492.5m，坝顶高程 1494.5m，设 1 座主坝、2 座副坝，主、副坝均为沥青混凝土面板堆石坝。主坝最大坝高 50m，坝顶长度 499.56m。1 号、2 号副坝最大坝高分别为 15m、20m。坝体上游坡为 1:2，坝体下游坡为 1:18。库顶周长为 1739.1m，全库采用沥青混凝土面板防渗，防渗总面积为 22.46 万 m^2。

输水系统采用一管两机供水方式，输水管总长 1859.28m，4 台机组设 2 条管路，2 条管线采取平行布置，斜向进厂，与厂房纵轴线夹角为 65°。主管直径为 4.7～3.5m，高压管道皆采用高强钢板衬砌，钢衬最大衬厚为 57mm，岔管采用对称 Y 形内加强月牙肋岔管，岔管将 2 条高压管道分成 4 条高压支管。高压支管内径为 2.5m，钢衬最大厚度为 45mm。厂房后接 4 条尾水洞，洞内径为 4.3m，断面平均流速为 3.82m/s。

西龙池蓄能电站地下厂房采用尾部开挖方式，其开挖尺寸为 145.3m×22.25m×48.5m（长×宽×高），厂内安装 4 台 300MW 竖轴单级混流可逆式水泵水轮机组。机组间距为 21m，安装间位于主机间中部。主要副厂房和 GIS 开关站布置在下水库进、出水口附近的库岸。主变压器洞位于主厂房下游侧，与主厂房平行布置，两洞室间净距为 50m，通过 1 条交通洞和 4 条母线洞与主厂房联系。主变压器洞开挖尺寸为 130.4m×16.4m×17.5m（长×宽×高），整个地下厂房系统结构采用喷钢纤维混凝土、锚杆、预应力锚索等柔性支护方案。

下水库位于现西龙池村龙池沟沟脑部位，由大坝、库区防洪建筑物、补水建筑物、放空设施等组成。大坝坝型亦为沥青混凝土面板堆石坝，最大坝高为97m，坝顶长533.06m，库顶周长为1694.8m，正常蓄水位为838.0m，坝顶高程840.0m，总库容为492.2万m^3，调节容库421.5万m^3，最大工作水深40m。主坝上游坝坡1∶2，下游坝坡1∶1.7。库岸边坡为1∶0.75，采用钢筋混凝土面板防渗，主坝和库盆均采用沥青混凝土面板防渗，总防渗面积为17.97万m^2。

电站主要工程量为：明挖土石方1136.62万m^3，洞挖石方62.06万m^3，填筑土石方865.27万m^3，混凝土和钢筋混凝土35.89万m^3，沥青混凝土8.06万m^3，金属结构安装1586t，固结灌浆82994m，回填灌浆60726m^2。

施工总进度安排，筹建期1.5年，准备期1.0年，主体工程施工4.0年，工程完建期1.0年。施工总工期6.0年，第一台机组发电工期为5.0年，电站建设总工期为6.0年。

按照1999年6月底的价格水平，外资部分投资按现价折合人民币计列，工程静态总投资43.336亿元，相应单位千瓦静态投资3611元/kW，动态总投资50.667亿元，相应单位千瓦动态投资4222.3元/kW。经国民经济评价，电站国内投资内部收益率为22.38%，大于社会折现率12%，远大于0。另财务评价说明西龙池抽水蓄能电站具有较好的抗风险能力，财务上是可行的。

（北京勘测设计研究院　徐家诗）

山东泰安抽水蓄能电站

泰安抽水蓄能电站位于泰安市西郊泰山西南麓，距济南市70km，京沪铁路和104国道从工程区通过。

该电站属一等工程。抽水蓄能电站枢纽工程由樱桃沟上水库和已建的大河水库（下水库）、引水发电系统组成。电站装机容量为1000MW，年发电量13.376亿kW·h，综合效率0.75。电站建成后，以二回220kV出线接入山东电网，在电网中担负调峰、填容和调频、调相及事故备用等任务。

（一）水文和地质特点

上水库控制流域面积1.43km^2，多年平均流量0.01m^3/s，设计和校核洪水分别为76m^3/s和97.3m^3/s。下水库控制泮汶河流域面积84.5km^2，设计和校核洪水流量分别为1490m^3/s和2200m^3/s。

上水库蓄能电站位于泰山山脉西南麓的低山丘陵地带，海拔高程在500～150m左右。工程区主要岩性为混合花岗岩，上水库左岸和下水库分布有交代式花岗岩、斑纹状混合岩和斜长片麻岩并夹有北西向角闪、辉绿和石英岩脉。工程区发育有4条区域性断裂，走向N300W、倾向SW、倾角70°。F_1、F_3、F_4和走向N5°E、倾向SE、倾角60°的F_2。工程区地震基本烈度为6度。在断层带宽33～52m的F_1上盘发育有以NE和NEE为主的4组裂隙。根据水文地质的特点分为3个区，即山体雄厚，地下水位高于正常蓄水位410m的上水库左岸区；中等透水带区；F_3及下库F_4山前丘陵带的基岩裂隙水区。

工程区的主要地质问题是：①上水库横岭渗漏问题。右岸横岭F_1上盘发育的NEE、NE的裂隙，裂隙密集带和小断层且地下水位低于正常蓄水位。当上水库蓄水后、库水沿NE的张性结构面向SW方向的地下厂房渗漏，初估总渗漏量为12000m^3/d。而地下厂房位于隔水作用的长大闪长岩脉$\delta_{\pi7}$上盘，在厂房开挖时可能出现涌水。②地下厂房洞室围岩稳定问题。主厂房等位于Ⅲ、Ⅱ类围岩体中，主厂房于轴线与发育NEE向裂隙密集带、小断层夹角较大有利稳定，但局部少量NW的裂隙，辉绿岩脉和蚀变带对上、下游边墙不利，仍需重视。③坝基渗漏。F_1大断层穿越面板堆石坝坝基，F_1断裂带为影响带，左岸发育的顺河向裂隙及两岸坝肩存在的裂隙密集带和小断层，均成了坝基和两岸绕坝渗漏问题，初估渗漏量为567m^3/d，因此，坝基需进行防漏处理。

（二）泰安蓄能电站枢纽总布置

泰安抽水蓄能电站由上水库、下水库、水道系统，地下厂房和开关站等工程组成。（见图）上水库枢纽由混凝土面板堆石坝，放空洞（兼导流、泄洪洞），库盆防渗工程组成。上水库正常蓄水位410m，最大库容1043.1万m^3，调节库容890万m^3，混凝土面板堆石坝，最大坝高98.3m，上、下游坝坡为1∶1.4，坝顶宽度10m；放空洞位于左岸，长度505.0m，断面尺寸2.5m×3.3m（宽×高）；上水库采用复合土工膜和混凝土面板综合防渗。上水库死水位以下回填弃渣，上覆15.5万m^2的复合土工膜，上水库右岸和左坝肩，分别用混凝土面板和灌浆帷幕防渗，土工膜周边设有锁边廊道。

引水发电系统包括上、下水库进出口，地下引水隧洞，尾水隧洞，地下厂房，地面开关站等。

进、出水口采用岸边侧式进、出水口的塔式建筑物，设计引用流量264.4m^3/s。上、下水库进水口底板高程分别为370m和138m，并分别设有拦污栅（8－6.5m×13.5m）和事故、检修门（2－8m×8.5m）。

水道系统全长1923.4m，采用2洞4机布置。引水隧洞长533.7m，洞径分别为7m、8m、8.5m。高压岔管采用钢筋混凝土岔管，长106.9m、管径4.8m。尾水隧洞长1389.7m，洞径分别为5.2m、8.5m，采用阻抗式尾水调压井，大井高度62.3m、直径17m。

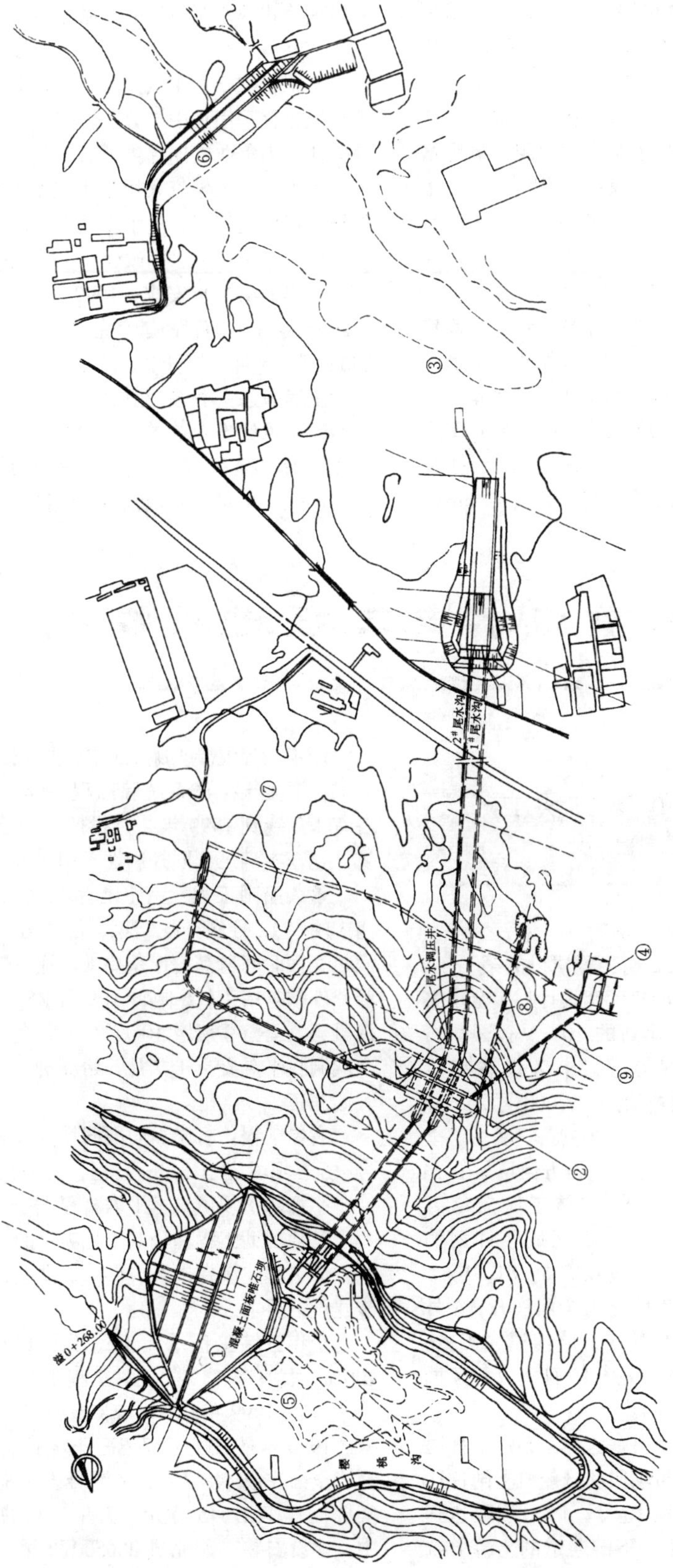

泰安抽水蓄能电站枢纽平面布置图

1—上水库混凝土面板堆石坝；2—地下厂房；3—下水库；4—开关站；5—上水库；
6—均质土坝；7—交通洞；8—排风洞；9—出线洞

地下厂房主厂房开挖尺寸174.6m×24.5m×51.3m（长×宽×高）。发电机层高程120.5m。采用地面户内式开关站，主要场地70m×55m×9.1m（长×宽×高）。

地下厂房内布置的水力机械及主要电器设备：选用4台单机250MW的可逆式水泵水轮机组、额定水头220m，额定转速300r/min，吸出高程－48m，水泵最大扬程260.6m，最大抽水流量86.5m^3/s；4台三相强迫油循环水冷双绕组有载调压电力变压器，容量为280MV·A；4台直径3.33m的球阀。

下水库原为大河水库，具有多年调节性能，改建后以发电为主并兼顾防洪、灌溉和工业用水。上水库枢纽由均质土坝、溢洪道和放水洞组成。下水库正常蓄水位165.0m，最大库容2997.1万m^3，调节库容2030万m^3。均质拦河坝最大坝高22.0m，总长713m；右岸5孔开敞式溢洪道、闸门尺寸7.5m×9.3m（宽×高），最大泄洪量1866m^3/s，底流消能。有压埋管式放水洞位于右岸溢洪道右边墙，引水流量6m^3/s，灌溉面积1.52万亩，采用底流消能。

本工程位于泰山风景旅游区，根据环保要求，施工场地布置采用集中与分散相结合原则。工程对外交通方便，为争取工期提供了条件。

上水库施工导流采用土工膜堆石围堰一次断流，隧洞全年导流施工。下水库进出水口采用环形土工膜围岩全年施工。下水库改建利用放低库水位施工。

工程工期初步安排：1999年施工准备，2000年～2004年主体工程施工完毕，第一台机组发电，2005年上半年全部发电，总工期约6年半。

工程静态总投资351412万元，其中外资11597万美元。单位千瓦静态投资3514元/kW。工程总投资475016万元，其中外资13400万美元。

（水电水利规划设计总院　刘文雪）

国家重点水电工程进展情况

1998年－2000年三峡工程建设情况

（一）1998年三峡工程完成情况

1998年是三峡工程进入二期工程建设的第一年，三峡建设者全面完成了工程的年度建设计划。全年完成投资906950万元，为年计划的101.3%。其中：建设安装工程完成275676万元，永久设备完成44615万元，水库淹没处理补偿费307000万元，分别为完成年计划的114.39%，131.03%，100%。全年完成土石方开挖150.85万m^3，土石方回填461.76万m^3，混凝土浇筑119.13万m^3，防渗工程5.43万m^2，钢筋制作安装1.54万t，分别完成年计划的106.7%，153.92%，107.99%，99.45%，81.91%。

二期围堰工程：1月防渗墙施工全面展开，6月1日完成防渗墙单墙封闭，8月6日防渗墙完工；6月25日基坑开始限制性抽水，9月12日完成初期抽水目标。

临时船闸工程：满足了2月底进水、5月1日通航的要求。左岸非溢流坝8号坝段和升船机上闸首达到185m高程，左岸非溢流坝10号、11号坝段达到120m高程，作为二期工程上、下游通道的上游引航道钢栈桥按期架设完成。

厂坝工程混凝土施工的各主要施工辅助设施基本完成，混凝土生产系统除高程79m、高程90m系统各有1条线到1999年2月投产外均已建成投产，基坑开挖基本满足合同控制性工期要求。

永久船闸工程：南1闸首11月15日开挖结束，南1闸室12月底开挖结束，南2号～3号闸首基本满足交面时间所需的形象要求。地下遂洞洞挖除5级竖井外基本结束，6闸首于9月25日开始浇筑找平混凝土，上游靠船墩10月8日开始浇筑混凝土，地下隧洞找平混凝土于7月开始浇筑，结构混凝土9月开始施工。

右岸工程：右岸纵向围堰坝身段和右非溢流坝3号～5号坝段浇至160m高程，为缆机安装提供了条件。茅坪防护坝填筑至平均高程113m。

其他辅助工程和公共工程项目的建设均满足了三峡主体工程建设在砂石、供水、供电、通信等方面同步建设的要求。

全年三峡工程单元工程评定13771个，合格率100%，优良率77%，三峡工程质量总体良好。

（二）1999年三峡工程完成情况

1999年是三峡工程混凝土浇筑高峰年，三峡建设者全面完成448万m^3的混凝土年浇筑目标。全年实现投资1127345万元，为年计划的101.65%。其中，建设安装工程完成306500万元，永久设备完成51113万元，水库淹没处理补偿费352398万元，分别为完成年计划的111%，71%，101%。其他费用24934万元，占年计划的99%。全年完成土石方开挖521万m^3、土石方回填229万m^3、混凝土浇筑459万m^3，钢筋制作安装6.47万t，分别完成年计划的117%，115%，109%和81%。三峡工程建设分别以459万m^3、54.5万m^3和2.18万m^3创造了混凝土的年、月、日浇筑世界纪录。

大坝工程：左岸非溢流坝1号～8号坝段混凝土浇至坝顶高程185m，9号坝段浇至155.9m高程，10号～18号坝段浇至116.5～144m高程；临时船闸1号和3号坝段浇至设计高程143m；左岸厂房1号～6号坝段浇至106～107m高程；泄洪坝段浇至27.8～95m高程；混凝土纵向围堰坝身段最高浇至缆机平台160m高程；右岸非溢流坝3号～5号坝段于1月浇至缆机锚墩设计高程160m，保证了缆机按时安装。

发电厂工程：主厂房机组段混凝土浇至29.1～69.3m高程；安Ⅰ～安Ⅲ坝段浇至48～108m高程；1号～4号机锥管二期混凝土浇筑完毕；6号～12号机组封闭块混凝土回填完成。

永久船闸工程：闸室主体段除部分锚索和高强锚杆未完成外，其他开挖工程全面完成；下游引航道一期预留部位大部分开挖至58m高程，局部挖至建基面。输水系统各级竖井开挖全面结束。三季度，永久船闸施工重点由大开挖转移到混凝土浇筑。挡水坝除右侧1号挡水坝段浇至182.5m高程外，其余均浇至185m高程；右靠船墩全部封顶到位，左3号～9号靠船墩浇至127～177.5m高程；船闸主体段浇至77.7～174m高程。

升船机工程：上闸首左边墙最高浇至173.7m高程，上闸首右边墙最高浇至177.3m高程，升船机上闸首底板浇至136.6m高程。

导流工程：二期围堰运行正常，三期碾压混凝土围堰2号～5号块于3月8日全部浇至设计高程140m。

地下电站进水口开挖工程大部分挖至160m高程。茅坪溪防护工程填至125～130m高程。

1999年三峡工程共评定单元工程13760个，一次检验合格率95.5%，复检合格率100%，优良率75.8%。其中主体工程混凝土单元工程质量评定8674个，一次检验合格率95.2%，复检合格率100%，优良率80.7%。

（三）2000年三峡工程完成情况

2000年，三峡工程基建总投资计划为1288000万元。其中三峡枢纽工程投资计划为1279600万元。根据工程总体进度要求，2000年三峡工程建设必须完成：混凝土浇筑540.16万m^3，土石方开挖299.50万m^3，土石方填筑314.86万m^3，金属结构埋件与安装2.94万t，机组埋件0.87万t。

截至10月31日，三峡工程完成基建总投资982409万元，三峡枢纽工程完成投资973673万元，分别为完成年计划的76.27%，76.09%。

截至10月31日，三峡工程完成土石方开挖472.19万m^3、土石方填筑334.44万m^3、混凝土浇筑445.52万m^3，钢筋制作安装11.35万t完成机电安装0.76万t，完成金属结构安装1.43万t，分别为完成年计划的157.40%，107.88%，85.68%，90.87%，90.48%，48.31%。

截至10月31日，三峡工程各主要工程项目完成情况如下：

大坝工程：左非连接段及左非1号～8号坝段混凝土已浇至坝顶高程185m，左非9号～18号坝段浇至116.5～183.5m高程；左厂1号～6号坝段混凝土浇至113.55～170m高程；左厂7号～14号坝段混凝土浇至75.7～125m高程；泄洪坝段泄1号～23号坝段混凝土浇至66.96～108m高程；左导墙坝段混凝土最高浇至96m高程。导流底孔的进口封堵门埋件、事故门埋件、工作门埋件、出口封堵门埋件及工作闸门已安（吊）装至90m高程；泄洪深孔的检修门埋件、事故门埋件、工作门埋件及钢衬部分已安装至96.6m高程；拦污栅埋件最高已安装至115.5m高程。

发电厂工程：主厂房1号～14号机组段混凝土浇至46～104.9m高程；安Ⅰ、安Ⅱ段浇至108m高程；安Ⅲ段混凝土浇至75.27m高程。1号～14号机组鼻端里衬及排水盒、肘管里衬已安装完毕，1号～12号机组锥管已安装完毕，13号机锥管也验收完成；1号～6号水轮机基础环和机座环除6号机正在焊接外其余已安装完成；1号、2号、4号、5号机蜗壳安装完成，3号机蜗壳还剩2节未吊装就位。

压力钢管1号、2号、3号钢管各安装46节，4号管完成44节，5号管完成42节，6号管完成40节，7号～10号管也开始安装。

永久船闸工程：闸室主体段已全面竣工；上游引航道二期开挖部位$X=13067$以上开挖结束；下游引航道金罩路以上段开挖至建基面56.5m高程；泄水箱涵、导航墙开挖及清渣工作全部结束；上游隔流堤水下清淤完工；输水系统开挖全部完成。永久船闸左、右两侧挡水坝段混凝土均浇至185m高程；左、右靠船墩全部封顶到位；船闸主体段混凝土浇至57～185m高程；输水系统阀门井混凝土浇至32.4～185m高程，检修井正在施工。

升船机工程上闸首左边墙混凝土最高浇至185m高程，右边墙最高浇至180m高程，上闸首底板浇至141m高程。

地下电站进水口140m高程以上边坡修整完毕，140m高程马道以上边坡部位的锚杆已进行全坡段钻孔施工，140m高程以下加强锚杆开始施工，引水洞开挖正在进行。

茅坪溪防护工程填筑至135～142m高程。

（中国长江三峡工程开发总公司　陈宗桂、乔仁贵）

小浪底水利枢纽工程进展情况

（一）完成工程量及形象面貌

小浪底工程施工总工期11年，其中前期3年，主体工程8年。前期工程于1991年开工，1994年9月主体工程开工，1997年10月28日实现大河截流，1999年10月25日下闸蓄水，2000年1月9日首台机组发电，计划2001年底工程完工。自工程开工以来至2000年6月底小浪底工程累计完成土石方开挖4555万m^3，石方洞挖315万m^3，土石方填筑近5800万m^3，混凝土浇筑338万m^3，金属结构安装2.74万t。泄洪工程的进水塔群混凝土浇筑，明流洞、排水洞、灌溉洞等混凝土衬砌已完成。发电设施工程已全部完成，比合同完工日期提前7个月。大坝工程提前13个月于6月下旬填筑到设计高程。至6月底累计完成投资折合人民币240.4亿元，小浪底水利枢纽建设工期提前，质量总体优良，投资控制在概算内。

小浪底水利枢纽工程尚未完工即已开始发挥效益。1999年汛前，枢纽工程达到抵御300年一遇洪水标准，2000年达到抵御千年一遇洪水标准。在上游来水减少和优先满足下游供水的条件下，5号、6号机组到12月12日已发电4.71亿kW·h。2000年春夏以来，黄河下游豫鲁地区旱情严重，为了及时解决下游沿黄地区工农业生产和人民生活供水问题，从5月25日开始停止发电向下游供水，从初春到7月上旬，小浪底工程累计为下游补水12.19亿m^3，有效地缓解了旱情。

（二）施工简况

1. 大坝施工　1997年10月28日实现大河截流后，大坝主要填筑期，从1998年7月17日到2000年4月底的21个月中，达到平均月强度120.4万m^3，平均月上升高度6.66m。1999年创造了坝体填筑的最高年、月、日强度纪录，分别为1636.1万m^3/a、158.0万m^3/月、6.7万m^3/d。

2. 由导流洞改建的多级孔板消能泄洪洞　由导流洞改建成的前压后明带中闸室的3条孔板泄洪洞采用了孔板消能的改建方案。

经过精心组织和严格管理，采用先进的施工方法和工艺，3条孔板洞改建工作都在合同规定的一个枯水期（8个月）内保质保量完成。1号孔板洞于2000年4月顺利进行了过流原型观测试验，3条孔板洞在2000年汛期均投入正常运用，参与度汛泄洪。

3. 排沙洞无黏结预应力混凝土衬砌　3条排沙洞的下游压力段即防渗帷幕后至出口闸室前共2169m衬砌，由于内水压力高，为防止出现裂缝使高压水渗入岩体而影响山体的稳定，最终确定采用无黏结钢绞线双圈环绕预应力混凝土衬砌方案。该方案采用每束8根ϕ15.7mm钢绞线（每根钢绞线由7ϕ5高强钢丝组成，外包高强PE套管，内充防腐润滑酯），双圈环绕张拉给混凝土衬砌施加预应力。在系统的工艺试验的基础上，确定了排沙洞无粘结预应力混凝土衬砌的施工程序。从施工准备到最终检查验收，共包含22道工序，每道工序都严格按规范操作。3条排沙洞于1998年4月开工，1999年3月竣工。已经受了初期蓄水运行的考验，安全监测资料分析表明，运行正常，安全可靠。

4. 进水塔　进水塔是小浪底工程最复杂的建筑物，具体表现在塔身孔洞、廊道、埋件、止水、管道多，钢筋布设密集复杂，而且混凝土浇筑仓号约1000个，金属结构安装与土建施工干扰大，进口高流速流道还需用高强、抗磨环氧砂浆抹面等，施工复杂、质量要求高、干扰多。

在混凝土浇筑中，首次在国内采用先进的ROTEC塔带机和DoKa系列模板浇筑混凝土，实现了高效率、高质量。结构极其复杂的进水塔混凝土平均月浇筑强度为2.54万m^3，最高月浇筑混凝土4.7万m^3。集中布置的小浪底工程进水塔和出口消力塘的设计和施工达到世界先进水平。

5. 机电安装　机电安装工作：6号机于2000年1月初并网发电；5号机于10月18日通过了72h试运行后，也已并网发电；4号机于12月4日开始充水试运行，其他机组正在加紧安装施工。

（小浪底水利枢纽建设管理局　袁全义　张东升）

万家寨水利枢纽工程建设情况

（一）概况

黄河万家寨水利枢纽工程是国家“九五”重点大型水利水电枢纽工程。（工程概况见本年鉴第四卷）工程施工总工期6年半（筹建期除外），其中施工准备工程工期1年，主体工程工期4年，完建工期1.5年。第一台机组第5年年底发电（按计划应为1998年底，实际为1998年11月28日）。主要工程量：土石方开挖134.69万m^3，混凝土及钢筋混凝土178.85万m^3，帷幕灌浆17640m，固结灌浆49880m。工程施工共征用土地30276亩。水库直接淹没人口3084人，规划搬迁人口5078人，还淹没了一些桥梁、公路、战备电台、陶瓷厂、电厂、泵站等设施。

(二) 工程建设管理

万家寨水利枢纽工程建设管理体制具有自己的特色，它是由水利部、山西省、内蒙古自治区3方合资兴建的，3方各出资本金7亿元，建行贷款5000万元，其余资金全部由国家开发银行贷款，工程静态投资42.98亿元，总投资60.58亿元。工程建设单位是黄河万家寨水利枢纽有限公司（原水利部万家寨工程建设管理局）；于1996年7月成立。在工程建设中，始终贯彻项目法人责任制，招标投标制和建设监理制。经过几年的建设实践，收到了较好的效果，工程进度快、质量好，为中央与地方合资兴建大型水利水电工程闯出了一条新的成功管理模式。

质量保证体系是工程质量的关键，万家寨工程几年的建设过程，也是其质量保证体系不断完善的过程，形成了工程“项目法人负责、设计技术服务、施工承包商质量保证、监理工程师质量控制、政府质量监督”的质量保证体系。在工程建设中，通过质量保证体系的有效运作，对工程施工质量进行了有效的组织、协调、控制和监督，为保证工程质量起到了决定性作用。

万家寨工程设计单位是水利部天津勘测设计研究院，水利部东北勘测设计研究院为总监单位，水利部天津勘测设计研究院为副总监单位，并有内蒙古水利设计院、山西省工程监理公司参加共同组建了万家寨工程监理。水利部基本建设质量监督总站万家寨水利枢纽工程监督项目站为政府监理单位，对工程实施质量监督。

主要工程承包商：中国水电第四工程局承包大坝工程施工，中国水电第六工程局承包厂房工程施工，人工砂石料生产由广西水电工程局承包，机电设备安装由中国水电第四工程局机电安装分局和中国水电第六工程局承包，机电设备制造由天津阿尔斯通水电设备有限公司、上海希科电气设备通用公司、哈尔滨电机有限公司等厂商承包。

(三) 工程建设成就

万家寨工程于1993年开始施工准备，1994年11月3日主体工程开工，1995年12月9日截流。

经过工程建设者几年的努力，1998年8月底，工程完成了库区移民搬迁和库底清理，9月坝体施工达到坝顶高程，10月1日顺利实现了下闸蓄水，11月28日提前33天1号机组发电。

1999年、2000年，由于承包商的机电设备供货严重推迟，其中4号机组转轮推迟达16个月，其他各台水轮发电设备供货时间均推迟半年左右，在这种条件下，黄河万家寨水利枢纽有限公司在抓好工程建设的同时下大力气抓机电设备供货，并及时地调整了工程建设计划，把原计划1999年3台机、2000年2台机的发电计划调整为1999年2台机、2000年3台机发电。这样势必加重了2000年的建设任务和难度，在公司的有利组织和全体建设者的共同努力下，顺利实现了1999年、2000年两年的工程建设目标。1999年7月、12月2号、3号机组投产发电，2000年8月、10月、12月6号、4号、5号机组发电。至此，万家寨工程6台机组全部投产发电。

万家寨工程建设不仅进度快，而且质量好，水利部质量监督站万家寨项目站的抽检结果，已验收的工程合格率100%，大部分分部工程的优良率达到80%以上。

在工程投资控制方面，由于执行了招标制和严格的合同管理，工程投资得到了良好的控制，预计工程实际完成总投资为49.6亿元，可节约工程投资11亿元。

万家寨工程自投产以来运行正常，从1998年11月28日第1台机组发电到2000年11月底，万家寨电厂共发电19.7亿kW·h。在夏季防洪、冬季防凌方面起到了重要作用。

（万家寨水利枢纽有限公司　隋　立）

天生桥二级水电站建设情况

天生桥二级水电站位于贵州省安龙县与广西壮族自治区隆林县界河南盘江干流上，是红水河梯级水电站的第二个梯级电站。电站为引水式开发，利用雷公滩181m的巨大天然落差，在滩头坝索河谷修筑一座470m长、60.7m高的混凝土重力坝。在300～800m深的大山腹地开凿3条总长达30km、洞径为8.7～10.7m的引水隧洞，从U形的雷公滩头直插建在滩尾的发电厂，高落差的水流通过3个大型调压井，直接冲击驱动6台单机容量为22万kW的大型水轮机。整个电站建设概算总投资103.74亿元，总装机容量132万kW，平均年发电量88亿kW·h，保证出力65万kW。电站上游7.5km处为天生桥一级水电站，是一座高坝大库龙头电站，其大坝高178m，是目前世界上在建第二高的混凝土面板堆石坝，装机容量120万kW，其右岸建有1个±500kV换流站，通过±500kV天生桥至广州直流输电线路，输送功率180万kW。另外，二级电厂旁还建有四回500kV和十二回220kV输电线路出线，是西电东送，南方电网的枢纽。担负这一任务的是国家电力公司南方公司天生桥水力发电总厂。

(一) 一期工程建设情况

(1) 首部枢纽工程。首部枢纽工程位于天生桥峡谷出口，坝址位于贵州安龙县坪子阶地（左岸）和广西隆林县坝索阶地（右岸）之间，由左、右挡水坝段，河床溢流坝段，冲沙闸坝段和发电洞进水口坝段组成（共26个坝段），坝体呈S形布置。混凝土重力坝坝高60.7m，坝轴线长470.97m。发电洞进水口坝段前引水系统有拦沙坎、沉沙池、冲沙廊道等水工建筑物。工程于1984年1月开工，1986年11月19日截流，1992年7月完工，1992年11月17日下闸蓄水。1989年10月经原水电部有关专家对天生桥碾压混凝土评审、鉴定为："天生桥二级水电站采用碾压混凝土筑坝技术是我国首批在建大型水电站主体工程上应用的项目"，"其胶凝材料总量140kg/m^3，其中水泥用量仅55kg/m^3，目前在国内属较低的"，"通过中间试验和现场碾压坝段钻孔取样证实，其所有物理力学性能指标均满足设计要求，坝体未发现裂缝，碾压层间及异态混凝土层间结合良好"。

（2）天生桥二级水电站引水系统工程。引水系统包括引水隧洞、调压井、压力管道三部分。

引水隧洞工程的特点是洞线长(1号、2号、3号隧洞长分别为9564.3m、9588.7m、9612.8m)、埋藏深(最大埋深760m)、洞径大(开挖最大达11m,衬砌后成洞内径分别为9.8m、7.7m、8.7m)、沿线工程地质条件复杂(灰岩和白云质灰岩洞段约占85.15%,岩溶发育,岩爆强烈,断层,涌水量大,砂岩、页岩洞段占14.85%,围岩稳定性差)。从1985年3月18日至1991年7月29日1号隧洞贯通,到1号隧洞衬砌、灌浆、不良地质洞段处理,于1992年11月全部完工仅用16个月。2号隧洞于1992年4月21日贯通,因兼作3号隧洞的交通洞,到1997年9月止,才衬砌完成,11月各项试验合格,3号、4号机并网发电。3号隧洞衬砌2000年9月全部完工。

（3）厂房工程。包括主、副厂房和尾水渠，变电站，500kV GIS开关站，联络变和220kV GIB、GIS开关站，中控楼，及380m高边坡治理，拉线沟排水洞工程等。主厂房为岩边露天式，也是地下式(166.6m×21.5m×58.6m)。安装高程434.5m，进厂公路高程460.3m。电站厂房高边坡（从高程420～700m）是国内目前水电工程最高的高边坡，其工程治理的成功给水电工程积累了新鲜经验。

天生桥二级水电站,于1992年12月首台机组发电,第一期工程包括大坝、厂房、2条引水隧洞,3个调压井、6条低压管道和4台发电机组,装机容量88万kW,于1997年9月全部建成,机组并网发电。

（二）天生桥二级水电站第二期工程建设情况

第二期工程包括两台机组44万kW(2×22万kW)和附属机电设备及3号引水隧洞。自1991年天生桥一级水电站开工建设后,原打算将二级二期与一级水电站捆在一起作为国家与南方四省(区)联合办电的项目。为降低二级工程建设费用,1992年5月该电站设计单位贵阳勘测设计研究院提出了《南盘江天生桥二级(坝索)水电站二期工程初设复查报告》,原能源部以能源水规[1992]1179号文批准了该报告,国家计委以计能源[1993]477号文批准了天生桥二级水电站两期工程连续建设。天生桥二级水电站全部由国家投资建设,原电力部以电水规[1996]260号文批准,电站概算投资103.74亿元,其中内资90.72亿元,利用日本海外协力基金贷款438.91亿日元。

该工程1994年以前由武警水电指挥部实行建设总承包，1994年后，工程业主为国家电力公司南方公司（原中国南方电力联营公司），建设单位为武警水电指挥部。工程设计为贵阳勘测设计研究院。1995年引进工程监理制后，中国水利水电建设工程咨询公司贵阳分公司、贵州省水利水电勘测设计研究院和北京华源水利水电工程咨询公司分别对工程实施监理。二期工程开始建设后，施工单位为武警水电一总队。经国家电力公司南方公司（原中国南方电力联营公司）与武警水电指挥部充分协商，于1999年9月28日在北京签署了《天生桥二级水电站第二期工程建设总承包》协议，按建设总承包方式进行建设。目前的情况是：

（1）1997年10月以来，完成了3号引水隧洞扩挖，不良地质段处理，混凝土衬砌，以及高压固结灌浆、回填灌浆、常规固结灌浆、常规回填灌浆等工序，5号发电机安装就绪，6号机也大部分安装完成。2000年10月25日3号引水隧洞通水，经检查合格后，紧接着5号机投入试运行，11月25日并网发电。2000年12月5日，6号机组完成72h试运行并网发电，自此，天生桥二级水电站全部建成投产。

（2）落实解决了部分征地移民遗留问题。主要是该电站建设初期武警水电指挥部建设总承包时，遗留下来的征地手续问题。近年来经与地方政府多次协商，部分解决了征地问题。

（国家电力公司南方公司　刘德禄）

1998年～2000年大朝山水电工程建设进展情况

（一）基本情况

大朝山水电站于1992年9月开始前期筹建、1993年开始前期准备工作，1997年主体工程开始施工。1997年8月4日国家正式批准电站的开工立项，同年11月10日顺利截流，至此主体工程的施工全面展开。预计2001年12月电站第一台机组投产发电。

该电站为我国第一座采用现代企业制度进行建设

的大型水电站，于1994年成立云南大朝山水电有限责任公司，为电站的建设单位，设计单位为北京勘测设计研究院（现已改制为北京国电水利电力有限公司），勘测设计单位为昆明勘测设计研究院。主要施工单位有：水电第八工程局、第一工程局、第十四工程局、第三工程局和葛洲坝集团公司。主要监理单位有昆明勘测设计研究院、中南勘测设计研究院、葛洲坝集团公司和水电第九工程局等单位。主机设备制造厂为东方电机股份有限责任公司。

本工程坝址区的大型临建设施和主体工程的施工共分6个标，即：导流隧洞工程标（DCS/C1标），那戈河砂石加工厂土建安装工程标（DCS/C2标），大坝工程标（DCS/C3标），地下厂房土建及机电安装工程标（DCS/C4标），尾水隧洞工程标（DCS/C5标）和主机制造标（DCS/C6标）。6个标均采用招标方式确定施工单位和制造厂。

（二）主要施工过程

1. 拦河坝　1998年上半年主要进行河床坝基的开挖工作并完成。1998年11月开始拦河坝碾压混凝土施工，预计到2000年12月份，除表孔闸墩外，其余土建工程将基本完成。完成主体混凝土工程量约120万m^3。

2. 地下厂房及发电系统　地下厂房及发电系统由进水口坝段、引水压力隧洞、地下厂房、母线洞、主变压器室及其他附属洞室组成。进水口坝段大坝混凝土于1997年5月开始浇筑混凝土，2000年5月6扇闸门下闸开始挡水。1998年是地下洞室开挖支护高峰，全年共完成洞挖86万m^3，地下厂房至1999年7月结束开挖支护工作并开始了厂房一期混凝土浇筑，预计至2000年底，地下厂房1号机和6号机二期混凝土达到发电机层，并将开始水轮发电机的安装工作，其他附属建筑物也将基本完成土建工作。

3. 尾水系统　由尾水管洞、尾水调压室和两条长尾水隧洞组成。均于1997年开工，1999年7月结束了地下洞室的开挖支护工作并开始混凝土浇筑。

4. 机电安装　尾水隧洞出口1号和2号闸门于2000年4月投入运行；电站进水口事故检修闸门于2000年5月投入运行；厂房桥吊于1999年5月安装完毕；1号蜗壳于2000年6月安装完成，至2000年年底将安装完成共5台机的蜗壳。从2000年12月份起正式开始水轮发电机的安装。

从总体上讲，1998年为大朝山水电站的开挖高峰年，1999年为混凝土浇筑高峰年，2000年为土建施工向机电安装过渡年，2001年为机电安装年。电站第一台机将于2001年12月20日投产发电。

（三）分年度工程形象及建设安装投资完成情况

在各有关单位的大力协作、共同努力下，大朝山水电站3年来的工程建设进展顺利，各年均完成了预定的计划。1998年～2000年度（至2000年9月底）的年度工程形象见表1。1998年～2000年度（至2000年9月底）的年度完成工程量及建设安装投资见表2。

表1　1998年～2000年度（至2000年9月底）的年度工程形象

工程部位	1998年底	1999年底	2000年9月底	最终形象
进水口坝段	全线高于860m	906m	项目基本结束	906m
河床坝段	801.5m	838m	862.7m	882m
地下厂房	开挖支护至第Ⅳ层（总7层）	一期混凝土第Ⅴ层（总6层）	母线层	
尾水调压室	开挖支护至第Ⅵ层（总10层）	下室中部混凝土施工	上室中部混凝土施工	
长尾水隧洞	开挖支护完成2/3	开始混凝土浇筑4个月	混凝土完成2/3	

表2　1998年～2000年度（至2000年9月底）的年度完成工程量及建设安装投资

工程项目	单位	1998年度	1999年度	2000年度（至9月底）
土石方明挖	万m^3	76.2/131	6/无计划	7.52/110
洞　挖	万m^3	86.1/109	53.5/104	1.7/138
常态混凝土	万m^3	22.2/127	32.3/113	35.6/103
碾压混凝土	万m^3	8.7/48	41.5/86	14/91
喷混凝土	万m^3	2.6/121	1.4/130	0.08/267
钢　筋	t	2686/117	8932/81	16533/125
锚　杆	万根	10.2/138	6.7/113	0.7/219
锚　索	根	831/72.7	636/106	
固结灌浆	m	16151/60	25830/105	6473/43
帷幕灌浆	m	4100/15	11747/61	11357/77
建设安装投资	亿元	2.26/107.4	3.0/124	2.47/122

注　年度列表中，“/”之前为年度累积完成工程量，之后为完成工程量与年度计划工程之比（%）。

（国电公司北京水利电力工程有限公司　邓毅国）

十三陵蓄能电站工程通过国家验收

十三陵抽水蓄能电站是国家计委以（1990）1998号文下达的1990年电力基本建设第二批新开工项目。

1992年9月11日正式举行揭幕仪式，标志着主体工程全面开工。在经建设单位(华北电业管理局)，设计单位(北京勘测设计研究院)、监理单位(北京水电咨询公司、三峡利源公司、郑州质检中心等)、施工单位(水电第一工程局、水电第五工程局、水电第六工程局、北京市水利局)的共同奋战，第一台机组于1995年12月20日投入运行，第二、三、四台机组分别于1996年6月、1996年12月和1997年6月投入运行。电站工程按批准的设计规模、设计标准建成。

电站投运近5年来的运行实践证明，十三陵蓄能电站各系统的设计及设备选型合理，在精心设计、精心施工、精心管理下，电站工程处于安全稳定的运行状态，为京津唐电力系统提供可靠的调峰、调频和紧急事故备用电源，改善了电网的供电质量，对保证电力系统安全、稳定、经济运行起到了重要作用。

十三陵蓄能电站的竣工验收工作，是遵照国家经贸委电力（1999）72号文关于《水电工程验收管理暂行规定》进行的。其中工程枢纽专项竣工验收由国家经贸委委托国家电力公司按原规定程序负责组织实施，库区移民专项、环保、消防、劳动安全卫生、工程档案等方面的验收及工程竣工决算审计按72号文规定执行。

电站枢纽专项竣工验收的主要结论是：本工程勘测设计、总体布置合理，满足现行规程规范和安全运行要求，土建施工、机电设备安装及金属结构制作安装符合设计和有关规范要求，经初期运行和原型观测资料验证，工程枢纽运行稳定正常，上水库主、副坝为正常坝。机电设备运行安全稳定，综合效率达到75%，电站已成为京津唐电网第一调频厂和紧急事故备用电源，保证了电网供电安全和供电质量，工程效益显著。经审查，枢纽工程竣工验收资料基本齐全，具备竣工验收条件，竣工验收委员会同意通过竣工验收。

电站环境保护设施竣工验收于1999年4月27日由国家环境保护局主持，有关单位参加，在工程现场实地检查，听取环保设施运行情况、水质监测报告等，验收组验收结论意见是：电站前期执行了国家环境影响评价制度和环保“三同时”制度。重视环保工作，在施工过程中定期进行水质监测、合理规划施工场地，对渣场、施工道路进行了绿化，对施工废水进行了处理。电站环保设施完善，运行正常，管理制度健全。验收资料齐全，符合环保验收条件，验收组一致同意通过验收。

电站消防验收于1999年6月3日由北京市消防局主持，对电站消火栓系统，水喷淋系统、火灾自动报警按钮、消防电话及事故广播、消防电梯、防火门、防排烟系统进行了检查和验收，并对尚存在的个别问题提出建议。经消防验收，认为该工程消防系统基本达到设计要求。

劳动安全和工业卫生专项竣工验收于1999年6月9日由北京市劳动和社会保障局主持，有关单位参加，听取电站劳动安全和工业卫生竣工验收报告，北京市劳动局工伤及职业危害预防中心、昌平县劳动局等单位在验收前对运行情况进行了检测，鉴定意见是：设计和施工符合国家劳动安全和工业卫生的规定和标准。运行和生产期间，各系统工作情况正常，检测成果达到有关标准，竣工验收资料齐全，同意竣工验收。

竣工档案验收于1999年9月3日至4日由国家电力公司会同国家档案局共同组织验收，验收中听取工程档案管理和竣工档案编制情况报告，对所形成的2710卷档案进行了抽查。主要鉴定意见是：工程的各参建单位重视档案工作，认真贯彻执行国家有关工程档案管理规定，对应归档的文件材料进行了收集、整理、分类、组卷、编目，并采用计算机管理，使归档案卷基本达到了完整、准确、系统的要求，能够满足今后生产运行、维护和技术改造的需要，通过了竣工验收。

十三陵蓄能电站上水库仅有几户移民，安置验收由北京市昌平县人民政府负责组织，已通过验收。

枢纽工程等多项专项验收工作在1999年内基本完成，并在该年底通过国家电力公司一流电厂验收。

(北京勘测设计研究院　刘连希)

援藏几座水利水电工程完成情况

援藏3座水利水电工程分别是：查龙水电站、满拉水利枢纽、沃卡一级水电站，有关工程概况，在本年鉴第五卷“武警水电部队承建西藏水利水电工程”条目中有介绍。现仅就3座工程完成的新情况分述如下：

(一) 查龙水电站

查龙水电站是中央电力援藏的重点工程，由北京勘测设计研究院设计，武警水电三总队实行投资总承包建设管理。电站工程于1993年4月5日开工，由武警水电第十四支队施工，于同年10月30日顺利截流。1995年7月挡水建设物完工、第一台机组安装完毕，由原电力部主持召开了查龙水电站下闸蓄水及第一台机组发电启动验收会议。1995年8月1日水库开始蓄水，1995年8月16日第一台机组正式发电，其他3台机组分别于1995年10月、1996年5月和1996年7月相继投入试运行。1996年10月底，根据原电力工业部的批复，西藏自治区电力工业厅和武警水电三总队会同那曲地区行署主持召开了查龙水电站机组验收交接会议，整个工程移交试生产。

查龙水电站自第一台机组发电至竣工验收前的

1997年3月,累计发电1623万kW·h,在试运行期间机组运行正常良好,电厂注意了职工的岗位业务培训,提高了发电设备的运行可靠性和完整性。至竣工验收前,面板坝坝体最大沉降59.5mm,其中蓄水后的沉降为0.5mm,趋于稳定。水库蓄水后已经过两个洪水期和冬季运行的考验,蓄水位均超过了正常蓄水位并且溢洪道正常泄洪,整个建筑物经历了两次升降水位循环的考验。水库蓄水1年后,在主河床混凝土截水墙顶量水堰观测到的正常蓄水位下渗流量稳定在35L/s左右(包括主坝和副坝的坝基渗漏量),在正常范围之内,整个枢纽建筑物运行情况正常良好。

1997年4月,由原电力工业部和西藏自治区政府主持召开了查龙水电站的竣工验收会议,整个工程正式移交生产运行管理单位。电站竣工验收委员会由原电力工业部水农司、国家开发银行、西藏自治区电力工业厅、武警水电指挥部、水电水利规划设计总院、武警水电三总队,西藏自治区计委、经贸委、城乡建设环境保护厅、财政厅、建行分行,那曲地区行署、电力工业局、查龙电厂、那曲县政府,北京勘测设计研究院,武警水电十四支队等单位人员共计20人组成。竣工验收严格按照SDJ275—88《水电站基本建设工程验收规程》的有关规定进行。会议期间,验收委员会听取了建设、设计、施工和生产等单位的汇报,认真审查了相应的文件和资料,对工程第一台机组启动验收和工程交接验收时遗留问题的处理情况以及工程的整个运行情况进行了全面认真的检查,最后讨论并通过了竣工验收鉴定书。鉴定结论认为:查龙水电站及送变电工程自1995年8月投运以来,运行正常,工程质量符合国家规程规范及上级部门审批文件要求。同时已按上级批准的设计文件规定内容全部建成,并经过试生产期安全运行的考验,同意通过竣工验收,正式移交生产运行管理单位。

(北京勘测设计研究院　吕明治)

(二)满拉水利枢纽

满拉水利枢纽工程是西藏"一江两河"开发建设的骨干工程,是中央第三次援藏工作会议确定的62项援藏项目中投资最大的项目,属水利部重点建设工程,也是西藏水利建设史上规模最大的水利枢纽。工程由水利部委托武警水电指挥部履行主管建设单位负责,设计及工程质量监理由东北勘测设计研究院承担,武警水电第三总队承担土建工程施工,武警水电第二总队承担金属结构和机电设备安装,库区移民迁建由西藏江孜县人民政府承担。

满拉水利枢纽工程前期施工准备于1994年8月23日开工,主体工程在西藏自治区成立30周年大庆期间的1995年8月26日正式开工,1996年11月20日实现了大坝围堰截流。1996年6月21日至8月21日,水利部水利水电规划设计总院受武警水电指挥部委托,对满拉水利枢纽工程进行了蓄水安全鉴定。1999年10月23日水库下闸蓄水,12月18日、26日1号、2号机正式并网发电,3号、4号机组分别于2000年5月9日、7月31日正式并网发电。

根据水利部水规计[1999]515号"关于批准《西藏满拉水利枢纽工程初步设计报告审查意见》的通知",该工程初步设计概算静态总投资83462万元,总投资95851万元(未含送出工程投资)。工程施工过程中由于地质条件复杂,主体工程作了重大的设计修改和变更,导致拦河坝、泄洪洞、发电洞、厂房等主体工程量的大幅度增加,原定概算投资已不能满足工程建设的需要。经水利部同意,水利部水利水电规划设计总院于1999年1月20日以水规施概[1999]3号文印发了"西藏满拉水利枢纽工程修改概算编制大纲有关意见的函"。修改概算于2000年3月24日~28日审查完毕,并已上报国家批准,其总投资为14.75亿元。目前,本枢纽工程除少量环保项目外,其余工程施工已完成,计划在2001年5月~6月进行竣工验收和试生产移交。

(武警水电第三总队　梁建忠)

(三)沃卡河一级水电站

沃卡河一级水电站是西藏自治区成立30周年国家援藏62项工程之一,工程由国家开发银行投资,武警水电指挥部为建设单位,工程实行施工监理制,监理单位为北京勘测设计研究院,施工单位为武警水电第三总队,技施设计由西北勘测设计研究院与西藏自治区水利电力勘测设计院联合承担,西北勘测设计研究院为责任单位。

施工单位于1996年4月12日进场进行施工准备,当年10月30日实现了许莫首部河床截流目标;1998年6月9日通过了许莫首部枢纽3710m高程以下阶段验收;1999年5月29日通过了许莫首部枢纽蓄水初验工作,1999年5月30日通过了白堆首部枢纽3711m高程以下阶段验收,1999年6月4日通过了许莫首部蓄水验收,1999年6月10日许莫首部下闸蓄水,1999年6月20日至26日对干渠、总渠、前池进行了充水试验,1999年6月完成了压力钢管制作安装、打压试验,1999年8月21日至23通过了沃卡河一级水电站首批机组启动验收,1999年9月10日首批机组试运行发电,1999年11月6日4台机组全部投产发电;2000年9月26日通过了白堆首部蓄水验收,2000年9月28日白堆首部下闸蓄水,2000年10月4日至6日对支渠、倒虹吸进行了充水试验。2000年10月10日至12日通过了沃卡河一级水电站工程竣工验收并正式移交运行管理单位投入商业运行。

(武警水电三总队第十四支队　李宏国)

统计

1998年～2000年全国已建站主要竣

项目 \ 电站名称	广州抽水蓄能电厂（二期）	江口水电站
建设地点、所在河流	广东从化流溪河	广东封开　西江支流（一）贺江
业主单位	广东抽水蓄能电站联营公司	肇庆市贺江电力开发总公司
监理单位	中国水利水电工程建设咨询中南公司	珠江水利委员会勘测设计研究院
设计单位	广东省水利电力设计研究院	肇庆市水电设计院
建筑物等级	Ⅰ级	
坝型	钢筋混凝土面板堆石坝	混凝土闸坝
最大坝高/坝顶高程（m）	68/820	28/34
水库调节性能	日调节	
总库容（亿 m^3）	0.24	0.74
兴利库容/防洪库容（亿 m^3）	0.17	
厂房形式	地下厂房	河床式
厂房尺寸（长×宽×高）（m×m×m）	146.5×21×44.54	28.5×20.3×23.3
水头：最大/设计/最小（m）	541.8/　　/509.6	12.1/7.3/2.5
装机容量（台数×单机容量）（万 kW）	120（4×30）	4（4×2.0）
年发电量（亿 kW·h）		1.196
主要泄洪设施 孔数－宽×高（m×m）	下水库：侧槽自由泄洪	7～20×20
隧洞长度/洞径（m）	100.25/14、2749.61/9、920.53/8.5、164.77/8、521.69/（8～3.5）、577.36/（3.5～2.1）	
总投资（亿元）	39.4765	3.6669
投资方/投资比例	广东省电力集团公司54%、国家开发投资公司23%、核电投资公司23%	
单位千瓦投资（元）	3290	9167
开工日期/第一台发电/全部投产年月	1994.9/1999.4/2000.6	1995.1/1997.12/1998
土石方开挖总量/主体量（万 m^3）	/85.85	84.95
土石方填筑总量/主体量（万 m^3）		17.84
混凝土总量/主体量（万 m^3）	/18.66	25.12
淹没耕地（亩）/迁移人口（人）		2340/0

资 料

成的大型及部分中型水电工资料表

飞来峡水利枢纽	雍口水电站	斑竹水电站
广东清远、北江	福建尤溪、闽江中游一级支流尤溪	福建三明、沙溪
广东省飞来峡水利枢纽建设管理局	福建省尤溪雍口水电有限公司	三明中银斑竹水电有限公司
广东省水利电力设计研究院	中南勘测设计研究院	华东勘测设计研究院
珠江水利委员会勘测设计研究院	福建省水电勘测设计院	华东勘测设计研究院
Ⅰ级	Ⅲ级	
混凝土重力坝（及土坝）	混凝土重力坝	混凝土重力坝
25.8/34.8	32.8/93.8	29.5/135
日调节	日调节	
18.7	0.3535	0.184
/13.36	0.0504/0.099	
河床式	河床式	地面式
130.5×92.6×55.8	74.4×19.0×46.6	51.5×19.9×45.81
15/8.53/3.16	23/19.5/8.8	10/7.4/2.8
14（4×3.5）	5（2×2.5）	4.5（3×1.5）
5.55	1.43	1.667
溢流坝 15－14×12.6	泄洪闸 4－15×15	溢流表孔 10－16×9.51
52.919	3.03	3.78
广东省100%	国家投资公司中水公司25%、福建开发投资总公司10%、福建电力发展公司25%、尤溪县水电发展公司40%	
11597（投资分摊后）	6060	8400
1994.10/1999.5/1999.9	1996.11.8复工/1998.11.20/1999.3.19	1994.9/1997.7/1998.11
1204.4/968.4	432/36.8	37.31
1041.9/785.8	3	33.91
108.8/107.3	16.03/15.6	21.18
28586/37182	243.6/281	129/39

项目 \ 电站名称	城关水电站	芹山水电站
建设地点、所在河流	福建沙县、沙溪	福建周宁、穆阳溪
业主单位	福建沙县城关水电有限公司	闽东水电开发有限公司
监理单位	中国水利水电建设工程咨询中南公司	中国水利水电建设工程咨询中南公司
设计单位	福建水利水电设计院	福建水利水电设计院
建筑物等级		
坝型	混凝土重力坝	混凝土面板堆石坝
最大坝高/坝顶高程（m）	32.5/122.5	120/760
水库调节性能		
总库容（亿 m^3）	2.0	1.0
兴利库容/防洪库容（亿 m^3）		
厂房形式	地面式	地面式
厂房尺寸（长×宽×高）（m×m×m）	78.3×63.5×46.0	46.2×16.4×36.76
水头：最大/设计/最小（m）	11.77/8.8/4.84	121.5/95/69
装机容量（台数×单机容量）（万 kW）	4.8（3×1.6）	7.0（2×3.5）
年发电量（亿 kW·h）	1.77	1.45
主要泄洪设施 / 孔数－宽×高（m×m）	泄洪洞 / 13－12×17.2	岸边溢洪道 / 2－12×13
隧洞长度/洞径（m）		728.8/65～5.7
总投资（亿元）	2.85	5.8454
投资方/投资比例		
单位千瓦投资（元）	5938	8350
开工日期/第一台发电/全部投产年月	1997.12/1999.12/2000	1997.12/1999.12/2000.3
土石方开挖总量/主体量（万 m^3）	26.27	71.76
土石方填筑总量/主体量（万 m^3）	2.07	253.99
混凝土总量/主体量（万 m^3）	16.9	9.52
淹没耕地（亩）/迁移人口（人）	54/0	1199/1029

续表

孔头水电站	桃花山水电站	长顺水电站
福建将乐、闽江支流金溪	湖北、恩施、鹤峰、九峰桥河	湖北利川、郁涠河
福建省将乐孔头水电有限责任公司	湖北鹤峰桃花山水电有限责任公司	湖北省利川长顺水电有限责任公司
福州市闽水工程建设监理有限公司	恩施州水电监理咨询公司	华源水利水电咨询公司
福建省水电勘测设计院	恩施州水电勘测设计院	湖北省水利水电勘测设计院
Ⅲ级	Ⅲ级	Ⅲ级
混凝土闸坝	混凝土重力墩单曲拱坝	碾压混凝土重力坝
26.5/179	50/1383	71/413
日调节	月调节	季调节
0.331	1410	0.6833
0.069/0.063	0.126/0.015	0.3050/0.1183
河床式	一级站地面式两座，二级地下式一座	坝后式
81.66×33.04×22.6	(30×14.5×21.2) (40×14.5×16.5) (35×14.5×19.5)	53.68×16.5×16.5
15.3/12.5/5.9	694/692 130/127	45.11/38.65/31.26
4.05 (3×1.35)	3.44 (1×1.6，2×0.6，2×0.32)	3 (3×1)
1.71	1.9	1.2675
泄洪闸 / 9-12×12.5	表孔 / 6-9×3.5	表孔 / 4-14×10.5
	7205/3.2×3.5～4.2×4.7	216/6
3.2907	2.1	3.1844
福建电力发展公司40%、国家投资公司中水公司30%、福建省将乐县水电发展公司30%	鹤峰县电力公司40%，国家投资公司中水公司30%，湖北省电力局华源公司20%，恩施州电力公司5%，湖北省投资公司5%	利川市电力公司45%，国家投资公司中水公司35%，宏源公司10%，湖北省投资公司、恩施州电力公司各5%
8125	6105	10600
1996.11.20/1998.10.14/1999.4.19	1985/1990.6/2000.10.30	1992.10/1999.3/1999.6
26.1/17.4	60/40	34/31
15.26/	30/25	5/4
1460/1270	12/7.8	25/24
	300/125	2632/460

项目 \ 电站名称	小溪口水电站	高坝洲水电站
建设地点、所在河流	湖北建始、马水河	湖北宜都、清江
业主单位	建始小溪口水电有限责任公司	湖北清江水电开发有限责任公司
监理单位	华源水利水电咨询公司	湖北清江工程监理有限公司
设计单位	湖北省水利水电勘测设计院	长江水利委员会
建筑物等级	Ⅲ级	一等二级（大Ⅱ型）
坝型	混凝土面板堆石坝	混凝土重力坝
最大坝高/坝顶高程（m）	67.3/542.2	57/83
水库调节性能	不完全年调节	日调节
总库容（亿 m^3）	0.64	5.36
兴利库容/防洪库容（亿 m^3）	0.29/0.664	
厂房形式	坝后式	河床式
厂房尺寸（长×宽×高）（m×m×m）	41.9×15×52.5	78×68.7×63
水头：最大/设计/最小（m）	59.6/47.8/44.6	40/22.3
装机容量（台数×单机容量）（万 kW）	3（3×1）	25.2（3×8.4）
年发电量（亿 kW·h）	1.01	8.98
主要泄洪设施 孔数－宽×高（m×m）	溢洪道 2－12×14.5	深孔 3－9×9.8 表孔 6－6×14
隧洞长度/洞径（m）	114/4.6 97.5/4.6	
总投资（亿元）	2.67	静态投资 19.97，动态投资 30.76
投资方/投资比例	国家投资公司中水公司 40%、湖北省电力公司 10%、建始县电力公司 35%、湖北省投资公司、恩施州电力公司、湖北省电力开发公司分别为 5%	湖北清江水电投资公司、华中电力集团公司各 50%
单位千瓦投资（元）	8900	12200
开工日期/第一台发电/全部投产年月	1997.9.30/1999.12.24/2000.3.20	1997.5/1999.12/2000.7.3
土石方开挖总量/主体量（万 m^3）	74/20	144.71/
土石方填筑总量/主体量（万 m^3）	90/85	99.5/
混凝土总量/主体量（万 m^3）	10/	95.1/
淹没耕地（亩）/迁移人口（人）	1092.5/2430	23075/11617

续表

王甫洲水利枢纽	天堂抽水蓄能电站	白水峪水电站
湖北老河口、汉江	湖北罗田，巴水支流天堂河	湖北谷城、汉江支流南河
汉江王甫洲水利水电总公司	湖北天堂抽水蓄能有限公司	湖北省谷城银隆电业有限公司
汉江综合开发公司水利水电工程监理中心	长江水利委员会工程建设监理中心	华源水利水电咨询公司
长江水利委员会	中南勘测设计研究院	中南勘测设计研究院
大Ⅱ型	二等	大坝Ⅱ级
混凝土重力坝、土工膜心墙砂砾石坝	黏土心墙砂壳坝	混凝土重力坝
33.90/90.23	57/303.50	64.5/204.5
	年调节	不完全季调节
3.094	上水库 1.62/下水库 0.1083	1.48
0.288/1.5	0.3525/0.5330	/0.40
河床式	岸边（地面）式	右岸地面引水式
132.65×81.96×47.67	69.24×25×44.35	58×17×46.53
10.3/7.52/3.7	58.83/48.0/41.5	46.5/37.0/32.5
10.9（4×2.725）	7（2×3.5）	4.5（3×1.5）
5.81	1.25(含利用天然来水发电量),年抽水电量 1.60	1.757
泄水闸 23－14.5×15.17	3－8×9.3	表孔及底孔 7－12×18.5 及 1－6×8
	227/8.5	主洞 234.64 岔洞 6.8/3.4
20.03	3.0718	5.8
水利部、湖北省各 2.5 亿，其余为中国建设银行贷款	湖北省电力公司 30%，湖北省电力开发公司 25%，黄冈东源电业有限公司 20%，天堂电厂 25%	湖北金源公司 62.26%，谷城县水电公司 37.74%
18376	4388	12900
1993.10/2000.4.25	1998.6/2000.8/2000.12	1994.7.6/1997.9.20/1999.10.31
29.13（岩石开挖）639（覆盖层）	44.3/	155/53.47
495（砂、砂砾料填筑）21（块石砌筑）	1.61/	13.04/8.32
56.79/	5.37/	37.04/35.32
29533.77/96	利用已建水库，无淹没	874/2329

项目＼电站名称	过渡湾水电站	古洞口水电站
建设地点、所在河流	湖北保康、南河	湖北宜昌、长江支流香溪河上游古尖河
业主单位	湖北省南河水电开发有限公司	兴山兴发水电有限责任公司
监理单位		三峡大学监理公司
设计单位	湖北省水利水电勘测设计研究院	中南勘测设计研究院
建筑物等级	Ⅲ级	工程等级二等大Ⅱ型
坝型	混凝土重力坝	混凝土面板堆石坝
最大坝高/坝顶高程（m）	43.7/226.70	117.6/334.6
水库调节性能	日调节	年调节
总库容（亿 m^3）	0.27	1.476
兴利库容/防洪库容（亿 m^3）	0.0603/0.173	
厂房形式	河床式	地面引水式
厂房尺寸（长×宽×高）（m×m×m）		55.5×16.5×31
水头：最大/设计/最小（m）	22.0/19.7/9.0	90.5/77/63.5
装机容量（台数×单机容量）（万 kW）	2.55（3×0.85）	4.5（3×1.5）
年发电量（亿 kW·h）	0.704	1.22
主要泄洪设施 孔数－宽×高（m×m）	7－13×14.5	溢洪道 2－11×13；泄洪兼冲沙洞 1－7×11
隧洞长度/洞径（m）		680/5
总投资（亿元）	1.9	3.99
投资方/投资比例	葛洲坝股份有限公司 51%，保康县水电开发公司 49%	银行贷款 66.67%；自筹 33.33%
单位千瓦投资（元）	7450	8867
开工日期/第一台发电/全部投产年月	1992.12/1998.9/1999.9	1993.3/1999.9
土石方开挖总量/主体量（万 m^3）	57.26/	120.97/163.97
土石方填筑总量/主体量（万 m^3）	0.311/	212.99/187.46
混凝土总量/主体量（万 m^3）	20.91/	15.11/13.29
淹没耕地（亩）/迁移人口（人）		490/600

续表

大源渡电航工程	潇湘水电站
湖南衡东、湘江	湖南冷水滩、湘江
湖南省交通规划勘察设计院	湖南省水利水电勘测设计研究院
Ⅲ级	
混凝土闸坝	混凝土闸坝
32.5/	28/104
4.51	1.82
河床式	河床式
7.0/3.0/-	9/6/2
12（4×3.0）	5.2（4×1.3）
5.56	2.15
泄洪洞 23－20×13.5	溢流表孔 27－12×8
18.9	4.383
15750	8429
1996.1/1998.12/1999.12	1993.8/1998/2000
70	133.9
	34.1
49	26.6
356/966	979/950

项目 \ 电站名称	江垭水利枢纽	小山水电站
建设地点、所在河流	湖南慈利、溇水	吉林抚松、松江河（松花江上游）
业主单位	澧水流域水利水电综合开发公司	吉林省电力有限公司
监理单位	长江水利委员会江垭工程建设监理总站	东北勘测设计研究院监理公司
设计单位	湖南省水利水电勘测设计研究院	东北勘测设计研究院
建筑物等级		Ⅱ等
坝型	碾压混凝土重力坝	混凝土面板堆石坝
最大坝高/坝顶高程（m）	131/245	86.30/685.30
水库调节性能		年调节
总库容（亿 m^3）	17.40	1.07
兴利库容/防洪库容（亿 m^3）		0.53/0.53
厂房形式	地下式	地面式
厂房尺寸（长×宽×高）（m×m×m）	103.5×19×46	70.5×29.7×42.9
水头：最大/设计/最小（m）	109.5/80.0/62.1	101/85/75
装机容量（台数×单机容量）（万 kW）	30（3×10.0）	16（2×8）
年发电量（亿 kW·h）	7.56	3.244
主要泄洪设施 / 孔数－宽×高（m×m）	溢流表孔 / 4－14×12	溢洪道 / 3－8×12.16
隧洞长度/洞径（m）	202/6	1245.63/8.1
总投资（亿元）	33.6	12.8（尚未审批）
投资方/投资比例		国家开发银行 70%；吉林省地方 30%
单位千瓦投资（元）	11200	8000
开工日期/第一台发电/全部投产年月	1995.7/1999.5/2000.6	1993.11/1997.12/1998.6
土石方开挖总量/主体量（万 m^3）	114	149.16/
土石方填筑总量/主体量（万 m^3）		142.79/
混凝土总量/主体量（万 m^3）	153	17.48/
淹没耕地（亩）/迁移人口（人）	14023/9667	264/141

续表

两江水电站	丰满水电站三期扩建	莲花水电站
吉林安图、二道江（松花江上游）	吉林、第二松花江	黑龙江海林、牡丹江
吉林省两江水力发电有限责任公司	东北电力集团公司	黑龙江省水电建设管理局
东北水利水电开发总公司	东北水电监理公司	西北勘测设计研究院
吉林省水利水电勘测设计研究院	东北勘测设计研究院	东北勘测设计研究院
Ⅱ等		Ⅰ级
混凝土面板堆石坝	混凝土重力坝	混凝土面板堆石坝
56.6/547.40	91.7/266.2	71.8/225.8
年调节		不完全多年调节
2.105	107.8	41.8
1.283/0.375		27.2/
地面式	地面式	地面式
59.45×17.26×31.62	90.0×27.4×55.13	162.5×29.4×55.98
70.1/60.7/48.14	67.5/53.0/46.0	57.2/47/39
6（3×2）	100.4（原10台+2×14）	55（4×13.75）
1.93	19.14	7.97
溢洪道/2-9×8.5　泄洪洞/1-8.8×8.8	溢洪表孔/11-2×6　泄洪洞/1-9.2	岸坡式溢洪道/7-16×13.4
1200/6.5	984/9.2	541～663/13.7
4.634（待调整）	6.2468	45.4696
吉林省电力公司51%；安图县地方49%		黑龙江省电力公司70%，黑龙江省30%
7720	2231	8267
1992.6/1999.12/2000.12	1995.4/1997.12/1998.7	1992.10/1996.12.29/1998.9.26
112/110	24.82	642.48/
111.52	7.84	590/
9.51	13.71	47.69/
3551/614	667/468	109433/40725

项目 \ 电站名称	宝珠寺水电站	二滩水电站
建设地点、所在河流	四川广元、白龙江	四川攀枝花、二滩
业主单位	四川省电力公司	二滩水电开发有限责任公司
监理单位	四川水电建设工程监理公司	二滩水电工程公司
设计单位	西北勘测设计研究院	成都勘测设计研究院
建筑物等级	Ⅰ级	Ⅰ级
坝型	混凝土重力坝	混凝土双曲拱坝
最大坝高/坝顶高程（m）	132/595	240/1205
水库调节性能	不完全年调节	季调节
总库容（亿 m^3）	25.5	58
兴利库容/防洪库容（亿 m^3）	13.4/7.32	33.7
厂房形式	坝后式地面厂房	地下式
厂房尺寸（长×宽×高）（m×m×m）	122×26×51.8	280.29×25.5×65.68
水头：最大/设计/最小（m）	103/84.4/68.5	187/165/135
装机容量（台数×单机容量）（万 kW）	70（4×17.5）	330（6×55）
年发电量（亿 kW·h）	23	170
主要泄洪设施 / 孔数－宽×高（m×m）	左底孔 2－4×8；右底孔 2－4×8；中孔 2－13×15；表孔 2－15×17.3	坝顶表孔 7－11×11.5；中孔 6－6×5；泄洪洞 2－13×13.5
隧洞长度/洞径（m）	无	1号～6号机，252.2～371.4/9
总投资（亿元）	65	285.5
投资方/投资比例	四川省电力公司	国家开发投资公司48%，四川省投资集团公司48%，四川省电力公司4%
单位千瓦投资（元）	9285.71	8652
开工日期/第一台发电/全部投产年月	1984.10/1996.12.30/1998.6.30	1991.9.14/1998.8.18/1999.12.4
土石方开挖总量/主体量（万 m^3）	455.5/399.52	1151.5/
土石方填筑总量/主体量（万 m^3）	92.8/40.5	114/
混凝土总量/主体量（万 m^3）	271.4/255	592.6/
淹没耕地（亩）/迁移人口（人）	41266.2/37169	32731/29627

续表

贵港航运枢纽电站	浮石水电站	百龙滩水电站
广西贵港、郁江	广西融安、融江	广西都安、红水河中游
广西交通厅	融江美亚水电有限公司	广西桂冠电力股份有限公司
广西人桂工程监理、咨询有限公司	华源水利水电工程咨询公司	广西电力勘察设计研究院
广西电力工业勘察设计研究院、广西交通规划勘察设计研究院	柳州水利电力勘察设计研究院	广西电力勘察设计研究院
Ⅲ级	Ⅲ等	Ⅲ级
低堰顶闸坝型	闸坝型	混凝土重力坝/敞开式溢流坝
9/29	28.3/123.3	72.1/160.1
日调节	无调节	无调节（径流式）
0.0643	4.5	3.4
	0.47	0.695/2.65
地面式	河床式	河床式
119.9×73.56×55.28	72×21×52.5	152×19.5×225
14/8.5/2.5	9/8.5	18/9.7/3.0
12（4×3）	5.4（3×1.8）	19.2（6×3.2）
6.11～6.91	2.88	9.47
泄洪闸 18－14×33.3	泄洪闸坝 17－14×12.5	开敞式溢洪道
16.378		14.8127
		广西桂冠电力股份有限公司
		771.49
1994.11/1999.1/1999.9	1992.9.28/2000.4.10/	1993.2.18/1996.2.16/1999.5.21
467.4/	37.37/	243.36/240.28
133.4/	13.43/	85.14/83.26
	14.9/	50.26/50.14
6714/40	987/1099	1000/84

项目 \ 电站名称	左江美通水力发电厂	叶茂水电站
建设地点、所在河流	广西崇左、左江	广西河池、龙江河
业主单位	美业有限责任公司	广西河池地区宜州市人民政府
监理单位	广西水利电力建设监理公司	水电九局和河池叶茂电站 指挥部施工科联合监理
设计单位	南宁水利电力设计院	广西水利电力勘测设计研究院、河池地区水利电力勘测设计研究院
建筑物等级	Ⅲ等	Ⅲ级
坝型	闸坝	混凝土重力坝
最大坝高/坝顶高程（m）	32.3/118.8	23.7/147.7
水库调节性能	日调节	日调节
总库容（亿 m^3）	7.16	1.07
兴利库容/防洪库容（亿 m^3）	0.485/0.485	0.07/0.41
厂房形式	河床式	河床式
厂房尺寸（长×宽×高）（m×m×m）	85.5×57.5×49.74	60.02×40.8×36.5
水头：最大/设计/最小（m）	15.2/13/7	23/16.5/7
装机容量（台数×单机容量）（万 kW）	7.2（3×2.4）	3.75（3×1.25）
年发电量（亿 kW·h）	3.136	1.87
主要泄洪设施/孔数－宽×高（m×m）	泄洪闸/10－14×14.5	河床式溢流坝/9－14×12
隧洞长度/洞径（m）		无
总投资（亿元）	5.05	2.614
投资方/投资比例	中美合资（40%、60%）	地方集资改股份制，注册资本 10%
单位千瓦投资（元）	7016	6973
开工日期/第一台发电/全部投产年月	1992.11/1999.7.1/2000.1.1	1992.8.28/1996.1.18/1997.3.30
土石方开挖总量/主体量（万 m^3）	186.11/120.1	38.77/34.89
土石方填筑总量/主体量（万 m^3）	65.35/12.3	7.91/2.37
混凝土总量/主体量（万 m^3）	26.48/23.8	12.38/11.14
淹没耕地（亩）/迁移人口（人）		

续表

天生桥一级水电站	大峡水电站	老虎山二级水电站
广西隆林、贵州安龙、南盘江	甘肃白银、黄河	云南双柏、鱼庄河
天生桥一级水电开发有限责任公司	甘肃小三峡水电开发有限责任公司	楚雄州电力公司
长江水利委员会	甘肃黄河水电工程监理有限责任公司	电站建设管理处
昆明勘测设计研究院	西北勘测设计研究院	昆明勘测设计研究院
Ⅰ级	大Ⅱ	三等3级
混凝土面板堆石坝	重力坝	无
178/791	72/1482	无
不完全多年调节	日调节	无
102.6	0.9	无
57.96	0.2/	无
坝后地面厂房	地面封闭式	地面厂房
145×26×61.5	105.5×24.5×66.5	40.1×15.5×13.1
343/110.7/83	31.4/23.0/13.2	496.1/439.7/
120（4×30）	30（4×7.5）	2.5（2×1.25）
52.26	14.6	1.179
河床开敞式溢洪道 5－13×20	表孔 3－11×15　底孔 2－6×8	
455～515/9.6～7		1489.7/方圆形 22×2.9～3.7（宽×高）
103.52	26.3244	1.4202
国家电力公司20%，广东省50%，广西20%，贵州10%	国投中型水电公司50%，甘肃省电力开发投资公司30%，甘肃省电力公司20%	楚雄州电力公司
8626.7	8775	3777（静态）
1991.6/1998.12.26/2000.12	1991.10/1996.12.8/1998.6	1995.1/1998.5.27/1998.7.16
2796.98/	242.33/	31.42/
2015.61/	52/	1.75/
139/	51.9/	4.03/
68080/48194	4026/0	

项目 \ 电站名称	螺丝湾水电站	徐村水电站
建设地点、所在河流	云南中甸、硕多岗河	云南巍山与漾濞、漾濞江
业主单位	云南省硕多岗河发电有限责任公司	大理华能水电有限公司
监理单位	昆明勘测设计研究院	昆明勘测设计研究院
设计单位	昆明勘测设计研究院	昆明勘测设计研究院
建筑物等级	三等3级	三等3级
坝型	埋石混凝土重力坝	黏土心墙堆石坝
最大坝高/坝顶高程（m）	26.2/2261.5	65/1310.0
水库调节性能	日调节	月调节
总库容（亿 m^3）	0.088	0.7375
兴利库容/防洪库容（亿 m^3）	0.068/	0.239/0.286
厂房形式	地面厂房	地面厂房
厂房尺寸（长×宽×高）（m×m×m）	51.23×14.9×28.95	76.62×20.9×37.84
水头：最大/设计/最小（m）	168/150/144	59.34/45/43.27
装机容量（台数×单机容量）（万 kW）	6（3×2）	7.8（3×2.6）
年发电量（亿 kW·h）	2.89	3.45
主要泄洪设施 / 孔数－宽×高（m×m）	泄洪洞 / 2－5×4	溢洪道 / 2－10×12.1
隧洞长度/洞径（m）	5041.2/4.15	167.6/8.5
总投资（亿元）	3.0044	6.293
投资方/投资比例	云南电力集团有限公司47.44%、迪庆州41.57%、云南省开发投资有限公司10.99%	华能集团60%、云南省开发投资有限公司20%、大理州电力公司20%
单位千瓦投资（元）	5007.33	7878
开工日期/第一台发电/全部投产年月	1996.4.11/1999.1.30/1999.2.3	1996.12.25/1999.11/2000.6
土石方开挖总量/主体量（万 m^3）	36.075/	149.15/
土石方填筑总量/主体量（万 m^3）		69.64/
混凝土总量/主体量（万 m^3）	16.44/	21.94/
淹没耕地（亩）/迁移人口（人）	65.2/11	439/387

续表

吉仁河水电站	红石岩水电站	响水水电站	羊卓雍湖抽水蓄能电站
云南中甸、金沙江支流吉仁河	云南宜良、南盘江	贵州水城与云南宣威交界、北盘江	西藏浪卡子、贡嘎、羊湖
吉仁河电力有限责任公司	澄江县水电开发有限责任公司	北盘江水利水电开发有限责任公司	武警水电指挥部
中国水利水电建设咨询昆明公司	贵阳勘测设计研究院	贵州省水利水电勘测设计研究院	
昆明勘测设计研究院	昆明勘测设计研究院	贵州省水利水电勘测设计研究院，云南省曲靖市水利水电勘测设计研究院	成都勘测设计研究院
四等4级	四等4级		
混凝土溢流重力坝	混凝土闸坝	细石混凝土砌石双曲拱坝	
8.5/2215.0	20.5/1519.0	68/1164	
利用天然地下水径流调节	不完全日调节	日调节	多年
—	0.00954	0.0454（正常蓄水位）	150
—	0.0046/	0.0338/	
地面厂房	地面厂房	地面厂房	地面厂房
40.22×15.4×26	72.54×16.9×33.55	45.9×17×34	87.3×15.4×54.05
266.5/258/254	51.5/38.8/38.1	232/212/203	发电：841.55/816.1/816.1，抽水：860/－/834
2（2×1.5）	4.4（4×1.1）	10（2×5）	9（4×2.25）
1.663	1.5297	6.02	1.0412
溢流坝	泄洪闸 3－12×11	自由溢流表孔 5～5×11	
—	2763.321/6.5	4172/4.6	5883.103/2.5
1.4452	3.3476	4.4703	18.68
迪庆州电力公司、迪庆州政府、昆明电机厂	澄江县水电开发有限责任公司	贵州省六盘水市、云南省曲靖市、珠江水利委员会开发总公司	国家开发银行
4817	7608.26	4470	20757
1997.9/1999.12/2000.3	1997.1/1998.5/1999.7	1994.3/1999.7/2000	1989.9/1997.6/1997.9
83.345/	24.78/	57.83	96.72/
4.4575/	3.68/		6.09/
4.4483/	7.61	10.05	18.48/
	32.1/0	150/0	

项目 \ 电站名称	沃卡一级水电站	万家寨水利枢纽
建设地点、所在河流	西藏桑日、沃卡河	山西偏关县、黄河
业主单位	武警水电指挥部	黄河万家寨水利枢纽有限公司
监理单位	北京勘测设计研究院	东北勘测设计研究院总监
设计单位	西北勘测设计研究院、西藏水电勘测设计院	天津勘测设计研究院
建筑物等级	四等小（Ⅰ）型	
坝型	外包混凝土浆砌石重力坝	混凝土重力坝
最大坝高/坝顶高程（m）	21（许莫）17（白堆）/3720	90/982
水库调节性能	日调节	
总库容（亿 m^3）	0.445	8.96
兴利库容/防洪库容（亿 m^3）	0.38	
厂房形式	地面厂房	地面式
厂房尺寸（长×宽×高）（m×m×m）	48.5×12.5×24.5	196.5×27.0×60.7
水头：最大/设计/最小（m）	76.39/70.5/69.26	81.5/63.1/51.3
装机容量（台数×单机容量）（万 kW）	2（4×0.5）	108（6×18）
年发电量（亿 kW·h）	0.73	27.5
$\frac{\text{主要泄洪设施}}{\text{孔数－宽×高（m×m）}}$	3－3×2 及 3－2×2	$\frac{\text{溢流表孔}}{1-10\times14}$、$\frac{\text{中孔}}{4-4\times8}$、$\frac{\text{底孔}}{8-4\times6}$
隧洞长度/洞径（m）		
总投资（亿元）	8.15	60
投资方/投资比例	国家开发银行	
单位千瓦投资（元）	40750	5556
开工日期/第一台发电/全部投产年月	1996.9/1999.9/1999.10	1994.10/1998.12/2000.12
土石方开挖总量/主体量（万 m^3）	222.38/218.27	198.84
土石方填筑总量/主体量（万 m^3）	19.68/18.60	67.81
混凝土总量/主体量（万 m^3）	18.84/18.83	191.81
淹没耕地（亩）/迁移人口（人）		4318/3439

续表

响洪甸抽水蓄能电站		溪口抽水蓄能电站		天荒坪抽水蓄能电站	
安徽金寨、西淠河		浙江宁波　剡江支流横抗溪		浙江安吉、西苕溪支流	
响洪甸抽水蓄能电站有限公司		宁波溪口抽水蓄能电站有限责任公司		天荒坪抽水蓄能电站有限责任公司	
				华东勘测设计研究院、上海勘测设计研究院、华东水电监理公司	
安徽电力设计院，安徽水利水电勘测设计院		亚太地区农村电气化研究所		华东勘测设计研究院	
上　水　库	下　水　库	上　水　库	下　水　库	上　水　库	下　水　库
混凝土重力拱坝	混凝土重力坝	混凝土面板堆石坝		沥青混凝土面板坝	混凝土面板堆石坝
87.5/143.4	16/65.8	48.5/	44.2/	72/908.3	95/350
26.13	0.0095	0.0103	0.0067	0.0885	0.0877
地下式		半地下竖井式		地下式	
69×21×48.2		内径 25.2 高度 31.5		200×21×46	
63/45/27		/240/		610/526/512	
原有常规 4.0　抽水蓄能 8.0		8.0（2×4.0）		180（6×30）	
1.10（抽水蓄能）		1.26		31.6	
泄洪洞 1－7				岸边溢洪道 1－14×1.6	
引水洞 495/8.0　尾水洞 84.6/		引水洞 348/3.4　尾水洞 124/		2 条引水洞 697/7.0 6 条尾水洞 245～249/4.4	
1.72		3.5		73.7	
2150		4375		4094	
1994.12/2000.4/2000.6		1994.2/1997.12/1998.5		1994.3/1998.9/2000.12	
55				962	
				582	
6.5				64	
				15/0	

（中国水利水电工程总公司　曹国权、陆　健
国家电力公司电源建设部　朱家鹏）

1998年～2000年全国新开工的

所在省、市、自治区	广东省		
项目 \ 电站名称	丹竹水电站	高塘水电站	杨溪一级水电站
建设地点、所在河流	梅州市、梅江干流	怀集县、白水河	乳源县、北江—武水
控制流域面积（km^2）	12636	203.6	416
多年平均流量（m^3/s）	312	8.51	15.22
坝型	闸坝	混凝土面板堆石坝	碾压混凝土重力坝
最大坝高/坝顶高程（m）	33.0/71.0	110.73/424.23	82/337
正常蓄水位/死水位（m）	59/57.7	420/386	335/312
总库容/调节库容（亿m^3）	1.5/0.0635	0.96/0.6763	0.9954
设计/校核洪水标准 P（%）	2/0.2	2/0.2	1/0.2
设计/校核洪水流量（m^3/s）	8250/11300	1750/3530	2695/3539
主要泄洪设施 / 孔数－宽×高（m×m）	10－14×10.5	2－8×13	堰面溢流 / 3－12×11.6
隧洞长度/洞径（m）		1941.8/4.5	
厂房型式	河床式	地面式	地面式
厂房尺寸(长×宽×高)(m×m×m)	58.1×69.5×47.1	53×16.3×28.7	44.45×16×31.7
水头：最人/设计/最小（m）	9.81/6.20/3.00	166/144/132	138.56/119/91.84
主要机组型号	SFWG8500－56/5400	SF12—8/260	SF23—12/3600
机组台数×单机容量（万kW）	4×0.85	3×1.2	2×2.3
装机容量（万kW）	3.4	3.6	4.6
保证出力（万kW）	0.53	0.703	0.7812
年发电量（亿kW·h）	1.3574	0.955	1.3608
综合利用			
淹没耕地（亩）/迁移人口（人）	530.6/461	230.7/153	1954.7/1625
开挖土石方（万m^3）	58.66	73.48	65.95
填筑土石方（万m^3）	12.58	1.77	2.36
混凝土总量（万m^3）	21.63	8.61	40.39
总投资（亿元）	2.9313	2.3123	4.104422
动态总投资（亿元）	3.0503	2.6264	4.104422
单位千瓦投资（元）（静态）	8622	6423	8923
开工（停工、复工）（年.月）	2000.5	1996.10	
第一台机组计划投产日期（年.月）	2001.2	2000.4	
业主单位	广东省梅雁企业（集团）公司	广东省怀集汇联水电集团公司、香港中华电力、新鸿基公司	广东韶能集团公司、乳源县
设计单位	珠江水利委员会勘测设计研究院	中南勘测设计研究院	广东省水电设计院
监理单位	梅州市水电设计院	肇庆西江水电监理公司	
主要施工单位	广东省水电第二工程局	广东省水电第二工程局	葛洲坝集团公司、中国有色第十六冶金建设公司等

2.5万kW以上水电站主要指标表

广东省	江西省	江苏省	湖南省
江口水电站	柘林水电站（扩建）	沙河抽水蓄能电站	碗米坡水电站
肇庆市封开县、西江支流-贺江	永修县、修河	溧阳市天目湖旅游度假区、沙河	湘西自治州保靖县酉水（沅水一级支流）
11500	9340	0.178（上水库）	10415
349	255	2.568（下水库）	299
闸坝	黏土心墙（后在心墙内加固0.8m混凝土防渗墙）土坝	钢筋混凝土面板堆石坝	碾压混凝土重力坝
28/34	63.5/73.5	47.0/137.0	64.5/254.5
14.5/13.64	65/50	136/116.0	248/238
0.74/0.0942	79.2/31.15	0.025	3.78/1.25
2/0.2	0.1/0.01	1/0.5	1.0/0.1
8447/11394	18250/13000		16200/21900
7-20×20			5－16×20.92
		881/3.4-6.5	669/10
河床式	地面式	竖井半地下式	河床式
38.5×20.3×23.3	120.5×33×69.8	地面主厂房51×23.4×21.8,地面副厂房51×10.12×18.4,竖井直径$R=29$m	111.4×25.1×47.8
12.1/7.3/2.5	43.8/33.5/25.7	121/97.7/93.8	44.68/39/34.67
SFWG20-76/6600	HLA551C—LJ—691 SF120—80/14800	水机:立轴单级可逆混流式水泵水轮机; 电机:立轴悬式空冷可逆式发电电动机	SF80—64/1135
2×2	2×12	2×5	3×8
4	24	10	24
0.666	5.25		1.86
1.1963	6.9	1.82	7.96
	发电、防洪、灌溉、航运、水产等		发电、灌溉、防洪、航运
2340/0	扩建无淹没耕地/无迁移人口	0/0	6615/17581
84.95	232.74	173.32	147（主体工程）
17.84	23.06	124.76	0.45（主体工程）
25.12	19.16	7.87	52.5
3.6669	5.71	4.947	16.5
	7.08	6.033	20.3
9167	2379	4947	6874
1995.1	2000.3.6	1998.9.18	2000.8.18
1997.12	2001.12	2001.4.30	2003.12
肇庆市贺江电力开发总公司	江西柘林水电开发有限责任公司	江苏沙河抽水蓄能发电有限公司	五凌水电开发有限责任公司
肇庆市水电设计院	贵阳勘测设计研究院	上海勘测设计研究院	中南勘测设计研究院
珠江水利委员会勘测设计研究院	江西省电力建设监理公司	中国水利水电建设工程咨询公司中南公司	友源监理公司
葛洲坝集团公司、广东省水电安装公司	葛洲坝集团公司、水电第七工程局、江西省水电工程局	土建：水电第十四工程局 机电安装：水电第一工程局	（待招标确定）

所在省、市、自治区	湖南省	四川省	
项目 \ 电站名称	洪江水电站	小关子水电站	南桠河梯级姚河坝水电站
建设地点、所在河流	洪江市、沅水干流	雅安地区宝兴县、宝兴河	石棉县、南桠河
控制流域面积（km^2）	3550	2788	1200
多年平均流量（m^3/s）	705	89.1	32.6
坝型	混凝土重力坝	闸坝	闸坝
最大坝高/坝顶高程（m）	56/196.5	20/992.00	35.5/1679
正常蓄水位/死水位（m）	190/186	990/985	1678/1666
总库容/调节库容（亿 m^3）	3.2/0.75	0.0098/0.0065	162.3/133.1
设计/校核洪水标准 P（%）	1.0/0.1	2/0.2	2/0.2
设计/校核洪水流量（m^3/s）	22000/29900	1450/2110	562/797
主要泄洪设施 / 孔数－宽×高（m×m）	9－19×16	泄洪闸 / 3－10×14	泄洪闸 / 3－5×8
隧洞长度/洞径（m）		6462/7.5	4768/5×5.8＋394.2/4.5
厂房型式	河床式	地下厂房	地面式
厂房尺寸(长×宽×高)(m×m×m)	155×21.1×41.3	80×19×35.28	70×19×34.1
水头：最大/设计/最小（m）	27.3/20.5/8.4	152.2/136.5/132.7	307.1/280/270.5
主要机组型号	SFG45	HLD240—LJ—205 SF40—16/4250	SF44—12/425
机组台数×单机容量（万 kW）	5×4.5	4×4	3×4.4
装机容量（万 kW）	22.5	16	13.2
保证出力（万 kW）	3.34	3.48	7.19
年发电量（亿 kW·h）	9.7	8.084	6.91
综合利用	发电、灌溉、防洪、航运		
淹没耕地（亩）/迁移人口（人）	5153/9179	81/12	107.85/18
开挖土石方（万 m^3）	154	93	104.13
填筑土石方（万 m^3）	48	6.16	4.95
混凝土总量（万 m^3）	67.1	20.6	21.64
总投资（亿元）	16.1	6.019	6.42
动态总投资（亿元）	19.99	8.944（不含送出）	7.71
单位千瓦投资（元）(静态)	7157	3762	4864
开工（停工、复工）(年．月)	1998.1	1998.5	1998.8
第一台机组计划投产日期（年．月）	2002.12	2000.10.1	2001.2
业主单位	五凌水电开发有限责任公司	四川华能宝兴河电力股份有限公司	四川南桠河流域水电开发有限责任公司
设计单位	中南勘测设计研究院	成都勘测设计研究院	成都勘测设计研究院
监理单位	中南监理部、友源监理公司	中国长江三峡开发总公司利源监理公司	北京华源咨询公司、西北勘测设计研究院
主要施工单位	铁道第十八工程局、水电第八工程局	水电第七工程局、水电第十工程局	葛洲坝集团公司、铁道第十五工程局、铁路隧道工程局、中国水电第十工程局

续表

四川省		
桐子壕航电工程	紫坪铺水利枢纽	冶勒水电站
武胜县、嘉陵江	都江堰、岷江	冕宁、石棉，南桠河
78901	22664	323
891	476	13.2
混凝土闸坝	混凝土面板堆石坝	沥青混凝土心墙堆石坝
37.2/	159/	125.5/2654.5
224/	877/817	2650/2600
	11.2/7.74	2.92/2.76
		7120/4.9
		引水式
10.5/	131.4/100.0/68.4	644.2/580/550
	HL（209）—LJ—495	CL—L—240/6×1
3×3.0	4×19.0	2×12.0
9.0	76.0	24.0
2.8	16.8	10.56
5.5	34.17	5.88
航运、发电	灌溉、供水、发电、防洪	发电、龙头水库
263/0	10082/37200（1997年）	2023/641（1991年）
88	524.66	279.3
	1201.29	660.0
36.2	74.69	29.9
5.7	39.7533/1994年	10.99（1991年）
9.0	72.0	28.91
10000	9474	12046
2000.9	2000.6	2000
		2003
四川省交通厅、华能集团公司、武胜县		四川南桠河流域水电开发有限责任公司
成都勘测设计研究院	四川省水利勘测设计院	成都勘测设计研究院
水电第五、七工程局		

所在省、市、自治区	四川省		湖北省
项目 \ 电站名称	红叶二级水电站	三江航电工程	水布垭水电站
建设地点、所在河流	理县、杂谷脑河	绵阳市、涪江	巴东县、清江
控制流域面积（km^2）	1562		10860
多年平均流量（m^3/s）	41.7	321	300
坝型	混凝土重力坝	混凝土闸坝	混凝土面板堆石坝
最大坝高/坝顶高程（m）	11.5/2088.5	29.5/	233/409
正常蓄水位/死水位（m）	2087.4/	448/	400/350
总库容/调节库容（亿 m^3）	0.0011/0.00058	0.259/	43.12/23.8
设计/校核洪水标准 P（%）	2/0.2		0.1/0.01
设计/校核洪水流量（m^3/s）	352/437		20200/24400
主要泄洪设施 孔数－宽×高（m×m）		泄洪闸 15－14	岸边引水渠溢流堰 5－14×20
隧洞长度/洞径（m）	7702/5.2		4 洞各 422.3/9～6.5
厂房型式	地面式	河床式	地下式
厂房尺寸(长×宽×高)(m×m×m)			141×23×68
水头：最大/设计/最小（m）	157.6/140/138.9	15.9/14.5/13.5	202/170/143.3
主要机组型号	HLD46—LJ—185， SF30—14/3250	ZZ560A—LH—410	HL155—LJ—600
机组台数×单机容量（万 kW）	3×3.0	3×1.5	4×40.0
装机容量（万 kW）	9.0	4.5	160.0
保证出力（万 kW）	2.89	1.01	31.0
年发电量（亿 kW·h）	4.90	2.09	39.2
综合利用	发电	航运、发电	发电、防洪、航运
淹没耕地（亩）/迁移人口（人）	7.8/30	287/25	13200/8581
开挖土石方（万 m^3）	69.85	52.57	2279
填筑土石方（万 m^3）	9.4	258.77	1600
混凝土总量（万 m^3）	10.22	38.82	219
总投资（亿元）	3.5181	4.5885/（1994 年）	126.5（1997 年）
动态总投资（亿元）	4.3789		
单位千瓦投资（元）（静态）	4865	10197	7906
开工（停工、复工）（年．月）	2000.12.8	1999.10	2000.1.4
第一台机组计划投产日期（年．月）	2002		2006
业主单位	四川杂谷脑河水电开发有限责任公司		湖北清江水电开发有限责任公司
设计单位	成都勘测设计研究院	四川省水利勘测设计院	长江水利委员会勘测设计研究院
监理单位	二滩水电工程公司		中国水利水电建设工程咨询公司
主要施工单位	水电第五、七、十工程局、武警水电三总队、铁道第十六工程局	四川省水电工程局	长江葛洲坝水电工程集团公司

续表

四 川 省	湖 北 省	陕 西 省	
冷竹关水电站	陡岭子水电站	石泉水电站扩机	藺河口水电站
甘孜藏族自治州康定县、瓦斯河	十堰市郧西县、汉江支流金钱河	石泉、汉江	岚皋县、岚河
1564	5611	23400	1130
46.2	52.5	342	
闸坝	混凝土面板堆石坝	混凝土空腹重力坝	碾压混凝土双曲拱坝
23/1764.00	88.5/275	65/416	100/
1762.5/1755	264/242	410/395	
0.0044/0.0032	4.842/2.08	4.7/2.72	1.47/
2/0.2	1/0.05	1.0/0.2	
355/475	7130/12800	21500/26400	
泄洪闸及冲沙闸 / 2－6×3 及 1－4×3	溢洪道泄洪闸门及泄洪洞（深水进水口）/ 3－12×14.5 及 1－7.5×7.5	溢流表孔 4－13.5×17.2	
6246.5/5×5.5（城门洞型）	242.56/5.5		
地下厂房	地面式	增建隧洞引水厂房	
80.4×17.4×37.03	55.52×25.77×36.42		
387.5/362.0/361.3	74.6/59.5/52.6	47.5/39.0/26.3	
HL（E）—LJ—234 SF55—10/3400	HL（L208833）—LJ—213 SF—J23.5—22/4800		
3×5.5	3×2.35	原有 3×4.5＋2×4.5	3×2.4
16.5	7.05	原有 13.5＋9.0	7.2
4.8	1.23	3.0	2.94
9.42	2.077	原有 6.5	2.23
	发电、防洪、灌溉、供水、航运等	发电、灌溉、航运	发电、防洪
30/14	6188/5074		
12.315	112.31		
0.511	251.73		
10.582	15.07		
7.1955	3.81	3.0（1998 年）	
9.7(不含送出)12.63(含送出)	4.7		7.02
4361	5400	3333	9750
1999.10	1993.3（1997、1999.10）	1998.10	1999.10.10
2000.12	2000.12	2000.9	工期 4.5 年
四川华能康定水电有限责任公司	十堰陡岭子水电有限责任公司	石泉发电股份有限责任公司	陕西岚河水电开发有限责任公司
成都勘测设计研究院	湖北省水利水电勘测设计院	西北勘测设计研究院	
二滩国际监理公司	中国水利水电建设工程咨询中南公司、陡岭子工程监理部		
水电第七工程局、水电第十工程局	十堰市水电开发公司总包、水电第五工程局、湖北省水电一处、水电三处	水电第八工程局	水电第三、四工程局

所在省、市、自治区	宁夏回族自治区	浙　江　省	
项　目 ＼ 电站名称	沙坡头水利枢纽	桐柏抽水蓄能电站	
建设地点、所在河流	中卫县、黄河	天台县	
控制流域面积（km^2）	253420	上水库	下水库
多年平均流量（m^3/s）	1050		
坝型	混凝土闸坝	原有桐柏水库改建	混凝土面板堆石坝
最大坝高/坝顶高程（m）	39.7/	37.1/	71.4/
正常蓄水位/死水位（m）	1240.5/	396.21/376	141.17/
总库容/调节库容（亿 m^3）	0.26/0.004	0.1232/0.1062	0.1290/0.1062
设计/校核洪水标准 P（%）		0.5/0.1	
设计/校核洪水流量（m^3/s）			361/496
主要泄洪设施 / 孔数-宽×高（m×m）			
隧洞长度/洞径（m）		引水洞 2 洞 893/9.0　尾水洞 4 洞 370/7.0	
厂房型式		地下式	
厂房尺寸(长×宽×高)(m×m×m)		182.7×24.5×56.4	
水头：最大/设计/最小（m）	11.4/8.9/3.5	285.7/236.3/229.6	
主要机组型号	GZTF07—WP—690	可逆混流式水泵水轮机	
机组台数×单机容量（万 kW）	4×3.625	4×30.0	
装机容量（万 kW）	14.5	120.0	
保证出力（万 kW）	6.3		
年发电量（亿 kW·h）	6.08	20.1	
综合利用	灌溉、发电	发电	
淹没耕地（亩）/迁移人口（人）	670/200		
开挖土石方（万 m^3）	77		
填筑土石方（万 m^3）	19.6		
混凝土总量（万 m^3）	28		
总投资（亿元）	11.53（2000 年）		
动态总投资（亿元）	13.07	48.7	
单位千瓦投资（元）（静态）	9014	4058	
开工（停工、复工）（年．月）	2000.12.26	2000.12.31	
第一台机组计划投产日期（年．月）	2004	工期 70 个月	
业主单位			
设计单位	宁夏水利勘测设计院	华东勘测设计研究院	
监理单位	西北勘测设计研究院、 宁夏水利水电工程建设监理中心		
主要施工单位	水电第三、四工程局	水电第十二工程局	

*　P_{mt}可能最大洪水

续表

贵州省		
洪家渡水电站	引子渡水电站	乌江渡水电站（扩建）
黔西县 六冲河	平坝、织金、乌江三岔河	遵义 乌江
9900	6422	27790
155	140	483
钢筋混凝土面板堆石坝	钢筋混凝土面板堆石坝	
179.5/1147.5	134.5/1092.5	
1140/1076	1086/1052	
49.25/33.61	5.27/	21.40/9.28
0.2/P_{mt}^{*}	1/0.02	0.2/0.02
6550/11000	5996/4386	
溢洪道 / 14×21.54　泄洪洞 / 7×12.41	溢洪道 / 3-11.5×18	
193.23+35/12	870/10.5	355.68+70/
岸边地面厂房	地面厂房	地下厂房
90×55.2×54.96	106.3×43.85×56.5	84×24.4×58.55
162/131/91	113.8/92/72.2	131/123.5/104
HL190—LJ—410	HLD85—LJ—380	HL250—LJ—490
3×18	3×12	2×25
54	36	50
171.5	4.38	33.2
15.94	9.76	40.56（其中扩机电量6.5）
62943/45159	13853/2683	
524.7	417.1	73.03
911.29	338.1	
62.89	45.21	15.94
42.65	14.51	7.45
49.27	15.93	7.82
9124	4031	1489
2000.11	1999.10	2000.11
2004.1	2003.6	2003.9
乌江水电开发公司	黔源电力公司	乌江水电开发公司
贵阳勘测设计研究院	贵阳勘测设计研究院	中南勘测设计研究院
昆明勘测设计研究院 中南勘测设计研究院	二滩国际工程咨询公司	二滩国际工程咨询公司
水电第八工程局、水电第九工程局 水电第十四工程局，武警一总队	江南水利水电工程公司 水电第十二工程局	水电第八工程局 水电第九工程局

（中国水利水电工程总公司 曹国权 陆 健
国家电力公司电源建设部 朱家鹏
贵州省水力发电工程学会 黄 坤）

小水电及农村电气化

6

综 述

1998年～2000年全国小水电建设总结

（一）全国小水电装机增长迅速

1998年～2000年全国小水电新增装机容量475万kW，与1995年～1997年新增装机容量450万kW相比增加了25万kW，增幅达5.56%。至2000年底，全国累计小水电装机达到2485万kW，小水电装机容量超过100万kW的省由8个增加到9个，其中广东329万kW，四川328万kW，福建288万kW，云南219万kW，湖南195万kW，浙江169万kW，湖北141万kW，广西136万kW，江西115万kW。2000年度，小水电发电量达800亿kW·h，其中超过30亿kW·h的有11个省区，分别为四川131亿kW·h，福建101亿kW·h，云南92亿kW·h，广东91亿kW·h，湖南68亿kW·h，广西43亿kW·h，湖北42亿kW·h，浙江40亿kW·h，贵州33亿kW·h，重庆32亿kW·h，江西31亿kW·h。

（二）重视电源结构调整与水资源综合利用

过去我国的小水电站多为径流式开发，以单站为主，调节能力很低，小水电区域电网内的丰枯矛盾突出。为解决这一矛盾，10多年来水利部及各地都特别重视有调节能力电站的建设，尤其是梯级开发的“龙头”水库电站的建设。“九五”以来，积极推广按“流域、梯级、综合、滚动”开发，发挥流域的整体综合效益。集中力量建设了一批有调节能力的水库电站，修建了一些抽水蓄能电站，缓解了丰枯及峰谷矛盾。

（三）投资体制改善

近几年，全国小水电建设项目普遍推行了项目法人负责制、招标投标制、施工监理制和工程审计制，小水电建设项目的速度和质量都有所提高，同时，建设与管理的衔接也比过去要好。

在抓好工程建设管理的基础上，积极推行股份制和股份合作制，充分发挥市场配置资源的优势，在财政支持、银行贷款、地方自筹的基础上，积极引进外资、筹集社会各方资金，形成了多元化的投资体系。

（四）注重技术进步和水电企业改革

近几年，水利部注重小水电在规划、建设、管理以及设备、材料等各方面的技术先进性，注重科技进步和技术推广，制订了相关技术标准和技术改造方案，提倡采用新材料、新技术、新工艺，强化小水电经济运行和优化调度，使有限的资源在一定程度上得以合理开发和有效利用。

为适应新形势下市场经济发展的需要，近几年小水电企业按照电力体制改革的方向，以降低成本为核心，减员增效，通过制度创新，增强了企业的实力，壮大了小水电企业，在一定程度上改变了过去企业规模小、经营分散的局面，形成了一大批具有一定实力的水电产业集团，实现了国有资产的保值增值。

（五）积极利用外资，发展对外技术交流

近几年来，随着我国市场经济体制改革的不断进步，法制建设的不断完善，我国的投资环境在不断地改善。同时，小水电作为清洁、可再生能源，在国际和国内都越来越受到各方的重视和投资者的青睐。为了扩大利用外资，各地又相继出台了许多优惠政策以确保投资者的合法收益。因此，小水电建设利用外资在不断地增多，形式也多种多样。据统计，1998年～2000年全国小水电建设利用外资达28亿元，比1995年～1997年利用外资额多8亿元，提高28.57%。其中最多的省份为云南省，达4亿元。

近年来，水利部及各地积极加强对外经济技术合作，通过技术及劳务输出帮助第三世界国家兴建小水电站，同时通过项目融资、中外合资、合作、BOT等多种形式发展我国的小水电，成效显著。

建国50年来，经过几代小水电工作者的不断努力，我国的小水电发展迅速，成为小水电装机容量最大的国家，在国际上产生了深远的影响。1998年联合国工发组织正式批准国际小水电中心设在中国，2000年国务院正式批准国际小水电网为总部设在中国的国际组织。国际小水电中心在我国的设立，成为我国小水电对外开放的一大窗口。

（水利部农村水电及电气化发展局 赵虹）

小水电站建设情况

(1) 1998年全国水利系统小水电年末装机拥有量为44273处、69465台、2202.4万kW。在建规模为1319处、2798台、434.9万kW，其中1997年结转的水电建设项目1085处、2293台、352万kW，全年新上新项目234处、505台、82.827万kW,全年投产电力装机容量为1049处、1998台、165.18万kW,占1998年全国水利系统投产电力装机容量194.6万kW的84.8%。小水电在建规模超过30万kW的省份有四川、福建、广东、云南等,其中四川省小水电在建规模达到78万kW。在建规模在20万kW以上的省份有浙江省和湖南省。当年小水电投产电力装机最多的省份为四川、福建、浙江、云南、广东等省,分别为28.1万kW、23.7万kW、19.7万kW、19.3万kW和18.2万kW。全年小水电站建设投资68亿元。

(2)1999年全国水利系统小水电年末装机拥有量为43333处、69259台、2348.07万kW。在建规模为1198处、2499台、388.4万kW。全年新开工项目173处、324台、38.6万kW。全年投产电力装机1040处、1983台、158.8万kW,占1999年全国水利系统投产电力装机容量301万kW的53%。小水电在建规模超过30万kW的省份有四川、福建、广东、云南等省,其中四川省为50万kW。在建规模在20万kW以上的省份有浙江、湖南、湖北和陕西等省。当年小水电投产电力装机最多的省份有云南、广东、四川和福建等省,分别为23.95万kW、23.94万kW、23.24万kW和22.6万kW。全年小水电站建设投资为87亿元。

(3)2000年全国水利系统小水电年末装机拥有量为42859处、69483台、2485.17万kW。在建规模为941处、1962台、317.15万kW。全年新开工项目119处、203台、23.84万kW。全年投产电力装机1001处、1943台、150.6万kW,占2000年全国水利系统投产电力装机容量358.97万kW的42%。小水电在建规模超过30万kW的省份有四川、浙江、广东、湖南和云南等省,其中四川省为49.14万kW。在建规模在20万kW以上的省份有福建、广西、湖北、陕西等省,当年小水电投产电力装机最多的省份有四川、福建、广东、浙江、云南等省,分别为21.21、20.32、20.06、18.16、11.17万kW,全年小水电站建设投资为101.9亿元。

(水利部农村水电及电气化发展局　刘京和)

第三批农村水电初级电气化县总结

党的十一届三中全会以后,邓小平同志亲自倡导,国务院决定在中小水电资源丰富的地方,主要依靠地方、群众的力量,开发农村水电,建设有中国特色的农村电气化。国家计委和水利部在“七五”、“八五”、“九五”期间连续组织实施了三批农村水电初级电气化县建设。全国共建成农村水电初级电气化县653个,其中第三批建成335个,超额完成了国务院下达的任务。

农村水电初级电气化县建设,成效显著。第三批335个农村水电初级电气化县涉及人口1.37亿,90%的县在中西部,80%属国家“八七”扶贫攻坚县、省级重点扶贫县、少数民族聚居县和革命老区县。农村水电初级电气化县建设结合江河治理兴水办电,既解决当地用电问题,又培育优势产业,带动关联产业发展,增强山区的自我发展能力,为加快广大贫困山区和民族地区经济增长、人民脱贫致富和生态建设,促进国民经济协调发展做出了重要贡献。亿万群众在党和政府的支持和引导下走上脱贫致富的道路,加深了对党和政府的感情。农村水电初级电气化县建设被群众誉为“符合国情、持续时间最长、覆盖面最广、效益最显著的光明工程、扶贫工程、鱼水工程”。农村水电初级电气化县建设的成效,主要体现在以下五个方面:

(1) 加快了贫困山区和民族地区经济发展和人民脱贫致富。第三批建成的电气化县,从1995年到2000年,国内生产总值从2345亿增长到4778亿,增长速度比全国快一倍;县财政收入从150亿元增长到255亿元;农民人均年纯收入由1082元增加到1914元,同比年均增长速度8.1%,是5.4%的全国平均增速的1.5倍,与全国平均水平的差距从500元缩小到296元。电气化县建设推动这些地区经济发展,第三批电气化县中的少数民族县在建设期间GDP年均增速达到18%,比全国的平均增长速度快一倍,有力地促进了民族地区和边疆地区繁荣稳定。

目前全国有中小水电站4.8万座,年发电量近900亿kW·h,有800个县、3亿人口主要靠中小水电供电,年发供电收入520亿元。

(2) 以电气化带动工业化和城镇化,促进了经济结构调整,有利于从根本上解决制约贫困地区发展的深层次矛盾、实现治本性脱贫。第三批县的工业产值在工农业总产值中的比重5年提高9个百分点。全国工农业总产值中工业产值的比重从1985年到1999年14年提高了10.9个百分点,电气化县建设使这些地区进入产业结构的快速升级转换阶段,并相应带来就业结构的变动。据不完全统计,三批初级电气化县累计有2000多万农业剩余劳动力转移到第二、三产业,第二、三产业的发展又进一步加快了城镇化进程。

(3) 加快河流的综合治理,改善了农业和农村生产条件,促进了农业发展。15年初级电气化县建设累计使偏远山区1.2亿无电人口用上电,97%以上的农户通电。初级电气化县治水与办电相结合,建成了一批综合利用的水利枢纽工程,累计增加水库库容约500亿m^3,初步治理数千条中小河流,提高了防洪抗旱能力,改善农业灌溉和农村饮水条件。增加灌溉面积2530万亩,增产粮食300亿kg;解决了6856万人及5017万头牲畜饮水困难。初级电气化县普遍利用山区治水成库后形成的落差装机发电取得收入，用以弥补水价太低的问题，在山区农村形成了以小水电为龙头、以电补水、水电不分家的水利发展格局，巩固了山区水利，提高水利为农业服务的能力。

（4）开发清洁可再生能源，促进了生态建设、环境保护和可持续发展。农村水电一年发电量相当于3400万t～4400万t标准煤，减少排放11000万t二氧化碳、8500万t一氧化碳和其他大量有害气体。电气化县依靠廉价的水电推行“以电代柴”，减少了自然林砍伐，防止了水土流失。据统计，全国农村水电供电区约有2000万户居民使用电炊，每年减少的木材砍伐量相当于四座小兴安岭一年的木材产量。初级电气化县的森林覆盖率15年平均增长了9.88个百分点，比全国快5.4个百分点。通过发展中小水电，推动了林区经济结构的调整，实现以林蓄水、以水发电、以电保林，对天然林保护和退耕还林还草等生态建设工程的实施起到了重要保障作用。

（5）开辟了国际合作的新途径。我国开发小水电这种绿色可再生能源，建设有中国特色的农村电气化，消除贫困，保护环境，实现可持续发展，得到了国际社会的高度评价和广泛赞扬。欧美发达国家都积极推广中国发展小水电的经验，一些与我国无邦交的国家也通过民间途径学习我国建设管理小水电。有60多个国家130多个政府机构和国际组织参加的国际小水电网总部设在我国杭州，联合国工发组织国际小水电中心于2000年12月在杭州市成立。这是我国改革开放的一项重要成果，为国际合作、特别是发展中国家的南南合作，开辟了新的途径和前景。

农村水电初级电气化县建设之所以能取得巨大的成就，一方面是小水电独特的造血功能，更重要的是中央审时度势，因势利导，根据当时山区生产力发展水平，采取了小水电“自建、自管、自用”方针，“小水电要有自己的供区”、“地方自筹为主国家给与必要的扶持”等政策，调动了广大人民群众治水办电的积极性，把人民群众脱贫致富的愿望和热情、山区的资源优势同发展小水电的实践结合起来。实践证明，中央关于建设中国式的农村电气化县的决策是英明的，采取的政策是成功的。

（水利部农村水电及电气化发展局　周双）

第三批农村水电初级电气化县名单

省　份	数量（个）	县名单（335个）
河北省	1	赵家蓬区

续表

省　份	数量（个）	县名单（335个）
山西省	4	泽州、陵川、阳城、垣曲
内蒙古自治区	2	多伦县、翁牛特旗
辽宁省	6	凤城、宽甸、铁岭、新宾、喀左、凌源
吉林省	3	龙井、江源、八道江区
黑龙江省	1	红星区
安徽省	8	太湖、黄山市徽州区、金寨、潜山、祁门、休宁、石台、黟县
福建省	20	莆田、仙游、惠安、漳浦、东山、长汀、浦城、古田、漳平、新罗、建宁、宁化、连江、福鼎、平和、诏安、云霄、霞浦、福安、龙海市
江西省	20	湘东、吉水、上高、遂川、泰和、万载、南城、弋阳、上饶、修水、瑞金、龙南、南丰、吉安、分宜、余江、安远、莲花、乐安、石城
河南省	11	洛宁、栾川、济源、灵宝、嵩县、汝阳、沁阳、鲁山、南召、淅川、西峡
湖北省	5	宣恩、竹山、咸丰、通山、郧西
湖南省	13	通道、新宁、桑植、临武、武冈、江永、嘉禾、江华、新化、北湖区、耒阳、桃源、桂东
广东省	13	罗定、梅县、郁南、英德、潮安、连州、阳春、连平、紫金、和平、陆河、五华、丰顺
广西壮族自治区	18	德保、田林、那坡、田东、隆安、灵川、上林、荔浦、西林、巴马、平乐、靖西、乐业、陆川、平南、永福、钦北、天等
四川省	68	冕宁、珙县、炉霍、丹巴、长宁、丹棱、三台、马尔康、若尔盖、达县、彭山、高坪区、纳溪、郫县、宁南、叙永、会理、万源、达川市通川区、武胜、资阳、茂县、九寨沟、元坝区、遂宁市中区、合江、泸县、广安、沐川、渠县、兴文、松潘、巴塘、阿坝、开江、越西、资中、南江、筠连、阆中、邻水、平昌、马边、小金、南部、金川、黑水、喜德、普格、盐亭、雷波、西充、富顺、壤塘、会东、营山、江安、道孚、九龙、昭觉、甘孜、得荣、乡城、白玉、通江、巴中、盐源、岳池
重庆市	15	涪陵区、江津、垫江、黔江、丰都、合川、荣昌、万州区（天成、五桥）、开县、忠县、巫山、酉阳、城口、巫溪、彭水
贵州省	10	长顺、岑巩、余庆、湄潭、道真、普安、天柱、紫云、荔波、盘县
云南省	48	腾冲、龙陵、昌宁、威信、大关、鹤庆、文山、漾濞、永平、麻栗坡、宾川、洱源、新平、水富、永仁、宜良、武定、元谋、普洱、景谷、孟连、大姚、丘北、马关、双柏、西畴、勐腊、砚山、镇康、永德、沧源、盐津、富源、勐海、彝良、禄劝、永胜、金平、大理、泸水、贡山、德钦、兰坪、宁蒗、福贡、红河、绿春、元阳

续表

省　份	数量(个)	县名单(335个)
陕西省	25	眉县、澄城、平利、石泉、岚皋、千阳、延长、白水、宜川、泾阳、太白、周至、宁强、商南、镇巴、西乡、紫阳、洋县、镇坪、佛坪、柞水、山阳、南郑、宜君、礼泉
甘肃省	22	肃北、肃南、金川、张掖、民乐、两当、礼县、文县、碌曲、临潭、卓尼、舟曲、临夏、东乡、积石山、临洮、康乐、迭部、岷县、合作、武山、清水
青海省	6	泽库、河南、班玛、玉树、都兰、贵南
新疆维吾尔自治区	14	精河、温泉、巩留、昭苏、塔城、裕民、青河、布尔津、吉木乃、阿瓦提、英吉沙、沙雅、且末、麦盖提
新疆生产建设兵团	2	阿克苏垦区、霍尔果斯垦区

（水利部农村水电及电气化发展局　周双）

中国农村水电电气化 2001年～2015年发展纲要

一、中国水电农村初级电气化建设取得巨大成就

党的十一届三中全会以后，在邓小平同志亲自倡导下，国务院决定在中小水电资源丰富的地区，主要依靠地方、群众的力量，积极发展中小水电，建设有中国特色的农村电气化，并分别以国发（1983）190号、国发（1991）17号、国办通（1996）2号文件部署“七五”建设100个、“八五”建设200个、“九五”建设300个共600个农村水电初级电气化县。全国第一、二批已建成农村水电初级电气化县318个，第三批总共建成335个，超额完成任务。

新中国成立50年来，特别是改革开放20年来，水利系统结合江河治理，坚持治水办电相结合，中小水电从无到有，从小到大，从单站发电到联网运行，从建设县电网到建设有中国特色的农村电气化。全国1600多个县有中小水电，约3亿人口的800个县以中小水电供电为主。

全国已形成布局较为合理的既包括发电又包括供电，拥有中小水电站4万余座、配套输配电线路近100万km的中小水电运营体系。不少地方在水电电气化建设中，在巩固发展县电网的基础上，实行跨县域和按流域开发，并结合自身实际实行资产重组、结构调整和制度创新。

“七五”、“八五”已建成的第一、二批318个农村水电初级电气化县，分别实现了用电量、国内生产总值、财政收入、农民人均纯收入“十年翻两番”、“五年翻一番”。发展速度均赶上或超过了全国平均水平。第三批农村水电初级电气化县涉及人口1.37亿，90%的县在中西部，80%属国家“八七”扶贫攻坚县、省级重点扶贫县、少数民族聚居县和革命老区县。

水电资源是水资源的重要组成部分。开发中小水电是江河治理的重要内容，是水利事业不可分割的组成部分。

中国小水电开发量已占世界开发总量的40%。中国开发小水电，使用清洁、廉价、可再生绿色能源，建设有中国特色的农村电气化，促进不发达地区、边远农村“普及用电、消除贫困、改善生态、保护环境”的成功经验，得到了国际社会的高度评价和广泛赞扬。

发展中小水电、建设农村电气化，使中西部地区和少数民族地区资源优势变成了经济优势，成为县域经济发展与社会进步的强大动力、农民脱贫致富的有效途径、当地财政的重要支柱；对于促进农业、水利、能源及乡镇企业、地方工业的发展，保护和改善生态环境，推进农业现代化、农村城镇化进程，缩小中西部地区、少数民族地区与东部地区的发展差距，推动这些地区的精神文明建设，增强民族团结，促进边疆繁荣稳定，发挥了巨大作用；在国民经济发展和社会进步中处于重要地位。发展中小水电、建设农村电气化，虽然取得了巨大成就，但是同进入新世纪，我国实施第三步战略部署要求达到的目标相比，同中西部地区、少数民族地区的发展需求相比，差距还很大。

二、中国农村水电电气化2001年～2015年发展目标和标准

（一）农村水电电气化发展布局

1. 水能资源及其分布、利用情况　我国水能资源十分丰富，但水电和小水电开发利用程度均很低。中小水电特别是小水电是可再生清洁廉价绿色能源，如何充分合理利用，意义重大。

2. 农村水电电气化布局和实施范围　依据中小水电资源分布和大小电网并举共存、协调发展的格局，农村水电电气化布局在大电网外和边沿地区以及大电网欠发达的网内地区，主要是中西部地区和少数民族地区，以及其他中小水电资源丰富的地区。

（二）指导思想和基本原则

1. 指导思想　高举邓小平理论伟大旗帜，认真贯彻党的十五大和十五届三中全会、四中全会精神，努力适应社会主义市场经济发展新形势，坚持执行以扩大内需为主的战略方针，坚持实施西部大开发战略，坚持电力工业改革方向，坚持可持续发展，结合水资源（水量、水能、水质、水域）统一管理、合理利用和中小流域综合治理开发，大力发展中小水电、建设农村电气化，加大改组、调整、创新力度，注重提高质量和水平，推进农业现代化、农村城镇化进程，更好地为农业、农村、农民和地域经济与社会发展服务。

2. 基本原则

(1) 适应中西部地区和少数民族地区加快改革与发展的新形势，为缩小中西部地区与东部地区的差距服务。

(2) 贯彻执行党和国家促进中小水电、农村电气化事业发展的一系列方针政策，不断完善法规政策体系。

(3) 紧密结合水利发展中要解决的“洪涝灾害、干旱缺水、水环境恶化”三大问题，运用“资源水利”的观点，充分发挥中小水电在中小河流中的“开发、利用、治理、配置、节约和保护”的作用。开发与节约并重，发展与环保并重，工程措施与管理措施并重，实现可持续发展。

(4) 坚持电力工业改革方向，推进“厂网分开、竞价上网，输配分开、竞争供电”，地方独立发电公司参加发电端的改革，地方独立配电公司（包括自身电源）参加配电端的改革。

(5) 坚持电源、电网、负荷同步建设，协调发展。对中小河流实行“流域、梯级、滚动、综合”开发，优先建设调节性能好的中小型水电站。水电为主，多能互补，采用洁净燃烧技术因地制宜兴建必要的配套坑口火电，发展微型水电和利用风能、太阳能等新能源解决边远地区农户用电。

(6) 加强行业管理，健全行业管理体系和国有资产监管、运营体系。

(7) 积极探索公有制多种实现形式，建立和完善现代企业制度，走股份制、集团化道路，增强中小水电企业国有资本控制力、影响力和带动力。

(8) 加强企业管理，加快科技进步，充分发挥中小水电优势，实行下岗分流，减人增效，实施再就业工程，降低成本，提高电能质量，减轻农民用电负担，开拓农村电力市场，提高经济效益，更好地为城乡用户服务。

（三）发展目标

1. 中小农村水电电气化建设目标　在已建成600个农村水电初级电气化县的基础上，开展以促进生态建设、环境保护和超过小康水平为目标的水电农村电气化建设。到2005年建成水电农村电气化县（市、团、旗、区）400个、水电农村电气化地区（市、州、师、盟）40个；到2010年再建成水电农村电气化县400个、水电农村电气化地区40个。通过水电农村电气化建设，区分情况，人均年用电量达到400～600kW·h，户均年生活用电量达到600～800kW·h。未建设初级电气化的县，2005年前建设初级电气化，2010年前建成中级电气化。2010年～2015年的5年，以中小水电供电为主的800个县及以上地区，共同巩固水电电气化成果，向更高水平发展。整个中小水电地区，到2005年村通电率达到100%，到2010年户通电率达到100%，到2015年人均年用电量达到或超过全国平均水平。通过每一个5年的水电电气化建设，森林覆盖、水土保持、防水污染、防空气污染、节水等方面的量化指标都有明显改善。

2. 电源发展目标　本着与中小水电地区经济和社会发展对电力电量的需求相适应，水电为主、多能互补、大网支持的精神，在2000年水利系统水电装机容量3000万kW的基础上，2005年达到4000万kW；2010年达到5000万kW；2015年达到7000万kW。改善电源结构，加强龙头水库、调节库容、调枯调峰电源配套建设，每一个5年都使有季以上调节能力的水电站比重有显著提高。到2015年，水利系统水电调节库容从2000年的1000多亿m^3增加到2000多m^3。

3. 电网发展目标　改善电网结构。以抓住农网建设改造历史性机遇为契机，持续抓好地方独立配电公司输、配电配套建改和低压整改。与电源、负荷发展相适应，到2015年中小水电地区建成技术比较先进的配套电网。

4. 管理体制机制改革目标　通过建立现代企业制度，2005年内建立健全水利水电国有资产监管、运营体系；依靠行政、产权、协会三种手段加强部、省、地县三个管理层次建设，完善管理体系，增强行业凝聚力；积极培育产权联系关系，逐步完善以产权为纽带的行业管理。

适应经济体制与经济增长方式两个根本性转变的要求，到2005年，水利系统水电企业普遍组建有限责任公司、股份有限公司，其中小型地方水电企业普遍实行股份合作制、民营股份制。有条件的要组建水电产业集团、流域水电集团、区域水电集团、小企业联合体，按照电力工业改革方向，分别参加发电端和配电端改革；有条件的省（区、市）要组建省一级水利水电产业集团公司；视实际情况，组建以水电为主业的跨地区、跨行业、跨所有制的大企业集团。既重视生产经营，又重视资产资本经营，到2005年基本消除不良资产，盘活存量，取得增量，发挥规模优势。到2010年，所有骨干水电企业和各类集团公司全面实现公司制改组、商业化运营、法制化管理。

（四）中国农村水电电气化标准

总结全国已实现农村水电初级电气化县的经验，比较分析发达国家、发展中国家农村电气化建设不同阶段的水平，根据国家实行“西部大开发”战略推进中西部地区和少数民族地区经济与社会发展的总要求，通过调查研究、测算分析，确定中国农村水电电气化标准。主要有：

1. 用电水平

(1) 农户通电率应不低于98%（第二批应达到100%)。满足家庭照明、取暖降温、广播电视、电炊、洗衣机和发展庭院经济等方面的用电需要。

(2) 满足本县（市、团、旗、区）农田排涝提水、节水灌溉、农副业加工、农牧渔业产业化、城乡供水、城乡工矿企业、文化教育、科技信息、医疗卫生、旅游事业和发展小城镇等方面的用电需要。

(3) 实行“以电代柴”等，为退耕还林、还草、还湖和相应的开发性移民、形象扶贫提供电力。

(4) 满足上述用电需要，人均年用量应达到400～600kW·h，户均年生活用电量应达到600～800kW·h。根据地域差异、经济发展水平差异，不同地区的用电水平应有所不同。中西部和少数民族地区原来没有建设初级电气化县（团、旗），人均、户均用电水平视实际情况确定。

(5) 满足上述用电需要，大网补给电量比重应不大于40%。全县（市、团、旗、区）用电保证率应不低于95%。

2. 经济与社会发展水平

(1) 本县（市、团、旗、区）年GDP总值、农民人均年纯收入平均递增率应不低于全国平均水平，人均年GDP值应不低于800美元、农民人均年纯收入应不低于人民币3000元或均应不低于全国平均水平，财政实现自给有余。

(2) 文化教育、科技卫生事业有较大发展，人民物质文化生活质量有明显提高。

3. 生态建设、环境保护指标　通过实行“以电代柴”和实行其他有效措施，减少森林砍伐，森林覆盖、水土保持量化指标改善程度应不低于30%。其他防水污染、防空气污染、节水等量化指标应有明显改善。

4. 电源电网建设水平

(1) 电源电网建设符合规划要求、建设程序、验收标准，电源布点、网络布局合理。

(2) 体现了以开发中小水电资源为主，因地制宜建设其他配套电源和合理引入大网电能。

(3) 水能资源丰富的县（市、团、旗、区），体现了商品电合理输出。

5. 管理体制、机制要求

(1) 水利部门对本行业水电及农村电气化建设统一实行行业管理，农村水电电气化建设由水利部门会同计委组织实施；坚持“自建、自管、自营”方针和“小水电要有自己的供电区”等政策。

(2) 县（市、团、旗、区）及其以上的地区（市、州、师、盟）水利部门，应通过政府授权，确立自身的水利水电国有资产出资人代表的地位，建立健全对国有产权的有效监督管理机制。

(3) 坚持电力工业方向，县（市、团、旗、区）及其以上的地区（市、州、师、盟）中小水电企业，应是规范化的独立配电公司，是自主经营、自负盈亏、自我约束、自我发展的法人实体和市场主体。

(4) 县（市、团、旗、区）独立配电公司，应对农村供用电实行统一管理和实现“五统一”（统一电价、统一发票、统一抄表、统一核算、统一考核)、“四到户”（收费到户、销售到户、抄表到户、服务到户)、“三公开”（电量公开、电价公开、电费公开)。

6. 企业管理水平　企业的劳动生产率、资产保值增值率、资产收益率等经济指标，以及发供电生产经营的单位耗水率、高压电网综合网损率、低压电网线损率、设备完好率、频率合格率、电压合格率、供电可靠率、设备和人身事故率等指标均应不低于本省（区、市）中小水电行业平均先进水平。地方独立配电公司应建成地区级及以上优秀企业。

7. 科技进步要求　中小水电企业应加强科技开发力量和资金投入，大力应用新技术、新设备、新材料；推广应用自动控制技术，实现发电厂、变电站综合自动化，实行无人或少人值守；推广应用调度通信系统、配电系统、办公系统自动化，提高发供电安全可靠性和办公效率。

8. 关于水电电气化地区（市、州、师、盟）

(1) 地区（市、州、师、盟）所在地比照以上规定执行，除大网补给电量比重不受限制外，其余定量、定性指标均应达到和超过农村水电电气化标准。

(2) 所辖各县（市、团、盟、区）均已达标验收。

(3) 有规范化的地一级调度机构和独立配电公司。

(4) 已形成地区电网或已实现产权联接关系，能够实施产权监管运营。

（五）用电需求预测和电力发展规划

中小水电地区共涉及800个县，约占全国国土面积的1/2、总人口的1/4。在大网必要补给下，自供部分按照人均年用电量超过600kW·h（按3亿多人口框算），2015年共需用电量约2000亿kW·h，最大用电负荷约为5000万kW，最大供电负荷约为5500万kW，扣除1999年底地方电源可能最大出力，800个县、80个地区实现和超过农村水电电气化标准，大约需新增电源装机4000万kW左右。

（水利部农村水电及电气化发展局　周双）

联合国工发组织国际小水电中心及其活动

（一）中心简介

国际小水电网是由联合国开发计划署、联合国工业发展组织、中华人民共和国水利部、中华人民共和国对外贸易和经济合作部共同发起成立的国际组织，是一个由各区域、各政府、各有关公用事业单位及企业按自愿原则建立起来的以社会效益为主的国际小水电建设的促进机构。1994年12月12日，上述有关组织的代表在杭州签署《杭州宣言》，标志着国际小水电网的正式成立。网的总部称为国际小水电中心，鉴于中国在发展小水电方面所取得的巨大成就，国际网的总部设在我国浙江省杭州市。当时的国务院副总理邹家华还为中心题词："办好国际小水电中心，为世界人民服务"。

1999年2月14日经朱镕基总理等国务院领导批准，中国正式成为国际小水电网的东道国，水利部为该中心在西子湖畔投资建设了一座面积4600m²的办公楼。中心在法律上为一个具备独立法人地位的国际机构，现在五大洲有62个成员国，由一个国际协委会管理。在国际事务中，中心按联合国非政府间组织的有关规定运作，工作人员由12名外籍职员和18名中国职员组成。

国际小水电网的宗旨在于通过发展中国家、发达国家、国际组织间的三方合作，促进全球小水电的开发，从而为发展中国家广大的农村地区提供清洁、廉价和足量的能源，增加农村就业机会，改善生态环境，扶贫并改善农村的精神和物质生活条件，促进农村经济的发展。

国际小水电网的具体目标与任务如下：

（1）通过技术合作，特别是技术信息交流，互用培训设施，调节需求关系等，促进小水电发展，从而使之成为促进农村社会、经济与环境发展的有效手段。

（2）帮助协调区域内和区域间小水电资源的有效利用、低成本开发及其管理和运行。

（3）通过会议、出版物及技术考察活动，交流包括投资回收等方面的小水电开发的经验和信息。

（4）为各成员组织的有关小水电项目提供实际的技术咨询服务。

（5）组织援助发展中国家某些合适的小水电项目的开发。

（6）就如何建立一个适当的立法制度鼓励私人投资小水电项目为发展中国家提供咨询。

（7）协助开发世界小水电技术市场，包括给发展中国家提供适当资助，从而促进小水电技术的发展，降低小水电设备成本。

（8）设立国际小水电网信托基金，用以资助全球小水电的活动和资源的开发利用，表彰奖励为全球小水电发展作出卓越贡献的组织与个人。

在国际小水电网的基础上，为了便于更好地为我国小水电建设服务，经中央机构编制委员会批准，2000年3月31日成立了我国的国际小水电中心，中心实行由水利部与外经贸部共管、以水利部为主的管理体制。同时，根据该网的第五次（蒙特利尔）、第六次（维也纳）协委会的决议及我国政府与联合国工发组织签订的机构建设文件，2000年12月5日在国际网基础上成立了联合国工发组织国际小水电中心。并由联合国工发组织、水利部和外经贸部领导为中心授牌。至此，中心已具备三种法律地位，即国际小水电网（非政府间国际组织）、国际小水电中心（国内机构）及联合国工发组织国际小水电中心（工发组织的下属机构），并在湖南省设立了郴州基地。

为把中国开发小水电的经验和技术介绍到国外，促进当地小水电开发，目前中心正在实施联合国工发组织的能力建设项目、77国集团的小水电培训、咨询和推广项目，并组织小水电设备出口。主要出版物有英文季刊《中小水电和设备》、英文月刊《国际小水电网通讯》及中文半月刊《国际小水电论坛》等，为促进我国的对外开放服务。

（二）近几年来的主要活动

1997年组织了在厄瓜多尔、印度、法国等国外小水电培训班，培训所在国专家约80人。

1998年3月总部大楼在杭竣工落成。

国际小水电网稳步发展壮大。从23家创始组织发展到今天（截至2001年2月6日），国际小水电网成员总数为145，成员国总数56个。

1998年5月获得联合国工发组织理事会正式批准，成为联合国工业发展组织的咨询机构。

2000年3月，国务院正式批准了由外经贸部主办，由水利部、外交部及财政部会签的四部文件，国际小水电网被正式确认为总部在中国的国际组织。

1999年～2000年间先后派遣5名员工分别到挪威、加拿大和印度接受培训；组织一些省市水利部门和制造厂出外专题考察约25人次；并先后共招聘来自德国、加拿大、意大利、韩国、瑞士的 12 名国际职员（工作期限从两个星期到两年以上不等）。今后，为了中心的运行进一步与国际接轨，还将继续引进国外人才。

维护、更新中心因特网主页。1998 年 4 月中心因特网主页建成，网址为//www. digiserver. com/inshp。

1999 年 8 月开始执行 77 国集团项目，内容包括杭州国际小水电培训班、古巴工程师来华在职培训、古巴小水电培训班、非洲小水电咨询、牙买加及加勒比地区国际小水电培训班、危地马拉 Clavemas 电站咨询、牙买加 Laughlands 电站设计和咨询、委内瑞拉小水电咨询、格鲁吉亚小水电咨询、吉尔吉斯电站咨询、全球小水电调研、中国中小水电设备第二次调研、参与中国中小水电农电改造调研、参与制订中国水电农村电气化标准、出版《小型水轮机》、出版小水电设计教材（共 9 本）、招聘国际职员、建立小水电信托基金等项目，现已执行完成。

1998 年 3 月至 2000 年，举办了 1998 年全球小水电会议暨协调委员会年会（杭州）、第一届欧盟/中国小水电工业大会（杭州）、协调委员会 1999 年年会（蒙特利尔）、国际网协调委员会 2000 年年会（维也纳）、UNIDO 关于中心体制会议（北京）、中国中小水电设备年会。

2000 年 4 月、5 月和 10 月分别举办了 3 期小型在华考察培训，来自阿富汗、尼泊尔、埃及、印度、美国的 18 位工程师接受了培训。

完成了 IN-SHP/IEA 全球小水电数据库建设。

出版英文季刊 MEDIUM/SMALL HYDRO POWER & EQUIPMENT、SMALL HYDRAULIC TURBINE(英)、《国外电力体制改革》(中)、《美国农电管理》(中)，SMALL HYDRO POWER：CHINA'S PRACTICE(英) 再版，《历史选择小水电》再版，发行简报 IN-SHP NEWSLETTER（英)、《国际小水电论坛》(中)，审定了小水电培训教材、编写了中心简介。

除 77 国集团项目包含的小水电咨询之外，中心还在 1998 年～2000 年间派队伍前往印度、尼泊尔、委内瑞拉、埃及、阿尔及利亚、津巴布韦和埃塞俄比亚提供小水电咨询，共 22 人次。

于 2000 年 4 月与印度喀拉拉邦签订小水电示范项目 4 座电站的设计和设备供货合同，组织全国数家水利设计院和 17 家小水电设备厂家执行；还承接了印度喀拉拉邦另外 14 座电站的设计工作。

与加拿大自然资源部合作在贵州小七孔电站示范自动化设备。加拿大的无人值班示范设备已于 2000 年 4 月运至贵州，预期近期可以通过测试投入运行。

1999 年 5 月向尼加拉瓜捐赠一台 30kW 水轮机设备。

2000 年 4 月中心与郴州市人民政府草签了关于建立国际小水电中心基地的协议，范围覆盖郴州地区 11 个县市，并于 4 月 30 日在湖南省郴州市正式签字生效。

2000 年 6 月，中心与四川省水利厅就建立国际小水电中心四川基地达成初步协议，现正在积极筹备之中。

2000 年 9 月，甘肃定西地区与中心签订西部地区水电开发协议，聘请中心主任为顾问。

2000 年 12 月，联合国工发组织与外经贸部正式签订联合国工发组织小水电中心信托基金协议和有关项目文件，并在杭举行隆重仪式，由联合国工发组织、水利部和外经贸部领导授牌。

（联合国工发组织国际小水电中心　童建栋）

小水电行业管理

水利系统农网“两改一同价”工作情况

根据国家计委的有关批复，从 1998 年下半年起，水利系统负责四川、湖南、吉林、广西、广东、湖北、云南、青海等九省（区、市）的 261 个自供自管县的农网改造任务（其中广东、湖北、云南、青海水利系统从 2000 年开始进行农网改造），按照国家的统一部署，将于 2001 年底完成农网“两改一同价”的任务，即完成农网改造、农电体制改革，实现城乡同网同价。

（一）投资规模和工程量

国家计委批复水利系统的总投资规模 137.79 亿元，到 2000 年底共下达投资计划 118.36 亿元，其中吉林、广东、湖北、青海 4 省的计划已全部下达。

根据规划，需建设 110kV 变电站 87 座

(2173.5MV·A)，35kV 变电站 909 座（3608.3MV·A)，110kV 线路 1835.9km，35kV 线路 10885km，10kV 线路 82892.1km，低压线路 186043.4km，新安装和更换配电变压器 58819 台(8960.432MV·A)，改造台区 76565 个。

（二）工作进展情况

1. 资金到位和完成投资情况　到 2000 年底，累计到位资金 66.4 亿元，占已下达计划的 56.1%，其中财政专项资金 21.4 亿元，银行贷款 45 亿元。到位资金中，1998 年、1999 年计划资金到位 58.6 亿元，占两年计划的 71.4%，其中财政专项资金到位率 100%，贷款到位率 64%。2000 年计划到位 4.97 亿元财政专项资金，占计划的 68%；银行贷款到位 2.82 亿元，占计划的 10%。

到 2000 年底，累计完成投资 80.8 亿元，占已下达计划投资的 68.3%，占总投资的 58.6%，其中四川完成投资 29.96 亿元、广西 18.12 亿元、重庆 17.89 亿元、湖南 8.00 亿元、吉林 2.21 亿元、广东 3.46 亿元、云南 0.72 亿元、湖北 0.33 亿元、青海 0.13 亿元。四川、广西、重庆、吉林、广东、湖北、云南等 7 个省（区、市）自筹了一部分资金，目前完成投资超过了计划内到位资金。

2. 工程进展情况和计划竣工县进展情况　截至 2000 年底，累计新建和改造 110kV 变电站 41 座(1172MV·A)、35kV 变电站 241 座（1257MV·A)、110kV 线路 834.5km、35kV 线路 4718km、10kV 线路 44924km，低压线路 126288km，新安装与更换高耗能变压器 35689 台（2483.5MV·A)，改造配电台区 47227 个。

到 2000 年底，水利系统已有 82 个县完成了低压改造任务，其中吉林 2 个、湖南 8 个、广西 30 个、四川 36 个、重庆 6 个，各省水利厅正在抓紧进行预验收。

（三）工程管理情况

1. 水利部积极组织部署　在国务院办公厅转发国家计委关于改造农村电网改革农电管理体制实现城乡同网同价请示（国办发［1998］134 号)，启动了农网改造工程，以及国务院批转国家经贸委关于加快农村电力体制改革加强农村电力管理意见的通知（国发［1999］2 号）后，水利部根据国务院文件精神，结合水利系统的实际情况，制定了水利系统农电体制改革的实施意见（水办［1999］115 号)，指出水利系统自供自管县电力企业要坚持按照电力工业的改革方向，根据不同情况参加配电端改革。1999 年 12 月，水利部针对全国水利系统“两改一同价”工作中出现的问题，结合水利系统水电及农村电气化工作实际，对管理体制和管理方式、电网建设与改造、城乡用电同网同价等提出了具体的实施方案（水电［1999］707 号)。

针对全国水利系统“两改一同价”工作中出现的问题，多次派员到各省检查督促“两改一同价”工作，并分别于 1999 年 3 月和 6 月在广西和四川召开全国水利系统“两改一同价”现场会和座谈会。会议结束后，水利系统的农网改造进度明显加快，逐步赶上了全国农网改造的进度。

2. 各有关省水利厅积极组织落实　各省（区、市）各级水利部门都十分重视农网改造工作，积极落实组织实施，采取有效的措施确保工程的顺利进行，各省都成立了以主管副厅长为组长的“两改一同价”工作协调小组，各县也都成立了以主管县长为组长的“两改一同价”工作领导小组，负责全面协调这项工作。

在工程管理上，四川等九省按照国务院办公厅《关于加强基础设施工程质量管理的通知》和国家计委《农村电网建设与改造工程质量管理办法》的要求，35kV 及以上改造项目均严格实行了项目法人责任制、项目招投标制、工程监理制和合同管理制。四川、广西、吉林等省还专门制订了《农网建设改造工程质量管理办法》、《农网建设改造工程设备、材料采购及招投标管理办法》、《农网建设改造工程监理管理办法》等实施细则和管理办法，确保农网改造工程的质量。在技术上，广西制定了《农网建设（改造）定型设计图集》、《农网建设（改造）定型设计工程概算》，使每个技术环节都有标准的定型图和工艺图。为加强农网建设与改造资金的管理，九省区都采取了有效措施，广西制定了《农村电网建设（改造）财务管理办法》、《农网改造物资财务管理办法》和《农网建设（改造）资金管理两方协议书》，按计委要求，严格执行“专户存储、专款专用、封闭运行”的原则，县电力公司在当地设立农改专户，资金到户后，资金的用途、使用须经区公司同意后方可使用。

（四）农电管理体制改革情况

对自供自管县电力企业的改革，水利部坚持按照国发［1999］2 号文件的精神，按照电力工业的改革方向，因地制宜、因网制宜，根据不同情况进行改革，反对“一刀切”代管的做法。水利部作为农电体制改革方案的审查部门之一，对湖南等 17 省农电体制改革方案提出了书面修改意见。

乡镇电管站的改革是这次农电体制改革的核心。将乡镇电管站改为县级供电企业所属的供电所，人、财、物纳入县级供电公司统一管理，是这次乡镇电管站改革的主要内容。到 2000 年底，共有 1894 个乡镇电管站完成了改革，占应改革总数的 71%，新建供电所 1243 个，农网改造完成的地方，都实现了“三公开、四到户、五统一”。吉林、广东、四川已经全部完成了乡镇电管站的改革。

（五）积极探求还贷问题解决方案

由于水利系统负责农网改造的地区多处属于贫困地区，本身经济欠发达、用电量少，银行对水利系统的农网改造资金放贷十分谨慎。因此，从农网改造一开始，各省水利厅就在多方探讨还贷的途径，目前，广西、四川、湖南、吉林等省都已向国家计委报送了还贷加价方案，以促进自供自管县的农网改造工作。四川省政府决定将2分钱电力建设基金按省电力公司和地方电力公司各1分钱的原则，用于农网改造还贷；湖南省为提高地方电力的还贷能力，省政府决定在省电力公司征收的电力建设基金中每年切出14%的份额交省财政，专项用于地方电力公司的还贷；云南省对部分边远山区县安排部分资金，作为农网改造的资本金投入，使这些县资本金比例由国家规定的20%提高到了30%～40%。

（六）农网改造取得的成果

经过近两年的农网改造，已经取得了一些可喜的成绩。

1. 农村电力市场的管理得到规范　在农网改造完成的地方，乡镇供电所重新聘用农电管理人员，竞争上岗，实现了“三公开”、“四到户”、“五统一”，每户用电量、电价、电费实行上榜公布，基本上杜绝了加价和集资现象，“权力电”、“关系电”、“人情电”以及偷漏电现象大大减少，电能质量得到保证，农村电力市场管理得到了规范，受到农民的欢迎。

2. 农村到户电价普遍降低　通过农网改造，农村的到户电价普遍得到降低，减轻了农民的负担。广东省13个自供自管县电价已全部降到省政府要求的1元/（kW·h）以下，有的县电价已降到0.8元/（kW·h）；吉林6个县已经消灭了1.00元/（kW·h）及以上台区，平均电价由原来的0.72元/（kW·h）降低到了0.684元/（kW·h）；四川省三台县新乐乡六村，在农网改造前，电价高达1.45元/（kW·h），改造后平均到户电价下降到0.70元/（kW·h）；广西苍梧县下恩村，农户平均到户电价由1.5元/(kW·h)下降到0.8元/(kW·h),恭城县到户电价由改造前的0.9～1.2元/（kW·h），改造后降到0.54～0.60元/（kW·h）。

3. 提高了农村供电质量和安全性　通过农网改造，更换了一大批高耗能变压器，降低了变损、线损，农村电网布局不合理、技术装备落后、网架结构薄弱的状况得到明显改善，供电半径减小，提高了农村供电质量和安全性。

4. 增加了用电量　由于电价的降低和供电质量的提高,农村用电量显著增加,生活用电消费明显扩大。比如,广东省封开县“两改一同价”工作开展后,全县农村用电量增加了20%,个别镇增加60%以上。

（七）存在的问题

1. 资金问题　在资金方面，水利系统存在两个问题，一是资金到位慢。目前，水利系统农网改造完成总额已大大超过到位资金，普遍处于工程等资金的状态。水利系统农网改造贷款由农行和开行承贷，在已下达的计划投资中，农行贷款92.775亿元，开发行贷款1.92亿元。到12月底，农行贷款到位45亿元，占贷款计划的47.5%，其中1998、1999年农行贷款到位率为64.2%，2000年农行贷款到位率10%。开发行分文未贷。水利系统已经垫资约16亿元，2001年初，部分项目将处于停工待资状态。二是资金有缺口。按照国家计委的批复规模，不能将全部县的台区都改造到，大约只能改造到60%的村，资金缺口大约60亿元。

2. 体制问题干扰水利系统农网改造　从农网“两改一同价”一开始，自供自管县农网改造就受到“上划”、“代管”的干扰，致使很长一段时间各级水利部门把主要精力用在体制问题上。在国家计委的大力支持下，到1999年底前后才有所好转。随着体制问题干扰的减轻，自供自管县农网改造工作进度明显加快，近几个月每月完成量都在7亿元左右。

3. 农网改造还贷加价方案还未出台，也影响了自供自管县的资金到位　虽然四川等省向国家计委报送了农网改造还贷加价方案，省政府也采取了一些措施，但是国家统一的还贷加价方案还没有出台，这也是银行担心自供自管县还不了贷款而惜贷的原因。

（八）对今后工作的设想

1. 加强管理，加快农网改造步伐　按照国家的统一部署，到2001年底将完成这次大规模的农网改造工作，到目前为止还有一年的时间，水利系统到2000年底，完成投资占总投资的58.7%，2001年将要完成近60亿元的投资，平均每月要完成5亿元以上，任务艰巨。水利系统将采取各种措施，加大管理力度，督促各省水利厅加强领导，加快农网改造进度。

2. 加强对竣工县的管理　按照国家的统一部署，到2001年底水利系统将完成261个县的农网改造工程，实现同网同价。工程结束将带来一系列的管理问题，尤其对乡镇供电所的管理是一个新的课题，要长期坚持实行“三公开、四到户、五统一”管理，巩固这次农网改造的成果。

（水利部农村水电及电气化发展局　于翔）

小水电技术标准编制工作

至2000年底截止，由水利部水电主管部门主持编制颁布的小水电技术标准有23个，其中：①规划类6项，主要包括《中小河流水能开发利用规划导则》、《农村水电供电区电力发展规划导则》、《小水电供电区农村电气化规划编制规程》等；②设计类5项，主要包括《小型水电站初步设计报告规程》、《农村水电供电区电力系统设计导则》等；③施工安装类7项，主要包括《小型水电站建设工程验收标准》、《农村初级电气化验收标准》、《小型水电站施工技术规范》等：④运行维护类1项，系《农村水电电力系统调度自动化规范》；⑤设备类2项，系《小水电站机电设备导则》和《电站用水封阀门技术条件》；⑥综合类2项，系《小水电供电区农村初级电气化标准》和《小型水电站技术改造规程》。在23个小水电技术标准中有3个属于国家标准，这些技术标准与相关部门、行业编制的其他标准一同，在规范小水电建设与管理、提高工程质量和技术水平上发挥了重要作用，为依法行使水行政主管部门管电职能提供了基本保证。

1999年5月份水利部水电局成立后，为了适应21世纪社会主义市场经济条件下水电科学技术进步，小水电规划、建设、管理、材料和设备发展的需要，水电局把建立和完善农村水电及电气化技术标准体系摆到了重要议事日程。2000年3月在云南昆明召开了《水电技术标准体系专家会议》，组织专家对原有的技术标准进行审查，在此基础上，根据小水电自身特点，以对小水电建设的规划、设计、建设、管理和装备等各个环节进行严格全过程有效控制为目标，提出了第一个《水电技术标准体系表》。

新的《水电技术标准体系表》作为《水利技术体系表》的一个分支，由46项水电标准组成，由水电局主持编制的有43项。该体系表对今后开展水电技术标准化工作具有重要的指导作用，是编制和修订水电技术标准中长期规划与年度计划的主要依据，也是监督检查技术标准编制工作进展情况的主要依据。

为了适应农村水电及电气化建设发展的需要，水电局计划在2000年～2001年组织修订《农村水电电气化标准》及编制《小型水电站优化运行导则》等五项新标准。

（水利部农村水电及电气化发展局　刘京和）

小水电技术改造

目前，在我国有4万余座总装机容量为2400多万kW的小水电站，其中大部分建于七、八十年代，受历史条件所限，水轮机转轮的品种较少，转轮模型效率不高，经过一、二十年的运行，机组的效率和安全性能迅速下降。据统计，单机容量在500～3000kW段的机组，其综合效率低于80%的占50%，因此对小水电站进行技术改造已成为一项十分迫切的任务。

随着社会经济和水电科学技术的发展，我国小水电站的技术改造进入了前所未有的高潮。90年代末，小水电站技术改造主要做了以下几个方面的工作：

（1）技术改造前期计划工作。对我国小水电技术装备进行了调查，摸清了设备的总体情况，编制了技术改造的方案。

（2）研制和推广应用高效率转轮，使机组更好地适合电站运行的参数和水质条件，在此基础上，逐步淘汰高耗能设备。采用计算机模拟代替模型试验，缩短了研发周期，例如浙江长潭水电厂，用计算机模拟选择新转轮，并通过更换调速器改变导叶与桨叶之间的协联关系，单机容量从4160kW增到5000kW，机组效率提高近20%。

（3）采用新型材料克服或缓解水轮机的空蚀和磨损，提高机组的寿命。

（4）采用新型绝缘材料及新的工艺，通过提高发电机线圈的绝缘等级等方法进行发电机的增容改造。用微机型调速器和励磁系统代替原有的设备，可与电力系统的计算机监控系统相匹配。

（5）强化水电站（厂）内经济运行和水电站群的优化调度使水电资源得到合理利用。

（水利部农村水电及电气化发展局　刘京和）

小水电企业的改革

1998年全国水利系统共有发、供电独立核算企业21792个，其中国有企业3459个，集体企业15524个，私人企业624个，股份制企业1363个。1999年，全国水利系统共有发、供电独立核算企业21828个，其中国有企业3524个，集体企业14840个，私人企业824个，股份制企业1617个。近两年，小水电企业在投资体制改革、转机建制等方面进行了有益的探索和尝试。

（一）投资体制

近年来，水利系统大力推动水电投资体制的改革，积极推行股份制和股份合作制，投融资方式在地方自筹、财政支持、银行贷款的基础上，吸纳各种社会资金，并引进外资，特别是世行、亚行及国外政府贷款，已形成中央、地方、企业、集体、个人、外商等多元化的投资主体。积极推进企业或企业（集团）成立股份有限公司，发行股票，成为上市公司。

投资风险约束机制也逐步建立，在建设项目中普遍推行项目法人负责制、招投标制和工程监理制。

（二）现代企业制度建设

通过制度创新，增强了企业的投融资能力，壮大了水利系统水电产业的资产。四川、广西、重庆、浙江、新疆、青海、吉林、云南、湖北都相继组建了省级水电产业集团公司，大都有十几亿、几十亿资产。全国许多地县都组建了水电产业集团公司，云南七个地州都组建了实力雄厚的地级水电产业集团公司。乐山电力、岷江水电、三峡水利、明星电力、乌江水电、钱江水利、闽东电力等一大批水电企业上市，扩大了企业规模，增强了市场竞争能力。为了适应市场经济的要求，水利系统水电企业大力转换经营机制，正在逐步形成企业优胜劣汰、经营者能上能下、人员能进能出、收入能增能减、技术不断创新、国有资产保值增值等机制。

（三）存在的问题与今后的发展

水电企业规模小，经营分散，制约了发展；干部、职工的观念、意识还远不能适应水利水电改革与发展的需要，存在着决策随意、制度不严、纪律松弛、管理水平低下的情况。这些问题都需要在今后的改革中认真研究解决。

今后主要抓好以下几个方面的工作：①按照电力体制改革的方向，以发展为主题，加快农村水电改革步伐；②加大结构调整力度，增强竞争力；③以改革为动力，以降低成本为核心，减员增效；④加快科技进步，提升水利系统水电装备技术水平；⑤抓好投资体制改革，充分发挥市场配置资源的优势；⑥按现代建设管理体制搞好工程建设；⑦加大对外开放的力度，引进国外先进技术和管理经验，开拓国际水电市场。

（水利部农村水电及电气化发展局　赵夏阳）

小水电站无人值班技术

随着计算机、自动化技术的快速发展，特别是近几年股份制水电站的新建与老水电站的改造，小水电站开始越来越多地采用无人值班技术。

目前，我国小水电站无人值班系统一般采用分层分布智能式结构，由上位工业控制计算机和当地单元组成。当地单元包括电站的测量、控制、保护及电量、非电量变送器等；采用模块结构和智能通信接口，便于系统扩展与其他自动化系统联接。无人值班系统主要实现水轮发电机组的开停机自动控制与保护，按机组容量与出线电压大小分为800kW以上的高压机组计算机监控系统和800kW以下的低压机组计算机监控系统两类。

我国小水电站很少整套引进国外计算机监控产品，只是部分核心设备采用进口，如工业控制计算机、可编程控制器（PLC）等。近两年，国内有十多家设备厂（或公司）生产800kW以上的高压机组计算机监控系统，系统结构主要有两种。一种以可编程控制器为核心，结合智能电参数仪与微机保护装置构成水轮发电机组的当地控制单元。另一种以单片机为主开发的数据采集、远程终端（RTU）与微机保护装置构成当地控制单元。两种方式的上位工业控制计算机都通过智能通信接口或网络方式与当地控制单元通信。1998年～2000年，浙江、福建、四川有50多座水电站采用以上两种模式计算机监控系统。但是，对于单机容量800kW以上的小水电站，目前还很少真正实现无人值班，只是减少了大量运行人员，如常规水电站原来一个班需要5个人，采用计算机监控系统后只需2个。

800kW以下的低压机组，由于发电机组设备本身价格较低，电站总投资不高，而自动化设备往往价格较高，所以在两年前，无人值班系统基本上没有应用；1997年，水利部“948”项目——小水电站无人值班技术，由水利部农村电气化研究所负责承担，通过引进加拿大POWERBASE公司的低压机组自动化技术，并在消化吸收的基础上，自行研制了一套适合国内800kW以下的低压机组的无人值班系统。该系统已在黄岩柔极溪水电站（3×630kW）、福建安溪东洋水电站（3×600kW）等十余座水电站成功应用；水电站采用这套无人值班系统后，只需一个运行人员值班，大大降低了运行成本，系统还通过电话线路可以实现远程参数修改、数据监控。

无人值班系统有待完善的几个问题是，可靠性观念问题、系统失电后自动可靠地关机问题、水电站的雷击抗干扰问题等。

（水利部农村水电及电气化发展局　刘京和）

地方中小水电工程经验

西藏普兰水电站工程建设

普兰水电站位于西藏阿里地区普兰县境内孔雀河中下游河段，距离普兰县城3.5km。电站装机容量为500kW，保证出力229.4kW，年平均发电量344.5万kW·h。电站的主要任务是为普兰县城及附近四个乡供电。

电站工程区内海拔高程为3900～4000m，坝址控制流域面积为2029km^2。该区属典型的高原亚寒带季风湿润气候，多年平均降水量仅为170mm，多年平均蒸发量达1500mm，多年平均温度为0～2℃，冬季最低气温达－29℃；最大冻土深度为124cm。每年施工期为7个月。

普兰水电站为低水头径流式小水电站，主体工程包括拦河坝、发电引水建筑物、地面厂房等。

(1) 拦河坝。拦河坝从右至左依次布置有右岸连接段、滚水坝、冲砂闸、进水闸、左岸连接段，总长63m左右（设计为58.05m）。滚水坝坝顶高程3946.00m，冲砂闸和进水闸顶部高程为3949.50m，最大坝高9.20m。

(2) 发电引水建筑物。引水建筑物依次有过渡段、引水渠、箱涵、前池、压力管道等，全长746.8m，其中引水渠长678.51m。

(3) 发电厂房及厂区其他建筑物。主厂房长17.53m，宽12.33m，厂房内布置2台轴流式定桨立式发电机组，单机容量为250kW，水轮机安装高程3932.00m，发电机层高程3936.50m。

(4) 金属结构。包括大坝上设冲砂闸检修门和工作门各2扇，进水闸检修门和工作门各1扇，进水口拦污栅1个，压力前池拦污栅2个，闸门2个，25441mm压力钢管2节，厂房尾水检修门2个。

普兰水电站由武警水电第三总队十二支队负责组织施工，水电站建设总工期为19个月。要求2000年10月完建投产。武警水电第三总队十二支队的广大官兵在接受这一任务后克服了阿里地区高寒缺氧、气候恶劣、交通通信不便等困难，于1999年初快速进入工地，他们根据多年在西藏从事水电施工积累的丰富经验，很快完成各项施工准备工作，使工程如期开工。目前，各项工程正按计划顺利施工。再立新功。

（武警水电第三总队　技术室）

广西私营企业家投资兴办水电

（一）概况

广西田东县农民出身的私营企业家班光习于1998年底创办了桂西首家私营登高集团。班光习个人投资创建的广西登高集团有限责任公司为核心企业，由田东铁合金冶炼总厂、田东县东鑫有限责任公司、田东矿业有限责任公司等三个成员企业组成，总资本6600万元。该集团于1996年11月在龙须河动工，兴建3×2550kW登高水电站，1998年竣工，电站投资4800万元，年平均发电量4500万kW·h。接着，在登高水电站上游10km处，又投资4500万元兴建容量为2×3200kW的坡圩水电站，该电站首台机也于2000年4月发电。最近，班光习在地区政府的大力支持下，以登高集团38%，百色电力公司31%，广西水电工程局31%的股比正在筹建百色福禄河五级水电站，电站总装机容量为12.90MW。

（二）特点

班光习私营兴办小水电独具特色。

(1) 从别人不愿干的起家。80年代初，从乡村高中毕业的班光习，回到清贫如洗生养他的小山村，瞄准本小利丰“收破烂”行业，以赊购再转卖，学会与生意人打交道，以小钱赚大钱，很快走上致富路。

(2) 为老区脱贫闯世界。从送矿石中向行家“偷窃”冶炼技术，运铁合金时“刺探市场行情”。条件成熟，不失时机，挺进南宁，租地盖厂，办矿品厂，购、冶、销“一条龙”，质高价廉，供不应求。获取最佳信息，北上大连合资创办桂连公司，从事化工出口贸易，经营对路，回报丰厚。

(3) 建水电站造福一方。班光习从创办实业中深感电与工业生产的重要关系，高能耗的冶炼，因缺电停产使他年损失几十万元，为抢占上流资源，须建自己的电站以造福本地百姓，同时可保证企业正常运转。于是紧抓1996年《电力法》颁布给私企投资办电的优惠政策，投资创建登高水电站。

（三）经验

(1) 兴建水电站，“带动一方经济，造福一方乡亲”。例如：按规定付搬迁补偿费90万元，班无条件增加30万元；出资为库区修公路、架供电线路、修整农田、人蓄供水渠道；为兴建水电站而建10多个采石场，为贫困农民增加300多万元劳务费收入。

（2）班光习以水电为龙头集采矿、冶炼、商贸为一体的多元化经济联合体，特别制定严明、可行的规章，不断完善责任制，任务落实、责任明确、工作有序，奖罚有章可循。

（3）高薪聘用高级工程师作现场总监，送35名普通管理人员到电力技校培训。

（广西水力发电工程学会　秘书处）

统　计　资　料

1998年～2000年全国小水电装机及发电情况统计表

地区	1998年				1999年				2000年			
	装机容量		年发电量		装机容量		年发电量		装机容量		年发电量	
	kW	%	万kW·h	%	kW	%	万kW·h	%	kW	%	kW·h	%
全国	22024180	100.00	7133922	100.00	23480690	100.00	7200704	100.00	24851721	100.00	7998249	100.00
北　京	45093	0.20	6300	0.09	45093	0.19	5842	0.08	45093	0.18	4161	0.05
天　津	5800	0.03	1924	0.03	5800	0.02	1808	0.03	5800	0.02	1377	0.02
河　北	257692	1.17	35098	0.49	282706	1.20	27048	0.38	296611	1.19	32437	0.41
山　西	138781	0.63	23664	0.33	138366	0.59	17544	0.24	151801	0.61	20286	0.25
内　蒙	42145	0.19	11663	0.16	43652	0.19	8799	0.12	48352	0.19	7988	0.10
辽　宁	177486	0.81	38354	0.54	188300	0.80	38645	0.54	188745	0.76	33506	0.42
吉　林	210879	0.96	49852	0.70	219089	0.93	58458	0.81	227399	0.92	63642	0.80
黑龙江	146735	0.67	44014	0.62	152835	0.65	38863	0.54	180900	0.73	39655	0.50
江　苏	32746	0.15	7442	0.10	32746	0.14	7442	0.10	32746	0.13	10181	0.13
浙　江	1407420	6.39	371908	5.21	1564038	6.66	427926	5.94	1692037	6.81	404946	5.06
安　徽	234706	1.07	59167	0.83	239444	1.02	59713	0.83	266747	1.07	47391	0.59
福　建	2477619	11.25	890682	12.49	2695467	11.48	902321	12.53	2878409	11.58	1006798	12.59
江　西	1023021	4.64	299132	4.19	1080339	4.60	299687	4.16	1146070	4.61	308494	3.86
山　东	78249	0.36	9995	0.14	78249	0.33	5027	0.07	78249	0.31	3642	0.05
河　南	282540	1.28	59228	0.83	287866	1.23	45707	0.63	310531	1.25	53642	0.67
湖　北	1276442	5.80	388992	5.45	1338319	5.70	347554	4.83	1409446	5.67	421465	5.27
湖　南	1873311	8.51	647377	9.07	1902695	8.10	604260	8.39	1951987	7.85	683467	8.55
广　东	2870906	13.04	901895	12.64	3106199	13.23	748199	10.39	3294991	13.26	909617	11.37
广　西	1268118	5.76	470090	6.59	1293866	5.51	426180	5.92	1358905	5.47	427313	5.34
海　南	211378	0.96	51527	0.72	213034	0.91	53347	0.74	214894	0.86	67284	0.84
重　庆	737805	3.35	273235	3.83	780790	3.33	303642	4.22	804542	3.24	323290	4.04
四　川	2866424	13.01	1085498	15.22	3083582	13.13	1201011	16.68	3281665	13.20	1314898	16.44
贵　州	826290	3.75	267541	3.75	849031	3.62	288756	4.01	908342	3.66	332351	4.16
云　南	1863096	8.46	670809	9.40	2093142	8.91	776056	10.78	2190126	8.81	921094	11.52
西　藏	158798	0.72	18341	0.26	158798	0.68	18300	0.25	158798	0.64	18300	0.23
陕　西	321015	1.46	65647	0.92	383316	1.63	71166	0.99	427997	1.72	95193	1.19
甘　肃	290438	1.32	95404	1.34	308891	1.32	103404	1.44	332703	1.34	117884	1.47
青　海	171811	0.78	57894	0.81	187351	0.80	63530	0.88	214412	0.86	71343	0.89
宁　夏	3200	0.01	830	0.01	3200	0.01	800	0.01	3200	0.01	800	0.01
新　疆	608006	2.76	192666	2.70	608256	2.59	197968	2.75	633993	2.55	205765	2.57
部直属	116230	0.53	37753	0.53	116230	0.50	51701	0.72	116230	0.47	50039	0.63

（水利部农村水电及电气化发展局　赵虹）

全国农村水电初级电气化县情况表（1998 年）

项目 电气化县分批数	覆盖面积（km^2）	覆盖耕地合计（hm^2）	电力排灌面积（hm^2）	覆盖总人口（人）	通电乡		通电村		通电户	
					数量（个）	通电率（%）	数量（个）	通电率（%）	数量（户）	通电率（%）
第一批 109 个县	305957	2109854	210625	33651739	1898	100.00	29305	99.80	8715912	98.40
第二批 209 个县	827032	5932204	726045	74533154	3972	100.00	58493	98.90	18968844	97.30
第三批 302 个县	2033307	8879281	748404	118236106	6170	98.9	86758	94.9	27494577	92.6

项目 电气化县分批数	年末拥有装机容量		当年新增装机容量		在建装机容量		累计完成投资（万元）	本年完成投资（万元）					水库总库容（亿 m^3）
								合计	按资金来源分				
	合计（kW）	水电（kW）	合计（kW）	水电（kW）	合计（kW）	水电（kW）			中央投资	地方投资	国内贷款	县自筹	
第一批 109 个县	4563084	4240501	449356	408355	990915	990915	1510465	293347	2794	33720	131080	125753	375.06
第二批 209 个县	6636496	5746442	537935	476495	985353	940353	2293145	344615	3671	23872	141414	175658	651.23
第三批 302 个县	5496724	4501787	475624	392213	1110682	1030482	1455638	443420	27180	48235	183851	184154	438.43

项目 电气化县分批数	年发电量		厂用电量（万 kW·h）	年用电量							
	合计（万 kW·h）	水电（万 kW·h）		合计（万 kW·h）	人均年用电量（kW·h/人）	生活用电量（万 kW·h）	户均年生活用电量（kW·h/户）	工业用电量（万 kW·h）	农业用电量（万 kW·h）	排灌用电量（万 kW·h）	其他用电量（万 kW·h）
第一批 109 个县	1543526	1475635	20915	1423951	428	294287	332	891358	138188	29593	100118
第二批 209 个县	2191514	1925294	45112	2438455	332	625206	321	1386362	2394.57	58390	187430
第三批 302 个县	1786504	1453069	49191	2485661	213	694626	234	1239389	323161	84344	228485

（水利部农村水电及电气化发展局 赵虹）

全国农村水电初级电气化县情况表（1999 年）

项目 电气化县分批数	覆盖面积（km^2）	覆盖耕地合计（hm^2）	电力排灌面积（hm^2）	覆盖总人口（人）	通电乡		通电村		通电户	
					数量（个）	通电率（%）	数量（个）	通电率（%）	数量（个）	通电率（%）
第一批 109 个县	305955	2081646	200744	33796644	1907	100.00	29578	99.90	8888125	98.80
第二批 209 个县	795834	5577121	747.507	76791124	3951	99.9	58003	99.20	18584317	94.6
第三批 300 个县	2017823	9420601	790849	119290890	6179	99.1	79865	97.8	28821436	95.6

项目 电气化县分批数	年末拥有装机容量		当年新增装机容量		在建装机容量		累计完成投资（万元）	本年完成投资（万元）					全县水库总库容（亿 m^3）
								合计	按资金来源分				
	合计（kW）	水电（kW）	合计（kW）	水电（kW）	合计（kW）	水电（kW）			中央投资	地方投资	国内贷款	县自筹	
第一批 109 个县	5115144	4788187	478657	465957	817820	817820	1864846	321951	4280	31458	139945	146268	211.94

续表

电气化县分批数＼项目	年末拥有装机容量		当年新增装机容量		在建装机容量		累计完成投资（万元）	本年完成投资（万元）					全县水库总库容（亿 m³）
								合计	按资金来源分				
	合计（kW）	水电（kW）	合计（kW）	水电（kW）	合计（kW）	水电（kW）			中央投资	地方投资	国内贷款	县自筹	
第二批 209 个县	7000075	6024290	568593	422289	910511	818151	2587798	312520	18853	33727	142149	117791	906.45
第三批 300 个县	6063075	4894135	576661	437214	1047173	984973	2120014	523701	40213	60377	215995	207116	610.69

电气化县分批数＼项目	年发电量		厂用电量（万 kW·h）	年用电量							
	合计（万 kW·h）	水电（万 kW·h）		合计（万 kW·h）	人均年用电量（kW·h/人）	生活用电量（万 kW·h）	户均年生活用电量（kW·h/户）	工业用电量（万 kW·h）	农业用电量（万 kW·h）	排灌用电量（万 kW·h）	其他用电量（万 kW·h）
第一批 109 个县	1624803	1550171	25530	1587232	474	317701	353	993366	139216	29786	136949
第二批 209 个县	2181803	1941967	41680	2579814	341	644463	328	1484229	258848	69728	192274
第三批 300 个县	1930057	1529167	58362	2771761	236	784857	260	1369315	375533	89789	242056

（水利部农村水电及电气化发展局　赵虹）

全国农村水电初级电气化县 2000 年情况表

电气化县分批数＼项目	覆盖面积（km²）	覆盖耕地合计（hm²）	电力排灌面积（hm²）	覆盖总人口（人）	通电乡		通电村		通电户	
					数量（个）	通电率（%）	数量（个）	通电率（%）	数量（个）	通电率（%）
第一批 109 个县	298310	2041973	193080	3358991	1892	99.9	29201	99.9	8943955	98.7
第二批 209 个县	793307	5687009	608535	74988476	3968	99.9	57966	99.5	19718902	98
第三批 335 个县	1981649	10171049	973962	137359474	7253	99.8	89833	99.3	34331472	97.60

电气化县分批数＼项目	年末拥有装机容量		当年新增装机容量		在建装机容量		累计完成投资（万元）	本年完成投资（万元）					水库总库容（亿 m³）
								合计	按资金来源分				
	合计（kW）	水电（kW）	合计（kW）	水电（kW）	合计（kW）	水电（kW）			中央投资	地方投资	国内贷款	县自筹	
第一批 109 个县	5531768	5195278	641921	641921	863830	863830	2242482	474104	35115	65168	273709	100112	302.38
第二批 209 个县	7266322	6411890	361705	347368	1092970	1056970	3142661	544801	50368	94194	245225	155014	811.01
第三批 335 个县	7467178	6090234	614286	556670	1293955	1235950	3300539	896593	78465	119699	393645	304784	629.31

电气化县分批数＼项目	年发电量		厂用电量（万 kW·h）	年用电量							
	合计（万 kW·h）	水电（万 kW·h）		合计（万 kW·h）	人均年用电量（kW·h/人）	生活用电量（kW·h）	户均年生活用电量（kW·h/户）	工业用电量（万 kW·h）	农业用电量（万 kW·h）	排灌用电量（万 kW·h）	其他用电量（万 kW·h）
第一批 109 个县	1868278	1773402	28574	1704009	513	335309	370	1094709	153860	29985	120133
第二批 209 个县	2416345	2167718	46761	2889995	389	717049	356	1690316	277852	67168	204778
第三批 335 个县	2540360	2035849	67750	3723188	275	1046568	298	1957527	450474	102192	268619

（水利部农村水电及电气化发展局　赵虹）

水电工程经济

7

造价改革与研究

建立实物法造价体系

随着市场机制和水电建设业主负责制、招标承包制、建设监理制三项改革制度的建立和深化，随着我国加入世贸组织对国内环境和市场运行规则的国际化，现有工程造价管理办法已越来越显现出与发展市场经济的不适应性。市场经济越是发育，出现问题越多。建立一套适应市场经济和与国际接轨的工程造价管理体系，成了紧迫的改革任务。1994 年 4 月，原电力工业部汪恕诚副部长在水电工程造价改革工作座谈会上对水电工程造价体系提出了与国际接轨、符合国情、逐步过渡的改革思路。1997 年以后开展的实物法造价体系研究工作，是实践这一思路的重要步骤。

（一）实物法与定额法的区别

实物法是针对工程具体情况，在工程施工组织设计指导下，根据施工进度计划和必须投入的人、材、机的总数量，计算工程项目的总直接费用，以及根据施工管理机构和人员设置等条件确定总间接费和企业利润的一种造价计算方法，其基本含义是成本分析。实物法与我国 50 年代借鉴前苏联的经验发展至今的定额法相比，区别在于：①计算依据不同。定额法的计算依据是国家或省造价管理部门颁布的统一定额和取费标准，更多体现国家定价的原则，定额反映了社会的平均必要劳动量，带有指导性或法定性；而实物法则以体现了工程进度、强度、质量与成本的关系为基础，以市场取向为主，更多体现个别定价的原则，计算依据多为参考性。②计算涉及因素的处理方法不同。实物法撇开了宏观控制工程投资的编制思路，工、料、机消耗结合工程具体情况分析确定，施工管理费与施工进度和管理机构设置挂钩，不可预见费和利润根据工程规模、施工环境、施工企业自身条件分析确定；而定额法则以套用定额为主计算工、料、机消化量，间接费、预备费和利润都采用部门或省市规定的费率。

（二）实物法计算的步骤

①把水电站建筑物划分为若干个单项工程；②每个单项工程划分为若干个基本的施工工序；③确定施工方法和选择合适的设备，确定施工设备的生产率；④根据施工进度确定工序生产强度，并据此确定设备组合和劳动力组合；⑤计算人、材、机数量；⑥人、材、机数量分别乘以相应的基础价格，计算总直接费用；⑦总直接费除以项目工程量得直接费单价；⑧按施工管理机构和人员设置等条件计算施工管理费和其他间接费；⑨按有关条件和经验估算利润、利息。

（三）进展情况

近年来我国水利水电建设项目大量引进外资，工程建设实行国际竞争性招标，国内水电界开始接触、了解、实践“实物法”，在鲁布革水电站、大广坝水利枢纽、江垭水利枢纽、二滩水电站、水口水电站、天生桥一级水电站厂房泄水系统工程、天荒坪抽水蓄能电站沥青混凝土工程等一系列工程中采用了“实物法”编制标底和工程概算。在国家计委、国家经贸委和国家开发银行的关心和支持下，原电力工业部、国家电力公司开展了实物法造价体系研究的大量工作，多次组织出国考察，了解和收集可借鉴的国外资料；组织业主、设计、施工等单位的专家研讨和交流，委托中南勘测设计研究院编制实物法“导则”，并依靠湖南五凌水电开发公司的支持配合在洪江水电站工程进行了“实物法”的成功实践。水电水利规划设计总院继“导则”后，研究编写的“实物法编制办法”已经完成送审稿。以上成果为实物法在水电工程建设系统中推广应用奠定了政策基础。鉴于外部环境和水电工程造价队伍素质等实际情况，“导则”和“编制办法”出台后还难以全面实施实物法。为此，水电建设定额站开展了“水电工程造价实物法编制指南”的研究和编制工作，截至 2000 年底已经取得阶段性成果。

（水电水利规划设计总院　陈皓　周尚洁）

’99 水利水电工程造价管理国际学术交流会

’99 水利水电工程造价管理国际交流研讨会于 1999 年 11 月 8 日至 9 日在湖北省宜昌市三峡坝区召开，会议由中国长江三峡工程开发总公司会同中国国际工程咨询公司、北京峡光经济技术咨询有限责任公司及中国建设工程造价管理协会四家发起和主办。有来自美国、加拿大、挪威、伊朗、日本等国家及中国香港和大陆共42个公司和单位89人参加了会议。

此次会议有四个议题：①水利水电工程投资的风险分析方法；②项目业主对工程投资的控制管理原则和方法；③水电站上网电价计算原则和方法分析；④造价咨询顾问公司在工程建设中的责任和作用。

水利水电工程具有工程规模大、建设周期长、涉及技术领域广、组织管理复杂、投资风险大等特点。长期以来，工程投资控制是社会各界，尤其是水电业界十分关注的一道难题。在中国，水利水电工程建设是开放较早的行业，70年代末期，在鲁布革工程的输水隧洞项目采用了世行贷款，实行了招标发包制，引进了竞争机制，从而极大地推动了中国水电行业建设管理体制的改革。在全国范围内积极推行有中国特色社会主义市场经济体制的背景下，水电行业建设管理体制也在积极变革中。普遍实行了以项目法人责任制为主体的招标发包制、建设监理制和合同管理制的管理模式；采用以一个电站建设为母体，按流域规划进行滚动建设的开发模式；在开发主体的组建方面，采用有限责任公司或股份有限公司等现代企业形式；电力市场正在酝酿“政企分开，厂网独立，理顺电价，依法调度，竞价上网”的改革思路，并已进行试点行动。作为制约水电业界发展的制约因素，水电造价管理工作应如何加快改革步伐；如何对投资进行风险分析，从而达到化解、降低风险的目的；如何分析电力市场的发展变化，合理确定上网电价；如何借助咨询机构的力量为加强造价管理出谋献策；如何借鉴世界各国水电同行的先进管理经验等方面，都是与会者关心和感兴趣的问题，这也是组织本次会议的目的所在。

本次研讨会从倡议到组织召开历时一年，期间组委会和筹备会先后召开了四次会议，共收到论文32篇。本次会议交流的论文内容丰富、涵盖广泛，基本包含了组委会所制订的四个主题，既有理论探讨，又有实践经验。作者分别来自设计单位、项目法人单位、建设管理单位和中介咨询机构，应邀前来的还有国际知名公司和咨询机构。通过广泛的交流，开阔了视野，并在水利水电工程投资风险分析、造价控制管理的原则和方法、价格补偿方法的研究、项目成本估算方法、上网电价的计算、工程定额的查定和积累、造价咨询中介机构在工程造价控制与管理领域中日益突出的作用等方面，针对各位学者、专家和同行宣读的论文，作了较为深入和具体的交流和讨论，对丰富我国水利水电工程造价领域的学术理论水平，指导工程造价控制与管理的实践方面，具有非常积极的意义。

通过这次活动促进了中国及与会各国、各单位的水利水电工程造价管理工作的进步与发展，也将会在三峡工程的造价管理活动中带来有益的影响；同时也为与会各方代表结识朋友，交流造价管理经验，增长知识提供了一次很好的机会。通过交流研讨，克服困难、解决问题，逐步完善我们的造价管理体制，从而有效控制工程造价，达到提高投资效益的目的。

（北京峡光经济技术咨询有限责任公司　李治平）

水力发电建筑工程预算定额编制（1999年）

原水利电力部于1986年颁发的《水利水电建筑工程预算定额》执行多年来，得到了有关方面的一致认可。但随着我国水电建设事业有了较大进步，工程规模有所扩大、施工工艺水平有很大提高。为此，作为电力工业部水电建设定额站延续的国家电力公司水电建设定额站，于1999年开始修编该定额并定名为《水力发电建筑工程预算定额（1999年）》（以下简称99预算定额）。

（一）编制原则

99预算定额应满足工程实施阶段（招、投标文件和工程结算）的需要，反映目前水电工程建设施工技术和工效平均水平。在章、节、子目的划分中，充分考虑了目前工程施工主要工艺、设备配置状况，宜细不宜粗，尽量减少定额调整系数。在86预算定额基础上进行修编，依据新的工程资料进行分析、调整、补充、删除。表现形式参照97概算定额，即人工以工时表示并分为高级熟练工、熟练工、半熟练工、普工，机械以台时表示，材料和机械内容须分类、分型号细化，尽可能以定额消耗量表示，减少其他材料和其他机械使用费的费用数额。与97概算定额进行定额水平对比分析，对于偏离较大的定额子目慎重处理。各节定额适用范围和工作内容必须依据定额子目内容表述清楚。

（二）编制方法

根据修编工作大纲要求确定99预算定额定额子目。分析和研究86预算定额自使用以来在工程实际使用过程中的效果情况。对于工况条件和工作内容没有变化的定额子目，需根据资料收集、分析研究、整理重新确定定额。对于工况条件、工作内容发生变化和新增的定额子目，通过资料收集、分析、整理，去粗取精，去伪存真，计算核实编制定额。

定额人工按四种等级计入定额，应根据劳动组合先列入各项目所需配备的工种及数量，如风钻工、爆破工、值班电工、值班修理工、领班等，并排列出其工种等级，再综合计算各级别人工定额数量。机上操作人工暂时按列在台时费定额中处理。定额中人工是指完成该定额子目工作内容所需的人工消耗量。它包括主要用工和辅助用工，并且按完成该子目所需人工的技术等级分别列示出高级熟练工、熟练工、半熟练工、普工的工时数。定额人工和机械操作工工时包括基本工作、辅助工作，作业班内的准备与结束、不可避免的中断、必要的休息、工程检查、交接班、施工干扰、夜间工效影响，以及常用工具和机械小修、保养、加油、加水等全部时间。

定额人工技术等级对照表

定额技术等级	原技术等级	工改后	等级
		岗位等级	技术等级
普工	一、二	四～七	十七～十六
半熟练工	三	五～九	十五副～十四
熟练工	四、五（50%）	七～十	十三副～九
高级熟练工	五（50%）、六以上	八～十二	八副～六

定额材料，应根据定额子目内容确定定额消耗材料品种、规格和消耗量。定额中材料是指完成定额子目内容所需的材料消耗量。它由主要材料和辅助材料组成，主要材料以法定计量单位表示，辅助材料以其他材料费表示，没有主要材料但需辅助材料的定额子目，则以零星材料费表示。材料定额中，凡一种材料名称之后，同时并列了几种不同型号规格的，如石方工程导线中的火线和电线，则表示这种材料只能选用其中一种型号规格的定额进行计算。材料定额中，凡一种材料分几种型号规格与材料名称同时并列的，如石方工程中同时并列导电线和导火线，则表示这些名称相同规格不同的材料都应同时计价。材料定额中的其他材料费是指在定额子目中已列项的材料以外的材料，如工作面内的脚手架、排架、操作平台等的摊销费以及一些用量较少的其他材料。

定额机械，要根据目前机械施工水平，通过机械效率资料测定分析机械定额水平，同时也需根据机械产品说明书的使用条件和相应额定产量，进行核对计算，避免过大的偏离。定额中机械是指完成该项定额子目工作内容所需的机械消耗量，它由主要机械和辅助机械组成。主要机械以台（组）时表示，辅助机械以其他机械使用费表示。定额中的机械台（组）时只包括机械运转时间，非运转时间的机械自然损耗以及无形损耗已计入施工机械台时费定额中。机械定额中，凡一种机械名称之后，同时并列几种型号规格的，如压实机械中的羊足辗、轮胎辗，运输定额中的自卸汽车等，表示这种机械只能选用一种型号规格的定额进行计算。

超挖（填）和施工附加量，99预算定额包括各种施工操作损耗和体积变化因素，以及施工规范允许超挖（填）量而增加的人、材、机消耗量，不包括为完成施工所需要增加的施工附加量而增加的人、材、机消耗量。

（水电水利规划设计总院　关宗印）

计算机技术在水电工程投资管理中的应用

水电工程投资管理中涉及大量的数据和资料需要计算和处理，从90年代起，水电设计单位已陆续开始编制各种程序用于日常的数据处理，后经统一整编，推出了水利水电工程设计概算标准软件等应用软件。由于这些软件均在DOS系统下开发，处理速度和界面受到较大限制。随着计算机技术的日新月异，特别是网络的发展，除水电工程投资编制软件经多次升级换代已基本系列化外，投资管理网络系统、资料信息网等方面也已全面启动，使投资管理逐步走向信息化和现代化。

1．投资编制软件已基本系列化　目前用于编制概（估）算的有：《水利水电工程设计估算标准软件》、《水利水电工程设计概算标准软件》、《水利水电工程利用外资设计概算软件》，用于编制投标报价的软件有《水力发电设备安装工程报价软件》和《水力发电工程报价软件》。这些软件与目前颁布使用的建筑安装概（预）算定额、机械台时费定额、概算编制办法及费用标准等是配套的，内容和各种边界条件界面化，各种计算调整自动化，简化了翻书查定额的繁琐过程，大大提高了工作效率。概（估）算编制软件重点保证编制的完整性，流程设计和输入、输出都严格按照通用方法和规定，而报价编制软件则更突出了灵活实用性，如报价资料安全口令的设置、定额和单价灵活调整、总价及消耗量水平的调整，详尽的人、材、机耗量及费用统计，自定义式的报表输出等等，充分考虑了不同形式招投标的要求。

2．投资管理系统　为了满足大中型水电项目建设需要，提高管理效率和水平而设计的网络化投资管理软件。它利用计算机网络化管理优势，对当前水电工程建设中投资、进度及有关文档资料管理等方面进行了统一规划，使工程概算、合同和结算资料有机地结合起来，方便管理，并能及时地反映工程投资的动态变化，为各方提供有益的数据资料。该系统适用于局域网，可通过广域技术进行远程管理，也可通过软盘交换数据；设置多层分级密码，访问权限到人到项；通过实施概算（执行概算），将合同和概算项目有机地结合起来，完成项目的工程量和投资能逐级累计，及时准确地反映项目在各阶段（概算、实施概算、合同、实际完成）的工程量和投资，并以柱状图直观显示；合同结算通过施工单位申报、监理审核、合同管理部门批准和财务部门支付的流程进行，并针对不同管理者特点，设计了提交资料的退回、修改、向上提交、收回已提交资料等不同管理模式。

3. 信息网　随着信息时代的到来对水电工程造价专业提出的更高要求，水电工程造价信息网（http://www.hydrocost.com.cn）目前已开通，主要针对全国水电工程建设中有关造价方面的政策法规、行业规范、地方文件、水电工程造价资料、价格信息、造价专业发展等方面提供信息，同时大量的数据库建设也在开展。虽然这些工作刚刚起步，但势必为水电工程投资管理的现代化和信息化创造更好的条件。

（水电水利规划设计总院　李国华）

1998年～2000年颁发的有关工程造价重要文件目录

随着经济体制更深层的改革，国家由计划经济向社会主义转轨过程中在财税、金融、物价等各方面的经济政策作了较大幅度的调整。自1996年5月10日起至1999年6月10日中国人民银行曾7次降低金融机构存贷款利率，中长期5年以上的贷款年利率由15.12%降到6.21%，物价年上涨指数由6%降到零，进出口关税税率也作了调整。在经济改革的同时人事部对包括建筑师、监理工程师、造价工程师等12个领域试行执业资格制度，以加强岗位准入控制，提高专业技术人员队伍的素质，提高行业工作水平和产品质量。人事部、建设部曾先后认定二批造价工程师并实行造价工程师执业资格考试制度。在水电工程领域内，为使工程造价编制适应业主负责制，为招标承包服务，概算编制上作了较大的改革，原电力工业部颁发了水力发电工程可行性研究报告设计概算编制办法及费用标准，使工程有了新的计价基础和计价标准，较能反映近年利用新技术的施工工艺发展水平，反映实际工效。同时为迎接中国加入WTO和与国际接轨在概算编制方面正在研究制定在国际上惯用的以实物法编制工程概算的有关办法、规定。

从1997年下半年起至2000年上半年止，按时间顺序排列。工程造价文件主要有：

1. 建标［1997］213　关于公布首批认定陈西发等854名造价工程师名单的通知　建设部　1997.8.26

2. 开发资金［1997］317　关于调整各项贷款利率的通知　国家开发银行　1997.10.27

3. 水建［1998］15　关于印发水利水电工程设计概算费用构成及计算标准的通知　水利部　1998.1.7

4. 水电规［1998］0002　关于执行水力发电工程可行性研究报告设计概算编制办法定额及费用标准等有关文件的通知电力工业部　水规总院　1998.1.8

5. 开发资金［1998］99　关于调整存贷款利率的通知　国家开发银行　1998.3.26

6. 建标［1998］98　关于公布第二批认定俞昌璋等999名造价工程师名单的通知　建设部、人事部　1998.4.29

7. 开发资金［1998］207　关于调整存贷款利率的通知　国家开发银行　1998.7.6

8. 电力［1998］3　关于委托水电顾问公司承担有关水电项目审查评估工作的批复　国家经贸委　1998.9.15

9. 水电定［1998］04　关于印发定额预算专业委员会换届会议纪要和第五届委员会委员名单的通知　水电学会水电定额专委会　造价管理专委会　1998.11.8

10. 开发资金［1998］448　国家开发银行关于调整存贷款利率的通知　国家开发银行　1998.12.9

11. 建管总站［1999］07　关于水利工程造价工程师资格考核报名统计等有关问题的通知　水利部　1999.4.27

12. 水电定［1999］029　关于水电系统造价人员参加水利部从业资格考试问题的几点意见　国家电力公司水电建设定额站　1999.5.24

13. 开行发［1999］224　国家开发银行关于调整存贷款利率的通知　国家开发银行　1999.6.11

14.［1999］水电定字023　国家电力公司水电建设定额站关于颁发水力发电设备安装工程预算定额的通知　国家电力公司水电建设定额站　1999.7.5

15. 计投资［1999］1340　国家发展计划委员会关于加强基本建设大中型项目概算中“价差预备费”管理有关问题的通知　国家计委　1999.9.20

16. 财税［1999］299　关于暂停征收固定资产方向调节税的通知　财政部、国家税务总局、国家计委　1999.12.7

17. 75号部令　造价工程师注册管理办法　建设部2000.1.21

18. 74号部令　工程造价咨询单位管理办法　建设部2000.1.25

（水电水利规划设计总院　丁正乾）

投资控制与造价分析

十个水电站的概算调整

1998年批复调整概算的水电站工程是莲花、水口、二滩、东风、漫湾、宝珠寺、李家峡、五强溪、十三陵、西藏羊卓雍湖等十项，装机规模合计1150.5万kW。调概投资总额756.64亿元，与各项目最近一次批准的概算投资合计数534.05亿元相比，投资增加222.58亿元，比1995年国家计委进行在建项目概算核查预测的这十个项目建成预计投资882.53（作为预测“九五”计划需要投资的依据）减少125.89亿元。

（一）投资增长原因分析

投资增加的222.58亿元中，价差76.65亿元，占34.43%；利息51.76亿元，占23.26%；汇率变化增加38.20亿元，占17.16%；水库淹没处理补偿费增加40.53亿元，占18.21%；其他增加15.44亿元，占6.94%。①价差。1992年至1996年期间，钢材、水泥、木料、油料等等建筑材料的市场价格逐年攀升，设备费、人工费和管理费的上涨百分比每年达到或高于两位数，水电站建设实际的价格上涨指数大大超过设计概算批准时采用的6%，根据原电力工业部水电建设定额站对七个在建水电站的测算资料，1993年相对上一年的综合上涨指数曾经高达35%。②利息。1993年5月14日以前，中国人民银行公布的五年以上长期贷款利率为8.28%，至1998年3月25日期间，曾经8次调整利率，分别为9.9%、11.16%、14.76%、15.3%、15.12%、12.42%、10.53%和10.35%，十个项目最近一次概算批准时的利率，一般低于或等于8.28%。③汇率。十个项目中的水口、二滩、十三陵、五强溪分别是世界银行贷款（美元）和日本协力基金贷款（日元）。1994年我国汇率并轨，人民币折美元贬值60%以上，日元当时在金融市场呈升值态势，使汇率对两个日元贷款的电站投资影响尤为明显。④水库淹没处理补偿费。水库淹没处理补偿费增加的主要原因是农产品价格上涨和库区人口增加，实物指标较之最近一次批准概算，调整幅度普遍较大。1996年起，水电站水库淹没处理补偿实行新规范，补偿标准提高也是造成水库费增加的原因之一。⑤其他。其他原因增加15.44亿元中，有因为地质洪水等原因引起设计变更、工程量增加，如十三陵抽水蓄能电站上水库西坡加固处理增加近1亿元；羊卓雍湖抽水蓄能电站引水洞塌方处理增加1.2亿元；李家峡水电站左岸3号滑坡体方量增加约十倍，1997年8月特大暴雨发生泥石流，使主体工程及临时工程投资增加共计1亿多元。在其他共增加15.44亿元中，管理费、监理费和设计费等占40%左右，一方面因为物价全面调整上涨使得原来的费用标准变得很低；另一方面，支用这些费用的范围也有所扩大，如工程安全鉴定属于管理费增加的内容，如环境保护、水土保持、劳动安全与工业卫生等政府明令强化的专篇属于设计费增加的内容；剩余其他原因中，电厂和建设管理单位建房超支也是原因之一。

（二）调概程序

调整概算依据国家计委《关于核定在建基本建设大中型项目概算等问题的通知》（计建设［1996］1154号），需调概的水电工程项目由原电力工业部安排布置，个别重点项目如二滩、李家峡工程，由国家计委直接下文通知调概。调概文件（包括调概大纲和调概送审本）由承担施工图设计的设计院负责编制，建设项目法人（业主）审阅同意后报水电水利规划设计总院（后简称水电总院），水电总院组织业主（有关投资方参加）、建设单位、设计院、监理单位、部有关司局、所在省市计委、贷款银行等相关单位，以审查会形式进行审查，项目业主和设计院根据审查意见修改送审本，编报审查修改本，由水电总院报国家计委主管司局核定，计委主管部门组织专家复核后下达核定意见（计委直接通知调概的项目由办公厅行核定意见文），最后由原电力工业部批复调整概算。

（三）意义和作用

调概的意义首先在于如实反映出项目建设期间国家政策调整（包括工资、税收、利率和汇率等）和市场价格（包括设备和基建材料等）变化对项目实际投资额度的影响。增长原因分析已经说明，十个项目大多开始于国家“七五”计划后期，投资高峰一般发生于“八五”计划期间，该时期我国的基本建设体制和市场价格体制都有较大变化，而大、中型水电站的建设资金主要依靠国家计划安排（通过国家开发银行贷款），如不适时根据国家政策对原来批准的概算进行调整，将直接影响概算的执行乃至项目实施。调概的另一个意义在于：通过调概后的概算项目和投资数量，与工程实际发生的财务和统计报表对照的符合性大大高于原来批准的设计概算，有利于竣工审计的顺利开展，也为竣工决算提供了可靠的依据。

1998年批复的十个水电站项目调整概算情况表

序号	项目名称	装机规模（万kW）	最近一次批准概算（万元）	批准时间	1995年国家计委核查概算（万元）	1998年批复调整概算（万元）	调整概算与最近概算差（万元）	调整概算千瓦投资（元）	备注批复文号
1	莲花	55	280648	1991	415309	454696	174048	8267	国电水规［1998］107号
2	水口	140	643781	1992	1043781	851560	207779	6104	国电水规［1998］109号
3	二滩	330	2107230	1993	3304566	2855451	748221	8653	国电水规［1998］306号
4	东风	51	179878	1991	306459	264042	84164	5177	国电水规［1998］260号
5	漫湾	135.5	325382	1994	394412	338790	13408	2500	国电水规［1998］287号
6	五强溪	120	617678	1992	949173	723633	105955	6030	国电水规［1998］234号
7	十三陵	80	273924	1994	426730	373151	99227	4464	国电水规［1998］156号
8	宝珠寺	70	270229	1992	655836	602697	332468	8610	国电水规［1998］261号
9	李家峡	160	505982	1992	1155789	915538	409556	5722	国电水规［1998］451号
10	羊卓雍湖	9	135794	1993	173172	186812	51018	20766	国电水规［1998］108号
合计		1150.5	5340526		8825227	7566370	2225844	6577	
调整概算为批准概算的%			100%		165%	142%			

（水电水利规划设计总院　周尚洁）

五强溪水电工程造价分析

五强溪水电站装机5台，总装机容量1200MW。工程于1987年10月开工，1994年12月第一台机组投产发电，1996年底五台机组全部投产。

（一）1997年以前国家批准的投资情况

1992年6月30日原能源部、国家能源投资公司能源水规［1992］624号文下达了《关于五强溪水电站工程内外资概算和执行概算的批复》，审查后的枢纽工程总投资（不包括水库淹没处理补偿费）为466678万元，利用外资额度200.9亿日元。

财政部、国家计委、能源部、中国建设银行在［92］财农税字第30号文《关于二十六项水电工程缴纳耕地占用税的联合通知》中，批准五强溪工程耕地占用税为6814万元。

原电力部分别以电水规［1994］37号文《关于五强溪水电站水库淹没处理补偿投资调查审查意见的函》和电水规［1996］132号文《关于五强溪水电站库区几个项目补偿审查意见的函》，批准五强溪工程水库淹没处理补偿投资共计167298万元。

以上投资合计为640790万元，其中外资200.9亿日元。

（二）1998年国家批准的内外资调整概算及概算编制办法

1998年，经国家计委核定，原电力工业部批准的五强溪水电站内外资调整概算总投资为806355万元（不含汇兑损益和挂账利息）。包括电站枢纽建筑物投资561542万元，水库淹没补偿投资237999万元，耕地占用费为6814万元，其中外资204.9亿日元。

内外资调整概算以1991年内外资修编概算为基础，表达形式按已完、未完工程，内资、外资投资，基价、价差费用分开计列的方式。

1995年年底以前完成的为已完工程，1996年及以后完成的为未完工程。

已完工程投资分1986年至1991年、1992年至1995年两个时段分别计算。1991年底以前完成的工程项目及投资按审定的投资计列，不作调整。1992年至1995年完成的建筑安装工程项目及投资，以每年批准的年度投资计划和审定的统计年报为基础，根据原能源部水电建设定额站编制、原国家能源投资公司批准颁发的五强溪水电站结算价格指数，对内资进行调整，价差计入工程单价中。

1996年至1997年的未完建筑工程，按原水利电力部颁发的《水利水电建筑工程概算定额》、电水规［1995］170号文的编制规定和取费标准及年报项目投资（或费用）计算。相应临时工程项目和其他费用，根据工程实际需要，列出工程项目及相应工程量，计列其所需投资。

机电及金属结构设备、安装工程按合同价及支付进度计算设备投资。

（三）竣工决算

工程竣工决算移交生产单位资产总值 884181 万元，未进概算投资 88813 万元（包括汇兑损益 59880 万元，挂账利息 28933 万元），工程概算口径实际投资 795367 万元。其中水库淹没处理补偿投资 237999 万元，耕地占用税 6814 万元，电站枢纽工程总投资 550554 万元。

（四）投资比较及投资变化原因分析

1. 投资比较　调整概算比修编概算总投资增加 165565 万元，其中水库淹没处理补偿投资增加 70701 万元，枢纽工程总投资增加 94864 万元。

2. 调整概算投资变化原因分析　调整概算与修编概算比较，投资发生了变化，投资变化的原因可分为工程量变化和物价及政策性变化两部分，包括增减的项目及投资，相同项目的工程量增减、工程单价增减、费用的增减。

一～五部分投资中，调整概算比修编概算共节约 117 万元，如扣除 1996 年特大洪水损失增加的基价 4215 万元，则枢纽工程一～五部分投资节约达 4332 万元。

调整概算价差预备费共 97012 万元，比修编概算增加 58436 万元，其原因是：

（1）设备涨价幅度较大，其中机电设备涨价幅度达 16%，金属结构设备涨价幅度达 38%。

（2）材料价格上涨导致建筑安装调价系数上扬。上级主管部门发布的建筑安装调价系数换算成 1991 年基期价格指数为：1992 年为 7.08%，1993 年为 61.39%，1994 年为 64.77%，1995 年为 64.85%。1993～1995 年正是五强溪电站建筑安装投资高峰期。

建设期还贷利息增加 33948 万元，主要是由于利息计算基数（价差）增加和银行利率调增。

（中南勘测设计研究院　王善春　黄汉成）

漫湾水电站造价分析

漫湾水电站于 1985 年 4 月经国家计委批准列入开工项目（一期工程 1250MW），1986 年 5 月，导流洞、泄洪洞以及场内准备工程同时开工，1987 年 12 月 20 日截流，漫湾水电站装机 5 台，共计 1250MW，1993 年 6 月第一台机组发电，1995 年五台机全部投产。另外，利用导流洞改建的 105MW 机组也于当年 10 月建成（计入后电站总装机容量 1355MW）。1998 年 12 月全部工程通过国家验收。验收结论认为，漫湾水电站已按设计规模建成一期工程，建筑施工和安装质量优良，库区 994m 高程以下移民搬迁安置工作全面完成，电站 8 年来经洪水考验，运行状态良好，效益显著。

1984 年漫湾水电站一期工程批准初步设计概算 10.13 亿元，1992 年原能源部和原国家能源投资公司以能源水规（1992）1240 号文批准修改概算为 32.54 亿元，1995 年国家开发银行电力信贷局核实投资 33.89 亿元，1998 年国家计委重点司核定最终投资为 33.87 亿元，单位千瓦投资 2710 元。计入挂账利息和财政贴息后的总投资 37.32 亿元，单位千瓦投资不超过 3000 元，是“七五”计划期间同期开工的工程中投资最省的水电站。

漫湾水电站完成工程量如下，土石方工程（含对外公路工程量）1699.41 万 m^3，混凝土工程 271.82 万 m^3，砌石工程 39.92 万 m^3，固结灌浆 43694.2m，帷幕灌浆 68895.75m，金属结构 10149t，钢管安装 3559t，机电安装 17008t，预应力锚索 2278 根。主要建筑材料消耗量，钢材 98343t，水泥 625956t，火山灰 80000t，木材 47941m^3，汽柴油 21635t，建材消耗量大大低于设计概算量。

相对于 1984 年批准的初步设计概算 10.13 亿元，1998 年国家批复的调整概算投资为 33.87 亿元，增加 23.74 亿元。其中价格因素（主要建筑材料和设备由计划价格转为市场价，并遇到 1993 年前后价格高上涨阶段）增加 109422 万元，占投资变化的 56.8%；政策因素（即人工费、机械台班费等国家政策调整引起的投资增加）增加 47163 万元，占投资变化的 24.5%；左岸地质原因塌方引起大坝坝高增加和机组布置方案变更，工程量及项目变化增加 29112 万元，占投资变化的 16.4%；水库淹没处理补偿费用增加 3739 万元，占投资变化的 1.3%。建设期贷款利息从零增加到 44889 万元，也是投资增加的重要因素。1998 年批准的调整概算与 1992 年批准的修改概算相比，投资增加 1.33 亿元。由于 1992 年以后的几年中，建设市场和价格体制处于较大幅度的调整中，投资增加主要还是体现在价格和政策变化方面，水库淹没处理补偿费略有增加，工程量和项目变化较小，建设期贷款利息比 1992 年概算预测值有所减少。

漫湾水电站在同期建设的水电站中，总投资较少，单位千瓦投资指标最优。体现了漫湾水电站工程管理局在投资控制和管理方面是严格的，也是卓有成效的。同时也体现了漫湾水电站设计、施工、监理各方——昆明勘测设计研究院、水电第十四工程局、水电第八工程局、水电第三工程局、葛洲坝工程局、云南省公路局、云南省林业工程公司以及漫湾电站监理工程师处等单位的共同努力与密切配合。

（漫湾水电站管理局 李继林）

水口水电站造价分析

水口水电站以发电为主，兼有航运等综合效益，是华东地区容量最大的常规水电站，总装机容量140万kW，多年平均发电量49.5亿kW·h，坝址控制流域面积52438km^2，形成总库容26亿m^3。

电站枢纽由混凝土重力坝、发电站主副厂房、中控楼、升压站、220kV、500kV开关站、三级船闸、升船机等组成。主要工程量（包括导流工程）：土石方开挖879万m^3（不包括道路和临建开挖400万m^3），土石方填筑320万m^3，钢筋混凝土360万m^3，金属结构21000t，帷幕、固结灌浆34370m，回填、接缝灌浆40790m^2。国家批准的最终概算为内资687699万元，外资19742万美元，按1美元=8.30元人民币折算，概算总投资为851560万元人民币。

该电站于1985年3月正式立项，开始前期准备工作，并确定为部分利用世界银行贷款建设的大型水电站项目，贷款总额为2.4亿美元，第一期为1.4亿美元，第二期为1亿美元。主体土建工程于1987年3月正式开工，分别于1989年9月、1991年10月、1993年3月按期实现了大江截流、二期转三期导流、大坝下闸蓄水，并于1993年8月实现了首台机组并网发电，比国家批准的考核工期提前了11个月。至1996年12月全部7台机组安装完毕投入商业性运行。截至2000年底，水口水电站累计发电量358.2589亿kW·h，上网电量357.6377亿kW.h，投资效益良好，工程质量达到或接近国际水平，世界银行在1996年的项目后评估时对借款人的业绩、工程准备、实施和契约满足情况均“高度满意”，对项目总结果评价也为“高度满意”。

水口水电站工程建设管理首先和全面采用了“业主责任制”、“建设监理制”和“招标投标制”，全面实施FIDIC合同条款。运用系统工程控制理论对工程质量进行全面监控，达到较高的质量水平（1992年在部属五个同类工程的质量评定中获第一）；采用网络技术和目标管理的现代管理技术，利用微机和相应的软件编制土建和机电安装及其协调的网络进度，对工程进度进行实际的控制和调整，并研究和提出替代方案，还利用微机和相应软件编制工程形象进度计划，对工程形象进度进行实时的控制和开展形象进度达标活动，使得水口工程进度得到有效控施，按期实现了土建的截流、转流下闸蓄水三个里程碑进度，取得了机组提前11个月发电的巨大经济效益。广泛采用新设备、新材料、新工艺、新技术及优化设计，不仅提高了工程质量，加快了工程速度，而且降低了工程建设造价。

水口水电站工程总投资概算：1984年国家批准的主体枢纽工程的总投资概算为181800万元人民币；1991年国家批准的水口水电站调整总投资概算为641376万元人民币（内资522606万元人民币，外资22200美元，1美元=5.35元人民币），就1984年批准的主体枢纽工程总投资181800万元人民币与1991年国家批准的调整概算571380万元相比，投资增加了389580万元人民币。1984年概算是完全计划经济的产物，1987年主体工程开工后，水电建设体制已发生根本变化，国家拨款改为贷款；材料由计划供应变为由计划加市场以至完全有市场调节供应；投资概念由静态变为动态；工程原来的全内资已变成了引进和部分利用外资；加之建设期间正值物价上涨；贷款利率提高；外币汇率的变化以及国家出台了一些政策，致使投资发生了较大的变化。其中价格上涨调增了25%，政策变化调增了12%，水库补偿费调增了12%，利用外资调增了34%，价差预备费调增了16%，建设期贷款利息调增了33%等。另外，在1983年概算中未计入外福铁路改线，水口电站二期工程升船机概算以及电网配套工程等共计69996万元人民币。

1996年水口工程最终的修编概算较1991年的调整概算又有一定增长，原因是1991年以后国家物价又一次发生较大幅度的上涨，外汇汇率已由1983年的1美元=5.35元人民币调至1996年的1美元=8.30元人民币，国家出台的新政策（例如进口设备增值税等）、水库库周加固工程等造成库区移民补偿费增加及升船机工程复杂性和工程施工期1992年7月超50年一遇洪水的影响造成的投资增加。其中物价上涨和政策因素增加了34.8%，库区移民补偿费增加了23.5%，汇率变化增加了29.7%，升船机工程增加了21.2%。

水口工程最终国家批准的设计概算为内资687699万元，外资19742万美元，总投资为851560万元，目前竣工决算还未完成，最终完成水口工程建设的总投资估计，比国家批准的概算略有节余。由此单位千瓦造价约5900元。

水口水电站设计年发电量为49.5亿kW·h，由于优良的工程质量，优质的电量及相应良好的供电环境，在3台机组处于安装条件下，其他机组1995年、1996年的发电量分别为47.73亿和45亿kW·h，已接近设计年发电量，1997年、1998年、1999年和2000年发电量分别达到60亿、57亿、60亿和53.4

亿 kW·h，均已超过设计年发电量。根据福建省计委1993年至2000年分别批准的含税销售电价扣去网上的成本及相应费用，水口水电站上网销售电量收入约为118亿元人民币，扣去发电税金、附加和生产成本及相应发生的财务费用约69亿元，实现利税约49亿元。按照1998、1999、2000年三年实际上网电量的平均值及国家计委计价格（2000）556号文下达重新核定的上网电价测算，水口电站按其还贷能力测算预计2003年有能力还清其全部贷款及利息，如考虑其资本金的回收，预计2005年上半年能还清，即水口水电站第一台机组发电到有能力还清全部贷款本息，只需10年的时间，从主体工程建设开工计算只需16年。本项目的全部投资的财务内部收益率、投资利润率、投资利税率、资本金利润率均超过设计盈利能力分析指标。

水口水电站除有上述十分优良的直接经济效益外，上游水库改善航运100km，使500t船队由南平通过电站枢纽直达福州。电站通航设施满足年过坝货运量400万t，年竹木过坝量200～250万 m^3 的运量需要。由于实施良好的库区工程及移民工作，改善了库区人民的生活水平和南平城市设施。水库建成后形成93.5km^2 的水面，为发展闽江渔业生产提供新的场所；库区将成为临近福州的旅游胜地；天然水经水库调节后可增加下游枯水季节流量，改善闽江两岸农业条件。与电站、水库建设相配套的外福铁路改线将货运量由500多万t提高到800多万t，实现电气化后则提高到1000万t～1100万t。

（水口水电开发有限公司　严菊明）

招投标与合同管理

三峡主体工程招标与合同管理

三峡工程在1997年11月完成第一阶段大江截流的目标后，进入施工第二阶段。该阶段是在大江基坑与左岸岸坡部位修建拦河坝、左岸厂房（安装单机700MW机组14台）及永久船闸等主体工程，以实现2003年汛初蓄水、通航及汛末首批机组发电的目标。建筑安装工程、金属结构设备、机电设备、服务委托是三峡主体工程招标与合同管理的四大类别。

（一）招标发包项目的特点

1. 建筑安装工程　拦河坝、左岸厂房与永久船闸，是在第一阶段表层开挖项目完成后，对其余的建筑安装工程一次发包的。拦河坝的闸门和启闭机安装均在建筑安装工程项目内；左岸厂房的机组埋件安装（尾水管、锥管、基础环、座环、蜗壳、里衬）亦纳入项内。

2. 金属结构设备采购与安装工程　永久船闸闸门和启闭机采购与安装工程是另行发包的。拦河坝、左岸厂房的闸门与启闭机是同期采购的。

3. 机电设备采购与安装工程　14台机组与相应的调速器、励磁系统以及主变压器、封闭开关是分期进行国际招标的；外方技术指导，中方负责的安装项目正准备招标。厂房桥机、封闭母线采购在国内进行。

4. 服务委托项目　机组监造由法国BV/EDF联合体承担；工程监理、驻厂监造与安全监测通过邀请招标选聘。勘测设计由长江水利委员会负责。

（二）规范招标管理

针对招标工作规模大、项目多的特点，制定并逐步完善了招标工作管理办法。办法中规定了职责分工、招标条件、招标程序、评标组织、评议项目、标底编审及保密等多项内容。在招标程序中特别强调公开或邀请招标的项目，其招标设计的审查修订由业主直接组织，招标文件编制原则由负责部门审核；招标文件格式和内容应参照国家正式颁布的管理办法或合同范本；明显违反招标文件规定，提出附加条款、声明者作为废标处理，截标后投标人提出任何附加优惠条件、条款或声明，不得纳入投标文件。

（三）严格招标程序贯彻“三公”（公开招标、公正评标、公平定标）原则

（1）认真审查招标文件依据的合法合理性；

（2）发出招标通告或邀请书，进行资格预审；

（3）委托中介组织编制标底，经业主审定后密封，评标时开封，作为定量计分的标准；

（4）公开开标，宣读招标文件规定的内容；

（5）开标仪式由公证机关监视并宣读公正词；

（6）邀请客观、科学、“超脱”的专家组成评标组，独立评标；

（7）开标前专家组讨论并审定评标大纲与计分细则；

（8）采用“专家评标、定性分析、定量计分、综合评议、推荐排序、业主决标”的方式，由招标领导

小组决标；

招标评标过程贯彻“四不准”，即不干预既定招标程序、不泄露工作秘密、不接受外访与吃请、不得为投标人游说，用纪律约束招投标单位及评标组人员。

主体工程及设备采购招标程序见下图。

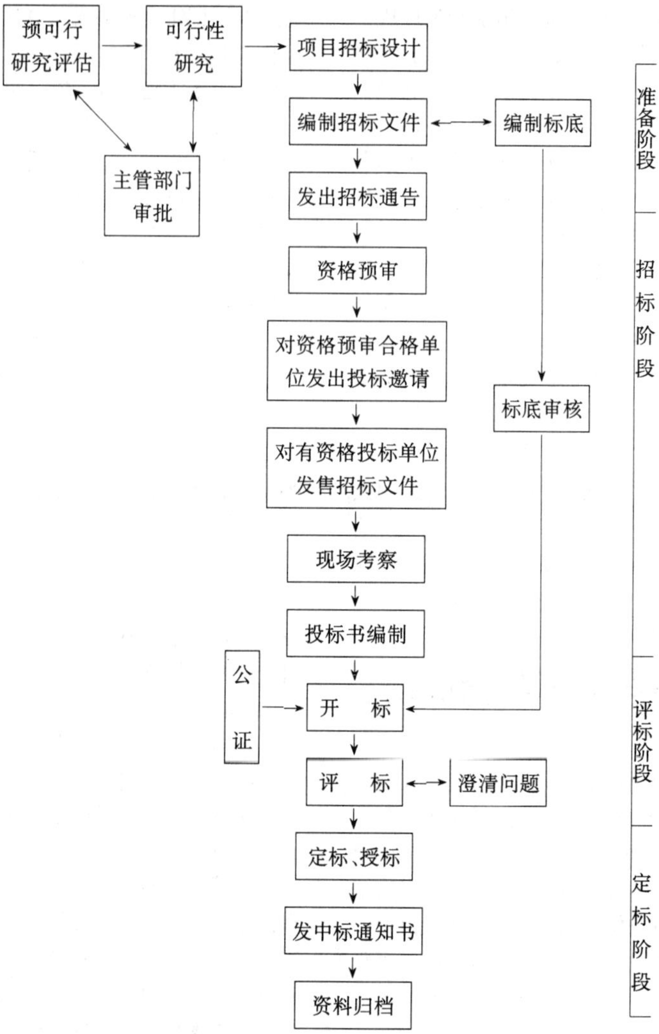

（四）对合同实施全过程管理

（1）为了适应三峡工程加强项目管理的需要，合同管理采用“按项目实施、分级负责、归口管理”的原则。分项目合同作为基本管理单元，按项目管理的要求去实施；合同实施部门分级负责，对质量、工期、造价有控制和管理的责任。合同项目的计划、立项、统计、财务支付、考核、审计、项目后评价由有关职能部门归口管理。

（2）对合同分类管理，各类合同由归口单位制定管理细则。立项审批以 1000 万元的工程项目或 100 万元的费用项目为界线，其上下分为两档，分别由总经理办公会或分管副总经理批准。特别紧急的项目，允许及时补办立项手续。合同实施过程中的支付凭证、价款结算分别由监理单位和业主财务部门办理。严格规范价款结算，八年来从未拖欠过工程款，使承包人普遍较满意。合同金额超过 500 万元的项目，竣工后应进行后评价。后评价的结论作为对实施部门的考核依据。

（五）合同价差补偿管理

中国长江三峡工程开发总公司是项目业主又兼建设管理单位职能。在对投资进行静态控制动态管理时，价格波动给合同实施带来的影响也是管理的范畴。根据合同条款和有关管理办法对建筑安装工程和委托服务合同均规定了价差结算的内容。这些内容包括价差结算范围、计算公式、调价因子、调价权数、价格指数的采用等。

对业主内部负责主材供管的物资部门、负责施工机械管理与租赁的设备部门、负责砂石水电供管的单位也有类似的内容纳入委托服务的合同中。

根据国务院三峡建设委员会批准的“三峡枢纽工

程价差计算办法”，逐年核定整个枢纽工程参予结算价差的金额与项目，按规定计算价差（即期价格与设计概算编制期价格的差值）与各项相关的价格指数。业主据此对建筑安装工程和委托服务的合同进行补偿。由业主直接负责的金属结构设备、机电设备采购、直接使用的独立费用，亦按规定逐年结算并纳入价差管理的总体范围。

附表三峡主体工程主要项目及设备采购合同表

附表　　三峡主体工程主要项目及设备采购合同表

序号	合同编号	合同名称	合同价款（万元）	承包单位	签订日期
1	TGP/C2—1	永久船闸一期工程	30208.00	武警水电三峡工程指挥部	1994.03.21
2	TGP/C3—1	临时船闸升船机一期工程	34897.34	葛洲坝集团公司	1994.03.22
3	TGP/C4—1	左岸1～6号厂坝一期工程	4983.91	三七八联营总公司	1994.03.21
4	TGP/C3—2	临时船闸及升船机第二阶段工程	49023.33	葛洲坝集团公司	1995.09.04
5	TGP/C4—2	左岸大坝与电站第二阶段开挖工程	10832.24	三七八联营总公司	1995.06.11
6	TGP/C4—5	通航建筑物下游引航道工程	42390.60	葛洲坝集团公司	1995.05.31
7	TGP/C2—6—1	永久船闸二期工程第一标段工程	91908.16	武警水电三峡工程指挥部	1996.03.31
8	CTP/C2—6—2	永久船闸二期工程第二标段工程	120251.70	武警与三七八联营总公司合作承包	1996.03.31
9	TGP/C2—6—3，4	永久船闸二期工程第三、四标段工程	38973.18	三峡工程三联总公司	1996.03.31
10	TGP/CIV—4—1 及 2B	泄洪坝段和左岸厂房坝段工程	377094.18	葛洲坝集团公司	1997.08.18
11	TGP/CIV—4—2A	左岸厂房坝段工程	152046.24	青云水利水电联营公司	1997.08.18
12	TGP/CIV—4—3	左岸电站厂房工程	139403.14	三七八联营总公司	1997.08.18
13	TGT—TGP/EG9701CA	左岸电站水轮发电机组制造	265272.02	VGS 三峡联营体	1997.09.02
14	TGT—TGP/EG9702FR	左岸电站水轮发电机组制造	176163.19	通用电气阿斯通奈尔皮克公司	1997.09.02
15	TGT—TGP/EG9703CH	左岸电站水轮发电机组制造	173902.65	瑞士巴登 ABB 发电有限公司	1997.09.02
16	TGP/CII—8—1	永久船闸金属结构设备制造	15153.95	国营武昌造船厂	1998.11.18
17	TGP/CII—8—2	永久船闸金属结构设备制造	15238.29	江南造船（集团）有限责任公司	1998.11.18
18	TGP/CII—8—3	永久船闸金属结构设备制造	5443.19	夹江水工机械厂	1998.11.18
19	TGP/CII—8—4	永久船闸金属结构设备制造	3076.55	葛洲坝集团机电建设有限公司	1998.11.18
20	TGP/CII—8—5	永久船闸金属结构设备制造	6014.69	中国水利水电第八工程局	1998.11.18
21	TGP/CII—8—6	永久船闸金属结构设备制造	1313.98	武昌造船厂	1998.11.18

续表

序号	合同编号	合同名称	合同价款（万元）	承包单位	签订日期
22	0505002	大坝和电站厂房二期工程金属结构设备制造（一二三）监理	742.95	长江水利委员会工程建设监理中心	1999.06.11
23	0505003	大坝和电站厂房二期工程金属结构设备制造（四五）监理	604.50	西北勘测设计研究院	1999.06.11
24	JF—TGEC99005	永久船闸金结设备制造监理	647.80	中南勘测设计研究院	1999.03.05
25	CG—TGEC99701	大坝和电站厂房二期导流底孔、泄洪深孔和表孔闸门	22339.40	葛洲坝集团机电建设有限公司	1999.02.12
26	CG—TGEC99702	大坝和电站厂房二期导流底孔、泄洪深孔、排漂孔弧形工作门	9732.59	富春江水电设备总厂	1999.02.12
27	CG—TGEC99703	大坝和电站厂房二期导流底孔、泄洪深孔弧形工作门	9423.20	夹江水工机械厂	1999.02.12
28	CG—TGEC99704	大坝和电站厂房二期进口拦污栅、检修门	13056.95	郑州水工机械厂	1999.02.12
29	CG—TGEC99705	大坝和电站厂房二期排沙孔工作阀、检修门、尾水闸门	5892.28	武汉冶金设备制造公司	1999.02.12
30	CG—TGEC99706	电站厂房泄洪坝段门式启闭机	4912.09	太原重工股份有限公司	1999.11.08
31	CG—TGEC99707	左岸电站厂房门式启闭机	2938.30	太原重工股份有限公司	1999.11.08
32	CG—TGEC99708	左岸电站厂房门式启闭机	1544.19	郑州水工机械厂	1999.11.08
33	CG—TGEC99709	永久船闸桥式启闭机	2258.20	大连大起集团有限责任公司	1999.11.08
34	CG—TGEC99710	大坝和电站厂房二期液压启闭机	3691.00	国营武汉船用机械厂	1999.12.16
35	CG—TGEC99711	永久船闸液压启闭机	9267.30	国营三八八厂	1999.12.16
36	CG—TGEC99712	大坝和电站厂房二期液压启闭机	4720.70	武进液压启闭机厂	1999.12.16
37	CG—TGEC99713	大坝和电站厂房二期液压启闭机	4968.51	武进液压启闭机厂	1999.12.16
38	CG—TGEC99714	永久船闸液压启闭机	2675.50	武汉重型铸锻厂	1999.12.16

续表

序号	合同编号	合同名称	合同价款（万元）	承包单位	签订日期
39	SX（99）01/JD	左岸电站水轮发电机组监造	4872.10	BEREAU VERITAS/Electricite de france	1999.05.07
40	TGT—EM9902	左岸厂房 2 台 125/125t 桥式起重机	954.65	大连大起集团有限责任公司	1999.07.09
41	TGT—EM9903	左岸厂房 2 台 1200/125t 桥式起重机	4533.50	太原重工股份有限公司	1999.07.09
42	0901704	左岸电站 550kV 高压开关	92478.79	ABB 高压技术公司	1999.09.14
43	0901705	左岸电站 550kV 变压器	41369.68	西门子股份公司	1999.09.14
44	SXJ/336	永久船闸金属结构和机电设备安装与调试工程	21999.74	葛洲坝集团公司	2000.04.20
45	SXJ/330	永久船闸、厂坝二期工程液压启闭机设备监造	292.00	郑州机械设计研究所	2000.04.05
46	SXJ/331	永久船闸、厂坝二期工程门桥机设备监造	265.15	北京起重运输机械研究所	2000.04.05
47	0505901	左岸电站 20kV/26kA 离相封闭母线设备监造	31.88	葛洲坝水电建设监理公司	2000.05.15

（中国长江三峡工程开发总公司　张宝声）

三峡工程左岸电站高压电气设备国际招标

（一）招标内容

三峡工程左岸电站高压电气设备国际招标采购的内容包括 15 台 550kV/840MVA 升压主变压器（简称主变）和三峡工程左岸电站 550kV SF_6 全封闭组合电器开关站全部设备（包括 39 个间隔额定电流为 2000～4000A 的断路器以及母线、隔离开关、避雷器、电压、电流互感器、母线保护和短线保护装置等，简称 GIS)，还包括全部 GIS 设备的安装服务。

（二）招标情况

中国长江三峡工程开发总公司（以下简称三峡总公司）在与国内外著名输变电厂商进行了技术交流和考察的基础上，组织长江水利委员会设计院和三峡国际招标有限责任公司（以下简称招标公司）于 1998 年 4 月开始编写主变标和 GIS 标的招标文件。1998 年 6 月三峡总公司就高压电气设备的招标问题向国务院三峡工程建设委员会（简称国务院三建委）作了专题请示。国务院朱镕基总理和吴邦国副总理对此作了重要批示，确定了招标的原则。1998 年 12 月三峡总公司在北京组织了招标文件审查会，国务院三建委办公室、国家经贸委、国家机械工业局等政府部门和有关专家代表参加了审查。1999 年 1 月三峡总公司领导向国务院三建委领导作了专题汇报，并于 1999 年 2 月 1 日将招标文件上报国务院三建委。

1999 年 2 月 10～12 日，发售招标文件，5 月 31 日投标截止并立即进行了公开开标。

参加主变标的投标者为：乌克兰 ZTR/ZAIT 联合体、德国西门子公司、日本住友商事（代理三菱电机公司)、日本丸红/伊藤忠联合体（代理日立公司)、法国阿尔斯通输变电公司、日本三井物产（代理东芝公司）和瑞典 ABB 变压器有限公司。

参加 GIS 标的投标者为：德国西门子公司、日本住友商事（代理三菱电机公司)、日本丸红/伊藤忠联合体（代理日立公司)、法国阿尔斯通输变电公司、日本三井物产（代理东芝公司）和瑞士 ABB 高压技术有限公司。

三峡总公司成立了以李永安、王家柱副总经理为组长的招标领导小组，组建了初评委员会。初评委员会由国务院三建委办公室、机械工业局、国内同行业知名专家、长江水利委员会设计院、中国银行、三峡总公司和招标公司的专家组成，设有技术组、商务融资组和技术转让组。

6 月 23 日～7 月 8 日，初评委员会组织对各投标者的投标文件进行了澄清。随后，分别进行了技术、商务和价格、技术转让、融资条件和资格五个方面的评议和评分。初评委员会按照综合总评分的情况编写了评标报告，上报国务院三建委审批。三峡国际招标公司按照审批意见于8月25日发出了中标通知书。分别授予瑞士ABB高压技术公司和德国西门子公司GIS标和主变标，9月14日在北京人民大会堂签定了合同。两个合同总金额为20560万美元。

（三）招标特点

三峡工程左岸电站高压电气设备国际招标具有如下特点：一是操作过程规范，它是三峡总公司首次进行的公开的三峡工程永久机电设备的国际竞争性招标；二是所采购的设备技术要求较高，三相主变压器容量为国内之最，550kV GIS开关站的布置规模在世界上数最大，断路器开断电流为国内最高；三是要求国外投标者向国内企业转让设计制造三峡主变和GIS的技术，并与中国国内分包厂商联合设计、合作制造部分设备，全部设备的技术和商务责任由国外投标者负责；四是鼓励投标者提供出口信贷方式的融资方案；五是要求供货厂商负责GIS设备的安装，以保证设备质量。

（四）招标效果和经验

这次招标是三峡总公司组织的成功的招标活动之一。选择的供货厂商的技术方案水平高；价格水平合理，低于近年其他电站采购的同类设备的价格水平；出口信贷融资条件优惠；技术转让结果为我国输变电行业引进500kV升压变压器和GIS技术程度最深入、条件最优惠的一次，按照协议，国外厂商将分别向沈阳、西安高压开关厂和保定、沈阳变压器厂分别转让包括源程序在内的GIS和变压器的设计软件和制造技术，并指导国内企业制造出实际产品。

这次招标的成功，主要是中国三峡总公司坚持了公平、公正、公开的原则，按照国家招标的法规规范，组织进行招标；认真落实了国家技贸结合、引进国外先进技术的政策；自始至终引导投标厂商参与公平竞争；在评标过程中充分尊重专家的意见，科学客观地评标。

（中国长江三峡工程开发总公司　张诚）

小浪底工程国际招标及合同管理

小浪底工程部分资金利用世界银行贷款，按照世界银行要求，小浪底主体工程必须面向世界银行所有成员国进行公开竞争性的国际招标，因此，小浪底水利枢纽的大坝工程、泄洪工程和引水发电工程三个主体土建工程标按照世界银行的采购导则，以国际竞争性招标的方式选择承包商，并按照国际合同管理模式和国际惯例进行建设管理。为引进国外先进技术，增加小浪底电站水轮机抗泥沙磨蚀能力及电站自动化水平，电站六台水轮机及其附属设备、计算机监控系统等机电设备也采取了国际招标采购。

（一）国际招标

小浪底工程的三个主体土建工程标的国际招标工作严格按照世界银行的要求及国际工程师联合会（FIDIC）推荐的招标程序进行。

（1）资格预审。即根据小浪底水利枢纽的大坝工程、泄洪工程和引水发电工程的规模和专业特点，分别确定能够参加投标的承包商在工程经验、技术水平、施工设备、财务能力等方面的最低资格，并于1992年2月22日在《人民日报》、《中国日报》上刊登资格预审邀请函。在规定的时间内，共有9个国家37家公司向业主递交了资格预审申请书，其中有2家公司单独报送资格预审文件，其他35家公司组成了9个联营体申请联合投标。业主资格评审工作组按照评审标准对各资格预审申请人法人地位的合法性、财务能力、工程经验、技术水平、施工设备等进行审查和赋分，确定申请资格预审的承包商是否具备要求的资格及达到工程项目要求的何种程度，提出法律、财务、技术资格分析报告，由资格评审委员会评审决定。根据评审结果并经世界银行批准，有9个联营体和1个单独申请投标的承包商资格预审合格。

（2）招标和投标。1993年3月8日，业主向通过小浪底主体土建工程标资格预审的承包商发出了招标邀请函并开始发售标书，所有通过资格预审的承包商均购买了招标文件，参加了由业主组织的现场考察和标前会，投标截止日期确定在1993年8月31日。

（3）开标和评标。1993年8月31日，业主在中国技术进出口总公司举行了开标仪式，开标时各投标商代表均在场。业主组织评标工作组、评标委员会对承包商的投标文件进行商务、技术分析，撰写评标报告，确定各标的投标商短名单，由招标领导小组确定中标意向并报国家有关部门及世界银行批准和确认。

最后确定的三个标的中标承包商分别为：主坝工程标，由意大利英波吉罗公司为责任方的黄河承包商（YRC）中标，中国水电十四局为联营体成员；泄洪工程标，由德国旭普林公司为责任方的中德意联营体（CGIC）中标，中国水电七局和水电十一局为联营体成员；引水发电工程标，由法国杜美兹公司为责任方的小浪底联营体（XJV）中标，中国水电六局为联营体成员。三个主体土建工程国际标分别从1994年2月12日至6月28日进行了合同谈判，并于1994年7月16日在北京举行了合同签字仪式，三个主体土建工程国际标合同总金额折合人民币73.84亿元。

（二）合同管理

小浪底主体土建工程国际标合同采用 FIDIC 合同条款，按照 FIDIC 合同条款的要求和国际惯例进行合同管理。为适应国际工程合同管理的需要，建立了以业主为核心、以监理工程师为依托的合同管理体系，实行分级、分类管理。小浪底水利枢纽建设管理局（以下简称小浪底建管局）设立合同管理专业归口部门，代表业主负责合同签定、合同执行情况的监督、检查、合同变更、合同结算等各项工作，对局长负责；小浪底工程咨询有限公司（以下简称“咨询公司”）合同部代表咨询公司根据业主的授权负责合同的日常管理，对业主负责；各工程师代表部合同部根据总监理工程师的授权负责各自分管合同的日常管理，接受咨询公司合同部的业务指导、协调。

为了加强对重大合同变更或索赔的研究和处理工作，小浪底建管局专门成立了合同变更索赔工作小组（VCG），在小浪底建管局合同变更索赔处理领导小组的直接领导下，对主体土建工程国际标合同执行中的重大变更、索赔事项提出处理意见，并对已进入争议评审程序的合同争议提出业主立场报告，参加争议评审团（DRB）组织的听证会，对局长负责。通过上述合同管理体系，保证了小浪底工程合同管理工作层次清晰、职责明确，保证了合同问题的及时处理和工程建设的顺利进行，确保工程建设的进度、质量、投资得到有效的控制。

小浪底工程以国际竞争性招标的方式选择承包商，并按照国际合同管理模式和国际惯例进行建设管理，选择了优秀合格的承包商，降低了工程造价，对保证工程质量和工期起到了重要作用。目前小浪底工程建设已接近尾声，从三个主体土建工程国际标合同执行情况来看，各标工程进度普遍提前（其中大坝工程工期提前超过一年），经国家有关部门认定小浪底已施工项目工程质量优良，合同执行情况良好。

（水利部小浪底水利枢纽建设管理局　朱卫东　肖大强）

大朝山水电站工程造价与投资管理

（一）大朝山工程造价管理

水电工程造价对电站的上网电价，及电量对电力市场的占有份额，乃至企业的生存发展，都起着决定性的作用。科学合理地编制水电工程造价，既是我国水电建设管理者几十年不断探索和努力追求的奋斗目标，更是每一个企业及企业家不断追求的目标。我们在大朝山工程建设中，进行了新的尝试，取得了一些成功的经验。

1．三个阶段的工程造价　大朝山工程项目造价编制共经历了三个阶段，第一阶段为项目审批阶段，按 1992 年价格水平计算编制的“初设概算”，总投资 75.08 亿元；第二阶段为国家批准立项开工前，以 1996 年价格水平调整编制的“批准概算”，总投资 88.72 亿元；第三阶段为公司为实现分项目投资控制目标管理，以 1998 年价格水平自行计算编制的“业主预算”。三阶段的概算或预算，代表和反映了大朝山工程项目的造价管理认识不断深化的过程，同时，也间接地反映了国家的改革开放政策对水电工程建设投资控制管理的要求和影响。以下着重介绍“大朝山水电项目业主预算”的编制。

2．业主预算是适应市场经济的产物　业主预算是市场经济条件下，真正实现项目法人责任制为核心的现代企业管理的产物。随着计划经济向市场经济转变，市场的竞争十分激烈。大朝山公司从增强企业竞争能力，实现项目法人责任制，体现现代企业自我约束这一机制出发，大朝山工程通过前期的建设管理实践，在掌握了大量基础资料和全面分析的基础上，编制了《大朝山水电项目业主预算》。

3．业主预算与初设概算的区别　初设概算（批准概算）的编制是政府行为，是国家对项目实行宏观调控、批准立项、开工以及审计管理的依据，是工程项目建设的最高限额投资控制管理目标；而业主预算则是企业行为，其不仅要对工程项目具体施工管理，以及分项目实施目标投资控制管理提供准确目标，保证项目投资的合理控制，同时还要从降低工程建设成本，为合理编制电站上网电价以及增强企业竞争方面考虑。因此业主预算与概算在编制原则以及具体编制方法等方面，有着本质的区别。

4．业主预算的编制原则和主要内容　“总量控制，合理调整”是大朝山工程编制项目业主预算的基本原则。

“总量控制”，是指业主预算总投资、静态投资，以及总工程量，相同条件下整体水平要低于设计概算。

“合理调整”，就是在总量控制的前提下，根据大朝山项目的具体实际情况，对概预算项目进行合理的调整。

业主预算的主要内容，大朝山水电项目业主预算分为：①直管项目；②招标项目；③水库淹没处理补偿项目；④基本预备费；⑤动态投资项目。

业主预算的目的，就是要科学的管理办法，创造性地以最少的人、材、物及时间消耗，合理确定和控制工程建设成本，为企业今后在市场竞争中打下良好的基础。

（二）大朝山工程投资控制管理

工程投资控制管理，是实现业主预算所定目标的过程。我们采取了以下的方式、方法和手段。

1. 正确处理进度、质量、投资控制三者关系 我们以合同管理为主线，投资控制管理为目标。以奖罚协议的形式，分别与设计、施工、监理等单位，签订了“大朝山水电站质量、进度奖罚协议”，把工程质量和进度纳入法制化的合同管理，严格执行质量一票否决制，实行三级网络进度管理。从工程建设的工期、质量、投资控制三方面协同着手，形成完整的投资控制管理体系，采用“静态控制，动态管理”的投资控制管理办法，在保证工程质量和进度的前提下，合理控制工程投资。

2. 投资静态控制 静态投资控制是投资控制管理工作的关键，就是在去除市场物价及有关费率波动影响的前提下，对工程项目、工程量及相应工作量进行控制。即严把设计关，实行限额设计、优化设计，尽量采用先进技术和新材料，尽可能地降低工程造价。大朝山工程项目仅工程量减少一项，就节约投资上亿元。

3. 投资动态管理 动态投资管理，指资金流的合理计划安排及科学管理两方面。投资动态管理，必须考虑水电工程建设管理面临的三个因素：一是水电工程项目规模大、工期长、技术复杂、投资多、施工干扰大的特点；二是市场变化对动态投资中价差预备费与建设期还贷利息的影响；三是市场的预测，以及相应动态投资计划超前预见性的要求。我们充分利用以往每年发生的市场动态变化统计基础资料，进行系统科学的动态分析，并结合下一年的市场动态变化预测，编制下一年度的动态投资计划。经过几年来的摸索和实践，大朝山工程动态投资计划管理已逐步趋于准确，既保证了工程建设资金的要求，同时又最大限度地避免了资金的沉淀和贷款利息的增加，最终实现了资金使用成本的控制。

4. 管理手段和管理方法 大朝山工程项目投资控制全面采用现代化的计算机管理，引进了“经营管理系统”，从项目评标，中标后的预算管理、计划统计管理、价差计算、统计台账、成本分析，以及概算管理方面，全面实现了电脑化。在方法上，我们实行了双轨制的投资分析控制管理办法，以及由细到粗的投资控制管理模式。

（云南大朝山水电有限责任公司 陈建伟 郭兴华）

大朝山水电站工程招投标与合同管理

1994 年 11 月，由国家开发投资公司、云南红塔实业有限责任公司、云南省开发投资有限公司、云南省电力公司以 5:3:1:1 的比例共同出资按现代企业制度的要求组建了云南大朝山水电有限责任公司，电站实行建设、营运一体化管理。

（一）合理分标

大朝山电站工程按照项目划分清晰、标际衔接紧凑、便于合同管理、减少施工干扰的分标原则，将工程分为六个主标，分标中标情况详见下表：

合同编号	合同名称	中标单位
DCS/C1	导流隧洞工程	水电第十四工程局
DCS/C2	人工砂石料系统工程	水电第八工程局
DCS/C3	大坝工程	水电八局、三局联营体
DCS/C4	地下厂房土建及机电安装工程	葛洲坝集团、水电一局联营体
DCS/C5	尾水隧洞工程	水电第十四工程局
DCS/C6	水轮发电机组及附属设备制造	东方电机集团有限公司

大朝山工程实行科学合理的分标，在招投标工作中坚持了“公开、公平、公正”的原则，通过公开招标、公平竞争、公正评标，择优选择工程承包商、设备制造商、供货商，使工程项目在建设过程中，达到人力资源、技术力量、施工能力和施工机械装备等的最优配置，为工程质量、进度、造价“三控制”打下基础。

（二）合同的特殊约定

大朝山电站主体工程标和主机采购标的招标，是在国家把大朝山工程列为预备开工项目的特定条件下进行的，也是在水电新开工项目少，国内建筑市场为“买方市场”的大气候下进行的。在这些特定的条件下，公司在编制招标及合同文件，签订投标书澄清问题协议和工程承包合同时，与承包方在确认合同文件范本中通用合同条款的基础上，根据国内建筑市场出现的一些特殊情况，增补了一些特殊的合同条款，以明确合同双方在特定条件下的责任和义务。为适应国家宏观调控形势的要求，在签订 DCS/C3 标和 DCS/C4 标投标书澄清问题协议和工程承包合同时，发包方与投标方经充分协商，在确认一般合同条款基础上，增加了一些特殊的约定。

（1）适当延长投标书及投标保函的有效期，投标方承诺在此期限内不改变投标的单价、合价和总金额；

（2）在投标书有效期延长的前提下，投标单位将组织人员、设备预进场，发包方根据批准下达的年度基建计划，向投标方分期发布分项工程预开工令，进行指定工程项目的施工；

(3) 工程承包合同从发包方向承包商正式发布进场通知之日起生效，合同工期将视投标书有效期延长多少和各项工程分期分部预开工的时间作适当调整；

(4) 当约定延长的投标书有效期届满，若发包方仍不能发布正式开工令，发包方应提前15天通知投标方，并提出相应调整该合同总金额及合同工期的建议方案，经双方协商一致，可继续延长该合同的生效时限。

这些特殊的合同条款，既坚持了招标及合同文件的严肃性，又界定了投标书的时效性，维护了合同双方的合法权益，为特定条件下履行合同，避免或减少工程索赔奠定了基础。

（三）专用合同条款

目前，国内水利水电工程的招标设计，是在国家批准项目可行性研究报告之后进行的，由于受到设计周期、设计深度的影响，在工程建设过程中完成技施设计，不可避免地要对招标设计进行修改和变更，并由此带来工程承包合同的变更。大朝山电站工程的招标及合同文件，对设计修改及由此引起的合同变更拟定了专用合同条款。

(1) 施工期间，工程师签署的设计修改通知，是合同文件的补充和完善，承包商不得拒绝；

(2) 在任何情况下，本合同工程量报价表中所列工程项目，无论施工中发生的工程量如何，经发、承包双方授权的代表人签字盖章确认后的合同单价一律不作任何调整；

(3) 由于设计修改而出现本合同工程量报价表中未曾出现的项目时，承包商应比照投标报价的编制原则，即人工、材料、机械的基价及取费标准等均与投标报价保持一致的原则，另外编制该项目的单价和合价，经发包方审核认可后，按此结算；

(4) 本标追加工程项目所发生的人工、材料、机械费用，按本标合同的规定给予补差。

标后的合同管理贯穿于建设项目的全过程，是项目管理的主要内容，是密切联系项目有关各方经济与法律关系的纽带。合同管理是工程质量、进度、造价“三控制”的基础，大朝山水电工程的建设管理始终以合同管理为主线，在电站建设期全过程全方位跟踪合同执行情况。通过参与合同管理工作相关部、室管理责任制的划分，通过相互间的共同努力、协作配合以及相互衔接，使合同管理工作得到保障。

（四）强化合同管理

在合同执行过程中，公司发挥主导作用，强化合同管理，协调处理好电站建设各方的责、权、利三者关系。对大朝山工程在履行合同过程中的工程报量结算、设计修改及新增项目的认定、编审合同变更新单价、人工机械材料补差、国家宏观调控带来的工程计划调整、设计重大修改引起的变更、不可抗力及不可预见的地质条件等新情况，公司制定并实施了一系列加强合同管理的办法和实施细则，如：《大朝山水电站主体工程价款结算管理办法》、《大朝山水电站工程支付报量实施细则》、《大朝山水电站新增工程项目及其单价审核实施细则》、《大朝山水电站工程索赔管理实施细则》，及时地对招标及合同文件进行了相应的补充和完善。经过实践，公司在工程招投标及合同管理方面取得了一些成效。

（云南大朝山水电有限责任公司　梁俐娜）

水利水电工程施工合同和招标文件示范文本正式颁布施行

（一）编制经过

原电力工业部（现国家电力公司）、水利部和国家工商行政管理局（以下简称两部一局）联合组织编制的《水利水电工程施工合同和招标文件示范文本》（以下简称《合同范本》）已于2000年5月正式颁布施行。

1995年开始，在原电力工业部、水利部两部领导的关心、支持下，由原电力工业部水农司和水利部建设司邀请国家工商行政管理局公平交易局共同成立《合同范本》起草领导小组，并组织设计、施工、建设等各方面的24名专家组成编写组具体负责合同范本各项文件的执笔编写工作。

起草领导小组和编写组经过两年的努力，在对三峡、二滩、小浪底等大中型在建工程进行现场调研的基础上，广泛听取建设、施工、设计、监理等单位和专家们的意见，组织了多次专家座谈会深入探讨，九易其稿，于1997年8月完成了《合同范本》的核心文件《水利水电土建工程施工合同条件》（以下简称《合同条件》）1997年第一版，并已由两部一局以编号为GF—97—0208的国家标准于1997年10月颁布施行。《合同条件》第一版颁布后，经若干新建工程的应用检验，并在进一步征求有关专家意见的基础上，进行了局部修订，经起草领导小组审定后重新出版2000年第二版。

又经编写组专家们两年多的辛勤工作，《合同范本》的其他两项文件《水利水电工程施工招标文件》（以下简称《招标文件》）和《水利水电工程施工合同技术条款》（以下简称《技术条款》）亦已于1999年12月经两部一局共同审定，并批准出版。

（二）编制原则和依据

(1)《合同范本》的编制严格遵循《合同法》和《招标投标法》，按公开、公正、公平的原则规范水利水电工程招投标的工作内容、程序和方法；从法律高度保证合同的公正性，明确规定建设各方的责任、权利和义务，把水利水电工程的建设管理纳入法制化管理的轨道。

(2)《合同范本》的编制框架和内容符合我国当前推行的以项目法人为中心的建设管理体制，即项目法人负责制、招标承包制和建设监理制。

(3)《合同范本》的编制适应我国发展市场经济的需要，为在水利水电工程建设过程中不断完善市场机制创造必要的条件。

(4) 为保证工程建设顺利进行，减少履行合同过程中的争议，合同条款应具有可操作性，合同文字要严密。

(5) 针对以往水利水电招投标市场出现的不合理压价行为以及合同的不公正倾向，通过编制《合同范本》力求保障建设各方的合法权益。

(6)《合同范本》的编制应认真总结我国近十年来进行国际招投标和应用 PIDIC 条款的有益经验，贯彻洋为中用的原则，制订适合我国当前国情的合同范本。

（三）主要内容

(1)《合同范本》包括《通用合同条款》和《专用合同条款》。《通用合同条款》共 60 条 212 款，按水利水电工程的合同工作内容、工程的施工顺序和合同条款的不同性质分为 22 个部分进行分类编写，其内容包括合同的一般规则以及划定履约保证、转让与分包、进度控制、质量监督、预付款和支付管理、材料和设备管理、价格调整、工程变更、违约和索赔、争议调解、风险和保险及完工保修等各个环节合同双方的责任、权利和义务。

《专用合同条款》列出了需要对《通用合同条款》进行说明、修改、补充的条款共 29 条中的 39 款，应由发包人根据工程的具体情况予以说明、修改、补充。两部一局在水建管（2000）第 62 号通知中规定除专用合同条款中所列编号的条款外，通用合同条款其他条款的内容不得更动。

(2)《招标文件》提供了全部招标和投标的各项文件样本，包括投标邀请书、投标须知、合同条件（使用 GF—2000—208 标准）、协议书、履约保函、工程预付款保函、投标报价书、投标保函、授权委托书、工程量清单、投标辅助资料和资格预审资料等共 8 章。

(3)《技术条款》体现了合同双方责任、权利和义务的具体内容，是监理人进行进度、质量和费用控制的操作条款，也是投标人进行投标报价的实物依据。其内容包括一般规定、施工导流和水流控制、土方明挖、石方明挖、地下洞室开挖、支付、钻孔和灌浆、基础防渗工程、地基加固工程、土石方填筑工程、混凝土工程、沥青混凝土工程、砌体工程、疏浚工程、压力钢管的制造安装、闸门及启闭机的安装、预埋件埋设、原型观测、建筑和装修等共 20 章。

（四）《合同范本》颁布施行的意义

《合同范本》总结了改革开放以来我国水利水电系统进行建设管理体制改革及推行招投标和合同管理机制的丰富经验，《合同范本》的出台将为发展和完善我国的社会主义市场机制，保证水利水电工程的招投标和合同管理在公正公平的基础上健康有序地发展将起到重要作用。建设、设计、施工、监理等有关各方应在工程建设过程中认真施行，并为继续完善《合同范本》的内容作出共同努力。

（华东勘测设计研究院　陈纪伦
国家电力公司水电发展部　郭占池）

全国水电系统工程造价咨询单位甲级资质年检和首批造价工程师注册

建设部组织的工程造价咨询单位资质年检和首批造价工程师注册工作，自 2000 年 7 月至年底结束。全国水电系统有 16 家甲级咨询单位通过年检，161 名造价工程师通过初始注册。经国家经贸委电力司批准，中国建设工程造价管理协会认可，全国水电系统的年检和注册工作，由中国水电顾问有限公司水电建设定额站承担。

（一）工程造价咨询单位资质年检

全国工程造价甲级咨询单位 530 家，其中水电系统 16 家，分别为：中国水利水电建设工程咨询公司、中国水利水电建设工程咨询公司昆明公司、中国水利水电建设工程咨询公司西北公司、中国水利水电建设工程咨询公司贵阳公司、北京立康达经济咨询事务所、上海东华工程咨询公司、华东水电工程咨询公司、成都勘测设计研究院、湖南南方工程造价咨询有限责任公司、武汉中南工程经济咨询公司、福建水口水利水电建设监理（咨询）中心、广州市南电经济咨询中心、青海开源经济技术咨询有限责任公司、中国水利水电第七工程局设计院、中国水利水电第八工程局设计院、中国水利水电第四工程局造价咨询服务中心。它们于 1997 年和 1998 年分两批被建设部批准获得甲级造价咨询资质。

根据建设部《工程造价咨询管理办法》的部令和

中国建设工程造价管理协会年检文件的要求，符合年检的甲级资质应达到注册资金50万元以上，专业人员不少于20人且须有4人以上为通过注册的造价工程师，近三年完成5个大型或8个中型以上建设工程造价咨询，具有良好信誉的造价咨询机构。水电系统16家工程造价咨询单位均能满足人员注册资金等“硬件”要求，满足所需业绩成果条件，全部通过年检。中国水电第八工程局设计院在取得资质后的三年中承担了咨询项目103项，涉及水电站、工民建、公路、机场、海港码头等工程，造价1亿元以上的大型工程占22%；湖南南方工程造价咨询有限责任公司2000年编制完成造价文件47项，咨询项目35个，产值近300万元。

（二）造价工程师注册

造价工程师是经全国统一考试合格授予执业资格，并经注册准予从事建设工程造价活动的专业人员。截至2000年底，全国共有造价工程师1.7万名，其中1800名老专家被免试认定为造价工程师，水电系统免试认定的造价工程师53名。

根据建设部《造价工程师注册管理办法》的部令，申请注册的造价工程师应提交《造价工程师注册申请表》、全国考试合格证书、工作业绩证明等。由各省和行业部门初审，中国建设工程造价管理协会复审，建设部审定后向社会公布，并核发“造价工程师执业专用章”和注册证书。中国水电顾问有限公司水电建设定额站对水电系统的造价工程师的初审工作表明，除少数因年龄或身体健康原因未提出申请外，161名造价工程师提交了合格的成果文件和证明材料。根据有关要求，他们将在完成2000年度继续教育后领到证书和执业专用章，继续教育由中国水电顾问有限公司水电建设定额站根据建设部规定教材负责组织。造价工程师初始注册有效期为两年，核准注册之日起计算。

（水电水利规划设计总院　周尚洁　陈莲　张念木）

水电项目经济评价

向家坝水电站经济评价

向家坝水电站装机容量600万kW，多年平均年发电量298.6亿kW·h，工程建成后，送电华中480万kW，送电四川、云南各60万kW。枢纽工程静态总投资224.5亿元，送出工程静态总投资145.2亿元，其中华中134.5亿元，四川4.3亿元，云南6.4亿元。工程总工期9.5年，第一批机组发电工期7年。经济评价依据国家有关规程规范及现行财税制度进行。

（一）国民经济评价

以等效替代电站——火电站费用（包括投资、燃料费、经营成本等）作为本工程发电效益进行国民经济评价。向家坝替代火电容量586.8万kW（四川、云南共77.1万kW），替代电量292.3亿kW·h。经计算，向家坝经济内部收益率20.02%，当社会折现率为12%时，经济净现值47.49亿元。

（二）财务评价

工程投资中20%为资本金，资本金收益率10%，余下80%为银行贷款，贷款年限25年，贷款年利率6.21%。所得税税率33%，城市维护建设税5%，教育费附加3%。经测算：向家坝出厂电价0.131元/kW·h（不含增值税），送华中的过网费0.085元/kW·h。

（三）综合评价

向家坝水电站除发电外，还具有航运、防洪、灌溉、拦沙等综合利用效益，在不计入综合利用效益或不进行投资分摊的情况下，国民经济评价指标、财务评价指标均表明该工程条件优越，经济性好。工程建成后将给予国家、企业、社会丰厚的回报。

（中南勘测设计研究院　李明英）

溪洛渡水电站经济评价

溪洛渡水电站比选阶段推荐装机容量1200万kW，多年平均年发电量573.5亿kW·h，工程静态总投资363.32亿元（1997年价格水平），单位千瓦投资3028元，单位电能投资0.634元/（kW·h）。

溪洛渡水电站供电范围为华东、华中、川渝和云南电网。经济评价按主送华东、华中两方案进行，由此测算得出两方案的经济内部收益率分别为13.86%、13.79%；经济静现值（按社会折现率12%测算）分别为27.04亿元、25.62亿元。

以主送华东作为电站财务评价基本方案，由此测算出电站全部投资财务内部收益率为13.12%，资本金财务内部收益率为 14.22%，投资利润率为 17.59%，投资利税率为 21.82%。

按贷款偿还期 20 年和 25 年及“新电新价”的原则测算，溪洛渡水电站还贷电价分别为 0.403 元/(kW·h)（2017 年水平）和 0.318 元/(kW·h)，按 1997 年价格水平测算为 0.208 元/(kW·h)，具有较强的市场竞争力。

在计入电站和送出工程两者总费用后，本工程各受电地区折算至 1997 年水平下网电价分别为：川渝 0.263 元/(kW·h)，云南 0.258 元/(kW·h)，华中 0.374 元/(kW·h)，华东 0.385 元/(kW·h)，平均为 0.359 元/(kW·h)。

溪洛渡水电站作为“西电东送”的启动工程，具有巨大的联网和错峰效益，并对缓解华东、华中地区电力供应紧张局面、改善受电区电力系统电源结构，促进全国大联网，实现东西部优势互补、共同发展具有重要意义。溪洛渡水电站建成后，每年可节省燃煤 2650 万 t，可少排放 CO_2 13.8 万 t、SO_2 6.5 万 t 和其他许多有害元素，对减轻煤炭开采和运输压力，减少煤炭污染、改善环境非常有利。

溪洛渡水库有调节库容 64.6 亿 m^3，可增加下游三峡、葛洲坝两电站保证出力 40.2 万 kW，增加年发电量 10.21 亿 kW·h。若溪洛渡与向家坝两电站联合运行，将增加向家坝枯水期平均出力 40.9 万 kW，增加年发电量 13.54 亿 kW·h。

由于溪洛渡水库的拦蓄洪水作用，可使下游宜宾市的防洪标准从 20 年一遇提高到 50 年一遇。此外，结合洪水预报，可以部分分担长江三峡的防洪任务。

利用溪洛渡水库拦淤泥沙和调节径流，50 年内三峡库区段入库含沙量将比天然状态减少 34%，相应的中值粒径将细化 40%。下游河道枯水期流量平均增大 400m^3/s，增大了河流的排污能力，改善了下游河道枯期航运条件和水环境状况。

溪洛渡水电站地处攀西资源富集的少数民族贫困地区，它的兴建对于带动我国西部资源开发，变资源优势为经济优势，脱贫致富促进社会稳定有着重要作用。

（成都勘测设计研究院唐荣斌　郭云峰　周少森）

8 水库移民与环境保护

水库淹没处理与移民工作

1998年～2000年水库移民工作的进展

1998年～2000年，水库移民工作在国家和各级地方人民政府的重视，以及水利水电项目法人的关注下，广大移民工作者努力探索新思路，研究新问题，更加实事求是地对待移民问题，使水库移民工作走上了一个新的台阶。

（一）执行新规范，加深水库前期工作

水库淹没处理规划设计是水库移民工作的基础，其重要性已越来越受到各级政府和有关方面的重视。随着《水电工程水库淹没处理规划设计规范》的颁发和执行，有关设计部门和地方人民政府共同努力，按规范要求加深开展水利水电工程项目水库移民前期工作。各有关方面针对水库移民问题的社会性、时间性和经济性方面的特点，根据国家基建程序的有关规定，对批准原初设报告时间较长的洪家渡、公伯峡、龙滩、小湾和三板溪水电站，重新进行了水库淹没处理规划设计专题补充工作。对新开展前期工作的水利水电工程项目，都严格按新规范进行水库前期工作。补充的水库专题工作均由设计单位和地方人民政府共同进行，经资产权属确认或单位认可水库淹没影响实物指标。移民安置规划的深度也有所提高，居民点地质勘查工作和移民生产安置方案得到重视，补偿投资概算更加符合实际价格水平。但由于前期工作周期较短，水库移民安置规划深度仍还不能完全满足移民安置的实际需要。

（二）水电工程水库移民监理的试点

移民工程监理，是水库移民安置实施阶段强化管理的手段，是保证水库淹没处理工作顺利实施和提高工程投资效益的有效途径。随着国家水电建设机制的转变，主体工程的监理已基本走向正规，日臻成熟。而水库移民工程监理起步较晚，举步维艰，在原电力部电综［1998］251号《关于印发〈水电工程水库移民监理规定〉的通知》下发前后，水库移民监理实际上已陆续开展，已有不少经验。原电力部、福建省人民政府共同开展的福建棉花滩水电站水库移民监理试点工作已历时一年多，也可总结一些宝贵经验。从推行水库移民监理实施情况看，效果是明显的，在控制工程质量、投资、进度等方面发挥了较大的作用。通过水库移民监理的进一步试点，有关方面正准备编制一套适合我国国情的《水电站水库移民监理办法》，用于指导大中型水电站水库移民监理工作。

（三）开展理论的研究，修订政策法规

建设征地和移民安置的法律、法规，是依法从政、依法从业的必要条件。随着社会主义民主和法制建设的逐步完善以及社会主义市场经济条件的变化，水库移民法规、政策的调整工作需要加快进行。原电力工业部于1998年初陆续发布了电计（1998）65号《关于水电工程报批文件的补充规定》、电水规（1998）101号《关于在建水电工程水库移民安置规划及补充投资概算调整的规定》、电综（1998）251号《关于印发〈水电工程水库移民监理规定〉的通知》等加强水库移民管理工作的文件。《中华人民共和国土地管理法》（以下简称《土地管理法》已于1999年1月1日开始实施；《土地管理法》的实施条例及各省（区）相应土地法的实施办法将很快陆续出台。根据《土地管理法》和《中华人民共和国水法》的规定，水利部、国家经济贸易委员会于1999年初开始着手组织有关单位对《大中型水利水电工程建设征地补偿和移民安置条例》（以下简称《条例》）进行修订编写工作。随即发文就《条例（征求意见稿）》征求国家有关部委和各省、自治区、直辖市的意见，并将在形成《条例（草案）》后上报国务院批准颁布。为配合水库移民政策、法规的修订，协助国家出台下一个国民经济五年计划，加强水库移民工作的理论建设，水电规划设计总院、水库经济专业委员会近年来组织有关单位开展了大量的有关水库移民问题的研究，完成了《水库移民管理模式与实施机制的研究报告》、《大中型水利水电工程建设征地补偿政策研究报告》和《大中型水利水电工程建设征地补偿和移民安置条例》修订课题的研究。

（四）1999年水库专业委员会年会召开

1999年11月中国水力发电工程学会水库经济专业委员会在昆明召开了年会。这次会议是一次很重要的工作、学习和交流会议。会议上国家电力公司周大兵副总经理、云南省常务副省长牛绍尧和国家经贸委电力司吴贵辉副司长作了重要讲话。与会代表们150余人，学习了新的《中华人民共和国土地管理法》、讨论了《大中型水利水电工程建设征地补偿和移民安置条例》的修订意见，还交流了水库移民前期工作、管理工作和水库移民监理工作的经验，提出的讲话、专题报告和论文共计57篇。

（中国水电顾问有限公司　张一军）

1998年～1999年三峡工程移民安置实施进展概况

从1998年开始，三峡工程库区移民正式进入二期搬迁阶段。在国务院及三峡工程建设委员会（以下简称三建委）的正确领导下，在全国人民大力支持下，通过湖北省、重庆市和库区各级政府以及广大移民群众的积极努力，三峡工程库区二期移民各项工作正在有序地进行。突出地表现在：

1. 移民法规和移民工作制度不断完善　《长江三峡工程建设移民条例》的修订，经过广泛征求意见和多次研讨，初步形成了修改意见稿。为加强和规范移民资金管理，先后制定和出台了《三峡工程库区移民补偿投资价差计算及管理办法（试行）》、《三峡工程库区移民基本预备费管理使用办法》等9个管理办法和制度。在深入调查的基础上召开三峡移民新会计制度座谈会，对三峡移民新会计制度进行了修订。为确保移民科研工作的有序进展和提高移民工程监理质量，规范综合监理行为，研究制定了《长江三峡工程移民科研项目管理实施细则》、《移民综合监理管理办法》、《长江三峡工程水库移民综合监理指标体系》。

2. 移民安置规划的管理得到了进一步加强　国务院三建委及湖北省、重庆市分别批准了水利部长江水利委员会编制完成的《长江三峡工程水库淹没处理及移民安置规划报告》、《三峡工程库区湖北省、重庆市移民迁建进度及分年投资规划专题报告》；对巴东、巫山、奉节新县城基础设施建设的地质难度系数和万州城区人防工程淹没补偿等移民规划中存在的突出问题给予了合理解决；对三峡库区急需治理的滑坡、崩岸及库岸再造防治方案和湖北省兴山县峡口镇中心区规划建设的调整与滑坡治理方案概算等进行了评审；对“三峡库区移民开发与可持续发展”、“三峡库区移民迁建新址重大地质灾害防治研究”、“三峡库区移民工程遥感动态监测”、“三峡移民工程中的生态环境保护”等有关移民科研的重大课题，组织进行了设计和立项前的调研、专家咨询、评估及可行性研究并完成报批立项工作。同时，对三峡文物保护规划，在协调有关部门和组织有关专家开展调研考察的基础上，1998年9月召开了“长江三峡水库淹没区及迁建区文物古迹保护规划报告专家论证会”，完成了长江三峡工程淹没及迁建区文物古迹保护规划有关内容的修订与补充报告。1999年10月三建委办公会议专题研究了三峡工程淹没及移民迁建区涉及文物古迹的保护规划问题，形成了会议纪要，并已经国务院批准。1999年5月国务院召开三峡工程移民工作会，会上对农村移民安置和工矿企业搬迁政策作了相应调整和完善。为贯彻这次会议精神，相应提出了三峡工程库区农村移民外迁工作指导意见、重庆库区农村移民出市外迁工作方案等，加大了外迁工作力度，开展了重庆库区农村移民出市外迁试点工作；调整和修改了两省市淹没工矿企业迁建方案，推进了库区淹没工矿企业的改组、改造、改制及结构调整。

3. 移民工程质量管理得到了进一步加强　1999年，国务院三建委移民开发局（以下简称三峡移民局）组织水利部长江水利委员会和湖北省、重庆市移民局，对三峡库区移民工程的建设质量和移民工程实行“项目法人制、招投标制、合同管理制以及建设监理制”的执行情况检查，并针对检查中发现的问题，及时下发了《关于加强三峡移民工程建设质量管理的通知》，进一步加强了对移民工程建设质量的管理。经统计，1999年已竣工验收的单项移民工程一次性验收合格率为99.6%，其中优良率为9.7%；实行建设监理的工程一次性验收全部合格，其中优良率达12.88%。同时，还强化了对移民综合监理工作的指导，进一步加强了监理队伍建设和监理市场的管理，首次召开了“三峡库区移民监理工作会议”，推进了三峡库区移民监理工作的开展。

4. 移民资金管理水平得到了提高　截至1999年底，三峡移民工程累计投入三峡库区移民资金105.36亿元，搬迁移民21.88万人，农村移民搬迁建房350.82万m^2，城镇居民搬迁363.99万m^2，搬迁工厂543家。其中秭归县城已完成搬迁，其他城镇迁建工作也按计划有步骤顺利地进行。在移民资金管理中，制定和完善了一系列管理办法，先后出台了调地资金管理办法、新城建设指挥部管理费使用办法、移民工程建设项目管理办法、外迁移民资金管理办法、预备费管理办法，与财政部及有关银行等联合下发了搬迁工矿企业移民资金“分流”办法等，使移民资金在使用过程中基本做到了有章可循。

5. 全国对口支援工作取得了显著成效　截至1999年12月31日，对口支援共为三峡库区引入外来资金72.7730亿元；其中经济合作项目资金为64.0853亿元，社会公益项目资金为8.6877亿元，实施经济合作项目1538个，援建希望学校422所，安排移民劳务34653人次，干部交流648人次。为及时总结对口支援工作经验，推进对口支援工作的持续健康发展，三峡移民局每年适时召开了对口支援工作座谈会议，进一步加强了与有关省市的联系。

6. 移民政策法规研究和移民宣传工作得到了加强　为及时研究解决移民工作中存在的问题，三峡移民局大力加强了政策研究工作，对移民规划中出现的城镇新址占地人口规模、半淹城镇功能恢复、崩滑体治理等，进行了认真的调查研究；特别是对移民群众来信来访中反映强烈的问题进行了专题调查了解，并及时召开了三峡库区移民信访工作会议。同时，加强正面宣传教育工作，积极宣传移民工作方针政策，采取有效形式开展了一系列宣传活动。1999 年，三峡移民局积极筹备组织了三峡工程库区移民先进事迹巡回报告活动，加大了电视和报刊的宣传力度，并分别与光明日报、经济日报、中纪委等单位联合开辟了有关移民外迁和移民资金管理等专栏；与中央电视台联合录制了电视专题片《大三峡》、《移民开发与环境保护》和移民工作进展电视专题汇报片、三峡库区遭受洪灾及移民群众抗灾自救事迹的电视专题片；编辑出版了《移民画册》。上述工作对社会各界进一步了解三峡工程、支持三峡库区移民，起到了积极作用。

7. 移民培训工作进一步加强，库区移民干部队伍素质得到了提高　两年来，三峡移民局围绕移民工作重点，及时召开了三峡移民政策研究班、三峡库区移民监理培训班、三峡库区搬迁工矿企业改革调整研讨班、三峡移民工程地质灾害防治培训班等，并对移民工作中的统计、价差、财务等也组织了相应的培训。通过不同内容和不同形式的培训，不断提高了移民干部队伍素质。至 1999 年，整个移民系统的培训工作基本形成了分级负责、分层培训的管理体制，形成了条块结合的工作格局。为今后进一步规范移民培训工作起到积极的指导作用，制定了《1999～2003 年三峡工程库区移民培训规划（纲要）》。

8. 移民管理机构进一步加强，管理职能进一步发挥和强化　根据三峡移民局国峡移组发［2000］5 号和 9 号的文件精神，经中央机构编制委员会批准，三峡移民局撤销了局宜昌办事处，组建移民外迁协调司；撤销三峡移民工程咨询中心和三峡移民工程监理中心，组建三峡移民工程监理咨询中心。各级移民管理机构和队伍建设相应得到完善并逐步加强。

（国务院三峡工程建设委员会移民开发局　柳　地）

小浪底水利枢纽库区移民搬迁安置实施情况

小浪底水库总库容 126.5 亿 m^3，淹没总土地面积 277.9km^2，库区涉及河南省的济源、孟津、新安、渑池、陕县和山西省的垣曲、夏县、平陆共 8 个县（市），淹没影响 12 个乡（镇）政府所在地、182 个行政村、787 家工矿企业，移民总人数（动迁年）18.96 万人，其中河南省 14.56 万人，山西省 4.23 万人，其他单位 0.17 万人。按照主体工程建设进度及水库运用方式，小浪底库区移民搬迁安置工作分三期实施：第一期为围堰截流期，即库水位 180m 以下的移民，计划从 1993 年开始到 1997 年大坝截流前完成；第二期为水库初期运行期，即库水位 180～265m 区间的移民，计划从 1997 年开始到 2000 年完成；第三期为水库正常运行期，即库水位 265～275m 区间的移民，计划从 2001 开始到 2003 年完成。截至目前，小浪底水库 180m 以下以及 180～215m 区间约 11 万人已经搬离库区，并得到了较为妥善的安置。

（一）小浪底库区一期移民实施情况

小浪底库区一期移民全部在河南省境内，涉及新安、孟津、济源 3 个县（市），需搬迁 1 个乡政府、27 个行政村，共 4.6 万人。

黄河水利委员会设计院于 1995 年完成《黄河小浪底水利枢纽技施设计阶段水库库区第一期淹没处理及移民安置规划报告》，国家计委于 1997 年作了正式批复，审定投资 15.97 亿元。本期移民于 1997 年搬离库区，分别安置在河南省的新安、孟津、济源、义马、温县、孟州、原阳 7 个县（市），共兴建移民新村 34 个，建设房屋 113 万 m^2，划拨生产用地 3.6 万亩❶，修筑公路 43 条、191km，建设 10kV 输电线路 41 条、180km，架设通信线路 37 条、166km。同年，通过国家计委委托水利部组织的库底清理验收，1998 年，通过国家计委委托水利部组织的移民安置验收。

（二）小浪底库区二期移民实施情况

库区二期移民涉及河南、山西两省的 8 个县（市），需迁移 10 个乡镇政府、104 个行政村、12.6 万人，其中河南省 8.9 万人，山西省 3.7 万人。黄河水利委员会设计院于 1998 年完成《黄河小浪底水利枢纽技施设计阶段水库库区二、三期淹没处理及移民安置规划报告》，国家计委于 1998 年作了正式批复，审定投资 62.02 亿元。由于二期移民人数比较多，跨越的高程比较大，移民搬迁安置实施工作据水库蓄水计划分批进行。

180～215m 区间移民于 1999 年底前搬离库区，分别安置在河南省的新安、孟津、渑池、陕县、济源、孟州、温县、中牟、原阳、开封和山西省的垣

❶ 1 亩 = $6.67\times10^2m^2$，后同。

曲、平陆、夏县，共13个县（市），搬迁安置了5个乡（镇）政府、48个移民村，共6.0万人，其中河南省搬迁4个乡政府、40个移民村，共4.6万人；山西省搬迁1个镇政府、8个移民村，共1.4万人。为移民修建房屋216万m^2，划拨耕地7.4万亩，修筑公路122km，修建35kV变电站4座，架设35kV和10kV输电线路148km。库底清理工作于同年通过了水利部组织的验收。

215～265m区间移民任务包括5个乡政府、65个行政村、约7万人，将在2000年完成，目前，移民新村建设和土地划拨工作已全面展开。

（小浪底水利枢纽建设管理局移民局　李松慈）

珊溪水利枢纽工程水库移民安置的新途径

珊溪水利枢纽位于浙江温州市境内，工程由珊溪和赵山渡两座水库工程组成。初步设计阶段的水库移民安置规划于1995年12月完成，1996年3月通过审查。计划水库移民36888人，其中珊溪水库32516人，赵山渡水库4372人。移民安置自1996年下半年开始实施，2000年4月前已搬迁移民31991人，水库淹没区的移民已全部迁出。

由于该项目的受益区和水库淹没影响区均在温州市境内，因此，移民必须在温州市境内安置。由于温州市人多地少，人地矛盾突出（人均耕地0.4亩），经济发达而县际间发展不平衡，东部滨海地区经济发达，西部山区较为贫困，而且贫富差距极为明显。根据这些特征，确定将移民从西部山区向项目受益区——东部滨海平原地区迁移，并根据温州的实际情况和特点，在项目的初步设计阶段水库移民安置规划时探索出了"'农转非'换取土地承包经营权安置移民"的移民安置新途径。根据规划，计划移民36888人中，83.8%的移民迁往温州东部滨海平原地区以土地安置，8.1%的移民迁往温州东部滨海平原地区以非土地安置，3.9%的移民在涉淹县以土地安置，4.2%的移民在涉淹县以非土地安置。在涉淹县以土地安置的移民的土地资源，主要依靠水库淹没和移民外迁后的剩余资源。迁往温州东部滨海平原地区以土地安置的移民的土地资源，主要通过采取"农转非"换取土地承包经营权的方法获取。

"农转非"换取土地承包经营权的基本作法是：在温州东部滨海平原地区经选择的经济较发达的乡镇、村，由安置地原有土地承包者自愿书面申请，经行政村、乡镇、县市区逐级审核同意后，原土地承包经营者将所承包经营的土地（水田、旱地等）交还行政村，按照交还的面积，以所在行政村1994年末每一农业人口占有的耕地面积换取一个"农转非"指标，并以村为基层单位计算"农转非"人数，原土地承包经营者就地农转非。行政村将收回的土地再承包给移民，移民承包土地的标准（数量、质量）与原有农业人口相同，移民作为接受移民村的村民，与原有村民享有同等权力。移民所承包经营的土地，其所有权仍属村集体，承包权归移民。原村民"农转非"后自谋职业，政府不负责安排工作。

实行"农转非"换取土地承包经营权安置移民，是水库移民安置途径的创新。这种土地承包经营权的转让，不改变土地的所有权，不改变土地作为农用地的性质，不改变家庭联产承包责任制，不改变农业人口的耕地占有量，不改变粮食定购和农业税，符合现行法律法规的规定。从实施结果来看，由于移民承包的耕地均为高产熟地，移民迁入后，生产生活水平能在迁入后1年恢复并超过搬迁前的水平，而且，由于东部滨海平原地区经济繁荣，就业机会多，给移民创造了更多的发展潜力，使移民能真正"搬得出，稳得住，富得起"。

（华东勘测设计研究院　龚和平）

棉花滩水电站水库移民监理

（一）概况

棉花滩水电站位于福建汀江干流下游永定县峰市镇附近，邻近广东。水库正常蓄水位173m，相应水库面积64km^2，总库容20.35亿m^3，电站装机600MW，年平均发电量15.2亿kW·h，是以发电为主兼有防洪、航运、旅游等综合效益的水电工程。

该工程于1998年3月19日开工，同年9月12日实现汀江河床截流，计划2000年底下闸蓄水，2001年5月第一台机组发电，2002年全部竣工。水库淹没范围涉及福建省龙岩市所辖的永定和上杭两县、8个乡（镇）、71个行政村，淹没耕地3.41万亩、林地3.25万亩、园地1.03万亩、房屋176.43万m^2，设计应迁移民38520人，生产安置人口43565人。1997年11月审查水库淹没处理概算静态投资95870万元。水库移民根据施工进度"三个里程碑"的要求，分三期搬迁，首期移民5549人已于1998年9月12日前实现搬迁；二期移民10905人在1999年底前基本完成搬迁；三期移民22066人则计划在2000年底前全部完成搬迁。

为保证水库移民工作的顺利进行，提高水库移民工作的管理水平，加强对水库移民工作的检查、监督和服务，原电力工业部与福建省人民政府协商决定共同委派中国水力发电工程学会水库经济专业委员会对棉花滩水电站水库移民工作进行监理（试点）。随后被委派单位与工程项目业主、棉花滩水电开发有限公司签订监理合同；棉花滩水库移民监理部于 1998 年 3 月 24 日成立并开始运作。根据部、省联合委派通知的要求和与业主签定的委托监理合同的内容，制订了棉花滩水库移民监理规划，并经国家电力公司水电与能源发展部和福建省建设委员会联合批复同意实行。

（二）移民监理范围和目标

(1) 监理范围。对审定的水库淹没处理范围的移民生产生活安置全过程实行监理；对按照工程建设监理办法管理的库区单项工程的进度、质量、投资进行检查、监督和协调。

(2) 监理目标。规定有一个总目标和三个分目标。一个总目标是：根据经批准的移民安置规划和实施计划实行监理，促进水库移民安置的顺利实施。三个分目标是：移民总进度要满足枢纽工程施工总进度要求，做到移民工程项目进度（工期）合理，单项工程间进度协调有序；按批准的概算进行控制，实行专款专用的使用原则，切实履行投资包干协议；移民生产、生活安置项目的规划、设计和实施的质量符合相关规定或标准，验收合格。

（三）移民监理组织

监理工作实行总监负责制，监理部设总监 1 名、副总监 2～3 名，其中常务副总监 1 名，监理部由总监办公室、现场工作组和专家组组成。

现场工作组设正副组长各 1 名，组长由常务副总监兼任，聘请监理工程师和后勤服务人员组成，负责移民安置现场的监理和资料的收集。

专家组正副组长各 1 名，组长由副总监兼任，聘请在水库移民规划设计和移民实施管理等方面有丰富经验的专家以及相关专业（包括行业管理、经济管理、国土管理、资金管理等方面）的专家组成，负责重大事项的调研、咨询、协调、处理和报告。

（四）移民进度、投资、质量的控制措施

(1) 移民进度控制。措施是：通过移民实施机构填报的月进度报表，及时掌握各项实施进度与目标进度的差距；现场检查了解各移民安置点生活、生产安置的实际进度状况是否与报表一致；对重点关键部位如安置点选址、一平工程、房屋建筑工程、移民搬迁、生产资源配置等的进度进行把关，对偏离目标、进度严重滞后或过度超前的项目应分析原因，督促有关部门改进，并进行动态跟踪。

(2) 移民投资控制。措施是：对实施机构向业主报送的投资月度计划，经监理部审核、业主批准拨付。为审核投资拨付计划，监理对投资完成统计报表要进行合理性检查，提出监理意见；了解分析投资使用情况，对项目超概算或资金使用不合规定的及时提出监理意见，必要时在拨款计划中进行控制；参与概算审查，全面了解概算编制的有关情况，对概算执行中存在的问题提出监理意见。

(3) 移民质量控制。措施是：参与移民安置规划设计前期工作，参与实施计划编制和审查；对实施管理工作是否按基建程序和国家有关规定执行进行监督；做好现场监测，及时提出实施优化方案建议；参与工程验收，跟踪存在问题的调查处理；对重大工程质量问题及时反映，组织专家咨询，提出处理建议。

（五）移民监理工作制度

主要工作制度有：规划设计成果审查参与制；移民实施全过程监理制；现场检查制度；专家组咨询制度；工程项目验收参与制。

（六）移民监理报告

在移民监理的全过程中，对实施的进展状况、存在问题、监理对移民实施中某一问题的反映和建议都以书面方式表达，根据不同内容，以不同形式分别报送委派委托单位、实施机构及其他有关部门。采取的报告方式有：监理联系单或便函，适用于局部性、双边型、时间急的内容；监理简报，每月一期，反映每月的移民监理工作；组织专家咨询或某一问题专题调研的情况报告；半年小结和年度报告；移民监理总报告。

棉花滩水电站水库移民监理工作，是我国水电站库区移民工作的第一个试点。通过试点实践，将对完善我国的水电站水库移民管理体制、规范水电站水库移民监理工作提供经验，为建立有中国特色的水库移民监理制度创造条件。

（华东勘测设计研究院　莫国汉）

部分大中型水电站的水库移民安置

宝珠寺水电站水库淹没处理与移民安置

宝珠寺水电站正常蓄水位588m时，水库面积62km^2，干流回水长度67.8km。水库淹没涉及四川、陕西和甘肃3个省，4个县（区），12个乡镇，48个行政村，247个村民小组。淹没耕地41266亩(其中水田14017亩)，林地14066亩，各类房屋1235877m^2，等级公路70.53km，10kV以上输电线路246km，迁移人口37169人，以及其他交通、电信、广播、电力、水利等设施。据测算，在受淹的3个省中，水库淹没损失的90%在四川省。

根据库区社会经济发展状况及当地资源特点，在移民安置中贯彻了国家提倡的开发性移民方针，坚持以大农业安置为主，农工商相结合，通过就地后靠、县内异地、县外远迁、工商结合、自谋职业等多种渠道，广开安置门路。截至1998年底，库区移民37169人已全部搬迁，累计迁建房屋130.5万m^2，安置农村移民31870人，其中大农业安置22355人，工商企业安置1200人，自谋职业安置6580人，其他安置1735人。交通、供电、邮电、广播、水利等设施也不同程度地得到恢复和改善。

为了使移民搬迁后生产生活得以尽快恢复，库区各级政府在生产开发工作中，坚持以大农业安置为基础，充分利用当地资源优势，发展水产、林牧以及家禽等种养殖业，以补充土地资源的不足。截至1999年底，库区种植业累计开发面积10750亩（其中水田4000亩，果林2500亩)，针对库区土地资源利用现状，因地制宜地改造中低产田，以提高耕地质量，增加农业产出，逐步满足农村移民生产生活的需要。

宝珠寺水电站于1984年复工，1991年截流，1996年第一台机组发电，1998年4台机组全部投入运行。水库补偿投资1983年审定为1.54亿元，1995年～1996年第一次调概审定为9.278亿元，1999年第二次调概为14.37亿元。

目前库区移民生产生活安置工作仍在进行，除交通、供电、水利等项目需进一步完善外，存在的问题主要是：①工商企业安置的部分移民由于企业效益不好，已经或正在面临下岗的困境。②农业安置移民生产生活水平与搬迁前相比仍有一定差距，如四川库区移民安置前，其生活在平坦肥沃的河谷地带，人均耕园地1.4亩，人均粮食达到450kg，人均纯收入约1000元左右。搬迁后，移民居住在贫瘠的山坡上，人均耕园地仅0.8亩，人均粮食250kg，人均纯收入不到600元，生产生活水平明显低于搬迁前。陕甘库区一些移民也存在类似问题。解决上述矛盾的办法，一是要求库区各级政府高度重视，对为国家重点工程做出贡献的移民应给予政策上的扶持；二是要充分利用后期扶持资金加大生产开发力度，保障这些移民生产生活得以尽快恢复和提高，维护库区社会稳定。

（西北勘测设计研究院　王祝安）

松江河梯级水电站水库移民的安置

松江河梯级水电站是松山、小山、双沟和石龙4个工程的统称，总装机51万kW。水库淹没区全集中在吉林省的抚松县。1989年国家审定水库搬迁总人口1161人（推算到1995年)，迁建房屋1.63万m^2，淹没耕地4021亩、林地18673亩。

松江河梯级水电站移民安置规划主要是在本县内就近开发山区，发挥山区优势，采取部分就近补地后靠和部分远迁利用采伐林木迹地建立新村的移民安置方案。松江河梯级水电站移民虽不多，但位于林区，可供开垦的土地资源极为有限，所以移民安置仍有一定的难度。

松江河梯级水电站水库淹没处理补偿投资，1990年初设阶段国家核定为2100万元。近10年来，由于政策变化及物价水平的上涨，补偿投资将会有一定的变化。

1993年国家计委批准松江河梯级水电站小山、松山工程开工。1995年国家要求对松江河梯级水电站进行实物指标核查和概算调整。目前，小山水电站移民搬迁安置工作已基本完成；松山工程准备工作在1993年至1997年间已陆续开展了部分工作，1998年9月中旬截流，2000年7月初将进行导流洞封堵蓄水；双沟、石龙工程尚未正式开工。针对工程的不同情况，东北勘测设计研究院正在对松江河梯级水电站水库淹没处理进行设计复核和概算修编工作，即将报国家有关部门核定。

（中国水电顾问有限公司　孟繁范）

大朝山水电站水库移民的安置

大朝山水电站水库正常蓄水位899m，水库面积26.25km²，库区干流回水长91.5km，与漫湾水电站尾水相接。大朝山水库淹没涉及云南省的云县和景东两个县。1991年北京勘测设计研究院会同云县和景东县政府，在昆明勘测设计研究院测量队的配合下，对大朝山水库淹没进行了调查，并于1992年对滑坡、塌岸影响区淹没指标进行了调查。经调查的水库淹没影响实物指标为：耕地12385亩（其中水田2705亩），林地3305亩，到1998年生产安置人口为6100人。大朝山水库淹没损失的特点主要是耕地和林地，以及由此而产生的淹地不淹房影响人口的安置与搬迁，淹没线下人口只有84人。

大朝山水电站水库移民安置规划确定以土地为根本、发展农业生产安置为主、就地安置与县内外迁相结合的安置原则。大朝山移民安置规划工作，由云南省移民搬迁办公室组织，北京勘测设计研究院参加，抽调两县土地、林业等有关部门的干部，组成联合工作组，于1992年5月完成，之后又补充了安置区水利规划。通过环境容量分析，库区移民全部可以在本县内安置，其中就地后靠2609人，县内迁移3491人。

云县生产安置人口3881人，通过开垦、改良土地，可就地后靠2069人，此外尚需外迁1812人。外迁安置主要集中在茂兰、红豆箐、慢林和永胜4个安置点，共征用、开垦耕地3624亩，使人均耕地达到2亩。

景东县生产安置人口2219人，通过调剂土地、改土造田，可就地后靠安置移民540人，此外尚需外迁1679人。外迁安置主要集中在白羊田集中安置点和文玉乡安置点。两处共划拨、开垦耕地2626亩，开垦茶园180亩，胶园405亩，经济果木地764亩。

为保证移民搬得出、稳得住，还对安置点进行了规划，对其配套的交通、广播、电力、水利等也进行了规划，以保证移民的生产生活。

1993年大朝山水电站初步设计审查时，按1992年价格水平，水库淹没处理补偿投资8932万元（不含耕地占用税），直到目前尚未调整。

（中国水电顾问有限公司　孟繁范）

天生桥一级水电站水库移民安置规划

天生桥一级水电站水库正常蓄水位780m时，淹没总面积共177.75km²，其中陆地面积159km²。经1992年～1993年、1994年～1996年前后两次复核调查，水库淹没涉及广西、贵州和云南3省（区）的6个县（市）、16个乡（镇）、8个村公所、158个村民居民点、340个村民小组。淹没耕地面积80351亩，园地1364亩，林地65497亩，草山39141亩。淹没三、四级公路173km，小水电站69座。计算至1995年底，需拆迁各类房屋面积174.09万m²，迁移人口46513人（其中农业人口43939人，非农业人口2574人）。

天生桥水电站水库移民安置规划，包括农村移民安置规划、集镇迁建规划、专项设施复建规划和库底清理规划等项，在原初步设计报告的基础上，昆明勘测设计研究院（简称昆明院）和地方人民政府于1997年7月进行了全面调整。电站开工以后，昆明院重新补充了水库淹没影响实物指标，并积极配合3省（区）移民机构进行库周剩余资源调查和环境容量的分析论证工作。库区各县（市）人民政府对移民安置问题十分重视，按照各县（市）的实际情况，在充分调查研究的基础上，结合移民生产开发规划，本着有利生产、方便生活、地质条件稳定、生活饮用水源可靠、位置适中并为群众接受的原则，对移民安置新点进行了选择和村庄规划。与昆明院共同重新调整后，编写了移民安置规划报告。

调整后的移民安置规划，提出了库区各县农业生产安置人口的生产恢复措施，仍以种植业、养殖业为主，农林（果）结合，并辅以少量的投亲靠友或从事乡村企业和二、三产业的途径进行安置的方案。动迁移民则以在本县（市）内采取本乡就地后靠与跨乡安置的方式，以开垦土地和有偿调剂划拨土地为移民提供必要数量的从事农业和林（果）业生产用地面积，以恢复其生产生活。对于需出县外迁的移民，则积极落实外迁点，进行安置。

根据移民安置规划，全库区推算到1999年规划水平年，合计需动迁人口48459人（其中，农业人口45885人，非农业人口2574人）。本乡后靠安置的约占49%，县内跨乡外迁的约占39%，出县外迁和投亲靠友的约占12%，拟建的后靠移民安置点共计170个。库区农业移民搬迁新点的用地标准控制在每人40～60m²。基础设施本着不降低原有标准的原则合理配置。库区受淹的集镇迁建新址的规划设计方案，则结合被淹集镇的现状和移民搬迁方案，以1999年

～2000年为近期搬迁迁建规划依据，以恢复集镇原有功能为宗旨，用地标准控制在每人60～80m²。集镇迁建方案调整后，各集镇新址对外连接的交通和10kV以上输电线路按乡（镇）政府驻地与县（市）之间以县～乡四级公路连通，乡以下的办事处、中心村公所（街场）～乡（镇）之间以农用机耕路连接，10kV以上输电线路建设纳入所在县（市）供电线路专项规划，综合布设。

天生桥水电站库区移民安置和专项设施迁改建实施规划较原初步设计阶段审批的规划方案有较大变动，电力、交通等设施迁改建标准和规模有不同程度的提高，部分移民安置点和集镇基础设施建设规模有所扩大。贵州、广西两省（区）移民部门在实施过程中会同设计单位进一步进行了优化，争取在国家审定的淹没补偿投资内做好水库淹没安置工作。

天生桥一级水电站水库淹没处理补偿静态投资1989年国家审定为46000万元。1997年7月根据中国南方电力联营公司报送的《天生桥一级水电站水库淹没处理和移民投资调整概算》的报告，原电力部水电水利规划设计管理局在北京分别组织召开了天生桥一级水电站广西、贵州、云南3省（区）库区淹没处理补偿投资概算调整审查会，经审查会审和国家计委核定，天生桥一级水电站水库淹没处理补偿投资概算（按1996年底价格水平计算）调整为165301.08万元，扣除1996年底以前使用资金的增值额2097万元，补偿静态投资为163204.08万元。按资金拨付计划，以6%的物价上涨指数计算至2000年底的价差预备费为18361.82万元，建设期贷款利息43925.07万元，合计总投资为225490.97万元。

（水电水利规划设计总院　周家萍）

凌津滩水电站水库移民的安置

凌津滩水电站位于湖南省桃源县境内，下距桃源县城40km，上距五强溪水电站47.5km，是沅水最下游的一个梯级。水库正常蓄水位51m，水库水域面积25.75km²，总库容6.34亿m³，20年一遇回水干流淹没长度41.15km。水库淹没涉及沅陵、桃源2个县、7个乡镇，36个村，178个村民小组，淹没影响耕地6488亩，房屋10.6万m²，推算至1998年需迁移人口4238人。

该电站于1994年正式开工建设，经过4年多的努力，截至1998年年底，库区淹没线以下人口1830人已全部搬迁完毕，随迁人口搬迁完成620人。库区累计完成生产开发任务9957亩，其中新开水田1282亩，柑桔2060亩，茶叶113亩，楠竹1835亩，杉林1909亩，小水果0.41亩，开发养鱼面积2616亩。累计完成新修公路25km，人行道40km，各种桥梁98座，库岸防护3200m，高、低压线路及通信线路改建105杆km。水库清理工作已全部完成。

国家审定凌津滩水电站水库淹没处理补偿投资，按1996年底价格为21037万元，考虑价差预备费1745万元，总补偿费用合计为22782万元。

（水电水利规划设计总院　唐　曦）

洪江水电站水库移民的安置

洪江水电站位于沅水干流的中上游河段，坝址位于湖南省怀化地区洪江市，是沅水干流开发规划中的重要工程。本工程的主要任务是发电，兼有灌溉、航运、供水等综合效益。水库正常蓄水位190.00m，水库库容1.95亿m³，有效库容0.75亿m³，装机容量22.5万kW，多年平均电量9.70亿kW·h，水库面积22.2km²，回水长度45.34km，下游灌溉面积3333hm²。

水库淹没影响涉及怀化地区的洪江市、黔江县、怀化县、会同县的11个乡（镇）51个村，主要淹没影响实物指标（1996年1月底）为：需迁移人口9179人，房屋面积29.3万m²，耕地面积5153亩，等级公路5.11km，等外公路17.59km，10kV以上输电线路24.66km，通信线路19.16km，3个乡（镇）政府驻地受到不同程度的影响。

规划到2000年，生产安置人口2978人，其中大农业安置2740人，二、三产业安置238人；搬迁人口7530人；筑堤防护2092人。

洪江水库移民安置经过中南勘测设计研究院和当地政府多次现场调查、分析论证，确定农村移民安置的方式以就地后靠为主，生产开发以大农业为主，挖掘土地潜力、计划通过旱地改水田、旱地改菜地、发展大棚蔬菜、开发经济林木和网箱养鱼等措施，提高移民收入和生活水平。

根据国家1997年审定的《湖南洪江水电站可行性研究报告》，水库淹没处理补偿投资总计为18913.38万元，其中农村移民补偿费为8723.61万元，集镇迁建费为811.63万元，专项设施迁建费3106.87万元，防护工程费为4837.98万元，其他费用528.78万元，基本预备费904.51万元。

（水电水利规划设计总院　唐　曦）

碗米坡水电站水库移民的安置

碗米坡水电站位于湖南省湘西土家族苗族自治州

保靖县境内，下距保靖县城20km，是沅水最大支流酉水流域规划的第四级水电站，下游与凤滩水电站衔接。水库正常蓄水位248m，总库容3.28亿m^3，电站装机240MW。

碗米坡水电站水库淹没影响湖南省保靖、龙山两县和重庆市秀山县。主要实物指标为：淹没影响耕地6615亩，园地851亩，林地731亩，房屋55.39万m^2，公路19.33km，小水电1010kW，需迁移人口17581人（其中农业人口12832人，非农业人口4749人）。

经工程防护后，测算至2001年规划水平年，需搬迁人口12613人（其中农业人口9989人，非农业人口2624人），拆迁房屋36.41万m^2，征用耕地5848亩。

规划农村移民主要在本县、本村就近安置，以种植业、养殖业为生产措施，通过开垦土地、兴修水利等，恢复移民生产生活。

1998年国家审定碗米坡水电站水库淹没处理补偿静态投资为37689万元（1997年价格水平）。

（水电水利规划设计总院　唐　曦）

水电站环境影响评价和环境保护实施

环评机构与证书重新考核换发情况

1997年9月以来，各直属设计研究院、流域机构和省（市、区）水利水电勘测设计研究院环境影响评价机构发生了一定的变化。由于国家对环保和移民工作的重视，设计阶段环保和移民工作显著加强。为了适应形势，一些设计单位成立了以移民和环保为主的处级单位，如华东勘测设计研究院成立了环保研究院，成都勘测设计研究院、西北勘测设计研究院、中南勘测设计研究院等成立了环保移民处，加强了环保工作。各直属设计院的专职环评人员一般稳定在10～12人，并有国家环境保护总局颁发的上岗证书。队伍的特点是，进一步年轻化，专业结构更加合理，人员素质进一步提高，环境工程专业及具有研究生以上学历的人员逐步增加。在业务范围方面，一是跨行业开展环评；二是向水库移民环保方向延伸；三是向施工阶段延伸；四是环保设计的工作不断加强。1999年12月，国家环保总局完成了对所有环境影响评价持证单位的考核登记，重新核发了环境影响评价证书，水利系统有4个单位环评证书降为乙级，证书有效期至2004年12月31日。详细情况见下表。

水利水电系统环评单位情况表

单位名称	环评机构名称	证书等级	专业人员人数(A/B/C)	环评通过审查的水利水电工程
长江水资源保护局	长江水资源保护局	甲级	75/9/59	江口、大房郢、水布垭、麻线坪及堤防加固、洪道整治、蓄滞区安全建设、城市防洪等34项
松辽水环境科学研究所	环境评价部	乙级	23/8/14	
珠江水资源保护科学研究所	环境影响评价室	甲级	26/9/17	广州虎门出海水道整治、黄茅海及鸡啼门治理小榄水道航道整治、景洪城区堤防一期工程
淮河水资源保护科学研究所	环评室	甲级	14/4/7	奎濉河、洪汝河下游河道整治，淮河中游临淮岗洪水控制工程、淮河人海水道近期工程
水利部海河水利委员会	海河水资源保护科学研究所	乙级	9/1/7	天津海挡工程

续表

单位名称	环评机构名称	证书等级	专业人员人数(A/B/C)	环评通过审查的水利水电工程
天津勘测设计研究院	环评室	乙级	14/0/13	永定河滞洪水库、青龙湾减河治理、纳米比亚奥卡万戈河至奥汉韦纳奥希卡托地区输水工程环评报告
昆明勘测设计研究院	环保水库及水资源分院	甲级	9/1/8	景洪、雷打滩、小湾复核
西北勘测设计研究院	环保移民工程设计院	甲级	12/1/10	汉坪嘴、直岗拉卡、康扬、公伯峡环评复核、姜窝子至槐芽二级、毛坝关、卡房、洛川县城供水工程、蔺河口、猛柱山、铁佛、汉中桥闸
中南勘测设计研究院	水库环保工程处	甲级	12/4/8	碗米坡、街面、凤滩、黄龙滩、乌江渡扩机
北京勘测设计研究院	环保室	甲级	24/5/19	丰宁、西龙池蓄能、丰宁二、三级
上海勘测设计研究院	环境保护工程设计研究院	乙级	15/2/11	宜兴蓄能
贵阳勘测设计研究院	环境保护室	甲级	28/0/28	柘林扩机、白水河二级、引子渡、马沙沟水库
成都勘测设计研究院	环境保护及工程移民处	甲级	13/2/10	姜射坝、桑坪、官地、福堂、硗碛、红叶二级、羊湖蓄能、金鹅、达嗄
华东勘测设计研究院	环境保护科学设计院	甲级	18/5/13	界竹口、天门窗、水涛庄、安地水库、水口后评估、沙溪口后评估、双坑口、沙地水库、涌溪四级
广西电力工业勘察设计研究院	环境保护室	甲级	13/0/13	平班
新疆水利水电勘测设计研究院	环境评价研究所	甲级	17/0/16	塔里木盆地灌溉与环保、察汗乌苏、艾西曼水库、雅普泉三级、铜场水库、C—2—5
福建水利水电勘测设计研究院	环保工程设计处	乙级	13/1/10	东留、芹山、大言、后石电厂引水、龙潭、周宁闽东（扩建）及防洪加固工程5项

注 专业人员人数，不含兼职。A/B/C中，A为总人数；B为研究生学历人数；C为本科生学历人数。

（水电水利规划设计总院 顾洪宾 朱党生）

环境影响报告书编制情况

1997年9月到2000年7月，国家电力公司水电水利规划设计总院和水利部水利水电规划设计总院（含少数由水利部直接预审的项目）完成预审的环境影响报告书共39份，其中，水电方面的22份。工程名称、评价单位、预审时间见下表：

1997年9月～2000年7月环境影响报告书已经预审的项目

项目名称	编制单位	预审时间
碗米坡水电站	中南勘测设计研究院	1997年12月
白山抽水蓄能电站	松辽委水环境科研究所	1998年1月
雅砻江官地水电站	成都勘测设计研究院	1998年2月
火溪河一期工程	成都勘测设计研究院	1998年2月
清江水布垭水电站	长江水利委员会	1998年7月
察汗乌苏水电站	新疆勘测设计研究院	1998年9月
直岗拉卡水电站	青海省环境科学研究所	1998年9月
景洪水电站	昆明勘测设计研究院	1999年1月
凤滩水电站扩建工程	中南勘测设计研究院	1999年5月
平班水电站	广西水利电力勘测设计研究院	1999年5月
西龙池抽水蓄能电站	北京勘测设计研究院	1999年6月
四川华能硗碛水电站	成都勘测设计研究院	1999年7月
乌江引子渡水电站	贵阳勘测设计研究院	1999年11月
黄龙滩水电站扩机	中南勘测设计研究院	2000年1月
宜兴抽水蓄能电站	华东勘测设计研究院	2000年1月
大朝山水电站	北京勘测设计研究院	2000年4月
康扬水电站	西北勘测设计研究院	2000年4月
公伯峡水电站（复核）	西北勘测设计研究院	2000年5月
芙蓉江江口水电站	长江流域水土保持局	2000年6月
红水河龙滩水电站（复核）	中南勘测设计研究院	2000年6月
琅琊山抽水蓄能电站（复核）	北京勘测设计研究院	2000年7月
板桥峪抽水蓄能电站	北京勘测设计研究院	2000年7月

1998年11月国务院颁布了《建设项目环境保护管理条例》（简称《条例》），提高了建设项目环评工作的法律地位，并对建设项目环保工作进行分类管理，根据工程对环境影响的程度，可编制环境影响报告书、报告表或登记表。《条例》还规定建设单位编制环境影响报告书，应征求建设项目所在地有关单位和居民的意见。流域开发在编制规划时，应当进行环境影响评价。建设项目环境影响报告书、环境影响报告表或者环境影响登记表自批准之日起满5年，建设项目才开工建设的，其环境影响报告书、环境影响报告表或者环境影响登记表应当报原审批机关重新审核。

大中型水利水电工程涉及不可逆的生态影响，一般需要编制环境影响报告书，现在编制的报告书都按规定增加了公众参与的内容。由于水利水电工程设计周期较长，环评审批后5年工程能开工的项目较少，造成很多水利水电工程需重新审核。目前已重新审核的项目有龙滩水电站、小湾水电站、公伯峡水电站和琅琊山抽水蓄能电站。已审核的项目均重新编制了环境影响报告书，审核时主要考虑有关法规、标准的变化，工程特性及工程地区环境状况变化等。

在执行《环境影响技术导则（非污染生态影响）》方面，一些评价单位也进行了积极的尝试，并利用卫星遥感技术、计算机技术及生态制图，从区域的角度进行生态环境影响评价，取得了一定的成果。根据环保竣工验收的经验，以前重视不够的环境问题，如水库淹没和移民安置中的环境保护、水库初期蓄水水质恶化、水库富营养化、水库漂浮物等问题逐步在环境影响报告书中得到重视，并提出了具体的对策措施。

（水电水利规划设计总院　顾洪宾　朱党生）

水口水电站环境影响后评估工作

水口水电站环境影响后评估（以下简称后评估）从电站7台机组全部投产后的第二年1997年开始，

至1999年历时近两年，完成了约16万字的后评估报告书及其6个后评估专题报告的编制工作。目的是通过对工程施工区、移民安置区、库区及库周环境现状调查、监测、分析和评估工程前后的环境状况及存在问题，为工程环境管理提供依据。

（1）水质影响评估。为进行水质影响评估，除利用原有的水质监测断面外，还在库区及坝下游布设13个断面，进行了3期6次水质监测。监测指标为水温、pH、DO、BOD_5、COD_{mn}、NH_3—N、NO—N、NO_3—N、挥发酚和石油类等，评估采用单因子法，并采用Kendell非参数趋势检验方法，分析水质随时间和空间的变化趋势。同时，对两个较大的库湾进行了叶绿素（ch1）、电导率、初级生产力、总氮（TN）、总磷（TP）等营养化指标监测，采用相关加权营养状态指数法进行库湾富营养化的评价，编制了专题报告。

（2）移民影响评估。主要通过移民对地方经济的发展、库区设施改善（交通、通信、供水供电、文化和医疗卫生设施）、移民开发性生产、移民生活质量提高（移民就业、收入、住房条件和生活环境），以及移民开发性生产对陆生生物、水库水质的影响等，评估有利的影响和有待进一步解决的环境问题，编制了专题报告。

（3）水生生物影响评估。为了解库区水生生物现状，1997年11月和1998年5月两次对库区采样监测，掌握了库区浮游动物生物量和浮游植物生物量，分析建库对浮游生物和鱼类（特别是回游性鱼类）的影响，从生物指标评价水体的营养水平，分析化学指标（TN、TP分别为0.63mg/L～1.76mg/L和0.025～0.196mg/L）与生物指标（库区浮游植物平均密度仅921个/L）评价结果不一致的原因，并编制了专题报告。

（4）泥沙淤积影响评估。闽江属我国南方少沙河流，水口坝址平均含沙量为0.143kg/m^3。初步设计阶段采用有限差分法对水口库区的泥沙淤积作了分析计算，水库淤积率为0.00118，水库寿命可达500年以上。为分析泥沙淤积对航运及水库末端南平市的影响，施工阶段又经南京水利科学研究院采用一维非均匀悬移质不平衡输沙模型，以典型年进行泥沙淤积计算。施工期从1989年至1993年库区布置22个永久性断面，每年汛后进行库区泥沙淤积断面测量，后评估分析比较各阶段的成果，评估了泥沙淤积对水库库容、回水位对南平市和航运的影响，并编制了专题报告。

（5）对下游影响评估。水口坝址距下游闽江口约84km，受水口水库调节影响，坝下河道水文情势变化大，后评估通过对坝下河道径流（最小流量、水位）、闽江口南北港分流比变化、泥沙冲淤、闽江口咸潮、下游防洪、下游水质和供水等的影响进行详细的分析，评估利弊，提出了评估结论，并编制了下游环境影响评估专题报告。

（6）环境医学影响评估。调查、收集了建库前后库区各乡、镇医疗卫生设施（机构、床位、人员等）、疫情（甲、乙类传染病）和居民饮用水卫生状况（进行了饮用水水质检测）等资料，并作了对比分析。建库后，库区医疗条件、饮用水源和居住环境、卫生条件明显改善，未引发传染病流行，发病率大为减少，环境医学状况良好。

（7）航运影响评估。闽江航道原有大小浅滩132个，水深仅1.5～1.7m，狭窄弯曲，通航的环境条件差，常年通航60～80t船只，客、货流量受到限制；建库后，从南平至福州可通500t级船队，水口水电站通航设施按Ⅳ级航道一次通过2×500t级标准船队修建，航运条件明显改善，但由于多种原因，目前，实际货运量远未达到400万t/年货运量的规划要求。

（8）景观与旅游影响评估。水口库区面积近100km^2，库区为从福州、三明至上游武夷山国家级风景名胜区、南平市的福建省十大风景之一的九峰山和省级风景名胜茫荡山等的水陆必经之路，库区形成的众多小岛可供开发利用，结合周边闽清、古田、尤溪等景区及人文景观，开发库区旅游项目具有较大的空间，评估提出应加强库区旅游规划、开发利用水口库区旅游资源。

（9）施工区环境质量评估。主要分析施工期间施工生产废水和生活污水对闽江水质的影响；施工期施工机械、运输车辆尾气、生活燃煤及施工粉尘等对周围环境空气的影响，施工噪声和交通噪声的影响，评估了工程竣工后上述各方面的情况及还应采取的环境措施，编制了评估专题报告。

（10）水土保持方案。后评估对库区水土流失（移民安置区、公路修建、边坡失稳等）、施工区水土流失的现状进行调查、分析，分别对库区和施工区已采取的水土流失防治措施作了评估，并提出了应进一步采取的水土保持方案。

（11）公众参与调查总结。通过采用发放调查表的形式，对移民安置区民间团体及部分移民进行问卷调查，内容涉及库区水质、森林资源、渔业资源、水土流失、供水、下游防洪、景观、经济发展、移民生活质量、工程兴建对环境总的影响以及意见和建议等。汇总了调查成果，并对公众反映的意见作了客观的分析和评估。

另外，后评估报告书中还提出了水口水电站环境管理机构设置及其职责、环境监控计划、环境规划及有关的建议。

（华东勘测设计研究院　张祖生）

沙溪口水电站环境影响后评估

闽江是福建省内最大的河流，随着上、中游工业的发展，闽江水污染问题日益突出；沙溪口、水口水电站相继蓄水发电，闽江水文情势也有一定变化，成为研究闽江水环境的热点。根据福建省关于《闽江流域水环境综合整治方案》的精神和要求，福建省电力局会同水口建设公司和沙溪口水电厂共同委托华东勘测设计研究院承担两电站的环境影响后评估工作。

沙溪口水电站始建于1983年7月，1987年12月第一台机组投产，1990年12月4台机组全部并网发电，至1991年12月，电站基本完工。1981年9月华东勘测设计研究院编制的《沙溪口水电站水库环境影响评价报告》是后评估工作的重要对比资料。

(1) 后评估的目的。通过对水库库区、移民安置区及周边地区进行现场调查和监测，掌握建库前后工程影响区的社会、环境变化情况；深入分析电站建设及运行对自然环境、生态环境和社会环境的影响及其原因；根据库区污染源的现状，重点分析水库运行对水质影响的规律，对比原评价结论和措施，进一步提出减免工程不利影响及保护工程区生态环境的措施建议，为闽江流域综合治理提供科学依据，并可供其他同类工程建设时借鉴。

(2) 主要内容。对库区及下游河道水质进行监测，分析建库前后水质变化情况及变化原因。根据污染源现状及预测结果，建立水库水质模型，预测2010年水库水质状况，并提出对策。对移民安置区进行现场调查，分析评估移民安置和开发建设活动对安置区环境的影响，评估移民生活质量和生活环境。调查工程区及移民安置区土地利用、植被、水土流失等，分析工程建设对影响区域生态环境的影响。调查建库前后库区鱼类区系组成、分布，产卵场及变化情况等，评价工程建设对水生生物生态环境的影响及渔业资源的影响。重点是水库水质、移民安置的环境影响及库区生态影响。

(3) 主要结论。经初步统计，沙溪口水电站自投产后，多年平均发电量9.6亿kW·h，主要供电闽北地区，为闽北地区的工农业发展和国民经济的增长作出了很大贡献。建库前河道枯水期航深不足，一般仅通行5t船只，建库后库区可通行300t船只，改善了上游通航条件。电站的建设给当地居民的就业和饮食、服务业等第三产业提供了机会。水库汛期在汛期限制水位运行，对下游起到一定的防洪作用。到1998年底，电站绿化投资约500万元，绿化面积13300m^2，被全国绿化委员会评为1998年全国部门绿化造林400佳单位。由于沙溪口水电站承担电网调峰任务，造成下游河道间歇性脱水，使下游一定范围的沿岸居民生产生活受到影响。建库前后水库水质变化不大，水质指标中溶解氧、总磷、石油类变差。由于水库上游环境卫生管理不善，垃圾沿河沿库堆放，遇洪水汇集到坝前，危及电站安全运行，同时成为一个突出的环境问题。水库运行初期，库区塌岸较为频繁，洪水期下游冲刷较为严重。

(4) 主要建议。由地方政府制定水库水质管理办法，对库区污染源进行治理和控制；加强上游环境卫生管理；加强库岸维护工作；做好移民安置点的饮用水源保护工作。

(水电水利规划设计总院　顾洪宾)

水口水电站环保竣工验收

水口水电站勘测设计阶段，我国环境影响评价制度尚未建立，由于该工程的规模大，影响特殊，引起了社会的广泛关注，并受到国家有关主管部门的高度重视。1982年4月，工程设计单位华东勘测设计院提出了《水口水电站对环境影响的调查研究报告》；7月13日，国家科委在北京主持召开了该报告的审查会议，参加会议的有国家有关管理部门、地方政府、科研院所、高等院校等单位的代表和专家教授50余人，会议认为水口水电站不会产生严重的环境影响，总的来讲利多弊少，建议国家尽早开工兴建。水口水电站环境影响论证工作对我国建设项目环境影响评价及评审制度的建立起到了一定的推动作用。水口水电站工程的环保工作情况如下：

(1) 水库清理。拆除房屋280万m^2，迁移处理坟墓12233座，清理、消毒污染源1620处，砍伐65m高程以下大树33116株，清除杂草树丛59.5万m^2，电杆3448根，障碍物47处。根据水质监测资料，水库蓄水初期（1993年4月2日下闸蓄水），库区水质没有恶化的现象和趋势；由于受南平市工业废水和生活污水影响，与建库前相比，库尾南平段总磷、石油类超标，但水质总体没有明显变化，清库效果较好。

(2) 库周防护。水口水库周边长790.6km，移民安置区大多布置在水库沿岸基础较差的坡积层和全风化岩上，水库蓄水后，地下水位抬高，水库水位波动，导致边坡失稳坍塌，加之安置区外缘未留足够的安全带，安置区的规划欠合理，管理不到位，库岸防护工程量大。水库蓄水前，实施防护工程78处，总长度14km，到1995年已投入资金8085万元，其中南平市防护堤工程全长7770m，完成土石方220万m^3，南平市原防洪标准偏低，常受洪水威胁，防护工程建成后，抵御多次洪水，减少了生命财产的损失，形成宽阔的沿江大道和江滨公园，改善了南平市自然环境和生活环境。

(3) 弃渣处理。水口水电站主体工程建筑物土石方开挖量879万m^3，临时工程和公路土石方开挖总量1026万m^3，合松散方1467万m^3。施工布置7个主要渣场，上游弃渣场高程55m，位于死水位以下，不会造成水土流失。下游象尾口渣场用作砂石料系统，安仁溪渣场布置仓库和施工辅助工厂，左右岸沿江渣场压实后作为公路和施工场地，局部修筑挡墙保证渣体稳定，施工大桥以下由于未作工程防护，遇大洪水仍产生局部流失。

(4) 绿化美化。水口电站1986年开始绿化工作，至1989年底主要完成电站办公区、生活区绿化面积41000m^2，共种植乔木2960株，灌木17340株，爬藤类20500株，花草类43770丛，投资138.9万元。1995年8月至1996年6月，主要完成渣场坡面106400m^2、上坝公路长1700m两侧和进厂公路长1400m两侧的绿化，共种植乔木16870株，灌木118360株，爬藤类45520株，花草类82350丛，投资578.7万元。1996年10月至1997年6月，完成山坡绿化面积100050m^2，种植乔木3110株，灌木107680株，爬藤类87350株，花草类51900丛，投资465万元。由于遭1997年两次大洪水的破坏，同年8月至1998年7月，对被毁地段进行补苗补种，种植乔木1690株，灌木144480株，花草类135280丛，投资507.2万元。上述各项共投资1689.8万元。

(5) 废水处理。施工期间，象尾口砂石料系统布置了废水处理系统，采用两个并联式沉淀池自然沉淀，循环使用，沉淀池有效容积1734m^3，处理能力800m^3/h，废水在池中停留130min，设计流速3.85cm/s，沉淀的泥沙运至渣场，清水回用，处理效果较好。生活污水处理符合国家有关规定，施工期共建化粪池29座，电站厂房等生产、生活场所均建有化粪池，有效去除污染物，没有对闽江水体造成污染。

(6) 移民安置区环保。各移民安置点饮用水的水质水量有较大的改善，但在集中供水水源地选择时仍重视不够，一些安置点供水水质不能得到充分的保障。安置区基础设施标准不高，排水设施未能完全配套，没有必要的污水处理设施，生活污水对水库局部水体造成污染。安置区的绿化及库岸防护等需进一步完善。

(7) 环保投资。工程建设涉及环境保护费用为35254.68万元，其中环保设备309.68万元，环保工程1154万元，下游护岸591万元，厂区绿化200万元，库区护岸33000万元。

1999年5月9日至10日，国家环境保护总局在福州市主持召开了水口水电站环保竣工验收会议，有关单位组成了环保验收小组。水口建设公司委托华东勘测设计研究院编制了《水口水电站工程竣工验收环境保护专题报告》，有关单位的代表和验收组成员现场考察了水口水电站环保工作落实情况，听取了水口建设公司和华东勘测设计研究院的汇报，经认真讨论和审议，同意予以验收。

（水电水利规划设计总院　顾洪宾）

水电工程水土保持工作

自1991年6月29日我国颁布实施《中华人民共和国水土保持法》以来，国务院于1993年8月颁布了《水土保持法实施条例》；全国有28个省、自治区、直辖市人大常委会颁布了水土保持法实施办法，这些法律、法规基本构成了我国水土保持法规体系的框架。为认真贯彻落实水土保持法律法规，进一步加强电力建设项目的水土保持工作，1998年12月水利部、国家电力公司联合颁发了《电力建设项目水土保持工作暂行规定》（水保［1998］423号），进一步规范了电力建设项目水土保持工作。423号文规定，凡位于山区、丘陵区、风沙区的新建、在建电力建设项目均应编制水土保持方案。由国家电力公司及其子公司投资（独资、控股、参股）的电力建设项目，其《方案》由国家电力公司组织预审，水利部负责审批。水利部为了规范、加强建设项目水土保持方案的编制工作，出台了“开发建设项目水土保持方案管理办法”、“开发建设项目水土保持方案编报审批管理规定”、“编制开发建设项目水土保持方案编制资格证书管理办法”和“水土保持方案编制资格证书单位考核办法”等一系列具体规定，形成了一套独立于环境影响评价的水土保持方案编报审批体系。

水土保持作为水电建设环境保护的核心内容一直受到广泛重视，是工程环境影响报告书中评价的重点，也是环保对策措施的主要内容。根据电力工业环境保护“九五”计划，到2000年底，对水电施工产生的弃渣全部进行防护和治理，水电站厂坝区及生活区绿化面积2万亩，料场绿化面积1万亩，弃渣场绿化面积4万亩，绿化道路2000km。水电项目为了符合国家有关水土保持法律法规的规定，进一步加强水土保持工作，根据423号文的要求，从1998年底开始单独编报水土保持方案，已经水电水利规划设计总院组织预审的项目见下表：

水土保持方案已经预审的水电项目

项目名称	编制单位	预审时间	水保投资（万元）
大峡水电站	西北勘测设计研究院	1999年3月8～9日	5042.00
松江河梯级水电站	东北勘测设计研究院	1999年4月14日	4234.71
察汗乌苏水电站	新疆水利水电勘测设计院	1999年4月22～24日	413.36
天荒坪抽水蓄能电站	华东勘测设计研究院	1999年11月17～18日	6494.93
吉林台一级水电站	新疆水利水电勘测设计院	2000年1月29日	340.417
西龙池抽水蓄能电站	北京勘测设计研究院	2000年2月29日	2521.91
大朝山水电站	北京勘测设计研究院	2000年4月5日	5791.77
四川华能硗碛水电站	成都勘测设计研究院	2000年4月16日	762.26
黄龙滩水电站扩机	中南勘测设计研究院	2000年4月17日	204.87
公伯峡水电站	西北勘测设计研究院	2000年4月26日	3929.12
乌江洪家渡水电站	贵阳勘测设计研究院	2000年4月27日	2000.78
宜兴抽水蓄能电站	华东勘测设计研究院	2000年5月30日	2046.17
琅琊山抽水蓄能电站	北京勘测设计研究院	2000年7月14日	1534.03
板桥峪抽水蓄能电站	北京勘测设计研究院	2000年7月28日	3503.90

水电工程水土保持方案的编报工作已进入规范化的轨道。水电直属7个设计院均获水利部颁发的水土保持方案编制甲级证书，并有一大批水利水电的环评和设计单位获得了甲级资质。各编制单位按水利部的要求进行了人员上岗培训，并获得上岗证书，同时在原环评队伍的基础上，充实了水土保持的专业技术人员。在编制水土保持方案时，一些设计院重视专业间的相互协作，有水工、施工、工程造价等专业人员参加，保证了方案的高质量。水电工程水土保持设计深度较方案编制前有较大的提高。

目前工作中存在的主要问题和建议：①水土保持方案和环境影响报告书的关系及其报批程序，水行政主管部门和环境保护行政主管部门有矛盾之处，影响了水电项目前期工作的正常开展。②由于国家法律没有规定，地方规定依据不足，对是否缴纳水土保持设施补偿存在争议。③水利部出台的《建设项目水土保持方案编制技术规范》用于水电项目存在一定不足，急需编制水电项目水土保持方案编制技术规范。

（水电水利规划设计总院　顾洪宾）

统 计 资 料

大中型水电站水库淹没主要指标表

项目		官地	水布垭	景洪
河流名称		雅砻江	清江	澜沧江
所在省（区）、县（市）		四川省西昌市盐原县	湖北省巴东县	云南省景洪市
电站特性	装机容量（万kW）	180	160	150
	年发电量（亿kW·h）	87.13	39.2	63.74

续表

项目		官地	水布垭	景洪
河流名称		雅砻江	清江	澜沧江
所在省（区）、县（市）		四川省西昌市盐原县	湖北省巴东县	云南省景洪市
水库特性	正常蓄水位（m）	1330	400	602
	死水位（m）	1321	350	597
	水面面积（km^2）	14.84	65.5	37.66
	干流回水长度（km）	38	108.9	104.96
	泥沙淤积（年）	20	20	15
	总库容（亿 m^3）	7.54	45.8	8.71
	调节性能	日	多年	月调
迁移人口	洪水频率（%）	5	5	5
	总人口（人）	366	17988	4356
	其中：农业人口（人）	325	14875	2938
	非农业人口（人）	41	3113	1418
拆迁房屋	总面积（万 m^2）	1.01	64.5223	12.6523
	其中：农业房屋（万 m^2）	0.7665	54.4859	9.5277
	非农业房屋（万 m^2）	0.2435	10.0364	3.1246
耕地	洪水频率（%）	20	20	20
	总耕地（亩）	680.74	17623.2	3852.85
	其中：水田（水浇地）（亩）	128.66	5751.4	2248.95
	旱地（亩）	552.08	11871.8	3603.9
林地	经济林地（亩）		6604.8	5485.2
	用材林地（亩）	6.589	112244	13439.25
专业项目	铁路（km）			
	三级公路（km）		18.47	6
	四级公路（km）	4	35.5	1.8
	小型水电站（kW）	320	20313	13013.8
	输电线路（杆 km）	5.16	240.2	92.8
	通信线路（杆 km）		67.02	58.4
	广播线路（杆 km）		146.33	6.2
迁移镇址	乡、集镇（座）		4	1
	县城（座）			
勘测设计研究单位		成都勘测设计研究院	长江水利委员会设计院	昆明勘测设计研究院
可研报告审定时间（年．月）		1998.3	1999.4	1999.2

续表

项　　目		平　班	福堂坝	街　面
河流名称		红水河	岷江	尤溪
所在省（区）、县（市）		广西区隆林县贵州省册亨县	四川省汶川县	福建省尤溪县
电站特性	装机容量（万 kW）	40.5	36	30
	年发电量（亿 kW·h）	16.035	22.89	3.6
水库特性	正常蓄水位（m）	440	1268	290
	死水位（m）	437.5	1260	250
	水面面积（km^2）	12.73	0.385	36.96
	干流回水长度（km）	37.42	2.53	44.5
	泥沙淤积（年）	30	20	20
	总库容（亿 m^3）	2.78	0.0298	18.24
	调节性能	日	日	多年
迁移人口	洪水频率（%）	5	10	5
	总人口（人）	5279	4	10925
	其中：农业人口（人）	5279	4	
	非农业人口（人）			
拆迁房屋	总面积（万 m^2）	23.811	0.035	43.82
	其中：农业房屋（万 m^2）	23.763	0.035	43.14
	非农业房屋（万 m^2）	0.048		0.68
耕地	洪水频率（%）	20	50	50
	总耕地（亩）	3690	194	11862
	其中：水田（水浇地）（亩）	1829.13		册内 7453
	旱地（亩）	1860.87		
林地	经济林地（亩）	404.3		703
	用材林地（亩）	807.82		26970
专业项目	铁路（km）			
	三级公路（km）	1.33	0.5	
	四级公路（km）	7.1		48.36
	小型水电站（kW）	68.25		2080
	输电线路（杆 km）	6.1	2.5	120.8
	通信线路（杆 km）		4.5	61.2
	广播线路（杆 km）			108.5
迁移镇址	乡、集镇（座）			
	县城（座）			
勘测设计研究单位		广西电力勘察设计研究院	成都勘测设计研究院	福建勘测设计研究院
可研报告审定时间（年．月）		1999.8	1998.4	1999.9

续表

项目		察汗乌苏	瓦屋山	硗碛
河流名称		开都河	周公河	宝兴河
所在省（区）、县（市）		新疆区和静县	四川省洪雅县	四川省宝兴县
电站特性	装机容量（万 kW）	30	24	24
	年发电量（亿 kW·h）	10.29	6.08	9.11
水库特性	正常蓄水位（m）	1645	1080	2140
	死水位（m）	1610	1020	2060
	水面面积（km^2）	3.1	12.5	4.01
	干流回水长度（km）	14.93	4.7	6.4
	泥沙淤积（年）	20	30	30
	总库容（亿 m^3）	1.01	5.74	2.0
	调节性能	不完全年	多年	年
迁移人口	洪水频率（%）	10	5	5
	总人口（人）		8085	2062
	其中：农业人口（人）		7918	1653
	非农业人口（人）		167	409
拆迁房屋	总面积（万 m^2）		26.92	16.116
	其中：农业房屋（万 m^2）		19.92	13.67
	非农业房屋（万 m^2）		7.0	2.446
耕地	洪水频率（%）	50	20	20
	总耕地（亩）	草地 803	8045.18	3072
	其中：水田（水浇地）（亩）		3656.4	
	旱地（亩）		4388.78	3072
林地	经济林地（亩）			
	用材林地（亩）		2826.6	1784
专业项目	铁路（km）			
	三级公路（km）			
	四级公路（km）		29.5	7.2
	小型水电站（kW）		11250	945
	输电线路（杆 km）		104.79	84
	通信线路（杆 km）		29.0	4
	广播线路（杆 km）		91.35	
迁移镇址	乡、集镇（座）		1	1
	县城（座）			
勘测设计研究单位		西北勘测设计研究院、新疆勘测设计研究院	四川勘测设计研究院	成都勘测设计研究院
可研报告审定时间		1999.2	1995.11	1999.8

续表

项 目		碗米坡	引子渡	直岗拉卡
河流名称		酉水	三岔河	黄 河
所在省（区）、县（市）		湖南省保靖县	贵州省、平坝县织金县	青海省化隆县
电站特性	装机容量（万 kW）	24	24	19.2
	年发电量（亿 kW·h）	7.92	9.13	7.62
水库特性	正常蓄水位（m）	248	1086	2050
	死水位（m）	238	1052	2048
	水面面积（km^2）	15.3	13.88	1.45
	干流回水长度（km）	60.0	50.35	7.0
	泥沙淤积（年）	10	20	20
	总库容（亿 m^3）	2.56	4.55	0.154
	调节性能	不完全季调	不完全年	日
迁移人口	洪水频率（%）	5	5	5
	总人口（人）	12224	5039	147
	其中：农业人口（人）	5913	5039	
	非农业人口（人）	6311		
拆迁房屋	总面积（万 m^2）	34.5	10.375	0.3240
	其中：农业房屋（万 m^2）	15.545	10.375	
	非农业房屋（万 m^2）	18.955		
耕地	洪水频率（%）	20～50	20	20
	总耕地（亩）	5417	8590	480.2
	其中：水田（水浇地）（亩）	3281.8	3342	
	旱地（亩）	2135.2	5248	
林地	经济林地（亩）	136.5	27	
	用材林地（亩）	594.8	3723	23
专业项目	铁路（km）			
	三级公路（km）			
	四级公路（km）	11.7	0.45	0.5
	小型水电站（kW）	1010	100	
	输电线路（杆 km）	74.3	51.21	0.9
	通信线路（杆 km）	40.2	2.5	
	广播线路（杆 km）	57.4		
迁移镇址	乡、集镇（座）	7		
	县城（座）			
勘测设计研究单位		中南勘测设计研究院	贵阳勘测设计研究院	西北勘测设计研究院
可研报告审定时间		1998.1	1999.10	1998

注 碗米坡水电站的实物指标为防护后的数字。

（水电水利规划设计总院 戴泽沛）

抽水蓄能电站水库淹没主要指标表

项目			泰安		宝泉	
			上水库	下水库	上水库	下水库
河流名称			泮汶河		峪河	
所在省（区）、县（市）			山东省泰安区		河南省辉县市	
电站特性	装机容量	（万 kW）	100		120	
	年发电量	（万 kW·h）	13.382		20.1	
水库特性	正常蓄水位	（m）	410	165	788.6	260
	死水位	（m）	386	154	758	220
	水面面积	（km^2）				
	干流回水长度	（km）	1.96	4.68		
	泥沙淤积	（年）		20		
	总库容	（万 m^3）	1267.64	2741	813	5509
	调节性能					
迁移人口	洪水频率	（%）	5	5		
	总人口	（人）	37	17	82	
	其中：农业人口	（人）	34	17	82	
	非农业人口	（人）	3			
拆迁房屋	总面积	（m^2）	1516.2	1635.39	1638	
	其中：农业房屋	（m^2）	1516.2	1635.39	1638	
	非农业房屋	（m^2）				
耕地	洪水频率	（%）	20	20		
	总耕地	（亩）	111.7	562.85	117	
	其中：水田（水浇地）	（亩）	2.64	488.47		
	旱地	（亩）	109.06	74.38	117	
林地	经济林地	（亩）				
	用材林地	（亩）	369.96		241	40
专业项目	三级公路	（km）				
	四级公路	（km）				
	小型水电站	（kW）				
	输电线路	（杆 km）	0.3	2.55	1.8	
	通信线路	（杆 km）				
	广播线路	（杆 km）				
迁移乡、集镇（座）						
勘测设计研究单位			北京勘测设计研究院		黄河水利委员会设计院	
可研报告审定时间（年.月）			1998.3		1998.3	

续表

项　目			西龙池		宜　兴	
			上水库	下水库	上水库	下水库
河流名称			滹沱河			
所在省（区）、县（市）			山西省五台县		江苏省宜兴市	
电站特性	装机容量	（万 kW）	120		100	
	年发电量	（万 kW·h）	18.05		14.9	
水库特性	正常蓄水位	（m）	1492.5	838	471.5	80.6
	死水位	（m）	1467.0	798.0	428.6	57.0
	水面面积	（km^2）	0.221	0.149	0.074	0.298
	干流回水长度	（km）				
	泥沙淤积	（年）				
	总库容	（万 m^3）	485.1	494.2	530.7	572.8
	调节性能		日	日	日	日
迁移人口	洪水频率	（%）				
	总人口	（人）	54	33		37
	其中：农业人口	（人）	54	33		
	非农业人口	（人）				37
拆迁房屋	总面积	（m^2）	1933.3	1145.29		2321.05
	其中：农业房屋	（m^2）	1933.3	1145.29		
	非农业房屋	（m^2）				2321.05
耕地	洪水频率（%）					
	总耕地	（亩）	111.94	33.26		
	其中：水田（水浇地）	（亩）				
	旱地	（亩）	111.94	33.26		
林地	经济林地	（亩）				32.2
	用材林地	（亩）			99	89
专业项目	三级公路	（km）				
	四级公路	（km）				
	小型水电站	（kW）				
	输电线路	（杆 km）				
	通信线路	（杆 km）				
	广播线路	（杆 km）				
迁移乡、集镇（座）						
勘测设计研究单位			北京勘测设计研究院		上海勘测设计研究院	
可研报告审定时间（年．月）			1999		2000.1	

注　1．泰安蓄能电站利用原大河水库作为下水库，下水库实物指标仅为增高水位部分。

2．宝泉蓄能电站利用原宝泉水库作为下水库，下水库实物指标已计入施工占地范围。

（水电水利规划设计总院　戴泽沛）

规　划

9

河　流　规　划

金沙江中游河段［虎跳峡（含上游水库区）～渡口］水电规划报告编制完成情况

编制完成《金沙江中游［虎跳峡（含上游水库区）～渡口］河段水电规划报告》（以下简称《规划报告》），是1998年～2000年我国大江大河河流水电规划工作的主要任务。

负责上述河段水电规划工作的昆明勘测设计研究院和中南勘测设计研究院从1992年以来，做了大量勘测设计研究工作，基本上达到了规划阶段的深度，并取得了初步成果。随后又对虎跳峡以下河段，通过现场复勘、筛选梯级坝址，开展了多方案梯级开发方案的比选工作。在此基础上，为了较好地完成《规划报告》的编制工作，国家电力公司水电水利规划设计总院在1998年～2000年期间，先后召开了3次工作协调会议，除商讨工作安排和分工协作外，还着重对规划中的主要问题进行研讨，并形成了一致的意见。

1998年12月协调会议中取得的共识是：虎跳峡水库为金沙江中游河段水电规划的“龙头”水库，从动能效益、工程技术难度、淹没损失、移民安置、防洪要求，以及可能存在上游调水等方面综合分析，建议本阶段以虎跳峡水库正常蓄水位1950m作为金沙江中游河段水电规划“龙头水库”的推荐方案。

1999年7月协调会议中又取得了如下的共识：在虎跳峡以上研究过包括其宗在内的多个坝址，并动用了钻探等勘探手段，进行了开发方案比较，从规划阶段成果看，虽然虎跳峡河段存在岸坡高陡、断裂发育、新构造活动强烈、地震烈度高、区域地质构造背景复杂等不利的工程地质问题，但目前国内外已有成功的工程实例可资借鉴，通过努力，这些工程地质问题是可以解决的，虎跳峡河段建设高坝大库的地形地质条件是成立的。其宗坝址需在近100m的深厚覆盖层上修建300m左右高的堆石坝，在国内外尚无先例，技术难度大，工程量也很大。上虎跳峡正常蓄水位1950m建坝方案在工程建设条件、经济比较等多方面均较优，应在本阶段推荐虎跳峡作为金沙江中游水电规划的龙头水库，不留备用方案。会议认为，对虎跳峡水库淹没较大、移民安置存在困难的问题，应予以高度重视，妥善处理好土地资源和水能资源的关系。

1999年12月下旬，上述两院的设计总工程师在北京开会，根据已经达成的上述共识，对规划报告的综合说明等部分逐段进行研究修改和补充完善。2000年6月份，完成了待审的《规划报告》。

金沙江中游河段的水电规划工作，从1992年至2000年历时7年，完成钻探8053.34m，坑槽探26959.5m^3，物探工作量44066条件点，物探地震波剖面测试41332.9m/56条；完成1∶10000地质填图199km^2，1∶5000地质填图136.7km^2；测量工作完成1∶5000坝址区地形图190km^2，1∶10000水库区地形图2934.2km^2；设计方面完成大量水文分析，8个水库的淹没调查，8个水库库容量计算，龙头水库6个水位的能量计算，6个梯级可能组合方案的全面比较，以及水工方案布置和工程量、投资估算等工作。以上勘测和设计工作满足了规划阶段的深度要求，使规划建立在坚实的基础之上。

金沙江中游河段水电规划为“一库八级”梯级开发方案，总装机容量为2058万kW，保证出力为942.59万kW，年发电量为883.22亿kW·h。金沙江是我国最大的水电基地，其中游河段水电规划报告的编制完成，是我国水电建设的一件大事。

（水电水利规划设计总院　朱铁铮）

田湾河水电规划报告审查意见

《四川省田湾河水电规划报告》由国家电力公司成都勘测设计研究院编制，国家电力公司水电水利规划设计总院于1998年7月19日至20日在成都主持召开了审查会议，主要审查意见如下：

1．开发任务　田湾河为大渡河中游右岸一级支流，发源于贡嘎山西侧康定县境内，至界碑石进入石棉县境内并有环河自右岸汇入，在两河口注入大渡河。田湾河流域经济欠发达，两岸无农田灌溉引水和防洪、供水要求，亦无通航和漂木等。同意田湾河开发任务为发电，兼顾旅游。

2．梯级开发方案　田湾河上游段干流及最大支流环河上各有一天然海子，干流为巴王海，支流为仁宗海。田湾河中下游段，落差极为集中，中段坡降高达58.1‰，下段为40.4‰，河谷狭窄，没有成库的地形条件。同意报告推荐的上游河段利用干流巴王海、支流环河仁宗海修建龙头水库并均采用混合式开发，中下游采用引水式开发的开发方式。同意报告推荐的分段梯级开发方案：上游干流为巴王海混合开发，下接干支流联合开发的仁宗海水库电站，即在干流然洼沟闸址处将干流径流引入仁宗海水库，与支流来水一并调节，修建仁宗海混合式电站；中游段采用金窝、两天窝两级引水式开发；下游采用大发一级引水式开发。全梯级为两库五级开发方案，自上而下为巴王海、仁宗海、金窝、两天窝、大发。

3．第一期工程及梯级开发顺序　为优化水电结构，四川水电应尽可能多开发调节性能好的电站。根据田湾河的实际情况，第一期工程应为仁宗海龙头水库和金窝电站，两梯级利用水头846m，可装机207MW，保证出力108.3MW，年发电量13.42亿kW·h。第一期工程之后可相继开发两天窝、大发、巴王海。

田湾河径流稳定丰沛，落差高度集中，淹没损失小，距负荷中心较近，交通较便利，无制约性的环境问题，是四川省开发条件相当优越的中型河流。规划两个龙头水库，总库容1.94亿m^3，调节库容1.38亿m^3，可进行不完全年调节，5个梯级淹没区内无人口、房屋、耕地，仅淹没林地2504.1亩（主要为灌木林）。5梯级共利用落差1945m，规划总装机容量477MW，梯级联合运行时保证出力308.8MW，年发电量33.6亿kW·h，其中枯水期电量12.16亿kW·h，可使全梯级形成一个电能质量高、运行调度灵活、调峰能力强的四川省中型水电基地，建议尽快开展第一期工程的前期工作，为早日实施田湾河的水电梯级开发创造条件，以满足四川省下世纪初电力市场的需求。

（水电水利规划设计总院　李世东）

杂谷脑河干流（芦干桥至下庄河段）水电规划报告审查意见

1998年9月，国家电力公司成都勘测设计研究院编制完成了《四川省杂谷脑河干流（芦干桥至下庄河段）水电规划报告》（以下简称为《规划报告》）。1998年10月17日至18日，四川省计委会同国家电力公司水电水利规划设计总院在成都主持召开了审查会议。会议主要审查意见如下：

1．开发任务　同意杂谷脑河干流的开发任务为发电。

2．梯级开发方案　为了适应地方兴建中、小型水电站的要求，在1986年的“汶、理、茂三县水电开发规划报告”中，将杂谷脑河初步规划为18级开发方案，对该河的水电早期开发起到了较好的推动作用。为了适应新的社会经济发展需要，实现“流域、梯级、滚动、综合”开发，合并调整原梯级开发方案，并规划“龙头”水库是必要的。在本规划河段已建和待建电站的基础上，根据河段的自然地理特征及地形、地质和水库淹没等条件，《规划报告》推荐的“一库七级”开发方案是合理的，即自上而下的梯级电站为狮子坪“龙头”水库电站、红叶二级（已完成初步设计，待建）、理县（已建）、危关、甘堡（已建）、薛城、古城。

3．近期开发工程　同意《规划报告》推荐的“龙头”水库狮子坪电站和红叶二级电站为规划河段的近期开发工程。狮子坪电站为杂谷脑河规划河段的“龙头”水库电站，调节库容达8860万m^3，具有年调节性能，电站装机180MW，保证出力55.7MW，年发电量9.7亿kW·h，其补偿调节可增加规划河段下游梯级电站的保证出力43.6MW、年发电量1.26亿kW·h，为规划河段的关键性工程。红叶二级电站为低闸引水式电站，装机75MW，施工场地较开阔，交通方便，总工期3年。

杂谷脑河是岷江右岸的一级支流，位于四川省阿坝州的理县和汶川县境内，是一条交通方便、距四川主网较近而颇具区位优势的中型河流。本规划河段的规划梯级和已建电站的总装机规模达543.5MW，梯级联合运行保证出力为208.2MW，年发电量为32.91亿kW·h。会议建议加快狮子坪“龙头”水库电站的前期工作和该电站与红叶二级电站的建设进程，为早日实现杂谷脑河梯级连续开发、促进民族地区稳定和经济发展作出贡献。

（水电水利规划设计总院　李世东）

李仙江干流水电规划

（一）河流概况及开发任务

李仙江属红河水系，发源于云南省南涧县，在江县流入越南，称黑水江。李仙江在云南境内河道长473km，天然落差1790m，国境处流域面积19309km^2，多年平均流量460m^3/s。李仙江的第一大支流——阿墨江，全长240km，集水面积7029km^2；阿墨江汇口以上称把边江，汇口以下始称李仙江。本次规划河段为把边江100km，李仙江91km，共

191km，落差507.3m。规划工作，从1998年进点开始，到1999年底完成。

李仙江流域内自然资源丰富，主要有森林、哀牢山特大型金矿。储量仅次于青海的钾盐矿和储量达45亿t的岩盐矿，此外还有锡、镍、铅、锌、煤等矿种。李仙江中下游河谷属热带及亚热带河谷地区，适宜发展种植小粒咖啡、茶叶及橡胶等热带经济作物，但尚待开发。

规划河段地质复杂，断裂发育，新构造运动强烈，地震频繁。规划河段出露的地层主要有大古生界、中生界、新生界及燕山期的辉长、辉绿岩和华力西期的玄武岩、中酸性喷出岩、中基性喷出岩等岩浆分布。

流域水量充沛，年降水量在1000～2500mm之间，降水集中在汛期6～8月份，枯期流量小，径流量年内分配不均。干流下游位于江城、绿春极多雨区，暴雨频次多、强度大，洪水起涨迅速。

李仙江中下游开发的主要任务是水力发电，兼顾旅游和水土保持，从长远看下游河段有航运要求。

（二）梯级开发方案

李仙江规划河段无大的平坝，居民点少，农田不多，无较大的成库地形。河道顺直，坡降均匀，只适宜堤坝式开发。通过河段查勘，根据地形地质条件等，以崖羊山、石门坎、新坪寨、龙马、居甫渡、新安寨、戈兰滩、土卡河等8个坝段为基础，拟出三个梯级开发方案，经过进一步分析比较，推荐方案一，即崖羊山、石门坎、新坪寨、龙马、居甫渡、新安寨、戈兰滩、土卡河八级开发方案。梯级总库容16.8亿m^3；调节库容7.42亿m^3，总装机容量131.1万kW，保证出力28.26万kW，年发电量67.0亿kW·h。

李仙江梯级电站规模适中，开发无较大技术难度，可成为思茅地区的重要能源基地。

（三）近期工程

根据地形地质、交通与施工条件，以及工程规模、动能指标和负荷发展需要，拟推荐第一梯级崖羊山电站为近期工程。该电站装机容量12万kW，多年平均发电量6.16亿kW·h；最大坝高90m，水库总库容3.08亿m^3，调节库容1.81亿m^3，具有不完全年调节能力，可以作为思茅地区的首选项目。

（昆明勘测设计研究院　姬书惠）

瓯江小溪流域规划

小溪位于浙江省南部，是浙江省第二大水系瓯江的主要支流，发源于洞宫山脉百山祖南麓大毛峰，由南西流向北东，至青田县石溪口与大溪汇合后始称瓯江，经浙江省温州市入海。小溪周边分水岭高程为1200～1800m，全长213km，平均比降3‰，控制流域面积3577km^2，多年平均径流量43.4亿m^3，水力资源蕴藏量73.13万kW，其中干流为31.15万kW。目前小溪干流尚未开发，仅在支流上修建了一些小型水电站，对小溪开发没有影响。

小溪规划设计工作早在1956年便着手进行，其后又作过多次研究。1979年原水利电力部华东勘测设计院完成了《浙江省瓯江流域规划报告》，1980年3月浙江省人民政府会同电力工业部审查了规划，确定小溪开发滩坑和大均两座大型水电站工程，并优先开发滩坑水电站，两工程均以发电为主，兼有防洪等综合利用任务。1998年和1999年有关部门又一次对小溪开发规划作了复核，先后完成了《浙江省瓯江（小溪）水电梯级规划复核报告（重编）》（滩坑坝址以上）和《瓯江流域综合规划报告》（送审稿）以及《瓯江流域综合规划文本》。根据合理开发水力资源、减少移民并兼顾青田县城防洪的原则，提出了两个梯级开发方案：方案一是大均265m（或275m，正常蓄水位，下同）——滩坑160m——大奕36.5m；方案二是沙湾265m（或275m）——标溪口220m——梧桐口210m——大均195m——滩坑160m——大奕36.5m，推荐以滩坑水电站为主的方案一（三级开发方案），该开发方案总装机容量91.4万kW，年发电量16.22亿kW·h，技术经济指标优越。

滩坑水电站位于浙江省青田县境内，是小溪中下游的"龙头"水库梯级，控制流域面积3330km^2，占小溪的93%，水库正常蓄水位160m（最大坝高161m），水库总库容41.5亿m^3，可进行多年调节，电站装机容量60万kW，保证出力8.39万kW，年发电量10.35亿kW·h；水库预留防洪库容3.7亿m^3，对提高青田县城防洪标准有一定作用；水库移民5万人，淹没耕地19800亩。该工程前期工作充分，移民安置规划已基本落实，设计单位先后完成了《浙江省瓯江滩坑水电站可行性研究报告》和《初步设计报告》，最近又编制了《浙江省瓯江滩坑水电站预可行性研究报告》（重编本）。大量勘测和设计工作表明，该工程指标优越。

大均水电站位于浙江省景宁畲族自治县境内，控制流域面积1846km^2，水库正常蓄水位265m（最大坝高120m），水库总库容5.9亿m^3，可进行年调节，电站装机容量25万kW，年发电量4.33亿kW·h。该工程已完成规划阶段的勘测和设计。

大奕水电站位于大奕坑口以下500m，控制流域面积3447km^2，水库正常蓄水位36.5m，与滩坑水电站尾水衔接，电站装机容量6.4万kW，年发电1.54亿kW·h。

（华东勘测设计研究院　杨玉增）

抽水蓄能电站选点规划

江苏省苏南地区大型抽水蓄能电站规划选点报告审查意见

原电力工业部水电水利规划设计管理局会同江苏省计划与经济委员会于1997年7月12日～15日在江苏宜兴主持召开审查会议，对上海勘测设计研究院编制的《江苏省苏南地区大型抽水蓄能电站规划选点报告》进行审查。会议审查意见如下：

（1）江苏省是我国经济发达地区之一，江苏省电网是华东电网的重要组成部分，电网基本为纯煤电电源结构，负荷增长快、峰谷差大，随着已经国家批准立项并于“九五”期间开工建设的连云港核电站的投入，调峰矛盾更加突出。该地区缺乏常规水电资源，在电源建设上将继续发展火电和发展一定规模的核电站，为了解决电网的调峰问题，尤其是核电站的安全、经济运行，建设运行灵活并具有调峰、填谷、紧急事故备用、调频、调相等多项功能的抽水蓄能电站是十分必要的。江苏省苏南地区经济尤为发达，其现状和远景都是江苏省的用电负荷中心，经电网规划和潮流分析，江苏省网首先在苏南地区建设抽水蓄能电站，缓解电网的调峰矛盾，并配合连云港核电站的运行是合理的。

（2）基本同意报告在苏南地区抽水蓄能资源普查及历次复查的基础上，按照在苏南地区选择装机规模为60万kW及以上抽水蓄能电站的要求，从铜官山、铜峰、俞坞、方山、勤丰、黄泥坎、浮山、挂联山等有可能建设的8个站点中选出近期开发的抽水蓄能站点。

（3）基本同意苏南地区大型抽水蓄能电站的近期开发工程为铜官山站点。该站点水头可达400m左右，在苏南地区抽水蓄能资源点中水头最高，距离负荷中心近，对外交通方便，其工程总体建设条件和技术经济指标在8个站点中相对较好。规划报告初步分析，铜官山抽水蓄能电站有效库容约500万m^3，初估装机80万kW。

会议认为，随着江苏省经济的发展，尤其是连云港核电站的建设，电网调峰问题更加突出，迫切需要建设江苏抽水蓄能电站。建议按照勘测设计各阶段的工作深度要求和本次会议的审查意见，加大铜官山电站前期工作的力度，为该工程的立项建设决策提供依据，以加快江苏省抽水蓄能电站建设，为江苏省的经济发展服务。

（水电水利规划设计总院　李世东）

江西省抽水蓄能电站规划选点报告审查意见

1997年7月18日～22日，原电力工业部水电水利规划设计管理局和江西省计划委员会在江西省南昌市共同主持召开审查会议，对华东勘测设计研究院编制的《江西省抽水蓄能电站规划选点报告》进行了审查。会议审查意见如下：

（1）江西电网以火电为主，调峰容量不足，由于一次能源短缺，可供开发的大中型常规水电站条件较差，今后在电源建设上仍将以投入大容量高参数火电机组为主，并且需要发展核电站及吸收三峡水电站电能，以满足国民经济和电力发展的需要。因此，江西电网远景调峰矛盾仍然比较突出，为了电网的安全、稳定、经济运行，建设一定规模的抽水蓄能电站是必要的。另外，江西电网为华中电网的组成部分，华中电网水电调节性能较差，电网缺乏调峰容量，开发江西省丰富的抽水蓄能资源，也可为华中电网提供运行灵活、安全和经济的调峰手段。

（2）基本同意报告在对江西省抽水蓄能资源普查、复勘和补充查勘的基础上，从装机容量30万kW以上的15个可开发抽水蓄能站点中，推荐洪屏、柘林和云居山3个站点参加江西省抽水蓄能电站首期工程的比选。

（3）同意从洪屏和柘林抽水蓄能站点中选择首期工程，云居山站点的站址条件相对较差，上水库受淹没控制，并存在对著名的云居山真如寺环境影响的敏感问题，可不参与首期工程的比选。会议对洪屏和柘林抽水蓄能站点进行了认真讨论和比选，认为洪屏和柘林都是江西省以及华中电网不可多得的抽水蓄能站点，距负荷中心和拟建的500kV输电线路近，交通方便，淹没损失小，工程量较小，其技术经济指标均较优。但通过现阶段的比较，洪屏抽水蓄能站点相对更优一些。

1）洪屏和柘林均具备修建高水头、大容量抽水蓄能电站的条件，但考虑到江西电网的近期负荷和远景发展水平以及华中电网的实际情况，为了充分利用抽水蓄能资源又不过多积压建设资金，在开发上应分期建设。

2）洪屏站点上、下水库为平行的带状水库，其分期建设的进出水口、厂房等建筑物在工程布置上具有较大的灵活性，而柘林站点分期建设的工程布置灵活性相对较差。因此，结合输水发电系统的分期布置，在地形地质上洪屏略优于柘林。

3）洪屏抽水蓄能电站上水库有增加库容提高调节性能，以及为了华中电网安全和稳定运行增加备用库容的良好条件，而柘林抽水蓄能电站上水库增加库容的条件相对较差。

4）洪屏下水库集水面积较大，天然径流能够满足电站初期蓄水的需要，而柘林上、下水库集水面积均较小，电站初期蓄水仅考虑天然径流存在一定的风险，可能需要采取补水工程措施。

5）从分期开发考虑，洪屏因管线相对平直、洞线间距较大，分期地下厂房、输水系统及施工支洞布置比柘林简易，施工干扰也较少。

因此，会议推荐洪屏站点作为江西省抽水蓄能电站的首期开发工程。

（4）报告中推荐的洪屏抽水蓄能电站总装机容量240万kW，一、二期装机均为120万kW。建议在下阶段，根据江西电网和华中电网（重点是鄂东地区）的发展要求，以及吸收三峡水电站电能和建设核电站的规划要求，研究该电站的一期与最终装机规模及合理的分期开发方案。

（水电水利规划设计总院　李世东）

湖北省鄂东抽水蓄能电站选点规划报告审查意见

为了有效地解决日益增大的湖北电力系统负荷峰谷差和电网调峰能力不足的矛盾，湖北省电力局委托国家电力公司中南勘测设计研究院（以下简称中南院）进行了鄂东抽水蓄能电站选点规划工作。1999年3月14～15日，中国水电水利及新能源发电工程顾问有限公司会同湖北省计划委员会在武汉市主持召开了湖北省鄂东抽水蓄能电站选点规划报告审查会议。会议主要审查意见如下：

（1）建设必要性。近年来，虽然湖北省电力供应紧张的局面得到一定的缓解，但峰谷差仍不断加大。湖北省电网为满足用电峰谷差的需求，采取了水电弃水调峰、火电启停调峰和压负荷调峰等一系列措施，但电网为此付出了较大的经济性代价，而且频率不合格时间居高不下。据负荷预测和调峰平衡分析，2005年全系统调峰容量缺口约为120万～180万kW；三峡电站投产初期，丰、枯期均无调峰能力，届时湖北省网从三峡受电后，若不采取有力措施，省网的调峰缺口问题将更加突出；2010年三峡电站正常运行后，枯水期调峰能力不足的矛盾虽有所缓解，但丰水期调峰缺口更为严重，将达250万kW。2010年以后，由于负荷的增长，峰谷差进一步加大，常规有调节能力的水电已十分有限，调峰的缺口将进一步扩大。因此，为了解决21世纪初湖北电网调峰的困难，逐步实现电源结构优化配置，增强接受三峡电力的能力，更好地发挥三峡及其他调节性能较差的常规水电站的效益，宜建设适当规模的抽水蓄能电站。而作为电网抽水蓄能的启动工程，尽早尽快修建一个60万kW左右、规模适中、投资相对较少、工期相对较短、能尽早发挥效益的抽水蓄能电站，以后逐步加大建设规模是合适的。因此，根据湖北电力市场供需现状、发展规划和电源结构的特点，抓紧在电力供需矛盾短期趋于缓解的有利时机，调整电源结构，在湖北省特别是负荷及火电群集中的鄂东地区，近期修建适当规模的抽水蓄能电站是必要的。

（2）近期开发站点的选择。通过查勘和初步规划，湖北鄂东地区从数十个抽水蓄能站点筛选出喷雪岩、城山、花园、白莲河、九宫山5个较优站点作为资源点储备项目。其中白莲河、九宫山两站点优势尤为突出，建设条件较好，可作为近期开发选择对象。白莲河与各规划站址相比较，距负荷中心较近，施工场地开阔、施工条件便利，库容较大，水源充足，下水库利用已建成的白莲河水库，可节省工程投资，进出水口处于清水区。但水头相对较低，上水库淹没损失较大。九宫山具有水头高、淹没损失小的优势，但由于上、下水库均需修建高坝，工程量相对较大，分期开发第一期工程投资积压较大。九宫山上、下水库集水面积较小，初期蓄水时间可能较长。计入资金的时间价值后，白莲河电站年费用最小。白莲河分期开发，两期工程的发电、输水系统可分开布置，减少第一期工程投资积压。经综合技术经济比较认为，推荐白莲河为第一期开发站点，九宫山为相继开发站点是合适的。

（3）白莲河抽水蓄能电站。白莲河抽水蓄能电站位于黄冈市罗田县，上水库建于白莲河水库右岸山头，集水面积 2.71km^2，初拟正常蓄水位 308m，死水位 285m，总库容 2663 万 m^3，调节库容 2107 万 m^3。下水库利用 60 年代初期建成的白莲河水库，正常蓄水位 104m，相应库容 8 亿 m^3。电站最大水头 210m，最小水头 174m，初步规划总装机容量 120 万 kW，第一期工程 60 万 kW。该站点上水库具备修建蓄能电站的基本地形地质条件。天然建材除花岗岩外，尚有天然砂砾石和土料可供工程选用。白莲河施工场地较开阔，施工布置灵活性较大。

（水电水利规划设计总院　袁定远）

广东省第二抽水蓄能电站规划选点审定意见

广东省水利电力勘测设计研究院按照广东省电力局下达的任务，开展了广东省蓄能资源普查工作，并于 1993 年提出了普查报告，普查报告和后期规划选点阶段的补充普查共查明可供开发的抽水蓄能站点 40 个，在此基础上，于 1997 年 5 月提出了规划选点补充报告。报告对筛选出的惠州博罗、增城七星墩、新丰和阳春仙家垌等 4 个站址进行比选，推荐惠州博罗站址为广东省第二抽水蓄能电站站址。1998 年 8 月广东省电力工业局以粤电计［1998］148 号文批复了规划选点报告，“同意博罗站址为广东省第二抽水蓄能电站的首选站址”。据此，广东抽水蓄能电站联营公司编制了《广东省第二抽水蓄能电站前期工作情况汇报材料》，并于 1999 年 1 月报中国水电顾问有限公司。该公司组织有关专家听取情况汇报并进行了认真研讨，同意惠州博罗站址为广东省第二抽水蓄能电站的首选站址，主要意见如下：

1. 建设必要性　至 1997 年底，广东全省发电装机容量 28127MW，其中火电装机容量 21338MW，占总装机容量的 75.9%，水电装机容量 4989MW（含抽水蓄能电站装机容量 1200MW），占总装机容量的 17.7%，核电装机容量 1800MW，占总装机容量的 6.4%。在广东电源中，煤电机组中除沙角 B 厂和沙角 C 电厂具有较好的调峰能力外，其他机组调峰能力均很低；水电电源中，除新丰江水电站具有较好的调峰能力外，其余电站大部分为径流式小水电，基本上不能调峰；油电在广东占了相当大的比例（达 32.4%），主要是柴油机和小型燃机，这些机组出力不足，调度较困难，且小火电浪费能源，严重污染环境，需要逐步淘汰；核电因安全运行及降低燃料费用的要求，也不参与调峰。可见，广东现有电源结构很不合理，调峰能力差，难以满足系统调峰的需要。随着广东省用电负荷的增加，第二产业用电比例逐年下降，第三产业和居民生活用电比例上升，日负荷率将会比现在的 0.5 更低，广东省用电峰谷差日益加大，调峰矛盾非常突出。根据广东省电力负荷预测，2005 年、2010 年全社会最大用电负荷分别为 29180MW、42080MW，最大峰谷差分别达 13310MW、19310MW。广东的经济呈持续快速增长趋势，未来若干年内电力增长速度很有可能会比原预期的增长速度高，如不加快电源建设速度，很有可能又会出现新的缺电高峰。广州抽水蓄能电站建成后，对广东电力系统安全、稳定、经济运行发挥了重要作用。惠州抽水蓄能电站继广州抽水蓄能电站建成后，必然会大大改善系统的调峰状况，避免和减少系统调峰容量不足的情况发生。因此，尽早建设广东省第二抽水蓄能电站，对广东电网是十分必要的。

2. 近期开发站点的选择　增城七星墩站址水头 562.5m，最大可装机 1900MW，装机规模稍小；新丰站址，水头 390m，最大可装机 4000 余 MW，水头略低；仙家垌站址水头 507m，最大可装机 6500MW，距广州较远，约为 225km，惠州博罗站址水头 530～685m，最大可装机 5000MW；对筛选出的惠州博罗、增城七星墩、新丰和阳春仙家垌等 4 个站址进行比选，惠州博罗站址具有地形地质条件好，交通便利，水头高，靠近负荷中心、高压输电网和岭澳核电站，水源条件较好，故推荐惠州博罗站址为广东省第二抽水蓄能电站站址。

3. 惠州抽水蓄能电站　惠州抽水蓄能电站目前已完成预可行性研究报告，初步选定上水库范家田、下水库为礤头的开发方案，上水库正常蓄水位 760m，死水位 740m；下水库正常蓄水位 227m，死水位 205m，利用水头 533m，调节库容约为 2000 余万 m^3，装机容量 2400MW，可分期开发，也可一次建成。

（水电水利规划设计总院　袁定远）

水能规划设计

澜沧江景洪水电站的水能设计

（一）概况

景洪水电站是澜沧江中下游规划的两库八级开发方案的第5个梯级电站，总装机容量1500MW，坝后式开发。主要向泰国送电，将由中泰合资建设。该电站为我国首次采用中外合资方式进行可行性研究的电站，其可行性研究工作由中泰云南景洪电站咨询有限公司（YJC）进行管理。景洪水电站水能设计的特点有：①确定合理的通航规模；②其能量指标分别按无上游调节水库和上游小湾水库、糯扎渡水库投入后3种情况进行计算，为以后的投资费用分摊或补偿效益返还提供依据；③同时采用最小费用法和效益费用比法两种方法进行方案比选；④根据泰方要求，进行按照EGAT（泰国电力局）运行标准的水库运行方式的研究和相应电量计算。

（二）通航规模的确定

景洪水电站坝址位于澜沧江下游Ⅵ级航道的河道上，以现有通航能力和货运量为基础，考虑远景发展的需要，从实事求是、讲求效益的原则出发，根据云南省政府协调意见，确定景洪水电站通航建筑物按Ⅴ级航道、300t级船舶设计，并明确维持河流原有通航能力（通行100t级船舶）的投资由电站业主承担，发展部分投资由云南省交通及有关部门承担的原则。这一原则既贯彻了水资源综合利用的方针，又体现了“谁受益、谁投资”的原则。

（三）主要水能参数

景洪水电站主要水能参数为特征水位、装机容量及机组机型、额定水头等。

正常蓄水位：根据4个方案（600m、602m、604m和606m）的能量指标差异和上游糯扎渡梯级的合理衔接及投资差别，经最小费用法和效益费用比法两种方法进行经济比较，并考虑对思茅港的影响等因素，经综合比较分析，确定正常蓄水位为602m。

综合分析电站承担日、月调节所需的必需库容，不同死水位方案的能量指标及思茅港防洪要求、进水口布置等因素后，确定死水位为591m。

汛期限制水位：思茅港位于景洪库区，是汛期限制水位选择的主要制约因素。在预可研阶段，经政府有关部门协调，思茅港的防洪标准为20年一遇，防洪水位为610m。根据景洪水电站洪水分期及泥沙主要集中在汛期的特点，分主汛期（6～9月）和后汛期（10月）设置不同的汛期限制水位，在水库15年泥沙淤积的基础上，以满足思茅港防洪要求为前提，经回水计算和方案比较，最终确定主汛期的限制水位为591m，后汛期为597m。

防洪特征水位：景洪电站的防洪任务主要是满足上游思茅港的防洪要求和确保电站本身的安全。大坝的防洪标准为：设计洪水500年一遇，校核洪水5000年一遇；发电厂房的设计洪水为300年一遇，校核洪水为1000年一遇。根据泄洪建筑物布置形式，采用以前一时段入库平均流量作为启闭闸门的依据，逐级分档启闭闸门的方法进行洪水调节计算并确定防洪特征水位，设计洪水位为603.79m（$P=0.2\%$），校核洪水位为609.40m（$P=0.02\%$）。

装机容量选择：主要考虑送电泰国的需要，结合云南的电力需求并考虑线路等方面的因素，通过技术经济比较来确定装机容量。景洪水电站的最终装机容量以上游有调节水库（小湾水库）进行选择，并分析了分期装机的经济合理性。经1350MW、1500MW和1650MW三个方案的能量指标计算，各方案对泰国电力系统和云南电力系统的影响及作用分析，并采用最小费用法和效益费用比法进行了经济比较计算。综合各相关因素，从经济上最优的角度确定景洪水电站装机容量为1500MW，装机5台。经分期装机经济分析，推荐一次建设的方案。

景洪水电站常年运行时最小水头约为40m，极端最小水头约28m（遇厂房校核标准1000年一遇洪水时），最大月平均水头65m，最小月平均水头45m，电能加权平均水头57.4m，根据技术经济指标、机组运行稳定性等因素分析，确定额定水头为55.5m，机型为HL274-LJ-790。

（四）能量指标

景洪水电站在上游无小湾和糯扎渡水电站时，保证出力为346.5MW，多年平均发电量6374GW·h；在上游有小湾水电站时，保证出力为636.2MW，多年平均发电量为6874GW·h；在上游有小湾和糯扎渡水电站时，保证出力为862.6MW，多年平均发电量为7931GW·h。

（五）按EGAT标准的电量计算

景洪水电站的发电量主要送泰国，泰国电力局(EGAT)对吸纳独立电厂的电量有一个标准，即每天送10～16h，每周仅送6d，在此范围内的电量称为主供电量，其余的称次供电量，两者在电价上有所区别。为此，根据泰方要求，进行了满足EGAT标准的水库运行方式研究和电量分类计算。经计算：无小湾水电站情况下，景洪水电站送泰国的主供电量为3160GW·h，次供电量为1934GW·h；小湾水电站投入后，景洪水电站送泰国的主供电量为3406GW·h，次供电量为2072GW·h；小湾水电站和糯扎渡水电站均投入后，景洪水电站送泰国的主供电量为4354GW·h，次供电量为1729GW·h。

(昆明勘测设计研究院　周　建)

金沙江向家坝水电站的水能设计

向家坝水电站是金沙江干流梯级开发规划的最后一个梯级，位于四川省宜宾县和云南省水富县接壤的金沙江峡谷出口处，下距宜宾市33km。坝址控制流域面积45.88万km^2，占金沙江流域面积的97%，坝址多年平均流量4620m^3/s。金沙江水量丰沛，能量集中，是全国最大的水电能源基地。工程的开发任务为：以发电为主，同时改善上、下游通航条件，结合防洪和拦沙，兼顾灌溉，并对上游梯级电站溪洛渡承担反调节。电站供电范围为：主送华中或华东地区，同时兼顾四川、云南两省。向家坝水电站主要水能参数的选定简要情况如下：

（一）正常蓄水位

由于向家坝电站担负着众多的综合利用任务，影响正常蓄水位选择的因素较多，存在着发电与排沙、灌溉、航运、防洪的协调，上游梯级电站溪洛渡的开发时机等问题。金沙江为多泥沙河流，对筑坝引起的库内泥沙淤积和淤积上延需格外重视；库内引水灌溉四川南部214.2万亩耕地，坝内取水高程370m；溪洛渡电站多年平均尾水位377m，满装机发电水位382m，库内航运等级为Ⅳ级，坝下航道为Ⅲ级；防洪对象为下游33km处的宜宾市；库内主要的淹没对象是云南的绥江县和四川的屏山县。正常蓄水位选择的基本思路是：在全面分析上述各种影响因素的前提下，以水库淹没、工程泥沙和对溪洛渡电站的影响为重点，进行方案经济比较和综合分析，正确处理好3个方面的关系，即工程本身的发电效益与淹没损失、投资的关系；工程自身的动能经济效益与溪洛渡动能经济效益及施工条件的关系；水能资源合理利用与其他综合利用部门的关系。选择经济上有利、综合利用兼顾好、梯级衔接比较合理、水库淹没和移民安置能够承受的方案。最后经过对375m、380m、385m3个水位比较，选定正常蓄水位380m方案。

（二）汛期排沙限制水位

金沙江水量大、泥沙多，坝址多年平均悬移质输沙量达2.43亿t，向家坝正常蓄水位以下库容49.8亿m^3，库沙比仅为27，根据有关规范类别划分，水库属泥沙问题严重类型。保证向家坝库容长期有效利用、减少库内泥沙淤积，延缓泥沙向上游梯级坝址淤积的速度，尽可能降低溪洛渡尾水位，必须在工程上采取一定的措施。向家坝来水来沙规律明显，汛期6月～10月来水量占全年的75%，来沙量占96%，在此期间降低水位，以“蓄清排浑”方式运用，排沙效果明显。汛期设置排沙限制水位除考虑排沙要求外，还应结合自身工程造价、能量损失、综合利用部门对汛期水位的要求。向家坝汛期流量大，汛期降低水位运行的代价也大，每降低1m，损失1亿kW·h左右电量；额定水头、泄洪高程随之降低，工程投资增加3.4亿元（降低10～16m间差值）；汛期水位过低，与灌溉引水矛盾加大。综合各方面因素，最终确定汛期降低13m，即汛期排沙限制水位367.00m方案。

（三）装机容量

向家坝枯水期保证出力144万kW/177万kW/209万kW/299万kW（上游无水库调节/上游增加溪洛渡调节/增加锦屏高坝调节/增加虎跳峡调节）。根据国家一次能源平衡综合规划，金沙江电力主要考虑东送华中或华东地区，向家坝距华中地区长沙市的输电距离1140km，距华东地区上海市的输电距离2300km，考虑采用500～600kV直流电进行输电。

向家坝水电站装机容量，除受供电范围、负荷水平及特性、电源结构及水电电源、工程投资及效益、单机容量大小等基本因素影响外，还须考虑以下3个方面因素的影响：①本电站上游干支流大型水电工程建设的影响。向家坝上游干支流水库调节库容大，对下游梯级调蓄作用强，它们的建设时机对下游电站装机规模影响大。②电站发电与下游航运要求之间的关系。向家坝建于通航河流上，坝下游2.5km为水富港，33km为宜宾港，目前水富～宜宾段为Ⅳ级航道，宜宾以下纳岷江后进入川江航道，为满足航运水深、航宽等要求，电站运行必须承担航运基荷任务，同时由于电站日内调峰运行时，下游河道不稳定流波动受到水位变幅、流速、水面坡降等航运水流要素的限制，枯水期调峰变幅相应受到制约。③电站送出工程输电方式、规模及投资。向家坝为“西电东送”工程，输电距离在1000km或2000km以上，送出工程投资在枢纽工程投资中占有相当大的比重，以送华中地区为例，约占30%～40%，长距离输电利用小时和输电经济性制约着装机规模。因此，处理好发电与航运间关系、近期与将来发展关系、投资与效益关系，是装机选择遵循的基本原则。通过四个装机方案比较，确定向家坝装机容量为600万kW。在该装机条件下，向家坝多年平均年电量298.6亿kW·h/307亿kW·h（上游有溪洛渡/上游再增加锦屏，下同），装机年利用小时4977h/5123h。

（四）设计体会

向家坝电站作为"西电东送"的大型电源，在水能设计中处理好自身发电效益与其他综合利用各部门的关系，尽可能满足各方要求，同时处理好投入与电力外送的关系是向家坝水能设计的关键。

（中南勘测设计研究院　李明英）

金沙江溪洛渡水电站的水能设计

溪洛渡水电站（以下简称溪洛渡）是金沙江下游河段梯级开发规划的第3个梯级，是一座以发电为主，兼有防洪、拦沙和改善下游航运等综合利用效益的特大型水利枢纽工程。枢纽控制流域面积45.44万km^2，约占金沙江总流域面积的96%，坝址多年平均径流量1460亿m^3。在比选阶段设计中，溪洛渡水电站主要水能参数的选择简况如下。

（一）正常蓄水位

溪洛渡上游衔接梯级为白鹤滩水电站。溪洛渡正常蓄水位的选择，要有利于两电站的合理衔接兼顾总体发电效益；有利于减少筑坝和移民安置难度，同时尽量分担下游的防洪任务。考虑到白鹤滩坝址处的常年水位变幅及预可行性研究审查意见，以610m、605m、600m、595m四个方案进行综合比较。

经技术经济比较，从单位经济指标来看，高方案有利，但从减少移民安置与筑坝难度考虑，为有利于移民安置与大坝设计，宜选用较低方案。各方案对下游的发电、防洪、航运的作用以及水库运行30年的拦沙率，方案间差别不大。

溪洛渡水库运行30年后，600m方案在白鹤滩坝址处略有泥沙淤积。分析白鹤滩水电站的装机规模和调节性能，两梯级的衔接流量按4000～6000m^3/s考虑。按此衔接流量，推算白鹤滩坝址处的天然水位为596.4～599.8m，因此，595m方案两梯级未能衔接，600m方案略有重叠。

对于610m、605m两方案，溪洛渡、白鹤滩两梯级重叠水头的效益主要在运行初期，随着水库淤积的发展，白鹤滩梯级损失的水头增大，两梯级正常蓄水位方案间多利用水头效益将逐渐减少。从减少两级电站的投资和建设难度，有利于金沙江梯级滚动开发，并且兼顾溪洛渡先期开发效益以及蓄洪拦沙对梯级衔接的不利影响等方面考虑，选择电站正常蓄水位为600m。

（二）汛期运行水位

溪洛渡作为金沙江开发的第一期工程，水库运用方式设计的任务是：水库既要拦淤泥沙，又要减少兴利库容内泥沙淤积，控制库末泥沙淤积向上游延伸。

溪洛渡水库控制了金沙江的主要暴雨区和产沙区，汛期输沙量高度集中。为了长期保持兴利库容，减少泥沙淤积，避免库末泥沙淤积影响白鹤滩坝址，水库汛期需降低水位运行，以利冲沙。曾拟定565m、570m、575m、580m4个方案进行比较。

校核洪水位4方案间相差0.29～0.33m。运行30年后，调节库容方案间差1.1亿～2.2亿m^3，减少白鹤滩年发电量方案间差0.2亿～0.4亿kW·h。

从泥沙淤积对水库库容影响方面分析，汛期运行水位不宜过高，而水轮机的运行工况则要求汛期运行水位不宜过低，以减少汛期水头受阻，改善枯期（高水头）机组运行工况。

兼顾各方面因素，选择电站汛期运行水位为570m。

（三）装机容量选择

综合考虑电站厂房的布置条件，以及水轮机、发电机和电气设备制造的可行性，拟定1050万、1200万、1350万、1500万kW四个装机容量方案进行比较，各方案单机容量均按75万kW考虑。

溪洛渡主要供电华东、华中地区，并兼顾川渝地区和云南省的用电需要。受多种因素制约，向各区供电多少并非水能设计时能够解决的，为使电站装机规模在今后可能的供电方案条件下，具有较好的适应性，拟定了不同的供电方案对装机容量进行研究。

向川、渝、滇的汛期供电容量，统一按60万kW考虑，并相应按120万kW作敏感性分析。主送华东方案为扣除送电川、渝、滇的容量后，其余的电力、电量，按2/3比例送华东，1/3比例送华中。主送华中方案亦作相应处理。

对各装机容量方案进行了分区设计水平年电力电量平衡计算，计算成果表明：加大溪洛渡供电川、渝、滇电网比例，对发挥电站作用不利；主送华中电网，所增加装机容量的容量效益是有限的。从电量利用角度分析，在华中电网中存在弃水调峰问题；在华东电网中主要担负腰荷，平、枯水期部分容量参与调峰，在华东电网中可充分发挥容量和电量作用。

动能计算成果表明，增大装机提高水资源利用率的潜力很小。装机容量从1050万kW增至1200万kW的补充单位电能投资小于方案本身，而1350万kW则略大于方案本身。

各装机容量方案，在计入相应输变电工程投资的单位千瓦投资在 5100～6038 元，单位电能投资为 1.102～1.343 元/(kW·h)。方案间的补充单位千瓦投资为 3032～4812 元，略低于方案本身，但补充单位电能投资高达 2.197～3.169 元/(kW·h)，约为方案本身指标的 2 倍，说明装机容量不宜过大。

从各装机容量方案水能资源利用程度、电站静态投资及动能经济指标、各受电地区电力系统中容量和电量的作用，包括直流输变电工程投资在内的静态和动态经济指标、日调节不稳定流对下游航运的影响等方面综合分析，推荐溪洛渡水电站装机容量为 1200 万 kW。

（成都勘测设计研究院 唐荣斌 郭云峰 周少森）

桐柏抽水蓄能电站上下水库的调洪演算

（一）电站概况

浙江桐柏抽水蓄能电站利用已建的水库作为上水库，新建下水库，装机 4 台，总容量为 1200MW，为日调节电站。上、下水库大坝分别为均质土坝和面板堆石坝，均为一等一级建筑物，按 200 年一遇洪水设计，1000 年一遇洪水校核。

电站下水库正常蓄水位 141.17m，坝址以下大部分河道防洪能力很差，河道安全泄量仅 $50m^3/s$，两岸主要为农田；上水库正常蓄水位 396.21m，水库库周 396.9m 高程以上有 5 个居民点。

本流域在春夏之交和夏秋两个季节为洪水多发期。上、下水库集雨面积分别为 $6.7km^2$ 和 $21.4km^2$，属特小流域，源短坡陡，洪水特点为暴涨暴落，洪水过程历时短，一般为 1 天左右。

（二）泄洪设施的选择

上水库：由于库周有需要防护的对象，为了保证库周居民的安全，在大坝右侧设置了净宽 2m×6m 的溢洪道，堰顶高程 394m，并设置闸门以控制水库水位。

下水库：在发生洪水时，发电有效库容会被洪水侵占，当水位超过溢洪道堰顶高程后，如果机组仍在发电，则发电流量将转化成下水库的过坝洪水，而电站 4 台机组满发流量达 $592m^3/s$，相当于下水库坝址 1000 年一遇洪峰流量，必将对下游形成冲击。为此，不仅在坝体右岸设置了开敞式溢洪道，还考虑设置一泄放洞，高程在死水位以下，以便能尽早排放入库洪水，减少对下游的冲击。下水库溢洪道宽 21.5m，堰顶高程 141.17m；泄放洞过水面积为 $6m^2$，以弧形门控制下泄流量。

（三）抽水蓄能电站水库调洪演算

上、下水库调洪计算都需满足下列水量平衡关系：

$$\frac{Q_1 + Q_2}{2} + Q_j - \frac{q_1 + q_2}{2} = \frac{V_2 - V_1}{\Delta t}$$

$$q = f(Z)$$

式中 Q_1、Q_2——时段初、时段末入库洪水流量；

Q_j——机组发电（抽水）流量，对下水库而言发电工况为正值，抽水工况为负值，对上水库而言发电工况为负值，抽水工况为正值；

q_1、q_2——时段初、时段末出库流量；

V_1、V_2——时段初、时段末库容；

Δt——计算时段长；

Z——水库水位。

由于洪水发生时间具有随机性，因此，需对洪水与发电流量进行不同组合方案的计算，以充分了解洪水可能给水库、电站运行和水库下游造成的影响，从而研究相应的对策。计算过程中需满足的边界条件如下：

（1）上水库：①起调水位为 396.21m，水库水位达到 396.21m，电站停止抽水；②通过闸门控制库水位，保证 $P=5\%$ 洪水位不超过水库淹没限制水位 396.28m。

（2）下水库：①当水位低于堰顶高程 141.17m 时，由泄放洞承担泄洪任务。由于河道较短，洪水预报有难度，所以泄放洞的泄放流量根据前 1h 的入库洪水流量确定，入库洪水流量可根据上、下水库的水位变化加以判断。②水位超过堰顶高程 141.17m 时，溢洪道和泄放洞共同承担泄洪任务，并通过泄放洞弧形闸门控制水库下泄流量不大于天然洪峰流量。③保证在遭遇 $P=5\%$ 的洪水时，电站发电不受影响；在遭遇大于 $P=5\%$ 的洪水时，限制电站的发电流量以保证水库泄流量不大于同频率天然洪峰流量。

（四）应注意的问题

（1）抽水蓄能电站泄洪设备选择，除考虑库容、洪水、水库淹没限制等条件外，还应考虑机组发电对下游防洪的影响，尤其是控制流域较小、发电流量相对较大且下游防洪能力较低时；

（2）调洪演算必须考虑机组过流量的影响，并对洪水和机组过流量的不同组合进行充分研究；

（3）在制定洪水调度原则时，不仅要考虑工程本身的安全要求，还需顾及库周及下游河道居民和公共设施的安全，以及电网对电站的发电要求等因素。

（华东勘测设计研究院 王 红）

勘　测

10

勘 测 技 术

水压致裂法地应力测试技术的应用

水压致裂法地应力测量，具有测量深度深、受地质因素影响小、适用范围大、操作简易等优点，已在水工、交通、矿山等岩石工程的建设中得到广泛应用。

水压致裂是通过向封隔孔段高压注水，直至将孔壁压裂开来的一种原地应力测量方法。其整个测试过程为：①选出岩石完整的孔段；②密封孔段；③施加液压；④岩石破裂；⑤关泵；⑥卸压；⑦印模。①～⑥步骤，在一个压力测试段中，通常需要进行3～5个压力循环，并连续记录压力随时间的变化，取得可靠的应力参数；步骤⑦获得裂缝的开裂方向。

根据弹性理论，对钻孔围岩进行力学分析。按实测的应力参数，计算地应力在垂直于钻孔轴线的横截面上的大小次主应力值；再结合实测的裂缝开裂方向、单孔的平面应力分量计算方法及三孔交会测试地应力的原理，用最小二乘法求解三维应力分量最佳值。计算时也可采用不少于6个方程，然后对各计算结果进行综合分析，最终确定三维地应力。

华东勘测设计研究院于1994年首次在四川省雅砻江锦屏二级（一期）水电站5km探洞中应用水压致裂法地应力测试技术，后来在浙江双峰抽水蓄能电站、浙江桐柏抽水蓄能电站、浙江乌龙山抽水蓄能电站、浙江珊溪水电站、安徽琅琊山抽水蓄能电站、安徽响水涧抽水蓄能电站、江苏铜官山抽水蓄能电站、浙江杭州钱江六桥等工程中也得到应用，均获得正确、合理的成果。

水压致裂法地应力测试技术的计算比较复杂，华东勘测设计研究院采用 Microsoft Visual Basic 软件开发工具，编制了一套水压致裂法三维地应力计算分析软件。该软件根据水压致裂法地应力测试原理，计算各组三维地应力的六个应力分量、三个主应力大小及方向。

下面具体介绍浙江双峰抽水蓄能电站的测试成果。该电站位于浙江宁波市宁海县境内，枢纽工程由上水库、输水系统、地下厂房、地下变电站及下水库等建筑物组成，装机16万kW，平均水头约255m，叉管埋深约270m，厂房埋深约140～160m。下水库的坝址坐落在白溪的第二大支流大松溪上。大松溪两岸是崇山峻岭，山脉主要走向为NE向，地形坡度多在40°～60°以上。区域位于龙皇堂—石浦东西向构造带和百步一樞坑新华夏系构造的复合地带，以断裂为主要构造特征，断层产状N30°E，SE∠70°～85°。为了解地下建筑物区域的地应力场，进行了3组水压致裂法三维地应力测试，其地应力测量成果见表1，计算成果见表2、表3。

表1 三向地应力测量结果

组 号	孔号	钻孔倾角（°）	钻孔方位（°）	大次主应力（MPa）	小次主应力（MPa）	裂缝角（°）
一	1	90	90	10.68	5.56	131
	2	0	101	9.23	5.4	118
	3	0	193	9.6	5.2	118
二	1	90	90	8.5	4.9	142
	2	0	65	7.23	4.48	32
	3	0	156	7.86	4.36	138
三	1	90	90	8.32	4.84	137
	2	0	204	6.56	3.94	125
	3	0	284	6.7	4.65	45

表 2　主应力大小及方向计算成果

组　号	主应力大小（MPa）			主应力方位角（°）			主应力倾角（°）		
	σ_1	σ_2	σ_3	β_1	β_2	β_3	α_1	α_2	α_3
一	11.64	6.64	4.64	54.99	40.21	139.27	-38.04	51.02	7.26
二	8.39	7.08	3.23	43.41	153.85	112.40	-22.23	40.51	41.26
三	8.61	5.11	4.03	53.58	176.16	121.95	-30.23	-42.75	32.32

表 3　6 个应力分量计算成果

组　号	σ_x（MPa）	σ_y（MPa）	σ_z（MPa）	τ_{xy}（MPa）	τ_{yz}（MPa）	τ_{zx}（MPa）
一	6.53	7.88	8.51	-2.43	-2.15	1.20
二	7.35	5.75	5.59	-1.33	-2.08	-0.39
三	5.81	6.25	5.69	-1.59	-1.64	0.65

（华东勘测设计研究院　陈文华）

模拟洞试验技术在隔河岩水电站导流洞工程中的应用

（一）关于模拟洞的概念

这里所说的模拟洞，是指模拟对象（即原型洞）为地下洞室（含隧洞、隧道）的试验洞，也称模型洞。模拟洞具有以下特点：①位于原型洞的施工现场，一般与原型洞在位置上紧邻；②工程地质条件（如岩层、岩性等）与原型洞一致；③方位与原型洞一致，断面尺寸按一定的比例缩小，长度根据具体情况（如要满足各种岩层的出露及经费情况等）确定。

（二）模拟洞试验的目的

(1) 开展围岩变形监测，了解模拟洞围岩的稳定性及变形和应力特性（如鲁布革工程引水隧洞和厂房、天生桥工程一级右岸放空洞的模拟洞）。

(2) 根据试验洞的围岩变形监测资料进行位移反分析，求取围岩的力学参数，一般包括地应力场和变形参数（如鲁布革工程厂房和天生桥工程一级右岸放空洞的模拟洞）。

(3) 为了某种或某些施工和科学试验的目的，如探索低压水工隧洞锚喷支护衬砌的可行性（如鲁布革工程引水隧洞的模拟洞）；开展与原型洞有关的多种施工与科学试验研究（如隔河岩工程导流洞的模拟洞）。

(4) 进一步了解原型洞围岩的地质情况。

(5) 利用模拟洞预埋深部变形及其他测量元件，观测围岩变形的全过程，监测原型洞的施工安全。如果仅仅出于这个目的，也可利用原有勘探平洞或其他洞室进行。

（三）成果分析

(1) 监测物理量时间过程曲线。通常最重要的是围岩变形—时间曲线、变形速率—时间曲线，以及开挖进尺过程线，三者宜绘于同一幅图上，以便分析变形随时间的变化大小、影响变形的主要因素、判识围岩的稳定性以及进行安全预报等。

(2) 时间效应和空间效应曲线。为分析地下洞室开挖的时间和空间效应，可绘制相应曲线。时间效应是指同一工作面在施工开挖暂停的条件下，变形随时间的变化，即围岩的蠕变特性。空间效应是指同一时间条件下，由于施工开挖、空间扩大引起的变形变化。时间效应和空间效应通常交织在一起，难以严格分开。从工程实用角度出发，可用爆破开挖前后变形之差表示空间效应；用前次爆破后至下次爆破前时段内变形的变化表示时间效应。

(3) 变形空间分布图。通常，主要绘制变形沿洞周和变形沿围岩深度的分布图，以便了解围岩的变形大小及特性。

（四）在隔河岩导流洞工程中的应用

(1) 应用的目的。

1) 研究用锚喷支护代替导流洞灰岩段钢筋混凝土衬砌的可能性；

2) 指导施工，特别是为一般认为不能成洞的导流洞出口强风化的石牌页岩段找到能够成洞的可行办法；

3) 通过从模拟洞和原有的勘探平洞钻孔，预埋传感器，监测导流洞施工和运行期的安全；

4) 其他，包括点荷载试验和岩体分类、围岩断裂调查和关键块体稳定性分析，以及导流洞出口明渠高边坡稳定性监测及分析等。

(2) 模拟洞的规模和试验研究内容。为上述目的，平行导流洞开挖了 1 条长 25m 的平洞，洞穿过灰岩和页岩，洞断面按原型洞 1/4.28 缩小，灰岩段、页岩段断面的宽×高分别为3.5m×4.3m和3.5m×4.1m，模拟洞与导流洞的相邻洞周间距为10m。试验研究内容包括：利用模拟洞开展了光面爆破和质点振动速度监测、喷混凝土材料和锚喷试验，以及喷层应力、钢筋应力和锚杆锚固力（拉拔）试验，模拟洞本身及导流洞施工期的变形观测，点荷载试验等一系列试验和计算分析研究。

（3）成果应用。应用于工程的主要成果有：

1)将导流洞约400m长的灰岩段的全断面钢筋混凝土衬砌设计改为顶拱锚喷支护加全线挂网、边墙薄层单筋混凝土加锚杆支护,节约了投资,缩短了工期。

2）通过在模拟洞强风化的石牌页岩段挖小跨度洞室的试验,为原型洞出口页岩段成洞摸索出一套爆破开挖、安全监测和及时锚喷支护的施工程序与方法。

3）利用模拟洞、5号和9号勘探平洞预埋的水平和垂直多点位移计，成功地进行了原型洞施工中3次安全预报，避免了人员伤亡和财产的损失。

4）提出了导流洞（灰岩段）下半洞开挖的预裂爆破与梯段爆破相结合的一整套施工方案。

5）提出了抗高速水流冲刷的喷混凝土配方和以硅粉为主要外加剂的浆材。

6）对导流洞出口明渠边坡的稳定分析计算，成为明渠开挖设计的依据。

（长江水利委员会长江科学院　李　迪）

原位监测技术在水利水电工程中的应用情况

原位监测技术，是利用监控量测仪器在工程现场直接取得关系岩（土）体或结构物稳定的物理量或力学参数变化信息的技术和方法。由于水利水电工程的地质条件复杂多变，在勘测设计阶段很难全面、完整、准确地给定岩（土）体的各种地质参数，也很难准确地预测工程所处岩（土）体在施工和运行过程中可能发生的变化；同时，设计根据初期勘测结果拟定的施工方法和工程措施，也不可能完全适应复杂和可能变化的地质条件，所以在实际工程中，通过原位监测测定岩（土）体或结构物在工程施工或运行过程中的位移、应力、渗透压力、渗透流量等物理量的变化规律，研究这些变化可能给工程或有关设施带来的危害，已成为工程勘测、设计、施工、运行和管理不可缺少的技术手段。

随着岩土工程的大量兴建，特别是各种水利水电工程的建设，原位监测技术得到迅速的发展和应用，对工程建设发挥了重要作用，主要表现在：

1）验证设计参数的合理性和可靠性，改进未来的设计，对新技术的优越性进行评估和改进；

2）运用长期积累的观测资料和得出的规律，对建筑物的运行进行及时有效的预报，保证工程的安全运行，对可能发生的破坏进行必要的处理；

3）依据观测资料分析工程事故的原因，确定事故的责任，处理赔偿纠纷；

4）利用提供的信息，改进施工技术，以利于设计概念的更新和对机理的理解。

近几年来，我国兴建的水利水电工程都不同程度地应用了这一技术，这些工程借助于原位监测的信息，指导了工程的设计和施工，保证了施工的安全和可靠。兹将部分水利水电工程应用原位监测的简况列如下表：

部分水利水电工程的原位监测情况表

工程名称	建筑物尺寸 （宽×高×长） （m×m×m）	监测目的	断面数量	主要监测仪器及数量	
				仪器名称	数量
小浪底水利枢纽地下厂房	26.2×57.94×251.5	地下厂房施工期及运行期围岩稳定	3（主） 3（副）	多点位移计 锚杆应力计 测斜仪	36支216点 42支 6支
小浪底水利枢纽进水口边坡	最大坡高120m，前缘宽度270m，坡度1∶0.1～1∶0.2	进口边坡施工期围岩稳定	3	多点位移计 锚杆应力计 测斜仪	8支29点 25支 3支
小浪底水利枢纽出水口边坡	边坡高50～70m，开挖坡度1∶0.85	出口边坡施工期边坡稳定		测斜仪 多点位移计 锚杆应力计	
小浪底水利枢纽导流洞临时支护	3条导流洞总长度3352m，开挖洞径16.4～19.8m	导流洞开挖过程中围岩稳定		收敛计 多点位移计 锚杆应力计	182个断面 42支 30支

续表

工程名称	建筑物尺寸（宽×高×长）（m×m×m）	监测目的	断面数量	主要监测仪器及数量	
				仪器名称	数量
三峡水利枢纽永久船闸	轴线长 64.42m，最大开挖高度 170m	开挖过程中围岩变形规律及围岩稳定		测斜仪 多点位移计	
鲁布革水电站地下厂房	19.0×39.4×125.0	地下厂房施工期及运行期围岩稳定		多点位移计 锚杆应力计 测缝计	21 支 84 点 14 支 42 点
二滩水电站地下厂房	25.5×65.6×214.9	地下厂房施工期及运行期围岩稳定	5	多点位移计 锚杆应力杆	90 支 450 点 82 支
东风水电站地下厂房	21.7×48.0×120.0	地下厂房施工期及运行期围岩稳定	3	多点位移计 锚杆应力计 收敛计	29 支 37 支 111 点 8 条测线
鱼潭水电站地下厂房	16.5×34.0×68.0	地下厂房施工期及运行期围岩稳定	3	锚杆应力计 测缝计 收敛计	27 支 24 支
隔河岩水电站引水隧洞	4 条，单洞长 444m，开挖直径 9.5m	引水隧洞施工期围岩稳定	70 个断面 200 条测线	多点位移计 收敛计	200 条测线
天生桥水电站厂房边坡	滑坡体积 $140\times10^4m^3$	监测边坡稳定		测斜仪	
李家峡水电站两岸边坡	边坡高度 150m	边坡稳定及加固效果	4	多点位移计 测斜仪	25 支 125 点 4 支
十三陵蓄能电站地下厂房	23.6×45.0×120.0	地下厂房施工期及运行期围岩稳定	3	多点位移计 锚杆应力计 渗压计、钢筋计、应变计	15 支 60 点 15 支 45 点 共 67 支
天荒坪蓄能电站地下厂房	22.4×47.73×198.7	地下厂房施工期及运行期围岩稳定	2	多点位移计 锚杆应力计	40 支 160 点
响洪甸蓄能电站地下厂房	21.5×46.6×67.0	地下厂房施工期及运行期围岩稳定	4	多点位移计 锚杆应力计 收敛计	18 支 72 点 108 支 28 条测线
莲花水电站叉管		叉管开挖过程中围岩稳定	5	收敛计	15 条测线

（东北勘测设计研究院 赵长海）

瞬态面波法在坝址地基勘探中的应用

（一）面波法简述

面波是地震体波在界面附近生成的一种次生波，其能量集中在界面附近，并沿界面传播；相对体波而言，其能量较强、频率较低，易分辨。应用于工程测试的是瑞雷面波，这种面波的传播既有平行于波传播方向的分量，也有垂直于界面的分量，质点合成运动的轨迹呈逆进椭圆形。

用瑞雷面波勘探现有两种方法：一种是稳态激振法，震源为一可改变激振频率的激振器，其体积、重量均较大，移动困难；另一种是瞬态激振法，震源是能产生脉冲信号的震源（锤击、落重或爆炸），机动性强。现在应用中多采用瞬态激振法。

瞬态法的记录为时域信号，包含多个单频瑞雷波，必须借助频域分析才能进行资料解释和处理，作法是，先由时域信号经程序计算得出面波的速度曲线（$v_R—H$），速度曲线突变处的深度对应于介质的界面深度；再把速度曲线（$v_R—H$）转换或变为直观的层速度与层厚度曲线（$v_{Ri}-h_i$）。

（二）瞬态面波法在西龙池蓄能电站坝址勘探中的应用

1998 年在山西省西龙池抽水蓄能电站下水库坝址勘探中利用瞬态面波勘探法第一次在复杂的地质环境下对第四系覆盖进行分层，取得了较好的勘探成果。西龙池蓄能电站下水库坝址坝轴线处的覆盖层厚度变化很大（5～50m）；第四系堆积物岩性变化较大，由于受沉积环境变化的影响，其内有一钙质胶结层，弹性波纵波速度很高而又分布无序。

从以下据测试分析成果绘制的西河村下水库坝轴线面波剖面图可见：坝轴线的基岩埋深为 7～49m，面波速度为 1584～2980m/s，基岩埋深测试成果与钻孔揭示的基本一致。

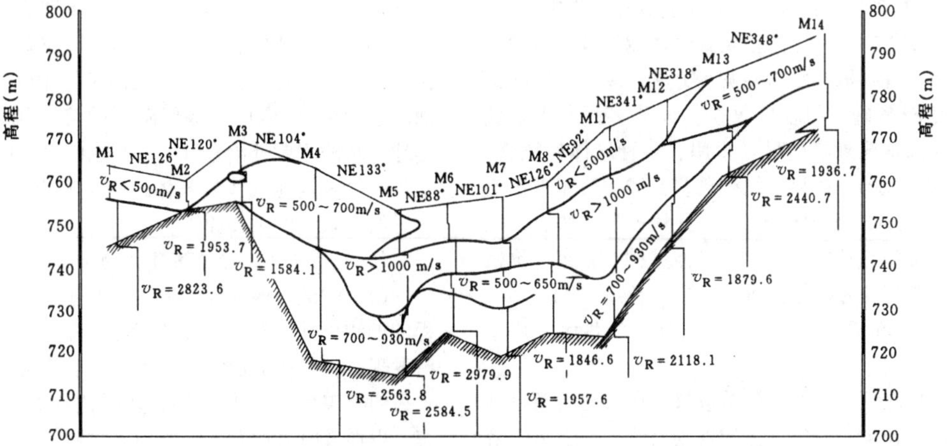

西河村下水库坝轴线面波剖面图

根据面波速度对覆盖层进行了划分，地表的面波速度 v_R 小于 700m/s；剖面图中部的主沟紧靠基岩的覆盖底部层位面波速度为 700～930m/s；在主沟部位面波速度大于 1000m/s 的覆盖层为钙质胶结层；其下有一相对低速的透镜体状区间，面波速度为 500～650m/s。

地表层覆盖物：在剖面图中部的主沟沟底及剖面图右部的主沟左岸岸坡和剖面图左部的主沟右侧小冲沟处覆盖层面波速度分别为：274～496m/s 和 238～473m/s，其埋深分别为 6.4～11.5m 和 7.8m。结合地质勘探资料分析认为：主沟沟底为新近沉积的堆积物（plQ_4），其结构松散、密实度较差，面波速度较低，堆积深度小于 11m（在面波测试线 M5～M8 之间），主沟左岸岸坡和右侧小冲沟及两侧的上部已经扰动改造，表面为耕植土，下伏为碎石土，致使上部物质结构松散，面波速度较低，由上至下面波速度表现为由低变高，因此可确定为 plQ_2 的堆积物，扰动层深度分别小于 11m 和 8m；在 M3～M5 之间和 M12～M14 之间面波速度分别为 520～699m/s 和 666～700m/s，其深度分别为 6.5～18.7m 和 11.1～13.1m。此部位的堆积物仍为第一期（plQ_2）的洪积堆积物，从其分布深度可以证实这一点，它基本上与新近沉积的 plQ_4 的沉积厚度相当，为 4.5～13.1m，而 M4 位置较深（18.7m），这是因为 M4～M5 之间的地表地形为陡坎，又是洪水的冲刷岸，受到的破坏也相对严重，所以深度至 18.7m，与 plQ_4 的沉积深度相当。

地表层以下的堆积物面波速度范围在 700～1214m/s，局部有相对面波低速区（500～650m/s）；堆积物为早期堆积物，其堆积时间较老，结构紧密，面波速度较高，因此确定为 plQ_2 或 plO_3 的堆积物。在 M4～M13 之间的地表层下的面波速度大于 1000m/s 的层位，其速度相对较高，为结构紧密、胶结度较好的洪积堆积物；其下的面波速度相对较低的部位，在 M5～M8 之间，面波速度为 514～653m/s，仍为 plQ_2 或 plQ_3 的洪积堆积物，造成面波速度低的原因是洪积物堆积时由于洪水水量的不同，造成洪水所携带的物质也不同，致使堆积体的颗粒组成极不均匀，形成粗颗粒或细颗粒聚集的透镜体，所反映的是透镜体的面波速度；M11～M14 的下部面波速度相对较低，形成此现象，是因为其位于主冲沟的左岸岸坡在洪积物堆积的同时或间歇期，伴随有崩坡积物堆积，因崩坡积物的粒径变化较大，且多孔隙，所以密实度较差，面波速度也相对较低；M3 处的中部位置多堆积有大粒径的漂石。

上述应用成果获国家电力公司北京勘测设计研究院 1999 年度科技进步一等奖。

（北京勘测设计研究院　常伟　张福明）

地下洞室有害气体评价测试方法及安全防护技术研究

新疆天池抽水蓄能电站厂房长探洞勘探期间，曾于 1997 年 9 月 11 日发生有害气体致人死亡的重大事故，这在我国水电勘测设计行业尚属首次，是我们需要探索、研究的特殊工程地质问题。为此，有关单位结合天池抽水蓄能电站的可行性研究，开展了水电地下洞室有害气体测试评价方法及其防护技术的研究。

（一）常见有害气体的种类及其测试方法

通过研究，有害气体一般有如下种类：甲烷（CH_4）、一氧化碳（CO）、二氧化碳（CO_2）、硫化氢

(H_2S)、二氧化硫(SO_2)、二氧化氮(NO_2)、一氧化氮(NO)、放射性氡气等。另外氧气(O_2)是人类生存必备的气体,但其含量过低也会对人体造成致命伤害。

科研工作中,采用了便携式气体测试仪、多种气体检测管、现场取样室内检测等方法。现场取样测试法成果比较精确,但程序复杂,环节多,出成果较慢,除特殊情况外,应尽量少用;多种气体检测管,成本低廉,现场出成果,精度稍差,但一般能满足要求;便携式测试仪的体积小巧,使用方便、快捷,是勘测设计部门首选的仪器之一,但其种类繁多,价格差距大,要充分考虑性能价格比之后选用。

(二)天池蓄能电站厂房探洞有害气体的测试成果与分析

(1)天池厂房探洞的测试成果。在天池蓄能电站厂房探洞中安排了有害气体的现场监测、地下水中溶解气体分析、游离气体的室内分析、水气中的放射性分析及简易气象观测等项目。测试的气体种类有SO_2、H_2S、CO_2、CH_4、O_2、氡等。

天池厂房探洞初步测试结果表明,洞中未测到SO_2和H_2S气体,气体主要是N_2,含量达94%左右;CO_2含量为0.2%~4.0%(规定不大于0.5%);CH_4含量达0%~3.2%(规定不大于1%)。从以上气体的含量看,CO_2、CH_4两种气体的含量都超过规定值,但不足以致人死命。不过3种气体的含量已近100%。因此,洞内空气中的O_2含量很低。探洞从洞口开始,O_2含量由正常值逐渐减小,洞深800~1000m处,O_2含量为0%,大气中保证人类正常生存的含量为21%左右。国家标准规定,大气中O_2含量低于18%即视为缺氧环境。因此,洞中缺氧是最关键、最严重的问题。

从探洞断层带、地下水出露点采取的地下水样分析结果看,地下水中溶解气体中均含有CO_2和CH_4,含量并不高。而O_2含量却极少,大量的是N_2。这种水不仅带来了有害气体(比如CO_2、CH_4),而且使洞中有限的O_2溶于水中排出洞外,最终导致严重缺氧环境的出现。

(2)有害气体来源的初步分析。天池抽水蓄能电站引水发电系统大部分为石炭系火山碎屑岩,其本身不可能产生生物类气体(如甲烷),但尾水洞出露的二叠系芨芨槽子群湖沼相沉积地层,岩性岩相复杂。据《新疆区域地质志》记载,乌鲁木齐至吉木萨尔以南的博格达山北麓(包括天池抽水蓄能电站的工程区)的油页岩分布广、厚度大,具有工业价值。二叠系也是新疆的最重要的生、储油层之一。上芨芨槽子群中的芦草沟组、红雁池组及其层位相当的地层是主要油气供给源。

工程区上芨芨槽子群与石炭系火山碎屑岩以断层接触(F_1)磷灰岩中的F_{26}和F_{76}断层,从产状、规模等特征看,可能延伸到芨芨槽子群中构成气体、水体的通道。同时工程区地下水丰富,特别是断层带和平洞底部水平钻孔中有集中水流流出,流量一直比较稳定,说明它的补给很充分。天池湖深100m左右,湖面高于探洞达460m,深部湖水的溶解氧含量很低,是地下水的主要补给来源之一。这些含氧低的地下水不仅是带来其他气体的媒体,而且成为耗氧的介质,这是洞中缺氧的主要原因。

(三)地下洞室中有害气体的防护措施

(1)测试。地下洞室中的有害气体测试应贯穿工程的勘测设计、施工建设和正常运行的全过程。对于已发现有害气体的洞室,必须在地下厂房系统中布设永久的有害气体监测系统,随时监控有害气体的动态,以便及时采取对策。监测方法要坚持固定与移动相结合的原则,形成制度,确保安全。

(2)封堵。洞室中的有害气体往往是通过断层、破碎带等通道运移而积聚的。对这些可能的通道,应尽可能地采取混凝土衬砌、喷锚支护等工程措施进行封堵,切断气体的来源。

(3)排水。地下水经常是一种带来气体的媒体,也可能成为带走O_2的介质,在堵的基础上,进一步在厂房的外围首先将水排走,不使或使其少进入厂房空间,以减少气体来源。

(4)通风。地下洞室中,通风是常用而且是非常有效的措施。只要有足够的通风量,给地下洞室补充新鲜空气,置换有害气体污染空气,可以保证地下设施的安全运行。

(水电水利规划设计总院 袁建新)

二滩拱坝坝基岩体固结灌浆质量检测

(一)概述

二滩拱坝坝基从1993年1月破土开挖,至1994年12月开挖完毕,历时近两年。坝基自左至右共分39个坝块。按照二滩施工科研大纲的要求,结合现场施工及灌浆工艺流程,系统地开展了坝基岩体质量及固结灌浆效果的检测技术研究。质量检测大体分为3个阶段实施即:坝基开挖完毕后岩体质量检测;坝体浇筑前坝基固结灌浆效果检查;坝体浇筑后坝基岩体及固结灌浆质量综合评价。几年来,与二滩水电站施工监理和现场设计人员密切配合,快速准确地提供了大量弹性波测试资料,为掌握和控制坝基岩体质量、改善固结灌浆工艺发挥了重要作用,同时为枢纽工程安全鉴定提供了必要的基础资料。

（二）坝基岩体质量及物理力学特征

二滩拱坝建基面形成后，各类岩体（参见本栏目有关条目）在坝基出露面积和所占比例分别为：①A级出露面积为4600m^2，占13.3%；②B－2级为3690m^2，占10.6%；③C－1、C－2级为19690m^2，占56.7%；④D－1、D－2级为6640m^2，占19.2%；⑤E－1级为70m^2，占0.2%。

现场载荷试验与声波原位测试在条件近于一致的情况下进行。对二滩工程已有的81组原位对比资料加以综合分析，着重研究纵波速度与变形模量的相关规律，分别建立了正长岩、玄武岩及综合岩体的v_{pm}—E_0关系。其模式为：$E_0=av_{pm}^b$，

正长岩体：$a=1.010050432E-14$

$b=4.090084438$

玄武岩体：$a=2.583894343E-22$

$b=6.105031160$

综合岩体：$a=4.100448250E-19$

$b=5.255994623$

声波与地震波速度对比的目的在于找出两者之间的相关系数，以利于声波测试成果的推广应用。为此，进行了大量对比试验。将各类岩级的地震波速平均指标与相应的声波综合资料对比分析，再利用声波静、动对比和现场载荷试验所得的变形模量进行校核。结果表明，声波速度略高于地震波速。在二滩工程，正长岩声波波速比地震波速高10%左右，玄武岩一般高8%左右。

根据声波与地震波之间的相关系数，便可建立地震波速与变形模量的关系。

正长岩体：$E_0=av_{pm}^b=a\ (1.10v_p)^b$

玄武岩体：$E_0=av_{pm}^b=a\ (1.08v_p)^b$

式中，v_{pm}为声波纵波速度；v_p为地震纵波速度；E_0为岩体变形模量；a、b为各类岩体的系数，数值同前。

通过上述一系列相关转换，可将大量的声波和地震波测试成果形成被测区域的变形模量图像，从而为设计和地质进行坝基变形模量几何分区提供定量依据。

根据二滩坝体对基础的应力及变形要求，并结合坝基工程地质条件，经过有关方面协商，确定了坝基岩体质量波速及变形模量的如下表验收标准。

坝基岩体	声波平均速度	静、动对比变形模量	地震波平均速度	静、动对比变形模量
	v_{pm}（m/s）	E_0（GPa）	v_p（m/s）	E_0（GPa）
正长岩(ξ_c)	≥4500	≥9.0	≥4000	≥8.0
玄武岩($P_2\beta$)	≥5000	≥10.0	≥4500	≥8.5

（三）坝基岩体固结灌浆效果与质量评价

从坝基各类岩性岩级分类组合，按固结灌浆前、无盖重检查、有盖重终检3个阶段统计的声波平均速度资料对比分析表明，波速与岩体质量级别有良好的对应关系，即岩体质量好波速高，质量差则波速低。就岩性而论，以正长岩和变质玄武岩为主的左坝基和河床坝基灌前波速普遍高于右坝基的二、三层玄武岩，而灌后两者差别不大。随着固结灌浆施工进程，各类岩体的波速指标均不断提高，右岸C_2、D_2级玄武岩体及E_1级软弱岩带的波速提高幅度尤为突出，达到了岩体质量验收标准。再以3m为界，分上、下孔段的统计资料表明，灌前波速具有明显的浅部低、深部高的特点；随着灌序增加，坝基深浅部位的波速差异逐渐缩小，尤其通过有盖重固结灌浆之后，明显改善了坝基浅部的岩体质量，在此之前偶尔出现的波速与岩级对应关系反常的现象已不存在。

从坝基各类岩体固结灌浆前后声波速度、变形模量及提高率综合指标不难看出，正长岩各坝块灌前波速与变形模量已基本达到岩体质量验收标准，经过有、无盖重固结灌浆后，各项指标虽有不同程度的提高，但幅度不大；玄武岩各坝块，尤其是右坝基二、三层玄武岩灌前波速与变形模量普遍较低，岩体质量较差，但通过有、无盖重各序灌浆后，波速明显提高，变形模量成倍增加，岩体质量均已超过验收标准；而两种岩性相间分布的坝块，各项指标居中。坝基经过各阶段固结灌浆处理后，正长岩体、玄武岩体及综合岩体声波速度平均指标分别为5171m/s、5539m/s和5216m/s，波速提高率为10.37%、44.96%和17.53%；变形模量综合指标分别为15.61GPa、18.45GPa和14.16GPa。

从有盖重终检成果宏观评价，在参与统计的39个坝块中，除27号坝块局部孔段波速略低于验收标准之外，其余坝块全部符合质量要求。固结灌浆前仅有17个坝块达到质量标准，无盖重灌浆后检查上升为28个，而有盖重灌浆终检有37个坝块符合验收标准。3个阶段的坝块达标率分别为44.6%、67.6%和97.4%；3m以下孔段的坝块达标率分别为57.9%、75.7%和100%；而3m以上孔段有盖重固结灌浆效果特别明显，达标率由灌前的5.3%增加到89.7%。就波速提高率而言，左坝肩2～8号坝块不足10%，而右坝肩33～39号坝块波速提高最为明显，平均可提高60%左右，其余坝块在10%～30%之间。上述数据说明二、三层玄武岩有盖重固结灌浆效果显著，普遍超过了质量验收标准。

二滩坝基为高强度的岩浆岩，构造破坏微弱，以A～C级岩体为主，D级岩体分布有限，坝基岩体工程条件优良。对坝基存在的个别工程地质缺陷，如软弱岩带、断层、主要风化夹层等均作了混凝土置换，E_3级岩已清除。对坝基局部D级岩体，为提高其整

体性、均一性和刚度，进行了特殊灌浆处理。因爆破松动和应力松弛而产生的坝基表浅层低波速岩体，经全面固结灌浆后均有不同程度的改善。固结灌浆最终检查的声波测试成果表明，除极个别孔段存在局部缺陷外，坝基总体已达到质量验收标准。

（成都勘测设计研究院 宋正宗）

珊溪水电站水库坝基河床覆盖层勘察

（一）概述

珊溪水电站水库位于浙江省文成县境内的飞云江干流，水库库容18.24亿m^3，装机容量200MW。拦河坝型式为混凝土面板堆石坝，最大坝高132.50m，坝顶长度448.00m。坝址区河谷断面呈U形，谷宽140～160m，谷底高程42～47m。坝轴线上游右岸、下游左岸发育有漫滩，局部留有Ⅰ级阶地。坝址区分布的基岩为中生界侏罗系上统火山岩及火山碎屑岩；山坡覆盖有残、坡积层，厚度较薄；河床为第四系（Q_4、Q_2）冲、洪积物覆盖，厚度2.13～28.0m不等。在河床部位利用冲、洪积覆盖层作为堆石坝体的地基。

（二）河床覆盖层主要勘探测试工作

进行的主要勘测试验工作有：①钻探74孔，其中"打入法"钻进取样53孔，重（Ⅱ）型动力触探4孔，SM植物胶取样17孔；②勘探竖井及试坑10个，其中深挖竖井1个，大型试坑1个，水上浅坑8个；③孔内原位测试74次，其中重（Ⅱ）型动力触探58次，标准贯入16次；④大型原位载荷试验2组，原位剪切试验1组；⑤跨孔剪切波测试1组；⑥室内近似原状样测试8组，其中压缩试验6组，直剪试验2组；⑦室内原状样物理、力学性试验45组，其中Q_4层9组，Q_2层36组；⑧室内扰动样力学性试验20组，其中大型压缩试验7组，大型三轴试验7组，重塑样试验6组；⑨颗粒组成分析112组，其中竖井、试坑现场筛分15组，钻探取样分析97组；⑩钻孔抽水试验65段；⑪室内渗透变形试验11组。

（三）河床覆盖层工程地质特性

（1）冲、洪积物分层特征。冲、洪积物属第四系沉积层，分布于河谷谷底，厚度变化较大。河谷右侧仅2.13～8.00m，左侧坡脚为8.11～13.80m，河床中部一带达20～22m。该沉积物可分为全新统（Q_4）砂卵（砾）石和中更新统（Q_2）砂卵（砾）石。经勘察沉积物中不存在粉细砂夹层与淤泥夹层。

全新统砂卵（砾）石（Q_4），卵（砾）石含量为78%～95%，其余为中、粗砂，卵（砾）石直径20～60mm为主。砾石成分以火山碎屑岩为主，呈微风化～弱风化状。本层结构呈稍密～中密状，透水性强。

中更新统砂卵（砾）石（Q_2）按砾石的风化程度及含砾量的差异又将其分为上段（Q_2^2）及下段（Q_2^1）：①上段（Q_2^2）卵（砾）石含量45%～90%，其余为中、粗砂，并有少量粉、黏粒，结构中密；下段（Q_2^1）卵（砾）石含量一般在50%～60%之间，其余为中砂及少量粉、黏粒，结构密实。

（2）冲、洪积物的物理力学性质。经过多次各类原位测试成果与室内测试成果的综合分析，结合工程地质条件与类似工程经验的对比，确定了以下所列的河床覆盖层物理力学性质指标：

项目 \ 层位			Q_4	Q_2^2	Q_2^1
湿容重 γ		kN/m^3	20.0	21.7	21.3
干容重 γ_d		kN/m^3	18.7	18.5	17.3
比重 G_s			2.60	2.62	2.64
含水量 W		%	6.41	14.0	18.0
孔隙比 e			0.400	0.410	0.503
压缩系数	a_{1-2}	MPa^{-1}	0.08～0.017	0.05～0.071	0.16～0.20
	a_{8-16}	MPa^{-1}	0.003～0.005	0.014～0.028	0.04
压缩模量	E_{S1-2}	MPa	72.6～162.0	20.4～29.3	8.27～8.76
	E_{S8-16}	MPa	260.8～358.1	51.7～104.2	33.25
内摩擦角 φ		°	40°	30°	28°
允许水力坡降 I			0.1～0.2	0.2～0.4	0.3～0.5

（四）坝基河床覆盖层的工程地质问题

（1）渗透性与渗透稳定性。经对河床覆盖层单孔抽水试验成果的复核与分析，得出上述覆盖层渗透系数：Q_4 为 $2.98\times10^{-2}\sim2.21\times10^{-1}$cm/s；$Q_2^2$ 为 $1.83\times10^{-4}\sim1.36\times10^{-2}$cm/s；$Q_2^1$ 为 $1.09\times10^{-4}\sim2.85\times10^{-3}$cm/s。经对试验成果较多的 Q_2^1 的渗透系数进行数理统计，其标准值为 1.34×10^{-3}cm/s。扰动样室内渗透试验成果各层渗透系数：Q_4 为 1.9×10^{-1}cm/s；Q_2^2 为 6.14×10^{-2}cm/s；Q_2^1 为 $5.47\times10^{-3}\sim6.20\times10^{-4}$cm/s。二者成果极为接近，均为 Q_4 属强透水，Q_2^2、Q_2^1 属中～强透水。

经对覆盖层各层的颗粒组成分析，具有管涌或流土型渗透变形的颗粒条件。从 11 组渗透变形试验成果看，临界比降与破坏比降数值大多较大，个别偏小。

（2）最终沉降量和固结过程。取坝高最大的坝轴线部位作为计算剖面。视为条形地基，均布荷载，两侧为三角形分布荷载。认为覆盖层均系可压缩层，按分层总和法计算，沿坝轴线方向各段沉降量为 10.27～80.49cm。与采用 $E-\mu$ 模型、对河流纵断面地基应变分析相比较，二者极为接近。

分析沉降计算成果表明，最终沉降量大小除受坝体荷载控制外，还与砂卵（砾）石（Q_2^1）层的厚度关系密切。（Q_2^1）层属中压缩性，坝基沉降量明显受（Q_2^1）层的影响。

从砂卵（砾）石的不同层位特性分析，（Q_4）及（Q_2^2）属强透水性，其固结稳定经历的时间不长，可认为在堆石体填筑施工期间完成固结过程。而（Q_2^1）的透水性相对软弱，固结完成需一定时间。（Q_2^1）下伏的基岩可视为相对不透水，该层具备一维固结理论的基本假定。通过计算分析，在 5 年施工期内大部分地基可达总沉降量的 90%以上。

（3）风化卵（砾）石压碎程度。（Q_2^1）的卵（砾）石风化剧烈，强度较低，为了查明其受压后的破碎程度，对于经过抗剪试验或压缩试验后的样品进行了颗粒分析，可以看出受压后大于 200mm 的颗粒被压破，60～200mm 颗粒明显减少，0.8MPa 压力下为原量的 21.6%～68.1%，3.2MPa 压力下为原量的 10%～24.8%，而 20～60mm 颗粒略有增加，2～20mm 颗粒明显增加，甚至可达原含量的 1 倍，这说明被压碎的较大粒径的卵（砾）石大部分仍以较小粒径的砾石存在。

（华东勘测设计研究院　邱永葆）

坝 基 工 程 地 质

小湾水电站坝基工程地质研究与评价

（一）小湾水电站坝基地质条件

电站枢纽区河谷呈“V”形，两岸岸坡陡峻、冲沟发育，岸坡呈现沟梁相间地貌形态。

坝基岩石类型主要是黑云花岗片麻岩和角闪斜长片麻岩夹不连续的薄层状片岩（厚度一般为 0.1～0.4m），属时代不明变质岩。第四系地层主要有冲积、洪积、坡积及崩积层，分布于河床、冲沟及两岸局部低坳地段，其中河床冲积层厚 18～31m。

枢纽区岩层横河分布，呈单斜构造，片麻理产状为 N75°～85°W，NE∠75°～90°。断裂构造发育，主要断层的产状与片麻理一致。走向近 EW 和 SN 的陡倾角 f（小断层，以下同）、gm（挤压面，以下同）发育。EW 向陡倾角 f、gm，属层间挤压，平均发育间距较 SN 向的陡倾角 f、gm 的平均发育间距小。节理主要有三组：①组，产状 N10°W～N20°E，陡～直立，延伸长度一般为 2～3m，距 0.2～0.5m；②组，产状 N70°～85°W，NE∠85°～90°，延伸长度一般为 3～6m，间距 0.3～0.5m；③组，产状 N10°W～N20°E，NE∠32°～45°或 NW∠32°～45°（简称顺坡向中缓倾角节理）。

坝基岩体以表层均匀风化为主，夹层风化和囊状风化现象不明显。天然山坡失稳的型式主要是崩塌，按其成因机制可分为滑移型崩塌和倾倒型崩塌。河谷两岸岩体卸荷作用强烈，根据岩体中卸荷裂隙的发育程度和岩体结构被改变的状况，分为强卸荷带和卸荷带。

坝基变质岩层受热液和动力挤压作用，一些岩体产生蚀变，较为普遍的蚀变类型有高岭石化伴随黄铁矿化等，蚀变岩体的强度较原岩有明显的降低。

坝基部位水文地质条件简单，地下水类型主要为裂隙潜水局部地段分布有脉状裂隙承压水。

（二）岩石力学试验及参数选择

对枢纽区进行了大量的岩石室内常规物理力学性质试验，岩体变形试验和现场岩体/岩体、混凝土/岩体及结构面原位、中型剪力试验。试验成果表明，新鲜完整的片麻岩和片岩均属坚硬～极坚硬的岩石，具有抗压强度高、密度大、吸水率低和弹性模量中偏高等特点。片理和片麻理几乎不影响岩体的抗剪强度。按照规范规定，通过对试验成果的统计分析，结合经验判断和工程类比，进行综合整理取值。提出的各类岩体的力学参数建议值见下表。

小湾水电站坝基岩体力学参数建议值

岩体质量分类		岩体结构类型	地质特征	岩体力学指标建议值			
类别	亚类			泊松比	变形模量（GPa）	岩体抗剪断强度** f'	岩体抗剪断强度** c'（MPa）
Ⅰ		整体	微风化～新鲜片麻岩。地震波测定纵波速度的一般值大于等于5000m/s	0.2～0.23	22～28	1.3～1.6 / 1.48	2.0～2.5 / 2.2
Ⅱ		块状	微风化～新鲜片麻岩。地震波测定纵波速度的一般值大于等于4500m/s	0.23～0.28	16～22	1.3～1.5 / 1.43	1.5～2.0 / 1.7
Ⅲ	Ⅲa	次块状	大部分弱风化中、下段岩体、完整性较差的微风化～新鲜岩体。地震波测定纵波速度的一般值4000～4500m/s	0.28～0.30	12～16	1.1～1.3 / 1.2	1.1～1.5 / 1.3
	Ⅲb		卸荷（卸荷裂隙张开小于20mm，延伸长大于7m）的微风化岩体。地震波测定纵波速度的一般值4000～3500m/s		6～12* / 5～6	1.1～1.3 / 1.1	0.7～1.1 / 0.9
Ⅳ	Ⅳa	裂隙块状	弱风化上段、完整性较差及卸荷的弱风化中、下段岩体。地震波测定纵波速度的一般值为3500～2500m/s	0.30～0.35	5～10* / 4～6	1.0～1.1 / 1.0	0.5～0.7 / 0.6
	Ⅳb	镶嵌	断层影响带、节理密集带及蚀变岩带		2～4* / 1.5～3	0.9～1.0 / 0.9	0.4～0.5 / 0.5
	Ⅳc	碎裂	断层带中的碎裂岩带及部分性状较差的蚀变岩带和劈理带		0.5～2	0.8～0.9 / 0.8	0.3～0.4 / 0.3
Ⅴ	Ⅴa	松弛	强风化、强卸荷岩体				
	Ⅴb	散体	泥化的构造岩、片岩及全风化岩体。其性状接近于黏土和砾质土				

* 横线上方数字指平行SN向结构面施压，下方数字指垂直SN向结构面施压；

** 横线上方为范围值，下方为优定斜率法确定的建议值。

（三）坝肩抗滑稳定评价

控制两岸坝肩抗滑块体稳定的边界条件和结构面的基本组合形式是：

左岸：以SN至NNE走向的陡倾角节理组或E_8、F_{20}以及产状近似的Ⅳ级结构面为侧向切割面，近EW走向节理组或顺层小断层为上游拉裂面，走向近SN的顺坡向中缓倾角节理（N5°～9°E，NW∠32°～45°）为底滑面，下游临空面为岸坡、④号山梁部位卸荷岩体和近EW向的软弱岩带。

右岸：侧向切割面为走向近SN向至NNW向节理组或E_1、E_4、E_5蚀变带。上游拉裂面为近EW走向节理组或顺层小断层，底滑面为顺坡向中缓倾角节理组（N5°～10°W，NE∠32°～45°）。下游临空面为岸坡、F_5断层和豹子洞干沟。

坝肩稳定分析表明，两岸抗滑块体的抗滑阻力主要由构成底滑面的节理和岩桥提供。现已查明，在坝肩及抗力岩体部位分布的近EW向和近SN向的软弱岩带，对坝肩变形稳定有影响。坝肩岩体抗滑稳定性计算结果表明：坝肩岩体抗滑稳定安全系数均满足规范要求。

（昆明勘测设计研究院　叶永年）

二滩水电站拱坝坝基工程地质条件评价

（一）概况

二滩水电站混凝土双曲拱坝坝高240m，自左至右分为39个坝段。最大底宽55.74m，坝段宽约20m。建基面坡度：左坝肩约30°，右坝肩下部20°～30°，上部约45°。开挖深度：左岸平均32.6m，右岸平均39.1m。

坝基岩石为二叠系玄武岩与后期侵入的正长岩，以及因侵入活动形式的变质玄武岩，均为高强度岩浆岩，湿抗压强度在170～210MPa之间。坝基1～14号、19～32号坝段为正长岩，15～18号坝段为变质玄武岩，右岸32号坝段以上为微粒隐晶质玄武岩（二层）和细粒杏仁状玄武岩（三层）。其中，32号坝段下部存在一条因热液蚀变和构造活动形成的绿泥石—阳起石化玄武岩软弱岩带，宽4～14m，陡倾山内。

坝基岩体构造破坏微弱，断层仅4条（f_{16}、f_{20}、f_3、f_{10}），一般长数十米至百余米，破碎带宽0.1～0.6m。小型构造破碎带、错动面、风化夹层等软弱面一般长十余米至数十米，带宽0.1～0.3m，连续性差，分布随机。节理裂隙系统的优势节理组为：①NE30°～50°/NW∠60°～70°；②NW40°～60°/NE∠60°～70°；③近EW/N∠50°～75°；④近EW/S∠45°～70°；⑤近SN/W∠60°～75°；⑥近EW/S∠15°～35°。节理分布具区段性和岩性差异。正长岩中①、②、⑥组分布普遍，规律性强；玄武岩中节理产状分散，连续性差，一般在同一地段仅出现1～2组或2～3组。

坝基岩体风化总体微弱。微风化至新鲜岩体占坝基总面积的24%；弱风化下部岩体占57%；弱风化中部岩体分布零星，约占19%。坝基水文地质条件单一，岩体透水性微弱，但不甚均一。

经开挖后地质复核验证，坝基岩性、岩体结构特征、主要断层的分布及性状、各级岩体的分布等均与设计阶段的认识、结论和预测基本一致。

（二）坝基岩体质量分级

二滩工程采用岩体质量分级综合评价各类工程岩体质量优劣，并作为工程设计、施工的基本依据。二维坝基岩体质量分级足以控制岩体力学特性的主要地质因素作为基本要素，同时又以岩体的力学参数作为分级的工程指数，采取从单因素级差研究到多因素综合评判的方式，最终建立完整的岩体质量分级体系。根据二滩拱坝对地基的要求和实际情况，将坝基岩体划分为6大级11亚级。

（1）优良岩体（A、B、C级）。变形模量10～35GPa，抗剪强度$\phi=50°\sim60°$、$c=2\sim5$MPa，属优良地基，可直接作为大坝基础，占坝基总面积的80.6%。

（2）一般岩体（D级）。变形模量5～8GPa，抗剪强度$\phi=40°$、$c=1.2$MPa，经灌浆加固后可作为大坝基础，占坝基总面积的19.2%，零星分布。

（3）较差岩体（E－3级）。变形模量3～5GPa，抗剪强度$\phi=35°$，$c=0.5$MPa，原则上不宜作为高坝地基，均已挖除置换。

（4）软弱岩体（E－1、E－2级）。变形模量表浅部0.8～1.5GPa，深部2.5GPa，抗剪强度$\phi=30°$、$c=0.6$MPa，具流变特性，需作特殊处理，约占坝基总面积的0.2%。

（5）松散岩体（F级）。需挖除。

（三）主要工程地质缺陷及其处理

据开挖揭示，坝基如预测存在f_{16}、f_{20}、f_3（右岸）、f_{10}（左岸）断层，右岸32号坝段有绿泥石—阳起石化玄武岩软弱岩带（E－1级），局部有E－3级岩体，且有随机分布的小型构造破碎带和风化夹层等小型软弱面。

二滩坝基进行了固结灌浆，其目的之一是提高D级岩体的变形模量，以满足大坝应力控制和稳定性要求；目的之二是弥补因爆破松动和应力松弛所造成的岩体损伤。坝基固结灌浆原则上自无盖重灌浆开始，至有盖重灌浆结束。坝基固结灌浆质量检查除采用压水试验法外，广泛采用声波测试手段，按成都勘测设计研究院建立的“二滩岩体动、静弹性模量关系”间接获取坝基岩体变形模量。根据上述关系并类比国内外有关工程声波取值情况，确定二滩坝基岩体声测纵波速的验收标准为：正长岩$v_{pm}\geqslant$4 500m/s，玄武岩$v_{pm}\geqslant$5 000m/s。坝基固结灌浆效果的声测成果表明，除局部孔段尚存在缺陷外，绝大部分均已达到或超过质量验收标准。

（四）结语

二滩坝基为高强度岩浆岩，构造破坏微弱。坝基以A～C级岩体为主，D级岩体分布有限，坝基地质条件总体优良。对坝基存在的局部地质缺陷，如软弱岩、断层、风化夹层等均进行了混凝土置换；对D级岩体进行了灌浆处理；对于爆破松动和应力松弛的坝基表浅层低波速岩体，在全面固结灌浆的基础上，结合具体情况进行了针对性的补强处理。固结灌浆质量检测的声测数据表明，除局部孔段外，总体已达到坝基质量验收标准。水库蓄水后的监测成果亦表明，坝基渗压、变形、应力均在设计允许范围内。

（成都勘测设计研究院　陈昌平）

官地水电站重力坝坝基抗滑稳定性研究

（一）基本地质条件

官地水电站（工程情况见本卷年鉴“大中型水电站”篇）坝址位于雅砻江打罗峡谷段，河谷呈基本对称的“V”形。坝址区地质条件有以下主要特点：工程区地震基本烈度为7度，设防烈度按8度考虑。枢纽区基岩主要由二叠系上统玄武岩组成，玄武岩平均湿抗压强度170MPa。坝址区岩层总体产状近SN/W∠75°～85°，为横向河谷。坝区断裂构造发育，断层（Ⅱ级结构面）主要发育2组，以与区域南北向构造线方向一致的SN向断层最发育，它与另一组呈EW向展布的断层构成坝区基本构造格架。坝区错动带（Ⅲ、Ⅳ级结构面）按产状可归纳为10组，以前3组最为发育。其中，中、陡倾角者4组，占总数的81%。它们分别为：①N5°～20°W/SW（NE）∠75°～85°；②N65°～75°E/SE∠75°～85°；③N80°～90°W/NE∠65°～80°；④N60°～90°W/NE∠40°～60°。缓倾角6组，占总数的19%，分别为：⑤N10°～50°W/NE∠10°～30°；⑥N0°～25°E/SE∠10°～35°；⑦N45°～85°E/SE∠5°～35°；⑧N10°～50°W/SW∠10°～30°；⑨N60°～90°W/NE∠10°～30°；⑩N10°～40°E/NW∠10°～25°。错动带平均水平线发育率7～8条/100m。节理、裂隙（Ⅴ级结构面）发育方向与断层、错动带相似，以近SN向陡裂最发育，EW向次之。

（二）结构面抗剪（断）指标的选取

枢纽区结构面按接合紧密程度划分为刚性结构面和软弱结构面两大类，再依据结构面的风化程度和物质组成分为6个亚类。试验成果整理时，按各试件代表的性状类型进行归纳。在优定斜率法确定标准值的基础上，作适当调整后确定的地质建议值见表1。

表1 官地水电站坝区结构面分类和力学参数建议值

类型		充填情况	抗剪断强度		抗剪强度	
类型	亚型		f'	c'（MPa）	f	c（MPa）
刚性结构面	新鲜硬接触型	无充填，局部见钙膜，轻微锈染	0.7～0.8	0.1～0.2	0.65～0.75	0
	风化晕硬接触型	无充填，面锈染，有钙膜，弱风化	0.65～0.7	0.1～0.15	0.6～0.65	0
软弱结构面	岩块岩屑型	多无充填，有时充填少量次生泥膜	0.5～0.6	0.05～0.1	0.45～0.55	0
	岩屑夹泥型	局部充填不连续次生泥或次生泥散布于构造岩中	0.4～0.5	0.03～0.05	0.4～0.45	0
	泥夹岩屑型	破碎带中充填较厚的断续次生泥条带	0.30～0.4	0.02～0.03	0.25～0.35	0
	夹泥型	充填较厚的连续次生泥条带	0.25～0.3	0.01～0.02	0.2～0.25	0

（三）坝基抗滑稳定性分析

（1）坝基抗滑稳定滑移模式。坝轴线方向N12°E。据勘探揭露，溢流坝段坝基下分布有以下缓倾错动带：①fxh01，顺河长约110m，横河长80～100m，纵向分布高程1170～1135m。总体产状为N23°～46°E/SE∠22°～34°，为岩屑夹泥型。坝基下最小埋深47m，分布长约60m，可构成第一滑移面。②fxh05，顺河长约80m，横河长约120m，纵向分布高程1154～1145m。总体产状近EW/S∠29°，为岩块岩屑型。在坝基下最小埋深约40m，距建基面15m。亦可构成第一滑移面。③fxh07，顺河长约100～130m，横河长约80～100m，纵向分布高程1150～1173m。总体产状N14°W/SW∠11°，为岩块岩屑型，可与fxh05组合构成第二滑移面。

坝址区近SN向陡倾错动带及裂隙发育，可构成横向切割面；近EW向陡裂延伸较长，可作为纵向切割面。

综上所述，溢流坝深层抗滑稳定有以下3种滑移组合模式：fxh01为主滑面，坝趾下游岩体作为抗力体；fxh05为主滑面，坝趾下游岩体作为抗力体；fxh05为第一滑移面，fxh07作为第二滑移面。

（2）坝基抗滑稳定性计算。据分析，fxh01、fxh05、fxh07并不连续。抗滑稳定计算时，抗剪断参数按错动带和岩体所占长度比例加权平均求出，下游消力池护坦底板按压重计。各错动带和岩体的抗剪及抗剪断指标见表2。

坝基抗滑稳定计算成果见表3。

从计算成果可以看出，对fxh07进行开挖回填混凝土处理后，在各种计算情况下，抗剪和抗剪断稳定安全系数均满足设计要求。

表 2　河床坝基岩体及错动带抗剪（断）强度指标

类　型	抗剪断强度		抗剪强度
	f'	c'（MPa）	f
fxh01	0.45	0.05	0.45
fxh05、fxh07	0.55	0.10	0.5
Ⅱ类岩体	1.2	1.5	0.9

表 3　溢流坝深层抗滑稳定计算成果

滑移模式	荷载组合	纯摩安全系数		剪摩安全系数	
		允许值	计算值	允许值	计算值
沿 fxh01 滑动	正常蓄水位	1.20	2.27	3.0	4.87
	校核洪水位	1.15	2.46	2.5	5.26
	正常＋地震	1.10	1.85	2.3	4.13
沿 fxh05 滑动	正常蓄水位	1.20	1.34	3.0	3.11
	校核洪水位	1.15	1.36	2.5	3.23
	正常＋地震	1.10	1.10	2.3	2.59
沿 fxh05 和 fxh07 滑动（对 fxh07 处理前）	正常蓄水位	1.20	1.36	3.0	3.03
	校核洪水位	1.15	1.38	2.5	3.14
	正常＋地震	1.10	1.07	2.3	2.41
沿 fxh05 和 fxh07 滑动（对 fxh07 处理后）	正常蓄水位	1.20	1.40	3.0	3.37
	校核洪水位	1.15	1.41	2.5	3.51
	正常＋地震	1.10	1.10	2.3	2.61

（四）结论及建议

官地水电站坝基玄武岩的中、缓倾结构面发育，特别是缓倾错动带对大坝抗滑稳定不利。分析表明，经过对 fxh07 进行开挖回填混凝土处理后，抗剪和抗剪断稳定安全系数均能满足各工况设计要求。但鉴于坝基玄武岩内中、缓倾结构面的分布、产状及性状差异性较大，故技施阶段有必要进一步研究不同区段可能滑移的各种组合模式，复核各类岩体与结构面的力学参数。在施工过程中，应视开挖的实际情况，进行抗滑稳定性复核，必要时采取相应的工程处理措施。

（成都勘测设计研究院　廖明亮）

铜头水电站第三系砾岩上建拱坝工程地质问题评价

四川雅安铜头水电站，装机 4×2 万 kW，拦河坝坝高 75m，是国内第一座建在下第三系砾岩上的双曲薄拱坝。在勘测设计过程中，曾针对第三系砾岩的工程地质特征及其对建造拱坝的工程地质问题进行评价，并提出了一系列工程处理措施。工程建成后已正常运行 5 年，说明进行的地质评价是正确的，提出的处理措施是可行的。

（一）地质概况

铜头电站坝址位于四川沉降带雾中山褶断带之芦山向斜北西冀，出露地层为下第三系古始新统名山群，为一套山前冲洪积扇相砾岩，岩相厚度变化较大，岩层产状为 N10°～26°W $\overrightarrow{NE}$∠5°。

组成坝基、坝肩持力层为 E_{1-2m}③层紫灰色泥钙质砾岩夹泥质砾岩或泥质粉砂岩透镜体和 E_{1-2m}④层紫红色钙泥质砾岩夹泥质砾岩或泥质粉砂岩透镜体。岩体中发育有岩溶，溶蚀作用沿碳酸盐类胶结物进行。岩体中发育两组构造裂隙，产状为 N12°E $\overrightarrow{SE}$∠85°的一组裂隙在水平和垂直方向延伸大于 100m，裂面溶蚀宽度 0.1～0.5m，最宽达 1.5m，该组裂隙在坝后有 L_{12}、L_{11}、L_{47} 3 条横穿河谷，坝前附近有 L_{13} 1 条。产状为 N75°W/NE∠84°的一组裂隙发育短小，在 E_{1-2m}③，E_{1-2m}④层岩体中罕见。

坝肩、坝基岩体中发育 3 种软弱夹层：A_1 为软岩夹层，岩性为泥质砾岩，该种夹层厚 0.2～0.6m，延伸长度 10～100m；第二种为溶蚀泥化夹层（B_2）主要分布在高程 725～731m 和高程 691～705m；第三种为溶蚀带（C）分布在高程 689～705m。

河床基岩顶部 12～18m 范围内，岩石单位吸水量为 0.022～0.296L/（min.m.m），为微～较严重透水层。以下岩石单位吸水量小于 0.01L（min.m.m），属极微透水层。

坝址区段河谷为 V 形谷，河流流向为 SE68°～71°，河床宽 15～20m，两岸坡高 90～110m，谷坡陡峻为 60°～90°，正常蓄水高程 761.5m 处宽 80～100m。

（二）第三系砾岩的工程地质特征

坝基、坝肩岩石主要为钙泥质砾岩和泥钙质砾岩夹泥质砾岩或粉砂质泥岩透镜体。砾岩以灰岩、白云岩为主，少量石英、花岗岩，充填物主要以灰岩、石英为主。现场取样室内试验表明：泥钙质砾岩的湿抗压强度 36.6MPa，软化系数为 0.71；抗剪断强度的屈服值 $\tan\phi=0.85\sim1.10$，$c=0.32\sim0.52$MPa，三轴剪试验 $\tan\phi=0.73\sim0.78$，$c=4.5\sim6.7$MPa，变形特征为 E_c（静弹）＝3.8～6.5GPa，E_0（变形模量）＝1.8～3.1GPa。上述情况表明，坝基、坝肩岩石属软岩～中硬岩类，具有可溶性，强度低，变形指标偏低，具有一定抗剪断强度。

（三）主要工程地质问题评价

坝址区河谷呈 V 形狭谷，谷底宽 15～20m，地形条件宜建拱坝，但坝肩、坝基岩石强度低，属中硬岩和较软岩，且坝肩岩体中有较多的软岩夹层，岩体中发育有岩溶。横穿河谷的 L_{12}、L_{11}、L_{47}、L_{13} 等宽大构造裂隙是坝基坝肩渗漏的通道。坝前、坝后均存在着坝肩岩体变形、抗滑稳定及渗漏问题。

1. 坝肩岩体强度及变形 组成坝肩的 E_{1-2m}③、E_{1-2m}④层砾岩湿抗压强度为 16.6～36.6MPa，属中硬岩和较软岩，岩体强度主要受岩性及溶蚀程度的影响，坝肩软岩夹层较多。夹层主要为泥质砾岩，其湿抗压强度仅 16.6MPa，属较软岩总厚度占 15%左右，使坝肩成为软硬相间、强度不均一的岩体，溶蚀带内的岩体强度也有所降低，需进行工程处理，以提高坝肩岩体强度及均匀性。E_{1-2m}③、E_{1-2m}④层岩体的变形指标低，其变形模量仅为混凝土的 1/6，据开挖揭露，左岸夹层的累计厚度比右岸略大，且左岸坝肩与下游溶蚀裂隙 L_{13}的距离较右岸近，因此，左岸刚度较右岸差。试验成果表明，砾岩抗剪断呈塑性变形，其峰值抗剪断强度与残余强度差别不大，岩体变形具软岩特征，塑性变形占总变形量的比例较大。有围压时，随围压的升高，变形模量有增大的趋势。因此，坝肩岩体存在不均匀变形问题，岩体变形指标低，需进行工程处理。

2. 坝基、坝肩渗漏 坝区水平状溶蚀带和透水性强，延伸较远的 NE 向熔蚀裂隙是产生坝基、坝肩的渗漏通道。坝基岩体顶部 12～18m 范围内岩石透水性属微～较强透水岩层，坝区岩溶发育，左岸岩溶强度大于右岸，岩溶发育强度自上而下，从岸坡向山内渐减弱。因此，坝基、坝肩均存在渗漏和渗透稳定问题，应进行坝基、坝肩的防渗工程处理。

3. 坝基、坝肩抗滑稳定

(1) 坝基岩体抗滑稳定性评价。坝基下不同高程的多层泥质砾岩夹层，具有较高的抗剪断强度；B 类溶蚀泥化夹层埋深大于 49.8m。上、下游及两侧无不利的结构面结合。因此，坝基岩体不存在沿软弱结构面产生滑动的地质条件，稳定性较好。

(2) 坝肩岩体抗滑稳定性评价。两坝肩岩体中不同高程分布有多层软弱夹层，坝肩最大工程应力分布附近的软弱夹层成为控制滑移面。B_{1-1}、B_{2-2}溶蚀泥化夹层抗剪强度低，也是坝肩抗滑稳定的控制滑移面。坝下游横切河谷 NNE 向的宽大溶蚀裂隙是坝肩抗滑岩体的潜在临空面。因顺河向裂隙罕见，坝肩抗滑岩体的侧裂面受岩体工程应力分布的控制。上述情况表明，两坝肩存在坝肩岩体沿软弱结构面产生滑移的地质条件。清华大学水利水电工程系曾对拱坝进行有限元稳定分析和地质力学模型破坏试验研究，成果表明：天然地基不能满足拱坝的稳定要求，必须对地基进行有效的工程加固处理，提高坝肩岩体的抗滑稳定性。针对拱坝坝基、坝肩岩体的工程地质条件对建拱坝存在的地质缺陷，在施工中提出应采取一系列工程加固处理措施，主要有如下几个方面：①对坝肩、坝基采用防渗帷幕灌浆和固结灌浆处理，并对易溶蚀带水平开挖 4m 后进行深孔固结灌浆，以提高地基岩体强度和防止库水渗漏及渗透稳定。②对坝肩软岩夹层（A_1）进行掏槽置换混凝土，对溶蚀泥化夹层（B_2）水平深度 25～30m 范围内用高压风水冲洗后进行固结灌浆，其水泥吸浆量单孔最大达 10.3t，灌浆效果明显，灌后检查单位吸水率小于 1.0Lu。③坝下游横切河谷的 L_{12}、L_{11}、L_{47}溶蚀裂隙在左岸采用裂面开挖后回填混凝土，在右岸采用 3 层平洞追踪裂面开挖，对裂面灌浆后回填混凝土 。通过对溶蚀裂隙的处理，使坝基推力能有效地向下游传递，增加坝肩岩体的抗滑能力。④对左、右坝肩下游 36m 范围内采用预应力锚索对坝肩抗力岩体进行加固，以增加侧压，减少拱端基础压缩变形，提高地基承载力。⑤在坝肩和坝后岩体中设置排水孔和由两层排水洞和排水孔组成的排水帷幕，保护坝肩推力岩体，防止渗漏水对坝肩抗力岩体工程地质条件的恶化，以利于大坝长期安全运行。

铜头电站工程竣工后，根据大坝施工加固工程处理措施，清华大学水利水电工程系先后于 1997 年和 1998 年对拱坝进行了三维有限元计算分析和地质力学模型研究；建设单位委托四川省水利水电勘测设计研究院和水电第七工程局分别进行了大坝变形观测和地下水渗流观测等一系列分析研究工作。计算分析研究和观测成果表明：①按加固措施计算，大坝安全地工作在弹性状态范围内。②锚索、混凝土置换、固结灌浆的加固方法是成功的，效果显著，加固后地基刚度增加了 1 倍。L_{12}、L_{11}变形只有原来的 1/5～1/6，大坝整体安全系数 $K \geqslant 5.0$，拱坝达到 $5P_0 \sim 6P_0$ 的承载极限，两坝肩岩体安全度达到 $5P_0 \sim 6P_0$，达到拱坝的安全要求。③变形观测资料表明，拱坝的水平位移年变幅不超过 ±8mm，垂直位移年变幅不超过 ±6mm,均小于设计值和模型试验值；下游抗力岩体的水平、垂直位移量绝大多数小于 ±3mm，远小于设计值和模型试验值。④据渗流观测资料，排水洞流量为 0.9～1.4L/min，坝肩渗漏水主要受库水、降雨和时效影响，经检测渗漏水无溶出性侵蚀和渗漏破坏发生，大坝防渗帷幕工作正常。

（四川省水利水电勘测设计研究院 辜明清 纪洪华）

宝珠寺水电站坝基泥化夹层工程地质研究

（一）坝基基本地质条件

宝珠寺水电站的拦河坝为混凝土实体重力坝，坝高132m。坝基出露地层主要是中奥陶系条带状砂岩(O_2^2)、钙质或钙硅质粉砂岩夹极薄层泥质粉砂岩或粉砂质页岩。坝址位于大茅山背斜倾伏端的南东翼，岩层呈单斜展布，倾向下游偏右岸，走向NE70°～80°倾向SE，倾角20°～45°。断裂构造较复杂，层间错动现象普遍，泥化夹层发育。

（二）泥化夹层的成因类型

宝珠寺坝区泥化夹层主要是构造成因类型，钙泥质粉砂岩和粉砂质页岩软弱岩性夹层在大茅山背斜形成和印支期以来历次构造运动中，产生了层间错动，形成层间挤压剪切带，包括劈理带、鳞片带及糜棱岩条带，经地下水的物理化学作用，发育成有夹泥的层间破碎夹层。

风化成因的夹泥层主要发育在强弱风化带中，为层面裂隙次生充填泥质或溶蚀填泥。

（三）泥化夹层连续性分类及其分布规律

1．泥化夹层的连续性分类　泥化夹层依其夹泥的连续程度分为4类：Ⅰ类连续泥化夹层（夹泥连续率一般大于80%）；Ⅱ类断续泥化夹层（夹泥连续率40%～60%）；Ⅲ类透镜状泥化夹层（夹泥连续率10%～20%）；Ⅳ类夹泥膜层面裂隙（泥膜连续率10%～30%）。

2．泥化夹层的分布规律　泥化夹层在岩层垂直方向出现的频率，主要受岩性组合情况的控制。泥化夹层空间分布与层间错动的强弱和地下水活动及风化作用强弱有关，有如下一些规律：Ⅰ类延伸稳定，向深部延伸不受风化带的限制；Ⅱ类延伸较稳定，向深部延伸不受风化带的限制，因夹层岩性相变和层间错动减弱，泥化条带继续分布；Ⅲ类延伸稳定性差，仅局部泥化，其分布受风化带限制；Ⅳ类延伸较稳定，多呈层面裂隙状，仅局部夹泥膜。

（四）泥化夹层的物理力学性质和结构类型

1．物理力学性质

（1）颗粒组成：一般为砾质中壤土，黏粒含量为9%～18%，D_3和D_5夹层黏粒含量23%～25%，为重壤土。

（2）黏粒的矿物化学成分：主要为水云母，含少量蒙脱石、绿泥石、高岭石和石英。化学成分均以SiO_2（47%～50%）和Al_2O_3（18%～25%）为主，其次为Fe_2O_3（3%～9%）和K_2O（3%～7%）。

（3）天然容重和含水量：干容重为1.57～1.71g/cm^3,天然含水量14.3%～38.1%，均为塑性并接近流限状态，塑性指数7.5%～13%。

（4）渗透性：夹层泥化物$K=1\times10^7\text{cm}^3/\text{s}$，属不透水，夹层的劈理带和鳞片带为透水带。

（5）抗剪强度：夹泥扰动样室内抗剪试验19组算术平均值$\tan\phi=0.25$，$c=0.024$MPa。7组野外抗剪试验成果一般$\tan\phi=0.3\sim0.45$，$c=0.01\sim0.095$MPa，个别大的$\tan\phi=0.71\sim0.95$，$c=0.1\sim0.095$MPa。

2．泥化夹层的结构类型　泥化夹层夹泥的厚度、含砾的多少、层面起伏差、夹泥上下岩体的岩性及破碎程度等，对抗剪强度和剪切变形特性均有明显的影响。依据夹层的这些特征可将其结构分为3种基本类型：A型鳞片带夹泥，B型破碎风化岩夹泥，C型完整岩体夹泥。

（五）泥化夹层综合工程地质分类

评价泥化夹层的抗剪强度不仅以夹层的厚度和夹泥的连续性作为依据，还需要从夹层的岩性组合、夹泥上下盘及其间部门的岩体强度及夹层结构作全面研究，进行综合工程地质分类。宝珠寺坝址泥化夹层可归纳为10种综合工程地质类型（见下表）。

宝珠寺水电站坝址泥化夹层工程地质分类表

特征 / 类形	夹层编号	夹层结构		剪变形破坏类型		抗剪强度 $\tan\phi$
		名称	图形	名称	图形	建议值
构造-1-A	D_5（左岸）	鳞片带夹泥	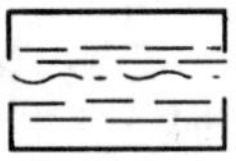 A	塑性变形	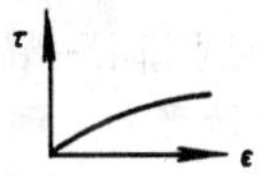	0.25
构造-Ⅱ-B	D_1（右岸）	破碎风化岩夹泥	 B	塑性变形	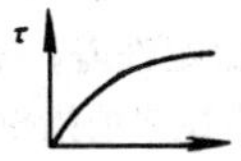	0.25
构造-Ⅱ-C	D_6（右岸）	完整岩体夹泥	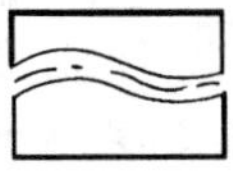 C	脆性变形		0.35～0.5
构造-Ⅱ-A	D_5（右河床）	鳞片带部分夹泥	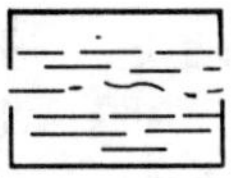 A	塑性变形		0.3～0.35

续表

类形 \ 特征	夹层编号	夹层结构		剪变形破坏类型		抗剪强度 $\tan\phi$
		名称	图形	名称	图形	建议值
构造-Ⅱ-B	L_{113}（左岸）	破碎风化岩部分夹泥	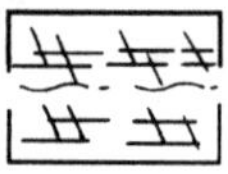 B	塑性变形		0.35
构造-Ⅱ-C	D_9（左岸）	完整岩体部分夹泥	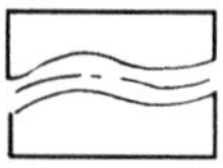 C	脆性变形		0.4～0.5
构造-Ⅲ-A	O_2^{2-1}上部坡碎夹层	鳞片带局部夹泥	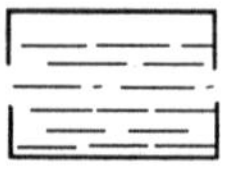 A′	塑性变形		0.4～0.45
构造-Ⅳ-A	D_8（右河床）	鳞片带局部泥膜	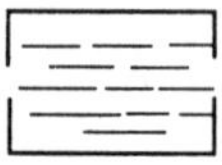 A′	塑性变形		0.45～0.5
风化-Ⅲ	O_2^{2-4}层短小夹层					0.5～0.6
风化-Ⅳ	各层中的层面裂隙	完整岩体局部夹泥膜	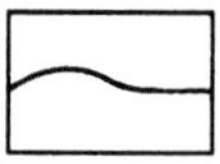			0.5

（六）坝基岩体稳定问题及其工程处理

坝基岩体被泥化夹层和断裂面组合切割成不同形式的结构体，以泥化夹层为主要滑移面，在坝体倚载作用下易产生深层滑动变形。以其不同的边界条件，可分为如下3种类型。

1. 侧向滑移形式　结构体的可能滑移方向与坝体主要荷载水压力方向有一较大的交角。右岸挡水坝段长100m，坝基有D_1和D_3夹层分布与顺河向的F_5断层相切割，构成一楔形体，在下游临空，稳定条件差。为此，将右岸坝轴线调整到与楔体的可能滑移方向近乎平行，以减少坝体水压力的侧向分力，并采取了将楔体浅埋部分挖除和深孔固结灌浆等工程处理措施。左岸挡水坝段存在D_5夹层和F_6及F_{10}组合的楔形体，存在侧向滑移问题，采取了混凝土抗剪洞塞阻滑措施。

2. 折线滑动形式　河床坝基中D_5夹层倾向下游，倾角20°～30°，与倾向上游的F_4断层（倾角35°～40°）组合，稳定性差，采取了将D_5夹层浅埋部分挖除和深孔固结灌浆的措施。

3. 下游有压缩变形条件的滑移形式　河床坝基D_5夹层倾向下游，坝址下游分布有志留系泥质页岩，与坝基中奥陶系地层呈不整合接触，页岩的压缩变形可导致坝基岩体向下游位移。页岩变形模量3～6GPa，经设计验算，压缩变形引起的大坝位移稳定在允许范围之内。

（水利水电规划设计总院　王东华）

百色水利枢纽坝基工程地质研究

（一）百色坝基基本地质条件

百色水利枢纽主坝为碾压混凝土重力坝，最大坝高130m。河谷呈较平直的开阔“V”形斜向谷。河段自北向南流。平水期水位119.5m高程，河谷宽45～110m，水深0～12m。河床地形凹凸不平，发育礁滩、深槽、深潭等，砂卵砾石层厚度0～11.5m。两岸谷坡由辉绿岩（$\beta_{\mu4}^{-1}$）及外侧沉积岩构成，坡度左岸为28°～32°，右岸为14°～20°。左岸岸坡较完整，仅在坝肩山梁上下游各发育一条小冲沟；右岸沿辉绿岩下游接触蚀变带发育一条方向为N40°W的大冲沟（右Ⅳ沟）。右Ⅳ沟切割深、坡降小、集雨面积达1.7km^2，冲沟上游侧山坡坡度达35°～40°。

主要地层岩性有泥盆系上统榴江组硅质岩、硅质泥岩、白云质泥岩及顺层分布的华力西期辉绿岩。岩层走向N50°～70°W，与河流呈55°～60°交角，倾向SW（下游偏右岸），倾角50°～60°。辉绿岩（$\beta_{\mu4}^{-1}$）顺层展布，厚度稳定，水平出露宽度140～145m。主要断层有F_6、F_7、F_{15}、F_{16}等7条，为NNE～NE向张扭性陡倾角断层，其中F_6切穿辉绿岩体，规模较大，其走向N14°～20°E（斜切河床），倾向SE，倾角

70°～85°；破碎带宽 3～4m，由灰白色砂粒状岩屑、岩块及断层泥组成，胶结较差，埋深 30m 以内其纵波速度（v_p）为 2000m/s，透水率为 3～16Lu，对坝基渗漏和变形有不利影响。主要节理有 5 组：①N30°～80°W/SW∠35°～65°；②N20°～70°E/NW∠40°～85°；③N0°～30°E/SE∠50°～85°；④N20°～90°W/NE∠15°～45°；⑤N0°～20°W/NE∠40°～85°。其中，以似层状节理①和陡倾角节理②、③组最为发育。裂隙长度一般 5～8m，最长 12～15m；裂面较平整，裂隙宽度一般 0.3～0.5cm，少数达 0.5～2.5cm，充填片状～极薄层状方解石脉及全蚀变石榴石矽卡岩；线密度一般为 3～5 条/m，局部为 5～10 条/m；结构面强度 $f'=0.5$，$c'=0.15$。辉绿岩与围岩接触部位蚀变严重，风化强烈，形成具一定规模的软弱层带。

$\beta_{\mu 4}^{-1}$辉绿岩是本工程的主要岩体，大坝坐落在其上，地下厂房洞、主变尾闸洞等主要洞室均设在其中。根据岩石饱和抗压强度、岩体风化程度、结构面发育情况、完整性、纵波速度、岩石质量指标等因素，将坝基岩体划分为以下类别：①AⅡ类岩体，是坝基最完整的岩体，约占 25%，$E_0=20\times10^3\sim22\times10^3$MPa；②AⅢ$_1$类岩体，岩体完整性次于 AⅡ类，约占 36%，$E_0=14\times10^3\sim16\times10^3$MPa；③AⅢ$_2$类岩体，岩体完整性次于 AⅢ$_1$类，约占 31%，$E_0=7\times10^3\sim8\times10^3$MPa；④BⅢ类岩体，约占 2%，$E_0=5\times10^3\sim7\times10^3$MPa；⑤CⅣ$_1$类岩体，约占 2%，$E_0=2\times10^3\sim5\times10^3$MPa；⑥CⅣ$_2$类岩体，约占 2.5%，$E_0=1.5\times10^3\sim2\times10^3$MPa；⑦Ⅴ类岩体，约占 1.5%，断层带，$E_0=0.8\times10^3\sim2\times10^3$MPa。

（二）百色坝基建基面确定原则及基础处理建议

大坝基础坐落在辉绿岩上，辉绿岩岩性单一，高强度，微透水，缓倾角裂隙不发育，不存在深层滑动的条件，建基面高程主要受构造、岩体风化程度控制。170m 高程以下，坝基置于 AⅡ、AⅢ$_1$、AⅢ$_2$类岩体上，开挖深度，左岩 15～20m，河床 8～10m，右岸 15～30m；170m 高程以上，坝基置于 BⅢ、CⅣ$_1$、CⅣ$_2$类岩体上，开挖深度，左岸 5～10m，右岸 20～35m。对 AⅡ、AⅢ类岩体，仅需对爆破松动部位进行适当的固结灌浆处理；对 BⅢ、AⅣ类岩体，应进行全面浅层固结灌浆处理；对断层、软弱层带进行混凝土塞和固结灌浆处理。

（三）百色坝基主要工程地质问题及评价

（1）右坝肩支撑岩体的稳定问题。右Ⅳ沟上游侧边坡的存在，使右坝肩支撑岩体处于临空状态。特别是在倾向下游的裂隙倾角与边坡坡角相同或比坡角小的情况下，有可能出现局部支撑岩体顺坡或切坡滑动，危及大坝安全，所以建议在坝趾外侧应留有一定宽度的可利用岩体作为安全储备。

（2）F_6 断层的工程地质评价。F_6 是切割坝基、贯穿水库内外的主要断层。它破坏了坝基岩体的完整性和均一性，是潜在的库水向坝后渗漏的通道，因此建议对其进行适当防渗及固结处理。

（3）蚀变带及外侧软弱岩体的工程地质评价。辉绿岩蚀变带及外侧含洞穴的硅质岩、泥岩风化强烈，完整性差，强风化变形模量小于 1.0×10^3MPa，弱风化 $1\times10^3\sim4\times10^3$MPa，是坝基岩体存在的一个缺陷。在上游，当库空大坝重心偏向上游时，存在辉绿岩边缘（即坝踵上游）局部块体沿反倾向裂隙向上游蚀变带滑移的可能，从而影响大坝安全，因此，建议对坝踵处埋深小于 30m 的软弱层带进行浅层固结灌浆处理，对裂隙密集带、蚀变带与断层破碎带的结合部进行深层固结灌浆处理。在下游，蚀变带及外侧软弱岩体距坝趾水平距离最近仅 12～20m，可利用岩体宽度仅剩 6～14m，故建议对距坝趾水平距离小于 20m 的外侧软弱层带，特别是蚀变带进行深挖回填或灌浆处理。

（4）坝基岩体透水性评价及防渗处理。由于岩层倾向下游及辉绿岩厚度的限制，帷幕线坝基岩体透水性差异大，分带明显，微～新鲜辉绿岩透水率一般小于 1Lu，岩带下限埋深 55～80m；下伏蚀变带、硅质岩透水率 10～100Lu，岩带下限埋深 100～125m。鉴于坝基岩体透水性的上述特征，考虑到目前防渗帷幕的施工技术水平，建议采用悬挂式帷幕，且灌排孔不宜打穿辉绿岩。

（广西水利电力勘测设计研究院　朱德才）

天生桥一级水电站面板堆石坝坝基工程地质评价与处理

（一）河床冲积层

坝基河床冲积层厚 0.68～18.80m，横向上，由于河流主流线靠右岸，右岸冲积层薄（厚 0.68～5.60m），而左岸厚（厚 6.10～18.80m）；纵向上，江面狭窄处，基岩面低，冲积层厚，如趾板基础附近厚 8.30～14.17m，坝轴线附近仅厚 3.07m。在冲积层的下部近基岩面之上，连续分布一黏土层，厚度从 0.15～13.32m 不等，其分布规律与冲积层一致，冲积层厚的地方黏土层也厚。黏土层的厚度还受基岩面起伏控制，基岩面低，黏土层厚；基岩面高，黏土层薄。黏土层中夹有高、中等压缩性的淤泥质黏土，内摩擦角一般小于 10°。

（二）基岩分布及地质特征

坝基为一套中三叠统巨厚层半深海盆地陆源碎屑

浊流沉积岩。岩层走向 N50°～70°E，倾向 NW，倾角 20°～50°，与河流流向大致平行。右岸为新苑组（T_{2x}）中厚层及薄层灰岩、泥灰岩和泥岩互层，以灰岩、泥灰岩为主，其间原生泥岩受构造挤压作用形成的软弱夹层发育；左岸为边阳组（T_{2b}）中厚层至厚层块状泥岩与细砂岩不等厚互层，常夹灰岩，泥岩约占 60%～70%，层间错动发育，由薄层状方解石组成。

坝基处于较软弱基岩分布的宽缓河谷地段，岸边卸荷作用不强烈，崩塌等物理地质现象不发育，但岩体的风化较突出。风化按全、强、弱、微 4 级划分。风化深度与岩性密切相关，随地形的升高风化深度加大，坝基地形坡度较缓，基岩的水平风化深度大于垂直风化深度。坝基河床冲积层下覆基岩，仅局部地带为弱风化，大部分地带为微风化或新鲜。

坝基 T_{2b}泥岩单层厚度大，均为泥质结构，黏土矿物以绿泥石为主，不含亲水膨胀性极强的蒙脱石。具有保持天然湿度条件下相对稳定，而失水崩解，在浸水、失水反复作用下崩解剧烈的特点。T_{2x}层泥岩单层厚度薄，微层理发育，组织结构不均一，黏土矿物以伊利石为主，多呈软弱夹层，不仅具失水崩解，而且更具有在浸水及应力释放等条件下软化、泥化的特点。

坝基分布的 T_{2x}和 T_{2b}灰岩、泥岩、砂岩互层状地层，可视为相对隔水层。根据 T_{2x}和 T_{2b}地层的岩性、节理发育程度及岩层透水性与富水性的差异，组成了坝基多层次微弱含水—相对隔水体系。据坝基岩层 1521 段钻孔压水试验成果（最大压力 0.8MPa），岩体透水率小于 5Lu 的段次占 85%，小于 1Lu 的段次占 56%，这一情况表明岩层的透水性微弱。随深度的增加，岩层的透水性更加微弱，大致 80m 以下深度，小于 5Lu 的段次占 92%，小于 1Lu 的段次占 57%。河床坝基 T_{2b}^{1}层泥岩相对隔水，下部 T_{2x}^{6}层灰岩地下水可承压上升，但仅高出河水面 0.13～4.17m。

（三）岩石力学参数的确定

（1）在分析研究试验成果的基础上，结合具体的工程地质条件及有关工程类比，提出坝基岩石力学参数综合值，见表 1。

（2）岩体力学参数是根据单一岩性力学参数，结合岩组不同岩性含量及现场试验值与成层组合条件确定的，见表 2。

（3）根据现场试验成果及工程类比确定的岩体强度综合值，见表 3。

表 1 新鲜岩石力学参数综合值

岩性	容重 (g/cm^3)	湿抗压强度（MPa）	动弹性模量 (GPa)	静变形模量 (GPa)	泊松比
泥岩	2.64	15～20	9～15	5	0.23
砂岩	2.69	50～70	17～40	7	0.26
灰岩	2.70	70～80	20～60	7～10	0.27

表 2 岩体力学参数综合值

岩组	新鲜岩体			弱风化岩体	
	容重 (g/cm^3)	湿抗压强度 (MPa)	变形模量* (GPa)	湿抗压强度 (MPa)	变形模量* (GPa)
T_{2x}	2.66	30	1.0～1.5	20	
T_{2b}	2.66	30～40	5～5.5	20	1.5

* 变形模量均为垂直层面。

表 3 岩体抗剪强度综合值

岩组	抗剪断		层面		软弱夹层		泥化夹层		纯摩
	f	c（MPa）	f	c（MPa）	f	c（MPa）	f	c（MPa）	f
T_{2x}	1	0.25			0.4	0.03	0.23	0.01	0.35～0.4
T_{2b}	1	0.35	0.5	0.06					0.4～0.5

（四）坝基稳定性评价

坝基河谷为由中三叠统较软弱层状岩体构成的纵向谷，左岸 T_{2b}层为厚层状为主的泥岩、砂岩互层，倾向山里，无倾向坡外的缓倾角结构面，坝肩山坡稳定。右岸 T_{2x}层为薄层及中厚层泥质灰岩、泥岩互层，软弱夹层发育，倾向山外。高程 700m 以下岩层倾角陡于山坡坡度，高程 700～750m 岩层倾角等于山坡坡度，软弱夹层未在河床坝基处临空出露，且无断层纵向切割；高程 750m 以上岩层倾角缓于山坡坡度，但岩层波状起伏，层间褶曲发育。总之，右岸山体不具备块体滑移的条件，是稳定的。坝基下岩体中发育的软弱夹层，结构紧密，未遭受软化、泥化，在设置防渗帷幕后，增加了渗径，不会沿软弱夹层产生管涌破坏。

（五）坝基处理原则与要求

按坝基不同部位，提出不同的处理原则与要求：①坝轴线下游坝基挖除全部河床冲积层及坡积层；②坝轴线上游坝基除按①条要求处理外，还应挖除全风化基岩，坝基置于强风化岩体上；③趾板区基础除按①、②条要求处理外，还应挖除强风化基岩，趾板基础嵌入弱风化带基岩 2m；④坝基泥岩具失水崩解强烈及软弱夹层揭露后易软化、泥化特点，趾板开挖到位后要求及时采取保护措施；⑤根据趾板区的具体水文地质条件及工程规模，防渗下限岩体透水率应小于 3 个 Lu，考虑不同岩组的透水性拦截 T_{2x}^{6}层微弱岩溶含水层，两岸防渗帷幕应接与水库正常蓄水位等高的地下水位。

（六）基础处理措施

建议采取的措施有：①考虑到面板堆石坝高近 180m，趾板基础为弱风化岩体，节理裂隙发育，对趾板基础进行固结灌浆处理，其深度河床部位 15m，两岸 12～10m；②帷幕灌浆深度同时考虑岩体透水率及 0.5 倍水头，河床部位 80m，左岸 65～40m，右岸 65～30m；③对趾板基础所揭露的断层进行掏挖，作混凝土回填处理，深度为断层带宽度的 2 倍，长度按 2.5 的水力梯度确定。

（昆明勘测设计研究院　张鉴光）

地 下 工 程 地 质

广州抽水蓄能电站二期工程引水发电系统工程地质勘察与评价

广州抽水蓄能电站工程分两期建设，二期工程引水发电系统总长约 4.0km，高压隧洞由 2 个 50°的斜洞和 3 个平洞组成，采用 40～60cm 厚的钢筋混凝土衬砌，衬砌后内径 8.5～3.5m，承受最大内水静压力 6.1MPa。

引水发电系统主体岩石为燕山三期（$\gamma_5^{2(3)}$）中粗粒（斑状）黑云母花岗岩，在岩体中发育有 6 组断层裂隙，其中以 NW、NNW 和 NNE 3 组最为发育。在一些断层裂隙及其旁侧，形成黏土化蚀变花岗岩，强度较低，与断层裂隙共同构成软弱条带，其中的蒙脱石化蚀变花岗岩，在工程揭露后遇水膨胀、碎裂崩解成砂砾土，是一种比较特殊的工程地质现象，为国内外工程所罕见，是本电站的主要工程地质问题。

（一）引水发电系统洞线方案选择

在可行性研究阶段，分别在一期工程的左右侧共布置了左Ⅰ、左Ⅱ、左Ⅲ和左Ⅳ及右Ⅰ、右Ⅱ等 6 个方案的勘察比选工作。在全面细致的地质测绘和分析利用一期工程资料的基础上，补充和完善了场区工程地质图；同时围绕左Ⅰ、右Ⅰ方案布置适当的勘探，在拟布置地下厂房的地段各打了孔深分别为 565.14m 和 465.10m 的深孔 ZK2108、ZK2208。

勘察表明，左、右线均穿过同一个花岗岩体，避不开岩体中发育的断层蚀变岩带，仅有发育程度和分布多少的差别，在技术上都是可行的，但左线方案地形较完整雄厚，断层蚀变岩发育少，Ⅰ～Ⅱ类围岩长度长，工程地质条件优于右线，地质推荐并最后选择了洞线长度比一期工程长约 500m 的左线方案。施工开挖表明，左线方案工程地质条件比一期工程好，Ⅰ～Ⅱ类围岩比例显著提高。

（二）花岗岩体混合热液蚀变类型、程度研究

根据观察和研究，黏土矿物在垂向上的变化按不同深度可分为 4 种不同组合类型。

微晶石英、方解石～伊利石和蒙脱石不规则混层～蒙脱石～高岭石化组合，性质较软弱，大约分布在 150～250m 深度，深度大于 450～500m 的蚀变带中，黏土矿物含量降低。

在洞室开挖后迅速喷射混凝土封闭围岩，选用 ϕ25mm 的 16Mn 螺纹钢锚杆支护能可靠加固有蚀变岩的围岩。在黏土化蚀变岩发育地段，表面喷混凝土黏结力较低，选用锚喷（网）联合支护形式能得到较好地解决。因此，不过水隧洞绝大部分采用喷锚作永久支护，过水隧洞在蚀变岩发育地段也采用喷锚作临时支护，效果良好。

（三）地下厂房洞室群位置选择

根据全长 1147.90m 的厂房长探洞揭露：厂房区岩体主要为微风化或新鲜的中粗粒黑云母花岗岩。在岩体中发育的断层蚀变岩带共有 143 条，产状以 NNE、NW 向中～陡倾角为主，分布极不均匀。地质上宜布置地下厂房洞室群的范围如下：

东端边界在主探洞 F_{193} 和 f_{21} 断层蚀变带以西，对应探洞桩号 0+189～0+210m；西端边界在主探洞 F_{394} 断层以东，对应桩号 0+370～0+380m；南端边界宜避开 F_2 及平行其发育的 F_{143}、F_{144} 等断层破碎带，应在南支洞 0+130～0+140m 以北；北侧边界据北支洞长 201m 所见均为Ⅰ～Ⅱ类围岩，可在北支洞 0+200m 北侧以南。

厂房区断裂及蚀变岩带发育主要方向为 NW 及 NNE 向。厂房区 195.61～217.20m 高程实测最大主应力（σ_1）为 13.2～15.1MPa，与自重应力相近，方位角 SSE，倾角多大于 60°；最小主应力（σ_3）在 6.5～8.5MPa，倾角多小于 10°，方位角 NEE 或 SWW。为使地下厂房和主变压器室轴线与上述两组主要结构面都有较大夹角并处在良好的地应力环境，建议厂房轴线方向为 N80°E。

根据地质意见，分别进行了初拟方案、缩短钢支管方案和北移方案的技术经济比较。最后在北移方案基础上优化选定的地下厂房位置在主探洞 0+185.50～0+337.5m 北侧，轴向为 N80°E。

施工开挖表明，选定的地下厂房洞室群，除厂房拱顶 0+000～0+055m 和主变压器室拱顶 0+000～0+038m 由于缓倾角裂隙发育，围岩为Ⅱ类外，其余均处在Ⅰ类围岩里。监测表明，厂房拱顶靠近开挖面最大沉降量 3.22mm，边墙多点位移计和滑动测微计观测位移 1～5mm，最大 9.82mm，围岩稳定性好，并实现了地下厂房全部采用喷锚作为永久支护和当前国内最大的岩锚吊车梁的设计和施工。

（四）高压隧洞围岩稳定研究

在勘探试验和细致地质测绘基础上，引用抗抬理论经验准则判断高压隧洞沿线山体稳定。高压隧洞及高压岔管承受最大静水头 610m，微风化～新鲜花岗岩体综合重力 2.60g/cm³，高压隧洞上覆岩体重力 P/内水压力 P_0 为 1.69～2.21；高压岔管段上覆岩体重力 P/内水压力 P_0 为 1.69～1.83，围岩重力大于隧洞内水静压力。山体地表坡度 25°～40°，侧向围岩厚度大于垂直厚度，岩体自重能够承受全部内水压力，山体不会上抬。此外据综合初始应力测试成果，高压岔管段实测最小主应力（σ_3）为 6.5～8.5MPa，$\sigma_3 = 1.07 \sim 1.39 P_0$，满足最小主应力准则。断层蚀变带最小破裂压力为 8.0MPa，也大于岔管处最大内水压力，因此，高压隧洞和高压岔管都可以采用钢筋混凝土衬砌。同时，将规模较大的 F_{145} 和 F_2 断层蚀变带分别布置在中平洞和下平洞中通过，使断层蚀变带的影响范围减至最小，提高围岩稳定性，为施工开挖创造了有利条件。

（广东省水利电力勘测设计研究院 陈云长）

桐柏抽水蓄能电站地下厂房洞室群围岩稳定性研究与评价

桐柏抽水蓄能电站位于浙江省台州地区，装机容量 1200MW，由上、下水库，输水隧洞和地下厂房等建筑物组成。地下厂房洞室群位于下水库左岸，由主副厂房洞、主变压器洞、高压岔管等组成。厂房洞长 182.7m、宽 24.5m、高 56m，主变压器洞长 162.3m、宽 18m、高 19.8～26.0m，两者平行布置，其间净距为 38m。工程布置及主要勘测工作见下图。

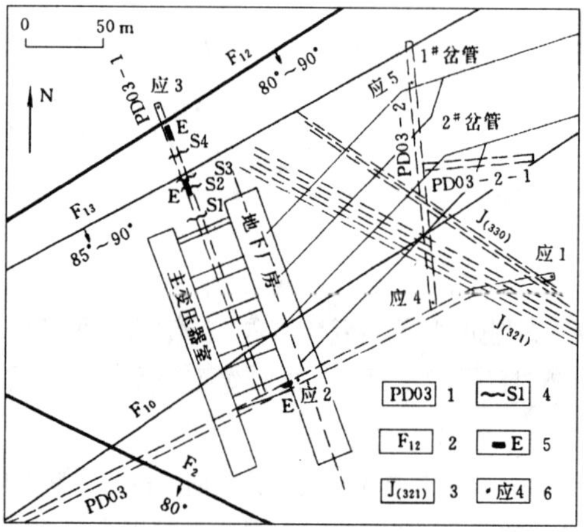

地下洞室群部位勘探及试验布置示意图

1—勘探平洞；2—断层；3—节理密集带；4—收敛变形观测断面及编号；5—岩体变形试验点；6—水压致裂法地应力测试点

（一）工程地质概况

（1）地质条件。洞室群区域主要分布有燕山晚期中～细粒花岗岩。结构面主要有 NWW 和 NE 两组，均为陡倾角。较大的断层有 F_2、F_{12}、F_{13}、F_{10} 等，其中：F_2 产状 N65°W、SW∠85°～90°，宽 1.0～3.0m，角砾岩，断层泥，胶结差；F_{10} 产状 N60°E、NW∠80°～90°，宽 0.1～0.3m，有构造角砾岩；F_{12} 产状 N60°E、SE∠80°～90°，宽 2.0～3.0m，有构造角砾岩，碎块岩，胶结差；F_{13} 产状 N60°～65°E、⊥，宽 0.3～0.5m，发育碎块岩，张开，均属工程区内Ⅰ级结构面。另有宽度 0.01～0.05m 的Ⅲ级结构面 20 余条及间距在 0.2～0.5m 间属Ⅳ级结构面的节理。

（2）岩体力学性质。洞室群围岩岩体弹性纵波速4500～5500m/s，岩体完整系数大于0.75，岩石呈微风化～新鲜状；岩石饱和抗压强度平均值 R_b 为120MPa，抗拉强度平均值 R_t 为3.8MPa；试验压力为10～12MPa时岩体变形模量 E_0 为（12.37～20.90）×10^3MPa，岩体弹性模量 E 为（19.09～27.29）×10^3MPa。3组软弱结构面的抗剪强度分别是：夹泥小断层（宽约0.15m），$f=0.28$、$c=0.07$MPa；NE向陡倾、面附铁锰质薄膜的闭合节理，$f=0.41$、$c=0.63$MPa；近EW向陡倾、面附铁锰质薄膜的闭合节理，$f=0.70$、$c=0.51$MPa。

（3）地应力。采用水压致裂法进行了5点三维地应力测试，最大主应力值10.15～12.19MPa，方位N50～70°W，倾角26°～32°，按围岩强度比系数 $\sigma_1/[R]$ 小于0.1判断，属中等偏低地应力区；最小主应力值为2.43～6.29MPa。

（4）围岩收敛变形观测。通过探洞（断面2.5m×2.0m）中4个断面的收敛变形观测，各断面距掌子面约4倍洞径围岩变形基本稳定；拱顶最终收敛变形值0.48～2.20mm，边墙最终收敛变形值0.27～0.87mm。

（5）围岩分类及评价。洞室群部位上覆岩体厚180～250m，围岩属好或Ⅱ类基本稳定围岩。

（二）厂房位置及纵轴线方向选择

因地应力属中等偏低，厂房轴线选择主要考虑与结构面形成有利交角并兼顾输水系统的布置，经比较后选定轴线呈N20°W布置。厂房位置选择考虑避开 F_2、F_{12}、F_{13} 等断层及 $J_{\langle 321\rangle}$、$J_{\langle 330\rangle}$ 等节理密集带；厂区部位结构面相互切割后在拱座高程上形成2个楔形块体：A块体高度27.65m，体积677.09m³，重量1828.14×10^3kg，在拱顶形成压力0.25MPa；B块体高度6.4m，体积52.97m³，重量143.02×10^3kg，在拱顶形成压力0.058MPa。选定厂房位于PD03—1平洞上游22m处，避开了B块体，使A块体一半以上置于厂房边墙之内。

（三）选定地下洞室群方案围岩稳定性分析

（1）整体围岩稳定性及非线性稳定性分析。经三维非线性有限元分析认为：①选定方案开挖引起的应力重分布在主厂房和主变压器洞周围互不干扰，塑性区是局部的；②F_2、F_{12}、F_{13} 等断层对洞室群开挖影响很小，可以不计，F_{10} 断层近乎垂直地穿越主厂房和主变压器洞，故不影响洞室整体稳定；③洞室围岩变形较小，拱顶垂向最大位移为0.71cm，上下游侧墙间的相对位移4.11～4.16cm；④开挖中拱顶不会出现拉应力，洞室交叉处的最大拉应力不超过2MPa；⑤开挖中拱顶最大压应力为22.4MPa，边墙最大压应力出现在边墙洞拐角处，为15.8MPa；⑥洞室交叉部位、F_{10} 断层及其附近、主变压器洞拱顶等处出现的塑性区深度小于3m。

（2）围岩块体稳定性分析。选定方案地下厂房拱顶围岩块体稳定条件大为改善；下游边墙存在2个楔形块体，其安全系数分别为3.68和3.73；上游边墙块体稳定性好。主变压器室围岩拱顶及两侧墙块体稳定条件较好。采用系统支护并配合局部随机支护措施，可确保围岩块体稳定性。

（3）高压岔管围岩稳定条件。高压岔管布置于 F_{13} 和 F_{10} 间，岩石新鲜致密坚硬；岔管位于相对隔水层中，“挪威准则” L/H 的比率为0.62，符合要求；经实测地应力回归分析，岔管位置处最小主应力量值为7.7MPa，σ_3/H 的比率为2.24，从围岩区域地应力判断，在内水压力作用下，不会发生大范围水力劈裂，山体整体稳定性好。

（华东勘测设计研究院 张宁）

张河湾抽水蓄能电站高压管道工程地质条件评价

（一）工程特性与地质勘测

张河湾抽水蓄能电站装机4台，总容量1000MW。上、下水库高差360m，距高比1.2。输水发电系统布置形式采用地下厂房、埋藏竖井式高压管道方案。高压管道采用一管两机式布置，两条主管道各长570.48m，直径6.10～5.20m；4条支管道各长40m，直径3.60～2.70m。

针对输水管道线路短的特点，前期在建筑物范围内采用多层平洞结合深钻孔全方位立体勘探方法，即从高程490m开始向上开挖4层勘探平洞，每层平洞高差90～100m，高程490m（厂房顶拱高程452.90m）的勘探主平洞（PD1），长455m，洞深超过高压管道竖井位置，并在主洞内布置两对支洞，向主洞两侧各掘进100m；同时在主、支洞内布置7个钻孔，孔深均为100m，超过厂房底板高程。上部3层平洞，深度各约100m，结合竖井部位1个深达325m的钻孔，达到了较严密的勘探控制。勘测中利用平洞和钻孔进行弹性波测试、岩体变形试验、地应力测试、水文地质试验、围岩收敛变形观测、锚杆应力观测和岩石物理力学性质试验等。

（二）工程地质条件

高压管道外侧为一陡缓相间的斜坡，平均坡度43°。高程580m以下由下元古界甘陶河群变质岩系组成结晶基底，岩性为变质安山岩和火山砾岩。基底以上为中元古界长城系沉积盖层，岩性为长英砂岩、铁质砂岩和石英砂岩。盖层与基底呈角度不整合接触。

工程区等效构造应力场以EW向挤压为特征，褶曲轴向近SN。由于基底与盖层承受的构造应力强度不同，其应变特点有明显差异。盖层褶曲舒缓，地层倾角6°～14°，存在众多层间错动形成的软弱夹层，间距0.5～5.0m，厚度0.1～15.0cm，断裂均为高倾角，断层规模不大，但裂隙发育；基底褶曲强烈，地层倾角45°～50°，断裂以中等倾角为主，小断层较多，裂隙不甚发育。

外侧边坡有两层陡崖，高度均达50～60m，岩体卸荷明显，以弹性波 v_P 值2800m/s划分为强、弱卸荷带，强卸荷带宽度达40～60m，沿输水管道沿线边坡有4处潜在崩塌危岩，体积达2600m^3。

地应力采用水压致裂法、压磁法、空心包体法和瑞典法4种方法测试。各种方法测试结果基本一致，规律性较好。最大主应力方向为NE60°～79°，倾角近水平。应力值随测试深度增加而增大，主应力（σ）与深度（H）呈线性关系：$\sigma = 0.809 + 0.0316H$，测得最大主应力值为2.48～13.37MPa，最小主应力值为1.59～6.75MPa。

地下水属基岩裂隙小，水位埋深在高程520m以下。基岩的渗透性与岩性、风化及构造密切相关。盖层岩体弱风化厚度达70m以上，高角度裂隙发育，透水性垂直分带规律不明显，渗透系数为 10^{-2}～10^{-3}cm/s；基底微风化岩体的渗透系数为 10^{-4}～10^{-5}cm/s。

（三）工程地质评价

1．围岩质量

据岩体弹性波速 v_p 值、RQD 值和结构面特征等，利用巴顿Q系统分类法、比尼奥斯基法（RMR）、水利水电工程地质围岩分类法及工程岩体分级标准（GB50218—94）对高压管道围岩进行了质量分级。盖层砂岩属碎裂层状结构岩体，岩石质地坚硬、性脆，单块饱和抗压强度达120MPa以上。由于裂隙发育，完整性较差，弹性波 v_p 值多在2200～4000m/s之间，大部分属Ⅲ类围岩，底部20m接触带属Ⅳ类围岩。基底属块状结构岩体，岩石坚硬，强度较高，饱和抗压强度平均达175MPa，弹性波 v_p 值一般都大于5000m/s，大部分属Ⅱ类围岩。火山砾岩和挤压破碎带（J_5、J_6）属Ⅲ、Ⅳ类围岩。

2．围岩稳定性评价

（1）地应力与岩爆的关系。岩体中存在构造残余应力，应力值属中等偏低，对洞室围岩稳定不起控制作用。最大水平主应力（S_H）为13.37MPa，相应的最小水平主应力（S_h）为8.37MPa。洞室围岩承受最大切向应力由公式 $\sigma_{\theta max} = 3S_H - S_h$ 计算得31.74MPa。高压管道围岩的单轴饱和抗压强度都在120MPa以上，远远大于切向应力值，说明在现有应力条件下发生岩爆的可能性不大。

（2）最小主应力准则。根据最小主应力准则，高压管道围岩采用混凝土衬砌时，其最小主应力（σ_3）必须大于内水压力（P_0），通常 σ_3 为 P_0 的1.2～1.3倍以上。高压管道从上至下埋深50～390m，内水压力0.5～3.9MPa。本区最小主应力1.59～6.75MPa为内水压力的1.55～2.56倍，满足混凝土衬砌条件，但高压管道下弯段有挤压破碎带（J_5、J_6），其大部分应力已释放，为安全考虑，不宜采用混凝土衬砌。

（3）挪威准则。高压管道围岩进行混凝土衬砌时，按挪威准则，必须满足上覆岩体厚度大于挪威经验公式 $C_{RM} = h_s\gamma_\omega F/\gamma_R\cos\beta$ 计算的最短距离。高压管道与外侧边坡距离为60～290m，经计算竖井段外侧岩体厚度必须大于93m，下平段上覆岩体厚度必须大于250m，即竖井段高程690m以上和下平段离竖井43m以后不能满足围岩覆盖厚度要求。

（4）围岩渗透变形破坏。盖层为近水平层状多裂隙岩体，渗透性强，一旦上水库防渗失效产生垂直渗漏或高压管道开裂渗漏，一方面使众多软弱夹层的强度降低，而层面间不能承受拉应力，在顶拱及竖井壁面由3组以上高角度裂隙与缓倾角层面组合切割后，可能形成板状体或楔形体塌落；另一方面使卸荷岩体进一步弱化，从而导致边坡岩体失稳。

（四）工程处理

鉴于高压管道与外侧边坡距离有限，而上部围岩裂隙发育、软弱夹层多、强卸荷带宽度大、遇水会进一步使围岩强度降低，长期发展下去可能导致外侧边坡失稳。而高压管道竖井段上部外侧岩体厚度及下平段后部的上覆岩体厚度不能满足混凝土衬砌条件，再考虑到下弯段有较宽的挤压破碎带、竖井段中下部盖层和基底接触带岩石破碎等因素，因此推荐压力管道采用钢管衬砌，同时在压力管道外围设置系统排水，以降低外水压力，确保工程安全运行。

（北京勘测设计研究院 高茂华 黄一和）

大朝山水电站地下厂房工程地质勘察与评价

（一）工程与地质勘察简况

大朝山水电站枢纽工程布置有碾压混凝土重力坝、右岸地下厂房、长尾水隧洞。厂房开挖尺寸为主厂房233.9m×26.4m×67.3m（长×宽×高，下同）；主变压器室157.35m×16.2m×17.5m；尾水调压室217.4m×22.4m×73.63m。

为查明地下厂房区的工程地质条件，比选厂房位置与轴线，从可行性研究起，即在厂区开展了由地表到地下、由定性到定量的工程地质勘察。在此过程中，采取了水平探洞网与垂直向钻孔相结合的立体式勘探，其中，贯穿厂区主要洞室（主厂房、主变压器室、尾水调压室）的PD403号探洞（包括支洞）总长达806m，运用了声波探测、地震透射层析成像和地质雷达探测等多种物探方法，进行了弱面抗剪、岩体变形测试、岩体及混凝土与岩体抗剪、岩块抗压等大量室内外试验，以及岩体应力量测和地下水长期观测。全面翔实地查明了厂区的工程地质条件和主要工程地质问题，为合理选定厂房位置与洞室轴线、正确评价厂房的工程地质条件打下了坚实可靠的基础。

（二）地下厂房位置和轴线选择

厂房枢纽选定在坝址右岸龙塘沟至青苗沟段，山体雄厚，岸坡35°～41°，岩层为三叠系上统小定西组玄武岩夹火山角砾熔岩、凝灰岩。流层构造不发育，走向N50°～80°E，与岸坡直交，倾向上游，倾角19°～30°。断层较发育，走向主要为NWW向、NW向及NEE向，陡倾。有两条具一定规模的控制性断层：F_{114}于西侧呈NNW向延伸，F_{217}在中部呈近EW向展布。控制性断层性状见下表。

断层F_{217}、F_{114}性状表

断层	产状	规模			断层特征
		级别	破碎带宽度（m）	延伸长度（m）	
F_{217}	N72°～75°W，NE∠70°～80°	Ⅱ	2.5～3.5	>75	张扭性，以角砾岩、片状岩、糜棱岩为主，有少量透镜体、断层泥，胶结中等
F_{114}	N13°～20°W，NE∠70°～78°	Ⅱ	0.2～6.5	>210	压扭性，构造岩为片状岩、透镜体及角砾岩

鉴于厂区的地形地貌和地质条件，确定地下厂房三大洞室（主厂房、主变压器室、尾水调压室）位置和轴线选择原则是：枢纽整体布置协调，引水线路顺畅，尽量缩短引水道长度，保证满足厂房位置上游不设调压井，只设尾水调压室的要求；洞室置于微风化至新鲜较完整的岩体中，上覆岩体厚度不小于2～3倍洞室跨度；避开厂区控制性断层F_{217}和F_{114}破碎带的影响，轴线与流层面、断层、主要节理交角尽可能大，与最大主应力平面方位呈较小交角。

据厂区1068.7m长的深探洞揭露（两个平洞及支洞）和有限元计算与地质力学模型试验成果，经地质、设计反复查勘现场和综合分析比较，确定三大洞室置于F_{114}断层北东侧，大致平行F_{217}断层布置，主厂房布于F_{217}断层北侧，位置选定在PD403号洞深173.00～198.50m处，厂轴在185.3m处。主厂房至主变压器室净距为64.2m，主变压器室至尾水调压室为46.7m，引水道长度为179.2m。轴线比较了N75°W和N40°W两个方向，综合比较结果以N75°W方向的条件相对较优，其原因一是主要洞室可以完全避开F_{217}断层的影响，F_{114}也只可能对尾水调压室北西端墙下部有一定影响；二是对枢纽整体布置有利；三是与厂区最大主应力的夹角较小。

（三）厂房工程地质条件

厂区岩层为T_{3X}^{II-2}层，岩性以玄武岩为主，岩石坚硬，湿抗压强度一般85～102MPa，夹有6层凝灰岩，厚度一般为0.3～1.0m，最厚1.7m，湿抗压强度25MPa左右，失水易崩解，多伴有顺层挤压剪切，其中T_3、T_4两层相对较连续。三大洞室除主厂房的安装间南东端位于微风化岩体外，其余均置于新鲜岩体中，变形模量为24～57GPa，上覆岩体有足够厚度。

厂区为单斜构造，流层构造不发育，流层走向与厂轴交角55°～25°，以19°～30°倾角缓倾于上游边墙。发育的断层除F_{217}、F_{114}外，对工程有直接影响的还有F_{168}等4条Ⅲ级结构面；Ⅳ级结构面（破碎带宽度小于20cm）发育间距一般为10～27m，方向主要为近EW向和NNW向，陡倾、闭合，延伸长度一般2～5m。岩体以块状结构岩体为主，*RQD*值大于70%的占70%以上。岩体透水性微弱，仅局部孔段ω值大于0.01L/（min·m·m）。地下水主要贮存、运移于断层影响带、节理裂隙密集带，水量小。地下水水位高出洞顶高度为：主厂房5～50m，主变压器室70m，尾水调压室90～105m。

厂区地应力中等，最大量级为16.9MPa，与岩石强度之比小于0.2，其方向与厂轴交角20°～50°。

（四）厂房围岩稳定性评价

三大洞室围岩，主要为新鲜玄武岩，岩石坚硬，岩体完整性较好，抗变性较强，上覆岩体有足够厚度；基本上避开了厂区主要控制性断层F_{217}、F_{114}的影响；岩体透水性微弱，地下水水量小，外水压力不大；最大地应力与岩石强度之比小于0.2，其方向与厂轴交角为20°～50°，对围岩整体稳定影响不大。

按Q系统分类，厂区围岩以Ⅱ类为主，Ⅲ类次之，Ⅳ类少量。主厂房围岩，Ⅱ类占56%，Ⅲ类占33%，Ⅳ类占11%；主变压器室围岩，Ⅱ类100%；尾水调压室围岩，Ⅱ类占49%，Ⅲ类占33%，Ⅳ类占18%。Ⅳ类围岩主要集中在断层、凝灰岩夹层及绿泥石化岩体部位。围岩稳定条件较好，经有限元计算与地质力学模型试验，洞室围岩整体稳定。

须注意的主要工程地质问题有三：

1）凝灰岩夹层强度较低，$f'=0.9\sim1.0$，$c'=0.06$MPa，层间挤压剪切，错动带 f' 为0.4左右，c' 仅0.01MPa。由于走向与厂轴交角为25°～55°，夹层斜交洞轴，倾上游边墙，故对洞室顶拱及下游边墙和南东端边墙岩体的稳定性影响较大，可能会导致沿凝灰岩夹层的顶拱重力冒落、顶拱悬臂梁状折断、下游边墙剪切滑移和凝灰岩本身在长期应力作用下的塑性挤出等破坏。

2）三大洞室虽然基本避开了主要断层 F_{217}、F_{114} 的影响，但Ⅲ、Ⅳ、Ⅴ级结构面仍相对较发育，将会构成不利结构面组合块体。根据组合块体的边界条件，分析预测确定块体6块，半确定性块体（或称半随机块体）16处，以及不确定块体（随机块体）的可能组合。

3）厂区局部地段分布有节理面充填绿泥石膜的绿泥石化岩体。该类岩体隐微节理发育，块度小，咬合力弱，峰值强度 $\phi=24°$，c 值几乎为零，易受施工扰动而破碎或卸荷松弛。

（五）施工开挖验证

大朝山水电站地下厂房的工程地质勘察工作细致扎实，资料翔实精确，地质结论确切，评价合理。初设文件中选定的厂房位置和轴线方向直到厂房施工开挖结束，没有做过任何微调，而且由于地质预报正确、及时，工程施工顺利。该地下厂房的工程地质勘察已被建设单位评为优秀勘察项目。

（昆明勘测设计研究院 何木章）

边坡稳定性研究和处理

宝泉抽水蓄能电站龟山滑坡体稳定性研究及处理措施建议

（一）滑坡地质概况

河南宝泉抽水蓄能电站龟山滑坡体，高耸于电站输水发电系统下水库进、出水口的上方，其稳定程度直接关系下水库及整个电站的安全。滑坡体底部高程640～660m，顶部高程约900m，相对高差达250m。滑坡体北部以F14断层为切割边界，东部以寒武系正常地层发生拖拽挠曲部位为边界，西及南部形成高达150余米的直壁陡崖并向峪河方向（下水库）临空。整个滑坡体东西向长550～800m，南北向宽260～350m，滑体最大厚度210m，体积约为2100万m^3，系一大型滑坡体。

组成滑坡体地层由西向东依次为寒武系$\in_{1m}$、$\in_{1mz}$、$\in_{2X}$、$\in_{2Z}$岩组，并以$\in_{2Z}$张夏组灰岩、白云岩为主体。滑坡体表层大部分已呈胶结状，内部一般较完整，基本保持原岩结构，内部地层总体表现为向东及北东倾斜与滑面呈反倾接触。

滑面呈东陡西缓和北陡南缓形态，总体向西及南西方向倾斜（倾向245°～270°）。据滑体东部底滑面产状及擦痕、近滑体处滑床地层的拖拽方向及滑体内的地层产状等分析，滑体总体向西或南西滑动。滑动水平距离最大可达510m，滑动垂直距离最大为250余米。滑体中上部为切层剪切区。滑体下部为顺层滑动或被推动区，主要沿$\in_1^1$m底部泥灰岩层滑动。

据分析认为，滑体形成于峪河及其支流侵蚀至Pt_2^2ry地层之前，结合滑带物质测年资料，可视为滑体形成于中、晚更新世，距今约14万～21万年，系一古老滑塌体。

（二）滑坡稳定性分析

1. 滑带参数的选定　滑带分区及参数选定如下：

（1）底滑面高程736m以上的区域，滑带厚度一般为2～3m，为角砾物质组成，所含碎屑角砾大小混杂，呈次棱角～棱角状。角砾周围为钙泥质充填胶结。该区处于地下水位以上，滑带抗剪强度参数为 $c=0.05$MPa，$f=0.6\sim0.7$。

（2）底滑面高程652～736m区域，滑带厚度在0～15m之间变化，滑带物质由角砾、泥组成，角砾被泥包裹，并有泥质夹层，总体为碎屑含泥型。该滑带遇水极易软化，呈泥状，处于水位变动带，一般无水。滑带抗剪强度参数 $c=0.03$，$f=0.45\sim0.55$。

（3）底滑面高程653m以下，至南门附近，滑带平缓，厚度一般为0.4～0.9m，最大厚约2m。滑带物质主要由角砾、泥组成，为碎屑夹泥，处于地下水位以下，其中泥质的矿物成分以石英方解石为主，并含有绿泥石、伊利石、高岭石等黏土矿物。薄片鉴定显示石英矿物有拉长现象，绢云母具定向排列特征。据现场原位大型抗剪试验，抗剪强度取值为 $c=0.01$MPa，$f=0.33$。

(4) 南门以西区域，滑带物质由$\in_1^1$m 底部的泥灰岩搓碎形成，抗剪强度参数据现场原位大型抗剪资料取 $c=0.05$MPa，$f=0.36$。

滑带以下滑床为完整的Pt_2^2ry 浅变质石英砂岩。

2. 滑坡稳定性分析

(1) 定性分析。分析认为：①滑体表面及部分滑带物质已胶结，且未发现贯穿整个滑体的较新切割面。②滑体形成于中晚更新世。③水库蓄水后，由于滑体距上水库库区较远（1.3km），库水沿南北方向渗径要比近东西方向（龟山滑坡体）渗流的渗径近得多；同时，龟山滑坡体底滑面 652m 高程以下的滑带物质已处于饱水状态，因此，上水库蓄水后，基本不会改变龟山滑坡体的水文地质条件。另外，峪河及其支流已远离滑体，对滑体已不起侵蚀、切割作用。④在 14 万～21 万年的地质历史过程中，龟山滑坡体已经历了数次古地震的考验，至少 14 万年以来没发现再次活动。由以上分析得出的看法是：龟山滑坡体整体是稳定的。

(2) 定量分析。工程场地基本烈度为 7 度。本次采用刚体极限平衡及三维有限元分析两种方法对滑体进行分析，结果表明：①在天然状态下两种方法给出的结果较为吻合，滑体的稳定系数为 1.27～1.53，滑体是稳定的。②在地震烈度为 7 度（地震系数 $K=0.1$）时，极限平衡法解析得出滑体的稳定系数为 0.97～1.17，处于极限平衡状态。③在地震烈度 7 度（地震系数 $K=0.12$）时，上述两种方法给出的滑体稳定系数为 0.92～1.10，表明滑体处于极限平衡状态，稳定系数略嫌小。

（三）工程处理措施

鉴于龟山滑坡体在 7 度地震作用下，地震系数 $K=0.12$ 时，已处于极限平衡状态，为保证电站安全，需对滑坡体进行工程处理。为此，建议采取减载措施，将滑坡体上部岩体开挖到 770m 高程；开挖出的岩体可作为上水库大坝堆石料，以解决料源问题。

滑坡体开挖减载至 770m 高程后，在 7 度地震作用下，滑体稳定性有较大提高，各剖面安全系数一般为 1.18～1.3，三维有限元法计算得到的安全系数达 1.47，说明滑坡体是稳定性。鉴于滑坡体的规模及重要性，仍需作好滑坡体东南缘部位的监测及地面排水设施。

(黄河水利委员会勘测规划设计研究院　潘伯敏　路新景)

金山水电站右坝头山体蠕变及处理

（一）金山水电站右坝头山体地质条件

金山水电站位于汀江中游。右坝头山体较雄厚，山坡地形上缓下陡，总体上，高程 230m 以下普遍较陡，为 40°～45°，基岩裸露。250m 高程以上坡度约 10°，顶部有一片稻田。坝轴线上游 25m 有一短小的干冲沟；下游 75m 处有一常年流水的大冲沟，开关站位于该冲沟的下游侧。右岸山体岩性有蚀变碎裂花岗岩，中、细粒花岗岩，晶屑凝灰岩，砂砾岩及闪长玢岩脉等。

该区经历多次构造运动，地质构造复杂，断层、裂隙发育，软弱夹层和裂隙充填泥质现象普遍。主要构造形迹以 NW 走向、倾 NE、倾角 40°以上为主。有多条断层存在，其中 F_8 断层，产状 N5°～10°W，NE∠35°～50°，宽度 0.3～1.0m，插入右坝头山体内部深处。节理裂隙以 N20°～40°W 和 N60°～70°E、倾角 50°～70°两组为主，多有夹泥，延伸较长。另一组近 SN 向、倾角 20°～30°的顺坡裂隙切割山坡，也多有 3～5cm 或 10cm 黄泥充填。岩石蚀变强烈，山体的岩体风化破碎严重，强风化带深达 12～23m，弱风化带达 15～30m。岩体透水性强，相对抗水层（$q\leqslant$3Lu）埋藏深达 38.30～53.50m。

（二）金山水电站右坝头山体蠕变情况

右坝头从高程 235m 向下削坡，完成上坝公路和安装间 192m 平台（宽度 16m）开挖后，向机组基础深挖至高程 177m，形成高度约 60m 的边坡临空面。在高程 180m 边坡处，新发现 F_{13}断层出露，其产状 N10°E，NW∠5°～10°（即顺河走向，反坡倾向）。此间，恰逢汛期，连降暴雨，一场特大洪水（水位 202.23m）时，右坝头顶部高程 265m 的稻田中发生开裂，向上下游延伸，跨过下游冲沟至开关站开挖坡顶，总长度约 200 余米，开裂宽度 5～20cm，外侧下沉 5～15cm，可见深度 30～70cm。在较低高程山坡，亦有数条长度较短的开裂。此外，192m 平台开挖岩面上也发现裂缝。山体变形发生后，在山坡外部和 192m 平台等处，共设立 15 个监测点，进行变形监测。

据 6 月 22 日对控制点 J_4，J_8 首次观测，J_4 点已向河床方向位移累计 233.0mm，下沉 32.7mm，上移 12.2mm；J_8 点左位移 45.39mm，下沉 0.37mm。6 月 30 日再次观测，J_4 点左位移增大为 279.9mm，P 点（坝轴线上）与原始数据比较，亦左移 156.6mm，下沉 98.5mm。这期间 3 个点日平均左移 5.77mm/d，而192m平台上3对测点有移向河床的，亦有回移的。

通过两个钻孔测斜观测 $2K_4$ 孔于孔深45.5m和29.5m两处有变化。在45.5m处于8月16日因位移量过大，导致测管错断，至9月14日29.5m处也被错断。$2K_6$ 孔位移骤变集中在孔深34.0～35.5m间，至10月1日位移速率达19.41mm/d，测管被错断。两孔被错断部位正是 F_8 断层位置。

后来，小的裂缝进一步扩展，越过上游小冲沟，延伸至坝上35.0m，并有新的开裂现象。

（三）工程处理措施

山体处理必须满足施工期与运行期的抗滑稳定及抗渗要求；同时力求处理工程经济、施工简单和安全可靠。考虑处理方案的经济性，结合工程的具体情况，对稳定安全系数按下述原则确定：①计入水荷载，岩体抗滑稳定安全系数施工期不小于1.2，运行期不小于1.3；②经过处理，其安全系数应较处理前提高10%。

计算采用刚体极限平衡法，取 F_8 断层为侧滑面，F_{13}为底滑面。结构面力学指标 F_8：$f=0.35$，$c=0.05$MPa；F_{13}：$f=0.25$，$c=0.02$MPa，计算结果和观测资料表明，结构面上的水荷载对抗滑稳定极为敏感，建立完善的截排水系统是很必要的。削坡减载，挖除上部顺坡节理发育的全风化和大部分强风化岩层，可提高右坝头山体整体稳定性。

右坝头削坡范围为上坝公路以上，上下游方向自坝上40m至坝下66m，设3个平台，高程分别为230m、245m、255m，平台间坡比1:1～1:1.5。后缘至 F_8 断层，开挖方量6.5万 m^3。坡顶外缘和各平台上均设排水沟，由专门通道引至下游河道。削坡表面进行喷混凝土护坡。山体内在 F_8 下盘，高程202m处，沿其走向设排水洞，洞内打辐射状排水孔。对右岸防渗惟幕进行加深和加长，嵌入 F_8 的下盘位置。对 F_{13}断层，表面用混凝土封堵，在帷幕线及坝下16.0m两处设混凝土置换洞，以保证有足够的承载力和加强防渗作用。

削坡工程完成后，除 J_4、J_8 点外，增加钻孔测斜和观测点。据3个月汛期监测结果，J_4 点日平均位移为0，$J_8$3日平均位移量为0.098mm，钻孔测斜无异常，表明右坝头山体变形已得到有效控制。

（华东勘测设计研究院 林龙木 朱德明）

天荒坪抽水蓄能电站3.29滑坡工程地质条件及处理方案

天荒坪抽水蓄能电站下水库左岸，在1996年3月29日发生突发性地质灾害，即天荒坪蓄能电站3.29滑坡。滑坡体方量约30万 m^3，滑坡范围（平面投影）宽120～140m，长约260m，滑床上缘达490m高程。

3.29滑坡处在坝址上游大溪河流左岸，是下水库库岸一部分。在全长2km的下水库区段内河流流向近SN向，岸坡陡峻，冲沟切割，河谷狭窄，呈V形。谷底高程为255～265m，两岸山脊高程在800m以上，地形坡角30°～40°，高程450m以上多陡坡和悬崖。在3.29滑坡区域，山坡地表呈中部向外鼓出的锥形坡体，相对高差400余米，锥顶高程690～500m地形坡度30°；高程500m以下到河床地形坡度40°～50°。

岸坡岩体发育多组结构面（主要为N50°～70°E，SE∠70°和N50°～60°W，NE∠70°左右）和存在多个不利结构面组合。由于河流下切，岸坡陡峻坡体在外营力作用下产生蠕变，部分出现蠕滑—拉裂变形，致使岸坡在较大范围内产生了风化卸荷破碎岩体。风化卸荷破碎岩体的岩块间多拉裂张开，松动架空，局部见空洞，少部分冲填碎、块石及全风化岩（土）。在钻探过程中岩心获得率低，钻进无回水，封孔时水泥大量流失，$v_p=1400\sim2400$m/s。底部随结构面变化，分布有不均的黏质土、砂质土夹碎石，湿～饱和，易坍塌，下部段含泥量少或甚少，$v_p=900\sim1100$m/s。

经勘探查明，风化卸荷破碎岩体最高分布高程645m，最低高程332m左右，底界面埋深一般40～85m，最深达93m（铅垂）。风化卸荷破碎岩体的空间分布为上部宽而厚，下部窄而薄，山坡地表是中部外鼓的锥形坡体，总体上呈“头重脚轻”形态。3.29滑坡发生在风化卸荷破碎岩体的浅表部位。

风化卸荷破碎岩体底界面以下为侏罗系上统黄尖组和劳村组第一段火山岩及后期侵入花岗斑岩、煌斑岩脉，皆为硬质岩类。Ⅱ、Ⅲ级结构面（即断层）规模都不大，Ⅳ、Ⅴ级结构面（即节理、卸荷裂隙等）较发育～发育，主要结构面发育方向以NNE和NNW为主，NE和NW次之。岩体波速 $v_p=3100\sim4500$m/s。岩体完整程度从整体评价属较完整～完整。

1992～1993年在350.20m高程开挖临安至青山公路的改线隧道进口的过程中，3.29滑坡部位曾先后发生过3次小塌方，其中第3次塌方后，边坡上不连续裂缝的连线已形成弧形圈。由于种种原因，全面整治包括削坡、坡面封闭、坡面排水、支护和监测等措施，未及时实施，不良的工程地质条件不断恶化。在未做削坡的情况下，为在350.20m高程上修挡墙继续挖切边坡坡脚，进一步破坏了边坡的原始稳定条件，滑坡前又逢连续降雨近3个月，雨水大量下渗，加剧山坡变形，终于酿成1996年3月29日的滑坡。

3.29滑坡处理工程的考虑范围为整个卸荷风化破碎岩体。3.29滑坡处理工程采用“削头”（开挖）减载、强化排水为主，支护加固、监测“预警”为辅的综合处理方案。

减载开挖总坡高近300m，总方量约93.1万m^3，开挖边坡每隔20～25cm设置1个马道，马道间的边坡控制在1:1.2～1:1.4。

排水系统分坡体内排水系统和坡面排水系统。坡体内的排水系统由分布在不同高程（350～570m）的A、B、C、D和E五层排水兼勘探主洞及其支洞和排水孔组成，以有效地排除坡体内的地下水，降低地下水位；坡面排水系统包括减载开挖区域周边的截水沟、各层马道内侧的排水沟及坡面封闭层的浅排水孔等，以阻止处理工程范围外的地表水流入，拦截和排泄开挖边坡内的雨水，防止雨水下渗抬高地下水位；减载开挖区域内全坡面封闭，防止地面水下渗危害边坡稳定。

锚固支护的重点区域是减载开挖后的坡顶高程590～645m高程间的后缘岩质边坡，目的在于防止大量开挖引起的岩坡卸荷造成新的边坡问题及消除小规模结构面或结构面组合因开挖而临空失稳。

由于由风化卸荷破碎岩体构成的可能失稳坡体的范围大，情况复杂，减载开挖仅挖除表部风化卸荷破碎岩体，从稳妥可靠考虑，对未挖除的风化卸荷破碎岩体进行全方位监控，为边坡运行提供有效的预警手段，并为在必要时采取应急措施搜集第一手资料。

从整个电站工程进度上考虑，为了不影响原定的下水库下闸蓄水时间，3.29滑坡处理工程分二期施工。一期工程必须在下水库蓄水前完工，主要包括：一期减载开挖，350m高程挡墙，为满足可能失稳坡体的施工期稳定所需要的排水兼勘探洞及其洞内的排水孔，下水库河床中滑坡堆积体清挖和有关的锚杆及锚索的支护。二期工程可以在下水库蓄水后继续施工，主要包括：二期减载开挖及其余未了的项目。二期工程占3.29滑坡处理工程工程量的大部分。

（华东勘测设计研究院　张克钊　罗锡龙）

清江水布垭水利枢纽坝址区滑坡工程地质研究

水布垭水电站（工程情况见本卷年鉴有关条目）库首近坝地段2.3～9.0km的范围内分布有18个滑坡（总方量8342万m^3）群体；坝址峡谷出口两岸分布有大岩淌、马岩湾及台子上滑坡。这些滑坡，不仅影响并成为控制工程建筑物总体布置方案的重要条件，而且对大坝等建筑物的施工和运行也有重大影响。

（一）滑坡稳定性分析与计算中的几个问题

1. 几何参数　滑坡的稳定性是由滑体的势能、滑床的形态、滑带的抗剪强度及滑体中的地下水位等因素所决定的。在这诸多因素中，首要的是滑坡几何形态的各种尺度的确定。滑坡稳定与否，可以理解为放在一个斜面上的物体，这个物体是否滑下来主要取决于斜面（滑床）的坡度，即滑床的倾角很陡，物体就很容易滑下来，这是几何形态之一；从三维空间看，如果滑坡是下面窄上面宽，下滑时就会产生瓶颈效应，滑坡内的拱效应就特别的大，滑体也就难滑下来，这些就是本文中所说的滑坡的几何参数（形态）的一部分。可见在滑坡稳定计算分析中，滑坡的几何形态是非常重要的，因而需要进行大量的地质勘探，才能获取完整的资料。

2. 计算参数　计算参数按以下基本原则进行：①以滑带的物质组成与综合性状为基础；②以滑带的物理力学性质试验为依据；③以国内已发生大型滑坡事件的力学参数作参考；④滑坡安全度（K_c）对γ、h_w、c、ϕ值的敏感性分析；⑤反演分析的ϕ、c值。

（1）滑体安全度（K_c）对γ、h_w、c、ϕ值敏感性分析。通过计算，滑坡稳定敏感性较大的因子为滑带内摩擦角ϕ和滑体中地下水位高度h_w。其中大岩淌滑坡安全系数K_c对ϕ的变化率为0.014～0.02；马岩湾滑坡为0.014～0.020；台子上滑坡安全系数K_c对ϕ的变化率为0.04～0.06，对h_w的变化率为0.013～0.018；而滑带黏聚力c和滑体容重γ对K_c的敏感性很小，大岩淌滑坡K_c对γ的变化率为0.001～0.002，对c的变化率为0.0055；马岩湾滑坡K_c对γ的变化率为0.001～0.002，对c的变化率为0.0054；台子上滑坡K_c对γ的变化率为0.001～0.002，对c的变化率为0.053。

（2）滑带土的物理力学性质试验及其试验数据的取值。多种试验方法表明，滑坡经过充分滑动，且有滑动光面存在，滑带土具有一定的厚度，以高分散的黏土质类土组成，其抗剪强度取残余强度为宜。否则可考虑三轴有效应力强度或是反复剪的峰值强度，但这仅仅是试验数据的取值并不是最终采用的计算参数。

（3）滑带土c、ϕ值反演计算及分析。滑带土强度指标c、ϕ值的反演分析是确定滑带土强度指标的重要方法之一。反演计算的分析方法大致如下，即假定安全系数$K_c=1$，反算出c、ϕ值；假定一个K_c值后反算c、ϕ值。经过多次计算后可以得出K_c、c、ϕ的一系列对应值，然后再作分析。

（4）参照国内部分典型滑坡稳定分析中所取c、

ϕ值。国内发生过一系列大型滑坡事件，各种边界条件、滑带都暴露得很明显，事后大多都进行大量的分析计算，因而提供了一大批大型滑坡滑带土的力学参数，这是非常宝贵的资料，可以作为参考。

在掌握上述诸多条件并作了充分的论证后，给定计算参数，见下表。

3. 工程运行期对滑坡安全度的要求　这里，滑坡的几何形态揭示得比较清楚，不会出现重大的几何参数的变化，计算取值考虑的因素较多，取值的可靠程度比较接近实际，所以滑坡在工程运行期的安全度经过充分考虑后建议：对大岩淌滑坡 $K_c=1.15$；对马岩湾滑坡 $K_c=1.1$；对台子上滑坡 $K_c=1.05$。

滑坡稳定性分析

滑坡名称	计算参数	稳定性					
		建坝前			建坝后		
		现状	K_c	地下水位	雾雨时	K_c	地下水位
大岩淌滑坡	$c=20kPa$ $\varphi=16°$ $\gamma=22.5kN/m^3$	稳定	1.28	1997年7月14日暴雨水位	基本稳定	1.08	滑体充水略大于 $H/2$（受雾雨影响最大）
台子上滑坡	$c=20kPa$ $\varphi=16°$ $\gamma=22.5kN/m^3$	基本稳定	1.09	滑体充水 $H/4$	临界稳定	1.05	滑体充水 $H/4$（受雾雨影响较小）
马岩湾滑坡	$c=20kPa$ $\varphi=16°$ $\gamma=22.5kN/m^3$	基本近临界稳定	1.03	1997年7月14日暴雨水位	极限状态	0.98	滑体充水 $2H/3$（受雾雨影响略小）

（二）环境地质问题的综合评价

1. 库首近坝地段　通过对库首滑坡的大量勘探与地质研究，最后从18个滑坡组中筛选出3个滑坡（鱼洞河、刘家沱、钟家屋场滑坡）稳定性较差，但对大坝不会构成危害。鱼洞河上段次级滑体（360万 m^3）在正常蓄水位400m失稳，波及到大坝处的涌浪高度不足2m。从涌浪计算成果看，库首滑坡失稳造成涌浪的危害主要反映在施工期，即围堰挡水期。面板堆石坝上游围堰堰顶高程223m，围堰挡水位222.0m。围堰挡水施工期约1年半，经涌浪计算，鱼洞河、刘家沱、钟家屋场滑坡下滑波及围堰处的浪高分别为9.6m、4.7m、1.8m，考虑到围堰使用期的安全，地质建议上游围堰应较正常堰高适当加高，以加高10m为宜，以消除滑坡涌浪对基坑施工的危害。

2. 坝后滑坡　在大坝的下游分布有3个规模较大的滑坡，对工程有着十分重要的影响，即：①大岩淌滑坡位于左岸，距大坝最近仅840m，滑体方量588万 m^3；②马岩湾滑坡位于右岸，距大坝最近仅1140m，滑体方量170万 m^3；③台子上滑坡位于左岸，距大坝最近仅1300m，滑体方量780万 m^3。对上述3个滑坡作了大量的勘探、科学试验与室内分析，综合研究的结果列于表1。

综合分析的结果表明，在自然状态下3个滑坡都是稳定的或是基本稳定的。以大岩淌滑坡的稳定性最好，台子上滑坡次之，马岩湾滑坡安全度最小。根据该工程制定的工程运行期对滑坡安全度的要求，大岩淌、马岩湾两滑坡均要进行工程处理，而台子上滑坡可以暂不进行处理，以加强监测为主。

水布垭水电站坝址地形地质条件复杂，由于是当地材料坝，大坝本身不能过水泄洪。这里又属山区性河流，洪水流量特大。据设计提供，10000年一遇洪水入库流量 $Q=24400m^3/s$，其泄洪量可达 $18440m^3/s$，单宽泄量达 $229m^3/s$，泄洪水头达到171m（消能功率 $9.8HQ=3.1\times107kW$）。水工模型试验表明，其冲刷坑底可达170m高程，下冲近30m深。如此大的单宽流量和总洪水泄量及落差高度，均属世界级的水平。位于下游的大岩淌、马岩湾滑坡对来自雾雨的威胁将首当其冲，雾雨时须加强其工程处理。

（长江水利委员会综合勘测局　徐瑞春）

抽水蓄能电站上水库工程地质

宝泉抽水蓄能电站上水库工程地质勘察与评价

宝泉抽水蓄能电站上水库位于峪河左岸东沟内，坝址河床高程685～710m，左、右岸近岸山顶高程1000～1300m，相对高差300～500m，正常蓄水位788.6m时库水宽420～500m，长1000m，库面呈“歪把梨”形态。

（一）基本地质条件

库坝区地层近于水平，倾角2°～5°，倾向N-NW,元古界中统汝阳群为浅变质石英砂岩，厚156m，顶部10m左右风化—卸荷及构造节理发育，总体弱～微透水，为上水库的隔水层，其顶面高程670m左右，分布于库盆下。寒武系中统馒头组为页岩、泥灰岩；毛庄组为粉砂岩、页岩，上部25m为中～厚层灰岩。下统厚100m，顶面高程805m左右。寒武系中统徐庄组为页岩、粉砂岩、灰岩等，厚90m，顶面高程900m左右，张夏组为中～厚层灰岩、白云岩，厚度大于150m，分布在900m高程以上。

上水库发育F_1～F_6 6条近东西向高倾角正断层，它们由左岸风门口一带顺河延伸到坝址河床及右坝肩，贯通库区，其断距6～17m，断层宽度0.3～3m，由断层泥、角砾组成。

库区左岸750～780m、右坝肩740m高程以下及河床分布有半胶结或松散的坡、洪积物，厚度一般8～35m。

（二）库岸稳定性评价

上水库地层有4～5组节理，延伸短、密度小，且基本为高倾角，对岸坡稳定影响小，近水平的地层也有利岸坡稳定，控制边坡稳定的主要因素为岩质和岩体结构。库岸边坡可分为3种基本类型：A类为中至厚层结构的灰岩、白云岩边坡，自然坡角60°～90°，稳定性好；B类为薄层结构的页岩、粉砂岩边坡，自然坡角25°～40°，稳定性稍差；C类为碎裂结构，由F_1～F_6断层之间的碎裂岩体组成的边坡，自然坡角20°～35°，稳定性差。分析认为，自然边坡总体稳定。

库区处于狭谷地带，库岸坡高大于300m，在坡脚处应力集中对岸坡的稳定影响极大，少挖下部边坡至关重要。A类边坡虽总体稳定性好，但靠近岸边强风化卸荷十分发育，局部已形成危岩，调查分析认为，张夏组形成的古崩塌体基本分布在徐庄组形成的缓坡上。因而，从库岸稳定考虑，建议工程边坡少开挖坡脚下部自然边坡，并保持坡脚上部一定宽度的缓坡地形。

库区工程设计边坡1:1.7，对边坡开挖较少，但又基本上清除了岸坡上覆盖层、强风化卸荷层，其边坡类型绝大部分为B、C两类，工程边坡小于自然边坡，未蓄水时，岸坡稳定，但蓄水后，在库水的长期浸泡下，易软化的页岩、泥灰岩等岩体抗剪指标降低，特别是库水位急骤下降，将使渗入到岸坡的库水不能及时排出，严重影响岸坡稳定，因此，需对库内边坡采取保护措施。在坝顶高程792m拟建的环库公路，有助于岸坡稳定和拦截上部固体碎屑物质。

（三）库区渗漏性评价

上水库两岸地形不对称，右岸山体雄厚；左岸相对单薄，正常蓄水位时山体厚500～700m，且外侧为深切的峪河河谷和豫北平原，高差数百米，使库水具有向邻谷渗透的条件。库水位以下的寒武系及汝阳群上部地层中等透水，其透水率为15～25Lu，而隔水层汝阳群深埋库盆以下，不具阻隔库水外渗作用。上水库断层也较发育，断层带的透水率为11～68Lu。另从水文地质条件分析，上水库位于太行山与山前平原交接部位，处于区域地下水的排泄带上，地下水从右岸流向左岸，且左岸无地下分水岭，据多年观测，上水库地下水位在高程670～700m之间变动，远低于上水库的蓄水位，因此，上水库存在着库水永久渗漏问题，其主要渗漏地段为左岸，经估算，上水库渗漏量在3～5万m^3/d。因而，结合库岸边坡稳定防护需要，建议对上水库库盆进行全面防渗处理。

（黄河水利委员会勘测规划设计研究院　肖　扬）

响水涧抽水蓄能电站上水库工程地质勘察与评价

（一）概述

响水涧抽水蓄能电站位于安徽省芜湖市繁昌县，装机容量1000MW。该电站的规划选点工作始于70年代，历经各勘察设计阶段，至1996年通过可行性研究报告审查。

电站上水库位于繁昌县浮山东侧的响水涧沟源坳地，底部高程约150m，水库蓄水位222.0m，四周山岭环绕，高程一般在230m以上，除东侧冲沟峡谷口须设主坝挡水外，南、北各有一地形垭口，须设副坝挡水。水库区库底有0.5～3m壤土覆盖，库盆大部分基岩裸露，岩性较为单一，以燕山晚期花岗岩为主，还有少量后期侵入的中、酸性脉岩。断裂构造以NNW与NE向最发育，NNE向次之。NNW向的F_1断层为库盆内规模最大的断层破碎带，自南副坝垭口经库盆向北贯穿北副坝垭口，沿F_1断层是上水库可能向外渗漏的主要通道。

水库内西库岸布置有可供开采570万m^3弱风化～新鲜花岗岩的石料场，藉此又可扩大库容。

（二）库岸稳定

水库库岸为花岗岩构成的岩质边坡，覆盖层厚度小于2.5m，地形坡度大多为20°～30°。依据库岸的地形、地质条件差异划分为8个岸段，从库岸边坡走向、边坡坡度、覆盖层厚度、基岩风化带性状与厚度、岩体结构面产状与组合条件、坡体结构类型、边坡稳定分析等方面综合分析评价工程地质条件。其中4个岸段边坡稳定性良好；2个岸段边坡整体稳定，局部会发生覆盖层或全风化岩剥落，可能出现小体积岩块失稳，1个岸段边坡整体稳定，在高程200m以上因不利结构面组合与岩石风化剥落，以及有碎裂结构的岩体，可能出现块石堕入库中；还有1个岸段是开采石料的人工边坡，限制了分级开挖的高度和不同风化带的开挖坡度。

（三）水库渗漏

依据水库区地形地貌和水文地质条件，将上水库划分为9个区段，进行渗漏的分析与评价：①区位于主坝左侧至北副坝右侧之间，根据地貌特征、钻孔水文地质试验成果、地下水长期观测资料，对微透水带深度和地下水位进行综合分析，判定该区长约150m的垭口部位具有库水向库外渗漏的条件，需作防渗处理，其余部位不存在渗漏问题。②区位于北副坝库内东侧岸坡。③区位于北副坝库内西侧岸坡。④区为水库北侧库岸。3个区段的相对隔水层顶板与天然地下水位均高于或略高于水库蓄水位，不存在库水外渗的水文地质条件或不易向库外渗漏。⑤、⑥、⑦区位于水库的西侧和西南侧，库岸山体雄厚，山坡290m高程有泉水出露，是地下水补给库水，不存在库水外渗的条件。⑧区位于南副坝右侧，天然地下水位高于设计蓄水位，相对隔水层顶板低于设计蓄水位，存在绕坝渗漏的可能性。⑨区为水库库盆，遍布覆盖层，厚约0.5～3.0m，基岩中除分布F_1断层外，无其他规模较大的断裂通过。F_1断层自身弱透水～微透水，预测沿断层渐向深部其透水性更趋减弱，可视为不透水。而沿F_1断层向南、北两端通过垭口，可能产生库水外渗的问题。此外主坝地基与南、北副坝地基的浅部均有可能渗漏的条件，必须作防渗处理。

（四）F_1断层特征

为了查明穿过水库区南、北垭口的F_1断层性状，在北副坝处布置勘探平洞，南副坝处布置勘探竖井—平洞；断层沿线布置7个钻孔并进行了压水试验；横（斜）穿断层带布置6条地震波速测试剖面；还采取4组原状样进行室内渗透稳定性试验。通过上述勘探、试验与大比例尺地质测绘所揭示的F_1断层破碎带，其总体产状为走向N0°～15°W，倾向SW倾角80°～85°，宽度变化范围较大，此副坝垭口的断层带宽1.0～2.4m，上盘影响带宽3.5～7.0m，下盘影响带宽1.5m。库盆中断窄宽仅0.5～1.0m。南副坝垭口的断层包括影响带宽3.0～5.0m，系由数条破裂面组成。断层带内为糜棱岩、角砾岩、碎裂岩和泥质充填，局部有闪长玢岩脉侵入，南端尚有片状岩，带内物质胶结，局部可见水平擦痕和斜冲擦痕。断层上盘影响带，裂隙密集发育，岩石破碎；断层下盘影响带，岩石蚀变，完整性尚好。库盆内地震波低速带宽约30m，纵波速$v_p=2900\sim3900m/s$。钻孔压水试验透水率$q=0.1\sim2.2Lu$，属弱—微透水性。室内渗透稳定性试验反映的是断层带与下盘岩体接触部位产生管涌破坏，临界比降$J_K=3.0$，破坏比降$J_F=5.9$。

（五）防渗处理方案

上水库库岸及主、副坝（3座挡水坝均设计为混凝土面板堆石坝），地基防渗处理主要采取水泥帷幕灌浆的形式，帷幕一般深入相对隔水层5m。主坝与南副坝防渗帷幕联接成一个整体，包涵了上水库的进/出水口。F_1断层破碎带穿过南、北垭口副坝地基。南副坝坝基下F_1断层的影响带明显收敛变窄，对于坝轴线上游F_1断层浅部按断层宽度1.5倍的深度，采用混凝土塞置换并做好坝轴线下游厚1m的反滤，再配合进行帷幕灌浆处理。此副坝坝基下F_1断层破碎带相对较宽，为防止库水由此外渗，在趾板下做混凝土截水墙，截水墙厚2m、宽30m，深10m。墙体下部进行深孔帷幕灌浆；帷幕3排，孔深26m。趾板前截水墙范围设置钢筋混凝土铺盖。采取上述南、北垭口副坝地基防渗处理措施，目的在于截断库水通过F_1断层破碎带向库外渗漏的通道。对F_1断层破碎带贯穿分布的库盆区域，不再采取防渗处理措施。

（华东勘测设计研究院　邱永葆）

天荒坪抽水蓄能电站上水库工程地质条件与评价

天荒坪抽水蓄能电站（工程概况及规模见本年鉴第四卷）上水库主、副坝均为土石坝，除进/出水口外，全库盆采用沥青混凝土护面防渗，于1997年8月建成，1998年8月1号机组投入运行，按初始蓄水要求进行蓄水，目前运行正常。

（一）库盆工程地质条件

电站位于浙北天目山中部，为附近山区最高沟源洼地，集水面积0.327km²，环库周总长约2315m。分布以侏罗系上统黄尖组流纹质角砾熔凝灰岩为主，层凝灰岩、辉石安山岩次之，再次为后期侵入煌斑岩脉。流层产状N10°～20°W，SW∠8°～25°，呈单斜，倾向库岸邻谷，断层较发育，规模不大。

库域内岩石风化剧烈，除东库岸山脊地表可见强、弱风化岩石外，其他广泛分布全风化岩（土）即残积层。经大量勘探查明，沿西库岸山脊全风化岩（土）下限埋深25～40.40m，东库岸山坡及谷地全风化岩（土）下限埋深5.0～17.0m不等，全风化岩（土）内含强、弱风化岩块，块径0.10～3.20m不等，分布不连续，不成层，无规律性。全风化岩（土）尚保持母岩原状结构，属非蒙脱石黏土矿物土类，为黏质土～粉质土，稍湿或湿，可塑，局部软塑，较密实，一般特性：黏粒含量较高（14%～40%），天然含水量亦高（$w=30\%\sim40\%$），干容重较低（$\gamma_d=11.6\sim13.4kN/m^3$），孔隙比较大（$\varepsilon=1.1\sim1.4$），力学强度较高（固结快剪$\phi=27.8°\sim34.9°$），并随深度的增加物理力学指标趋向改善。

（二）工程地质评价

(1) 库盆渗漏及渗漏稳定条件。①库盆内无向邻谷和下游集中渗漏通道，沿库周除进/出水口山顶（搁天岭）一带地下水位和相对隔水层顶板线（平均单位吸水量≤3Lu）高于设计最高蓄水位905.2m不具向库外渗漏条件，其余约80%库岸段皆向库外渗漏。西库岸渗透系数$K=0.23\sim0.46m/d$，北库岸$K=0.50m/d$，东库岸$K=0.17m/d$。结合库水位日调节曲线，日均渗漏量$Q=1160\sim1270m^3/d$，鉴于抽水蓄能电站特性，需作防渗处理。②经试验，全风化岩（土）内沿原结构面是渗透变形主要通道，垂直和水平方向两种试验，起始渗透变形坡降为11.0～27.5［由于试样抗渗透变形性能强，未达临界（或破坏）坡降］，虽然渗透坡降大，但毕竟是土类，因此在作防渗的同时仍需考虑防渗透变形措施。

(2) 库岸稳定条件。库岸坡开挖高度23～45m左右，坡比1∶2～1∶2.4。库岸可分3类坡体：一类是岩质坡，包括东库岸及北库岸部分段；二类是土岩混合坡，包括西库岸和北库岸一部分；三类是土质坡，以西库岸为著。岩质坡坡体中的强、弱风化岩石无较大规模结构面通过，亦无不利结构面组合，开挖坡体基本稳定～稳定；土质坡坡体虽然全风化岩（土）力学强度较高，大于开挖坡比，由于上水库属日调节，库水位急骤变幅大（工作深度42.20m，正常运行时水位日变幅29.43m）的条件下，土质坡体将易失稳，需护坡处理。

(3) 库底沉降和不均匀沉降。库底可分南、北库底，其中北库底地基以强、弱风化岩石为主，占北库底总面积（平面投影，下同）66%；全风化岩（土）占北库底总面积34%，库底建基面以下全风化岩（土）厚2.50m左右。南库底地基分开挖和回填两个区，其中回填区采用以强、弱风化岩块为主的土石料，碾压干容重$\gamma_d\geqslant17.0kN/m^3$。库底天然地基以全风化岩（土）为主，占南库底总面积69%，建基面以下分布厚薄不匀的全风化岩（土），最厚可达15.0m左右。库底地基中岩与土之间差异性，回填土内超径粒及全风化岩（土）的非均质性等不良工程地质条件，将是库底地基产生沉降和不均匀沉降的主要不利因素。尤其是在岩基界线附近的全风化岩（土）需有渐趋沉降地质环境，必要时要对地基进行改善处理，决不允许回填层中有超径块石突变存在。同时库水位的增加应与全风化岩（土）排水固结同步进行，否则，库底软基部位产生超限沉降和不均匀沉降将使沥青混凝土护面防渗层开裂，影响运行。为适应沥青混凝土防渗护面及地基变形特性，上水库初期蓄水须逐级分期进行。

（华东勘测设计研究院　罗锡龙）

几座抽水蓄能电站上水库大坝地震放大系数及地震动参数的选定

抽水蓄能电站上水库一般通过选择山地高处适当地形筑坝形成。高位大坝的抗震设计必须考虑地震的地形效应，正确选择地震动参数。然而，过去缺少这方面的实测资料和经验，水工建筑物抗震设计规范中尚没有这方面的规定。为此，近年来有关勘测设计单位进行了一些研究工作，其中北京勘测设计研究院从1991年开始，先后组织对张河湾抽水蓄能电站（以下简称张蓄）、呼和浩特抽水蓄能电站（以下简称呼蓄）、西龙池抽水蓄能电站（以下简称西蓄）、板桥峪抽水蓄能电站（以下简称板蓄）等4个工程进行专题研究，取得了一定的成果，并在设计计算中得到初步应用。

1. 开展测试与分析工作 首先请国家地震局下属研究单位在进行场区地震危险性分析的同时，进行了以下两方面的工作：

(1) 进行山体振动测试。采用了两种方法：①人工激振（工程爆破）法，测量山体沿高度的振动放大情况。即利用人工爆破，如以勘探平洞开挖爆破为振源，沿上、下水库之间山坡的不同高度布置传感器（包括水平拾振仪和垂直拾振仪）接收振动信号，经数据处理，得出沿山坡不同高度，主要是上水库筑坝处地振动相对于下水库或谷底的放大倍数。②环境振动（脉动）法。测量山体在环境振动下的响应，并用随机信号数据分析的方法，确定山体在小振幅情况下的动态特性——各阶频率、振型和阻尼比。

(2) 两维地震反应分析。利用有限元计算方法，如自动动态增量非线性分析有限元方法对山体剖面进行二维有限元时程反应分析，求得各节点在不同概率水平下的水平和垂直两个方向的动力反应最大加速度值、最大位移值和地振动时程。由山体的地质剖面和各构成岩层的物理力学试验指标建立二维计算模型，输入地震波采用基岩地震危险性分析得出的不同概率下的人造地震波。

2. 测试分析成果及其应用 以上4个抽水蓄能工程地振动现场测试及二维地震反分析成果列于下表：

四个工程地振动现场测试及有限元计算主要成果表

工程名程	张 蓄	呼 蓄	西 蓄	板 蓄
上水库坝基相对高度（m）	355	578	685	350
山体组成岩性及岩体结构类型	下部为变质安山岩，块状结构；上部为石英砂岩等，缓倾层状结构	片麻状花岗岩，块状结构	灰岩为主，下部为页岩，缓倾层状结构	花岗岩，块状结构
山体振动基本周期（s）	0.3	0.35	0.14	0.5
阻尼比	0.05	0.05	0.05	0.03
振动放大倍数	1.83	2.20	1.74	1.83
山顶地震水平加速度峰值（g）	0.30	0.43	0.27	0.28

注 山顶地震水平加速度峰值均为输入50年超越概率10%的7度的人造地震波计算结果。

四个工程上水库大坝坝型均为面板堆石坝，地震稳定计算采用拟静力法，地震动参数考虑了地形放大实测成果。

张蓄是在新的水工建筑物抗震设计规范公布前设计的，大坝设计烈度采用100年超越概率2%的地震烈度7.4度，上水库地震水平加速度峰值取0.25g，即以与烈度7.4度对应的水平加速度峰值0.141g为基础，乘以实测地振动放大倍数（$0.141\times1.83=0.258$）取值。

西蓄和板蓄的工程设计1999年完成，抗震的设计烈度取50年，超越概率10%烈度值（基本烈度值）。上水库大坝抗震设计考虑了地形放大现场测试成果，水平加速度峰值直接采用有限元计算成果，地震加速度分布系数采用下列图形（板蓄）：

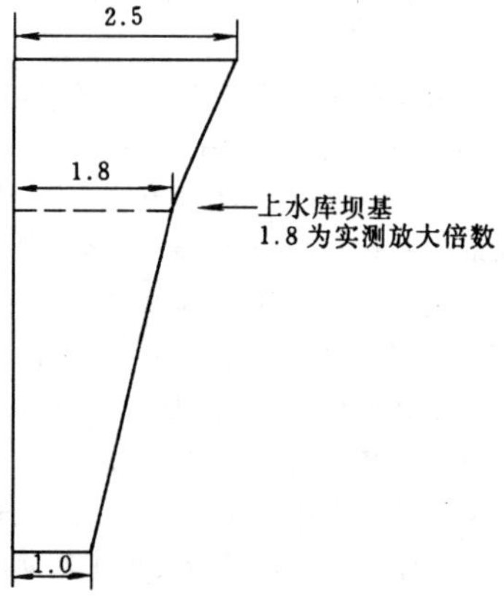

地震加速度分布系数图

（北京勘测设计研究院 黄一和）

水　工

坝 工 设 计

水布垭混凝土面板堆石坝设计

水布垭水利枢纽工程位于清江中游，湖北省巴东县水布垭镇，工程开发任务是发电、防洪、航运，并兼顾其他。电站装机1600MW，枢纽建筑物由大坝、溢洪道、地下电站及放空洞等组成。

（一）水布垭面板坝坝体结构设计

1．坝顶结构及坝坡　水布垭水利枢纽正常蓄水位 400.0m，设计洪水位 402.13m，校核洪水位 404.50m。大坝剖面及坝顶结构是根据水布垭坝料特性以及国内外高混凝土面板坝设计与施工经验确定的。大坝坝顶高程 409.0m，坝高 233m，坝顶宽 12.0m，上、下游坝坡均为1:1.4,坝顶设置高防浪墙，墙顶高程 410.2m。

2．坝体材料分区　堆石坝坝体分区目的是在保证大坝安全运行前提下，根据坝体各部位工作和受力条件、填料来源及其特性，分别提出不同要求，以充分利用建筑物开挖料，力争降低工程造价，简化施工，缩短工程工期。根据混凝土面板堆石坝受力特点和工作机理，确定以下分区原则：①在水荷载作用下，坝体变形最小。坝轴线以上部位是承受水荷载的主体，此部位堆石体应具有较高的变形模量；坝轴线下游堆石体的变形模量可适当降低。②为使坝体排水通畅，各分区材料应满足水力过渡要求，渗透系数从上游至下游递增。③充分利用建筑物的开挖料，以降低工程造价。④各分区最小尺寸满足机械化施工要求，方便施工。

按照以上原则，大坝分为以下几个主要填筑区：IA区：黏土铺盖区，其作用为当面板局部破裂和止水系统受损后，防渗土料随水流带进缝中，经面板下垫层料的反滤作用，淤堵裂缝恢复防渗性能。铺盖顶高程 287.0m，厚 3.0m。IB区：盖重区，采用建筑物开挖料填筑，顶高程 290.0m，宽 15.0m，上游坡 1:2.5。ⅡA区：垫层区，垫层料位于面板下部，水平宽度采用 4.0m，等宽布置。在垫层底部周边缝处设置小区（ⅡAA），小区的断面为梯形，最小厚度 3.0m，顶宽 3.0m，下游坡 1:1.4。ⅢA区：过渡区，为满足垫层与主堆石水力过渡而设置。过渡区水平宽 5.0m，等宽布置。ⅢB区：主堆石区，是承受水荷载的主要支撑体，位于坝轴线上游部位。ⅢC区：次堆石区，位于坝轴线下游，高程 225.0m 以上部位。ⅢD区：下游堆石区，为了大坝排水通畅和下游坝坡稳定，在次堆石区底部高程 225.0m 以下和坝体下游坝坡设置下游堆石区。下游坝坡 1.0m 范围，采用干砌块石护坡。

3．面板与趾板　面板是大坝防渗主体。经分析，高 233m 的面板的应力应变规律符合 100m 级及近 200m 级混凝土面板堆石坝的已建工程的面板应力应变规律，因此面板与趾板按常规面板坝设计，面板厚度应满足防渗性和耐久性。水布垭面板厚度：采用 $t=0.3+0.0035H$ 计算，t 为面板厚度（m）；H 为计算截面至面板顶的垂直距离（m）；顶厚 0.3m，河床底部厚 1.1m，相应最大水力梯度 185。

趾板是面板与基础帷幕之间的防渗连接结构，其宽度应根据地基容许水力梯度要求确定。水布垭采用最大水力梯度为 15，确定趾板宽 6～15m，厚 0.6～1.2m。

（二）水布垭面板坝坝体填料设计

1．垫层料及小区料　垫层料直接位于面板下部，其作用是为面板提供均匀、平整的支撑面，避免面板产生应力集中；当面板开裂和止水局部破坏时，对上游堵缝材料起反滤作用，限制渗漏；面板浇筑前垫层表面采用砂浆（或乳化沥青）保护以利垫层挡水度汛。这就要求垫层料的最大粒径不能太大，有足够粒径<5mm 颗粒含量，级配良好，应具有低压缩性、高抗剪强度、适宜的渗透性和良好的施工特性。

根据大量室内试验成果和工程经验，水布垭垫层料采用茅口灰岩轧制料，控制 $d_{max}\leqslant 80mm$，$d<5mm$ 含量 30%～45%，$d<0.1mm$ 含量 4%～7%，相对密度 $D_r>0.8$，设计干密度 $\rho_d=2.25g/cm^3$（约为室内试验值的 96.5%～92.6%），相应孔隙率 $n=17\%$。垫层料填筑层厚 40cm，采用 10t 振动碾压 6 遍，斜坡上碾压 6～8 遍。根据填料含水量情况，适量洒水。

设置小区料是为了给周边缝底部铜片止水提供比垫层料更密实、均匀、平整的支撑面。当止水局部破坏出现渗漏时，加强垫层料对渗漏的控制。因此，小区料的最大粒径应比垫层料更小，<5mm 颗粒的含量更多，它应对缝口的堵缝细料起到反滤保护作用。

根据国内外工程经验和昆明院的试验成果，小区料采用垫层料剔除＞40mm 以上颗粒后剩余的部分，最大粒径 40mm，＜5mm 颗粒的含量为 35%～60%，＜0.1mm 颗粒的含量 5%～10%。小区料层厚 20cm，采用小型振动碾仔细碾压。

2. 过渡料　采用茅口组灰岩爆破料和栖霞组第 4、5 段（P_{1q}^4、P_{1q}^5）洞挖料。过渡料的最大粒径 300mm，＜25mm颗粒的含量不大于 50%，＜5mm 颗粒的含量为 20%～30%，＜0.1mm 颗粒的含量小于 5%。设计干密度采用 2.2g/cm³，相应孔隙率为 18.8%。过渡料填筑层厚 40cm，采用 10t 振动碾碾压 6 遍，洒水量 25%。

3. 主堆石料　采用压缩模量和抗剪强度较高的茅口组灰岩，主堆石料最大粒径采用 800mm，＜25mm 颗粒的含量不大于 45%；＜5mm 颗粒的含量为 4%～15%，＜0.1mm颗粒的含量小于 5%，级配良好。主堆石料的设计干密度采用 2.18g/cm³，相应孔隙率为 19.6%。主堆石料填筑层厚 80cm，采用 18t 振动碾碾压 6 遍，洒水量 25%。

4. 次堆石料　次堆石料采用建筑物开挖料中的栖霞组灰岩，其级配要求与主堆石相比可适当降低，最大粒径 800mm，＜5mm 颗粒的含量小于 20%，＜0.1mm 颗粒的含量不大于 5%，级配连续。设计干密度采用 2.15g/cm³，相应孔隙率为 20.7%。次堆石料填筑层厚 80cm，采用 18t 或 16t 振动碾碾压 6 遍，适量洒水。

5. 下游堆石料　考虑到次堆石区采用的栖霞组灰岩料中混有部分软岩，破碎率较高、软化系数较小而影响坝体的透水性，在次堆石区底部高程 225.0m 以下设置下游堆石区，高程 225.0m 与两百年洪水下游水位相当，这样可以保证次堆石区经常处于下游干燥部位。此外，为了维持下游较陡的坝坡，在表部也采用下游堆石料。下游堆石料采用较坚硬的栖霞组灰岩，最大粒径 1600mm，＜0.1mm 颗粒的含量小于 5%，不作级配上的要求，设计干密度 2.10g/cm³，孔隙率为 22.5%。下游堆石料填筑层厚 160cm，采用 18t 振动碾碾压 6 遍。

（长江水利委员会勘测设计研究院　谭界雄　张运建）

沙牌碾压混凝土拱坝设计

（一）概况

沙牌水电站位于四川省汶川县境内岷江支流的草坡河上，坝高 132m，为目前世界上在建的最高的碾压混凝土拱坝，系国家"八五"、"九五"重点科技攻关依托工程。坝址距成都市 136km，水库正常蓄水位为 1866.0m，死水位为 1825.0m，总库容 0.18 亿 m³，具有季调节性能。电站总装机容量为 36MW，年发电量 1.78 亿 kW·h。沙牌水电站为三等工程，主要建筑物有碾压混凝土拱坝、泄洪洞、引水隧洞及发电厂房。目前，拱坝和泄洪建筑物正在施工，预计 2001 年初可望完工。其余工程已于 1998 年先期建成投入运行。

沙牌工程地处四川盆地西北部边缘，多年平均气温为 11.3℃。坝址河谷狭窄，宽高比为 1.7，大致呈对称"V"形，下游左、右岸分别为凹形坡与条形山脊，对稳定不利。坝基处于 F_1 断层下盘，为晋宁—澄江期花岗闪长岩，岩石完整性较好，无顺河断层发育，主要为Ⅱ类岩体。在坝肩中上部有部分强度较低的绿泥石片岩和石英角岩分布。地震基本烈度为 7 度。

（二）沙牌坝型选择和拱坝布置

为了使拱推力方向偏向山体内部，选用扁平坝型，并依据不同纵向曲率着重就三心圆单曲拱和抛物线双曲拱两种坝型进行比较，得出两者的应力状态和稳定条件均能满足设计要求。双曲拱坝混凝土工程量可减少 4 万 m³，但鉴于该坝的技术难度大，从施工条件考虑，单曲拱坝体型简单，断面厚度较大，上游倒悬适当，有利于加快碾压混凝土的施工及保证工程质量，故决定选择三心圆单曲拱坝坝型。

坝址河床覆盖层深度为 30～40m，依据坝基岩体卸荷风化程度及岩体的结构特征，坝的建基面定在弱风化下段下限，高程为 1735.5m。由于河床底部的河谷为一狭窄深槽，在坝底部设置高度为 14.5m、宽为 44m 的垫座。拱坝的体形几何参数特征值为：坝顶高程 1867.5m，最大坝高 132.0m，坝顶厚度 9.5m，坝底厚度 28.0m，顶拱中心线弧长 250.25m，最大中心角 92.48°，厚高比 0.238，弧高比 2.130，上游坝面倒悬度 0.12，坝体体积 35.80 万 m³，垫座体积 2.50 万 m³，坝体柔度灵敏系数 1340.0。

为利于发挥碾压混凝土筑坝技术优势，并为碾压混凝土施工创造条件，本工程采用引水式开发，厂、坝分离布置，利用隧洞全年施工导流。坝体内不设泄洪孔口（2 条泄洪洞及引水隧洞均设于右岸山体内），仅布置 3 层供灌浆、检查和交通用的水平廊道，利用电梯井连接竖向交通，以尽量简化拱坝的结构，使枢纽布置有利于碾压混凝土施工的典型方案。

（三）沙牌坝体混凝土设计及防渗结构

坝体除基础设垫层 1.0～1.5m 厚、C20（90d 龄期）常态混凝土找平、坝肩及廊道周边 50～100cm 范围采用同标号的变态混凝土外，其余坝体部位均采用高掺粉煤灰的 C20（90d 龄期）碾压混凝土。碾压混凝土胶凝材料用量为 180～192kg/m³；水泥按"高铁低铝"原则专门配制的低脆性中热普通硅酸盐水泥，分别掺入40%（二级配）和50%（三级配）的二级粉煤灰。骨料采用“低弹强比”的花岗岩；通过优化配比，碾压混凝土具有较高的抗裂性，其90d龄期的混凝土弹模为20GPa，极限拉伸值为110×10^{-6}；180d徐变度达42.6×10^{-4}；混凝土绝热温升为17.2℃。依据拱坝不同部位及其工作条件的差异，坝上游3～7.7m为二级配，抗渗标号为W6和W8，抗冻标号为F150和F100；坝体及其下游面为三级配，抗渗标号为W6，抗冻标号为F100。

坝体垫座考虑掺入（厂掺）3.6%～4.0%的MgO，以使垫座碾压混凝土具有一定的微膨胀性。根据实验，60d的膨胀率达50×10^{-6}。

坝体的防渗层主要利用迎水面富胶凝材料的二级配碾压混凝土自身防渗，层间一律铺净浆，以加强结合。迎水面设50cm厚同配比的变态混凝土保护层，并要求与坝体同步上升。为防止沿层间结合面和坝体表面裂缝渗漏，在迎水面正常蓄水位以下，设置了以乙烯氧化聚合物为主要成分的LJP型合成高分子涂料护面作为辅助防渗。护面厚2mm，为二布（玻纤布）六涂，具有黏结强度高、无污染、适应变形和造价较低的优点。

（四）沙牌拱坝结构分缝设计

沙牌碾压混凝土拱坝采用整体碾压、全断面连续上升的施工工艺，因而坝基础约束作用较强，坝底具有较大的约束拉应力和温度应力。当混凝土设计浇筑温度控制在15℃时，对于4～10月浇筑的坝体部位，混凝土温差约为11～18℃，相应的温度主拉应力达2.45MPa，比常规几乎增加了1倍。因此，在施工期和运行初期，为了防止温度裂缝的发生与发展，拱坝施工期采取结构分缝十分必要。

结合“八五”、“九五”国家重点科技攻关，研究了适合沙牌拱坝的几种结构分缝方案。先后考虑了4条诱导缝、2条诱导缝组合2条横缝及周边应力释放缝组合2条诱导缝等3个方案。通过对诱导缝等效强度和开裂机制的理论研究和模型试验，以及各方案碾压混凝土拱坝浇筑全过程仿真计算分析论证，应力释放缝的组合方案总体应力较好，上游面左、右拱端及坝踵拉应力较小，但上游坝面拱冠中部及下游坝面拱端应力明显加大，且需对应力释放缝的开裂深度进行控制；全部诱导缝方案不能完全解决温度拉应力过大的问题，坝体应力状态较复杂；诱导缝与横缝组合的方案，横缝（即常规横缝）可以较好地改善坝体应力状态，但在蓄水之前须进行横缝灌浆。权衡各方案的利弊，最终选用2条诱导缝（拱冠附近）组合2条横缝（拱端）的方案，缝间距为36.0～69.0m，其中2条横缝底高程设于拱端1810.0m，诱导缝削弱面积约20%。

由于不考虑复杂的温控措施，坝体冷却到稳定温度需要较长的时间。为协调坝体温度应力过高与水库初期蓄水的矛盾，在诱导缝及横缝中，均设置重复灌浆系统，以保证多次实现对张开的横缝及开裂的诱导缝进行重复灌浆。通过试灌证明，选用超细水泥和磨细粉煤灰的复合浆材，能灌入宽度为0.15～0.20mm的微细缝隙；利用多孔橡胶材料制成的重复灌浆盒，按单回路布置的灌浆系统，基本可以达到预期的目的。

为防止拱坝坝体混凝土开裂，除施工期采用结构分缝降低坝体的温度应力外，施工设计还特别强调将坝体下部强约束区的混凝土浇筑安排在低温季节施工，其余坝体亦应尽量在低温季节多浇，高温季节少浇或停浇。在某些特殊情况下，采取在坝体内埋设高强度聚乙烯冷却水管，利用河水温度较低的有利条件，可部分解决夏季停工的问题。

（成都勘测设计研究院　钟永江）

珊溪混凝土面板堆石坝坝体分区设计

（一）坝址区地形地质条件

珊溪水库坝址区河谷呈“U”形，谷宽140～160m，两岸地形不甚对称，右岸较陡，平均坡角40°～45°，呈凸坡形；左岸略缓，平均坡角30°～40°。坝址左岸顺坡陡倾角裂隙（或岩脉）发育，局部因受缓倾角裂隙切割，有零星岩石崩落。坝址右岸大部地段基岩裸露，岩体较完整。主要岩性为火山碎屑岩和流纹斑岩。河床覆盖层最大厚度23m。

珊溪水库工程主要砂砾料场是李井料场、孔龙料场和穹口料场，三料场均位于坝址下游3.5～5.0km范围内。砂砾料总储量为380万m^3，其中水上储量200万m^3。

工程所需石料主要取自导流洞、泄洪洞、引水隧洞、溢洪道的开挖料，不足部分自牛坑石料场开采。基岩主要为块状的流纹斑岩，少量为块状凝灰岩。岩体的容重为25.2～26.2kN/m^3，饱和抗压强度均大于40MPa，软化系数均大于0.8。

（二）珊溪面板坝坝体设计

1．坝体断面设计　为研究尽量多利用当地丰富的砂砾料代替堆石以节省工程投资的可能性，曾拟定了天然砂砾石设置坝体断面的中央、下游侧、上游侧3个坝体断面填筑材料设计方案，从节省投资、施工度汛、运行安全考虑，最后采用中央设置砂砾石区的坝体设计断面。

珊溪工程坝体填筑从1998年5月份开始，其中

8个月平均填筑量达30多万m^3，高峰期达55万m^3/月。坝体断面分区填筑安排，设计考虑度汛要求及备料情况，坝体前后交错上升，但在实施过程中，由于设计断面有利于施工进度安排，坝体全断面均匀上升，这对坝基砂砾石覆盖层提前加荷固结、减少混凝土面板变形、避免一期面板与坝体垫层料的脱离均起到重要作用。

珊溪混凝土面板堆石坝坝顶高程由校核洪水位155.20m控制，坝顶高程156.80m，防浪墙顶高程158.10m，设高4.80m的L形混凝土防浪墙，墙底高出设计洪水位2.59m。大坝建基面最低高程24.30m，最大坝高132.50m，坝顶宽10.0m，上游坝坡1:1.4，下游坝坡设3道宽10.0m的上坝公路，路间局部坡度1:1.25，下游平均坝坡1:1.57。

2. 坝体分区设计　坝体总填筑量约570万m^3，建筑物开挖石渣料可用来填筑坝体的约390万m^3，其余坝料来自李井砂砾料场和牛坑采石场。

坝体断面分区原则是：①上游堆石区及高程57.00m以下堆石区宜采用较新鲜的石料，下游堆石区采用弱风化的石料；②将砂砾料布置在中、下游水上区域；③砂砾石覆盖层基础面铺设一道厚1.0m的反滤过渡层；④坝内砂砾料周边设宽2.0m的过渡层。

坝体断面共分成7个主要区，即垫层区、过渡层区、上游堆石区、下游堆石区、砂砾料区、面板上游粉土石渣铺盖区、下游超径石回填区。其中垫层区水平宽度2.0m，过渡层区水平宽度4.0m。

3. 坝料设计及填筑要求

（1）垫层料。由洞渣料和河床砂砾料筛分后的大骨料加工成粗骨料并掺配河砂而成，要求该料具有半透水性及渗透稳定性，渗透系数1×10^{-3}cm/s，要求对面板上游的粉土起反滤作用。施工铺层厚40cm，用不低于16t拖式振动碾碾压8遍，加水量10%。

（2）小区料。该区设在周边缝下游，要求对面板上游的粉土起良好的反滤作用。小区料施工铺层厚20cm。

（3）过渡层料。利用符合级配要求的洞渣料，不足部分由其它建筑物开挖过程中控制爆破参数获得，岩质要求是新鲜及微风化。施工铺层厚40cm，用不低于16t拖式振动碾碾压8遍，加水量20%。过渡层料应与垫层料同层碾压。

（4）上游堆石料。采用建筑物和料场的开挖料，要求是新鲜、微风化及少量分散弱风化岩石。施工铺层厚80cm，用不低于16t拖式振动碾碾压8遍，加水量15%～20%。

（5）砂砾石料。可从李井料场采挖直接上坝，施工铺层厚80cm，用不低于16t拖式振动碾碾压8遍。

（6）下游堆石料。允许弱风化石料填筑，施工铺层厚120cm，用不低于16t拖式振动碾碾压8遍，加水量15%～20%。

垫层料、过渡层料要求铺填时不分离。垫层料与过渡层料间、过渡层料与堆石料间的粒径须过渡。

各区料物的主要设计指标见下表。

坝体填筑材料主要设计指标

	单位	垫层料	小区料	过渡层料	上游堆石料	下游堆石料	砂砾石料
比重		2.63	2.63	2.63	2.63	2.63	
干密度 ρ_d	g/cm^3	2.157	2.157	2.130	2.104	2.051	2.14
孔隙率 n	%	18	18	19	20	22	18.6
孔隙比 e		0.220	0.220	0.235	0.250	0.282	0.228
最大粒径	cm	8	4	30	80	120	

（华东勘测设计研究院　陈振文）

涌溪三级水电站碾压混凝土重力坝设计

（一）工程概况

涌溪三级水电站位于福建德化县，工程以发电为主。水库正常蓄水位530m，校核洪水位532m，相应库容6900万m^3，为年调节水库，电站装机2台，总容量40MW。电站采用混合式开发方式，枢纽由拦河坝、引水建筑物、发电厂房和开关站等组成，大坝为碾压混凝土重力坝，引水隧洞长约5.7km。

枢纽坝址以上流域面积224km^2，多年平均流量7.95m^3/s，溢流坝设计泄量（$P=2\%$）1180m^3/s，相应上游水位530.1m，校核泄量（$P=0.2\%$）1620m^3/s，相应上游水位532m。

坝址山谷较狭窄，呈“V”形，两岸基本对称，岸坡35°～50°；左岸以流纹质晶屑凝灰熔岩为主，河床及右岸以硅化含砾砂岩及粉砂质泥岩为主；河床大片弱风化基岩裸露，较完整，力学强度高；两岸层理、节理较发育，地质条件复杂，岩体风化较深。

工程于1996年5月开工，1997年2月开始浇筑大坝基础垫层和临时挡水混凝土，1997年10月开始浇筑碾压混凝土，至1998年9月大坝已上升到514m高程（坝高67m），并下闸蓄水，到1999年1月5日坝体碾压混凝土全部完工。

（二）涌溪碾压混凝土重力坝设计

1．碾压混凝土重力坝的布置

涌溪三级水电站碾压混凝土重力坝由溢流坝段、左右岸挡水坝段组成，坝顶高程533.5m，最大坝高86.5m，最大底宽64m，坝顶总长198mm，其中左岸挡水坝段56.5m；右岸挡水坝段104.5m，并分为62.5m和42m两个坝段；溢流坝段布置在河床中间，长37m。

挡水坝段基本剖面为三角形，为适应碾压混凝土坝的施工，上游面垂直，下游面坝坡1:0.73，三角形顶高程为533.5m，坝顶宽7m，最小处宽度为5m。

溢流坝段基本剖面亦为三角形，上游面垂直，下游面坝坡为1:0.73。溢流坝段设3个溢流孔，每孔净宽9m，堰顶高程522.2m；中墩厚3m，边墩厚2m；堰面采用WES曲线，经直线段过渡后与半径$R=18$m的反弧段相接；反弧底高程为470m，采用挑流消能形式；挑坎顶高程为471.686m，挑角25°。

2．坝体断面设计

碾压混凝土重力坝断面设计的主要依据是我国现行坝工设计规范。坝体不设纵缝，设计断面应满足坝体（含碾压层面）及坝基稳定和应力要求。

（1）坝体抗滑稳定计算分析。坝基面抗滑稳定计算采用抗剪断公式，坝基面摩擦系数f'和黏聚力c'在河床溢流坝段取$f'=0.95\sim1.10$，$c'=0.8\sim0.95$MPa；右岸挡水坝段取$f'=0.65\sim0.75$，$c'=0.45\sim0.55$MPa；左岸挡水坝段取$f'=0.85\sim0.95$，$c'=0.65\sim0.75$MPa；碾压层面抗滑稳定计算采用抗剪公式；层面摩擦系数f取0.65。大坝沿建基面抗滑稳定，在基本荷载作用下，坝基抗滑稳定安全系数溢流坝段为3.194，左岸挡水坝段为3.37，右岸挡水坝段为3.91；在特殊荷载作用下，坝基抗滑稳定安全系数分别为3.04、3.17和3.31，均满足规范要求。碾压层面抗滑稳定，在各种荷载组合下，抗滑稳定安全系数均满足规范要求。

（2）坝体应力分析。采用材料力学法进行计算，在基本荷载作用下，各坝段坝踵最小应力为0.212MPa（压），坝趾最大应力为1.569MPa；在特殊荷载作用下，各坝段坝踵最小应力为0.098MPa（压），坝趾最大应力为1.6MPa；坝踵部位均为压应力，满足规范要求。

3．坝体构造设计

（1）坝体分缝设计。涌溪三级大坝左右岸坡较陡，特别是左岸，坝基面高差大，为改善坝体应力条件，确保施工质量，设计将坝体分为4个坝段，长度自左至右分别为56.5m、37m、42m、62.5m；施工时仍为通仓碾压，采用钻孔填砂的邮票孔方式造缝，实践证明，此方法简单便捷，质量易于得到保证。横缝处设止水3道，第一道为止水铜片，距上游面1.5m，第二、第三道均为橡胶止水条，间隔为0.5m，止水区域局部采用常态混凝土，并利用1.5cm厚的松木板（沥青浸泡）分隔成缝。

（2）坝体防渗设计。涌溪三级碾压混凝土重力坝，参考国内普定等工程的成功经验，采用富胶凝碾压混凝土防渗形式，防渗层厚度取1/15～1/20的作用水头，自上而下分段采用2m、3m、4m、5m，上游面要求利用悬臂模板施工；为了提高防渗可靠性，除施工缝需进行缝面处理并铺设1.5～2cm的水泥煤灰砂浆外，设计要求在铺筑层之间距上游面5m范围内喷洒一层1～3mm的水泥煤灰净浆，以提高层面黏接质量。

（3）坝体廊道布置。根据大坝运行要求，坝内仅沿建基面布置一基础灌浆排水廊道，廊道上游壁距上游坝面距离为5～6m，另在坝下0+31处布置一基础排水廊道，并与基础灌浆排水廊道相连通。

4．坝体混凝土标号及分区

上游面防渗碾压混凝土（二级配），厚2～5m，强度标号$R_{90}200$，抗渗标号W6。内部碾压混凝土（三级配），高程480m以下，强度标号$R_{90}150$，抗渗标号W2。高程480m以上，强度标号$R_{90}100$，抗渗标号W2。基础垫层常态混凝土，厚2m，强度标号$R_{90}200$，抗渗标号W6。闸墩常态混凝土，强度标号$R_{28}200$。溢流堰面层常态混凝土，厚2m，强度标号$R_{28}250$。

（华东勘测设计研究院　陈重喜）

天荒坪抽水蓄能电站
上水库沥青混凝土护面设计

（一）概述

天荒坪抽水蓄能电站上水库由1座主坝、4座副坝与库盆组成，主副坝均为堆石坝，北库底由开挖形成，基础为强弱风化岩石，南库底由填筑形成，基础大部为全强风化岩土，填筑料为以强风化岩为主的土石料，厚度为1～20m。库底与坝坡或岸坡相接处采用半径50m的反弧相连接。主坝、西副坝与西南副坝坝基开挖深度1.5～6m，开挖线与原始地形坡面大致相似，开挖后坝基大部分为全风化岩（土）夹少量强、弱风化岩块，少部分残留坡积层。全风化岩（土）为黏质～粉质土，湿、可塑。开挖线以下全风化岩（土）厚5～35m。根据工程地质条件，上水库的防渗体系经比较选用适应变形能力较强的沥青混凝土面板。

（二）原材料设计

沥青混凝土原材料包括沥青、骨料、填料和一些辅助材料，辅助材料包括加筋材料、掺料和接缝材料等。为保证沥青混凝土面板有良好的柔性，有较强的适应变形的能力，需要沥青有较好的延度，特别是低温延度要大；具有足够的斜坡稳定性，沥青的软化点不能过低；抗老化性能要求沥青加热后的性能指标不能降低过大。需考虑其各项性能指标的控制性作用，提出合适的控制性指标。天荒坪工程夏季的气温较高，沥青混凝土表面的最高温度可达70℃，而最低气温可达－17℃，防止斜坡流淌的稳定性要求与低温抗裂要求均很重要。根据具体情况提出的沥青性能指标要求为：针入度（25℃，1/10mm）70～100，软化点为44～49℃，延度（7℃）＞5cm、（25℃）≥150cm；加热后软化点升高≤5℃，针入度比≥70%。

沥青混凝土的粗骨料（粒径2～25mm）要求采用质地坚固、性质稳定的碱性石灰石碎石，应具有合适的粒形和级配，其粒形应近似正方体，表面与沥青应有较好的黏附能力，不致因污染而使黏附性降低。细骨料（粒径0.074～2mm）用人工砂与天然砂，即轧制砂和圆砂。人工砂可增加沥青混凝土的稳定性，天然砂有利于提高沥青混凝土的压实性。

填料是指粒径小于0.074mm的矿粉，与沥青共同组成胶结料，将骨料黏结成整体，并填充骨料的孔隙。适量的填料可提高沥青薄膜的黏度，从而提高强度。采用碱性石灰石作为加工填料的原岩，由水泥厂生产，使填料本身的黏附性良好，能与沥青牢固结合。

（三）配合比设计与试验

天荒坪工程在前期对配合比设计进行了大量工作。配合比设计的过程是根据胶浆理论假定级配参数，经各项性能试验寻找最佳的级配，最终的配合比要求经现场试验验证。

最终配合比对骨料级配的要求是附合富勒曲线，这种级配可满足最小孔隙率、密实性要求。级配偏差要求骨料在5%以内，填料在2%以内。沥青的含量通过试验确定，符合斜坡稳定性和柔性要求，偏差要求在0.3%以内。

沥青混凝土现场试验开始之前，先对经现场粉碎筛分的骨料在试验室进行适配性试验，以决定最适于整平胶结层和防渗层的配合比。然后进行场外摊铺试验，如不符合要求，则须调整配合比，直至摊铺试验证明沥青混凝土的质量符合设计要求，再进行场内摊铺试验以验证配合比并确定施工参数。

（四）结构设计

天荒坪工程上水库沥青混凝土面板为简式结构（见图）。其密实度及不透水性的层次设置，要求从底向表面应逐渐增加，即其渗透系数从表面到底部应逐渐增大，这样通过防渗层的渗透水流可以顺畅地向下流向排水层；同时要求简化结构层次以便于施工。天荒坪工程沥青混凝土面板的结构由8～10cm厚的整平胶结层、10cm厚的防渗层和2mm厚的封闭层组成；在某些可能产生较大变形的特殊部位设置加筋材料（高分子聚酯网），同时设置5cm厚的加厚层，除封闭层分二次涂铺外其它各层都是一次摊铺完成。

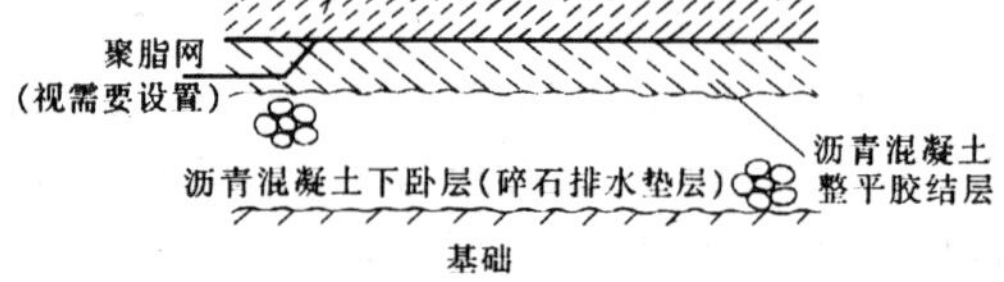

沥青混凝土面板简式结构图

对沥青混凝土面板各层的要求为：①整平胶结层为半开级配沥青混凝土，在防渗层和排水层之间起过渡作用，具有一定的透水能力。压实后的主要技术指标为：孔隙率为10%～15%，渗透系数2.5×10^{-2}～1×10^{-4}cm/s，斜坡流淌值（1∶2，70℃）≤5mm。②防渗层为密级配沥青混凝土，是防渗体的主体部分，要求有良好的防渗性、稳定性和柔性，以适应基础的变形。压实后的主要技术指标为：孔隙率＜3%，渗透系数＜1×10^{-8}cm/s，斜坡流淌值（1∶2，70℃）≤5mm。马歇尔稳定度（60℃）＞5000N马歇尔流值为（1/10mm）30～80，柔性（25℃）≥10%、（5℃）≥2.5%。对防渗层冷缝（指防渗层施工过程中，下一条幅施工时前一条幅的表面温度低于80℃形成的施工缝），特别是对隔天或较长时间以后继续摊铺的施工缝，要求进行特别处理。③封闭层：沥青和填料的混合物，为防渗层的保护层，避免沥青混凝土防渗层受紫外线的作用，防止防渗层表面与空气、水等外界不良环境的接触，从而使得沥青混凝土防渗层的老化缓慢，延长其使用寿命。

沥青混凝土与常规混凝土结构的接缝在满足接触面的长度要求的前提下，设置加筋材料对整个接缝结构的强度，即抗破坏能力有较大幅度的提高，并可适当减薄接触部位的厚度。坝顶部位的沥青混凝土面板在有防浪墙时要综合考虑，防浪墙的底高程要求高于正常蓄水位，防浪墙与沥青混凝土面板之间的接缝采用沥青玛瑺脂即沥青混凝土封闭层材料加以封闭，以易于修补。

（华东勘测设计研究院　姜忠见）

乌鲁瓦提混凝土面板砂砾石坝设计

乌鲁瓦提水利枢纽位于新疆和田河支流、喀啦喀什河中游，是该河流的控制性枢纽工程。枢纽距和田市71km，坝址以上流域面积19983km^2，控制全流域面积的90%，控制全河径流量的97%，水库总库容3.47亿m^3，电站装机容量6万kW，为大（2）型二等工程，工程具有灌溉、发电、保护生态、防洪等综合效益。

枢纽所属建筑物主要由混凝土面板砂砾石坝，左岸发电引水洞、冲沙洞、地面厂房，右岸开敞式溢洪道、泄洪洞（由导流洞改建）组成。乌鲁瓦提混凝土面板砂砾石坝分主坝和副坝两部分：主坝最大坝高138.0m，坝顶长365.0m，坝顶宽12.0m，上游坝坡1:1.60，在下游坝坡布置有宽10.0m，纵坡7.5%的“Z”字型上坝公路，公路间坝坡为1:1.50；副坝最大坝高67m，坝顶长108.0m，以古河槽充填物砂砾石作为副坝坝体，在上游坡面按1:1.60削坡后浇筑混凝土面板进行防渗处理。

坝体主要筑坝料为砂卵砾石，仅在坝轴线下游侧水位以上填有部分石渣料。砂卵砾石料为不连续级配料，细粒含量仅占16%，且为粉细砂，缺少中、小石和粗砂。细料易被渗透水流冲蚀，抗冲蚀能力低，渗透稳定性差，易产生渗透破坏。坝体设计的重点为坝体渗流控制，是混凝土面板砂砾石坝坝体设计的关键，要确保坝体稳定，采取的措施为“一防”、“二限”、“三排”，各填筑区之间应满足渗透稳定过渡的要求。“一防”是指必须确保混凝土面板、混凝土趾板、变形伸缩缝和基础灌浆等防渗系统的设计要求和施工质量，这是混凝土面板坝防渗的第一道防线。“二限”是指当面板和接缝一旦产生开裂，垫层料应具有限制进入坝体渗流量的作用，具有半透水性的垫层料是大坝的第二道防渗线。“三排”是指对进入坝体的渗水必须顺畅排出，这样可降低坝体内的浸润线，减少渗流对坝体的冲蚀，有利于坝体的稳定。根据乌鲁瓦提所使用坝料的特点，确定坝体分区设计原则如下：①坝体结构设计要以渗流控制为基本设计原则，确保坝体不会产生渗透破坏。②坝体结构要体现“一防”、“二限”、“三排”的设计原则，保证坝体排水畅通。③河床砂砾石料抗压强度高，压缩变形小，填筑在坝轴线上游和坝轴线下游$B/6$范围内的主堆石区。④开挖石渣料抗压强度低，压缩变形大，透水性弱，填筑在坝轴线下游水位以上的次堆石区中部。⑤在次堆石区下游侧，设置砂砾石压坡，以确保下游坝坡稳定。⑥在坝体内设置排水系统，保证坝体排水畅通。⑦各种坝料之间必须满足层间过渡要求，上、下游侧坝料具有反滤保护作用。⑧为减少渗流量，垫层料必须是半透水的。

根据上述原则，坝体自上游向下游分为垫层区、垫层小区、过渡层区、主堆石区、排水体、次堆石区（砂砾石压坡体），下游面设干砌石护坡，面板上游1880.0m高程以下设防渗补强区。垫层料由河床砂砾料筛分掺配而成，水平宽度4.0m，垂直厚度2.12m，最大粒径80mm，小于5mm含量35%～50%，含泥量5%～8%，渗透系数10^{-3}～10^{-4}cm/s，填筑层厚0.5m，相对密度D_r≥0.85。在周边缝处设垫层小区，小区料最大粒径≤40mm，小于5mm含量40%～55%，渗透系数小于10^{-3}～10^{-4}cm/s，相对密度D_r≥0.85。过渡料采用河床砂砾料筛分而成，最大粒径200mm，过渡层水平宽度4.0m，填筑层厚0.50m，相对密度D_r≥0.85。主堆石区采用河床砂砾石料填筑，填筑层厚1.0m，相对密度D_r≥0.85。次堆石区位于坝轴线下游，填筑材料为砂砾石和开挖石渣，石渣利用料布置在堆石区下游侧，浸润线以上的下游坝壳中部。河床砂砾石填筑层厚1.0～1.2m，相对密度D_r≥0.85，石渣料填筑层厚0.80m，孔隙率n≤18%。为确保进入坝体的渗水能尽快地排出坝体，在坝体内布置有竖向及水平向排水体，竖向排水体位于坝轴线上游的主堆石区内，顶部高程为1963.5m，高于正常蓄水位，水平宽度4.0m，粒径10～200mm，在竖向排水体上游侧设一宽度为1.0m的反滤层。水平排水体为顺河床布置的4个排水条带，每个排水条带厚4.0m、宽10.0m，与下游排水棱体连成整体。防渗补强区顶高程为1880.0m，总宽10.0m，分为2层，紧靠面板填风积土或全风化料，外侧填开挖弃渣料，防渗补强区填筑不进行碾压。

主坝混凝土面板厚度，顶部厚30cm，底部厚70cm，面板混凝土采用二级配R_{28}250号、W12、F250，水泥采用425号的硅酸盐水泥，混凝土面板为双向配筋。水平向配筋率为河床中部受压区采用0.4%，两坝肩受拉区0.5%，竖向配筋率采用0.5%，对垂直缝不设边缘钢筋，周边缝处面板设置边缘钢筋，为适应坝体变形，河床中央部分受压区面板垂直缝间距为12.0m，两岸陡坡段受拉区垂直缝间距为6.0m，面板不设水平缝。为适应施工度汛要求，分别在1893m和1938m高程设置水平施工缝。副坝混凝土面板为等厚面板，厚度为400mm，副坝面板一次施工完成，不设置水平施工缝，其它技术要求与主坝面板相同。

趾板设置在弱风化基岩上，趾板宽度自上而下分别为6.0m、8.0m和10.0m，相应厚度为0.5m、0.6m和0.7m，混凝土标号为 R_{28} 250号、W 12、F 250,设1层双向钢筋，纵横向配筋率均为0.4%，布置在趾板的上部。为加强趾板与基岩的连接，设置 ϕ30的锚筋，间、排距均为1.2m，深入基岩4.0m，上部与趾板钢筋网连接，下部采用砂浆锚固在基岩内。趾板不分缝，跳仓浇筑，每段浇筑长度12m。施工缝内设1道橡胶止水，钢筋穿过施工缝。

主坝周边缝是防渗漏的关键部位，采用3道止水，底部为止水铜片，中部为橡胶止水带，顶部采用塑性止水填料“GB”封闭。副坝周边缝采用底部和顶部2道止水。张性垂直缝设置2道止水，即底部铜片止水和顶部“GB”止水，压性垂直缝仅设置底部1道铜片止水，水平施工缝设1道底部铜片止水。

本工程由新疆水利水电勘测设计研究院设计，业主单位为乌鲁瓦提水利枢纽工程建设管理局，主体工程在1995年10月开工，1997年9月截流，1998年汛末进行施工期蓄水运行，1999年9月导流洞工程按时下闸封堵，2000年建成。经过招标、投标及议标选定兵团工程兵一师承担导流泄洪洞的施工；新疆水电建设工程局承担发电洞、地面厂房、冲沙洞及溢洪道和副坝的施工，陕西省水电工程局和新疆水电建设工程局联营体承担主坝的施工。

（新疆水利水电勘测设计研究院 汪 洋）

黑泉混凝土面板砂砾石坝设计

（一）工程概况

黑泉水库工程位于青海省大通县境内湟水支流北川河上游宝库河上，距西宁市75km。坝址处河谷呈“U”形，底宽240～250m，坝基上冲积漂卵砂砾石覆盖层厚为25～29m，基岩主要由云母石英片岩、角闪石英片岩等坚硬岩石组成。地震设防烈度为8度。

混凝土面板砂砾石坝最大坝高123.5m,坝顶高程2894.5m,坝顶长438m,上游坝坡1:1.55,下游第一级坡1:1.5,其余1:1.4,坝体总填筑量556万 m^3。

（二）黑泉面板坝坝体分区及坝料设计

1.坝体分区 黑泉近坝区天然砂砾石料十分丰富，且均分布在坝址上游。由于天然砂砾石料分布很不均一，离散性大，易受冲蚀，为确保大坝安全，开展了大量的试验研究工作，主要包括：颗粒分析、抗剪强度、压缩变形、渗透及渗透稳定性等，确认此料场可用于填筑坝体。根据面板坝变形受力特点和坝料试验研究成果，坝体分区基本原则确定如下：①依据坝体变形受力特点，要求上游坝体具有较高的抗剪强度、变形模量及填筑密实度；②使分区的坝体在未浇筑面板而挡水时，亦能安全抗御内部冲蚀和保持渗透稳定；③尽可能充分利用开挖料。据此，坝体主要分为垫层、过渡层、排水体、主砂砾石区、下游堆石区等5个区。

2.坝料设计 垫层，要求具有半透水性及足够的抗渗强度，以期起到第二道防线的作用，采用抗渗稳定性能良好的阳山大湾料场 $D\leqslant80$mm的筛分料，并掺加筛分厂筛分料，以使掺配料级配严格满足谢腊德级配要求：$D<5$mm颗粒含量35%～40%，$D<0.1$mm颗粒含量小于5%，渗透系数 $10^{-3}\sim10^{-4}$cm/s。填筑层厚30cm，按相对密度0.85控制，设计干密度2.26g/cm^3。垫层顶部宽3m渐变至底部宽4m。

过渡层，主要是对垫层起渗流保护作用，以达到向排水体的层间水力过渡的要求。为确保大坝安全，靠近垫层3m宽条带的料要筛分，要求最大粒径300mm，$D>5$mm颗粒含量为75%～85%，$D<0.1$mm颗粒含量小于5%，填筑层厚60cm，按相对密度0.85控制，设计干密度2.32g/cm^3。

主砂砾石区，该区是承受和传递水荷载的主要部位，应具有低压缩性，较高抗剪强度及较强透水性。采用寺塘料场 $D\leqslant500$mm级配料，$D<0.1$mm颗粒含量小于10%，$D>5$mm颗粒含量75%～85%。填筑层厚60cm，按相对密度0.8控制，设计干密度2.30g/cm^3。

排水体，为保证大坝渗透稳定，采用新鲜、坚硬开炸石料和卵石料，要求 $25\text{mm}\leqslant D\leqslant400$mm，填筑层厚60cm，按孔隙率小于24%控制。

下游堆石区，该区主要是防止可能产生的渗流破坏，并增强下游坝坡的抗震稳定性。主要采用开炸石料及溢洪道开挖石料填筑，填筑层厚120cm，要求 $D\leqslant800$mm,$D>5$mm颗粒含量85%～95%，$D<0.1$mm颗粒含量小于10%，按孔隙率小于24%控制。

（三）面板与趾板设计

面板共分41块，河床段14块板宽16m，左岸9块，右岸18块，板宽8m，面板顶部厚度30cm，底部66cm，中部设1层双向钢筋，纵向含钢率0.4%，横向含钢率0.35%，分三期施工。面板混凝土设计指标为：C30，F 300，W8，与其它工程的主要差别在于黑泉地处高海拔严寒地区，对混凝土的耐久性提出了较高的要求，抗冻标号达F 300，在混凝土配合比中掺加了粉煤灰、减水剂FDN、引气剂DH9等。

趾板宽度由基础的允许渗透比降，强风化/弱风化为7～8确定，厚度50～80cm。由于开挖后许多地段趾板建基面仍较破碎，在弱风化岩层上部难以达到建基面要求。因此，采用在趾板上游面做贴坡混凝土，下游浇筑混凝土盖板或喷混凝土，以满足水力梯度的需要。

为减少开挖，两坝肩采用高趾墙结构型式，且右岸高趾墙与溢洪道左导墙结合为一整体。河床左岸段趾板恰位于F_{120}挤压破碎带上，为避免其影响，调整趾板轴线，亦采用高趾墙结构，从而大大减少开挖量，降低工程造价。

（四）止水设计

周边缝止水是面板坝十分关键的部位，黑泉工程在总结国内外已建、在建工程经验的基础上，创造性地提出了“双金属止水结构系统”，即取消中部止水，在顶部和底部均设不锈钢波纹止水片，并在中部灌注可塑性材料。通过工程实施认为，不锈钢止水片有许多独特优越性，可独立起止水防渗作用，但在施工中焊缝较多，需严格按施工工艺及操作规程进行，以确保工程质量。

综上所述，①砂砾石便于开采、施工，造价低廉，并有较高的堆石变形模量，用于填筑面板坝具有较大的经济性，但砂砾石易受冲蚀，要严格控制坝体渗流。②根据地形地质条件，要通过加宽趾板满足需要的水力梯度，采用高趾墙结构，减少工程量，降低工程造价，加快工程进度。③采用“双金属止水结构系统”，表部和底部止水均可独立起止水防渗作用。

（青海省水利水电勘测设计研究院　宋永杰）

蔺河口水电站碾压混凝土拱坝设计

蔺河口水电站工程位于陕西省岚皋县境内的岚河干流上，坝址距下游岚皋县城约7km，距安康市80km。工程设计采用顶部设泄洪表孔的碾压混凝土双曲拱坝挡水、左岸长引水建筑物引水和内装3×2.4万kW机组的岸边厂房发电的综合布置形式。

坝址区河谷横剖面呈“V”形，岸顶相对河床高差130～310m，枯水期河谷宽23～40m，坝顶高程515m时谷宽230～250m。两岸自然边坡平均为45°。

坝址区基岩地层主要为志留系下统的变质含砾凝灰岩、凝灰岩、凝灰质砂岩、变质细砂岩及板岩。左坝肩断裂结构面以近SN、NW向为主。在455～510m高程存在由F_1断层和各组裂组合构成的结构体。右坝肩无断层裂隙组合形成的明显结构体。坝址工程地质条件良好。

蔺河口碾压混凝土双曲拱坝最大坝高100m，坝顶最大弦长311m，是国内目前已建在建碾压混凝土双曲拱坝中坝顶弧长最大的一个。大坝体型设计的原则是：①考虑施工期部分温度应力较长时间内存在于坝体内部的特点，按运行期荷载组合用拱梁法应力计算结果设计坝体断面时，应留一定的安全裕度。②为发挥碾压混凝土快速施工的优点，在满足功能性和安全性要求的前提下，大坝体型尽可能简单。③坝体分缝的缝型缝位和分缝条数，根据仿真计算和坝体中上部弧长较大的特点来合理布置。

拱坝为单圆心、变半径、变中心角的等厚双曲非对称拱坝。坝顶最大中心有103.6°，最大外半径172.0m，最小中心角40.9°。坝顶高程515.0m，最大坝高100m。坝顶宽6.0m，底宽28.0m，最大倒悬度为0.11。坝顶设泄洪表孔，表孔左右两边非溢流坝段长分别为116.1m和123.3m。为满足汛期导流要求，在423m高程设两孔6m×7m的临时导流底孔。坝后设40m长的护坦。坝体混凝土总量为31万m^3，其中碾压混凝土约占72%，最大仓面面积3170m^2。坝体除泄水建筑物、坝顶结构和河床建基面垫层用常态混凝土外，在靠两岸坝肩、坝体上下游面和廊道周围均采用变态混凝土。利用低温时段整体通仓薄层填筑，全断面碾压。3年施工期间每年6～8月高温时段一般停止施工。

根据温控计算结果，拱坝设6条横缝，采用预留键槽横缝和诱导缝相结合的形式，缝间最大距离为68.8m。缝中设重复灌浆系统。横缝的设置不影响通仓碾压混凝土施工。

坝体上游面采用二级配富胶凝材料混凝土自身防渗形式，在水库死水位485m高程以下，坝上游表面另作防渗膜进行辅助防渗。坝体排水孔用钻机打孔形成。

碾压混凝土采用灰岩人工骨料。二、三级配碾压混凝土均采用R_{90}200，F50，W4～W8的标号，以满足坝体应力、耐久性和施工期第二年坝体挡水到462.0m高程的要求。

岚河多年平均流量为34.9m^3/s，而洪枯比大。100年和1000年一遇洪峰流量分别为2950m^3/s和3750m^3/s。经水库调节后，下泄流量分别为2400m^3/s和3080m^3/s，是国内目前坝高为100m级碾压混凝土双曲拱坝中泄量最大的。为解决好坝体泄洪问题，在坝顶中部设5孔9m×10.5m的泄洪表孔，堰顶高程502.0m，单孔最大泄量为616m^3/s。由于拱坝的体型限制了表孔流道长度和流道出口至堰顶高差，流道出口水流流速较小，水舌沿河道纵向拉开距离不可能太大，而坝下消能区狭窄，横向扩散困难。经水工模型试验研究，采用了在同一孔上布置高低挑坎、其相邻孔上不设高挑坎的消能工型式，以达到高低挑坎水流在空中碰撞、水舌沿河道纵向拉开的综合消能效果。

根据工期安排，坝体碾压混凝土升层高约 6m。为满足坝体混凝土连续上升需要，要求混凝土成品骨料生产能力为 246t/h；混凝土拌和系统生产能力为 $180m^3/h$。成品骨料堆活容积 应满足 7d 高峰期用量要求。若采用干法生产骨料，粗骨料应经冲洗后堆存。

本工程总工期 3 年，总投资 58824 万元。

（西北勘测设计研究院　姚栓喜）

莲花钢筋混凝土面板堆石坝设计

莲花水电站位于黑龙江省海林市境内，是牡丹江上游梯级开发的第一座大型水电站，距牡丹江市 130km。工程以发电为主，兼顾防洪、灌溉等综合利用效益，总装机容量 550MW，坝址以上控制流域面积 3.02 万 km^2，总库容 41.8 亿 m^3。

坝址地处寒冷地区，多年平均气温 3.2℃，极端最低气温 −45.2℃，极端最高气温是 37.5℃。

坝址位于牡丹江急转弯处，河床紧靠右岸，河谷呈不对称“U”形，基岩为下元古代混合花岗岩、细晶岩和闪长岩等。

莲花钢筋混凝土面板堆石坝，最大坝高 71.8m，坝顶高程 225.8m，坝顶长 902m，坝顶宽 8m，上下游坝坡均为 1∶1.4。坝体填筑量 420 万 m^3，为当时在建的地处最寒冷、坝最长、填筑量最大的面板坝。下游在 200m 高程设一宽 3m 的马道，在 173.63m 高程有一 10m 宽的进厂公路。

大坝基础开挖标准视位置不同而异，堆石体范围内基础要求放置在强风化岩石上，趾板、垫层区和过渡区基础一般开挖至弱风化上限以下 1～2m。在左坝头 200m 范围内，岩石风化较深，全风化带厚 2～5m，强风化带厚 10～18m，考虑到该处水头较低，趾板建在强风化的中上部，趾板后铺反滤料进行保护，并做加强灌浆处理。河床及左岸漫滩部位淤积天然砂砾石层厚 1～6m，未发现大的软弱夹层，通过试验测定其密度和有关力学参数均满足上坝料要求。为节省投资，缩短工期，仅在坝体上游 1/6 坝底宽范围内将其挖除，其余部位在堆石填筑前用振动碾压实，作为坝体的一部分。右岸岸坡陡峭，为改善面板的工作条件，削成 1∶0.3 的平顺连坡。在趾板上下游一定范围内出露的断层、破碎带和岩脉等均做混凝土塞处理，下游用反滤料保护，并在趾板部位加强灌浆。

坝体从上游到下游分为钢筋混凝土面板、垫层区、过渡区、主堆石区、次堆石区，在周边缝下设填筑小区，在面板上游侧下部设黏土铺盖及保护区，另外在陡峭的右岸坝轴线上游设岸坝过渡料区。

面板顶部厚度 0.3m，底部最大厚度 0.502m，总面积 7.54 万 m^2。面板中部设 1 层双向钢筋，斜坡方向配筋率约 0.5%，水平方向配筋率约 0.4%，接缝周边设置抗挤压的加强筋。处于水位变化区的混凝土易冻融破坏，在其范围内增设表层温度筋。混凝土设计标号 $R_{90}300$、W8、F_{300}，为提高混凝土抗冻性，掺入引气型减水剂 SK。面板垂直缝间距一般为 14m，在岸坡陡峭的右坝头和左岸地形突变处，垂直缝间距 7m。面板与趾板间周边缝设 3 道止水，底部“F”型止水铜片，中部桥型橡胶止水带，顶部填塑性嵌缝填料 SR_3。另外，在周边缝上设粉砂覆盖小区，在接缝张开时起堵塞作用。面板垂直缝设 2 道止水，底部“W”型止水铜片和顶部嵌缝填料 SR_3。坝体上游设补强区，170m 高程以下紧贴面板和止板设黏土铺盖，顶宽 3m，上游坡 1∶1.75，石渣护面。趾板的水平方向采用垂直“X”控制线布置，宽度 4～6m，厚度 0.50～0.6m，长度 14m。

垫层区水平宽度 3m，为防止冻胀和融沉的影响，垫层料的选择以排水为主，$d_{max}=80\sim100mm$，$d<5mm$的含量为 20%～40%，$d<0.1mm$ 含量小于 5%，$C_u>30$，设计干容重 $21.5kN/m^3$。垫层料由 85%的洞渣料、机轧碎石和 15%的河沙均匀掺和而成。层厚 0.4m，13.5t 振动碾碾压 8 遍，洒水量 10%～20%。小区料由垫层料筛除 40mm 以上的颗粒后获得，铺层厚 15cm。过渡层区水平宽度 3m，最大粒径 $d_{max}=300mm$，$d<5mm$ 的含量为 10%～30%，$d<0.1mm$ 的含量小于 2%，$C_u>15$，设计干容重 $21.0kN/m^3$。施工方法同垫层区。主堆石区 $d_{max}=500\sim600mm$，$d<5mm$ 的含量为 10%～20%，$d<0.1mm$ 的含量小于 2%，$C_u>15$，设计干容重 $20.5kN/m^3$，常温下铺层厚度 0.8m，碾压 6 遍，洒水量 10%～20%，负温下铺层厚度 0.6m，碾压 8 遍，不加水。下游次堆石区 $d_{max}=800\sim1000mm$，设计干容重 $20.0kN/m^3$，常温下铺层厚 1.2m，碾压 6 遍，加水量 20%，负温下铺层厚度 1.0m，碾压 8 遍，不加水。

坝体稳定计算采用瑞典法及毕肖普法，在计算中考虑了 7 度地震的影响，计算了以下几种情况：①正常情况；②校核情况；③施工情况；④正常情况加地震；⑤校核情况加地震。坝坡稳定控制条件为正常情况加地震。

大坝宽高比为 12.563，按平面应变条件计算坝体应力应变，采用邓肯 F-μ 模型。坝体蓄水期水平最大变位均发生在坝表面，上游位于 1/3 坝高处，下游位于 1/2 坝高处，变形量分别为 193.3mm、336.8mm。最大垂直位移发生在坝轴线 2/3 坝高处，最大值为 475.7mm。蓄水期坝体大小主应力发生在坝轴线建基高程，大主应力为 1266.044kPa，小主应力为 730.707kPa。面板最大水平位移发生在坝顶，位移值 47mm。垂直位移发生在 3/5 坝高处，位移值 65.9mm。面板主应力均为压应力，小主应力除个别部位有拉应力外，均为压应力，拉应力不超过混凝土的抗拉强度。

莲花水电站工程最后 1 台机组已于 1998 年 9 月 22 日投产发电，1999 年 8 月 4 台机组经国家电力公司验收，全部达标，并于 1999 年 11 月 2 日通过竣工验收。

（东北勘测设计研究院　金正浩　苏加林）

小山钢筋混凝土面板堆石坝

小山水电站位于吉林省抚松县第二松花江上游支流松江河上，距松江河镇约 16km，开发任务以发电为主，兼顾防洪及综合利用。枢纽由大坝、岸坡溢洪道、引水隧洞及发电厂房组成，属大（2）型Ⅱ等工程，大坝为 2 级建筑物，按百年一遇洪水设计，二千年一遇洪水校核。

坝区河谷狭窄，谷底宽 40～45m，两岸岸坡为 35°～45°，坝址基岩为安山岩和玄武岩，二者呈不整合接触。河床基岩为安山岩，表层砂砾石覆盖层厚小于 1.5m，左岸 665m 高程以上为第 5～8 层玄武岩，右岸 640～645m 高程以上为第 4～8 层玄武岩，覆盖层厚 1～6m。两岸不整合面在趾板线上出露高程分别为左岸 669m、右岸 640m，左岸接触面有 0.5～1m 左右的强风化安山岩或碎石壤土，右岸接触面有约 0.7～0.9m 厚的强风化安山岩或碎石壤土。玄武岩每层均具顶部、内部、底部相特征，部分层间有不连续的黏土、碎石黏土夹层，岩石完整性稍差，层间和顶部、内部相渗透性相差较大。安山岩较完整、坚硬，两岸岸坡局部有 1～3m 的强风化带岩石，以下为弱风化安山岩。安山岩弱风化带岩体 ω 值在 10～1Lu 之间，玄武岩 ω 值在 100～1Lu 之间。

小山面板堆石坝，坝高 86.3m，坝顶长 302m，宽 7m，上游坝坡为 1∶1.4，下游坝坡在 664.3m 高程以上为 1∶1.3，以下均为 1∶1.4。下游共设置 3 条宽 3m 的马道，下游坝脚处与围堰相连，坝顶上游采用 3.06m 高的防浪墙，下游侧设倒“L”形钢筋混凝土墙。坝体从上游到下游分为垫层区、过渡层区、主堆石区、次堆石区和下游干砌石护坡，沿周边缝处设小料区，坝轴线上游主堆石体与岸坡相接触处的基岩面上，铺填 0.5m 厚的过渡层料，在面板上游侧 620m 高程以下设亚黏土作为辅助防渗体，用抛填石渣保护。

筑坝堆石料为安山岩和玄武岩，主要为溢洪道、施工导流洞、引水隧洞的开挖料和料场开采的石料。垫层料水平宽 3m，为人工破碎的新鲜安山岩，寒冷地区为防止与面板相邻料区积水冻胀，以排水为主，最大粒径 100mm，$d<0.5$mm 的颗粒含量不大于 25%～35%，渗透系数不大于 1×10^{-3}cm/s，不均匀系数 $C_u>25$，干容重 21.5kN/m^3，孔隙率 21%。过渡料水平宽 3m，采用新鲜安山岩，最大粒径 300mm，不均匀系数 $C_u>20$，干容重 21.0kN/m^3，孔隙率 22%。主堆石饱和抗压强度不小于 50MPa，最大粒径 600mm，干容重 20.5kN/m^3，孔隙率 24%。次堆石饱和抗压强度不小于 40MPa，最大粒径 1000mm，干容重 20.0kN/m^3，孔隙率 26%。小区料为人工破碎的新鲜安山岩，最大粒径 40mm，不均匀系数 $C_u>15$，干容重 22.0kN/m^3，孔隙率 19%。坝体总填筑量 122.5 万 m^3，其中主堆石和次堆石 113.0 万 m^3，垫层 4.3 万 m^3，过渡层 4.95 万 m^3，小区 0.165 万 m^3，抛填石渣 1.44 万 m^3，亚黏土 0.682 万 m^3。

小山面板坝面板顶高程为 683.44m，顶部厚度 0.3m，底部最大厚度 0.55m，最大斜长 143.88m，中间按 $T=0.3+0.003068H$ 过渡。中板宽 12.0m，边板宽 6.0m，共 33 块板，总面积 2.421 万 m^2，混凝土总量为 9524m^3，含筋率为 101kg/m^3，面板纵横向配筋率分别为 0.45% 和 0.37%，周边缝和板间缝均设护角钢筋。面板混凝土采用 525 号硅酸盐大坝水泥，骨料为机械破碎料，二级配，河砂细度模数为 2.4～2.8，外加剂为 ZK 型引气减水剂，水灰比 0.39。分两期施工，分期高程 652m，混凝土标号一期为 R_{28}250、F 200、W8，二期为 R_{28}300、F 300、W8。

趾板采用沿趾板等高线与趾板轴线垂直的布置型式，趾板线全长 438.73m，每 12.0m 设 1 条伸缩缝，共 37 块。趾板与基岩用间排距 1.3m×1.5m、直径 ϕ25mm 的锚筋相连结，趾板宽度按高程分别取 3～6.5m，厚度为 0.5～0.6m，混凝土标号在高程 658m 以下为 R_{28}250、F 200、W8，以上为 R_{28}300、F 300、W8，趾板上部布置单层双向直径为 20mm 和 22mm 的构造筋，趾板混凝土总量为 1440m^3，含筋率为 70.6 kg/m^3。

面板坝结构缝主要包括面板与趾板间周边缝、面板板块间垂直缝、面板与溢洪道边墙及坝顶防浪墙的连接缝、防浪墙间及趾板间伸缩缝。周边缝、趾板伸缩缝、面板与溢洪道边墙的连接缝均设 3 道止水，底部设铜片止水，中间为橡胶止水带，顶部用柔性嵌缝填料；面板垂直缝、面板与坝顶防浪墙缝、防浪墙间缝均设2道止水，底部止水铜片，顶部为柔性嵌缝填料。

趾板建基于安山岩弱风化上限以下1～2m，左右岸趾板斜穿玄武岩的部位，需对玄武岩层间夹层和不整合面进行处理，当趾板基础与邻近坝体基础不在同一高程时，开挖1个过渡区，坝体较高过渡区不陡于1∶3，坝基较低过渡区不陡于1∶1。趾板上游岩石边坡破碎带采用局部挂网喷混凝土。

对通过趾板的断层、岩脉及不整合面采用开挖回填混凝土塞进行处理，塞后沿出露面设反滤料保护。

趾板基础全部进行固结灌浆和帷幕灌浆孔，在5～6.5m宽趾板处设3排固结灌浆，3m宽趾板处设2排固结灌浆，固结灌浆的深度在有副帷幕处均为4m，其余为6m，在玄武岩与安山岩不整合面处、断层、岩脉、玄武岩层间处，固结灌浆加深至8m。

沿趾板线0+57.5m～0+233.5m桩号范围内设主副双排帷幕，其余为单排，帷幕深按基岩单位吸水率小于3Lu及相应坝高确定，主帷幕基本深度40m，不整合面、断层、岩脉等地质条件较差地段局部加深。两岸坝头根据绕渗情况分别延伸80～100m，基本孔距安山岩段2m，玄武岩段1.8m，采用525号普通硅酸盐纯水泥浆。安山岩选用自下而上分段灌浆，玄武岩选用自上而下和自下而上联合灌浆，断层、破碎带及垂直节裂隙发育部位选用自上而下分段灌浆。帷幕灌浆总量为1.71万m^3。

（东北勘测设计研究院水工处　王常义）

丰满大坝加固预应力锚索的设计

（一）概述

丰满水电站是第二松花江上修建的第一座枢纽工程，大坝为混凝土重力坝，最大坝高90.5m，坝顶高程266.5m，坝顶长1080m，共分60个坝段。该坝始建于1937年，1942年水库蓄水，由于大坝施工经历了特殊的历史时期，施工质量低劣。运行中，曾多次进行过加固处理，但大坝安全状况未得到根本改善。1987年以后，经分析论证，采用外包沥青混凝土（上游面）钢筋混凝土（下游面）加预应力锚索方案对大坝进行了一次全面加固。由于该方案的实施在防止坝面混凝土冻融老化、提高大坝抗震能力、改善其大坝运行状况等方面，均取得了显著成效。

（二）丰满大坝加固预应力锚索布置

1．坝基　通过计算，34～36号3个断层坝段坝基面抗滑稳定不够，各坝段分别需加预应力670kN/m、730kN/m、1120kN/m，坝基预应力还有利于改善坝踵应力。锚索布置在坝体廊道内，锚索短，施工不受季节影响，但空间小，施工不便。以前在这3个坝段廊道里曾打过7根1800kN级的预应力锚索，在不影响原锚索的情况下，34～36号坝段坝基分别布置了6根、3根和6根锚索，间距2.0～3.5m，最长锚索达75m。锚索设计荷载分别为2170kN、3260kN和3260kN。

2．坝体　坝体预应力锚索全部布置在坝顶，有垂直的和向下游倾斜的。向下游倾斜的预应力锚索设计起两个作用：①坝下游折坡处是地震时的薄弱部位，这样布置可以提高抗震能力；②通过向下游倾斜的锚索，把AB坝块紧紧地锚固在一起，增加整体刚度。挡水坝段、溢流坝段、取水坝段需加预应力荷载分别为555kN/m、950kN/m、255kN/m。锚索具体布置情况见表。

通常采用预应力锚索加固大坝，一般均锚固到坝基，但丰满坝体预锚布置时，如果把预应力锚索从坝顶穿过坝体锚固到岩基里，预应力锚索将长达100多米，不仅施工很困难，而且难以达到设计要求。丰满坝体需加固的部位是上部，坝体下部混凝土质量比较好，将下锚头布置在下部坝体内是合适的，通过对下锚头区应力分析表明，不会对坝体产生破坏作用，故把锚索下锚头布置在下部坝体内。

坝体预应力锚索布置

坝段	单根设计荷载(kN)	单根长度(m)	根数	倾角(°)
溢流坝(9～19号)	2040	45	22	0
	3060	33	55	0
	2620	47	22	15
取水坝(21～31号)	870	39	40	22
	1160	47	40	0
	2040	43	0	22
	2330	44	2	0
挡水坝(7～8号)20号(32～49号)	2330	45	80	0
	870	41	19	25
	2040	45	56	25
	2040	45	3	0
	1160	41	20	0

3．下锚头区应力分析　计算采用平面有限元方法，假定锚根长4m，锚根与孔壁剪应力呈倒三角形。上锚头按集中力加在坝顶，计算工况为：大坝自重+正常蓄水位（263.5mm高程）+预应力（500kN/m，1000kN/m，1500kN/m，2000kN/m）。计算结果表明：①加2000kN预应力锚索后，在下锚头区没有产生拉应力，最小压应力为0.341MPa，最大压应力为1.327MPa，不会对下锚头区坝体产生破坏作用。②AB缝压应力约为0.45MPa，预应力锚索对AB缝没

有不良影响。③在上游面增加了不小于0.06MPa的压应力，对限制上游面水平裂缝、提高坝体抗震能力非常有利。

（三）预应力体系选择

预应力体系选择主要是选择锚索索体及上下锚头。丰满大坝加固工程，工程量大，项目多，施工面狭窄，干扰大。这就要求预锚工程应施工简单、速度快、不影响坝上交通。经分析群锚体系比较适合，最终选用体系是：GYM式上锚头，钢绞线索体，胶结式下锚头。

（四）张拉控制应力

张拉控制应力δ_k取决于材料性能、结构型式、抗蚀要求、施工水平、张拉方法等。它除直接关系到锚索设计荷载、永存荷载数值以外，还影响到预应力损失量值及锚束抗腐蚀能力的强弱，是预锚设计中一个十分关键的问题。

设计时我国有关水工大体积混凝土结构的预应力张拉荷载及控制标准尚无规范可循。对国内外水电工程实践资料统计分析发现，80年代以前，张拉控制应力δ_k大多为（0.6～0.65）R_Y^b。水工大体积预应力混凝土结构中单束荷载运用条件高又较复杂，取比一般杆件系统结构的δ_k值低一些是合适的。但近年来在工业民用建筑、铁路、公路等系统，尤其在国外的预应力混凝土设计中，普遍有提高控制应力取值的趋势。其原因是采用屈服强度高（$0.85R_Y^b$）、质量稳定的硬钢类预应力钢筋（钢绞线、钢丝、Ⅴ级钢筋），不论是先张法或后张法，其张拉控制应力一般可提高到$0.7R_Y^b$。另外由于施工工艺水平提高，张拉过程中的高压力在锚固后降低很快，只要在施工中严格控制升荷速度，控制应力取值，即使高一些也是能保证施工和使用安全的。有鉴于此，丰满锚索设计中控制应力δ_k取为$0.7R_Y^b$。

（五）锚根设计

目前工程中采用的水泥浆胶结式锚根的绑扎型式有波状形和直线形两种，钢绞线螺旋状构造外表，使其在水泥浆中有较强的锚固能力。我们采用直线形锚根，此种形式的锚根结构已在2000kN、3000kN和6000kN级试验锚索中得到应用。实践证明，此种形式的锚根安全、可靠、简单、经济。

胶结式锚根可能发生下列两种情况的破坏：①束体与锚固浆体黏结面发生破坏；②锚根沿孔壁发生剪切破坏。锚根应力分布规律是水泥浆体、围岩和索体互相作用、互相约束的综合反映。目前还找不出一种方法能够准确计算锚根长度，工程上采用的胶结式锚根设计方法都假设锚根轴向剪应力呈倒三角形分布，根据静力平衡条件，由单孔设计吨位和抗拔试验确定的平均剪应力来确定锚根长度。丰满工程根据锚索的不同吨位，确定锚根是4.5～9.5m。

通过实验、运行、检测，锚索预应力损失控制在5%～10%，在设计要求的15%范围内，加固措施可行，效果明显，现已通过验收。

（东北勘测设计研究院水工处　苏加林）

抽水蓄能电站设计

宝泉抽水蓄能电站设计

（一）工程概况

宝泉抽水蓄能电站位于河南省辉县市境内的峪河上，与郑州市的直线距离80km，对外交通方便。电站装机4×300MW，总装机容量1200MW，年发电量20.10亿kW·h，年抽水耗电量26.42亿kW·h，综合效率0.76。电站建成以后，以500kV两回出线接入河南省电网，在电网中主要担任调峰、填谷，同时还兼有旋转备用、调频、调相等功能。

电站由上水库、输水发电系统和下水库等建筑物组成。上水库位于峪河左岸支流东沟上，流域面积6km^2，挡水建筑物为沥青混凝土面板堆石坝，坝高93.9m，坝顶高程793.9m，正常蓄水位788.6m，死水位758m，总库容827万m^3。下水库利用峪河上已建成的宝泉水库，将原有大坝加高、加固。坝型为浆砌石重力坝，坝高107m，坝顶高程268.0m，正常蓄水位260m，死水位220m，总库容6750万m^3。输水发电系统采用2洞4机引水方式，主洞直径6.5m，输水道总长2238.74m（1号洞），距高比3.73。除开关站以外，主厂房等建筑物均布置在地下，见下页图。

已建宝泉水库工程等级为三等，大坝按3级建筑物设计。当宝泉水库改建为抽水蓄能电站下水库以后，其工程等别提高为一等，工程规模为大（Ⅰ）型，大坝按1级建筑物设计。

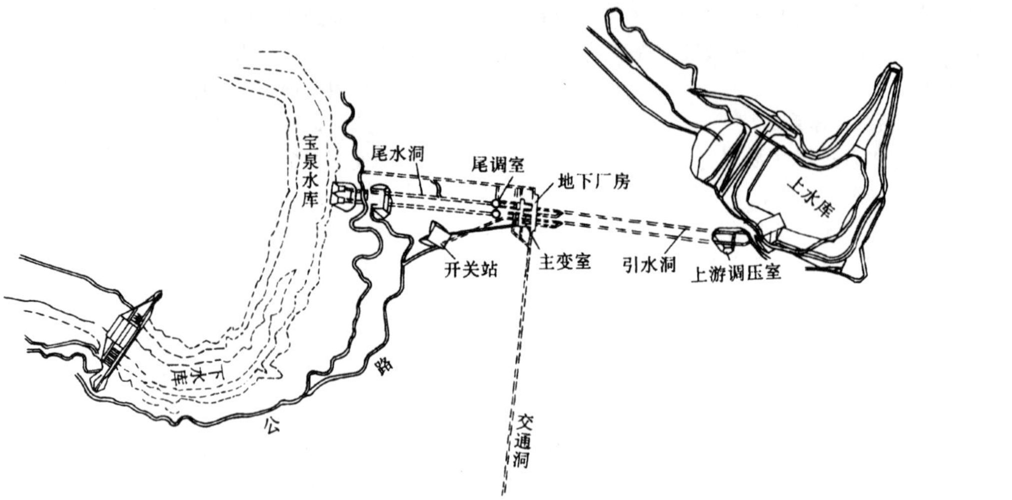

宝泉抽水蓄能电站平面布置图

（二）宝泉上水库防渗设计

上水库所在地成库条件较好，但库盆岩层为寒武系灰岩地层，有一定透水性，估算总渗漏量约3万～5万m^3/d，需采取全面防渗措施。由于库盆天然形状比较复杂，且库底、库岸均有一定厚度的覆盖层分布，故在设计过程中，将底库、库岸分开进行研究，以尽量达到节省工程量，降低投资之目的。

库底的防渗比选了5种型式：①覆盖层全部开挖，铺设沥青混凝土面板；②覆盖层全部开挖，回填石渣，铺设钢筋混凝土面板；③覆盖层局部开挖，回填石渣，铺设沥青混凝土面板；④覆盖层局部开挖，回填石渣，铺设钢筋混凝土面板；⑤覆盖层局部开挖，回填石渣，铺设黏土铺盖。经比较认为，形式⑤覆盖层开挖量不大，黏土铺盖厚度为5m，适应变形、稳妥可靠，故库底选用此种防渗方式。

库岸防渗比选了4种方案：①喷混凝土护坡；②沿库周做封闭帷幕灌浆；③钢筋混凝土面板；④沥青混凝土面板。方案①存在混凝土与软岩的结合问题、排水问题以及喷混凝土本身的裂缝和耐久性问题，故不予推荐。方案②灌浆工程量达42.69万m，估算渗水量达2.8万m^3/d，故被否定。因此主要对方案③、④进行比较，从适应变形性能和施工、工程运行维修条件及投资上看，认为沥青混凝土方案虽然投资稍高，但其具有钢筋混凝土面板难以比拟的优点，因此，库岸防渗采用沥青混凝土面板方案。

（三）宝泉下水库大坝加高设计

原宝泉水库为浆砌石重力坝，坝高91.0m，坝顶高程252.1m，中间设溢流堰，堰宽109m，堰顶高程244.0m，兴利库容3060万m^3，总库容4458万m^3。水库开发目标以灌溉为主。原宝泉水库坝基是按远景规划超过百米大坝修建的，大坝分三期修建至252.1m高程。大坝运行多年，质量尚可，将大坝加高是可行的，大坝加高仍然按原坝型（浆砌石重力坝）、在原设计预留加高范围内加高到新设计高程。当原宝泉水库大坝加高形成宝泉抽水蓄能电站的下水库以后，其坝高为107.0m，坝顶高程268.0m，坝顶长度533.5m，灌溉库容3575万m^3，发电库容620万m^3，总库容6750万m^3。水库开发目标以发电为主，兼顾灌溉、防洪。

大坝加高设计应遵循如下原则：①确保大坝安全；②保证电站正常运行；③充分利用水资源；④经济合理。根据上述设计原则，先后对256.5、257.5和260.0m共3种正常蓄水位，从工程可靠性、工程投资以及管理运行条件诸方面进行分析比较，最终选择了正常蓄水位260.0m，溢流堰全宽度在109m范围内，堰顶高程由244.0m加高到257.5m，并在溢流堰上增设2.5m高的橡胶坝方案。

（四）输水隧洞衬砌设计

宝泉电站采用中部开发方式，2洞4机引水方案，主洞直径6.5m，单洞长度2238.74m（1号洞），自上而下包括上水库进/出水口、上平段、上游调压井、上斜段、中平段、下斜段、下平段、地下厂房、下游调压室、尾水洞和下水库进/出水口。隧洞自上而下穿越寒武系泥灰岩（$\in_{1m}$），汝阳群石英砂岩（Pt_{xy}^2）和登封群片麻岩（Ar）地层，大部分岩层为Ⅰ～Ⅲ类围岩。隧洞（下平段）最高水头788.5m，最大*PD*值5000m^2。洞线布置沿线围岩覆盖厚度满足挪威准则和地应力最小主应力要求，可以采用混凝土衬砌，不致发生水力劈裂。因此，针对输水道穿越岩层不同、线路长和沿线承受内水压力差别大的特点，对于不同洞段选择不同的结构设计型式。位于泥灰岩地层的上平段和部分上斜段承受最大静水头133.3m，采用高压灌浆预应力混凝土衬砌，衬砌厚0.6m，按构造配筋（ϕ20@200），最大孔口灌浆压力3.2MPa。穿越石英砂岩的部分上斜段和穿越片麻岩的中平段、下斜段以及下平段，承受最大静水头459.5m，采用钢筋混凝土衬砌，衬砌厚0.6m，按构造配筋（ϕ28@200），围岩做高压固结灌浆，孔口灌浆压力2.4～4.2MPa。岔管位于Ⅰ类围岩的片麻岩中，承受最大静水头771.9m，采用钢筋混凝土衬砌，衬砌厚0.6m，配筋ϕ36@200，围岩做高压固结灌浆，孔口灌浆力6.3MPa。尾水洞处于片麻岩中，承受最大静水头93.7m，采用钢筋混凝土衬砌，厚度0.6m，按构造配筋（ϕ28@200），围岩做常规灌浆。地下厂房前90m范围内采用钢板衬砌，混凝土厚度0.5m，钢钣厚度48～52mm，围岩进行常规灌浆。

（黄河水利委员会勘测规划设计研究院　陈汉文）

桃花寺抽水蓄能电站设计

桃花寺抽水蓄能电站位于天津市北部蓟县城东马坊村，站址与县城均处在国道邦（均镇）～喜（峰口）公路上，相距约10km。蓟县距北京、天津和唐山三市的距离约100km左右，是京津唐地区地域和负荷的中心。

天津电网1998年0.6万kW以上机组的装机容量为452万kW，发电量181亿kW·h，是以火电为主的电网，仅有一座装机0.5万kW的小水电站，水电比重为0.11%。火电厂中燃油机组比重较大，装机101.5万kW，占22.5%，因油料供应不足，目前处于停机状态。由于电源结构不合理，长期缺乏调峰容量，致使电网出现较大的峰谷差，不得不以拉闸限电的办法，维持电网的运行。随着天津市的经济增长及用电结构的变化，用电负荷和峰谷差越来越大，电网的调峰问题将更加严重。据负荷预测，2005年和2010年最大负荷将为425万kW和560万kW，峰谷差将达到160万kW和210万kW。因此，天津电网迫切需要建设桃花寺抽水蓄能电站，承担调峰、填谷，调频和短期事故备用等任务。

桃花寺站址位于燕山南缘低山丘陵区，下水库利用已建的于桥水库，在其北岸山中约1.0km处新建上水库，利用上、下水库落差约145m，距离高差比（L/H）7.0。输水系统除上、下进出水口和尾水明渠外，包括厂房和开关站在内均为地下建筑物。电站装机容量50万kW，安装4台单机12.5万kW的水泵/水轮机组，年发电量8.67亿kW·h，年抽水电量11.56亿kW·h，年发电利用小时1734h，抽水利用小时2312h，合计4046h。

站址区处在燕山山麓和华北平原过渡带相对稳定的地块上，地震烈度为7度。主要出露地层为震旦系雾迷山组3～5段白云岩。上水库地层以3～4段白云岩为主，岩石坚硬、裂隙发育、透水性强。地下主要洞室在厚层3段白云岩中，围岩成洞条件好。尾水洞因受断层的影响，岩石较为破碎，成洞条件稍差。

上水库集水面积0.72km^2，多年平均径流量17.3万m^3，正常蓄水位178m，死水位153m，总库容930万m^3，其中发电库容685万m^3，死库容127万m^3。挡水建筑物为主坝和1号、2号副坝，均为钢筋混凝土面板堆石坝。主坝最大坝高77m，坝顶长度394.5m，坝顶高程181m。1号、2号副坝最大坝高35m、28m，坝顶长度328m、179m。库岸和库底均采用钢筋混凝土护面防渗。水库淹没耕（林）地30余亩，无人口搬迁问题。

下水库（于桥水库）是一座防洪、供水、灌溉为主、结合发电的年调节水库，控制流域面积2060km^2，多年平均径流量5.06亿m^3，年平均输沙量12.1万m^3，正常蓄水位19.81m，汛限水位18.52m，死水位13.65m，水库水位变幅较小，总库容15.59亿m^3，其中防洪库容12.62亿m^3，兴利库容3.85亿m^3，死库容0.36亿m^3。该水库作为桃花寺下水库后不增加淹没损失。输水系统与厂房布置采用一洞两机的型式。其中，上水库进出水口设在右岸，岸坡式，孔口为方形，底高140m，边长为7.2m。压力管道采用钢衬砌，全长249.4m。主管分为水平、立管和弯管，内径7.2m，长226.4m，分支管内径5.0，长23m。尾水洞为钢筋混凝土衬砌，全长472.6m。主洞内径7.2m，长387.6m，支洞内径5.0m，长85m。两台机共用1个尾水调压井，圆形阻抗式，尺寸ϕ10m×45m。下水库进出水口同上水库，底板高程1.65m，以1:7反坡与尾水渠相连。尾水渠为浆砌石明渠，全长604.8m，梯形断面，渠底高8m，底宽40m，边坡1:2.0，堤顶高21.0m。主厂房采用压力管斜向进厂方式，机组靠上游侧布置，尺寸为115m×18.2m×40m（长×宽×高），机组安装高程－21.0m。安装间布置在临交通洞一端，长23m，副厂房在主机间一端，长20m。主变压器开关洞室纵轴与主厂房平行，尺寸为80m×15m×20m，地面高程－5.5m。水轮机型号HLNNP-LJ-425，发电工况水头范围126.8～159.9m，额定水头147m。抽水工况扬程范围135.6～166.7m，额定扬程155.8m。额定出力、入力为127.55万kW、13.33万kW。额定转速272.3r/min，吸出高度－35m。发电机型号SFD125-22/6 600。起动方式以变频器起动为主，背靠背同步起动为辅。接入天津电网专设输电线路电压等级 220kV，直线距离约 110km。接入京津唐电网 500kV 环网，专设输电距离约 12km，电压等级 500kV。

桃花寺站址由水利部天津勘测设计研究院选点并完成了《桃花寺抽水蓄能电站（一期）预可行性研究报告》，1996 年由原电力部水规总院组织专家审查，通过了预可研报告，后经原电力部批复，同意审查意见。本工程将由天津市电力公司等单位集资兴建，总工期 4 年 5 个月，计划“十五”始建，“十一五”完建。

（水利部天津水利水电勘测设计研究院　唐文华）

白山抽水蓄能泵站设计

白山抽水蓄能泵站位于吉林省东部山区桦甸市与靖宇县交界的第二松花江上游，该泵站已建的红石电站水库作下库，白山电站水库作上库。利用东北电网低谷时的多余火电电力抽水，由白山电站已装的常规机组早晚峰时多发电构成纯抽水蓄能式泵站，并具有发电功能。

白山水电站是一座以发电为主兼有防洪等综合效益的大型水电站，拦河坝为 149.5m 高的三圆心混凝土重力拱坝，总装机容量 1500MW，单机容量为 300MW，共 5 台机组，分两期施工。第一期工程为右岸全地下式布置，装机 3 台，共 900MW；第二期工程为左岸引水坝后式地面厂房，装机 2 台共 600MW。电站主要任务是作为东北电网的骨干电源，担负电网的调峰、调频、事故备用。

该泵站为白山水电站的技术改造项目，规模较大，安装 2 台单机容量为 150MW 的大型水泵，总装机容量为 300MW，属于大（二）型工程，目前国内尚无先例。

白山抽水蓄能泵站设计，除了受地质地形条件的限制外，还受工程原有建筑物的制约，同时要考虑爆破施工对已有建筑物的影响，以及高坝峡谷地区泄洪、雾化、冲刷、淤积等问题，并应确保大坝安全和已建电站的正常运行。这些因素给布置和方案选择造成极大的困难，更增加了设计的复杂性。共拟订了 5 个方案，充分考虑上述诸因素和技术经济比较后选定了推荐方案。由于该泵站的吸出高度 H_s 为 -25m，安装高程较低，因此采用地下式布置，布置于大坝右岸山体内，主要由进水口、引水洞、地下厂房、主变压器室及附属洞室群、尾水洞和出水口等建筑物组成。

进水口位于左岸坝下 260～280m 范围内，单机单洞引水，2 个进水口，每个进口均设 2 孔 4.3m×10.9m 的活动拦污栅，底板高程为 275.60m，栅后设有闸门井，井内设有单孔 4.2m×6.2m 平板检修闸门。闸门井检修平台高程为 303.50m，并设有闸门检修室，318.00m 高程以上为启闭机室，内装一台 QPG-1×800kN 固定卷扬式启闭机。由于白山的泄洪方式为高、中底孔泄流，采用分散、多层、撞击的挑流消能方式，进水口部位泄洪、雾化、冲刷、淤积影响较大，经水工模型试验确定其位置和型式。

引水洞采用钢筋混凝土衬砌，圆型断面，内径为 6.2m，单洞长度为 158.20m。过厂房后为每台机设内径 4.9m 的压力支管，采用钢板钢筋混凝土联合衬砌，支管长度为 111.80m，经 Y 型对称钢筋混凝土岔管，合并为内径为 8.0m 的圆形断面钢筋混凝土衬砌，尾水主洞长 294.51m，与出水口相接。

出水口布置于左坝肩上游 120m 处的库边，出水口高程的确定是影响工程造价、工期、施工难易程度和方案能否成立的关键。因为白山水库为多年调节的大型水库，死水位为 380.00m，正常高为 413.00m，设计洪水位 418.30m，校核洪水位 420.00m，保坝洪水 423.45m，坝顶高程为 425.00m，出水口高程选择过低，深水围堰施工困难很大，直接影响工期和造价。出水口高程太高，施工条件得到改善，但影响其运行及泵的参数选择。经水工模型试验和最后选择为 390.00m 高程。

地下厂房位于大坝左岸坝后 100 余米的山体内，由于河谷和构造的切割，地应力多已释放，量级很小，其最大水平主应力值仅为 9.58MPa，地应力对地下厂房轴线选择影响不大，主要由构造和布置控制，轴线为 NW315°，主厂房开挖尺寸为 77m×21.7m×49.5m，副厂房开挖尺寸为 18m×21.7m×30m。主变压器室位于厂房下游 30m 处平行厂轴布置，其开挖尺寸为 65.1m×20m×15m。

为减少厂房开挖跨度，节约投资采用岩台式吊车梁，主厂房及主变室均采用喷锚支护结构。进厂交通洞由二期厂房安装间进厂，其开挖尺寸为 666.8m×8m×8.6m；并设有通风洞、电缆洞、排水廊道等其它附属洞室，除个别不良地质段采用混凝土衬砌外，大部分采用喷锚支护。

水泵的额定出力为 150MW，最大动扬程为 129.28m，最小动扬程 101.23m，最优效率点动扬程为 120.07m，转轮直径 5.55m，吸出高度 -25m，额定转速 187.5r/min；属于中等水头、中等容量，设计难度较大，目前国内尚无制造能力，需要进口，蝶阀直径 4.1m，电动发电机等尚须引进技术合资生产。

泵站的启动方式，采用高压背靠背同步启动，经试验验证是可行的。

白山抽水蓄能电站，平均每年抽水耗电量为

6.45亿 kW·h，而白山水电站每年增发电量为5.18亿 kW·h，综合效益为0.8。

白山抽水蓄能泵站利用已建的白山电站和红石电站水库，没有淹没赔偿和移民安置问题，无需另建输电线路，既解决了吸收电网低谷时的剩余电力，又改善了白山水电站的调峰运行条件，因此是缓解东北电网调峰矛盾、投资少、见效快的水电技改工程项目。

（东北勘测设计研究院　刘文灏）

宜兴抽水蓄能电站设计

宜兴抽水蓄能电站位于江苏省用电负荷中心的苏南地区，是一座日调节纯抽水蓄能电站。电站距宜兴市约10km，距104国道仅1.5km，距建设中的新长（江苏省新沂至浙江省长兴）铁路仅2.0km，地理位置适中，对外交通十分方便。工程所在区域为丘陵山区，电站上、下水库自然落差约370m，最大发电水头超过400m，地形条件比较优越。电站装机4台，总装机容量1000MW，平均年发电量14.9亿 kW·h，年抽水耗电量19.6亿 kW·h。电站以二回500kV输电线路接入相距仅26km的500kV宜溧变电站，通过该站直接进入华东及江苏500kV主网架，供电江苏省电网，在电网中主要担负调峰、填谷同时还兼有旋转备用、调频、调相等功能。

电站枢纽由上水库、下水库、输水系统、地下厂房和地面开关站等建筑物组成。

上水库位于铜官山主峰北侧的沟源坳地，由主坝、副坝和库周山岭围成。上水库基岩以坚硬岩石为主，出露地层主要为泥盆系五通组石英岩状砂岩夹泥质粉砂岩和茅山组岩屑石英砂岩夹泥质粉砂岩，局部见燕山晚期花岗斑岩岩脉发育，地层产状平缓。上库总库容530.70万 m^3，其中有效库容507.30万 m^3。正常蓄水位471.50m，正常发电消落水位435.00m，死水位428.60m。主坝采用沥青混凝土面板堆石坝，坝顶高程474.20m，最大坝高75m，坝顶长516.36m。上游坝坡为1:1.7，下游面平均坝坡1:1.66。副坝采用混凝土重力坝，最大坝高34.90m，坝顶长220.00m。由于上水库库岸分水岭单薄，地下水位普遍较低，且有断层、岩脉切割影响，存在水库渗漏问题，故上水库全库盆采用沥青混凝土面板防渗。

电站下水库位于铜官山东北侧山麓的冲沟洼地内，利用原会坞水库加高新建挡水坝形成。下水库出露地层主要为泥盆系碎屑岩，并伴有燕山晚期花岗斑岩岩脉侵入。下库总库容572.80万 m^3，其中有效库容522.30万 m^3。正常蓄水位78.90m，正常发电消落水位58.00m，死水位57.00m。挡水坝采用黏土心墙堆石坝，坝顶高程83.40m，最大坝高50.40m，坝顶长483.14m。下水库库岸山体大多较雄厚，多数库岸不致产生水库渗漏问题，仅对两岸坝肩单薄山脊进行帷幕防渗处理。

电站输水系统和地下厂房深埋于上、下水库之间的山体内，沿线出露的地层主要泥盆系碎屑岩，多处见燕山晚期花岗斑岩岩脉侵入，围岩类别以Ⅳ类、Ⅲ类为主。输水系统由上进出水口、上游事故检修闸门井（兼调压井）、引水隧洞、尾水隧洞、尾水调压室、下进出水口等建筑物组成。输水道为一洞二机，2条输水隧洞平行布置，平面上呈反“S”形。引水道立面布置采用竖井方案，主洞与支洞采用Y形分岔管连接，4条引水支洞在平面上与厂房机组纵轴线成60°夹角（逆时针方向）进入厂房，主洞内径6.00～4.80m，支洞内径3.40m。尾水道需设置调压室，主洞与支洞采用卜形合岔管连接，4条尾水支洞轴线垂直于厂房机组纵轴线，主洞内径7.20m，支洞内径5.00m。输水道总长度2880.16～2891.97m，其中引水道长1143.67～1254.45m，尾水道长1636.89～1737.12m。引水隧洞全长采用钢衬，尾水隧洞除尾水事故闸门槽上游侧采用钢衬外，其余采用钢筋混凝土衬砌。

电站地下厂房洞室群的主要洞室有主副厂房洞、主变压器（简称主变）洞、母线洞、尾水事故闸门廊道、电缆竖井、进厂交通洞等。主副厂房洞、主变洞和尾水事故闸门廊道三大洞室平行布置。主副厂房洞长163.50m、宽22.00m、高50.20m，安装4台单机容量为250MW的竖轴单级可逆混流式水泵水轮机和竖轴半伞式空气冷却发电电动机组。主变洞长144.00m、宽18.90m、高26.60m。主副厂房洞和主变洞之间的间距为36.50m，有4条平行的母线洞相通。500kV开关站布置在厂房洞室正上方山坡上，采用户内GIS组合电气设备，开关站和出线场长134.00m、宽40.00m，通过出线竖井与主变压器洞相连接。

本电站由上海勘测设计研究院设计，华东勘测设计研究院勘测，1999年11月，中国国际工程咨询公司受国家计委委托，对电站项目建议书进行了评估。2000年1月，中国水电顾问有限公司受国家经贸委委托，会同江苏省计经委共同主持审查通过了工程可行性研究报告。本电站由江苏省电力公司、江苏省国际信托投资公司、中国核工业总公司、华东电力集团公司、宜兴市电力建设开发中心共同集资兴建，目前电站正在积极争取立项建设。

电站筹建期为1年，工程准备期3个月，第一台机组发电工期为5年，全部机组发电工期为6年。

（上海勘测设计研究院　傅文荣）

地下工程设计

天荒坪抽水蓄能电站钢筋混凝土岔管设计

（一）天荒坪抽水蓄能电站钢筋混凝土岔管设计特点

该电站输水系统和厂房均设在地下，6台机组共有两个水力单元，每个水力单元由上库进/出水口、引水主洞、分岔段、3条引水支洞、3条尾水洞、3个下库进/出水口组成。每个分岔段由两个卜形岔管组成F形分岔，主管直径7.0m，3条支管直径3.2m，分岔段长度50m。额定出力发电时，主管最大流速5.07m/s，支管最大流速8.08m/s；额定入力抽水时，主管最大流速3.98m/s，支管最大流速6.34m/s。引水主洞和岔管均采用钢筋混凝土衬砌，仅在支管段设钢衬。岔管设计的主要特点是：①承受水头高、*PD*值规模大。岔管设计静水头680.2m，计及水锤的水头为830m，最大*PD*值达58100kN/m，承受的内水压力是目前世界上同类工程中最高的；*PD*值规模也居于世界先进行列。②高压输水道沿线地面坡度陡。该电站上、下库相距仅1000m左右，而天然高差达600m，其间山坡平均坡度约40°，地下厂房距地面不到200m，高压输水道的上覆岩体厚度相对较小，对布置钢筋混凝土衬砌的高压输水道不利。③该电站有两个水力单元。当一条洞运行，另一条洞施工或一条洞运行，另一条洞放空时，存在着高压水从一条洞向另一条洞渗透的问题，容易对无压的压力钢管造成威胁。

（二）天荒坪电站钢筋混凝土岔管位置选择

在岔管位置选择时，采用了下述设计原则：①岔管要放在新鲜、完整、坚硬的岩体中，具有足够的上覆厚度，上覆厚度遵循挪威经验准则和有限元准则；②分岔区域没有剪力集中区、较大断层和其他非常发育的节理等不连续构造，保证围岩有足够的抗渗性，且应置于相对不透水层，减少灌浆处理工程量；③围岩最小地应力大于该处的内水压力，保证运行水头下不产生水力劈裂。

（1）地质条件。地勘工作探明，从地下厂房至斜井下弯管区间内，分布有劳村组和黄尖组两种大块结晶凝灰岩，岩体新鲜、坚硬、完整，但隐节理发育。从厂房至岔管上覆岩体厚度从270m增至520m。岔管周围的岩体纵波速均超过5000m/s，横波变化区间为2800～3200m/s，变形模量为5.9×10^4MPa。输水道上方地表大部分地段为弱风化岩石裸露，全强风化岩石仅在局部地段出露，岔管区域所在下平段位于相对不透水层下方167～357m，从宏观地质判断，岔管位置的地质条件是相当好的。

（2）挪威准则的应用。对拟定的岔管位置，按挪威准则$L_{min}=\gamma_w H/\gamma_r\cos\beta$要求的至地表的最短距离为335m（内压水头$H=680$m，坡角$\beta=40°$，水密度$\gamma_w=1.0t/m^3$，岩石密度$\gamma_r=2.65t/m^3$），而实际至地面的距离为330m，安全系数仅0.985。然而用有限元准则检验该位置覆盖厚度尚有一定的富裕，主要由于这个位置位于河谷底下60m，有应力集中现象，设计利用了这一有利因素，使得所选的岔管位置不仅安全而且经济。

（3）岔管渗透性预测。天荒坪岔管水头高，除上述工作外，还根据地应力测试数据，进行了回归分析。该区域的最小地应力σ_3达到10MPa，与内水压力H之比σ_3/H达1.47，宏观判断，该区域无水力劈裂之虞。但由于地质构造运动所产生的应力释放、隐节理和岩层接触带的存在，可在局部围岩中产生最小地应力小于内水压力的情况，需要通过灌浆来改善这部分围岩的渗透性。

为了揭示岔管区域围岩在高水压作用下的稳定性和抗渗性，获得围岩允许的水力渗透比降和可靠的灌浆参数，进行了国内首次的高压渗透试验。试验测得岔管区域的最小地应力为8～10MPa，基本与回归分析结果相近，围岩渗透稳定的临界水力比降为20～25。

（三）天荒坪电站钢筋混凝土岔管结构设计

衬砌按透水衬砌限裂设计，限制裂缝宽度0.2mm配筋，钢筋保证衬砌是柔性结构，防止衬砌开裂后掉块。主管配有ϕ32@15cm的环向筋，ϕ22@25cm的纵向筋，支管配有ϕ28@15cm的环向筋，ϕ22@25cm的纵向筋。整个岔管区域内设有ϕ28@100cm×100cm的锚杆兼做锚筋，以使衬砌和围岩能有机结合，共同抵抗外水压力。

（四）天荒坪电站钢筋混凝土岔管采用的工程措施

为了确保岔管衬砌结构和压力钢支管的运行安

全，采取了以下工程处理措施：

(1) 建立了完备的排水系统。为了降低作用在钢管和岔管上的外水压力，设计了2套排水系统，一套由一些廊道和排水孔组成，廊道位于岔管中心线上方35m处，作用是降低岩体中的水压力。另一套直接设置于钢支管上，由环向集水管和四条ϕ10cm的纵向排水管，接入厂房集水井，平时关闭，等钢管要放空时及时排掉渗到钢管外壁的高压水，保证钢管不因外压损坏。

(2) 加强高压灌浆，改善围岩抗渗性。对输水道下平段和高压岔管区域均进行了高压灌浆，灌浆孔排距3m，孔深6～8m，分序加压，最大灌浆压力9MPa，约为1.3倍的最大静水头。在钢筋混凝土衬砌和钢衬接头部位，作了高压防渗帷幕，以阻隔钢筋混凝土衬砌段内水外渗向钢管段和厂房的迁移。

(五) 运行情况

天荒坪高压岔管，已投入运行1年多，经每日抽水和发电双向水流作用和多次过渡工况考验，最大内水压力达到840m水头，基本接近设计内水压887m水头。两次放空检查，岔管工作状态基本正常，在主管和支管的腰线和岔裆部位虽出现成组裂缝，符合有限元计算在这些部位应力较大和集中，超过混凝土抗拉强度的结果和限裂设计的原则，未出现掉块等影响安全的现象。

(华东勘测设计研究院 张秀丽)

万家寨水利枢纽电站坝段浅埋式压力钢管设计

万家寨水利枢纽位于黄河托克托至龙口峡谷河段。枢纽主要任务为供水、发电、防洪、防凌，为一等大(Ⅰ)型工程，永久性主要水工建筑物为Ⅰ级水工建筑。拦河坝正常运用(设计)洪水标准洪水重现期为1000年(千年一遇)，非常运用(校核)洪水重现期为10000年(万年一遇)。水库总库容8.96亿m^3。水利枢纽由拦河坝、泄水建筑物、引黄取水建筑物、坝后式厂房及GIS开关站等组成。拦河坝为半整体混凝土重力坝，坝顶长443m，最大坝高105m。泄水建筑物位于河床左侧，包括8个4m×6m底孔，4个4m×8m中孔，1个14m×10m表孔。电站厂房安装6台18万kW水轮发电机组。

万家寨水利枢纽工程发电引水钢管直径为7.5m，单管长79.4m，最大引水压力1.11MPa。原初步设计审定电站发电引水压力管道为坝内埋管式布置。根据工程施工计划安排，电站坝段于1996年5月浇筑基础混凝土，8月进行压力钢管水平段安装。按当时的施工总进度要求，6条压力钢管应于1997年第二季度安装完毕，然后进行压力钢管槽回填，到1998年9月回填完毕，要求1998年内下闸蓄水和发电。但由于坝内埋管在坝内埋置较深，对坝体削弱大，除对坝体应力有不利影响外，钢管施工还对坝体混凝土施工有较大制约，若一个坝段未按工期要求完成钢管槽混凝土回填，就将影响工程如期蓄水发电。为了加快施工进度，减少坝体混凝土浇筑与钢管安装的施工干扰，改善坝体应力状态，减少钢管槽二期混凝土回填量，确保工程1998年内实现下闸蓄水和发电的目标，经过大量的设计研究和试验论证，决定采用浅埋式压力钢管设计，这是国内首次采用浅埋式压力钢管布置型式。

万家寨浅埋式压力钢管外包混凝土最小厚度1.5m，仅为管径的1/5。电站坝段建基面抗滑稳定安全系数正常组合时为1.174～1.237，特殊荷载组合为1.127～1.128，满足规范规定的要求。其深层抗滑稳定在考虑厂坝连结后抗剪断安全系数基本组合时为3.026～4.099，特殊荷载组合时为2.728～3.763，满足要求。

浅埋式引水压力钢管实际是一种钢管与外围混凝土联合受力的组合结构，利用可控传载比理论，即通过控制软垫层材料的弹模及厚度，以充分发挥钢衬及外包混凝土的承载力。垫层包角采用220°，垫层弹性模量为2MPa，在设计内水荷载0.984MPa作用下，垫层范围内的钢管外缘应力在100～150MPa之间，小于16MnR钢板允许应力182MPa，钢管承担了60%～80%的内水压力，向混凝土的外传比仅为20%～40%，极大地减轻了外包混凝土的荷载。管顶部外缘混凝土内拉应力均在1.0MPa以下，小于混凝土的设计抗拉强度，且钢管外包混凝土内的应力分布均匀。

为方便垫层施工，浅埋式压力钢管采用加劲环式钢管，考虑到施工与运输，每2m长管节钢管设1～2个加劲环，以增加钢管的施工刚度。控制钢管外压稳定的荷载为最大外水压力及灌浆压力，经计算分析，按抗外压稳定考虑，最小安全系数2.43，大于规范规定。

垫层设计、计算结果表明，随着垫层弹模的增大，内水压力向外包混凝土的传递比上升，钢管应力下降，外包混凝土内应力增大，当垫层厚度增大时，规律相反。根据计算分析，采用了弹模为2.0MPa、泊松比0.35、不同部位不同厚度的软垫层，其中上弯段垫层厚度为20mm，斜直段和下弯段为30mm，垫层包角220°，材料为聚乙烯。为消除垫层末端出现的局部应力集中现象，在垫层端部采用厚度渐变方式，渐变段长度100cm，厚度从原厚度渐变至5mm。

根据计算分析和试验研究成果，对钢管周围外包混凝土进行了结构配筋设计。由于黄河在坝址处多年平均含沙量达 5.7kg/m³，为满足抗磨蚀要求，钢管要涂刷厚层环氧煤沥青涂层。为减少管外外水压力，在压力钢管上弯段首节钢管上设 3 道止水环，在第 3 道止水环上游侧设环向截水槽，通过排水管将水排除。同时在垫层范围内每 8m 设一环向多孔排水管，并与纵向排水管连接，以加强排水效果。

预留钢槽采用低热微膨胀混凝土回填。

万家寨水利枢纽工程 1998 年 10 月 1 日实现下闸蓄水，1998 年 11 月 28 日首台机组实现并网发电，达到了浅埋式压力钢管的设计目的。是国内首次采用浅埋式软垫层压力钢管，为今后水电站压力钢管的合理布置和结构设计提供了新的思路，特别是浅埋式压力钢管具有施工简便、钢管安装与大坝混凝土相互干扰少、预留钢管槽较浅、对坝体削弱少等优点，在第一台机组发电时，不需要 6 条引水钢管槽全部回填完，坝体即可挡水到发电水位，为首台机组提前发电创造了有利条件，缩短了建设工期，效益显著。在浅埋管、垫层管设计理论上有较大的突破和创新，特别是在高寒地区防止冻融破坏、垫层材料选择、二期回填混凝土与坝体混凝土光面连接、温度控制等方面，均有独特的创新设计。

（水利部天津水利水电勘测设计研究院 王宏斌）

大朝山水电站岩壁吊车梁设计

大朝山水电站是云南省境内澜沧江上紧接漫湾工程的下一级梯级电站，总装机容量 1350MW，地下厂房采用岩壁吊车梁作为吊车支承结构，梁上安装 2 台起重量为 400t 的桥机，吊车最大轮压为 78.1t；与国内同类型结构相比，大朝山吊车荷载最大。

岩锚梁悬吊锚杆设计，目前国内尚无规范可循，传统计算方法是利用力矩平衡法求解锚杆内力，但该方法的设计假定较多，与实际不符。为充分了解岩锚梁的受力机理，大朝山工程在岩锚梁施工前，先在 1 号排水廊道内进行了 1:1 的模型试验（迄今为止，做该项试验的国内仅此一家），取得了十分宝贵的试验资料，为大朝山岩锚梁的设计创新提供了必要条件。本文着重介绍大朝山水电站岩锚梁悬吊锚杆设计，梁体结构配筋设计从略。

(1) 计算假定。有如下几点：①假定梁体为刚体，即梁体受力后几何尺寸不变。②岩壁弹性抗力符合文克尔假定。③计算时不考虑下部受压锚杆作用，作为结构构造措施。④岩锚梁按 1 级建筑物考虑，$k=1.65$，但考虑到施工质量、岩石锚固的不均匀性及地质条件的差异等因素，k 取 2.0。

(2) 计算简图（见图 1）。图中符号说明：

P——吊车竖向轮压；H——吊车横向水平制动力；G——吊车梁钢筋混凝土自重；S_1——第一排受拉锚杆轴向力；S_2——第二排受拉锚杆轴向力；N——壁座法向力；F——壁座摩擦力；α_1——第一排受拉锚杆与水平面的夹角；α_2——第二排受拉锚杆与水平面的夹角；β——岩壁壁角；e_1——P 对 A 点的力臂；e_2——H 对 A 点的力臂；e_3——G 对 A 点的力臂；e_4——S_1 对 A 点的力臂；e_5——S_2 对 A 点的力臂；e_6——N 对 A 点的力臂。

(3) 计算公式。根据图 1，建立脱离体平衡方程：

$$\Sigma X = 0$$

$$S_1\cos\alpha_1 + S_2\cos\alpha_2 - H - N\cos\beta + F\sin\beta = 0 \quad (1)$$

$$\Sigma Y = 0$$

$$S_1\sin\alpha_1 + S_2\sin\alpha_2 - P - G + N\sin\beta + F\cos\beta = 0 \quad (2)$$

$$\Sigma M_A = 0$$

$$S_1e_4 + S_2e_5 - Pe_1 - He_2 - Ge_3 - Ne_6 = 0 \quad (3)$$

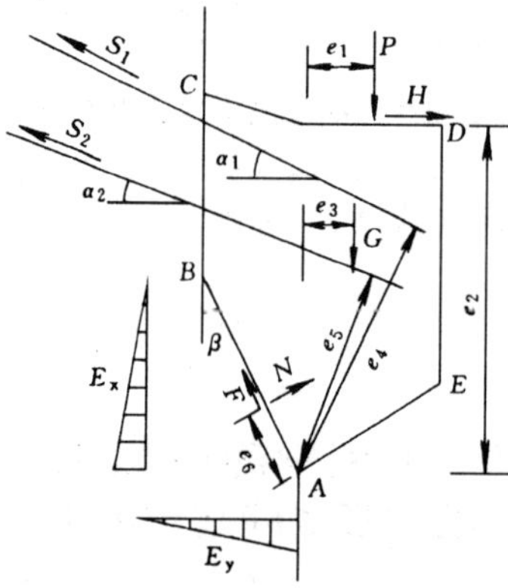

图 1 岩壁吊车梁受力简图

上述公式 (1) ～ (3) 中有 S_1、S_2、N、F 及 e_6 5 个未知数，无法求解，另两个方程式通过以下途径获得。

前已述及，大朝山工程在 1 号排水廊道内进行了岩锚梁 1:1 的模型试验，试验结果表明：在承载试验工况（试验荷载为最大轮压的 125%）下，埋设在 B 点附近的测缝计呈压缩状态，吊车梁斜面并不脱离岩壁，呈压剪状态 。此外，根据计算假定②，当吊车梁发生变位时，岩壁弹性抗力符合文克尔假定，即图 1 中的 E_x 和 E_y 呈直线分布。根据上述分析，可知：

$$e_6 = \frac{1}{3}L(L\text{ 为斜面长度}) \quad (4)$$

根据模型试验成果，由吊车荷载所引起的锚杆应力随着试验荷载的加大而增大(见图 2)，S_1 与 S_2 的比值在 1.1～1.2 之间，而 e_4 与 e_5 的比值为 1.25，故可认为 S_1 与 S_2 的比值近似等于 e_4 与 e_5 的比值，即：

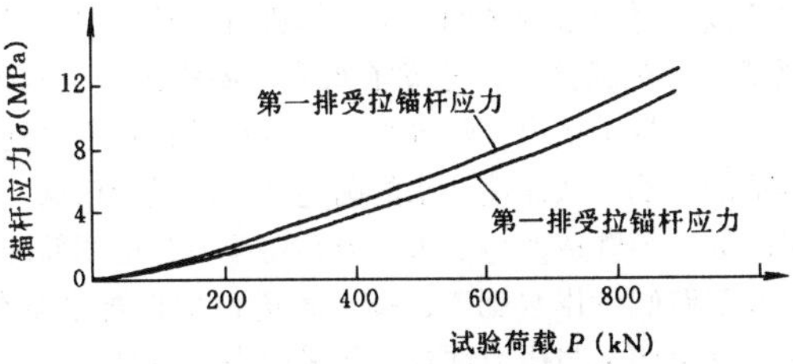

图 2　锚杆应力——吊车荷载关系曲线

$$\frac{S_1}{S_2}=\frac{e_4}{e_5} \tag{5}$$

通过上述 5 个方程式的联立求解，可得 S_1、S_2、N、F 及 e_6，则第一排受拉锚杆截面积 $A_1=kS_1/R_g$；第二排受拉锚杆截面积 $A_2=kS_2/R_g$。

(4) 构造要求。有如下几点：①根据求得的 N 及 F 值，验算斜面上的正应力和剪应力，使其不超过允许值。②验算斜面上的摩擦系数 $\mu=F/N$，使其不超过允许值。③下部受压锚杆可按厂房边墙系统锚杆参数配置。

笔者将上述计算公式编成程序，该程序除了能计算标准设计断面外，还能考虑各部位超、欠挖值不同的计算工况，以便施工时能根据现场实际情况，及时计算出锚杆内力并采取相应措施。为使吊车梁处于良好受力状态，经反复试算并调整有关参数，最终确定吊车梁体形及支护参数（见图 3)。

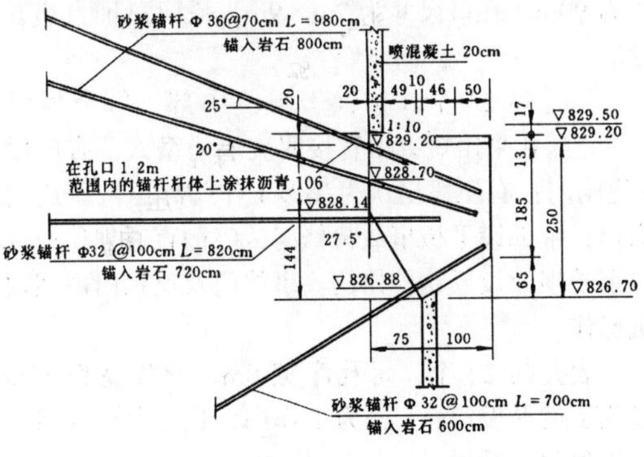

图 3　岩壁吊车梁体形及锚固图

目前，大朝山岩壁吊车梁已投入运行，从观测资料来看，悬吊锚杆应力、混凝土和钢筋应力及裂缝宽度均在设计许可范围内，吊车梁运行良好。

（北京勘测设计研究院　陈　晴）

莲花水电站引水系统设计特点

莲花水电站位于牡丹江下游，总装机容量 550MW，装机 4 台，引水发电系统由进水口、引水隧洞、调压井及压力管道组成，采取两洞四机布置方式。莲花水电站坝址位于牡丹江河道转弯处，河床紧靠右岸，呈不对称“U”形河谷，河谷右岸山体雄厚，左岸为开阔阶地。

莲花水电站引水系统设计中采用了先进的设计方法，保证了工程质量，并积累了宝贵的设计经验。莲花水电站已发电运行 3 年，引水发电系统运行良好。

1. 引水系统设计原则　引水系统布置是莲花水电站枢纽设计的关键，根据河谷地形特点及地质条件，采用导流洞与发电洞结合布置方式，发电洞前半部分兼作施工导流洞。结合引水系统布置特点，确定引水系统设计原则如下：①由于莲花水电站导流洞与发电洞结合布置，引水系统设计既要满足导流期施工方便、安全导流的目的，又要保证发电洞永久运行的安全。②由于施工工期紧，设计中尽可能采用新技术、新材料，方便施工，节省工程量。③对引水系统中重要部位结构进行专题研究，确保引水系统安全可靠。

2. 引水系统设计特点

(1) 进水口。进水口部位为基岩裸露的陡壁，自然边坡约 70°，山体比高达 152m。进水口边坡陡高，使得进水口开挖边坡高达 55m。为减少开挖量，并保证工程永久运行安全，进水口局部采用临时开挖边坡，临时边坡高度范围内用素混凝土回填，以减少开挖量，增加结构安全度。进水口顶板纵剖面呈椭圆曲线形状，平面呈圆弧收缩，顶板横向最大宽度 32.8m，纵向投影长 29.0m，顶板距底板最大高度 33.0m。由于顶板尺寸大，距底板又高，如按常规施工方法，现浇顶板需搭设“满堂红”脚手架，这将阻碍与进水口同时施工的隧洞内部交通。为解决施工干扰问题，顶板施工采用承重构架方案，即于进水口分流墩上布置钢桁架，钢桁架底部吊装模板，现浇混凝土的重量与施工荷载由钢桁架承担。

(2) 引水隧洞。引水隧洞围岩较好，多属Ⅰ，Ⅱ类围岩。1 号洞洞长 620.535m，2 号洞洞长 493.981m。由于引水洞前部洞段兼作导流洞，使引水洞与导流洞形成三处交叉，两处为三通岔管，一处为四通岔管。导流洞封堵前，交叉部位是一个较复杂的洞群结构。特别是四通岔管，其最大开挖跨度约 30.0m，开挖长度约 55.0m，开挖高度约 15.0m，洞轴交角仅 32°，如此大跨度小交角的地下岔管，国内设计和施工经验尚少。为此，对岔管的开挖、支护、衬砌、封堵进行了三维有限元计算和脆性材料试验，并取得满意的成果，经分析归纳后提出施工技术要求，用以指导施工。

(3) 调压井。每条引水洞设置 1 座阻抗式调压井。调压井采用双圆弧复式断面，打破圆形调压井常规断面型式，节省了大量工程量。双圆弧调压井断面上游侧圆弧半径 9.1m，圆心角 140°，下游侧圆弧半径 12.5m，圆心角 98°51′46″，调压井净面积折合直径 15.88m。这种双圆弧调压井型式为国内首创。

(4) 压力管道。2 个调压井后紧接 4 条压力管道，全部采用钢板衬砌，过水断面直径 8.4m。大直径钢管抵抗外压能力较弱，为合理确定引水洞区地下水位线，对引水洞区的整个山体进行了地下水电渗模拟试验，在试验中，考虑了水库、溢洪道、引水洞、调压井，排水廊道、阻水帷幕、排水帷幕及主要地质构造的影响，从而使外水的确定具有定量的依据。为了降低压力管道的地下水压力，在压力管道端部即调压井下游侧设排水廊道，排水廊道顶部作排水帷幕，排水廊道底部与压力钢管之间采用阻水帷幕。

（东北勘测设计研究院　谷　玲）

泄水建筑物设计

三峡工程泄洪设施设计

三峡工程大坝为混凝土重力坝，大坝轴线长 2309m，坝顶高程 185m，正常蓄水位 175m。布置泄洪设施的泄洪坝段居河床中部，两侧为厂房坝段和非溢流坝段。三峡工程泄洪设施设计概述如下。

(一) 三峡枢纽防洪标准及防洪调度

三峡工程规模巨大，在国民经济中占有特别重要的地位。三峡工程以防洪为首要任务。设计洪水标准为千年一遇洪水，日均流量为 9.88 万 m^3/s；校核洪水标准为万年一遇洪水加大 10%，日均流量为 12.43 万 m^3/s。围堰挡水发电期间的洪水标准为：20 年一遇洪水设计，百年一遇洪水库水位不浸围堰顶。消能防冲按百年一遇洪水设计，千年一遇洪水校核。

三峡水利枢纽的首要任务是解决长江中下游特别是荆江河段的防洪问题。三峡防洪库容为 221.5 亿 m^3。为充分发挥防洪库容的作用，泄洪运用方式必须泄蓄兼施，当上游来水量小于 5.67 万 m^3/s 时，按来水量下泄；当来水量超过 5.67 万 m^3/s 时，按枝城不超过 5.67 万 m^3/s 控制下泄；遇百年一遇洪水时，库水位达 166.9m；千年一遇洪水时，按总泄量 6.98 万 m^3/s 下泄；当库水位超过设计洪水位 175m 时，来水超过千年一遇，以不超过上游来水量为原则，按枢纽泄洪能力敞泄。

(二) 三峡工程泄洪设施布置

泄洪设施的布置要考虑防洪调度、排沙排漂和工程防护等要求。主要泄洪设施为深孔和表孔，采取在平面上相间布置的方式。由于泄洪流量大、机组台数多，布置时尽量缩短泄洪坝段长度，以减少两岸开挖工程量。

在百年一遇以下常遇洪水时，库水位较低，表孔很难投入运用，只能运用深孔满足泄洪要求。遇千年一遇以上特大洪水时，才需要运用表孔。深孔布置于泄洪坝段中部，表孔跨坝段横缝布置。深、表孔相间布置，不但可缩短泄洪坝段长度，减少两岸开挖量，且能更好地适应三峡工程泄洪运用特点；遇常遇洪水时，深孔均匀布置在整个泄洪坝段内，有利于水流横向扩散，减小入水单宽流量，有利于下游消能防冲和水流均匀平稳，减小对下游航道的影响。

深孔高程的确定，从水库排沙、工程防护和三期导、截流，以及弧门承压水头等综合考虑，深孔底高程为 90m，孔口尺寸为 7m×9m，弧门总推力达 6 万 kN。

深孔共 23 个，布置于坝段中部，每个坝段长 21m。深孔采用短有压管接明流泄槽型式。有压段设 3 道闸门：有压段出口为弧形工作门，由液压启闭机操作；中部设平板事故检修门，门槽直通坝顶；进水口上游坝面设反钩检修门。事故门及反钩门由坝顶门机操作。

表孔共 22 个，每孔净宽 8m，堰顶高程 158m。设置 2 道平板门，1 道为工作门，1 道为检修门，均由坝顶门机操作。

排沙、排漂孔布置：为满足库水位较低时厂前排漂要求，在泄洪坝段两侧的左导墙坝段和纵向围堰坝段各布置 1 个 10m×12m 的排漂孔，孔底高程 133m，兼作泄洪用。在右厂房右侧也布置 1 个排漂孔。根据厂前排沙要求，左右厂房坝段中部和两端共设置 7 个排沙孔，进口底高程 75m（5 个）和 90m（2 个），出口尺寸为 2.81m×4.0m。库水位在 150m 以下时，排沙孔可兼作泄洪用。

库水位 183m 时，枢纽总泄洪能力为 12.06 万 m^3/s，接近校核洪水流量，水库防洪调度有足够的安全裕度。

为满足三期工程导截流需要，设 22 个导流底孔，跨缝布置于表孔下方。

(三) 深孔水力设计与试验研究

深孔是三峡水利枢纽主要泄水建筑物。千年一遇以下洪水主要由深孔宣泄，且担负三期导流及围堰挡水发电期间的度汛任务。深孔数量多，过水历时长，运用操作频繁，水头高且变幅大。设计水头85m，出口流速约35m/s。设计中着重研究了是否掺气、弧门止水采用常规止水还是突扩止水等问题。为此，研究了3个方案：深孔不掺气，跌坎掺气和突扩掺气。

(1) 不掺气方案。重力坝泄水孔常用的布置型式是有压段后接抛物线段、斜直段，再接反弧段。抛物线段一般采用 $x^2=4K^2Hy$。随着 K 值的提高水流空化数也提高。但设计水位175m时，最小空化数提高幅度不大，为0.16，不能满足0.2的设计要求。为此，对底板的连接形式进行优化，水流出有压段后直接在斜直陡槽内流动，增加底板压力，提高水流空化数。通过研究，在事故门槽下游1m处底板采用 $R=60$m 的圆弧曲线连接，下接1:10的斜直段，再接反弧段。试验表明，水流最小空化数均大于0.26。有压段体型设计有较成熟的设计经验可供借鉴。

(2) 突扩掺气方案。结合高水头弧门止水布置的突扩突跌式掺气设施，国内外有不少工程实例，多数运行良好，也有少数出现空蚀破坏。为此，重点研究了突扩宽度、侧向折流器、跌坎高度、挑坎高度和泄槽底坡。突扩宽度采用0.5m，折流器的宽度自孔顶至孔底由零渐变至0.5m，侧收缩坡度取1:8，跌坎高度取2m，挑坎高度采用0.1m，泄槽底坡取用 $i=20\%$，采用等宽泄槽。跌坎后设2个直径为1m的通气孔，并在侧空腔中下部各布置1个直径为0.5m的辅助通气孔。试验研究表明，水流出有压段后，流态复杂，在各级水位下，能形成稳定的侧空腔和底空腔，明流段底部无空化发生。侧空腔下游侧墙上掺气浓度很小，库水位135m时，侧墙空化噪声声级差为5dB，接近空化初生。泄流能力减小约4%。

(3) 跌坎掺气方案。跌坎掺气方案的研究重点是跌坎位置、高度，挑坎高度，泄槽底坡和通气孔尺寸等。跌坎高度取1.2m，泄槽底坡 $i=1/4$，通气孔直径1.1m，挑坎高度为零，即不设挑坎。试验表明，在各级库水位下，能形成稳定底空腔，其长度随库水位升高而增大，为负空化体型，反弧段和鼻坎处均无空化现象。

上述试验研究表明：3个方案在泄流能力和空化特性方面均是可行的。经综合比较，考虑到三峡深孔是主要泄水建筑物，运用频繁，对工程安全至关重要，不设掺气方案对孔口表面平稳度要求高，施工难度大；突扩掺气方案侧空腔段流态复杂，掺气量不足，是个薄弱部位，国内外均有发生空蚀破坏的实例，闸门止水问题可通过改进止水布置型式和止水材料解决；跌坎掺气措施是成熟的，为确保运用安全可靠，选定跌坎掺气方案。

(四) 表孔水力设计与试验研究

表孔共设22个，跨缝布置，每孔净宽8m，堰顶高程158m。采用挑流式消能。

堰顶上游底板及侧面均采用1/4椭圆曲线，堰顶下游采用方程为 $x^{1.85}=2\times22^{0.85}y$ 的WES曲线，下接1:0.7的斜直段，再接半径为30m的反弧段，挑流鼻坎高程110m，挑角10°。该布置能使表孔和深孔的挑流水舌入水位置前后错开，达到减轻下游冲刷的目的。表孔设有工作门和事故检修门各1道。两道门槽体型尺寸相同，宽1.5m，深0.85m，错距0.11m，圆弧半径0.1m，近坡1:12。

对表孔泄槽比较研究了2种隔墩方案：长隔墩方案——隔墩通至鼻坎末端；短隔墩方案——隔墩只延伸至坝面中部某一位置。整体模型试验表明：是隔墩方案坝面水流平顺，挑射水舌稳定，与深孔联合运用时，表孔水舌从深孔水舌之间进入河床，入水点前后错开，冲刷深度较小。短隔墩方案挑射水流连成一片，与深孔水舌相叠加，入水单宽流量增大，下游冲刷加剧。长隔墩方案超挑堰上水头为1.2m（短隔墩为7～9m），调度运用方便，可结合施工栈桥布置。因此表孔选用长隔墩方案。

表孔为常规的WES曲线堰，减压试验表明，堰面段至反弧段均无空化发生。

(五) 导流底孔设计

三峡工程由于三期导截流需要共布置22个导流底孔，跨横缝布置，采用长有压管接短明流泄槽型式，出口孔口尺寸为6m×8.5m。

导流底孔的任务为：承担三期工程截流任务，截流流量为9010m³/s，截流水头小于3.5m；承担三期工程导流任务，5月份的20年一遇洪水流量3010m³/s，水库开始蓄水期间下泄流量要求不小于3410m³/s；与深孔联合运行承担围堰挡水发电期间的度汛泄洪任务。

导流底孔鼻坎高程低，受下游水位淹没影响，下游水流衔接流态基本上为面流，水舌下有逆向旋滚。坝趾下40m处设置1道隔流墙。此外，在16号泄洪坝段以右因花岗岩脉出露，裂隙较发育，抗冲性能差，坝趾下设置长60m的防淘护坦。

导流底孔底部设厚1m的钢筋混凝土抗冲耐磨混凝土板。侧面和底部混凝土采用混凝土标号为400号，龄期28d。门槽附近采用钢衬。

（长江水利委员会勘测设计研究院　陈际唐　廖仁强）

万家寨水利枢纽泄水建筑物设计

万家寨水利枢纽属一等大（一）型工程。拦河坝为Ⅰ级水工建筑物，枢纽按千年一遇洪水设计、万年一遇洪水校核，相应入库流量分别为16500m³/s、21200m³/s，下泄流量分别为7899m³/s、8326m³/s。

黄河为多泥沙河流，万家寨工程设计多年平均输沙量为1.49亿t，多年平均含沙量为6.6kg/m³，汛期实测最大含沙量37.6kg/m³。为保持水库有效库容和防止泥沙淤积末端上延，水库采用"蓄清排浑"的运行方式。枢纽泄水建筑物设计，不仅要满足防洪、防凌、发电及供水要求，而且要考虑排沙问题。水库排沙期最低运用水位952.0m时，下泄流量5380m³/s；水库冲沙水位948.0m时要求下泄流量大于3300m³/s。

1. 万家寨泄水建筑物布置　枢纽坝址河谷呈扁"U"形，两岸顺直，岸坡陡立，河面宽约300余m。经方案比选，拦河坝采用直线重力坝，坝后式厂房位于河床右侧，泄水建筑物布置在河床左侧。泄水建筑物由8个底孔，4个中孔和1个表孔组成。此外，在电站坝段还设有5个排沙孔。

底孔为压力短管式无压坝身泄水孔。布置于河床左侧5～8号坝段，临近引黄取水口。每坝段布置2孔，孔口尺寸4m×6m（宽×高），进口底槛高程915.00m，比引黄取水口低37m，比电站进水口低17m，为枢纽主要泄洪排沙建筑物。底孔的进口顶部及侧面均采用1/4椭圆曲线，压坡段顶板1:4，进出口面积比0.82。底孔工作门为弧形钢闸门，由2500kN摇摆式液压启闭机操作。事故检修门为平板工作门，由坝顶2500kN双向门式起重机起闭。坝身无压段底板为抛物线形堰面。底孔在970.00m库水位时单孔泄量约660m³/s，压力段出口流速29.3m/s，反弧段最大流速35.0m/s。

中孔为压力短管式，布置于河床中部9号、10号坝段，每坝段2孔，孔口尺寸4m×8m（宽×高），进口底槛高程946.00m，为枢纽泄洪排沙排漂建筑物。孔口设事故检修门和工作门各1道，均采用平板门，坝顶2500kN双向门机启闭。堰面为抛物线。库水位970.00m时中孔单孔泄量约540m³/s，压力段出口流速约22m/s，反弧段最大流速约33m/s。

表孔为开敞式溢流孔口，布置于河床左侧4号坝段，孔口净宽14m，堰顶高程970.00m，担负枢纽部分排冰和宣泄超标准洪水任务。孔口设工作门1道，由坝顶2500kN双向门机启闭。堰面采用WES曲线。

电站坝段排沙孔为坝内压力钢管道，布置于河床右侧13～17号电站坝段。进口高程912.00m，排沙孔进口段长约14m，断面尺寸2.4m×3.0m（宽×高），后接压力钢管段，长约122m，钢管直径2.7m。出口断面尺寸1.4m×1.6m（宽×高），进口坝前设平板检修闸门，坝内设平板事故检修闸门，均由坝顶3200kN双向门机启闭。出口设平板工作闸门，由500kN液压启闭机启闭。出口检修闸门与电站尾水门共用。为防止排沙孔进口段被泥沙淤堵及对进口事故检修门启闭的影响，进口采用反弧上唇鼻坎，并在进口段设高压加气喷水冲沙系统。库水位952.00m时排沙孔单孔泄量60m³/s，管内流速10.5m/s，出口流速26.8m/s。

2. 万家寨泄水消能工型式　为了使下游冲坑造成的临空面远离坝体，保证有足够长的岩体支撑坝基，提高坝基深层抗滑稳定的安全储备，经多方案比选，底、中、表孔下游消能均采用长护坦末端设挑流鼻坎的消能型式。水平护坦长80m，顶面高程900m，鼻坎高程903.0m，反弧半径17m，挑角34.56°。表孔末端为斜面鼻坎，以使水流偏离岸边，避免冲刷岸坡。在中孔与底孔、表孔与底孔之间以及5号坝段底孔与其它坝段底孔之间设有导墙分隔，墙顶高程907.00m。在鼻坎下游还设有25m长防冲齿板，以防止贴壁水流对岩石的表面冲刷和防止冲坑向上游淘蚀。

3. 抗冲磨混凝土

万家寨水利枢纽泄水建筑物水流含沙量大，流速高，混凝土使用的是人工砂石骨料（灰岩和白云质灰岩），其抗磨性能较差，因而泄水建筑物的磨蚀问题是万家寨工程的主要技术问题之一。根据抗冲磨混凝土的设计技术要求进行了抗冲磨混凝土的室内试验和现场试验，选取5号坝段护坦作为高速含沙水流现场抗冲磨试验块。试验表明，天然砂和混合石方案比用人工骨料抗磨强度可提高50%。由于铁矿石具有较大的容重、较小的吸水率和较好的坚固性，用其配制的混凝土具有较高的抗冻性和抗冲磨性能，但铁矿石成本较高。因此，选用部分铁矿石代替人工碎石的方案，即细骨料采用天然砂，5～20mm小石采用铁矿石，20mm以上的中石仍用人工碎石，水灰比为0.35，掺5%硅粉。抗冲磨混凝土层厚度为300～500mm。底孔自1998年10月下旬蓄水至今，下泄水量115亿m³，最大泄量2460m³/s，运行情况良好。

（天津勘测设计研究院　陆宗磐）

大朝山水电站消能防冲设计

大朝山水电站位于澜沧江中下游，是澜沧江梯级规划中兴建的第二座大型水电站，属一等工程。电站以发电为主，兼顾防洪、灌溉等综合经济效益，总装机容量 1350MW。电站枢纽区河段长 1.80km，水库全长 91.20km，坝址以上流域控制面积 121 万 km^2，流域内年际径流变率不大，流量较为平稳，多年平均流量 $1330.0m^3/s$，洪水主要由暴雨形成，峰高量大，百年一遇洪水流量 $14200.0m^3/s$，五百年一遇洪水流量 $18200.0m^3/s$，千年一遇洪水流量 $19900.0m^3/s$，五千年一遇洪水流量 $23800.0m^3/s$。

大朝山水电站枢纽泄洪建筑物为：河床设 5 个表孔 14m×17m（宽×高），左右岸设 3 个 7.5m×10m（宽×高）的泄洪排沙底孔和 1 个 3m×6m，（宽×高）排沙底孔。拦河坝最大坝高 111.0m，坝顶高程 906.0m；表孔堰顶高程 882.0m，底孔进口底板高程 840.0m。各级水位下的泄流量和主要水力参数见下表。在高水头、大单宽流量、工程技术限制等条件下，提高表孔的消能效果是解决大朝山水电站工程泄洪消能的关键。

各级特征水位下泄流量和水力参数

库水位（m）/ 水力特性	大坝校核洪水 905.89	厂房校核洪水 900.42	大坝设计洪水 899.0	厂房设计洪水 894.38	常遇洪水 899.04	汛限水位 882.0
洪水频率（%）	0.02	0.1	0.2	1.0	5.0	20
表孔泄量 Q_b（m^3/s）	16646	11270	9790	6075	2489	0
底孔泄量 Q_d（m^3/s）	6479	6160	6061	5787	5437	4936
排沙孔泄量 Q_s（m^3/s）	475	451	444	423	397	359
坝址总流量 Q_z（m^3/s）	23600	17881	16295	12285	8223	5295
表孔单宽流量 $q m^3/s·m$	193.6	131	113.8	70.6	28.94	0
表孔收缩断面 Fr_c	5.71	6.62	7.67	8.29	15.2	15.8
Q_b/Q_z	70.5%	63%	60%	49.5%	30%	0
$(Q_d+Q_s)/Q_z$	29.5%	37%	40%	50.5%	70%	0

（一）大朝山水电站消能工设计方案及特点

在工程可行性研究、初步设计和招标设计各阶段，通过设计、科研所作的大量工作，确定了泄水建筑物的体型，施工详图阶段对表孔泄洪建筑物进行了设计优化，并经过表孔模型试验和整体水工模型试验研究改进，最终确定：①表孔采用“宽尾墩+戽式消力池”的联合消能工，宽尾墩下游接台阶式溢流面，再接消力池，池末端设梯形尾坎，下游接 40m 长的护坦；表孔闸墩宽 4m，消力池净宽 86m，池底板高程 804.55m 池长 18.4m；表孔的中间 3 孔采用对称 Y 型宽尾墩；为消除表孔进口侧收缩的影响，表孔两边孔采用不对称 Y 型宽尾墩，并在两边墩上游设置牛角墩。②3 个大底孔采用窄缝鼻坎挑射出流，使出射水舌形成纵向拉开与横向扩散状态，排沙孔的出射水舌恰好从大孔水舌下空间自由射出，底孔挑射水舌落点布设合理，大部分水舌均落在下 0+120m～0+160m 的护坦范围内。

通过论证消能工设计方案合理，较好地解决了泄洪消能的问题。大朝山工程表孔消能工设计特点为将“宽尾墩+戽式消力池”联合消能，宽尾墩下游溢流坝面为台阶式溢流面，采用池长较短的消力池，这是继岩滩工程“宽尾墩+底流消力池”联合消能后，在 100m 以上的高坝中的又一次应用，特别是在宽尾墩—戽式消力池之间溢流面采用台阶式坝面，国内外尚无先例可循。

（二）消能工设计原则及消能机理

1. 宽尾墩设计和消能流态　宽尾墩是用直线或曲线将溢流坝闸墩的尾部加宽，当宽尾墩消力池联合运用时，原来平尾墩堰顶二元流态的溢流水舌，在闸墩尾部由于溢流面的宽度被骤然收缩，使坝面溢流沿横向收缩，迫使水流沿坝面竖向扩展而成为一股窄而高的收缩射流，此时射流呈三元流态并附贴坝面而下，在沿坝面下泄时，水舌因自重又逐渐向无水区扩展，当水舌进入反弧段后的护池时，产生三元水跃，相邻两孔水舌开始交汇，各股水流相互混合，产生强烈的动量交换和紊动剪切。

宽尾墩戽式消力池联合消能工，适应于高坝大单宽流量、低弗劳德数的泄洪消能问题（一般研究成果验证表明其适用范围为 $Fr_c=4\sim6.7$）。大朝山电站的表孔在水位 900.0m 以上才进入宽尾墩戽式消力池的适宜区，因高水位时泄洪功率大，所采用的联合消能工消能起主导作用，这就是在整体模型上高水位时冲坑变浅的原因。

大朝山工程表孔宽尾墩几何参数如下：

(1) 闸孔收缩比：$\varepsilon=B'/B$，B 和 B' 分别为收缩前后的闸孔宽：中间 3 孔 $\varepsilon=0.45$；左右两边孔 $\varepsilon=0.55$。

(2) 闸孔收缩角：$\theta=\tan^{-1}(B'-B)/2L$，$L$ 为宽尾墩收缩起点到闸墩尾部的长度；中间 3 孔 $\theta=7.99°$；左右两边孔 $\theta=9.07°$。

(3) 闸孔收缩率：$\xi=1-B'/B$；中间3孔 $\xi=0.55$；左右两边孔 $\xi=0.45$。

2. 表孔台阶式溢流坝面设计

(1) 大朝山水电站表孔采用宽尾墩消能工，下泄水流受其影响而沿横向收缩，形成纵向拉开的收缩射流，导致溢流坝面约70%的无水区，宽尾墩后水流掺气条件好，坝面水流底部掺气后，可减少因水流引起的坝面空蚀破坏，同时掺气水流对坝面的冲磨能力也减小。另外，在工程施工设计阶段，考虑碾压混凝土分层施工特点，本着简化施工、减少坝面二期抗冲耐磨防冲混凝土的要求，施工详图阶段将下游溢流坝面调整为台阶坝面。

(2) 台阶式溢流坝面设计原则：①采用台阶式坝面应保证溢流坝基本断面与光滑坝面尺寸保持不变，以确保坝体结构强度和稳定；②台阶高度设置应与碾压混凝土施工时的层厚相协调，达到施工方便；③台阶尺寸设计，既要保证坝面水流流态平顺衔接，又要满足坝面有足够掺气量。综合考虑上述因素，坝面共设计44级台阶，接宽尾墩后三级台阶宽为78cm，其后各台阶宽均为70cm，台阶高度均为100cm。

经试验研究，采用阶梯式坝面后，正对表孔出流水舌底部位置，各台阶面上均形成1个沿横向水平轴旋转的掺气旋涡，坝面水流底部掺气明显、呈乳白色，相邻2孔水流之间的台阶面上出现薄薄1层水流，从第一级台阶开始，由上而下沿各台阶面逐级跌落。各种泄流条件下这层水体厚度不超过0.50m。而在光滑坝面条件下，水流沿坝面下泄，相邻2孔水流之间不发生相互碰撞，坝面水流掺气少，水舌呈透明状；相比较而言，在高水头大单宽流量下，水流流态与光滑溢流面几乎相同；在低水头小流量下，水流流态发生了一些变化，坝面台阶对水流的掺气扩散影响作用更明显。

3. 戽式消力池设计　戽式消力池是为适应中高水头和大单宽流量泄水建筑物的消能而发展起来的。其消能原理是利用主流股与戽面旋滚、戽后底滚的相互作用，以及主流水股在涌浪下游的扩散作用进行消能的。国内已有的戽式消力池的研究成果的主要结论是：戽坎斜坡的坡比一般为1:1.5～1:2.5（或 $\theta=21.8°\sim33.7°$），挑角过小，流态易多变，挑角过大，则涌浪和波动将增高；戽坎高 a 为形成临界戽池流动的限界尾水深 h_{2k} 的（1/4～1/6）；戽池水平段长度约为相应条件下的第二共轭水深值。根据以上资料经过试验验证，在施工详图设计阶段时，作了较充分的设计论证工作，对招标设计阶段的消力池体型作了较大的优化改进，缩短了池长，变缓了坡比，降低池坎高程。最终大朝山工程消力池设计体形为：池长18.4m，池面高程为804.55m，池坎高6.45m，坎顶高程811.0m。

4. 下游岸坡防冲设计　大朝山工程下游防冲设计水位为836.8m，通过整体施工模型试验研究，并结合下游水流特征及体形地质条件，对左右岸边坡840.0m高程进行混凝土护坡处理，护坡厚30cm，左、右岸护坡到下游围堰长分别为230m和320m，其中在下0+120m～0+160范围内，护坡与护坦结合为一体。另外，在大坝度汛期间可充分利用下游围堰与大坝之间水垫塘、消力池和护坦联合消能。

（三）结语

大朝山水电站的表孔坝段采用我国首创的"宽尾墩+戽式消力池"的联合消能工能较好地解决表孔泄洪消能问题，满足工程要求。

(1) 大朝山水电站工程泄洪的特点，在于其底孔泄洪规模较大，在百年一遇消能防冲水位下，底孔泄流占主导地位，在高水头、大单宽流量、低弗劳德数条件下采用先进的"宽尾墩+戽式消力池"联合消能工，并与台阶式坝面相接合的布置，符合大朝山工程的具体特点，通过试验验证合理可行。在运行期应根据这一特点，合理运行，确保工程安全。

(2) 本工程表孔坝段采用台阶式溢流坝面，主要利用坝面70%的无水区，并结合RCC的施工特点，简化施工，将宽尾墩末段以下的光滑溢流坝面上的高标号抗冲耐磨常态混凝土取消，代之用以碾压混凝土（100cm×70cm）的台阶，节省了高标号抗冲耐磨常态混凝土量。

(3) 在大朝山这样规模的大型工程中采用这项新技术，无论从坝高及泄量来看，均无先例。为此，在表孔和水工整体模型上对两种方案（溢流坝台阶式坝面和光滑坝面）进行了对比试验，结果表明台阶式坝面下游水面波动小，台阶的掺气扩散和消能作用明显；在各种特征水位条件下，两种方案的下游河床冲刷试验观测结果一致。两种方案条件下，表孔具有相同的泄流能力；表孔进口流态相同，孔内水流流态一致；下游河床冲刷试验观测结果一致。

（北京勘测设计研究院　乔明秋　张国来）

通航建筑物设计

三峡工程永久船闸设计

三峡工程建成后，永久船闸是解决货运通过三峡大坝的主要通道，客运船舶则主要由垂直升船机通过坝址。三峡永久船闸为连续布置的双线5级船闸，设计总水头113m。根据规划水平年单向运量5000万t和最大通过万吨级船队的要求，闸室有效尺寸为280m×34m×5.0m（长×宽×槛上水深，与下游葛洲坝水利枢纽的1号、2号船闸相同）。船闸最高通航流量56700m³/s，通航水位，上游：围堰发电期135m，初期135～156m，后期145～175m；下游：各运行期最低水位63m（建筑物布置还留有在水位62m运行的条件），最高水位73.8m。

三峡船闸的布置方案，根据三峡坝址的地形、地质条件和运行特点，先后研究了带蓄水池的井式船闸、带调节池的3级连续式船闸、不带调节池既有连续又有分散的组合式3级和4级船闸、连续布置的4级和5级船闸、分散布置的3级船闸等不同布置方案，最后根据三峡船闸的具体特点，通过对分散布置的3级船闸和连续布置的5级船闸两种方案的深入比较，由于连续布置的5级船闸方案在工程量、投资、运行管理条件和与枢纽总体布局的关系等方面具有明显优势而被选用。

连续5级船闸布置在河床左岸河岸制高点坛子岭左侧，两线船闸中心线与坝轴线延长线的交点，离左岸电站厂房1234m，交角113°。船闸由上游引航道、主体段、下游引航道3部分组成，线路总长6442m。

船闸的引航道，在施工期和工程运行后期分别与其右侧的临时船闸和垂直升船机共用，其长度上游为2113m，下游为2722m。引航道的布置尺度，闸前直线段长930m，弯曲半径在口门以内为1000m，在口门位置为1200m，水深上游为6.0m，下游为5.5m。为满足船舶（队）进出引航道通航水流条件的要求，在上、下游引航道的右侧分别布置有长2750m和3700m的隔流堤。

船闸的主体段长1607m，建于岩石开挖槽中，在两线船闸之间闸墙顶面以下的岩体予以保留，形成两线船闸间的中隔墩。岩石开挖坡高，一般为120m，最高处为160m。边坡坡度，全、强风化带为1:1，弱风化带上部为1:0.5，每15m高度设1条宽度为5m的马道；弱风化带下部和微、新岩石为直立开挖，每15m高度设1条宽度为0.3m的马道。直立开挖的最大高度为66.05m。高边坡采用系统及随机锚索、锚杆进行支护并采用坡面防渗、山体排水等措施，以保持边坡的长期稳定。

两线船闸的1～6号闸首和1～5号闸室的边墙与底板间有2条纵缝分开。大部分边墙采用衬砌式钢筋混凝土结构，部分采用下部为衬砌式、上部为重力式的混合式结构。闸首和闸室的衬砌部分用高强锚杆锚固在直立的岩体上，并在岩面上设有排水系统。船闸底板的底部设有排水廊道，检修时靠自重配合基础排水保持稳定。

根据三峡坝址的地形、地质条件和提高运行效率、节省工程量等要求，船闸采用基本不补水、完全不溢水的方式划分水级，级间最大工作水头45.2m。每线船闸输水系统的2条主廊道对称布置在两侧山体和中隔墩内，均为采用钢筋混凝土衬砌的隧洞。上游在引航道内正向取水，在每级闸室的中部有廊道通向闸室底部，为保证下游引航道的停泊条件，闸室的水体直接泄入长江，下游泄水廊道按侧向泄水方式进行布置，泄水口布置在下游隔流堤中部的外侧。闸室充泄水系统采用4区段8支管等惯性出水加消能盖板布置型式，闸室充水（或泄水）时间为12～13min。船闸在水库蓄水和泄水过程的某些水位需要补水，船闸补水不另外设置补水设施，系直接通过操作输水阀门完成。输水系统采用降低主廊道高程、快速开启阀门、廊道在阀门后设置跌坎和通气管等技术措施，以保证廊道和阀门的安全运行。

船闸的工作闸门均采用人字门。为适应枢纽分期蓄水运行的条件，第一闸首在初期不参加运行，其底槛按初期运行要求设置，人字门按后期运行要求设置；第二闸首人字门先按初期运行要求设置，在枢纽转入后期运行前，再按后期运行要求进行改建。闸门最大高度38.50m，最大淹没水深36m。船闸输水系统均采用反向弧形门。船闸的闸门和阀门分别采用卧缸和竖缸的液压启闭机启闭。船闸供电设有3个6kV变电所。船闸采用可编程控制器（PCL）进行操作。两线船闸设置1个集中控制室，通常在集控室以集中自动程控运行为主，必要时也可作半自动程控运行，并可在集控室或现地进行单机手动操作。闸上还配有照明、导航、检测、监视、广播、通信等电气设施。

此外，船闸还设有引航道冲淤、安全监测、消防等保证船闸长期、安全、可靠运行所必需的设备和设施。

两线船闸在正常情况下采用一线上行、另一线下行的运行方式，在其中一线船闸检修时，另一线船闸采取成批过闸定时换向的运行方式。一个方向船舶（队）过闸的间隔时间约为 60min。船舶（队）通过船闸的时间约为 2.35h，船舶（队）从一端引航口门道驶入至另一端引航道口门驶出的总历时约为 3.14h。船闸年单向通过能力为 5152 万 t，不计枢纽汛期弃水的年耗水量约 17 亿 m^3。

（长江水利委员会勘测设计研究院 宋维邦）

大源渡船闸设计

大源渡枢纽位于湖南省湘水干流衡阳市以下 62km，衡山县上游 12km，枢纽控制流域面积 53200km^2，约占湘江全流域面积的 56.2%。按湘水干流规划，以航运 、发电为主，结合灌溉、防洪等综合利用要求，“航电结合”、“以电养航”是大源渡枢纽的主导开发思想。枢纽由通航一顶 4 艘千吨级船闸、23 孔净 20m 宽泄水闸和总装机 120MW 的电站组成。枢纽正常蓄水位 50.00m，渠化上游天然河道 62km 至衡阳市，同时通过 1.35 亿 m^3 航运调节库容，使枢纽下游 120km 至株洲河道由原来的Ⅴ级提高至Ⅲ级航道，通航保证率 $P \geqslant 95\%$ 的技术要求。船闸于 1996 年 5 月正式开工，至 1998 年 11 月 22 日通航，历时 2 年半，累计完成土石方开挖与回填约 300 万 m^3，混凝土浇筑约 17 万 m^3，引航道混凝土护坡 13.4 万 m^2，口门区炸礁约 8 万 m^3，金属结构 780t。是湖南省迄今通航等级最高、设计年通过能力最大、具有现代化水平的船闸。

大源渡船闸位于枢纽左岸Ⅱ级阶地上，地质构造属板溪群地层，节理发育，各类断层较多，岩层风化带下限深达 13～20.9m，主要建筑物均奠基于全风化中部或强风化上部，地基允许承载能力约 0.45MPa。

本区地震基本烈度不超过 6 度，设计不考虑地震设防。

枢纽建筑物按 50 年一遇洪水设计，500 年一遇洪水校核；船闸上闸首为挡水前缘，挡水标准同电站和泄水闸，主体建筑物按三级标准设计，次要建筑物为四级，其他为五级建筑物。

船闸有效尺度 180m×23m×3.0m（长×宽×门槛水深），设计最大工作水头 11.2m；过闸船队，近期通航一顶 2 艘千吨级分节驳，远期一顶 4 艘千吨级分节驳；年通过能力，近期 820 万 t，远期 1200 万 t。采用闸室墙长廊道侧支管分散输水系统，双向过闸 1 次 45min。

船闸上、下闸首采用重力坞式（边墩挖空）钢筋混凝土结构，分离式闸室、衡重式钢筋混凝土闸墙，上、下游导航墙为半重力式钢筋混凝土结构，靠船墩为钢筋混凝土圆形结构。

船闸布置充分考虑了与枢纽其它建筑物的协调性，以及上、下游引航道与河床的顺直衔接，采用从河床移至左岸阶地，腾出空间以利泄洪的远离水闸方案。经水工模型试验，水流条件满足双向通航和规范要求，船闸航行条件明显改善。

船闸轴线全长 1465.615m，将凸岸河床划出一月牙形洲（中洲），闸室位于洲中部，尺寸 180m×23m×3.0m，上闸首长 30m，下闸首长 21m，上下主航墙各长 160m；在上、下引航道左侧，各设靠船墩 8 个，墩距 25m，上、下导航道、副导航墙呈反对称布置，半径 55m，详细尺寸列于表 1。

表 1 船闸及上下引航道平面尺度表

名称	上引航道口门区		上引航道		船闸			下引航道		外航道	备注
	圆弧度 $R660$ $\theta=23°$	直线段	圆弧度 $R660$ $\theta=23°$	直线段	上闸首	闸室	下闸首	直线段	过渡段	直线段	
长度(m)	264.94	260	487.15	631.615	30	180	31	593	312	690	
长度段计(m)	524.941		1118.765		241			90	5	690	$L=3479.705$
底面	70～80		45～70	45	23			45～66	66～80	80	
最小水深(m)	3.0									2.0	

为使上游引航道与泄洪闸水流分隔，设导流堤（鱼嘴），堤顶部宽约 10m，其下逐渐放宽至 180m 与泄洪闸轴线相接，形成约 40000m^2 的人工半岛，兼作休憩旅游小区景点。

下游引航道直线段长593m与湘水河道相接，为创造良好的水流条件和通航条件，出口段右侧建长72m导流堤，堤顶高程43.00m，堤头右侧设长25m、宽3m的楼形导流墩2个，左侧建丁坝3座。岸坡均护面至丁坝。

船闸及人字门的检修，均配置浮式检修闸门，锚泊港池长30m，宽10m，布于引航道一级阶面以下。

大源渡船闸工程特征详见表2。

表2 船闸工程特性

序号	名 称	单位	指 标	备 注
1	年通过能力	万t	820/1200	近期/远期
2	船闸有效尺度	m	180×23×3	长×宽×门槛水深
3	船队有效尺度	m	165×10.8×2（一顶二）	长×宽×吃水
4	最高通航水位	m	52.85/52.60	上游/下游
5	最低通航水位	m	47.8/38.8	上游/下游
6	下闸首、闸室顶标高	m	56.0/35.8	顶/底
7	上闸首、槛高	m	58.4/44.8	顶/槛
8	输水型式	m	侧墙长廊道短支管	
9	工作闸闸门型式	m	钢质人字门	液压启闭
10	检修闸门	m	钢质浮式	
11	桥梁通航净空	m	≥10	在$P=10\%$进水时
12	过坝船队载量/次	t	2347/4000	非设计船队/设计船队
13	船队平均进闸速度	m/s	0.65/0.85	单向/双向
14	船队平均出闸速度	m/s	0.85/1.2	单向/双向
15	船队平均进闸时间	min	12.8	
16	船队平均出闸时间	min	3.5/6.0	单向/双向
17	过闸时间	min	45	双向
18	船闸输水时间	min	9.1	
19	闸门关闭或开启时间	min	3.0	

（湖南省交通规划勘察设计院 杨锡安）
（长沙华夏水电能源研究所 袁彰志）

单项水工建筑物设计及其他

三峡水电站厂房设计

（一）三峡水电站规模与兴建

三峡水电站共装有26台单机容量为700MW的水轮发电机组，其中左岸电站装14台，右岸电站装12台，总装机容量为1820MW，保证出力499MW，建成后将成为世界第一大电站。左岸电站为二期工程，1997年底大江截流后开始浇注混凝土，预计2003年10月第一批机组可利用三期工程上游横向围堰挡水发电，进入初期运行。右岸电站为三期工程，计划在2003年下半年开始浇混凝土，到2009年左、右岸电站将全部建成发电。届时年均发电量可达到846.8亿kW·h。

（二）三峡电站厂房布置

三峡电站主要建筑物包括进水口、压力钢管、主厂房、副厂房和尾水渠，按一级建筑物设计，地震设防烈度为7度。基础岩体均为坚硬完整的闪云斜长花岗岩。水库按防洪、发电、航运等综合要求调度，水库正常蓄水位为175m，汛期防洪限制水位为145m，枯季消落低水位为155m，非常运用水位为180.4m。

电站进水口为大坝的一部分，为防止泥沙与漂污影响电站正常取水，将左、右岸电站分别布置在泄洪坝段两侧，可充分利用泄洪运行来排沙与排漂。此外，在进水口前沿分别设有7个直径为5m的排沙孔和3个排漂孔，用以实现电站进水口门前清，保证电站长期运用。

电站压力钢管按一机一管布置，自进口起顺坝坡而下接入厂房。钢管直径12.4m，厂外段与外包混凝土联合受力；厂内段算至水轮机蜗壳入口，上半环外包3cm厚弹性垫层与混凝土相隔；厂内段与厂外段的连接有两种型式；7号～14号机组段对应河床坝段，坝高较大，采用伸缩节以适应厂坝间的差异变形，1号～6号机组段对应岸坡坝段，在10m管段范围内，全环外包5cm厚的弹性垫层形成垫层管以替代伸缩节。

左岸电站厂房包括14个机组段和3个安装场。顺厂房轴线，安1段长9m，安2段、安3段和1号～13号机组段均长38.3m，14号机组段加长为41.2m，故电站厂房全长644.7m；顺流向，主厂房与下游副厂房为一整体结构，自尾水平台82m高程以上宽为39m，以下宽为68m；上游副厂房宽为17m；从竖向看，主厂房开挖高程22.2～19.9m，屋顶高程114.5m，总高度为92.3～94.6m。

主厂房内装有14台水轮发电机组，水轮机为混流式，额定出力710MW，发电机为伞式，额定容量710MW，其中1号～3号、7号～9号机共6台，由VGS集团供货，其余8台由GANP集团供货。厂房装机高程57m；水轮机层高程67m，设有调速器和油压装置：发电机层高程75.3m，上方设有两层桥机，下层为2台12000kN/200kN单小车桥机，并车运行时可起吊发电机转子，上层设有2台1000kN/320kN桥机。安1段地面高程82m，大门宽12m，与进厂道路相通，是主要的卸货场地，也是发电机上机架组装场地，下层布置透平油系统设备；安2段和安3段是主要的机组组装场地，地面高程均75.3m，发电机转子、下机架、水轮机转轮和顶盖等设备均在此组装。地面以下，安2段设1个排沙孔，安3段设2个排沙孔，并布置有压缩空气系统和暖通系统设备。下游副厂房上方为尾水平台，地面高程82m，设有2台2×1250kN双向门机，用于尾水检修闸门和排沙孔检修闸门启闭。上游副厂房内共分5层，自下而上布置励磁变压器、配电盘、主变压器和GIS断路器，屋顶布置有引出线设施和出线门构。

主厂房67m高程以下为大体积混凝土，埋有水轮机蜗壳和尾水管。尾水管为大型空腔结构，弯管段最宽为30.96m；扩散段分成3孔，单孔宽为9m，尾水门槽上游侧底板厚为4.8m，与边、中墩浇为整体结构，门槽下游侧底板为分离式结构，底板厚0.8m；蜗壳采用充水加压埋入混凝土方案。主厂房67m高程以上，上、下游侧均为实体墙，厚度分别为2.2m和2m，屋顶为大跨度网架。上游副厂房为多层混凝土框架结构，与主厂房结构之间设有永久缝分隔。

（三）三峡电站厂房设计中重点技术课题

（1）1号～6号机组段与大坝联合受力。左厂1号～5号坝段位于岸坡，基础岩体内倾向下游的缓倾角裂隙发育，其中3号坝段的缓倾裂隙连通率高达83.1%。为此，大坝采取了多种工程措施，包括降低建基面高程、坝踵设齿槽、横缝设键槽、下游坡面用预应力锚索加固等。此外，还要求厂坝联合受力。经研究，对1号～6号机组段采取如下措施：①主厂房高程50m以下混凝土与基岩接缝采取接触灌浆，使之结合紧密，确保厂房能有效地对大坝提供阻滑力；②沿尾水管底板下游侧和安2段左侧设置廊道，形成封闭灌浆帷幕和排水，以降低大坝和厂房建基面的扬压力。经采取以上综合措施后，大坝深层抗滑稳定满足设计要求。

（2）电站进水口采用单孔小进口型式。电站采用单机单管引水，曾研究过大进口和小进口两种方案。大进口方案是国内常用型式，但三峡单机流量大（996.4m^3/s），闸门设计水头高达70余m，超过现有启闭设备的能力，需增设中墩，采用双孔进水，致使结构布置复杂，坝体应力条件恶化，为此研究了小进口单孔引水方案。小进口闸门孔口面积与压力钢管面积相等，国内启闭设备容量能适应，经多家多次水工模型试验比较验证，当小进口单孔底板高程为108m，闸孔尺寸为9.2m×13.2m（宽×高）、喇叭口与闸孔面积比为1.8时，进水口前方水流条件与大进口双孔方案相当，水头损失还略小。最后选用小进口单孔方案。

（3）水轮机蜗壳采用充水加压埋入混凝土方案。三峡水轮机蜗壳体型巨大，沿厂房轴线宽约34.3m，入口直径12.4m，为增加蜗壳结构刚度，提高其抗振性能，要求在任何工况中蜗壳均受混凝土的约束。为此，决定采用蜗壳充水加压埋入混凝土方案。经研究，在浇筑蜗壳外围混凝土过程中，当蜗壳充水压力保持70m水头不变、可满足任何运行工况情况下（包括在初期低水位135m运行时），蜗壳与外围混凝土完全贴合，联合受力。而为了对蜗壳实现充水加压，沿水轮机固定导叶设有圆柱状内闷头，在蜗壳入口断面设有外闷头。曾比较过外闷头设在主厂房外的方案，因其影响上游副厂房施工进度，最后将外闷头改设于主厂房内。

（4）电站厂房抗振研究。三峡电站单机容量大，水头变幅大，在电力系统中承担基荷、腰荷、调峰和调频任务，运行条件复杂。为避免运行中因水力、机械力、电磁力等动荷作用诱发电站厂房建筑物和压力钢管振动，影响电站正常安全发电，自设计以来，除对机组运行稳定性提出严格要求以防止机组部件发生自激振动外，十分重视对电站厂房抗振研究。在技术设计阶段中，已作过多次专题研究，主要从结构型式和结构措施上保证厂房抗振性能。目前则基于水轮机转轮模型试验和机组特性资料，正进一步开展随机振动分析和有关抗振措施的研究工作，以确保三峡电站安全运行。

（长江水利委员会勘测设计研究院 符志远）

天生桥一级水电站土石过水围堰设计

（一）概况

天生桥一级水电站位于广西、贵州交界的南盘江干流上，距下游已建成发电的天生桥二级水电站7km，为红水河梯级开发的龙头电站。拦河坝最大坝高178m，坝顶长1168m，顶宽12m，水库总库容102.4亿 m^3，安装4台水轮发电机，总装机容量1200MW。

枢纽工程由混凝土面板堆石坝、右岸溢洪道、右岸放空隧洞及左岸引水发电系统组成。

两条导流洞布置在左岸。

（二）设计条件及标准

电站所在的南盘江河段属山区河流，洪枯季节分明。一般5月中旬进入汛期，11月中旬进入枯水期，多年平均流量612m^3/s，实测最大流量7780m^3/s，最小流量72m^3/s。

上游围堰位于1号冲沟口下游，河床冲积层厚6.03～12.65m，近基岩面夹有0.5～2.0m厚黏土层。下游围堰位于12号冲沟口，河床冲积层厚17.22～25.61m，近基岩面夹有10.77～13.22m黏土层。据多组取样试验：该黏土层对堰基沉降及堰坡稳定有较大影响。

天生桥二级水电站已建成发电，一级水电站围堰需在二级电站水库中修建，对于应正常蓄水位和死水位的堰址水深分别为18m和10m，给围堰设计和施工带来了较大困难。

围堰分两期施工，前期采用枯期导流方案，施工时段为11月11日～次年5月20日，围堰挡水标准采用该时段20年一遇洪水，设计流量1670m^3/s。5月21日～11月10日基坑度汛，洪水通过围堰和填筑到一定高度的坝体及2条导流洞联合下泄，度汛标准采用30年一遇全年洪水，设计流量10800m^3/s。后期下游围堰加高到657.2m高程，挡20年一遇的全年洪水，对应流量为9670m^3/s。

（三）天生桥过水围堰设计

天生桥一级水电站围堰具有轴线长、基础复杂、深水修建等不利条件，堰型选择是其成败的关键。

1. 上游围堰 上游围堰采用土石过水围堰垂直防渗方案，一次建成，多次使用，其断面型式参见图1。

2. 下游围堰 下游围堰座落在17m左右深厚覆盖层上，其中有10～13m厚的淤泥质黏土，抗剪强度及物理力学指标都较差，且在10～18m的深水中施工，基础处理量大，技术复杂。

下游一期围堰按土石过水围堰设计。堰体填筑到647.2m高程，堰顶长153.8m，采用高喷板墙垂直防渗，其断面型式参见图2。二期直接从一期堰顶平台加高至657.2m高程，迎水面设土工薄膜防渗，围堰总高度为28.6m（不计覆盖层），顶长210m。

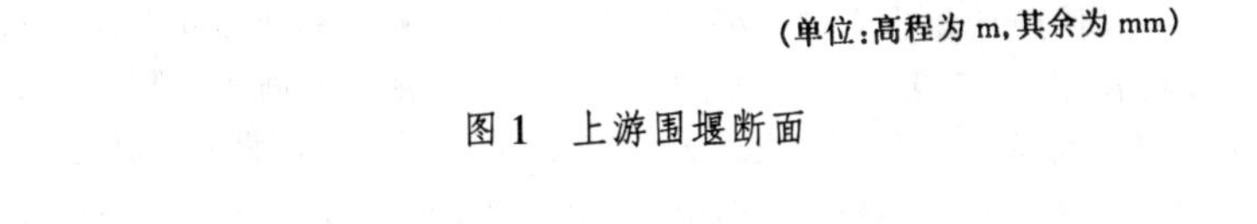

图1 上游围堰断面

3. 围堰结构设计

（1）防渗结构设计。上、下游围堰均采用高喷板墙进行垂直防渗。上游围堰防渗板墙布置在围堰轴线上，墙顶高程为648.0m，墙体伸入基岩0.5m，轴线长273m，高33m。板墙水泥结石体的设计强度为C8，渗透系数$K_\phi \leqslant 10^{-7}$cm/s。采用旋喷与摆喷相结合的结构体系，板墙设计厚度最小为0.5m，最大为1.2m，钻孔孔距1.2m。下游围堰高喷板墙布孔和平面结构与上游围堰相同，布置在围堰轴线下游23.8m处，轴线长153.8m，一期板墙承压水头31.2m，二期承压水头41.2m。

（2）下游围堰基础处理设计。根据稳定分析，下游围堰从647.2m加高到657.2m高程前，须对下堰基坑侧基础采用振冲碎石桩进行处理和加固。处理范

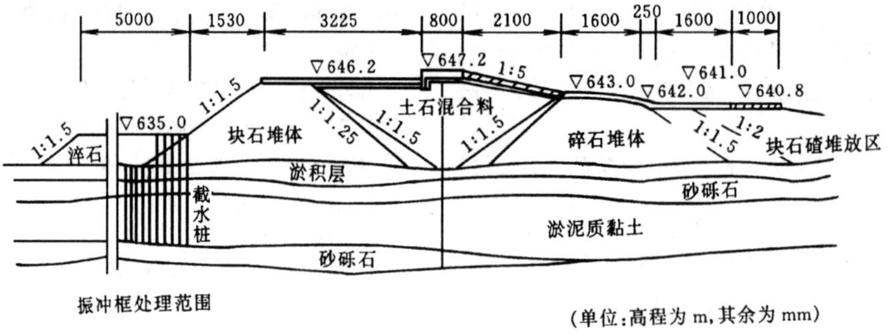

图2　下游围堰断面

围：靠堰脚顺河向 40m，垂直河道向 70m。振冲碎石桩采用 2m×2m 正方形布置，合计布桩 823 根。在保证每 $4m^2$ 范围有一个 $\phi=1.3m$ 振冲碎石桩的情况下，面积置换率为 33%。

(3) 度汛保护设计。1994 年 10 月，Ⅰ号导流洞 0+8.5m～0+140m桩号发生大规模塌方，无法参加导流。为此，将原计划的 1994 年 11 月中旬双洞截流改为 12 月中旬采用 2 号洞单洞截流。根据堰型特点，将上游围堰的堰后挑流平台定在 645.0m 高程，比下游围堰堰顶高程低 2.2m，围堰过水时 645m 挑流平台有足够的水垫深度，为上游围堰实现面流消能创造了条件。堰顶和 645m 挑流平台均采用厚 1.0m 的钢筋混凝土护面。堰顶至 645m 平台的斜坡段采用平均厚度 0.9m 的混凝土楔型体保护。基本断面见图 1。下游围堰在度汛保护设计中除满足一期过水要求外，还要考虑二期堰体加高方便和尽量减少与大坝填筑干扰。靠基坑侧 646.2m 高程的堆石压重平台采用 1.0m 厚块石铅丝笼保护。堰后消能平台原设计定为 637.5m 高程，在施工中由于二级水电站发电水位降不下去，被迫提高到 643.0m 高程。基本断面见图 2。

（四）围堰运行观测及补强措施

1994 年 12 月 25 日截流，1995 年 3 月高喷板墙基本形成。由于双洞导流改为单洞导流，大大降低了导流标准，1995 年围堰过水 12 次，合计 1826h，其中最长 1 次达 447h。下游围堰 1995 年 8 月 12～20 日第 9 次过流时，最大洪峰流量达 $4750m^3/s$，由于下游二级水电站发电水位控制配合较好，围堰未发现异常情况；8 月 20～22 日在洪水退降过程中，二级电站运行水位突然降至 639.1m 高程，使下游堰脚水位从 647.56m 降至 643.55m，下堰承担的落差和过堰流速大大超过设计值，643m 消能平台混凝土板从右向左开使局部失稳，部分混凝土楔型体陆续被冲走。但随着二级电站运行水位的抬高，局部破坏立即停止。

由于施工进度调整，要求上、下游围堰 1996 年继续过水度汛，故根据 1995 年汛期实测数据对下游围堰进行了补强处理。1996 年双洞导流，围堰过水 7 次，下游围堰完好无损，保护了大坝堆筑体的度汛安全。

上游围堰由于有下游围堰的保护，基本不受二级电站运行水位影响，经过 1995 年 12 次、1996 年 7 次过水，过堰水流平稳，围堰完好无损。

(贵阳勘测设计研究院　杨志雄　陈能平
水利部水利水电规划设计总院　赵增凯)

十三陵蓄能电站上池混凝土面板全池防渗工程设计

十三陵抽水蓄能电站位于北京市以北约 40km 的十三陵风景区，总装机容量 80 万 kW。电站上水库采用开挖和筑坝方式兴建，池内坡比 1:1.5，总库容 445 万 m^3。上池地质断裂构造发育，透水性强，地下水位低，没有天然径流，故采用混凝土面板全池防渗。防渗面积（17.5 万 m^2）现居世界首位，也是我国首次在抽水蓄能电站上库采用混凝土全面防渗的工程。面板体型复杂，转弯段和异型块较多。面板各种结构缝总长达 21290m。因此，混凝土防渗面板的设计是上水库工程成功的关键。

（一）十三陵上水库混凝土防渗面板设计

(1) 混凝土面板。厚 30cm，在距其表面 10cm 处，配置单层双向钢筋。混凝土设计指标：抗压强度 $R_{28}250$，抗渗标号 W8，抗冻标号 F 300。

(2) 连接板。替代常规面板坝趾板，用于库坡与库底面板间的衔接过渡。在主坝区和岩坡区，其分别坐落在碎石垫层和无砂混凝土垫层上，并顺坡上翘 80cm。

(3) 面板分缝。库坡面板不设水平缝，只设垂直缝，缝间距为 16m，靠近主坝坝肩的受拉区，缝间距逐渐过渡到 6m。在连接板上、下两端及堆石体和岩坡接头处设置周边缝。池底面板缝尽可能布置在地基变化较大处。

(4) 面板下排水层。在坝坡、岩坡及库底混凝土面板下分别设置水平宽度3m的垫层料、30cm厚的无砂混凝土和50cm厚的碎石料作为排水层。其渗透系数均不小于1×10^{-2}cm/s。在库底碎石排水层的底部设置排水管，直接与池底周围排水廊道相连。

(5) 复合防渗层。在地质条件较差的西部岩坡基础表面设置由氯丁胶乳沥青与聚脂纤维无纺布组成的复合防渗层。其上为无砂混凝土排水层和混凝土面板防渗层。该复合防渗层可以防止面板渗漏的无压水渗入西部岩坡的岩体断层内。其柔韧性可减少面板的基础约束力，进而达到间接防渗效果。

(6) 面板施工工艺。变宽度折叠式无轨滑模施工混凝土面板的工艺是国内首次采用，具有使用方便、易保证质量及施工速度快的优点，可以适用于转弯段、变宽度段等各种异型面板块的施工。

(二) 面板接缝止水结构

(1) 铜止水的新工艺。在国内首次采用工厂整体冲压成型的铜止水"丁"字和"十"字接头(见图1)，有效地解决了接头处焊缝多、现场焊接困难及焊接后止水结构适应变形能力差等问题，保证了止水接头处的施工质量。

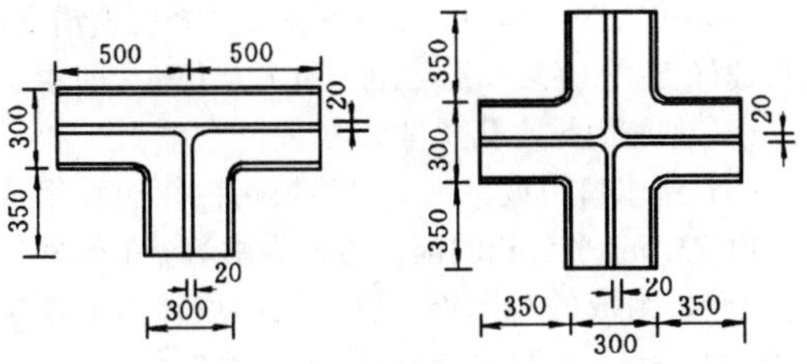

图1 铜止水"丁"字和"十"字接头图(mm)

另外，根据运输条件，通过现场整体成型设备加工的W型铜止水带，基本为20m左右一段，使接头焊缝数量减少约90%，提高了铜止水的施工质量和施工速度。

(2) 面板嵌缝填料。选用国家重点科技攻关成果"GB"止水材料。其属橡胶类产品，具有良好的耐水性、耐化学性及耐久性，既可作为嵌缝材料，又可用于表层防渗材料。

(3) 新型橡胶止水带。周边缝中部止水为两侧齿间复合"GB"条的新型橡胶止水带(见图2)，其优点是延长了渗径，易和新鲜混凝土黏接，且当混凝土干缩后及止水带受力时不宜产生微裂缝，提高了止水效果。橡胶止水带的"丁"字和"十"字接头采用工厂整体成型，减少了焊接，提高了施工速度和止水效果。

(4) 新型表层止水结构。面板表面为用401胶粘贴的"GB"止水板(有一定厚度)，其上为复合了"GB"材料(工厂内完成)的三元乙丙橡胶板，橡胶板上采用不锈钢压板保护(见图3)。其优点是施工质量易控制，检修方便，水压作用下防渗面容易压紧，缝张开时受力较嵌缝止水有利。现场和室内压水试验表明止水效果良好。

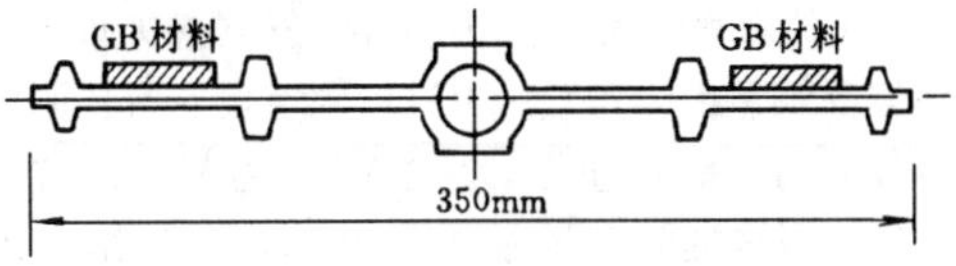

图2 加"GB"的橡胶止水带示意图

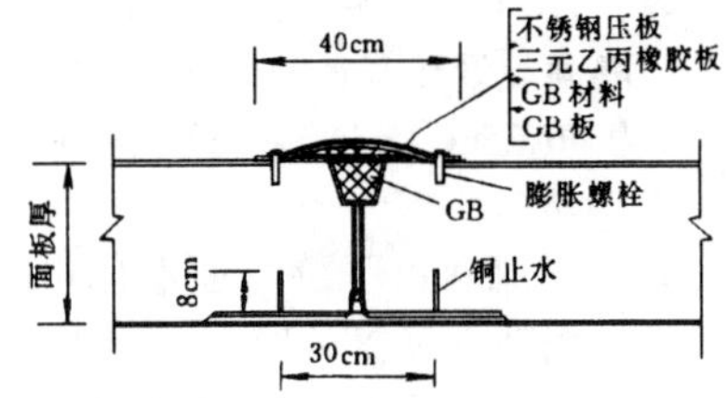

图3 表层止水结构型式

(三) 防渗效果评价

上水库高水位运行以来，库底廊道实测夏季和冬季渗漏量分别为0.02～1L/s和7～14.16L/s，满足设计控制日渗量0.3‰～0.5‰总库容的标准。上水库各种监测设备及监测数据正常，表明十三陵抽水蓄能电站上水库混凝土面板防渗技术是成功的。

(北京勘测设计研究院 郝荣国)

柘林水电站扩建工程设计

柘林水电站位于江西省永修县柘林镇境内，是修河干流中游上一座以发电为主，兼顾防洪、灌溉、航运、水产等综合效益的大型水利水电工程。水库总库容79.2亿m^3，电站现有装机容量180MW，属大(一)型工程。工程于1958年动工兴建，1975年4台机组全部投产发电。电站主要承担系统的调频、调峰及事故备用任务。进入90年代以来，江西省经济有了长足的发展，电力供需的矛盾日益突出，特别是对电网调峰的需求更为尖锐。为解决调峰问题，受江西省电力工业局委托，由贵阳勘测设计研究院进行柘林水电站扩建工程的可行性研究和招标设计。扩建工程于1998年12月开工。

柘林水电站扩建工程为单一的引水发电系统，采用一机一洞布置方式，由引水明渠、隧洞式进水口、2条平行布置的引水隧洞和压力钢管、发电厂房及尾水渠等组成，2台120MW的发电机组，扩机容量

240MW，工程扩建后电站总装机容量达420MW。

1. 扩建工程枢纽布置与原枢纽的协调一致　据建筑物的布置形式模型试验以及水文、水能计算，选定的扩建工程枢纽对原枢纽的水文、水能无影响。

扩建工程枢纽集中布置于原枢纽泄空洞北侧（主坝左岸）鲫鱼山上下游。引水渠利用北侧库湾扩挖形成，长382.814m，底宽48m，渐变到进水口前沿60m，底板高程由45m降为36m。隧洞式进水口位于上游紧靠鲫鱼山脚布置，由进口闸室段、有压洞段和竖井段闸门3部分组成。新增5号、6号引水隧洞平行布置，引水隧洞穿越紧邻“80山包”的鲫鱼山底部，其中5号引水道较长，由闸门井后渐变段、上平段、斜管段、下弯段、下平段、平弯段、渐变段和钢管段组成。隧洞段设计洞径为10.5m，钢管直径为9.60m，长为40.25m，5号洞全长214.563m，6号洞全长183.937m。

厂房布置于鲫鱼山下游与进水口相距140～200m，厂房纵轴线方位NE47.6°。主厂房平面尺寸119.10m×33.5m（长×宽），主厂房尾水管底板高程1m，屋顶高程70m。机组间距为31m。厂房净宽28.5m，水轮机型号为HL551C-LJ-691，发电机型号SF120-80/14800。厂内安装跨度为$L_k=28.5$m的2×350/75双小车桥式起重机。

尾水渠布置在现继保室下游，与泄空洞消力池出口斜交进入现尾水渠。扩建开关站布置在尾水渠左岸39m高程平台上，与原开关站相邻。尾水渠左侧边墙长217.25m，尾水渠右侧边墙长122.378m，尾水渠底宽最宽52m，最窄37m。升压开关站位于老开关站西侧（上游侧）。

2. 不良地质条件边坡稳定及工程处理　扩建枢纽区分布地层为前震旦系板溪群（P_{tba}）及震旦系下统洞门组（Z_{ad}），岩层走向进南北，向西倾，产状为N5°～15°E/NW70°，不利的长大裂隙及小断层发育。由于引水明渠、进水口、厂房等建筑物布置的需要，在扩建枢纽区形成了多处大小不等的人工边坡。扩建工程在地形、地质条件相对较差的部位布置，甚至有些是原枢纽布置时的“禁区”。

（1）引水渠右岸边坡。引水渠右岸边坡，沿渠道长约380m，边坡最高约80m，明渠底高程36～45m；60.00m高程以下，岸坡开挖坡度为1:0.11～1:0.8；60m高程以上开挖坡度为1:1.5，并在60、73、83、93、103、113m高程等处布置3.0m宽的马道。所处地层为全强风化的冰渍岩、砂页岩、碳质页岩夹泥岩。右岸边坡的主要问题是具有膨胀性的全强风化的冰渍岩和页岩夹泥岩的边坡稳定（遇水后软化快）。

边坡支护处理措施主要有：①10根混凝土抗滑桩（陡直边坡部分），断面2.5m×3m，桩长15～20m，锚固段取桩长1/2～1/3，桩与坡面混凝土板连接。②20根混凝土嵌槽（缓边坡（1:0.8）部分），断面2m×2m，44.50至60.00m高程贴坡面布置。③坡面混凝土框架梁护坡，高程73.00m以上坡面布置。框架梁断面0.2m×0.2m，在坡面呈棱形布置。④系统喷锚支护。⑤坡面排水孔及排水沟。

（2）引水渠左岸边坡。引水渠左岸边坡，沿渠道长约300m，边坡高30～80m。进水口前沿左岸边坡（桩号0+15～0-123）为引水渠左岸高陡棱体边坡，边坡高70～84m（高程36～110m），从高程36至73.00m，岸坡开挖坡度为1:0.11～1:0.3；高程73.00m以上开挖坡度为1:0.6，并在44.00、60.00高程等处布置3m宽的马道，高程73.00m布置宽5.00m公路。进水口前沿左岸高陡棱体边坡及临空条件较好的弧形转弯段，为强风化$Z_{ad}{}^5$粗砾砂岩、$Z_{ad}{}^6$粗砂岩组成的横向坡。该段主要结构面是以f_5、f_7为两侧面F_{145}为后缘，在空间上构成1个三面棱形块体。f_7为左侧切割面，产状为N20～35°E、SE∠30～38°。f_5为右侧切割面，产状为N5°～15°E、NW∠45°～57°逆断层。F_{145}为后缘切割面，在交通洞北侧约5～10m通过。边坡支护处理措施主要有：①79根1200kN级预应力锚索，长30～45m，间距4～5m，布置6排。②66根锚杆束（3ϕ32，$L=15$m和$L=20$m，间距2.5m×3m），布置5排。③系统喷锚支护及长锚杆支护（ϕ32，$L=10$m和$L=15$m，间距3m×3m）。④坡面排水孔及排水沟。

（3）进水口边坡。进水口边坡由两级边坡组成，中间由73.5m平台相间隔。边坡为由$Z_{ad}{}^5$粗砾砂岩、$Z_{ad}{}^6$粗砂岩组成的顺向坡。有一倾向坡外的小断层，倾角45°～50°。边坡总高101.5m。高程73.5m平台以下洞脸边坡，坡高41.5m，宽60.00m；其中高程54.00m以下为直坡，高程54.00～73.5m梯段边坡坡比为1:0.36（70°），该边坡为临时边坡。边坡处理为长锚杆喷锚支护（ϕ32，$L=15$m，间距2m×3m）；9根1200kN级预应力锚索，长30～45m，由于有一倾向坡外的小断层，倾角45°～50°，在隧洞及洞脸边坡开挖过程中，在小断层未切断前先进行隧洞上半洞的二期衬砌（洞口25m），以确保洞脸边坡的稳定。高程73.5m平台以上进水口边坡（高程73.50～135.00m），最大坡高60.00m，每10m高设一马道，梯段边坡坡比1:0.6，该坡为进水口永久边坡。边坡处理为常规系统喷锚支护，坡面排水孔及排水沟。

（4）厂房边坡。厂房边坡所处地层为Z_{ad}^3灰绿色厚层状长石石英砂岩，其覆盖层为地基山古滑坡体上的松散堆积物，为古滑坡堆积体。厂房边坡高90～135m，边坡的主要问题是：古滑坡堆积体的稳定问题；不利长大裂隙及小断层发育的强、弱风化岩体边坡的稳定问题。边坡支护处理措施主要有：①6 根混凝土抗滑桩（覆盖层边坡部分），断面 2.5m×3m，桩长 10～20m，锚固段取桩长 1/2～1/3。②100 余根锚筋桩（7ϕ32，长 15m 和 20m）与坡面混凝土承台梁连成整体，布置在高程 135、高程 120、高程 110、高程 103、高程 88m 等，③202 根 1200kN 级预应力锚索（岩体边坡），长 30～45m，间距 4～8m。④坡面混凝土框架梁护坡。框架梁断面 0.3m×0.4m。④系统喷锚及长锚杆支护。⑤坡面排水孔及排水沟。⑥3 条排水洞，分为 A、B 洞和 C 洞，洞断面 2m×2m，每隔 5m 打 1 排水孔，向上穿过滑面至地面，形成排水孔幕。⑦混凝土灌注钻孔桩，孔径 ϕ300mm。在原继保室部位布置 1 排，高程 34m，间距 1.5m，孔深 20m，计 65 根，与地面混凝土承台梁及斜向锚杆束连成整体。

3. 扩建工程施工技术及施工安全　由于扩建工程靠近原电站，施工爆破对原电站和天然挡水体“80 山包”有影响，并且要保证原电站安全运行，因此需要研究扩建工程施工方法对原建筑物的影响。边坡开挖采用“自上而下，逐层开挖，边开挖，边支护”的原则，特殊地质条件（如引水渠左岸棱体边坡，进水口洞脸边坡，继保室以下尾水渠边坡），采用先支护，后开挖的方式。严格控制施工爆破，不同的部位规定不同的装药量和允许爆破震速，特殊部位（如靠近继保室，“80 山包”的边坡）允许爆破震速控制在 0.5cm/s 以下。

扩建工程开挖土石 232 万 m^3，混凝土 20 万 m^3；工程筹建期 10 个月，主体工程施工总工期 36 个月，第一台机组发电工期 33 个月。

（贵阳勘测设计研究院　陈　宏　任黔云）

机　电
12

水轮机及附属设备

三峡水电站左岸电厂水轮机主要参数与结构

三峡水电站共装设26台水轮发电机组，装机总容量为18200MW，其中左岸电厂14台，右岸电厂12台。左岸电厂水轮机分别由VGS（VOITH-GEC-SIEMENS)集团和ALSTOM-ABB集团供货，厂房从左至右分别为安Ⅰ段、安Ⅱ段、1～6号机组、安Ⅲ段和7～14号机组，其中1～3号和7～9号机组由VGS集团提供，4～6号和10～14号机组由ALSTOM-ABB集团提供。

一、水轮机主要参数

三峡水电站水轮机主要参数有额定出力、最大出力、额定转速、额定比转速、吸出高度和装机高程，分述如下。

(1) **额定出力**。三峡水电站机组额定容量选取，经历了从300～1000MW多方案的论证，在确定正常蓄水位为175m方案后，重点进行了631.5MW、680MW和737MW方案的论证，在全面考虑设计参数水平、制造难度、加工能力、运输条件等因素后，最终确定三峡水电站机组的额定容量为700MW，相应水轮机额定出力为710MW。

(2) **最大出力**。由于三峡水电站机组运行水头变幅范围较大，为61～113m，且偏重在高和低两个水头段，为确保机组在高水头范围内安全稳定运行，三峡水电站机组设置最大容量为756MW，相应水轮机的最大出力为767MW。

(3) **额定转速**。额定转速的选取，重点比较论证了71.4r/min和75r/min两个方案，通过两个转速对机组总体参数影响的全面比较，认为75r/min方案较71.4r/min方案在技术性能和经济指标上更为合理，因此水轮机转速确定为75r/min。

(4) **额定比转速**。额定比转速是衡量水轮机技术性能和经济指标合理性的综合参数，提高比转速可减小机组尺寸，降低机组制造难度和造价，节约厂房土建费用，但受到水轮机效率、空蚀、泥沙磨损及水轮机稳定性能等因素的制约。经综合比较，三峡水电站水轮机比转速选取范围为249～262m-kW是合理的，与选定的额定转速对应，额定比转速确定为261.68m-kW。

(5) **吸出高度**。通过设计计算、统计分析及与国内外制造厂商推荐的数值比较，充分考虑吸出高度(空蚀性能）对水轮机稳定运行影响的因素，确定以导叶中心计的吸出高度为-5m。

(6) 装机高程。在确定的以导叶为中心计的吸出高度条件下，从增加水轮机运行稳定性出发，考虑机端的最低尾水位62m，确定水轮机装机高程为57m。

二、水轮机结构

三峡水电站水轮机主要由尾水管、蜗壳、座环、机坑里衬等埋入件及转轮、顶盖、水轮机轴、导水机构、水导轴承和补气系统等部件组成，分述如下。

(1) **尾水管**。尾水管高度，VGS集团的机组为26.234m，ALSTOM集团的机组为26.51m（均以锥管进口计)，尾水管长度均为50m，扩散段设有两个中墩，出口净宽度为27m。尾水管锥管段及流速不小于6m/s的弯肘段衬有25mm厚的钢里衬，尾水管中墩头部和排水阀室采用钢板衬砌。尾水管锥管上开有两个1000mm×800mm的进人门，两根顶盖平压总管埋入尾水管扩散段。

(2) **蜗壳**。蜗壳为全圆断面，进口直径为12.4m，从进口至尾端，VGS集团的机组共分为33节，最大板厚度为68.13mm；ALSTOM集团的机组分为29节，最大板厚度为67mm。在蜗壳上设有一个VGS集团的机组为ϕ800mm、ALSTOM集团的机组为ϕ650mm的进人门，一根ϕ600mm的取水管，一根ϕ800mm的排水管。蜗壳按承受全水压设计，蜗壳的埋设采用充水浇注混凝土的方式，充水水压为70m水柱高（即蜗壳与座环的连接采用短板方式，短板在工厂已焊接在座环的上下环板上)。蜗壳在现场进行下料卷制。

(3) **座环**。座环由上下环板和固定导叶组成，VGS集团的机组环板厚度为195mm，最大外径为14.492m；ALSTOM集团的机组环板厚度为230mm，最大外径为15.67m。均有24个固定导叶，其中在4个固定导叶中设有排水道，可将顶盖上的水排除。座环分为6瓣，上下环板不加工，在机坑内就位组装，充水浇注混凝土后，再进行结合面的加工。座环与顶盖的连接采用螺栓把合，在座环上还焊有导流板。

(4) 机坑里衬。水轮机机坑(包括两个接力器坑)全部采用钢板衬砌。在机坑里衬上开有一个进人门和两个 ϕ1000mm 的供、排风管，在 VGS 集团的机组的机坑里衬上还设有布置水导轴承外循环装置的凹槽。

(5) 转轮。转轮为铸焊结构，全部采用不锈钢。转轮由上冠、叶片、下环和泄水锥(ALSTOM)组成，整体转轮供货。叶片为 X 型，VGS 集团的机组有 13 个叶片，ALSTOM 集团的机组有 15 个叶片。转轮与主轴的连接，VGS 集团的机组采用剪切套筒和螺栓连接，ALSTOM 集团的机组采用螺栓把合。转轮直径，VGS 集团的机组为 9.4m(喉径)，ALSTOM 集团的机组为 9.8m(出口直径)，上下止漏环均为平板式。

(6) 顶盖。顶盖为钢板焊接箱式结构，分 4 瓣在工地进行安装，用螺栓把合到座环上，顶盖上设有平压管，VGS 集团的机组为 8 根 ϕ350mm，ALSTOM 集团的机组为 6 根 ϕ450mm。最大外径 VGS 集团的机组为 12.72m；ALSTOM 集团的机组为 13.67m。顶盖内设有两台立式潜水排水泵。

(7) 水轮机轴　水轮机轴为中空结构，VGS 集团的机组水轮机轴与发电机轴的连接采用内法兰，与转轮的连接法兰采用螺栓孔与轴壁厚对中型式(无弯矩法兰)。水轮机轴径为 3800mm(轴领处外径为 4100mm，无弯矩法兰外径为 4160mm)，水轮机轴壁厚度为 130mm。ALSTOM 集团的机组水轮机轴为内法兰连接型式，轴壁厚度为 117.5mm，轴径为 4000mm。

(8) 导水机构。导叶为三导轴承支承结构，共有 24 个导叶，全部采用不锈钢制造。导叶瓣体高度 VGS 集团的机组为 2818.4mm，ALSTOM 集团的机组为 2988mm，采用剪断销和摩擦装置保护。导叶采用两个直缸接力器操作，工作油压 6.3MPa。

(9) 水导轴承。水导轴承为分块瓦结构，稀油润滑。水导轴承的冷却采用外循环方式，VGS 集团的机组外循环装置布置在机坑里衬上，ALSTOM 集团的机组布置在顶盖内。

(10) 补气系统。补气系统由轴心自然补气系统和压缩空气补气系统两部分组成。VGS 集团的机组轴心自然补气管径为 500mm，直接引至厂外；ALSTOM 集团的机组为 ϕ720～630mm 变径管，用两根 ϕ450mm 管引至厂外。在顶盖、座环及基础环上还预留有补压缩空气的管路。

(长江水利委员会设计院　黄孟星　刘景旺)

万家寨水电站水轮机

万家寨水电站装设 6 台立轴混流式水轮发电机组，单机额定容量为 180MW，总装机容量 1080MW。天津通用电气阿尔斯通水电设备有限公司(以下简称天阿公司)承担 1～4 号水轮机及全部 6 台调速器的成套供货，上海希科水电设备有限公司(以下简称希科公司)承担 5 号、6 号水轮机的成套供货。其中 1～3 号水轮机已投入运行，4～6 号水轮机 2000 年底全部投入运行。

一、水轮机性能参数

万家寨水电站水轮机性能参数

水轮机型号	HLFN235-LJ-610	HLS217-LJ-584.8
台数	4(1～4 号)	2(5 号、6 号)
转轮直径(m)	6.1	5.848
最大水头(m)	80	80
最小水头(m)	50	50
额定水头(m)	68	68
额定出力(MW)	183.7	183.7
额定转速(r/min)	100	100
额定流量(m^3/s)	290.7	293.91
最高效率(%)	95.48	95.55
最大出力(MW)	204.1	204.1
发最大出力时的最小水头(m)	69	69.28
比转速(m-kW)	219.5	219.5
生产厂家	天阿公司	希科公司

二、水轮机结构特点

(一) 1～4 号水轮机

金属蜗壳包角 345°，进口断面直径 6700mm，压力钢管直径 7500mm，蜗壳进口与压力钢管之间用 6200mm 长的渐变段连接。蜗壳为钢板焊接结构，共分 23 节，材料为 25～45mm 厚的低合金高强度 16Mn 钢板，第 5、13、21 节为凑合节。座环为平板结构，并设有导流环，材料为 16MnRZ35。24 个固定导叶采用 16MnR 钢板焊接而成，其中蜗壳末端的第 24 个导叶为小导叶。尾水管肘管以下部分为 4H 型肘管，尾水管锥管采用钢板焊接而成，锥管进口 1000mm 段采用抗磨蚀性能较好的 1Cr18Ni9Ti 不锈钢板，其他部分采用碳钢。

顶盖采用钢板焊接结构，设有可更换的 0Cr16Ni5Mo 不锈钢止漏环。底环与基础环一体，为钢板焊接结构，底环靠近转轮下环处设有

0Cr16Ni5Mo不锈钢止漏环。24个活动导叶为20SiMn整体铸造结构，立面采用抗磨蚀不锈钢堆焊层的金属直接接触的密封方式，端面铺焊G817材料的不锈钢抗磨板。

主轴采用锻35A材料，为中空外法兰结构。转轮为铸焊结构，13个叶片材料为ZG0Cr16Ni5Mo，上冠、下环材料为抗磨蚀性能良好的ZG0Cr16Ni5Mo，转轮上冠、下环外缘设有0Cr13Ni5Mo材料的止漏环。转轮在厂内加工完毕，整体运输至工地。

主轴工作密封采用水压调整的橡胶活塞式端面密封结构，压力水通入橡胶活塞上腔，经活塞上的4个ϕ20mm的进水孔进入密封端面。橡胶活塞端面在使用磨损后能自动补偿。在不拆卸导轴承的情况下，可拆卸更换工作密封的密封件。

（二）5、6号水轮机

金属蜗壳包角345°，进口断面直径7500mm，与压力钢管直径相同。蜗壳为钢板焊接结构，共分28节，材料为15～40mm厚的Q345C钢板，蜗壳的第1、9、17、28节为凑合节。座环为平板结构并设有导流环，材料为Q345D/Z35。19个固定导叶采用Q345C钢板焊接而成。尾水管肘管以下部分采用4H型肘管，尾水管锥管采用钢板焊接而成，锥管进口1000mm段采用抗磨蚀性能较好的0Cr13Ni4Mo不锈钢板，锥管其他部分采用碳钢。

顶盖采用Q345C钢板焊接结构，顶盖上设有0Cr13Ni4Mo（V3）不锈钢止漏环。底环与基础环一体，也为钢板焊接结构，底环靠近转轮下环处设有0Cr13Ni4Mo不锈钢止漏环。20个活动导叶为G-X5CrNi134材料的整体铸焊结构，立面采用抗磨蚀不锈钢堆焊层的金属直接接触的密封方式。

主轴采用20MnSi材料，为中空外法兰结构。转轮为铸焊结构，叶片数为13个。转轮叶片、上冠和下环为铸造结构，其材料为G-X5CrNi13-4V1，转轮上冠、下环外缘设有可拆卸和可更换的0Cr13Ni4Mo不锈钢止漏环。转轮在厂内加工完毕，整体运输至工地。

主轴工作密封采用静水压式密封结构，旋转部分材料为0Cr13Ni4Mo，固定部分材料为HGW2082Mo，密封元件为自动补偿型。

三、水轮机主要抗磨蚀措施

（一）采用抗空蚀磨损材料及抗磨涂层

天阿公司的转轮采用ZG0Cr16Ni5Mo不锈钢材料，导叶采用20SiMn整体铸造，并在转轮和导叶的过流表面涂有以聚氨酯为基底、加入TIN或Co-Ceram高硬度微粒所组成的非金属耐磨涂层进口材料；顶盖过流面抗磨板和底环过流面抗磨板均采用可更换的改性超高分子量聚乙烯板。

希科公司的转轮采用G-X5CrNi13-4V1不锈钢材料，导叶采用G-X5CrNi134整体铸焊，转轮叶片正压和负压侧、下环、转轮上冠和下环止漏环等过流面，导叶过流面，导叶上、下端面，立面封水面和部分导叶轴颈等处均在车间喷涂碳化钨耐磨涂层。固定导叶及其与上下环板之间的根部、锥管进口1000mm段在现场喷涂聚氨酯抗磨涂层。顶盖、底环上与导叶相对应的部位装配有可更换的抗磨板，材料为0Cr13Ni4Mo，止漏环和抗磨板均在车间喷涂碳化钨涂层。

（二）采用易维修结构方案

电站全部6台水轮机均采用可在不拆发电机的情况下，在水轮机室整体起吊水轮机顶盖、活动导叶及底环的结构，从而可方便地检查、修补水轮机上下止漏环、转轮叶片及下环等易磨损部位。此外，底环下部设有检修用环形廊道，可在不拆卸导叶的情况下检修和更换导叶下轴套。

（天津水利水电勘测设计研究院　郑淑华　龚长年）

大型混流式水轮机的发展概况

第一阶段，从建国初期到60年代末。

这一时期是我国水电建设的起步阶段，也是水轮机设计、制造技术的初创阶段。水电建设基本沿用了前苏联的技术。在恢复丰满水电站的运行之后，相继修建了官厅、上犹江、狮子滩、黄坛口等一批中、小水电站，接着又自行设计、修建了新安江、盐锅峡、刘家峡、丹江口等大型水电站。这一时期的水轮机均采用前苏联的型谱和设计、制造技术，不仅转轮的品种有限、效率不高，空化和水力稳定性也不够理想。哈尔滨、东方两大电机制造厂建立后，为这一时期的水电设备供应做出了重大贡献，建立了水力机械试验台，基本上还停留在对前苏联转轮的复核和改型试验上，测试技术也限于当时的科技水平而比较落后，综合精度较低。当时应用最广泛的混流式转轮有HL160（PO638）、HL180（PO662）、HL220（PO702）、HL240，HL230、HL110等。水电站水头已达200m，单机容量从数百千瓦到后期刘家峡的225MW；转轮直径（D_1，以下同）多采用系列尺寸；结构多为整体铸造，后期才有分瓣式转轮，在现场组装焊接的技术已有应用。转轮和其他通流部件多采用普通碳钢；座环和蜗壳采用传统的蝶形边型式；尾水管多为4H型。这一时期的代表电站为新安江、云峰和刘家峡等水电站，部分代表性水轮机参数见表1。

表 1 部分大中型混流式水轮机基本数据表

年代	序号	电站名称	装机容量(MW)	转轮型号	单机容量/额定功率(MW)	运行水头(m)最大/最小/额定	额定转速(r/min)	转轮名义直径 D_1(m)	水轮机最高效率(%)	首台机投运时间	备注
建国至60年代末	1	官厅	30	HL230(PO263)	10/10.5	41/28.8/35.4	187.5	2.35	84.7	1955	水轮机最高效率指额定点效率
	2	狮子滩	48	HL216	12/13.5	71.5/45/64.3	273	2.0	84.6	1956	水轮机最高效率指额定点效率
	3	黄坛口	30	HL310	7.5/7.8	30.8/22.1/27.7	187.5	2.3	89	1958	
	4	新安江	662.5	HL180(PO662)	72.5/75.5	84.5/57.8/73	150	4.1	90	1960	
	5	盐锅峡	352	HL240	45/45.36	39.5/37/38	107	4.1	92	1961	
	6	柘溪	447.5	HL180(PO662)	75/77.3	74/47/60	136.4	4.1	91.5	1962	
	7	云峰	400	HL180(PO662)	100/105.7	109.2/68.6/89	150	4.1	92	1967	
	8	丹江口	900	HL220(PO702)	150/154	81.5/57/63.5	100	5.5	92.5	1968	
	9	刘家峡	1200	HL100	225/230	114/70/100	125	5.5	91	1969	
	10	古田二级	130	HL160(PO638)	65/67	125/101.6/103	214.3	3.3	90	1969	
	11	百丈漈二级	13	HL110	6.25/6.8	200/120/165	750	1.0	81	1970	水轮机最高效率指额定点效率
70年代初至80年代中期	1	龚嘴	700	HL220	100/102.5	55.3/39.7/48	88.2	5.5	92.5	1971	
	2	花木桥	54	HL160	18/18.6	149.3/130/137.2	600	1.4	90	1971	
	3	渔子溪一级	160	HL001	40/41.5	318/260/270	500	2.1	91.3	1972	
	4	刘家峡(5号)	1225	HL008	300/308	114/70/100	125	5.5	92.5	1973	
	5	白龙江	300	HL220	100/103	86.2/57.5/73	150	4.1	90.4	1976	
	6	大寨	60	HL110	10/10.45	186.5/175/180	750	1.1	86	1977	
	7	凤滩	400	HL200	100/103	91/54/73	150	4.1	90.4	1978	
	8	东江	500	HL160	125/127.6	139/81/118.5	166.7	4.1	91.5	1978	
	9	乌江渡	630	HL160	210/214.3	134.2/94.2/120	150	5.2	91.5	1979	
	10	白山	1500	HL200	300/306	126/81/112	125	5.5	92.5	1984	
	11	龙羊峡	1280	HLD06a	320/325.6	150/76/120	125	6.0	93	1987	80年代初制造
80年代中期至20世纪末	1	鲁布革	600	引进(HL93.5)	150/153	372.5/295.1/312	333.3	3.442	94.6	1988	转轮自挪威K.B公司引进
	2	安康	800	HL220	200/204.1	88/57/76.2	107.1	5.5	92.5	1990	
	3	东风	510	HLTF12	170/172.94	132/95/117	187.5	4.1	95.5	1992	
	4	岩滩	1210	HL286a	302.5/307.1	68.5/37/59.4	75	8.0	94.4	1992	
	5	天生桥二级	880	HLA339	220/225	204/174/176	200	4.5	94.5	1992	
	6	隔河岩	1200	引进	300/310	121.5/80.7/103	136.4	5.73	95.29	1993	转轮自加拿大GE公司引进
	7	漫湾	1250	HLD85	250/255.1	100/69.3/89	125	5.5	94.4	1993	
	8	五强溪	1200	引进	240/248	60.9/37.4/44.5	68.2	8.3	95	1994	转轮自德国Voith公司引进
	9	宝珠寺	700	HLD89	175/178.6	103/68.5/84.4	136.4	5.0	94.4	1997	
	10	李家峡	1600	HLD203	400/408.2	135.6/114.5/122	125	6.03	95.77	1997	转轮技术自加拿大GE公司引进
	11	二滩	3300	引进	550/582	189/135/165	142.8	6.2574	96.14	1998	转轮技术自加拿大GE公司引进
	12	天生桥一级	1200	引进	300/310	143/83/111	136.4	5.775	95.03	1998	转轮自法国Neyrpic公司引进
	13	小浪底	1800	引进	300/306	137.9/86.53/112	107.1	6.35	96.02	2000	转轮自美国Voith公司引进
	14	三峡	18200	引进	700/717	113/71/80.6	75	10.416	96.8	计划2003	制造中

第二阶段，由70年代初至80年代中。

这一时期的水电建设和水轮机制造技术是通过自力更生、奋发图强发展的。随着又一批大、中型水电站的兴建，到80年代初期，安装有混流式水轮机的水电站已有近100座。水轮机技术也得到了进一步的发展。

水轮机的核心技术是转轮。这一时期转轮型式的研究首先是对前苏联的型谱通过叶片修型进行改型，在增加品种的同时，力求改善水轮机的能量、空化和水力稳定性，在具备了一定技术储备的基础上，到1973年逐步形成了我国第一个水轮机转轮系列型谱。

这一时期修建的水电站在水头和单机容量方面都有较大提高，应用的水轮机在品种、性能、结构、工艺和材料研究等方面都有明显的进步。单机容量已达300MW，如刘家峡水电站的5号机组和白山水电站的机组，并开始研制龙羊峡水电站的320MW机组。转轮直径5.0m以上的混流式水轮机已生产多台（刘家峡、白山、龚嘴、乌江渡等水电站），龙羊峡水电站的水轮机转轮直径为6m。分瓣转轮在现场组装焊接以及转轮的铸焊结构技术已经成熟。这一时期混流式水轮机存在的一个突出技术问题是空化性能差和抗空蚀，抗磨损材料的短缺。为防止空蚀和泥沙磨损对转轮的破坏，主要措施是在易空蚀部位堆焊或铺焊不锈钢材料。只是到了80年代，才开始在大、中型水轮机上采用全不锈钢转轮。

这一时期使用水头最高的是渔子溪水电站，转轮型号为HL001，运行水头为260～318m。水头在150m及以上的还有绿水河、大寨、花木桥等水电站。单机容量最大的是刘家峡水电站的5号机组。

到80年代初，混流式水轮机已有了相当的技术储备，但在型式和参数选择方面还不能根据水电站具体条件"量体裁衣"；性能和参数水平与国外相比还有较大差距，如综合技术参数（n_s）水平不高，效率比国外先进水平约低1%～3%，空化性能较差，大修周期较短等。

第三阶段，80年代中期到20世纪末。

随着一批高水头、大容量水电站的兴建和技术的引进，水轮机技术也进入了一个向国外先进水平靠拢的新阶段。这时期的部分大型混流式水轮机参数见表1。其技术发展可概括为以下几个方面：

（1）利用外资引进国外的先进技术和设备，促进了我国水轮机技术的进步。从80年代中期开始利用外资修建大型水电站，通过引进技术、合作生产的方式招标采购主机和其他关键设备。例如鲁布革（4×150MW，最大水头372.5m，利用国家外汇采购）、隔河岩（4×300MW，最大水头121.5m）、五强溪（5×240MW，最大水头60.1m，转轮直径8.3m）、李家峡（4×400MW，只引进转轮技术）、小浪底（6×300MW，转轮直径6.35m，转轮在现场组装）、二滩（6×550MW，最大水头189m，转轮直径6.257m）等水电站以及在建的三峡水电站（14×700MW，转轮直径10.416m）的大型常规机组和潘家口、广州、十三陵、天荒坪等抽水蓄能电站的混流可逆式机组。国内制造厂除承制了部分部件外，都独立制造了整台机组（抽水蓄能机组除外），在消化吸收国外技术的同时，提高了我国水轮机的制造质量和技术水平。

（2）计算机和控制技术的进步以及工程和设备采购实行招投标制，促进了我国水轮机转轮研究手段的更新。自80年代中期开始，哈尔滨电机厂、东方电机厂、中国水利水电科学研究院、天津电气传动研究所等制造、科研单位都相继改造了原有的水力机械模型试验台，建立了新的、高精度的试验台，采用了高精度的量测手段和计算机自动数据采集系统。试验台综合精度达到0.25%左右，为在消化吸收国外技术的同时，自行研制、开发新转轮创造了有利条件。在水轮机设计理论方面，前两个阶段基本上按一元、二元理论设计，而第三阶段已逐步开发了准三维和三维计算程序，开始了对水流流动的分析和性能的预估。这一长足的进步使我国混流式水轮机的效率提高了1%～2%。到90年代初，模型最高效率已突破了93%，90年代后期已达到94%。对空化、压力脉动等性能也采用先进的预估和研究手段，开展了大量的研究工作。

（3）结构和工艺方面。随着水轮机尺寸的加大，对关键部件的加工工艺和质量要求更为严格。大转轮普遍采用铸焊结构。为完成岩滩水电站直径8m转轮的组装焊接和整体运输，兴建了葫芦岛大件加工厂；小浪底水电站直径为6.35m的转轮则在现场完成组装和加工。在90年代，大中型水轮机转轮普遍采用了镍铬不锈钢材料。水轮机叶片的线型和粗糙度是保证混流式水轮机性能和质量的关键技术之一。80年代，鲁布革水电站引进了挪威的长、短叶片技术（转轮由长、短各15个叶片组成），保证了较高的效率和优良的抗空蚀、磨损能力及运行稳定性；天生桥二级水电站水轮机叶片热弯成型试验成功；原型水轮机叶片采用五轴数控车床加工已逐步推开。座环、蜗壳的结构型式基本上改传统的蝶形边型式为平行式，不仅简化了结构、改善了座环的受力条件，也保证了良好的水力性能。

（4）自行研制和与国外厂商合作生产了一批大型混流式水轮机，其性能、参数均接近或相当于当时的先进水平，如岩滩、漫湾、李家峡、隔河岩、五强溪、天生桥（一级、二级）、二滩等水电站。岩滩水电站的机组是我国自行设计制造的、转轮直径最大的混流式机组。转轮型号为HL286a，直径为8m，采用异种钢焊接，在葫芦岛大件加工厂加工成整体后水运到现场。1992年首台机组投运，发现在高水头的某些工况运行时流道内压力脉动幅值大、运行不稳定以及叶片裂纹等问题，引起国内对大型混流式水轮机运行稳定性的特别关注，现正研究处理。天生桥二级水电站的机组是我国自行设计制造的、水头200m以上、功率200MW以上的大型机组，转轮型号为A339。漫湾水电站的水轮机转轮型号为D85，直径为5.5m，单机容量为250MW，1993年首台投运。引进加拿大技术，在我国大型水轮机上首次采用了筒形阀（阀的外径7.45m），减少了漏水对通流部件的磨损，对通流部件起到了保护作用。李家峡水电站采用了引进的水轮机转轮技术，自行设计、制造的单机400MW机组，转轮直径6.03m，叶片为异种钢焊接，1997年首台机组投运，其后，出现了叶片裂纹问题，正研究处理。与国外合作生产的隔河岩、五强溪、二滩等水电站的大型混流式水轮机主要技术参数见上表。隔河岩水电站水轮机的比转速 n_s 为232m-kW，比速系数达2349。五强溪水电站水轮机的转轮直径为8.3m，是我国已投入运行的尺寸最大的混流式水轮机。二滩水电站的6台单机容量为550MW的机组是当前国内已运行的最大容量机组，其水轮机最大功率为610MW；机组采用国际竞争性招标采购，以“斜线切割”方式与哈尔滨、东方两大电机厂合作制造；水轮机最大水头为189m，转轮直径为6.257m，模型最高效率为94.46%（相应原型效率为96.14%），加权平均效率为94.309%；1998年首台机组投入，1999年底，6台机组全部投入运行。

（5）三峡水电站工程举世瞩目，其水轮机的功率、尺寸均属当今世界之最。我国设计、制造部门对其参数、结构等多年的研究以及整个招投标过程都反映出设计制造该水轮机的技术难度。水轮机运行水头为71～113m，极限最小水头为61m，变幅很大，额定水头为80.6m，额定功率为710MW。为了改善运行稳定性，机组设置了最大容量，水轮机最大功率为767MW（当 $\cos\varphi=0.9$ 时）和852MW（当 $\cos\varphi=1.0$ 时）。转轮直径10m以上，水轮机制造难度系数（$H_{max}D_1^2/1000$）为11.3，超过了国外已建的伊泰普和大古力水电站700MW机组。前14台机组采用国际招标采购，阿尔斯通—ABB和VGS两个跨国集团中标，分别与哈尔滨电机厂和东方电机厂合作，承担8台和6台机组的设计、制造。1999年通过模型验收。第一批机组计划于2003年投入运行。

90年代后期，国内已投入运行的大型混流式机组均程度不同地出现运行不稳定问题。其根本原因主要是水轮机水力性能不稳定。三峡水电站水轮机模型试验也表明，在高水头、小流量区、流道内水压脉动幅值大，预计原型机在正常运行范围内不能稳定运行。对混流式水轮机这一技术问题，国内外科研、设计、制造部门经过研究，一致认为，随着混流式水轮机尺寸和功率的增大、部件的刚强度减弱以及可靠性要求不断提高的趋势，其水力稳定性问题将更为突出，但研究技术已比80年代有明显进步，除观测蜗壳和尾水管压力脉动的幅值、频率的发生、发展和变化规律外，观测、研究已可深入到整个流道，包括叶道间和转轮与导叶间的特殊压力脉动区，并探索有效的改善措施。

21世纪，我国水电将为装机95000MW而奋斗，近期将陆续修建水布垭（4×400MW）、龙滩（9×600MW）、小湾（6×700MW）、公伯峡（5×300MW）、溪洛渡（16×750MW）、向家坝（8×750MW）等一大批高水头、大容量水电站，混流式水轮机也将进入一个新的、更高水平的发展阶段。

（水电水利规划设计总院　史毓珍）

灯泡贯流式机组的发展

（一）概况

灯泡贯流式机组适用于水头在20m以下的低水头水电站。灯泡贯流式机组较轴流式机组具有效率高、过流量大、尺寸小、重量轻、土建工程省等优点。我国灯泡贯流式机组的发展始于60年代，当时单机容量较小，1970年国产1.6MW的灯泡贯流式机组在河北省岗南水库下池电站安装发电。1978年湖南省从奥地利引进了单机容量18.5MW的灯泡贯流式机组，安装在马迹塘水电站，该机组于1983年6月投入运行。1984年7月，天津发电设备厂研制的10MW灯泡贯流式机组在广东的白垢水电站投产发电。从80年代开始，我国灯泡贯流式机组发展较快，国产的机组有安居、都平、马骝滩、石面坦、潘家口下池、白石窑等水电站的机组，单机容量最大的是白石窑水电站的18MW机组；从国外引进的机组有马回、渭沱、南津渡等水电站的机组，单机容量最大的为南津渡水电站的23MW机组，其最大水头为17.8m；国内外合作生产的机组有百龙滩、京南等水电站的机组，百龙滩水电站机组的单机容量已达34.5MW。1998年以来，已建和在建水电站的灯泡贯流式机组又有新的发展，有飞来峡、江口、凌津滩、大源渡、大埔、贵港、王浦州、红岩子、洪江等水电站的机组。已发电的单机容量最大的机组是飞来峡水电站的机组，单机容量为35MW，国产机组中单机容

表 1　我国已建、在建灯泡贯流式水轮机及电站参数统计(单机容量 10MW 及以上)

电站名称	地理位置	所在河流	机组台数	单机容量 (MW)	水头 最大/最小/额定	水轮机直径 (m)	额定转速 (r/min)	额定流量 (m^3/s)	制造厂家	投产或计划投产年份
马迹塘	湖南桃江县	资水	3	18.5	8.5/3.0/6.55	6.3	75.0	312.0	伏依特公司、依林公司	1983
白垢	广东封开县	贺江	2	10.0	10.0/3.0/6.20	5.5	78.9	205.0	天津发电设备厂	1984
南津渡	湖南永州市	潇水	3	20.0	17.8/8.3/14.5	4.18	150.0	156.14	依林公司	1990
安居	四川铜梁县	涪江	2	15.0	9.6/4.0/8.0	5.5	88.2	216.408	重庆水轮机厂	1991
马回	四川蓬安县	嘉陵江	2	23.05	13.0/6.5/11.4	5.3	115.4	225.0	奥钢联、依林公司	1991
渭沱	四川合川县	涪江	2	15.0	11.0/3.0/8.5	5.3	93.8	200.0	奥钢联、依林公司	1991
马骝滩	广西桂平县	郁江	3	15.5	11.5/2.5/7.5	5.5	90.9	239.4	富春江机械厂	1992
都平	广东封开县	贺江	2	15.0	11/3.5/7.4	5.5	88.2	237.85	天津发电设备厂	1992
永兴	湖南永兴县	耒水	2	12.5	—/—/6.7	5.5	88.2	—	重庆水轮机厂	1992
城关	湖南慈利县	澧水	2	10.5	7.5/1.8/5.5	5.5	78.9	223.9	天津发电设备厂	1994
高滩	湖南沅陵县	酉水	3	19.0	12.65/4.01/8.5	5.3	100	260.0	加拿大苏尔寿公司、比利时沙城公司	1995
谟武	福建顺昌县	金溪	2	15.0	9.7/5.14/7.63	5.5	88.2	225.6	天津发电设备厂	1995
高沙	福建砂县	沙溪	4	12.5	12/5.1/10.0	4.2	125	141.8	重庆水轮机厂	1995
百龙滩	广西马山县	红水河	6	32.0	18/3.0/9.7	6.4	93.8	377.5	富士富春江	1996
京南	广西梧州	桂江	2	34.5	14.5/6.0/11.0	6.3	88.24	351.1	伏依特公司、依林公司	1997
白石窑	广东英德县	北江	4	18.0	12.18/3.01/7.8	5.8	88.2	263.0	天津发电设备厂	1997
斑竹	福建三明市	沙溪	3	15.0	10.0/2.8/7.4	5.5	88.2	234.76	杭发克瓦纳公司	1997
界牌	江西鹰潭市	信江	2	10.0	7.0/1.8/5.2	5.5	78.9	226.1	天津发电设备厂	1997
凌津滩	湖南桃源县	沅江	9	30.0	13.2/2.2/8.5	6.9	78.9	401.4	日立公司、哈尔滨电机厂	1998
大源渡	湖南衡东县	湘江	4	30.0	11.24/3.0/7.2	7.5	65.2	472.1	奥钢联、依林公司	1998
江口	广东封开县	贺江	2	20.0	12.1/3.0/7.3	6.4	78.95	316.74	哈尔滨电机厂	1998
贵港	广西贵港市	郁江	4	30.0	14.0/2.5/8.5	6.9	75.0	405.0	ABB 克瓦纳公司	1999
飞来峡	广东清远县	北江	4	35.0	14.06/3.61/8.53	7.0	83.3	478.0	奥钢联、依林公司	1999
城关	福建沙县	沙溪	3	16.0	11.77/4.84/8.8	4.9	100.0	206.1	天津阿尔斯通	1999
贡川	福建永安	沙溪	2	21.5	12.2/6.1/9.5	5.5	100.0	256.0	天津阿尔斯通	2000
竹州	福建三明市	沙溪	3	18.0	14.1/5.2/10.0	4.95	115.4	203.2	富士富春江	2000
沙头	湖南耒阳市	耒水	3	13.5	10.8/6.0/9.0	4.4	115.38	170.5	杭发克瓦纳	2000
王甫州	湖北老河口市	汉江	4	27.25	10.3/3.7/7.52	7.2	71.43	412.0	奥钢联、依林公司	2000
红岩子	四川南部县	嘉陵江	3	30.0	11.5/3.8/9.5	6.7	83.3	357.0	东方电机厂	2000
青山	湖南澧水县	澧水	2	10.0	8.0/2.5/5.8	5.0	93.75	200.9	天津阿尔斯通	2000
峡阳	福建南平市	富屯溪	3	14.6	8.3/4.5/6.85	5.5	88.2	245.0	—	—
大浦	广西柳城县	柳江	3	30.0	15.6/3.0/10.8	6.0	93.75	311.0	奥钢联、依林公司	2001
洪江	湖南洪江市	沅水	5	45.0	27.3/8.4/22.0	5.1	136.4	262.0	招标中	2001

注　统计的 33 个水电站共装 103 台机组，装机容量为 2352.4MW。

量最大的是江口水电站 20MW 的机组。在建中的单机容量最大的是洪江水电站 45MW 的机组，使用水头也最高，最大水头为 27.3m。

（二）水轮机及电站参数

我国已建和在建的单机容量在 10MW 及以上的灯泡贯流式水轮机及电站参数统计见表 1。

（三）机组结构

（1）转轮结构。凌津滩水电站共装 9 台灯泡贯流式机组，其中 6 台机组的水轮机转轮采用焊接结构，3 台为整体铸造结构；转轮使用的材料均为 5Ni13Cr 钢；转轮的过流表面都采用数控机床进行加工。

（2）机组的支撑方式。王甫州水电站的机组采用了以管形座为主支撑，机组的自重和受力绝大部分通过管形座传递给基础混凝土。管形座的上下两根立柱的外表面做成流线型，立根内部为进入水轮机室的通道，通道直径为 1.8m。辅助支撑分为垂直和侧向两种。垂直支撑在灯泡头的下端部，由一根拉杆和外部支撑筒组成，与灯泡头下部支墩相连；侧向支撑位于灯泡体两侧。垂直和侧向支撑均采用球铰连接方式，允许灯泡头有微小的轴向和径向调整及位移。

（3）导轴承和推力轴承。凌津滩机组采用双轴承结构，两个导轴承分别设置在发电机的下游侧和水轮机的上游侧。导轴承利用高位油箱的落差形成的压力进行强制循环润滑。推力轴承和反推力轴承各有 18 块轴瓦。监视轴承运行温度的电阻温度计在推力轴承中安装了 27 个，在反推力轴承中安装了 6 个。

（4）主轴密封和桨叶密封。百龙滩水电站机组的主轴工作密封材料为陶瓷，密封压紧量由自动调整装置自动调整，可在不拆卸水导轴承的情况下调整和更换密封，密封的使用寿命不少于 10 年。转轮桨叶密封由 4 层“U”形密封圈、90 个弹簧、支持环、衬垫和压环组成，也可在不拆卸桨叶的条件下更换密封。

（5）导水机构。王甫州水电站机组的导水机构有 16 个导叶，导叶的轴承为无油球面结构，导叶轴承的两端密封为“O”形环密封，导叶轴镀有不锈钢层。导叶在运行范围内都具有自关闭趋势。16 个导叶中的偶数导叶由刚性连杆连接，奇数导叶由安全连杆连接。安全连杆采用套筒弹簧式，套筒中的两个引导装置分别与导叶拐臂及控制环相连接。当导叶被导物卡住时弹簧被压缩使两个引导装置产生相对运动可防止导叶损坏。

（6）发电机的冷却方式。凌津滩水电站的机组采用二次冷却方式。灯泡头冷却环部分的内层采用加厚钢板，具有足够的刚度和强度；外层钢板采用不锈钢和普通钢的复合材料，做的尽量薄以提高热交换性能。在冷却环内、外层间流动的循环冷却水中加入防锈剂，以防冷却环内侧的材料被腐蚀。

（水利水电规划设计总院　刘书秋）

水轮发电机及高低压电力设施

三峡水电站左岸电厂水轮发电机

三峡水电站左岸电厂装有 14 台额定容量为 777.8MW、最大容量为 840MW 的水轮发电机。1997 年经国际招标，8 台发电机由 ABB 发电公司（ABB Power Generation Ltd，以下简称 ABB）中标，采购合同已于 1997 年 10 月 8 日生效。6 台发电机由 VGS 三峡联营体（VGS Sanxia Consortium，以下简称 VGS）中标，采购合同已于 1997 年 10 月 10 日生效。在执行合同过程中，1997 年 11 月召开了水轮发电机组设计协调会，协调发电机主要尺寸、高程、外观、辅助设备，以及盘、箱、柜放置地点及其尺寸；主引出线和中性引出线引出方式及高程；安装场埋件；吊具、测圆架等，要求做到基本一致，确定发电机机坑内径为 25m，发电机层盖板直径为 23m。1998 年 3 月、1998 年 11 月、1999 年 8 月召开了三次设计联络会，协调并确认了与电站厂房土建设计相关的数据；讨论、审核发电机总体设计方案；确定了发电机及其辅助设备的详细布置、管路、电缆走向及接口；审查发电机结构、继电保护配置以及培训、安装工艺等方面的问题；并审定了有关埋件图纸，及时转化供工程现场施工。三峡工程开发总公司于 1998 年 5 月 22 日，在发电机结构总体设计审查之前还召开了一次三峡左岸电厂机组总图座谈会，为机组设计能全面满足规定的性能、安全可靠运行，请国内知名的专家提出意见帮助三峡工程开发总公司把关。现将两集团生产的发电机保证性能参数及结构特点和纯水处理系统作一简要的介绍。

一、ABB、VGS 合同保证的发电机性能参数（见表 1）

表 1 ABB、VGS 合同保证的发电机性能参数表

性能参数	ABB	VGS
	水冷	水冷
额定容量（MV·A）/额定功率（MW）	777.8/700	777.8/700
最大容量（MV·A）/功率（MW）	840/756	840/756
额定容量时进相容量（Mvar）	339	339
最大容量时进相容量（Mvar）	366	366
额定电压（kV）	20	20
额定电流（A）	22453	22453
最大容量时电流（A）	24249	24249
额定功率因数	0.9	0.9
最大容量时功率因数	0.9	0.9
额定转速（r/min）	75	75
飞逸转速（r/min）	150	150
额定效率（%）（定子绕组铜损折算温度）	98.77（90℃）	98.75（90℃）
最大容量时效率（%）（定子绕组铜损折算温度）	98.76（90℃）	98.74（90℃）
加权平均效率（%）（定子绕组铜损折算温度）	98.76（90℃）	98.75（90℃）
额定容量时 X_d（不饱和值/饱和值）	0.939/0.835	0.97/0.88
最大容量时 X_d（不饱和值/饱和值）	1.014/0.902	1.05/0.95
额定容量时 X_q（不饱和值/饱和值）	0.690/0.648	0.74/N.A.
最大容量时 X_q（不饱和值/饱和值）	0.745/0.700	0.80/N.A.
额定容量时 X_d'（不饱和值/饱和值）	0.315/0.295	0.32/0.30
最大容量时 X_d'（不饱和值/饱和值）	0.340/0.319	0.35/0.32
额定容量时 X_q'（不饱和值/饱和值）	0.690/0.648	N.A.
最大容量时 X_q'（不饱和值/饱和值）	0.745/0.700	N.A.
额定容量时 X_d''（不饱和值/饱和值）	0.240/0.200	0.22/0.20
最大容量时 X_d''（不饱和值/饱和值）	0.259/0.216	0.23/0.21
额定容量时 X_q''（不饱和值/饱和值）	0.277/0.260	0.28/N.A.
最大容量时 X_q''（不饱和值/饱和值）	0.299/0.280	0.29/N.A.
额定容量时短路比	1.2	1.2
最大容量时短路比	1.1	1.1
直轴暂态开路时间常数 T'_{d0}（s）	10.1	11.1
交轴暂态开路时间常数 T'_{q0}（s）	1.5	N.A.
直轴次暂态时间常数 T''_d（s）	0.075	0.1
交轴次暂态时间常数 T''_q（s）	0.15	0.2
定子绕组短路时间常数 T_a（s）	0.28	0.32
GD^2（$1-m^2$）	450000	450000
定子绕组并联支路数	5	5
定子绕组型式	波绕	波绕
转子绕组电阻（Ω）	0.1029（90℃）	0.09643（90℃）
定子绕组单相对地电容（μF）	2.03	1.35

二、ABB、VGS 发电机主要结构特征

1.ABB、VGS 发电机主要结构特征（见表 2）

表 2 ABB、VGS 发电机主要结构特征表

项目	ABB	VGS
定子机座	斜支撑刚性机座 1）高同心度和弹性； 2）明显的切向弹性承受静态与动态扭矩	浮动式机座 1）允许径向位移； 2）限制切向位移
转子支架	斜支臂圆盘式支架盘形焊接结构	圆盘式支架盘形焊接结构
推力轴承	单螺栓支撑双层瓦，中间采用弹性销钉结构	多弹簧支撑薄瓦结构
上、下机架	上机架采用 20 个斜支臂结构；下机架采用 16 个斜支臂结构	上机架采用组合辐射形 12 个支臂结构；下机架采用辐射形 6 支臂结构

2. 定子　ABB的定子机座采用斜支撑刚性机座，定子机座及定子铁芯产生的径向热膨胀力由斜元件与机座产生弹性扭转变形而被部分吸收，可防止铁芯翘曲；当发生短路事故时，对基础作用力小，径向刚度大，具有高同心度，使气隙均匀。定子铁芯采用穿心螺杆压紧，上端压板与机座环板无连接，能保持高而均匀的铁芯压紧力。定子铁芯采用1/2交错叠片，铁芯压紧力为1.5MPa。定子铁芯端部仍采用0.5mm叠片，按最佳磁场分布及最低损耗原则，径向以5mm为一台阶，纵向以4mm为一台阶；铁芯每个凿内设2个2mm宽的槽，运用绝缘片填充凿内的2个槽，并用胶固定在槽内；槽与其端部涂特种树脂渗入叠片，形成牢固的整体以避免振动断凿等问题。定子线棒绝缘厚度为4.6mm，工作场强2.51kV/mm，击穿场强28.2kV/mm。

VGS采用浮动式定子机座，能径向自由热膨胀以避免铁芯翘曲。定子铁芯压紧是通过上、下端压板及位于定子铁芯外侧与定子机座之间的铁芯拉紧螺杆固定到定子机座上、下环板上。定子铁芯采用1/4交错叠片。定子铁芯端部采用5mm厚的胶粘硅钢片叠成，形成牢固的整体。定子线棒绝缘厚度为4.6mm，工作场强2.51kV/mm，击穿场强23.9kV/mm。

3. 转子　ABB采用斜支臂圆盘式转子支架，这种结构使离心力、热膨胀力及缩套转子磁轭对转子中心体无影响，保证了中心体与推力头连接面及上轴法兰面的水平连接，有利于推力负荷均匀分布及轴系稳定。这种结构还使径向通风效果加强。磁轭键为径、切向复合键，加热磁轭后打紧径向键，磁轭冷缩后作用在转子支架上的径向力可转化为切向力使斜支架产生扭转变形而吸收。转子支架采用两块圆盘。在设计中，考虑了轴向刚度、为防止缩套应力应有的柔度以及通风、圆度、对中、与水轮机可能的共振等诸因素，转子支架的挠度不得不超过1mm。转子磁轭采用屈服强度为600N/mm^{2}的钢板，但在甩负荷工况下，磁轭应力仍偏高。

VGS采用圆盘式转子支架。磁轭键采用弹簧键与径向键相结合的方式，加热磁轭后打紧径向键，热打键应力由弹簧键本身变形而被部分吸收，使转子支架承受的应力减小50%以上，并能在转子磁轭与支架间保持长期的预紧力。转子支架采用两块圆盘，在上下圆盘的外侧与转子磁轭结合处设置导向键块和切向键，防止磁轭产生切向位移。为防止支架翘曲，圆盘上加焊了角钢，支架上加焊了立筋。转子支架在静止时的最大挠度略超过1mm。

4. 推力轴承　ABB采用单螺栓支撑双层瓦中间有弹性销钉的结构，其上层的薄瓦，两面温差小，有利于减少热变形，弹性销钉使瓦面机械变形小，瓦面负荷分布均匀，通过主支撑螺栓的弹性变形还可自动调节瓦间负荷的平衡。推力轴承计算最热点温度偏高，推力轴承及推力油槽设计尚在优化中。

VGS采用多弹簧支撑结构，推力瓦也较薄，同样有利于减少热变形，采用弹簧支撑，瓦面及瓦间负荷分布较均匀。目前VGS对防止推力轴承甩油进一步采取了措施，例如，加大挡油管距油面距离，加大挡油管和推力头内径处间隙，增加转子中心体与推力头连接处的密封，在推力轴承内增加油阻尼器及挡油圈等。推力轴承计算瓦温为66℃。

三、定子绕组水冷却系统

ABB定子线棒采用不锈钢空心股线，不锈钢水接头。空心股线与水接头焊接牢固，电接头与水接头间设置刚性连接件，避免了线棒振动使股线断裂而漏水。空心股线用不锈钢，防止了内部结垢堵塞，无需任何化学清洗和机械清洗。纯水处理系统主要包括3台电动泵组（1台备用）、2台热交换器、2台离子交换器（启动时同时工作，正常运行1台，备用1台）、2台机械过滤器（1台位于主回路，1台位于旁路）、1台膨胀水箱、1台补给水箱，纯水处理系统占地21m^2（宽×深：4.387m×4.74m）。

ABB采用不锈钢空心股线，对水质的要求见表3。

表3　不锈钢空心股线对水质的要求

主回路	导电率（μS/cm）（25℃时）	<0.3
	含氧量（μg/kg）	<500
	含铜量（μg/kg）	<10
	含钢量（μg/kg）	<20
旁　路	导电率（μS/cm）（25℃时）	<0.15

运行维护简单，离子交换器树脂2年更换一次，机械过滤器滤网5年更换一次，水系统各部件均为冗余结构，更换部件不影响水系统正常运行。

VGS定子线棒采用铜空心股线，电接头及水接头与线棒股线焊接均在制造厂进行，在现场需对跨接连接的铜管进行焊接。纯水处理系统主要包括2台电动泵组（1台备用）、2台热交换器（1台备用）、2台离子交换器、2台机械过滤器（1台备用）、1台膨胀水箱，纯水处理系统占地15.4m^2（宽×深：4.8m×3.2m）。

VGS采用铜空心股线，对纯水的水质要求较高，主要指标为导电率0.05μs/cm，pH值为7.5～8。

运行维护也很简单，离子交换器树脂约1年更换一次，时间2～3h，由于有2个离子交换器，更换树脂不影响水系统正常运行。

（长江水利委员会设计院　易卜吉）

水轮发电机蒸发冷却技术研究

（一）蒸发冷却技术发展的必然性

不同转速的水轮发电机，随着容量的增大，采用全空冷的制造难度也增大。因为铁芯长，推力轴承负载大，定子绕组的温升高且不均匀，所以热应力大，引起铁芯变形，振动加大，也使绝缘受损，减少寿命，降低机组的可靠性及使用率，增大了维护工作量。图1所示为国内外公认的空冷发电机（铁芯长度为4m时）制造容量极限的分析曲线。目前，一般铁芯长度在3.5m以下时，高速200MV·A、中速400MV·A、低速600MV·A容量以上（或大概地认为每极容量超过10MV·A）的发电机均应考虑采用内冷。

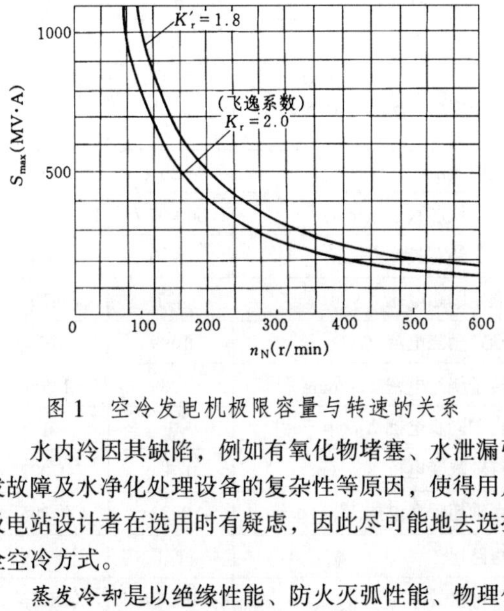

图1　空冷发电机极限容量与转速的关系

水内冷因其缺陷，例如有氧化物堵塞、水泄漏引发故障及水净化处理设备的复杂性等原因，使得用户及电站设计者在选用时有疑虑，因此尽可能地去选择全空冷方式。

蒸发冷却是以绝缘性能、防火灭弧性能、物理化学性能好的新氟碳化合物替代水的液内冷技术，从本质上消除了水内冷的缺陷，介质泄漏对电机无危险性，又能有效地带走定子绕组的发热量，消除了绕组绝缘所造成的导体对外传热的热障，可以使导体的温升至少降低40K，寿命延长至少2～3倍。蒸发介质替代水内冷，提高了可靠性，也比全空冷具有更好的可靠性。

（二）蒸发自循环的液内冷方式

大型水轮发电机定子三相绕组由数百或千余根定子线棒所组成，内冷定子线棒又是由空心导线与实心导线搭配再外包绝缘而成，空心导线两端由拼头套焊接形成冷却介质的导流通道，图2所示是线棒横截面及拼头焊接件。密闭蒸发自循环液内冷系统就是由这些液流动支路互相并连的线棒及其他部件构成。如图3所示，它是由下液管、下汇流管、下绝缘引管、绕组空心导线、上绝缘管、上汇流管、出气管、冷凝器等部件组成的一个全密封系统。冷却系统内充入一定量的液体，因为内冷绕组是由空心导线及实心导线搭配组成，空心导线内也充入了液体，发电运行时，绕组发热量使空心导线内的液体升温，达到饱和温度后即沸腾，吸收汽化潜热使绕组得到冷却。由于是沸腾状态吸热，蒸发介质保持在一定的温度，它与流体所在部位的压力存在对应关系，其温度分布如图4所示。一般说，在10℃左右的温差内，使空心导线保持50～60℃的温度。

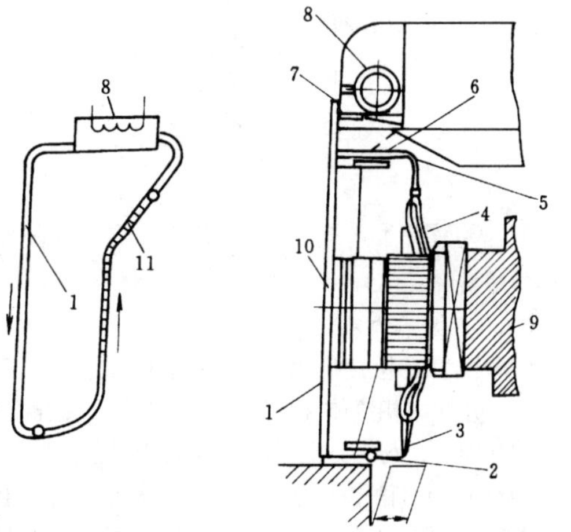

图2　线棒横截面及拼头焊接件

1—下液管；2—下汇流管；3—下绝缘引管；4—绕组空心导线；5—上绝缘管；6—上汇流管；7—出汽管；8—冷凝器；9—转子；10—定子；11—定子绕组

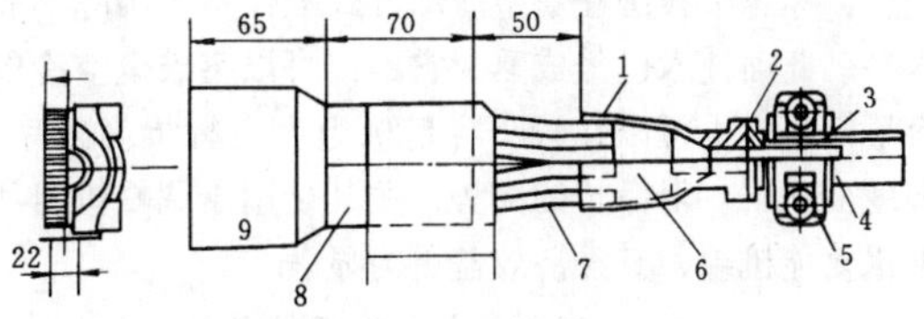

图3　定子绕组蒸发自循环液内冷发电机及循环原理图

1—焊接；2—焊接；3—压封；4—绝缘引管；5—绝缘管夹装配；6—接头；7—空心导线；8—实心导线；9—上层线圈

冷却液汽化后，在空心导线H高度内形成蒸汽与液体相混合的两相混合流体，其密度ρ_{cm}低于下液管中的液体密度ρ_o，两管中的流体因密度的不同造成了压力差$P_p = H(\rho_o - \rho_{cm})g$，称之为流动压头，推动了冷却系统中介质自循环。蒸汽上升进入冷凝器，经两次冷却水热交换使它冷凝恢复成液体，又进入下液管，供再循环冷却用，如此周而复始地成为自

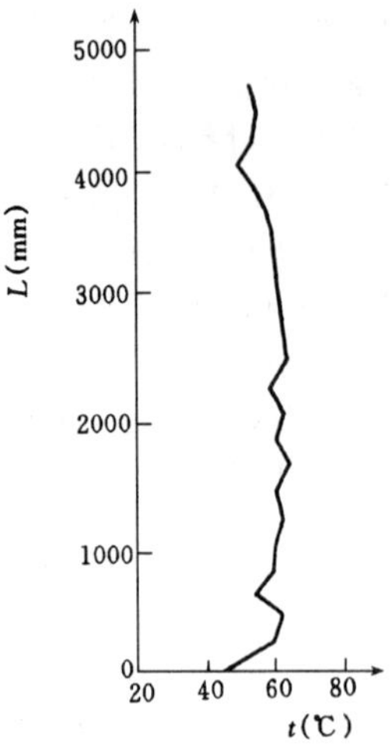

图 4　400MW 水轮发电机定子线棒温度分布曲线

循环冷却系统。

（三）蒸发冷却机组

中国科学院电工所对蒸发自循环液内冷进行了创新研究，并在两相流体混合密度及流动阻力变化规律研究的基础上，与东方电机股份有限公司合作研制机组，1983 年与云南电力局合作在大寨水电厂投运了 2 台 10MW、1000r/min 的发电机，机组没有出现过因蒸发冷却系统而造成强迫停机的事故。1992 年又与西北电管局合作在安康火石岩水电厂投运了一台 50MW 发电机，多年来均处于免维护状态；1999 年 12 月李家峡水电厂 400MW 蒸发冷却水轮发电机正式投运，标志了我国在新型冷却方式上保持了国际领先水平。此项技术已经成熟，它不仅可以突破全空冷的容量极限，也可以在较小容量机组上发挥提高效率、温度变化小、寿命长的优势，尤其是用于调峰机组和抽水蓄能机组，其经济效益更为显著。

（中国科学院电工研究所　顾国彪）

李家峡水电站蒸发冷却水轮发电机

李家峡水电站共装 5 台 400MW 水轮发电机，分两期装机，一期装机 4 台，其中 1、2、3 号机采用空气冷却，4 号机采用定子绕组常温自循环蒸发冷却，该项目为国家“九五”重点科技攻关项目，由东方电机股份有限公司承担制造，机组已于 1999 年 12 月 6 日并网发电。

（一）主要技术参数

4 号机定子绕组蒸发冷却水轮发电机与 1、2、3 号空气冷却水轮发电机相比，除电磁设计有一定变化外，其余参数基本相同，两种电机主要技术参数比较见表 1。

表 1　李家峡水电站蒸发冷却发电机与空气冷却发电机主要技术参数比较

项目 ＼ 冷却方式	蒸发冷却	空气冷却
额定容量（MV·A/MW）	444/400	444/400
额定功率因数	0.9（滞后）	0.9（滞后）
额定电压（kV）	18	18
额定电流（A）	14256	14256
额定转速（r/min）	125	125
飞逸转速（r/min）	246	246
定子槽数	396	576
定子绕组连接	4Y	6Y
线负荷（A/cm）	765	742
定子绕组电密（A/mm^2）	3.65	上层 2.88 下层 2.90
气隙（mm）	26	26
定子铁芯直径（mm）	12800/11740	12800/11740
定子铁芯长度（mm）	2980	3200
额定励磁电压（V）	441	479
额定励磁电流（A）	1699	1673
转子绕组电密（A/mm^2）	1.89	1.968
直轴同步电抗 X_d（p. u.）	1	1
直轴瞬变电抗 X'_d（p. u.）	0.336	0.322
直轴超瞬变电抗 X''_d（p. u.）	0.23	0.205
短路比	1.1	1.12
发电机效率 η（%）	98.69	98.56
额定定子温升（K）	40	72.7
额定转子温升（K）	55	55

（二）主要结构

水轮发电机定子绕组常温自循环蒸发内冷系统由绕组空心导线、回液管、上下绝缘引管、集气（环）管、集液（环）管、出气管和冷凝器等部件组成一个全密闭冷却系统，如图 1 所示。

4 号机定子绕组采用蒸发冷却后，仍采用具有上、下导轴承的半伞式结构，为与电站原设计相适应，发电机各部件的基础受力、定子铁芯直径、轴系各部件的尺寸和高程基本不作变动，仅发电机定子铁芯和转子支臂高度略有降低，发电机重量相应减少。由于发电机总的轴向推力、径向力均未增加，因此发电机上下机架、导轴承、推力轴承等部件的结构均与空冷发电机相同。

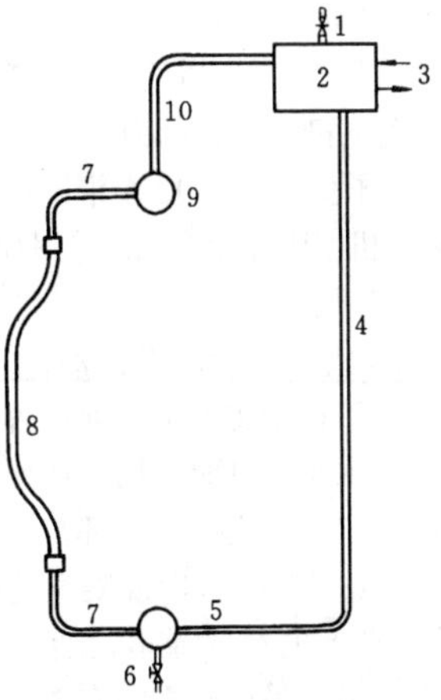

图1 定子绕组自循环蒸发冷却系统主要结构示意图
1—放气阀；2—冷凝器；3—冷却水；4—回液管；5—集液管；6—放液阀；7—绝缘引线；8—定子线圈（空心导线）；9—集气管；10—出气管

采用蒸发冷却后的主要变化为：定子槽数由空冷发电机的576槽减为396槽，从而增大了槽距，以满足水轮发电机内冷结构要求。定子线棒需由空心导线和实心导线组成，每根线棒共设8根空心导线和32根实心导线，采用双排、一空四实排列方式，线圈在槽内进行最佳角度换位。定子铁芯高度降低后，线棒长度相应缩短，为保持发电机高程不变，适当增加了机座上环高度和机座垫板高度。定子绕组仍为条形波绕组，支路数由空冷电机的6支路减为4支路，连接方式仍为Y形连接。定子绕组的密封接头采用工地把合结构，电气连接采用厂内焊接并头，工地焊接上、下层线圈方式。定子线棒的上、下层并头采用轴向分离的气电分离结构，气路的空心导线长于实心导线，并头盒采用分瓣结构，在工地组合后进行环氧树脂浇铸。

由于定子铁芯高度降低、槽数减少、槽距增大，转子磁极和磁轭需相应缩短，转子磁极冲片和阻尼条需作适当调整。

发电机原空冷系统继续保留不变，主要用于定子铁芯和转子冷却，为满足定子绕组蒸发冷却，需要新增12个冷凝器和相应的二次冷却水系统。冷凝器沿圆周均匀布置在定子机座顶部外围，靠近风罩内壁，以避免冷凝器漏水漏液到定子上，并减轻机组振动对冷凝器的影响。冷却介质采用氟里昂R-113，设计注液量为1.5t。

（三）运行特点

(1) 冷却效率高。由于蒸发冷却主要是利用液体介质汽化时的潜热进行冷却，因此在同样的热交换条件下，比空冷和水内冷具有更高的冷却效率。

(2) 定子绕组蒸发冷却系统是一种常温自循环系统，不需要任何外调节和控制措施。系统内注入的是一种高绝缘、低沸点（R-113介质在大气压时沸点为47.8℃）冷却介质，当发电机运行时，绕组有电流通过而发热，使空心导线内的液体升温，达到饱和温度后沸腾，吸收汽化潜热使绕组得到冷却。冷却液体汽化后，在空心导线内形成蒸汽和液体相混合的两相混合流体，其密度ρ_{cm}低于回液管中液体密度ρ_o，利用水轮发电机立式结构特点，在重力场作用下，在连通的两个垂直管中，由于流体的重力不同产生压力差$p=(\rho_o-\rho_{cm})g$，形成了自循环的流动压头。该压头克服全部液态流阻和汽、液两相流阻后，推动介质在密闭的冷却系统中自动循环，蒸汽上升进入冷凝器，经二次冷却水热交换使其冷凝复原成液体，通过回液管重新进入空心导线，供再循环冷却用，如此周而复始，成为自循环冷却系统。从热力学角度看，蒸发吸热在较大压力下进行，而冷凝放热在较低压力下进行，介质饱和焓值的差别是形成自循环的热动力，因此介质吸收的热量虽然大部分由冷凝器带走，但仍可利用其中少量热能做功，形成自循环，而无需设置液泵，从而减化了工作环节。

(3) 具有自调节能力。在常温自循环蒸发冷却系统中，冷却介质的蒸发是随负荷的增减而自行调节的，其强弱只与电机损耗引起的热量有关。这种自调节能力是水内冷电机难以做到的。

(4) 常温自循环蒸发内冷系统是一种近似无压的密封运行系统。该系统通过选择合适的冷却介质和冷凝器的合理设计，可以使整个冷却系统在额定运行时保持在近似零的较低压力下运行（当冷却系统运行在70℃以下时，R-113介质压力仅有0～0.02MPa），因此具有较高的可靠性，并能减少泄漏，方便制造安装。

(5) 应避免运行中出现过热状态。在常温自循环冷却系统工作过程中，当电流和热量较小时，介质在未蒸发前呈液态，此阶段为液体比热吸热冷却；随着电流和热量不断增大，达到蒸发点后，介质不断汽化，出现汽、液相混合的两相状态，此阶段为沸腾汽化吸热冷却，冷却效率最高；电流继续增大，当流动压头的增加明显小于全部回路流阻的增加时，出现液体供不应求，绕组内的介质全部蒸发完毕，蒸发干度$X_e=1$，介质全部呈汽态，此时电流再增加，介质流量已不足，出口处只能由蒸汽升温来冷却，此阶段为过热状态。为避免在运行中出现过热状态，设计时应通过计算和试验，在保证电机能充分冷却的前提下，有效控制绕组上部端口处的蒸发干度$X_e<1$。

（四）效益和意义

定子绕组采用蒸发冷却后，其温升可由空冷时的72.7K降到40K（计算值），转子温升也有一定改善。由于风摩损耗的降低，发电机的效率可由空冷时的98.56%提高到98.69%。蒸发冷却作为一种新型高效冷却技术，对于提高大型和特大型水轮发电机的冷却效率和可靠性、延长电机绝缘寿命、减少制造难度具有重要意义。

（西北勘测设计研究院　吕六和）

万家寨水电站水轮发电机

万家寨水电站总装机容量为6×180MW。水轮机由天津阿尔斯通公司制造4台，上海希科公司制造2台。发电机6台均由哈尔滨电机有限公司制造。万家寨水轮发电机为立轴半伞式密闭自循环空气冷却三相凸极同步发电机。

（一）主要技术参数

型号：SF180—60/12800

额定功率：180MW

额定视在容量：200MV·A

最大功率：200MW

最大视在容量：210.5MV·A

充电容量不小于：140Mvar

额定功率因数：0.9（滞后）

最大容量功率因数：0.95（滞后）

额定电压：15.75kV

额定电流：7331A

额定转速：100r/min

飞逸转速：210r/min

飞轮力矩：60000t-m^2

推力负荷：1800t

短路比：1.0

纵轴同步电抗：1.0577

纵轴瞬变电抗：0.2905

纵轴超瞬变电抗：0.1918

横轴超瞬变电抗：0.1991

额定励磁电压：334V

额定励磁电流：1667A

空载励磁电流：965A

（二）总体结构

发电机采用三段轴（含转子中心体）结构。发电机上导轴承布置在上机架中心体内，推力轴承布置在转子下方的下机架中心体上。机组轴系为径向两处支承即发电机上导轴承和水轮机导轴承。轴向支承为推力轴承。轴系的临界转速为380.2r/min，满足高于飞逸转速125%的要求。

发电机转子支架中心体与发电机主轴连接采用外法兰。发电机主轴与水轮机主轴采用法兰连接。上述连轴螺栓中间均带有一段圆柱销段以便传递扭矩。20个连轴螺栓均匀分布。发电机主轴直径为1.6m，法兰直径为2.330m。发电机定子机座置于12个混凝土支墩内的基础板上，基础板与机座用螺栓连接，并用径向销切向限位，机座热膨胀时可定向位移。定子铁芯内径为12.13m，能实现下机架、水轮机顶盖整体吊出。

在转子下方的下机架支臂上平面设置有平台，可供装配与检查推力轴承部件时使用，还便于检查制动系统、磁极绕组和定子绕组的下端部，此平台空间高度1840m。在－X偏＋Y10方向混凝土基础上开一宽1m、底面与平台平齐的径向通道，通向风洞中，经由上挡风板和上盖板，吊出检修的零件。发电机上机架的上面设有钢板和框架组成的盖板，在上机架下部设有一平钢板组成的挡风板，检修磁极和空气冷却器时，卸掉对应部位的盖板后即可吊出。

在下机架上面的平台上设置两个进人门。每个进人门下方设置一个梯子，向下可通向混凝土台上。在定子机座外侧，设置两个梯子，通向上机架下部的上挡风板进人门，另外在上挡风板进人门上方设置两个梯子通向上盖板进人门。

发电机机坑内径为17.5m，发电机轮廓轴向高为10.9m，径向直径为16.8m。

（三）分部结构

1. 定子　定子机座外径为14.6m，高度为3.2m，共分成六瓣运输，工地用小合缝板把合后组焊成整圆。定子机座分顶环、中环和下环，各层环板通过盒型筋、惯通钢管（兼作起吊钢管）及立筋连接组合。

定子铁芯外径为12.8m，内径为12.13m，铁芯长度为1.85m。通风槽钢由无磁性材料扎成，高度为6mm，由于通风沟数量多，每段铁芯薄，使得定子铁芯冷却均匀、充分，轴向温度梯度小。

定子绕组采用双层条式波绕组，3个支路Y形连接，选择306.9不完全换位，F级绝缘，并采用全模压一次成型工艺。

2. 转子　转子支架为圆盘式焊接结构。由中心体和8个扇形外环组件组成。中心体由上下圆盘、中心圆钢和立筋等焊接而成。它作为轴系的一部分。

磁轭与转子支架采用切、径向复合键连接结构，其分离转速为额定转速的1.15倍。磁轭轴向高度为2.144m，有7个径向通风沟。

发电机主轴上端法兰与转子中心体连接，下端与水轮机主轴连接。顶轴下端与转子中心体连接，上端热套上导轴承滑转子，并在两者之间设置轴绝缘以防止轴电流产生。

励磁绕组由七边形铜排扁绕而成，磁极线圈采用封闭式F级绝缘，上、下绝缘托板为F级，在下托板底部有6mm的铁托板。磁极装设有纵、横轴阻尼绕组，在负序电流为额定电流的10%时，机组能稳定运行。

3. 上、下机架及轴承　上、下机架均由中心体和12个支臂组成，在上机架中心体内装有12块导轴承瓦，瓦面浇铸轴承合金，上导轴承采用螺旋形冷却器12个，每6个串成一路，再将两路并联。上机架中心体高1.41m。下机架中心体为六边形，至对边尺寸为4.395m高2.1m。

推力轴承布置在转子下方的下机架上，采用润滑油在油槽内部自循环的冷却和润滑方式，弹形油箱支撑，双层块瓦结构，瓦为从俄罗斯进口的弹性金属塑料瓦。

4. 发电机主、中引出线　发电机全部引出线均为线电压级全绝缘结构，主、中引出线各9根。相间间距为1.2m，排间间距为0.11m。

（四）附属设备

1. 励磁和电制动系统　励磁装置采用双微机加模拟或手动调节的三通道励磁调节器，这种调节器可互为备用、并联运行、能自动跟踪、自动切换。电制动装置由制动控制柜、制动功率柜、制动电源变压器和发电机定子短路开关组成。设备均由广州电器科学研究所提供。

2. 空气冷却器　发电机冷却采用转子磁轭供风的、密闭自循环、双路径向、旋转挡风板无风扇端部回风通风方式。在发电机定子机座外壁对称布置12个空气冷却器。

3. 发电机机械制动和顶起装置　该装置由制动器及其管路以及电动油泵、阀门和机电元件等组成。制动器安装在转子磁轭下方的12个混凝土支墩上，共24个制动器。制动器采用气压复位结构，为使油气分开，采用双层活塞结构，活塞能灵活自由起落。制动器还可兼作千斤顶用。顶转子的油压约为10MPa，足以顶起水轮发电机组的转动部件。

制动块采用不含石棉的复合材料压制件，耐磨，粉尘少。此外，为消除制动时制动块与制动环板摩擦产生的粉屑污染定子，在制动器外设置吸尘装置。

4. 灭火系统　发电机采用水喷雾灭火方式，共96个喷头分别布置在定子绕组的上、下端的上、下方。另设有12个火警感温探测器，8个火警感烟探测器。

5. 干燥器　在发电机机坑内配置12个有容量为2kW的加热器，可维持机坑内温度不低于10℃。

（天津水利水电勘测设计研究院　王仲仁　李学勤）

水电站变压器中性点接地方式

目前，水电站变压器中性点接地方式有直接接地方式和非直接接地方式两种。直接接地方式有全部变压器中性点直接接地、变压器中性点经低电阻接地、部分变压器中性点直接接地和变压器中性点经低电抗接地等方式；非直接接地方式有变压器中性点绝缘、变压器中性点经消弧线圈接地和变压器中性点高电阻接地等方式。

从我国110kV和220kV升压变压器采用部分接地的运行经验来看，系统可采用简单可靠的零序电流继电保护，系统中变压器中性点接地的数目和分布，应根据系统运行方式和零序电流继电保护要求，以及避免频繁改变继电保护整定值来加以确定。因此，变压器中性点可以接地，也可以不接地。这种接地方式的系统任一处的零序电抗与正序电抗值之比不大于3，零序电阻与正序电抗值之比不大于1。

由于系统中有不接地的变压器，运行中中性点将产生各种过电压，致使变压器中性点设备及系统中设备受到损坏。断路器在操作中不同期切合，将会产生谐振过电压和失步过电压；变压器的工频传递过电压（变压器低压侧有绝缘监视的电压互感器），将产生铁磁谐振过电压；由于易形成孤立的不接地系统，将会产生弧光接地过电压等。为防止断路器切合不同期所产生的过电压及工频传递过电压引起低压侧铁磁谐振，在防事故措施中规定，操作断路器时，将不接地变压器中性点临时性接地，操作完后，再恢复不接地。

为了限制单相短路电流，常采用变压器中性点经小电抗接地方式，只要小电抗值选择适当就可以起到变压器中性点部分接地的作用。当选用小电抗阻值为变压器零序电抗值的1/3时，流经小电抗器的单相短路电流，为三倍变压器的零序电流。此时，变压器对地的零序电抗值为两倍变压器零序电抗值。当两台变压器都经1/3变压器零序电抗值接地，就相当一台变压器中性点直接接地，一台变压器中性点不接地。当一台变压器退出运行时，将另一台运行的变压器中性点小电抗器短接，即仍保持一台变压器中性点接地。此时，保持原两台运行的变压器零序接地电抗值不变起到了变压器中性点部分接地的作用。

部分变压器中性点接地方式中不接地变压器中性点和经小电抗器接地方式中变压器中性点承受的各种过电压计算公式见表1。

表1 变压器中性点过电压

过电压名称			部分接地系统不接地变压器中性点	经小电抗器接地变压器中性点	要求及后果
雷电过电压			$\frac{n\gamma U_1}{3}$	$\frac{n\gamma' U_1}{3+X_{TO}/X}$	中性点上出现的过电压，波头已达45～70μs以上，近似操作过电压，要设置保护
单相接地工频过电压	暂态电压		$\frac{(1+2\alpha)\gamma U_x}{3}$	$\frac{0.9KU_x}{K+2}$	中性点避雷器在此电压下不应动作，选择避雷器额定电压的依据
	稳态电压		$\frac{KU_x}{K+2}$	$\frac{0.5KU_x}{K+2}$	
工频传递过电压			$\frac{C_{12}U_x}{C_{12}+C_2}$	$\frac{C_{12}I_nX}{C_{12}+C_2}$	传递过电压较高时，会发生变压器低压侧电压互感器铁磁谐振
断路器非全相运行过电压	单端电源工频过电压	谐 振	有	无	谐振将损坏电气设备
		工频稳态电压	单相合闸 U_x	I_nX	电压高将损坏有间隙避雷器的并联电阻
	双电源频差过电压		$2U_x\sin\frac{\delta}{2}$	$\frac{2U_x\sin\delta/2}{1+(X_0/X)+X''_d/X}$	不接地中性点避雷器将爆炸
形成孤立不接地系统产生弧光过电压			有	无	弧光过电压一般产生2.8pu过电压，将损坏所有电气设备

注 n—雷电波侵入变压器相数；U_1—雷电波侵入高压绕组幅值，可取耐受值；X_{TO}—变压器零序电抗值；X—变压器中性点小电抗值，取 $X=X_{TO}/3$；γ—振荡系数，一般 $\gamma=1.6$（纠结式绕组）～1.8（连接式绕组）；$\gamma'=1.2\sim1.4$；α—线路电容系数，$\alpha=C_x/(C_x+C_0)$，C_x—线路线间电容值，C_0—线路接地电容值，一般 $\alpha=0.18\sim0.2$；U_x—系统最大运行相电压；C_{12}—变压器高低压绕组间电容；$K=X_0/X_1$ X_0—系统零序电抗；X_1—系统正序电抗，一般 $K\leqslant3$；C_2—变压器低压绕组对地电容；I_n—变压器负载电流；δ—两电源失步相位；X''_d—发电机瞬变暂态电抗值。

从表1中看出，经小电坑器接地的变压器中性点的过电压要比不接地变压器中性点的过电压低得多；不会产生危害性很大的谐振过电压和弧光接地过电压；不易产生失步过电压。即使失步，过电压也不到不接地变压器中性点最大失步过电压的1/10。根据变压器中性点不同接地方式有不同的过电压数值，中性点绝缘水平也不同，见表2。

表2 变压器中性点不同接地方式的绝缘水平 kV

系统标称电压	10	35	66	110	220	330	500
经低电阻接地	25/60	—	—	—	—	—	—
非直接接地	35/75	85/185	140/325	—	—	—	—
部分中性点接地	—	—	—	95/250	200/400	—	—
经低电抗接地①	—	—	—	55/125	85/185	95/250	140/325

① 变压器中性点经1/3变压器零序电抗接地。

变压器中性点电抗器的伏安特性应为线性，其绝缘水平同变压器中性点的绝缘水平。流过变压器中性点小电抗器的长期工作电流为三相不平衡电流，是非常小的，只有数安培。在确定电抗器额定工作电流时，可参照配电变压器热稳定电流是长期工作电流的25倍的关系，因配电变压器热稳定电流温升比电抗器短时电流温升要高，其倍数比25小，可取23。则电抗器长期工作电流为 $I_n\geqslant3I_0/23=0.13I_0$（$I_0$ 为变压器零序电流，I_n 为变压器负载电流）。

（长江水利委员会设计院 舒廉甫）

天生桥二级水电站500kV变电站设计特点

天生桥二级水电站500kV变电站以500kV和

220kV两级电压与华南、贵州、云南电力系统相连。500kV出线共4回，至华南2回，至贵州1回，备用1回；220kV出线共6回，至贵州、广西、云南各2回。500kV配电装置采用一倍半断路器接线，220kV配电装置采用双母线接线，发电机与变压器之间的连接采用扩大单元接线（两机一变）。

500kV变电站位于水电站厂房上游侧，主要设施包括3台容量为500MV·A的升压变压器、1台容量为750MV·A的500/220kV联络变压器、500kV和220kV高压配电装置（全封闭组合电器）、9台50Mvar并联电抗器和其他出线设备。目前，该500kV变电站可向华南转送云南、贵州及天生桥水力发电厂电能约1600MW。

1. 主要电气设备在国内水电站率先实行招标设计　500kV变压器、并联电抗器、全封闭组合电器、出线避雷器、出线电压互感器、载波通信和微波通信设备等在1988年实行国际招标采购，既选购了具有世界先进水平的优良设备，又为国家节省了大量外汇。

2. 高压配电装置采用全封闭组合电器（GIS）　天生桥二级水电站的地质条件复杂，厂区范围狭窄，开关站若采用常规敞开式布置极其困难。因此500kV及220kV开关站在布置上均采用了具有国际先进水平的SF_6全封闭组合电器（GIS）户内配电装置。500kV GIS室面积为160m×14.6m，220kV GIS室面积为55m×13m，占地面积仅为同类敞开式开关站的5%，使土建工程量大为减少。

3. 变压器选用特殊三相组合式　天生桥二级水电站地处深山峡谷，交通不便，重件运输更为困难，公路桥梁的运输限重为100t，因此变压器的最大运输重量也限制在100t。主变压器容量为500MV·A，联络变压器为750MV·A，若采用普通三相变压器，运输重量将超过200t，无法运到现场。若采用单相变压器，运输重量虽可降到100t以下，但单相变压器价格较高，其低压侧的相间连接极不方便，更困难的是单相变占地面积大。以每台主变压器的现有布置场地（长23m，宽10m），根本布置不下3个单相变压器。

通过在招标设计中与国外大型变压器制造厂进行的技术交流，最后选用特殊三相组合变压器。即整台变压器本体分成3个单相和顶盖共4大件运到工地，然后在现场组装成三相变压器。主变压器每相具有3个绕组，1个高压绕组和2个低压分裂绕组，采用外铁芯（壳式）结构。每相绕组铁芯组装后放入单独的油箱（外壳）中，油箱顶部罩上临时箱盖后充氮气单独运输，运输重量仅92t，低于运输限量。设备运到现场，3个单相本体就位后卸掉临时箱盖，然后组装为三相变压器。三相绕组端部在共同的顶盖内接成Y/△连接后再从顶盖套管引出。

4. 布置紧凑，占地面积小　变电站布置在主厂房上游侧至高边坡之间49m宽的狭长范围内，包括3台主变压器、1台联络变压器、9台并联电抗器、500kV和220kV配电装置及其出线设备。纵向采用三层重叠的布置形式。3台主变压器呈单列布置于上游副厂房顶部460m高程，500kV GIS室紧靠主变压器布置在同一高程。500kV出线设备包括GIS出线套管、500kV出线构架、出线避雷器、电容式电压互感器、阻波器等均布置在GIS室屋顶473m高程。9台500kV并联电抗器及中性点小电抗器紧靠出线设备布置于同一高程。500/220kV联络变压器及220kV GIS室也布置在473m高程。220kV共6回出线设备又布置在220kV GIS室屋顶486m高程，利用开关室屋顶作为出线平台，使整个变电站布置非常紧凑，占地面积小。整个变电站的占地面积仅为同类型常规敞开式变电站的10%左右。

5. 采用深井接地降低接地电阻　500kV变电站处于高土壤电阻率地带。为了降低接地电阻，保证电站安全运行，接地设计中除采用常规接地装置外，还采用深井接地技术来减少接地电阻。在变电站460m和473m平台共钻20口深井，井深15～30m，以接近地下水为止。每口井中埋入直径50mm的钢管，并灌注化学降阻剂将井填满。

通过竣工后安装单位和运行单位分别实测，500kV变电站的接地电阻均在0.14Ω以下，保证了变电站长期安全稳定运行。

6. SF_6管道母线（GIB）的运用　500kV联络变压器与GIS配电装置间的连接采用SF_6管道母线（GIB），其中500kV GIB共110三相米，220kV GIB共86三相米。

SF_6管道母线（GIB）的设计与运用在我国水电站是第一次采用，它比常规架空线路和高压电缆安装工期短，可靠性高，运行维护方便。GIB在天生桥二级水电站已安全运行多年，受到用户好评，也为其他水电站、变电站的运用提供了成熟的设计经验。

7. 先进的控制、保护和通信技术　电气控制采用分层分布式监控系统结构。在500kV和220kV开关室均设有现地控制柜，主要用于设备检修、试验时现场操作用。除此而外，开关站的所有断路器、隔离开关、接地刀闸均可在中央控制室集中手动控制或计算机监控。计算机监控系统可以对整个变电站运行实现迅速、准确和有效的监视控制，以保证电站安全可靠运行和提高经济运行水平，是整个变电站的常规运行方式。

继电保护采用主保护双重化加后备保护三重保护装置，以保证保护装置动作的可靠性。

电力系统通信采用有线和无线两种独立的通信方式，即500kV电力线载波通信和数字微波电路通信，确保了与南方电力联营公司及贵州、云南、广西电力中心调度所之间的可靠通信，快速、准确地传送电力调度命令、自动化信息和计算机信息。

天生桥二级水电站500kV变电站的建成投产，可向华南转送云南、贵州及天生桥水力发电厂电能1600MW，创造了巨大经济效益。天生桥二级水电站500kV变电站的设计，1999年被评选为全国第八届优秀工程设计铜奖。

（贵阳勘测设计研究院 程 霖）

二滩水电站电气主接线设计

二滩水电站装机6×550MW，水库具有季调节能力。首台机于1998年8月投运，最后一台机组在1999年底投运，目前在四川省电力系统中担任第一调频任务。电站位于四川攀西地区，远离负荷中心，主供成、渝两地用电。

根据当初系统规划，四川电力系统2005年总负荷14300MW，二滩水电站装机占全网负荷约21%，单机容量占系统负荷比重为3.5%，故二滩水电站在四川省电力系统中占有极重要的地位。1983年8月，在由电力规划设计总院主持召开的接入系统汇报会和同年9月由国家计委主持召开的二滩水电站可行性研究报告审查会上，同意二滩水电站以500kV一级电压出线四回及两个接入系统方案。在1985年元月召开的二滩水电站初步设计阶段重大专题技术讨论会上同意二滩水电站出5回500kV线路，后来结合当时的政策于1988年提出了二滩接入系统的补充报告，经上级审查，确定二滩500kV出线、平台和基础按5回考虑，其中一回预留位置并完成土建工作，设备订货及安装按4回出线设计。实施为：一回缓建，三回经西昌普提（原昭觉）开关站至自贡地区洪沟500kV变电站（1×750MVA），另一回至攀枝花变电站（1×750MVA）供攀西地区用电。从洪沟出两回至龙王变电站（2×750MVA）供成都地区用电，出两回至陈家桥变电站（2×750MVA）供重庆地区用电。

初步设计500kV GIS设备布置在地下主变压器室顶上，至地面出线场垂直高差约180m，采用SF_6管道母线连接。根据1986年1月二滩电站初步设计报告审批意见，经过深入工作和与外国进行技术交流，对近期世界上的制造水平、设备运行状况有了进一步了解，于1989年提出了《二滩水电站500kV出线方式选择专题报告》，建议采用500kV干式电缆取代原初设提出的SF_6管道母线。在此前提下，把原布置在地下主变压器室顶上的GIS设备上移至地面原出线场位置，不增加原出线场的面积，只将原出线场加高两层，使18.3m宽的地下主变洞高度从39.3m降为24.8m，有效改善地下洞室群岩石应力状况，并将GIS楼的设计延至机电设备招标以后进行，不进入土建国际招标，避免了不必要的土建索赔损失，同时节省了地下洞室开挖和衬砌费用。与之比较的从地下主变压器室至地面的高压引出方式为：采用油浸电缆、SF_6管道母线（GIB）及干式电缆。由于地面距地下主变压器洞垂直高差约180m，并考虑运行维护的安全和方便，不采用油电缆。在掌握了日本、法国等国际知名厂家关于500kV干式电缆的确切资料后，经过分析认为，干式电缆代替GIB具有技术优越性和经济性。

由于扩大单元组的变压器容量超过1200MV·A，即使采用单相变压器也超过铁路运输极限，且扩大单元组的容量超过2000年以前系统事故备用容量，发电机电压侧短路电流很大，电气设备选择困难，故从较早阶段即确定仅考虑采用单元接线方式。

实施的电气主接线方案是500kV侧6回进线、4回出线，2串4/3加2串3/2接线，并预留一回出线位置。今后可将最后一串3/2接线扩为4/3接线，以增加一回出线间隔。发电机和主变压器采用单元接线，发电机出口装设断路器。500kV GIS设备布置在地面，与出线场相结合，采用干式电缆与主变压器连接。

电气主接线如下图所示。

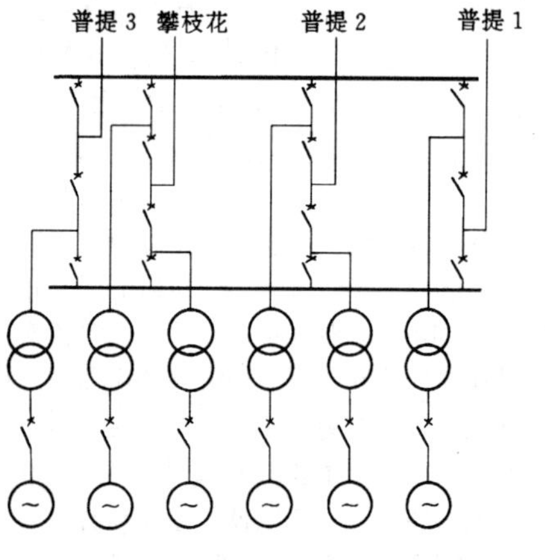

二滩水电站电气主接线图

为了方便机组频繁启停，减少高压侧断路器的操作和厂用电的倒换，并使主变压器在发生内部短路时瞬时切断来自发电机的短路电流，在发电机与变压器之间装设了断路器。为了保证断路器检修时不切除主变压器及厂用电，在断路器和主变压器之间原考虑装设一组隔离开关。

在实施中，利用世界银行贷款采购的瑞士ABB公司产HEK6型SF_6断路器和隔离开关装在同一外壳内，在隔离开关一端触头带电的情况下不可能打开外壳对断路器进行检修，故不能达到原主要目的。据ABB公司介绍，带隔离开关的目的是断路器断口间距离较小，当发电机检修时除断开断路器外，同时断开隔离开关以增大断口距离，这样可不操作高压侧断路器。由于二滩水电站土建施工在前，设备招标在后，按ABB公司标准设计，带隔离开关的断路器附属设备只能位于靠墙侧，需要在已形成的混凝土洞壁上开较大的孔洞，可导致外国土建承包商巨额索赔。若将外径1.45m的巨大的离相封闭母线在母线洞内转两次弯，其布置困难且不美观。ABB公司坚决不同意对其标准设备进行结构上的任何修改，若装设单独的隔离开关又没有位置，故在与ABB合同谈判时，最终取消了隔离开关，将断路器掉头以避免在混凝土墙上打洞，并可将附属设备置于靠通道侧，以使运行维护方便。

（成都勘测设计研究院　刘彦红）

溪洛渡、向家坝水电站水轮发电机结构和主要参数的初步分析

以溪洛渡水电站水轮发电机为主进行分析，然后对向家坝水电站水轮发电机的相应参数和结构进行简要的评价。

一、溪洛渡水电站水轮发电机结构和主要参数的选择

电站单机容量按700MW、750MW和800MW三个方案作分析、比较。

（一）额定转速

水轮发电机组额定转速的选择，一方面必须适应水轮机额定转速及水轮机参数的选择，另一方面也应计及发电机额定电压、并联支路数、槽电流、冷却方式等设计、制造的合理性和可行性。

溪洛渡水电站不同单机容量的额定转速和槽电流的数值列于表1。

表1　不同单机容量下额定转速和槽电流（A）

功率/容量（MW/MV·A）		700/777.78				750/833.33					800/888.88						
额定转速（r/min）		125		120		125			120		125			115.4		111.1	
支路数		6	8	5	10	4	6	8	5	10	4	6	8	4	13	5	9
额定电压	18kV	8316	6237	9979	4990	13365	8909	6682	10692	5346	14256	9504	7128	14256	4386	9504	6336
	20kV	7484	5613	8981	4491	12028	8019	6014	9623	4811	12830	8553	6415	12830	3948	8553	5702
	22kV													11664			

从当今世界水轮发电机的制造水平分析，空冷水轮发电机经济合理的槽电流约6500A，水内冷水轮发电机的槽电流则以9500A左右较为经济合理。以合理的槽电流分析适合不同容量机组的额定转速如下：

（1）对单机容量为700MW的机组，采用125r/min额定转速是适宜的，发电机采用空冷为宜，其槽电流在合适的范围内。而额定转速取120r/min时，可采用5支路水内冷的方案。

（2）对单机容量为750MW的机组，采用125r/min、8支路空冷的方案较适宜。也可采用120r/min、5支路水内冷的方案。

（3）对单机容量为800MW的机组，如采用125r/min的额定转速，无论用空冷还是水内冷都可以选到经济合理的方案。额定转速采用111.1r/min，可选取6支路水内冷或9支路空冷的方案。额定转速115.4r/min的方案则不宜采用。

从与水轮机匹配的额定转速选择的角度看，对于700MW、750MW和800MW单机容量的水轮发电机，采用125r/min额定转速均是经济和合理的。由于目前国内两大电机制造厂家尚未提出此转速方案，故下阶段应进一步开展对外技术交流，研究750MW和800MW机组采用125r/min方案的可能性。

（二）冷却方式

发电机的定子绕组和转子绕组冷却方式直接影响到发电机电磁参数选择和发电机的几何尺寸大小。发电机的损耗发热量与发电机每极容量（即额定容量和转速）有直接关系，而发电机的每极容量又与冷却方式的选择有关。目前，世界上大容量发电机每极容量和冷却方式列于表2。

表 2　　世界上大容量发电机每极容量和冷却方式

电站名称	容　量（MV·A）	极　数	频　率（Hz）	每极容量（MV·A，折为 50Hz）	冷却方式
伊泰普	823	66	50	12.47	定子水内冷
古里Ⅱ级	805	64	60	15.10（12.58）*	空　冷
大古力Ⅲ级	718	84	60	10.26（8.55）*	定子水内冷
大古力Ⅲ级	615.4	100	60	7.38（6.15）*	空　冷
丘吉尔瀑布	500	36	60	16.67（13.89）*	空　冷
萨扬舒申斯克	711	42	50	16.93	定子水内冷
克拉斯诺雅尔斯克	590	64	50	9.22	定子水内冷
罗贡斯克	666	36	50	18.50	全水内冷
二滩	612	42	50	14.57	空　冷
三峡	777.8/840	80	50	9.72/10.5	空冷或定子水内冷
溪洛渡（750MW）	833.3	50	50	16.67	空冷或定子水内冷
溪洛渡（800MW）	888.9	54	50	16.46	定子水内冷
向家坝（750MW）	833.3	80	50	10.42	空冷或定子水内冷

*　括号内为 60Hz 时的数值。

大容量发电机采用定子水内冷，能有效地减少发电机各部分温差，消除定子线棒温度的“热点”。从某种意义上说，水内冷发电机的可靠性应高于空冷发电机，但采用水内冷需要一套冷却水处理设备，发电机的结构亦比空冷时稍复杂。从效率看，水内冷发电机在额定工况以上效率略低，仅低负荷运行时效率稍高。发电机的 GD^2 和 X_d 值，有时还将受到水电站输水系统调节保证计算和电力系统暂态稳定的限制，这可能限制水内冷发电机某些优越性的发挥。

发电机采用空冷方案，结构、布置简单，安装、运行、维护简便。从 70 年代起，世界各主要制造厂家研究并开发了圆盘式转子、浮动式定子机座、斜支臂弹性支撑、径向通风系统、*F* 级线圈绝缘和固定系统等，在解决空冷机组冷却、耐热性能、变形控制和现场叠片等关键技术难题上取得了较大进展，发电机的空冷制造界限已大有提高。由加拿大 GE 公司设计、制造，于 1971 年投运的邱吉尔瀑布水电站机组每极容量已达 16.67MV·A，于 1983 年投运的古里Ⅱ级水电站每极容量为 15.1MV·A。到 90 年代，每极容量 16MV·A 左右，应是发电机空冷技术力所能及的。

另一方面，发电机采用空冷还是内冷，也与制造厂自身的设计、制造经验有关。有的制造厂对发电机采用空冷有经验，如加拿大 GE 公司认为，如果单机容量在 1000MV·A 之内，额定转速在 120～125r/min 范围的电机，或者定子铁芯长度在 4.8m 之内的低速电机和铁芯长度在 5.0m 之内的高速电机，都可采用空冷方案。丘吉尔瀑布、古里Ⅱ级等水电站的空冷机组，以及伊泰普（1989 年投运，每极容量 12.47MV·A）、萨扬舒申斯克（1978 年投运，每极容量 16.93MV·A)、克拉斯诺雅尔斯克等水电站的水内冷机组，均已有十余年的安全运行记录。根据国际大电网会议工作组 1992 年的调查，世界上已有 56 台水内冷发电机投入运行，总容量达 22300MV·A，平均单机容量为 400MV·A。应该说，定子空冷和水内冷的技术均是较为成熟的，可靠性也是较高的。

此外，定子水内冷方案的发电机，其几何尺寸较小，重量比空冷方案轻约 10%，具有较好的经济效果。尤其是水内冷发电机具有较强的增大出力潜力，这对改善溪洛渡水电站机组在高水头运行工况下的运行稳定性有利。

综上所述，对于 700MW 和 750MW 机组，采用空冷或水内冷均可；对于 800MW 的机组，如采用空冷，定子铁芯长度达 4.5m，超过了通常空冷发电机长度极限（约 3.5～3.8m），制造难度太大。因此，宜采用水内冷方案。

（三）额定电压

溪洛渡水电站不同容量发电机额定电压和额定电流的比较见表 3。

表 3　不同容量发电机的额定电压和额定电流

额定电压（kV）＼额定电流（A）	700MW	750MW	800MW
18	24947	26729	28511
20	22453	24056	25660
22	20411	21870	23327

根据表中所列发电机额定电流值，结合表 1 选择合理的槽电流。当发电机单机容量为 700MW 时，对空冷 8 支路和水内冷 5 支路方案，额定电压均可选为 18kV；当发电机单机容量为 750MW 时，对空冷 8 支路和水内冷 5 支路方案，选为 18kV；当发电机单机容量为 800MW 时，对水内冷 4 支路方案，选为 22kV，对水内冷 6 支路和空冷 9 支路方案，可选 18kV，对空冷 8 支路方案，则选 20kV。这些方案均是可行的。

（四）额定功率因数

发电机额定功率因数对发电机本体造价、电力系统稳定和无功平衡、相关电气设备选型、发电机过负荷能力等均有较大影响。考虑到发电机的经济性、制造难度和换流站对无功的需要，溪洛渡水电站发电机的额定功率因数选为 0.9 是合理的。今后宜研究其适当提高到 0.925 的可行性。

（五）短路比

短路比大小可直接影响电力系统的静态稳定和充电容量，但与发电机结构重量和电机成本有关。随着发电机励磁系统、快速继电保护、自动按周减载和电力系统稳定器等技术的飞速发展，为达到确保电力系统稳定的同样目的，采用这些技术所需的经济代价已比靠加大发电机短路比所花的投资低得多，故近年来世界上大容量发电机已趋向适当降低短路比。现溪洛渡水电站发电机的短路比，空冷方案选为≥1.0、水内冷方案选为≥0.9，技术经济是合理的。

（六）发电机结构及制造难度分析

综合上述参数的分析比较，本阶段溪洛渡水电站发电机以容量 750MW 方案为基础，分析其制造难度。

从近期国内外巨型水轮发电机结构型式的发展趋势看，发电机采用具有上、下导轴承的半伞式结构较为合理。

结合溪洛渡水电站单机容量大、转速高的特点，发电机的制造难度，主要反映在转子磁轭材料和推力轴承上。

世界大容量水轮发电机机械强度难度对比见表 4，可知溪洛渡水电站发电机已达世界最高水平，比二滩机组略高，仅次于萨扬舒申斯克，这是溪洛渡水电站发电机的制造难点之一。飞逸转速时，转子周速达 165～170m/s 左右，磁轭应力高，此时，转子磁轭冲片需采用 550～700MPa 高强度钢板，这可通过进口高强度钢板解决。

表 4　大容量水轮发电机机械强度难度对比表

电站名称	容量（MV·A）	额定转速（r/min）	飞逸转速（r/min）	难度（$\times 10^4$，容量×飞逸转速）
伊泰普	823	90.9	170	13.99
古里Ⅱ级	805	112.5	215	17.31
大古力Ⅲ级	718	85.7	158	11.34
大古力Ⅲ级	615.4	72	144	8.86
萨扬舒申斯克	711	142.9	280	19.91
丘吉尔瀑布	500	200	330	16.50

续表

电站名称	容量 (MV·A)	额定转速 (r/min)	飞逸转速 (r/min)	难度 (×10⁴，容量×飞逸转速)
克拉斯诺雅尔斯克	590	93.8	180	10.62
二滩	612 (642)*	142.9	280	17.14 (17.98)
三峡	777.8 (840)*	75	150	11.67 (12.6)
溪洛渡（700MW）	777.8	125	235	18.28
溪洛渡（750MW）	833.3	120	230	19.17
溪洛渡（800MW）	888.9	111.1	215	19.11
向家坝（750MW）	833.3	75	150	12.50

* 括弧内数字为持续最大容量值。

推力轴承是发电机核心部件之一。由表5来分析国内外大容量水轮发电机推力轴承的制造难度：溪洛渡水电站的发电机推力负荷约4000t，与国内水口水电站的、葛洲坝水电站的机组相当，比三峡、大古力、伊泰普等水电站的机组略小；由于受本阶段机组设计深度的限制，不可能取得推力轴承的具体数据，但表中所列推力轴承制造难度（转速×推力负荷），在某种程度上仍可反映其PV值水平，可知溪洛渡水电站的机组推力轴承制造难度已达世界领先水平，比三峡和水口水电站的机组略高。

表5　大容量水轮发电机推力轴承制造难度对比表

电站名称	容量 (MV·A)	转速 (r/min)	推力负荷 (tf)	轴承难度 (×10⁴，转速×推力负荷)
伊泰普	823	90.9	4500	40.90
古里Ⅱ级	805	112.5	2667	30.00
大古力Ⅲ级	718	85.7	4700	40.28
大古力Ⅲ级	615.4	72	4040	29.09
萨扬舒申斯克	711	142.9	3250	46.41
邱吉尔瀑布	500	200	1700	34.00
铁门	194.29	71.4	3500	24.99
葛洲坝	194.29	54.6	3800	20.75
水口	222.2	107.1	4100	43.87
小浪底	333.3	107.1	3740	40.46
二滩	612	142.9	2200	31.42
三峡	777.8	75	5500	41.25
溪洛渡（700MW）	777.8	125	3660	45.75
溪洛渡（750MW）	833.3	120	3860	46.32
溪洛渡（800MW）	864.9*	111.1	4195	46.61
向家坝（750MW）	833.3	75	5562	41.72

注 1tf＝9.8kN。

* 此时，与推力负荷对应的额定功率因数为0.925，故不是888.9MV·A。

二、向家坝水轮发电机结构和主要参数的选择

主要按推荐的额定容量750MW的方案进行分析。

（一）额定转速

向家坝水电站水轮机的额定转速推荐为75r/min，对应该转速及额定容量750MW、额定功率因数0.9、不同条件下的发电机槽电流见表6。

表6　向家坝发电机槽电流

额定电压（kV）	18		20	
定子绕组冷却方式	空冷	水内冷	空冷	水内冷
定子支路数	8	5	8	5
定子槽电流（A）	6682	10692	6014	9623

可见，考虑到经济合理的槽电流值，无论18kV或20kV，也无论空冷或水内冷，额定转速75r/min都是可行的。

（二）冷却方式

由表2可知，根据向家坝水电站水轮发电机的每极容量，两种冷却方式都是可行的，推荐定子绕组水内冷，但也容许采用全空冷方案。最终冷却方式将根据三峡水电站机组的经验确定。

（三）额定电压

根据向家坝水电站发电机的额定容量，额定电压应选择18kV或20kV。发电机额定电压为18kV时，额定电流为26.73kA；20kV时，额定电流为24.1kA。

仅从发电机本身的经济性考虑，采用18kV较好。但国内生产的发电机电压配电设备、离相封闭母线及变压器低压套管额定电流均在25kA以内，若采用18kV，将增加其制造难度，因而采用20kV较为合适。从经济合理的槽电流考虑，18kV比20kV的槽电流略大。就制造难度而言，两个电压级基本相当。综合考虑，发电机额定电压推荐20kV。

（四）额定功率因数

一般情况下，大机组的功率因数均应在0.9及以上。本电站主要采用直流输电，首端换流站需要大量无功功率，故与溪洛渡水电站发电机一样，现阶段向家坝水电站发电机的额定功率因数推荐采用0.9。

（五）发电机结构及制造难度分析

本电站发电机额定容量750MW、额定转速75r/min，属低速大容量巨型机组。国内选择水轮发电机的结构型式，一般 $D_i\ (l_t \cdot n_r) \leqslant 0.025$ 时多采用悬式的结构型式，否则采用伞式。向家坝水电站机组 $D_i\ (l_t \cdot n_r)$ 在0.07以上，所以应采用伞式机组。为提高轴系的稳定性，从而提高整个机组的运行稳定性和可靠性，推荐发电机采用具有上、下两个导轴承的半伞式结构，该结构为国内外巨型机组所广泛采用。

世界上大容量机组的每极容量见表2，向家坝水电站发电机的每极容量居世界中等水平，与三峡水电站机组相当，低于二滩水电站机组。

世界上大容量水轮发电机机械强度难度见表4，可知向家坝水电站发电机居世界先进水平，与三峡水电站机组相当，低于水电站二滩、古里水电站机组。

由表5可见，向家坝水电站发电机推力轴承负荷达5562t，与三峡水电站机组推力轴承负荷值相当。其推力轴承制造难度已达世界水平，但与三峡水电站和水口水电站机组相当。

三、两水电站水轮发电机主要参数

溪洛渡水电站和向家坝水电站水轮发电机初选的主要参数见表7。

表7　溪洛渡和向家坝水电站水轮发电机初选的主要参数

电　站	向家坝	溪洛渡
型　式	立轴半伞式	立轴半伞式
额定功率（MW）	750	750
额定电压（kV）	20	18
额定电流（A）	24057	26729
额定功率因数	0.9	0.9
额定频率（Hz）	50	50
额定转速（r/min）	75	120
冷却方式	定子水内冷（或全空冷）	定子水内冷（或全空冷）

四、对两水电站水轮发电机制造难度的总体评价

（一）溪洛渡水电站水轮发电机

从参数和结构分析，溪洛渡水电站发电机推力负荷、定子、转子、承重支架结构尺寸等都比三峡水电站机组小，其700、750MW发电机设计制造水平与三峡水电站相当；而800MW发电机电磁参数、磁轭应力、材料强度增高，尚需对长铁芯发电机的制造和冷却技术、22kV高电压绝缘结构等专题进行研究和论证，其设计、制造水平大于三峡水电站机组。由于溪洛渡水电站发电机制造在三峡水电站机组之后，而且二滩水电站机组业已投运正逐步总结制造、安装和运行的经验教训，故问题是可以解决的。

溪洛渡水电站单机容量的选择，根据1997年12

月溪洛渡水电站水轮发电机组专题讨论会的专家意见，以700、750MW为宜。综合前面机组主要参数和结构的分析比较，根据现有国内制造厂家的设计、制造水平，特别是继二滩水电站、三峡水电站机组之后，考虑部分引进国外先进技术和关键部件，本阶段采用单机750MW的方案是可行的。

（二）向家坝水电站水轮发电机

向家坝水电站单机750MW的水轮发电机与三峡水电站类似，制造难度相当。

（三）对两水电站水轮发电机制造难度的比较分析

从机械难度、每极容量和推力轴承难度三大指标分析，向家坝水电站发电机处于世界先进水平，溪洛渡水电站发电机已全面达到世界领先水平。应当看到，两水电站机组将在三峡水电站机组（2003年左右发电）之后，约2011～2014年才投运，届时从国内、外水轮发电机设计、制造技术发展的水平分析，并吸取三峡、二滩等水电站机组的经验，在技术上均是合理可行、完全能够达到的。向家坝水电站发电机可考虑主要立足国内设计、制造；溪洛渡水电站发电机则需考虑部分引进国外先进技术。

（水电水利规划设计总院　李定中）

溪洛渡水电站电气主接线的选择

溪洛渡水电站是金沙江干流下游上的一个巨型电站，位于四川省雷波县和云南省永善县境内。电站装机16台，总装机容量12000MW，多年平均发电量572.2亿kW·h，具有不完全年调节性能。电站的电力主送华东、华中电网，兼顾川滇两省用电，以实现“西电东送”的战略目标。

电站分设左、右岸两个地下厂房，两岸各布置8台机组，500kV开关站布置在地面。

（一）电站在系统中的作用及接入系统方式

华东、华中地区是全国经济发展较快的地区，需电量大，水能资源较为贫乏，而我国的水能资源主要集中在西南。因此，“西电东送”是全国能源平衡格局中的重要战略决策。溪洛渡水电站输电方案为主送华东、华中电网，因输送容量大，输电距离远，对各种输电方案需从政治、经济、技术多方面综合比较后才能作出决策。预可研报告审查意见为，暂按交流500kV电压等级、左右岸各6回出线进行主接线方案比较。

（二）电气主接线

根据电站接入系统设计，并结合电站的超大容量和在系统中的重要地位，电气主接线的选择应把安全可靠放在首位，并兼顾接线的运行灵活性和经济性。选择的原则是：

（1）满足系统对出线电压等级和回路的要求；

（2）在满足供电可靠性要求的前提下使投资和运行费最低；

（3）运行、操作灵活简便；

（4）故障情况下切除容量很小。

根据上述原则，拟定了发电机、变压器组合的方案有单元接线、联合单元接线、扩大单元接线。经过对三种方案的初步比较，除扩大单元接线方案受目前电气设备制造水平限制而难以满足要求外，单元接线和联合单元接线方案都是可行的，且各有优缺点。

发电机、变压器单元接线中，断路器设在发电机电压侧时，在机组正常停机期间，可通过主变压器倒送厂用电；在主变压器故障时，可迅速切断发电机供给的短路电流，对保护主变压器有利。而断路器设在主变压器高压侧时，断路器较易选取，但设备投资较贵。据目前发电机断路器制造水平，断路器设在发电机电压侧或主变压器高压侧在技术上是可行的，但额定电流大于25kA的发电机断路器还没有投入运行的实例，对此问题尚需作进一步的研究。本阶段断路器暂设在主变压器高压侧。

溪洛渡水电站系地下厂房，根据地下洞室的布置情况，主变压器高压侧引出线方式可采用SF_6管道母线或者干式电缆。通过对两者的技术、经济指标分析可以看出：干式电缆能适应高差大的敷设条件，其安装和维护工作量较小；而SF_6管道母线输送容量大，适用于短距离大容量的电能传输；二者可靠性均较高。干式电缆与SF_6管道母线相比较，在综合经济指标方面前者略占优势。考虑到溪洛渡水电站主变压器高压引出线的出线洞高差达460m，如采用SF_6管道母线，目前在世界上还没有如此大高差的工程实例。从保证电站安全运行的角度出发，综合各方面因素，目前阶段暂选用干式电缆方案。

由于500kV电压侧接线的进出线回路数较多，且每回线路输送容量大，故按主接线选择原则和要求，拟定了3个接线方案进行比较。

方案1：发电机—变压器为单元接线，500kV侧为4串4/3断路器接线和1串3/2断路器接线组合。

方案2：发电机—变压器为单元接线，500kV侧为7串3/2断路器接线。

方案3：发电机—变压器为联合单元接线，500kV侧为2串4/3断路器接线和2串3/2断路器接线组合。

通过对上述3个方案的技术、经济比较，方案1的综合指标最优，故选方案1为溪洛渡水电站500kV电压侧的电气主接线方案。

（三）结语

（1）发电机与主变压器的组合采用单元接线或联合单元接线均是可行的，并且联合单元容量为系统稳定运行所允许。

（2）由于溪洛渡水电站高压侧引出线竖井的高差达460m，考虑到目前干式电缆和SF_6管道母线制造水平，以及在电站中的实际运用情况，干式电缆方案在技术上较为成熟，故主变压器500kV高压侧引出线采用干式电缆方案。

（3）500kV电压侧的电气接线方案中，方案1的综合指标最优，为溪洛渡水电站的选用方案。

（成都勘测设计研究院　刘建华）

大电流封闭母线的设计和应用

大电流封闭母线的工作电流，国内已达到8000～23000A，它用作大中型发电机与变压器的输电母线。封闭母线的导体和外壳几何尺寸很大，电磁场很强，电网对其运行可靠度要求很高。目前，国内外大电流封闭母线广泛采用全连式离相封闭母线，这是由于全连式外壳的环流和涡流的双重屏蔽作用，壳外磁场强度为无外壳时的1%～2%。短路时，母线导体所承受的电动力约为无外壳时的25%，母线外壳所承受的电动力比不连式外壳的小6～7倍。母线外壳基本上处于等电位，只需有一点可靠接地，就可保证人身的安全。

（1）自冷全连式离相封闭母线的计算方法，是从200MW、9000A离相封闭母线原型试验研究得到的。推荐了电、热、力的计算方法和最优化设计方法。对原型试验的结果进行了验算，母线各部分温升的计算值与试验值，只相差2℃左右，是十分接近的。该计算与设计方法推广应用到了12000～23000A的全连式离相封闭母线的设计与制造。据不完全统计，目前国产离相封闭母线已有250套投入运行，12500A离相封闭母线应用较多。其几何尺寸基本上是：导体是圆管形，外径为0.5m，导体厚度为0.012m；外壳是圆管形，外径为1.05m，厚度为0.008m。采用铝材。

（2）近年来对已投入运行的12500A离相封闭母线进行了温升实测。其计算值与实测值相比，母线导体是圆管形的对流换热量的计算值偏小33%，外壳对流换热量的计算值偏小36.4%，因而导体温升实测值比计算值低16.4%，外壳温升实测值比计算值低18.9%。实测值与温升标准值相比，实测值分别低于计算值29.4%和46.6%。可见设计的裕度过大。究其原因，主要是铝材使用过多。雷诺数Re、努塞尔数Nu与母线几何尺寸有关，因此，将9000A离相封闭母线的数据用于12500A封闭母线计算时需要调整。

（3）从国外引进的12500A离相封闭母线，它们的技术参数、结构尺寸和制造工艺都较国内产品好。例如，国外产品的平面接触面的电流密度为$0.10A/mm^2$,国内产品的为$0.07A/mm^2$；国外产品的平面接触压力较均匀，为$10\sim11N/mm^2$，国内产品的接触压力不够均匀；国外产品的母线伸缩节的温升比母线本体高4～5℃，而国内产品允许不超过15℃。曾做了个比较，相同容量的离相封闭母线，导体是圆管形的，国内产品比ABB厂的铝材重22.7%，而ABB厂的母线导体温升比国内产品低4%，外壳温升低1.4%。说明国内外封闭母线的产品存在一定的差距，值得研究和完善。

从国外引进的相同容量的离相封闭母线，它们的导体形状各有不同，一种是圆管形的，另一种是八面形（分两半）的，它们对外壳的对流换热是不同的，八面形的比圆管形的要好。在电厂运行中测量了母线的温升，ABB厂制造的圆管形导体的封闭母线，其外壳的温升比Cegelec厂制造的八面形（分两半）导体的封闭母线外壳的温升高4.8℃，而ABB厂母线横截面积要大10.4%，可见八面形导体的封闭母线，其技术经济指标较好，但制造工艺要复杂些，值得进一步试验研究。

（4）长垂直段和长倾斜段大电流离相封闭母线。厂房深埋地下100～300m的百万千瓦级水电站，为减少地下洞室开挖工程量，将500kV及以下超高压变电站和开关站搬到地面的适当位置，可节省工程投资，缩短建设工期，改善运行条件。为此开展了长垂直段和长倾斜段大电流封闭母线的模型试验研究，历经三年多的努力工作，1999年，水电水利规划设计研究总院在北京组织并主持专家组进行了审查、鉴定，取得以下成果：

1）获得在不同高宽比A和半径比K的情况下，圆导体表面在不同热流率和空腔压力下，热边界层沿轴向分布的规律，显示了热边界层沿轴向发展的规律。

2）母线环形空腔内，雷诺数Re从10^5延伸到1.028×10^9，实验得到Re在层流区、过渡区、紊流区的变化范围。这些成果为取得封闭母线环形空腔内自然对流换热计算的关联式，创造了实验依据。由此得到空气流体在层流区、过渡区和紊流区并考虑A、K影响的努塞尔数Nu的换热计算的关联式。

3）封闭母线环形空腔内自然对流换热努塞尔数Nu，按过渡区换热关联式计算。

4）长倾斜段封闭母线，其倾斜环形空腔与长垂直段有不同的空气流态，与倾斜角θ角有关。高宽比

A、努塞尔数 Nu 的对流换热计算的关联式，需进行修正。

5）必须考虑封闭母线的前置和后置水平段，有时还有前置或后置垂直段，他们相互影响，必须统筹考虑。

1999年在浙江新安江水电厂，首次建设高差为80m长倾斜封闭母线，并有前置水平段、后置垂直段、后置水平段。

（中南勘测设计研究院 杨瑞棠）

干式变压器的发展和应用

干式变压器是铁芯和线圈不浸在绝缘油中的变压器。它最大的特点是防火，事故时不会将火蔓延到其周围，也不会爆炸。因为不带油，故重量轻，运输、安装方便，深受用户欢迎。近年来随着水电建设的发展，在新建水电站厂用变压器和励磁变压器中，干式变压器几乎完全取代了油浸变压器。

干式变压器可以概括为三个发展阶段。第一代产品为绝缘胶带缠绕浸渍的空气绝缘干式变压器，它虽无油，具有防火、防爆的优点，但主要缺点是易吸潮，局部放电量高，抗短路冲击的机械性能差，绝缘水平低于同电压等级油浸变压器，投运前一般要对变压器进行干燥处理。第二代产品为环氧树脂与填料混合浇注的干式变压器，该类产品摈弃了第一代产品的一些缺点，性能有所改进。但由于树脂与填料（通常为石英粉）的混合体抗裂性较差，绕组外部绝缘较厚（8～12mm），造成变压器散热困难，体积加大。另外由于未固化前的树脂与填料混合体黏性大，真空脱气难，变压器的局部放电量仍较高。第三代产品为玻璃纤维全缠绕环氧树脂真空浇注干式变压器，该类产品在生产工艺及材料上进行了改进，采用环氧树脂先加热和真空脱气，再真空浇注的工艺，绕组中无气泡，局部放电量低。玻璃纤维与环氧树脂生成的加强型复合绝缘材料具有特别的抗裂性能，能制成薄绝缘绕组，因此变压器散热性能好，体积小，过载能力大，绝缘水平高。

干式变压器制造厂的定型产品均为三相变压器。《水力发电厂机电设计技术规范》中，考虑防止相间短路，规定与离相封闭母线连接的厂用变压器应采用单相式。因此目前国内各大型水电站厂房内的发电机电压厂用变压器绝大多数采用单相干式变压器。随着环氧树脂浇注绝缘干式变压器的出现和制造技术的提高，如采用三相环氧树脂浇注干式变压器，对于防止相间短路具有同等效果，而且三相干式变压器在价格及安装、运行性能方面均优于单相干式变压器。因此三相干式变压器将逐渐取代单相干式变压器。

电压等级：国内产品高压侧额定电压有6、10、20、35kV级数种。

额定容量：目前，国内干式变压器制造厂可生产30～15000kV·A的系列产品。

调压方式：一般干式变压器为无载调压，用于照明等要求不停电调压负荷的干式变压器也可采用有载调压方式。

绝缘等级：有B、F、H级。

冷却方式：一般采用自然空气冷却（AN），根据用户需要也可采用强迫空气冷却（AF）。

防护等级：IP00级，变压器不配外壳，户内使用；IP20级，外壳可防止大于12mm的固体异物进入，给带电部分提供安全屏蔽；IP23级，外壳除可防止大于12mm的固体异物进入外，还可防止与垂直线成60°角以内的水滴流入。

干式变压器按绝缘制造工艺可分类为以下五种：

（1）浸渍绝缘干式变压器。是最早应用的干式变压器，制造工艺比较简单，绕制完工的线圈浸渍耐高温绝缘漆，并进行加热干燥处理。根据需要选用不同耐热等级的绝缘材料，分别制成B级、F级和H级绝缘变压器。

（2）环氧树脂绝缘干式变压器。线圈在真空下用环氧树脂混合浇注成型。低压线圈绝缘等级为F级或H级组合绝缘。铁芯采用高导磁硅钢片，全斜接缝。其电气性能好，防潮耐污，过载能力强。

（3）薄绝缘树脂浇注干式变压器。采用玻璃纤维方格布作为绝缘材料，在高真空下除湿脱气，浇注环氧树脂。由于玻璃纤维浸润性好，渗透性强，因此排除了气隙，提高了电气性能，局部放电量小。浇注好的线圈具有很高的机械强度，并富有弹性，耐热循环和热冲击性能较好，不易开裂。

（4）混合绝缘结构干式变压器。高压线圈部分采用浇注绝缘式薄绝缘树脂，而低压线圈部分采用浸渍绝缘。这种结构可以减少浇注设备过大的投资，而长期不用后再投入运行时不需要进行干燥处理。

（5）SF_6 气体绝缘干式变压器。采用 SF_6 气体作为绝缘和冷却介质的干式变压器目前在技术上已比较成熟，它具有防火性能好、耐潮湿、噪声低、适用范围广等优点；但结构比较复杂，工艺要求高，为防止漏气要求壳体密封性好。

（贵阳勘测设计研究院 程 霖）

水电站控制保护

小浪底水电站计算机监控系统

一、小浪底水电站计算机监控系统结构配置及设计原则

（一）概述

小浪底水利枢纽工程位于河南省洛阳市以北40km的黄河干流上，工程开发目标为防洪、减淤、防凌、灌溉和发电。电站装设6台300MW机组，总装机容量为1800MW。电气主接线为发电机、变压器组单元接线，机端电压18kV，经主变压器升压后为220kV。220kV侧为双母双分段带旁路接线，出线6回，其中1回备用。

小浪底水电站计算机监控系统采用国际询价方式采购，由中国技术进出口总公司负责代理，参加投标的均为在水电控制领域卓有成绩的国际知名公司，其中有奥地利伊林公司、瑞士ABB公司、德国西门子公司、法国阿尔斯通公司及加拿大CAE公司等。经过国内各大设计、科研及运行部门专家组成的评标组评定，确定奥地利伊林公司中标。伊林公司会同设计院、业主依据合同文件开展工作，经过半年的联合设计，确定了小浪底水电站计算机监控系统的结构配置，并完成了应用软件的编制工作。1999年3月底设备运至工地，经过近半年的安装调试工作，年底计算机监控系统一次投运成功，达到与机组同步投运的目的。

（二）系统结构及配置原则

小浪底水电站计算机监控系统采用以计算机为主的监控方式。整个系统采用开放式全分布结构。电站受河南省调调度，执行来自河南省调的调度命令。电站计算机监控系统由电站控制中心系统和现地控制单元等组成，整个计算机监控系统采用冗余设计，厂级工作站、操作员工作站、网络及现地控制单元均为冗余方式。

小浪底水电站计算机监控系统控制中心设备包括7套工作站及其外围设备，其中厂级工作站2套，操作员工作站2套，培训工作站、工程师工作站和多媒体工作站各1套；由计算机支持的模拟屏（包括模拟屏驱动器）1套；大屏幕投影机1套；监视终端及服务器4套；控制中心设备所用UPS 2套；GPS卫星时钟1套；同河南省调及水库调度计算机系统进行通信的远方计算机接口单元1套。现地控制单元为8套，6台机组对应于6套现地控制单元，公用设备和220kV开关站各设1套。

电站控制中心设备之间的通信网络采用总线式以太网，现地控制单元之间采用令牌环网，4套监视终端通过服务器与监控系统连接，该监视终端仅具有监视功能而作为管理使用，其网络为办公室局域网，该信息管理系统具有独立的操作系统及通信协议，所用介质为同轴电缆。

两套厂级工作站互为热备用，两套操作员工作站同时工作但操作相互闭锁，电站控制室设有模拟屏，屏上信号除开关站表计直接来自电流互感器和电压互感器外，其他均由计算机系统驱动。现地控制单元包括控制部分和监视部分，控制部分采用双CPU冗余设计，正常运行时采用过程计算机进行控制，当该计算机故障时自动切换到冗余部件中进行控制。

二、小浪底水电站计算机监控系统功能设计

（一）概述

电站计算机监控系统包括SCADA、自动发电控制（AGC）、自动电压控制（AVC）和事故分析处理、趋势分析处理、运行培训仿真等功能。

电站控制中心厂级工作站主要完成全厂的运行自动化及其管理，包括AGC，AVC，历史数据存档、归类、检索和管理，运行报表生成与打印，对外通信管理等，工作方式为两套互为热备用。两套操作员工作站，主要完成人机接口功能，即完成设备运行的实时监视与控制，来自现地控制单元LCU的实时信息直接在操作员工作站CRT上显示刷新，控制命令直接由工作站下发给LCU，均不需经厂级工作站计算机转发；工程师工作站作为系统和LCU软件开发、编制和修改应用软件等工作使用，并作为操作员工作站的备用；培训工作站作为运行人员操作培训使用；多媒体工作站与全厂工业电视系统联网，以获得现场影像记录。

（二）电站控制中心功能设计

1. 数据采集与处理　接收各现地控制单元发送的有关参数，存入数据库，用于显示器画面更新、控制调节、记录检索、操作指导及事故记录和分析。

2. 实时控制和调节 操作员通过操作员工作站的显示器、键盘等，对监控对象进行下列控制与调节：机组启动、停机；同步并网；机组运行方式选择；机组有功功率、无功功率增减；AGC的投/切；AVC的投/切；18kV及以上的隔离开关、10kV及以上的断路器以及重要的400V断路器合/分及闭锁；进水口快速闸门紧急关闭操作等。

为满足自动发电控制（AGC）和经济运行的需要，根据操作员或电网给定的全厂总功率，调频、调峰和备用容量的要求，以及设备的实际状况，计算机监控系统能够自动计算出当前水头下电站的最优机组组合和机组间的负荷分配。最优化目标是在满足给定总功率的条件下机组发电耗水量最低，避开空蚀振动区，同时避免频繁启停机组和频繁的功率调整的操作。在优化计算时，实时水头值计入未来时段尾水位由于发电流量改变而产生的变化。自动发电控制包括调频、调峰、按给定功率运行三项子功能。

（三）电站控制中心软件设计

电站计算机监控系统软件设计适合在开放系统环境下运行。整个系统采用分布式数据库；操作系统采用UNIX标准；用户接口支持多窗口操作，具有友善的用户界面，网络接口采用符合国际标准化组织ISO的开放系统互连模型OSI，执行IEEE802令牌环网标准。控制系统应用软件采用了由卖方作为责任方的联合设计方式。经过近半年的工作，完成了应用软件的编制、调试工作。

（黄河水利委员会勘测规划设计研究院
马跃生 王为福）

万家寨水电站控制保护设计

（一）概述

万家寨水利枢纽位于黄河中游北干流上段，是引黄入晋调水工程的首部枢纽。电站内安装有6台单机180MW（最大200MW）的混流式水轮发电机组。电站综合自动化按少人值班原则设计，监控系统采用符合国际开放系统标准的开放式环境下全分布计算机监控系统。机组励磁、调速、保护等均采用微机型产品。全厂公用油、气、水系统和坝上各闸门系统采用以软启动器和可编程控制器PLC为基础的控制装置进行智能控制，各控制装置通过双绞屏蔽线联成MB+网，并经MB85桥路转换器转换成MODBUS规约与监控系统通信。

（二）计算机监控系统

电站计算机监控系统选用南瑞自控公司生产的SSJ-3031系统，在功能上分为主控级和单元控制级两层。主控级由2台厂级机、2套操作员工作站、1套工程师工作站、1台通信服务器、1台打印服务器和4台网络打印机等主要设备组成，是电站的实时监控中心，主要负责全厂的自动化运行（AGC、优化发电、AVC等）、历史数据处理及全厂人机对话等功能。单元控制级按控制对象分为机组控制单元（6套）、开关站控制单元（1套）、厂用电和全厂公用设备控制单元（1套）。现地控制单元采用工控机加PLC可编程序控制器的结构，工控机负责与主控级的通信，PLC负责数据采集与控制调节，并且8套现地控制单元的工控机CPU采用两两交叉冗余的方式，以提高现地控制单元与主控级通信的可靠性。主控级全部设备和各现地控制单元通过10MB/s速率的双光纤以太网进行数据交换和控制、操作命令的接收和发送。机组控制单元主要实现机组各工况下的实时数据采集和预处理、控制和调节、与主控级的通信等功能；开关站控制单元主要实现220kV断路器、隔离开关及接地开关的联锁操作；厂用电及公用控制单元负责厂用电、直流电源系统，全厂公用油、气、水系统，坝上闸门系统，全厂水力测量系统，全厂消防系统等各公用系统的数据采集和预处理。

（三）励磁和调速

1. 励磁装置 发电机励磁装置采用广科所生产的DHL9701—1SS静止励磁装置。励磁调节器采用具有PID调节规律的双微机调节器，设有A、B两个自动电压调节通道和一个手动调节通道（C通道）；调节方式包括电压调节、磁场电流调节和功率因数调节等。机组正常停机时采用逆变灭磁方式，事故停机时采用磁场变阻器加非线性电阻灭磁方式。磁场变阻器为ABB公司进口产品。转子过电压保护在交、直流两侧均装设了非线性电阻。

2. 调速器 每台机组配有两套法国奈尔皮克公司的DIGIPID1500型数字式电子调速器。该调速器具有适应性变结构、变参数模式，输入、输出调节范围宽。双套电子调速器采用主/从同步工作方式，热备用运行；正常时仅主调速器进行输出，当主调速器故障时，从调速器自动投入。

机组测速采用电气测速和齿盘测速相结合的方式。主电子调速器所需的转速信号取自机端电压互感器，从电子调速器所需的转速取自齿盘，机组控制所需的转速接点及电气和机械过速接点取自齿盘连接的EXT1000转速信号装置。

（四）继电保护

1. 发电机—变压器组保护 发电机—变压器组保护采用电力自动化研究院生产的WFBZ—01微机型多CPU成套保护装置。其中1号、3号、5号发电机出口装设断路器，差动保护按发电机差动和变压器差动配置；2号、4号、6号发电机出口只装设隔离开关，差动保护按发电机差动和发电机—变压器组大差配置，同时为防止主变压器过激磁，另配置了主变压器差动保护。由于发电机中性点引出线为三分支并联后单Y引出，无法配置单继电器横差保护，因此发电机定子匝间保护采用设置一组专用电压互感器方式实现。发电机—变压器组其他保护按规程配置。

2. 母线保护　电站220kV母线采用单联（隔离开关联络）双母线接线。正常情况下，山西中调和内蒙古区调各调度3台机组，母线分段隔离开关处于断开位置、山西、内蒙古各按一组双母线运行，分别配置一套中阻抗集成电路型母差保护装置。当山西侧或内蒙古侧向对方借机组（同时借1条母线）时，分段隔离开关合上，山西、内蒙古两侧的各1条母线作为1条合母线运行，同时闭锁两侧母联断路器。当合母线上任一侧母差保护动作时，联跳对侧母差保护出口，使合母线上的所有断路器开断。

（五）总结

万家寨水电站监控系统取消了常规监控设备，采用符合国际开放系统标准的全计算机系统，电站首台机组已于1998年11月28日，通过计算机监控系统顺利实现开机及并网发电，实现了计算机监控系统与首台机组的同步投运，创造了很好的社会效益和经济效益。电站2号、3号机组也已分别于1999年8月、11月正式投入商业运行，4～6号机组于2000年先后投产。目前除部分公用系统的自动控制装置及监控系统的部分功能，需随4～6号机组的投产进度进一步完善外，主要控制、保护设备均已经过一年多的运行考验。实际运行证明，电站的综合自动化及控制、保护设计原则与主要设备配置是先进、正确、合理的，达到了设计要求。

（天津水利水电勘测设计研究院　闫国福）

白山梯级水电厂集中控制系统

（一）电站概况

白山水电厂位于吉林省东南部，松花江上游，是一厂两坝三站的大型水力发电厂，总装机容量为1700MW，在东北电网中担任调峰、调频和事故备用任务。白山水电厂位于红石水电厂上游，白山、红石水电厂距桦甸市分别为73km和35km。生活基地和生产调度中心建在桦甸市。

（二）系统总体结构

白山梯级水电厂无人值班自动化工程的计算机系统由3个子系统组成，即桦甸梯调中心监控系统（简称“桦甸系统”）、白山水电厂监控系统（简称“白山系统”）和红石水电厂监控系统（简称“红石系统”）。三个子系统均采用中国水利水电科学研究院自动化所研制开发的H9000系统。白山系统与桦甸系统采用100Mbps的光纤主通道与2MB的路由备用通道方式通信，其中光纤通道距离长达110km。红石系统与桦甸系统的主备通道均采用2MB的路由方式。系统总体结构如下图所示。

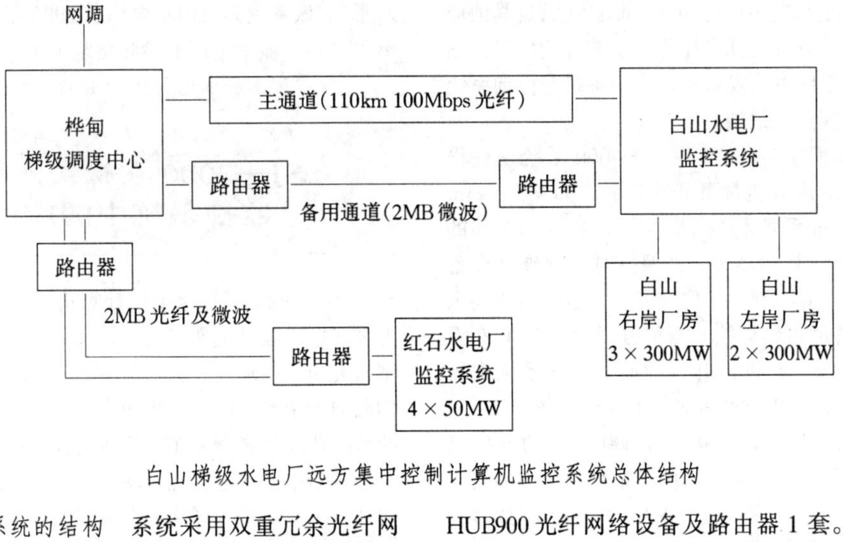

白山梯级水电厂远方集中控制计算机监控系统总体结构

1. 白山系统的结构　系统采用双重冗余光纤网络结构，分现地单元层和中央控制层。中央控制层设数据库管理机2台，操作员站（双屏）2台，工程师站1台，均采用64位Alpha工作站，电话语音报警装置1套，打印服务器2台，GPS时钟1台，DEC HUB900光纤网络设备及路由器1套。根据运行需要，在左岸厂房的控制室另设操作员工作站1台。现地单元层由LCU组成，按单元分布。全厂共设9套LCU：5台300MW发电机变压器组各设1个，左、右岸开关站、厂用电及全厂公用设备各设1个。机组

LCU由工控机加数据采集系统组成，配有独立的同期装置、温度量检测装置和性能指标较高的GE90—70可编程控制器构成双CPU的同步热备冗余系统。开关站和公用单元LCU由工控机加可编程控制器组成，开关站LCU配有1套同期装置。

2．红石系统的结构　该系统采用双网冗余结构，分现地控制单元层和中央控制层。中央层设数据库管理机2台（兼作操作员站），工程师站1台，均采用64位Alpha工作站，打印服务器2台，GPS时钟1台，电话语音报警装置1套，DEC HUB90光纤网络设备及路由器1套。现地控制层由LCU组成，按单元分布，共设6套LCU：4台发电机变压器组各设1个，开关站和全厂公用设备各设1个。机组LCU由工控机加GE90—70可编程控制器组成，配有独立的同期装置和温度量检测装置。开关站和公用单元LCU由工控机加GE90—70可编程控制器组成，开关站LCU配有1套同期装置。

3．桦甸系统的结构　梯调中心系统采用双网冗余结构，设数据库管理机2台，操作员站（双屏）3台，工程师站1台，均采用64位Alpha工作站，通信服务器2台，模拟屏驱动与电话语音报警装置1套，打印服务器2台，GPS时钟1台，网络设备及路由器1套。网络介质采用双DEC Hub900集线器加屏蔽双绞线。设培训仿真系统1套。

（二）系统的特点

1．标准化的系统与软件设计　H9000系统严格按照该系统的标准进行开发，使软件达到通用化的要求，不仅能满足水电用户的要求，而且能满足其他应用领域的要求。软件的标准化提高了软件的质量，通用化则提高了系统的开发效率。白山系统与桦甸系统采用的软件是完全一致的。

2．开放的硬件及系统环境　H9000系统硬件设备立足于采用国内外质量可靠的产品，如美国Compaq公司的Alpha系列计算机及网络设备，GE公司的GE90系列可编程控制器等，并保持对其他硬件设备的接入开放，使64位与32位兼容。如白山系统要求的双CPU配置的可编程控制器很方便地在H9000系统的环境下实现。在硬件开放的同时，该系统支持UNIX和Window NT这两种开放的操作系统。

3．灵活多变的系统结构　H9000系统的支持灵活多变的系统结构，如从简单的厂站级的单机单网或多机双网冗余结构，到梯级水电厂的复杂多网结构。白山梯级系统的网络结构较为复杂，有以太网总线局域网，也有路由器广域网和现地总线网，其中光纤无中继传输距离达110km，传输速率达100Mbps。

4．完善的系统应用功能　白山系统配备了完善的水电应用功能软件，如经济运行（EDC）、自动发电控制（AGC）、自动电压控制（AVC）、梯级优化、防误操作等高级功能。

5．简洁的图形与人机界面设计　该系统采用面向对象技术，大大地简化了人机界面，简单直观易学，使用方便，向“傻瓜机”的目标前进了一大步，受到运行人员的欢迎。

6．强大的应用开发支持软件系统　该系统配备了许多开发支持软件，如图形报表工具软件、数据库生成调试工具软件、控制连锁调试工具软件等，提高了系统集成的质量和效率，也改善了系统的可维护性。

（四）系统的应用与评价

白山系统与桦甸系统于1997年11月27日同时投运，实现了桦甸梯调中心远方遥控开机一次成功。三年多的运行证明，该系统在实时性、可靠性、实用性等方面，均达到或超过了预期的要求，开停机成功率达到99.97%。

该系统的成功投运，在国内首次实现了大型梯级水电厂大型机组的现地无人值班（少人值守）和远方集中监控，首次实现了110km的长距离100MB高速以太网通信，不仅标志着我国水电厂计算机监控技术从此进入高速网络时代，而且标志着我国已能提供具有独立自主版权的大型梯级水电厂计算机集中控制系统，为我国今后大型梯级水电厂的计算机监控系统提供了成功的经验。经国家电力公司1999年3月组织的专家鉴定，一致认为“该系统在大型梯级水电厂远方集中监控总体技术方面居国内领先水平，国际先进水平”。该系统为白山水电厂于2000年4月通过国家电力公司一流水电厂的验收奠定了重要基础。

（中国水利水电科学研究院　王德宽　尹　伟）

SSJ—3000在梯级水电厂监控系统中的应用

SSJ—3000系列水电厂计算机监控系统是国家电力公司电力自动化研究院（以下简称电自院）自动控制研究所（南瑞自控公司）在90年代中期研究开发的面向大中型水电厂、梯级水电厂控制和调度等领域的新一代开放式全分布计算机监控系统。它把电自院二十多年来的水电工程经验，国际不断发展的最新软硬件技术和更符合国情的众多实用功能紧密结合。实践表明，SSJ—3000系列开放式全分布计算机监控系统的设计与当前国际水平同步，目前已成功用于葛洲坝大江、李家峡、漫湾等国内外共80余个水电厂，并完全适用于各种类型的梯级调度。到目前为止，在全国已采用计算机监控的梯级调度中心有湖北省清江梯调、黑龙江省牡丹江梯调、浙江省紧水滩梯调等，全国约80%的梯调中心选用了SSJ—3000系统。其特点介绍如下。

1. 良好的软硬件开放性　由于采用了符合开放系统国际标准的设计，系统可方便地选用或再接入多家公司的设备，如COMPAQ、Sun、HP等各国际知名公司的工作站、服务器及集群计算机，以及各种工业、商业PC机，可以方便地与GE公司、OMROM公司、ABB公司、三菱公司、施耐德公司的多种PLC连接；支持欧洲、美洲的多种现场总线标准；可以同许多种智能仪表连接；可采用高速以太网、FDDI、ATM等多种网络及光缆、双绞线等多种传输介质。软件的开放性设计使其可选用Tru 64 UNIX、Solaris、HP-UX、Sco Unix、Windows NT等操作系统、网络协议支持ICP/IP、DECnet等广泛使用的协议，同时也支持SQL、Sybase等商用数据库及ODBC接口标准。

2. 灵活的系统结构及配置　该系统从逻辑结构来说一般可分为梯调层、电厂层和现地层。根据各梯级的地理位置、厂房、调度楼等不同布置可灵活地构成最佳物理配置。就计算机系统设备而言，在梯调层因其具有较多生产管理和实时监控功能，一般配置较大的工作站、服务器或集群系统，再加上若干台功能分布的工作站（如操作员站、工程师站、培训仿真站等），以及大屏幕投影系统、GPS时钟、通信服务器、Web服务器、工业电视控制站、电话语音报警/DDA寻呼等视实际需要而配置的计算机设备。电厂层则可根据“无人值班”（少人值守）的要求而设置1～2台作热备用运行的厂级计算机及1～2台操作员工作站。现地设备原则上是根据水轮发电机组、开关站接线方式以及油水风厂用电某系统的情况，分别选择是采用集中式LCU还是经由现场总线连接的分布式布置方式来构成现地控制层，再通过高速网络与厂级计算机系统相连。对于梯调中心与各厂级之间的连接，则是根据其地理位置、各级数据传输的带宽要求等综合考虑的。在目前SSJ—3000系统中使用的有X.25、高速以太网、ATM等。传输媒介则可选租用线路、专用线路、卫星通道、光缆通道等。通过以上灵活的配置可在几公里至几百公里的范围内构成一个安全可靠、功能强大的梯级水电厂计算机监控系统。

3. 完善且实用的功能　SSJ—3000的主要功能有：①安全监视。可通过丰富的人机界面，完成各水电厂或梯级调度中心生产过程中各类数据的实时监视。②历史数据的保存、计算、检索和备份。③SCADA支持软件，提供监控系统中数据库、画面、报表、控制流程等的组态、编辑、修改的各种适用工具。④控制操作软件。包含机组、断路器、隔离开关、辅助设备、公用系统设备等的自动控制操作及与控制相关的一系列闭锁和安全约束条件，保证在监控系统任何一级执行控制的安全可靠性。⑤负荷控制。可实现自动/手动，站内/远程的有功功率和无功功率控制。⑥经济运行。根据全梯级的水能数据及上级调度的出力要求，在满足一系列约束条件的前提下，以梯级总耗能最小进行优化分配。⑦电力优化调度。根据经济运行的结果和调度指令及各种约束条件（含机组、线路等）进行各厂或各机组的经济负荷分配和自动发电控制。⑧事故分析专家系统，对现场事故数据进行综合分析和推理，确认事故的发生及产生原因，并给出处理方法。⑨智能操作票专家系统。⑩其他重要功能还包括事故追忆、趋势分析、电话及寻呼报警、安全监测、外部通信（与各级调度、MIS、水情…）、网络管理、多媒体应用、远程维护等各种实用功能，这与正在开发的梯级/电站实时报价分析决策支持系统等一起构成了满足大、中、小型梯级调度“无人值班”（少人值守）要求的新型计算机监控系统。清江梯级调度中心正在向“锁门运行”的目标前进。

4. 成功的运行　SSJ—3000计算机监控系统已成功地用于湖北省清江、黑龙江省牡丹江、浙江省紧水滩、云南西洱河等多个梯级调度中心。其中梯级调度中心和水电厂间的传输距离最远为150km。与水电厂间数据传输最高速率为155Mbps。梯调中心管理的电站最多达四个。实践证明，SSJ—3000计算机监控系统以其强有力的处理能力、高可靠性、丰富的功能、很好的实时性能、优良的可扩充性，为使上述各梯级调度中心的生产管理迈向国内领先水平发挥着巨大的作用。

（国家电力公司电力自动化研究院　朱　辰）

水轮发电机励磁系统新发展

随着现代科技飞速发展，计算机控制技术、信息技术对同步发电机的励磁控制的渗透正在不断地加强，使得励磁方式和控制技术发生了巨大的进步。

（1）主回路方面，随着电力电子技术的发展，以往所采用的同步发电机三机励磁方式、二机励磁方式以及直流发电机励磁方式——以电机为励磁源的励磁方式已逐步淘汰。新兴的以电力电子为核心的自并励晶闸管励磁方式正在成为主导励磁方式。由于其造价低，设备的静止可维护性能好，性能优良，以及解决厂房跨度大、高度高等问题的优点，80年代已被国外广泛采用，我国近几年新建和改造的系统几乎均采用此种主回路方案，如三峡工程。另外，无刷励磁也被应用在一些特殊的使用环境中，如核电。

（2）计算机控制技术在励磁控制中的广泛应用。我国是世界上最早将数字控制技术应用到励磁中的国家之一。1985年成功地在5万kW的水力发电厂中进行工业应用。国外从90年代初期开始推出相应产品，并开始大力推广应用。由于采用微机技术励磁系统的恒电压P、PI、PID控制以及附加的电力系统稳定器（PSS）等各种控制应用变得十分容易，自适应和最优控制现代控制理论在励磁系统中的应用也成为了现实。另外各种容错控制、专家系统也已投入到产品开发和实际产品中。全数字控制技术发展是值得一提的。交流采样技术以及软件数字整定技术的应用成功，解决了过去模拟技术的动态响应慢、抗干扰能力差的问题，使得励磁控制可靠性大大提高。晶闸管控制的软件数字化使得晶闸管控制的参数一致性、控制稳定性得到了大大的提高。微机励磁调节器（AVR）做为励磁控制系统的核心近几年经历了几代的发展。从80年代的SBX、STD 8位和16位总线发展到90年代的PC总线以及2000年开始的采用DSP的哈佛并行总线发展热潮；CPU的位数也随着总线的发展，从8位、16位到2000年首推的32位；主频也由过去的10MHz，发展到今天的几十兆赫，甚至上百兆赫；计算机语言从早期的机器码、汇编语言发展到通用的高级语言，目前广泛应用C语言，大大提高了开发效率。计算机技术的采用，使得以往AVR不具备的自动故障录波、智能化调试以及彩色大屏幕显示器功能成为可能，大大提高了系统的自动化程度和操作的直观性。彩色显示器的应用，使得励磁系统运行状况一目了然。大屏幕软面板技术应用取代了常规的模拟表计成为当今发展时尚。水电站监视控制技术发展对励磁系统提出了更高的要求。励磁系统已不能再满足做为一个独立发电机核心控制系统了，励磁控制要融入整个电站的控制，做为一个智能的子控制系统出现，因此要求提高信息交换能力。励磁系统的早期，常规的串行口通信方式已不能满足电站“无人值班”（少人值守）控制要求。近几年来现场总线技术应用，以及远程诊断、E-mail技术的应用，大大提高了励磁系统的信息数据交换能力，成为今后发展的方向。

（3）大容量的功率整流装置的发展。高反压、大电流硅整流元件是励磁系统的独特要求，80年代500A的晶闸管发展到今天我国已能将反压4500V电流达3000A的晶闸管良好的运用在国内大型水电站。随着大容量元件的选用，与之配套的散热器研究开发和应用也在不断发展。从过去单一的铝散热器发展到今天铜散热器、自冷式热管散热器等高效散热器的开发应用。功率整流的交流、直流以及换相过电压保护技术目前已能从数量和能量上有效地控制过电压倍数。过电压控制保护技术已发展到一个新的阶段。

（4）灭磁技术是发展最快的励磁技术之一。70年代我国研制开发出的氧化锌非线性电阻加快速直流磁场变阻器的灭磁方案已成为我国水电站同步发电机主要灭磁方案，线性灭磁以及逆变灭磁也在不少电站应用或配套应用。90年代末称之为交流灭磁的灭磁技术正从国外引入到国内，由于其结构简单、造价低易维护、使用寿命长等特点得到了广大用户的欢迎。

（5）干式环氧变压器的应用，随着自并励励磁控制技术的广泛采用，做为电源的变压器被广大技术人员所重视。通过近几年对变压器结构特别是屏蔽层架装的工艺处理以及谐波对运行影响的研究，应该说干式变压器技术已十分成熟。目前三峡工程所采用的9000kV·A的整流变压器将由我国自行生产。

近几年的励磁技术发展已使我国具有自行生产配套和开发的能力，从几万千瓦发展到60万kW的机组，每年数字式励磁的生产和投运台数均为世界前列。21世纪最初五年将是中国励磁技术飞速发展的时期。

（国家电力公司自动化研究院　许和平）

水轮机调速器系统新发展

近十年来，由于在水轮机电液调速器中广泛采用电子技术、液压技术和自动控制技术的最新成就，使现代水轮机电液调速器的可靠性和主要技术指标大为提高，控制功能不断扩展和完善，不仅适应了水电厂计算机监控的需要，而且为机组安全、经济运行奠定了基础。我国水轮机调速器的发展主要表现在下列几个方面。

1. 系统结构的变革　我国在50年代基本仿制前苏联的机械液压调速器，在60年代至70年代初期研制的电子管或晶体管电液调速器，多数是以缓冲式机械液压调速器为基础，用电气测频回路代替机械飞摆，用RC微分电路代替缓冲器，并多数带有中间接力器。其系统结构与机械液压调速器大同小异。这类调速器的主要缺点是在机械液压随动系统中存在机械反馈链，如安装调整不当，将影响调速器的转速死区和动态特性。

近年来，新设计的水轮机电液调速器大多采用了先进的电子调节器式系统结构，它由转速测量单元、电子调节单元和电液执行单元组成。其特点是转速测量、调速规律的形成和驱动导水机构的职能分别由上述三个功能单一的单元来实现。

采用这种系统结构的调速器，在不特别提高机械液压部件加工精度的前提下，其转速死区一般都可达到0.02%～0.03%。而缓冲—中间接力器式的系统结构要达到这样的技术指标却比较困难，必须提高机械加工精度和减少主配压阀的搭叠量。因此，目前国内新设计的调速器大多采用电子调节器式的系统结构。

2. 直连式和块式电液随动系统的推出　长江控制设备研究所等单位对大量已运行的调速器主配压阀实际最大行程统计资料的分析后，认为若采用环形窗口，直径为80～100mm的主配压阀，行程在±6mm以下亦能达到其额定容量。在此基础上，他们研制了从电液伺服阀、引导阀、辅助接力器至主配压阀直连的机械液压系统。构成一种新型的无杆件的机械液压系统。相对于原来的机械液压式调速器，其机构简单，制造、安装、调整、维修方便。目前国内不少大中型调速器采用此类机械液压系统。

长沙星特自控设备公司和武汉水电控制设备公司，根据多年工作实践，大胆革新，研制出一种块式直连型的电液随动系统，所有暗管布置在一个外方内圆的空心液压集成块与主配压阀的方形阀盖之内。液压集成块位于电液伺服阀与主配压阀的方形阀盖之间，相互之间均有止口定位，拆装方便。

块式直连型电液随动系统除主配压阀悬在底板之下外，全部装在调速器柜内的挡油框内。由于整机结构简单、体积小，故运行可靠，维修方便，且由机械液压部分所产生的死区大大减小。

3. 高可靠电液伺服阀的研制　电液伺服阀是调速器的一个关键部件，以往最常见的毛病是油孔容易堵塞和控制套发卡，造成特性不稳定，接力器抽动。有的还造成溜负荷、甩负荷等现象，严重影响电站的安全、经济运行。据1982年调查统计，有60%的电液调速器存在上述问题。

针对这一情况，国内不少从事调速器研究和制造的部门，着手改进这一部件，先后推出了多个种类的、有不同程度改进的电液伺服阀。其中具代表性的有长江控制设备研究所推出的双锥式电液伺服阀和长沙星特自控设备公司（当时为湖南省水利水电科研所）与武汉水电控制设备公司联合推出的环喷式电液伺服阀。这两种伺服阀均列入原电力工业部于1991年在无锡召开的全国水轮机调速器技术改造经验交流及规划讨论会议的推荐产品。

双锥式伺服阀采用双锥阀控制差动活塞，差动活塞作用力较大（一般在150kg以上），通常不会卡死，且其工作间隙较大，加上由振动分量造成的附加间隙，其环形间隙一般可达0.20～0.26mm。这样，当其间一旦有机械杂质通过时，双锥阀偏向某一侧，因而双锥阀通过机械杂质的最大间隙实际可达0.40～0.50mm，故因机械杂质发卡的可能性大大减小。特别双锥阀万一堵塞时，其活塞下腔油压升高，活塞将瞬时提升，双锥阀间隙瞬时加大，堵塞物随即被高速油流冲走。由于从原理结构上采取了上述措施，使该阀具有独特的自动清污能力和良好的对称补偿作用。

环喷式电液伺服阀的“环喷部分”是运用液压防卡、自动调中原理设计的。通油后，其正常工作耗油即可使具有万向滚动球铰结构的“阀套”轻巧、灵活地随着锯齿形阀塞自动定心并不断地快速旋转，与此同时，与平衡活塞作成一体的阀塞也在油流反作用下不断地反向慢速旋转，因而抗油污、防卡能力强，对滤油精度要求不高，从而大大提高了运行的可靠性。

由于电液伺服阀本质性的改进，使其油孔堵塞和控制套发卡的现象大大减少，从而提高了调速器运行的可靠性。

4. 工作油压普遍提高　我国五六十年代生产的调速器，其工作油压一般为2.5MPa，70年代初开始试验3.9MPa的调速器，80～90年代新投产或改造更新的大中型调速器大多采用3.9MPa油压等级。近年已有某些科研和制造单位在着手研制6.2MPa油压等级的调速器或试验室装置。

提高工作油压不仅可以使调速器液压放大级数减少，简化液压系统，而且便于采用标准液压件，使接力器尺寸减小，有利于大型水轮机的结构布置。

5. 微机技术的应用　微机技术用于工业控制具有较高的可靠性，价格便宜、方便灵活。从80年代初期开始，世界不少国家都先后提出了自己的微机调速器产品。我国80年代初开始研制微机型调速器，并发展很快。近年新投产的大中型水电站或更新改造的大中型水电机组大多数选用微机型电液调速器。我国自行研制的微机型电液调速器，其技术性能指标大多数达到当前国际同类产品的先进水平。但与国外相比，我国产品生产工艺较差。为使我国微机型电液调速器研制迈上一个新台阶，在产品质量上迅速赶上国际先进水平，其生产必须采用工业控制机和国际通用的STD总线，并严格生产工艺要求。

6. 功能不断扩展，可靠性显著提高　随着水轮机电液调速器技术的进步，特别是微机技术的采用，调速器的功能不断扩展。如广泛设置的频率跟踪功能、人工死区功能、快速自动准同步功能，以及在微机型调速器中引入的在线故障诊断、故障处理及计算机辅助试验功能等。由于这些功能的设置，不仅提高了水轮机调速器的速动性、准确性和可靠性，方便了维护检修，而且适应了水力发电厂计算机监控的需要，有助于提高电站自动化程度和安全运行水平。

可靠性是电站自动控制设备最重要的指标。然而，我国在80年代前生产的水轮机电液调速器，其故障率较高。近十年来，产品质量有所提高，电液调速器的故障率大大下降。与此同时，其性能指标亦普遍提高，多数研制单位近十年推出的新型调速器，其主要技术性能指标均能达到或优于国家标准，部分电液调速器已达到世界同类产品同期先进水平。

（中国水利水电科学研究院 赵坤耀）

32位智能装置SJ-600型现地控制单元

随着计算机和网络技术的不断发展，特别是水电厂无人值班的管理模式的逐渐推广，对水电厂计算机监控系统提出了更高的要求，迫切需要性能更加可靠、技术更先进的现地控制单元（LCU）。

SJ-600型LCU以智能I/O模件、现场总线网络为主要构成部件，同时使用32位嵌入式控制模块和实时多任务操作系统。在系统结构上属于现场总线控制系统，具有新一代控制系统的主要特征，如开放性、网络技术、组态技术等，是新一代的现地控制装置。

（一）SJ-600型LCU的结构及原理

SJ-600由主控模件、智能I/O模件、连接各模件与主控模件的I/O现场总线网络3部分组成，如下图所示。

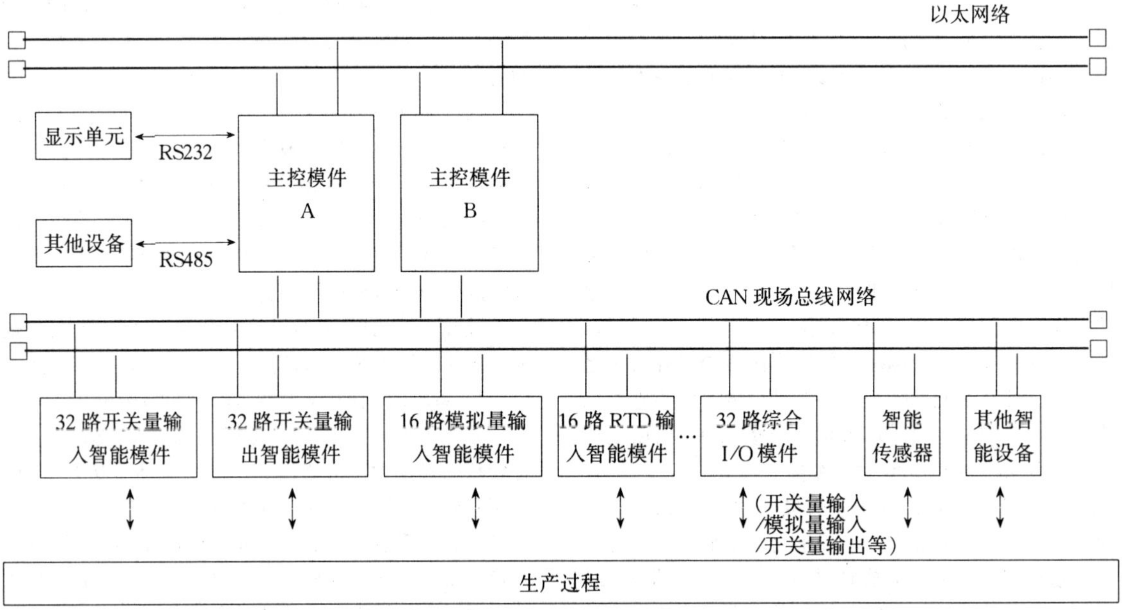

SJ-600型LCU装置系统结构原理

主控模件是SJ-600的核心，完成信息处理、通信转发、当地控制调节等功能，主控模件有单/双两种配置，在双配置下组成热备用冗余方式，自动完成硬、软件主/从切换。它采用符合国际标准IEEE1996.1的嵌入式模块标准PC104，具有可靠性高、适应现场环境强等特点；其CPU可选，从486DX-66直至Pentium，使用低功耗嵌入式CPU；无硬盘、软盘，使用电子盘也是其最重要的特色，活动硬盘永远是不可靠的一个潜在因素，而固态电子盘（由Flash芯片构成）的使用是解决此问题的有效手段，电子盘从4MB到64MB可以任意配置，一般而言8MB的电子盘足以适应于绝大多数的应用，这是因为我们采用的是内核极小的实时操作系统，而不是DOS类单任务低可靠性操作系统。板上支持8个串口，用于与其他智能设备的通信。为保存非易失性数据，此模件还设有非易失型数据保存器件（NVRAM），存储64kB的数据和记录。

智能I/O模件由MB1000系列模件构成，完成信号采集、预处理等功能，综合I/O模件还完成独立的控制调节功能。MB1000系列模件包括32路开关量输入模件、32路开关量输出模件、16路模拟量输入模件、16路温度输入模件、32路综合I/O模件。模件均为模块化设计，可集中组屏和独立分散安装。

主控模件与智能I/O模件由CAN现场总线网络连接起来，CAN网介质为隔离的双绞线或光纤网络，并采用双网配置。

CAN网络在多主方式下工作，使用非破坏性总线裁决技术，它不同于询问、应答式网络，任何节点都能启动一次通信；信息为短帧结构，每帧具有CRC校验，通信出错率低，链路层由专用控制芯片完成发送、接收、碰撞处理；CAN的通信速度可达

1Mbit/s，介质有双绞线和光纤两种，并可混合使用；在应用层使用开放型通信协议 DeviceNet 标准，此标准是建立在 CAN 网上的国际标准。

显示单元为可选配置，带有智能型液晶显示触摸屏，完成当地数据显示和操作功能。

（二）SJ-600 型 LCU 的技术特点

SJ-600 型装置除具有一般现地控制单元应具有的数据采集、处理功能外，还具有事故追忆、控制调节、表达式运算、温度报警及事故停机功能，除此之外，装置具有强大的通信功能，可以与多种智能设备（如微机保护、调速器、励磁器等）进行数据通信。

1. 基于现场总线网络的体系结构　从图 1 中可以看出，系统采用的是双层网络结构，第 1 层是站（厂）级网络，采用以太网络，连接 LCU 及上位计算机，构成分布式计算机监控系统；第 2 层是 I/O 总线网络，连接主控模件与智能 I/O 模件，采用的是 CAN 现场总线网络，构成分布式现地控制装置。这样的体系结构层次清晰、简单，是一种比较先进的体系结构。

从 SJ-600 型 LCU 的体系结构来讲，其所有 I/O 模件均带有 2 个现场总线网络接口，数据信息和命令都在网上传递，主控模件直接从 I/O 网上读取数据。重要的是，这些模件均可以分散布置。以 32 路综合 I/O 模件为例，由于可以任意组合不同的 I/O 测点类型，完成一些辅助设备的测量控制功能。一方面，数据能通过网络上送到系统中；另一方面，常驻于此模件上的控制逻辑一直监视着辅设运行状态，自动完成对诸如油压泵、水泵、高压机等设备的控制功能。

2. LCU 直接连接以太网　网络成为计算机监控系统的重要环节，要求现地控制装置能直接与外部计算机组成网络。SJ-600 型 LCU 能直接连接以太网，是因为主控模件本身具有硬件联网能力和采用了标准的 TCP/IP 网络协议标准，并支持 ftp. telnet 等网络服务功能。网络介质为 10Baset 和光纤等。

3. 使用嵌入式实时操作系统　为保证软件的可靠性和发挥装置的实时性能，我们采用国际上最广泛使用的 32 位实时操作系统，此操作系统已在通信行业得到广泛的应用，在电力行业也早已开始使用。其优先级管理、多任务调度、事件触发机制正是提高实时性的最有力的支持。另外，其完全的开放性、支持 TCP/IP、C 编程也是组成开放式系统必不可少的条件。

4. 32 位智能 I/O 模件　所有模件采用 32 位嵌入式 CPU（386EX），此 CPU 专为嵌入式控制而设计，外围功能强大，并采用大规模可编程逻辑芯片（E-PLD）和 Flash 存贮器，简化了系统设计，提高了可靠性。软件上采用板级实时操作系统，C 语言编程，所有模件的程序代码完全一致，只是在不同模件上运行各自的任务，这样有利于维护和管理。为方便调试，模件支持串口调试。

5. 组态技术　好的硬件、软件还需要好的组态工具。为一改以往当地控制单元单元难维护的旧貌，我们采用了全图形化的 I/O 组态界面，所有需组态的数据都能方便的修改，并可自动生成；全图形化的控制流程组态也为编写控制流程带来了另外一种方法，按照设计部门提出的流程框图输入、调试、执行时，全图形化的流程图会再现。由于使用了电子盘，可以在线加载代码及数据，而无需再写芯片。

6. SMT 工艺及全密封式封装　模件为全密封式的金属封装，防尘、防干扰，全部表面贴装工艺，分散式电源布置（所有模件均由两路 24V 电源供电，并具有各自的 DC/AC 变换器）。模件做到了可带电插拔，以方便维护。在维护模件时，不需要改动模件上的任何跳线，也不需关心地址。插槽有地址编码，即插即用。为了防止插错模件类型，在机械结构上对不同的模件使用了不同编码，在插槽上设置相应类型编码。

7. 电磁兼容性　为适应电站严酷的运行环境，需满足一系列电磁兼容性国际标准（IEC61000-4 或 GB/T1726.12）如振荡波抗扰度、电快速瞬变脉冲群抗扰度、静电放电抗扰度、射频场感应的传导骚扰抗扰度及射频电磁场辐射抗扰度等项目，SJ-600 都达到了较高的技术等级。

（南京电力自动化研究院　赵天洪）

二滩水电站的控制保护系统

二滩水电站的控制系统主要包括全厂计算机监控系统、全厂空调集中控制系统、全厂消防监控系统及工业电视系统、大坝闸门现地集中控制系统、500kV 开关站现地集中控制系统等。

继电保护系统可分为发电机—变压器保护、500kV GIS 保护、厂用电保护三大部分。

（一）控制系统

1. 全厂计算机监控系统　二滩水电站的全厂计算机监控系统按以计算机为主的全计算机监控方式设计，由 ABB 公司的 ADVANT 系列产品构成。2 台 HP 机构成 ADVANT510 主机、2 台 ADVANT520 操作员工作站、1 台 ADVANT515 工程师编程站以及 11 个新一代 AC450LPU 组成双光纤总线结构冗余系统，总线为 MASTERBUS300。至省电力调度中心、水情测报系统及梯调中心的远方通信计算机和模拟屏驱动器也连接在该网上，而全厂的IMS报告计算机及MIS计算机则连接在开放的办公网络上（遵循TCP/IP通信协议）。

1～6LPU为机组LPU，7～8LPU为公用LPU，9LPU为500kV开关站LPU，10LPU为闸门LPU，11LPU为模拟屏驱动器，全厂AGC、AVC功能也在此实现。

2. 全厂通风空调集中控制系统　全厂通风空调集中控制系统由九个现地控制单元（制冷设备、组合式空调设备、主变压器排风机设备、副厂房排风机设备，500kV电缆斜井排风机设备、交通洞进风楼检测设备、地下厂房检测设备及12台立柜式空调机）组成的。各现地控制单元均由MODICON PLC组成，能独立完成监测和控制任务，现地手动操作及必要的显示，通过MODE BUS网络总线，接入通风空调上位机系统，接受集中监测和控制。

3. 全厂消防监控系统及工业电视系统　消防监控系统共设地下厂房、GIS楼（地面）和第二副厂房（地面）三个大区。以美国HONEYWELL公司的二总线制FS90系列产品为主，辅以部分成都旭光安全技术责任有限公司的红、紫外火焰探测器和美国PROTECTOWIRE公司的缆式线形感温探测器。

工业电视系统不仅能满足电站安全运行及保安的要求，还能够兼顾电厂消防监控的需求。利用开关量接口将消防监控系统和工业电视系统有机地结合起来，以实现联动控制。

4. 大坝闸门现地集中控制系统　二滩水电站坝高240m，在海拔1080.00～1188.50m的高程范围内分别布置有7个表孔、6个中孔、4个底孔，高差达百余米，均以液压启闭机作为各孔闸门的启升装置。设计选用MODICON公司的A984-145可编程控制器作为各液压启闭机的现地控制器。采用MODBUS PLUS网络将该PLC组网，并在大坝中控室设置一上位机，实现电站计算机监控系统现地处理单元10LPU和位于大坝集控室中的PC机对各闸门进行冗余控制，极大的提高了各泄洪闸门控制的可靠性和灵活性。

5.500kV开关站现地集中控制系统　500kV开关站现地集中控制系统随500kV GIS供货（日本三菱公司提供），它由14面现地控制屏（LCP1～LCP14）、集中信号返回屏、辅助继电器屏和接口屏等组成。二滩500kV开关站采用4串14个GIS断路器间隔设备，每一回现地控制屏对应一个断路器间隔，包含有相应断路器、隔离开关、接地开关、电流互感器、电压互感器、SF_6气体监视表记等相关接线，在集中监视控制的信号返回屏上设置有各间隔设备的相关信号和开关。通过该屏可以方便地在地面500kV开关站的中控室对所有的断路器、隔离开关进行集中操作和监视（包括断路器的同步操作）。接口屏实现该系统与全厂计算机监控系统9LCU的连接。

6. 电站机组辅助设备及全厂公用设备控制　各机组的辅助设备和全厂的公用设备控制均分别自成系统，按全厂计算机监控系统对各设备实现远方监控的原则设计，各现地控制系统绝大部分由PLC构成，通过I/O硬接线实现与各LPC的接口连接。

（二）继电保护系统

1. 发电机—变压器保护　二滩水电站的发电机—变压器保护装置系随机组供货，由加拿大GE公司提供瑞士ABB REG216系列产品。为了提高保护装置的可靠性，发电组保护按A、B两个系统配置，两个系统的供电回路（CT、PT）以及输出、输入回路等均相互独立，每个系统单独安装于一面屏内，另外，每台发电机和水轮机各有一面仪表屏，主要作为机组的机械保护和有关非电量的现地显示。

（1）A系统配置的继电保护功能如下：

- 发电机差动保护；
- 主变压器差动保护；
- 发电机定子单相接地保护（100%）；
- 发电机中性点间不平衡电流保护（单元件横差保护）；
- 发电机失磁保护；
- 发电机负序电流保护；
- 发电机过负荷保护；
- 发电机失步保护；
- 主变压器低压侧单相接地保护；
- 主变压器零序过电流保护；
- 厂用变压器过电流保护；
- 励磁变压器差动保护。

（2）B系统配置的继电保护功能如下：

- 发电机不完全差动保护；
- 主变压器差动保护；
- 发电机定子单相接地保护（90%）；
- 发电机中性点间不平衡电流保护（单元件横差保护）；
- 发电机失磁保护；
- 发电机过电压保护；
- 发电机过励磁保护；
- 发电机意外加电压保护；
- 发电机断路器失灵保护；
- 低阻抗保护；
- 主变压器过励磁保护；
- 主变压器过电流保护；
- 励磁变压器过电流保护；
- 厂用变压器差动保护。

(3) 动作于停机的机械保护如下：

• 发电机气隙监视；
• 机组各部位振动摆度；
• 机组各部位温度升高；
• 主轴密封水中断；
• 调速器压力油罐压力极低，油位极低；
• 发电机上导、下导/推力轴承及水轮机导轴承油位极低；
• 主变压器瓦斯保护；
• 主变压器压力释放保护；
• 主变压器绕组温度、油温过高；
• 主变压器冷却器全部退出运行。

2.500kV保护　500kV保护系统由断路器保护、500kV母线保护、500kV干式电缆保护及500kV线路保护构成。

(1) 每个断路器均装设有断路器失灵保护和三相不一致保护，与500kV线路有关的上、下两个断路器分别还装设有短引线保护和自动重合闸装置。

(2) 500kV母线保护采用两套双重化独立组屏设计，两套保护均装设有差动保护、低/过电压保护和接地保护。

(3) 500kV干式电缆保护采用双重化光纤纵联差动保护，保护装置设于每回500kV干式电缆两端，在500kV GIS侧还装有电缆接地保护。

(4) 每回500kV线路配置三面保护屏，其中之一为GE公司的DFP100型高频距离保护屏，作为线路的主保护之一，另一主保护为电力自动化研究院生产的PLP01-54高频方向微机线路保护屏，并以该院生产的PLP02-54微机线路保护屏作为线路的后备保护。

3.厂用电保护　所有厂用变压器均装设有电力自动化研究院生产的过电流及过负荷保护装置，装置为集中组屏方式。

（成都勘测设计研究院　况光彦）

天荒坪抽水蓄能电站控制保护系统

天荒坪抽水蓄能电站装有6台单机容量为300MW的单级可逆式水泵水轮机/发电电动机组。机组采用1机1变的单元接线，在机端设断路器和换相开关。每两组单元在主变压器高压侧并联组成联合单元，通过500kV电缆与地面500kV GIS开关站连接，然后经两回34km线路与瓶窑500kV变电站连接。机组设有发电、抽水、发电调相、抽水调相、停机五种稳定工况和驱动机、线路充电两种特殊工况。机组水泵启动以静态变频方式为主，背靠背方式为辅。全厂设有两台SFC装置，每台SFC装置可启动任意一台机组，每台机组可以以背靠背方式启动其他任意一台机组。电站控制保护系统按少人值班（两个席位）原则设计。

1.电站计算机监控系统　天荒坪抽水蓄能电站计算机监控系统由伊林公司负责成套供货，其中计算机监控系统的硬件、软件由加拿大Elsag Bailey公司分包提供，系统采用分层分布结构。监控系统有以下特点：

(1) 系统采用高可靠的冗余结构。操作人员工作站、电站计算机、控制链路、操作链路、INFI-90网络、上下库通信、现地控制单元1LCU～6LCU和9LCU为全冗余配置（从通信、处理器、电源到I/O板），其他为部分冗余。

(2) 每个现地控制单元设有与电站控制级基本相同的操作人员工作站，使电站级和现地控制单元级的人—机接口界面基本一致。操作人员不仅能在现地看到本单元设备的运行情况，还能了解相关设备的情况，给初期调试、电站少人值班的安全操作带来了方便。

(3) 由于水泵有多种灵活的启动方式，使机组之间安全闭锁变得很复杂。为此，天荒坪抽水蓄能电站采用了可编程逻辑闭锁矩阵，使闭锁接线相对简化。

(4) 网调对天荒坪抽水蓄能电站的控制范围是500kV断路器、主变有载分接开关、电站的总有功及备用容量、500kV母线电压及偏差值。

(5) 中控室模拟屏由输水系统、电气主接线和中压厂用电系统三部分构成，信息主要取自计算机监控系统，但部分重要的测量、状态和报警信号仍取自现场，当监控系统电站级或通信网络故障时，运行人员仍能通过模拟屏维持机组继续运行或通过硬布线进行500kV断路器操作、机组紧急停机、上库进水口闸门和尾水事故闸门的关闭等安全操作。

(6) 公用系统设备的控制自成体系，故障信号除了送公用系统LCU外，还通过独立的报警单元汇总后成15个分类信号引致模拟屏。

(7) 电站配备工业电视系统作为辅助监视手段。

2.继电保护系统　500kV线路保护由两套独立组屏的保护构成。第一组保护由GEC公司的LFCB102-B数字式电流差动继电器及光纤通道构成主保护，由GEC公司的LFZP111-A距离继电器构成后备保护；第二组保护由GEC公司的LFZP111-A距离继电器加载波通道构成允许式高频保护作为全线速动主保护，由LFZP111-A距离继电器自身的三段相间距离和接地距离作为后备保护，第二组保护屏还设有冗余的远方跳闸逻辑电路和远方跳闸就地判别装置。

每条500kV母线和短线保护配置相同，按双重化原则采用两套ABB公司的RADSS型母线差动保护。500kV设备设有两套微机型故障录波装置，每台可记录32路模拟量和32路事故信号量，装置具有故障定位、谐波分析和远方通信功能。

机组和主变压器保护主要由伊林公司生产的DRS（数字式）保护系统构成，其特点是：①机组和主变压器保护均由独立组屏的A、B两组保护构成，每组保护设有独立的电源和出口跳闸回路，使得一组保护在短时间退出运行时，另一组仍能留有必要的保护装置来满足设备运行的要求。②采取了必要的措施，避免了电流互感器、电压互感器回路切换。③在保护配置上，除了常规保护外主要配置了低频过流保护、逆功率保护、低功率保护、低频保护、过励磁保护等蓄能机组专用保护。④机组轴电流保护在轴承绝缘损坏时，具有旁路轴电流，从而防止轴电流烧瓦的功能。

3. 励磁、调速器和SFC装置　机组励磁系统采用伊林公司生产的THYNE6型自并励静止整流励磁系统。励磁系统的特点是：励磁变压器接在机端断路器外侧，使励磁系统能方便地满足机组水泵启动、发电和水泵运行、电制动等功能；励磁调节器采用双通道结构，两通道相互独立，每个通道由一个GMR3型数字励磁调节器构成，它设有自身的电压测量、电源、数字式调节器及脉冲形成装置；根据装置故障情况，可自动实现两通道之间，以及通道内自动调节与手动调节方式之间的无冲击切换；灭磁电阻和过电压保护合用一组碳化硅非线性电阻，过电压保护跨接器设有暂态过电压消失后自动阻断释放回路功能。

水轮机调速器采用Kvaerner公司生产的TC210微机调速器系统，该系统主要由用于逻辑控制和对外接口信息传递的PLC、用于人机接口功能的WIN-PC、冗余配置的微机IPC-A和IPC-B（用于测频、转速控制、系统监视、伺服放大信号等四个部件构成。调速器采用齿盘测速，机组控制和监视所需的转速信号由调速系统的PLC提供。该调速器的特点是人机接口友好，数据处理能力强，可对水轮机多种参数进行监视和记录。

天荒坪抽水蓄能电站设有两台由法国CEGELEC公司生产的静态变频启动装置（SFC），装置的额定功率为22MW，主要由输入电抗器、输入变压器、谐波滤波器、整流桥、直流电抗器、逆变器、输出电抗器、控制保护设备、水冷却器等设备构成。它可在180s内，将机组从静止状态加速到额定转速。SFC控制系统的核心是2个可编程控制器，一个负责SFC与外部设备接口信号的处理和自身辅助设备的逻辑控制，另一个负责发电电动机的速度控制及电力电子元件的保护。SFC由地下公用设备现地控制单元8LCU控制，并设有系统频率跟踪功能（也可接收被起动机组同期装置的调速命令），可根据需要控制任意一台机启动。

4. 运行情况　从1998年9月1号机投入机运行以来，最初投运的控制保护设备已经历了一年半的运行。目前，除6号机的控制保护设备等待与6号机组同步投入运行外，其余控制保护系统设备均已投入运行。从运行情况看，控制保护设备本身的可靠性较高，运行情况良好，主要功能和性能指标，已达到设计要求。目前尚存在的缺陷，如机组操作人员工作站CRT受大电流母线干扰等，正在通过改换液晶显示屏等消缺措施，使控制保护系统日趋完善。

（华东勘测设计研究院　洪允云）

广州抽水蓄能电站实现无人值班

一、电站概况

广州抽水蓄能电站总装机容量为8×300MW，是目前世界上装机容量最大的抽水蓄能电站。其中一期工程4×300MW于1994年12月竣工，二期工程4×300MW于2000年4月竣工。一期工程于1998年11月18日实现厂房内无人值班，在距厂房3km外的行政大楼集控室设1人值守。二期工程自1998年第一台机投产以来，厂房内中控室就实现1人值守。全厂机组启、停、负荷调整和各种工况转换均由设在广州的省网中心调度所或设于香港的中电系统控制中心远方遥控（一期工程的50%容量使用权卖给香港中华电力有限公司）。

电厂目前只有110名职工，包括10名中电员工，最终全厂职工人数控制在144人以内，达到每万千瓦不超0.6人的国际先进水平。

二、可靠完善的主、辅设备是实现无人值班的基础

广州抽水蓄能电站主设备和主要辅助设备均选用国内外成熟可靠设备，按法国无人值班电站原则设计，采用计算机对全厂设备和生产过程进行监控，取消手动控制方式，机组的任何方式启动必须将计算机监控系统投入运行。

计算机监控系统采用分层分布式结构，从远方控制单元（RTU）到上位机、服务器和与调度连接的远方控制接口，均采用无干扰自动切换的双重化结构。计算机监控系统由带蓄电池的大功率逆变电源供电。

励磁系统的功率单元和控制单元均采用双系统，机组、主变压器和母线的差动保护都采用2套，500kV线路保护也采用2套主保护和1套后备保护。

为确保无人值班电厂设备故障时能可靠跳闸，6kV及以上断路器采用2只跳闸线圈它们分别接于直流220V和直流48V回路。

全厂设有2套220V带蓄电池的直流电源和2套48V带蓄电池的直流电源，各盘柜的直流母线分别由接于不同组蓄电池的直流母线经隔离二极管供电，有效地保证直流操作电源的可靠性。

常规电厂只动作于报警的保护（如定子接地、转子一点接地、轴电流等）在该厂则动作于跳闸和停机，此外各轴瓦和油温度过高、冷却水压和流量低等也动作于跳闸和停机，该厂动作于停机的保护多达1500多种。由于厂房内没有值班人员，主要设备有异常，首要任务是保护设备不致被损坏，可靠地将机组置于安全状态，然后通知厂外待命人员到现场处理。

机组保护采用失电动作，球阀在失去油压后自动关闭，球阀还可以在动水情况下关闭，导叶失去油压后可实现水流冲关，这些措施是保护机组安全的最后防线。

发电机风洞采用喷二氧化碳灭火，由发电机差动保护、定子95%接地保护和风洞内烟感、温感启动。设2套二氧化碳灭火装置，1套处于备用。

厂房内高程低的廊道设有浮子作为水浸厂房保护，该保护动作后全厂机组跳闸、停机、500kV4个开关跳闸、尾水闸门关闭、球阀和球阀旁通阀关闭，上、下库进出水口闸门落下。

厂用电除从500kV线路和4台机组供电外，地区有2回10kV线路作为第一备用电源，另装有2台自动启动的柴油发电机，1台160kW接于厂用电6kV母线可供机组启动有关的厂用电源，1台120kW接于厂用电400V母线，可供厂内集水井水泵抽水。配有1套装置避免柴油发电机带负载启动，在厂用电消失后先切掉厂用电绝大部分负荷，待柴油发电机并网后再逐步投入一些重要负载。

6kV、18kV和500kV系统的一次设备配有较完整可靠的防误操作系统，运行人员在做安全隔离措施和解除安全隔离措施时只有遵循该系统所规定的步骤才能进行，否则被闭锁，从而有效地保证人员和设备在操作过程中的安全。

一、二期厂房内分别配有带24个摄像枪的彩色工业电视。一期原设计可供厂房内中控室选看，现在用光纤将图像送到厂房外集控室，二期可分别由厂房内中控室和厂房外集控室选看。

三、各种有效的制度是实现无人值班的保证

要实现无人值班，除有技术保证之外，还要有一套提高设备检修质量，及时发现并消除设备缺陷和快速响应设备故障处理的制度。

该厂在设备检修方面建立了一套“A、B、C”检修制度，该制度将全厂设备的定期检修分成A、B、C三类。A类为不要退出设备和做安全隔离措施由检修人员对设备进行巡视、测试等项目；B类为设备的定期小修项目；C类为设备大修项目。该制度包括制订检修周期、检修详细文件（检修工作卡），它详细编写该检修项目所需人员、工时、工具、仪表、安全措施、接线图、工作详细步骤、质量验收要求和投入前的试验方法等，力图让有类似工作经验的技术人员拿到工作卡很快可以上手。该系统对规范和提高检修质量有很好的作用，可从根本上解决过去部分单位存在的复杂设备的检修技术只有少数人掌握的弊端。

设备故障管理系统，运行人员或检修人员在日常当班或巡视设备时发现设备故障要填写一张故障卡，交运行部或检修部送入MIS系统中，该设备负责部门可打印出一份工作卡，安排人员进行维修，若该故障待设备小修时才能进行处理则会一直保存，维修结束后还要把有关信息输入电脑。对部分设备的故障刚出现就马上进行处理，否则会影响机组的运行，事后由待命值班的值长按规定格式将有关信息送入电脑，这样MIS系统中会一直保存着各设备的故障档案。

待命值班（On-call）制度能高效快速响应设备的故障处理。我们每周安排一组待命值班人员，他们由一位负责人、一位值长、一位运行值班员和三名（分别是电气、自动化和机械）检修技术员或熟练的检修工人组成。周一到周五的8h以外和周六、周日24h在家值班。他们都会开车并配备专车。一旦厂房设备出现故障或事故，值长和值班员在20min内到达现场处理。若值长和值班员无能力处理，则由值长再通知待命值班的相应专责的检修人员到现场配合处理。对于较大的事故，待命值班负责人也要到现场。此外，待命值长有权在任何时候直接通知电厂任何人（包括厂长）到现场参予设备的事故处理，而不必逐级请示造成时间拖延。

运行人员巡视设备制度，每周有一位运行值长和一位值班员负责对全厂运行设备进行巡视，并按规定将有关参数记录下来，然后输入到电脑中进行分析，这样可以及时发现设备的事故苗头，提高设备的可靠性。我们在需要采集数据的设备旁贴上代表该设备编号的条码，采用带条码读出的数据采集器进行数据采集，这样能提高效率，保证数据采集的按时和准确。

四、无人值班的实施

广州抽水蓄能电站一、二期工程投产后均由两边调度经微波通道传送启动容量（决定开机台数）和负荷两项数据到电厂，SCADA系统按设定的开机顺序发命令到机组的RTU，实现机组开、停机各种工况转换和有功负荷调整。无功负荷调整通过设定发电机出口母线电压实现。

设备出现任何故障都发出报警，可能危及设备安全的故障均动作于跳闸和停机。虽然广州抽水蓄能电站A厂（一期工程）在厂房外集控室还有一位值守人员，B厂（二期工程）厂房中控室也有一位值守人员，但他们在一般情况下没有太多事情可做，只是对出现的报警确认，出现一级报警后判断是否需要更换一台机组，避免跳闸减少给电网带来冲击，在DDA系统还不是很完善时，当设备出现故障或事故时打电话通知待命值班的值长进厂房处理。

预计2001年底前B厂值守人员也将到厂外集控室与A厂人员一起分别对两厂设备进行监视。2003年可实现一位值守人员在厂外集控室对A、B厂8台机进行监视。

电站投产以来没有因为实行无人值班而影响机组的可用率和机组的启动成功率。近几年来，发电工况启动成功率达99.5%以上，泵工况启动成功率达95.8%以上，已达到国外同类电站的先进水平。

（广州抽水蓄能电站 黄国祯）

无人值班水电厂工程设计

水电厂无人值班在我国目前还属于试点阶段。国内外的实践经验都值得学习借鉴。我国广州抽水蓄能电站一期工程已从厂房撤出最后一个值班人员；湖南镇水电厂二期扩建工程10万kW机组厂房一投产就实行了无人值班运行管理。他们的工作已经提供了许多有益的经验，使我们探讨无人值班水电厂工程设计有了一定现实基础

（一）什么是无人值班

有人值班是水电厂内全天24h都有运行值班人员；而无人值班是水电厂内全天24h不都有运行值班人员，有的时候水电厂内一个运行值班人员都没有。

这里需要说明的是，由于水电厂的值班工作有相当一部分必须在水电厂厂内设备现场完成，即监视、操作、调整等实时监控工作以外的，例如对设备的巡视检查、日常维护、检修管理、事故处理以及必须在现场进行的手动操作切换等“值守”工作，因此水电厂即使实行了无人值班，运行值班人将在每天或隔几天的某个时段、某个班次在厂内出现。此外水电厂内没有值班人员，值班工作只能由厂外的一个机构负责。

需要进一步说明的是，水电厂实行无人值班与国内目前正在广泛推行的“无人值班”（少人值守）就目前阶段而言，在某些方面来说是有着本质上的区别的。后者虽然已经带有某些无人值班的性质，但从厂内全天24h内始终都有运行值守人员这一点而言，基本上是属于有人值班的范畴。在工程设计上到目前为止还是基本上按经常有人来对待的，和我们长期以来按少人值班在工程设计上没有本质的区别。对于无人值班则有许多严格的要求需要考虑。

（二）无人值班水电厂的外部技术条件

由于水电厂厂内无人值班，在厂外必须有一个指定的机构，承担对水电厂的值班任务。这就是无人值班水电厂的基本外部技术条件。可能承担这项任务的机构有：

（1）梯级水电厂的梯级调度中心（简称梯调）；

（2）专门为此而成立的水电厂的集控站；

（3）无人值班水电厂所属的电网调度管理机构、网调、省调、地调等；

（4）其他可能的机构。

由于电网调度主要负责电网的调度管理工作，不可能承担许多无人值班水电厂的直接监控任务，更难于承担相应的水电厂的值班、运行管理工作，梯级调度中心和集控站将是最佳的合理选择。

（三）无人值班水电厂的基本模式

在水电厂实行无人值班，由厂外某一指定机构，例如梯调，进行直接监视、操作、调整、集中值班后，电厂本身的运行值班（值守）人员的工作将基本上采取两种模式：

（1）远方集中值班（值守）。负责无人值班水电厂巡视检查、日常维护、检修管理、现场操作切换以及故障处理的值班（值守）人员将集中在水电厂厂部、梯调或其他适当的地点，按计划每天、隔天等进厂工作，一般为白班。遇有设备故障、临时紧急任务则应召紧急集合，前往电厂检查、处理、操作、恢复，根据设备检修工作需要也可调集检修人员随同前往。

（2）在“家”值班（值守）。负责水电厂上述工作的运行管理人员，定期按计划进厂工作，下班后返回电厂厂房附近的家中休息，但其中必有人轮流随时待命，遇有紧急情况，即可应召及时进厂工作。结合我国目前实际，也可以采取“大倒班”的方式，派遣一组人员进驻，晚间在厂房附近公寓（临时的“家”中）休息待命，定期轮换。这实际上是“在家值班”的一种特殊方式。

应该指出，在这两种基本模式中，“在家值班”在运行管理上有一个很大的优势，即运行人员待命的地点就在厂房附近，因此遇有紧急情况可以较之远方集中值班能够更快地进厂工作，故障能够得到更及时的检查、处理、恢复，在运行安全上将处于更为有利的地位。

（四）无人值班水电厂的内部技术条件

（1）水电厂厂内没有运行值班人员后，与有人值班相比，其基本特点主要表现在，设备的故障（包括运行异常、事故及灾害性事件等）都只能依靠保护监测系统进行监测、报警，故障设备也不能得到在厂运行值班（值守）人员的及时检查、处理、恢复，故障有可能扩大，损失有可能发生或增加。因此无人值班水电厂对全厂机组、主辅机电设备的质量状况及其控制保护系统的完善可靠提出了很高的要求。如何确保安全成为无人值班水电厂工程设计必须认真考虑的核心问题。如何确保不发生或尽可能少发生设备故障和灾害性事故，如果万一发生了则又如何自动采取必要的技术措施予以处理。首先是故障和灾害性事故应能及时得到检测、报警，通知厂外有关人员，并能自动采取措施，以设法消除发生的异常情况和事故，直至停机、跳闸、关阀，隔离故障的系统设备，避免故障影响的扩大，尽可能减少损失。

（2）对无人值班水电厂工程设计上需要认真考虑的各项基本要求和技术措施主要有：

1）厂房、水工建筑物、金属结构设施均应设计合理可靠，施工质量符合规定要求，状况良好，无可能影响运行安全的缺陷和隐患，能确保电厂长期安全运行。

2）机组、主辅机电设备的工程设计、设备选择和布置合理，符合有关设计标准和产品技术条件，投产后能够长期安全可靠运行，故障率很低。

3）机组、主辅机电设备的基础自动化系统的工程设计、设备选择和布置合理，符合有关设计标准及产品技术条件，投产后能够长期安全可靠运行，机组自动开、停机成功率接近100%。

4）全厂继电保护及水力机械保护系统应完善可靠，有必要的备用，并采取了某些特殊技术措施，可以确保故障设备的及时检测、报警、跳闸、停机、关闭、隔离，将可能的损失减至尽可能最少。

5）应有必要的全厂（综合）自动化系统功能，能够将值班监视、操作、调整等工作减至尽可能最少，以减轻厂外有关机构运行值班人员的工作；全厂机组、主辅机电设备的运行及其故障情况事后都有据可查。

6）应有完善可靠的水、火灾事故的防护、监测、应对措施。

7）采取了必要的水电厂无人值班的特殊辅助技术措施。

（3）无人值班水电厂对机组设备的控制保护系统提出了很高的要求。要针对无人值班的特点，更为完善可靠。其特殊基本要求有：

1）自动化水平要高。机组、主辅机电设备都应按自动化、远距离自动化的要求进行设计；运行过程及其工况转换均能自动进行，不需要运行人员的现场手动干预；需要而又可能的部位也都应按自动化的要求设计，以尽可能减轻运行人员的工作负担。当然如果条件允许，有些工作留待定期进厂工作的运行人员去做也是可以的。

2）继电保护及水力机械保护系统必须更为完善可靠。重要部位需要而又可能的就应尽可能按不同的“冗余”要求设计，有必要的备用。故障监测保护系统要更为完善可靠，与有人值班相比，主要体现在保护范围更广，设防层次更多，重点设施重复设置，能够承担更多的风险。

3）“异常情况的自动处理”是无人值班水电厂控制保护系统的重要设计原则。在出现影响运行安全的不正常征兆时应能及时检测、报警，在采取可能的自动、远动（例如遥测、遥视、遥控、遥调等）措施无效后，一般就应自动采取跳闸、停机、关阀等措施，使机组、设备退出运行，先停下来再说，等待来人检查处理，以确保设备安全。

4）“失电保护”也是无人值班水电厂重要设计原则。控制保护系统应保证在控制保护电源出现任何故障消失的情况下的正确动作，以免机组设备因控制电源故障消失，在失去控制保护的情况下长时继续运行，这是万万不能容许的。系统条件允许时可按“失电动作”原理设计；从停机跳闸等执行机构到控制电源采取冗余措施也可以解决这一问题。

以上第2）、3）、4）项要求和措施也可以称之为“保机组设备的设计原则”，这对确保机组设备的安全是非常必要的，许多发达国家不论电厂是否有人值班都采取这一原则。而我国由于系统电源紧张等因素，过去长期以来都是采取尽可能“保系统的设计原则”，这两者从设计指导思想上是有着原则性的区别的。

应该指出，采用无人值班的“保机组设备的设计原则”，机组设备有异常情况先停下来，带来的一个后果是非计划强迫停运事件将有所增加。这对于无人值班水电厂在一定程度上是不可避免的，也是完全必要的。当然如果条件允许，也还是应该尽可能采取必要的措施。例如，失电动作问题对于较大容量的机组设备宜采取停机跳闸执行机构及控制电源的冗余措施解决方案；对于异常情况的自动处理，如条件允许就应尽可能将需要切除的机组的负荷事先转移，使之对电网的影响尽可能减至最小。

此外也应该注意到，采取在家值班模式时，遇有紧急突发事件，能够在比较短的时间，例如十几分钟内就赶到电厂检查处理，较之有人在厂值班、值守，时间虽较慢，但相差也有限，则在无人值班水电厂的某些内部条件上，必要时是否可以允许适当放宽，也是很值得进一步探讨的。

（水电水利规划设计总院 叶钟黎 刘国阳）

阀控式密封铅蓄电池在水电厂的应用

70年代以来，蓄电池制造行业主要针对运输车辆及办公自动化不停电电源等的需要，开发了阀控式密封铅酸蓄电池（VRLAB）、即俗称所谓“免维护”蓄电池产品。80年代末，国内也开始批量生产。目前生产厂商已经很多，规模有大有小，产品质量有好有差。不但在车辆及不停电电源中大量采用，而且大容量产品在邮电通信部门也已广泛使用。90年代中期以来，水电厂以“减人增效”为目的的生产管理体制改革发展迅速，电厂定员有较大幅度下降，这类蓄电池的“免维护”性能很自然地引起广泛关注。一些水电厂在技术改造中开始有用的，新建工程也随之开始普遍采用。对于这种新型蓄电池的有关性能和有关问题理应得到必要的关心注意。

阀控式密封铅酸蓄电池的基本特点主要表现在以下几点：

（1）蓄电池槽体是密封的，以防止氢、氧等气体及附带的酸液外逸。

（2）蓄电池结构紧凑，外形尺寸相对较小，通常采取每3个、6个单池组装结构。

（3）蓄电池有阴极吸收式和胶体式两类，采用了超微玻璃纤维隔板及含酸胶体等特殊结构、材质、工艺。

（4）蓄电池采用贫液环境，酸液比重相对较高。

（5）蓄电池在运行过程中必然可能产生的氢、氧气体在电池内复合还原，需要一定的压力，槽体需要采用特殊的、能承受一定压力的工程塑料，大容量产品甚至需要外包钢质结构，以防鼓包、爆裂。

（6）蓄电池配置安全阀。由于电池内部气体复合效率不可能达到100%，在气压达到一定限度时必须予以释放，以策安全。排气安全阀要求确保在一定气压下开启，气压下降到一定限度时必须紧闭，能长期稳定工作，材质、工艺结构要求很高。

（7）蓄电池带电荷出厂，在规定的期限内，可以立即安装使用，不需要进行复杂的反复初充电过程，为此需要特殊的工艺、材质，以尽可能降低电池的自放电率。

（8）电池散热条件比较恶劣，而蓄电池对温度条件又比较敏感，温度升高对自放电率、浮充电流、电池寿命都有很大影响。

阀控式密封铅酸蓄电池在水电厂使用，与一般的防酸滴爆型蓄电池相比，优势主要表现在以下方面：

（1）外型尺寸较小，允许侧卧、多层置放，小容量的可以屏装。此外蓄电池室不需要附设酸室及套间，占地面积可以大大减少。

（2）气体逸出很少，酸液逸出也少，对蓄电池室通风、防酸的要求相对较低。从工程设计上考虑，通风次数可以减少，可以不需要专用的防酸通道。此外防爆泄压面积也应允许大大减少，甚至可不予考虑。

（3）带电出厂，工地也不需要调酸、注液、初充，安装工作量可以大大减少，安装费用也大大下降。

（4）运行维护工作量较少，不需要定期检查电池液面、测定电解液比重，不需要经常加酸、添水。

从以上情况看，对于水电厂，特别是地下厂房确实有一定优势。

阀控式密封铅酸蓄电池由于密封、阀控等特点在水电厂使用也带来一系列问题，值得重视：

（1）产品价格较高。与一般防酸滴爆铅酸蓄电池相比，由于结构、工艺、材质等方面的各种特殊要求，个别还需引进，大约要贵一倍左右。直接采购国外著名厂商产品则要贵两、三倍或更多，相差更大。不过逐年也略有下降趋势。

（2）蓄电池使用寿命往往达不到预期要求。根据前几年邮电通信部门的调查研究材料，问题不少，国外也有类似报导。原因主要是两个方面。一是产品本身质量存在问题，极板、材质、工艺不符合要求，电解液杂质过多，槽体气密性能不好，强度不够，极板腐蚀，排气安全阀质量不好等；另一方面是使用不当，发生过充，浮充电压长期过高或过低，温度过高，储运条件失当，缺乏日常维护等，以致造成电池早期失水、干涸、热失控、漏液，个别也有鼓包、爆裂的，使寿命大大缩短。水电厂使用较晚，但也已有个别反映很快就出现严重问题的，当然这些情况随着经验的积累，肯定会逐步有所改善。

（3）对蓄电池的充电、浮充电要求严格。由于电池不能添酸注水，正常情况下不可避免的少量排气、失水，使用过程中蓄电池容量将逐步下降，经过预定期限，下降到一定程度，电池寿命也就终止。过充电现象的发生将大大加快气体逸出过程，是影响电池早期失水、干涸的主要原因之一，必须严格注意防止。因此对浮充电装置提出了很高的技术要求。浮充电压长期过高，将引起过充电失水。反之，长期过低，不但电池不能保持规定容量，也会造成极板活性物质失效，因此浮充电压必须严格控制，且需能根据温度自动调整浮充电流、要求装置性能要稳、精度要高。

(4) 维护工作困难，但又必须加强。阀控式密封铅酸蓄电池维护工作少是个优势，但反过来看，看不见、摸不着、难以了解电池内部情况，难以维护、无法修理也带来很大问题，此外，目前也没有相应的运行规程可以遵循。如何加强对使用过程中蓄电池的运行维护管理，必须予以特别关注，不能听任不管。国内外都在研究如何在线监测电池内部的状况，例如外加交流测量内部电阻等，已见到成套测试装置。

对水电厂采用阀控式密封铅酸蓄电池提以下几点建议：

(1) 阀控式密封铅酸蓄电池在水电厂使用有很多优点，对于地下厂房更为明显；但价格很贵，维护工作困难，对于运行管理工作要求很高，对于容量不大的水电厂需要特别注意，要做好必要的技术论证工作，决定取舍。

(2) 决定采用阀控式电池必须采取必要的措施。首先是必须采购质量符合要求的电池产品，选用的充电、浮充电设备性能要求稳定，精度要高，要有智能化功能。要研究采用能检测电池内部状况的检测设备，要做好蓄电池的通风空调措施。

(3) 必须加强对阀控式电池的运行维护管理工作。重点在于如何密切监视电池内部的状况，以便及时采取必要措施，以免电池早期失效带来危及电厂安全运行的严重后果。

(水电水利规划设计总院　叶钟黎)

水力机械自动化元件新发展

水力机械自动化元件，近年来通过进口、自主创新又有新发展。目前元件品种增多，技术日趋先进，质量有所改善，配置更为合理，较好地满足了提高水电站自动化水平的需要。一批水电厂实现“无人值班”(少人值守) 运行，其中大部分通过国家电力公司组织的验收，说明自动化元件已有相当水平。

在引进和开发新型自动化元件方面，近年很有成绩。热扩散式示流信号器、光电式液位开关、吹气式水位开关、电子式行程 (闸门、接力器) 开关、齿盘或钢带测速的转速信号器、电容式油混水信号器、气动式剪断销剪断信号器已在一些电厂推广应用。振管式过机泥沙含量测量装置已开发成功，投入使用。与电动驱动装置或旋转油缸配合使用的对夹式蝶阀，体积小、关闭严、不易产生水锤而在技术供水中得到较好应用。一种具有半直线水流的 Y 型宽阀体截止式控制阀，借助安装在其阀体上的双室隔膜传动机构，利用过阀的水力，通过电磁阀、节流阀、减压阀等控制环操纵，实现遥控、减压、调节流量等多种功能，在白山等水质良好的水电厂投入使用。全自动滤水器又开发出多单元滤芯结构的产品，且网孔有圆孔型和缝隙型，孔状除柱形外还有顺锥、倒锥形；清污方式除下清污孔外，有的又增加上排污孔，使滤水器结构更趋合理，功能更适合我国水情。带有故障诊断功能的振动监测分析装置，国内也已有产品，并在一些水电厂应用。

在提高产品质量方面，国内主管部门和厂家做了很大努力。新的 GB/T11805—1999《水轮发电机组自动化元件（装置）及其系统基本技术条件》已发布实施。一些厂家按 ISO9000 标准建立质量保证体系，通过认证。

在元件的系统配置方面，从新厂设计到老厂改造，比以往更加注意配置的实用性、配套性。一些有利于改善运行条件的水质、气质、油质处理装置较好地得到配备，有些产品本身就加了这类附件。

总体看来，我国水力机械自动化元件发展良好、进步很大。进口元件性能好、质量高，但对我国水电厂的条件能否适应还有待考验。特别是水电厂的水质，大多达不到工业用水的标准，比国外水电厂也差得多，应注意做好元件的维护保养。国产元件质量不稳定是个老问题，更需从设计、制造、安装、调试和维护上做好工作。

目前，我国水电厂自动化正在向更高的水平发展，有关部门已提出无人值班、关门运行的目标。同时，许多水电厂已从传统的定期预防性检修向现代的视情预测性检修过渡，对设备的状态监测和判断又提出新的要求。建议水力机械自动化元件今后要做好下列工作：

(1) 要研究无源式控制器的合理配用。电测式控制器反映灵敏、准确，目前国内监测元件喜欢采用。但无源控制器仅以机械方式把被测非电量转变成位移，进而启闭电触点，结构简单，比电测式少辅助电源环节，可靠性高。国外机组的轴承温度过热保护和二级过速保护大都以无源控制器为主，应引起我们的注意。

(2) 要研究无人值班电厂的特殊要求。无人值班电厂，为保护设备安全，采用失电动作是一个较好方案。如采用这种方式，一些电磁阀，如事故配压阀，则不能采用目前通常使用的双稳态电磁配压阀；对二级过速保护也应采用直接动作油阀以开启压力油去关闭导叶的方式。这些特殊要求应作相应研究。

(3) 要研究机组状态监测及分析技术。水力机械设备的状况好坏，要实现自动监测和分析判断，难度很大。要确定监测项目、监测点和相应监测装置，要收集各参量与机组状态关系的数据。目前，已有一些单位在做此类工作，但欠系统研究，应组织攻关。

（机电研究所 黄景湖）

机 电 制 造

三峡水电站左岸电厂水轮机埋件制造

三峡水电站左岸电厂共安装14台700MW水轮发电机组，作为三峡水利枢纽二期工程的一部分，预计2003年首批机组开始投产发电。机组设备的设计、制造分别由ALSTOM（8台）和VGS（6台）中标。中国水利水电第八工程局安装分局作为分包商承担14台机组埋件的制造加工任务，总计工程量18000t左右，其中主要部件单台重量见表1。

表1 主要部件单台重量 单位：kg

项目 / 厂家	蜗壳	尾水肘管	尾水锥管	鼻端里衬	基础环	基坑里衬
Alstom	690000	124704	84803	26412	82540	65636
VGS	739000	88291	78310	52778	35311	82679

根据合同要求，蜗壳等主要部件必须在三峡工地现场制造，蜗壳单节整体交货，其余超大件可适当分瓣交货。

（一）设备选择及厂房布置

设备、建厂面积的选择主要按以下因素考虑：①保证月生产成品埋件800t的能力；②存放两台成品蜗壳的存放场地；③单件重量80t起吊、运输能力；④预弯、卷制厚度75mm、宽4000mm、60kg级钢板的能力；⑤保质、高效的异形构件的下料能力；⑥其他常用配套设备。

根据以上因素，新构置了CNC140×4000mm卷板机，2台型号分别为HEC-GTH-5.5M、EXA-5500的数控切割机，100t龙门吊等主要设备，以及完成此项工作必须的焊接、加工、防腐、检测、吊装运输等常用配套设备。建有2个24m×156m的半封闭轻型钢结构厂房，1个15m×36m封闭式防腐车间；1个42m×200m露天堆放场地，以及管道加工、金加工车间，制氧厂，压缩空气厂等，车间之间采用有轨平板台车联系，集中供氧、供气。

2个主要车间的布置是按原材料存放、下料切割、刨边、平板卷板、拼装、焊接、检测这一工作秩序依次排列的。依次布置有材料堆放平台，划线、半自动切割机平台，数控切割机、刨边机、卷板机、拼装、焊接、检验平台，每个车间均有2台龙门式吊车负责车间的吊运工作。

（二）材料的选择

1．主材及焊材选择（蜗壳） 根据标书规定，蜗壳材料必须选用可焊性好、屈服极限不超过500MPa的材料，并只允许便于现场实施的焊前预热，焊后保温处理，而我们为了尽可能降低钢板使用厚度，减少由此带来的制造、加工、焊接难度及工作量，必须尽可能地选用强度高、焊接性能较好的钢板。综合以上原则，选择屈服极限为500MPa的钢材作为蜗壳主材，并初步选择了包括日本、中国在内的5个厂家的钢材及国内外9个厂家提供的焊接材料，为了验证钢材及焊材获得优质焊接接头的难易程度，能否在使用条件下可靠运行，我们对钢材的焊接性能进行了分析及各种钢材、焊材匹配组合下的焊接性能试验，包括斜Y型坡口焊接裂纹实验、最高硬度试验、刚性固定对接裂纹试验，并进行比较，作为焊材与钢材选择的依据，最终选用了日本NKK集团生产的NK-HITEN610U2钢材作为蜗壳主材，选用宜昌猴王焊接公司生产的MK-G607RH焊条及自贡中国焊条厂生产的CHE62CFLH焊条作为主要焊接材料。

2．NK-HITEN610U2钢材特性 由表2、表3可见，NK-HITEN610U2钢板是一种低碳调质低合金高强度钢板。

表2 NK-HITEN610U2钢材的化学成分 单位：%

C	Si	Mn	P	S	Cu	Ni	Cr	Mo	V	Nb
≤0.09	0.15～0.55	1.00≤1.60	≤0.025	≤0.010	≤0.30	≤0.30	≤0.030	≤0.30	≤0.06	≤0.30

表 3　NK-HITEN610U2 钢材的机械性能

屈服强度 (N/mm²)	抗拉强度 (N/mm²)	拉伸试验			弯曲试验			冲击韧性试验		
		厚度 (mm)	试样 JIS	延伸率 (%)	角度	厚度	弯曲半径	厚度 (mm)	温度 (℃)	吸收能量 (J)
500	610～730	$t>16$ $t>20$	5号 4号	≥27 ≥19	180°	$t\leqslant 32$ $t>32$	$1.5t$ $2.0t$	$20\leqslant t\leqslant 32$ $32<t\leqslant 50$ $50<t\leqslant 75$	-5 -15 -25	≥47 ≥47 ≥47

(三) 焊接工艺评定

根据主承包商的要求，机组埋件制造中所有的不同材料、不同焊接方法必须在施工前按 ASME 第Ⅸ卷进行工艺评定。首先根据焊接试验及焊接分析的结果，按不同的主材和焊材、不同的焊接方法、不同的热处理条件，确定焊接规程。根据 ASME 标准制备试样，进行弯曲、拉伸、冲击、硬度等试验，测定一定规程下焊接接头是否满足使用要求。

(四) 制造工艺

机组埋件部件较多，这里只介绍蜗壳的制造工艺。水轮机蜗壳由两个不同的主承包商设计，其结构型式、分节数量、钢板厚度均稍有不同，但其质量要求、制造工艺基本相同，这里不分别叙述。

1. 瓦块的制备　单节蜗壳由于其位置的不同分别由 1～6 块瓦块组成，瓦块质量的好坏直接影响后续工作的进行和最终产品质量的好坏，瓦块的制备主要包括切割下料和瓦块卷制两个工序。瓦块的切割采用数控切割机下料，下料必须注意以下几点：

(1) 由于瓦块采用数控切割机下料，生产前必须对其精度进行检测和调整，对理论数据与实际下料尺寸进行分析比较，确定对理论数据的补偿量，保证瓦块尺寸偏差在长宽方向不超过 ±1mm，对角线差不超过 2mm。

(2) 由于热切割后的坡口表面存在着一定厚度的碎硬层，对焊接性能及焊接接头机械性能均产生不利影响，特别是调质高强钢，因此切割后的坡口必须用砂轮打磨，并使之露出白色金属光泽。对于安装焊缝，打磨后涂坡口漆保护。

(3) 必须清楚地标注拼装控制点、水流方向、瓦块编号，准确划出卷板滚压线。瓦块卷制时注意以下几点：

1) 在卷板机上进行预弯和卷板时，必须始终保证瓦块滚压线与卷板机上辊轴线平行，避免瓦块扭曲。

2) 多次滚压成形，并随时用样板进行监控。

3) 由于蜗壳钢板为 24～70mm 之间的中厚钢板，弯曲半径在 2130～6200mm 之间，刚性较大，并且由于高强调质钢不允许加热方式调整变形，因此瓦块成形的好坏尤为重要。卷好的瓦块除采用弦长 2m 的样板检查其弧度间隙不超过 2mm 外，还必须将瓦块上下管口在自由状态下与检测平台上的实样进行对照检查，并对每一瓦块的对角线、弦长等进行检查，根据瓦块尺寸大小，将其偏差值控制在 2～15mm 之间，超标者用卷板机或 800t 油压机进行处理，有效地保证瓦块质量。

2. 单节组装　单节组装在钢结构平台上进行，先在平台上放出单节下管口（上游侧）形状实样，在每一个瓦块范围设置 2～3 块支承调整垫板，调整水平，单节拼装时应注意以下几点：

(1) 纵缝拉对采用活动工装拉时，避免在基材上点焊。

(2) 纵缝间隙控制在 3～5mm 范围内，有利根部焊接及背缝的清理。同时由于间隙较大，焊后焊缝收缩较大，组装时蜗壳周长可根据纵缝数量，放大 2～10mm。

(3) 点焊一定要牢固，特别是对需要预热的管节，点焊间距为 400mm 左右，点焊长度 50mm，上下管口点焊长度 100mm，点焊厚度 15～20mm。点焊工艺必须按此处焊缝的焊接规程进行。

3. 纵缝的焊接　蜗壳纵缝为Ⅰ级焊缝，参与其焊接的焊工，必须是按 ASME 第Ⅸ卷进行考试并取得相应合格证的焊工，焊接规程见表 4。焊缝预热，层间温度的保持，后热均采用远红外线加热垫加热，热电偶测温，并经温控柜自动调节焊缝温度。纵缝焊接时应注意以下几点：

(1) 采用多层多道焊接，控制焊道宽度，立焊摆动宽度一般不超过焊条直径的 1.5 倍，焊接速度不低于 70mm/min，以此控制焊缝热输入量，避免 HAZ 由于线能量过大而韧性降低。

(2) 分段跳焊，焊缝内外两侧交替焊接，严格控制好焊接变形。随时对焊缝进行检查，并根据检测数据适当调整焊接秩序和规范。

(3) 采用碳弧气刨清根后，必须用磨光机打磨，去除氧化皮及渗碳层，然后进行 PT 检查，以保证焊接质量。

(4) 焊条必须按厂家及工艺规范要求，在 380～400℃下烘干 2h。焊工必须配备保温桶，随用随取。

表4 焊接规程

钢板厚度(mm)	焊条直径(mm)	焊接电流(A)	焊接电压(V)	预热(℃)	层间温度(℃)	后热		焊接速度(mm/min)
						温度(℃)	时间(h)	
$t \leqslant 40$	3.2	100~180	19~28					70~170
	4.0	100~200						
$40 < t < 60$	3.2	100~180		75	75~150			70~170
	4.0	100~200						
$t \geqslant 60$	3.2	100~180		100	100~200	200	2	70~170
	4.0	100~200						

4. 焊缝检测 焊缝检测包括100%外观检查，100%PT，100%RT，所有检测项目均按ASME标准或厂家提供的图纸标准进行。由于钢板厚度最大达70mm，因此RT检查采用r射线照片，射线源采用Ir192，为了生产人员安全，射线照片布置专用工位，并采用了有效的安全保护措施。

5. 内部支撑加固 蜗壳由于结构尺寸、自身重量均较大，整体成形后刚性较差，极易在存放、吊装、运输过程中产生变形，为了防止这一变形的产生，每节蜗壳都设置有双层米字型支撑。支撑加固焊接必须在单节蜗壳检查合格后进行，支撑与蜗壳的连接采用直接焊接的方式，焊接时使支撑杆与支撑中心体连接端处于自由状态，待焊接完成后，再加焊中心体位置，尽量减少由于支撑加固焊接变形而影响蜗壳结构尺寸。

6. 相邻管节组装 由于三峡水轮机蜗壳不要求进行整体组装，为了更好地验证蜗壳设计及工厂单节制造质量情况，要求相邻节蜗壳两两进行组装，组装在制造车间钢结构平台上进行，进口位置管节在下，检查合格后即进行防腐工序，而另一节投入到下一轮组装。

三峡埋件制造厂自1997年底开始建厂，1998年下半年开始投入生产，1999年4月开始蜗壳生产。至今14台机鼻端里衬，尾水肘管，9台机尾水锥管，5台机蜗壳、机坑里衬、机础环制造完成，顺利通过Alstom和VGS两主承包商及监理公司的检查、验收，质量优良。

（中国水利水电第八工程局 曾 辉）

金 属 结 构

小浪底水电站泄洪排沙系统金属结构

（一）概述

小浪底水电站泄洪排沙系统金属结构包括3条孔板泄洪洞、3条明流泄洪洞、3条排沙洞和溢洪道的闸门及启闭机械。除溢洪道由于位置高，只设一道工作闸门外，其余各洞均设三道闸门，由进口向下游依次排列为检修闸门、事故闸门和工作闸门。根据各洞的特点，三道闸门的具体位置也不同，明流洞三道闸门均设在进水塔内。孔板洞和排沙洞的检修闸门和事故闸门布置在进水塔内，工作闸门分别设在中间闸室和隧洞出口处。进水塔每个闸门井均设闸门检修平台和启闭机工作平台，平台间设有楼梯，两平台至底坎设有爬梯和电动吊厢。孔板洞中间闸室设有电梯和楼梯与外部连通。

由于黄河洪水和泥沙的特点，泄洪排沙系统金属结构具有以下特点：

（1）设计水头高，支承负荷大，例如，孔板洞弧门水头140m，排沙洞弧门水头122m，还须经常局部开启，明流洞事故门单轮轮压4130kN，检修门滑道压强60kN/cm等，均是目前国内最高的。

（2）高速高含沙泄流通过闸门孔，对闸门导轨及闸室边壁造成磨蚀。

（3）闸门前泥沙淤积，使启闭机大量超荷。

（4）启闭机械容量大、扬程高、技术复杂。

针对这些特点和问题，从闸门和启闭机的布置、型式和操作运用上，采取了一系列措施和新技术、新材料。

（二）闸门及启闭机型式

1.闸门、止水、支承型式　孔板洞、排沙洞工作闸门采用偏心铰弧门压紧式止水。事故闸门采用平面定轮闸门液控式止水，止水断面是根据多沙河流条件专门研制的，较好地解决了头部失稳扭转和泥沙堵塞问题。

明流洞工作闸门采用圆柱铰弧门，转铰式止水。事故闸门采用平面定轮闸门液压止水，止水直接引用库水充压，为防止泥沙淤积止水压力腔，将双柄“山”型止水的临水侧柄下的垫板做成间断的，形成开敞式压力腔，保证止水压力腔的泥沙随着闸门的提升与水一块流出。

孔板洞、排沙洞、明流洞事故闸门的滚轮均选用锻制合金钢材料、偏心轴、球面滚子轴承和特型防水防沙密封，经模型、原型、静载、动载试（实）验验证，承载力超过了5000kN，定轮在4000～5000kN负载下运行平稳，综合摩擦系数小于0.0033，密封满足要求。

检修闸门采用平面滑动闸门，预压式止水，滑道材料采用铸型油尼龙，最大压强为60kN/cm。

2.启闭机械型式　泄洪排沙系统深孔和表孔工作闸门均采用液压启闭机，共有24套启闭机，27只油缸。最大提升力为4500kN，下压力为1000kN，最大行程为12.5m，油缸内径为720mm。为了解决液压缸的保压和补泄，防止闸门下沉，在总结国内外液压系统设计、运行经验的基础上，系统设计引入了国外先进的蓄能保压装置，并配以小型补压泵组，可向气囊式蓄能器自动充压，达到了系统的自动保压和闸门的可靠锁定。

油缸采用德国MERKEL公司和意大利CARCO公司的人字型组合密封元件，元件滑动表面经过特殊处理，使之达到了极低的摩擦系数。油缸工作表面还适当提高了加工精度，从而较好地解决了油缸泄漏问题。溢洪道弧门液压启闭机的油缸采用德国曼内斯曼公司的CERAMAX活塞杆和CIMS行程监测技术，满足了双缸同步自动控制的要求。

泄洪排沙系统事故闸门均采用高扬程固定卷扬启闭机，最大吨位为5000kN，扬程90m。多层卷绕采用带有阶梯垫环的折线绳槽卷筒。检修闸门全部由2台4000kN门机起吊，门机设主、副小车各1台，主小车设主钩和副钩各1个，主钩起升容量4000kN，副钩起升容量600kN、主副钩起升扬程均为120m。副小车为一偏轨小车，起升容量为400kN，起升高度为75m。门机轨距为20m。

（三）闸门的动力安全分析

泄洪排沙系统深孔和底孔闸门水头高、流速大，其中排沙洞弧门调节流量排沙排污运用频繁，并长期局部开启运用；1号明流洞弧门孔口尺寸大、支臂长；孔板洞事故门水头高、闸门高度尺寸大、动水下降过程长，这些条件都对闸门动力安全不利，使水流激起闸门振动的问题突出。为了弄清闸门在水流动力作用下的安全性，在闸门结构设计中除进行一般结构设计外，专门研究了闸门动力安全性。动力安全分析通过试验，模拟研究了各门的动力荷载，结构振动包括振动频率、动位移、动应力以及工作门不同开度条件下，事故门动水下降过程中的动荷载、动位移和动应力以及钢丝绳动力稳定等。

（四）闸门的防淤堵措施

在黄河干流枢纽和两岸引水闸工程上都发生过闸门被淤死的现象，使启闭机大量超荷，影响正常使用，甚至发生机械或拉杆破坏事故。总结过去工程的经验教训，小浪底泄洪排沙系统采取以下几种措施：

（1）设置排沙洞。其进口高程最低，工作闸门能经常局部开启泄流，以便保证坝前长期保留冲刷漏斗。发电、泄洪、排沙洞的进口，按照冲刷漏斗的范围适当集中布置，可以用排沙洞或泄洪洞拉出的漏斗保护发电洞进口。泄洪洞与排沙洞也可相互保护。

（2）设立泥沙监测报警装置。当发现淤积面高度达到设计规定的高度时，可开门冲淤。

（3）在闸门附近闸墩内设高压冲沙系统，如发现闸门前淤堵，使启闭力超过限值时，利用高压喷嘴冲动淤沙，然后启门排沙。

（4）泄水底孔进口的挡沙闸门，均采用上游面止水。防止在闸门关闭期间，泥沙回淤进入门槽。

（五）埋件的抗磨蚀措施

从三门峡枢纽和天桥水电站泄洪排沙建筑物和闸门埋件导轨头部的大量观测和观察资料发现，在高流速区的轨道头部出现严重磨损的斑点、坑槽，磨损深度1～2mm，个别严重的可达2～3cm，有的甚至将30mm×30mm的方头不锈钢主轨磨损掉80%～90%，造成闸门无法关闭或者关闭后封不住水。通过对泥沙磨损的研究分析，初步找到了一些规律，结合小浪底水电站水沙条件、运用要求和工程布置特点，对解决门槽磨蚀问题采取了以下几种措施。

（1）降低过门流速。泄洪排沙系统的检修闸门，位于隧洞进口最前端，没有维修条件。为了保证该门槽不发生磨蚀，改变过去以几何曲线连接选择孔口尺寸的传统方法，而用不磨蚀流速控制，选择孔口尺寸，使之满足在汛期泄流时，过门流速不大于12m/s（磨损流速）的要求。

（2）改善门槽体型。事故门槽均采用适合于高速水流条件的矩形斜坡型门槽。

(3) 利用偏心铰弧门突扩部位掺气，消除空蚀磨损对门槽和止水的危害。

(4) 采用抗磨蚀组合轨道。对事故闸门的滚轮轨道，根据轨顶和下部不同的荷载条件，做成不同材料和不同工艺的两个部件，以不锈钢螺栓连接，既加强了轨顶的抗磨蚀性能，也节省了优质材料。一旦轨顶因磨蚀而影响使用时，又可以拆换。

(五) 小浪底水电站泄洪排沙系统金属结构技术特性表

序号	工程部位	设备名称	孔口尺寸 (m×m)	设计水头 (m)	闸门型式	运行条件	闸门数量		启闭机			
							孔口	闸门	型式	数量	容量 (kN)	扬程 (m)
1	进水塔	孔板洞事故门	3.5×12	100.0	平面定轮闸门	动水闭门 静水启门	6	6	固定卷扬	6	5000	90
2		孔板洞检修门	4.5×15.5	85.0	平面滑动闸门	静水启门	6	2	门机		4000/600/400	120/120/75
3		1号明流洞工作门	8×10	80.0	弧形闸门	动水启门	1	1	液压启闭机	1	4500/1000	12.5
4		1号明流洞事故门	4×14	80.0	平面定轮闸门	动水闭门 静水启门	2	2	固定卷扬	2	5000	90
5		1号明流洞检修门	5.6×18	65.0	平面滑动闸门	静水启门	2	2	门机		4000/600/400	120/120/75
6		2号明流洞工作门	8×9	66.0	弧形闸门	动水启门	1	1	液压启闭机	1	4500/1000	11.5
7		2号明流洞事故门	8×11	66.0	平面定轮闸门	动水闭门 静水启门	1	1	固定卷扬	1	5000	90
8		2号明流洞检修门	9×17.5	51.0	平面滑动闸门	静水启门	1	1	门机		4000/600/400	120/120/75
9		3号明流洞工作门	8×9	50.0	弧形闸门	动水启门	1	1	液压启闭机	1	4500/1000	11.5
10		3号明流洞事故门	8×11	50.0	平面定轮闸门	动水闭门 静水启门	1	1	固定卷扬	1	5000	90
11		3号明流洞检修门	9×14.5	35.0	平面滑动闸门	静水启门	1	1	门机		4000/600/400	120/120/75
12		排沙洞事故门	3.7×5	100.0	平面定轮闸门	动水闭门 静水启门	6	6	固定卷扬	6	2500	100
13		排沙洞检修门	3.5×6.3	85.0	平面滑动闸门	静水启门	18	6	门机		4000/600/400	120/120/75
14	孔板洞	1号孔板洞工作门	4.8×5.4	139.4	偏心铰弧门	动水启门	2	2	液压启闭机	2	3500/1000 3000/1000	7 3.8
15		2号、3号孔板洞工作门	4.8×4.8	139.4	偏心铰弧门	动水启门	4	4	液压启闭机	4 4	3500/1000 3000/1000	7 3.8
16	排沙洞	排沙洞工作门	4.4×4.5	122.0	偏心铰弧门	动水启门 局部开启	3	3	液压启闭机	3 3	2500/1000 3000/1000	6 3.6
17	溢洪道	溢洪道工作门	11.5×17	17.0	露顶弧门	动水启闭	3	3	液压启闭机	3	2×2000	8.5

(黄河水利委员会设计院 金树训)

小浪底水电站压力钢管制作安装

(一) 概述

小浪底水电站共有6条地下埋藏式压力钢管，内径7800mm，靠近蜗壳处渐变为7000mm，从上游到下游分为上斜段、上弯段、斜井段、下弯段、下平段、锥管段六个部分。材质为ASTMA537C1.1钢（正火钢，抗拉强度485～620MPa）和ASTMA517F钢（高强钢，抗拉强度795～930MPa），厚度为20mm、22mm、24mm、28mm、30mm、32mm、34mm7种。压力钢管全长1132.8m，总重6720t，共分为430个制造单元，178个安装单元，其中A517F钢重1170t，占总用钢量的17%。

压力钢管制造时间为1996年12月3日～1998年12月6日，安装时间为1997年5月7日～1999年

6月30日。压力钢管承包商为以法国杜美兹(Dumez)公司为责任方的小浪底联营体（简称XJV），其中制造由中信重型机械公司分包，安装由XJV组织施工。

（二）焊接

压力钢管纵缝采用埋弧自动焊，环缝采用手工电弧焊，A517F钢加劲环采用手工电弧焊，A537C1.1钢加劲环采用CO_2气体保护焊焊接。A517F钢的埋弧自动焊采用OK Tubrod14.55、$\phi4.0$焊丝配合OK Flux10.66焊剂，手工电弧焊采用林肯Conarc85、$\phi3.2$和$\phi4.0$焊条（相当于AWSE12018-G）焊接；A537C1.1钢手工电弧焊采用J507、$\phi3.2$和$\phi4.0$焊条（相当于AWSE7015），气体保护焊采用PK-YJ507、$\phi1.6$药芯焊丝，埋弧自动焊采用H08MnA、$\phi4.0$焊丝配合SJ14HR焊剂焊接（SJ14HR焊剂配合H08MnA焊丝焊接A537C1.1钢所得焊缝在－20℃所得冲击功值比HJ431配合H08MnA焊丝所得焊缝的冲击功值高60J）。施工时严禁在坡口以外引弧，管壁上的任何弧伤都必须打磨干净，临时附件的焊接与主焊缝要求相同，预热温度比主焊缝高20～30℃。

1. 焊接工艺评定试验及焊接参数的选定　ASTMA537钢和ASTMA517钢在国内首次大量应用于压力钢管，没有成熟的焊接工艺可供参考，尤其800MPa级高强调质钢，焊接冷裂倾向严重，必须经大量试验确定合理的焊接工艺参数，并在焊接过程中严格执行，以得到与未焊钢板机械性能相同的焊接接头。

在施工准备阶段，承包商只采购到$t=20$mm厚的钢板，用此厚度的钢板作斜Y型抗裂试验确定的预热温度不适合将来施工中用到的较厚钢板（$t=$32mm，34mm）情况，所以根据ANSI/AWS D1.1 Structural Welding Code、DL5017—93《压力钢管制造安装及验收规范》和小浪底合同文件B卷《技术规范》的有关规定选定预热温度，见表1；通过焊接线能量试验，找出最佳线能量控制范围，见表2；通过焊接工艺评定试验确定焊接工艺参数范围，见表3；在施工中严格执行规范和焊接工艺，并设专职焊接检验员进行监督检查，从而使小浪底水电站压力钢管焊缝质量一次合格率达到99%以上。

表1　A517F钢和A537C1.1钢预热温度表

材质＼类别		预热温度（℃）	层间温度（℃）	后热温度（℃）
A517F		120～150	150～200	150～180，2h
A537C1.1	$t\geqslant30$mm	65～80	65～200	
	$t<30$mm	环境温度低于0℃时适当预热	10～200	

表2　A517F钢和A537C1.1钢最佳线能量表

材质＼类别		焊接方式	线能量（kJ/cm）
A517F		SMAW	8～30
		SAW	18～40
A537C1.1	$t\geqslant25$mm	SMAW和GMAW	10～35
		SAW	20～40
	$t<25$mm	SMAW和GMAW	10～30
		SAW	18～35

表3　A517F钢和A537C1.1钢焊接参数表

材质＼类别	焊接方式	电流（A）	电压（V）	焊接速度（mm/min）
A517F	SAW	430～550	28～30	450
	SMAW	120～165	22～26	70～120
A537C1.1	SAW	440～550	28～30	280～350
	GMAW	240～270	23～25	180～220
	SMAW	120～175	22～26	70～110

2. 坡口型式　角变形可导致脆性断裂，并给安装工作带来困难，传统的方法是用火焰或机械方法矫形。A517F钢属800MPa级高强钢，对角变形比较敏感，且严禁火焰和焊口机械矫形（火焰矫形和焊口机械矫形会使材质劣化及焊接接头机械性能降低）。小浪底水电站压力钢管纵缝采用外大内小的不对称X型坡口对接接头，如图1所示，施工时先多层多道焊满大坡口，然后反面碳弧气刨清根，将渗碳层用砂轮打磨干净后满焊，有效的控制了角变形的产生。

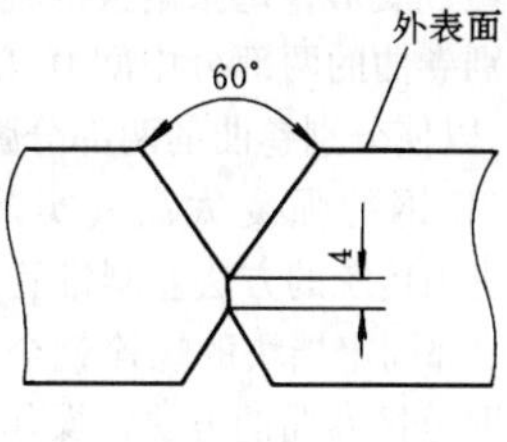

图1　纵缝的对接接头

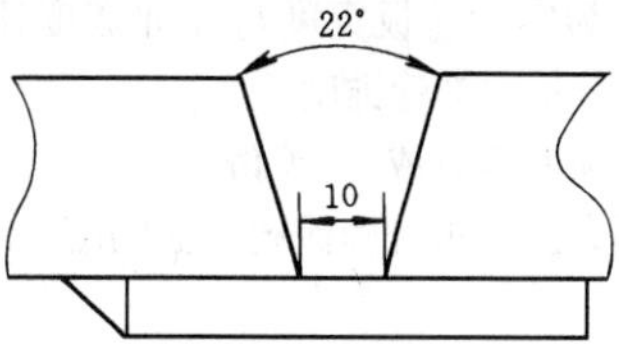

图2　环缝的对接接头

弯管段所有环缝及A537C1.1钢的安装环缝都采用背部带垫板的V型坡口对接接头，如图2所示，为保证根部焊透，打底层采用 $\phi3.2$ 焊条分两道进行焊接。

3. 定位焊　定位焊焊工必须是经全位置考试合格的焊工，定位焊位置距焊缝端部 30mm 以上，长度 50mm 以上，间距小于 400mm，厚度不超过 8mm，以定位焊处为中心，至少在 150mm 范围内进行预热，预热温度比主焊缝温度高出 20～30℃，双面焊焊缝定位焊只能焊在清根侧焊口，并在清根时清除干净，单面焊焊缝在施焊前必须认真检查定位焊质量，如有裂纹、气孔、夹渣等缺陷均清除干净，并将定位焊打磨出适合焊接的平滑过渡。

4. 焊工培训和考试　从事压力钢管制造安装的所有焊工和焊接操作工都进行高强钢焊接的理论培训和技能训练，使其熟知高强钢的焊接工艺要求，并能够按焊接工艺熟练操作。经考试合格的焊工和焊接操作工才能上岗，在施工过程中，如果发现某名焊工或焊接操作工责任心不强或违反焊接工艺，则立即停止其工作以保证焊缝的焊接质量。

（三）卷板

小浪底水电站压力钢管直管、弯管和锥管的瓦片都用意大利 SERTOM 三辊卷板机（最大可卷 100mm ×4000mm 的 16Mn 钢板）卷曲，此卷板机上辊为主动辊，可上下移动，下辊为被动辊，可在水平方向上移动，并能形成一定夹角。调整卷板机的下辊可以使瓦片端头小于 50mm，从而满足规范中规定的曲率和圆度的要求。由于钢板较长（$L=12$m），管壁较薄（$t=20$～34mm），整体卷板困难较大，所以直管和弯管瓦片采取分两段卷曲的方法。操作程序如下：

（1）压头。

（2）卷曲 $L/2+0.1$m，L 为钢板长度。为保证钢板逐步产生塑性变形，每张钢板都辊压 7～8 次。

（3）在分别卷曲的两部分中间 0.4m 宽的范围内辊压 2～3 次，以使分别卷曲的两部分弧度均匀过渡。

由于 A517F 钢的强度太高（实际抗拉强度达 880MPa），在使用传统的方法卷制锥管瓦片时卷不到 $L/3$，卷板机端部固定挡块的螺栓就全部被剪断，所以锥管瓦片采取分区卷曲的方法，操作程序如下：

（1）按公式 $L=KW\alpha$ 张开两下辊。（L 为下辊张开位移；K 为实际卷板宽度与标准宽度比；W 为实际卷板宽度；α 为锥管锥度）。

（2）将扇形板分成 11 等份。

（3）压头。压头时确保扇形板的端头平行上辊轴线。

（4）分区依次卷曲。卷曲时保证此区中心处的素线平行上辊轴线，每个区域都辊压 7～8 次，以保证钢板逐步产生塑性变形。

卷后用弦长 1.5m 的样板检验，最大间隙 3mm，弦长误差 130～180mm，完全满足规范要求。

小浪底压力钢管直径大、管壁薄、刚度差、受自重影响严重，在卷曲时必须用天车吊住两端头以辅助卷板，受天车影响瓦片弦长误差很大，但实践证明只要钢管瓦片弧度均匀，没有局部死弯和平直，瓦片弦长误差在 800mm 以内对钢管的制造安装没有影响。

（四）封闭段安装

钢管施工交通洞横穿六条压力钢管上斜段，交通洞所在位置的管壳（5～6 节，长 13.5～16.5m），作为封闭段被最后安装，此时其他所有管壳均已安装完毕并回填了混凝土，从而在封闭段两端形成了两个固定端，这给安装、焊接工作带来了极大的困难。为了减小焊接拉应力，最后一条环缝采用图 3 所示对接接头，并在施工中采取措施，减小最后一条环缝的拼装间隙和拼装应力，以减小焊缝金属填充量和焊接应力。安装程序如下：

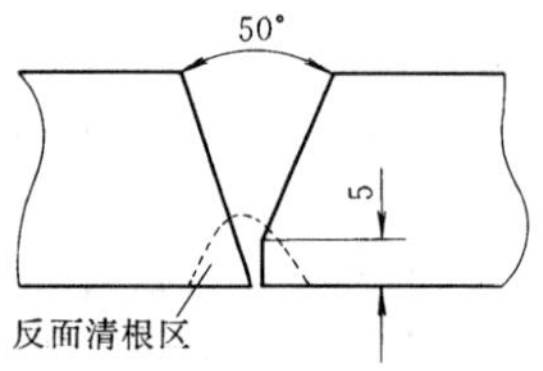

图 3　最后一条环缝的对接接头

（1）除最后一节管壳外，其他 4～5 节管壳全部就位，调整管口圆度、中心、环缝间隙，使其处于安装位置。

（2）精确测量最后一节管壳两边两管壳间距，考虑其他 4～5 条环缝焊接时产生的焊接收缩量 8～10mm，得出最后一节管壳应保留的宽度，并进行配割。

（3）将其他管壳的拼装间隙调为最小，使最后一节管壳以两半瓦片的形式就位，焊接其纵缝。

（4）拼装最后一条环缝，使间隙尽可能小，并用拉板和压码固定。

（5）拼装倒数第二条环缝，考虑由于其他 4～5 条环缝焊接时产生的焊接收缩量 8～10mm，预留拼装焊缝间隙，并在焊缝外面打好压码，以阻止其在径向移动。

（6）拼装其他几条环缝，并依次焊接。

（7）去除最后一条环缝上的拉板，焊接倒数第二条环缝。

（8）重新拼装最后一条环缝，在间隙大于 3mm 的部位堆焊。

（9）焊接最后一条环缝。

由于最后一条环缝坡口型式选择正确，施工方法得当，使封闭段管壳得以顺利安装和焊接。

（六）灌浆孔封堵

小浪底压力钢管共有1312个灌浆孔，其中A517F钢有216个灌浆孔，灌浆孔直径72mm，开有灌浆孔的部位在压力钢管外壁焊有10mm厚的补强板，补强板上车有粗牙螺纹。由于高强钢焊接条件苛刻，对裂纹敏感，所以用焊接的方法封堵灌浆孔难度很大。经大量实验多方对比，最终选用SIKA胶（一种环氧胶）以黏结代替焊接封堵灌浆孔，不仅解决了高强钢难以施焊的问题，且省时省力封水性好。施工程序如下：

(1) 用钢丝刷清理灌浆孔，将所有铁锈和水泥清除干净。

(2) 用SIKA清洗剂清洗软铜垫片和钢塞（钢塞直径71mm，材质与管壳材质相同）。

(3) 在灌浆孔中放入软铜垫片，在钢塞和灌浆孔补强板的螺纹上刷SIKADURA752胶，并将钢塞旋入灌浆孔。

(4) 在钢塞与灌浆孔的间隙中填入SIKADURA752胶。

(5) 24小时后在灌浆孔部位用SIKADURA30胶填充至与管壳内壁平齐。

小浪底水电站压力钢管制造安装实践为国内大批量将800MPa级高强钢用于大直径压力钢管提供了成功的经验，为采用非焊接法封堵灌浆孔作出了成功的尝试。

（小浪底建管局水力发电厂　于永军）

二滩水电站中孔事故检修闸门制作安装

二滩水电站六个泄洪中孔位于拱坝中部第18～23号坝段，进口设有一扇事故检修闸门。闸门为下游止水的平面链轮门，其孔口尺寸为5.2m×11.8m（宽×斜高），设计水头90m。门叶外形尺寸为7.18m×14.625m×1.58m，分四节在现场进行制作，节间采用高强螺栓连接，最大单件重量25t，整扇门叶重量近140t。闸门采用5000kN斜拉式双向门机启闭。

闸门门叶为16Mn中厚钢板的多主梁焊接结构。为稳定闸门在加工后的几何尺寸，每节门叶焊接后均要求进行整体退火处理，在充分消除焊接应力后方可进行加工。

为保证闸门的可靠运行，对所有关键部位的加工精度都提出了较高的要求。由于闸门（门叶结构）在现场制作，受加工设备制约，难度较大。为满足设计要求，承包商（中国水利水电第八工程局机电安装分局二滩项目部）专门成立了以项目经理为首的加工质量控制体系，并制定了如下的加工工序：组装→加工线的确定及标注→解体→分节处连接法兰面及端部走道接合面的加工→二次组装（各连接法兰面间打四个定位销钉，供后续组装使用）→承载走道、水封座板面加工→非承载支承座板面加工→配钻连接螺孔。

闸门的加工主要在落地镗床上进行。为适应平面加工要求，在镗床上加装一台动力头，加工前对镗床反复进行了测试、调整，使其全行程的直线度小于0.03mm。

闸门每侧的链轮装置分为两挂，每挂内门叶分为两节，两挂的总加工长度为11.608m。由于镗床有效加工长度仅为8m，因此对闸门每侧的加工面需分两次进行加工，为保证每挂链轮均匀受力，加工时一、二节门叶一次加工。当一、二节门叶加工好后，将第一节门叶移走，让其余三节门叶处于机床加工范围内，并以加工好的第二节门叶为基准一次加工完毕。为保证加工质量，加工时进刀量不宜过大，当加工接近设计值时要逐步减少进刀量。所有门叶加工完成后，将闸门整拼，用精密测轨进行检测，并详细做好检测记录和标记。对局部超标部位进行反复打磨和抛光，直至达到设计要求。

链轮装置作为高水头事故检修闸门的支承结构，其运行状态将直接影响闸门运行的可靠性。为妥善解决运行中可能发生的问题，吸收了国内外工程实践的经验，设计中对链轮端走道的体型、链轮等主要零件的材料以及平衡座的结构均作了尝试性改进。端走道采用两段圆弧和一段平直段相连的组合方式，为实现链轮在端走道处能顺利过渡，端走道圆弧段半径不应小于两倍的链轮直径。为提高链轮及链板的抗蚀能力，并增加运行可靠性，链轮的轴承采用自润滑轴承，链轮、链板的材料采用3Cr13马氏体不锈钢。为了减少链轮因闸门承受水压后挠曲变形产生的轴向不均匀荷载，以往设计中常采用在承载板和链轮之间设均衡座加以解决，但均衡座的结构较为复杂，机加工难度高、工作量大。参考国外的工程实践，采用在承载板下设厚度为10mm的橡胶垫板取代常规型式的均衡座。以上改进是否能达到预期效果，尚有待今后长期观察检验。

由于工地加工条件限制，链轮装置委托有加工实践经验的中国水利水电第八工程局贵阳机械厂制造。为慎重起见，要求链轮在成批生产前进行试验性生产，待试生产合格后方可正式投产。经验收合格后发往工地，与闸门进行装配。装配时用若干个调整链板调整每挂链轮的下弛度（设计值为6mm）。

闸门出厂前，由业主、设计院、安装承包商组成的验收小组对闸门进行验收，并对关键部位的尺寸分别由业主、安装承包商进行了全面复测。由于在整个制作过程中进行了全面的质量控制，验收一次合格。

由于整扇闸门重近140t，无法利用缆机进行整体吊装，只得在坝顶拼装。拼装工作在24号坝段坝顶搭设的简易拼装平台上进行。

根据《水利水电工程钢闸门制造安装验收规范》的规定，在工程蓄水前，应对全部事故检修门槽进行试槽。但二滩水电站在蓄水前中孔坝段未浇到设计高程，第18～23号坝段的门机轨道尚未形成，无法利用5000kN坝顶门机启闭事故检修闸门依次进行试槽。

鉴于门槽安装质量的检测数据具有局限性，为及时发现门槽（特别是孔口部位）可能存在的安装超差，以保证中孔事故检修闸门六孔门槽共用的要求，结合现场实际情况，决定采用模拟闸门对各孔门槽安装精度逐一进行检查。模拟闸门利用缆机进行启闭，为控制模拟闸门的重量在缆机起吊重量范围内，模拟闸门主要采用角钢、圆钢组成的轻型框架式空腹结构，其承压面、止水面、反轮、侧轮均按相应的实际尺寸制作。由于门槽为倾斜布置，模拟闸门在升降过程中受重力作用始终紧贴门槽承压轨，只要模拟闸门在升降过程中不发生卡阻，即判定门槽安装质量符合要求。

目前该门已投入运行，初步运行情况良好。实践证明，闸门采用现场和工厂相结合的制作方案是可行的；在无法利用闸门进行试槽的情况下，采用模拟闸门对一门多槽进行试槽的方案也是行之有效的。

（成都勘测设计研究院 魏运明）

机 电 安 装

李家峡水电站蒸发冷却水轮发电机组安装

国家“九五”重点技术攻关项目——李家峡4号400MW定子绕组*蒸发冷却水轮发电机组*，于1999年12月6日正式并网发电，它标志着我国在水轮发电机冷却技术发展上又进入一个新的里程碑。

在大型水轮发电机冷却方式上，人们经历了从空冷到水冷、氢冷等一系列研究探索和应用过程。随着单机容量的不断增加，空冷越来越难满足于大型发电机的设计和制造要求。一种新的冷却方式——蒸发冷却技术研制成功，并在李家峡4号400MV水轮发电机中应用。这种冷却方式在国际上也是比较先进的技术。

蒸发冷却作为水轮发电机的一种新型冷却技术，不仅可以提高材料利用率，减少特大型发电机制造难度，减低发电机定子绕组运行温度及温差和发电定子的应力，减少了事故隐患，更重要的是蒸发冷却比水内冷具有更好的优越性。首先，由于蒸发冷却为自循环系统，不需要另外的水处理设备和不占用厂房布置面积；其次，一个突出的优越性是消除了泄漏和氧化物堵塞造成事故的可能性，即使发生冷却介质泄漏，也不会产生事故，可采用减负荷运行，让发电机空冷运行或少介质蒸发冷却运行，待停机后再维修。这是水内冷发电机无可比拟的。

1．4号发电机技术特点　李家峡水电站4号发电机定子绕组采用蒸发冷却技术是在1～3号机组相继投产和电站施工过程中进行设计的。在这特定环境下，为使厂房和电站改动最小及尽可能体现蒸发冷却技术优越性，发电机的设计按直径及高程不变的原则进行优化布置。4号发电机相对于前3台发电机具有以下几个特点：

（1）定子和转子有效长度减少220mm，为使高度与原机组一致，特增加定子上环和基础板厚度。转子有效段的减短靠加长上、下挡风板立板与之相适应。

（2）转子磁轭将原4大段改为3大段，其结构不变。

（3）定子通风沟由8mm高改为6mm高，通风槽全由工字形改为方钢形。由于定子齿加宽幅度较大，压指改为两压指结构，以便于铁芯的压紧。

（4）定子槽数由576槽改为396槽。槽数减少后，在发电机直径不变情况下，齿距增大，密封接头将减少1/3。

（5）定子增加绝缘盒撑块，并相互固定牢，使定子绕组端部稳定性更好，以防止由于端部振动可能出现的损坏。

（6）由于每根线棒上、下端部都增加聚四氟乙烯管，定子绝缘盒改为两瓣扣合式结构，上、下绝缘盒内采用J9701绝缘胶填充。

（7）定子绕组损耗由12个高效冷凝器带走。冷凝器固定在发电机机坑壁上，以增加稳定性，不受机组运行振动的影响。12 个冷凝器上布置一个相互连通的均压管，使 12 个冷凝器内的压力和冷却效果均匀。从均压管上分布两个对称的出口，装设电磁阀、压力表等控制设备。当蒸发冷却介质压力超过 0.05MPa 时能自动排气。另外，在机坑外装有液位显示器，以便观察发电机蒸发冷却系统运行中或停机时的液位显示。在发电机层外罩内设有灌液口，在发电机机坑外布置有排液管。

(8) 定子测温增加到 93 个点，以便于大面积监控定子绕组的温度。同时，也能观察到同一根线棒沿定子铁芯轴内的温度分布。

2. 安装工艺流程 安装工艺流程如下：

(1) 定子铁芯清理、标高、编号。

(2) 做定子单根线棒气密试验。

(3) 做定子单根线棒交流耐压试验和抽查 10% 的线棒进行起晕电压试验。

(4) 定子测温电阻埋设。

(5) 嵌下层线棒、装口部垫块、塞间隙。

(6) 下层线棒嵌入后，做交流耐压试验和气密试验。

(7) 端部刷漆及上下层线棒间测温点阻埋设。

(8) 嵌上层线棒、打槽楔、装槽口垫块并绑扎槽口垫块及槽楔。

(9) 上层线棒嵌入后，做交流耐压试验和气密试验。

(10) 端部并头片焊接。

(11) 做并头片焊接完后的气密试验。

(12) 装上集气管及下集液管。

(13) 连接聚四氟乙烯管，做气密试验。

(14) 绝缘盒灌装及盒间垫块安装与绑扎。

(15) 铜环引线装配。

(16) 检漏。

(17) 绝缘盒卡套处绝缘包扎。

(18) 定子整体检查、清扫、喷漆、干燥。

(19) 进行定子直流耐压、泄漏电流测定和交流耐压、起晕试验。

(20) 蒸发冷却循环系统安装、冷凝器安装。

(21) 做整机汽密试验。

(22) 冷却介质灌注。

3. 端部焊接 端部焊接的步骤如下：

(1) 将铜焊机吊放到待焊接部位，要稳固，组装好悬臂吊杆及钳口。

(2) 按铜焊机使用要求接上风、水、电源，试机良好。

(3) 用石棉遮挡好待焊部位，用锉刀、钢丝刷、砂纸及蘸酒精的干净抹布将焊接面上的环氧胶、氧化物及其他杂物清理干净。

(4) 检查、调整，使上、下层线棒引线头对齐，若对不齐，则应进行校形，注意校形时应用力适当，不能损坏线棒。

(5) 将Ⅰ型冷却套接上水管后用挤压式夹钳固定在线棒引线端部靠近绝缘裸露部位，并打开供水阀门。

(6) 在引线头与并头块之间放一张 0.2mm 厚的银铜焊片 H1AgCu80-5，其尺寸比焊接面积单边大 2.5mm，并头块的位置按图纸要求放好后用手托住。

(7) 用银铜焊机的钳口夹住需焊部位，再次检查银铜焊片与并头片的正确性，按照操作规程进行焊接。

(8) 焊接完毕，钳口松开并退出后将两组Ⅱ型冷却套用挤压式夹钳分别夹在上、下层线圈的联接盒体上，以加速焊接部位上的冷却，待焊接处温度降至 60℃以下时，才能拆除冷却套。

(9) 焊接完后，清理焊接部位的表面氧化物，去除焊豆、毛刺。

(10) 焊装极间连接线。清理干净待焊接表面；用湿石棉布保护好线棒；按并头块焊接方法进行搭板的装夹和焊接；焊后清理表面焊豆、毛刺。

(11) 焊接下部端头时，铜焊机需放在下支架上，要求稳固可靠，并接地。装焊钳用的小台车应承力平衡，以保证焊钳夹紧时不克服外力，从而夹紧并头块。

(12) 所有焊接完成后，应马上检查，焊缝应饱满无裂缝，否则应及时修补。

端部焊接时应注意如下事项：

(1) 注意防火，酒精布使用完后应归入垃圾箱，不得到处乱扔。当班焊完后，人员不得马上离开现场，应仔细检查，确认无火灾隐患并关水、断电、停气后方可离开。

(2) 焊接人员应穿绝缘鞋，戴防护目镜。焊下端时需戴护脚，以防焊料掉落烧伤。

(3) 禁止未加冷却Ⅰ型夹的线棒被加热，同时禁止停止加热后马上松开焊钳。

(4) 端部整形应尽量一次到位，避免反复整形。

(5) 尽可能避免焊钳在夹紧并头片时受其他外力，从而影响夹紧。

(6) 保证碳精块的良好接触，严格避免拉弧烧伤焊钳或并头片。

(7) 移动铜焊机时要谨慎小心，一定要关水、断电、停气。铜焊机移动过程中尽量防止冷却水浇入定子。同时，铜焊机移动到新的位置后千万别忘了重新接地。

(8) 焊接时随时关注冷却水畅通，禁止无水焊接。

(9) 踩脚踏开关时，禁止瞬间来回反复闭合，以保证600A接触器寿命。

(10) 电气操作遵从国家相关电气操作规程。

(11) 节约银铜焊条，对短的焊条应及时回收到工具箱，以备铜环焊接使用。

(12) 注意保护好线棒端头不受强外力。同时保护好线棒端头的封堵。

4. 安装中注意的几个问题 由于蒸发冷却机组结构较空冷复杂，每道工序都要精心安装，特别是线棒由空心铜管组成，在搬运时要谨慎小心，不能使线棒局部受力，以免损伤线棒。

(1) 严格控制上、下层线棒嵌入后高低尺寸、端部伸出长度最大最小差不大于9mm，相邻差3mm。以并头块为准，上、下层线棒间水平度最大2mm。

(2) 每次气密试验做完后，必须将线棒两头封堵好，以确保杂物不掉入线棒内。

(3) 并头块的焊接，不能用过去的方式进入调整。线棒端部不能受强外力，同时保护好线棒端头的封堵。

(4) 在安装聚四氟乙烯管时，要一次安装好；卡套的把紧螺栓一定要按规定要求的力矩把紧；聚四氟乙烯管不能重复使用。

(5) 在安装蒸发冷却系统管路、冷凝器时，一定注意认真清理管路内部、冷凝器内部，不得有任何杂物留在系统内。

(6) 气密试验是一项细致和繁琐的工作，要进行多次和反复试验，工作部位有几千个，工作人员要认真负责，保压试验要严格按规程要求进行。

5. 冷却介质 提到氟里昂，大家最关心的是它对大气臭氧层的破坏。

科学研究发现，散发在空气中的氟及氯离子是破坏大气臭氧层的主要因子。以往国内外制冷设备绝大多数采用氯氟化烃的氟里昂（R11、R12、R22等）作制冷剂，导致大量的氯氟化烃类泄漏到大气中，造成臭氧层破坏。为此世界环境保护组织于1978年和1992年两次召开会议签订了《蒙特利尔议定书》，规定发达国家在1996年，发展中国家在2006年必须淘汰氯氟烃类制冷剂。

目前，国内已成功制出氟里昂的过渡性替代产品，它将R—113（分了式：$CCL_2F\cdot CCLF_2$）中的氯原子用氢置换得到氢氟烃类制冷剂，称为R—113a，这种新型氟里昂具有优良的化学稳定性，不但制冷效果与原用氯氟烃类氟里昂相当，而且即便其泄漏到大气中后，也不分解出氯及氟离子，从而保护大气臭氧层。

更令人鼓舞的是，我国已研制出新氟碳化合物——“绿化冷却液”。有三种不含氯的蒸发冷却液已通过模拟试验，证明可以替代R—113，它们是FF31—A、FF31—L和FL—a，所以，冷却介质的不断发展是完全能够满足环保要求的。

蒸发冷却技术，由于集成水冷机组的优点，又克服了水冷机组的缺点。故在大型水轮发电机上，此项技术将有广阔的应用前景。为新的超大型发电机的设计制造和已投产的水冷发电机的改造展示出一个美好的未来。

(中国水利水电第四工程局 王好学)

小浪底水电站机组安装

(一) 概述

小浪底水电站地下厂房内装设6台机组，单机容量300MW，混流式水轮机配有圆筒阀，由美国VOITH公司制造。半伞式发电机由哈尔滨电机厂设计生产并分工东方电机厂加工三台。国内外供货分界面为水轮机和发电机连轴法兰面。机组的主要技术参数见下表。

主要技术参数

水轮机	运行水头	68—141m
	转轮直径 (D_1)	6.356m
	额定转速	107.14r/min
	额定出力	306MN
发电机	额定容量	333.33MVA
	功率因数	0.9 (滞后)
	额定电压	18KV
	推力负荷	3447t
	转动惯量	99000tm^2

水轮机转轮的13个不锈钢叶片在制造厂模压成型、数控加工后与上冠、下环分件运抵工地进行组焊加工成整体转轮交货。水轮机主要部件中除铸造转轮上冠和锻造的主轴两端法兰外，全部是焊接件加工的。

发电机转子直径12.737m，为圆盘式支臂现场焊接，定子外径15.5m，采用现场组焊叠片、机坑下线工艺。推力轴承采用液压支柱结构，20块推力瓦为俄罗斯制造的金属塑料瓦。

发电机属国内成熟结构，安装工艺不特殊，而水轮机某些部件的安装方法与国内不同，以下简述其主要特点。

(二) 座环与蜗壳安装

座环分4瓣运到工地，组焊成整体，材质为

ASTMA516、A533 碳钢板，使用制造厂提供的 E7018 焊条，预热 93℃施焊。

蜗壳设计分成 25 节，有 4 节在制造厂与座环焊在一起，现场安装时有 21 条环缝和若干纵缝，另有一条与钢管末端对接的环缝。蜗壳材质为 VY—2000，是美标用于压力容器的高强低合金钢板。板厚 19～44mm，使用 E10018 焊条，预热 65℃施焊。按合同规定，蜗壳安装焊接后不进行水压试验，所以对焊缝质量的控制比较严格，规定蜗壳所有焊缝进行射线探伤检查，蜗壳和座环的焊缝则进行 100%的超声波探伤检查。

引水钢管无伸缩节，与蜗壳进口段的连接环缝由水轮机厂进行焊接设计。钢管材质为 $80kg/mm^2$ 调质钢板，该处壁厚 35mm，蜗壳进口段壁厚 40mm，设计“K”形焊口（开在蜗壳端）。此焊缝在蜗壳和座环安装完毕，埋入二期混凝土前施焊，使用 E11018 焊条。焊接时预先松开固定座环的 67 个基础螺栓，以吸收焊接应力，而因此引起座环中心的变化（实测在 ±3mm 以内）则通过对座环的精加工加以消除。

（三）座环配合面的精加工

制造厂规定在水轮机埋设部件装完机坑二期混凝土浇注后，对座环的若干配合面进行现场机械加工，以消除安装焊接过程中造成的中心、高程等形位偏差，保证机组安装质量，这种工艺在国内尚属首次。

座环在出厂时进行了粗加工，而留出 5—10mm 厚度裕量在现场再进行精加工，制造厂提供所需机具并负责完成加工过程。装置示意如图所示。

在清扫机坑精确测定各部分尺寸后，将辐射形支臂固定在机坑和座环基础环板上，在旋转加工臂上安装切削刀具，自上而下精车至所需尺寸。加工后的实测结果为，顶盖支撑面不平度 0.21mm，座环直径偏差 0.1mm，座环高度偏差 0.2mm，座环中心偏差 1mm，座环高程偏差 1mm，座环水平偏差 1mm，均优于我国安装标准。

（四）主轴法兰连接

转轮与主轴连接面和水轮机主轴与发电机大轴的连接面均采用摩擦传动，三个部件由各厂分别制造加工，在工地安装时组合在一起。在制造过程中不再进行两轴连接检查和法兰螺孔的同镗同铰工序。为了保证连接的正确性，两轴连接法兰尺寸由水轮机厂设计，水轮机大轴加工后，将实测止口尺寸传真到发电机厂并据此配车止口。现场安装时，为了增加摩擦力，按设计规定在法兰连接面上喷涂碳化硅胶膜，使摩擦系数达到 0.4，并按设计扭矩拧紧 24 个 M160 连接螺栓。设计摩擦传动的安全系数为 2.52。

（五）抗磨涂层

小浪底水电站的汛期河水含沙量很大，为了保证机组的正常运行，在水轮机过水流道中分部位采取了抗磨防护措施。涂层材料和工艺均由水轮机制造厂负责。

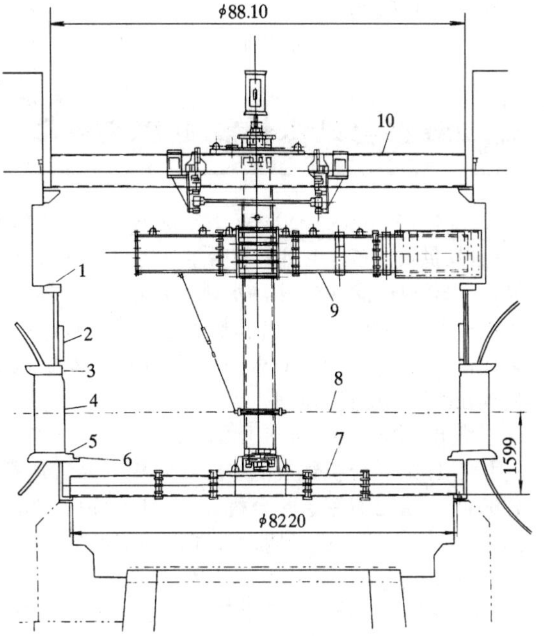

装置示意图

1—顶盖支撑平面及止水槽，加工裕量 10mm；2—筒阀导轨，加工裕量 5mm；3—上环立面，加工裕量 5mm；4—筒阀导轨，加工裕量 5mm；5—筒阀密封配合面，加工裕量 5mm；6—底环配合面及止水槽，加工裕量 5～9mm；7—下支臂；8—座环中心；9—加工臂；10—上支臂

1. 高流速区　包括转轮叶片、下环、止漏环、导叶、上下抗磨板等，除用抗空蚀性能优良的不锈钢制作外，还对其过流表面喷涂碳化钨涂层。

转轮是分件制造运至工地组焊加工成整体的。其叶片和下环预先在制造厂内作好涂层运到现场，整体转轮组焊完工后，再补充喷涂焊缝和止漏环。在喷涂时以使用机器人为主、手工为辅。

每台机喷涂面积约为 $180m^2$，涂层为粉末状混合剂，材料成分为碳化钨 86%、钴 10%、铬 4%。

采用高速火焰（HVOF）喷涂工艺（工作表面预先经清洗和喷沙）。喷嘴中熔料温度 2700℃，喷射速度 1200～1500m/s，喷嘴与工件距离 200mm，喷嘴移动速度 45m/min 工件表面温度不超过 200℃。

涂层厚度 0.3～0.5mm，表面光洁度为 $R_a3.2$～6.4，表面硬度为 70～75HRC，结合强度为 60～$70N/mm^2$。

2. 低流速区　包括座环、固定导叶和尾水锥管上部，采用聚氨脂防护层。每台机涂层面积约为 $80m^2$；涂层材料采用高聚合氨基甲酸乙脂类（牌号 IRATHANE155）；涂层厚度为 0.5～1.5mm，表面粗

糙度为 $Ra3.2$，黏结强度为 25～30N/mm²。工件表面按规定清理后，用普通喷枪喷涂底部和中间层，表面喷涂上述防护层。

（小浪底水利枢纽建设管理局 钟光华）

二滩水电站水轮发电机组安装

二滩水电站 6 台 550MW 水轮发电机组由加拿大 GE 公司供货、东方电机厂和哈尔滨电机厂参与分包制造，葛洲坝工程局、中国水利水电第一工程局、中国水利水电第八工程局和东方公司组成的 GYBD 联营体负责安装，二滩工程咨询公司（EEC）负责包括监理在内的现场安装管理。

机组安装于 1996 年 8 月 1 日正式开始，1998 年 8 月 15 日第一台机组（6 号机）完成 72h 试运行，1999 年 12 月 2 日最后一台机（1 号机）完成 72h 试运行，实际安装完成日期比合同计划工期提前 6 个月。值得一提的是 1999 年二滩水电站 4 台机组（2200MW）投产运行，不仅创造了中国水电建设一年投产四台机组的记录，同时也使二滩水电站成为本世纪内中国完建的最大水电站。

（一）蜗壳水压试验

二滩水电站水轮机蜗壳采用金属蜗壳与外围混凝土联合承载结构，即正常运行时的内水压力（最大 1.94MPa）由蜗壳承受，机组甩负荷时的内水压力（最大 2.31MPa）由蜗壳及其外围混凝土联合承受。按照合同规定，组焊完毕后的金属蜗壳要做水压试验，最大试验压力为最大动水压力（2.31MPa）的 1.5 倍（即 3.46MPa），此试验压力为迄今全国最高。

1．试验目的

（1）检查现场焊缝的焊接质量；

（2）检验蜗壳和座环结构整体安全性；

（3）消除焊接残余应力和不连续部位的峰值应力。

2．试验要求

（1）加压程序：从零增加到 0.7MPa，然后降至 0.35MPa；从 0.35MPa 增加到 1.40MPa，然后降至 0.70MPa；从 0.70MPa 增加到 2.10MPa，然后降至 1.40MPa；从 1.40MPa 增加到 2.80MPa，然后降至 2.10MPa；从 2.10MPa 增加到 3.46MPa，然后保压 2 小时；从 3.46MPa 增加到 2.31MPa，对蜗壳进行全面检查，如无异常压力降至零，结束试验。

（2）试验期间水温不得低于 16℃。

（3）应力校验区域：Ⅰ区（固定导叶导水机构中线）小于 75％σ_y，即小于 195MPa；Ⅱ区（蜗壳本体-X 方向）小于 90％σ_y，即小于 435.6MPa；Ⅲ区（其他部位）不需校验。

（4）试验期间密切监测蜗壳各部变形，试验后所有焊缝进行磁粉探伤。

3．试验布置及设施　蜗壳进口端用闷头封堵，以焊接方式连接。座环开口处用试验密封筒封堵，在座环上下两端各设一道密封，分别采用 ϕ15 的 O 型橡胶密封圈止水。

蜗壳利用施工用水自然充水，水充满后用压力为 350MPa、流量为 0.036m³/min 的高压活塞水泵加压。水温低于 16℃时，为防止材料脆性断裂，需用循环泵将蜗壳内的水送到外部水箱加热，然后再用高压泵打入蜗壳。

蜗壳变形监测选在＋X、－X、＋Y、－Y4 个断面外部，每个断面上选取 3 个点，分别位于座环上端、蜗壳顶部及蜗壳中心高度处，采用千分表监测。应力测量除在上述 4 个断面各选 5 个点外，还在 4 个导叶上各选 6 个点，每个点上有经特殊工艺焊接的进口钢弦应变片，再连到配套的专用数据采集仪进行读数。

4．试验结果

（1）试验全程各部焊缝均无渗漏，表明焊接质量良好。

（2）试验中各测点变形及应力符合设计要求。

（二）分瓣转轮焊接

二滩电站水轮机转轮高 3131mm，最大外径 6360mm，材料为 ASTM A743M 或 ZG 0Cr13Ni4Mo，均匀分为两半运输至现场。转轮共 13 个叶片，转轮分缝分别在 1 号、7 号及小部 8 号叶片。分瓣转轮在现场组装，叶片和下环焊接、上冠用预应力卡栓把合形成整体，最后用专用车床加工后完成。

1．转轮组合　转轮在安装间预设的水平支墩上组装，组合后调整立面和平面，尽量减小合缝间隙使其小于 0.05mm。调整完毕后，上冠用临时螺栓把合，叶片和下环合缝用搭板螺栓固定。

2．转轮焊接

（1）焊接顺序。先焊下环合缝，其后焊靠下环的 1 号和 7 号部分叶片合缝（约为叶片焊缝长度的 1/5），然后从下往上将该两个叶片合缝焊完，接着完成 8 号叶片在下环出水边及其在上冠的合缝，最后焊上冠密封环的表面焊缝。

（2）焊条材料及焊接工艺。转轮现场焊接采用牌号为 A5.4E401NiMo-16 的焊条，与工厂使用的焊条相同，其化学成分及机械性能与母材很接近，是高强度的马氏体不锈钢焊条。这种焊条对焊接工艺要求严格，温控要求高，特点是焊接过程易产生裂纹，焊后残余应力较高，但焊完后强度高、抗磨性能好。焊接采用分段、对称、多层多道和退步焊等传统工艺，焊接过程中对焊条保温、焊条摆动、焊缝清根、打磨、锤击消应和每层探伤等都有严格要求。焊接中裂纹必须处理合格后才能继续焊接。全部焊完后，叶片焊缝要进行超声波和液体渗透探伤，上冠和下环焊缝要进行液体渗透探伤。后热处理完成后要再次探伤检查。

(3) 预热及焊接过程中的温控。焊前预热温度为110～130℃，焊接过程中层间温度控制在225～230℃。由于马氏体焊条焊接对温度很敏感，温度过低会产生裂纹，过高则会使焊缝金属晶粒变粗而硬脆，故对温控要求很严格。如果不能连续施焊，间歇期间必须保温在225℃左右以防止氢裂，下次开焊时将温度降至110℃左右。

(4) 焊后热处理及应力释放。焊接完成后，从下环开始到距上冠1m处的焊缝周围敷上履带式红外电加热片加温，同时采用石棉被保温。先加温至225℃保温一定时间，然后按50℃/h的速度加温至590℃，在590℃下保温至少8h，最后再以50℃/h的速度降至室温。按GE公司要求，第一台转轮的保温温度为550℃，但因后热后焊缝出现裂纹和转轮发生时效变形，从第二台起保温温度提高至590℃以改善应力释放效果。

3. 焊后机加工　后热完成后的转轮需进行最后的机加工。加工利用GE公司提供的刀头旋转式立车，对转轮的上冠、下环迷宫环外圆面、上冠与大轴连接的法兰面、上冠与静平衡支座配合的下法兰面进行车削及研磨加工。最后再用专用工具对与大轴连接的螺栓孔镗孔处理，至此转轮现场组装完成。

4. 焊接中出现的问题　GE公司的转轮结构、焊接工艺与国内常规做法不尽相同，如上冠采用卡栓连接、焊缝不预留收缩间隙、大量使用马氏体不锈钢焊条等，因此在二滩水电站的转轮组装过程中出现过焊缝开裂、残留应力过大导致转轮时效变形等问题，所有问题均经过处理至合格。在迄今已做过的四台机转轮检查中未发现现场焊缝开裂的情况。

(三) 6号机定子出现的问题

二滩水电站定子机座外径为14560mm，铁芯外径为12782mm、内径为11810mm，铁芯高度为2883mm，铁芯冲片约22万片。其中6号机定子出现过第一次磁化试验未能通过和试运行中线棒接地两个主要问题。

1. 磁化试验　1997年7月19日，6号机定子第一次磁化试验进行到3h5min时发现铁芯平均温度达50℃，局部最高温度达113℃，单位铁损达1.6W/kg，温升、温差等控制参数超标。数次暂停试验对铁芯做局部处理后情况并未改观，第一次磁化试验告失败。

其后业主、供货商及安装单位经多次讨论分析，认为试验失败主要有以下几方面原因：

(1) 铁芯压紧螺杆与铁芯背部设计间隙为零，试验条件下两者温差过大造成相互挤压。

(2) 冲片厚度不均匀，厂家工艺对叠片波浪度无控制要求，仅靠局部集中加补偿片的办法调整叠片高度。

(3) 压紧力矩过小，仅为1025N·m。

(4) 以上几方面导致叠片压紧不够，试验时交变磁场引起冲片过大振动，破坏了冲片绝缘，进而导致局部感应涡流。振动发热和涡流发热使温升异常。

为此6号机定子全部冲片拆除后重新叠片，在叠片和试验中遵守如下改进措施：

(1) 严格控制铁芯叠装的波浪度，使每段周向波浪度小于3mm。

(2) 铁芯背部与铁芯压紧螺杆之间留有不小于2mm的间隙。

(3) 铁芯压紧螺杆压紧扭矩从1025N·m增加到1280N·m。

(4) 磁化试验时，如果铁芯与机座的平均温差超过10℃则终止试验。

1997年10月3日，重新叠装的6号机定子磁化试验获成功。按新措施安装的其他5台定子磁化试验也相继通过。

2. 定子线棒烧毁　6号机启动试运行时，在发电机零起升压试验中发现嵌入定子线棒层间的直埋式测温元件RTD（Remote Temperature Detector）冒烟，导致定子线棒单相接地。

拔出受损的线棒及RTD垫条检查后发现RTD表面全长电阻测量值仅有7.2Ω，经查证厂家错误地订购了两台套的表面刷有导体漆的RTD，并将其发往现场。有导体的RTD垫条在升压交变磁场中产生感应电压，通过与定子铁芯有少量接触点的回路产生短路电流，引起RTD垫条发热，进而破坏线棒绝缘，最严重的则导致线棒接地。

原因清楚后，试运行领导小组决定将所有有问题的RTD垫条全部更换为表面为高阻半导体漆的RTD。在为期20天的抢修期间，6号机定子共拔出104根线棒，其54个RTD全部更换。处理后的6号机定子一次通过其后的发电机升压试验。

（二滩水电开发有限责任公司　张肇刚）

广州抽水蓄能电站二期工程机组安装

广州抽水蓄能电站二期工程共安装4台额定转速为500r/min的可逆式机组，单机容量300MW。水泵水轮机主要部件由德国VOITH公司供货，电动发电机由德国SIEMENS公司设计、制造。

(一) 机组安装特点

(1) 定子机架分两半在工地组焊，预热 80～120℃，焊接时控制变形使焊后波浪度≤1mm，直径偏差≤5mm。定子下端为大齿压板结构，铁芯叠压系数≥0.96，每圈 18 片，分 6 次中间压紧，使其内圆半径偏差≤±0.25mm，铁芯波浪度≤1.5mm。线圈结构为 2 层波绕，3 相 Y 连接，4 个并联支路，16/20槽节距，共 216 槽（432 根线棒），线棒在槽内与铁芯之间紧密无间隙，局部单侧间隙≤0.15mm 且长度不超过 50mm。

(2) 转子中心体为四块中空圆盘，集轮毂、磁轭为一体，采用 12 颗 M160×6 双头螺栓及径向销钉组合，用液压拉伸器使螺栓伸长值达 6.7mm。这样就简化了工地叠装磁轭的工序，而且只要 12 个磁极搭配合适，还可以减免动平衡试验，使转子组装的工期大大压缩。在工序上就采用了先于定子吊入机坑进行安装调整。但发电机运行在 50%～100%转速的升、降速过程中会发出类似撞击的响声。目前的解释是由于发电机转子中心体为重达 20～40t 的四整块用螺栓与径向销钉连接成一整体，当机组转速达到 50%以上时，每一块转子中心体在离心力作用下产生幅向微移，而自重不同的四块转子中心体又因离心力不同因而产生相对位移，所以在升、降速过程中四块转子中心体的接合面间隙处因相互摩擦发生响声。而当转速稳定时，相互摩擦停止，响声即消失。SIEMENS 公司方面认为，这不会对机组运行产生不利影响。

(3) 机组在推力头热套后进行人工盘车，连接水轮机大轴后的第一次整体盘车，水轮机导轴承处最大净摆度曾达 0.26mm。为此，采用热褪推力头，取出卡环刮削处理的工艺使其达到标准（如 5 号机最终的下导摆度≤0.10mm，水导摆度≤0.10mm）。

(4) 电液单导叶接力器控制系统是该电站最具特色的装置之一，20 个活动导叶由各自的接力器操作。接力器活塞由一个动圈式放大阀、一个主配压阀和一个反馈器来控制，接力器工作油压为 6.4MPa，压紧行程为 1.5mm。在导叶开度为 0 时，反馈装置回送电流值为 4mA；100%开度时，回送电流值 20mA。导叶在任一开度均通过反馈装置分别回送不同的电流值，调速器电气柜内的控制器取其平均值同每一个电流值进行比较，再把每一个导叶所需的电流值传送到动圈式放大阀，阀内的线圈根据电流值而上下移动，从而带动阀芯杆上下移动来控制进油或排油的大小来开启或关闭导叶，最后反馈装置再根据新的开度返回另一新的电流值，如此反复进行负反馈调节，直至达到稳定状态。即导叶关闭时立面间隙均为 0，导叶全开时开度均在 266.5～267.5mm 范围内。

单导叶接力器主要的优点是无操作环，用智能型数字控制装置取代笨重的剪断销或破断件；当两个导叶之间有异物影响时检修维护简便，也不会象传统装置那样因剪断销破断而使导叶失去控制。这对水泵水轮机而言，有利于平衡不稳定运行状态下导叶上产生的开启力矩或其他变化力矩。

(5) 球阀系整体到货，总重量为 117t，两支腿通过 4 根 M80 长螺栓穿过预埋套管，预拉伸力矩 68MPa 后固定在基础板上，基础板与球阀之间有厚度 25mm 的铜板，允许球阀在轴线方向微量滑动。球阀一侧设有摇摆式水操作接力器，接力器活塞工作行程为 1772.4mm，行程裕量为 12mm，缓冲长度为 50mm。从压力钢管来的高压水通过滤水器后进入控制回路，每一个滤水器有两个滤筒，互为备用，滤筒内为楔形线网，网孔为 0.006±0.02mm，并可以定时进行自动反冲。为确保电站的安全运行，在球阀与尾闸间设电气及油压系统双重锁定。即当尾闸处于全开位置后，球阀才能实现开启操作。正常情况下球阀为静水开启和关闭，在必要时，球阀可切断全流量而动水关闭。

(二) 机组缺陷及处理

(1) 机组在调试期间水导瓦温过高，事实证明原设计依靠轴领上小孔的离心自泵作用带动循环的油流量不能满足要求。改装后的油槽上加开了一个排油孔与原排油管连通，同时加装两台外油泵加速强迫油循环；另外，在油槽盖下又加装了一块挡油板，使油槽中的冷油和热油得到充分分离，增强了瓦的冷却效果。这样，既圆满解决瓦温过高的问题，也使油雾大大减少。

(2) SIEMENS 公司的推力轴承采用传统的单弹簧板结构，底座高差调整在 0.02mm 内，12 块推力瓦不需调整推力瓦受力。高压油顶起装置由 2 台直流泵和 2 台交流泵构成，泵设计压力 120BAR，流量为 12l/min；冷却系统由 3 台螺杆油泵组成及 4 个冷却器，油泵设计压力为 3BAR，流量为 1500l/min，冷却油进入轴承室后通过 12 根供油管直接喷到瓦面，进行冷却。调试运行期间瓦温度曾高达 80℃且烧损过两次，为此推力瓦进行了如下改造：

1) 经过分析和计算将厚 125mm 的瓦块底中部（直径 288mm）减薄至原来的 80%，以减少瓦中部向上的热变形，增加瓦与镜板的均匀接触面积。

2) 由于原推力瓦在厂家未经研刮处理，用平板仪检查其接触面积仅约 10%，便在工地对 12 块推力瓦面进行研刮，大部分瓦研刮均达 10 次，接触面才达到 80%以上（即每平方厘米 2～3 个接触点）。

3) 为有利于动态油膜的形成，在瓦的两侧刮低 0.025mm，总宽度几占瓦总面积 50%的进出油边。

4) 将推力瓦高压油顶起装置的油池由梯形改造

为圆形，以利于静压油膜的形成且增大了推力瓦的承载面积。

改造后，机组瓦温在油泵退出的情况下最高仅69℃，在带满负荷时下降至63℃，满足了合同要求。广蓄二期电站四台机组分别于1999年4月6日、12月1日、12月14日及2000年3月14日投产发电以来运行情况一直是良好的。

（中国水利水电第十四工程局　何少润）

水轮发电机转子支架现场焊接的工艺

过去大型水轮发电机转子支架多采用轮臂把合式结构，即轮臂与中心体之间通过螺栓连接，这种传统的结构方式，由于刚度和强度较低，不能满足大容量水轮发电机尺寸增大的要求。目前，大型水轮发电机转子从设计上采用圆盘式支架结构满足了机组对强度、钢度及其他技术方面的要求，但由于圆盘式转子支架体积庞大不能直接运输，因此，从工艺上要求制造厂将其分件制成中心体及若干个外环件，运往现场后，由安装单位组装焊接成整体的支架。

目前,现场组焊大型圆盘式转子支架还属于初始阶段。由于大型圆盘式水轮发电机转子支架的直径一般在10m以上,扇形外环件钢板厚度在30mm以上,加上安装现场作业条件相对较差,使组焊工作具有较大难度。若采用手工电弧焊,焊缝一次合格率低,焊接周期长,各扇形块的焊接收缩量不易控制,若控制不当会造成中心体及整体支架产生过大变形。为防止焊接过程中的变形,一个支架焊接时要安放上百只表计监测,且控制措施复杂,人力消耗大,即便这样也难以满足质量上的要求。若采用CO_2气体保护焊,一般也只用于平面放置的薄板焊接。但对于钢板厚度在30mm以上的大型圆盘式水轮发电机转子支架,需用钢材几百吨,由于组焊不当会产生过大变形,因此,在安装现场如何焊接大型圆盘式水轮发电机转子支架且保证一次成功,是当前水电安装上的主要问题之一。

本工艺采用了对焊件产生收缩变形小的CO_2气体保护焊技术，并针对圆盘式转子支架的形状特点和焊缝在构件上对称分布的特性，制订了一套完整的工艺方法，包括组焊步骤、施焊的操作方法、焊接参数的确定及控制、焊接过程中的监测、调整焊接变形的对策等，确保了大型圆盘式转子支架一次组焊成功，且变形量完全控制在设计要求范围之内。不仅相对简化了现场组焊大型水轮发电机圆盘式转子支架施工作业，而且使组焊的每一步骤都有了明确的工艺法则可依照执行。

（1）本工艺方法，在安装现场没有安装平台的情况下，能采用CO_2气体保护焊，不需要复杂的设备，不设大量表计监控，一次焊接成功。因此，该方法即简化了施工工艺又节省了作业时间，是一种多快好省的施工方法。采用本工艺方法，每完成一台圆盘式转子支架组焊，可创造直接经济效益50万元。

（2）水轮发电机是水电站的重大设备，安装水平的好坏将直接影响到电站的安全运行及经济效益。在大型水轮发电机组安装中，其圆盘式转子支架，因其直径在10m以上，尺寸大，焊接不好容易产生变形。若不能满足设计要求，不能一次安装成功，无疑将影响施工进度及发电工期，而造成巨大经济损失。因此，大型圆盘式水轮发电机转子支架能否一次焊接成功，对水力发电有着举足轻重的影响。本发明采用CO_2气体保护焊工艺在安装现场一次焊接成功，解决了我国特大型电站建设机组安装中的这一难题，这对今后大型圆盘式转子支架的施工及我国水电安装行业的发展进步提供了有效方法。

（3）应用实例。位于广西的某电站装机4台，单机容量为302.5MW，其圆盘式转子支架由中心体及10个扇形外环件组成，外缘均布着20条副立筋，应用本工艺方法组焊成功。该电站4台机组于1992年8月至1995年6月陆续投产发电，至今机组运行情况良好。位于福建的某电站装机7台，单机容量为200MW。其圆盘式转子支架由中心体及8个扇形外环件组成，应用本工艺方法完成组焊。该电站共7台机组，自1993年7月先后已有6台机组投产发电，机组运行情况良好。

（中国水利水电第四工程局　许春江）

大源渡电航工程贯流式水轮发电机组安装

湖南湘江大源渡航电枢纽工程共装设4台单机容量为30MW的灯泡贯流式水轮发电机组，多年平均发电量为55646万kW·h，主机及其相关附属设备全部进口。水轮机转轮直径为7.5m，为当时国内第一；单机容量为30MW，位居国内第二。该电站机组安装技术的主要特点如下：

（1）管形壳总重146.5t，外形尺寸为3.84m×15m×16.5m，共分四部分制作、运输。为节约工期，采取坑外组装成上下两部分后再吊装的施工工艺。由于管形壳为组焊件，且大多数部位钢板厚度为6cm，焊接时严格按“预热、保温、焊接、保温冷却、检查”的程序和工艺施工。

（2）导水机构总重约160t，外形尺寸为ϕ11×

2.6m，组装时制定了特殊的组装施工工艺，并专门设计制作了专用安装检查工具，确保了导水机构在运行时滴水不漏的技术要求。在翻身和吊运过程中，采取了切实可行的措施，有效地防止其变形和变位。

(3) 转子磁极挂装根据磁极与磁轭的连接特点，自行设计制作了一套专用工具，大大缩短了组装工期。

(4) 机组所有油管路均采用全氩弧焊转动焊接工艺。根据管材的材质灵活调整酸洗液的配方，并进行适当的试验来达到既能彻底清洁管道又能尽量缩短酸洗时间，保证酸洗质量。

电站4台机组相继投运的情况表明，机组运行稳定，各部振动摆度都远小于规范要求，各部轴承温度均不超过30℃，调速系统运行稳定，各机组彻底杜绝了"三滴"现象。

（中国水利水电第七工程局　张　桥）

天生桥二级水电站6号机组蜗壳安装及水压试验

一、概况

广西天生桥二级水电站单机容量为22.5万kW，共6台机组。6号机组水轮机蜗壳由哈尔滨电机有限公司制造，材质为62U，分26个管节，25个断面，钢板厚度分别为45mm、40mm、36mm、30mm、25mm。单节最大外径为4.2m。

二、蜗壳安装

定位节安装时主要控制安装的尺寸精度和加固的牢固可靠。进口断面与机组X轴偏差为±2mm，上下管口垂直误差不大于2mm，蜗壳水平中心高差，误差不超过±4mm，最远点半径偏差小于±0.003R（R为机组中心到蜗壳最外缘设计值）。

中间管节安装时的控制项目有，接头对缝间隙为2～4mm，错牙不超过板厚的10%，各节蜗壳外缘与机组中心距离不超过±0.004R，蜗壳各管节水平中心高程差不超过±5mm。从安装过程来看，错牙大小决定于前一个管节的出水端和后一个管节进水端的周长差，两管节拼装时需将错边均匀的分布在整条环缝上，否则，会造成局部错牙超标，可以根据下公式计算出均匀错边量：

$$\delta = R_1 - R_2 = (L_1 - L_2) \times 180/(\pi\theta)$$
$$= \Delta L \times R/L$$

式中　δ——均匀错边量，即半径差值；
R_1——前一管节出水端半径；
R_2——后一管节进水端半径；
L_1——前一管节出水端周长；
L_2——后一管节出水端周长；
θ——管节周长所对圆心角；
ΔL——周长差值；
R——对接环缝设计半径值；
L——对接环缝设计周长值。

凑合节安装时是在蜗壳其他各管节环缝焊接结束后进行，下料时最关键的问题是控制瓦片切割时的变形。因此在安装时先将瓦片覆盖于左右已安装的蜗壳上，用压缝器与相邻管节压紧，画出切割线。切割时先切割一边，压好缝，再切割另一边，从腰线开始向蝶边方向切割，切割一段即压一段缝，以防整体切完后引起变形。

管节的对接环缝为二类焊缝，蜗壳与座环蝶边的对接缝为一类焊缝，因此质量检验时分别以一、二类焊缝标准检查验收。

蜗壳的整体焊接顺序与挂装顺序相同，即首先从+X方向由定位节开始顺时针焊至第七节，同时从蜗壳尾部逆时针向凑合节方向焊接，然后从+X方向由定位节向上游方向焊接。除凑合节两条环缝外，其余各节环缝是随挂装逐节进行。所有环缝焊接结束后安装焊接凑合节环缝，最后统一焊接蝶形边环缝。

为保证62U高强钢焊接接头的性能，焊前进行了焊接工艺评定，确定了合理的焊接工艺参数。焊接过程中采用温控柜控制履带式电加热板进行预热和焊后热处理，并由专人使用点温计测控层间温度。焊接采用多层多道分段退步的方法，层间接头错开50mm以上，每层焊接厚度小于5mm，分段长度300mm。

蜗壳环缝焊接时为防止环缝焊接应力过大，安装环缝条数不超过正在焊接的环缝两条，即拼装好三条环缝后，第一条环缝开始焊接，以后拼装和焊接同步进行。根据管节的大小，由4或6名焊工同时施焊，采用"对称退步分段焊接"的方法。

凑合节焊缝焊接顺序为先焊接瓦片间纵缝，然后焊完一条环缝后焊另一条环缝。凑合节第二条环缝焊接应力较大，打底时采用叠焊方式打底，从第二层焊接到盖面前一层焊接为止，使用风锤锤击配合消除应力，锤击时锤头磨成圆形，沿焊接方向做锯齿形摆动。凑合节第二条环缝由4名焊工同时施焊，采用"对称退步分段跳焊"的方法焊接。焊后进行后热消氢处理，加热250℃，保温4h。

蜗壳与座环过渡蝶边焊缝由12名焊工对称施焊，先焊接上蝶边外侧焊缝，然后在内侧清根焊接，上蝶边焊接结束后，开始焊接下蝶边外侧，然后在内侧清根焊接。由于此焊缝为一类焊缝，焊接时要求连续施工焊，中间不得停顿。

蜗壳焊后所有焊缝均做外观检查，外观检查合格后进行无损损伤。探伤在焊接完成24h之后进行，对怀疑有延迟裂纹的部位72h之后进行复探，X光射线探伤的比例为，管节纵缝20%，管节环缝10%，蝶边焊缝20%。超声波探伤比例为焊缝100%。对超声波探伤有怀疑的部位使用射线探伤复测，射线探伤如不能确定缺陷的深度时再用超声波探伤进行深度定位。焊缝气刨清根及蜗壳表面气刨清除临时搭接物后均需打磨后做磁粉探伤。

对探伤不合格的部位，预热后用气刨清除，再将渗碳层打磨做磁粉探伤，确认缺陷清除后进行补焊。焊后按原条件复探，复探时向返修两端各延长50mm，做扩大探伤。

射线探伤按GB3323标准执行，环缝达Ⅲ级要求，蝶边缝及管节纵缝达Ⅱ级要求。超声波探伤按GB11345标准执行，环缝达Ⅱ级要求，蝶边缝及管节纵缝达Ⅰ级要求。磁粉探伤按GB3965和GB150标准执行。

6号机蜗壳焊缝经无损探伤检测一次合格率见表1，焊缝质量优良。

表1　　蜗壳焊缝无损探伤检测合格率

	纵　缝	环　缝	蝶边缝
射　线	94	92	95
起声波	97	95	98
磁　粉	100	100	100

三、水压试验

根据设计和制造厂家的要求，蜗壳组焊并经无损探伤检测合格后，进行蜗壳整体水压试验，试验水压为4.0MPa，保压2h不得有渗漏，并在水压2.8MPa下保压灌浆及浇筑混凝土，至混凝土强度达70%后撤压。水压试验的监测主要集中在座环变形和蜗壳胀量，末要求进行应力监测。

检验蜗壳现场组焊焊缝的质量；降低蜗壳组焊后焊接残余应力；检验蜗壳、座环整体设计的强度，刚度及稳定性；保压浇混凝土，利用蜗壳的胀量，使蜗壳与外包混凝土之间生产一定空隙的弹性层，以改善机组正常运行时，金属蜗壳和外围混凝土受力状况。有许多文献认为这是水压试验的重要目的，但从以往经验和理论分析来看，接头中的气孔、夹渣超标时，水压试验的检查效果不明显，笔者认为水压试验对检查焊接接头质量的作用在于明确接头使用的可靠性和安全性。

6号机蜗壳水压试验过程中未发现任何渗漏情况。蜗壳胀量及座环变形情况见表2。

从表2看出，打压到4.0MPa撤压后蜗壳微有膨胀，座环出现少量残余变形，但变形量不大。蜗壳在4.0MPa水压下的－Y轴向胀量最大，达到4.8mm，其他点胀量在2mm左右。

表2　　水压试验撤压后残余变形值

变形(1/100mm) 压力值（MPa）	蜗壳胀量				座　环　变　形											
	+X		－Y		+X			－X			+Y			－Y		
					上		下	上		下	上		下	上		下
	轴向	径向	轴向	径向	轴向	径向	轴向	轴向	径向	轴向	轴向	径向	轴向	轴向	径向	轴向
1.5	－3	－2	1	4	0	－0.5	0	－0.5	0	0.5	0	0	0	0	0.5	0
2.7	14	15	15	13	－1	－0.5	－0.5	－0.5	1.5	0.5	0	1.5	－1	－1	1.0	0.5
4.0	46	19	52	28	－1.5	－1	0.5	－1	1.5	0.5	0	1.5	1	－1.5	1.0	1.0

（武警水电二总队　　王定苍）
（葛洲坝集团机电建设公司　曹　毅）

广州抽水蓄能电站泄水锥脱落

1997年9月20日，广州抽水蓄能电站2号水泵水轮机发生转轮泄水锥脱落事故，造成严重的损坏。

1.事故发生经过及设备损坏情况　1997年9月20日02：58 2号机水泵工况启动，03：08：01达到水泵工况稳态运行，与此同时，水轮机顶盖振动保护报警，03：08：04大轴摆度保护第一级报警。6s后第二级动作跳机，在此期间机组剧烈振动，发生巨大声响。

事故后，打开尾水管人孔检查发现泄水锥脱落于尾水管中，由于是在水泵工况下脱落，泄水锥撞击转轮叶片，使所有7块叶片的出口边都有350mm×600mm到500mm×700mm面积的开裂及卷边。有些金属碎块被水流冲到上游压力引水道中，后来引水道停水检查发现有金属碎块共重275kg，最重一块17.3kg，尾水管直管段、固定导叶、活动导叶、蜗壳都有不同程度的撞击斑点和凹坑。

2. 事故原因分析　2号水泵水轮机组于1993年9月投入运行，1994年4月小修时检查发现泄水锥与转轮结合的9根固定螺栓（M42）断了8根，泄水锥与转轮间的接合面严重磨损，对另外三台机组进行检查，发现1号机也有类似的情况，9根螺栓断了6根，泄水锥与转轮间的结合面也有损坏，但没有2号机严重，3号、4号机因为运行时间短，未发现异常。

厂家认为主要的原因是固定螺栓的预紧力不足，决定把原来用扭力板紧的方法改为热拉伸，预紧力由130MPa增到350MPa。因1号、2号机泄水锥与转轮的接合面已损坏，故在泄水锥顶部焊上一块厚钢板，以加工出接合面和密封止水槽。

但泄水锥改造后2号机运行了约3年又4个月，又发生了泄水锥脱落事故。

这次事故的原因，综合了厂家和国内及香港的有关科研部门、专家的意见，认为可能是：

（1）1号、2号机的转轮与泄水锥的接合面，在1994年修复时是补焊后以手工打磨，其平整度难以保证，所以密封性不好，容易进水。固定螺栓的预紧力比原设计增大了很多，在水腐蚀和高应力双重作用下，产生的“应力腐蚀”使固定螺栓破坏，经金相检查证实螺栓确实受“应力腐蚀”的作用。

（2）由于泄水锥与转轮接合不好，特别是当螺栓预应力降低后，接口上的摩擦力减低，转轮在不同工况运行时，螺栓承受不同方向的应力，产生疲劳断裂。

（3）螺栓直径偏小，螺栓材料选择不恰当，不能承受高应力。

3. 处理办法和改进措施

（1）厂家按原设计重新制造1号、2号机组的泄水锥以保证泄水锥和转轮接合良好，密封不进水（2号机转轮亦运回厂家修复）。

（2）固定螺栓改用不锈钢材料，即使泄水锥进水时固定螺栓也能耐受水腐蚀。

（3）固定螺栓采用高强度材料，使它能承受高应力。

按以上改进措施修复后，1号机已运行1年零2个月，2号机已运行了7个月，3号、4号机已运行了2年，目前4台机组均未发现异常。

（广州蓄能水电厂　刘　诚）

天荒坪抽水蓄能电站机组的振动及其处理

天荒坪抽水蓄能电站单机容量300MW，额定转速500r/min，电站水轮机工况运行水头为526.5～610.2m，额定水头（净）526.0m，非常情况最小毛水头518.5m，水头变化幅度达95.0m。1998年5月首台机组在518.5～531.7m运行水头段开始水轮机工况联动调试，其时各导轴承摆度及机架振动都较大，水导轴承处的测录值严重超过合同及规范要求。当在转子上下部位加置配重（共计161kg）并进行一系列动平衡试验后，上、下导轴承处摆度已能满足运行要求，但水导轴承处的振动和摆度却无较大改善。事实证明，继续在转子上加置配重已无助于改善水导轴承处的振动和摆度。

最初，水泵水轮机制造厂家挪威KVAERNER公司认为，水导轴承处摆度、振动偏大是由于水导轴承供油量不足、油膜偏薄所至。遂将水导瓦拆下增加8个水导上油盘通往油槽的进油孔，装复后投入运行未收到预期效果。随之，又根据大部分运行工况下水导轴承的振动频率均体现为机组转频的检测资料，把水导的振动归咎于轴系或轴承间隙调整不当等机械方面的原因，反复对各导轴承间隙进行调整。但始终未能从根本上解决水轮机工况在低水头段空载运行的振动问题。

而从转轮靠近外缘侧检测的振动频谱里含有9（转轮叶片数）$\times f_n$（机组转频）及26（导叶数）$\times f_n$谐波的成分，说明了水力不均衡因素所引发的压力脉动是存在的。同时，当机组采取事故紧急停机方式时，球阀和导叶紧急关闭造成转轮室失水瞬间机组振动骤然剧减，这又是脱水即减振的有力佐证。再者，当用SFC启动机组并在压水工况下转动机组至额定转速时机组各部位的振动值均较理想。以上这些都足以证实水力因素是振动之源的重要成分。另外，在调试过程中，也曾分别向转轮与导叶之间及尾水管部位补入压缩空气，也未取得实效。况且运行过程中尾水管亦未出现过高的压力脉动或强烈噪声，所以，由发生于尾水管的偏心或不稳定涡带引发压力脉动和振动的可能应予排除。

综上所述，可以把水导振动认为是低比转速水泵水轮机空载工况下的失稳问题。从KVAERNER公司于1995年提供的最终模型试验报告所附全特性～流量特性曲线（四象限图）可以看出，在水轮机工况运行水头范围内空载开度线（$\alpha=4.8°\sim2.7°$）具有明显的“S”特性。在此区域内，机组对应于一定水头和转速（即单位转速n_{11}），单位流量Q_{11}有两个或三个不同的流量，而且其中一个还是负值。这一现象意味着机组易于由飞逸状态进入反水泵区，其时转轮进口产生回流，同时具有特定方向、大小的相对速度的转轮进口水流在叶片进口边附近的正面或背面还会形成脱流区。该回流和脱流区紊流所产生的交变力作用于叶片都将引发强烈的压力脉动和机械振动，这种压力脉动往往都是随机性的，即振幅变化无规律，频谱不固定。根据运行记录，可以看出，在水头 519～564m 区间，机组水轮机工况额定转速的空载开度均在 18%～20% 范围内，亦即 $\alpha = 4° \sim 4.75°$。随着上库水位渐次上升，机组在水轮机空载工况的运行参数也逐步好转。当水头上升至 538m 及以上时，水导处的大轴摆度亦降至 350μm 左右，手动控制的机组已基本进入正常运行状态。但当调速器切换至自动工况时，机组仍因转速难以稳定而不能正常同步并网。直至水头上升至 555m 及以上时调速器切至自动机组转速才趋于稳定并能正常并网。调试运行结果表明，机组在水轮机并网前的临界点即飞逸线运行时，由于低水头段空载开度相应较大，未能避开"S"不稳定区，就给机组的并网发电或由调相工况转发电运行以及水轮机工况的甩负荷停机造成了极大困难。

现根据参阅的有关文献资料和电站的现实情况并与 KVAERNER 公司等有关方面认真磋商，我们决定采用增设导叶不同步装置（以下简称"MGV"）的方法，亦即使少数导叶能够比其他导叶预先打开一个较大的开度，那么，在其他导叶较小开度时就能得到相应的流量和速度，而在导叶较小开度时由于避开了"S"不稳定区的机组明显是稳定的。这在比利时 COO—Ⅱ及欧洲卢森堡维也丹（Vianden）抽水蓄能电站都有过成功的经验。

KVAERNER 公司 1999 年 3 月在挪威科技学会水力研究室进行了加装 MGV（Misaligned guide vanes）装置的一系列模型试验。最后确定在 5 号和 8 号导叶上加装 MGV 装置，试验结果表明，模型在空载运行状况时的工况得到较大幅度的改善。不同步开启的导叶上装有剪刀状的双连杆结构，连杆Ⅰ中部铰接于导叶上，其一端连接在控制环上，另一端与单接力器的活塞杆相连接；连杆Ⅱ的一端固定在导叶上，另一端连接在单接力器的缸体上。其工作原理为：

（1）单接力器只能运动至两端部位置，在其运动时，连杆Ⅰ、Ⅱ可以相对转动，而引起所控制导叶相对于其他导叶的预开启（关闭）或者与其他导叶一起动作。

（2）控制环的所有动作同时传递给包括这两个预开启导叶在内的所有导叶。

（3）通过一组压油管路、一组电磁阀及一个控制阀，将控制环的位置传递辅助信号至各接收部位以达到预开启相关特定导叶的目的。

（4）预开启导叶上装有限位块，能够对控制阀的阀杆起限位作用，当机组自部分负荷至满负荷区间运行时能够防止预开启导叶超过其最大开度。

加装 MGV 装置的机组在 519.71m 水头段进行了水轮机工况试验，当 MGV 装置未投入时，机组达到额定转速时即产生震荡，转速升至 513.3r/min，即出现剧烈震荡并造成停机。而当 MGV 装置投入使用时，机组转速升至 538.1r/min 才开始出现震荡而失去稳定运行状态。同时还在 551.95m 水头工况下也进行了试验，当 MGV 装置未投入时，机组转速升至 507r/min 即开始出现震荡，而 MGV 装置投入时，转速升至 548.5r/min（即机组过速工况），机组仍能稳定运行。

天荒坪抽水蓄能电站分别在 1 号、3 号、5 号机上加装了 MGV 装置，并设置了在 555m 以下水头段投入该装置的程序，从而比较圆满的解决了机组振动问题。

（中国水利水电第十四工程局　何少润）

统　计　资　料

1998 年～2000 年水电机组投产项目表

年　份	当年总计		投　产　项　目 [水电站名称，台数×单机容量（万 kW）]	累　计 （万 kW）
	台数	容量（万 kW）		
1998	大中型 13	321.75	二滩 2×55，李家峡 1×40，天荒坪 2×30，天生桥一级 1×30，宝珠寺 1×17.5，丰满三期 1×14，莲花 1×13.75，小山 1×8，大峡 1×7.5，凌津滩 1×3，万家寨 1×18	4441.49

续表

年　份	当年总计		投　产　项　目	累　计
	台数	容量（万 kW）	［水电站名称，台数×单机容量（万 kW）］	（万 kW）
1998	中小型 7	21.55	百龙滩 1×3.2，雍口 1×2.5，孔头 1×1.35，大源渡 1×3，江口 1×2，溪口蓄能 2×4，白水峪 1×1.5	4441.49
	合计	343.3		
1999	大中型 21	526.4	二滩 4×55，天荒坪 2×30，李家峡 1×40，天生桥级 1×30，凌津滩 4×3，高坝洲 1×8.4，万家寨 2×18，江垭 3×10，广蓄 3×30	5038.09
	中小型 30	70.2	百龙滩 2×3.2，贵港 4×3，美亚 2×2.4，雍口 1×2.5，飞来峡 4×3.5，白水峪 2×1.5，长顺 3×1，两江 1×2，古洞口 1×1.5，大源渡 3×3，徐村 1×2.5，江口 1×2，孔头 2×1.35，沙县 1×1.6，城光 1×1.6，白禅寺 1×1.6	
	合计	596.6		
2000	大中型 19	366.8	天荒坪 2×30，天生桥一级 2×30，天生桥二级 2×22，高坝洲 2×8.4，凌津滩 4×3，小浪底 3×30，万家寨 3×18，广蓄 1×30	5508.11
	中小型 28	103.225	浮石 1×1.8，小关子 3×4，冷竹关 2×6.5，陡岭子 1×2.35，小溪口 2×1，天堂蓄能 2×3.5，黄甫洲 4×2.725，两江 2×2，白禅寺 2×1.6，小溪口 3×1，徐村 2×2.6，珊溪 1×5，城光 2×1.6，沙县 2×1.6，响洪甸蓄能 2×4，芹山 2×3.5，石泉扩机 2×4.5	
	合计	470.225		

注　农电 6000kW 及以上水电机组未统计在内。小浪底、万家寨、江垭等水利项目统计在内。

（国家电力公司　朱家鹏　国投中水公司　张元领）

1998 年～2000 年各种类型水电机组安装工期统计

水电站名称	机组型式	机组编号	单机容量（万 kW）	安装工期（d）				备　注
				Ⅰ		Ⅱ		
二　滩	混　流	1	55	790	736（平均）	90	158（平均）	
		2	55	783		139		
		3	55	674		188		
		4	55	700		209		
		5	55	734		92		
		6	55	740		233		
李家峡	混　流	1	40	419	373（平均）	124	118（平均）	
		2	40	252		79		
		3	40	363		59		
		4	40	461		212		
天荒坪	抽水蓄能	1	30	769	767（平均）	425	321（平均）	3 号、6 号机组扣除了主变压器返修时间
		2	30	740		353		
		3	30	734		219		
		4	30	914		302		
		5	30	748		266		
		6	30	697		365		

续表

水电站名称	机组型式	机组编号	单机容量（万kW）	安装工期（d）				备注
				Ⅰ		Ⅱ		
广蓄二期	抽水蓄能	5	30	771	910（平均）	521	609（平均）	
		6	30	998		704		
		7	30	917		605		
		8	30	957		606		
宝珠寺	混流	1	17.5	744	442（平均）	74	85（平均）	
		2	17.5	466		85		
		3	17.5	290		92		
		4	17.5	275		92		
丰满三期	混流	11	14	458	466（平均）	56	80（平均）	
		12	14	474		105		
莲花	混流	1	13.75	200	376（平均）	47	50（平均）	
		2	13.75	258		39		
		3	13.75	510		43		
		4	13.75	527		74		
大峡	轴流	1	7.5	505	557（平均）	57	79（平均）	
		2	7.5	384		105		
		3	7.5	613		64		
		4	7.5	728		90		
天生桥一级	混流	1	30	875	509（平均）	146	161（平均）	
		2	30	281		192		
		3	30	380		180		
		4	30	500		126		

注 表中Ⅰ为座环安装开始至72h试运行结束；Ⅱ为从转轮吊入至72h试运行结束。

（国家电力公司 朱家鹏）

13 施工

截流与围堰施工

三峡工程二期围堰施工

(一) 围堰工程简况

二期围堰是三峡二期导流工程的重要组成部分，是形成和保护二期基坑的挡水建筑物。上游围堰为Ⅱ级临时建筑物，洪水标准为1%频率全年最大日平均流量83700m³/s，相应上游水位85.0m，并同时满足全年0.5%频率洪水流量88400m³/s的保堰要求。堰顶高程88.5m，最大堰高82.5m，最大底宽387m，轴线长度1439.6m。堰体防渗结构采用低双墙下接帷幕灌浆，上接土工合成材料，防渗墙最大深度73.5m。下游围堰为Ⅲ级临时建筑物，洪水标准为2%频率全年最大日平均流量79000m³/s，相应水位78.3m。堰顶高程81.5m，最大堰高65.5m，最大底宽304m，轴线长度1075.9m。堰体防渗结构采用单墙下接帷幕灌浆，上接土工合成材料，防渗墙最大深度66.7m。

二期围堰主要由风化砂、石渣、石渣混合料、砂石料和块石等材料填筑而成。堰基河槽地形起伏差大，两岸漫滩滩面高程41～66m，枯水河床底面高程一般为20～41m，深槽最低高程10.4m，左侧存在基岩陡坡，最大坡度86°。堰基地质条件复杂，基岩为前震旦系闪云斜长花岗岩，覆盖层为细砂层、砂卵石层、粉质壤土层、块石夹砂卵石层、砾石砂壤土层和块球体层等，在葛洲坝电站蓄水后表层淤积的粉细砂层厚2～16m。

完成主要工程量为：土石方填筑992万m³，防渗墙7.09万m²，帷幕灌浆1.23万m，土工合成材料6.44万m²。

(二) 施工特点与难点

二期围堰施工主要包括平抛垫底、大江截流、堰体填筑、防渗墙修筑等项目。从总的来说，整个施工有以下特点和难点：大江截流及二期围堰水下抛填最大水深60m，工程量大且集中，河床段约占总量80.86%，又因该段施工受长江汛期和长江通航限制，大量的工作留在大江截流后至次年汛前完成，因此，工期紧迫，施工强度高；大江深水、大流量截流，属世界水平，加之堤头坍塌频繁，更增加了截流的难度；二期围堰挡水水头高，堰基地形、地质条件复杂，防渗墙深度大，尤其是上游围堰深槽双墙段结构复杂，施工干扰大，占用直线工期长，因此，如何快速优质完成防渗墙施工成为必须攻克的世界性难题；防渗墙部位堰体高程40m以下为深水平抛垫底砂卵石，上部为水下抛填风化砂。水中抛填风化砂密实度低，变形模量小，对墙体持力作用差，保持槽壁的稳定是防渗施工成败的关键。

(三) 主要施工技术

二期围堰施工组成部分的平、抛垫底和大江截流的有关情况，在本年鉴第五卷“三峡工程大江截流”条目中已有较详细的反映，故下面仅将本工程其他项目的主要施工技术介绍如下：

1. 堰体填筑

(1) 填筑程序。从轴线方向分，先进行两岸漫滩预进占段施工，后进行河床段施工；从断面高程分，先平抛垫底，再水下抛填至水面以上1～2m，然后分层填筑碾压回填至设计断面。

(2) 施工方法。水下抛填采用32～77t自卸汽车从两岸向河床方向端进。戗堤与迎水侧石渣堤先进占，中间过渡料、风化砂水下边坡较缓（临时为1:1.75～1:2.5），采用滞后戗堤10～20m（视水深而定）跟进，保证水下抛填料不混填；同时防渗墙施工平台紧随戗堤分期进占而分段交面，保证了防渗墙和振冲施工进度的提前。

2. 防渗墙施工　上游围堰防渗墙起迄桩号为0+140.8～0+998.389，长度857.569m，其中深槽段（0+454～0+616）长度162m采用双墙，两墙中心距6.0m，端头45°折线连接，中间设5道隔墙，两侧为单墙。墙深$h \leqslant 40$m时，墙厚0.8m；$h > 40$m时，墙厚1.0m，墙底要求嵌入基岩弱风化顶板0.5～1.0m或嵌入强风化层5.0m以上，墙下接帷幕灌浆。下游围堰防渗墙起迄桩号为0+090.0～0+908.93，长度818.93m，单墙布置，深槽段（0+418.8～0+550）长度132.0m，墙厚1.10m，其余墙厚0.8～1.0m。

(1) 造孔设备及施工方法。造孔机具采用BC30型液压铣、轻重型液压抓斗、钢丝绳抓斗、重锤（5～10t）、冲击反循环钻机和冲击钻机等。先导孔采用全液压工程钻机。施工方法主要采用“两钻一抓（铣）”与“两钻三抓（铣）”成槽方法，并视槽孔、机具等情况采用“上抓（铣）下钻”、“铣、抓、钻、砸、爆”和“钻抓交替”等综合方法成槽。

（2）槽段划分与连接。铣削法连接槽段，Ⅰ期槽长7～7.4m，Ⅱ期槽长2.8m；双反弧接头槽连接槽段，Ⅰ期槽一般采用“两钻一抓”成槽法，槽段长度6m，Ⅱ期槽孔为双反弧接头槽孔，长度1.10m；钻凿法套接连接槽段，一般Ⅰ期槽孔长5.9～6.6m，Ⅱ期槽孔长6.6～7.6m，上、下游防渗墙最大槽孔长分别为10.2m和19.35m。

（3）固壁泥浆。本工程地质条件复杂，必须采用优质泥浆固壁。制浆用土以湖南澧县、山东潍坊Ⅱ级钙基膨润土为主，由于供应不足，施工高峰时就近补充钙基膨润土或黏土粉。外加剂用工业碳酸钠分散剂和羧甲基纤维素（cmc）降失水增黏剂。

（4）墙体材料与浇筑。墙体材料抗压强度 $R_{28}\geqslant4\sim5$MPa，深槽段 $R_{28}\geqslant5$MPa；抗折强度 $T_{28}\geqslant1.5$MPa；初始切线模量 $E_0<1500$MPa，$E_0/R_{28}<250$；渗透系数 $K_{20}<i\times10^{-7}$cm/s，允许渗透比降 $j>80$。墙体材料采用泥浆下直升导管法浇筑，压球满管法开始浇筑，自低处至高处逐管进料，严格控制槽内混凝土面高差小于0.5m，导管埋深1～6m，上升速度大于2m/h，实测上升速度一般大于4m/h，最高达6.0m/h。

（四）工程初期运行质量评价

二期围堰于1998年6月25日开始基坑限制性抽水后即投入挡水运行，从1998年7月3日至8月31日经历长江8次洪峰考验，流量49000～61000m³/s，承受最大水头40.01m。汛后随着基坑抽干，基坑开挖及下游围封施工水位下降，围堰承受最大水头上、下游围堰分别为48.13m和56.0m。1999年6月25日～9月27日的安全监测成果表明，上游围堰第一道墙向基坑方向水平位移增量较大，最大达510.33mm，下游围堰防渗墙向基坑方向最大水平位移增量为296.08mm，其水平变形已趋于稳定，防渗墙变形曲线比较光滑，未出现明显折点，其内、外观测点水平位移协调；同时巡视检查围堰背水坡无明显集中渗漏，渗流量较小，上、下游围堰分别为15L/s和65L/s，约为设计计算渗漏量的10%左右。综上所述，二期围堰工程施工质量优良，经初期挡水运行，各项指标均在设计允许范围内，可满足设计洪水标准内围堰安全运行要求。

（葛洲坝水利水电工程集团公司　黄华平）

三峡工程二期围堰混凝土防渗墙的施工

（一）工程及施工概况

三峡工程二期上、下游围堰防渗墙，分别由中国水利水电基础工程局和葛洲坝集团基础工程公司施工。防渗墙施工可分成生产性试验、预进占段施工和河床段施工等3个阶段。

1996年9月至1997年4月，分别在上、下游围堰右接头段进行了液压铣槽机施工试验和“两钻一抓”成槽工艺试验，在此生产性试验阶段共建成防渗墙7712m²，试验取得了丰富的成果。

工程截流前，1997年5月至1997年10月，利用已填筑的左右预进占段堰体完成了防渗墙15268m²，从而降低了高峰期的施工强度。

大江截流后，从1997年11月15日开始了河床段施工阶段，这个阶段共投入150台设备，人员近2000人。1998年5月5日上游围堰防渗墙单墙全线封闭，开始挡水；6月1日，下游围堰防渗墙全线完工；在基坑限制性抽水条件下，于8月27日完成上游围堰深槽段第二道防渗墙及隔墙的施工。这阶段上游围堰建墙总面积30769m²，下游24845m²，总计55614m²。在此期间，围堰和上、下游防渗墙经受住了1998年长江8次洪峰的考验，安然无恙。防渗墙施工进度满足了基坑按期抽水的要求，至9月12日，大江基坑初期排水结束，这标志着深水围堰及防渗墙施工取得了成功。防渗墙施工技术特性见下表。

三峡工程二期上、下游围堰防渗墙主要施工技术特性表

项　　目	上游防渗墙	下游防渗墙
轴线长度(m)	992.354	967.1
最大深度(m)	73.5	66.9
平均墙深(m)	36.5	37.6
成墙面积(m²)	42244	36350
深槽段(>40m)成墙面积(m²)	17248.9	7285.1
墙　厚(m)	0.8,1.0	0.8,1.0,1.1
槽孔总数(个)	245	153
混凝土浇筑方量(m³)	59652.8	41766.5
墙下基岩帷幕灌浆(m)	7789.2	6085.8
墙内预埋灌浆管或钻孔(m)	26353	24662
最高成墙施工强度(m²/月)	6440.4	7103

二期围堰防渗墙和墙下帷幕灌浆各项施工指标均能满足设计要求，单元工程的合格率为100%，优良率在80%以上。监测资料表明，防渗墙工作状态正常，墙体应力应变在允许范围内；墙体的防渗效果很好，防渗墙后浸润线呈低位水平线，上下游围堰渗水量分别为10L/s和36L/s，合计不超过50L/s，远小于设计量（600L/s）。

（二）施工技术

1. 使用新型设备　在本工程中使用的新型设备主要有：①BC-30型液压铣槽机1台，是一种新型的地下连续墙成槽设备，在国内首次使用。这台设备对

保证上游墙深槽段施工进度发挥了较大的作用，共铣挖风化砂 8250.7m^3。②以进口履带式起重机为主机的机械式抓斗 1 台，用于上游墙河床段施工。这种设备适于在复杂地层中建造防渗墙，共挖槽 8908.7m^3（主要是砂卵石），为单台设备成槽工程量之首，抓取深度高达 72m。③CZF-1200、1500、2000 型冲击反循环钻机近 40 台，这种钻机将抽筒间断出渣改为泵吸反循环连续出渣，其纯钻效率比老式钻机高 1～3 倍，也使清孔换浆质量大为提高。

2. 采用新工艺和方法　主要是在以下两个方面：

(1) 根据地层和新设备特点，采用的新的成槽工艺主要有：①“两钻一抓”及其改进的方法。本工程使用最多的是“两钻一抓”法，施工中对这种方法有两处重要改进：一是衍生出“铣钻结合”法，即用液压铣取代抓斗铣削副孔；二是“两钻三抓”法，即用冲击式钻机钻槽孔的两端接头孔，槽孔中间部分用“三抓”完成。②“铣砸爆”法。其要点是用液压铣直接铣削风化砂、砂卵石和全风化岩，而对块石、块球体和强风化岩等用钻爆法爆裂和 6t 重凿冲击破碎后，再进行铣削。③“铣抓钻结合”法。在上游墙深槽段施工中采用，其要点是：上部风化砂用液压铣铣削，风化砂中的块石和砂卵石用抓斗（配 10t 重凿）抓取，基岩、混凝土接头和少量砂卵石用冲击反循环钻机钻进。

(2) 在槽段连接方面采取以下两种方法：①“铣削”法。用于液压铣建造的槽孔，它是在铣削二期槽时一期槽的部分混凝土也同时被铣削，从而在槽段间形成锯齿状连接。②“双反弧接头槽”法。这种接头方法是使用液压双反弧钻头等机具进行二期槽孔施工，不需凿除一期墙段两端的混凝土，形成圆弧形接缝。

3. 采用新材料　施工中采用的新材料主要有两种：①墙体材料。二期围堰防渗墙墙体材料采用低强（R_{28}=4～5MPa）、低弹（E_0=700～1000MPa）的柔性材料和塑性混凝土，这两种材料是由长江科学研究院等单位研究成功的。②膨润土。因三峡地区缺少优质黏土，经多年试验研究，选用膨润土制造固壁泥浆。膨润土泥浆固壁效果好，特别适用于液压铣、抓斗等新设备造槽。此外，膨润土也取代黏土用来制造柔性材料和塑性混凝土，优点是可以干掺，简化施工工艺。

4. 突破技术难点　主要有几下几个方面：

(1) 松散漏失地层的处理。堰体中平抛砂卵石层和水下抛填风化砂层均属于松散漏失地层，工程中采用如下处理措施：①用大功率振冲器（电动 75kW 和液压驱动变频 130kW、150kW）对水下抛填风化砂进行振冲加密，加密深度 25～28m，风化砂经振冲加固后，干容重可达 1.8t/m^3。②对强漏失地层在挖槽前采用静压间歇法灌注用水泥、膨润土、砂配制而成的浓浆。③在造槽过程中，对松散漏失地层结合使用抓斗等新设备，试验成功“填冲抓”法，即先填砂、碎石和黏土，再用重凿冲砸，最后用抓斗抓取，每个循环 1～2m 深。

(2) 陡坡、块球体和硬岩的钻进。施工中遇到的超过 70°的陡坡以及块球体、弱风化基岩，均为抗压强度 80～100MPa 的花岗岩，主要采用高强耐冲击合金刃焊在重凿或冲击钻头上进行冲击破碎，并辅以爆破。爆破方法除传统的聚能爆破外，还较多使用了钻孔预爆和槽内定位钻孔爆破，特别是槽内定位钻孔爆破对在陡坡上钻凿成槽起到了决定性的作用。

(3) 灌浆管埋设。针对多年来防渗墙下帷幕灌浆墙内预埋管的难题，施工单位试验成功了适合深槽的定位架预埋钢管法和适用浅槽的抽芯（钢管）预埋 PVC 管法，两道墙埋管成功率平均为 96.5%。

（中国水利水电基础工程局　蒋振中）

三峡工程大江截流及二期围堰工程竣工验收

（一）概述

1999 年 12 月 15 日～16 日，三峡合同项目工程验收领导小组在三峡坝区召开会议，对大江截流及二期围堰合同项目工程进行了检查和验收。

本工程实施过程中，划分成 12 个标段（共由 13 个合同组成），按性质分为主标、生产性试验、安全监测等三部分。

本工程项目法人为中国长江三峡工程开发总公司，由长江水利委员会设计，委托长江水利委员会三峡工程建设监理部监理。以中国葛洲坝集团公司为主，有中国水利水电基础工程局、山东水利岩土工程公司、宜昌三峡工程建设三七八联营总公司、中国水电第八工程局和北京振冲工程公司等单位参加承建。

（二）工程进度计划及实施

三峡工程大江截流及二期围堰工程计划分四个阶段进行施工，依次为生产性试验阶段、预进占阶段、全面施工阶段及尾工阶段。

实际实施情况为：1996 年 4 月 15 日开始生产性试验。1997 年 9 月 12 日开始预进占，同年 11 月 8 日大江截流合龙。1998 年 9 月 12 日基坑抽干，同月 15 日堰体全线填筑至设计高程。1999 年 3 月 10 日尾工项目全部完成。核定完成的工程量上、下游围堰合计：填筑 1037.5 万 m^3，防渗墙 81639m^2，帷幕灌浆 14915m。

本工程施工进度总体满足合同要求。施工过程中，部分分部分项工程工期略有提前或滞后，但主要项目工程和关键工期控制点均满足合同要求，为后续工程的施工创造了有利条件。

（三）施工质量

大江截流及二期围堰工程作为三峡工程一个重要的扩大单位工程，土建部分（含主标和生产性试验）10个合同项目工程单元总数为3175个，合格率100%，优良率84.8%。在围堰施工及运行过程中出现的局部缺陷已妥善处理，各合同工程项目施工质量满足合同要求，围堰运行正常，可以承担挡水、防渗等任务。

（四）运行情况

二期围堰经1998年8次洪水和1999年3次洪水的考验，根据近2年监测资料分析表明，堰体及防渗墙变形分布规律正常，变形曲线比较光滑，应力在材料强度允许范围内。目前，堰体和墙体变形、墙体应力应变已趋于稳定。经巡视检查，边坡未出现塌滑现象。1999年10月上旬采用容积法量测围堰渗水总量约86L/s，远小于设计允许渗水总量600L/s。

（五）建议

检查验收领导小组对本工程提出如下建议：①上游围堰深槽段第一道防渗墙累计水平变形较大，达590mm，应加强观测；②围堰尚未经过设计洪水考验，还需历经两个汛期，应继续加强围堰的监测和维护工作，注意高水位条件下土工膜与防渗墙接头部位的运行状态；③结合围堰拆除，应开展有关专题研究，进行系统总结。

（六）结论

验收领导小组审议了验收工作组的验收意见书，听取了设计、监理、施工等单位的竣工验收报告和安全监测分析报告，经过现场检查和认真讨论，认为本合同项目工程已全部完成，工程总进度和施工质量满足合同要求，目前围堰运行正常；工程价款已经审定，合同支付和工程造价基本得到控制；验收程序按合同规定进行，手续完备，资料完整；质保期内施工承建单位履行了合同规定的义务和责任。同意大江截流及二期围堰合同项目工程通过竣工验收。

（中国长江三峡工程开发总公司　孙志禹）

混凝土坝施工

三峡二期工程混凝土坝施工特点及施工技术

（一）概述

三峡大坝二期工程包括溢流坝、左岸厂房坝段和左岸非溢流坝段（12～18号）等，沿坝轴线方向长度约1304.5m，总混凝土工程量近1238万m^3，最大坝高181m，深槽部位混凝土施工直线工期仅46个月。

二期工程总工期为6年。主要里程碑目标是：1998年6月起随基坑抽水开始开挖；1999年1月全面开始浇筑混凝土；2002年10月，大坝全线达到坝顶185m高程；2003年5月开始下闸蓄水；10月第一批（4～5台）机组发电。控制工期的关键部位是位于深槽的溢流坝（1～4号）及左导墙坝段，其建基面最低（高程为4m），开挖、交面及浇筑手段的形成最晚。

坝体结构特点是：大坝为混凝土重力坝，共设23个坝段，每个坝段宽21m，总长度为483m，建基面最低高程为4m，最大坝高为181m，顺流向最大底宽为126m。溢流坝段布置有3层泄洪孔（堰），设有22个临时导流底孔，23个泄洪深孔及22个泄洪表孔。厂房坝段亦为混凝土重力坝，包括安装间在内，共有15个坝段，每个坝段沿坝轴线方向为38.3m，顺水流方向最大长度为123m，每一坝段又由25m和13.3m两个块段组成。压力钢管（直径12.4m），布置在25m宽坝段上。压力钢管采用钢衬与钢筋混凝土联合受力结构形式。

（二）三峡大坝混凝土施工特点

(1) 施工强度高。主要表现在：混凝土总量大，高峰期持续时间长，预计年最高强度达400万m^3，最高月强度达45万m^3，约有9～10个月强度在40万m^3左右；金属结构安装强度高，大坝和厂房各类闸门、埋件及钢管等共约14.8万t，年高峰强度约5万t，而且安装与混凝土施工同步进行，相互干扰很大。此外，夏季浇筑基础约束区混凝土和初期混凝土施工强度都很高。

(2) 施工干扰大。表现在：一是工程施工过程中，各种工序交叉或平行作业，相互之间干扰；二是由于工程巨大，必须分几个标段施工，各承包商之间在界面交接、设备使用、进度协调等方面必然存在大量分歧，干扰很大。

(3) 高强度与高质量的关系。三峡大坝施工最大的难题，是在实现空前的施工强度的前提下，创造一流的质量。

(4) 工程结构复杂增加施工难度。初期大坝结构简单，但手段往往不具备，系统不完善，人员不熟练，因此，要实现高强度不易；后期手段完善了，但坝体结构复杂，会限制塔带机高强度的发挥，因此，要实现高强度也很难。同时，由于结构复杂，孔口多，混凝土标号多，不仅给施工带来了复杂性，而且也增加了质量控制的难度。

(三) 混凝土温度控制

1. 混凝土温控的不利条件及难点分析　温控的主要不利条件和难点是：①三峡地区夏季气温高、持续时间长；气温骤降频繁，对大坝混凝土温控非常不利。②大坝范围广，地形起伏差大，不利于大坝保持均匀、连续上升，大坝的高差很难控制。在地质方面，坝基为闪云斜长花岗岩，基岩强度高，弹性模量大，拉压比小，基岩对混凝土的约束太大；另外，坝基开挖的新鲜岩石将用于加工粗骨料，因而极限拉伸值较低。③由于大坝结构复杂，泄洪孔口多，因而标号变化多，高标号混凝土多，温控难度大。④大坝混凝土采用耐久性设计，其抗冻及抗渗标号要求特别高，从而使胶凝材料的用量大大增加，对混凝土温控极为不利。

2. 温控的主要方面　温度控制主要有以下三个方面：上下层的温差；混凝土的最高温升；混凝土的内外温差。温控的最大难点在于夏季浇筑基础强约束的混凝土，这是在三峡大坝施工中必须解决的难题。

3. 温控措施　混凝土温控采取的主要措施有以下几点：

(1) 混凝土生产环节的控制：①原材料选择，最大特点是选用Ⅰ级粉煤灰，而且尽可能选用优质Ⅰ级粉煤灰（需水量比在92%以下）。另外，控制大坝外部混凝土的水灰比不超过0.5，内部不超过0.55，四级配混凝土的用水量在85kg/m³左右。水泥品种选用以中热硅酸盐（525号）水泥为主，并尽可能多掺粉煤灰。②预冷混凝土，各拌和系统均按出机口温度为7℃进行配置制冷设备，对于基础约束区混凝土，除12～2月外，入仓温度不超过12℃～14℃。

(2) 浇筑过程中的温度控制：主要措施有混凝土台阶接头及时覆盖、加快入仓速度、缩短浇筑时间、避免高温季节从早10点至下午5点开新仓号、仓面采用喷雾等。

(3) 后期温度控制：混凝土浇筑后期温度控制主要采取通水冷却、保温和流水养护等几大措施。通水冷却分初期通水、中期通水和后期通水三期进行：通水的目的初期是削减混凝土最高温度，中期是削减混凝土内外温差，后期主要是针对需进行坝体接缝灌浆及岸坡接触灌浆部位。此外，为防止表面裂缝发生，对所有坝面特别是基础约束区、上游面及其他重要结构部位，要作为防护的重点，一般采用聚苯乙烯泡沫塑料制成保温被进行保温。

4. 分缝分块　大坝采用柱状块浇筑法，厂房坝段和溢流坝段设2条纵缝，溢流坝段最大块尺寸为21m×58m，厂房坝段最大块尺寸为25m×43m。

5. 合理安排施工程序和施工进度　为防止基础贯穿性裂缝，基础约束区混凝土尽可能安排在冬季低温季节开始浇筑，并做到短间歇、均匀连续上升；在进度安排上保证相邻块高差不大于6～8m，相邻坝段高差不大于10～12m。

(四) 三峡大坝混凝土施工方案

根据三峡大坝二期工程混凝土浇筑强度高、金属结构安装强度高、战线长等特点，经全面研究比较，选择了以塔带机为主、辅以摆塔式缆机和高架门机（塔机）的施工方案。

1. 设备总体布置　二期厂坝工程施工机械的总布置，包括6台塔带机、2台摆塔式缆机、7台高架门机和2台大型塔机。另外还包括各个承包商自带的若干中小型设备，初期则充分发挥胎带机等移动设备的作用。设备布置的总体思路是：

(1) 位于基坑范围内的溢流坝段和厂房坝段（7～14号）等，是二期大坝施工的关键所在。因此在溢流坝段的1、7、14、21号坝段以及厂房坝段的8、11号坝段布置6台塔带机。为了提高塔带机的可靠性，采用一机一带的方式，即每1座塔带机均有1条独立的供料线供应混凝土。

(2) 2台摆塔式缆机跨越厂房坝段和溢流坝段，覆盖范围为坝轴线上游15m至下游65m，担负该范围上游部位的金属结构安装、仓面设备转移、材料转运等任务，并可在塔带机出现故障情况下，提供空中支援。

(3) 溢流坝下游布置高程45m栈桥，上面布置2台大型塔机，主要担负下游面的仓面准备、金属结构安装等任务，同时也可作为混凝土浇筑的一种备用手段。

2. 混凝土拌和系统和供料线的布置　根据二期工程施工的需要，并结合塔带机的施工特点，共布置了4个拌和系统，每一座拌和楼均按出机口温度为7℃配置制冷设备。4个拌和系统分别是：

(1) 79m高程拌和系统，位于溢流坝下游，布置2座4×4.5m³的自落式拌和楼，常温生产率为2×320m³/h，制冷混凝土的生产效率为2×250m³/h，主要向1～3号塔带机亦即溢流坝段4～23号的施工供应混凝土。

（2）90m高程拌和系统，位于大坝上游，布置$4\times6m^3$和$4\times3m^3$的自落式拌和楼各1座，向4～5号塔带机亦即溢流坝段1～4号、导墙坝段及左厂11～14号坝段的施工供应混凝土，常温混凝土的生产能力分别为$360m^3/h$和$240m^3/h$，制冷混凝土的生产能力分别为$250m^3/h$和$180m^3/h$。

（3）120m高程拌和系统，位于坝下游，布置2座$4\times3m^3$拌和楼，其生产能力同上。120m系统主要为6号塔带机、缆机以及Ⅱ标段其他部位的混凝土施工供应混凝土。

（4）82m高程拌和系统，布置$4\times3m^3$拌和楼1座，主要向厂房施工供应混凝土。

3. 塔带机供料线布置及优化　用塔带机浇筑混凝土，必须解决运输过程中的骨料分离、砂浆损失、卡料、温度回升以及运行的可靠性等问题。

（1）采用一机一带，并做到任一拌和楼均可做到向任何一条供料线供料。

（2）做好设备的前后配套，在拌和楼的配置上，尽可能做到与塔带机的特点相适应，每个仓面均配置2台效率为$200m^3/h$左右的振捣机，同时配若干手持式振捣器。

（3）设备布置上尽可能发挥各设备之长，减少相互之间的干扰和影响。

（五）塔带机浇筑混凝土的质量控制问题

塔带机施工与传统的吊罐浇筑有很大不同。首先它是集垂直运输和水平运输于一体，速度快、效率高，因此，在仓面与拌和楼之间的联系、仓面设备的配套以及运行管理上必须要有所突破；其次，用塔带机浇四级配混凝土过去是没有先例的，也是人们一直担心的。因此，1999年在塔带机的施工工艺方面总结出一系列良好的经验，不但熟练地掌握了塔带机，而且创造了新的记录，这是1999年施工的一大突破。对塔带机浇筑混凝土的质量控制采取的主要措施如下：①拌和楼供料采用液压弧门控制，可以随着任意调节出料量，做到均匀连续供应；②控制塔带机象鼻管下料高度不超过2m，并尽可能做到布料均匀，避免堆积；③配合比优化，特大石减少5%，待操作熟练之后再逐步恢复到正常水平；④层面接合，取消砂浆，每个仓面第一坯层，采用二级配或三级配富浆混凝土，既可做到层面接合良好，便于塔带机运输，使大级配混凝土在下料时达到“软着陆”，同时也能做到减少混凝土的分离；⑤在施工调度指挥上，以仓面为中心，因此仓面工长的素质就显得非常重要。

三峡大坝混凝土经过近一年半（至2000年一季度）的施工，已累计浇筑混凝土约500万m^3，工程形象进度、质量均达到预定的目标。对于塔带机的浇筑工艺、浇筑方法已经熟练掌握，而且已突破夏季高温季节浇筑混凝土等难关。尽管还存在许多不尽人意之处，而且今后的施工中还可能有许多新的困难，但过去实践足以证明，大坝施工方案的选择是正确的，大坝可以按照预定的目标圆满建成。

（中国长江三峡工程开发总公司　曹广晶）

李家峡水电站双曲拱坝混凝土施工

李家峡水电站拦河大坝为三心圆双曲拱坝，最大坝高165m，最大底宽45m，坝顶基本体型宽8m，坝体混凝土总量约120万m^3。李家峡水电站的业主是黄河上游水电开发有限责任公司，设计单位是西北勘测设计研究院，承包商是中国水利水电第四工程局。

李家峡双曲拱坝于1993年4月28日开始浇筑混凝土，到1996年年底，大坝最低块达到2160m高程，1998年全部完成，实现了合同工期。

（一）李家峡双曲拱坝工程特点

工程的主要特点是：①采用通仓浇筑，不设纵缝，仓面长宽比接近2，仓面最大边长达40m，最大仓号约$900m^2$；②李家峡地区日温差较大，气候干燥寒冷，寒潮频繁又伴随大风，极端最高温度34.5℃，极端最低温度－19.8℃，年冰融循环次数77次，年寒潮出现次数13次，温控难度大；③坝址地形左右侧不对称，再加上坝型由重力坝优化为双曲拱坝，施工机械难以布置，影响混凝土浇筑强度；④工程料场骨料中小软弱颗粒含量较高，5～10mm一级其平均含量在10%以上，影响混凝土抗拉强度指标；⑤河床坝基地质条件复杂，经初期普固、高固加固后，坝基物探值未达到预想的目标，在大坝浇筑约40m高后又在11～13号坝面进行了高压固结灌浆施工，给工程进度及坝体接缝灌浆施工造成很大影响。

（二）李家峡拱坝施工方法

（1）施工流程。混凝土工程整个流程按施工顺序排列为：骨料开采→冲洗筛分→暂存脱水→二次脱水→汽车运输→成品料仓砂石料冷却或升温→拌和→拌和物轨道运输→缆机吊运入仓→平仓振捣→一期冷却或保温→养护与拆模→二期冷却→接缝灌浆。

（2）施工机械设备的布置。混凝土拌和系统布置在右岸坝下游1km处的拌和平台，拌和平台至坝混凝土水平运输采用有轨机车，垂直运输采用4台平移式缆机控制。缆机采用高台与低台两层布置，高台缆机与低台缆机可互相穿行。坝体施工主要施工机械有：拌和楼（4XJ3—300）2座；机关车（JM150L、

JM160、日立）8 辆；缆索起重机（20t）4 台；门式起重机（SDMQ1260/60）1 台；仓面吊车（FQZ5130F，FQ28）4 台；振捣臂（VBA_1—42H，EX60）4 台；空气压缩机（L5.5—40/8）6 台；冲毛机（HCM—M_1）2 台；蓄能吊罐（6m^3）8 台；变频器（ZJB—150，FC802A，ZJB200）10 台；振捣棒（EZD80，EZD100，EX60）20 台；风镐（G10）30 台。

（3）混凝土浇筑方案。大坝混凝土浇筑采用缆机不摘钩系统，吊 6m^3 立灌入仓，仓号由 2 台缆机同时浇筑，由于仓面面积大约 900m^2，受混凝土运输强度限制，采用台阶法铺料。台阶高度 0.5m，2.0m 层厚的仓号分 4 个台阶，台阶宽度 2.5～4m，采用 2 台日立振捣臂台车振捣为主，人工为辅，每个台车控制 2 个台阶，层面铺设 3～4cm 的砂浆或 15～20cm 的Ⅱ级配混凝土（铺Ⅱ级配混凝土是为防止冬季砂浆易受冻）。除冬季施工不能使用水而采用人工凿毛外，其余季节都采用混凝土收盘后涂刷表面处理剂，终凝后用压力水冲毛，层面设 40％的水平键槽。主坝混凝土采用Ⅲ级，配料陷度 4～6cm。

（4）模板工程施工。由于拱坝体形复杂，变化大，孔洞多，根据其体形及分层分块特点，设计制作了各种形式的模板，如全悬臂组合平面、键槽模板，可适应先后浇块跳仓，正倒使用，又能适应接缝灌浆半圆孔的预留；进水口牛腿采用了钢排架组合模板和预制模板，坝体廊道采用预制模板，从而提高了工效，保证了质量。

（5）接缝灌浆系统预埋。采用塑料拔管施工工艺，主进回、备进回管路采用混凝土后浇块中预埋聚乙烯硬管，升浆支管采用先浇块模板上预留半圆孔，后浇块浇筑时，用软管作为拔管放在预留孔内，浇筑完毕初凝后按时间拔出，形成升浆孔。采用塑料拔管施工工艺，灌区畅通率达 100％，灌浆效果好。

（6）大坝混凝土温控。拱坝坝体采用通仓薄层浇筑，而且气候条件恶劣，给混凝土温控带来很大困难。主要采用了如下措施：①主坝混凝土初期限制相临块高差小于 10m，后期放宽到 25m；②基础块混凝土中外掺 2％～3％（占水泥重量）的 MgO 形成微膨胀混凝土，产生 0.33MPa 的补偿压应力，来抵消部分拉应力；③采用薄层短歇上升，夏季掺入加水量的 75％～85％片冰，用 4℃左右冷水拌和，冬季采用热水拌和骨料预热，同时加快混凝土运输、浇筑环节的速度，减小夏季温升和冬季降温，保证浇筑温度；④控制温升，采用薄层通仓浇筑，基础约束区采用 0.75m、1.5m 层高，上部采用 2.0m、3.0m 层高，层间间歇期为 5～7d，夏秋季节用河水进行一期冷却；⑤坝体上、下游面常年保温，减少内外温差；⑥冬季采用蓄热法施工，对所有暴露面进行保温过冬。

（7）高固区后期缺陷处理。11～13 号坝体在坝体浇至约 40m 后进行了补充高压固结灌浆施工，造成此部位冷却水管和接缝灌浆管路大部分失效，使Ⅱ期冷却和接缝灌浆无法进行，施工中采用从廊道里打辐射孔补埋两系统管路，经过Ⅱ期冷却和接缝灌浆施工，证明措施得当。

（三）结束语

目前，李家峡拱坝已投入运行 3 年，运行情况良好，经受了考验，证明拱坝混凝土施工中采用的施工技术、工艺、施工方案及质控手段都是正确、有效的。

（中国水利水电第四工程局　李贵信）

万家寨水利枢纽大坝混凝土施工技术

（一）概述

万家寨水利枢纽大坝为半整体式混凝土直线重力坝，最大坝高 105m，坝顶长度 433m。大坝混凝土浇筑量 153 万 m^3，最大浇筑仓号 3000m^3，最小仓号 500m^3，1995 年 5 月 8 日开盘浇筑，日、月、年最高浇筑强度曾分别达到 3000m^3、8 万 m^3、52 万 m^3。1998 年 9 月底大坝达到坝顶高程 982m，1998 年 10 月 1 日下闸蓄水，同年 11 月 28 日首台机组提前 33 天发电。

（二）混凝土拌和及运输

枢纽混凝土采用人工砂石料，大坝外部混凝土选用 525 号普通硅酸盐水泥及 425 号低热微膨胀水泥，掺 20％～30％的粉煤灰（内部混凝土），掺用高效复合外加剂，较大幅度地降低单位水泥用量。

混凝土拌和系统设有两座国产 4×3m^3 的拌和楼，型号为 HL240—4F3000LB，采用微机全自动集中控制，是采用混合上料、连续风冷新工艺的新式拌和楼。单楼铭牌生产率 240m^3/h，设计系统混凝土生产能力为 380m^3/h，夏季控制出机口温度低于 18℃时的混凝土生产能力为 180m^3/h。为了达到低于 18℃的要求，对混凝土粗骨料进行风冷，拌制时加冷水和片冰。

大坝混凝土运输采用机车配缆机方案，共布置 4 台额定起重量为 20t 的中速平移式缆机，分高低布置。缆机为夹江水工机械总厂生产，安装跨度 731m。

混凝土采用准轨机车水平运输，用 GM80Q 型内燃机车拖 6m^3 混凝土立罐。由于运输距离短、速度快，夏季混凝土在运输中的温度回升很少。

对于缆机不能控制的部位和特殊部位的混凝土，采用履带吊、皮带机或混凝土泵进行施工。

（三）混凝土浇筑

根据枢纽工程分期导流施工的特点和右岸 17 号

坝段1号水轮发电机组1998年底发电的要求，合理组织施工方案显得尤为重要。

(1) 主坝浇筑程序。1995年5月8日开始浇筑11号坝段，左岸其他坝段基础混凝土也陆续开始浇筑；左岸坝段混凝土浇筑全面上升，形成导流底孔和护坦，具备左岸过水及截流条件；1995年12月9日右岸截流，1996年4月24日浇筑右岸基础混凝土；左、右岸坝体全线上升，重点为右岸电站坝段和边坡坝段，一般安排单号坝段甲块优先上升；均穿插进行基础固结灌浆施工。1998年9月23日大坝甲块全部浇筑到设计高程，10月1日下闸蓄水后封堵导流孔，浇筑护坦过流面等部位的混凝土。

混凝土浇筑分块，沿坝轴线从左向右分22个坝段，每坝段根据设计要求分甲、乙、丙、丁等块。混凝土浇筑分层，在基础约束范围内1.5m厚为1个浇筑层，基础约束范围以外一般为每2m厚1个浇筑层，个别部位最大分层达4m。

(2) 混凝土浇筑模板及钢筋、埋件。一般采用定型悬臂钢模板和散立标准钢模板，特殊部位采用了一些木模板，对于泄水过流面采用了滑行模板，进水口和一些墩柱弧面采用定型组合钢模板和吊模，廊道和一些大型牛腿采用了混凝土预制模板施工。模板采用8t仓面吊车进行拆装，预制牛腿等大件用缆机吊装。

钢筋及灌浆管、冷却管等埋件，按设计图纸制作，常规方法安装。拦污栅墩钢筋采用埋弧对接焊。闸门轨道闸门槽等安装均采用预留二期混凝土进行埋设。

(3) 混凝土振捣、养护及温控。仓内平仓振捣主要使用的是日本产5棒液压振捣车，人工振捣棒配合。混凝土施工缝面处理，夏季采用高压水冲毛机冲毛处理；冬季人工凿毛，浇筑前先铺1层2～3cm厚的水泥砂浆，以保证混凝土层间结合良好。夏季施工采用铺草袋洒水或覆盖塑料薄膜和冷却水管降温。同时为防止混凝土表面裂缝，每年10月中旬至次年4月底在新浇混凝土的表面，一初凝便覆盖保温被，横缝及下游面在拆模后挂保温被，上游面则采用粒状泡沫塑料板进行四季保温。

高温季节采用冷水和骨料吹冷风预冷以及加冰拌和，保证混凝土浇筑温度要求，另加强洒水养护和一期冷却等降温措施。寒冷季节加热水拌和混凝土，保证出机温度满足规范要求，仓内再采取保温措施，浇筑后也进行通水冷却，以降低混凝土内部温度。保温棚内升温主要采用移动式热风炉。

(四) 质量

在大坝混凝土施工中，建设单位和施工单位建立了强有力的质量保证和监督体系，使混凝土合格率为100%，优良率达到85.6%。1996年和1997年是大坝混凝土施工高峰年，1996年施工的大坝混凝土合格率为100%，优良率85%，各类混凝土强度保证率为98%，离差系数0.13；1997年施工的大坝混凝土合格率为100%，优良率85.8%，各类混凝土强度保证率为98%，离差系数0.09。经检查，未发现危害性裂缝。坝体细小裂缝经业主、监理、设计和施工单位数次普查，也仅发现了41条，平均每万立方米混凝土只有0.268条。自1998年蓄水发电以来的大坝安全观测数据表明：大坝混凝土施工达到了设计要求。

(中国水利水电第四工程局　洪镝)

大朝山水电站碾压混凝土坝施工技术

(一) 概况

大朝山水电站拦河大坝为碾压混凝土重力坝，大坝共分23个坝段，1～8号为电站进水口坝段（常态混凝土），9号为楔形体坝段，10号、16号、17号为泄洪排沙底孔坝段，11～15号为表孔溢流坝段，18～23号为左岸非溢流坝段。坝顶全长460.4m，最大坝高110m，9～23号坝段混凝土总量98.8万m^3，其中碾压混凝土65.2万m^3，常态混凝土33.6万m^3。由水电第八工程局和第三工程局组成的联营体施工。

(二) 碾压混凝土施工

(1) 混凝土配合比。水泥采用525号普通硅酸盐水泥；掺合料采用凝灰岩与磷矿渣按1:1比例混合磨细而成的PT料；骨料采用玄武岩生产的人工砂石骨料；外加剂采用FND—04高效减水缓凝剂，并进行改性以满足初凝时间的要求。配合比设计首先根据设计技术要求进行室内配合比试验，经过工艺性试验后用于碾压混凝土拱围堰的施工。通过拱围堰的实施，为进一步改善碾压混凝土的包裹性、黏聚性、可碾性等工作性能以及满足初凝时间的要求，对外加剂进行了改性试验，并对碾压混凝土进行了工艺再试验，对碾压混凝土的力学性能进行检测，并进行了原位抗剪试验后，最终确定了大坝碾压混凝土施工配合比（见下表）。

大朝山水电站碾压混凝土施工配合比表

设计标号	级　配	水 (kg/m^3)	水泥 (kg/m^3)	PT (kg/m^3)
R_{90}150-3	3:4:3	84	67	101
R_{90}200-2	5:5	94	94	94

续表

设计标号	级　配	FDN-04 (kg/m^3)	砂 (kg/m^3)	石 (kg/m^3)
R_{90}150-3	3:4:3	1.344	798	1521
R_{90}200-2	5:5	1.504	850	1423

(2) 碾压混凝土生产。设置 HL236-4F 3000h 型混凝土拌和楼 2 座及 3×J3×1.5 拌和楼 1 座，总生产能力，常态混凝土 555m^3/h，碾压混凝土 370m^3/h。

(3) 入仓方式。针对不同的浇筑部位，采用 4 种入仓方式：汽车直接入仓；汽车运输 + 真空溜管入仓；汽车运输 + 皮带机 + 真空溜管入仓；汽车运输 + 缆机运输入仓。

(4) 温控措施。设有制冷容量为 250×10^4kcal/h 的制冷厂 1 座，主要温控措施有：采取风冷骨料，加冷水拌和等措施，降低出机口的混凝土温度；减少混凝土运输浇筑过程中的温度回升；采取仓面喷雾措施。

(5) 碾压混凝土施工。碾压混凝土的浇筑采用平层铺筑法和斜层铺筑法施工，一般仓面面积大于 4000m^2 时采用*斜层铺筑碾压法*，这种方法是在江垭碾压混凝土筑坝施工取得成功的基础上推广使用的一种新工艺。混凝土推进和碾压采用平行于坝轴线方向，3m 一个升层。开始时先铺 8～9m 的平层，然后根据覆盖面积大小按 1:12 或 1:15 的斜坡铺筑。随着斜面的推进，在老混凝土面上铺设砂浆，砂浆用缆机进料，仓面用装载机接料，人工用锯齿铁扒摊铺，保证砂浆厚度和均匀摊铺。每层混凝土压实厚度为 30cm，铺筑厚度 35cm，用 D31P 型平仓机分 2 次摊铺到位以减少骨料分离，局部骨料集中用人工分散处理。碾压作业用 BW202AD 振动碾，先无振 2 遍，有振 6～8 遍，最后无振碾压 2 遍。碾压时坡脚前缘 30～50cm 的混凝土，为避免将骨料压碎，留待下一层一起碾压，并用彩条布或湿麻袋覆盖，以免混凝土失水或初凝。汽车在仓内实行定点线路，穿越坡脚时规定入口，以减少仓面二次污染。碾压混凝土从出机至碾压完毕控制在 2h 内，层间间隔时间控制在 6h 内，以保证良好的层间结合。横缝用切缝机切割，缝内回填砂子。

(6) 变态混凝土施工。对模板边、有钢筋部位、孔洞周边等振动碾无法碾压的部位，以及横缝上游设置止水及沥青板处采用变态混凝土浇筑。铺料前和铺料中撒铺水泥净浆，然后用振捣器振捣密实。

---

❶ 1kcal/h = 1.163W，后同。

（三）斜层碾压的优缺点

截至 2000 年 3 月份，大朝山已施工碾压混凝土 556881m^3，其中采用斜层碾压铺筑法浇筑混凝土 290037m^3，最大仓面面积达 8478m^2，最大斜层碾压面积 3849m^2。斜层碾压的优点与碾压混凝土施工所追求的“快速、优质、高效”的目标是一致的，可充分发挥碾压混凝土高强连续施工的优点，可以进行大仓面连续浇筑，减小模板工程量，在浇筑能力不变的条件下，可提高效率，加快进度，降低成本。与平碾相比，大大减少了碾压层面面积及每层的碾压混凝土方量，从而缩短了层间间隔时间，有利于保证层间结合质量。由于混凝土覆盖面积小，有利于仓面喷雾保湿，减少温度倒灌。缺点是坡脚处要采取保湿等措施，且容易形成骨料分离，需人工分散处理；砂浆铺浆随混凝土覆盖逐步推进，与混凝土施工存在干扰；由于汽车来回走动，形成仓面二次污染，需要随时进行清理。

（四）施工质量控制

大坝碾压混凝土施工前，施工单位编写施工工法，每个仓位都编制浇筑流程图。针对碾压混凝土施工的关键环节和薄弱部位，将层间结合设置为质量控制点，监理对碾压混凝土施工全过程进行旁站监督控制。监理试验室对每一升层都进行 *VC* 值、入仓温度、压实度的检测，项目监理重点对“边、点、面”进行控制。边，指仓位四周模板边缘的变态混凝土或常态混凝土施工；点，即仓内预埋的观测仪器、止水等；面，是指仓内大面上的碾压混凝土。通过现场监督、检查，及时发现施工中存在的问题，如粗骨料集中、局部不泛浆、泌水、局部初凝等，随时督促施工单位解决。对已施工的碾压混凝土进行了钻孔取心，共钻孔 12 个，进尺 277.35m，心样获得率达 96.6%，心样长度超过 7m 的有 5 根，最长达 8.4m。通过压水试验及各种物理力学性能指标的测试，证明大朝山电站碾压混凝土施工质量整体良好，从试验成果看，平碾和斜碾没有明显区别。

（云南大朝山水电有限责任公司　邹　麟）

棉花滩水电站碾压混凝土坝施工技术

棉花滩水电站位于福建省永定县境内。大坝为碾压混凝土重力坝，坝顶总长 310m，坝顶高程 179m，最大坝高 115m，最大坝宽 84.5m，坝顶宽 7m；坝体设置 3 个溢流表孔，1 个泄洪底孔。大坝混凝土总量 64.0 万 m^3，其中碾压混凝土 54.0 万 m^3；工程总工期36个月，其中碾压混凝土施工15个月。

（一）原材料和配合比

骨料为花岗岩人工骨料，最大粒径80mm，采用全干法生产工艺；人工砂中石粉含量控制在19%～22%，其中小于0.08mm细粉含量约占石粉总量的31%。细骨料的细度模数在2.2～2.8之间。粗骨料粒形较好，针片状含量较低。

水泥采用龙岩三德兴水泥厂生产的525号普通硅酸盐专用水泥，熟料中含有3.0%～3.5%的MgO，具有微膨胀性。

粉煤灰采用火电厂二级灰，检测指标除细度外，其余达到一级灰的标准。外加剂选用三明佳宏外加剂厂生产的BDV高效缓凝减水剂。

碾压混凝土配合比见下表：

混凝土标号	粉煤灰掺量（%）	外加剂（%）	砂量（%）	水灰比	每立方米混凝土材料（kg）					粗骨料 大石:中石:小石	VC值（s）
					水	水泥	粉煤灰	砂	石		
$R_{180}100$	65	0.6	34.5	0.65	88	48	88	769	1469	30:40:30	5～8
$R_{180}150$	60	0.6	34.5	0.60	88	59	88	765	1460	30:40:30	5～8
$R_{180}200$	55	0.6	38	0.55	100	82	100	819	1342	0:50:50	5～8

（二）碾压混凝土拌和与入仓方式

（1）拌和系统：布置日本IHI2×4.5m³强制式拌和楼1座，储量1200t水泥罐2个，储量800t粉煤灰罐2个，拌和时间95s，平均每小时产量300m³。

（2）入仓方式：①汽车直接入仓，入仓前经过自动冲洗台冲洗轮胎，经过50～60m脱水段后入仓。入仓口采用预制混凝土梁作模板，因受地形限制，坝体高程97m以下采用汽车直接入仓方式。②在右坝肩设置两条相同断面的负压溜槽，单条输送能力240m³/h，高程127m以下，负压溜槽接水平皮带输送机再接垂直落料器；高程127m以上负压溜槽接自卸汽车。垂直落料器最大下落高度30m，出料口安装自行设计抗分离装置，具有良好效果，在国内属首次采用。

（三）碾压混凝土施工工艺

仓内主要施工设备：仓面碾压设备有BW—202AD 3台，BW—75S 1台；平仓设备有D31P湿地推土机1台，CATD3P2台；测定密实度有美国3440中子仪1台，国产DN—50中子仪2台；另有*VC*值测量仪1台。

卸料与平仓：采用两点叠压式卸料，即自卸车分两次将料卸在摊铺的条带上，以减少骨料集中，平仓机从料堆底部开始分两次平仓，有两次扰动分散集中骨料的机会，最后人工辅助减少骨料分离现象。

碾压混凝土层厚及碾压：全面采用斜层平推碾压施工工艺。高程97m以下采用从下游往上游倾斜，97m以上采用从左岸向右岸倾斜。倾斜坡度为1:10～1:15，最大斜面面积2400m²，碾压层厚度一般为松铺34～36cm，压实30cm。碾压遍数为无振2遍，有振8遍，再无振2遍。碾压后表面全面泛浆，且略有弹性。遇气温较高时，采用振动碾钢轮上洒水补充失水的方式碾压。

层间结合：层间覆盖时间一般控制在8h以内。其中从拌和楼投料到在仓面碾压完毕控制在2h以内。迎水面二级配区每一碾压层间均喷洒1层厚2mm的水泥粉煤灰净浆，以增强层间结合，提高防渗能力。

变态混凝土的应用：在模板周边、孔洞周边、钢筋网部位均采用变态混凝土，在两坝肩基础垫层混凝土也大胆采用变态混凝土，并且创造性采用拌和楼拌制变态混凝土，从而大大简化碾压混凝土的施工布置，进一步提高施工速度。

结构缝造缝：造缝采用由小型电动夯机加装刀片而成的造缝机，具有操作灵活、方便施工的优点。隔缝材料采用双层彩条布，切缝深度一般大于20cm，成缝面积大于2/3。

缝面处理：缝面在混凝土终凝后，采用水压大于250MPa高压水进行冲毛处理。冲毛机为自行制造的HVW—MⅡ型，施工效率高，效果好。

（四）模板工程

大坝直立面模板为3m×3m双层翻升模板，模板单块重约1.2t，板面为6mm厚钢面板。翻升模板具有刚度大、适应于连续上升施工等优点。板面顶部边缘设有45mm×45mm角钢装饰条，使浇筑成型的混凝土表面留有规则有序的线条。大坝后坡斜面模板，采用4层翻升模板，单块模板3m×1.25m，重量约750kg。大坝下游斜坡面（1:0.75）采用翻升模板，系国内首次采用，浇筑形成的下游坡面美观大方，线条优美，且便于大坝的运行管理。

（五）质量水平

大坝第一枯水期（1999年1月～5月）共浇筑碾压混凝土13万m³，现场质控结果为：机口*VC*值平均为6.3s，仓面*VC*值平均为7.1s。平均碾压密实度99.7%。碾压混凝土抗压强度：R_{180}150号平均为37.3MPa；R_{180}200号平均为42.5MPa。钻孔取心结果表明：层面、缝面的完好率达90.7%，最长心样达8.38m，心样外观评述优良率达85.7%。心样物理力学性能测试全部满足设计要求。碾压混凝土总体质量优良。

（中国水利水电闽江工程局　王松春）

加浆振捣技术在石漫滩碾压混凝土筑坝中的应用

石漫滩水库位于河南省境内淮河支流滚河上，大坝坝型为全断面碾压混凝土重力坝，坝顶高程112.5m，最大坝高40.5m，坝顶长度645m，最大底宽为31.89m，混凝土总量为36万m^3，其中碾压混凝土27万m^3，占总混凝土量的75%。

1. 加浆振捣施工范围　碾压混凝土加浆振捣（又称变态混凝土），是指在碾压混凝土拌和物铺料前和中间洒铺一定数量的特殊水泥灰浆，使之改变工作度，达到能用常态混凝土作业法捣固密实的一种施工工艺。

本工程在大坝上下游面、止水面周围、廊道周围、横缝模板、埋件周围及混凝土与岩坡交接处等因碾压施工困难而需常态混凝土的部位，均采用了超干硬性混凝土加浆振捣施工工艺。

2. 浆体参数　列如下表：

部位（高程）	浆体			混凝土水胶比
	水泥:灰	加浆量	水胶比	
95m以下	1:1	6%	1.00	0.60
95m以上	1:1	5%	0.70	0.55
	1:1	6%	0.70	0.62

注　95m以下为死水位以下，95m以上为水位变化区水位以上；混凝土水胶比与规范要求相同；混凝土均为二级配。

3. 加浆振捣混凝土施工　根据工艺试验确定的中间加浆方式，本工程采用预埋木楔成槽方法，达到在中间加浆的目的。

（1）板周边加浆振捣施工。在平仓前，模靠模板预先放置木楔，木楔高25～30cm，上宽5cm，下宽2cm，然后平仓，仓号碾压时，靠模板加浆振捣部位预留30cm宽暂不碾压，其他部位仍按要求的密实度压实。拔出木楔，用特制的加浆桶严格控制计量加浆，加浆量为5%～6%。石漫滩所用的加浆桶有两种，一种直径为18cm、高18cm、容积为4.6L的加浆桶，适用于水位变化的上游坝面加浆，每桶浆体沿模板加浆1m长；另一种加浆桶直径为18cm高为22cm，容积为5.6L，适用于除水位变化区上游坝面以外的其他模板周边加浆，每桶沿模板加浆1m长。如果碾压混凝土母材的VC值有较大变化时，适当调整加浆量。加浆后，槽内覆盖混凝土，填平为止。然后用佛山100型高频振捣器振捣，振捣时间为常态混凝土的2倍，振捣器插入下层混凝土5cm，振距20cm。振捣后混凝土表面泛一层1～2mm厚的浆体，人站上去没有下陷感，现场抽样检查，加浆振捣后的混凝土坍落度为1～3cm。在振捣和碾压的接头处，用BW-90s小振动碾复碾，碾压的范围进入振捣部位不少于10cm，碾压遍数为仓号碾压遍数的1/2。

（2）止水片周围加浆振捣施工。止水片周围是关键部位，必须严格控制水胶比和加浆量。止水片周围加浆浆体水胶比为0.7，加浆量5%，浆体比重为1.518cm^3。卸料平仓后，按一定的加浆范围，将碾压混凝土翻挖20cm深，用4.6L加浆桶均匀加浆，上游止水片周围加浆6.5桶，下游止水片周围加浆5桶。加浆后用混凝土填平，用佛山100型高频振捣器振捣，振捣器插入下层混凝土5cm，振距20cm。

（3）其他部位的加浆振捣施工。廊道周围混凝土与岩石交接处及埋件周围等部位加浆振捣施工与上述措施相同。

4. 加浆振捣混凝土的质量控制　要求严格执行工艺试验确定的各种参数，对每一环节进行检查控制。下面是现场检测结果：

混凝土类别	混凝土设计标号	级配	龄期（d）	抗压强度（MPa）	
				组数	平均值
加浆振捣	$R_{90}200S_6D_{50}$	二	90	46	25.6
	$R_{90}150S_4D_{50}$	三	90	46	19.7
碾压	$R_{90}200S_6D_{50}$	二	90	326	25.2
	$R_{90}150S_4D_{50}$	三	90	398	18.6
常态	$R_{90}200S_4D_{50}$	二	90	143	25.9
	$R_{90}150S_4D_{50}$	三	90	10	21.0

注　各类混凝土的抗渗与抗冻合格率均为100%。

（中国水利水电第十一工程　任学文　傅兴安　常会萍）

沙牌碾压混凝土拱坝筑坝技术

（一）基本情况

沙牌碾压混凝土拱坝位于四川省阿坝藏族羌族自治州汶川县境内，是岷江支流草坡河上的龙头电站，距成都市135km。该坝为三心单曲拱坝，坝高132m，坝底宽28m，坝顶宽9.5m，坝顶高程1867.5m，坝顶上游弧长258m；坝体上游面在高程1790m以下为1:0.11的倒悬结构，最大倒悬为4.4m，高程1790m

以上为铅直曲面。

整个大坝的结构较简单，坝内设计有2条诱导缝，2条横缝，3层廊道；坝中部设有1个电梯井和1个紧急竖井，施工仓面的干扰较小。大坝共计碾压混凝土36.5万m^3。

大坝采用全断面碾压、连接上升的施工工艺，为目前世界上最高的全断面碾压混凝土高拱坝，被列为国家"九五"重点科技攻关项目。

该工程于1997年7月开工，1999年2月完成大坝坝基开挖，同年3月开始浇筑混凝土，至2000年6月大坝已浇至高程1794.5m。

（二）主要施工技术

1．碾压混凝土的拌和设备　拌和系统布置在大坝下游4km处，根据计算的混凝土生产强度，采用了自行研制的200m^3/h的全自动连续强制式搅拌楼，其特点为连续配料、连续拌和、自动监控质量。为了与仓面施工及运输设备配套，连续拌和机拌制三级配碾压混凝土有效强度150m^3/h，二级配碾压混凝土有效强度160m^3/h，完全可以满足高峰浇筑混凝土强度的要求。

2．混凝土入仓方案布置　拱坝坝址处两岸山坡陡峭、河谷深切，加之右岸又无交通道路，经方案比较后，决定采用低线公路汽车直接入仓和高线公路左岸真空溜管入仓方案，高程1742～1810m利用坝下游1号、2号入仓道路汽车直接入仓；高程1810～1860m为左岸两条真空溜管入仓，仓内自卸车接料运至碾压条带摊铺，高程1860～1867.5m为左岸坝顶斜溜槽+缆机和汽车直接组合入仓方案。

自卸汽车直接入仓，在距入仓口60～80m长距离处设置洗车平台，洗车平台为半自动式冲洗，人工仅控制开关；在洗车台至入仓口的路段设置ϕ48脚手钢管气吹平台，以使汽车尽快脱水入仓。高线公路与真空溜管入仓，溜管采用国家"九五"科技攻关项目100级真空溜管结构形式，受料斗容积为20m^3，2条真空溜管沿左坝肩建基面向下布置，受料斗的顶部高程1868.0m，受料斗顶部至大坝浇筑仓面最大垂直高度为68.0m。真空溜管下半部采用钢结构，上半部为柔性盖耐磨橡胶带，真空溜管的标准节长为4m，节间用螺栓连接；随着坝体碾压混凝土的上升，溜管及排架分别向上逐节逐层拆除。

3．施工用大钢模板　根据拱坝结构，设计该工程使用施工大模板，模板面板尺寸，上游：3m×3.1m；下游：3m×3.2m（宽×高）。该套模板有如下特点：①上下模板吊装就位时的连接较简单，运用"Y"式承插对位，可缩短立模时间。②拉模装置采用固定式锥头螺栓与拉模埋筋连接，脱模时拉模筋与大模板分开，使大模板退位迅速，拆模时拉模筋与大模板无关，拉模杆不易丢失。③大模板各部件之间采用螺栓连接，维护、拆装运输方便。

4．廊道模板　坝体共计有3层廊道：即高程1750m基础灌浆廊道，高程1810m灌浆及排水廊道，以及高程1850m观测廊道。廊道施工用模，原则上全部采用预制混凝土模板，侧墙及顶拱实行一次预制，跨度有3m、2.5m两种，单件重分别为4.4t和4.2t。

5．改性混凝土的施工　根据常规设计，大坝与岩基面接触部为1m厚的常态混凝土。各层廊道四周为50cm厚的常态混凝土，诱导缝的上游面为常态混凝土塞，电梯井与紧急通道周边为0.5m厚常态混凝土，根据大坝的施工条件及水电八局的经验，决定将其改性混凝土扩大范围运用，对上述部位的常态混凝土，除廊道的底板外，均改为改性混凝土，最大限度地减少了碾压混凝土施工中常态混凝土在拌和、运输及仓面中的施工干扰。

6．诱导缝与横缝的施工　碾压混凝土拱坝中的横缝与诱导缝均采用重力式混凝土的诱导板结构。经过研究，重力式诱导板主要构件为上部宽度10cm，下口宽度20cm，高度1760m高程以下为30cm，1760m高程以上为25cm，长度为100cm，重量50kg左右，可满足人工安装的要求；根据碾压层的厚度，每碾压2层埋1层诱导板，诱导板内设置重复灌浆系统的进出浆管，并将管头引至坝的下游。这种重力式的诱导板设计结构好，定位容易，安装方便；在普定及其他碾压混凝土工程施工诱导缝结构的基础上进一步有所改进，且结构可靠，只要施工把握好关键环节，诱导成缝的效果是很好的。

坝体2条横缝分别设置在大坝的两岸，起始高程在1810.0m，直至坝顶1867.5m高程；设计上为一连续安装的预制板结构（单板），并设置其重复灌浆管，待大坝稳定温度场达到设计结构要求时，进行接缝灌浆；重力式缝面板高度与碾压层高相同，碾压1层安设1层。

7．混凝土施工温度控制　由于坝址处位置海拔高程较高，多年平均气温为11.3℃，极端最高气温为33.7℃，极端最低气温为－11℃。进场后对冬季和夏季气温分别作了观测，冬季最冷为1月份，其最高气温为7℃，最低气温为－10℃，且气温低于0℃以下的天数占元月份总天数的90%以上；夏季以7月份为最热，测得最高气温为32℃，1998年6～8月份14:00的平均气温为24.1℃，加上混凝土料的运距有4～5km，风速较大，施工中气候环境影响较大。因此，碾压混凝土大坝全年施工的关键性问题就是解决好大坝的温控；而温控的关键在于夏天如何控制其坝内的最高温升、冬天如何保温防止内外温差过大使大坝开裂或冻坏混凝土的表面。为此，采取了如下的综合防裂措施：①对混凝土配合比通过充分的优化科学对比试验，尽量采用“九五”科技攻关配合比的优化参数及原材料成果，以减少混凝土水化热温升。②大坝垫座体积较大，上下游方向44m，采用内掺MgO，利用MgO混凝土自身的体积变形膨胀，补偿温度应力及收缩变形，并在低温季节浇筑垫座混凝土。③充分利用2～4月份、10～12月份施工黄金季节多浇筑混凝土，使其平均入仓温度降低。④拌和楼的配料仓搭设保温棚，成品料仓尽量维持满堆情况下使用，最大限度降低气温对骨料温度的影响。⑤夏季施工仓面采用人工喷雾降低仓面环境温度，运输车辆采取覆盖保湿措施减少 *VC* 值损失。⑥冬季施工时，采用40～45℃的热水拌和以提高混凝土的出机温度；运输车辆采用保温措施以减少途中温度损失。⑦冬季施工仓面在-3℃以下加盖保温被，在-5℃以下应暂停浇筑，并立即用保温被覆盖，待气温恢复后再继续施工；上下游坝面拆模后，立即贴挂保温被保护。⑧冬季施工时，仓面摊铺和碾压紧密衔接，快铺快碾，碾实后立即盖上保温被，以保温防寒。

（中国水利水电第八工程局　严尚源）

江垭水利枢纽大坝碾压混凝土施工技术

（一）工程主要特点

江垭水利枢纽（工程概况参阅本卷年鉴“大中型水电站”篇有关条目）大坝坝高131m，是国内第一座采用全断面碾压混凝土施工技术修筑的超过100m级的高坝。大坝混凝土总方量137万m^3，其中碾压混凝土（以下简称RCC）110万m^3，占坝体混凝土总量的80.3%。最大坝长369.8m，分为13个坝段，左右岸对称布置，包括左岸非溢流坝、溢流坝、右岸非溢流坝，横缝间距22.5～35m。溢流坝段长88m，共设4个14m×15m（宽×高）的开敞式表孔，3个5m×7m（宽×高）的中孔，中孔与表孔同时泄流时采用大差动空中挑流碰撞消能方式。坝体剖面上游坡铅直，下游坡1∶0.8，非溢流坝下游面呈台阶状。根据坝体运用要求，设计不同的RCC种类以适应强度和抗渗等要求，大坝上游面设3～8m厚的R_{90}^{200}二级配RCC（最大骨料粒径40mm）作为主要防渗结构，为了增加抗渗性能，设计考虑在此上游面190m高程（死水位188m）以下涂抹5mm厚的SRCM橡胶乳液改性水泥砂浆作为辅助防渗层；坝体190m高程以下为R_{90}^{150}三级配RCC，190m高程以上至坝顶为R_{90}^{100}三级配RCC。止水、基岩、结构物周边均采用变态混凝土。

（二）江垭大坝的碾压混凝土施工

大坝于1996年4月6日开始浇筑常态混凝土垫层，浇完1m厚后，过水度汛，同年9月恢复浇筑余下的1m厚常态混凝土垫层，10月开始浇筑RCC，1997年5月两岸达到158m高程，中间溢流坝段达到155m高程，1998年5月全坝达到200m高程，1999年4月完成坝体混凝土的浇筑。施工中年最大浇筑量70万m^3，月最大浇筑量12万m^3，日最大浇筑量7180m^3，坝体年最大上升高度51m。

拌和系统布置于大坝左岸坝肩附近，采用人工骨料，RCC搅拌时间约为70s左右。混凝土运输有两种主要方式：坝体158m高程以下，在坝下游填筑入仓道路，自卸汽车直接入仓卸料，其上为深槽皮带配合负压溜槽运输至左坝端，然后自卸汽车转运入仓。平仓厚度为34cm，分两次摊铺，在铺筑施工中，特别强调在摊铺层上卸料和由推土机推离卸料位置平仓，以处理骨料分离。碾压前在横缝上用振动切缝机切缝，填砂隔缝。经现场实验，BW202AD振动碾在行驶速度1.0km/h的情况下，无振2遍，有振6遍，再无振2遍，达到满意的容重和密实度，现场按98%理论容重控制压实质量。

上游面和横缝面的模板高3m，宽2.5m，为桁架组合钢模板，上下层叠支立，互为支撑翻升，下游面包括溢流坝段预留表面，采用90cm台阶方式，使用混凝土预制块重力模板，同时支立3～4层台阶，浇筑过程中循环翻升支立。

使用木钙作为外加剂，初凝时间一般为6～7h，终凝时间一般为15h左右。根据气温、风速、白天、夜晚、降雨（降雨强度大于3～5mm停浇），调整出机口 *VC* 值以保证铺筑质量，碾压前 *VC* 值控制在5～8s，高温天气还要在仓面采取喷雾或补偿水分碾压等措施，由于气温和度汛要求，6、7、8月停止RCC浇筑。

坝体RCC铺筑方式有两种：大坝164m高程以下及176～191m高程之间使用通仓薄层浇筑，164～176m高程及191m高程以上使用斜层平推铺筑。

（1）通仓薄层铺筑。全坝按横缝位置分2～3个区，每仓一次连续铺筑上升3m，然后依次浇筑邻区，通过分区，控制最大仓面面积小于6000m^2，以满足层间间隔时间小于初凝时间（按6h计），特殊情况时层间间隔时间超过初凝时间的层面，若时间在18～22h以内，铺1.5cm厚的砂浆或5mm厚水泥浆；18～22h以上则做为施工缝面处理，冲毛清洗验仓后均匀地铺2.0cm厚的砂浆，然后再浇筑上一层RCC。在防渗区，每施工1个碾压层，刮铺1层砂浆，以保证层面结合良好，增强层面的抗渗性。

（2）斜层平推铺筑。以整个坝面为一个工作仓面，碾压层面呈1:10～1:20的斜坡，从右岸到左岸进行坝轴线方向的全坝面持续浇筑，可使层间间隔时间控制在2～4h，一次上升高度也是3m。其要旨在于沿斜层前进方向每增加L长（可同时进行浇筑的坝面长度），都要对老面（水平缝面）进行清洗并铺砂浆，为了防止坡脚处的RCC骨料被压碎而形成质量缺陷，施工中采取了预铺水平垫层的办法，水平垫层超出坡脚前缘约3～6m，留20～30cm第一次不予碾压，与下一层的水平垫层一起碾压。江垭大坝RCC斜层铺筑施工，大体分为3个阶段：第1阶段为试验准备阶段，对斜层铺筑法进行了工艺试验；第2阶段，大坝164.0～176.0m高程，正式采用斜层铺筑法施工；第3阶段，191m高程以上直到坝顶245m高程。

江垭大坝采用斜层铺筑法浇筑的RCC累计达到45.5万m^3，占坝体RCC总量的41.4%。

(3) 变态混凝土施工。变态混凝土在大坝内的使用分为两种情况：一种是以变态混凝土代替常态混凝土，如止水、基岩、结构物周边，其使用厚度在0.5～1.0m之间；一种用于上、下游和横缝的RCC模板面，其使用厚度为0.2～0.3m。江垭大坝设置专门的全自动集中制浆站，拌好的水泥浆用管道运输至施工的坝面上，再用装载机运至施工部位，及时用小桶洒布在已摊铺平整的RCC表面，以大功率插入式振捣器强力振捣形成变态混凝土。江垭工程使用的水泥浆的水灰比为0.7，掺DH4R外加剂0.4%，水泥浆与RCC的比例是100～80L水泥浆加900～920L RCC。

（三）碾压混凝土施工质量

大坝共进行了4次较大规模的现场压水和钻孔取样检查，现场压水试验钻孔总进尺745.85m，共压水384段次，实测透水率为0.0107～0.0229Lu。钻孔取样454.2m，最大心样长度6.67m，利用取出的心样以及部分倒垂孔的坝内混凝土心样进行了各种物理力学指标试验，试验结果表明：RCC层面结合良好，层面完好率达99%以上，缝面完好率达90%以上，各项物理力学指标达到设计要求，且斜层平推铺筑的RCC的质量并不低于通仓薄层铺筑的RCC的质量，有的指标甚至更优。

（澧水流域水利水电综合开发公司　骆诗栋）

飞来峡水利枢纽应用外掺氧化镁混凝土筑坝技术

飞来峡水利枢纽工程位于广东省清远市境内，属于亚热带地区，夏季气温较高，且持续时间长，多年平均气温高于30℃的天数达127天。本工程的特点是基础混凝土面广、点散，施工时混凝土运距长，最远达1.5km，且根据制订的施工方案混凝土水平运输采用自卸汽车，垂直运输采用门式机卧罐进仓，混凝土周转次数多，若按常规的温控措施施工，很难满足设计要求。结合以前在青溪工程中取得的经验，经多方论证，认为本工程采用外掺MgO混凝土筑坝技术可以满足工程的防裂要求。最后决定，在南华（内含MgO2.6%）或金羊（内含MgO3.2%）425号水泥中，掺30%粉煤灰时掺入MgO 3.5%，过渡层为1.75%。

本工程从1995年8月至1999年4月进行外掺MgO混凝土施工，共浇筑外掺MgO混凝土约16万m^3。主要应用部位为每年5月～10月施工的基础约束区及停浇混凝土超过1个月的混凝土在此期间内需继续施工的部位。MgO原材料购自辽宁海城东方滑镁公司，经复测该产品品质满足规范指标。

MgO混凝土施工采用人工投料法。施工时，首先人工称量，然后单独装入袋中，拌和时和水泥一起投入拌和机内，干拌1min后，再加水和外加剂。同时，为确保混凝土中的MgO均匀性，经现场试验，拌和时间确定为：自落式双锥型拌和机≥3min，锥形反转出料拌和机≥5min。

MgO微膨胀混凝土施工质量主要决定于混凝土中的MgO分布均匀性，并以此控制施工过程的质量。经对掺量3.5%的部分作统计分析，本工程仓面及机口取样共1486组，其中仓面取样455组，机口取样1031组，离差系数C_V值分布情况见下表。MgO平均含量在1.95%～4.2%之间，且普遍低于3.5%。从总体上来说，本工程的外掺MgO混凝土施工工艺比较稳定，MgO分布基本上均匀，其质量标准属于“一般”等级。MgO均匀性较差的部位，主要集中在1996年10月以后施工的厂房坝段，个别样品MgO含量达9.46%。出现这些质量问题，主要是拌和机叶片未定期检修和混凝土净拌和时间未严格控制。若以质量控制较好的如4号坝段作单独分析，其质量标准都达“良好”等级。实践表明，外掺MgO混凝土施工，只要方法适当，严格要求，施工设备满足要求，其均匀性能达到要求。

取样离差系数C_V值分布情况表

离差系数C_V值	<0.15	0.15～0.18	0.18～0.22	>0.22
质量标准	优秀	良好	一般	较差
机口取样C_V值分布(%)	40.9	2.2	13.6	43.3
仓面取样C_V值分布(%)	61.7	17.0	0	21.3

MgO混凝土施工后，通过2年多的观测（以4号坝段为例），混凝土最高温度为50.10℃，混凝土水化热下降后，在10～30℃之间周期性变化。同时，

在掺 MgO 混凝土部位，其自生体积呈膨胀性变形，一般在 150×10^{-6}左右，随时间推移由于温降而引起的变形有下降趋势。过程线没有年周期变化规律，在其他掺量较少或未掺的部位的应变计、无应变计测得的应变过程有明显的年周期性。同时，通过表面观察安装间闭块，在施工后 2 年多的时间里未发现有张缝裂痕，说明混凝土中外掺 MgO 可以补偿其温度收缩引起的变形，防止混凝土裂缝产生。

飞来峡工程采用外掺 MgO 混凝土取代传统的温控措施成功地解决了大体积混凝土基础块开裂问题，且其施工工艺简单，能加快施工进度，具有很大的社会、经济效益。同时，利用 MgO 混凝土微膨胀的延迟性，在安装间中封闭块的应用成功，对其他工程（如导流洞封堵、二期混凝土等）有很好的参考价值。

（广东省水利水电第二工程局 温祖国）

青溪水电站工程采用 MgO 混凝土筑坝的情况

（一）工程概况

青溪水电站位于广东省大埔县境内，是韩江支流——汀江干流上杭以上河段的第二个梯级电站，装机容量为 14.4 万 kW。电站枢纽由拦河坝、河床式发电厂房、开关站以及上下游驳运码头等建筑物组成。挡水建筑物总长 315m，拦河坝由 5 个左岸重力坝段、6 个溢流坝段和 3 个右岸重力坝段组成，最大坝高 51.5m。左岸重力坝段长 83.5m，溢流坝段长 100.5m，右岸重力坝段长 57m，一般坝段宽 15～20m，坝体混凝土量约 14 万 m^3。该工程从 1990 年 6 月开始全坝使用 MgO 混凝土筑坝技术，至 1991 年 3 月结束，1993 年全面竣工。

大坝原温控设计，以混凝土加冰拌和为主，辅以骨料堆及仓面防晒降温等措施。加冰工艺采用外地购冰、汽车运输（运距 43km）、工地设冰库、拌和楼碎冰、人工加冰，冰的损耗率达 50%，施工麻烦。1989 年导流明渠坝段施工，没有达到预期效果，裂缝较多，因此决定采用 MgO 膨胀混凝土筑坝技术，代替原来的温控措施，并加强坝面保温。

（二）MgO 混凝土使用部位和保温措施

设计分析表明，青溪大坝全坝应用 MgO 微膨胀混凝土，坝面保温，取代拌和加冰等降温措施是可行的。MgO 混凝土浇筑高度大体上按坝块长度 L 的 0.4 倍控制，个别坝段如 13 号溢流坝段坝高不大，则全坝高均浇 MgO 混凝土（闸墩不用 MgO 混凝土）。

各部位 MgO 掺量根据设计要求和施工方便，以应用最多的文福普通硅酸盐 425 号水泥，掺 30%粉煤灰的配合比为准，基础混凝土（R_{90}150 号），MgO 掺量为 10.75kg/m^3 和内部混凝土（R_{90} 100 号），MgO 掺量为 8.6kg/m^3，溢流面混凝土（R_{90}200 号）MgO 掺量为 1.74kg/m^3。坝面保温，大坝上游面采用聚苯乙烯泡沫塑料板，板厚 2cm，表面放热系数 $\beta_S\leqslant1.6$kcal/（$m^2\cdot h\cdot$℃）❶，相当于 1.5m 厚混凝土的隔热效果，侧面用塑料气泡垫保温，$\beta_S\leqslant2.4$kcal/（$m^2\cdot h\cdot$℃）；孔洞及廊道等部位在可能条件下用木板或砖封死。

（三）大坝外掺 MgO 均匀性检验

青溪工程 MgO 混凝土采用机口外掺方式，即在 MgO 仓库先按拌和机容量分袋称量 MgO，在拌和楼配料层人工加入，不延长拌和时间。MgO 的均匀性检验按 MgO 混凝土施工规程要求进行；检验内容主要有 3 项：拌和机单机检验，坝体 MgO 均匀性检验，连续施工 MgO 均匀性检验。

（1）拌和机单机 MgO 均匀性检验。青溪工程在正式浇筑坝体混凝土之前，对 2 座拌和楼进行了 4 次拌和机单机 MgO 均匀性检验，检验时拌和时间不延长，每次取 30 个以上样品。按照规程拌和机单机 MgO 均匀性控制指标，青溪工程除了四角拌和楼第一次试验，由于配料不当，混凝土太干，坍落度仅 3cm，离差系数偏高（$C_V=6.18\%$），为良好水平外，2 座拌和楼实测离差系数均能满足优秀标准。青溪工程拌和设备陈旧，其中四角拌和楼为 50 年代国内产品，外掺 MgO 采用人工投料，用这样的拌和楼拌制的混凝土，MgO 的均匀性仍能达到优良标准，说明外掺 MgO 的混凝土对拌和楼的适应性是很强的。

（2）坝体 MgO 均匀性检验。青溪大坝要求每个 MgO 混凝土浇筑层均匀取 10 个仓面样品，整个大坝共取仓面样品 900 个。由青溪水泥压蒸安定性试验可知，当 MgO 掺率大于 5.9%时即超过压蒸安定性标准。在 900 个样品中，MgO 掺率大于 5.9%的样品共有 9 个，占总数的 1.0%，因此可以认为，青溪大坝外掺 MgO 混凝土的安定性是有保证的，设计确定的 MgO 掺率是合适的，设计掺率与最大压蒸安定掺率之间留有一定的裕度，在目前对保证大坝混凝土安定性是必要的。

在 900 个仓面样品中，四级配混凝土的样品共有 630 个占样品总数 70%，因此以四级配样品为代表进行坝体 MgO 混凝土均匀性分析。统计资料表明，四级配混凝土 MgO 平均掺率 $X=4.44\%$，最大掺率 $X_{max}=7.52\%$，最小掺率 $X_{min}=0.65\%$，均方差 $\sigma=0.65\%$，离差系数 $C_V=14.6\%$，掺率在 3.14%～

❶ 1cal = 4.18J，后同。

5.74%。三级配混凝土较少，共取样160个，离差系数$C_V=11.2\%$，达到良好和优秀标准。实测资料统计表明，青溪大坝连续施工MgO混凝土总体均匀性比较好。实测MgO混凝土平均掺率为4.44%，较设计掺率5%小0.56%，分析其原因是拌和楼水泥称量系统不准确，冒秤现象较普遍，水泥约多加5%～10%；而MgO和粉煤灰是人工加料、二次称量，掺量误差较小，实际降低了MgO掺率，考虑上述因素估计实际平均掺率约为4.7%。

连续施工中MgO混凝土掺量均匀，保证了各段MgO掺量均匀，据统计资料，青溪各坝段多数属"良好"水平，只有10号坝段因混凝土浇筑量小，样品个数少，均匀性较差，离差系数偏大（$C_V=25.7\%$）；其余坝段离差系数在17%以下，8号坝段最小，仅7.6%。11个坝段中良好以上的有5个，优良率占45%。总的看来，青溪大坝坝体混凝土MgO均匀性水平接近良好标准。

青溪大坝由于采用MgO混凝土筑坝技术，自1992年蓄水至今，未产生基础贯穿性裂缝，只有在1990年冬8号坝段基础灌浆廊道顶拱因施工分缝不当，浇筑层过薄，上部布置门机且长停歇，出现过1条裂缝。此外，在1991年12月末溢流坝段闸墩侧面由于过早拆除保温材料，又遇50年未见的寒潮，气温骤降15.4℃，达－3.2℃，以致有2个闸墩出现表面裂缝。该部位已超出基础约束区，不属MgO混凝土补偿部位。

（华东勘测设计研究院　曹泽生）

三峡工程第二阶段工程砂石骨料生产系统

三峡工程第二阶段工程混凝土总浇筑量约为1747万m^3，其中1999年、2000年、2001年计划浇筑量分别为448万m^3、540万m^3、436万m^3，3年的施工强度都将创造出世界水电建设史上的纪录。如何保证这3年混凝土的高强度施工，并确保第二阶段工程混凝土浇筑任务的顺利完成，关键在于混凝土骨料生产供应系统能否满足施工需要。

三峡工程混凝土骨料生产供应主要有两大系统：古树岭人工碎石加工系统，设计强度为满足每月45万m^3混凝土浇筑所需骨料；下岸溪人工砂石加工系统，系统设计为满足55.9万m^3混凝土所需人工砂，同时供应12.9万m^3混凝土所需骨料。这两个系统都是1996年开始投入运行的，经过3年多的运行，进行了不断的完善，为三峡第二阶段的混凝土骨料生产供应奠定了很好的基础。

（一）三峡二阶段工程混凝土骨料的总体供应

1. 骨料供应总量　第二阶段工程混凝土施工总量所需的骨料供应量经计算，成品碎石料为1974万m^3，砂为821万m^3。其中：下岸溪系统供应成品碎石826万m^3、砂821万m^3，古树岭系统供应成品碎石1148万m^3。

2. 混凝土浇筑高峰期骨料的月供应强度　根据三峡工程总体安排，按1999年、2000年及2001年3年混凝土高峰期中最大施工月强度60万m^3考虑，其人工砂石料的分配为：下岸溪系统供应17.4万m^3混凝土所需的成品碎石，60万m^3混凝土所需的人工砂；古树岭系统供应43.0万m^3混凝土所需的碎石。

3. 混凝土级配与加工系统调配能力　古树岭系统是按设计混凝土级配比例四级配:三级配:二级配＝5:4:1考虑的。在混凝土高峰期施工时级配按现有资料测算，二、三级配的混凝土量将达到60%～70%。该系统经完善改造后，级配调配能力有了很大的提高，基本能满足高峰期混凝土级配的要求。下岸溪系统的碎石级配设计基本上是按目前资料测算的四级配:三级配:二级配＝1:6:3考虑的，如果设计不发生大的级配变化，该系统可以满足混凝土级配的需要。

（二）加工系统的生产能力

1. 古树岭人工碎石加工系统　该系统位于长江左岸临时船闸和永久船闸之间的古树岭。系统按混凝土高峰期平均月浇筑强度45.5万m^3设计，按高峰月浇筑强度53.9万m^3、三班制生产进行校核，成品生产能力为2175t/h（两班制生产）。由于加工毛料质量下降导致成品率较原设计低，目前实际生产能力约为1856t/h。系统设备布置中粗破采用国产设备；二破及三破设备采用国外先进的圆锥破碎机，可有效地控制各级碎石的针片状含量。整个系统由陈家冲堆场、粗破车间、半成品堆场、预筛分车间、二破三破车间、筛分车间、成品料堆场、给排水设施、供配电设施及道路工程等组成。碎石加工的料源为闪云斜长花岗岩，岩石湿抗压强度100MPa，主要来自于厂坝基坑、永久船闸开挖的微新岩石。该系统采取设计、施工及运行管理全过程的招标方式，由中国葛洲坝集团公司中标承建，系统从1996年3月25日开始生产，截至1999年12月底，已供应成品碎石938.45万t，最大月供应强度66.03万t。

2. 下岸溪人工砂石加工系统　下岸溪料场位于三峡坝址下游、长江左岸，距坝址12km。料场岩性为斑状花岗岩，加工料主要利用弱风化下限及微新花岗岩，湿抗压强度138MPa。料场总开挖量2410万m^3，其中有用料开挖1990万m^3，剥离料开挖420万m^3。下岸溪系统分两阶段实施：第一阶段建成三峡二期工程混凝土所需人工砂生产系统，该系统采用公开招标方式选定宜昌三峡工程建设三七八联营总公司承建。系统包括采场开挖、粗破车间、预筛分二破车间、三破车间、筛分车间、棒磨制砂车间、宝马克制砂车间及相关设施等，系统按三班制生产，成品砂生产量为 782t/h，高峰期生产成品砂 26.1 万 m^3/月。第二阶段在一阶段人工砂生产的基础上增加人工碎石的生产，解决古树岭碎石加工系统由于加工料源不足造成的约 826 万 m^3 成品料缺口，并满足将来三峡工程三期工程混凝土所需人工砂石料的生产供应。该系统在三峡工程二期工程中总计供应成品砂石料 1653 万 m^3。截至 1999 年底已供应人工碎石 178.96 万 t，人工砂 447.99 万 t；最大月供应强度为人工砂 40.36 万 t，人工碎石 26.7 万 t。

3. 两系统的设计生产能力及实际需要量　据系统设备实际能力与设计能力对比分析资料，两加工系统的设备配置能力都大于设计所需能力，如果加强系统的科学管理，其生产能力是有潜力可挖的。综合分析得出的结论是：两系统最大可满足月混凝土浇筑 60 万 m^3 的骨料供应。1999 年 11 月份两系统骨料生产满足了 55.35 万 m^3 的混凝土最大施工强度。

（中国长江三峡工程开发总公司　王世平）

大朝山水电站砂石骨料生产系统

（一）概述

大朝山水电站人工砂石生产系统由全固定式砂石加工厂、毛料堆渣场和动力供应 3 部分组成，主要生产拦河坝、地下厂房和尾水隧洞等主体工程混凝土所需砂石料。混凝土总量 226.5 万 m^3，需制备成品砂石料 520.58 万 t，其中碎石 342 万 t，砂 178.58 万 t。

系统生产规模按满足主体工程混凝土高峰月平均浇筑强度 10 万 m^3 设计，毛料处理能力 800t/h，成品生产能力 684t/h，其中砂 235t/h。加工料源利用主体工程洞挖和部分明挖石渣，岩性为玄武岩，岩石质纯、坚硬、性脆，干抗压强度为 85～150MPa。

（二）系统工艺流程与总体布置

本系统工艺流程由粗、中、细 3 段破碎工艺，两级筛分（预筛和筛分）工艺及筛分产砂和棒磨机制砂工艺组成。其中制砂车间还设有 2 台 36 英寸（0.914 米）旋盘机，除用于制砂外，主要承担喷混凝土骨料生产，加工能力为月需 1500m^3。

本系统直线长约 500m，占地面积 12.5 万 m^2，地形高差 125m。加工厂布置在那戈河口右岸，距坝址约 2km，周边为 4 号和渔大路环绕，主要生产车间按流程逆向从低往高布置在 837.3～945.0m 高程之间陡坡上。粗碎、预筛、中碎车间自那戈河口沿澜沧江右岸 4 号公路外侧呈 L 形布置，筛分、细碎、制砂车间及半成品、成品料仓沿那戈河方向 4 号公路内侧山坡上错落布置。各车间之间由 46 条胶带机连接，另有 12 条胶带机自成品廊道跨那戈河栈桥运输成品至 Q 点（混凝土系统接口），输送能力为 2×900t/h。加工厂内设有 1 条长 1.2km 的场内公路连通各车间。堆渣场利用那戈河口沿澜沧江右岸平缓场地整治而成，堆存容量 140 万 m^3，粗碎车间与其紧邻相连。

（三）生产运行与质量控制

大朝山砂石系统投入生产运行后，始终坚持科学管理，不断挖掘潜力，克服了系统主要加工设备因经历乌江渡、漫湾两电站工程后存在严重老化和技术性能降低的不足。采取的作法是：按系统布置特点，将系统生产线合理划分为“四车间一机械队”的生产单位。各单位在严格执行生产工法的同时，认真组织完成本单位的生产任务，定期、定时对机械、电气设备做好维护保养，及时处理生产过程中出现的故障。本系统自 1997 年 3 月到 1999 年 12 月底已生产合格砂石料共 198 万 m^3，其中人工砂 70 万 m^3，最高月供料量突破 16.2 万 m^3。

大朝山水电站拦河坝为重力式碾压混凝土坝。为提高碾压混凝土质量，鉴于石粉在碾压混凝土中起到微集料作用，使混凝土表面易泛浆，提高砂浆对骨料的包裹性，从而改善混凝土的可碾性，增强其弹塑性和压实度，根据大朝山工程专家组意见，对砂石产品质量指标在有关标准规范和标书技术指标基础上提出了更高的要求，主要参数见下表。

项	目	设计指标	变更指标
人工砂	细度模数 *FM*	2.4～2.8	2.8±0.2
	小于 0.15mm 含量	<12%	≥14%
	小于 0.08mm 含量		≥7%
	含水率	≤6%	≤6%
碎石	超径	<5%	<5%
	逊径	<10%	<10%
	针片状	<15%	<15%

本系统因受生产工艺及加工设备制约，为保证产品质量，生产单位在健全职能组织机构的前提下，制订、实施了严格的工艺措施：广泛深入开展“质量第一”的思想教育，加强 QC 小组活动力度，以确定砂石料生产的最优工艺参数；加强质检、实验室现场跟班作业，对每一生产工序、生产环节进行监控，严格执行班组自检、车间复检、质检部门终检并报监理工程师确认的三级质控体制，对监理工程师的意见认真主动听取，对可能影响质量的问题及时研究处理。

为满足砂石料质量高标准技术指标要求，本系统在通过竣工验收投入运行后，在碎石骨料、制砂生产工艺上进行了上10次技术改造，其中突出在制砂工艺上。例如：由于人工砂中石粉含量较标书规定大大提高，在不增设任何细磨工艺条件下，通过对细碎和制砂车间进行多次生产工艺调整和实验检测，成功地研究设计了钢结构式半机械化石粉回收装置。该装置建成后，回收石粉能力为11m^3/h，回收的石粉与系统所产砂中含有8%～12%的石粉综合，可以满足成品砂石粉含量要求。然而，由于砂中石粉含量提高，其饱水性和堵塞作用使砂仓脱水难度加大，且因筛分、制砂车间产的砂表面明水较多，与回收的石粉掺合后进入砂仓易发生“泥石流”现象，严重影响了石粉掺合均匀性和含量的稳定。为此，一方面对砂仓脱水盲沟进行改造，变原来实心盲沟为空心盲沟，加强脱水；另一方面在筛分和制砂车间各装1台直线型脱水筛，将砂脱成饱和面干状态，再与石粉同步掺合进入砂仓。措施实施后，根据1999年11月底至2000年元月15日期间在供料Q点检测结果统计，共检测45次，其中成品砂细度模数 $FM=2.65$，小于0.15mm含量在14.4%～20.77%，其中小于0.08mm含量除8次在5.12%～6.58%之间，其余均大于7%。检测结果表明：成品砂的各项指标满足碾压混凝土用砂要求，尤其保证了各指标的均匀和稳定。

对碎石骨料质量控制，因加工料源为洞渣，块度较小且干净，采用常规工艺措施即提高筛分效果、减少二次破碎、匹配放料就能保证，而大石、特大石针片状含量较大，在15%～20%之间，这是因玄武岩硬且脆造成的，小石、中石经细碎整形后，粒级较好。

（中国水利水电第八工程局　袁德金　李建峰）

棉花滩水电站碾压混凝土坝人工砂石料生产系统

（一）工程概况

棉花滩水电站大坝为碾压混凝土重力坝，最大坝高111m，混凝土总量约61万m^3，其中碾压混凝土50万m^3，常态混凝土11万m^3。根据施工总进度安排：大坝工程从1998年4月开工，到2001年6月竣工，总工期3年2个月。碾压混凝土施工工期分别安排在1998年12月～1999年4月20日、1999年10月20日～2000年4月20日和2000年10月20日～2001年4月20日的3个枯水期内完成，月高峰浇筑强度达6万m^3。

（1）料场选择。据设计院料场勘探报告提供的情况，在坝址附近的汀江流域和永定河均缺少天然砂石料场，只有离坝址约7km处永定河右岸的桂春楼和坝址右岸上游约2km的背头坑储有大量的中粗粒式黑云母花岗岩；两处料场的花岗岩岩石物理力学指标均能满足规范要求，储量也能满足工程需要。因此确定大坝混凝土用的砂石料全部采用人工砂石料，采场选在坝址右岸上游2km处的背头坑料场。

（2）砂石料质量要求。因大坝采用碾压混凝土施工，故对细骨料的品质和级配要求与常态混凝土有所不同，细骨料的品质除应满足原水利电力部标准SDJ207—82《水工混凝土施工规范》外，还要求：砂的细度模数 FM 为 2.6 ± 0.2；砂中的石粉含量（$d\leqslant0.15$mm）为12%～20%。

（3）人工砂石料生产系统规模确定。大坝工程采用碾压混凝土施工的特点是：用大仓面、高产量快速施工法；要保证大坝混凝土浇筑强度，必须要有足够的砂石料生产能力。根据混凝土施工强度分析，人工砂石料生产能力要达到500t/h才能满足混凝土要求，该强度已属于大型人工砂石料工厂范畴。

（二）人工砂石料干法生产（巴马克制砂）工艺流程的特点

（1）系统工艺流程简单，整个系统只设三段破碎，即粗碎、中碎、细碎及制砂。

（2）破碎机5台均采用瑞典国斯维达拉公司产品，粗破为1台颚式破碎机，型号为JM1211HD；二破为1台小旋回破碎机，机型为S—4000EC；中碎为1台圆锥破碎机，机型为H—4000EC；细碎及制砂为2台B—9000立轴式石打石破碎机。从中碎之后均设有闭路循环，在生产过程中调节自如，运行操作灵活、方便。

（3）采用巴马克制砂，放弃了传统棒磨机制砂，大大简化了制砂工艺。

（4）采用全干法生产，系统在运行过程中不消耗水源，节约了生产用水，省掉了污水处理设施，同时满足了碾压混凝土对人工砂含粉率的要求。

（三）人工砂石系统的调试和运行

（1）粗碎系统调试。首先进行初碎至半成品料场的调试，并检测初碎机的生产能力。经过半个月的试生产，初碎段的产量已达到设计值（每小时500t处理量）。

（2）二破和中碎系统调试。系统原设计只设置三段破碎，即粗碎、中碎、细碎及制砂，中碎主要以1号筛分楼和S—4000EC小旋回破碎机组成，经过一段时间的调试和运行，发现该段产量和骨料粒径级配都达不到设计要求，其原因是：用S—4000EC作为中碎，其产品粒径分布与原设计值偏差较大，产品中大骨料偏多，中、小骨料不足，造成级配不平衡，后对系统进行改造，在中碎之前增加一段二破，即将S—4000EC前移作为二碎，另在原S—4000EC位置改换1台H—4000EC圆锥破碎机作为中碎，经改造后中碎系统生产量和产品的级配均达到设计值。

(3) 细碎及制砂系统调试。细碎及制砂部分与中碎部分同步调试和检测，由于在初始运行工况下，经巴马克破碎后的中、小骨料和人工砂存在着一些问题：经巴马克破碎后，中骨料偏少，小骨料和砂偏多，且砂的细度模数均在2.1～2.5之间波动，与规范值规定的2.6±0.2有一定的偏差，且砂中的石粉含量偏高较多（高达22%），大于技术规范值，经分析认为巴马克的转速偏快（约1422r/min），骨料在巴马克破碎机中的抛料线速度约62m/s，造成骨料过度破碎，后将巴马克进行降速处理，使转速由原来的1422r/min下降至约1346r/min，相当抛料线速度59m/s。经过降速后的巴马克其生产出的骨料和砂均得到了很大的改善，中骨料明显增多，砂的细度模数为2.5～2.8，砂中的石粉含量降到17%左右，满足了碾压混凝土对人工砂的质量要求。

（四）总结

棉花滩水电站大坝工程人工砂石料的生产工艺，放弃了以往常规的湿法生产方法和棒磨机制砂工艺，而改用干法生产和立轴式石打石破碎机制砂工艺，它的应用成功，大大地提高了经济效益，简化了制砂工艺，节省了大量的钢材和宝贵的水资源。但是，在生产过程中还存在一些问题，如：干法生产工艺引起粉尘污染还没有得到很好的解决，粗骨料表面裹粉造成成品料产品质量下降问题还在进一步的研究、解决中。

（中国水利水电闽江工程局 方彦铨）

万家寨水利枢纽人工砂石生产系统

万家寨水利枢纽工程位于黄河中游上段，枢纽拦河坝为混凝土重力坝，主体工程混凝土总量约为184万m^3。因枢纽附近缺乏足够的天然砂砾料场，工程所需砂石骨料均需采用块石料开采、破碎加工生产。初步设计阶段曾拟在枢纽左右岸分别建立人工砂石生产系统。后右岸系统因征地困难、建厂延期而停建，整个工程所需的全部砂石骨料供应遂改由左岸系统承担。该系统于1993年1月开始场地平整施工，1993年10月施工单位进场，1994年9月建成开始局部试生产，1995年4月全部建成投产。万家寨水利枢纽左岸人工砂石生产系统情况如下：

（一）料源选择

本工程地质勘探提供了前后滩、柳树滩、大东梁等天然砂砾料场，但天然砂砾料场较分散、储量不足，砂砾料级配和冻融性能不符合规范要求，且因开采运输条件差而生产单价偏高。

辛庄窝块石料场位于左岸，距坝址约3km，料场呈马蹄形环状山脊，地面高程1270～1285m，岩性为中奥陶系马家沟组下段厚层、中厚层灰岩、白云质灰岩及白云岩，适合作为人工砂石料料源，其有效储量576万m^3，无效层约58万m^3，占有效储量的10%，覆盖层数量很少。该石料场灰岩、白云质灰岩质纯，性脆而坚硬，干抗压强度为102～320MPa，灰岩干抗压强度平均值208MPa，白云质灰岩干抗压强度平均值198MPa。岩石的矿物成分主要是方解石和白云石，石英含量1.3%～4.5%，SiO_2含量平均值2.19%。无论从储量、质量、位置和开采运输条件等各方面分析，辛庄窝块石料场均较好，是理想的人工砂石料场，设计的各个阶段均为人工砂石料的首选料场。

（二）生产工艺流程及设备

根据工程具体情况，本系统生产工艺流程有如下特点：①鉴于本工程石料场岩石属中奥陶系灰岩、白云岩，质密坚硬，比通常南方地区的石灰岩抗压强度高得多，因此对开采钻孔及破碎设备均需选择适应中硬以上岩石的耐磨设备，如：开采选用Atlas公司生产的ROC742型液压钻车，孔径89mm，开采掌子面高度12m；粗碎选用旋回破碎机，中细碎选用圆锥破碎机，制砂选用棒磨机。②采石场开采爆破的毛料最大粒径约为750～1000mm，要求破碎最小粒径为5mm，破碎比大，故采用三段破碎，即粗、中、细碎，另加制砂工艺。细碎与筛分构成闭路循环，以便灵活调整产品级配。③根据地质资料，料场岩体完整、裂隙少，无黏土夹层，故不考虑洗泥工艺。④在破碎机碎石过程中，产生粒径小于5mm的粗砂，经筛分楼底层螺旋分级机脱水后，细度模数$FM=3.2$～3.4左右。为充分利用料源，减少弃料，将这部分粗砂与棒磨机生产出的人工砂在皮带机上边运输边混合，最后送至成品砂料堆堆存，并进一步脱水。混合后人工砂的细度模数$FM=2.8$～2.9。⑤因本工程所处地区风沙大，且成品料堆存、转运环节较多，为减少成品料中逊径含量，各级碎石料在进入混凝土系统调节料仓之前，增加了二次筛洗工艺，将粒径小于5mm的石屑筛出，以确保成品砂石料的质量。⑥本工程地处高寒地区，为防止冬季结冰下料困难，在砂料堆卸料口附近设有解冻用蒸汽排管。

（三）系统布置

本系统分两部分布置：粗碎、预筛、中碎及半成品料堆布置在采石场附近，距采石场平均运距约1.2km，可减少毛料运输路程；此外，经粗碎、预筛、中碎处理后的半成品料粒径小于 150mm，可减少对皮带机的磨损。半成品料由皮带机栈桥送至设于山凹中的半成品料堆，最大堆高 54m，容量约 16 万 m^3。半成品料从料堆通过骨料运输线运到坝头筛分调节料仓，骨料运输线为 3 条皮带机，总长约 900m。筛分、细碎、制砂、成品料堆、二次筛洗等均集中布置在左岸坝头下游，靠近混凝土系统。整个系统布置，从粗碎间 1201m 高程至成品料堆 1048m 高程，充分利用地形高差，减小皮带机倾角，从而降低了电能消耗和土建工程量。

（四）技术指标

本系统的主要技术指标如下：①生产能力，（高峰月）280000t/mon，小时生产能力 800t/h；②半成品料堆容量，160000m^3；③碎石成品料堆容量，105000m^3；④成品砂料堆容量，65000m^3；⑤电动设备功率，5661kW；⑥生产用水量，1660t/h；⑦生产班制，2 班/d；⑧生产人数，415 人；⑨占地面积，210000m^2。

（天津勘测设计研究院　胡传琪）

特细砂混凝土在东西关水电工程中的应用

（一）概述

东西关水电站是嘉陵江中游河段上发电、航运结合的径流式低水头电站。枢纽工程由闸坝、厂区、船闸 3 部分组成，混凝土总量 93 万 m^3。工程于 1992 年 9 月开工，1995 年 9 月 28 日首台机组发电。本工程混凝土原材料与规范要求相差甚远，水泥为立窑生产的普硅 425R 或 425 水泥，其熟料中 f-CaO、C_3A 含量远高于普通大坝水泥指标；砂料系河滩天然特细砂，颗粒级配多在 0.63～0.08mm 之间，细度模数最小值 0.76，平均值 1.16，平均粒径 0.15～0.17mm。砂的粒径小，比表面积大，混凝土用水量较中粗砂混凝土高 20～30kg/m^3。为保证工程质量并解决用砂问题，对特细砂水工混凝土进行了深入的试验研究，配合比设计和试验采用“低砂率、低陷度、低水泥用量、高掺粉煤灰”及掺用减水剂等措施，有效地降低了水泥用量，改善了混凝土的和易性，降低了绝热温升，提高了混凝土的抗渗及抗裂性能，并可采用大仓面通仓薄层浇筑方法。该工程混凝土质量优良，经济效益显著。

（二）特细砂混凝土性能研究与主要成果

（1）特细砂混凝土具有低砂率、低陷度及易液化的特性。最佳砂率较同级配的中粗砂混凝土约低 9%～12%，用水量下降到中粗砂混凝土的水平。试验和施工中，高掺粉煤灰的明显效果是降低了含砂率，增加了灰浆体积，改善了混凝土的和易性，且用水量也略有降低。利用特细砂混凝土易液化的特性，其陷度可较中粗砂混凝土降低 2～4cm。

（2）纯特细砂混凝土的抗压强度与中粗砂混凝土大体相近。掺 40%粉煤灰，90d 强度增长率45.8%～91.2%，180d 增长率高达 78.6%～127.4%。经多元回归分析，抗压强度与胶水比、粉煤灰掺量呈线性函数关系，其回归方程的剩余标准差仅为水泥标号值的 3.9%，有利于现场混凝土质量控制。纯特细砂混凝土 7d 材龄的拉压比值为 6%～7%，但随材龄的增长而增高，故早期（28d 前）应加强养生以防开裂。掺 40%粉煤灰的混凝土 7d 材龄拉压比值可达 8%～10%，对提高混凝土的抗裂能力十分有利。

（3）试验研究表明：采用新技术配制的特细砂混凝土，其抗冻性能、弹性模量、干缩性、极限拉伸值与中粗砂混凝土相近，其抗渗性能优于中粗砂混凝土。水泥用量仅为 60kg/m^3 的四级配混凝土，90d 龄期抗渗标号达 0.5MPa，水泥用量为 117kg/m^3 的三级配混凝土，23d 龄期抗渗标号大于 0.8MPa。

（4）单位水泥用量低，水化热小。工程施工的 100 号、150 号、200 号常态特细砂混凝土，单位水泥用量分别为 67、89、103kg/m^3，现场随机取样（组数分别为 144、284、1020），其平均强度分别为 13.7、20.58、28.92MPa。由于水泥用量低，水化热小，并采用大仓面薄层浇筑方法，R_{90}200、四级配混凝土实测温升 5.3～6.6℃，与铜街子左岸挡水坝段碾压混凝土温升相近。

（5）采用普硅 425 水泥、ZR—1 减水剂，砂料细度模数 1.16，水泥用量 275kg/m^3（三级配），可配制 R_{28}300 和 R_{90}400 高标号特细砂混凝土。砂料细度模数 0.76，水泥用量 444kg/m^3（一级配），陷度 8.0cm，28d 抗压强度 46.4MPa，与水泥标号值相近。

（6）特细砂配制水下灌筑及喷射混凝土，取得了优良的技术经济效果。C20 二级配、导管法水下灌筑混凝土，水泥用量 275kg/m^3，28d 平均强度 25.30MPa，较中粗砂混凝土节省水泥 70～100kg/m^3。用 C20 特细砂喷混凝土支护高边坡，水泥用量 450kg/m^3，现场抽样 28 组，平均强度 24.52MPa，P（x）=84.8%，C_V=0.18，回弹率 13%～15%。

（三）施工方法和工艺要求

浇筑方法与中粗砂混凝土无明显差异。拌和过程中投料顺序与中粗砂混凝土相同，但搅拌时间须延长 30s。机口陷度按入仓方式确定，通常为 2～4cm。混凝土收仓后，仓面应遮盖，以防烈日暴晒或雨淋。养生重点须保持混凝土界面湿润，自终凝开始喷洒雾水，延续时间不短于 28d。拆模时间应不低于 720（℃·h）。

为加快施工速度，可模拟碾压混凝土大仓面通仓薄层浇筑的快速筑坝施工方法。利用低流态特细砂混凝土具有易液化的特性，且因拌和物“干稠”，易用皮带或汽车直接入仓。东西关工程C15、C20混凝土水泥用量近似于碾压混凝土坝水泥用量，水化热小，混凝土温升低，有利于温控。不少仓面采用通仓薄层浇筑，汽车入仓卸料，仓内分层浇筑、台阶法铺筑。通常层厚2.0m，间歇4～6d，所筑部位经检查验收，外光内实，均未发现裂缝。

（四）工程质量与效益

竣工检查验收和现场质量控制成果显示：C10～C30各品种混凝土，任何一组抽检试件最低抗压强度值不低于设计标号的90%，其 P（x）＝90.7%～97.9%，C_V＝0.176～0.087，混凝土的抗拉强度均超过设计标号的10%；R_{90}100S2混凝土最低抗渗标号达S4，表明混凝土质量优良，并具有优异的抗渗和抗裂能力。1998年闸坝与厂区枢纽工程获四川省建设工程天府杯金奖。

东西关水电站工程混凝土采用“三低一高一掺”措施，水泥用量低，不仅节约了人工砂费用，且在大体积混凝土施工中可用汽车直接入仓卸料并采用大仓面通仓薄层浇筑，简化了施工程序和温控措施，保证了工程质量，加快了施工进度，使工程早日发挥效益。按已浇筑的91万m^3特细砂混凝土计，较合同文件节约水泥4.19万t，经济效益和社会效益十分显著。

（中国水利水电第七工程局　方俊明　魏大智）

三峡二期工程混凝土模板技术概述

三峡工程对混凝土模板施工技术要求较高，特别是二期厂房及大坝工程模板，既要适应塔带机浇筑连续高强度入仓和大功率振捣的要求，还要确保高速水流孔口、电站进水口、尾水管、胸墙等部位的特殊要求；同时还提出大坝水位以上外表面和厂房墙体不装修的方案，因此对工程施工模板要进行专门的研究、设计和制作，以保证工程各部位混凝土的体形及表面质量。

1．常规模板　三峡二期厂房及大坝工程混凝土浇筑，除基岩找平层及紧接的1～2层采用内拉外撑形式的散装钢模板外，普遍采用了大型悬臂模板。上、下游基础部位以上采用组装大模板，对于大仓浇筑部位主要采用面板3.0m×1.6m（宽×高）或3.0m×2.1m悬臂钢模板（多卡模板），部分地方还采用了3.0m×3.1m悬臂钢模板。悬臂模板一般采用三角支撑结构，在模板上部预埋定位锥，以作为下一混凝土浇筑上升层的模板固定结构。

纵、横缝模板与上、下游面模板相匹配，采用带键槽面板的悬臂钢模板。

2．特种模板和异型模板

（1）深孔模板。深孔尺寸7m×9m（宽×高），泄流通道长113m（含明流段），共23孔，每孔设置上游反钩门、平板事故门和弧形工作门3道闸门。深孔进口至弧形工作门之间20.5m长段为有压段，其余为明流段。深孔成形侧墙模板一般采用悬臂钢模板。进口封顶模板（跨度7m），通过专门设计采用：平面间距0.76m×0.76m、竖向间距1.45m的ϕ1.5英寸钢管排架，整个排架布置适当的剪刀撑以确保结构牢固可靠。排架顶部摆放工12.6工字钢形成模板支撑平台，顶部结构由方木龙骨架和木面板组成，龙骨架底部与工字钢梁之间加垫木楔子，用于高程调整和拆模。形成龙骨架的木桁架共10榀，中间4榀和面板连成整体，两侧各3榀和面板也分别连成整体。顶部结构分3块，吊装好后调整高程到位，补齐模板并进行刨光，然后再在木面板表面加钉3mm厚三合板以保证表面施工要求。深孔明流段封顶采用倒“T”形梁预制模板。

（2）底孔模板。底孔出口尺寸6m×8.5m（宽×高），底孔有压段长约80m，最大高度约12m。有22个底孔，每个孔设上游反钩封堵门、平板检修门和出口弧形工作门、下游封堵门共4道闸门。底孔侧墙模板采用面板尺寸3.0m×1.6m的悬臂钢模板施工。顶板封顶（悬臂3m）承重排架是传统的施工方式，用满堂脚手架钢管从导流底孔底部一直搭设到底孔顶部，脚手架钢管间、排距为1.0m，排架上、下层间距1.5m，排架与底孔侧面有撑拉连接，每隔2～3层（排）设剪刀撑。顶板面板采用标准散装钢模板拼接施工，进水口部分用10cm宽小钢模拼装而成，钢模板要求接缝完整、平整。底孔侧墙表面曲面部分使用单面刨光木板，以确保圆弧段和门槽处木板施工接缝严密，防止漏浆。支撑顶部面板的横梁用型钢或方木制作，横梁间距0.75m，面板安装就位进行测量检查，特别是进口龙骨架要精确放样加工，确保安装精度，并及时调整安装误差。控制轮廓线尺寸误差5mm，表面不平整度在3mm以内。由于底孔是跨横缝布置，每孔封顶需两次完成，要求先封块模板铺设要略宽一些，以便与后浇块平顺过渡。

（3）左岸厂房尾水管模板。尾水管由肘管段和尾水管扩散段组成，结构形式复杂，要求成形准确。尤其是左岸14台机组中，6台由VGS集团制造，8台由GANP（阿尔斯通）集团制造，两家机型不同，尾水管结构也不一样，其中VGS机组肘管左右不对称，肘管段比 GANP 机组要长，GANP 机组肘管左右对称。肘管段模板种类多，中边墩表面采用悬臂模板（竹胶面板），扩散段顶板为预制混凝土倒“T”形梁模板。肘管模板不同部位选用不同形式的模板，四周围弧部位（渐变部分）异型模板采用组装木模板；顶板曲面部分采用大块曲面模板，平面部分采用脚手架支撑、散装钢模板现立；底板坡度较陡部分用定型木模和散装钢模现立，坡度缓于 1:3 时采取布置样架抹面。肘管异型模板分节（节长 4～6m）分块均在加工厂内制作，各块采用木排架组装而成，用三合板制作排架大样，按样加工龙骨，制作排架，各构件连接采用木结点板、铁钉、马钉。因每榀排架倾斜度不一样，按样点在平面上竖立排架，调整倾斜度基本就位后使用全站仪调整误差，固定排架铺设面板再在面板上钉三合板保证表面平整度，并连接纵向连接系。为方便安装，节与节之间、块与块之间预留 20mm 的间隙，安装就位后用白铁皮补缝。模板吊装到位，用手动葫芦初步调整位置，再用螺杆精确调整，通过测量校正误差，合格后用型钢支撑固定，回收可调螺杆。

（4）左岸厂房坝段电站引水口渐变段模板。左岸厂房坝段共有 14 条直径 12.4m 的引水钢管，进口前部设置拦污栅、胸墙、渐变段，后接压力引水钢管。渐变段模板支撑采取门架式钢结构支撑，滚轮设置根据拆卸、运输单元确定，支撑构件用 M18×16（开孔 ϕ19mm）连接。为了制作、安装方便，将渐变段模板按 3m 长分段，总共 5 段，每段作为一个单元整体制作，制作长度 2.99m 或 2.98m，使得安装时每单元之间间距为 20mm。顶拱模板，在加工厂内制作并在加工厂内进行预组装，调试完成后把螺旋千斤顶位置焊牢。在调整时顶模方木根据情况进行削棱处理，然后铺设木板及层板（五合板），组装后层板表面要求光洁平顺，圆滑过渡，并进行表面检查，尺寸误差不大于 5mm。底拱及底拱角部模板，边墙与底拱一次性浇筑混凝土部分的整套模板分两部分制作，按照设计线安装校正模板后，用 M16 螺栓连成整体，两块模板面板之间留 20mm 宽，用五合板拼缝，底拱模板面板五合板用 1 寸钉固定在底模方木上。边拱模板采用木桁架式，浇筑完腰线以下部分混凝土达到预定强度可以拆模后，将左下部位模板拆除安装到右上部位，将右下部位模板拆除安装到左上部位，以便浇筑腰线以上部位混凝土。

3. 拆模　不承重模板，在混凝土强度达到 2.5MPa 以上、能保证其表面棱角时拆除。悬臂板、梁当跨度不大于 2m、达到混凝土 70% 强度时可拆模，当跨度大于 2m（如导流底孔封顶板 3m）、达到混凝土强度 100% 时方可拆除；其他梁、板、拱在跨度不大于 2m、达到混凝土 50% 强度时可拆模，跨度在 2～8m 之间达到混凝土 70% 强度时可拆模，大于 8m 在混凝土 100% 强度时拆模。拆模使用专门工具，以减少混凝土表面及模板表面损伤。

（中国长江三峡工程开发总公司　肖兴恒　王毅）

7℃混凝土的制冷工艺设施及生产运行

为使预冷混凝土出机口温度达到 7℃ 而兴建的一整套相应冷却措施称为 7℃ 制冷工程（以下简称 7℃ 工程）。7℃ 工程技术难度大、工艺复杂、制约因素多，目前世界上仅有少数几个水电站在夏季施工中应用，如巴西的伊泰普电站，中国的葛洲坝和二滩电站等。

7℃ 工程的冷却措施目前有两种方式：一种是以水冷骨料为主的加冰、加水拌和混凝土；另一种是以风冷骨料为主的加冰、加水拌和混凝土。三峡工程左岸 98.7m 高程拌和系统首先在国内采用了以风冷骨料为主的 7℃ 制冷工艺措施，并取得了较好的效果。

7℃ 混凝土系统由一次风冷、二次风冷、冷水系统、制冰系统及贮冰输冰系统组成。

一次风冷由预冷调节料仓、配风装置、风冷车间、螺杆式压缩机及冷风设备组成。预冷调节仓为钢结构，外表采用聚苯乙烯彩板保温，对应 $2\times4.5m^3$ 拌和楼的调节料仓容量 $4\times200m^3$，$4\times3m^3$ 拌和楼的调节料仓容量 $4\times180m^3$。采用单侧进回风工艺，仓内冷风循环系统自成闭式回路。由风冷车间生产的 0～－5℃ 的冷风通过冷风机吹送至调节料仓与冲洗脱水筛分后的骨料进行热交换，吸热后的冷风被鼓风机抽回冷却构成循环。4 种骨料可分别冷却至 8℃、6℃、5℃、5℃。一次风冷后，除小石有低含水率外，其他 3 种骨料含水率基本为零。

二次风冷由制冷楼螺杆式压缩机、二次风冷平台、高效附壁式冷却器等组成。拌和楼储料仓呈四方对称布置，内设配风装置。仓体内采用石棉保温。$2\times4.5m^3$ 拌和楼料仓容量 $4\times240m^3$，$4\times3m^3$ 拌和楼料仓容量 $4\times150m^3$，每个料仓设一组高效附壁式冷却器，冷风循环系统自成闭式回路。经过一次风冷的骨料通过保温皮带机进入拌和楼储料仓进行二次风冷。制冷流程与一次风冷相同，不同的是二次风冷的蒸发温度更低一些。4 种骨料在－10～－15℃ 冷风中，其温度分别可冷至 3℃、－2℃、－2℃、－3℃。骨料通过二次风冷，其表面干燥无水分，为充分加冰提供了条件。

冷水系统由螺杆式冷水机组及冷水泵、冷水箱等组成。冷水机组生产的冷水贮存在保温贮水箱中，一路供片冰机生产片冰用；另一路供拌和楼拌制混凝土用。为使生产的冷水温度保持在6℃以下，冷水箱上设有溢流管可将多余的冷水通过回水管路进入冷水机组形成冷水循环系统。

制冰系统由螺杆式压缩机和立式片冰机等附属设施组成。片冰温度为－8～－12℃。制冷剂经氨油分离器、高压贮液器、节流阀、低压循环贮液器、氨泵，送至片冰机生产片冰，吸热气化的制冷剂被压缩机抽回完成制冷循环。经片冰机生产的片冰直接进入贮冰库贮存，并通过输冰设施进入拌和楼小冰仓待用。

贮冰输冰系统采用2个BK—50/20贮冰库，贮冰总量为100t。贮冰库由耙冰机、提升降机构、输冰螺旋机、输冰胶带机、小冰仓、冷风机及监视器等设备组成，可保证库温控制在－10～15℃范围，并可通过监视器观察冰仓贮冰输冰情况。

三峡工程98.7m高程拌和系统按7℃工程设计，即采取两次风冷骨料，充分加冰和冷水拌和的工艺设计。一期工程骨料采用古树岭系统生产的人工骨料，由胶带机长距离输送至该系统。二期工程骨料采用下岸溪人工砂系统生产的人工骨料，由载重汽车运至该系统。为了提高骨料风冷效果及控制骨料超逊径含量，在地面采用二次冲洗脱水筛分工艺，即冲洗脱水分级处理后的骨料进入地面调节料仓进行第一次风冷并暂存，再由保温胶带机将骨料送入拌和楼料仓进行第二次风冷。

该系统自1996年3月投产至1999年12月底，累计为三峡工程永久船闸、临时船闸、左非溢流坝段、下游引航道厂房及厂房坝段提供预冷混凝土143.3万m^3，其中不大于7℃混凝土123万m^3，占预冷混凝土的86%，平均出机口温度为6.86℃，系统最高日产量5152m^3，最高月产量109258.5m^3，达到了设计要求。与水冷骨料相比，风冷骨料的7℃工程具有工艺简单、温控调幅大、冷量利用率高、占地面积小、施工期短、便于安装拆除、运行操作简便、系统建安费用和生产运行费用低等优点，其生产工艺现已在三峡工程中全面应用。

（中国水利水电第七工程局　曾倩彬）

三峡工程拌和系统混凝土生产与运输车辆管理的自动控制

三峡工程98.7m高程拌和系统布置在永久船闸六闸首至下游引航道一线右侧，主要由日本IHI公司产2×4.5m^3强制式混凝土拌和楼和国产4×3m^3自落式拌和楼及相应附属设施组成。该系统于1988年11月正式应用了由水电第七工程局和杭州机械研究所共同研制开发的混凝土生产与运输车辆管理的自动控制技术。控制系统由条形码管理、生产调度中心、混凝土配合比管理、车辆识别、拌和楼、系统软件组成。

条形码是每一个运输车辆进入自控系统的唯一通行证。每一个条形码的信息包含配料单的全部内容，如水泥标号、配合比、运输方量、用户名称、浇筑部位及其他技术要求等。它完全替代了人工要料的一切程序，用户登录条形码信息后不能随意修改。

生产调度中心根据各拌和楼生产状态按最优化方式自动调度混凝土运输车辆，指挥拌和楼自动按所需配合比生产混凝土（不改变原拌和楼的控制方式和软件程序），接收并处理要料信息、拌和楼生产信息及混凝土生产运行全过程动态监视。

混凝土配合比管理主要登记当班生产所需的各种配合比、生产部位、单车运输方量、条形码编号等，并将登录信息传送至调度室主控制计算机；同时，还可进行生产数据库管理，配合比管理，历史数据贮存、浏览、查询，以及当班生产统计、相应报表打印等。

车辆识别通过光电摄录装置及时捕捉佩挂在运输车辆上的条形码信息并将捕获的图像信息传送至主控机指挥生产。

拌和楼原楼计算机仅负责混凝土原材料的称量。新增系统管理计算机除接受主控机生产调度指令指挥拌和楼按指令生产并将生产好的混凝土准确无误地装入相应的运输车辆外，还可将拌和楼的生产数据传回主控机以便查询。

系统软件由图像识别软件、调度控制指挥车辆运行软件、配合比及数据管理软件、数据库软件、计算机通信软件等组成。主要采用C++语言开发，工作于WIN95平台，采用全屏中文显示充分利用窗口菜单，易于操作维护，画面生动易懂，其中每一个软件时钟及时序都经过精确设计，均能协调工作。

98.7m高程拌和系统应用此项技术1年多来，共生产混凝土128万m^3，单楼最高班产量2×4.5m^3楼为1454.5m^3，4×3m^3楼为1236.5m^3。系统最高日产量6369m^3，最高班产量2321m^3，当班共开仓22个，配合比多达45种，车辆秩序井然，控制系统运行良好，体现了条形码技术在混凝土生产与运输车辆管理中的作用。实践表明：①自动控制技术不改变拌和楼原工作程序，并可快速互换；②可使拌和楼同时生产99种不同配合比的混凝土，并能形成资源互补，保持均衡生产，较大地提高拌和系统的生产效率；③系统可随时定称，且不影响拌和楼的连续生产；④系统能在任意时段方便地调出拌和楼生产数据，使混凝土生产质量受控有序；⑤条形码识别准确、快捷，可靠性远远大于人工要料方式；⑥减轻工人劳动强度，并可减少人为操作失误，提高生产质量。

（中国水利水电第七工程局 曾倩彬 刘小艳）

土石坝施工

小浪底水利枢纽主坝施工技术

小浪底水利枢纽主坝为分区填筑的壤土斜心墙堆石坝，建于砂卵石冲积层上。坝高154m，坝顶高程283m，坝顶宽度15m，河道部分坝顶长度1317m，填筑方量为5053万m^3。水库总库容126.5亿m^3，其中淤沙库容75.5亿m^3。该项工程通过国际招投标竞争，由意大利的英波吉罗公司（主办公司）、中国水利水电第十四工程局、德国的霍克蒂夫公司和意大利的意大斯特拉公司组成的黄河承包商联营体（YRC—JV）得到了承建合同。

（一）小浪底主坝施工步骤

截流前，根据坝址河谷特征，工程施工先从右岸滩地入手，1994年12月15日右岸开挖工作开始，接着右岸纵向围堰、右岸基础混凝土板、断层处理、固结灌浆、帷幕灌浆、混凝土防渗墙地面以上部分（以下部分已由国内工程局施工）、上游铺盖、压戗和上游围堰等项工程相继开工。右岸主坝填筑于1995年12月19日开始，到1997年10月27日填筑到260m高程后暂停。上游围堰旋喷灌浆防渗墙也于1997年8月25日开工。左岸开挖于1996年2月25日开始，接着，压戗、基础混凝土板、固结和帷幕灌浆等项工程相继开始。

1997年9月25日截流戗堤和枯水围堰从右岸向河中延伸。1997年10月28日截流成功（见本年鉴第五卷“小浪底工程截流”条目）后，枯水围堰（作为上游围堰的组成部分）被加高到152.5m高程，上游围堰（作为坝体的组成部分）的填筑全面铺开。下游围堰从1997年10月22日开始填筑，11月13日填筑完毕。接着，在上下游围堰之间的河床上，河水排干后，河床开挖、河床钻探、主坝防渗墙和河床部分区域的填筑工作陆续展开。防渗墙完工后，开始了大面积的填筑工作。从1998年8月7日起，左岸山脊（低于坝顶高程）的开挖和基础工作相继开始。

在土坝施工的整个过程中，同时做好监测仪器的及时安装埋设、有效保护、率定检测和记录。

（二）小浪底主坝坝体填筑

（1）坝体填筑材料。坝体填筑材料分成10区共17种，列表如下：

分区代号	名　称	粒径范围（mm）	来　源
1	心墙防渗料	0～0.075	坝址上游和寺院坡各料场，约2.5和4km
1A	塑性心墙防渗料	0～0.075	会缠沟料场，约8.5km
1B	上游围堰防渗料	0～0.075	坝址上游和寺院坡各料场，约2.5和4km
2A	下游第1层反滤料	0.075～20	马粪滩砂石料生产系统，约4.5km
2B	下游第2层反滤料	4.75～80	马粪滩砂石料生产系统，约4.5km
2C	上游反滤料	0.075～80	马粪滩砂石料生产系统，约4.5km
3	过渡料	0.075～250	马粪滩砂石料生产系统，约4.5km
4A	回填石料	最大粒径＜1000	石门沟采石场，约3km
4B	回填石料	最大粒径＜1000	石门沟采石场，约3km
4C	回填石料	最大粒径＜1000	洞挖工程堆渣场
5	混合防渗铺盖	0～60	采用黏土和砂砾石隔层铺筑、立面开采混合而成
6A	上游护坡石	最大粒径＜1000	石门沟采石场筛选厂，约2.5km
6B	下游护坡石	最大粒径＜1000	石门沟采石场筛选厂，约2.5km
7	上游围堰护坡石	最大粒径＜500	石门沟采石场筛选厂，约2.5km
8	压戗石料	最大粒径＜1000	其他开挖工程的堆渣场
9	砂砾石回填料		大西沟堆料场，约1.5km
10	上游铺盖		坝基140m高程以上开挖的黄土

（2）主要施工设备。配备的主要施工设备共计有118台，其中包括：液压履带式凿岩机共6台；液压挖掘机（$2.2m^3$，$5.1m^3$，$10.3m^3$）共11台；轮式装载机（$5.9m^3$，$10.7m^3$）共5台；轮式带反铲装载机（$1.0m^3$）1台；大型推土机（370hp，285hp）共11台；轮式推土机（310hp，216hp）共4台；平地机（212hp）6台；振动凸块碾（17t）6台；振动平碾（17t）5台；小型压实机（1.2t）1台；后自卸车（36t，65t，45t）共62台。

（3）心墙防渗料的铺筑。在多数情况下，1区防渗料的最大干容重在1.670～1.700g/cm^3之间，最佳含水量在17%～19%之间。在防渗料被推土机和平地机铺平后，用振动凸块碾沿大坝纵向碾压至少6遍，以达到超过100%的压实度。碾子振动频率在20～30Hz之间（一般在25Hz上下），行进速度不大于4km/h（实际上经常为3.96km/h）。压实后的层厚为0.25m，用核子密度仪测定黏土密度和含水量。心墙工作面的面积最大时超过40000m^2，一般情况下分成4～5块分别填筑，在同一时间，有一块卸料，有一块铺料，有一块碾压，有一块试验。1A、1B和5区料的铺筑与此相同（其中1A料的压实度大于90%且小于95%；5区料至少碾压4遍）。

（4）其他料的铺筑。在用反铲铺开反滤料和过渡料、用推土机推平石料后，用振动平碾进行碾压。碾子振动频率在20～30Hz之间，行进速度不大于3.2km/h（实际上经常为3.2km/h）。碾压遍数，反滤料2遍，达到不小于95%的压实度；过渡料4遍；4区石料6遍；8区石料4遍。压实后的每层厚度，反滤料0.25m；过渡料0.5m；石料1m。9区料层厚不超过0.6m，用振动平碾碾压6遍。10区料层厚不超过1m，不要求碾压。

（5）临时道路。从主线公路至大坝填筑工作面之间的临时道路（平均宽度14m，坡度一般在10%以内）随工作面高程的升高而变化。当大坝填筑到275m高程时，填筑工作面总长度达1666m（包括左岸山脊段）；工作面宽度大约只有43m（包括6区），而且还将随着坝体的升高而缩小。因此从这一高程起采用了以下施工措施：①从右岸经心墙下游侧工作面到左岸、再经左岸压戗250m高程平台和主坝下游坡220m高程马道回到右岸的循环道路已经形成；②心墙沿轴线方向每隔80～100m留1通道，以便自卸车从下游侧向上游侧横穿供料和返回，并且每铺筑1层土料都要改变该通道的位置；③只使用36t自卸车向心墙上游侧供料，酌情使用65t或36t自卸车向心墙及其下游侧供料；④用2C料代替2A和2B料；⑤3区过渡料改用石门沟块石筛选厂生产的，并且铺筑层厚度从0.5m改为0.25m，碾压遍数减到2遍。

（6）填筑进度。据统计，在1995年3月至2000年7月实际填筑量共5051万m^3。从1998年12月至1999年9月是赶工期。赶工目标是：在1999年10月1日前主坝填筑到230m高程。在这期间，租用了业主的国产45t自卸车（TEREX）7台，国产$1m^3$液压反铲（PC220—6）1台。由于有利的暖冬气候条件，赶工目标提前1个多月实现。1999年1月22日，创造了最高日产量纪录67061m^3。1999年3月份创造了最高月产量纪录1579758m^3。2000年6月30日，主坝填筑工作宣告完成（不包括坝面路基料），比合同工期提前13个月。

（三）坝基岩石灌浆

固结灌浆孔深度一般为5m。灌浆压力一序孔约为0.2MPa，二序孔为0.25MPa。当1个孔的浆液注入量超过确定值800L时，就在该孔附近增加1个固结孔。

灌浆帷幕设置在左右坝肩、两岸和河床左侧的混凝土防渗墙底部的岩体内。右岸坡度较缓，大部分地段的灌浆帷幕只有1层，直接在地表施工；少部分地段分2层施工，坝基表面为第1层，1号、2号灌浆洞为第2层。左岸较陡，灌浆帷幕分3层施工，坝基表面为第1层，4号灌浆洞为第2层，3号灌浆洞为第3层。河床左侧的灌浆帷幕有1层，直接在地面施工。帷幕防渗标准为5Lu，几乎全部使用稳定性浆液。

YRC只负责第1层灌浆帷幕的施工。根据不同的岩石条件，采用自下而上或自上而下的常规方法。当采用自上而下的方法时，开始第1段孔深2m，灌浆压力约0.27MPa；接下去每段5m，灌浆压力随深度增加而增加，最大深度达到98m，最大压力达到2.1MPa。

第2层、第3层灌浆帷幕和各层帷幕之间的衔接帷幕由中国水利水电基础工程局施工（国内招标工程）。该工程局在2号和4号灌浆洞的部分地段采用适合我国特点的新工艺进行了GIN法灌浆试验，取得了较好的效果和较完整的资料（参阅本卷年鉴“GIN灌浆法的应用”条目）。

（四）上游围堰旋喷灌浆防渗墙

小浪底上游围堰旋喷灌浆防渗墙的旋喷灌浆在枯水围堰堰顶平台（152.5m高程）上进行，最大深度50m，嵌入基岩0.5m。设计要求，单排桩柱，孔距1.0m，桩径1.2m；形成的防渗墙的渗透系数不大于10^{-6}cm/s，28d龄期的抗压强度在1500～2200kPa之间。从桩号D0+252.56至D0+420.05（右岸）的长度内，在135.00m高程以下部分已由国内承包商浇筑了混凝土防渗墙。

使用的主要施工设备有：用于旋喷灌浆的履带式

钻机 1 台；专门用于钻孔的履带式钻机 2 台；高压灌浆泵 1 台；自动拌和机 2 台；还有空压机、测斜仪、参数记录仪和其他配套设备。

水泥浆配合比经试验确定如下：膨润土 22kg，水泥 450kg，水 849.25Lt（1Lt = 1.016t，后同）。水泥浆的泌水率（2h）5.0%，密度 1.33g/cm^3，黏滞度 40s。

旋喷灌浆参数，经在具有同样地质条件的冲积层上分别进行单桩试验和围井渗透性试验选择如下：水泥和膨润土混合浆流量不小于 225Lt/min；旋灌压力 ≥40MPa；空气压力 ≥1.5MPa；喷嘴（2 个）直径 3mm，转速 12r/min，提升速度 134m 高程以上 4cm/9s，134m 高程以下 1 序孔和 2 序孔 4cm/12s，3 序孔 4cm/9s。在局部特殊地段，对上述参数作适当调整。

（五）主坝防渗墙（浆槽部分）

YRC 施工的主坝防渗墙从桩号 D0 + 220.450（左岸）起至 D0 + 371.700 止（此桩号至右岸段的地下部分已由国内承包商施工完毕，（参阅本年鉴第五卷有关条目）。河床地面高程 130m 以下部分是浆槽混凝土，最大深度 70m，面积为 5070m^2，以上部分是 14m 高的普通钢筋混凝土。设计规定，防渗墙厚 1.2m，嵌入基岩 1m；混凝土 28d 龄期最小抗压强度为 35MPa，最大弹性模量为 30000MPa，渗透系数不大于 10^{-7}cm/s。

使用的主要施工设备有：液压双轮铣 1 台，抓斗/錾子设备 3 台，膨润土浆回收和脱沙设备 1 整套，50t 吊车 1 台，还有混凝土拌和、运输设备以及其他配套设备。

关于沿防渗墙轴线的河床基岩情况，投标时的图纸给出了比较顺直的基岩轮廓线。然而，随着勘探工作的深入，发现 3 处新的地质情况：第 1 处在桩号 D0 + 221.973 附近（左岸）有约 16m 高的垂直陡坎；第 2 处在 D0 + 257.610 附近有约 21m 高的倒悬岩石；第 3 处在 D0 + 323.960 附近有约 8m 高的倒悬岩石，因此设计人员把帷幕灌浆从 D0 + 294.353 向右岸延伸到 D0 + 340.153。这些情况增加了基础处理的工作量和难度，打乱了原来的施工安排。

根据新发现的地质条件和现有的设备状况及技术水平，YRC 修改了原计划的施工方法，挽回了部分工期。对新发现的陡悬岩石，开挖时尽量不用双轮铣，从而压缩关键线路的工期。对于第 1 处，关键的问题是要沿着垂直岩面挖 1 条 1.2m 宽、1.0m 深的垂直槽，以便让混凝土防渗墙向左岸嵌入岩石 1.0m。为此目的，调用 HD90 型钻机从上到下垂直进行预钻孔，钻到陡坎的底部再深入 1.0m，总共 34 个孔。钻孔工作全部结束后，对残留的细小岩柱用抓斗/錾子进行清理。对于第 2 处，决定在此处的浆槽混凝土浇筑完毕后进行旋喷灌浆。布置 3 排共 20 个旋灌孔，排距 0.9m，孔距 1.0m，从防渗墙的上游侧、下游侧和底部对可能的缺陷进行修补。对于第 3 处，按原定方法使用双轮铣挖槽。

浆槽防渗墙分成 23 个墙段进行槽孔开挖和浇筑。相邻墙段的槽板混凝土接缝包裹在用塑性混凝土浇筑的横向接头槽板中。这种接缝处理方法在世界施工史上第一次使用。墙段施工跳段进行，先开挖横向接头槽孔，浇筑塑性混凝土；然后开挖已施工完毕的两个相邻横向接头之间的墙段槽孔。为了保证接缝质量，在墙段槽孔开挖时，先开挖的槽孔朝后施工的相邻墙段方向要超过横向接头槽板轴线 0.1m；到相邻墙段开挖时再把已施工的槽板多浇筑的 0.1m 端头混凝土挖掉。

一般情况下，用抓斗/錾子进行开挖。挖到基岩后，用双轮铣再挖入基岩 1.0m。开挖混凝土（包括塑性混凝土）时也使用双轮铣。在检查和控制槽孔的垂直度方面，装有 2 个测斜器的双轮铣起着十分重要的作用。

槽孔孔壁的稳定靠合格的膨润土浆维持。在用抓斗开挖和用导管浇筑混凝土时，槽孔与脱砂设备之间的膨润土浆循环靠浆泵进行。在用双轮铣开挖时，它的铣刀滚轮上方的浆泵把膨润土浆连同铣割下来的石渣一起通过回浆管泵送到接近它的桁臂顶端的高度，然后流入脱沙设备，再回到储浆池。

（中国水利水电第十四工程局　黎汉皋　陈江）

三峡工程茅坪溪土石坝防渗系统施工

（一）工程概况

茅坪溪土石坝是为保护农田而兴建的副坝，是三峡工程的重要组成部分，与三峡大坝同属一等一级永久建筑物。该土石坝与三峡大坝共同拦蓄三峡库水，正常蓄水位 175.0m，校核洪水位 180.4m，最大坝高 104m。土石坝设计开挖总量 242.2 万 m^3，填筑总量 1213.4 万 m^3。

茅坪溪土石坝防渗系统由位于河床部位的沥青混凝土心墙、位于两岸的混凝土防渗墙、混凝土基座（包括混凝土垫座、混凝土底梁）、固结灌浆和帷幕灌浆系统组成。大坝防渗轴线总长 1840m，总防渗面积约 8.28 万 m^2，其中沥青混凝土防渗墙面积为 4.63 万 m^2，混凝土防渗墙面积为 3.65 万 m^2，固结灌浆总进尺 3300m，帷幕灌浆总进尺 3.19 万 m。茅坪溪土石坝采用碾压式沥青混凝土心墙防渗，心墙高 94m，在世界同类工程中，其坝高及填筑量均居前列。茅坪溪土石坝沥青混凝土心墙厚50～120cm，随高程渐变，心墙与混凝土基座、垫座（梁）结合部有3m高的渐变扩大段，最大宽度3m，心墙上下游分别设2m和3m宽的砂砾石毛料过渡带。

（二）沥青混凝土心墙施工

1. 原材料及生产　茅坪溪土石坝沥青混凝土矿料分粗骨料、细骨料和填充料，由小于20cm的灰岩或白云质灰岩加工而成。为提高沥青混凝土摊铺和压实的施工性能，减少压实后的孔隙率和渗透性，在大量试验研究的基础上，实施中又掺加部分细度模数为2.0～2.4的中细河砂，掺量为细骨料的30%～50%。沥青采用新疆克拉玛依石化厂生产的优质重油沥青。沥青的溶化、脱水、加热、恒温选用JRHY5型设备，处理能力5t/h。一般情况下，沥青脱水温度控制在110～130℃，恒温储存时间不超过6h，以减轻沥青老化。沥青混合料拌制选用西安筑路工程机械厂生产的LB—1000型综合作业式成套设备，生产能力40～56t/h。经室内试验与场外摊铺试验，选定的施工配合比参数为：$r=0.35$，$B=6.4\%$，$F=12\%$。

2. 施工工艺　沥青混合料运输采用改装的8t东风保温自卸汽车，运至现场的水泥混凝土卸料平台卸入由CAT980C装载机改装的运输料斗。每次开仓前，用9m^{3}空压机配合人工采用0.6MPa高压风对沥青混凝土层面进行清理。沥青混凝土心墙施工以专用摊铺机为主，专用摊铺机不便铺筑的部位，辅以人工摊铺。专用摊铺机采用挪威改装的过渡料沥青混凝土联合摊铺机，摊铺厚度20±2cm，摊铺速度1～3m/min。施工过程中，摊铺机无速前行，由改装的装载机将沥青混合料举升并卸入摊铺机料斗，由0.9m^{3}反铲向摊铺机后部的过渡料斗装料。当温度在140～150℃时采用3台1.0～1.5tBOMAG振动碾同时对心墙、过渡料进行碾压，一般20～25m碾压一次，碾压遍数按先静碾2遍，再振动碾压8遍，最后再静碾2遍。

3. 质量检测　一个层面的沥青混凝土施工完毕后，必须进行质量检测，以便决定是否进行下一单元施工。检测方法主要有：现场无损检测、现场取心检测和室内沥青混合料抽提及马歇尔击实试验检测。检测主要指标是沥青混凝土容重（>2.4g/cm^3）、孔隙率（<3%）、渗透系数（<1×10^{-7}cm/s）及设计要求的其他指标。

（三）混凝土防渗墙施工

茅坪溪土石坝混凝土防渗墙厚80cm，嵌入弱风化岩层顶板以下1.0m，防渗墙平均深度25m。防渗墙造孔采用CZ—22型冲击钻机，泥浆护壁条件下钻进，一、二期间接头孔采用钻进套接法形成。整个槽段达到设计深度后采用泵吸法清孔换浆，以减少墙底淤积。二期槽接头刷洗采用钻头刷子上下拉动刷洗孔壁。防渗墙混凝土浇筑采用直升导管法，球塞隔水。为保证墙体质量，混凝土浇筑必须连续进行，混凝土面上升速度不小于2m/h。

混凝土防渗墙沿轴线全风化地层含有大量块球体，对施工质量和进度有很大影响。为提高钻进效率，在先导孔取心查明地质情况后，确定块球体深度及块径进行预先爆破法将块球体破碎。预爆钻孔采用全液压SM—400型跟管钻机，炸药采用胶质乳化炸药，毫秒差并联混合网络起爆，最大一次起爆药量不超过20kg。

（四）固结灌浆及帷幕灌浆施工

固结灌浆钻孔采用锚杆钻机、合金钻头、风动钻进。帷幕灌浆钻孔采用XY—2PB型回转钻机、金刚石钻头或硬质合金钻头钻进。对混凝土防渗墙下帷幕孔，混凝土浇筑前先在槽内沿中心线间距1.5m预埋PVC灌浆管，相应安装固定支架。固结灌浆和帷幕灌浆按分序加密原则进行。各灌浆孔段钻进完毕后进行裂隙冲洗。单孔采用压力水脉动方式，串通孔采用风、水轮换方式。冲洗完毕后进行简易压水试验，用灌浆自动记录仪监测记录。供浆采用集中供浆方式，制浆用高速搅拌机拌水灰比为0.5∶1浆液，采用SGB—1型浆泵输送到孔口灌浆机稀释至要求浓度后使用，用灌浆自动记录仪监测记录，孔内循环，自上而下分段灌注。灌浆结束后采用浓浆置换压力式灌浆封孔法封孔。

（中国葛洲坝集团公司三峡施工指挥部　李友华）

莲花水电站混凝土面板堆石坝面板施工技术

（一）概况

莲花水电站位于黑龙江省海林市、牡丹江下游。当地多年平均气温3.2℃，绝对最低气温-45.2℃，日最低气温为负温的天数每年达半年左右。大坝为混凝土面板堆石坝，最大坝高71.8m，坝顶长度902m，坝体填筑总量423.5万m^3。混凝土面板面积75400m^2，最大厚度为50cm，最小厚度为30cm，混凝土总量为29300m^3。混凝土设计指标为R_{28}30MPa，D300，S_8。面板沿坝长分为71块，其中宽14m的57块，宽7m的14块。面板主筋布置于面板厚度中间，为双向配筋；在周边缝和板间缝附近均配置上、下层加强筋。板块之间的垂直缝设置上、下两道止水，分别为J型橡胶止水带和W型止水铜片。由于工程地处严寒山区，气候条件给面板坝的设计和施工提出了一系列新课题和特殊要求。

（二）面板施工方案

按工程总进度要求，面板混凝土分三期进行施工：一期为197.5m高程以下，二期为197.5m高程至208m高程，三期为208m高程至222m高程。施工期均为正温季节。面板混凝土采用无轨滑模施工。根据面板的宽度，滑模制作成15m宽和8m宽两种，自重分别为4.03t和2.15t。侧模框架用∠50×5角钢焊制，面板为5cm厚木板，背面设置角钢焊制的三脚架支撑，并与打入垫层内的插筋连结固定。每套滑模由安装在大坝填筑顶面的两台5t卷扬机牵引。混凝土由六角拌和楼生产，$6m^3$混凝土搅拌运输车运输，通过溜槽入仓。

（三）混凝土原材料选择及配合比试验

对于严寒地区的面板坝，如何保证面板混凝土达到设计要求的抗冻性和耐久性至关重要。混凝土原材料的选择是保证混凝土质量的首要环节。在砂石骨料满足规范要求的前提下，选好水泥是保证混凝土耐久性的关键之一；选用合适的外加剂是提高混凝土抗冻耐久性行之有效的措施。经过对4种水泥、4种外加剂进行平行对比试验，结果表明：抚顺硅酸盐525号大坝水泥混凝土28d强灰比为0.134～0.145，快速冻融循环达到250次，极限拉伸值大于1.0×10^{-4}，动、静弹性模数分别为4.307×10^4MPa和3.459×10^4MPa，均比其他3种水泥同类参数优越。掺加SK型引气复合减水剂不仅有显著的减水增强效果，而且混凝土的弹性模量最低，极限拉伸值适中，快速冻融循环达250次，有较好的抗冻耐久性能。所以，面板混凝土实际采用的材料是；砂石骨料为当地天然砂砾料，水泥为抚顺硅酸盐525号大坝水泥，外加剂为SK型引气复合减水剂。面板混凝土采用的配合比为：坍落度4～7cm，水灰比0.338，砂率40%，水泥$340kg/m^3$，砂$783kg/m^3$，水$115kg/m^3$，小石$707kg/m^3$，中石$472kg/m^3$，SK外加剂0.32%。

（四）面板混凝土滑模施工

混凝土采用薄层浇筑，每层浇筑厚度为25～30cm。振捣器选用$\phi25$、$\phi50$、$\phi70$和$\phi80$的软轴振捣器，中间部位大面积振捣采用较大的振捣器，钢筋密集处、止水附近及预埋观测仪器附近等部位采用$\phi25$振捣器，并剔除大骨料。

模板每次提升30cm左右，控制提升速度不超过3m/h。为防止模板上浮，加钢筋配重2～3t。脱模后的混凝土表面及时进行修整，修整后的混凝土面即被滑模下面拖带的塑料布覆盖。混凝土达到初凝后，及时覆盖草帘，然后连续洒水养护（冬季除外）。

（五）面板混凝土越冬保温

1995年冬季进行了面板混凝土越冬保温的模拟试验，根据模拟试验取得的资料，制定了面板混凝土越冬保温措施。具体做法是：浇筑面板混凝土时预埋$\phi10$钢筋钩，间排距为2m×8m，外露8cm。入冬前，在面板上覆盖5cm厚聚苯乙烯板，用$\phi22$钢筋按预埋钢筋钩位置压在聚苯乙烯板上，并用14号铁线绑扎在预埋钢筋钩上。聚苯乙烯板之间的接缝用木板压盖。

（六）结语

莲花水电站混凝土面板堆石坝于1996年蓄水，1997年全部建成。面板的裂缝较少，超过0.2mm宽的裂缝总计58条，裂缝最大宽度0.5mm，最大深度3.5mm。所有裂缝均进行了处理：对宽度小于0.2mm的裂缝，刷SR底胶，贴玻璃丝布，再刷SR底胶；对宽度大于0.2mm的裂缝，先刷SR底胶，铺SR-3填料，表面用玻璃丝布覆盖，再刷SR底胶。大坝运行3年多来的情况表明，面板的防渗效果非常好，整个大坝的最大渗漏量观测值为8L/s。

（中国水利水电第一工程局 常焕生）

黑泉水库堆砂砾石坝面板滑模施工

（一）概况

黑泉水库工程［属大（Ⅱ）型］大坝为混凝土面板堆砂砾石坝，坝顶高程2894.5m，防浪墙顶高程2895.7m，坝顶长440m，最大坝高123.5m，坝顶宽10m，最大坝底宽350.78m，填筑方量为560万m^3，是国内目前在建的混凝土面板堆石坝中第3高坝。

坝址位于青海省西宁市大通县境内、湟水河支流宝库河上。水库地处青藏高原东北部，属大陆性气候，气温低而寒冷，昼夜温差大。年平均气温2.8℃，极端最低气温－33.1℃，极端最高气温29.3℃，每年11月中旬至翌年4月为冰冻期，夏季降雨较多，冬季气候干燥，风大降雨少，年平均风速2.4m/s，最大风速17m/s。

黑泉水库大坝混凝土面板厚度为30～60cm的渐变截面，面板总面积为$71136m^2$，混凝土方量为3.22万m^3，面板底部最低高程2771m，顶部高程2891.0m，面板最大斜长221.35m。面板分块宽度有16m和8m两种，共分为41个条带，其中16m板块共14个，8m板块共27个。面板混凝土浇筑采用钢桁架薄板水箱式无轨滑模进行施工。面板分三期进行浇筑，第一期浇筑高程为2771～2820m，第二期浇筑高程2820～2855m，第三期浇筑2855～2891m。

（二）面板混凝土设计技术参数

由于黑泉水库工程位于高寒地区，全年寒冷期长，气温变化大，因此，为确保工程经久耐用，对混凝土的抗冻性、耐久性、抗渗性能等提出了很高的要求。

面板混凝土设计技术参数为：面板混凝土在死水位高程 2840m 以下，混凝土标号 C30，抗冻标号 F250，抗渗标号 W8，极限拉伸 ε_P 为 1.00×10^{-4}，保证率 P 为 95%，离差系数 C_V 为 0.13，保证强度为 38MPa，面板混凝土在死水位 2840m 以上，除抗冻标号要求为 F300 外，其余参数均与 2840m 以下混凝土参数相同。

（三）面板混凝土配比设计

面板混凝土原材料，水泥选用甘肃省永登水泥厂生产的大坝中热硅酸盐 525 号水泥，粉煤灰选用山西省神头电厂生产的一级粉煤灰，砂石骨料选用黑泉水库寺塘料场的河床天然砂砾石料，拌和用水为宝库河河水，外加剂选用江苏江都外加剂厂生产的高效减水剂 FDN-3000 及石家庄外加剂厂生产的 DH9 引气剂。根据面板混凝土的设计参数要求，经水电第四工程局设计院实验中心反复试验和论证、优选，最后设计出混凝土配比为：水灰比 0.35，砂率 37%，外加剂掺量 FDN-3000 为 0.6%，DH9 为 0.008%，入仓坍落度 4～6cm。每立方米混凝土材料用量为：用水量 123kg，水泥 298kg，粉煤灰 53kg，砂 719kg，小石 674kg，中石 551kg。由于混凝土中掺入了高效减水剂和引气剂，有效地提高了混凝土的抗冻指标。掺入一级粉煤灰，以减小混凝土的收缩变形，有效地减小了面板裂缝的发生机率；针对天然砂偏粗的特点（$FM=3.3$），增加砂率，改善了混凝土拌和物的和易性。一期面板混凝土浇筑实践表明，上述配合比是合理、可行的。

（四）面板混凝土滑模施工

面板混凝土施工采用无轨滑模进行跳仓浇筑，混凝土水平运输采用搅拌车，入仓垂直运输采用溜槽，振捣采用 $\phi80$、$\phi100$ 插入式振捣器，边角部位采用 $\phi50$ 软轴振捣棒进行配合，面板滑模滑升牵引采用两台 10t（16m 板块）或两台 5t（8m 板块）卷扬机进行牵引，人工抹面随滑模上升同步进行浇筑面缺陷处理。混凝土养护在混凝土未初凝前采用喷洒 DH-10 混凝土表面养护剂进行初期养护，混凝土初凝后采用覆盖麻袋布、花管长流水进行养护。滑模每次滑升距离控制在 15～35cm，而且应多动少滑，滑模滑升速度控制在 1～1.5m/h，对于起始三角块采用滑模平移法与主板块进行一次连续浇筑施工。

（五）面板防裂技术

（1）面板钢筋的架立筋在斜坡面上，采用插筋进行固定。为了减少插筋对面板混凝土的约束力，防止面板裂缝大量出现，插筋间排距为 3m×3m，而且插筋一部分插入垫层料坡面内，一部分做成“L”形顶在坡面上，在确保钢筋网牢固的前提下尽量减少插筋数量。

（2）垫层坡面采用砂浆薄层 2～3cm 人工抹面进行保护，以减小砂浆护面对面板的约束力。

（3）混凝土初凝前采用 DH-10 混凝土表面养护剂对新浇混凝土进行养护，从而解决了混凝土在初凝过程中易产生裂缝的问题。

（4）根据骨料含水量的变化情况，随时调整拌和用水量，严格按混凝土配比进行混凝土生产。

（5）根据天气、气温、运距、浇筑高程等，随时调整出机口坍落度，确保入仓坍落度控制在 4～6cm。

（6）在滑模施工过程中，根据下雨、坍落度大小控制滑模滑升速度，防止滑升后混凝土出现鼓包、下座现象。

（7）溜槽布料时，按照“干料低下、稀料高下”的原则进行布料，从而使“干料”不致于发生初凝现象，“稀料”不致于翻过滑模和影响滑升速度。“干料”指坍落度较小的混凝土料，一般宜卸在距模板前缘1m处。“稀料”指坍落度较大的混凝土料，一般宜卸在距模板前缘 1.5～2m 处。

一期面板面积 19930m^2，混凝土浇筑量 11450m^3，混凝土浇筑完毕后 2 个月对面板裂缝进行检查，发现贯穿性裂缝共 8 条，间断龟裂性裂缝共 14 条；22 条裂缝中 0.3mm 以下的共 17 条，0.5～0.7mm 裂缝共 5 条。

（中国水利水电第四工程局　杜　永　周卓荣）

松江河梯级小山水电站面板堆石坝坝体施工

（一）概况

松江河梯级小山水电站位于吉林省抚松县境内。电站正常蓄水位 683.0m，总库容 1.07 亿 m^3，装机 160MW。电站枢纽由混凝土面板堆石坝、岸坡溢洪道、引水系统及发电厂房组成。该电站主体工程于 1994 年 6 月 28 日正式开工，同年 11 月 24 日大坝实现导截流，1997 年 12 月两台机组陆续并网发电。

小山水电站面板堆石坝属大Ⅱ型二等工程，坝顶高程 685.30m，最大坝高 86.3m，坝顶长 302.0m。坝体主堆石区和次堆石区填筑量 113 万 m^3，垫层和过渡层填筑量为 9.5 万 m^3，混凝土工程量为 1.54 万 m^3，帷幕灌浆 13465m，固结灌浆 2884m。由于坝址地处东北高寒山区，而大坝堆石量的 30% 左右要在寒冷季节填筑。因此，冰冻季节大坝堆石的填筑，成为本工程的一大特点。

（二）坝料开采

(1) 料场确定。在技施设计阶段，根据现场实际情况，选定原初设阶段备用料场，经优化布置和提前备料满足了施工要求。新选料场距坝址2.5km，岩性为多斑石英安山岩，弱风化安山岩，岩石相对密度$G=2.74$；干抗压强度为63.5～85.2MPa；湿抗压强度60.7～69.6MPa；软化系数0.75～0.82；抗拉强度3.3～4.7MPa；弹性模量35～37.7GPa；泊松比0.22～0.26。

(2) 石料开采钻爆参数。通过对采石场地质条件的调查分析，决定采用深孔梯级微差挤压爆破技术，在剥离覆盖层后进行爆破开采。试验结合采石场开挖进行，采用CM351高压风钻和KQ150潜孔钻，在4个场地分别进行了试验。通过现场试验，优化了孔排距、装药结构、装药量、布孔类型和起爆方法。从爆破试验获得石料的级配曲线看，基本符合设计要求。

(三) 现场填筑碾压试验及施工参数确定

(1)填筑机具。堆石料用40～15t自卸车运输上坝，前进和后退综合方法卸料，T-330B推土机和D80推土机配合摊平。碾压采用原西德产卡尔佛17.5t振动碾。斜坡碾为11.5t陕西机械设备厂振动碾。

(2) 坝体填筑测验。由于碾压试验是在坝体施工期进行的，所以施工单位先执行设计单位提出的《大坝填筑施工技术暂行规定》，主堆石碾压层厚0.5～0.8m；次堆石为1.0～1.2m，洒水量占堆石体积15%，碾压遍数6～8。后据现场测验确定的部分施工参数，主次堆石碾压层厚均为1.0m，振动碾压8遍，洒水量15%。

(四) 筑坝材料与坝体填筑

(1) 垫层料、过渡料及小区料制备。垫层料限制粒径100mm；不均匀系数$C_u>25$，$d<5$mm，细粒含量为25%～35%，经压实后渗透系数$k\approx10^{-3}$cm/s。现场采用机械破碎后掺配方法制备垫层料。即采用两级破碎后石料中加10%～15%天然砂，用装载机拌和后运至坝面，可满足设计要求。过渡料可在碎石筛分系统一次破碎制成，最大粒径300mm，$d<5$mm，含量为10%～20%，不均匀系数$C_u>20$。小区料由质地新鲜的安山岩制备而成，设计要求最大粒径50mm，$d<5$mm的含量为30%～40%，$C_u>15$。在生产过程中，两级或多级机械破碎，均不能满足设计指标要求，故通过试验配比，采用0.5～2.0cm、2.0～4.0cm的人工碎石骨料掺入中粗河砂和石粉配制而成。掺量配比为：0.5～2cm和2～4cm的骨料：河砂:石粉=0.35:0.2:0.15（重量比）。

(2) 主次堆石区填筑。坝基部位主堆与次堆采用全坝段平起施工，达到605.0m高程以后坝体采用先垫层、过渡区，后主堆、次堆顺序平起填筑。在堆石料场用5.2m^{3}电铲挖装，32～42t自卸车运料上坝，采用进占法和后退法综合卸料。卸料后部分坝料分离，经T-300B和D80推土机铺料摊平后，表部细料较多，可作为碾压工作面。根据负温下不加水碾压的试验或检测成果，采用17.5t振动碾碾压4～6遍，为增加碾压效果，行车速度控制在1.6～2.0km/h范围内，碾压沿平行坝轴线方向进行，靠岸坡处顺坡方向碾压与岸坡接触及坝坡边缘处用3.0t重锤夯实，落距3～5m，夯击4～5遍。

(五) 混凝土面板施工

大坝面板施工分二期进行（652m高程以下及652m高程以上），面板宽为12m和6m两种，厚度0.3～0.55m。采用一套滑模体施工。钢筋安装首先利用软梯在砂浆固坡面上打设插筋并作为架立筋，插筋从垂直坡面打入，呈梅花形布置，随后进行其他主钢筋的绑扎。混凝土由搅拌罐车自六角拌和楼运至坝顶，经溜槽滑入浇筑仓面。人工站在浇筑平台上平料，用插入式振捣器振捣。主模体利用卷扬机持续均匀地提升，平均滑升速度1～2m/h。在浇筑完毕后8～12h开始养护。

面板混凝土混凝土标号为R_{28}25MPa·F200·W_8（一期）；R_{28}30MPa·F300·W_8（二期），二级配。

面板周边缝及面板与面板之间的板间缝的填充料采用杭州产的“SR_3”（塑性嵌缝填料），板间缝分为压性缝和张性缝，其中压性缝填料要求5kg/m，张性缝填筑要求25kg/m；在填充“SR_3”时要求气温不能低于12℃。

(六) 严寒气候条件下的特殊施工

(1) 考虑到小山混凝土面板堆石坝地形条件，采用分阶段布置施工道路方案，解决陡坡运输坝料的问题。

(2) 堆石料开采一般不受气温影响，在冬季也可开采干燥石料，较新鲜的安山岩级配料按设计要求可直接上坝，以减少冬季填筑坝体冻结深度。

(3) 冰冻季节施工均不加水碾压，但碾压层厚h减薄：$h<600$mm，碾压遍数为8～10遍。冬季填筑坝高不宜超过15.0m，以免形成永冻区。

(4) 各种填筑料中如有冻块，必须剔除。雪后开始填筑前，必须清除积雪。

(5) 在冬季要做好趾板和面板混凝土的保温工作。

（东北勘测设计研究院 齐志坚）

珊溪水电站面板堆石坝坝体施工

(一) 基本情况

珊溪水电站面板堆石坝坝高132.5m，坝顶长

448m；上游坝坡 1∶1.4，下游设“之”字形上坝公路，公路间坝坡 1∶1.25。河床冲积层最厚达 25m，除趾板及其下游 60m 范围内挖至基岩外，其余基本保留。面板混凝土 3.24 万 m^3，坝基砂砾石及覆盖层开挖 68.25 万 m^3，坝体总填筑量 576.2 万 m^3。大坝的施工进展情况是，1998 年汛期采用“洪水期撤、洪水间歇期抢”的方法，进行坝基和上游围堰施工，并填筑垫层等坝体 60 万 m^3；由于储备石料很少，溢洪道等主料场采挖料全部直接上坝。1998 年 11 月至 1999 年 8 月共 10 个月，大坝全断面上升 65m，填筑 353.5 万 m^3，高峰月填筑强度 56.5 万 m^3，提前两个月将大坝一期面板施工平台全面提高 5m。

（二）堆石料料源

填筑大坝的料源有 3 处：一是下游左岸溢洪道主料场的采挖料，开挖量为 238 万 m^3，从 1998 年 11 月至 1999 年 6 月平均月开采强度 17.26 万 m^3，高峰月开采强度 21.1 万 m^3，不但满足了坝体高强度填筑要求，而且使开挖料直接上坝，开采料利用率提高到 90%以上，节省了二次倒运费，减少了周转场地占用面积；二是右岸牛坑溪料场，1998 年 12 月中旬进行了一次装药量 50t 的双层洞室条形药包洞爆，洞爆施工历时 39 天，爆石渣 10.2 万 m^3，全部上坝；三是上游右岸运距约 0.8km 的项竹墙料场。

（三）施工道路及机械设备

筑坝道路以泥结石路面为主，主干线为左岸经溢洪道的上坝公路，以及右岸坝后“之”字形上坝路，路面宽 10m，最大纵坡 10%。右坝坡中下部设临时路 1 条，下游连坝后“之”路起点，上游分叉成支线，分别经 4 座跨趾板桥绕回不同高程坝面，从而解决了上游建筑物施工和 30 万 m^3 上坝料的交通问题。左岸下游布置 2 条上坝线，两路高差 41m，填筑高峰时通过坝内道路形成循环线，较好地解决了主料场运输问题。

本工程钻、挖、装、运、推、碾机械设备配套合理，高峰期投入的主要机械设备有挖掘机 19 台（包括正、反铲），推土机 10 台，自卸车 82 台，振动碾 10 台，装载机 5 台，履带吊车 1 台，阿特拉斯液压钻机 12 台。

（四）汛期大坝过流断面的保护

对于 1998 年汛期大坝过流断面的保护，主要采取了两项措施：一是大坝汛前充水保护，由于 1998 年汛期大坝前部一直在填筑施工之中，3 次上游围堰泄洪基坑均未能按设计要求提前充水，而是采取了依靠基坑集雨及坝内反向排水和上游围堰缓慢的漫顶过流（封堵的围堰缺口不打开）的充水方式；二是 50.0m 高程坝面保护，考虑到即使出现全年 5%以上的洪水，也不会危及大坝及其下游的安全（因下游过水围堰堰顶高程为 50m），故将用大块石保护方案修改为碾压后的原坝面过流度汛方案，此方案实施后经历 1998 年 6 月份长达 28h 的过坝洪水考验，实测最大流量为 2295m^3/s，推算最大平均流速为 2.43m/s，坝面除留有几毫米的淤泥外，基本无冲蚀现象。

（五）坝面作业及其填筑质量控制

（1）垫层区、过渡料区采用后退法铺料，每一层填筑工序为：测量放线、铺垫层料、EX200 反铲挖机铺人工整平整直、监理验收、铺过渡料、挖掘机剔除超径料及整平、洒水、两区同时碾压（18t 振动碾）、单元验收。靠近趾板边缘的小区及垫层上游前沿约 30cm 条带采用手扶式小型振动碾碾压。垫层坡面人工削坡，10t 斜平两用振动碾碾压 8 遍，碾压厚 7cm 的 50 号水泥砂浆固坡，斜坡碾压高差根据实际在 10～20m 之间均可。

（2）主次堆石区和砂砾石料区测量划线确定坝体各料区分界、进占法铺料为主，坝面按每 2000～5000m^2 分为一单元，单元内形成流水作业，保证各环节连续运行，是高强度填筑的必备条件。

（3）填筑质量控制采用碾压参数（见下表）与挖坑注水法检测干密度相结合。在坝升高 109m 时，实测最大沉降 76.3cm，最大沉降率仅 0.7%。填筑质量较好。

填筑分区	干密度（g/cm^3）	孔隙率（%）	渗透系数（cm/s）	最大料径（cm）	≤5mm 含量（%）	≤0.1mm 含量（%）	铺料厚（cm）	碾压遍数	行车速度（km/h）	加水量（%）
垫层区	2.16	18	1×10^{-3}	8	30～50	≤3	40	8	1.5～2	10
小 区	2.16	18	1×10^{-3}	4	35～57	≤3	20	8	1.5～2	10
过渡区	2.13	19	—	30	8～28	≤2	40	8	1.5～2	20
主堆区	2.10	20	—	80	—	≤5	80	8	1.5～2	20
砂砾区	2.14	18	—	80	—	≤3	80	8	1.5～2	—
次堆区	2.05	22	—	120	—	≤5	120	8	1.5～2	15～20

（六）Ⅰ期混凝土面板施工

Ⅰ期面板混凝土2.1万m^3，面积3.87万m^2，总滑模长度3459.2m，最大斜长142.6m，采用2台套滑模机具，无轮无轨滑模。混凝土自1999年11月11日开浇至2000年1月17日结束，历时68天，混凝土浇筑强度为5.03～19.59m^3/（h·台），平均11.84m^3/（h·台）；滑升速度1.04～2.84m^3/（h·台），平均1.75m^3/（h·台）。面板混凝土在龄期分别达到3d、15d、28d及粉土覆盖前由建设各方联合进行外观目测检查未发现裂缝。

（1）3m×3m网格测量检查砂浆垫层平整度，高出设计面5cm者人工削降后用M5砂浆修补，低于设计面10cm者用M5砂浆人工找平，做到砂浆面不突变，保证面板厚度渐变均匀。

（2）用模具在现场将紫铜片卷材压制成型。模具压面设计成1∶1.4斜面（即与垫层坡平行），铜片一边压一边下溜就位，比设计长1.5～2.5m时剪断，中间不留接头；改变过去采用板材或20～30m卷材气焊连接的作业方式，从而提高了作业效率，降低了材料消耗，保证了铜止水的整体质量。

（3）经反复试验比较和专家咨询，一期面板混凝土在使用凝灰岩及流纹斑岩等可凝活性骨料的情况下，采用补偿收缩低坍落度配合比。掺VF-Ⅱ防裂剂以补偿混凝土的干缩和冷缩，掺量按28d水中养护膨胀率100～150$\mu\xi$控制；掺Ⅰ级粉煤灰可降低水泥用量、改善混凝土抗裂性、抑制碱骨料反应、提高混凝土的耐久性能；实施的一期面板混凝土配比要求出机口含气量控制在3%～5%，实测3.1%～4.6%，平均3.9%；混凝土仓面控制坍落度1～3cm，实测0.4～5.5cm，平均2.3cm；实测抗压抗渗抗冻指标均符合设计要求，混凝土碱含量小于2.1kg/m^3，符合标准规定，施工时尽管仓面坍落度较低，但和易性较好。

（中国水利水电第十二工程局　应宁坚）

用洞室爆破方法开采堆石坝坝料

1998年，水电第十二工程局和十四工程局，根据国家电力公司重点科技研究推广课题《采用洞室爆破方法开采符合级配要求的面板堆石坝料现场试验和推广应用》的安排，分别在福建省穆阳溪芹山面板堆石坝工程凝灰岩料场和云南省柴石滩面板堆石坝工程白云岩料场进行了4次以条形药包为主的洞室爆破实验，爆破总方量达42.42万m^3。

（一）洞室爆破开采堆石坝坝料的设计

（1）洞室爆破开采坝料的目标要求。经研究确定的目标要求有以下几点：①爆破料级配、压实效果接近常用的深孔梯段爆破，并符合面板坝坝料的要求；②块度控制及预报，粒径大于800mm的大块率少于4%～7%；③提高爆破效率，降低成本；④在钻孔设备受到制约的情况下，降低钻爆开采坝料的高峰强度，并确保坝体填筑强度；⑤提高洞爆料的利用率和一次上坝率，减少二次破碎工作量。

（2）洞室爆破方案的确定。根据科学技术项目的目标要求及以往的施工经验，确定采用强松动条形药包洞室爆破方案，其理由为：与集中药包相比，条形药包爆破具有能量分布均衡、能量利用率高、岩石破碎均匀、松动效果好等特点。同时，为了降低大块率，使爆破石料级配更趋合理，依据深孔爆破“小抵抗线、宽孔距”有利于岩石破碎的原理，利用料场的实际地形、地质条件，在合理的W（抵抗线）/H（爆破高度）比值范围内，尽量采用较小的抵抗线并利用微差爆破来改善岩石的破碎效果。

（3）洞室爆破参数的选择。选定的有关参数如下：最小抵抗线W为15～20m；W/H比值为：岩石较完整取0.7～0.9，岩石较破碎取0.5～0.8；爆破作用指数n为0.75～0.95；单位用药量系数K通过现场小型试爆确定，芹山工地为1.3kg/m^3，柴石滩工地为1.2kg/m^3；装药量Q按下式计算

$$Q = el_{p}L = \frac{0.4 + 0.6n^3}{0.55(n+1)}eKW^2L$$

式中，Q为装药量，kg；K为单位用药量系数，kg/m^3；W为最小抵抗线，m；n为爆破作用指数；e为炸药换算系数；L为条形药包计算装药长度，m；l_p为条形药包线装药密度，kg/m。

经计算芹山两次洞爆装药量分别为65624kg、48889kg，柴石滩两次洞爆装药量分别为24800kg、79512kg。

（二）洞室爆破成果分析

（1）大块率统计。芹山工地两次洞室大爆破，大于80cm的大块率平均为6.16%；柴石滩工地两次洞室大爆破，大于120cm的大块率平均为4.6%。

（2）颗粒分析成果。试验结果表明两工地洞爆料曲线属于连续级配，级配范围达到设计要求。

（3）压实效果。芹山工地用于主堆石区和次堆石区爆破料铺料厚度平均分别为80cm、120cm，加水量15%，碾压8遍后干密度平均分别为2.1g/cm^3、2.07g/cm^3，孔隙率平均分别为18.7%、19.9%。柴石滩工地用于主堆石区和次堆石区爆破料铺料厚度平均为83cm、121cm，加水量15%，碾压8遍后干密度平均分别为2.28g/cm^3、2.22g/cm^3，孔隙率平均分别为20.5%、22.7%。

(4) 经济比较。与深孔梯段爆破相比，采用洞室爆破开采坝料，材料费二者相当，但人工费和机械费均可节约。据综合统计分析，芹山工地洞室爆破与深孔梯段爆破相比，其基本直接费平均降低2.1元；柴石滩工地平均降低1.0元。

(5) 块度控制。通过本次生产性洞室爆破试验，证实了原岩地质构造和天然裂隙切割是影响洞室爆破块度和级配的重要因素。因此，合理利用地形地质条件，改进洞室爆破设计方案和施工的指导思想和方法，能够有效控制爆破块度。当然，对岩体较为完整、开采高度小于20m的料场，应谨慎或不使用洞室爆破。

(6) 洞爆料的利用。根据洞爆料级配分布特点，结合面板堆石坝各填筑区域对填筑料的不同要求，合理规划和分区使用，将不同部位、不同品质的爆破料填筑至坝区的适合的部位，可以提高洞爆料的利用率。芹山工地洞爆料利用率为100%，柴石滩工地为95.95%。

(中国水利水电第十二工程局　陈志刚　杨大志)

西藏满拉水利枢纽黏土心墙堆石坝施工技术

(一) 工程概况

满拉水利枢纽工程位于西藏自治区江孜县龙马乡境内年楚河上，距下游日喀则市113km，是国家援藏62个项目中最大的一项工程。枢纽建筑物包括拦河坝、泄洪洞、发电引水隧洞和地面发电厂房等。

拦河坝为黏土心墙堆石坝，坝顶高程4261.3m，最大坝高76.3m，坝顶宽10.0m，坝顶长287.0m。上游坝坡为1:1.85，下游坝坡设“之”字形泥夹石上坝公路，公路外边坡为1:1.5～1:1.16。防渗心墙采用含碎石壤土填筑，顶宽4.0m，最大底宽49.18m，上、下游坡度为1:0.3。水下防渗设施为混凝土防渗墙，墙厚0.8m，上部混凝土楔形体伸入黏土心墙7m，下部嵌入基岩1.0m。防渗墙轴线设计长度72.8m，成墙面积1510m^2，混凝土指标为R_{28} 300S_8。混凝土防渗墙下部基岩设灌浆帷幕，左、右两岸坝基进行固结帷幕灌浆。防渗墙混凝土浇灌时预埋基岩帷幕灌浆管。坝壳由堆石料填筑，干砌石护坡，上游侧心墙与坝壳间设砂砾石过渡料，下游侧心墙与坝壳间设2层砂砾石反滤料，2层反滤料总厚度与上游砂砾石过渡层相同。上、下游砂砾石与堆石料间分别设1层碎石过渡层。

满拉水利枢纽堆石坝填筑从1997年5月开始，1999年10月下闸蓄水。

(二) 大坝填筑施工

满拉水利枢纽地处严寒、缺氧、高蒸发、昼夜温差大的高海拔地区。坝址处河谷狭窄，河床部位为21.00～27.00m深的砂砾石覆盖层。两岸山体坡度较大，植被较少，有少量岩石裸露，为辉绿岩，岩石浅层不完整，断层和裂隙比较发育，两岸覆盖层为含碎石壤土。

由于地处高寒地区，为保证施工质量，冬季停止施工。每年的施工高峰期为5～10月份。在施工中，过渡层和反滤层的填筑和心墙平起，铺料厚度在30～40cm之间，铺料顺序为先填过渡层和反滤料后填土料，最后填碎石过渡层和堆石料。

过渡层和反滤料取自坝体下游的甲不拉天然砂砾石料场。过渡层用水上砂砾石料，第二层反滤料用水下砂砾石料，第一层反滤料（细反滤）用筛除大于40mm颗粒的天然砂砾石料。卸料采用后退法卸料，132kW推土机摊平，13.5t振动平碾碾压6遍，行车速度为1～2挡。

心墙土料取自坝体下游的甲不拉天然土料场。采用进占法卸料，土料在铺填之前对上一层表面进行清理、刨毛和洒水湿润，使两层之间结合完好，并在与岸坡结合处填0.5m宽的高塑性土。压实采用13.5t凸块振动碾平行于坝轴线方向，进退错距碾压10遍，行车速度为1～2挡。在碾压过程中作出明显的标记标明分段碾压的结合点，以防止超碾、漏碾和欠碾。上、下层的分段处相互错开；同时经常更换汽车的出入口和行车路线，以减少对土料的重复碾压。由于昼夜温差大，白天日照强烈，蒸发量大，土料的含水量很难控制，加上土料场天然含水量偏低，土料采用立面开采，以减少水分丢失，同时在料场及坝面铺土面洒水，确保填筑土料含水量在最优含水量9%～13%之间。施工中遇雨，迅速用平碾将松土压实，并用塑料布覆盖，以防止土料含水量过大。对局部含水量过大的土料层，在雨后清出坝体外，重新填上合格料，用凸块振动碾碾压，并经质检人员和监理同意后才填筑上一层。对在施工过程中出现的弹簧土等质量缺陷，坚决处理合格后才进行下道工序的施工，绝不留任何质量隐患。冬季停止施工前，在压实土层上铺填50cm厚的松土，防止填筑土层受冻，来年复工前将松土全部清除，并清理坝面，经有关部门验收认为符合复工条件后才开始填筑。

碎石过渡层采用人工碎石。堆石料取自坝体上游库区右岸的规划料场，石料的开采原设计为深孔梯段爆破，后因实际施工条件所限，小洞室爆破成功后，所有堆石料开采均采用洞室爆破，对超径料在料场进行解炮或抛弃处理。卸料采用后退法和进占法相结合，与岸坡结合处填2m宽的碎石级配料，用132kW

推土机摊平，人工洒水，洒水量控制在25%～30%之间，13.5t振动平碾碾压6遍，行车速度1～2挡。

施工过程中严格按ISO9002程序文件中规定对每个工序进行过程控制，加强各级管理和对施工人员的技术培训及质量意识教育，提高施工人员的施工水平，建立、健全各种规章制度，加强各施工点的质量控制，明确各级施工人员的责任和权利，严格做到工前有交待、工中有检查、工后有讲评，并定期召开质量分析会。

大坝填筑，从试验所得检测数据看，99%以上的数据达到设计控制标准，未达到设计控制标准的数据也均在允许偏差范围内。大坝自1999年10月份下闸蓄水以来，其试运行情况一切正常。特别是大坝蓄水后第一年（2000年夏季）就遇到100年一遇的洪水，库区水位最高达到4257.3m，且连续五六个月处于高水位运行状况下，从内外观测看，大坝运行正常。

（三）混凝土防渗墙施工

混凝土防渗墙采用槽板法分段施工，选用CZ22型冲击钻造孔，泥浆固壁，抽筒出渣，清孔换浆，在泥浆中用直升导管法浇筑混凝土，然后在槽段端头套打接头孔连接成连续墙。

满拉大坝混凝土防渗墙轴线桩号为0+100.500～0+173.3m划分为9个槽段，每个槽段长度为8.8m。成槽工艺采用钻劈法，即对单个槽段布置5个主孔和4个副孔，主孔长0.8m，副孔长1.2m。施工时先钻主孔，待主孔终孔后，下设接砂斗，然后劈打副孔成槽。成槽施工过程中采用泥浆固壁，固壁泥浆设计指标：密度1.1～1.2g/cm^3，漏斗黏度18～25Pa·s，含砂量≤5%，黏粒含量大于50%，塑性指数大于20。此黏土料取自距工地约280km的羊八井土料场。槽段成槽后，应尽快进行清孔与换浆工作，采用抽筒换浆法将孔底岩屑清除干净，用新配泥浆置换孔内固壁泥浆。清孔结束后，立即进行混凝土浇灌各项工作。注意在后序槽段混凝土浇灌之前，用钻头刷子刷洗接头孔的混凝土面，以保证搭接质量。

满拉大坝防渗墙混凝土现场取样检测结果：混凝土平均强度为376.1kg/cm^2，所有检查项目均符合设计要求，单元工程合格率100%，优良率100%。

大坝混凝土防渗墙质量检查采用钻孔取心、压水试验和孔内彩色电视摄像等方法。全线布置12个检查孔，其中2个斜孔，以检查槽段搭接质量。检查孔取得的混凝土心均匀完整、呈长柱状，表面无蜂窝气孔现象，槽段搭接面混凝土结合紧密无夹泥。压水试验表明透水率均小于设计指标0.05L/（min·m·m）。孔内彩色电视摄像在10孔中共计摄像236m，墙体未见明显施工冷缝；下部与基岩结合良好；基岩裂隙不发育，完整性较好。

大坝混凝土防渗墙施工检查时发现，9号槽段与右岸基岩接触带，即桩号0+171.390m、高程4182.166m处有夹泥，厚度为14～23cm，并向下部延伸，充填物为黏土质。形成夹泥带的主要原因是右岸坡基岩陡峭不平且新鲜、完整、坚硬，造孔时未能嵌入基岩成槽，沿岸坡槽壁凸凹不平，致使浇灌混凝土在上升过程中不能贴壁上升所致。施工中采用开挖、贴坡和灌浆综合处理，即将此部位开挖至4182.0m高程，对4182～4185m段现浇混凝土；对4182m以下夹泥层采用钻孔冲洗灌浆处理；在防渗墙与右岸基岩接头处上游侧进行固结灌浆。

（武警水电指挥部　杨道印）
（武警水电三总队　廖朝雄）

乳化沥青在天生桥一级水电站堆石坝混凝土面板垫层坡面保护中的应用

（一）概述

天生桥一级水电站混凝土面板堆石坝（工程情况参阅本年鉴第五卷有关条目）的堆筑和面板混凝土浇筑施工任务，由武警水电第一总队承担。在该项工程中遇到一个新的课题，就是对近18万m^{2}的面板垫层坡面如何进行既可靠又经济的保护；这一课题的妥善解决，对确保工程进度和工程质量将产生直接的影响。为此，总队科技人员会同设计、监理和其他有关人员进行反复研究，并听取了巴西MJ公司专家的意见，在此基础上，首先确定了“坡面保护必须做到及时、有效和经济，不仅要对工程进度有利，而且还能保证保护后的坡面在雨季和其他物体碰击下不致受到破坏，始终保持坡面的平整度，以利于混凝土面板的施工”的原则；同时，按原则提出的要求，选用喷CFL阳离子乳化沥青对垫层坡面进行保护的方案。而后经过1996～1999年的施工实践，证明天生桥一级水电站工程采用这一保护方案是成功的，达到了预期的目的。

（二）乳化沥青材料性能及特点

乳化沥青是沥青材料的细微颗粒（1～6μm）分散在含乳化剂的水溶液中所得到的乳胶的稳定分散体系。阳离子乳化沥青，通常是采用石油沥青、阳离子乳化剂、水等材料，按一定比例配制加工而成的。这种材料的特点是：①无需加热，配制好的乳化沥青出厂就能直接用于施工；②具有良好的防水性，气温对施工的影响较小，只要气温不低于5℃，就能正常施工，同时，它与干集料有良好的黏附力，对潮湿集料也能达到同样的效果；③由于无需加热，且流动性较好，施工中发生堵管的现象较少，使用的喷洒设备较为简单易于操作，造成浪费少；④乳化沥青无需加热和现场配置，可直接用于工作面，对环境污染小，对施工人员身体健康影响较其他沥青施工要小得多。

（三）乳化沥青现场试验

由于乳化沥青用于混凝土面板堆石坝，目前在国内还没有先例，故决定在正式采用该材料之前先在现场进行中间试验。

为使中间试验与施工实际相符，试验场地选择在紧靠坝区附近。堆筑体采用的材料与混凝土面板垫层坡面堆筑用的ⅡA料相同。堆筑的方法与设计要求一致，用碾压机进行碾压成型。

这次试验的内容包括：①检查乳化沥青在不同施工程序下对坡面的保护效果；②检验不同喷施工序所需乳化沥青的用量；③检查乳化沥青在碾压后坡面的渗透深度。

为了选择出最佳的施工方案，把试验用堆筑体的坡面划分成4段，每段宽3m，然后分段进行喷洒试验。第一段喷洒乳化沥青1遍至开始流淌为止；第2段喷洒乳化沥青2遍（在第1遍干后喷洒第2遍）；第3段喷洒乳化沥青3遍（待第2遍干后喷第3遍）；第4段喷1遍乳化沥青洒1层砂，再喷1遍乳化沥青。

在喷洒的乳化沥青干（20℃，2h）后，进行破坏性试验。从试验成果来看：①只喷洒1遍乳化沥青不能满足保护坡面的要求；②喷洒2遍乳化沥青用水冲人踩、滚石或用铁器等硬物碰击出现少量损坏；③喷3遍乳化沥青进行同样的碰击试验表面无损坏；④喷两油一砂的坡面只有遇到坚硬物体碰击才出现少许破坏。这些中间试验成果给施工提供了可靠而经济的用乳化沥青保护垫层坡面的程序。经有关人员共同研究最终采用两油一砂的喷护方案，根据实际需要有的部位还增加两油两砂加斜坡碾压1遍的施工程序。

（四）乳化沥青的喷护施工

（1）为了确保施工的正常进行，一般情况下需配置喷护专用设备2套、施工作业人员15～20人。

（2）将喷护专用设备和乳化沥青溶液运到喷护工作面适当位置进行调试，使其满足质量要求后方能进行施工。

（3）喷护前先将坡面松散细料和岩粉用扫把自上而下清扫1遍。

（4）将乳化沥青倒入压力罐中或直接将吸管插入成品桶中，用高压钢丝软管将喷头与喷洒机相连，启动喷洒机调整压力，通过高压钢丝软管经喷嘴均匀地把乳化沥青喷洒在坡面上，喷洒量可通过喷嘴开关进行调控。

（5）喷洒的方式是：①根据喷护面大小划出施工带，然后由上至下均匀喷洒；②在喷洒第1层的乳化沥青凝固之前，需立即将喷护的坡面洒上1层人工砂；③待第1层乳化沥青与人工砂结合凝固后用扫把清扫1遍，再按同样的方法喷洒第2层乳化沥青。

（6）因作业坡面较陡，容易发生事故，要切实做好劳动保护，操作手要始终拴安全带、系安全绳。

（五）评价

天生桥一级水电站采用乳化沥青保护混凝土面板垫层坡面的作法得到了国内外专家的好评，实践也充分证明乳化沥青用于混凝土面板垫层坡面保护是成功的。其优越性主要表现在：①降低了工程成本，与喷、抹、碾压砂浆保护相比，可节约成本4～5元/m^2；②施工速度快，一般情况下每天可喷护1000～3000m^2，在条件较好的情况下每天可喷护4000m^2左右；③施工工序简单，设备人员投入少；④施工干扰少，不影响其他工序的施工；（5）施工表面平整，有弹性，为混凝土面板的施工创造了良好的条件，与抹砂浆相比最大限度地减少了对混凝土面板的约束力，改善了混凝土面板的受力条件，有效地控制混凝土面板的不均匀沉陷，减少了混凝土面板的裂缝。

为了保证工程质量，总队在施工过程中不断加以总结完善，主要有以下几点：①喷洒乳化沥青与碾压相结合，由于一级电站混凝土面板堆石坝在680m高程以下只考虑临时措施，在施工中只要求喷洒1层乳化沥青，洒1层人工砂，再喷洒1层乳化沥青，未进行碾压，喷护面抗冲击能力较差，局部地方有破损现象。为了充分发挥乳化沥青在坡面上的保护作用，应在洒砂之后再用斜坡碾压上1遍，效果就更佳了；②施工过程中应注意防止喷护坡面过高过宽，应将其控制在一定范围内（高度约30～60m、宽度约10～20m以内），以免因为管路过长造成堵管，影响喷护质量；③冬季施工应调整乳化沥青的浓度，浓度大了容易发生堵管，影响施工，所以乳化沥青的浓度大小应根据气温的变化进行配制，生产出适应各种环境气候条件的乳化沥青新产品。

（武警水电第一总队　张太光）

地下工程施工

广州抽水蓄能电站地下大型洞室群的施工技术经验综述

广州抽水蓄能电站（以下简称广蓄电站，工程情况参阅本年鉴二、四卷）一、二期两个厂房均布置在地下 400 多 m 深处；通往地面的交通洞、通风洞、尾水洞等长度均在 1km 以上；发电机层比下库水位还低 70～80m。大小洞室多达 100 多条，累计长度 30 余 km，洞挖方量近 200 万 m^3。以下厂房为中心，在不到 0.3km^2 范围内层层叠叠，布置有主、副厂房、主变压器室、尾闸室、尾调井、电缆洞及引支和尾支等几十条洞室，平、斜、竖纵横交错，结构相当复杂。广蓄电站总装机 240 万 kW，分两期建设，从 80 年代末开始修建，至 2000 年 3 月 8 号机组发电，至此，目前世界上最大的抽水蓄能电站全部建成投产，历时 130 个月。广蓄电站地下大型洞室群工程的施工，是在认真总结鲁布革水电站工程经验的基础上进行的，通过实践又有了很大的发展和提高，形成了一套比较完整的施工技术经验。

（一）制订和优化施工总体方案

1. 分析关键线路和采取相应对策　深埋式地下厂房结构复杂，与众多洞室错落相贯，施工干扰大，它的开挖支护、混凝土浇筑和机组安装是本工程的关键线路。为此，增设了 2、3、4、5 号施工支洞，既照顾到厂房中下部的开挖和支护，又解决了引支和尾支的施工通道。

2. 制订“平面多工序、立体多层次”的施工方案　平面多工序以厂房第 4 层为例：4 层开挖与母线洞开口平行作业；母线洞开挖与厂房高边墙锚喷支护平行作业；母线洞锚喷支护与副厂房清基浇混凝土平行作业等。立体多层次：厂房上层开挖同时在安全稳妥的情况下，提前从引支和尾支进入厂房进行局部开挖；岩锚吊车梁轨道安装与第 5 层开挖立体作业。采取上述对策，为混凝土浇筑和机组安装赢得宝贵时间。广蓄电站地下厂房较鲁布革水电站地下厂房约大 1/3，广蓄仅用 17.5 个月，比鲁布革工程缩短工期 4 个月。

3. 增设施工支洞　对长 1.6km、成洞直径 9m 的尾水主洞，原来没有施工支洞，无论如何满足不了总工期需要。经过认真研究分析，决定从交通洞中部分岔增设 6 号施工支洞，盘旋进入尾水洞中段，洞身的开挖和衬砌主要以 6 号支洞为施工通道，排除了出口工程混凝土施工的干扰。

（二）认真研究优化设计和施工方案

1. 对排风洞断面进行优化　原设计排风洞宽度为 5.5m 的城门洞形，为适应机械化施工，建议修改为 7.0m×6.5m（宽×高），满足侧卸装载机装渣需要，从而得以采用配套的机械化施工，使最高月进尺达 252.6m，为地下厂房主体工程开工创造了条件。

2. 对所有洞口进行优化　洞口的选址和开口有很多技巧和诀窍，对交通洞、排风洞、0 号支洞和 1 号支洞等洞口，通过现场勘测和认真分析地质结构，优化洞口方案，仅作少量明挖，便满足进洞要求，比原设计减少土石方开挖量约 30 万～40 万 m^3，节省了投资，加快了进度。

3. 采用大断面隧洞快速掘进和针梁模全断面混凝土衬砌　尾水主洞长 1.43km，开挖直径为 9.8～10.2m，采用双液压台车分区造孔，4m^3 正装配 20t 自卸车出渣，创独头月掘进 181.7m、洞挖石方 1.65 万 m^3 的全国纪录。隧洞衬砌借鉴鲁布革工程较小洞径针梁模技术，自行设计、制造衬砌直径为 9m、长 15m 的特大型针梁模。重达 200t 的庞然大物，在纵坡为 6% 的尾水主洞内安装、运行，并要完成转弯半径为 30m 的弯段施工，为此要解决一系列的施工难点。在该设备投产后，创月浇筑 11 段（165m）的纪录，针梁模技术后在全国各地普遍推广应用。

（三）依靠科技进步，采用新技术、新工艺、新材料，加快进度

1. 无钢衬高压钢筋混凝土岔管新技术　广蓄高压岔管最大直径 8m，最大水头 610m，无钢衬高压钢筋混凝土岔管是我国第一次引进美国哈札公司的新技术。由于国外少见，国内首创，无成熟施工经验可以借鉴。因此，施工过程要特别把好开挖及锚杆支护、钢筋混凝土衬砌和高压灌浆这三道关。

（1）开挖及锚杆支护。采用液压台车开挖主管，手风钻开挖支岔管和弯管，短进尺多循环，周边光爆，减少对围岩扰动。锚杆及时跟进，控制围岩变位。精细开挖结果：平均径向超挖小于 10cm，围岩松动圈小于 100cm，炮孔残留率大于 90%，围岩变位小于 10mm，开挖断面优良，满足设计要求。

(2) 钢筋混凝土衬砌。特殊设计的模板具有透水、排气和止浆的功能。$\phi 36$ 钢筋呈三维空间弯曲，自制模具现场二次加工微调。优选混凝土配合比、外加剂和掺合料，降低水泥用量，解决泵送低坍落度混凝土的和易性，选在低温季节施工，及时认真养护，防止混凝土干缩和温度裂缝。

(3) 高压灌浆。在高水头作用下混凝土衬砌将开裂，因而加固围岩使其具有良好的抗掺性能非常重要。高压灌浆的作用主要有两个：一是使高压水泥浆液渗透充填由混凝土干缩产生的混凝土与岩石面的空隙，使混凝土更加贴紧岩面；二是使高压水泥浆液渗透扩散入岩体的微细裂缝，特别是松动圈的裂缝，从而加固围岩，最终达到围岩与钢筋混凝土联合受力和抗渗的目的。实践证明，如采用化学浆液进行灌注效果更佳。要做好高压灌浆：第一步必须认真做好顶拱的回填灌浆，以减少高压浆液乱串和误导；第二步浅孔（2.5m）接触灌浆，使水泥浆液渗透充填混凝土与围岩的干缩缝和松动圈的缝中，达到初步加固内圈围岩的目的，为进一步的高压灌浆创造条件；第三步高压固结灌浆，孔深5m分4次序，每孔又分两段进行，第一段（0.6～2.5m）灌浆压力4.5MPa，第二段（2.5～5.0m）灌浆压力6.5MPa。在灌浆过程中应使用稳压器，以指示真实的灌浆压力。在有条件的情况下应加大灌浆压力，以利于浆液劈裂渗透、提高灌浆效果。

2.400t级岩锚吊车梁技术　这种吊车梁是当时我国自行设计和施工的最大的岩锚梁，是地下厂房施工的难点和重点。首先，研究对斜面（倾角20°）岩台的保护性开挖措施。设计要求既不允许欠挖，又不允许超挖（局部超挖小于20cm），残孔率要求大于80%。为此，进行专门爆破设计，在上、下游侧各预留3.5m厚保护层的基础上，采用水平浅孔（2～3m）弱爆破，岩台壁面光爆孔以密孔（50cm）小药量（150～200g/m）为原则，适当辅助一些不装药的导向孔，以控制爆破裂隙。其次，严格控制岩梁锚杆的造孔、安插和注浆质量，一般布置有两排受拉锚杆和一排受压锚杆（间距均为0.7m），其倾角分别为20°、25°和14°（朝下），孔位偏差要求很严：水平±10cm，垂直±5cm，倾角±2°，孔深误差小于5cm。采用钢丝、量角器配合激光经纬仪准确定位，由熟练钻手精心钻进，注浆机注浆，人工配合设备安插锚杆，以孔口出浆为标准，确保锚杆质量。再其次就是混凝土浇筑，锚杆逐一检查合格后（不合格重新补打）和下层周边预裂完毕，先立底模，绑扎钢筋，安装侧模及预埋件，浇捣混凝土。在下层开挖之前必须进行爆破测试，测定 k、a 值指导爆破设计。通过1.2倍动荷载和1.4倍静荷载试验表明，实测各种参数远小于设计值，质量优良，具有较大安全裕度。

3.大断面、陡倾角、长斜井的施工　这是当时国外罕见，国内首创的施工。当年广蓄电站总长753m、倾角50°的上、下两条高压斜井的施工，是集新技术、新工艺、新材料之大成的典范。在艰难险阻中闯过了“五道难关”，形成了一套具有推广价值的斜井施工工法：

(1) 斜导井关。采用正反井相结合，反井阿里玛克爬罐为主，正井卷相机牵引法为辅，手风钻钻爆作业，创月进尺94m的纪录。相继克服了通风散烟、安全保障、非电雷管引爆等道道难关。

(2) 扩挖关。自上而下扩挖，导井溜渣，自行研制了扩挖平台车和送料小车，既解决了测量放线精度问题，又为开挖及支护提供了工作平台，创月进尺80.5m的纪录。

(3) 断层蚀变带关。蚀变岩遇水膨胀，失水崩解，强度低稳定性差，安全威胁大。采用水压锚杆、挂网、喷混凝土等手段进行及时支护的方法，顺利通过大断层和蚀变带。

(4) 混凝土快速衬砌关。大断面、陡倾角、长斜井的混凝土衬砌技术，当时国内外均无可供借鉴的经验。为此，首先研制出XDM—8.5型液压全断面多功能钢模，可适应平、弯、斜直段的浇筑，解决上、下4个弯段和中平洞的混凝土衬砌问题。其次，业主从英国CSM公司引进一套分段间断斜井滑模，但该滑模是试制品，问题较多。经过水电第十四工程局技术人员不断改进和完善，终于顺利滑升，创月滑升149m的纪录。后来在开荒坪斜井混凝土浇筑中，使用由水电十四局研制的XHM—7型斜井连续滑模，工效更高。

(5) 高压灌浆关。在50°倾角的斜井中进行4.5MPa的高压固结灌浆，国内尚无先例，国外也罕见。经对设备、机具选型、工艺参数试验、洞径变形测试等进行探索，掌握了成套技术，满足了设计要求。

（中国水利水电第十四工程局　朱镜方）

软岩中隧洞施工的技术进步

（一）概述

软岩是指复杂地质条件下强度极低的软弱破碎岩体，几乎在每个地下工程中都有所出现。它包括节理裂隙十分发育、岩块被切割成小碎块的岩体，细粉粒含量高、遇水泥化的岩体，浅埋并遭严重风化而无强度的岩体，以及大断层破碎带和大规模的塌方地段。80年代以来，我国水工隧洞工程同样应用新奥法原理指导软岩施工并获得很大突破，由于技术上的进步，许多指标已达到或领先于世界在软岩中施工的水平。

软岩中的掘进速度，以徐村导流洞 $100m^2$ 断面、自稳时间仅 1h 左右的围岩为例，月进尺超过 80m。软岩中的开挖不断向大跨度方向发展，并出现了洞室群的开挖。小浪底导流洞，天生桥一级导流洞和漫湾导流、泄洪洞出口强风化区的开挖跨度都在 15～18m；徐村厂房地下引水岔管是一个多岔洞室），处于埋深仅 11m 的强风化粉砂质板岩、千枚岩夹劣质煤层中，其跨度为 12～18m（为全国第二大岔），施工极其成功。大规模塌方的处理，如天生桥一级 2 号导流洞 20 延米的大塌方，徐村右岸导流洞 19 延长米大塌方及左岸导流洞出口段浅埋的强～全风化区 30 延米的塌方处理，单工作面日平均完成 1m 以上，规格误差不超过 10cm，是极其成功的范例。对付严重地下水，如西洱河三级引水洞、螺丝湾引水洞、大桥工程导流洞及徐村导流洞都处于地下水极为丰富的地区，这些工程各有成功的经验。可以说，现在完全可以对付各种复杂类型地质条件下的地下洞室施工。

软岩地区地质体的不均匀性和大断面地下洞室无法发挥掘进机与盾构机（即 TBM 法）作用，新奥法就显示出了它的优势。正是运用新奥法原理，不仅总结出一整套成功的经验，而且对新奥法在软岩中的一些观点进行了修正，这也是对新奥法作出的贡献。

（二）软岩中隧洞施工的主要技术进步

软岩中隧洞施工的技术进步，最重要的是支护观念上的进步，主要有以下几方面：

（1）支护结构与形式。在自稳时间极短或没有自稳时间的围岩中，松散的及粉粒含量高、遇水崩解的岩体，如断层破碎带、劣质煤层等，其支护结构不仅要有强度，而且要有一定刚度。因此，须以格构栅梁喷混凝土为基础，再采用全固结锚杆、超前可注浆锚杆或管棚联合支护的手段，否则就要失败。徐村的地下洞室，几乎遇到各种极其典型的劣质岩体，就是采用了这一套支护结构形式获得成功的。新奥法创始人过分强调柔性支护的让压理论，这对软岩来说易产生误导，有必要加以纠正。对于节理十分发育，岩石被切割成小块体，但其单块岩石强度不低的围岩，如螺丝湾引水洞穿过的是极破碎的强风化玄武岩区，施工中首先用喷混凝土进行封闭，然后再用全固结锚杆、喷钢筋网混凝土（或钢纤维混凝土）进行联合支护，必要时加钢筋肋。在这类围岩中就要强调支护强度并尽早对节理裂隙进行封闭，以保证“楔子效应”的作用。

（2）支护时间。在软岩中不存在适时支护，而是要尽早支护，不能拖延。否则变形及其变形压力越来越大，就会造成事故。理论上的应力最低点无法找到，也许根本不存在。

（3）开挖分块问题。新奥法要求开挖一次成型，以避免应力多次重分布。这对大断面的软岩隧洞是不适用的，因为自稳时间无法满足一次支护作业时间的要求，只能自上而下地分层短进尺开挖与支护，而且更不能左、中、右分块开挖与支护，否则相邻块开挖时势必破坏已支护好的结构物，反而会造成整体破坏。

（4）地下水的处理。地下水在南方地区极为普遍，解决的办法有：打超前排水孔，如西洱河引水洞超前排水孔深达 50m，它排除了 80% 以上的地下水；打周边排水孔（浅孔），如徐村、大桥、螺丝湾等工程；打超前小导洞，如天生桥一级等，降低地下水位极为明显；打旁洞截水，如百色导流洞；渗透压小的地段可用堵的办法，如喷混凝土中添加速效速凝剂如水玻璃等，西洱河三级、漫湾导流洞等采用的就是用这种办法，效果极佳。

（5）锚杆的选择。全固结砂浆锚杆加预应力为最佳选择，软岩中因成孔困难，宜选用自进式可注浆锚杆，既能保证质量又能确保施工速度。锚杆施加预应力后，提高了岩体整体强度与黏聚力，显著约束围岩变形，这种效应在小浪底与徐村的应用中极为明显。施加全固结砂浆锚杆前，先安排部分速效锚杆如水压式、管缝式、胀壳式等（不宜使用化学凝固剂锚杆）是有必要的，这在天生桥一级塌方处理与西洱河三级引水洞隧洞中应用效果良好。

（6）塌方处理。塌方处理也要引进新奥法的概念，即充分利用与调动围岩自承能力。在块状结构围岩中，塌方是由不利结构面与软弱夹层所致。在这种情况下，要充分利用未塌部分岩体仍然存在的自承能力，用锚、喷混凝土（网喷或喷钢纤维混凝土），自上而下层层加固的办法处理。天生桥一级 2 号导流洞高达 25m 的大塌方，是用这种方法处理的极其成功的例子。松散体及无强度之软岩中的塌方，一般规模大，塌落高度高，其塌方处理原则是改善松散体力学强度，提高其自承能力及通过支护结构与塌落松散体的联合作用来承载上覆堆落体。处理方法是使用可注浆管棚、钢拱架（必须刚性支护）、环向可注浆锚杆、喷混凝土，使其组成一强大的支承拱。徐村导流洞中两个大塌方的成功处理较为典型。

（7）喷混凝土材料。喷混凝土材料在主材如水泥、速凝剂方面并无多大突破，但在提高强度增加和易性减少回弹方面，使用一些外加剂，如 FDN 系列减水剂与 8604 型增黏剂效果明显，回弹可下降 30% 左右。

（中国水利水电第十四工程局　葛浩然）

三峡工程永久船闸地下输水系统施工

三峡工程永久船闸输水系统为船闸闸室冲泄水建筑物，全部设置于地下，由3条平行布置的输水廊道（含12条斜井）和与之垂直相贯的36条竖井组成，其中3条断面为城门洞形的输水廊道的总长为5456m，36条竖井开挖总高度为2173m，混凝土衬砌后总高为2441m，最大竖井高度88.8m。工程开挖总量73万m^3，混凝土浇筑总量53万m^3。

根据长期水力学模型试验设计的地下输水系统，结构非常复杂，体型变化多，其中包含有72个渐变段（19种类型）、80个竖向弯段、20个“T”形管、6种不同的平洞断面，加之表面平整度要求很高，因此施工难度大，模具要求高，还必须满足和适应多种体型变化。

三峡工程永久船闸、输水系统开挖程序为：平洞→竖井导井→竖井扩挖→斜井导井→斜井扩挖。在平洞开挖中，因隧洞断面尺寸不同，确定南北两条断面为6.2m×6.6m的隧洞一次爆破成形，断面为13.5m×8.05m的中隔墩平洞则采用中导洞超前3排炮、两侧扩挖跟进的施工程序。施工采用凿岩台车造孔，填乳化炸药，非电毫秒微差爆破，装渣机装渣，自卸车运渣。标准循环时间12h。

虽然平洞大部分属Ⅱ类围岩，但考虑受到地面爆破的影响，仍对平洞边墙3m以上及顶拱采取喷混凝土支护，对局部岩体节理发育的小块体采用3～5m锚杆，大块体采用8m锚杆支护。

地下输水系统共有方形竖井36条，18条检修阀门井断面积为64.6m^2和29.64m^2；18条工作阀门井断面面积为382.1m^2和191.1m^2，井深22～88m。所有竖井的开挖均在平洞开挖到井底后先开挖导井，再视断面大小确定一次或两次扩挖。在导井开挖中针对不同条件采用4种施工方法：竖井底部平洞开挖到位、井口具备施工条件的用“吊篮法”；竖井底部平洞开挖到位、井口不具备施工条件的用“盲井法”；竖井底部平洞开挖到位、井口具备施工条件，但地质条件差、施工危险性大的用“正向钻孔反向爆破法”（深孔爆破法）；竖井底部开挖不到位、井口具备施工条件的用“正向开挖法”。

三峡永久船闸地下输水隧洞分段多，形状多，渐变段多。衬砌后的4条输水隧洞由4组进口段、竖井、平洞段、斜井段及出口段组成；每条竖井由闸室段、井身（埋藏段、外伸段）组成；平洞由城门洞形标准段、方圆形非标准段、渐变段组成；16条斜井由上弯段、渐变井身段及下弯段组成。仅渐变段就有72个，共19种型式。在混凝土施工中必须采用多种模具和工艺。

平洞标准段和非标准段底部用自制1/4圆弧定型钢翻模；边顶拱用自制可调节高度的有轨钢模台车，一般一次浇筑成形；中隔墩则因厚达3.1m须分层浇筑。渐变段混凝土浇筑方法与标准段类似，但因形状多变而只能采用自制木拱架或钢拱架铺3层板作面板的定型模具。平洞混凝土一般都为泵车入仓，仓内人工振捣。

在竖井混凝土施工中，闸室段形体多变，配筋密集复杂，又有大量配有要求很高的插筋、埋件的二期混凝土，一般都用小钢模组拼立模。混凝土标号R_{28} 450，仍采用泵送入仓方式。在井身混凝土施工中也要根据不同情况使用自升式爬模、立柱式悬臂模、筒子模、桁架式悬臂模、滑框倒模等。混凝土标号R_{28} 250二级配，从井口通过溜管（ϕ200）、MY60X（缓冲防分离装置）及溜槽组合进入仓内。由于竖井混凝土施工中准备工作量大，必须细化施工管理和协调组织，保证质量、工期、效益的要求。斜井的混凝土施工与竖井大同小异，只是必须坚持“下弯段→井身段→上弯段”的施工顺序。

三峡永久船闸地下输水系统结构复杂，形体多变，工作面狭小，地面干扰大，施工质量要求高，难度大。目前，正值混凝土施工期，一套地下输水系统科学的施工经验正在总结和不断完善之中。

（三峡工程三联总公司　周　宇）

大朝山水电站地下厂房开挖施工

（一）工程概况

大朝山水电站厂房为全地下式，主、副厂房全长233.9m，最大宽度26.4m，最大高度67.3m，开挖工程量27.92万m^3。

厂房埋深60～170m，工程地质条件比较复杂。围岩为玄武岩，夹有三层凝灰岩，夹层厚度0.5～3m,并有层间错动。在顶拱上部有t_4凝灰岩与顶拱设计线成10°夹角，在1号机部位出露，距顶拱设计线最小距离8m。F_{168}断层与厂房轴线夹角30°左右，在厂房内穿过。这些地质构造给围岩稳定带来不利影响，增加了施工难度。

（二）施工程序

地下主、副厂房的施工是大朝山电站的关键线路，制约着总工期。为抢工期，采用了“平面多工序，竖向多层次”的立体交叉施工方案。

主厂房开挖分7层进行。在每一层施工中都穿插进行支护。除利用施工支洞作为开挖通道外，在主厂房相邻的母线洞、压力管道和尾水管洞开挖到达主厂房后，利用其作为施工通道，进行主厂房相应高程的开挖，这样可以提前挖除一部分工程量，降低厂房开挖的施工强度，加快施工进度。由于实施了“立体交叉”施工方案，厂房开挖工期提前4个月。

（三）主要钻爆措施

第1层（厂房顶拱）采用双侧导洞先行，中间岩柱跟进，及时进行锚喷支护，预应力锚索紧跟。主要钻孔设备采用多臂钻。

第2层至第7层开挖主要采用CM351、LM500C钻机造孔，深孔梯段爆破，周边进行深孔预裂。

第2层包括岩锚梁。中间范围采用预裂拉槽梯段爆破。岩锚梁保护层开挖滞后拉槽40m。岩锚梁保护层开挖采用手风钻钻孔，分4序进行控制爆破。第1、2序为岩台上部边墙开挖，孔深2～3.2m，垂直孔。开挖边线预裂爆破，孔距35～40cm，线装药密度250～300g/m。第3序边线位置的垂直孔为预裂爆破，孔深3.8m，孔距及线装药密度同上。第4序沿岩台斜面进行光面爆破，孔深1.5m，孔距25～30cm，线装药密度100～150g/m。预裂爆破和光面爆破采用导爆索起爆，空气间隔装药。每次爆破长度为10～20m。开挖成型良好，基岩面没有发现爆破裂隙。

第3层开挖为减轻对岩锚梁混凝土的振动，采用孔间微差起爆，瞬时起爆药量不超过20kg。

钻爆参数：第1层为多臂钻钻孔，单位耗药量1.2～1.3kg/m^3。第2层至第6层，周边预裂孔孔径70mm，孔距70cm，孔深8.5～10m，线装药密度400g/m；梯段爆破孔径80mm，孔距2.0m，排距1.8m，孔深9.0～10.5m，梯段高度8.5～10m，钻孔角度80°，孔底超深20cm，单孔装药量18.5～22kg,单位耗药量0.7kg/m^3。

第7层为机坑开挖，体型复杂，采用预留保护层深孔爆破。保护层开挖采用多臂钻。

（四）岩锚梁开挖质量保证措施

（1）做好技术交底，将质量标准、施工工艺、控制方法、质量、安全管理措施以及奖罚办法，向每个参加施工的人员交待清楚。

（2）准确放出钻孔定位线（开挖边线）和高程线，偏差不超过2cm，并进行复核。逐孔放点，并挂线以控制钻孔深度。

（3）严格按放点开孔。在钻孔过程中，用垂球从两个方向检查钻杆的垂直度。斜孔按给出的坡度线配合角度尺控制。钻孔完成后逐孔检查，不合格的孔用砂浆封堵，在废孔旁不超过10cm的边线上重新钻孔。

（4）严格按设计要求装药、堵塞。间隔装药的孔要保证炸药在孔内分布均匀。

（5）爆破后检查孔痕，及时总结经验，找出差距和不足，制定改进措施。

（五）支护新技术

大朝山水电站地下厂房永久支护为锚喷支护，锚杆主要规格为ϕ32，呈梅花形布置，锚深6m和8m间插，间排距均为150cm。设计锚杆量15100根。

在顶拱t_4凝灰岩出露部位（厂右0+132－0+177），为保证尖角薄层岩体的稳定，设计为预应力锚杆，采用树脂作为锚固材料。预应力锚杆的参数为：ϕ32钢筋，锚深6m和8m，间排距均为100cm，预应力12t。

支护部位全部采用了挂网喷混凝土，喷层厚度20cm。采用了湿式喷射工艺，提高了喷混凝土的强度及保证率。在Ⅳ类围岩段顶拱采用了加肋拱喷射钢纤维混凝土，以提高支护承载力。钢纤维喷混凝土的配合比为，水∶水泥∶硅粉∶砂∶小石∶钢纤维＝190∶400∶30∶1188∶534∶24。外加剂选用上海麦斯特公司生产的减水稠度剂（SG），掺量为水泥重量的1.25%；速凝剂型号为TCC766，掺量为水泥重量的5%。钢纤维选用比利时贝卡尔特公司产品。

为加固顶拱t_4凝灰岩夹层，布置了224束预应力锚索，采用内锚黏结式，最大锚深25m，最大预应力1600kN。边墙共布置256束预应力锚索，包括内锚式和对拉式、有黏结和无黏结各种形式，锚深20～22m，预应力为2000kN。

原型观测布置有多点位移计、锚杆轴力计、锚索测力环、收敛观测等。实测顶拱最大变形3.4mm，全部开挖结束上抬0.37mm，产生最大拉应力32.34MPa，最大压应力22.15MPa。观测结果表明，地下厂房的支护是可靠的，完全能保证施工安全和永久安全。

（中国水利水电第一工程局 张柏山）

大朝山水电站尾水洞施工

（一）工程概况

大朝山水电站的2条长尾水隧洞平行布置在澜沧江右岸，主洞长分别为1144m和1092m，开挖直径大部分为16.3m，衬砌后内径15m，衬砌厚度仅50cm。由于出口段地质条件差，两洞均一分为二，形成4条支洞。尾水隧洞石方洞挖59.6万m^3，井挖1.8万m^3，出口边坡及明渠土石方明挖约16万m^3，主体工程常态混凝土总量约13万m^3，喷混凝土1.8

万 m^3。施工支洞总长 873m，石方洞挖 4.9 万 m^3。

隧洞工程区岩性主要为玄武岩，广泛夹薄层凝灰岩及玄武质火山角砾熔岩。洞区内，按巴顿围岩分类为Ⅱ～Ⅳ类，4 条尾水出口段为Ⅳ类围岩，卸荷裂隙发育，地下水丰富，存在Ⅲ级结构面 15 条，是本工程施工的难点和重点所在。

（二）开挖与支护

（1）出口边坡及明渠水下开挖。出口边坡开挖高度约 80m（高程 820～902m），高程 842m 以上为检修闸门井边坡。按自上而下的施工顺序，上部 20m 大部分为土质边坡，采用从 842m 高程修施工便道，履带设备进入施工区，PC300 反铲配合 D85 推土机开挖，人工削坡。下部岩石边坡采用手风钻配合古河履带钻造孔，非电毫秒雷管梯段爆破，周边预裂，预裂孔间距 0.7m，孔径 65mm。石方开挖炸药单耗 0.4kg/m^3。

出口明渠水下开挖，深度达 16m（高程 812～796m），利用澜沧江最枯水位的 2～3 月进行。使用古河履带钻造孔，非电毫秒雷管梯段爆破，炸药单耗比普通明挖提高 1.5 倍以上，造孔超深 1.5m。爆破后，使用 EX750 长臂反铲捞渣，15t 自卸车运至渣场。在 2001 年导流洞下闸封堵，水库蓄水断流约 5 天时间，组织足够设备，进行二次清挖，确保开挖到位。

（2）尾水隧洞开挖。2 条尾水主洞开挖直径 16.1～17m，分上下两层开挖，造孔大部分使用 353E 三臂凿岩台车，部分中导洞使用手风钻人工造孔，966·F装载机配 15t 自卸汽车出渣。尾水隧洞布置有 4 个通风竖井，高 106～140m，直径 1.4m，用引进的 LM 反井钻机，快速、安全、准确地完成了施工。

上层开挖全部采用中导洞超前、扩挖跟进的方法进行，周边光爆，周边孔间距 0.5～0.6m，中导洞开挖炸药单耗 1.5kg/m^3，扩挖单耗 0.8kg/m^3 左右。下层开挖面积约 104m^2，采用 353E 台车造水平孔一次爆破成形，炸药单耗 0.6～0.7kg/m^3 左右。上下层开挖均采用人工装药，非电毫秒雷管光面爆破，PC200 反铲进行安全处理和清底。单个工作面中导洞开挖月进尺 120m 左右，上层扩挖 90m，下层开挖可达 180～200m。2 条尾水隧洞开挖支护形成 4 个工作面后，最大开挖强度为 4.2 万 m^3/月，平均为 3.1 万 m^3/月。

为解决尾水隧洞 4 条尾水出口段开挖支护的难点，按中导洞、短进尺、小药量、多循环、超前锚杆、每排炮开挖后及时网喷支护的思路进行施工，顺利通过那戈河底和尾水出口不良地质段。2 条尾水主洞的上半部超挖完全控制在 20cm 以内，达到国内领先水平。

（3）洞内锚喷支护。洞内锚杆孔深分别为 4、5、6、8m，全部使用三臂凿岩台车造孔，UH4.8B 注浆机注浆。平台车配合人工安插锚杆，按先注浆后安锚杆的工序进行。喷混凝土使用 ALiva 喷车施喷，以湿喷为主，喷料由拌和楼拌制，6m^3 搅拌车运输。挂网采用 1 部平台车和 PC650 反铲加工作平台进行。

（三）混凝土施工

本标混凝土施工分为三大部分：1、2 号尾水主洞，1、2 号岔管及 1～4 号支洞，1～4 号尾水闸门井。混凝土骨料由大朝山电站 C_2 标供应，水泥使用 525 号早强水泥。外加剂使用 FDN 系列高效减水剂，混凝土拌制实行微机控制，严格按试验室提供的配合比配料拌和，全部为二级配泵送混凝土。

（1）尾水主洞。1 号尾水主洞长 1144m，内径 15m，衬砌厚度为 50cm，大部分为双层钢筋，设计混凝土量 2.8 万 m^3。2 号尾水主洞长 1092m，其中 140m 衬砌厚度为 80cm，其余均为 50cm，混凝土量 2.9 万 m^3。2 条主洞混凝土均按底拱 90°、边顶拱 270°两次浇筑成形。使用 2 套钢模台车浇筑，上游转变段转弯半径为 75m，使用 5m 长直钢模以直代曲浇筑混凝土，外弯用木模板过渡。直线段使用 15m 长的 1 套钢模台车浇筑混凝土。

底拱混凝土浇筑时，有 3 个问题要重视：一是底拱混凝土易形成气泡，解决的办法是在混凝土终凝前脱模人工原浆抹面；二是会产生环向裂缝，后采用在每块的中间位置加诱导缝；三是要控制接头错台和模板上浮。15m 长底拱钢模不考虑安拆和空移，每月可浇混凝土 120～150m。

边顶拱 270°使用钢模台车浇筑，用 2 台拖式泵平行对称泵送混凝土入仓，并在仓内加软管，减少混凝土下落高度。由于混凝土衬砌厚度仅 50cm，双层钢筋，净空不到 30cm，施工难度特别大，正常人无法进入仓内振捣。为此，采用在钢模上加附着式振动器，并选择特别瘦小的工人进仓，使用插入式振动器振捣混凝土。如何浇满顶拱混凝土也是难点之一，经多次试验后，采用冲天管混凝土入仓方法，并适当增加水泥用量，改善混凝土和易性和流动性，确保混凝土浇满。边顶拱混凝土每月浇筑 90～105m。

（2）岔管及 1～4 号支洞、闸门井。岔管及闸门井前后渐变段采用木拱架、木模板，中间搭满堂脚手架两次浇筑成形。支管圆形洞段采用钢拱架，0.3m×1.5m 组合钢模立模浇筑，先浇底拱 60°，后浇边顶 300°。岔支管均采用泵送混凝土入仓，插入式振动器人工入仓振捣。4 个闸门井体形相同，高度约 50m，大部分使用组合小钢模立模，少数使用木模板，单井一期混凝土的施工期仅 2 个月。

（中国水利水电第十四工程局　夏仲存）

棉花滩水电站地下厂房施工

(一) 概况

棉花滩水电站位于福建汀江干流永定县境内，电站装机4台，单机容量150MW。地下厂房位于左岸，基岩为中细粒黑云母花岗岩，坚硬致密，岩体纵波速度达4600～5600m/s，抗压强度达到155MPa。厂房尺寸为129.5m×21.9m×52.08m（长×宽×高），开挖量12.5万m^3。开挖自1998年3月15日开始施工，至1999年7月底结束，历时16.5个月，创同类工程开挖全国纪录。岩壁梁岩台开挖平均径向超挖为13.9cm，属国内最好水平。地下厂房工程还包括：主变压器室，尺寸为107.5m×16.0m×20.1m（长×宽×高），尾水调压室，尺寸为87.3m×12.0m×50.0m（长×宽×高），以及交通洞、通风洞、引水隧洞及尾水系统等建筑物，总开挖量43.5万m^3。

(二) 厂房开挖施工

根据棉花滩水电站地下厂房的几何尺寸等特点，结合以往在鲁布革，广蓄一、二期，天荒坪等电站地下厂房施工的经验，采用“平面多工序，立体多层次”的原则，自上而下分6层施工。

(1) 施工特点。主厂房、主变压器室、尾水调压室3大洞室平行布置，主厂房与主变压器室间距为22m，主变压器室与尾水调压室间距为19.45m，如何确保3大洞室开挖的高边墙稳定是重要课题，因此必须加强施工观测，及时指导施工。

(2) 施工程序。在厂房开挖的同时，通过进厂交通洞提前进入厂房安装间，为Ⅲ层开挖创造条件；Ⅱ层开挖的同时从引水下平洞进入厂房Ⅳ层，为Ⅳ层开挖创造条件；在Ⅲ层开挖的同时，从尾水支管进入厂房，完成Ⅵ层开挖的大部分。在施工过程中，各层锚喷支护平行交叉作业。

(3) 开挖分层原则。Ⅰ层：顶拱开挖，质量要求高，锚喷支护和观测仪器埋设量大，为充分发挥机械效率，兼顾岩壁梁施工，确定开挖高度为9m。Ⅱ层：位于岩锚梁部位，开挖质量要求极高，也是厂房开挖的难点，为确保岩梁施工质量，开挖高度确定为7.5m。Ⅲ层：从进厂交通洞水平进入，开挖高度为7.8m。Ⅳ层：从母线洞水平进入，开挖高度为8.2m。Ⅴ层：从引水下平洞进入，开挖高度为10m。Ⅵ层：从尾水支管进入，开挖高度为9.5m。从上述各层的分层情况看出，决定分层高度的基本因素是施工通道、建筑物结构特征及施工机械。

(4) 一般施工方法。厂房Ⅰ层采用凿岩台车开挖，顶拱边墙严格光爆，Ⅱ层至Ⅴ层分别采取梯段爆破中部拉槽，边墙预留保护层，台车开挖，边墙光爆，其中Ⅱ层开挖为确保岩台成形良好，中部拉槽前在预留位置先预裂爆破，Ⅵ层采用凿岩台车进行开挖。

(5) 岩壁梁岩台开挖。岩台开挖成形的关键在于如何保护拐点，根据以往的工程经验，棉花滩岩台开挖下拐点向设计线内移5cm造孔，同时采取多造孔、适量装药、短进尺循环的钻爆方法，孔深2m，周边孔距45cm（地质条件差的部位，Ⅲ、Ⅳ类围岩采用隔孔装药，孔距30cm），线装药密度一般为140g/m。

(6) 高边墙洞室交叉口开挖。地下厂房是厂区洞室群立体交错的中心部位，必然会遇到高边墙开洞口的问题。为确保洞口成形良好，通常采用如下控制措施：首先在洞口周边预先布设锚杆，然后进行导洞开挖，最后扩挖一次成形，周边水平预裂爆破。一般而言，在条件允许的情况下采取由洞室向厂房开挖，在厂房边墙位置搞垂直预裂成形较好。棉花滩下平洞采用的就是这种办法。

(三) 施工期原型观测

地下厂房施工期原型观测是施工期不可缺少的安全手段，有针对性地布置观测仪器，及时获取数据以指导施工，同时为地下洞室设计提供了宝贵资料。棉花滩施工期进行的观测项目如下：

(1) 收敛观测。仪器采用美国产20m标尺式引伸仪（Tapeptensometer），Ⅰ层开挖最初3天收敛较为明显，随后趋于稳定。全断面成形后围岩变形收敛约6mm，收敛速率1.3mm/d，边墙收敛过程相对复杂。

(2) 松动圈测试。仪器为国产SYC-2型非金属超声波测试仪，顶拱采用单孔法，边墙采用双孔法，测试结果边墙波速变动不大，顶拱则有明显松动特征，在孔深约0.6m处，波速明显下降。

(3) 多点位移计观测。结果锚杆应力变化微小，锚杆应力计观测数据变化较为复杂，变化范围：35～50MPa，测缝计观测岩梁开合度小于0.1mm。

(四) 施工设备配置及施工强度

根据水电第十四工程局近20年来地下厂房施工积累的经验，地下厂房开挖施工重点在钻爆，因此首先确定以当今最先进的阿特拉斯三臂液压台车353E为龙头设备，其余设备分别与之相适应，重点考虑配套的问题。棉花滩水电站整个地下洞室群使用的设备如下：三臂液压凿岩台车，H178型1台，353E型2台；三臂液压台车282型2台；侧卸装载机150型3台；正向铲EX750型1台；反向铲CAT320型2台，PC200-5型3台；高架平台车（$H=10m$，$Q=1t$）1台；液压钻2台；自卸车，尼桑15t 11台，东尼8t 7台；混凝土喷车2台。

据统计资料，主厂房开挖量为11.59万m^3（其中：Ⅰ层3.07万m^3，Ⅱ层1.45万m^3，Ⅲ层2.44万m^3，Ⅳ层1.39万m^3，Ⅴ层1.81万m^3，Ⅵ层1.43万m^3）；全部开挖时间（包括各层锚喷支护及岩臂梁混凝土施工时间）为16.5个月；施工强度为11900m^3/月。

（中国水利水电第十四工程局 吴 敏）

天荒坪抽水蓄能电站上游输水系统斜井施工

天荒坪抽水蓄能电站（工程情况参阅本年鉴第四卷）2条上游输水系统斜井设计布置相同，斜井总长745.5m，其中：上弯段长22.8m，下弯段长25.3m，直线段长697.4m。斜井倾角58°，开挖直径8.0m，衬砌内径7.0m。斜井工程于1993年12月开工，1997年12月和1993年3月，1号和2号输水系统分别完成充排水试验并投入运行。

（一）施工方案与支洞布置

在输水道的上平段布置有8号施工支洞，承担上平段及斜井运输任务；下平段布置有6号施工支洞与厂房交通洞相通，承担下斜井及下平段运输任务。此外，还将原只有1条7号施工支洞进入斜井中部的施工方案修改为斜井中部有7号上、下岔洞2条施工通道进入斜井中部的施工方案，开挖期上、下岔洞之间留8m厚的岩塞，滑模衬砌时仅在上岔洞设钢防护棚，从而解决了近700m的特长斜井中部运输通道、工作面不够，以及上、下斜井同时进行立体作业问题，保证了主体施工安全。

施工程序是：两条斜井先进行上斜井开挖，上斜井导井开挖结束进行扩挖时，开挖下斜井导井；之后1号斜井先进行上斜井滑模衬砌，完成后模体在井内下放，进行下斜滑模施工，上、下斜井滑模衬砌结束后即进行灌浆施工。2号斜井滑模衬砌、灌浆从下斜井向上斜井进行。两条斜井采用两套导井开挖扩挖、配置滑模及灌浆施工设备，以确保1号斜井进度为重点，平行组织作业。

（二）斜井开挖

为满足施工总进度要求，两条输水道的上、下斜井的导井开挖均采用正反导井同时掘进的方法，用人工手风钻造孔非电雷管爆破。正导井断面为2.5m×2.5m，用5t慢速卷扬机提升斗车出渣；反导井开挖断面为2.6m×2.6m，采用进口的STH-5DD（柴油型）爬罐进行钻孔及爆破作业。本工程在反导井施工中创下月进尺127m的全国纪录。

斜井扩挖自上而下进行，掌子面布置与洞轴线基本垂直，即与水平面成32°左右交角。扩挖作业用的台车，由两台JM-5型卷扬机牵引，沿斜井底拱铺设的两条［20槽钢轨道运行；人员上下及火工材料、锚喷支护材料运输设有专用送料小车，由5t卷扬机牵引。扩挖台车及送料小车的另一用途是为斜井滑模轨道施工提供便利条件。

考虑到施工期的安全，在断层影响带及结构面与斜井倾角接近的区域进行随机锚杆支护，沿整条斜井顶拱喷5cm厚混凝土。

（三）混凝土衬砌

为了连续进行斜井混凝土衬砌施工，有关各方共同努力，研制开发了我国自己的长斜井滑模设备，同时解决了斜井滑模轨道安装和条形基础混凝土浇筑，以及斜井上、下弯段混凝土衬砌等施工难点。

（1）弯段混凝土衬砌。斜井上下弯段混凝土均采用现支木模板面模，外铺一层土工布，模板支撑采用组合钢桁架，每个弯段衬砌一次成形。1号输水道下弯段在下斜井滑模开始后施工，滑模起滑后在斜井底部搭设安全隔离防护棚，下斜井滑模与下弯段衬砌同时施工。2号输水道下弯段提前施工，并浇筑一段直线段，为滑模提供起滑条件。上弯段均在滑模及灌浆结束后进行衬砌施工，并在滑模井口搭设安全防护棚，灌浆完成后拆除。

（2）P_{38}型轨道安装。斜井底部布置两条跨距3.8m的P_{38}型轨道，作为斜井混凝土施工时运送材料及作业人员小车的轨道、滑模体导向的轨道和滑模爬升器的连续爬杆。P_{38}型轨道安装在条形基础混凝土上，固定轨道的锚杆锚固在基础下的岩石内。

（3）滑模系统。滑模系统由滑模本体、液压爬升装置和井口平台、安全保险设施及运输系统组成。滑模本体由中梁、模板、工作平台及前后行走轮组等组成。钢模板在58°倾角的斜井内形成水平浇筑仓面，模板沿斜井纵向长：顶拱90°范围内为1.5m，其余270°范围为1.2m。此外，还为斜井滑模专门研制了P_{38}型液压爬升器，该爬升器在滑体前行走轮前后各安装1台作为滑模体的驱动设备，两边共4台，用液压控制，从上平台上的液压泵站用高压软管接通。系统设计工作压力20MPa，每台爬升器的推力可达250kN。作为滑模安全保险设施，设计为两台10t普通慢速卷扬机设置在上井口，钢丝绳连接在滑模体中梁上，防止滑模失控下滑，随着滑模向上滑升，可适时收紧钢丝绳。滑模运输系统，在斜井上口的平洞布置有牵引送料小车的5t卷扬机，平均线速为40m/min。混凝土、钢筋及作业人员均通过送料车送到滑模上。

（4）滑模施工。斜井滑模为不间断连续滑升，为满足滑模快速施工这一特点，斜井钢筋采用搭接形式。关于混凝土配合比，为满足不同季节滑模施工的要求，按低温季节、正常温度和高温季节3种情况进行了设计。1号上斜井衬砌混凝土滑模于1996年6月22日开始施工，至12月30日完成，历时192d。在施工实践中检验了滑模设备的可行性与先进性，并完善了滑模系统存在的不足之处，积累了丰富的经验。在此基础上，1号下斜井滑模创造了日滑升12.08m、月最高滑升227m纪录；2号斜井滑模创造了日滑升11.88m、月最高滑升230.3m的纪录。

（四）灌浆施工

电站高压隧洞水泥灌浆最大压力为9.0MPa，上斜井为4.0MPa，下斜井为5.0～9.0MPa。在斜井灌浆之前，为满足整个高压隧洞灌浆需要，提前进行了有关专项灌浆试验工作，包括高压渗透试验和高压灌浆工艺及设备试验。在斜井灌浆中，使用布置在斜井上口平洞内2台10t卷扬机牵引灌浆作业平台，台车在斜井内可自由升降，满足灌浆分段分序要求。灌浆材料、机具及作业人员由井口5t卷扬机牵引运输小车运至灌浆作业台车。在高压隧洞灌浆施工中，研制了机械式灌浆塞，用以代替了昂贵的进口充气塞，并克服了充气塞存在的缺陷。

（中国水利水电第一工程局 孙殿国）

全断面掘进机在万家寨引黄南干线国际Ⅱ、Ⅲ标工程中的应用

（一）概况

山西万家寨引黄南干线国际Ⅱ、Ⅲ标工程全长91km，其中隧洞（4号、5号、6号、7号）全长88km。隧洞掘进和衬砌采用4台先进的双护盾全断面掘进机（简称TBM）进行施工，到目前为止，已创造出单台机最高月进尺1316.4m、日最高进尺73.2m的全国最高纪录。

引黄国际Ⅱ、Ⅲ标工程，由意大利英波基洛和CMC公司及中国水利水电第四工程局组成的万龙联营体于1997年8月17日中标，同年9月正式开工，总工期48个月，计划2001年8月31日竣工。

（二）TBM的构造、参数和掘进进尺

引黄国际Ⅱ、Ⅲ标工程使用的4台TBM均为双护盾（即前护盾和夹具护盾）全断面掘进机。TBM主要由机头（包括刀头、刀头支座、刀头旋转系统、前护盾、主动力装置、伸缩护盾装置、推进装置和夹具护盾等构件），出渣系统，行走系统，衬砌管片安装机构，豆砾石回填及灌浆机构和后备套系统（包括控制室、通信、除尘、电气、供风、供水、轨道敷设等辅助设备）构成。TBM的掘进方向依靠装在机头上的激光导向系统来掌握。本工程使用的4台TBM的主要参数和配置情况见表1。

表1 万家寨工程TBM的主要参数和配置情况

TBM名称	型 号	产地	开挖尺寸（m）	计划掘进长度（m）	施工隧洞
1号TBM	ROBBINS	美国	$D=4.92$	24702	4号，5号
2号TBM	ROBBINS	美国	$D=4.82$	21865	6号，5号
3号TBM	ROBBINS	美国	$D=4.88$	15731	7号
4号TBM	NFM	美国	$D=4.88$	25244	7号

TBM掘进速度的快慢主要取决于隧洞岩石的强度以及地质情况的变化。TBM掘进分两班作业，每班约50人，每天上午为机械检修、保养、清理工作面、测量放线、检查等辅助工作时间，其他为掘进生产时间。4台TBM从开始掘进至1999年9月底，已累计掘进18180m，月平均为514.3m/月，分机进尺统计资料见表2。

表2 万家寨工程TBM进尺统计资料

TBM名称	开始掘进时间	累计进尺（m）	日最高进尺（m/日）	平均月进尺（m/月）	最高月进尺（m/月）
1号TBM	1999-01-13	6176	73.2	733.5	1316.4
2号TBM	1998-12-31	4562	66.1	506.9	988.3
3号TBM	1999-12-31	2239	71.1	248.8	833.7
4号TBM	1998-12-05	5203	70.1	568.0	881.8

（三）施工作业中的一些情况和问题

（1）由于每条隧洞进出口覆盖层较薄，有些为黄土覆盖层，具有沉陷性和承载能力低的特点，不适宜TBM施工。为了防止机头下沉、克服施工中岩石不稳定因素，对每条隧洞进出口都进行削坡处理、洞口防护和常规开挖，以便为TBM施工创造条件。至于常规开挖长度，视每条隧洞的地质条件而有所不同。引黄工程地质条件复杂，TBM施工对地质条件要求较高，对掘进中遇到的软弱夹层、断层、溶洞等问题，需提前处理。

（2）国际Ⅱ、Ⅲ标隧洞掘进中遇到的问题，首先是在当地地质条件下易出现全部含土加碎石充填的溶洞。例如在6号洞CH52＋140.814至CH52＋128.214之间，有全部含土加碎石以及少量大孤石为充填的溶洞，这类充填物土质为红黏土，具有一定的含水量，碎石主要为石灰岩。解决的办法是，采用高压喷豆砾石至正在旋转的刀盘上，以减少黏土堵塞皮带机进渣口；喷入润滑剂以减少黏土大块堵塞皮带机

的次数。

(3) 双护盾 TBM 的工作特点是边开挖、边衬砌，开挖、衬砌一次完成。衬砌是用预制厂生产线生产的管片组装而成。衬砌时要随时掌握掘进的地质情况，根据地质变化确定围岩类别，据以改变所用管片的型号。从 6 号隧洞 TBM 施工情况看，从开始掘进到目前为止，因地质情况变化已更换管片类型 50 余次。对于底部管片安装后发生的局部沉陷问题，要及时采取回填豆砾石、超前灌浆的方法加以解决。对衬砌后管片和 TBM 掘进的洞径间存在的 5～8cm 的空隙，必须采用先回填豆砾石（粒径 5～10mm），再用水泥浆灌注的方法，使之成为密实的预压骨料混凝土。安装管片是一项细致的、技术性较强的工作，要由这方面有经验的人员来做，尽力防止管片安装错台问题的产生；同时，也需要在现场的各方有关人员（如现场监理、承包商的技术值班员、地质值班员）共同观察，对问题进行分析研究并作出判断。

（中国水利水电第四工程局　甘志勇　吕天庆
山西引黄工程国际Ⅱ、Ⅲ标万龙联营体　张修高）

小浪底水利枢纽孔板泄洪洞孔板环的施工

小浪底枢纽工程的 3 条永久孔板泄洪洞是由 3 条直径为 14.5m 的导流洞改建的。每条孔板洞内均设置 3 个孔板环，其作用是使水流在孔板环部位收缩和扩张造成旋滚，内部产生摩擦和碰撞，消耗大量能量，以达到降低流速、减少磨蚀的目的。孔板消能压力段是孔板泄洪洞的核心部位。

1. 开挖　在导流洞施工期间，即在孔板环部位采用钢板、低标号回填料联合衬砌。钢板厚度 10mm，钢板后面采用Ⅰ22b 和 ϕ36@250 支撑并且回填砂子、水泥和黏土的混合料，最后进行固结灌浆（灌浆压力 4kg）。孔板洞改建开始之后，拆除钢板，用气镐（G10 03-11）打掉回填料（抗压强度 2～3MPa），反铲（美国 CAT 375ME）装车，20t 自卸汽车出渣。整个拆除过程没有实行爆破作业，预埋的止水未受任何破坏。

2. 混凝土工程　包括钢筋绑扎、高铬铸铁制作安装、模板架立和混凝土浇筑。

（1）钢筋绑扎。钢筋选用 16 锰，主筋 ϕ36@200，分布钢筋 ϕ25@400，全部按照中国 SDJ 20-1978《水工钢筋混凝土结构设计规范》执行。钢筋切割机型号（德国 Pedding haus D-5820），钢筋弯曲机型号（德国 special 55S），主筋接头采用双面帮条焊接（焊接长度 10d），分布钢筋接头采用绑扎（绑扎长度为 35d）。现场采用 8 号铁丝和手扳葫芦（HSH6）及时调整钢筋曲率，保证钢筋精确就位。

（2）高铬铸铁制作安装。为了保持孔板环孔口尺寸长期稳定，避免由于磨蚀变形造成消能效率降低以及产生空化、气蚀，经过比较论证，决定采用高铬铸铁（又称抗磨白口铸铁）对孔板环尖端进行保护。

同一孔板洞的三级孔板环高铬铸铁形状分别为 A、B、C 型。为了制造和安装方便，铸铁采用单个制造、整体拼装，单个重量不超过 15kg。为了方便运用期间铸铁的检修和更换，铸铁与受力钢筋之间采用螺栓联接。对铸铁的安装精度有明确规定，安装过程中须采取具体措施保证执行。

在洞内安装高铬铸铁的顺序是：固定钢板→第一次测量→安装高铬铸铁→第二次测量→浇筑混凝土→第三次测量。每次测量发现超差，及时加以调整。铸铁之间缝隙用 Sika731 环氧砂浆填充，其抗压强度（14d）50～60MPa。

（3）模板架立。模板采用 Doka 木模板，纵向木拱架支撑，横向 80×250@1000 方木支撑。为了保证底拱混凝土浇筑质量，在模板上钻孔（孔径 110，间距 1.2m）插入振捣器。孔板环混凝土分成底拱（120°），边拱（2×60°），顶拱（120°）三次浇筑。所有模板采用起重机（日本 KATO K354）吊装，拉杆焊接固定，边、顶拱模板 Doka 脚手架支撑。

（4）混凝土浇筑。为了抵抗高水头、高流速、高含沙量水流对孔板环的磨蚀，孔板环采用 70MPa 高标号混凝土，其配合比为：水泥 380，水 114，硅粉 90，砂（0～5mm）615，小石（5～20mm）631，中石（20～40mm）270，大石（40～63mm）269（单位均为 kg/m^3）。采用的水泥标号为 525R。

1999 年 10 月 25 日小浪底水利枢纽蓄水之后，孔板环部位局部岩石出现渗水，对于渗水的处理办法是：安装排水钢管（内径 1.5 英寸❶），混凝土达到 28d 抗压强度之后，对这些排水钢管进行高压灌浆（压力 10kg）。

针对高标号混凝土水泥用量大，为了防止混凝土出现温度裂缝，采取加粉煤灰、加冰（40～50 kg/m^3）拌和等措施后，还在混凝土浇筑之后进行模板洒水养护，7d 拆模，拆模后马上用麻袋洒水或者养护剂保护；另外在洞口设置塑料大棚阻挡穿堂风。通过这些措施，有效地减少了温度裂缝的产生。

3. 灌浆　有以下几种：

（1）接触灌浆。在铸铁后面预埋接触灌浆管（内径 20mm，出浆孔间距 140cm），在混凝土浇筑 28d 之

❶ 1 英寸＝0.0254m。

后灌注 Sika752 环氧树脂（14d 抗压强度 60～70MPa），注浆压力 4～5kg。

（2）回填灌浆。接触灌浆 7d 后，在顶拱 60°范围内进行回填灌浆。回填灌浆孔间距 3m，浆液配比水∶水泥∶砂子＝1∶1∶2，灌浆压力 3kg。结束标准是吃浆量为零，持续 10min 结束灌浆。回填灌浆检查采用压浆试验（浆液配比水∶水泥＝1∶1）持续 10min，吃浆量不超过 10L 认为合格。

（3）固结灌浆。混凝土强度达到 28d 抗压强度后，在孔板环 360°范围内进行固结灌浆。固结灌浆孔间距 30°，排距 5m，孔深 7m，固结灌浆孔钻孔利用预埋在混凝土中的 PVC 管进行，浆液配比有 3∶1，2∶1，1∶1 三种。灌浆采用纯压式灌注，变浆法施灌，变浆法施灌条件是：某一级别浆液吃浆量达到 300L 以上或者灌注时间达到 1h 后，变浓浆进行灌注。灌浆结束标准是灌浆在达到设计压力 4kg，吃浆量小于 0.4L/min 时，持续 10min 结束灌浆。检查采用压水试验和声波测试，单位吸水量 $w \leqslant 5$Lu，声波测试不小于 4000m/s，认为合格。

4．混凝土裂缝处理　对于混凝土裂缝首先用 Sika731环氧砂浆封闭裂缝表面，沿着裂缝表面钻孔，灌注 Sika752 环氧树脂（不渗水的裂缝）或者特细水泥（渗水裂缝），特细水泥 28d 抗压强度 60MPa。

5．原观仪器　为了检验孔板环消能的实际效果和运行工况，在孔板洞孔板环消能压力段预埋了 7 支脉动压力计，4 支水听器，1 支渗压计，4 支时均压力计，1 支地震仪。

6．质量控制　在施工中严格控制施工质量，保证高铬铸铁联接牢固，高铬铸铁之间缝隙填充密实，孔板环整体表面平顺，结构形状和尺寸符合设计要求。

小浪底水利枢纽 1 号孔板泄洪洞改建工程 1999 年 7 月完成，2 号、3 号孔板洞改建 2000 年 6 月完工，这 3 条孔板泄洪洞准备 2000 年汛期投入运用。

（小浪底工程咨询有限公司　殷保合　肖　强）

小浪底水利枢纽排沙洞双圈后张法无黏结预应力锚索施工

小浪底水利枢纽工程的 3 条排沙洞均由进口弯段、洞身段及出口明流段组成。由于洞身段穿越坝址防渗帷幕线下游，内水压力高，无外压平衡，运行期间水锤影响较强，故设计为环形后张预应力钢筋混凝土衬砌，预应力衬砌段共计 2169m。

（一）双圈锚索布置和无黏结方案的选定

锚索在衬砌块段内按 12.05m 长为一个单元进行布置，混凝土衬砌设计厚 0.65m，衬砌内径为 6.5m，每块衬砌安装 24 束锚索，锚索间距 0.5m，施工所预留的 24 个锚具槽间隔布置于衬砌下半圆周的两侧，其几何尺寸为 154cm×32cm×25cm（长×宽×深），锚具槽中心线与洞的铅垂半径成 45°夹角。如下图所示。

锚索布置横剖面图

每束锚索由 8 根公称直径为 ϕ15.7mm，标准强度为 $f_{PTK}=1860$MPa 的无黏结钢绞线构成，每两根钢绞线绕两圈形成 720°包角，分成内外两层布置，内外两层钢绞线的间距为 0.13m。钢绞线两端交汇于锚具槽内，每束锚索设计控制张拉荷载为 1674kN，即 $75\% f_{PTK}$。

关于锚索采取由无黏结钢绞线构成的方案，是在与有黏结方案从受力性能、衬砌结构、施工难度、材料用量、防腐性能几个方面，进行试验比较之后，经专家论证确定的。论证中专家一致认为，对于小浪底工程排沙洞这样的隧洞衬砌来说，无黏结预应力方案具有与有黏结预应力方案无法相比的优越性，因而应将原设计的有黏结方案用无黏结方案替代。

（二）施工工艺

小浪底工程排沙洞预应力混凝土衬砌型式，在国内水电建设中属首次采用。为掌握和完善其施工工艺，在洞内进行了锚具槽角度为 45°和 60°的生产性工艺试验各一段，同时进行了一系列的测试，均取得了满意的结果。通过生产性工艺试验形成的“预应力衬砌”施工工艺流程如下：

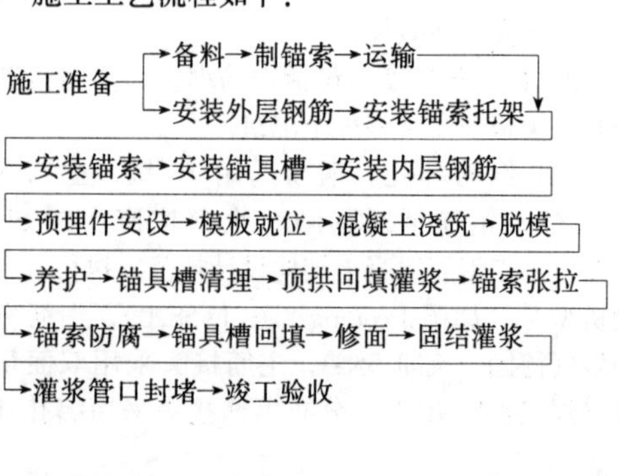

施工中认识到锚索托架应固定在外层钢筋上并应在场外整体制作；入仓混凝土塌落度以边墙采用14cm、底拱及顶拱采用16cm为宜；锚索张拉应在顶拱回填灌浆结束后分级进行；锚具槽回填应使用无收缩混凝土。

（三）测试结论

为了能更好地测量该预应力混凝土衬砌方案中的有关应力、应变等的分布与变化状况，衬砌中埋设了大量的钢筋计、混凝土应变计、应力计、测缝计、收敛计、锚具测力计和钢筋应变片等，从测试数据中得出如下结论：

（1）由于锚具槽对衬砌的削弱作用，使得衬砌在预应力施加后断面各位置的收敛变形不均匀，而且垂直方向的变形远大于水平方向的变形，垂直方向的平均径向收缩试验一块段为2.57mm，试验二块段为3.26mm，而水平方向的平均径向收缩试验一块段只有0.66mm，试验二块段只有0.57mm。这说明衬砌断面各位置收敛变形量与锚具槽的布置有关，试验一块段锚具槽的中心线与隧洞垂直中心线的夹角为45°角，试验二块段则为60°角。即衬砌两侧锚具槽中心线在断面的投影所形成的夹角越大，垂直径向收缩与水平径向收缩的差值应越大。

（2）由于锚具槽的影响，衬砌内侧预应力产生的压应变沿环向分布是不均匀的，而衬砌外侧预应力产生的压应变沿环向分布则比较均匀。在衬砌厚度方向分布的规律为：内侧表面较大，外侧表面较小，但差别不大；从应变变化沿程分布看，在与锚具槽相对应的另一侧即与锚具槽成270°角的地方混凝土衬砌内侧的预压力最大，约为平均值的1.3倍。

（3）施工中还进行了预应力随时间变化、固结灌浆对衬砌应力产生的影响、预应力施加时相邻锚索间的相互影响及温度与混凝土徐变对衬砌应力的影响等多方面的测试。通过以上测试，验证了锚固体系的可靠性和施工工艺的可行性，衬砌的应力分布、裂缝控制等效果都比较理想，对后续施工起到指导作用，达到了预期的试验目的。

（中国水利水电第十四工程局　俞祥荣　杨元红）

钢纤维喷混凝土在天生桥一级水电站引水隧洞开挖支护中的试验及应用

（一）隧洞开挖支护方案的选定

天生桥一级水电站引水隧洞开挖洞径ϕ11.6m，通过的地层为三叠系中统边阳组T_{2b}互层状厚层、中厚层泥岩和砂岩，其中泥岩约占2/3，湿抗压强度15～20MPa，且具有失水崩解的特性。岩层走向与隧洞轴线走向近于平行，倾角45°～50°，倾向山里，岩体质地软弱，层间错动带和节理（共5组，其中1组为反倾向节理，与层面组合于洞顶，易形成“屋脊形”塌方）极为发育，且沿线有3条较大的断层（F_{19}、F_{20}和F_{26}）。岩石坚固系数$f=2\sim4$，围岩以Ⅳ类为主，少量为Ⅲ类和Ⅴ类。引水隧洞穿越10号冲沟，除地质构造复杂外，而且上覆岩层薄，厚度仅18～28m，其中强风化带8～10m，弱风化带以下（含弱风化带）岩层仅为隧洞开挖洞径的1～1.5倍，隧洞稳定性差，其特殊的地质条件对施工的影响和威胁较大，而喷锚支护好坏是隧洞施工成败的关键，设计明确要求对于引水隧洞的开挖采用“新奥法”进行施工。而钢纤维喷混凝土具有良好的抗裂性和韧性等能充分体现“新奥法”的支护原则，所以采用钢纤维喷混凝土代替钢筋网喷混凝土是非常必要的。

经分析比较，在天生桥一级水电站引水隧洞施工中采用钢筋网喷混凝土支护一个开挖循环需要24h，而采钢纤喷混凝土支护则仅需16h，节省1/3的时间，这样就可大大缩短隧洞的施工周期和设备周转时间，从而使总工期缩短。同时由于钢纤维喷混凝土具有良好的韧性，能很好地适应洞内的变形，在破碎岩地带，爆破后及时支护一层钢纤维混凝土，能以最快的速度起到加固围岩的作用，减少甚至避免出现围岩塌落，从而更能保证隧洞的施工安全和施工的顺利进行。

根据上述分析，天生桥一级水电站引水隧洞不良地质段开挖支护选定了应用钢纤维喷混凝土的施工方案。

（二）钢纤维喷混凝土试验及其成果

为了给施工应用提供依据和指导，施工单位从1998年1月1日开始进行了以下两方面的试验，历时一个半月。

（1）钢纤维喷混凝土配合比试验。取得的试验结果是：水灰比0.45，水189kg，水泥420kg，砂子1196kg，瓜米石512kg，钢纤维40kg，硅粉42kg，减水剂2.10kg，速凝剂26.3kg。

（2）现场喷射试验。分别进行了现场拌和、喷射风压、可泵性、喷射角度、喷射厚度、回弹量测试等试验。试验效果反映：①钢纤维在混凝土拌和过程中均匀地分散开，无结球成团现象；②采用CJM1200混凝土喷射机，对泵管和喷嘴的磨损不大，混凝土塌落度控制在11～13cm，可泵性较好；③喷射角度保持与喷射面近于垂直，当喷射风压控制在0.3～0.5MPa、喷射距离控制在0.8～1.5m时，混凝土回弹量较少，喷射效果较好；④在混凝土中加入一定量的硅粉，可增加一次性喷射厚度，降低回弹量，增加混凝土稠度和附着力，提高混凝土泵送性能和早期强度；⑤在混凝土中加入一定量的减水剂，可改善混凝土和易性，补偿混凝土运输损失的塌落度，同时可减少胶凝材料用量，降低成本。

（三）实际应用简况和效益

在上述试验的基础上，经取得管理、建设、设计三方面同意后，首先将钢纤维喷混凝土用于天生桥一级水电站3号引水隧洞施工，结果快速、安全地通过了地质条件较差的洞段（10号冲沟段和断层破碎带），为加快电站建设速度创造了条件。实践表明，应用钢纤维喷混凝土的技术经济和社会效益是明显的。下面根据实际情况，略作具体分析说明：

从材料费用考虑，钢纤维喷混凝土费用通常大于钢筋网喷混凝土费用，但如果综合考虑，则使用钢纤维喷混凝土更经济。这是因为：①钢纤维混凝土抗折、抗压强度比普通混凝土有所提高，通过试验，天生桥一级水电站引水隧洞支护厚度由20cm钢筋网混凝土修改为12cm厚钢纤维混凝土，减少混凝土耗用量40%；②钢纤维在混凝土中的均匀分布，使任何一处的喷浆混凝土层均可抗拉应力，同时混凝土中加入硅粉能显著提高混凝土的黏结力、黏聚力和附着力，因而减少了喷射混凝土回弹量，与普通混凝土相比，减少回弹约20%；③钢纤维混凝土能随岩石开挖的实际轮廓喷射支护，相比之下，钢筋网喷混凝土在填满钢筋网之后的岩石凹陷区后还要满足3～5cm的喷射覆盖厚度，填充钢筋网之后的凹陷区要求额外增加混凝土量，一般大于设计厚度的混凝土量，而且钢筋网也会造成喷混凝土回弹量的增大。

采用钢纤维喷混凝土，省去了挂网设备和时间，并避免破碎岩体区挂网的危险性。同时，钢纤维喷混凝土具有良好的韧性，能很好地适应洞室的围岩变形，并能减轻爆破等突发性荷载对支护的影响，因此在施工中更能保证施工安全，并大大加快施工速度。

（中国水利水电第七工程局 朱 彤 吴 旭）

开挖爆破灌浆与边坡处理工程

三峡厂坝二期工程基础开挖

（一）概述

三峡厂坝二期工程基础开挖包括泄洪坝段、左岸进水口坝段、左岸电站厂房坝段等。大坝轴线长905m，宽105～129.4m，建基面面积13.4万m^2，属一等Ⅰ级永久建筑物的基础开挖。总工程量约755.0万m^3，大规模的开挖于1998年7月开始，1999年4月开挖交面全部完成，保质保量地完成了任务，为混凝土浇筑创造了条件。

基坑开挖部位原始地形左陡右缓，中间为深槽，建基面高程4～80m，最大台阶高差15m，基础轮廓复杂。河床上覆葛洲坝蓄水后淤积的细砂层（厚4～12m）与冲积砂砾石层（厚0.5～8m），部分地段分布有残积花岗岩块球体。建基岩体为前震旦系闪云斜长花岗岩，自上向下分为全风化、强风化、弱风化、微风化4带。建基面主要为微新岩体，少部分为弱下岩体，岩体结构主要为整体结构～块状结构，次为次块状结构，优、良级岩体约占96.5%，中等岩体占3.2%、差级岩体仅占0.3%。区内断层较发育，以NNE向为主，大的间距20～30m，一般宽1～5m，胶结良好，次为NWW向陡倾角断层，规模小，常形成裂隙风化密紧集带，在部分部位长大缓倾角裂隙发育，沿裂面风化加剧，易受爆破影响发生松动。

工程特征是：二期基坑钻爆工程量大，开挖强度高，工期短，高峰月开挖强度127万m^3，建基面清基交面最高月强度4.0万m^2；建筑物基础轮廓复杂，起伏差较大，对建基面开挖质量要求高，施工难度大；开挖爆破与塔带机、高架门机等设备安装、混凝土浇筑、固结灌浆交叉作业，须控制爆破，确定合理的爆破参数；厂坝二期工程分3个独立标段，各标段之间相互干扰，基础开挖与施工道路、机坑排水等相互制约，协调难度大。

（二）基础开挖进度控制的主要措施

为控制工程进度，采取了以下主要措施：①结合基坑抽水进行清淤，共抽排淤泥、粉细砂49.5万m^3，减少了陆上开挖。②利用一期纵向土石围堰作临时挡水埂，在基坑抽水前与抽水过程中，先进行18～23号坝段的开挖，共提前开挖土石方50万m^3，使能在1998年9月30日就浇筑第一方混凝土。③因受1998年8次洪峰的影响，基坑抽水迟后，经调整施工方案，在基坑抽水过程中，随着水位下降，对露出水面的基础及时跟进开挖，以增加掘进工作面，提高开挖强度。④根据地形条件、周边环境，合理布置施工道路，进入基坑开挖部位的主要施工道路与后期混凝土浇筑施工道路综合考虑，开挖部位施工道路、临时道路灵活布置，各标段道路接口统一规划，加强协调，使整个基坑形成循环道路交通网。⑤根据总体布置与施工环境，合理规化的渣场，除微新岩石运往陈家冲料场外，其他开挖料主要用于施工道路的回填，二期围堰的加高及背水侧压坡，临时船闸钢桥桥头分水及79m系统、90m系统拌和楼填筑，以减少运距。⑥利用河床起伏差大，开辟多台阶、多个作业面，合理布置各个坝段的开挖次序，提高开挖强度。⑦配备先进的施工设备，优化资源配置，使钻爆、挖掘、运输合理配置，提高开挖效率。厂坝二期开挖主要设备有：钻爆设备CM351、LM500C、ROC848HC、ROC742HC、KQG150、YQ100、KQL100；挖装设备H135、H95、WK4、CAT992、反铲；运输设备CAT777、TEREX3307、TEREX3311、CAT769、BJ3364、别拉斯等。⑧加强深槽部位、安Ⅲ坝段、塔带机基础等重点部位的开挖，带动全局。⑨采用水平预裂爆破进行保护层开挖，预裂爆破进行边坡开挖，减少建基面整修；清基交面采取以机械为主、人工为辅的方法进行，以加快清基交面进度。⑩基础验收采取联检、初验、终验，对地质缺陷及时发现，及时处理，共挖除地质缺陷量约3万m^3，不占直线工期。根据地质条件，优化设计，减少开挖量12万m^3。⑪加强管理，及时协调，排除干扰，使开挖工作顺利进行。

（三）开挖方法

三峡厂坝工程二期开挖，根据地形条件与工程要求，原则上采取先岸坡后河床；先建筑物部位后其他部位；先关键部位后其他部位的施工程序，重点是深槽部位。采用的施工方法是：

（1）清淤。主要采用泥浆泵进行抽吸的方法，将淤沙排到二期上下游围堰以外长江深泓区，在二期基坑水面上架设6组浮筒，每组浮筒安装1台10PNK-20型泥浆泵，并在围堰堤上安装接力泵站，采用串联接力的方法解决泥浆泵扬程不够的问题。在基坑抽干前，基本上将粉细砂全部清完，解决了粉细砂陆上开挖脱水、开挖运输等难题。

（2）覆盖层的开挖。采用推土机送料，直接用H135和H95液压挖掘机及CAT992C、CAT988B等装载机挖装，遇到大的块球体、石及时解炮，用自卸汽车运输。

（3）一般土石方开挖。一般土石方开挖采用梯段爆破，梯段高度为8～10m，采用乳化炸药，最大起爆药量不大于500kg。爆破参数按试验成果采用。

（4）设计边坡开挖。设计边坡采用预裂爆破，预裂孔孔底距设计建基面距离为50cm。爆破参数按试验成果采用。

（5）基岩保护层开挖。主要采用水平预裂法施工，保护层厚度为2.5～3m。水平孔钻孔采用手风钻、YQ-100型潜孔钻机及CM-351钻机，垂直钻孔采用液压钻及CM-351钻机。爆破参数参照试验成果采用。

（6）齿槽、竖井及塔带机基础开挖。先进行周边预裂爆破，两边控制起爆时间相对滞后100～125ms，然后采用风钻分层爆破开挖，控制孔深1.0m，钻孔间距30cm，单孔装药量小于100g。

（7）爆破振动监测。在新浇混凝土或灌浆区附近爆破，质点振动速度不得大于允许安全值，二期围堰质点振动速度不得大于7cm/s，正在灌浆部位质点振动速度不得大于1.5～2cm/s。

（四）质量控制

坚持质量第一的观点，建立完善的质量保证体系，严格执行“三检”制，质检人员必须持证上岗，严格按合同技术要求组织施工，对每道工序、每个环节实行全过程的跟踪、检查控制。

严格履行开挖爆破设计和爆破作业审签，对钻孔孔深检查、装药及起爆网络等关键工序监理实行跟踪、旁站检查，对爆破后的成果进行统计分析，以了解爆破参数、钻爆方式是否合理，指导下一步施工。

从总体看，三峡工程二期开挖质量良好，基础轮廓尺寸、岩体质量满足设计要求，对204个单元进行质量评定，合格率达100%，其中160个评为优良，优良率达78.43%。在开挖施工中，认真设计爆破网络，严格控制药量，加强爆破警戒，对开挖边坡及时整修清理，没有发生一起伤亡事故。

（中国长江三峡工程开发总公司　马善才）

万家寨水利枢纽工程左岸坝肩高边坡爆破技术

（一）工程概况

万家寨水利枢纽左岸坝肩岩体为中厚层及薄层灰岩、白云质灰岩、页岩等，倾角2°～6°，有发育不同的层间褶皱，其岩体完整性好，质地坚硬，单轴饱和抗压强度约100MPa，岸坡风化深度浅。削坡施工范围从上0+004.50～下0+058.10，长66.2m，高程从1008.00～903.00m，相对高差105m，开挖最宽17m，最窄6m。在975m、948m高程各留1条2m宽的平台，928m高程留1条10m宽的平台，下游设计边线为曲面。石方明挖共计94801m^3。

采用自上而下、高梯段分层爆破，开挖石渣抛入河床，再由河床将爆渣运往弃渣场的施工方案。施工分层，针对设计体型及施工要求，考虑到当时的设备、交通、现场等具体情况，将105m高的边坡分7层开挖，其中2层因钻车无法进入掌子面，所以采用手风钻开挖。保护层的预留，根据钻孔孔径和钻车换接钻杆的长度，在982m、975m、948m、928m高程设计平台上预留2～3m保护层。为了加快施工进度，上一层保护层的开挖与下一层的梯段开挖同时进行。爆破方法采用非电毫秒雷管孔外延时，火雷管引爆，边线预裂，加强松动药包类型爆破。

（二）钻爆施工

1. 造孔施工　要求预裂孔开孔偏差小于5cm，孔深偏差小于30cm，孔斜偏差小于1°，且孔与孔呈相互平行线，主炮孔呈梅花形布置。

（1）根据层状灰岩的特性，为保证预裂面附近不留岩坎及设计边坡减少爆破裂隙等，预裂孔和缓冲孔加超钻 $h=(0.15\sim0.35)W_m$，超钻深 $h=50\sim100$cm。

（2）缓冲孔与预裂面之间的距离 $b_{缓}$，据瑞典古斯塔夫松提出的“这一距离应是：主炮区其他爆破孔排距的一半”，取 $b_{缓}=1.2$m。

（3）预裂孔孔斜用地质罗盘或坡度尺控制，为防止钻车在钻孔过程中漂钻，造成超欠挖，开口时应不大于设计孔斜0.5°。

（4）为了防止设计边线孔口位置在爆破过程中被抬动，在两预裂孔之间加一个不装药的手风钻预裂空孔，其孔深等于预裂孔的堵塞长度。

（5）在设计边线呈折线时，为克服岩体夹制作用和爆破均匀，折角部位主爆孔应适当加密，角度越小，加密孔的间排距越小，即加密孔空数就越多。

2. 爆破参数确定

（1）控制爆破孔的单响药量不超过400kg，预裂孔单响药量不超过80kg，以免造成较强的地层动应力。

（2）飞石范围

$$R_f=2n^2WK_f$$

式中，R_f 为碎石飞散对人员的安全距离，m；n 为爆破作用指数；W 为最小抵抗线；K_f 为安全系数。由计算得出 $R_f<300$m。

（3）要求爆破后预裂面在岩体上形成贯穿裂缝，缝宽不宜小于1cm，不大于4cm，并起到足够的减震效应，以保证孔壁不出现过大、过多的爆破裂隙。

（4）在初始时预裂孔的线装药密度

$$\Delta_{线}=2.75\times(C\times\sigma_C)^{0.53}r^{0.38}$$

式中，$\Delta_{线}$ 为扣除孔口堵塞长度留下的线装药密度，g/m；C 为修正系数；σ_C 为岩石的抗压强度，MPa；r 为钻孔半径，mm。

由计算得出 $\Delta_{线}=500$g/m。后期，在施工中逐渐将其改为 $\Delta_{线}=400$g/m。缓冲孔采用分段装药，中间用钻孔岩屑间隔，药量是主爆孔的3/5。预裂孔底部集中装药1.6kg，其他间隔装药，孔口用草袋封堵，不耦合系数为2.9。

孔网及爆破参数综合列如下表。

孔类	孔深(m)	孔径(mm)	间距(m)	超钻(m)	抵抗线(m)
预裂孔	12.0～26.5	φ95	1.0	0.5～1.0	
	2.5	φ42	0.5		
缓冲孔	12.0～26.5	φ116	2.0	0.5～1.0	
	2.5	φ42	1.0		
主炮孔	11.5～25.5	φ116	3.0		2.5～3.5
	2.5	φ42	1.2		1.0

孔类	线装药量(g/m)	单孔药量(kg)	单耗(kg/m^3)	堵塞长度(m)
预裂孔	400	4.8～10.6		2.0
	120	0.3		0.5
缓冲孔		24～48		3.0
		1.35		1.0
主炮孔		39～80	0.45	3
		1.35	0.45	1

3. 网络设计　联网采用双管复线的联网方式，“V”形爆破顺序，爆破规模大时，采用孔外延时，孔内下15段管，孔外低段位双管连接，最多时分30个段位，各段之间的毫秒差大于50ms。

4. 爆破规模　一次总装药量在5～12t，爆破方量在1万～2.6万 m^3 之间。

在施工中，经过验证，爆破设计参数满足了技术质量要求，孔斜与孔位偏差在设计要求的1°与5cm之内，高梯段预裂面不平整度大面在20cm之内，手风钻预裂面不平整度大面在10cm之内，半孔率在90%以上，且相互平行，孔壁未发现大的爆破裂隙。总超欠挖量在 $70m^3$ 之内，有75%的爆渣通过爆破抛入河床。

（中国水利水电第四工程局　洪　镝）

李家峡水电站6000～10000kN级大吨位锚索生产性试验

（一）概况

李家峡水电站大坝为双曲拱坝，左岸坝肩山体单薄，地质条件复杂，工程前期施工过程中曾对其进行过多种方案的加固处理，基本满足了电站初期运行的要求，但总体安全储备不足。1998年为进一步提高大坝超载安全储备，决定对左岸坝肩采用大吨位锚索进一步加固。拟采用的锚索吨位分别为6000kN、8000kN、10000kN，孔深在80～100m之间，其中10000kN及8000kN孔深达100m，在国内尚属首次。为探讨施工的可行性和可能遇到的问题，以指导设计，先进行了本次大吨位锚索生产性试验现场试验。通过试验要解决如下几个方面的问题：①解决风动钻机在超深大直径地下水位以下破碎带钻孔的成孔率；

②风动钻机在钻孔过程中怎样穿过已施工的锚桩、预应力锚索问题；③超长锚索体的穿束手段；④解决张拉工艺和准确建立预应力值；⑤地下水位以下内锚头施工问题。

（二）试验方案

1. 试验规模、单孔吨位、锚索布置及工期　试验总工程量为 380 万 kN·m，共计 5 孔，其中 6000kN2 孔倾角 90°；8000kN 2 孔倾角分别为 80°、60°；10000kN 1 孔倾角 90°。锚索全部布置在左岸重力墩上，单排布置，间距在 4～5m 之间，孔深均为 100m。施工工期从 1998 年 9 月～1999 年 4 月，共计 8 个月。

2. 锚索结构及锚索孔　锚索外锚头由锚具、测力计、垫板和混凝土垫座组成。锚具型号依次为 OVM15-37、OVM15-43、OVM15-55。索体包括钢绞线、隔离架及锥形导向帽，钢绞线选用 1860MPa 等级高强低松弛钢绞线。索体 6000～10000kN 依次由 33 根、43 根、55 根钢绞线组成。内锚固段为水泥胶结直线形，设计锚固长度 12.7m（6000kN）、16.3m（8000kN）、17.5m（10000kN），对应锚索孔径为 203mm、219mm 和 254mm。

（三）预锚施工

本次试验具有单孔吨位大、孔深、锚索体长、孔径大、精度高等特点，施工中采取的措施主要有以下几个方面：

1. 采用风动式钻机，进行大孔径深孔造孔　左岸坝肩岩石破碎，裂隙发育，用一般钻机钻孔，钻孔用水将对已处运行状态的左坝肩稳定产生不利影响，且工期较长。在施工中选用 Atlas-A52CB 型风动钻机，并对其局部做了改进，以使钻机能力能满足本次试验要求。为提高钻孔精度，提高钻机稳定性，施工中采用了种种措施，选择了合适的钻进工艺，使钻孔精度大大提高，从最初的 2.5% 的综合孔斜率降到了 0.1%的好成果，5 孔平均偏斜为 1.83%。在遇到破碎带锚桩、预应力钢绞线时，由于提前有所准备，处置得当，顺利渡过了重重难关，最高班进尺达 40m。

2. 锚索编束、穿束　编束按常规方法在现场进行。锚索体长平均 104m 左右，重量大约 8t，现场无法一次起吊，在施工中采用 1 台 50t 吊车、2 台 8t 吊车、1 台 5t 卷扬机联合作业，快速安全地将索体放入孔中，每束需时 1.5h。

3. 预锚张拉　施工中采用二步张拉法，即：第一步为单根预张拉。为消除整体张拉前单根钢绞线的受力不均，采用小型千斤顶进行单根预张拉，通过依序进行顺逆序两次张拉，较好地消除了各钢绞线间的受力不均。第二步为整体张拉。张拉吨位的确定采用以测力计读数为主、油压表压力值为辅，同时采用以单根钢线应力观测值和伸长值进行校核的方法。5 孔张拉过程测力计读数与油压表压力值的不吻合程度在 2.95%～3.7% 之间，平均不吻合程度为 3.1%，吻合程度较好。

（四）试验和观测

1. 内锚试验　内锚头施工是在孔深、地下水位高的情况下进行的，为确保施工质量，采用模拟水下注浆试验和钢绞线握裹力试验，取得可靠数据后确定施工工艺。实践证明现场施工工艺是可靠的。

2. 单根钢绞线应力观测　现场对前 10 根、后 10 根钢绞线通过贴应变片进行应力观测，在单根张拉过程中，针对各个钢绞线受力的不均匀程度进行相应的调整，同时观测整拉过程中单根钢绞线的应力情况。

3. 张拉、锁定、灌浆过程锚索荷载观测　通过安装在外锚头处的测力计进行观测，观测到的锚索锁定后和灌浆后的荷载变化率分别为：10000kN 级 +4.6%和+1.3%；6000kN 级 −0.60% 和 −8.06%（灌浆后测力计进水无法观测，采用单根钢绞线应力估算）；8000kN 级 1 孔为 −0.17% 和 −0.87%，另 1 孔为 −0.81% 和 −0.93%；6000kN 级为 −1.05% 和 −1.16%。

4. 锚固效果观测　为进一步观测本次试验锚固效果，对 5 孔锚索进行了 1 个月的观测，观测期内的荷载变化率：10000kN 级为 +0.83%；6000kN 级为 −1.98%；8000kN 级 1 孔为 −1.39%，另 1 孔为 −1.18%；6000kN 级为 −1.95%。观测结果表明，除 1 号孔（10000kN 级）荷载反常外，其他各孔荷载损失与规范 10% 相比，损失较小，锚固效果良好。

（五）结语

(1) 采用风动式钻孔机通过改进施工工艺等措施，可以进行大孔径、高精度深孔快速成孔。

(2) 10000kN 级预应力锚索在李家峡电站的应用已获得初步成功，实践表明，选用的设计方案、设备选型、施工工艺和采取的措施都是可行的。

（中国水利水电第四工程局　李贵信　霍海平）

印江岩口抢险工程岩塞爆破施工

1996 年 9 月 18 日，贵州省东北部的印江土家族苗族自治县岩口处发生特大型山体滑坡，约有 230 万 m^3 的山石阻塞了印江河，形成了一个库容约 3900 万 m^3、最大深度 40m 的“堰塞湖”。堰塞湖淹没了距滑坡处 4.6km 的郎溪镇，造成 8252 人搬迁，导致直接经济损失 1.5 亿元。为在 1997 年主汛期前将堰塞湖水库放空，确保滑坡体安全度汛，如何贯通左岸导流兼泄洪洞成为抢险工程的难点。该隧洞进口位于水下近 30m，经过论证、分析、比较，隧洞进口作为岩塞进行爆破施工，从而取消了进口围堰。

由于印江岩口岩塞爆破工程是因突发事件而急需进行的抢险工程，没有足够的时间进行水工模型试验和完整仔细的地质勘查工作，且岩塞部位位于玉龙山灰岩地层，属喀斯特地区，因此本次岩塞爆破在设计和施工上都存在较大的风险性。在吸收国内外岩塞爆破成功经验的基础上，经过方案比选，确定了全排孔（钻孔）的岩塞爆破方案。该方案与洞室或洞室加排孔的岩塞爆破方案相比，其优点在于：避免了开挖洞室遇喀斯特或大量漏水地质条件时难以处理的难题；能采用先进的钻孔机具作业以加快施工进度；能有效控制药量在单响药量，减小爆破震动。岩塞形状（见附图）设计为截头倒圆锥体，下部开口直径 6.0m，中心厚度 6.5m，岩塞总体积 721m³。爆破孔布置了直径为 107mm 的中心空孔、桶形垂直掏槽孔、3 圈呈散射状的主炮孔以及沿岩塞周边直径为 50mm 的预裂孔。采用并串并毫秒微差复式电爆网络，总装药量 1252kg，最大一响药量为 504kg。爆渣处理采用泄渣方案，不设缓冲坑。

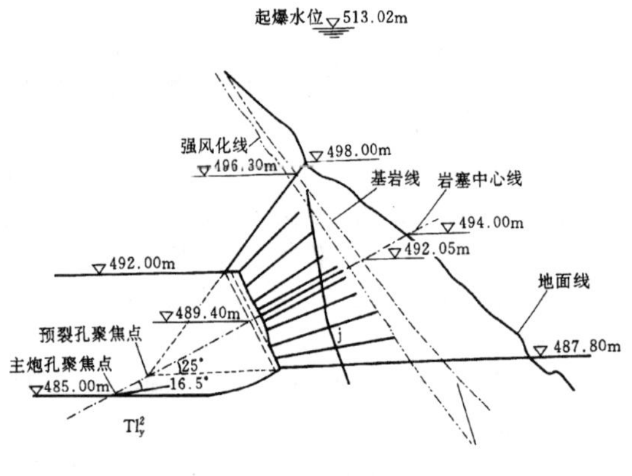

岩塞纵剖面图

为确保岩塞爆破成功，对爆破用的乳化炸药、电雷管及导爆索等爆破材料的各种性能都按要求做了水深 30m 的浸水 72h 测试，采用黄油防水处理使各项测试指标达到了要求。对掏槽爆破参数、预裂爆破参数、1:1 的电爆网络进行了爆破试验，正式爆破联网前后定时测试电阻、杂散电流各种数据都符合要求标准。1997 年 4 月 1 日 16 时 18 分，施爆成功。爆破时，滑坡体稳定，岩渣顺畅下泄，水文测量最大下泄流量 337m³/s，达到设计要求。堰塞湖放空后，现场质量检查为：进水口成形好，洞脸稳定，洞室磨蚀轻微，爆破预裂面半孔率达 99.5%。该次爆破达到了全部预期目的。

印江岩口抢险工程水下岩塞爆破工程施爆圆满成功，在技术上有一定的创新和突破，主要表现在：①是我国第一次在喀斯特发育地区成功实施的深水、大断面岩塞爆破。②洞室无衬砌、泄水无闸门、岩渣处理无集渣坑储渣，这种“三无”条件下的岩塞爆破新技术在我国是首次采用。③对底部开口直径为 6m 的岩塞采用全排孔一次爆破成形，超过了国内外直径为 5m 的经验上限值，并成功解决了在碎石层及砂卵石层覆盖下的岩塞爆破技术问题。④乳化炸药作为岩塞爆破用药在我国是首次采用，并成功解决了深水状态下的炸药防水问题。⑤采用先进的钻孔机具（如多臂凿岩台车）组织施工，精度高、速度快。本次爆破的总体施工水平达到了国际领先水平。

（中国水利水电第九工程局　许以敏　杨玉清）

小浪底水利枢纽坝基灌浆施工

（一）概述

小浪底水利枢纽大坝为壤土斜心墙堆石坝。坝区揭示的地层主要为：第四系黄土、硅质砂岩、钙质泥钙质粉细砂岩、泥质粉砂岩、泥岩和粉土岩。坝址区断裂构造发育，岩层破碎，岩石硬度不均，最大硬度可达 9 级以上。

小浪底坝基灌浆工程包括固结灌浆和帷幕灌浆。固结灌浆布置在大坝基础表面，全为露天作业，总工程量为 4.8 万 m。帷幕灌浆由地表和洞内分层实施。大坝的防渗帷幕线总长 2900m，帷幕布置以单排孔为主，个别部位为 3 排或 5 排，孔距为 2m，帷幕钻孔的最大深度 108m，总工程量约 21 万 m。

灌浆工程有国际标，也有国内标。由于外商的联营体性质和分包行为，实际上灌浆工程的绝大部分是由国内的施工单位完成的。国际标采用 FIDIC 施工合同条件，国内标也参照此条件进行管理。灌浆工程实行旁站监理制。

（二）灌浆施工及技术特点

（1）施工平台。两岸坝基表面的灌浆有 80% 以上的工作量是在脚手架构筑的施工平台上完成的。先后搭设施工平台 10000 多 m²。平台之间的设备运移依靠平台上的龙门架和“铁葫芦”进行，材料运输全由人工通过专门搭建的扶梯进行。

（2）钻灌设备。小浪底的灌浆工程汇聚了国内外多种钻灌设备，包括：国产 DZ—100 型潜孔钻机，SGZ—Ⅰ、SGZ—Ⅲ、XY—Z、XY—Ⅰ型回转钻机，国外产 Atlas A—52CB 钻机和 DIAMEC—262 钻机；国产 BW2/40 和 GBW100/100 灌浆泵，国外的计量泵；ZJ—200、ZJ—400 高速搅拌机，以及自动化程度较高的集中制浆系统。

（3）钻孔、冲洗及压水试验。固结灌浆孔孔径

$\phi65$ 和 $\phi85$。帷幕灌浆孔直径为 $\phi56$ 和 $\phi76$，开孔直径为 $\phi91$。先导孔和检查孔采用 $\phi110$ 双管钻具取心钻进。钻孔孔向的测量采用 DUZ—D 型深井照相测斜仪，精度为 0.5°。绝大部分的灌浆孔一次合格，个别孔因偏斜过大，采取了纠偏、修正或废弃重新开孔的措施。对每个灌浆段均进行孔壁冲洗和裂隙冲洗。当完成钻孔后，开大流量，增加流速，使孔壁得到有效冲洗，并冲出孔底沉淀，直至孔底沉淀小于 0.2m。之后用压力水冲洗裂隙，直至返水澄清后 10min 止。为了了解原地层的透水性及灌后幕体的防渗性能，对先导孔和检查孔的各段均进行了正规压水试验，采用 3 级压力（即 0.3、0.6、1.0）5 个阶段压水法。压水试验过程采用自动记录仪记录。

（4）灌浆方法。固结灌浆采用栓塞封闭纯压灌浆的方法。帷幕灌浆所采用的灌浆方法有 3 种：①孔口封闭，自上而下分段循环灌浆法；②自下而上分段卡塞纯压灌浆法；③吸纳第①种灌浆方法和国外新兴的 GIN 灌浆法之优点开发的中国式的 GIN 灌浆法。第①种灌浆方法是国内最常用的灌浆方法，它被认为是保证帷幕灌浆成功的最为有效的方法；但由于其严格的操作程序和特殊的工艺要求，使其在工效上受到了限制。第②种方法是国外较常用的灌浆方法，与第①种方法相比，其优势是工效较高；但在比较破碎的地层条件下则不然。在左岸帷幕灌浆中，这种方法发挥了优势。第③种灌浆方法在我国尚属开发阶段（详见“GIN 灌浆法的应用”条目），小浪底工程在主帷幕线上选择长约 80m 的区域进行了 3000 多米的 GIN 法帷幕灌浆试验性施工，并已取得了良好的效果。

（5）灌浆压力。固结灌浆压力为 0.25MPa，帷幕灌浆设计最大压力为 3.5MPa，在右岸坝基施工中，因出现岩体变形现象，将压力降低为最大不超过 1.9MPa。施工中，当出现串冒浆、耗浆量较大等情况时，采取限压限量措施，尤其是在左岸Ⅰ区施工中，因岩体发生变形，最大灌浆压力限制为 1.0MPa、0.5MPa。灌浆洞内最大灌浆压力为 3.5MPa。

（6）灌浆浆液。采用集中制浆站制输浆液，灌浆浆液为稳定性浆液，其性能参数为：水灰比 0.6～0.75，密度 1.6～1.67kg/m³，析水率（2h）＜5%，马氏漏斗黏度 28s～35s，结石强度（28d）＞15MPa，黏聚力＜4N/m²。优点是：可简化施工工艺；浆液质量易于控制；可提高灌浆质量。

（7）灌浆结束标准。小浪底灌浆工程灵活的应用规范，根据坝区不同部位、不同地质条件，采用不同的灌浆方法，以及使用记录仪记录的特点，对结束标准的最终注入率、持续时间、最大注入量等作了相应的规定。实践证明，这些规定易于操作，也能保证灌浆质量。

（8）灌浆自动记录及灌浆过程监控。灌浆工程质量的评价主要以过程和数据记录为依据，所以记录的准确性和及时性尤为重要。灌浆过程及数据的记录全部为自动记录仪记录，避免了人为因素的影响。选用的灌浆自动记录仪多数为中国水利水电基础工程局与天津大学自动化系共同研制的 J31 型智能记录仪，并首次使用了多路灌浆监控系统，该系统可同时远距离监控多个灌浆泵的灌浆过程。

（中国水利水电基础工程局　赵存厚）

GIN 灌浆法的应用

（一）GIN 灌浆法的概念和要点

90 年代初期，15 届国际大坝会议主席、瑞士学者 G. 隆巴迪提出了一种新的设计和控制灌浆工程的方法——“灌浆强度值”（Grouting Intensity Number，缩写 GIN）方法。

隆巴迪认为，对任意孔段的灌浆，都是一定能量的消耗，这个能量消耗的数值，近似等于该孔段最终灌浆压力 P 和灌入浆液体积 V 的乘积 PV，PV 就叫作灌浆强度值，即 GIN。灌入浆液的体积可用单位孔段的注入量 L/m 或 kg/m 表示，灌浆压力可用大气压或 MPa 表示。对于岩体裂隙灌浆，常常大裂隙使用压力小而注入量大，细裂隙使用压力高而注入量小，这样就可以保持 GIN 为一个常数。在各个灌浆段的灌浆过程中，控制 GIN 为一常数，可以自动地对开敞的宽大裂隙限制其注入量，对比较致密的可灌性差的地段提高灌浆压力；还可避免导致抬动和水力劈裂的高压力和大注入量的组合，以及对灌注细裂隙不适合的低压力和小注入量的组合。

当规定 GIN 等于常数时，在压力—注入量坐标系上，GIN 曲线是一条双曲线，其值越大，曲线离开原点的距离越远。再加上对最大灌浆压力和最大注入量的限制，就组成了一条对灌浆过程控制的包络线。

采用 GIN 方法灌浆的技术要点是：①只应用稳定的、中等稠度的浆液，以达到减少沉淀，防止过早地阻塞渗透通道和获得紧密的浆液结石的目的；②整个灌浆过程中尽可能只使用一种配合比的浆液，以简化工艺，减少故障，提高效率；③用 GIN 曲线控制灌浆压力，在需要的地方尽量使用高的压力，在有害和无益的地方避免使用高压力；④用电子计算机监测和控制灌浆过程，实时地控制灌浆压力和注入率，绘制 $P—V$ 过程曲线，掌握灌浆结束标准。此外，所采用的灌浆方式多是自下而上和纯压式灌浆。

GIN 灌浆法几乎自动地考虑了岩体地质条件的实际不规则性，使得沿帷幕体的总的注入浆量合理分布，灌浆帷幕的效益—投资比率达到最大。

（二）GIN 灌浆法在我国的应用

（1）1994 年，在湖南江垭水利枢纽进行了 GIN 法灌浆试验。试验分为 2 组，共 13 个灌浆孔，820m，分别针对砂页岩地层和岩溶化石灰岩地层。这次试验的主要目的是：①对不同地层选定合理的 GIN 值，以及相应的最大灌浆压力和灌入量；②对帷幕灌浆的孔距和 GIN 法灌浆工艺进行探索。试验采用的 GIN 值 50～400MPa·L/m，最大压力 1～5MPa，最大注入量 150～600L/m。这次试验是我国首次进行的 GIN 法灌浆。

（2）1996 年，为探索 GIN 法在长江三峡工程中的可行性，在 RⅢ组灌浆试验中采用了 GIN 法。试验区地层为弱风化闪云斜长花岗岩，设计防渗标准 $q \leqslant 1$Lu，共布置 9 个灌浆孔，360m 灌浆工程量。试验采用的 GIN 值为 100～250MPa·kg/m，随孔深而增加。最大灌浆压力 1.5～5MPa，最大注入量未作严格限制。

以上两次灌浆试验都取得了不少有益的成果，但由于多种原因，施工中都没有采用。

（3）1995 年～1997 年，GIN 法在黄河小浪底水利枢纽进行了灌浆试验和实际应用。小浪底坝基主要岩层为砂岩，设计防渗标准为 $q \leqslant 3$Lu，在帷幕线的 3 个地段采用 GIN 法灌浆，工程量共有 3815m。经过试验和总结，小浪底的 GIN 灌浆方法综合了小口径孔口封闭灌浆法和 GIN 法二者的优点，形成了适合我国特点的新工艺。小浪底工程采用的 GIN 值根据钻孔深度不同为 50～250MPa·L/m，最大灌浆压力为 1.0～3.5MPa，灌浆浆液为水灰比 0.7∶1 和 0.75∶1 的稳定性浆液。通过质量检查与统计分析，GIN 法灌浆段与常规灌浆段比较：GIN 法灌浆段全部达到防渗标准要求，有的优于相邻地段的常规法灌浆帷幕，而灌浆材料和工时消耗大大低于常规灌浆方法（见下表），均可节约 30% 以上。本项成果获得 1999 年度水利部科技进步三等奖。

灌浆部位	工程量（m）	GIN 法		常规法	
		单位注灰量（kg/m）	灌浆用时（h/段）	单位注灰量（kg/m）	灌浆用时（h/段）
副坝灌浆试验	678	91.5	1.35	137.5	2.16
2 号洞坝基帷幕	1889	149.34	1.53	274.48	2.12
4 号洞坝基帷幕	1248	49.7	0.86	158.8	1.14

（中国水利水电基础工程局　夏可风）

施 工 机 械 设 备

三峡二期工程主要施工机械设备配置及运行情况

三峡二期厂房和大坝工程具有工程量大、施工强度高、工期紧等特点，是三峡工程中非常重要、对工期有控制作用的关键性项目。经过多年的论证比较，采用了以塔带机为主，缆机、高架门机、大型塔机为辅的施工方案。由业主中国长江三峡工程开发总公司提供的大型施工设备有：6 台塔带机、2 台摆塔式缆机，8 台大型高架门机，1 台大型塔机，4 台胎带机，7 座特大型拌和楼，以及与塔带机相配套的约 4000m 的皮带机。

（一）设备布置原则

塔带机是一种新型的混凝土施工机械，具有速度快、效率高、覆盖范围大等特点，通过自由升降的供料皮带机将拌和楼与塔带机连接起来，可以将水平运输和垂直运输集成为一体，实现混凝土连续供应。溢流坝段及左岸厂房坝段 7 号以右部分，其混凝土施工受围堰抽水影响，基础面高程低，是控制工期的关键部位，因此布置 6 台塔带机，以保证施工进度。

为了充分发挥塔带机的效率，减少塔带机的工况转换带来的时间损失，布置了 2 台摆塔式缆机承担材料吊运、金属结构安装等辅助工作，其覆盖范围为 －15～＋65m 高程；另外还在溢流坝段下游设 45m 高程栈桥布置 1 台大型塔机（K1800），和 1 台上海港机厂生产的 MQ2000 型高架门机，主要是做混凝土浇筑辅助工作，同时也兼顾金属结构安装量大、分布范围广等特点。

为适应塔带机的高效率，对相应的配套设备选择也做了充分论证。厂坝工程施工共设 4 个拌和系统、7 座拌和楼。要求每座拌和楼的生产能力必须达到 240m^3/h(指常温混凝土)以上。另外仓面振捣设备要求采用 5

棒或 8 棒振捣机，同时配若干手持式振捣棒。

（二）主要设备的布置及性能参数

1. 塔带机 6 台塔带机分别布置在溢流坝段 1 号、7 号、14 号、21 号以及左厂坝段的 8 号和 12 号，其中布置在溢流坝段的 4 台，为美国罗泰克公司生产（TC2400）；布置在厂房坝段的 2 台，为法国波坦公司和日本三菱皮带机公司（TB2200）合作生产。

罗泰克塔带机 TC2400 型塔带机的主要技术参数是：塔机最大自由高度 93m，塔机臂长 80m，最大布料半径 100m，带宽 760mm，带速约 3.5m/s，输送能力 $6.5m^3$/s（皮带机角度≤10°），皮带机最大俯仰角 ±30°。

三菱波坦塔带机的主要技术参数是：最大自由高度 92m，塔机臂长 80m，最大布料半径 105m，带宽 800mm，带速 3.15～4m/s，输送能力 6～$6.5m^3$/s（皮带机角度 0°），皮带机最大俯仰角 ±25°。

2. 缆机 2 台摆塔式缆机跨度为 1416m，塔高 125m，其下部为铰接结构，通过两侧的摆塔索控制，可使缆机沿水流方向摆动 ±25m。该缆机由德国克房伯公司生产（PWH），主要技术参数为：塔架摆动速度 2.0m/min；小车行驶速度（最高）7.5m/s，（吊重 20t）6.0m/s；（吊重 25t）最高下降速度：3.0m/s（满罐），2.2m/s（空载）；最高提升速度：2.2m/s（满罐），3.0m/s（空罐），2.2m/s（空钩）。

3. 上海港机厂产 MQ2000 型门机 厂房下游及溢流坝段下游 45m 栈桥上共布置 5 台上海港机厂产 MQ2000 型门机。该门机为四连杆结构，具有运行平稳等优点，其主要参数为：起升高度轨上/轨下 100/40m；最大/最小臂幅 71/22m；起重量（t）/工作幅度（m）20/71（浇筑工况），63/35（安装工况）；起升速度 63m/min。

4. 吉林水工厂产 MQ2000 型门机 在左厂坝段 120m 栈桥上，布置 2 台吉林水工厂产 MQ2000 高架门机，该门机为单臂架式结构，主要技术参数与上海港机厂 MQ2000 相近：起升高度轨上/轨下 80/40m；最大/最小臂幅 71/32m；起重量（t）/工作幅度（m）20/71（浇筑工况），63/36（安装工况）；起升速度 63m/min。

5. K-1800 大型塔机 该塔机布置在溢流坝下游 45m 高程栈桥上，为丹麦克罗尔公司生产，主要技术参数是：起升高度轨上/轨下 100/50m；最大/最小臂幅 71/9m；起重量（t）/工作幅度（m）21.9/71（浇筑工况），60/33（安装工况）；起升速度 63m/min。

6. 胎带机 4 台胎带机亦为罗泰克公司生产，该机具有移动方便、机动灵活、布料均匀等特点，在大坝初期混凝土施工中，发挥了重要作用。罗泰克胎带机的主要技术参数为：铭牌最大输送能力 $4.5m^3$/s；最大（小）布料半径 61m（22.6m）；最大仰（倾）角 30°（-15°）。

7. 拌和楼 厂坝二期工程施工共设 4 个拌和系统，7 座拌和楼。其中 1 台 4×$6m^3$ 自落式拌和楼为美国原 CS Johnson 公司生产，铭牌生产能力 $360m^3$/h；1 台 4×$4.5m^3$ 自落式拌和楼由意大利 CIFA 公司生产；1 台 4×$4.5m^3$ 自落式拌和楼为郑州水工厂生产，2 座拌和楼的铭牌生产能力均为 320～$360m^3$/h；4 台 4×$3m^3$ 自落式拌和楼均为郑州水工厂生产，铭牌生产能力为 $240m^3$/h。

8. 皮带机 连接拌和楼与塔带机的皮带机，均为罗泰克公司生产，带速均为 3.5m/s 左右，其主要特点是：结构轻巧，模块化组装，各桁架间采用高强销子连接，因此可以通过支撑柱上液压顶升装置 实现皮带机的升降，适应大坝不断升高的要求；机头采用整体合金刮刀，可以做到不漏浆；皮带带速高（≥3.5m/s），并可以在爬坡角度 22°～25°混凝土供料均匀连续的情况下，做到混凝土不分离；运输能力大，按照铭牌生产率，在皮带机俯仰角度在不大于 10°时运输能力可达到 $360m^3$/h，所有皮带均采用液压张紧；皮带机槽角约 40°左右。

（三）主要设备的运行情况分析

三峡厂房二期工程和大坝混凝土施工近一年半的实践表明：各种设备的运行情况基本达到了预定的要求，总体方案的选择是正确的；但各种设备运行情况与当初的设想也或多或少有些差距，现评述如下：

（1）塔带机。在采购之前，争论最多的有两大问题，一是质量问题，特别是运送四级配混凝土时所产生的骨料分离，漏浆等，经过一段时间的试验总结，应该说这一问题得到了较好的解决，采取的主要措施是：减少特大石含量 5%，控制下料高度不超过 2m，层间结合第一层采用 20cm 二级配或三级配富浆混凝土等；二是可靠性问题，过去皮带机出现故障的机会较多，但从现场的使用情况分析，尽管有的皮带机长达 400m 左右，但是可靠性还是非常高的。两种不同塔带机的比较：相比较而言，罗泰克公司拥有塔带机的多项专利权，其总体构思是很巧妙的，但是从现场使用情况分析，两者基本接近，并无明显差别。

从 1999 年使用情况分析，塔带机并未充分发挥效率，主要原因是由于设备到货晚，在大坝下部结构比较简单的时候，永久供料线未形成，而是采用临时供料线，汽车转料，是一种间断式的供料方式；后期永久供料线形成后，坝体结构开始变得复杂，每个浇筑仓都有 5 种以上不同的配比和标号的混凝土，在分层铺料的情况下，需要经常变化，从而影响了效率发挥。

使用塔带机混凝土标号一定要简化，其次仓面配套设施如振捣机等要足够，再就是要有充足的辅助手段，尽可能减少塔带机的工况转换。

(2) 缆机。摆塔式缆机在我国是第一次使用，由于三峡的地形条件的关系对缆机使用并不十分理想，操作员视线不良，而且下部门塔机较多，使用过程中，必须十分小心，以防碰撞事故发生，因而限制了缆机的使用效率。

(3) 大型门机。三峡工地上使用的两种大型国产门机各有优缺点：上海 MQ2000 门机为四连杆结构，总重量较大，由此带来的最大问题是安装不便，其顶升装置采用液压式，比较可靠，从运行情况看，起吊比较平稳，故障率低，最小工作幅度小（22m）；吉林水工厂 MQ2000 门机为单臂架结构，总重量轻，安装方便，顶升采用机械方式，不如上海 MQ2000 门机先进，但也比较可靠，其盲区范围较上海 MQ2000 门机为大（32m），两者达到的生产率基本相同。上述两种国产门机已经融合了国外大型塔机的一些优点，如分节顶升，与过去国产门机相比较，已经有了长足进步，如能进一步优化，形成系列产品，无疑前途光明。

(4) 拌和楼。比较三峡工地所有的拌和楼，国产拌和楼可以说是一枝独秀，在产品质量、使用性能等方面均优于国外设备，而在售后服务和价格方面更具优势。大型拌和楼依赖进口的历史可望结束。

（中国长江三峡工程开发总公司　曹广晶）

新型防渗墙挖掘机械及其应用

80年代以来，为了适应深防渗墙施工对施工质量和工程进度的要求，满足在复杂地层上建坝的需要，在水利水电等行业开始研制生产或引进使用各种类型的冲击式反循环钻机、抓斗和液压铣槽机等新型成槽机械。多年来的实践证明，新型成槽机械的使用，推进了我国防渗墙施工技术整体水平的提高和发展。

（一）新型挖掘机械的特点及应用

1. 冲击反循环钻机　冲击反循环钻机是利用冲击钻头冲击破碎槽孔内的岩土，并通过反循环系统将渣土排出，从而实现槽孔的开挖。这种钻机保持了钻具冲击破岩效率高、地层适应性强的特点。利用反循环排渣，配套泥浆净化机除砂，使钻进效率比冲击式钻机提高了 2～3 倍以上。目前国产机型有 CZF 系列（1200、1500、2000）、GCF—1500、CJF—20 等型号。CZF 系列冲击反循环钻机采用双钢绳冲击技术，有效地解决了双卷筒同步运行的难题，能最大限度地发挥装备能力。

冲击反循环钻机平均钻进工效 4～20.7m/(台·日)，配套的泥浆净化机 JHB200 型每小时处理泥浆能力达 220m^3，可有效地循环使用钻孔泥浆，降低成本。

1998 年中国水利水电基础工程局在三峡工程二期上游围堰防渗墙（厚 1m）施工中投入了 40 台套 CZF 系列（1200、1500、2000）冲击反循环钻机，钻进最大深度 73.5m，结合钻爆技术，完成嵌岩钻进，并在深槽内 60°～70°的双向陡坡基岩上嵌槽 1m。在三峡工程二期上游围堰防渗墙施工中，此机型共完成 1.6 万 m^2 防渗墙。

为探索百米成槽技术，1997 年在四川冶勒电站使用 CZF—1500 型冲击反循环钻机，完成了长 7m、宽 1m 的百米深槽试验，最大成墙深度 101m。

通过国家“八五”科研立项开发成功的 CZF 系列冲击反循环钻机现已广泛用于三峡、小浪底等水利水电工程，取得了显著的成效。

2. 抓斗　抓斗是利用两个斗壳，直接抓取槽孔的岩土，从而实现槽孔挖掘的防渗墙施工机械。80 年代初在葛洲坝工程大江围堰防渗墙施工中，我国首次引进使用了日本真砂 MHL—8012 液压导板抓斗。此后，逐步引进了意大利、德国、法国 BH—7、BH—12、DH46、KL100 等各型抓斗。国内在 80 年代末也开始研制抓斗并用于工程中。由于抓斗是采用两半斗壳直接挖掘土层，并提出孔外弃渣，不必对岩土进行充分破碎，因而在一般地层中（岩石抗压强度小于 10MPa）成槽效率较高。

在 1997 年开始的三峡二期围堰防渗墙工程施工中，集中了 GSD、DH、KL 和 BH 等各型抓斗，防渗墙厚度 1m。液压型抓斗因动力油管长度有限，且无法挖掘复杂地层（块石及硬岩），因而仅配合冲击反循环钻机在围堰上部（深约 20m）的砂层中进行了“二钻一抓”成槽施工。DH46、KL100 型钢绳抓斗主要用于挖掘 30m 以下的卵石层（厚度 20 余米）。对地层中块球体、硬岩，换用 10t 重凿冲击破碎后再用钢绳抓斗抓取。在上游围堰河床段 3.5 万 m^2 防渗墙的施工中，8 个月中完成 8908m^2 的工程量，占总量的 1/4，最大挖掘深度达 70m。特别是配合钻爆工艺，用 10t 重凿钻进硬岩（抗压强度超过 120MPa），平均小时进尺最高达 1m，对深槽段如期封闭发挥了重要作用。

1998 年小浪底工程大坝左岸主防渗墙（厚 1.2m），在砂砾石层中采用 4 台 KL1200 型钢绳抓斗及 1 台 HF400 型液压铣槽机，配合进行施工。用抓斗抓砂砾层，用重凿击碎大漂石或基岩，3 个月成槽 5101m^2，1 台抓斗平均工效 1.95m^2/h，最大挖掘深度 70.3m。小浪底工程大坝左岸主防渗墙是国内水电工程中首例纯抓成槽的大型防渗墙工程。

针对长江、黄河等大堤加固需要而开发的 BSD 和 WY 系列 30cm 薄防渗墙抓斗及配套钻具，拓展了抓斗的应用范围。自行开发的两个系列的抓斗在

1999年～2000年的堤防加固中已得到广泛应用。

3.BC30液压铣槽机 液压铣槽机是一种用旋转铣轮连续切削和松动土壤、靠泵举反循环排渣来实现槽孔挖掘的大型防渗墙施工机械。这种机械是目前最先进的防渗墙成槽设备，1974年由法国研制开发成功，近年我国在三峡、小浪底工程中已成功应用。1996年中国长江三峡工程开发总公司在二期围堰防渗墙工程中引进了德国产BC30型液压铣槽机，以满足施工进度需要。铣槽机主要由地面主机和专用铣头两部分组成，地面主机是由BC40型钻机改制而成，包括BS110履带底盘、HD475动力站和HDS卷盘系统几部分。它为各工作装置提供液压动力，总功率约536kW。由铣轮和导架组成的专用铣头重约30t，导架上装有铣轮、泥浆泵和液压马达传动系统，以及测斜纠偏控制系统等，它能提供足够的铣削压力，同时具有良好的导向作用，保证成槽精度。铣头底部装有一对直径1.4m、能相对转动的铣轮，可铣削松散地层和抗压强度小于80MPa的岩石。铣轮上装设了缓冲减振系统，能有效吸收铣削时的冲击振动；铲形吸渣口与铣轮旋转切削共同作用，可将大块石破碎至能泵吸的粒块（ϕ75mm）；活动摆齿能将铣削盲区岩石消除干净。铣削的渣土与膨润土泥浆混合后由泥浆泵送至地面，用BE500型泥浆净化系统除渣，经净化且合格的泥浆返回槽内循环使用。BE500型泥浆净化系统处理能力达500m^3/h。

BC30液压铣槽机装备有先进电子控制和液压传动系统，在操作室可对施工全过程中的压力、流量、转速和孔斜等参数进行监控。专用铣头由主卷扬钢丝绳悬吊，可依据地层情况对钻压进行自动控制，大功率液压马达系统驱动的铣轮提供的扭矩达81kN·m。BC30型液压铣槽机配置有两种规格的铣轮及侧板，可用于厚0.8m和1.0m防渗墙的施工；导架采用叠加式结构，可按槽宽要求拼装侧板。单刀铣削长度2.8m，最大铣削深度达80m。

在三峡工程二期围堰防渗墙施工中，于1997年4月进行设备性能试验，1998年8月完成深槽段施工，铣削面积1.5万m^2，最大铣削深度70m。BC30型液压铣槽机适用于风化砂层、砂土层及全强风化地层，铣削工效5.7～29.4m^2/h，孔斜率在0.3%之内。对于抗压强度大于80MPa的基岩及砂砾石地层，则功效低、耗齿多、精度差。应用中对复杂地层采用抓斗挖掘、冲击反循环钻机凿岩、深孔预爆及灌浆堵漏等综合工艺，有效发挥了各种设备的优势，实现月成槽面积6071m^2的目标。

（中国水利水电基础工程局 李军 蔡振中 张志良 程聚辰）

挖泥船大口径封闭式长距离接力输泥的应用

中国水利水电第十三工程局自1998年8月至1999年6月，使用2条海狸600型挖泥船，先后完成了北京市什刹三海（前海、后海、西海）、中海、南海、北海（简称“六海”）和紫竹院公园大湖至颐和园西侧北坞排泥场长距离输泥以及后海、西海清淤工程。这是一项重大环保工程。整个工程分两期施工：一期工程由挖泥船将淤泥自西海输送至北京展览馆后湖，再通过另一条挖泥船接力输送至紫竹院公园大湖，输送距离全长7km，二期工程由紫竹院公园大湖至颐和园西侧北坞排泥场，其间穿越繁华市区、三环西路及居民区，全长8km。

在上述工程施工中使用的挖泥船，是目前国内仅有的2条荷兰产可拼装分体式海狸600型绞吸式挖泥船，是水电第十三工程局根据北京工程特点从巴基斯坦河道疏浚施工现场调回的。该挖泥船设备的主要参数如下：

绞刀桥架呈水平状态时的总长度：20.15m

浮箱总长度：12.50m

型宽：5.72m

型深：1.51m

主浮箱尺寸：8.00m×2.70m×1.80m

边浮箱尺寸：12.00m×1.47m×1.47m

燃油舱装满燃油时平均吃水：约1.10m

最大挖深：8.00m

吸、排泥管内径：400mm

总干重：约50t

该型船产量最高每小时可达480m^3，具有体积小、轻便灵活、功率大、排距远、效率高、解体后铁路公路运输方便等特点。

由于北京“六海”清淤二期工程中受环保、工期、施工技术要求诸多因素的制约，长春桥以北的京密引水渠两侧是繁忙的公路运输线，渠内清水不得有任何污染，京密引水渠段无条件建立接力泥池，单船输泥无法满足排距8km长的施工需要，因此，由紫竹院公园大湖至颐和园西侧北坞排泥场必须解决挖泥船长距离封闭式输泥施工的难题。后经分析研究采取了如下的施工方法：把2条拼装式海狸600型绞吸式挖泥船通过直径400mm钢质输泥管线进行封闭式同步接力长距离输泥。1号海狸600型船布置在紫竹院公园大湖内，作为清淤输泥首船，根据这种挖泥船的性能，确定在长春桥以北约500m处的京密引水渠河道内设置2号海狸600型船，作为长距离输泥的接力船。2号海狸600型船在定位后用柔性管线将泥泵前端吸泥口与1号海狸600型船400mm直径排泥钢管相接，同时配备了压力调速装置、流量控制装置、真空报警装置、同步监测装置、无线通信等仪表设备和闸阀系统。为进一步保证挖泥船正常生产、提高功效，在距船尾约30m的管线上设一组呼吸阀。两船长距离封闭式同步接力输泥于1999年2月一次试车成功，从而解决了一直困扰着施工单位的重大技术难题，该项技术目前在国内水利水电疏浚行业处领先地位。

上述工程完工后，经北京市城市水系治理指挥部组织有关方面专家组成的竣工验收小组进行检验评定，被评为优质工程。

采用挖泥船大口径封闭式长距离接力输泥是水利水电施工单位在北京进行的一次施工安全可靠、无污染、不扰民、不占地、文明生产的成功尝试与实践，为今后应用推广挖泥船长距离输泥作业积累了宝贵经验。上述2条海狸600型绞吸式挖泥船随后投入了天津市永定新河应急度汛工程施工，其先进的性能在施工中得到了充分的展示，使施工单位率先完成了所承担的河道疏浚任务。

（中国水利水电第十三工程局　王　究）

质　量　控　制

三峡二期工程的质量控制

三峡二期工程具有工程量大、施工强度高、技术复杂等特点，建设工期为6年（1998年～2003年），建设目标为2003年6月水库蓄水和永久船闸通航，2003年第4季度首批机组发电。计划工程量为土石方开挖4322万m^3，土石方填筑2100万m^3，混凝土浇筑1850万m^3，金属结构安装19.11万t。自1998年至2000年10月，已完成土石方开挖2248.55万m^3，土石方填筑746.82万m^3，混凝土浇筑1016.64万m^3，金属结构安装2314万t。其间1999年超额完成了计划浇筑448万m^3混凝土的目标，并创下了年浇筑458.5万m^3和月浇筑55.35万m^3的世界纪录；永久船闸完成了艰难的直立坡和竖井开挖，高陡边坡趋于稳定；二期围堰经受了1998年、1999年汛期高水位的严峻考验，确保了基坑安全度汛，总渗漏量为86L/s，远小于设计允许值（600L/s）。在二期工程建设过程中，参建各方认真贯彻落实中央领导的指示，严格质量管理，强化质量意识教育，逐步建立完善了质量保证体系，实施了全过程的质量控制。目前工程进展顺利，已建工程质量良好，满足设计要求。

（一）质量保证体系建设

国务院三峡工程建设委员会成立了“三峡枢纽工程质量检查专家组”，对三峡工程的质量保证体系、工程质量、工程进度进行检查和监督。中国长江三峡工程开发总公司（以下简称三峡总公司）组织参建各方共同参与，成立了“三峡工程质量管理委员会”，对参建各方的质量管理工作进行检查、监督、协调和指导。三峡总公司成立了三峡工程质量总监办公室，聘任国内外专家担任专业质量总监，对工程质量进行高层次、权威性的监督。此外，三峡总公司还在现场建立试验中心、金属结构检测中心、测量中心、安全监测中心和水文气象中心，施工单位和监理单位均建立了试验室和测量队，对工程质量进行检测、监督。

三峡工程质量管理委员会颁布实施了《三峡工程质量管理办法》和《三峡工程合同项目验收暂行规定》。施工承包单位结合自身特点，制定了适合本单位的质量管理办法，如质量管理责任制、质量检查验收办法、质量奖惩办法等；监理单位根据工程进展，对监理工作实施细则进行了补充、修订和完善。

三峡总公司编制印发了《三峡工程质量标准汇编》，其中包括原材料检验，混凝土生产浇筑，岩石基础开挖和处理、灌浆，金属结构和机电设备制造安装等不同专业、不同工种的67个质量检测标准，其他的一些标准也将随着工程的进展而陆续制定。三峡工程质量标准是在国家规范的基础上、结合三峡工程的具体情况、以合同为依据编制而成的，部分规定高于国家标准，是对一流工程质量目标的具体量化，为工程质量控制提供了重要依据。

（二）原材料供应质量控制

三峡工程建设所需原材料的主要技术指标均由设计单位研究提出，经专家审定后确定。由于大坝混凝土耐久性要求，水泥和粉煤灰的技术指标均严于国内外同类工程。水泥控制指标中，除强度、水化热等常规指标外，特别重视碱含量和氧化镁含量。碱含量控制标准为熟料不大于0.5%，全料不大于6.5%（国家标准为熟料不大于0.8%），氧化镁控制指标为3.5%～5.0%（国家标准为不大于5.0%）；粉煤灰采用Ⅰ级灰，需水量比不大于0.95，这在国内外水电工程中也是首例。

三峡工程的物资供应实行业主供材制，三峡总公司对物资的采购、订货、检测、储运、配送等各个环节实施全面管理。水泥、粉煤灰、钢材等主材必须有厂家的检验报告，其中水泥检测由业主委托国家建材中心和长江科学院驻厂检测，施工、监理单位和三峡总公司试验中心按批次对进入现场的原材料进行抽检，不合格的产品不得用于三峡工程。

（三）设备采购及运行管理

三峡工程所需采购的金属结构和机电设备，其性能和技术指标由设计单位研究提出，经专家审定后确定。所有的设备采用公开招标方式，由三峡总公司组织采购。国内尚不能制造的设备，如水轮发电机组等，采用国际公开招标方式采购。设备制造过程中，三峡总公司组织专家或委托有资质的单位进行驻厂监造。对于首批水轮发电机组，委托法国BV/EDF公司承担驻厂监造任务。

对于厂坝二期工程建设所需的施工设备，通过邀请有关专家进行充分的技术论证，确定了以塔带机为主、缆机和门塔机为辅的施工方案。目前由6台塔带机及供料线、4台胎带机、1台大塔机、8台高架门机、2台缆机、2台履带吊和7座拌和楼等30套设备所构成的具有当今世界先进水平的、规模最大的现代化混凝土浇筑和金属结构机电安装系统，是三峡工程施工的生命线，担负着三峡工程高强度的施工任务。

（四）技术研究及技术咨询

依靠科技进步，加强对重要技术问题的研究，是保障工程质量的有力手段。三峡工程建设中需要解决的重大技术问题，除设计单位进行科学试验外，有的还委托国内有关科研院所、高等院校、施工单位和设备制造单位进行大量的补充科学研究，在大量科研成果的基础上，最后组织专家审议确定。其中，第二阶段混凝土配合比设计，经过近10个单位历时3年的试验研究，优选出了各项性能指标均满足设计要求的三峡工程第二阶段混凝土配合比。通过采取掺高效减水剂和引气剂、掺Ⅰ级粉煤灰替代部分水泥、减小水胶比等技术措施，降低了大体积混凝土的绝热温升和干缩，提高了抗裂性、体积稳定性和耐久性，并使混凝土具有良好的施工和易性和经济性。经与收集的国内外161个大坝混凝土配合比相比，优选出的大坝混凝土可达到国内外先进水平。优选出的配合比可取得约3亿元的经济效益。

（五）施工过程质量控制

在满足工程安全的前提下，设计单位根据现场施工具体条件，及时调整、变更或优化设计方案。设计单位派出现场设计代表，做好技术交底和技术服务工作。

施工单位认真编制施工方案、技术措施和作业指导书，做好仓面的施工设计和资源组织准备工作，严格按照设计图纸和施工规程规范精心施工，按“三检制”（班组初检、施工队复检、指挥部终检）进行单元工程的自检。

监理人员按规定采取旁站监理、巡视检查和平行检验等形式，按作业程序即时跟班到位进行监督检查，对施工的重要部位、关键工序严格实行旁站监理，发现质量问题及时督促施工单位进行整改。

业主项目部实行现场值班制，协调不同标段在现场出现的相互干扰和矛盾，充分依靠并发挥监理人员的作用，并加强对监理工作的监督，以加强施工质量的控制。

对于施工中发现的质量问题，严格按照“三不放过原则”进行调查处理，严格按照设计要求进行补救施工，直至满足设计要求，做到不留隐患。

（中国长江三峡工程开发总公司　王忠诚　朱承军）

小浪底水利枢纽主坝工程的质量控制

小浪底水利枢纽的主坝工程是国际招标工程，各种管理工作要与国际惯例接轨，工程的质量管理工作也不例外。本条目只介绍小浪底主坝工程的质量控制工作。

1. 质量控制系统和工作规则　业主是水利部黄河水利水电开发总公司（YRWHDC）；工程监理是小浪底工程咨询有限公司（XECC）；施工单位是称为黄河承包商（YRC）的国际承包商联营体，持有国际质量认证网颁发的“ISO 9001”标准质量体系证书。

业主下设技术部门，负责技术和质量控制工作；同时，还定期从世界银行特别咨询团聘请“大坝安全小组”来工地检查工作。

XECC的大坝代表部（MDERD）有2个专门的质量控制部门负责主坝工程的质量监督工作。XECC的实验室负责有关材料和坝体填筑质量的检测。监理和实验室人员随时在各施工现场值班。

YRC的生产部直接指挥大坝的施工。生产部的1名副经理分管工程质量的自检工作。YRC的技术部有1个实验室，负责有关的检测。

2个实验室紧密配合，互相验证。

在每个分部工程或某个工作区域开工前，承包商和监理必须共同填写“新工程项目开工通知书”，承包商代表在申请栏上签字，监理代表在批准栏上签字。现场监理代表在必要时有权向承包商发布签字的“现场指示书”，承包商必须按指示书的要求施工。当然，监理代表还有权发布暂时停工令。

在施工现场准备有各分部分项工程专用的施工记录表格、鉴定表格和验收表格。在每个工作班，施工现场的监理代表、承包商代表和分包商代表（如果有）都要在有关表格上填写和签字。

YRC联营体的工地代表、生产部经理和各分部分项工程负责人的任命必须事先经XECC批准。

2. 防渗墙　无论是上游围堰旋喷灌浆防渗墙还是主坝混凝土防渗墙，整个施工过程都严格按照招标文件规定的技术标准和施工技术规范进行。其中，垂直度的控制和基岩的确认尤为严格。

每个钻孔或槽孔开挖到孔底时，都要把孔底情况与邻近孔现有的地质资料相对照。如有疑点，重新打检查孔，深入岩石至少5m，取出岩心进行分析比较，从而最后确定基岩的高程。岩心全部装箱保存，并拍有照片。

用电子测斜器检测和记录孔斜。在旋喷灌浆施工中，一个孔钻好后，用测斜器沿着深度方向每隔4m测1组偏差值，据以计算出各测点的位移和方位，并用极坐标图表示出来。对于孔斜大于0.5%的孔，必须重新钻孔。在特殊部位，这个限制放宽到1.1%，但对孔斜在0.5%至1.1%之间的孔，旋喷灌浆时要适当降低喷嘴的提升速度。

在用液压双轮铣进行主坝混凝土防渗墙的槽孔开挖时，它的两个测斜器可连续地把垂直度资料通过电脑标绘在记录仪的屏幕上，并自动地记录在电敏纸上。即使是很微小的垂直度偏差，操作手也可以通过分别调整两个铣刀滚轮的转速或者改变滚轮固定钢板的倾角加以校正，从而把垂直度偏差控制在0.2%以内，以保证混凝土防渗墙的连续性。

3. 坝体填筑　总的说来，严格按照标书技术规范的规定施工，同时在具体实施中也有某些特色。

坝体为分区填筑的壤土斜心墙堆石坝。在开始填筑前，进行了各项施工试验，其中包括各区坝料的碾压试验、反滤料和过渡料的加工试验、混合防渗料的掺合试验、石料场的爆破试验等等，用以验证并最后确定最佳的各种施工参数。

XECC实验室按照规范规定的次数对各区坝料做控制试验（压实前）和记录试验（压实后）。控制试验包括级配和含水量试验。记录试验包括现场压实密度、压实百分比（现场压实干密度与实验室最大干密度的比值）和压实坝料的级配。

YRC实验室同时也做上述试验，但试验次数大大超过了规定次数，试验结果都报给MDERD。加工配制的坝料（反滤料、过渡料和混合防渗料）的级配试验结果直接地用于检查分析和及时解决生产加工过程中的问题。

心墙防渗料的记录试验主要使用核子密度仪频繁进行，大约平均每300m^{3}填筑土料做一次试验。此外，每星期用灌砂法作1～2次试验，以便验证核子密度仪的试验结果。

根据施工的具体情况，每经过一定的间隔时间（一般情况每星期2～3次）在土料场或大坝现场随机取土样做标准普氏击实试验，获得最佳含水量和最大干密度。用“三点移动平均法”求出其平均值作为现场控制碾压施工的最佳含水量和实验室最大干密度。当料场土层特性经常发生变化和显著不均匀时，用推土机和挖掘机在料场对不均匀土料进行混合。

随着坝体填筑高度的增加，沿心墙高度方向上每隔5～10m，由XECC实验室在心墙上挖坑取样2～4个，总共大约75个，做室内物理力学性能试验，以便对设计和施工做进一步验证。这些试验的项目有：颗粒分析、比重、干密度及含水量、界限含水量、固结试验、渗透试验和三轴剪切试验。

由于大坝填筑工作面的各区坝料同时铺筑、均衡上升，所以YRC和MDERD都十分重视各区坝料的铺筑顺序和边界控制。在选择铺筑顺序时，考虑到气候、斜心墙倾斜方向、临时道路布置和工作面排水等因素，但无论如何，都做到反滤料区、过渡料区的水平宽度不小于设计尺寸。

4. 工程验收　在施工期间的分部工程验收和隐蔽工程验收的基础上进行了4次阶段性验收。在阶段性验收的基础上，整个工程顺利地通过了最后的竣工验收。

（中国水利水电第十四工程局　黎汉泉　陈　江）

万家寨水利枢纽工程的质量保证体系

（一）万家寨工程的质量保证体系及其运作

万家寨工程在几年的建设实践中，在建设管理体制不断完善的同时，形成了符合水利水电工程建设管理要求的一整套工程质量保证体系，即“业主单位负责、设计单位技术服务、施工承包商质量保证、监理工程师质量控制、政府质量监督”的质量保证体系，对保证本工程质量起到了决定性的作用，同时也为我国工程建设管理增添了宝贵的经验。

1. 业主单位负责　在工程建设中实行项目法人责任制，对工程建设负总责；业主法定代表人和主管技术工作的领导对工程质量负领导责任，业主总工程师对工程负技术责任。业主主管领导和总工程师是工程技术管理和质量控制的中心，是业主负责制在工程质量管理中的体现形式。工程建设中建设、设计、监理、施工承包商各方技术质量管理一切向业主负责，一切以业主主管领导和总工程师为中心，重大技术、质量问题由业主主管领导和总工程师协调、决策。在业主建设管理机构中，技术管理部门是总工办，其职能是贯彻、协助业主主管领导和总工程师组织、协调建设中设计、监理、施工承包商各方面的技术问题，为主管领导和总工程师决策提供材料并制定文件以便协调决策后实施。在施工现场，分别由业主单位的工程处、机电处协调施工现场需要业主协调的质量问题。

2. 设计单位技术服务 设计成果是工程建设的基础，及时准确地提供高质量的设计产品、处理工程施工中的技术问题，对加快工程进度、保证工程质量具有重要意义。承担设计工作的天津勘测设计研究院，每年根据施工需要，按供图协议提供施工所用图纸，在施工现场设有设计代表处，由项目的正、副设计总工程师任设代处的正、副处长，下设若干专业组。他们深入现场配合施工，对承包商提出的设计变更及时地进行设计审批；对业主总工程师提出的重大技术决策及时在设计上贯彻执行；对设计中的“错、漏、碰”问题及时进行设计修改和补充，以提高工程设计质量；对施工中质量缺陷处理进行技术审核把关，从而保证了工程建设有一个比较好的现场技术服务。

3. 施工承包商的质量保证 万家寨工程采用公开招标承包，保证了与工程建设任务相适应的承包商资质、施工水平和能力。在各承包商施工队伍内部也有一整套比较完善的质量控制体系。施工局都设有质量管理委员会，其办事机构为质量检查办公室。在承包商二级机构设质量检查小组，各标作业层设专职质检员。各工序在向监理报请质量检查评定前，承包商的自身质量检查系统首先进行自检。另外，承包商还设置了试验室和测量队，对工程质量进行有效的质量检查和检测控制。

4. 监理工程师质量控制 质量控制是工程建设中监理工作“三控制”之一，监理工程师对质量的控制是工程管理质量控制的关键环节，在几年的监理工作中形成了一整套监理质量控制程序和内容。对施工承包商在单位工程和分部工程开工前编制的施工组织设计，先由监理工程师审核，再报业主审定，承包商按批准的施工组织设计创造开工条件并申请开工，监理工程师审查具备开工条件后签发开工令。监理工程师质量控制的手段和技术是现场检查监督和规定项目试验。现场检查是监理工程师按规程规范要求和批准的实施组织方法对施工的各道工序进行量测、检查和监督，检验合格才能进入下一工序。在施工中，监理工程师坚持现场巡回检查，隐蔽工程和重点部位坚持旁站，保证做到上一工序不合格不得进入下一工序施工。对单元工程，监理工程师在单元工程质量评定表上签验收意见和评定质量等级。规定项目试验是监理工程师对规定的项目按技术规范要求进行测试和试验，以确定施工是否符合质量标准。工程的主要建筑材料由业主采购供应，在质量上由监理工程师进行控制，材料进库时由监理工程师抽样试验，检验合格的方能入库用到工程上，否则不准使用。

5. 政府质量监督 为更好地搞好质量控制，水利部在万家寨工地现场设立了水利部万家寨工程质量监督项目站，代表水利部以政府身份对工程建设质量保证体系、质量控制方法程序及工作开展情况进行全面系统的监督，对施工质量进行抽检，并参加工程验收，对工程质量作出评价和认定。对工程各阶段验收，如下闸蓄水和1号机组启动验收，质监站从政府监理的角度对监理工程师的质量评定意见予以认定，提出自己的抽检成果。

（二）万家寨工程质量控制的优异成果及结论

由于万家寨工程具有一套完整的质量保证体系，同时质量保证体系能够进行良好的运作，形成成熟的质量控制程序和方法，从而使工程施工质量始终处于受控状态，工程质量得到了良好的控制。目前工程土建工程、金属结构工程、基础处理工程已基本完工；1998年10月1日胜利实现下闸蓄水，1号机组已于1998年11月28日提前33天发电。工程各部已完成并验收评定的结果如下：大坝工程完成3229个单元，合格率100%，优良率87.0%；引黄取水口工程完成33个单元，合格率100%，优良率75.6%；发电引水工程完成190个单元，合格率100%，优良率84.7%；电站厂房工程完成958个单元，合格率100%，优良率85.2%；升压变电工程完成198个单元，合格率100%，优良率75.8%。上述统计成果表明，万家寨已完工程质量优良。

（黄河万家寨水利枢纽有限公司 王忠良 张毓成）

天生桥一级水电站混凝土面板堆石坝的质量控制方法

（一）概况

天生桥一级水电站混凝土面板堆石坝坝顶轴线全长1168m，坝顶宽12m，上游坝坡1:1.4，下游平均坝坡1:1.4，坝高178m。坝体从上游至下游依次为垫层料区（ⅡA区）、过渡料区（ⅢA区）、主堆石区（ⅢB区）、泥砂岩堆石区（ⅢC区）、次堆石区（ⅢD区），填筑总方量为1870万m^3，筑坝材料来源于附近溢洪道、导流洞、放空洞、引水发电系统等开挖料，不足部分由溢洪道旁补充料场提供。

上述混凝土面板堆石坝工程由江南水利水电工程公司与巴西MJ公司联合组成的南方水电工程联合有限公司中标承建。为确保工程质量,该公司按ISO9002国际标准的要求组建了质量体系,大坝填筑采用以工序控制为主、抽样试验为辅的过程质量控制方法。质量控制的依据是招标文件对5种筑坝材料的碾压技术要求以及经现场碾压试验确定的施工碾压参数。

（二）料源质量控制

1.ⅡA料质量控制　ⅡA料是用溢洪道开采的灰岩料经砂石骨料系统破碎和筛分直接生产的，其质量控制，一是定期进行级配试验，并根据试验结果及时调整生产设备的技术参数；二是对堆存过程中产生级配分离的料，在上坝前使用装载机翻料，使上坝料有良好的级配。

2.ⅢA、ⅢB、ⅢC、ⅢD料质量控制　方法是：每次爆破后，质检部门对爆破料进行有用料或弃料的检查签证，并划定两种料的分界线，防止含泥量、含方解石量超标的大量不合格料上坝；对于爆破料中的超径石，在开挖工作面二次放炮解小；在中转料场存料时，采取分层（每层不高于5m）堆存的办法防止级配分离。

（三）大坝填筑面施工过程质量控制

在施工期间，两级质检部门24h跟班巡视大坝各填筑工作面，及时处理施工中发现的各种质量问题。

1.上坝料质量控制　上坝料的质量问题包括超径石、泥团、含泥量超标、方解石、弹簧土、来料级配不合理等几种情况。对发现的上坝料质量问题，质检人员除及时将情况反馈，上坝料装运单位就地采取措施外，在坝面还采取如下处理措施：对已倒在坝上的超径石，用推土机推到填筑单元边缘，并利用交接班时间放解炮解小；对于含泥量不高、但成集中泥团的上坝料，原则上允许卸在填筑体上，但要由专门配备的工人负责捡除；对已倒在坝上的含泥量和含方解石量超标的上坝料，用装载机或反铲装车将其挖运到弃渣场；弹簧土主要发生在ⅡA料区和ⅢC料区，根据气候、填筑料品种、填筑料含泥量和含水量等情况，采取适当的措施进行处理。

2.填筑面工序质量控制　对填筑面施工工艺中存在的质量问题，主要采取以下方法控制：

(1) 层厚控制。在填筑层的前面立与填筑层厚同高的标志杆，以利推土机司机和现场指挥人员控制层厚；每个填筑层填完推平碾压后，施工单位测量队均提交单元工程高程和控制范围的20m网格测量票，如发现有超过设计要求层厚标准的，立即进行推薄处理，并重新碾压。

(2) 洒水控制。在大坝左右两岸都设有供水系统和专用填筑洒水水池,并铺设相应管径的水管到各填筑区,以保证洒水量满足设计要求。当质检人员发现碾压面上洒水不均或无水时,立即组织重新洒水碾压。

(3) 碾压质量控制。振动碾采用进退错距法进行填筑层的碾压，碾压后质检人员只需检查错距的宽度，即可知道碾压遍数是否达到碾压参数要求。对靠近上游和左右岸坡振动碾无法碾压到位的填筑层，用装在日立反铲上的平板振动板在原地振动1min进行补碾。设备管理部门定期检查碾压设备性能，保证有关技术参数符合规范要求。

3.结合部位质量控制

(1) 填筑体与岸坡间结合部位质量控制。在填筑单元进料时，预先选择较细的填筑料沿岸坡搭接部位铺填3m宽左右，避免靠近岸坡部位大块石集中。在推土机平料时，将结合部位附近无法推平的块石往坡上推出2m以上，待该填筑层碾压验收合格后，再用推土机将坡上块石推到下一个单元仓号内，作为下一层的填筑料。

(2) 新老结合部位质量控制。对由于经济断面填筑的影响,在填筑层上常年有多个台阶同时施工,靠台阶的边坡有1～3m振动碾无法碾压到位的薄弱地带,为此,专门配1台日立反铲进行搭接部位边坡的削坡处理,将靠填筑层边坡的松散部位削入下一个填筑单元内,直至在搭接边坡上能看到明显填筑分层为止。

4.ⅡA料上游边坡质量控制　首先，在垫层料分层填筑时，要求ⅡA料靠河流上游部位必须超填30cm，并使用平板振动板沿每层靠边坡部位进行补碾，保证设计线内的垫层料得到充分碾压；其次，每一块边坡进行斜坡碾压后，都要进行干密度取样试验，对不合格的坡面必须重新洒水碾压，直到通过验收。

（四）取样试验

本工程水平碾压的干密度和级配取样试验采用试坑注水法。斜坡干密度和级配取样试验采用砂瓶灌砂法。取样试验目的是，在大坝正式开始填筑前，主要是确定大坝填筑料的生产参数和碾压参数；在正式开始填筑施工后，是根据检查结果尽早发现可能存在的质量问题，并针对问题在施工阶段及时对施工工艺进行修正、改进，使填筑过程中的质量问题得到克服。

（五）质量控制效果

科学的质量管理体系及完善的质量控制措施，保证了天生桥一级水电站混凝土面板堆石坝工程的顺利建设，目前，787.3m高程以下大坝填筑已全部完成，1997年9月份高峰填筑强度达到117.93万m^3，大大突破了68万m^3的大坝填筑强度世界纪录。在高强度的施工中，工程质量是令人满意的，1997年12月、1998年8月、1998年12月大坝填筑3次通过国家验收委员会组织的阶段竣工验收。1999年4月，承建公司因天生桥一级水电站C3标的施工，荣获全国电力行业“用户满意工程先进单位”称号。

（武警水电第一总队　杨晓虎）

高坝洲水电站的施工质量控制

高坝洲水电站位于湖北省宜都市境内，是清江干流最下游一个梯级电站，属大（2）型工程（工程情况详见本年鉴第五卷有关条目）。该工程于1997年6月18日经国家计委批准正式开工。

在该电站工程施工中，全面推行质量监理制，制定了质量管理的规章制度，强化了施工过程中的质量控制，取得了好的效果：主体工程基础开挖严格按规范控制钻爆参数，基础轮廓尺寸、坐标、高程都符合设计要求，混凝土工程使用的原材料全部合格，建筑结构尺寸及各类埋件位置准确，混凝土的整体性、坚固性、抗渗性满足设计要求，各类灌浆工程施工质量全部合格，机电、金属结构安装工程质量良好。截至1999年12月底止，主体土建工程共进行了5178个单元工程的质量评定，合格率100%，其中优良单元4454个，优良率86%；机电和金属结构安装单元工程质量全部合格，优良率达到98%以上。高坝洲水电站施工质量控制采取的主要方法和措施如下：

1．建立和健全质量保证体系　工程建设各方，尤其是施工单位，在组织施工时，始终坚持贯彻“科学管理、精心施工、过程受控、质量一流”的质量方针，并建立和健全了质量保证体系。工程一动工，施工单位就成立了由各级行政一把手为质量第一责任人和分管质量的副职或总工为直接责任人的质量保证体系；并逐级建立专职质检机构，实行三级质检，层层把关，97名专职质检人员全部经过培训，持证上岗。1996年10月，在高坝洲工程开工的同时，施工单位就进行了质量文件的宣传贯彻。1997年4月通过北京质量体系认证中心的ISO—9000系列质量认证，1998年4月，该认证中心对质量体系进行了复查，认为质量体系运行有效。

2．建立和完善质量管理制度　建章立制，用制度来约束干部和职工的质量行为。建设单位根据工程的实际情况，制定了质量管理办法及相应的工程质量奖惩办法。监理单位制定了“高坝洲水电站主体基础开挖和验收质量监理实施细则”等23项监理细则和“土石方填筑施工质量终检合格证”、“基础验收合格证”等44种验收表格。施工单位从开工以来，分别制定了《土建工程施工质量管理办法》及补充规定、《质量奖罚条例》等48项规章和制度，加大了质量管理的力度。

3．重视施工过程的质量控制

（1）做好开工前的施工准备工作。每个单元工程开工前，施工单位都要按监理单位的要求，编制施工组织计划，经建设、监理单位联合审批后组织实施，力求从源头上，即从施工安排、资源配置、施工手段及技术措施上确保施工质量。

（2）坚持按图施工。所有工程项目，均严格按照设计图文和施工技术规范组织施工。设计变更，均由设计单位出具书面通知。

（3）加强对原材料的检验。用于主体工程的原材料均有材质证明，进厂后经施工单位复查和监理单位抽查，合格者用，不合格者一律不用，或经建设、设计、监理单位研究后酌情限制使用。混凝土砂石料质量由施工单位试验室在生产现场试验控制，监理站抽查。另外，清江监理有限公司在高坝洲工地建立了清江工程试验室，可进行原材料、岩土、混凝土的常规试验。两个试验室的试验数据可相互校验。

（4）严格施行开工许可证的申请程序。各项目都实行了先签发开工令后施工的制度，各单元工程实行开仓证（开灌证）制度。现场施工每一道工序都由监理人员会同施工质检人员进行检查签证，上一道工序不合格，不准进行下一道工序施工。

（5）高度重视基础处理工作。基岩面经开挖和清理达到验收标准后，由建设、设计、监理、地质、施工单位组成的基岩验收小组进行验收。初验后进行地形测量和地质素描，然后进行终验，签发终验单。对于断层、溶槽、剪切带等地质缺陷（如15～17坝段楔形体，3坝段K br-3溶槽，深孔消力池W_1、W_2涌水点等）均按规范及设计要求进行了处理。

（6）及时做好质量评定工作。现场验收时，监理站坚持按标准对单元工程进行质量评定。每月月终，监理、施工单位及有关负责人员对现场质检签证资料进行全面审查，认定质量等级。

4．做好质量信息管理工作　为了及时、准确反映高坝洲工程质量动态，监理站每月印发“质量月报”，不定期印发“质量监理简报”。施工单位坚持每10天出一期“质量旬报”，揭示工程建设中的质量状况及存在的问题，并提出改进意见。

5．深入开展质量月活动　主体工程开工后，建设单位会同监理单位组织了6次质量月活动。每次质量月活动都是有组织、有计划、有目标、有重点地进行。施工单位广泛发动群众，进行质量教育，开展质量大检查，找出主要问题，制定整改措施，以不断提高质量水平。

（湖北清江高坝洲工程建设公司　吴启煌）

其他工程施工

三峡工程永久船闸二期开挖施工技术

三峡工程永久船闸二期开挖施工，是在一期开挖工程施工的基础上，在闸墙顶以下部位的花岗岩山体中深切开挖，形成船闸开挖结构形态，相邻闸室间保留宽60m、高45～67.6m的岩石中隔墩。在这项工程中，船闸开挖控制爆破及直立墙成型开挖是一个施工难点。

1. 开挖程序

(1) 明挖施工顺序。同区段左右闸槽平行下挖，可允许右线闸槽开挖领先左线闸槽开挖一个梯段，相邻开挖工作面高差不大于一个梯段。先进行深槽中部先锋槽深孔梯段微差爆破和施工预裂，然后再进行侧向预留保护层和直立墙光面爆破。

(2) 明挖与地下洞室开挖的关系。明挖与输水隧洞开挖，输水隧洞及其施工支洞开挖超前相应同区段闸室明挖岩体至少保留自闸室底面以上30m。明挖与排水洞开挖，排水洞先于船闸明挖。明挖与竖井开挖，竖井开挖在明挖至闸墙顶后进行，闸槽开挖以滞后竖井开挖不少于一个梯段为原则；对竖井开挖滞后的个别部位，为有利于船闸整体工期，闸槽开挖以窄槽开挖形式通过竖井部位，与竖井开挖同时下挖或闸槽超前下挖，在竖井与闸槽开挖部位之间至少相距30m以上的水平距离。

(3) 支护与开挖的关系。锁口支护、随机支护及边坡锚喷与开挖同梯段实施，随开挖及时跟进，且满足爆破振动影响要求；结构锚杆、锚索原则上与开挖梯段隔一梯段实施，随开挖适时跟进，同时满足爆破振动影响要求；特殊部位支护由监理、设计和施工单位确定支护时机及时实施。

2. 施工布局与设备配置　闸槽开挖布置10～15个工作面，每个工作面配置1～2台挖装设备，施工道路根据工作面的布置和安排，分别由上游引航道、各级船闸上游端和下游引航道引出，分层布置。

槽挖施工设备配置情况是：钻孔设备以阿特拉斯、古河、英格索兰液压凿岩机为主，选用$4m^3$、$5.5m^3$、$6m^3$、$9.5m^3$油动液压正铲，$4m^3$、$8m^3$电动液压正铲及$3m^3$、$5m^3$装载机等大斗容挖装设备，采用180HP～320HP推土机集料，自卸汽车以32t、42t、45t为主。

3. 爆破试验　船闸开挖控制爆破关键是在保护岩体、减少对边坡岩体振动影响的前提下，采用先进的施工工艺进行快速爆破开挖施工，这也是现场爆破试验主要研究对象和必须解决的问题。在永久船闸施工现场，主要对直立墙边坡一次造孔、闸室槽挖先锋槽宽度、槽挖深孔梯段微差爆破技术、预留侧向保护层光面和预裂爆破技术、基岩底部垂直保护层一次爆破技术及水平光面（预裂）加梯段爆破技术、先闸室窄槽开挖后竖井开挖的窄槽爆破试验、小直径低爆速药卷炸药试用试验和火焰切割试验等多项专题进行了研究。通过现场爆破试验工程实践，摸索出一套适合船闸条件、爆后效果良好、严格规范的控制爆破方案。

4. 控制爆破

(1) 闸室槽挖侧向保护层预留厚度为第一梯段5～8m，第二梯段3～5m，第二梯段以下3m，遇特殊结构要求及地质缺陷部位根据实际情况研究确定。按此原则，37m宽闸室槽挖的先锋槽宽度，第一梯段为21～27m，第二梯段及其以下为24m（其中一侧预留10m作为施工道路），梯段高度8～10m。

(2) 船闸控制爆破施工广泛应用光面爆破技术、预裂爆破技术、配套缓冲爆破技术及多段孔间微差起爆技术。闸室槽挖先锋槽梯段开挖采用光面预裂、缓冲爆破和深孔多段孔间微差爆破技术，控制先锋槽宽度、爆破规模及单响药量，钻机采用阿特拉斯、古河、英格索兰等液压凿岩机。闸室槽挖侧向保护层，第一梯段采用液压钻机造孔、预裂爆破→孔间微差爆破→缓冲梯段爆除，第二梯段及第二梯段以下采用手风钻小梯段孔间微差爆破→缓冲爆破→光面爆破。基岩底部垂直保护层，采用手风钻水平光面爆除。为了保护预裂壁面及减少光爆前沿的梯段爆破对边坡壁面的影响，在预裂及光爆的相邻几排孔采用缓冲爆破技术，缓冲孔据具体情况设置1～2排。

(3) 爆破对边坡稳定造成不良影响的敏感因素是爆破时单响药量，爆破振动强度主要受单响药量和段与段间的延时时差。为控制爆破单响药量，船闸开挖爆破广泛应用塑料导爆管接力式起爆网络。闸室槽挖梯段爆破采用塑料导爆管毫秒雷管，孔内接力孔外延时，一孔一段，“V”起爆网络。严格控制单响药量。

预裂孔领先于梯段主炮孔在100ms左右，采用双发雷管，防止重段。先锋槽梯段爆破的单响药量45～50kg，控制在70kg内；施工预裂（光面）爆破的单响药量15～20kg，控制在30kg内；边坡成型光面爆破的单响药量一般不大于10kg，控制在15kg内。

(4) 对竖井开挖滞后的部位，闸室槽挖可先于竖井开挖，采取控制爆破技术，完全能满足船闸爆破控制要求。

(5) 在船闸爆破开挖施工中，对地质缺陷及特殊结构要求的特殊部位控制爆破，进行专题研究解决。一般采取手风钻小梯段控制爆破，分层开挖（需要时开挖一层锚固一层），严格控制单响药量及爆破岩石质点振速。

(6) 爆破效果，由于爆破开挖得到了较好的控制，经全过程监测结果表明，在距爆区边界10m处，槽挖爆破岩石质点振动速度一般控制在10cm/s以内，开挖卸荷层主要在表层岩体，岩体松弛厚度在0.2～3.8m之间，一般在2m以下。岩壁面成型较好。

5. 船闸开挖施工评价　永久船闸开挖施工过程中，从工程措施的确定、施工技术的优化，到具体实施的每一个环节，始终贯彻“认识岩体、保护岩体、支护岩体、监测岩体”的工程思想，正确地处理施工中遇到的问题，船闸开挖的效果令人满意。目前各项监测数据均无大的异常，在设计研究预计的范围内，直立岩坡成型良好，船闸开挖质量优良。

（武警水电三峡工程指挥部　许佐龙　周光奉）

三峡工程永久船闸对穿锚束施工技术

（一）概况

三峡工程永久船闸因其结构要求所需，全部在花岗岩体中深切开挖修建。开挖后形成边坡最大高度170m，最大岩质双向直立坡高68.5m；在双线闸槽间保留宽56～60m、高45～68.5m的直立岩石中隔墩。为了改善山体岩石应力调整状态和高边坡岩体稳定状态，设计采用了预应力锚固措施。

在永久船闸边坡加固工程中设计了预应力锚束4121束，其中对穿锚1966束。对穿锚束有无黏结和有黏结两种形式，均为3000kN级，孔深18～66m，孔径不小于ϕ165mm，钻孔大量为水平孔，少量为倾角小于7°的斜孔，孔斜要求小于1%，个别不影响排水管网结构的小于2%。对穿锚束施工工期为1997年8月至1999年12月。

（二）对穿锚束的结构

对穿锚束主要由束体和两端外锚头两大部分组成。对穿锚束的束体由钢绞线（有黏结或无黏结）、隔离架、对中支架、导向帽组成。钢绞线共19根，为1860MPa等级高强低松弛钢绞线。束体编束断面结构分为3层圆形排列，内圈1根，中间圈6根，外圈12根。沿束体长度方向每隔3m设1个隔离架和对中支架。隔离架使各钢绞线间相互平行，增加其束体的刚度，以获得最佳的受力条件。对中支架的作用是，确保外层钢绞线的保护厚度，提高耐久性。导向帽为锥形，位于束体的端部，用于防止束体穿束过程中端部松散，减小束体与孔壁的摩擦力，为穿束创造条件。

两端外锚头，由工作锚具、钢套管、钢垫板、混凝土垫墩及外保护装置组成。工作锚具为OVM15—19，夹具为自锁夹片与锚具配合。钢套管外径ϕ162mm，壁厚3.5mm，长850mm；承压钢垫板长350mm、宽350mm、高50mm，材质为A_3钢。混凝土垫墩压强为$R_7$350号，结构尺寸底部为1000mm×1000mm，端部500mm×500mm，厚500mm，内配ϕ16mm5层钢筋网。外露部分用环氧层及二期混凝土保护。

（三）施工工艺

对穿锚的工艺流程顺序如下：

(1) 钻孔。船闸对穿锚钻孔条件特殊（排水洞宽3.0m，高排架），钻孔精度高。为了解决适合高直立坡和小隧洞施工的钻机，武警三峡工程指挥部与东北岩土工程公司一起研制了DKM—1型水平钻孔钻机和改造宣化英格索兰MZ165型钻机及钻具；经过试验，改进导正器和钻进参数。钻孔方法采用全断面风动冲击钻进去。在钻孔过程中，根据不同部位采用不同的钻进参数并加强孔斜检测，使孔斜率达到设计要求。

(2) 编束。采取以车间为主、其他方式为辅的措施。编束长度按实际钻孔孔深加两端混凝土垫、工作锚具、千斤顶、工具锚、限位板厚度和施工余额等。下料时用砂轮切割钢绞线，下料后对钢绞线逐根除污除锈并进行外表检查。切割好的钢绞线平放在工作间，进行钢绞线编号；然后按设计构造图编束，编束完成后进行锚束编号挂牌。

(3) 穿束。对穿锚穿束由人工水平或索道运输到穿束位置，一端用人工推送，另一端用小卷扬机牵引。在穿束时，根据束体的上部和下部标志，慢慢理顺，两端同时推牵，完成穿束工序。

(4) 两端垫墩混凝土浇筑。垫墩混凝土内设置钢套管、钢垫板、钢筋网及灌浆管。这些埋件在车间加工，现场调整安装。安装前先清理两端孔口岩面，安装时注意钢套管中心和钻孔轴线的重合，钢垫板表面光滑，必须与钻孔轴线垂直。浇筑混凝土用0.35m^3

拌和机统一拌制，用人工或汽车运送到工作面。浇筑时采用人工喂料，管式振捣器振捣。

(5) 验收试验。主要目的是检验和评定预应力效果。试验办法采取预紧及分级张拉，张拉时每级稳压5min，最后一级稳压10min。稳压10min后开始卸荷到设计张拉吨位的25%。预紧吨位30kN，试验张拉吨位为3658kN，张拉分级为688kN→1375kN→2063kN→2750kN→3300kN→3658kN→688kN。

(6) 预紧和张拉。张拉前，必须进行张拉机具的配套标定；根据率定曲线计算分级张拉钢绞线理论伸长值表；需要安装测力计的锚束先安装好测力计，再安装张拉机具。为保证每根钢绞线张拉时受力均匀，针对永久船闸长对穿锚的特点，采取两端分别单根钢绞线预紧、多次循环的方法进行。预紧吨位30kN，两次预紧伸长值之差不超过3mm。张拉锁定采用单端限位张拉自行锁定方式进行。设计张拉吨位2750kN，超张拉吨位3000kN，除预紧外，分五级张拉到超张拉吨位3000kN时锁定。张拉分级吨位为800kN→1450kN→2100kN→2750kN→3000kN。张拉过程中，每级稳定5min，最后一级稳定10min。预紧采用YKD-18千斤顶，张拉采用YCW-400千斤顶，分别与ZB4-500S电动油泵配套使用。

(7) 封孔灌浆。采用压力灌浆，有黏结对穿锚束，灌浆压力为0.2～0.3MPa，并浆压力0.2MPa，并浆时间30min；无黏结对穿锚索灌浆压力为0.5MPa，并浆时间10min。当灌浆量大于理论吸浆量、回浆管回浓浆、且回浆比重大于进浆比重、无明显吸浆时，即可结束并浆。浆液采用纯水泥浆，掺减水剂和膨胀剂R_{28}300号混凝土。

(8) 外锚头保护。锚束张拉锁定后，经监理验收认证，可将锚束张拉锁定后的外露束体预留50mm，其余部分用手持电动砂轮切割机切除，将工作锚具、预留束体清洗干净及垫座凿毛后，涂环氧保护层和浇200mm厚的二期混凝土的保护帽。

(9) 单元验收。每一束锚束作为一个单元工程进行验收，单元验收的依据是各工序施工的三检签证及取样试验成果，根据三峡工程质量标准对每个单元进行评定。

(武警三峡工程指挥部　陈孝英)

三峡工程永久船闸混凝土浇筑施工

(一) 工程概况

三峡永久船闸上起祠堂包，下迄坝河口，布置在左岸临江最高峰坛子岭左侧，由上游引航道、主体段和下游引航道组成，全长6470m。船闸为双线连续5级船闸，设计总水头113m，单级最大工作水头45.2m，闸室有效尺寸为280m×34m×5.0m（长×宽×吃水深），两线船闸中心线相距94m，每线船闸均设5个闸室、6个闸首。永久船闸由地面和地下工程两部分组成，地面工程混凝土浇筑总量为350万m^3。混凝土浇筑的特点是工程量大、结构复杂、工序繁多、施工干扰大，特别是主体段工期紧、温控要求严、质量要求高、施工难度很大。

(二) 施工总布置

(1) 风、水、电系统。供风系统主要用风点较分散，因此采用固定式空压站和移动式空压机相结合的方式供风。供水系统主要包括混凝土浇筑仓面冲洗、养护和冷却用水等，直接从两岸施工供水池接管取水。供风和供水管路均沿闸室南、北坡马道和中隔墩顶部布置。供电系统由35kV船闸变电所1个供电间隔和南坡高程185m场平箱形变电所1个供电间隔作为电源点，架设两条6kV高压线路，并在各用电点布设变压器供电。

(2) 施工辅助企业。施工辅助企业包括钢筋厂、木工厂、预制场、金属结构制作厂和机械修理厂等，全部布置在南、北坡平台和上航道高程130m台地。

(三) 混凝土运输

混凝土水平运输，全部采用8～15t自卸汽车，运输道路利用船闸开挖时已形成的南线南坡、北线北坡道路，并进行改建，同时修建北二闸室北坡桥和南二闸室跨闸室交通桥。南、北线均可利用场内已修公路形成混凝土运输循环道，最大运距各约3.5km和4.5km。

混凝土垂直运输，经多方案比较，确定船闸混凝土施工采用门、塔机浇筑方案，其中一、二级船闸共布设门、塔机18台。门、塔机主要沿两线闸室中心线布置，安装在闸槽内，并侧重闸首。首先将门机安装在闸室建基面高程，并抢浇底板混凝土，待底板浇筑后再移设至底板顶面高程；门机主要布置在闸室两侧马道上。一、二级船闸的18台门、塔机已全部安装完毕并投入使用，承担混凝土浇筑量约为100万m^3，单台门机的最高生产强度为8800m^3/月。为减轻门、塔机的工作压力，在部分仓面内布设8t仓面吊车，承担模板组立和拆除等工作。

(四) 混凝土温度控制

三峡永久船闸混凝土结构复杂，温控要求高，按照设计提出的混凝土允许最高温度，其有效措施是降低混凝土浇筑温度和减少胶凝材料水化热温升。主要温控措施如下：

(1) 采用低温混凝土浇筑。高温季节（5～9月）由98.7m拌和系统生产供应7℃预冷混凝土。

(2) 减少混凝土运输过程中的温度损失。对混凝土运输车辆全部加盖活动式遮阳篷，避免阳光直射。

(3) 采用合理的浇筑方法，缩短仓面混凝土覆盖时间，降低混凝土浇筑温度。对较大仓面采用台阶式浇筑；仓内边浇筑边用 EPE 保温被覆盖，以减少温度倒灌；仓面采用人工喷雾，制造人工小气候。

(4) 合理控制浇筑层厚及层间间歇时间。混凝土分层基础约束区按 1.5m，脱离约束区按 2～3m，高温季节浇筑的混凝土全部按 1.5m 分层。

(5) 通水冷却。每年 5 月上旬开始对浇筑的大体积混凝土通冷却水进行初期冷却，初期通水时间约 15 天左右，以混凝土温度达到设计要求为准。从 9 月份开始，对所有埋设冷却水管的部位通常温水进行中期冷却，时间 1.5～2.5 个月，以混凝土温度达到 20～22℃为准。对有接缝灌浆部位的混凝土，在接缝灌浆之前按设计要求进行后期通水冷却。

(6) 养护。对高温季节浇筑的混凝土实行全龄期流水养护。

(7) 冬季保温。低温季节对混凝土表面采用 EPE 保温被覆盖保温，对廊道、竖井等孔洞进行封堵，预防温度骤降导致混凝土裂缝。

(五) 施工技术

(1) 钢筋施工。永久船闸结构复杂，钢筋用量大，尤其是钢筋连接采用普通手工焊接已远不能满足施工要求。经型式检验和 200 万次疲劳试验，并通过现场生产性试验，采用了冷挤压、气压焊和等强直螺纹连接技术，保证了工程质量，加快了施工进度。

(2) 模板施工。模板工程是永久船闸施工技术的难点，按不同部位，分别采用了普通钢模板、木模板、多卡组合悬臂模板、混凝土预制模板和拉模等，在上游靠船墩和闸室薄壁衬砌墙部位采用了高精度滑模施工工艺。滑模浇筑过程中严格控制混凝土配合比及坍落度，经室外试验滑升时间按混凝土强度达 0.1～0.2MPa 控制，滑升速度根据气温不同一般为 10～20cm/h。模板偏差采用经纬仪观测和垂球检测相结合的方法。采用滑模浇筑的混凝土表面光洁平整，经检测各项质量指标均达到或超过设计及规范要求，同时加快了施工进度，缩短了工期。

(六) 工程进度

三峡永久船闸混凝土浇筑于 1998 年 10 月正式开工，到 1999 年 9 月底闸室段开挖全部完工后，混凝土浇筑全面展开，并进入浇筑高峰阶段。从 2000 年下半年开始，各闸首和闸室陆续浇筑到顶并移交金属结构安装。船闸闸室段混凝土浇筑到 2001 年底结束，上、下航道混凝土浇筑 2002 年汛前结束，并拆除上、下游围堰，进行船闸进水调试，2003 年实现通航。

(武警水电部队三峡工程指挥部　马青春)

三峡工程永久船闸的施工科研工作

在三峡工程永久船闸开挖施工中，武警水电三峡工程指挥部结合工程条件、特点和技术难点，进行相应的试验研究工作，有效地保证了施工质量、促进了施工进度。以下主要从两个方面简介有关试验研究工作的情况。

1. 三峡永久船闸岩石爆破开挖技术　对不涉及建筑物基面的大规模露天开挖技术，通过试验研究选择了以阿特拉斯、古河液压凿岩机为主的钻孔设备，成功引进混装车乳化炸药在梯段开挖中应用，完成石方开挖 600 万 m^3。用乳化炸药混装车装药，效率高、流动性好，容易装到炮孔孔底，炸药密度范围大，在 1.05～1.25g/cm^3 之间，可满足不同的设计装药结构要求；因采用现场配药，运输、使用安全可靠。为充分发挥乳化炸药的性能，提高钻爆比，通过试验研究采用大孔距深孔梯段爆破，梯段高一般 10～12m，孔斜 75°；孔排间距 2.5m×3.5m、2m×4m、3m×3.5m、2.5m×4m；单响药量 200～300kg，单耗 0.6～0.7kg/m^3；边坡预留 8～10m 的保护层。爆破效果好，块度均匀，并满足设计边坡上安全质点振动速度不大于 15cm/s 的控制要求。

对结构复杂、高陡边坡爆破控制要求高的闸槽开挖，通过一系列爆破试验研究，选择采用施工预裂抽先锋槽，侧向预留 3～5m 的侧向保护层，底部预留 2.5～3m 的水平保护层，采用手风钻光面爆破技术开挖等施工技术，爆破成型好，超欠挖得到有效控制，并满足边坡上安全质点振动速度不大于 10cm/s 的控制要求。

针对特殊结构形体，进行了小直径药卷保护层光面爆破试验研究和火焰岩体切割试验研究。前一项试验比较结果是钻孔量不增加，装药量与正常爆破相比降低 38%，可有效减少爆破对保留岩体的振动破坏，爆后无贴坡现象，无爆破裂隙张开；缺点是增加了小直径药卷的 PVC 塑料管消耗量，炸药加工工序多。后一项试验成果表明，用火焰切割岩体能有效地对保留岩体起到很好的保护作用，经处理过的岩面能满足设计要求，可用于复杂结构部位开挖和不利于爆破作业开挖的缺陷部位施工；缺点是成本高，效率低，噪声粉尘污染严重。

2. 三峡永久船闸高强岩石锚杆施工技术　高强锚杆设计为孔径 76mm，直径 32mm，Ⅴ级高强钢筋(800MPa)，长 8～13m，锚入岩体深度 6.5～10.5m，外露长度 1.45～2.5m，锚入薄衬砌墙混凝土内，骑孔口岩面设防腐自由段。经过反复对比研究及生产性工艺试验，最终选择了钢排架配置黄石 YQ1006 型潜孔钻机、宣化—英格索兰 MZ65Q 型锚固工程钻机、锦竹 100/15 型隔膜式砂浆泵、ZJ—200 高速搅拌机等设备的施工作业方法，能很好地适应直立坡及复杂地形进行分段大规模施工的工期安全要求。对缺陷部位外露段长度不足的高强锚杆，采用冷挤压套筒连接技术接长。

为验证锚杆的可靠性，进行了锚杆的受力试验研究，包括短高强锚杆受力试验和高强锚杆模拟受力试验。

短高强锚杆受力试验测试结果表明：在设计荷载600kN 以内，锚杆应力主要分布在孔口以内 0.8m 的范围内，锚杆应力随深度迅速衰减；大部分锚杆可以承受 600kN 的拉拔力，拉拔力大于 600kN 后砂浆发生破坏，变形突出，在 720kN 荷载下，有 42% 的锚杆拉伸变形量大于 5mm，在 900kN 荷载下，锚杆拉伸变形量均大于 5mm，而杆体钢筋实际变形能力很小，说明砂浆均已发生塑性变形或剪切拉裂破坏，锚杆整体不能承受超张拉力；在同样外荷作用下，3.0m 长锚杆比 5.0m 长锚杆变形量大，而 5.0m 长锚杆的应力大一些。试验结果还表明，高强度（900MPa）的 V 级锚杆短锚固段不能满足设计承载能力要求。

高强锚杆模拟受力试验的成果表明：在设计600kN 的荷载作用下，锚杆主要在 0.7～1.2m 范围内受力比较明显，受反复张拉荷载作用，会使荷载对锚杆的影响深度有所增加并趋于一临界值，考虑到岩体有一定的松弛厚度，高强结构锚杆需保证有足够的锚固长度；在反复张拉荷载作用下，锚杆最大变形一般在 4～6mm 之间，若剔除第一循环、第一级荷载作用时初始变形的影响，各循环荷载作用下的最大变形量接近；张拉荷载达到 600kN、剪切位移为 5mm 时，3 组锚杆最大剪切荷载平均为 43kN，最大剪应力不超过 27MPa，平均 13MPa，剪应力大小与剪切位移密切相关；横断面上最大剪应力、最大正应力主要分布在孔口附近，随孔深的衰减非常明显，一般至孔深15cm 处衰减约 2/3，说明锚杆孔口自由段的设置能有效地改善锚杆受力后的应力和变形。

（武警三峡工程指挥部 陈太为 周光奉）

天生桥一级水电站溢洪道的施工

（一）工程概况

天生桥一级水电站溢洪道由引渠、溢流堰、泄槽、挑流鼻坎和护岸工程组成，总长 1860m，开挖工程总量约 2000 万 m^3，混凝土浇筑总量 35.03 万 m^3。

引渠全长 1215m，进口呈喇叭形，沿线设有两个渐变段，引渠灰岩段标准过水断面为矩形复式断面，底宽 120m，底板高程 745m，底坡 $i=0$，每隔 22m（24m）设一宽 12m 的马道，马道间为垂直坡，综合坡比为 1:0.5。根据边坡性态采用针对性的支护方式：对局部不稳定块体采用预应力锚索加固；对岩性软弱、风化强烈地段采用贴坡混凝土衬砌或混凝土框架加浆砌石护坡；对破碎岩体作喷锚支护；对 780m 高程以下较大的岩溶裂隙及所有溶洞用混凝土堵漏；对岩体完整、整体稳定的边坡不作任何支护。堰前渐变段是引渠与溢流堰的衔接过流段，长 89.944m，底板高程 746.0m，采用反向双圆弧曲线连接引渠与溢流堰。底宽由 120m 渐变到 81m，高程 769m 马道由 12.0m 渐变到零。渐变段采用钢筋混凝土衬砌，底板厚度为 1.0m，边墙厚度为 0.6m。

溢流堰长 71.527m，宽 81m，由堰体、闸墩、弧形闸门、检修门和交通桥组成。堰顶高程 760m，设 5 扇 13m×20m（宽×高）的弧形工作闸门及一套 5 节钢质平板叠梁检修门，溢流堰形式为 WES—V 型。闸墩采用预应力混凝土结构，交通桥为钢筋混凝土简支板式桥。

泄槽长 419.769m，平面上采用不对称收缩体型。左侧边墙为直线，右边墙为 1.02833°的收缩角。泄槽由 81m 宽渐变至 73.45m 宽，为矩形断面，纵坡 $i=13\%$。底板采用钢筋混凝土衬砌，在 P2、T12 基岩上衬厚为 60cm，单层钢筋，在 F1、F8 及 T2X 基岩上衬厚为 100cm，双层钢筋，底板基础设有排水系统和锚筋系统。边墙采用混凝土贴坡式衬砌和半重力式混凝土挡墙两种形式。

挑流鼻坎采用两边小挑角、中部大挑角的舌形鼻坎形式。为使挑射出去的水流更加顺应河道，对右岸凸出的山嘴进行了适当的开挖，以减轻对两岸的冲刷，使下游的消能有较好的流态。

（二）主要施工控制性工期和要求

开工日期为 1994 年 4 月 10 日，要求 1998 年汛前具备如下简易过流度汛面貌；引渠仅按 82m 宽挖至设计高程，形成窄槽临时过水断面，同时要求将引渠段已形成的永久边坡进行支护，清除渠底浮渣，并在引渠末端增设集渣坑，避免溢洪道过流时因高速水流携石过槽导致对泄槽底板的磨蚀破坏；堰段不浇闸体，将溢流堰顶高程由 760m 降到 745m；泄槽底板完建，边墙浇到度汛水面线上部；挑流鼻坎按要求完成。

1999 年汛前对度汛面貌的要求是：引渠完成全部开挖和高程 769m 以下的边坡支护；堰体完成高程765m 以下的堰体和闸墩混凝土浇筑；泄槽段、挑流鼻坎全部完建并通过验收；护岸工程开挖全部完成并完成高程 745m 以下的底板混凝土浇筑。

1999 年 10 月 25 日要完成堰身段全部混凝土浇筑。

2000 年 6 月 20 前要完成闸门金属结构安装。

（三）开挖爆破施工技术要点

(1) 过渡料 $Ⅲ_A$ 及主堆石料 $Ⅲ_B$ 爆破开采。溢洪道是大坝填筑的主要料场，其中大坝 $Ⅲ_A$ 过渡料最大开采粒径为 30cm，$Ⅲ_B$ 主堆石料最大开采粒径为 80cm。在正式规模开挖爆破之前，首先进行了 $Ⅲ_A$、$Ⅲ_B$ 料爆破试验，根据试验成果确定爆破参数，在施工过程中再根据实际地质情况做适当的调整。

(2) 边坡深孔预裂爆破技术。为了满足设计要求和保证开挖质量，施工中对保留岩体边坡采取预裂爆破技术，预裂爆破的总面积为 15 万 m^3，预裂爆破效果均较为理想。

(3) 保护层开挖爆破技术。根据技术规范要求，溢洪道马道及底板须采取保护层开挖爆破，其中 T12 和 P2 灰岩区保护层厚度不小于 2.5m；T2x 泥岩区保护层厚度不小于 4.0m。经计算溢洪道保护层开挖总量 50 万 m^3，为了加快保护层开挖速度，做了保护层一次开挖爆破试验和岩石破坏范围的声波试验，确定的爆破参数如下：间距 1.5m，排距 1.0m，孔径、药卷直径 ϕ32mm，孔深 2.5～4.0m，底部柔性垫层或气垫长度 30～40cm，炸药单耗 0.7kg/m^3。

（四）混凝土浇筑施工技术要点

(1) 无轨滑模的应用。溢洪道最大泄流量达 21750m^3/s，最大单宽流量 334.6m^3/s，最高流速 45m/s，最大水头 133m。为保证设计体型和混凝土表面平整度，堰体溢流面、泄槽底板及挑流鼻坎均采用无轨滑模浇筑，直线段直接采用组合钢模板组立侧模；曲线段采用 90cm 长小钢模组立侧模，经计算其曲线误差范围在 2mm 以内，满足技术规范要求。模板通过两个 5t 手拉葫芦牵引在侧模上行走，行走速度控制在 2.0m/h 以下。

(2) 隐形螺栓的应用。为保证闸墩混凝土的浇筑质量，闸墩模板的组立采用了隐形螺栓，拆模后不需再割拉筋头，直接将隐形螺栓孔洞用环氧砂浆或预缩砂浆封堵即可。

（武警水电第一总队　李小联）

水口水电站垂直升船机提升段与平衡重段的塔楼施工

（一）工程概况

水口水电站 2×500t、提升高度 64.5m 的垂直升船机，布置在右岸，并列于已建的三级船闸右侧，属大型垂直升船机。这项工程的土建部分由闸首段、提升段、平衡重段、交通段及厂房等组成。塔楼上下提升段、上下平衡重段系高柔建筑物，其中薄壁结构高 73.5m，形体较为复杂。在高程 43.5m 以下为薄壁箱形结构，阴角 12 个，阳角 8 个；高程 43.5m 以上为薄壁 E 型结构，阴角 8 个，阳角 12 个。设计要求在整个塔楼高度范围内形体垂直度偏差值小于 12mm，混凝土内部密实，表面平整光洁。

（二）施工技术

(1) 施工方案选择。考虑到形体精度要求、施工工期等，经多种方案分析，上下提升段、上下平衡重段塔楼确定采用滑框倒模工法施工。滑框倒模能发挥滑模速度快的优势，又具有人工拆、翻模板不损伤混凝土表面的优点，还可根据施工需要随时停滑，可满足升船机高质量要求的需要。

(2) 滑框倒模装置。该装置由操作平台、提升架、围圈、滑道、模板、液压系统、卸料平台及吊脚手架等组成。升船机塔楼座落于已建船闸右侧狭长的区段内，左边高程 43.5m 以下紧靠船闸面，右边高程 32.0m 以下紧贴岩体，模板不形成封闭图形，呈三面体布置，模板承受的侧压力不平衡，将导致滑框倒模平台侧向漂移。为保证塔楼 12mm 垂直度要求，采用轨道式导向装置以克服不平衡力，达到操作平台垂直滑升的目的。

(3) 平台的滑升与稳定控制。滑模滑升时模板与混凝土之间产生相对滑动，其摩阻力为混凝土与模板间的摩擦力和黏结力之和。而在滑框倒模中则只体现为滑道与模板间的线摩擦，其摩擦系数较滑模小一半以上，这就较大程度地减小了提升力，从而减少了千斤顶的用量；另一方面滑道与模板间的摩擦力分布比较均匀，与滑模相比在平台提升时，千斤顶出力较均匀，平台不易走偏。由于模板与提升架不相连，仅靠滑道支承，而滑道只作向上垂直运动，如果平台的水平度较差，则滑道随之偏斜，呈正八字或倒八字形就会产生挂浆或带模，造成混凝土表面缺陷而影响外观。为此，在施工过程中采用如下预防措施：①严格控制吊入平台的钢筋量，以避免局部的千斤顶承载力过大，滑升时导致平台偏斜。②提升前严格检查并解除模板与围圈及滑道上的所有牵连、模板接缝连接件是否牢固，围圈及滑道上的砂浆必须清除干净，保证操作平台顺利上升。③加强监控，支承杆上的限位器每 20cm 卡一次，浇完一层（40cm）后利用高程控制点检测一次平台的平整度，确保操作平台均稳滑升。

(4) 混凝土施工。针对塔楼施工精度要求，在模板的选用上曾用 12mm 厚双面覆膜无框胶合板，在使用初期效果很好，但在施工过程中发现 12mm 厚胶合板刚度差，周转次数少，周边易起毛，模板接缝不严密，成本又高，故在后期施工中改用钢模板。模板使用前必须将脏东西清理干净并涂上脱模油，安装模板时顶层模板口上的砂浆必须清除干净，使接缝严密。按滑框倒模工法要求，在拆模时混凝土表面强度必须达到0.2MPa以上。在混凝土施工过程中，一方面要满足拆模时混凝土表面强度要求，另一方面又要保证浇筑层面混凝土不初凝。针对上述要求事先由试验室做好混凝土在不同气温及外加剂掺量下的时间—强度关系曲线，以此指导施工。

（三）质量控制

采用滑框倒模施工方法基本上克服了滑模施工中的质量通病，但作为一种新工法在施工过程中必须严格把关，不间断地对职工进行质量教育，使全体员工树立精品意识。

（1）项目领导对工程质量高度重视，认识统一，成立质量管理QC小组，及时对滑升过程中的质量问题进行认真分析并采取切实可行的措施，在施工过程中实行项目总工质量一票否决制。

（2）对塔楼形体精度的控制采用激光铅直仪和经纬仪双向跟踪检测，每个平台沿墩头设检查点，在浇筑前对操作平台进行检测，对混凝土面和操作平台每提升一次就检查一次，发现偏差随时纠偏。滑升过程中对混凝土形体共检测1699点，偏差超过12mm为33点，主要分布在次要部位，最大偏差20mm。产生偏差的主要原因是因为滑框倒模装置在施工过程中多次改装使用，使某些次要部位的刚度有所削弱所致。

（中国水利水电第十二工程局　边财松）

统　计　资　料

1997年在建大中型水电工程计划投资及累计完成表

序号	电站名称	计划投资（万元）	累计完成（万元）
1	十三陵抽水蓄能	399652	399652
2	松江河	149800	128365
3	莲　花	280648	384791
4	天荒坪抽水蓄能	711841	171089
5	湖南镇扩建	20881	20881
6	响洪甸抽水蓄能	40000	23841
7	水　口	852300	749001
8	高　砂	29375	31359
9	棉花滩	491020	39539
10	穆阳溪芹山一级	69712	10294
11	斑　竹	35653	27840
12	孔　头	26094	11314
13	雍　口	26185	13085
14	清江隔河岩	498823	438349
15	清江高坝洲	307620	99417
16	咸丰朝阳寺	42540	33574
17	五峰锁金山	27612	23348
18	谷城白水峪	42540	36070
19	五强溪	730446	730446
20	凌津滩	319120	136500
21	广蓄二期抽水蓄能	350000	232401
22	岩滩	410151	377150
23	其中：龙滩	9000	6000
24	昭　平	23431	31178
25	叶　茂	29563	24551
26	百龙滩	156588	132701
27	大广坝	162873	194126
28	二　滩	3300000	1800795
29	铜街子（尾工）		700
30	东西关	187597	150986
31	宝兴河		110977
32	大朝山	887000	169507
33	羊卓雍湖抽水蓄能	186812	186878
34	李家峡	505982	585652
35	天生桥一级	1035200	497139
36	天生桥二级	1037405	592040

注　资料来源于国家电力公司战略规划部《1997～1999年电力工业统计资料汇编》。

（中国水利水电工程总公司　陆　健）

1998年在建大中型水电工程计划投资及累计完成表

序号	电站名称	计划投资（万元）	累计完成（万元）
1	松江河	149800	175165
2	莲 花	470232	470232
3	天荒坪抽水蓄能	737678	560457
4	响洪甸抽水蓄能	40000	31728
5	水 口	851560	835860
6	棉花滩	491020	92804
7	穆阳溪芹山一级	73092	28168
8	斑 竹	35653	33759
9	孔 头	26094	24517
10	雍 口	28500	23817
11	沙 县	26269	9632
12	贡 川	32049	3711
13	竹 洲	39646	5743
14	清江隔河岩	516953	450349
15	清江高坝洲	307620	191877
16	咸丰朝阳寺	42540	37372
17	五峰锁金山	27612	27315
18	谷城白水峪	42540	58611
19	凌津滩	351443	207236
20	广蓄二期抽水蓄能	396700	293051
21	莫德白石窑	61337	70066
22	韶关孟洲坝	49749	63367
23	怀集高塘	33920	24448
24	大埔双溪	312000	32100
25	封开江口	41011	36058
26	丰顺八乡三级	23581	2900
27	乳源杨溪水三级	23278	8880
28	岩 滩	410151	398056
29	其中：龙滩	9000	6000
30	昭 平	23431	32382
31	叶 茂	26449	26302
32	百龙滩	156588	141141
33	大广坝	162873	196735
34	二 滩	2855451	2508400
35	东西关	187597	156837
36	小关子	89440	23810
37	大朝山	887000	239507
38	李家峡	840000	705652
39	天生桥一级	1035200	797698
40	天生桥二级	1037405	685100

注 资料来源于国家电力公司战略规划部《1997～1999年电力工业统计资料汇编》。

（中国水利水电工程总公司 陆 健）

1999年在建大中型水电工程计划投资及累计完成表

序号	电站名称	计划投资（万元）	累计完成（万元）
1	十三陵抽水蓄能	48034	48034
2	松江河	401786	183165
3	两 江	46340	44584
4	天荒坪抽水蓄能	737678	617620
5	响洪甸抽水蓄能	40000	40221
6	水 口	851560	835860
7	棉花滩	491020	148945
8	穆阳溪芹山一级	73092	46542
9	斑 竹	35653	36857
10	孔 头	32907	31348
11	雍 口	29213	29213
12	沙 县	26269	21139
13	贡 川	32049	11583
14	竹 洲	39646	15782
15	清江隔河岩	516953	465879
16	清江高坝洲	307620	277045
17	凌津滩	351443	262764
18	广蓄二期抽水蓄能	394497	327916
19	怀集高塘	33920	27996
20	封开江口	64420	49223
21	丰顺八乡三级	23581	3700
22	乳源杨溪水三级	20431	16200
23	阳春大河	18146	17850
24	岩 滩	410151	408056
25	百龙滩	156588	152564
26	二 滩	2855451	2747654
27	东西关	187597	162580
28	小关子	89440	52465
29	冷竹关	126300	38000
30	大朝山	887000	322507
31	螺丝湾	30045	30044
32	小 湾	—	4000
33	李家峡	923985	755000
34	天生桥一级	1035200	876063
35	天生桥二级	1037405	855854

注 资料来源于国家电力公司战略规划部《1997～1999年电力工业统计资料汇编》。

（中国水利水电工程总公司 陆 健）

1998年水电施工企业完成产值及工程量表

企业详细名称：中国水利水电工程总公司

	企业总产值（千元）	其中：建筑业总产值	实物工程量					
			土方（万m^3）	石方（万m^3）	混凝土（万m^3）	金属结构安装（t）	水轮机组投产	
							（台）	（万kW）
总计	13971771	11794182	6115.95	6398.38	844.94	108041	75	539.53
水电第一工程局	633489	557966	59.20	107.60	22.34	3801		
水电第二工程局	160060	152576						
水电第三工程局	631103	558239	169.20	144.56	40.17	4286	5	22.50
水电第四工程局	819156	769666	91.88	112.71	71.53	5789	2	58.00
水电第五工程局	506987	456601	357.30	145.46	27.69	2469	1	17.50
水电第六工程局	319486	305672	32.11	100.40	16.17	2217	2	27.75
水电第七工程局	835153	746081	242.79	364.57	80.46	8606	10	9.38
水电第八工程局	1653213	1448675	873.89	363.66	96.63	21902	5	116.20
水电第九工程局	252398	208532	39.45	54.22	14.39	2642	11	2.94
水电第十工程局	520455	472970	338.85	205.21	56.26	4341	11	37.73
水电第十一工程局	484942	338420	302.34	44.56	60.72	5248		
水电第十二工程局	371542	340306	302.12	679.42	33.04	5175	4	3.78
水电第十三工程局	305662	271933	1400.12	74.30	0.04			
水电第十四工程局	1002054	854853	193.54	374.91	64.31	5850	10	95.65
水电闽江工程局	272813	241236	20.17	45.97	27.41	4331	11	8.10
水电基础工程局	165734	152903	7.00		8.22			
葛洲坝集团公司	3694575	2602381	1132.54	1753.12	160.47	29382	3	140.00
武警一总队	653105	630804	39.83	999.24	35.64			
武警二总队	223678	223377	183.67	276.24	11.09	1162		
武警三总队	342073	342073	85.11	83.08	13.77	840		
武警三峡指挥部	124093	118918	244.84	469.15	4.59			

注 资料来源于中国水利水电工程总公司《1998～2000年水利水电建筑安装施工企业统计资料汇编》。

（中国水利水电工程总公司 陆 健）

1999年水电施工企业完成产值及工程量表

企业详细名称：中国水利水电工程总公司

施工单位名称	企业总产值（千元）	其中：建筑业总产值	实物工程量					
			土方（万m^3）	石方（万m^3）	混凝土（万m^3）	金属结构安装（t）	水轮机组投产	
							（台）	（万kW）
总计	15783985	12600885	6270.44	5053.28	1251.79	84937	117	747.04
水电第一工程局	544420	472437	64.52	232.53	23.29	3303	0	0.00

续表

施工单位名称	企业总产值（千元）	其中：建筑业总产值	实物工程量					
			土　方（万 m³）	石　方（万 m³）	混凝土（万 m³）	金属结构安装（t）	水轮机组投产	
							（台）	（万 kW）
水电第二工程局	362222	352584	0.00	0.00	0.00	0	0	0.00
水电第三工程局	655953	578212	198.12	112.48	54.07	2951	8	26.90
水电第四工程局	960943	908095	456.40	151.38	85.50	6237	4	106.00
水电第五工程局	510327	434430	210.47	140.59	39.15	1452	6	5.40
水电第六工程局	305134	297463	52.67	145.66	18.85	416	0	0.00
水电第七工程局	1175631	1022812	262.96	332.62	124.30	13657	7	21.60
水电第八工程局	1416378	903505	291.49	392.41	124.50	11740	15	244.54
水电第九工程局	325880	288269	140.69	160.12	24.48	3822	7	2.16
水电第十工程局	526088	317830	47.96	100.25	33.35	7335	15	22.92
水电第十一工程局	510810	320663	211.89	38.85	23.29	12662	8	4.03
水电第十二工程局	458455	425877	214.38	937.73	39.40	7355	0	0.00
水电第十三工程局	642485	323364	2714.10	0.00	0.00	0	0	0.00
水电第十四工程局	1130368	965244	119.42	277.34	101.06	6309	9	139.06
水电闽江工程局	558901	519878	73.06	58.51	60.87	2762	9	16.70
水电基础工程局	186953	168347	0.00	0.00	10.10	0	0	0.00
葛洲坝集团公司	3992417	2793486	726.41	1258.18	357.82	3837	13	150.45
武警一总队	595530	595530	155.26	135.58	42.80	0	0	0.00
武警二总队	456077	449245	231.58	172.33	35.82	788	10	4.28
武警三总队	344276	344276	99.06	163.72	11.28	0	6	3.00
武警三峡指挥部	124737	119338	0.00	243.00	41.86	311	0	0.00

注　资料来源于中国水利水电工程总公司《1998～2000年水利水电建筑安装施工企业统计资料汇编》。

（中国水利水电工程总公司　陆　健）

2000年水电施工企业完成产值及工程量表

企业详细名称：中国水利水电工程总公司

施工单位名称	企业总产值（千元）	其中：建筑业总产值	实物工程量					
			土　方（万 m³）	石　方（万 m³）	混凝土（万 m³）	金属结构安装（t）	水轮机组投产	
							（台）	（万 kW）
总　计	11506906	10218893	3923.22	2459.58	656.30	67511	27	66.02
水电第一工程局	296486	272975	34.26	126.90	15.18	2259	0	0.00
水电第二工程局	230499	211706	8.40	0.00	0.20	269	0	0.00
水电第三工程局	506294	450891	162.89	42.19	100.43	3034	0	0.00
水电第四工程局	857372	807152	407.42	134.04	91.20	21642	0	0.00
水电第五工程局	356454	311668	302.99	104.10	17.07	652	0	0.00
水电第六工程局	158445	153393	91.07	13.14	10.91	87	0	0.00
水电第七工程局	656006	621771	141.65	118.63	61.89	6367	2	12.20
水电第八工程局	1256010	738035	40.04	289.52	125.50	6071	2	7.30

续表

施工单位名称	企业总产值（千元）	其中：建筑业总产值	实物工程量					
			土方（万 m^3）	石方（万 m^3）	混凝土（万 m^3）	金属结构安装（t）	水轮机组投产	
							（台）	（万 kW）
水电第九工程局	320030	291505	83.13	181.98	13.77	6356	2	1.60
水电第十工程局	252641	204501	19.34	14.17	12.87	2355	2	0.64
水电第十一工程局	358266	214550	357.57	22.97	5.66	4917	0	0.00
水电第十二工程局	425875	425875	214.38	937.73	39.40	7355	0	0.00
水电第十三工程局	417416	257697	1362.56	0.00	2.48	0	0	0.00
水电第十四工程局	865792	784853	214.18	255.06	68.79	3665	4	38.40
水电闽江工程局	435576	370210	105.08	41.19	40.84	1508	5	1.60
水电基础工程局	162978	154442	0.00	0.00	13.49	0	0	0.00
葛洲坝集团公司	2939320	2939320	0.00	0.00	0.00	0	0	0.00
武警一总队	595530	595530	0.00	0.00	0.00	0	0	0.00
武警二总队	227621	227621	231.58	172.33	36.17	973	10	4.28
武警三总队	113772	113772	0.00	0.00	0.00	0	0	0.00
武警三峡指挥部	74524	71426	146.69	5.63	0.45	0	0	0.00

注　资料来源于中国水利水电工程总公司《1998～2000 年水利水电建筑安装施工企业统计资料汇编》；表中数据为 1～3 季度累计数。

（中国水利水电工程总公司　陆　健）

生产运行与大坝安全

14

运 行 管 理

电力系统水库调度工作

（一）近几年电力系统水库调度工作的进展情况

1.水库经济调度　多年来，电力系统各单位都非常重视水库经济调度工作，把水电站节水增发电作为电网经济调度的主要工作之一来抓，不仅结合自己的实际情况制定了节水增发电管理办法和技术措施，还把节水增发电指标作为水电站、调度部门双达标和创一流的考核项目，进行监督考核。通过加强设备管理，提高水文预报准确率，采取预泄、拦蓄洪尾等措施，开展梯级电站优化调度和水火电联合调度等工作，来增加水电发电量，努力提高水能利用率，水库经济调度工作取得明显成绩。据不完全统计，自1995年以来，全国年平均节水增发电量44.42亿kW·h。

2.水库洪水调度　电力系统各单位在认真贯彻《防洪法》、《中华人民共和国防汛条例》、《大中型水电站水库调度规范》等法律、法规的基础上，认真做好水库洪水调度工作。在洪水调度过程中，各单位严格执行调度规程，与有关防汛、水利部门密切配合，科学调度洪水，不仅保证水电站的自身安全，同时也取得良好的社会效益。在1998年长江大洪水中，葛洲坝、隔河岩、五强溪、柘溪、凤滩、柘林等大中型水电站水库竭尽全力为下游拦洪错峰，为减轻洞庭湖及长江的防洪压力作出了突出贡献。

3.水电站水情自动测报和水调自动化　截至目前，电力系统已建、在建水电站水情自动测报系统已达70余个，部分网省公司的大中型水电站已全部实现了水情自动测报。部分水电站还在水情自动测报系统的基础上，初步建成了水电站水调自动化系统，在水文预报、洪水调度以及水库经济调度方面研究和开发了实用软件，取得了较好的效果，如葛洲坝、隔河岩、白山、丰满、安康等水电站。

国家电力公司水调自动化系统一期工程正在建设中，于2000年底投入运行。在网省水调自动化方面，西北公司及福建、广西、贵州、甘肃等省公司水调自动化系统已通过工程验收；南方公司及广东、云南省公司和乌江水电开发公司水调自动化系统已投入试运行；东北电网水调自动化系统正在进行设备安装调试，近期将投入试运行；华中公司水调自动化系统招标工作已完成，即将投入运行；其他网省水调自动化系统也有不同程度的进展。

为积极推动各级水调自动化系统的建设，规范各级水调自动化系统的功能和要求，国调中心组织编写和颁发了《电力系统水调自动化功能规范》和《电力系统实时数据通信应用层协议DL476—92在水调自动化系统中的应用》等文件，对于各级水调自动化系统的建设起到了指导作用。同时，为提高水调自动化系统和水电站水情自动测报系统的可靠性和实用性，国调中心提出了水调自动化系统和水情自动测报系统实用化验收的要求和目标，计划在近几年内使各级水调自动化系统和水电站水情自动测报系统达到实用化。2000年4月制定和颁发了《水电站水情自动测报系统实用化要求及验收细则》，并于2000年年底前制定和颁发《水调自动化系统实用化要求及验收细则》。

4.水文气象预报　随着各种水文预报模型的开发和应用，特别是水电站水情自动测报系统的建成和运用，使得水库水文预报的精度和预见期都有较大程度地提高，基本满足了水库洪水调度和经济调度的需要。在多模型、多方案优化比较计算的基础上，实现了实时联机水文预报。近几年来，气象信息也在水电站水文预报工作中得到广泛应用，大部分水电装机容量比重较大的网、省公司调度部门和重要的水电厂（站）都配备了气象卫星云图接收处理系统，有的还与当地气象部门进行联网以获取更多的气象信息，更好地为水文预报服务，取得了较好的效果。

5.水库调度规范化、法制化建设　随着电力行业规范化工作的开展，水库调度工作也逐步走上规范化和法制化的道路。近年来，相继制定和颁布了《水电厂水情自动测报系统管理办法》、《水利水电工程水情自动测报系统设计规定》、《电力系统气象服务质量考核办法》及国家标准《大中型水电站水库调度规范》等，有效地推动了水库调度工作的规范化和法制化建设。

（二）今后一段时期水库调度工作的目标与重点

（1）必须认真贯彻执行《电力法》、《水法》、《防洪法》以及国标《大中型水电站水库调度规范》和《水电厂水情自动测报系统管理办法》等法律法规文件，在水库调度法制化和规范化的建设和管理方面再上新台阶。

(2) 加强水库的优化调度，尽量减少水电站弃水，充分利用水力资源，仍然是今后水库调度工作的重点。一方面要建立和强化全网观念，充分发挥大电网的优势，加大省间交换电力、电量，充分发挥水库群之间和水火电之间的补偿效益；另一方面要积极探索电力市场运作模式下梯级水电站间的联合调度问题，深入研究联合调度的优化机制和报价关系。

(3) 依法调度洪水，减少调度风险，确保大坝安全和水电站的安全生产。这不仅是新时期洪水调度的基本原则，也是实现水电站防汛工作正规化、规范化和制度化的基本保证。

(4) 按照《大中型水电站水库调度规范》的规定，研究新一轮水电站能量指标及考核的办法和方式，并对水电站能量指标再一次地进行复核，确定最新情况下各水电站的考核参数及指标。

(5) 加强水电站水情自动测报系统的运行管理，进一步提高水库水文预报水平，加快电网水调自动化系统的建设，完善系统高级应用功能，尽快达到实用化目标和要求。

(6) 加强电力市场条件下水库调度理论和管理模式的研究，适应电力市场条件下水库调度工作从“决策模式”到“对策决策模式”的转变。

(7) 开展广泛的科研活动，积极研究和应用新理论、新技术，推进水库调度科技进步。同时，要进一步加强水库调度人员的培训和知识更新工作，全面提高水库调度人员的素质。

(国家电力调度中心 裴哲义 唐 勇 和 青)

水电厂安全运行

自从1993年开展安全、文明生产达标以及1996年“无人值班”(少人值守)试点和创一流水电厂工作以来，各水电厂都注重设备的技术改造和技术进步，有的以1台机组为单元全面进行，称之为现代化改造；所有大坝都经过了第一轮定检工作，对查出的问题，以及明确定为病坝和险坝的都分别进行了处理和补强加固，消除了重大隐患。现选择17个具有代表性的水电厂，以其1998年～2000年的安全运行情况，列表如下。

1998年～2000年具有代表性的水电厂的安全运行情况

续表

序号	水电厂	容量(MW)	机组台数	累计安全记录(天)		
				1998年底	1999年底	2000年6月
1	广州抽水蓄能电站	2400	8	84	128	310
	一期	1200	4			
	二期	1200	4			
2	太平湾水电厂	340	6	594	959	1141
	太平湾	200	4			
	长甸	140	2			
3	葛洲坝水电厂	2715	21	461	825	1007
	大江	1715	14			
	二江	965	7			
4	隔河岩水电厂	1212	4	873	1238	1420
5	鲁布革水电厂	600	4	1211	217	399
6	漫湾水电厂	1250	5	1277	1642	1824
7	牡丹江水电总厂	610	8	67	432	614
	莲花	550	4			
	镜泊湖	60	4			
8	十三陵抽水蓄能电站	800	4	102	467	649
9	白山水电厂	1700	9	815	1180	1362
	白山	1500	5			
	红石	200	4			
10	万安水电厂	400	4	314	160	342
11	五强溪水电厂	1200	5	1219	1584	1766
12	岩滩水电厂	1210	4	279	644	826
13	水口水电厂	1400	7	314	679	94
14	丰满水电厂	1002.5	12	456	821	1003
15	新安江水电厂	662.5	9	901	1266	1448
16	刘家峡水电厂	1160	5	164	529	141
17	龙羊峡水电厂	1280	4	513	878	1060

上述第1～13个水电厂中，除太平湾水电厂的本厂和牡丹江水电总厂的镜泊湖外，葛洲坝水电厂的大江、二江电厂以及其他10个水电厂全部，都已通过原电力部或国家电力公司组织的“无人值班”(少人值守)验收，它们的自动化水平较高，运行人员很少，彻底改变了以前老的一套运行值班方式；而第14～17个水电厂，是建设较早的老厂，也都创造了较高的安全记录。从最近几年来，很少发生人为错误操作事故，尤其是已经实现“无人值班”(少人值守)的水电厂，都是由计算机远程控制，而其中安全记录比较低的，大多数是由于设备质量造成强迫停运所致。总起来讲，各水电厂的主设备状况较好，附属设备也得到了改善，大坝安全情况做到心中有数，比较稳固。“九五”期间，电力的供需矛盾得到了缓和，水电机组运行小时数较低，主要担负电网调峰、调频和事故备用，只是机组开、停比较频繁，在自动化程度较高的情况下，人为误操作的几率就大为降低，基本等于零。此外，老水电厂生活基地大多数外移至就近的县城或城市，新建的水电厂生活基地一开始就建

设在城镇，职工的后顾之忧得到了妥善解决，职工队伍稳定，工作安心，对保证安全生产亦起着极重要的作用。

（水电站运行管理专委会　周志清）

水电厂防汛

（一）度汛情况

1998年是不平凡的一年，我国经受了亚洲金融危机的冲击和特大洪水的考验。这一年汛期，长江、松花江、嫩江流域发生的特大洪灾，给工农业生产和人民财产造成重大损失，同时，国家电力公司系统长江、嫩江流域的发供电设施也遭到严重损坏并造成巨大损失。1998年我国大部分地区降雨量明显偏多，部分地区出现持续性的强降雨过程。长江发生了1954年以来的又一次全流域大洪水，前后共遭受8次洪峰，致使中下游干流全线超过警戒水位，有360km江段及洞庭湖、鄱阳湖超过历史最高水位。松花江、嫩江发生了超历史记录的特大洪水。此外，6月中下旬，鄱阳湖水系的信江、抚河、昌江，珠江流域的西江、柳江，闽江，嘉陵江等江河发生超历史实测记录的特大洪水。当年全国发生洪水的河湖之多，洪峰水位之高，持续时间之长，皆为历史上罕见的。受特大洪水的影响，位于上述江河上的水电厂遭受了特大洪水的袭击，四川宝珠寺水电厂遭受了400年一遇特大洪水，江西洪门水电厂、福建水口水电厂、安徽陈村水电厂遭受了100年一遇的大洪水，湖南凤滩水电厂遭受了50年一遇的大洪水，福建沙溪口、江西柘林水电厂遭受了20年一遇的大洪水，这些水电厂的大坝安全和安全生产经受了严峻的考验。通过精心调度，未发生重大险情。同时，洪水也对处于长江中下游地区和松花江、嫩江流域国家电力公司的火电厂、输变电设施造成严重威胁，部分设备遭到水淹或严重毁坏。据统计，湖北、湖南、江西、黑龙江、吉林、蒙东地区电力系统被洪水冲毁110kV以上铁塔126基、35～66kV杆塔2273基、10kV以下倒杆75746基；被淹和损坏变压器110kV以上67台、66kV以下7111台；此外，计量装置、避雷器、绝缘子损失则难以数计，洪水给电力企业造成了巨大的经济损失，国家电力公司系统洪灾直接经济损失近10亿多元。受洪水影响损失电量约19亿kW·h。

广大电力职工在国家电力公司党组的直接领导下，团结一致，顽强拼博，积极推进改革和结构调整，千方百计开拓电力市场，努力发展生产，提高效益，圆满完成了1998年安全生产任务。在抗洪抢险斗争中，涌现出了许多奋不顾身、舍生忘死的英雄人物和可歌可泣的先进事迹，充分显示了国家电力公司职工的精神风貌和良好的公司形象。

1999年全国汛情较为平稳，大江大河没有发生流域性的大洪水，但一些河段发生了较高标准洪水，局部地区暴雨成灾。降雨较多的地区主要是长江中下游、江南大部、华南的部分、黄河上游及新疆地区。受降雨影响，太湖流域发生了超过100年一遇的特大洪水，长江中下游干流大部分河段、洞庭湖和鄱阳湖出现了仅次于1998年的历史第二个高水位，部分河段甚至出现了有水文记录以来的最高水位，局部地区洪涝灾害严重。沿海地区的台风和集中降雨也给部分地区造成较严重的灾害。湖南的五强溪、凤滩水电厂，华东的新安江水电厂发生了历史以来的最高水位，五强溪、凤滩、新安江、隔河岩、柘林、柘溪等水电厂相继开闸泄洪，积极配合防汛部门做好水库调度工作，充分发挥了水库的拦洪调蓄作用，缓减了下游的防洪压力。从全国来看，1999年的灾情不如1998年严重。据不完全统计，国家电力公司系统企业的损失约4亿多元。

1999年国家电力公司系统除少部分遭受特大洪水、台风袭击，造成部分经济损失外，其余全部都实现了安全度汛。水电厂大坝及主要设施都未发生重大安全问题，没有发生洪水漫坝及水淹厂房的恶性事故。在确保安全的前提下，电力建设和电力生产持续、稳定发展，各水电厂充分利用汛期来水特点，加强预报，科学调度，获得了很好的经济效益。

2000年我国大部分地区降雨偏少，发生了建国以来最严重的旱灾，许多城市供水和农村人畜饮水出现十分严峻的局面。同时，局部地区的洪涝灾害也十分严重。淮河流域部分河流发生近百年来的最大洪水。7月中旬，陕西省安康地区紫阳县突降特大暴雨造成泥石流灾害，河南、贵州等省发生局部暴雨，也造成了严重灾害。

国家电力公司系统部分水电厂发生较大洪水，未发生灾害。部分电网遭遇大暴雨和强台风袭击，造成部分输变电设施受损。据不完全统计，受洪涝及台风影响，造成国家电力公司系统3座220kV变电站和3座110kV变电站受淹停电，30多座35kV以上变电站进水，部分输配电线路发生倒杆，全系统发供电企业损失约1.3亿元，绝大部分发生在输变电系统。损失比较严重的有河南、贵州、河北、浙江、陕西、福建、湖南等省电力公司。

总的看来，2000年灾情相对较轻，这是国家电力公司系统全体员工共同努力工作的结果。也说明国家电力公司防汛和大坝安全工作做得扎实且效果明显。1999年，在陕西省遭受了20亿元损失的情况下，陕西省电力公司只损失了300万元，并且有力地支援了地方政府的抗洪救灾和电力供应，受到了省领导的高度赞扬。国家防总在总结1999年防汛工作时，对国家电力公司给予了“顾全大局，对所属的水库精心调度，向下游供水，并积极做好抗旱用电保障工作”的高度评价。

（二）经验与教训

这3年的防汛工作取得了一些经验，主要有以下几个方面：

（1）党中央、国务院的正确领导是夺取防汛抢险救灾工作胜利的重要保证。党中央、国务院对防汛、抗洪救灾工作历来极为重视，每年都对全国的防汛抗旱工作进行专门的研究和部署，提出明确要求，有力地指导了全国的防汛抗旱工作。

（2）国家电力公司系统防汛准备工作充分，领导重视，责任明确，工作到位。国家电力公司系统每年都在汛前召开防汛和大坝安全工作会议，全面部署防汛和大坝安全管理工作。会后，又对一些重点防汛单位进行抽查；各网省电力公司和基层单位及时进行全面布置，健全防汛领导组织机构和防汛组织体系，制订防汛预案，落实防汛资金和物资，做到了领导到位、组织到位、工作到位。

（3）科学预测，精心调度，最大限度地发挥水电厂水库拦蓄洪水和消峰、错峰作用，有效地减轻了下游的防洪压力。

（4）认真贯彻落实国家经贸委关于电力系统水电厂大坝安全管理工作的授权，每年召开电力系统大坝定期检查工作会议，大坝安全管理工作得到加强。

尽管在这3年防汛和大坝安全工作中取得了一定的成绩，但应当清醒地认识到，我们在防汛和大坝安全工作上还存在一些值得重视、并需要认真加以解决的问题，主要有以下几个方面：

（1）部分水电厂由于大坝补强加固工程耗资多、难度大，进展迟缓，消除病险坝的工作要进一步加强。

（2）现有水电厂工程中，有些工程防洪标准偏低，难以抵御较大洪水，遭遇特大洪水时将对安全构成威胁。

（3）一些地区的防汛指挥部门在汛期泄洪问题上未能根据水情、汛情及时决策，存在行政干预的现象，给安全度汛增加了压力，给大坝安全造成了一定的影响。

（4）水电厂上游围垦和下游河道人为设障仍十分严重，远未得到根本解决。

（5）在重视流域性洪水的同时，对局部暴雨造成的山洪、泥石流及山体滑坡等山地灾害防治的力度有待进一步加强。

（6）一些尾工未完又投产多年的水电厂，还没有进行竣工验收，大坝及整个工程的安全状况未作系统、全面的结论。

（7）部分中小型水电厂和供电企业对防汛准备工作仍重视不够、经验不足。防汛预案有重“抢”疏“防”的倾向；汛前防汛物资准备不足。

（国家电力公司 于文革）

水电厂“无人值班”（少人值守）进展情况

自从1994年10月太平湾水电厂召开专题研讨会，以及1996年5月由部明确一共有13个水电厂列入第一、二批“无人值班”（少人值守）试点单位，并于7月正式颁发《水电厂“无人值班”（少人值守）的若干规定》以来，至2000年9月底，已有14个水电厂经部和国家电力公司验收通过，具体名单见下表。

序号	已验收单位	容量（MW）	1000MW以上	进口设备	一流电厂	验收日期
1	广州抽水蓄能电站					
	一期	4×300	是	是	是	1996/11
	二期	4×300				
2	太平湾-长甸	2×75	—	—	—	1996/12
3	葛洲坝水电厂二江电厂	2×170 5×125	—	—	—	1997/10
4	隔河岩水电厂	2×306 2×300	是	是	是	1998/07
5	葛洲坝水电厂大江电厂	14×125	是	—	—	1998/12
6	鲁布革水电厂	4×150	—	是	是	1999/02
7	漫湾水电厂	5×250	是	—	是	1999/02
8	莲花水电厂	4×13.75	—	—	是	1999/10
9	十三陵抽水蓄能电站	4×200	—	是	是	2000/01
10	白山水电厂	5×300	是	—	是	2000/04
	红石水电厂	4×50				
11	万安水电厂	4×100	—	—	是	2000/04
12	五强溪水电厂	5×240	是	是	是	2000/04
13	岩滩水电厂	4×302.5	是	—	是	2000/05
14	水口水电厂	7×200	是	—	是	2000/05

表中14个水电厂中主设备引进的有5个，占35.7%；主设备国产的有9个，占64%；百万级大厂有8个，占47%；老厂改造的有5个，占35.7%；90年代建成的有9个，占64%。

而原列入部第一、二批试点单位，已完成了8个，占57%。

从上述14个水电厂已经进行过验收的情况来看，

其主设备一般都达到安全稳定正常运行。①发电机方面问题较少，从目前制造水平说，不论容量大小，都很少出问题。②水轮机问题较多，特别是90年代新投产的大型水轮机，包括国外公司生产在内，由于过分追求高效率指标，结果造成有严重振动区，个别的甚至发生高负荷区严重振动的问题，采取避开振动区运行，运行的灵活性就受到了一定的限止；但对装设有计算机监控系统的水电厂来说，可自动设置避开振动区运行的功能，它对实现"无人值班"（少人值守）是无妨碍的。因此说，原电力工业部颁发的电安生[1996] 484号文中规定的主设备为二类设备是正确和可行的。

从已经实现"无人值班"（少人值守）的14个水电厂可看出，90年代建成投产的有9个，占64%，而且有8个属百万级大厂，是17个百万级大厂中的47%。由于时代的发展，各级领导认识的提高和重视，一批90年代新建投产的百万级大厂，在建设时就以"无人值班"（少人值守）原则设计，起点定的高，因此，较多的很快就实现了"无人值班"（少人值守），如广州抽水蓄能电站及湖北清江隔河岩、云南漫湾、湖南五强溪、东北莲花等水电厂，比一些老电厂改造要容易和顺利得多。

上述14个水电厂中，只有太平湾的长甸水电厂属中小型之列，是由原电力工业部进行验收的；后1997年由于明确部属一流水电厂的命名为单机容量72.5MW、总容量400MW及以上水电厂的规定，因此一些不属于上述规定范围内的水电厂，没有统计。

实现"无人值班"（少人值守）收到的效果有：①减人增效；②促进了安全；③促进了对设备的技术改造；④保证了创一流的水平；⑤提高了自动化水平，改变了水电厂的老面貌；⑥有力地支持了生活基地设在远离现场的城市；⑦提高了电网的调度自动化水平；⑧为设备开展状态检修创造了条件，进一步完善监测和诊断工作；⑨为进一步实现无人值班，赶上世界先进水平创造了条件。

最先实现"无人值班"（少人值守）的广州抽水蓄能电站一期（又称A厂），从1999年11月起，原厂内的1个值守人员，撤到远离厂房3km的办公大楼内集中控制室进行值守，试行无人值班；计划待二期设备稳定后，2001年将二期（又称B厂）厂房内的1个值守人员亦撤至办公大楼的集中控制室，实现2人值守；最终目标，集中控制室仅1人对A、B两个厂8台机组进行值守。

注：部颁的若干规定中"无人值班"（少人值守）的定义——是指水电厂厂内不需要全天24h都有人值班，机组开、停、调相等工况转换操作，有功、无功功率调整以及运行监视等工作，由上级调度所（包括梯调以及网、省、地调等）或集中控制的值班人员及有关自动装置完成；但在厂内仍有少数全天24h都在的值守人员，负责现场看守和特殊处理以及上级临时命令交办的工作。此外，规定还对设备、人员素质和规章制度三要素有较详细的要求；同时，必须与上级调度部门密切配合，达到调度对水电厂具备并实施AGC、AVC和四遥功能（即遥控、遥调、遥信、遥测）。

（水电站自动化专业委员会　周志清）

京津唐电网水电厂开展安全性评价

实施安全性评价是贯彻"预防为主"的方针，从查清一个单位、一个部门的设备与管理的"安全基础"出发进行评价。华北电业管理局的安监部门通过借鉴国外"风险评价"的现代方法，并总结我国电力工业安全管理的经验，组织编制并于1995年3月正式发行了《火力发电厂安全性评价》和《供电企业安全性评价》两本条例；1998年开始着手组织《水力发电厂安全性评价》（以下均简称《评价》）的编制。《评价》讨论稿完成后于1998年9月由国家电力公司安全运行与发输电部发函给全国相关单位征求意见，并于11月份受国家电力公司安全运行与发输电部的委托，由中国电机工程学会技术委员会组织专家20余人对《评价》进行审议。并于1999年1月由北京电机工程学会组成专家小组对北京十三陵抽水蓄能电站进行一次试评价，经过试评后进一步将《评价》修改完善，正式定稿，于1999年4月由中国电力出版社出版发行。

（一）《评价》内容

第一部分为生产设备安全性评价。①水轮机、发电机、电气设备（变压器、配电装置）；②继电保护及自动、直流系统、通信系统、自动控制设备；③水库及水工建筑物；④计算机监控系统。共计为124条286项，计分为4810分。

第二部分为安全生产，作业环境及防火、防爆安全性评价。内分四个部分共66条，计分为1200分。

第三部分为安全生产管理评价。共32条76项，计分为1200分。

总计全部《评价》分设222条440项，累计最高分为7110分。

（二）查评工作

查评以对照项目进行自查即自我诊断为主，然后是组成专家小组查评。

在初评时采取"三不挂钩"的原则，即评价结果不与奖金挂钩、不与评比挂钩、不与厂领导班子的业绩挂钩。目的是保证专家在查评中排除各种干扰和顾虑，能真实地评出被查评单位安全基础的实际情况。

查评时对照实有项目应得总分，扣除存在问题项目的应扣分，计算出该专业的实际得分率，综合作出安全性评价。

评价中专家应针对所存在的问题，提出整改的具体建议，电厂应根据整改建议制定相应的整改计划，限期完成整改工作。

在限期整改的基础上再组织复查工作。为了促进整改，消除不安全因素，在进行复查中问题仍然存在，不安全因素未得到消除则应采取“三挂钩”的原则，特别是对整改不力的单位，要追究主管领导的责任。

《评价》正式出版后，华北电管局委托北京电机工程学会主持、聘请15位相应的专家组成专家小组于1999年6月～12月分别对京津唐电网内的水力发电厂（包括永定河梯级电站、密云水电厂、潘家口抽水蓄能电站、十三陵抽水蓄能电站）进行了初查。查评是在各电厂对照《评价》条文做好自查的基础上，再由专家小组逐条查评的。对各厂查评项目均达360项以上。其中被扣分项目，即为存在不安全因素，应加以整改的部分，多的有达50%以上，少的也为20%。其中十三陵抽水蓄能电站由于在1999年初进行过一次试查评，厂领导针对专家小组提出的意见，大力抓了整改工作，所以年末的正式查评扣分项目减少了许多，得分率也比试查评时增长20多个百分点。查评中专家们认为问题较大，如不加整改，有可能发生事故的部分，在4个厂初评中提出扣分项目为654项，其中重点问题129项。查评出共性问题是劳动作业安全与环境、防火、防爆部分存在问题较多，得分率低。

（三）整改情况

通过初评以后，各厂均制定出整改措施，作为抓生产工作的重点，落实到班组、到个人，并作为工作检查中的重点。经过一年的努力整改，于2000年6～12月，再次组织专家小组原班人马对各厂的整改进行复查评，针对存在问题的整改情况作检查（详参查评成果统计）。从复查中可以看出各厂皆认真的抓了整顿改进，消除不安全因素。也有些地方，由于设备陈旧、老化，需要花费较大投资与人力，或需停机大修处理，有些整改项目尚未完成。在4个厂中，发现的问题得到完全整改的项目有290项，占原扣分项的44.4%，部分整改的项目有390项，占47.2%，综合整改率应为91.6%。其中专家组提出的重点问题项目，得到完全整改的有41项，部分整改的有90项，综合整改率为89.7%。

（四）几点认识

（1）安全性评价是着眼于评出一个单位的安全基础的现状和水平，存在的危险因素有多少，以明确反事故斗争的重点和需采取的措施，实现对事故的提前控制与防范。

（2）安全性评价在作法上以对照《评价》条例自我诊断为主，不搞企业间的横向评比与考核，主要目的在于自我诊断与发现并预防事故。

（3）安全性评价后“重在整改”，通过自我诊断与专家会诊两步，全面系统的查评出存在的问题，必需下大力抓紧整改，才能夯实安全基础。

（4）查评人员素质水平十分重要，必须业务精、熟悉生产及相关规程制度与标准，有较强的分析表达能力与客观公正认真的态度。

京津唐地区水电厂开展安全性评价成果统计表

单位名称	查评内容	初查						复查							
								整改情况							
		查评项目数	应得分（分）	被扣分项目数	实得分（分）	得分率（%）	总得分率（%）	完全整改项目数	部分整改项目数	综合整改率（%）	全厂综合整改率（%）	实际得分（分）	得分率（%）	得分率增长（%）	总得分率（%）
永定河梯级水电厂	生产设备	256	4245	137	2903	68.4	591	46	64	80.3	78.5	3285	77.4	9	72.7
	劳动安全、环境、防火、防爆	57	950	46	209	22		19	13	69.6		487	51.3	29.3	
	安全生产管理	50	805	29	435	54		5	21	89.7		587	72.9	18.9	
密云水电厂	生产设备	222	3680	91	2553.5	69.4	60.9	37	49	94.5	95.1	2979.5	81	11.6	82.6
	劳动安全、环境、防火、防爆	78	1015	44	269	26.5		29	15	100		865	85.2	58.7	
	安全生产管理	65	1070	29	690	64.5		12	15	93.1		919	85.9	21.4	

续表

单位名称	查评内容	初查						复查							
		查评项目数	应得分（分）	被扣分项目数	实得分（分）	得分率（%）	总得分率（%）	整改情况：完全整改项目数	部分整改项目数	综合整改率（%）	全厂综合整改率（%）	实际得分（分）	得分率（%）	得分率增长（%）	总得分率（%）
潘家口抽水蓄能电站	生产设备	244	4055	109	2977	73.4		56	51	98.2		3588	88.5	15.1	
	劳动安全、环境、防火、防爆	64	945	35	426	45.1	66.9	22	13	100	97.7	760	80.4	35.3	86.3
	安全生产管理	65	1070	30	660	61.7		9	19	93		892	83.4	21.7	
十三陵抽水蓄能电站	生产设备	260	4400	63	3927	89.3		30	33	100		4210	95.7	6.4	
	劳动安全、环境、防火、防爆	71	980	22	787	80.3	87.3	15	7	100	100	882	90	9.7	94.2
	安全生产管理	59	985	19	840	85.3		10	9	100		904	91.5	6.5	

（杨承沪）

潘家口混合式抽水蓄能电站运行情况分析

潘家口混合式抽水蓄能电站在1974年初步设计中系常规水电站。后经设计研究先建15万kW常规机组，再扩建3台9万kW抽水蓄能机组，成为混合式抽水蓄能电站。上库容积较大，达29.3亿m^3，系以供水和发电为主的综合利用工程，当增建下库（下池）和抽水蓄能机组后电站运行灵活性和效益增加见下表。

潘家口混合式抽水蓄能电站原设计及历年运行情况

年份	项目名称		单位	常规机	蓄能机	合计
1993年（纯抽水蓄能运行）	年发电量		亿kW·h	3.46	3.48	6.94
	年抽水耗电量		亿kW·h		4.55	4.55
	年利用小时	发电抽水	h		3858	3858
1994年（混合式运行）	年发电量		亿kW·h	3.61	4.93	8.54
	年抽水耗电量		亿kW·h		4.60	4.60
	年利用小时	发电抽水	h		5118	5118
1995年（混合式运行）	年发电量		亿kW·h	1.66	5.76	7.42
	年抽水耗电量		亿kW·h		4.87	4.87
	年利用小时	发电抽水	h		6515	6510
1996年（混合式运行）	年发电量		亿kW·h	0.91	6.34	7.25
	年抽水耗电量		亿kW·h		4.01	4.01
	年利用小时	发电抽水	h		7039	7039
1997（混合式运行）	年发电量		亿kW·h	2.62	4.28	6.90
	年抽水耗电量		亿kW·h		3.58	3.58
	年利用小时	发电抽水	h		5480	5480
原设计（竣工验收报告1994年5月）	年发电量		亿kW·h	3.62	2.31	5.93
	年抽水耗电量		亿kW·h		2.89	2.89
	年利用小时	发电	h	1586	1314	2384
		抽水	h		1070	

注 常规机未计小机组发电量，故总发电量尚有余富，对评估效益是偏安全方面的。

从表中可知，潘家口水电站是融常规机组和抽水蓄能机组于一体的混合式抽水蓄能电站，与常规和纯抽水水电站相比具有以下优点：①可避免电站在枯水段或不需要供水时出力受阻或停机。②常蓄机组互为备用互为补充，可增加尖峰电量并减少输入抽水电量，等于增加了蓄能机组或蓄能电站的综合效率。③

潘家口电站在增设3台抽水蓄能机组后，就整个电站而言，由于输入了低谷电而增加了尖峰电（即常规机组所发出的部分基荷电转换成尖峰电和抽水蓄能机组超额抽水可同时也供常规机组发电），故其相应增加的尖峰电量与抽水所耗电量的比值很高，达140%，这对混合式抽水蓄能电站是有利的。④由于电站中具有两种机组，改善了电站在系统中的作用和电站的有关指标。如按1989年6月施工阶段修改概算后的蓄能机连同二期工程单位千瓦投资仅1717元/kW，内部经济回收率达13.8%，费用总现值6.84亿元，经济净现值为2.74亿元。与同期修建的纯抽水蓄能电站相比是较经济的。

潘家口混合式抽水蓄能电站1993年3台蓄能机组由蓄能电厂按照纯抽水蓄能方式运行，即抽水所需水量与发电所需水量必需平衡，而常规机组则按常规水电站来运行。这样运行必然限制了总的4台机组组成的混合式蓄能电厂效益的发挥。1994年～1996年按照混合式电站运行，优越性逐渐得到发挥。

从表中列出的总发电量来看，1994年～1995年混合式运行高于抽水蓄能，而纯抽水蓄能又略高于原设计的情况。这是由于：①原设计时是这样考虑的，在枯水期机组可能出力受阻，可利用抽水蓄能机组尽量多抽些水，使蓄能机和常规机在峰荷时都能发电，而在丰水期或泄水较丰时蓄能机组不作抽水运行只作发电运行，以补常规机不足。原设计时规定年抽水耗电仅2.89亿kW·h，而1993年纯抽水蓄能运行时抽水耗电达4.60亿kW·h，多抽水反过来又可多发电。故原设计限制了混合式抽水蓄能效益的发挥。②按纯抽水蓄能机组运行时，水量量入为出，即每天抽多少水、发多少电；常规机组按水库调节运行，故不能发挥混合式抽水蓄能电站的优越性。1994年～1996年两种机组采用了联合调度即混合式调度，融两种机组于一体，互为替代，互为补充。只要系统有低谷电能，视情况可以尽量多抽水，当天用不完的水可留存上库，就可以多发电，这样可以充分发挥混合式抽水蓄能的优越性。从表中可知，1994年～1996年年发电量最多为7.25亿～8.54亿kW·h，抽水耗电量亦较多达3.58亿～4.87亿kW·h，以上均大于原设计值，故电站效益增大。③从抽水蓄能机组抽水发电年利用小时情况看，原设计仅2384h（其中抽水1314h，发电1070h），而1994年～1997年年利用小时数增加较多，达5118～7039h。这说明混合式抽水蓄能运行的时间比纯抽水蓄能运行时间要长得多。每年运行（抽水及发电）6000～7000h即相当每天平均运行16～19h左右，这说明运行时间是较长的。从以上3点可以看出混合式抽水蓄能电站的优越性是很突出的。

在最初5年运行中，按不同方式运行，取得了不同效果。从发电量（含增加的尖峰电量）和抽水电量来衡量，这几年（1993年至1997年）的情况都超出了原设计值，即发电量和抽水电量都比原设计值高，说明混合式抽水蓄能电站由于具有较大的上库，有较好的调节能力，可随时适应电力系统的需要而发电或抽水。不像日调节抽水蓄能电站每日抽水发电的水量必须平衡，不可间断，若一次不抽水或抽水不足，则将影响下一步发电，反之亦然，因此抽水和发电要受到限制，电站原设计规定的发电指标就可能不易完成。混合式抽水蓄能电站一般具有较大上库，上述限制就可大大减小，经实际运行，其发电量超出了原设计值。我国目前有许多已建水电站，电站设计时制定的设计水平年早已过时，电站容量显得不足，急待扩建增容，在有条件时可考虑增建抽水蓄能机组使之混合式开发，其效益当会显著增加。安徽近已提出磨子潭、佛子岭为上下库的佛磨抽水蓄能电站的方案报告，由于它们具有很大的上下库，基本上可按照电力系统要求进行调节。亦有文章提出白山水电站增设泵机或抽水蓄能机组后可增加原有电站的水头（即所谓水头效益），使工程效益大为改观。故今后在抽水蓄能电站选点中对混合式方案应给予关注。

（天津勘测设计研究院　曹楚生）

技术改造

华中电网水电站的扩机增容

（一）水电开发的情况

华中地区可开发水能资源5197万kW，占全国可开发水能资源的13.7%。到1999年底，已建成大中型水电站48座、小型水电站12000余处，水电总装机容量约1250万kW，其中统调装机容量925.2万kW。在建水电工程规模超过2100万kW，已建和在建水电装机容量合计占到全区可开发水电资源的2/3。

由于历史原因，华中电网内早期建设的一批水电站，装机容量偏小，设计年利用小时数高，抑制了水电站在电网中的调峰优势，影响了水能的充分利用。随着电力市场的变化和电力结构由数量型向质量型转变，已建水电站的扩机增容成为大家积极研究的课题。

(二) 扩机增容的必要性

华中电网电源结构是水火电并举，水电占有1/3的比重，但调节性能差的水电比重大。1998年底，在统调水电厂中，具有多年调节性能的电站装机容量80.3万kW，占统调水电总容量的8.8%；具有年调节性能的213.4万kW，占23.3%；具有季调节或不完全年调节的290万kW，占31.6%；径流无调节性能和为周、日调节性能的333万kW，占36.3%，季调节及其以下的水电合计占总装机容量的68%。全网水电丰枯期出力相差悬殊，季节性电量明显，汛期水电调峰能力受限。

近年来，华中地区用电结构发生了很大的变化，呈现出电力峰谷差的增长高于最大负荷的增长，电力平均峰谷差的增长高于最大峰谷差的增长。目前占电网总装机容量2/3的火电机组，调峰能力有限，综合调峰率不足25%，华中电网调峰容量严重不足。为了保证电能质量和用户的需要，近年被迫弃水调峰。

对有条件的已建水电站进行扩机和增容改造，是增加电网调峰容量的有效途径。

(三) 进展情况和开发模式

根据各方面多年所作的调查与研究，华中电网内有9座已建大中型水电站具有较好的再开发条件，另有8座大中型水电站具有进行挖潜改造增容的潜力。据不完全统计，网内已建大中型水电站改造约可增加装机容量46.95万kW（已改造完成14.9万kW），年增电量约5亿kW·h；扩建工程可扩增装机容量259万kW，年新增电量20.54亿kW·h（见表1）。目前，柘林水电厂扩机工程（2×12万kW）正在建设（1999年12月开工），2001年投产，凤滩水电厂的扩建工程（2×20万kW）可行性研究报告已通过国家经贸委审查批准，前期工作正加紧进行。

柘林水电厂的开发模式是组建柘林水电开发有限责任公司（四家股东），原柘林水电厂进行资产评估后由公司收购。新的公司按现代企业制度运作，新老机组按一个电价上网。

表1 华中电网水电站扩建项目基本情况表

水电厂名称	库容系数	原有装机容量(MW)	年发电量(亿kW·h)	保证出力(MW)	年利用小时(h)	扩建工程方案	扩增容量(MW)	新增电量(亿kW·h)	扩大装机容量后		
									装机容量(MW)	年均发电量(亿kW·h)	年利用小时
丹江口	0.24	900	39.0	247	4367	将右岸坝体改线新建	600	4.56	1500	43.56	2958
东江	1.30	500	12.3	110	2640	利用放空洞进口及其后接的平直隧洞	420	0	920	12.3	1337
黄龙滩	0.09	150	7.81	53	5207	左岸开挖引水隧洞，大峡沟建地面厂房	340	2.89	490	10.7	2184
凤滩	0.067	400	20.8	113	5153	开挖隧洞，新建左岸地下厂房	400	5.446	800	24.886	3110
柘溪	0.117	447.5	21.74	127	4858	利用原施工导流隧洞布置地下厂房	300	2.65	747.5	24.91	3332
柘林	0.427	180	6.30	56	3500	开挖引水隧洞，新建地面厂房	240	0.6	420	6.9	1644
万安	0.250	400	11.50	47	2875	利用预留的机坑扩机组	100	1.19	500	12.69	2592
上犹江	0.188	60	2.33	17.9	4065	利用右岸闲置的泄洪隧洞设置地下厂房	40	0.60	100	3.04	2733
三门峡	0.042	250	12.0	40	4296	利用原有机坑扩机	150	2.8	400	14.8	3700

(四) 有利条件和经济效益

扩建工程开发具有许多有利的条件。第一，由于省去了大坝等基础设施的修建，施工难度小。第二，投资大大低于新建常规水电厂。第三，建设周期短、见效快。绝大部分扩建工程总工期都在3年以内。第四，由于不新修水库，不存在淹没和移民问题。第五，增加了调峰容量，扩建项目在电力市场中有竞争力。第六，有利于对老水电企业进行公司化改造，缓解山区老水电的历史负担。第七，已建水电厂有比较完善的生产、生活设施可资利用，可为施工、生产运行准备提供方便。

扩建工程在充分获得容量效益的同时，还可获取一定新增电量效益和减少正常弃水及强迫弃水。从系统角度看，增强了电网的调峰能力。

（华中电力集团公司　夏才清）

丰满水电厂扩机增容改造

丰满水电厂始建于1937年，1943年3月和5月，1号和4号水电机组相继投产发电。解放后，丰满水电厂改建、扩建工程开工建设，相继安装了6台水电机组，至1960年5月，一期工程8台水电机组全部投产发电，总装机容量为552.5MW。

1989年，二期扩建利用预埋的9、10号压力钢管安装了2台单机容量为85MW的水电机组，于1992年6月投产发电。

1994年，三期扩建工程利用大坝左岸泄水洞安装了两台单机容量为140MW的水电机组，于1998年7月投产发电。至此，丰满水电厂总装机容量达到了1002.5MW，进入了百万千瓦大厂行列。

一期安装的8台机组和主变压器、高压断路器等机电设备，受当时技术水平的限制，设计、制造和安装质量严重不良。初期运行的二十多年中，苏制发电机定子绕组绝缘击穿、接头开焊事故频繁发生；主变压器绕组短路、高压断路器爆炸事故时有发生，对电厂的安全运行带来了严重的威胁。

几十年来，丰满水电厂一贯重视设备的检修与技术改造，5台额定功率为72.5MW的苏制发电机（2、5、6、7、8号）投运初期，就存在着通风量不足，定子绕组温升过高，机组达不到铭牌容量的问题。为了彻底解决苏制发电机定子绕组绝缘老化、接头过热和通风不良的严重问题，1975年～1981年，陆续对5台苏制机组进行了以挖潜增容为目标的技术改造。其主要技术措施是：①更换整台机定子绕组；②定子铁芯合缝面加垫，并重新紧固拉紧螺杆，消除了定子铁芯冷态振动；③通风系统改造；④定子铁芯齿压片和绕组端箍改用非磁性材料，以降低定子绕组端部温升。改造后的发电机可增容12.5MW，增容幅度为17%，且其运行性能和可靠性明显提高，二十年来，一直保持着良好的运行状态。

额定容量为60MW的1号和3号发电机分别在1986年和1988年进行了更全面的改造。除了采取上述改造措施外，还更换了定子铁芯，增加铁芯总高度，铁芯采用了在工地整圆叠装和加温热压新工艺，大大提高了改造的质量和性能。3号发电机还更新了转子磁极。一号发电机的改造设计增容8MW，后期论证增容12.5MW，增容幅度达20.8%；3号发电机增容12.5MW，额定功率达72.5MW，正好与原水轮机出力相匹配，使改造后的3号机组正常运行区的效率明显提高。

4号水电机组自1943年5月投运以来，已运行五十多年，是丰满水电厂最后一台改造的水轮发电机。经多年的思考和研究，提出了要突破旧的改造思路，充分应用当代先进科技，实施以更新优质高效转轮为核心，对机组全面进行现代化改造。其特点是：①改造后的机组在运行性能和可靠性方面应发生根本性的改变；②机组功率和效率有较大幅度的提高，机组额定功率由60MW增加到85MW，效率在原来基础上增加了3个百分点；③实现计算机监控，4号机组全面达到90年代的先进水平。此外，对220kV主接线系统进行了改造，对主变压器进行了更新改造。

（丰满水电厂　冯艳蓉）

新安江水电厂增容改造

新安江水电厂是60年代初建成，已发电运行40年的老厂，承担华东电网第一调频调峰和事故备用的任务。随着华东电网的发展，调频调峰任务更加突出，原有的装机容量难以满足系统的需要。该厂结合设备大修与更新对机组进行了增容改造。1986年对1号机组进行改造，额定功率由75MW提高到85MW；1994年10月～1995年1月在5号机组大修中，更换了转轮，最大功率提高到91.5MW。1997年～1998年对4号机组进行了改造，使额定功率提高到90MW，最大功率达95MW。在积累多年设备增容改造经验的基础上，提出机组增容改造目标：①在水电厂设计水头为73m、发电机额定电压为13.8kV不变的情况下，功率因数$\cos\varphi=0.9$，机组额定功率从72.5MW提高到90MW；②若水电厂运行水头高于73m，为了调峰需要，允许短时间内（2h）机组功率提高到95MW运行。下面着重介绍4号机组的改造。

（一）4号机组的增容改造

1. 水轮机转轮更换为JF2001型转轮　在5号机组改造的基础上又作改进：①转轮材质提高，转轮叶片与下环材质改为ZG06Cr13Ni5Mo，上冠仍为ZG20SiMn，但在过流表面堆焊4mm厚的不锈钢。②转轮外形尺寸与原4号机转轮相同，为提高效率将下环加长50～70mm。③根据5号机转轮叶片空蚀情况对4号机转轮进行修型。

2. 更新接力器和压油装置　接力器材质由铸铁更新为30号钢结构件，同时将行程加大至580mm，压力油罐容积作相应加大，将直径由1300mm加大到1500mm左右，将高度增加60cm。

3. 座环过流面打磨修整　4号机组座环为30号铸钢整体浇铸，限于当时的铸造水平，固定导叶线型与过流表面非常粗糙，增加了水流损失。大修时对座环与固定导叶上鼓包与凹陷部分进行割除与焊补，同时对所有过流表面进行打磨处理，提高了机组效率。

4. 发电机定子绕组更新改造　发电机定子线棒原设计由46股2.44×5.9/2.79×6.3双玻璃丝电磁线进行360°换位编织而成，主绝缘是B级沥青云母，线棒端部采用三级防晕。这次改造将电磁线尺寸加大到2.5×6.7/2.85×7.1，截面增加16.5%；电流密度改造前为2.8A/mm^2，改造后为2.807A/mm^{2}基本相同；股线绝缘采用漆包玻璃丝以提高股线绝缘；线棒换位采用该厂应用成功并取得明显效果的延长360°换位；定子线棒制作采用全模压、主绝缘与二级防晕一次成型工艺，线棒的整体性、平直度和击穿强度都有很大提高；汇流排和连接梁尺寸也作了相应加大；原上下层线棒的两端连接拼头套用焊锡工艺改为用银铜焊接工艺。

5. 发电机转子磁极线圈加匝与绝缘更新　原磁极62mm×8mm裸扁铜线绕成28和29匝交替排列的线圈全部增加到30.5匝；绝缘由A级全部更换为F级，极身绝缘采用套筒式结构，上下托板与磁极线圈层间绝缘采用热压成型结构。通过电磁计算，额定功率$P=90$MW、$\cos\varphi=0.9$与未加匝额定功率$P=90$MW、$\cos\varphi=0.9$相比，转子电流小于44.6A，转子温升降低近5K。

（二）4号机组增容改造后的试验和运行情况

1. 甩负荷试验　在毛水头为76.62m的情况下进行甩负荷试验。甩72.5MW和增容功率90MW，机组转速上升率分别为19.6%和34%；钢管压力上升率为23%和23.3%，均符合设计院与制造厂规定的要求。

2. 机组效率试验　委托南京水利水文自动化研究所、华东电力试验研究院在该厂进行了流速仪和超声波测流法机组效率试验。流速仪法效率对比试验结果是，改造前机组最高效率为89.355%；改造后机组最高效率为91.07%，效率提高1.715%。超声波法效率对比试验结果为，改造前在机组功率为74.589MW左右时机组效率最高为88.583%，机组最大功率为86.388MW(工作水头74.578)；改造后在机组功率为78.3MW左右时机组效率最高为90.74%，机组最大功率为94.5MW（工作水头73.46m），改造后效率提高2.157%。

4号机组转轮更换后，机组功率提高近10MW，效率提高1.715%～2.157%，修整、打磨固定导叶和座环过流表面估计效率提高0.5%左右。

3. 发电机温升试验　为验证4号发电机所采取各项改造措施的效果，机组增容改造后，对发电机进行了温升试验，各项指标详见下表。

4号发电机温升试验数据表

工况	有功功率(MW)	无功功率	功率因数	定子电流(kA)	定子电压(kV)	转子电流(A)	转子电压(V)	线棒股线最高温度（℃）			热风（℃）	冷风（℃）
								2号下层	4号下层	3号上层		
1	53.0	33.41	0.846	2.46	14.59	998	217	61.0	57.6	65.9		
2	78.65	40.64	0.888	3.487	14.58	1109	252	72.9	71.0	78.6	36.8	15.55
3	93.84	35.04	0.937	3.999	14.41	1126	253	81.7	78.8	86.0	37.3	15.8
4	96.84	34.62	0.941	4.118	14.35	1117	252	83.8	80.8	87.8	37.3	15.8

注　1号上层线棒在安装中不慎将测温线截断，故未测得数据。

从表中数据可以看出，定子上层线棒比下层线棒温度高。有功功率96.84MW，$\cos\varphi=0.9419$（机端电压太高，无功无法增大），定子电流为4118A，转子电流为1117A的工况下，定子线棒股线最高温度为87.8℃，最大温升为72℃；发电机转子平均温度经过计算为77.3℃，与发电机定转子F级绝缘允许连续运行工作温度为150℃还有相当的余度。证明4号发电机定子线棒采用延长360°换位方式、增加线棒截面、减薄绝缘厚度、提高绝缘等级，以及转子磁极线圈加匝、更换绝缘提高等级等措施进行增容改造是非常成功的。

4. 运行情况　4号机组通过一年多的长期连续90MW运行和短时间（2h）95MW运行，情况良好，各项温度记录均在运行规程允许范围之内。1998年10月8日小修时进入蜗壳内检查叶片空蚀情况，检查结果情况良好。

1999年4月初，华东电力集团公司组织有关单位和专家对该厂4号机组增容改造进行验收。经过评论与审查，最终验收意见为：4号机组改造后经一年多的运行表明，机组增容改造工程达到了预定要求，确认机组改造后在设计水头下额定功率可提高到90MW，$\cos\varphi=0.9$；最大功率可达95MW，$\cos\varphi=0.9$。

4号机组增容改造大修共耗资1676万元。这些资金除用于更换水轮机转轮、接力器、调速机、压油装置、整台发电机定子绕组和转子磁极线圈加匝与绝缘更新、推力轴瓦更换塑料瓦、座环过流表面打磨、机组正常性大修中易损件更换与材料消耗以外，还结合机组自动化水平的提高，更新了机组自动化装置与元件，并将水轮机钢管排水阀、长柄阀更换为电动阀门以及支付外借支援大修人员劳务费等开支。按照机组功率提高17.5kW计算，折合投资为958元/kW，它与目前新建水电厂投资为8000～10000元/kW相比是非常经济的。

该厂计划今后用5年左右时间对其他8台机组和变压器、断路器等设备进行改造，最终使全厂总装机量由662.5MW提高到810MW。

（新安江水电厂　唐群一）

刘家峡水电厂增容改造

刘家峡水电厂位于甘肃省永靖县境内的黄河干流上，装机容量1225MW，担负发电、调频、调峰和调压的任务，是西北电网的主力电厂。全厂共5台水轮发电机组，其中1、2、4号机组装机容量为225MW，3号机组装机容量为250MW，均为空冷机组；5号机是我国第一台装机容量为300MW的定子、转子双水内冷水轮发电机组。1980年电厂整体竣工验收时，由于3、5号机的原因，核定总装机容量为1160MW，其中1～4号机组单机容量为225MW，5号机单机容量为260MW。

（一）机组存在的问题

刘家峡水电厂的水轮发电机组是我国六七十年代首次自行设计、制造、安装的产品，机组投运初就存在着问题。经多年运行后，机组主辅设备逐渐暴露出很多问题，主要有：①定子绕组绝缘严重老化，上机架刚度不足，转子制动环开裂，通风损耗偏大，水轮机磨蚀破坏非常严重，机组振动大，水轮机顶盖结构刚度和强度不足；②变压器绝缘低，损耗大，屏蔽效果差，箱体机械强度低等；③发电机封闭母线运行温度偏高，漏磁大；④辅属设备大都存在问题和缺陷。

（二）增容改造的可行性

鉴于主要机电设备存在的问题，电厂从1986年起开始研究机组的改造问题，经可行性研究后认为1～4号225MW机组通过技术改造不仅可改善机组性能和可靠性，还可增加机组容量。5号机原设计出力就是300MW，由于发电机汇流排过热、水轮机设计出力不足以及变压器底部过热等原因，验收时核定出力降为260MW，所以通过改造完全能恢复其出力并适当增容。

刘家峡水电厂主接线为发电机-变压器单元接线，机组增容改造后，相应地变压器也要进行增容改造。经可行性研究后认为1～4号主变压器通过改造可以实现增容，而5号主变压器则必须进行更换。

（三）增容改造的效益

刘家峡水电厂机组增容改造总投资约4.7亿元，共增加容量190MW，总装机容量达到1350MW。到1999年底，增容改造后的2、3、4号机增发电量共计5.5017亿kW·h，发挥了显著的经济效益和社会效益。

1. 容量效益

（1）通过系统电力平衡，增加的190MW容量可以为系统所利用。

（2）增容后可充分利用汛期大发电，减少弃水。同时，随着黄河上游龙羊峡、李家峡水电厂的建成，增加了刘家峡水电厂机组的保证出力，每年可增发电量约1.17亿～2.02亿kW·h。

2. 更新改造的效益

（1）减少机组空转耗水，增加发电量。据电厂1980年～1987年机组运行资料分析，机组年平均空转耗水8.22亿m^3，折合电量1.91亿kW·h。改造后机组空转耗水减少约50%，即0.955亿kW·h的电量。

（2）缩短检修工期，增加发电量。改造后检修周期加长，工期缩短。经分析，每台机组可增加可调小时300h以上，按利用系数0.3计算，共可增发电量1.415亿kW·h。

（3）机组效率提高，增加发电量。改造后，水轮机效率增加约2%，发电机效率增加约0.1%，可增加发电量约1.2亿kW·h。

3. 提高了机组调频、调峰的能力

（1）增加系统调峰容量190MW。

（2）机组稳定运行区加宽，调频能力增强。

（3）启停能力提高。

（4）机组运行可靠性与自动化水平提高。

（四）增容改造的项目及实施程序

机组增容改造的项目主要有：①发电机定子绕组更换，转子制动环更换（需转子重新堆叠），上机架焊接加固，通风系统改造，封闭母线改造，断路器、隔离开关更换；②水轮机转轮、活动导叶、顶盖、水导轴承、止漏环、控制环及锁定装置等更换；③调速器、机组保护、励磁系统改造；④主变压器增容改造，厂用主变压器更换扩容，以达到增容的目的。⑤

增加电气制动、转子灭磁过压保护、单机同期、计算机监控装置等新设备，以提高机组运行可靠性和自动化程度。

机组增容改造的实施程序是：①提出项目，进行可行性研究；②项目立项，筹措资金；③签订合同、技术协议；④项目进行工程设计；⑤设备制造、监造、验收；⑥施工安装；⑦启动试验；⑧完工归调，资料汇编，竣工验收。在项目设计和设备制造中根据实际情况变化进行讨论、协商，签订纪要或备忘录等。在施工安装中引入工程监理，确保工程进度和质量。

（五）增容改造的完成情况

1989年12月～1990年3月和1993年11月～1994年4月，分两次完成了对2号水轮发电机组的增容改造，机组有功出力由原来的225MW增加至255MW。

1997年10月～1998年7月，完成了对4号水轮发电机组的增容改造，机组有功出力由原来的225MW增加到255MW。

1996年11月～1997年4月，1998年12月～1999年4月和1999年6月～8月，分三次完成了对3号水轮发电机组的增容改造，机组有功出力由原来的225MW增加到260MW。

5号机增容改造于1999年11月开始，于2000年11月完工。改造后机组有功出力由原来的260MW增加到320MW。

1号机增容改造计划2001年完工，届时机组有功出力将由原来的225MW增加到260MW。

1～4号发电机和1、2、4号水轮机由哈尔滨电机责任有限公司负责改造，3号水轮机由俄罗斯列宁格勒金属工厂股份公司制造并进行现场安装指导，1～4号变压器由沈阳变压器厂负责改造，容量由260MV·A增加到286MV·A。5号水轮机由法国阿尔斯通（ALSTOM）公司制造；5号发电机部分由GE加拿大国际有限公司制造；5号360MV·A主变压器已于1996年4月更换为奥地利伊林公司生产的385MV·A变压器；机电辅助设备主要由国内厂家制造。

（六）机组增容改造后的运行情况

机组改造安装完毕后，经启动试验和大负荷试验，运行正常，归调投入正常运行。从已完成增容改造机组的运行情况看，在设计水头100m，导叶开95%时，2、4号机组有功出力可达到255MW，3号机组有功出力可达到260MW，主要运行数据及性能指标基本上达到了设计要求。机组运行稳定性提高，振区减小，振幅降低。

（刘家峡水电厂　张敬军）

湖南镇水电站扩机增容改造

（一）工程概况

湖南镇水电站位于浙江省衢州市，是乌溪江流域梯级开发的第一级水电站，距下游二级黄坛口水电站25km，坝址控制流域面积为2197km^2，占乌溪江流域面积的85.2%。流域内平均年降水量为1725mm，坝址处多年平均流量为83.4m^3/s，多年平均径流量为26.3亿m^3。水库正常蓄水位为230.0m，相应库容为15.82亿m^3；校核洪水位为240.25m，校核洪水位以下总库容为20.6亿m^3。正常蓄水位与死水位190m间的发电调节库容为11.34亿m^3，为不完全多年调节性能的水库。

已建电站枢纽主要建筑物有拦河坝、引水系统、发电厂房、开关站和航运码头等，装机容量170MW（4×42.5MW），于1980年全面建成投产。

为了提高华东电网的调峰能力，充分发挥湖南镇水电站在华东电网中的调峰作用，1984年5月，浙江省电力局委托华东勘测设计研究院对湖南镇水电站利用5号坝段已埋设的钢管扩建坝后电站进行初步设计。

1994年1月通过了初步设计审查。1994年12月浙江省计经委批准了扩建工程初步设计报告。

（二）工程特点

湖南镇水电站扩建工程利用预留在5号坝段的进水口，由引水建筑物、坝后左岸地面式厂房、升压站和原220kV开关站扩建进线间隔等组成，装机容量为1×100MW。

厂房位于坝下149.5m，厂房纵轴线与坝轴线垂直，引水钢管平行于厂房轴线进厂。根据大坝整体模型动床试验报告，为防止大坝泄洪时雾化水对厂房运行安全的影响，扩建工程厂房和主变压器室均采用封闭式建筑物，主厂房尺寸为44.5m×22.0m×41.32m（长×宽×高），安装一台由重庆水轮机厂制造的HLD85-LJ-380型混流式水轮发电机组。

电站扩建机组由省中调统一调度，电站按“无人值班”（少人值守）的原则设计，采用以计算机监控为主、简化常规设备为备用的控制方式。

机组自动控制为采用美国GE90/70PLC（主用）及GE90/30PLC（备用）可编程控制器组成双重冗余的机组顺序自动控制。

励磁调节器为SJ-820型微机励磁调节器，具有完全独立的两套自动通道，可自动跟踪、自动切换，能够灵活地接入电站的计算机监控系统。

扩建工程土方开挖1.01万m^3，石方开挖4.63

万 m^3，混凝土浇筑 3.2 万 m^3，金属结构安装工程量 1800t；于 1994 年 12 月 28 日正式开工，1996 年 10 月建成投产；扩建工程总投资 2.088 亿元。

（三）工程效果

湖南镇水电站扩建工程为浙江省电网新增调峰容量 100MW,减少了水库汛期弃水。水量利用率由扩建前的 92.7%提高到 97%，年增发电量 1510 万 kW·h，改善了火电机组运行条件，替代火电装机容量 110MW，减少省网燃料消耗，相应替代火电燃料费 111.0 万元/年(1992 年标准)，改善了地区供电质量。财务内部收益率高于电力工业基准收益率，同时使下游第二级黄坛口水电站水库的日平均消落深度减少了 5cm，相应黄坛口水电站可增发电量 30 万 kW·h。

湖南镇水电站扩建工程设计获 1997 年度国家电力公司水电工程优秀设计、全国第八届优秀工程设计铜奖。

（四）工程建设经验

（1）应充分考虑扩建工程与原有建筑物之间的关系。本工程初步设计时，机电二次设备布置在紧贴左岸边坡的副厂房，厂房基础开挖形成的高边坡将影响左边坡的相对稳定性，故在技施设计时，将副厂房的布置形式改为右端厂房，减少了对左岸边坡的开挖，再通过一系列的支护措施，解决了原工程遗留的左岸边坡稳定问题。压力钢管下斜段和进厂前水平段的开挖位于 5 号坝块坝趾到厂房槽挖岩基上，必须控制爆破参数，使开挖爆破不会影响坝体的稳定，通过控制药量和振动波速，保证坝基防渗帷幕不招致破坏。施工时，通过各种检测仪器反映出的参数证明控制爆破是成功的，效果良好。

（2）计算机远程控制是老水电站机组改造和今后新建水电站优先考虑的运行管理原则。该扩建工程是华东电网水电站中首个“无人值班”（少人值守）水电站，由于采用计算机监控、操作，减少了大量的运行管理人员。扩建工程移交后，仅安排三个技术人员巡视检查，运行操作非常方便。

（华东勘测设计研究院　曹春江）

黄坛口水电站扩机增容改造

（一）工程概况

黄坛口水电站是乌溪江梯级开发的第二级水电站，是浙江省最早兴建的一座中型水电站。电站位于衢县黄坛口上游峡谷中，距上游一级湖南镇水电站 25km，电站上游流域面积为 2484km^2，水库总库容为 8500 万 m^3，调节库容为 5050 万 m^3，为不完全季调节水库。

已建电站枢纽建筑物主要由拦河坝、溢洪道、发电引水系统、厂房、开关站等组成。装机容量 30MW（4×7.5MW），于 1959 年 10 月建成投产。

1980 年乌溪江上游湖南镇水电站建成后，为了更好地利用乌溪江的水力资源，提高水量利用率，协调湖南镇和黄坛口两梯级水电站满发时水量的平衡，提出了扩建黄坛口水电站的要求，以分担浙江省和衢州地区的调峰任务，提高该地区的供电质量和电量。

1990 年 10 月，华东勘测设计研究院完成了扩建工程初步设计报告，1991 年 6 月通过了初设审查。

（二）工程特点

黄坛口水电站扩建工程由引水系统、发电厂房和原开关站改建工程三部分组成，装机容量 52MW（2×26MW）。

引水系统由进水口和引水管道组成。进水口分别由二孔非常溢洪道改建而成。进水口底部、顶部高程受原溢洪道堰顶高程和最低消落水位的限制，利用已建的浮动检修门进行进水口施工以及充当新建进水口的检修门。在布置上以尽可能减少对原溢流堰面的开挖，并使原坝体应力有所改善为原则。压力引水钢管采用钢管和外包混凝土联合受力的结构型式，外包混凝土既是压力引水钢管的支承结构，又可以与钢管一道承担内水压力。允许混凝土开裂，减少了管壁厚度，同时也提高结构的安全度，方便施工。

坝后引水式厂房尺寸为 58.9m×19.4m×39.80m（长×宽×高），厂内安装 2 台混流式水轮发电机组。基于原电站建设较早，运行操作控制设备较陈旧，为提高电站控制水平，便于安全可靠运行，扩建工程新建了一个联合运行中央控制室，对新老二厂设备进行集中控制管理。

（三）工程效果和经验

黄坛口水电站扩建工程于 1992 年 12 月正式开工，第一台机组于 1994 年 12 月 22 日投产发电，第二台机组于 1995 年 3 月并网发电，整个扩建工程竣工。扩建工程总投资 1.186 亿元。

扩建工程具有投资少、工期短、收效快的特点，扩建后水量利用率提高到 98%，每年新增电量 2400 万 kW·h，并可将原来老厂 2050 万 kW·h 的低谷电量转为高峰电量，消除了湖南镇和黄坛口梯级水电站最大过水流量不协调而弃水的缺陷。湖南镇水电站建成后，黄坛口水电站基本上处在基荷状态运行，在丰水年年利用小时数均超过 6000h，没有发挥其应有的调峰作用，又难以安排机组必要的维修时间，扩建后，年利用小时数降为 2130h，与一般水电站相近，可以更好地起调峰作用。

（华东勘测设计研究院　曹春江）

水电站扩机工程概况一览表

水电站名称	原装机容量（万 kW）	扩机规模（万 kW）	扩建工程	扩机投资（万元）	单位投资（元）	扩机增容效果	扩机时间
镜泊湖	3.6	4×1.5	建隧洞及地下厂房	7800	1300	平均年增发 0.9 亿 kW·h电量和一定的季节电能，调峰电力为原来的 1.67 倍	1968 年 10 月开工，1977 年第一台机发电，1978 年竣工
水丰	63/2	2×6.75	建引水建筑物及地面厂房等	18600	1378	增加年电量 0.85 亿 kW·h，可承担调峰容量，改变原电站现有容量大部带基荷的状况	1981 年开工，1988 年建成
白山	90	2×30	建引水系统、地面厂房、开关站和大羊沟拦洪工程	46900	782	向系统提供可用容量 50 万 kW，年增加电量 0.34 亿 kW·h	1985 年 9 月开工，1991 年 12 月开始发电，1992 年 6 月全部发电
盐锅峡	35.2	1×4.4	利用原 9 号机坑，增加改善有关建筑物	4000	909	可利用弃水增加电量 1.23 亿 kW·h，代替火电发挥调峰作用（9 号机）	9 号机 1998 年 3 月开工，1990 年 7 月投产；10 号机 1998 年 10 月建成投产，工期 20 个月
		1×5	利用原 10 号机坑	12000	2400		
丰满	55.25	（二期）2×8.5	利用原预埋的钢管，扩大厂房	15300	900	两期扩建后电站容量达 100.4 万 kW，电站调峰能力显著增加	二期工程 1988 年 4 月开始筹备，1991 年 12 月开始发电，1992 年 6 月完工；三期工程第一台机组 1997 年投产
		（三期）2×14	利用原左岸泄洪洞改建	45900	1639		
黄坛口	3	2×2.6	改建进水口，安装压力钢管，建新厂房，改进中控室及开关站	12000	2308	每年可获得 1805 万 kW·h 高峰电量、620 万 kW·h 低容电量，并使原电站 2050 万 kW·h 低容电量转为高峰电量	1992 年开工，1994 年底第一台机组发电，1995 年 3 月竣工
漫湾	125（一期）	1×10.5	利用废弃的 2 号导流洞，在洞内建厂房、装机	—	—	—	1993 年 1 月开工，1995 年 10 月发电
三门峡	25	2×7.5	扩建 6、7 号机，改建两台机的进水口和厂房内部	（6 号机组）12712	1695	年均增发电量 2.2 亿 kW·h，充分利用非汛期弃水	1992 年 3 月 6 号机开工，1994 年 4 月并网发电；7 号机 1995 年 5 月开工，1997 年 3 月发电

续表

水电站名称	原装机容量（万 kW）	扩机规模（万 kW）	扩建工程	扩机投资（万元）	单位投资（元）	扩机增容效果	扩机时间
青铜峡	27.2	1×3	利用河西总干渠增加的引水流量扩建装机	10520	3507	可获得年均 0.865 亿 kW·h 的电量，提高灌溉用水保证率，改善渠首建筑物运行工况	1993 年 5 月开工，1995 年 5 月投产发电
小东江	5.5	1×0.4	将原导流洞改建为引水建筑物，建厂房、装机	—	—	利用弃水发电，为大机组提供可靠的保安电源	1993 年 10 月开工，1995 年 10 月投产发电
湖南镇	17	1×10	利用原预埋的引水钢管，扩建厂房、装机	15133	1513	每年可获得 520 万 kW·h高峰电量、990 万 kW·h 低容电量，并可使原电站 6590 万 kW·h 低容电量转为高峰利用，水量利用率从 92.7% 提高到 97%	1994 年 12 月开工，1996 年 10 月投产发电，工期 21 个月
葛洲坝	271.5	1×2.062	利用电站排漂孔位扩建装机	7500	3637	可作为葛洲坝水利枢纽的防汛保安电源和电厂事故备用电源，可向宜昌市送电	1994 年 6 月动工，1996 年 10 月投产发电
石泉	13.5	2×4.5	增建隧洞引水发电	30000 多	约 3400	每年可增发电量 1.75 亿 kW·h	2000 年 8 月 23 日首台机组正式启动
柘林	18	2×12	扩建厂房、安装机组	70800	2950	使电站装机容量达到 42 万 kW，增加年平均发电量 0.6kW·h，每年可提供调峰电量近 4 亿 kW·h	2000 年 3 月 6 日开工建设，计划 2001 年底竣工投产
黄龙滩	15	2×17	—	（静态投资）54563	1605（1999 年 7 月价格水平）	可增发电量 2.72 亿 kW·h，水量利用率从 70% 提高到 94.9%，而且以承担高峰负荷为主，减少调峰弃水电量	工程项目建议书 2000 年 6 月 15 日报国家经贸委
乌江渡	63	2×25	在大坝左岸建引水发电系统	83300（静态 79200）	1666	整个电站保证出力从 20.2 万 kW 提高到 33.2 万 kW，年发电量从 33.4 亿 kW·h 提高到 40.56 亿 kW·h	2000 年 11 月 8 日正式开工
凤滩	40	2×20	扩建工程为地下厂房和引水洞施工	（静态投资）76800	1920（按 1999 年价格水平）	可增加电量 5.45 亿 kW·h，水量利用率从 69% 提高到 88%，而且以承担腰荷和峰荷为主，可减少电网调峰弃水电量	工程项目建议书于 2000 年 9 月 1 日上报国家经贸委
刘家峡	122.5	2×15	与建设排沙洞一起，进行扩机	77710（静态投资 67281）	—	主要解决水库泥沙淤积问题，同时增加发电效益	工程项目建议书于 2000 年 9 月 22 日上报国家计委

（张培基）

西北电力集团公司水调自动化系统建成

西北电网水调部门肩负着黄河上中游、汉江上游、白龙江水库水电站的发电、防洪、防凌、灌溉、供水、航运等综合任务，调度问题复杂，涉及面广，安全经济效益潜力巨大。为了进一步做好水调工作，西北电力集团公司决定建设西北电网水调自动化工程，其目的是在国内率先建立一套能够集水调信息采集处理、数据通信、预报调度、综合管理于一体的水调自动化系统，以充分发挥水库水电厂的安全经济效益。于1997年11月基本建成该系统，并按时投入试运行。

（一）西北水调自动化系统的主要特点

（1）在国内首次提出技术先进设计、合理功能完整的水调自动化系统，是国内开发并使用的首例较完整的水调自动化系统。

（2）该系统采用90年代最先进的计算机技术、地理信息图形技术（GIS），整个系统采用可靠性冗余设计，在功能设计方面紧密结合西北电网水调的工作的特点以及今后发展的需要。

（3）西北水调自动化系统大胆采用双局域网的冗余结构，通信任务可以透明地在双网上切换，大大提高了中心站网络的可靠性。

（4）在数据库技术方面，采用大型商用数据库Sybase System11，开发适用于水调自动化系统数据量大、保存周期长、重复使用频率高的应用数据库。数据库设计思想先进、结构合理。

（5）该系统实现了多种数据采集与处理、实时与历史数据库的管理应用。开发了具有Motif风格的水文地理信息（GIS）图形显示界面；实现罗勒卫星云图多平台共享，提高了气象信息在水调方面应用的深度和广度。

（6）能自动完成各种复杂的水调业务计算工作，在此基础上，又实现水库优化调度和不稳定流计算应用功能，在增发水电、跨流域补偿调度和防洪方面发挥了巨大作用。具有显著的经济和良好的社会效益。

（7）本系统的主要技术性能指标：①实时数据采集周期不大于1min。②与水电站测报系统通信速率为4800bps。③与分中心站通信速率为384kbps。④系统设备切换时间不大于3.5s。⑤画面调用时间不大于1s。⑥画面数据更新周期与采集同步。⑦历史数据查询时间不大于3s。⑧系统可用率不小于99.98%。⑨主服务的CPU负载为50%。

（二）系统发挥的经济效益

1997年12月～1998年汛末，由于该系统的投运，累计增发水电2000万kW·h，按平均电价0.3元/（kW·h）计，累计经济效益为600万人民币。

1999年7月初，由于系统实时准确地传递汉江水雨情信息，为调度部门及时采取安康水电预发站水电等措施提供了可靠依靠。仅此次过程即增发水电600万kW·h，折合人民币180万元。

此外，由于水雨情信息采集及时、预报信息可靠性高，在1998年7月上旬迎战陕南15年以来最大洪水时，在安康水位不太高的情况下开门预泄，使安康水库为下游削峰5000m^3/s，为安康城区安全度汛发挥了重大作用。

1998年8月3日，该系统通过了技术鉴定。该系统的一些主要功能在我国第一部《电力系统自动化功能规范》中得以采纳，并被有关网局省局借鉴，其中关键技术已在全国有关网、省局以及水电厂等水调自动化工程中得到推广。

（西北电力集团公司　薛金淮　朱教新）

葛洲坝水电厂大江电厂监控系统改造

葛洲坝水电厂大江电厂第一代计算机监控系统是在1986年投产初期，按照当时水电厂对监控系统的要求设计的，它与常规控制并存，且监控系统的各项控制功能必须通过常规控制回路才能完成。整套监控系统设备全部从加拿大CAE公司引进，并于1992年投入运行。后经过电厂维护人员的不断改造和完善，使其基本满足了水电厂一般综合自动化的要求，为大江电厂安全运行和综合管理水平的提高发挥了一定的作用。

然而，随着技术的发展和运行值班方式的进一步改革，CAE监控系统早期设计和固有的问题日益显露出来。一是系统主频低，仅33MHz，不能满足大江电厂设备多的特点；二是硬件设备老化，无备品备件问题突出；三是公用RTU只监不控，制约了大江电厂综合自动化水平的提高。因此，大江电厂于1997年底启动了监控系统主站及公用RTU的改造完善工作，重点放在扩充主站功能和提高全厂主辅设备的远方监控水平上。

新的监控系统由南京自动化研究院开发研制，采用全分布开放式总线结构，系统由主机（DEC AlphaStation 600au）、操作员工作站（DEC AlphaStation 600au）、工程师工作站（DEC AlphaStation 600au）、通信处理机（IPC586工控机）、现地控制单元（SJ-400A）、一体化工控机（CONTEC 586）以及终端服务器、历史数据站（IPC586工控机）、GPS卫星时钟等组成。所有子系统计算机均作为节点计算机，通过光纤介质和网络通信设备联成光纤以太网，传输速率达100Mbps。系统采用冗余配置。网络冗余，主机采用双机热备用；2个操作员工作站互为备用；8-11F现地控制单元每两台机组交叉冗余；12-21F及500kV开关站LCU通过6台一体化工控机（开关站2台LCU用1台，2台机组CAERTU用1台）采用过渡方案接入主站，公用设备7台LCU通过两台冗余配置的一体化工控机接入主站。通过1台通信处理机完成与二江电厂、水工、网调、三峡梯调（预留接口）、MIS系统等外部数据链络的通信，通过GPS卫星时钟实现各节点计算机间的同步，CAERTU通过软件对时。

新的计算机监控系统主站功能是按照水电厂“无人值班”（少人值守）的技术要求进行设计的。系统除具有一般的监控功能外，还开发了一些高级应用功能和专家系统。具体如下：

（1）自动发电控制（AGC）。系统能根据主站或上级调度计算机设定的总负荷或负荷曲线，进行机组负荷的最优分配，以满足经济运行的要求，并能给出机组运行优化组合的指导信息。

（2）自动电压控制（AVC）。系统即能根据母线电压给定值维持母线电压（或大江电厂总无功）在允许范围内，也能根据主站或上级调度计算机给定的无功负荷，按照大江电厂有功变损最小的原则，合理分配机组的的无功功率。

（3）机组温度量的趋势分析与处理。系统对机组各部位温度量的监测不仅具有正常的数值测量，而且还具有对测点温度变化趋势的监视预测、分析、报警和处理功能。

（4）事故相关量追忆记录。设备发生事故后，系统将立即对事故相关量在事故发生前后一段时间内进行快速追忆记录，为专家系统进行事故处理提供分析、判断依据。

（5）设备的智能控制。在现地控制系统RTU装置内实现机组主辅设备运行方式的故障或周期性自动倒换等操作。

（6）智能报警。对每一个报警信号，都根据其重要性和紧急程度进行相关处理，重要且十分紧急的事件发生后，还可按其重要程度分别启动有关人员的办公或家用电话，并报告事故的程度。

（7）设备运行管理统计功能。历史数据站系统还可对运行设备在各个时期的运行状态进行统计记录。

（8）专家系统。完成事故分析处理、设备操作安全分析、智能编制工作票等工作。

新的计算机监控系统于1998年9月投入运行，几年来的实际运行表明，该系统的功能配置和设备选型是合适的，系统设备运行稳定，功能发挥正常，系统的改造是成功的。

（葛洲坝水力发电厂　陈品云）

弹性金属塑料瓦在水电机组上的广泛应用

我国在1985年～1991年投产的乌江渡、白山、大化、葛洲坝、龙羊峡等水电厂的大型水电机组，推力轴承均采用巴氏合金轴瓦，都曾连续发生推力轴瓦烧损事故，如葛洲坝水电厂自1981年底投产后共发生巴氏合金轴瓦烧损事故19起；龙羊峡水电厂在1989年汛期连续发生1、4号机组推力轴瓦烧损事故，2、3号机组又因推力瓦温度高停机检修，给电厂造成巨大损失，减少发电量13.2亿kW·h，折合直接损失3960万元，并被迫弃水，给电厂安全度汛和西北电网供电造成很大的压力和损失。

弹性金属塑料瓦（简称塑料瓦）是前苏联20世纪70年代研制成功的，我国从1991年开始从前苏联进口塑料瓦，首先在龙羊峡、丹江口、葛洲坝3个水电厂的机组上进行试验，取得了成功。到1997年底，据不完全统计，已进口60余台。与此同时哈尔滨大电机研究所与辽源技术研究所合作，1990年8月第一台100t级国产塑料瓦在船场溪水电厂试验成功；1992年4月660t级塑料瓦在新安江水电厂试验成功；1993年7月3000t级塑料瓦在岩滩水电厂试验成功。到1998年国内已有18家制造厂生产塑料瓦，已占据国内市场的70%以上。根据统计，新安江水电厂、东方电机厂、天津机电研究所生产的塑料瓦已达到或接近从俄罗斯进口的塑料瓦的性能指标和质量水平，而且现在弹性金属塑料瓦不仅用在推力轴承上，已扩展到发电机导轴瓦和水轮机导轴瓦上。

（一）塑料瓦的特性

1．摩擦系数　在前苏联的一些水电厂，曾对塑料瓦的启动摩擦系数进行过现场实测，测得其数字为0.05～0.08，而巴氏合金瓦的启动摩擦系数为0.15～0.2。辽源技术研究所生产的改性聚四氟乙烯瓦面，摩擦系数为0.025～0.05，显然巴氏合金瓦摩擦系数比聚四氟乙烯瓦面大3～4倍。

利用塑料瓦启动摩擦系数低的特性，就可以在盘车时不涂润滑脂，取消高压油顶起，降低制动时的转速，启动前无须顶发电机转子等。但即使是塑料瓦，在干摩擦情况下，轴瓦的磨损也是相当厉害的，例如，前苏联在第聂伯水电站的一台机组的塑料瓦上，在完全无润滑条件下转了10圈，瓦面磨损达

0.30mm，按此推算转50圈就可能把轴瓦塑料层磨掉，说明塑料瓦不宜在无润滑条件下运行。因此，不应把边界润滑当作正常工况不加限制的应用，如不加闸停机、第一次盘车不涂润滑脂、长期停机不顶转子、在导叶漏水量大的条件下长时间低转速运行等都应尽量避免。

2. 塑料瓦面的厚度　因为聚四氟乙烯抗压强度低、弹性模量小、蠕变大，所以瓦面塑料层的厚度只能为1.5～2mm。

3. 塑料瓦的温度　塑料瓦摩擦表面最高允许温度是105℃，这与聚四氟乙烯可承受温度（250～260℃）相差甚远，可见塑料瓦有很大的温度余度。

4. 油膜压力分布　塑料瓦的油膜压力分布与巴氏合金瓦的油膜压力分布基本一致，油膜最大压力与平均压力比也很相近。

5. 最小油膜厚度　龙羊峡水电厂3号机组11号瓦油膜厚度实测结果，在104m水头、265MW负荷时，最小油膜厚度为88μm。根据线性关系可知，带320MW负荷时，最小油膜厚度为84μm；而巴氏合金瓦带320MW负荷时，最小油膜厚度为30μm。弹性金属塑料瓦最小油膜厚度比巴氏合金瓦的最小油膜厚度大2.8倍。显然，塑料瓦的最小油膜厚度，大大高于巴氏合金瓦的最小油膜厚度。这是塑料瓦运行可靠性要比巴氏合金瓦高的根本原因所在。

6. 弹性层的作用　在塑料瓦面下有一个用铜丝编织而成的弹性层，它可以大大降低局部接触压力，减小瓦的变形，使瓦面接触压力均匀，在一定范围内，可以有效地平衡压力场和温度场产生的畸变。这对于克服由于镜板波浪度引起的压力脉动和各种原因引起的轴瓦负荷分配不均都是有好处的。

7. 塑料瓦的不黏附性　塑料瓦具有不黏附性。无论是在常温下还是在熔化状态，氟塑料与任何物质也不会产生黏附现象，即使轴瓦发生烧损，也是各块瓦单独发生。而且塑料瓦烧损以后，只要厚度允许，尚可把烧损层磨掉，继续使用。

（二）弹性塑料瓦的优点与存在的问题

（1）塑料瓦的应用，明显地避免了一些大型机组推力轴瓦烧损事故的发生，取得了良好的经济效益。如龙羊峡水电厂更换弹性金属塑料推力瓦后，每年度就可创直接效益1212.595万元。

（2）取消了大机组上的水冷瓦结构和高油压顶起装置，使系统简化，可靠性提高，运行维护方便。

（3）机组制动转速可适当降低，减少制动闸板和制动环的磨损及粉尘污染。

（4）安装、检修方便，取消了巴氏合金瓦的刮瓦工序，几乎不需要维修。

（5）机组随时可以冷、热态启动，在冷却器短期断水时，轴承仍可安全运行。

（6）由于塑料瓦的摩擦系数低，机组在停机状态下易启动。在停机时，如果导叶漏水，就难以停机，所以使用弹性金属塑料推力瓦对导叶漏水量要求比较严格。

（7）由于塑料瓦导热性差，温度反映不如巴氏合金瓦轴瓦那样灵敏，所以烧瓦往往发现得迟。所以报警温度、事故停机温度应根据机组实际运行情况进行整定，尤其要注意油温的升高。

（三）关于影响塑料瓦使用寿命的几个问题

影响塑料瓦使用寿命的原因很多。主要有塑料瓦面耐磨耐温特性、弹性层的作用、瓦面制造与钎焊质量、设计参数、运行条件、与塑料瓦相关部件精度、安装调试水平等。

（新安江水力发电厂　王焕栋）

水电厂生产运行统计资料

1998年大中型水电厂生产运行情况表(不完全统计)

水电厂名称	电厂运行指标					水库运行指标			
	年末装机容量	年发电量	平均耗水率	单位发电成本	全员劳动生产率	入库水量	发电用水量	年末水位	年末库容
	万kW	亿kW·h	m^3/(kW·h)	元/(千kW·h)	万元/(年·人)	亿m^3	亿m^3	m	亿m^3
十三陵	80	7	1.04	307	348.19		7		

续表

水电厂名称	电厂运行指标					水库运行指标			
	年末装机容量	年发电量	平均耗水率	单位发电成本	全员劳动生产率	入库水量	发电用水量	年末水位	年末库容
	万 kW	亿 kW·h	m^3/(kW·h)	元/(千 kW·h)	万元/(年·人)	亿 m^3	亿 m^3	m	亿 m^3
潘家口	27	2.33	7.47		5.06	23.83	16.43	218.03	18.22
下马岭	6.5	0.5	5			3.59	2.92	340.51	0.07
下苇甸	3	0.32	10			3.54	3.19	201.22	0.03
密云	8.2	0.7051	7.66	455	3.35	10.05	5.4	150.76	28.43
石家庄总厂	5.7	0.6756	16.2	250	2.67		10.94		
其中:岗南	4.1	0.5032	10.69			2.2762	5.3772	184.41	3.454
黄壁庄	1.6	0.1723	32.32			5.0887	5.569	114	1.4645
天桥	12.8	3.61	23.26	710	5.2125	96.45	83.99	833.53	0.65
万家寨	18	0.4252	6.5			116.2	2.76	960	4.53
丰满	100.25	9.782	8.18	267.83	9.5835	115.598	80.1352	256.64	64.327
云峰	40	5.68	4.8	152.13	6.9	43.37	27.27	310.77	29.49
太平哨	16.1	2.6621	11.73	183.9	4.8451	34.8999	31.2380	190.97	1.5742
桓仁总厂	29.45	4.3001		181.93	4.86				
其中:桓仁	22.25	2.5836	8.0			33.7453	20.6152	299.09	21.1078
回龙山	7.2	1.7165	17.5			33.7453	30.0642	220.13	0.8272
白山	170	21.8129		119.07	20.3470				
其中:白山站	150	17.6169	3.59			60.8357	63.2035	403.16	38.6485
红石站	20	4.1960	17.41			72.9140	73.0702	290.14	1.6454
松江河	16	0.6914	4.83	967.56	10.0926	4.19	3.45	682.46	0.9577
牡丹江水力发电总厂	64.5	5.18			18.3				
莲花	55	3.6	7.81	405.43		52.6	49.6	214.80	25.66
牡丹江	9.6	1.58	8.58	227.86		26.3	23.6	349.57	12.03
新安江	66.25	27.19	5.71	42.23	26.4	151	155.26	99.155	141.71
富春江	29.72	11.16	29.6	62.09	16.19	410.48	330.09	22.90	4.36
乌溪江	35.2	11.79	6.65	88.83	13.3591				
其中:湖南镇	27	8.84	4.19			34.2	37.11	209.35	8.74
黄坛口	8.2	2.95	14.04			43.06	41.38	113.37	0.7
石塘	7.8	2.2054	20.01	176.19		53.4525	44.1409	101.84	0.6967
百丈漈	3.7	1.4176	0.88	109.91	5.0358	1.2704	1.2480	638.17	0.0547
紧水滩	30	6.8343	5.89	120.97	10.50	47.4259	40.2285	169.22	6.0686
陈村(纪村)	18.4	4.403	8.51	70.3	9.8201	37.6061	37.4851	104.93	8.0202
响洪甸	4	0.7235	9.22	403.73	2.24	9.2675	6.6742	113.15	6.4060
梅山	4	1.0536	9.81	333.13	7.4479	12.5104	10.3404	110.95	5.2635
佛子岭 磨子潭分站	5.3	1.2626	12.59 9.2	374.07	3.6447	13.873 4.8662	13.081 5.0682	109.00 166.46	1.2762 0.6681
水口	140	56.7	7.9	80	130	810.8	455.3	63.78	22.6
沙溪口	30	10.1	22.3	94	54.4444	392.0	225.0	86.13	1.2
古田	25.9	11.7	1.3	56	10.6905	20.6	15.2	369.66	2.2
安砂	11.5	6.8	7.1	39	17.5400	82.7	48.1	254.48	3.6

续表

水电厂名称	电厂运行指标					水库运行指标			
	年末装机容量	年发电量	平均耗水率	单位发电成本	全员劳动生产率	入库水量	发电用水量	年末水位	年末库容
	万 kW	亿 kW·h	m^3/(kW·h)	元/(千 kW·h)	万元/(年·人)	亿 m^3	亿 m^3	m	亿 m^3
池潭	10.0	6.2	7.1	44	24.2228	81.9	43.7	269.29	5.0
华安	6.0	3.7	9.1	62	13.8889	68.4	33.4	93.15	0.1
船场溪	2.5	1.0	4.5	14	3.4735	6.5	4.6		
柘林	18.3	10.7613	11.1	48.61	14.37	162.13	119.37	53.79	22.38
上犹江	6.3	2.96	8.91	71.58	3.81	34.22	26.40	191.57	4.67
东津	6	1.4947	6.49	299	3.8155	19.93	9.607	179.93	3.751
洪门	4.11	1.458	17.4	146	3.76	4.045	2.857	96.0	3.14
江口	3.72	1.1266	30	156.23	2.92	47.57	33.81	65.83	1.89
万安	40	12.802	19.62	126	15.26	404.232	251.157	94.03	9.267
罗湾	1.8	0.8634	2.53	145.02	2.4863	3.1268	2.1855	362.76	0.4740
葛洲坝	271.5	133.77	23.16	34.8	58.8	5161.75	3098.09	65.94	15.82
丹江口	90	25.19	8.26			319.31	207.97	144.01	95.2
隔河岩	121.2	26.09	3.74		127	177.73	97.61	173.57	16.67
黄龙滩	15	5.4068	5.66	71.74	8.9887	50.4587	34.1195	237.84	0.06273
白莲河	4.5	0.6418	11.1	202.5	3.7037	12.089	7.1472	92.48	2.6642
富水	3.4	1.9062	13.5	150.9	11.06	35.9882	25.7256	49.62	4.973
高坝洲	25.2	8.98	12			138	117.76	80	4.3
柘溪	44.75	24.69	7.34	38.4	29.448	251.66	181.23	160.89	19.18
凤滩	40.0	20.82	5.73	44.26	27.063	215.18	118.98	196.25	10.30
东江水电厂	55.5	16.62		89.37	27.4801				
其中:大东江	50.0	16.62	3.68	88.44	27.48	49.75	56.49	257.10	43.81
小东江	5.5		35.3			57.30	56.28	145.64	0.0857
沙田	5.4	2.626	3.05	44.87	26.8866	11.70	8.0	468.32	0.0196
五强溪	120	40.90	8.89	120	70.3268	768.27	363.93	93.26	12.72
马迹塘	5.415	2.41	70.59	187.30	58.302	303.45	169.24	55.36	0.1104
凌津滩	3.0	0.03			7.916				
新丰江	29.25	14.42	6.05	29	25.17	68.27	87.21	105.44	73.47
枫树坝	15.0	6.45	6.85	44	19.50	39.33	44.12	140.11	5.4986
青溪	14.4	3.7	20.30	83	3.90	88.125	75.117	67.02	35.97
南水	7.5	4.39	3.34	37	17.66	12.678	14.51	207.01	6.0928
长湖	7.2	3.44	12.8	46	10.37	59.29	43.886	57.93	1.0017
长潭	6.0	1.379	11.7	123	8.03	20.65	16.148	144.6	0.955
流溪河	4.2	1.7	4.45	60	8.22	7.9	8.2	222.84	1.7
岩滩	121	48.58	7.22	72.07	125.65	505.84	329.31	222.98	26.18
大化	40	15.87	19.3	50.58	45.22	541.7	307	155.14	3.58
百龙滩	12.8	6.56	28.5	97.51	275.87	551.86	187.03	121.1	0.49
西津	23.44	8.92	28.1	50.34	15.1183	370	251	61.04	10.57
麻石	10	4.5376	381.45	57.67	12.9291	208.66	117.04	133.43	1.46

续表

水电厂名称	电厂运行指标					水库运行指标			
	年末装机容量	年发电量	平均耗水率	单位发电成本	全员劳动生产率	入库水量	发电用水量	年末水位	年末库容
	万 kW	亿 kW·h	m^3/(kW·h)	元/(千 kW·h)	万元/(年·人)	亿 m^3	亿 m^3	m	亿 m^3
洛东	5.0	2.388	22.7	76.3	8.4356	139.03	54.74	116.26	0.59
拉浪	6.0	2.35	16.5	71.1	7.26	78.18	38.62	176.25	0.97
二滩	110	8.09	2.78		30.7	411.12	22.53	1181.29	41.21
大渡河流域水电开发有限公司	130	54.13		62.28	38.77	494			
其中:龚嘴	70		9.10				259	527.1	1.021
铜街子	60		11.55				297	472.43	1.023
映秀湾总厂	45.5	20.46		47.89	22.9687				
其中:映秀湾	13.5	6.460	8			101	54.92	894.22	0.0058
渔子溪	16.0	6.8	1.6			17.68	10.88	1200	0.004
耿达	16.0	7.23	1.6			16.31	11.57	1501	0.0039
太平驿	26	11.227	3.5	94.35	151.79	95.98	39.31	1078.04	0.0058
东西关	18	6.787	18.71	127.7	136	256	127	247.4	1.874
宝兴河梯级	14	6.17		119	385				
其中:雨城	6	2.46	27.36			101.1	67.3	597.3	0.0862
铜头	8	3.71	5.11			29.57	18.97	756.1	0.1367
狮子滩总厂	14.25	5.635		106.2	4.84				
其中:龙溪河	10.75	4.454	3.16			24.35	14.09	344.6	7.4916
大洪河	3.5	1.181	5.28			11.38	6.23	290.98	1.186
华能明台	4.5	1.224	33.43	119	26.08	95.25	40.91	379.3	3.6
漫湾	125	50.7	4.75	55.21	704.69	483.55	240.69	992.86	8.93
鲁布革	60	23.2587	1.29	84.45	96.2	45.421	29.9591	1128.96	0.9878
以礼河梯级	32.15	15.2418	0.357	71.6	10.49	4.887	5.444	2219.67	3.2119
西洱河梯级	25.5	5.93	0.73	60.33	12.24	5.11	4.3	1973.14	26.625
大寨	5.32	2.099	2.39	123.95	14.29	8.8072	5.0263	1481.56	0.001
绿水河	6.55	2.94	1.8	92.2	5.35	6.2	5.3	477	0.002
六郎洞	2.5	1.68	4	46.39	10.53	8.382	6.72	1084.1	0.0024
乌江渡	63	27.69	3.522	32.02	55.90	150.98	97.54	747.64	16.203
东风	51	18.59	3.46	100	37.33	106.8727	64.297	939.49	4.1311
天生桥一级	30	0.2437				173.52		732.6	26.56
天生桥二级	88	39.44	2.28	106	610414	148.63	89.75	641.82	0.1246
红枫总厂	34.450	11.28			15.15				
其中:红枫梯级			10.8	137.98		6.64	7.47	1237.21	4.54
普定			8.16	95.60		42.89	23.34	1133.77	1.76
羊卓雍湖抽水蓄能	9	0.802	0.5		3.782		0.405	4437.68	1.50
龙羊峡	128	30.33	4.58	65.62	38.62	180.97	139.05	2560.12	118.09
李家峡	120	30.77	4.54	32.59	56.93	141.67	139.0867	2149.31	8.782
刘家峡	122.0	39.8280	4.163	26.48	29.3681	172.072	169.179	1623.4	31.34
盐锅峡	44.6	15.1714	11.69	31.36	19.4314	177.38	177.38	1619.00	0.366
大峡	30	12.6646	16.05	128.78	69.79	222.313	222.2579	1479.3	
青铜峡	27.2	7.03	21.83	100	5.92	185.62	153.44	1155.84	0.31
安康	80	24	5.72	103	28.9337	175.7672	136.334	327.23	23.8301

（各电力公司、各水电厂提供资料　陈上奎　于文革　汇总）

1999年大中型水电厂生产运行情况表（不完全统计）

水电厂名称	电厂运行指标					水库运行指标			
	年末装机容量	年发电量	平均耗水率	单位发电成本	全员劳动生产率	入库水量	发电用水量	年末水位	年末库容
	万kW	亿kW·h	m³/(kW·h)	元/(千kW·h)	万元/(年·人)	亿m³	亿m³	m	亿m³
十三陵	80	7.0	1.04	308	555.87				
潘家口蓄能	27	3.28	6.99		7.1014	7.3	16.56	198.97	8.95
下马岭	6.5	0.66	5			3.7	3.28	340.16	0.06
下苇甸	3	0.32	10			3.61	3.23	201.33	0.03
密云	8.2	0.64	7.92	707	3.0426	1.33	5.06	145.97	21.54
石家庄总厂	5.7	0.3886	17.3	560	1.3176		6.724		
其中：岗南	4.1	0.2861	11.63			4.9497	3.3263	191.38	4.6886
黄壁庄	1.6	0.1025	33.14			4.2605	3.3977	115	1.8496
天桥	12.8	4.05	22.72	750	5.8440	127.59	92	832.7	0.66
万家寨	36	5.3497	7.5			156	40.1	952	3.22
丰满	100.25	12.9066	7.91	597.92	8.6360	76.0648	102.0342	246.37	36.1679
云峰	40	13.6	4.82	67.58	16.5	52.82	65.58	292.88	16.25
太平哨	16.1	2.5253	11.72	228.85	4.4622	32.498	29.5873	191.35	1.6239
桓仁总厂	29.45	4.0299		193.72	4.78				
其中：桓仁	22.25	2.194	8.67			28.7178	19.0281	298.52	20.5707
回龙山	7.2	1.8359	17.29			32.2824	31.7374	220.56	0.8614
白山	170	17.7594		149.45	18.8821				
其中：白山站	150	14.3088	3.60			57.8088	51.5829	407.92	43.6882
红石站	20	3.4508	17.13			59.1224	59.1243	290.18	1.6512
松江河	16	0.9568	4.51	799.75	12.25	5.12	5.0	682.47	0.9582
牡丹江水力发电总厂	64.5	5.2			9.4				
莲花	55	4.11	7.68	774.93		38.5	39	214.37	25.18
镜泊湖	9.6	1.09	8.94	353.38		16.4	18.3	345.36	8.97
新安江	66.25	26.6	5.56	42.66	26.13	179.87	150.39	99.07	130.16
富春江	29.72	10.80	28.8	60.83	16.02	380.25	311.53	23.02	4.42
乌溪江	35.2	8.83	6.88	125.68	12.7291				
其中：湖南镇	27	6.52	4.33			27.54	28.28	200.10	6.45
黄坛口	8.2	2.31	14.10			32.71	32.53	114.91	0.79
石塘	7.8	1.9681	19.91	203.9		39.1882	39.1931	101.02	0.6425
百丈漈	4	1.4205	0.88	113.55	4.9627	1.3365	1.2501	635.67	0.0354
紧水滩	30	5.9914	5.77	149.19		35.0015	34.582	170.22	6.3122
陈村（纪村）	18.4	4.229	8.83	76.33	10.2105	49.3233	37.3584	105.88	8.2827
响洪甸	4	0.8161	10.22	389.1	2.28	9.4429	8.3439	112.41	6.1159
梅山	4	0.8596	11.5	547.31	7.4330	9.9337	9.9215	105.81	3.6621
佛子岭	5.5	1.447	14.05	471.96	3.4094	19.1309	12.4224	111.82	1.6171
磨子潭			9.43			6.235	4.5963	169.44	0.8038
水口	140	59.7	7.66	80	104	524.5	464.8	62.60	21.0
沙溪口	30	9.8	22.2	95	46.5471	248.0	217.0	86.50	1.3

续表

水电厂名称	电厂运行指标					水库运行指标			
	年末装机容量	年发电量	平均耗水率	单位发电成本	全员劳动生产率	入库水量	发电用水量	年末水位	年末库容
	万kW	亿kW·h	$m^3/(kW·h)$	元/(千kW·h)	万元/(年·人)	亿m^3	亿m^3	m	亿m^3
古田	25.9	9.1	1.5	70	8.8119	14.6	13.2	372.73	2.8
安砂	11.5	5.9	7.0	43	14.9300	49.9	41.1	256.30	4.0
池潭	10.0	5.9	7.3	48	22.1340	50.5	42.9	270.40	5.4
华安	6.0	3.6	9.1	59	14.2429	50.9	32.7	92.80	0.1
船场溪	2.5	0.9	4.8	138	4.5278	6.3	4.3		
柘林	18.9	8.4779	10.89	130.3	13.69	117.12	91.80	57.31	29.73
上犹江	6.9	2.26	9.87	132.71	4.94	24.13	22.31	192.12	4.84
东津	6	1.479	6.59	290	4.1648	13.9201	9.7529	179.61	3.6996
洪门	4.2	1.4388	17.1	158	3.5093	2.757	2.726	94.94	2.686
江口	3.72	1.0408	30.57	162.9	2.63	38.08	31.82	66.68	2.19
万安	40	12.227	18.93	145	17.871	255.8	231.44	95.32	10.456
罗湾	1.9	0.8597	2.62	152	2.6369	2.3296	2.2538	362.2	0.4555
葛洲坝	271.5	157.25	22.81	28	71.8	4794.86	3587.22	65.88	15.73
丹江口	90	15.4	11.02			168.85	169.71	135.98	60.52
隔河岩	121.2	21.06	3.99			107.67	83.96	176.98	18.21
黄龙滩	15	2.9451	7.32	147.1	5.6133	26.0402	22.4978	243.78	0.06559
白莲河	4.5	0.739	11.3	198.3	4.2044	13.8816	8.3347	95.43	3.6105
富水	3.4	1.427	13.57	179	7.61	36.1216	20.9982	51.95	6.2314
三门峡	40	11.46	12.28	67		220.24	140.71	314.04	1.65
柘溪	44.75	22.93	7.48	40.50	30.935	202.3	171.4	164.67	23.60
凤滩	40.0	19.22	5.78	42.39	26.114	183.4	110.0	201.93	12.48
东江	50	9.97	3.68	135.35	18.498	44.79	36.8	279.13	72.256
沙田	5.4	2.613	3.10	39.89	27.770	12.1	8.0	472.82	0.0721
五强溪	120	41.296	8.64	107.0	155.0571	700.4	356.6	102.34	22.075
马迹塘	5.415	2.39	68.16	161.14	67.831	234.4	162.95	55.7	0.1284
新丰江	29.25	5.4159	8.20	73	9.54	38.20	44.42	102.35	65.07
枫树坝	15	2.07	7.47	144	6.40	18.48	10.268	152.59	9.438
青溪	14.4	3.0	19.87	124	3.20	64.2655	59.6158	65.65	30.42
南水	7.5	1.89	3.45	94	7.57	8.6626	6.5151	212.69	7.9263
长湖	7.2	1.997	12.7	82	6.91	28.1305	25.3481	58.34	1.0278
长潭	6.0	0.772	12.1	191	4.91	12.275	9.3132	140.43	0.757
流溪河	4.2	0.99	4.36	110	5.23	5.1	4.3	228.37	2.3
岩滩	121	52.06	7.17	63.14	90.77	586.60	373.18	222.75	25.92
大化	41.4	17.53	19.7	64	65.00	616.32	345.95	154.42	3.44
百龙滩	19.2	7.59	34.33	107	328.67	655.90	273.09	125.0	0.65
西津	23.44	9.88	28.0	46.75	17.8693	329	276	61.26	10.9
麻石	10	3.5032	330.70	75.53	9.9388	163.61	92.70	133.44	1.50
洛东	5.0	2.12	22.6	91.38	7.4726	134.32	49.38	116.61	0.60
拉浪	6.0	1.914	16.9	95.34	6.4815	79.13	32.25	176.43	0.98
二滩	330	51.24	2.68	177	203.5	619.47	137.09	1191.89	50.11
大渡河流域水电开发有限公司	130	52.4		59.12	57.03	537			

续表

水电厂名称	电厂运行指标					水库运行指标			
	年末装机容量	年发电量	平均耗水率	单位发电成本	全员劳动生产率	入库水量	发电用水量	年末水位	年末库容
	万 kW	亿 kW·h	m^3/(kW·h)	元/(千 kW·h)	万元/(年·人)	亿 m^3	亿 m^3	m	亿 m^3
其中:龚嘴	70		9.04				251	525.69	1.035
铜街子	60		11.81				246	472.14	0.97
映秀湾总厂	45.5	18.7434		50.44	22.5381				
其中:映秀湾	13.5	6.09	8			122.81	48.72	894.2	0.0058
渔子溪	16	5.95	1.6			19.2	9.52	1200	0.004
耿达	16	6.45	1.6			18.50	10.32	1501	0.0039
太平驿	26	10.273	3.34	108.01	156	112.89	34.31	1079.4	0.0074
东西关	18	6.433	18.49	143.5	136	212	119	247.2	1.8173
宝兴河梯级	14			154	310				
其中:雨城	6	2.13	26.94			108.3	57.39	597.5	0.0894
铜头	8	3.2	5.3			38.21	16.98	759.2	0.1690
狮子滩总厂	14.25	7.263		84.5	7.8229				
其中:龙溪河	10.75	5.861	3.09			16.07	18.12	339.57	5.0022
大洪河	3.5	1.402	5.31			7.68	7.44	285.99	0.399
华能明台	4.5	1.522	33.11	114	32.56	90.16	50.41	379.5	3.6
漫湾	125	51	4.69	65.75	710.11	397.47	239.19	992.99	8.96
鲁布革	60	25.16	1.28	77.02	104.27	54.12	32.28	1129.46	1.01
以礼河梯级	32.15	15.29	0.36	80.8	11.01	6.32	5.52	2224.43	4.1
西洱河梯级	25.5	6.79	0.74	152.41	14.53	8.17	5.21	1974.1	29.05
大寨	5.32	2.53	2.4	127.9	17.871	11.01	6.08	1482.22	0.0011
绿水河	6.55	3.85	2.1	75	7.15	6.9	5.9	476.8	0.0020
六郎洞	2.5	1.69	4	45.56	24.0605	8.11	6.76	1055.3	0.0026
乌江渡	63	25.35	3.57	33.04	59.97	170.95	90.49	749.64	16.9632
东风	51	16.16	3.502	130	32.79	108.2661	56.5844	952.02	5.7202
普定									
天生桥一级	60	7.95	3.84			210.18	30.57	760.79	55.2
天生桥二级	88	48.38	2.23		647166	182.46	107.67	644	0.1516
红枫总厂	34.45	11.53			14.98				
其中:红枫梯级			11.0	142.19		9.51	7.18	1239.49	5.64
普定			8.23	74.52		42.71	22.35	1139.55	2.54
羊卓雍湖	9	1.041	0.5	265.8	5.128		0.521	4438.07	1.50
龙羊峡	128	46.24	3.91	66.19	38.40	231.41	181.00	2577.41	167.81
李家峡	160	44	4.13	29.95	68.38	184.145	181.12	2160.73	11.305
刘家峡	125.5	52.1211	4.25	23.24	31.2344	223.65	221.4	1624.2	27.3
盐锅峡	44.6	19.8730	11.706	30.84	24.5486	234.1072	232.6272	1619.18	0.303
大峡	30	15.1715	15.71	114.35	77.24	259.0069	255.3007	1479.8	
八盘峡	18.0	8.9811	26.9	48.18	11.7685	247.7787	241.5814	1577.32	0.3326
青铜峡	27.2	8.09	21.91	80	6.74	232.75	193.19	1155.91	0.32
安康	80	12	6.0	205	14.8041	85.1474	72.0	328.79	23.5142
碧口	30.0	9.2188	5.593	87.93	11.5269	67.1897	59.0381	701.43	1.475

(各电力公司、各水电厂提供资料　陈上奎　于文革汇总)

2000年大中型水电厂生产运行情况表(不完全统计)

水电厂名称	电厂运行指标					水库运行指标			
	年末装机容量	年发电量	平均耗水率	单位发电成本	全员劳动生产率	入库水量	发电用水量	年末水位	年末库容
	万kW	亿kW·h	m^3/(kW·h)	元/(千kW·h)	万元/(年·人)	亿m^3	亿m^3	m	亿m^3
丰满	100.25	8.7967	8.25	297.83	10.5421	86.648	72.5426	251.42	48.3447
云峰	40	9.02	4.84	113.68	12.24	53.38	43.68	306.06	25.55
太平哨	16.1	2.0569	11.57	212.87	6.0253 (1～11月)	27.0238	23.7944	191.29	1.5872
桓仁总厂	29.45	3.1307		249.94	3.11				
其中:桓仁	22.25	1.5973	8.54			23.3691	13.637	298.76	20.7954
回龙山	7.2	1.5334	17.15			26.79	26.2945	220.38	0.8452
白山	170	22.0557		120.54	29.6643				
其中:白山站	150	17.8611	3.55			67.0783	63.4295	409.44	45.4078
红石站	20	4.1946	17.05			73.4151	71.5034	290.03	1.6293
松江河	16	0.9835	4.46	880.12	12.5	4.80	4.77	680.09	0.8607
牡丹江水力发电总厂	64.6	6.50			14.25				
莲花	55	4.94	7.6	691.9		56.6	58	213.22	23.92
镜泊湖	9.6	1.56	8.5	231.8		27.5	24.6	349.38	11.87
新安江	66.25	12.01	6.67	119.38	11.93	68.68	79.74	95.1	112.22
富春江	29.72	7.87	27.1	94.43	12.03	237.11	212.15	23.02	4.42
乌溪江	35.2	6.04	7.29	200.99	6.9142				
其中:湖南镇	27	4.37	4.67			25.76	20.42	216.41	10.84
黄坛口	8.2	1.67	14.14			23.76	23.63	114.75	0.78
百丈漈	4	1.296324	0.87	136.18	7.11	1.1593	1.1318	635.58	6.0349
石塘	7.8	1.5943	19.74	255.25		34.3564	31.4673	102.01	0.7079
紧水滩	30	4.4828	5.93	240.79		28.4911	26.5898	166.50	5.4387
陈村(纪村)	18.4	2.3661	10.5	175.54	6.2952	16.7054	17.0407	105.35	8.2827
响洪甸	4	0.4862	12.28	631.81	1.06	5.6824	5.9699	109.49	5.0626
梅山	4	0.4826	12.1	613.18	7.3146	7.5669	5.8612	111.37	5.4105
佛子岭 磨子潭分站	5.63	0.2965	19.07 14.01	1904.78	0.5423	7.578 3.0314	4.4334 0.3755	119.26 185.61	2.7409 1.7915
水口	140	53.8	7.78	120	197.6	478.9	422.7	63.65	22
柘林	19.2	5.5887	11.55	202	7.7566	64.84	64.53	55.66	26.14
上犹江	7.20	2.89	10.03	90.21	6.45	28.84	29.03	190.15	4.26
东津	6	1.3721	7.17	315	4.2677	8.762	9.835	171.66	2.543
洪门	4.2	1.0867	17.8	202	2.5565	2.28	2.21	95.87	3.08
江口	3.84	1.0921	30.83	191.13	2.6	36.88	33.67	68.12	2.79
万安	41	13.939	18.49	131	18.671	268.108	257.699	94.69	9.847
罗湾	1.9	0.6406	2.67	234.98	1.9128	1.5480	1.7125	355.40	0.2648
葛洲坝	271.5	162.22	22.56			4714.14	3659.8	65.85	15.71
丹江口	90	29.32	7.63			385.23	223.54	155.11	161.27

续表

水电厂名称	电厂运行指标					水库运行指标			
	年末装机容量	年发电量	平均耗水率	单位发电成本	全员劳动生产率	入库水量	发电用水量	年末水位	年末库容
	万 kW	亿 kW·h	$m^3/(kW·h)$	元/(千 kW·h)	万元/(年·人)	亿 m^3	亿 m^3	m	亿 m^3
隔河岩	121.2	25.06	4.01			126.72	100.62	159.9	28.38
黄龙滩	15	7.52	5.6	70.6	14.50	73.61	41.94	245.31	8.90
白莲河	4.5	0.166	12.9	659.01	0.946	5.21	2.14	90.95	2.268
富水	3.4	0.819	15.22	252.06	4.778	13.3055	12.9462	47.37	3.90
柘溪	44.75	24.1886	7.76			198.312	187.559	164.82	23.796
凤滩	40	19.2204	5.9			134.1274	113.1262	203.77	13.30
东江水电厂	50	12.9101	3.67			52.96	46.79	282.13	76.75
沙田	5.4	2.7907	3.0			10.9	8.5	471.35	0.0522
五强溪	120	49.6737	8.5			590.351	425.324	107.59	29.821
马迹塘	5.415	2.3792	67.86			224.16	161.61	55.79	0.1334
凌津滩	27	5.8135	39			576.262	232.188	50.4	1.328
岩滩	121	56.0	7.08	58	98.09	589.71	400.04	222.74	25.8438
大化	42.8	20.83	18.3	55.04	69.68	589.10	380.65	154.88	3.54
百龙滩	19.2	9.16	35.7	100.85	364.24	635.97	327.19	123.53	0.587
西津	23.44	8.78	27.5		16.58	256	240	61.25	10.89
麻石	10	4.1375	308.30		13.1084	203.82	106.99	133.28	144
洛东	5.0	2.6	21.5	82.27	8.4282	135.31	58.28	116.27	0.586
拉浪	6.0	2.405	16.6			82.05	40.01	176.55	0.9910
二滩	330	83.85	2.51	103.8	348.6	591.01	210.54	1196.55	54.45
大渡河流域水电开发有限公司	130	56.24		51.53	56.92	475			
其中:龚嘴	70		9.10				276	524.27	1.046
铜街子	60		11.38				296	471.48	0.952
映秀湾总厂	45.5	18.9847		60.38	25.0545				
其中:映秀湾	13.5	5.99	8			95.84	47.94	894	0.0058
渔子溪	16	6.45	1.6			17.54	10.32	1200	0.004
耿达	16	6.56	1.6			17.04	10.49	1501	0.0039
太平驿	26	11.8983	3.18	97.94	131.22	90.58	37.83	1078.5	0.006
东西关	18	7.7902	19.38	109.6	115	205	151	247.68	1.928
宝兴河梯级	26			126	257				
其中:雨城	6	2.59	26.4			89.22	68.37	597.5	0.0773
铜头	8	3.66	5.3			28.06	19.4	759.3	0.1671
小关子	12	0.8	2.7			24.76	2.16	987.2	0.0058
冷竹关	12	0.5769	1.071			1.042	0.618	1763.5	0.005
狮子滩总厂	14.25	5.339		132	4.9156				
其中:龙溪河	10.75	4.227	3.17			17.63	13.42	345.68	8.1469
大洪河	4.5	1.112	5.33			7.79	5.93	289.22	0.8370
华能明台	4.5	1.6666	32.7	106.5	35.7308	57.3273	54.4952	379.12	3.6
漫湾	125	57.2	4.82	58.12	794.32	498.47	272.74	992.59	8.86
鲁布革	60	24.5633	1.32	80.55	126	53.2662	32.3522	1129.16	0.9959
以礼河梯级	32.15	16.249	0.36	71.8	12.62	4.2644	5.8496	2221.21	3.4839

续表

水电厂名称	电厂运行指标					水库运行指标			
	年末装机容量	年发电量	平均耗水率	单位发电成本	全员劳动生产率	入库水量	发电用水量	年末水位	年末库容
	万 kW	亿 kW·h	m^3/(kW·h)	元/(千 kW·h)	万元/(年·人)	亿 m^3	亿 m^3	m	亿 m^3
西洱河梯级	25.5	12.36	0.73	87.12	26.94	10.12	9.06	1973.96	28.7
大寨	5.32	2.105	2.4	128.8	14.65	10.1331	5.0528	1481.78	12.1
绿水河	6.55	3.71	2	61.2	6.85	5.4	5.1	477	0.002
六郎洞	2.5	1.91	4	45.86	11.26	8.349	7.64	1083.9	0.0023
乌江渡	63	26.93	3.429	36.04	60.19	174.15	92.34	759.16	21.0136
东风	51	19.39	3.37	120	38.38	115.8811	65.3542	965.11	7.7893
天生桥一级	120	36.36						774.73	75.18
天生桥二级	132	59.32						641.6	0.1221
红枫总厂	35.05	14.13			16.75				
其中:红枫梯级			10.80	124.90		10.52	9.30	1239.41	5.59
普定			8.06	63.00		43.34	27.40	1144.37	3.36
龙羊峡	128	50.72	3.68	93.28	40.48	153.22	186.72	2565.91	133.67
李家峡	160	50.5	3.69	16.69	79	188.515	186.642	2168.9	13.345
刘家峡	131.5	48.6335	4.013	30.84	28.3083	211.85	207	1622	28.6
盐锅峡	44.6	18.4932	11.678	35.35	22.4514	215.9304	215.9612	1619.14	0.323
大峡	30	14.1642	15.23	124.27	79.31	230.7073	230.4335	1479.2	
八盘峡	18.0	7.6074	26.01	56.41	16.6975	198.0443	197.8713	1577.37	0.3352
青铜峡	27.2	8.09	21.8	100	6.81	209.73	176.30	1155.90	0.32
安康	80	19	6.01	125	23.7709	176.135	115.0233	324.63	21.9864
碧口	30	8.6728	5.636	92.84	10.9830	60.1437	56.4139	679.93	1.12

（各电力公司、各水电厂提供资料　陈上奎　于文革　汇总）

大坝安全管理

水电站大坝安全管理综述

中国电力系统管辖的水电站大坝有130多座,多为高坝大库,其装机容量占全国水电总装机容量的60%,库容占全国水库总库容的40%,水电站大坝的安全不仅影响水电站自身效益的发挥,而且与大坝上下游人民生命财产的安危和所在地区的环境以及经济密切相关。

1985年水利电力部成立大坝安全监察中心,负责全国电力系统水电站大坝安全管理。大坝中心成立10多年来,做了大量开创性的工作。

(一)建立健全大坝安全法制建设

大坝中心成立之初,即在各有关单位支持下,编制了《水电站大坝安全管理暂行办法》(1997年原电力部又颁发了修订后的《水电站大坝安全管理办法》)。这是我国第一部带有全局性的大坝安全管理的专门性法规。1988年原能源部颁发了《水电站大坝安全检查施行细则》。以后,原电力部于1996年和1997年又相继颁发了《水电站大坝安全注册规定》和《水电站大坝安全监测工作管理规定》。这些法规的颁发和执行,奠定了大坝安全管理的基础。

(二)坚持大坝安全检查,加强病险坝治理

大坝安全检查是大坝安全管理的一项重要制度,是保证大坝长期安全运行的基础。安全检查包括日常巡查、年度详查、定期检查、特种检查。大坝定检是大坝中心一项长期的基础性工作,通过每一轮次的定检,大坝中心可以从全局上掌握水电站大坝安全状态的发展和变化。

首轮水电站大坝安全定期检查从1987年古田一级大坝开始到1998年丰满大坝定检结束为止，前后历经12年，共完成96座大坝定检。通过首轮定检，查出安全问题比较严重的大坝19座，评为险坝的2座、病坝的7座，在此基础上进行了病险坝治理以及正常坝的消缺与补强加固。目前，首轮定检评定的几座病险坝中，青铜峡大坝在二轮定检中已摘除病坝帽子，修文、以礼河四级和绿水河等大坝基本完成了补强加固，具备了正常坝的条件，马迹塘大坝增设检修闸门基本完工，佛子岭和洛东大坝治理方案正在研究之中，各地对正常坝存在的缺陷也正在抓紧处理。在病险坝治理及对正常坝存在的缺陷进行补强加固的过程中，大坝中心将按照国家经贸委和国家电力公司的委托，主持或参加病险坝和重点水电站大坝加固和改造工程的设计方案审查和竣工验收，严格控制施工质量。经过治理和补强加固，大坝的安全度得到提高，水电站大坝安全状况全面得到改善。

目前，二轮定检正紧张有序地进行，二轮定检在首轮定检的基础上，突出重点，并开展研究适合中国国情的评价方法，以提高定检的质量和水平。截止2000年6月底，有46座大坝开展了二轮定检，其中有18座大坝已完成了二轮定检工作。

（三）大坝安全监测设施更新改造和监测自动化

根据1992年原能源部颁发的《水电站大坝安全监测设施更新改造规划》的部署，经过数年努力，水电站大坝安全监测设施更新改造工作取得了显著成绩，相当数量的大坝配备了必要的监测项目，提高了监测精度、稳定性、可靠性和实时性。

随着电子技术和计算机技术的发展，大坝监测自动化发展迅速，客观形势要求我们根据水电站大坝的实际情况，对大坝监测自动化要做出统一的规划，通过规划的实施，推进水电站大坝安全监测自动化系统健康发展。

（四）大坝安全注册顺利进行

从1997年开始，根据《水电站大坝安全注册规定》的要求，大坝中心全面开展了水电站大坝安全注册事务。大坝安全注册着重考核水电厂大坝安全管理情况和管理水平，水电厂年度自查，主管局复查，大坝中心抽查，每年定期公布注册登记结果，实行动态管理。1999年的注册结果已经公布，甲级安全注册大坝104座，乙级8座，丙级2座。2000年注册工作正在受理之中。

（五）加强科研力度，促进大坝安全技术进步与创新

目前，大坝安全领域的科研遇到了前所未有的发展机遇，1999年大坝中心承担了国家经贸委和财政部下达的《水电站大坝安全性态分析研究》的科研项目。该项目根据100多座水电站大坝在定检中，通过设计复核、施工复查、运行总结和现场检查所获取的大量资料为基础，对大坝设计、施工、运行全过程做全面总结，对各阶段影响大坝安全的主要问题及其产生原因、影响机理、危害程度和发展趋势做系统分析研究，探讨对策和防范措施，得出规律性认识，反馈设计、施工，指导运行，确保大坝安全。2000年大坝中心承担了国家电力公司下达的“混凝土坝运行期安全评价方法的初步研究”科研项目，以及中国外经贸部与加拿大国际开发署合作的中加人力资源开发：大坝安全管理人员和大坝安全评估人员培训项目，以期在大坝安全评价技术上引进风险概念、核定量化指标、研制适合中国国情的大坝安全评价方法。现阶段，大坝中心正在进行“大坝安全在线管理系统”可行性研究，以推进和最终实现水电站大坝“安全度”的实报和预报，进一步保证防洪调度决策的科学性和正确性。因此，在前期工作的基础上，目前大坝安全管理技术和评价技术等正面临着突破与创新的关口，有望攀上一个新的台阶。

（六）夯实大坝安全基础性工作

大坝安全管理的重要内容之一是提高业主、工程师和各层次管理人员的大坝安全意识及业务素质。1999年大坝中心成功举办了水电厂厂级领导的大坝安全培训，2000年将为主管局各级领导举办大坝安全管理培训，今后还将分期分批开展各层次管理人员和技术人员的安全培训和岗位培训。

今后大坝中心将继续加大国际、国内技术交流的力度，充分利用并发挥好大坝安全管理专业委员会和大坝安全监测专业委员会的作用，继续开展学术研讨等活动；努力提高《大坝与安全》期刊质量，充分发挥好其技术交流与传播作用；建立健全大坝安全档案，为今后的大坝安全运行管理打下坚实的基础，这也是我们重要的职责。

（国家电力公司大坝安全监察中心　弓正华）

水电站大坝安全现状

我国建有84000多座水库大坝，其中属电力系统的水电站大坝有130余座，它们多为高坝大库，具有发电、防洪等多方面的综合效益。一旦大坝失事，不仅直接影响到电力生产，而且将给国民经济和人民生命财产造成重大损失。虽然水电站大坝迄今尚未发生过垮坝之类的重大恶性事件，但在运行中也曾出现过洪水漫坝、水淹厂房及坝基错动、坝体结构损坏等险情，为数不少的大坝还存在着影响安全运行的隐患。

（一）首轮水电站大坝安全定检及大坝安全状况

首轮水电站大坝安全定期检查从1987年古田一级大坝试点开始，到1998年丰满大坝结束为止，历时12年，共有96座水电站大坝进行了首轮安全定期检查。通过定检，基本上摸清了80年代前投入运行的水电站大坝的安全状况，查出了一些影响大坝安全的重大隐患和问题，明确了某些缺陷对大坝安全的影响程度，也解决了一些长期悬而未决的安全疑点，并推动了大坝补强加固、消除缺陷、监测设施更新改造和监测资料分析等各项安全管理工作的全面开展。

按照《水电站大坝安全检查施行细则》的规定，定检对大坝的安全评价分为正常坝、病坝和险坝三级。在已完成定检的96座大坝中，正常坝有87座，占总数的90.6%，病坝7座，险坝2座，尚有1座大坝的安全等级正在审批中，这表明大多数水电站大坝的安全状况是好的和比较好的。值得说明的是，被定为正常坝的87座中，有10余座大坝按原先存在问题的性质和严重程度，也应属于险、病坝之列，但有关单位在定检过程中积极采取措施进行了补强加固和更新改造，存在的主要问题已经得到解决，从而消除了不安全的隐患，最终被定为正常坝。还应指出，即使是正常坝，也并非“完美无缺”，一般都不同程度地存在着这样或那样的缺陷，只是其缺陷尚不严重，或者是局部性的，还不至于对坝的整体安全构成危害。

根据比较粗略的统计，在96座大坝定检中共查出对大坝安全有影响的问题和缺陷有350多项，从中大致可分为14大类问题，即防洪标准问题、裂缝问题、坝基处理问题、渗流问题、结构与强度问题、抗滑稳定问题、混凝土性状问题、冲刷问题、水工金属结构问题、塌滑体问题、监测设施问题、抗震问题、水库淤积问题和其他问题。其中，共有38座水电站大坝存在防洪标准偏低问题，占定检大坝总数的39.6%。按照《水电站大坝安全检查施行细则》的规定，凡是设计标准低于现行规范要求的，其安全等级应为险坝或病坝，因此，防洪标准问题是首轮定检中最为主要和矛盾最为尖锐的问题。坝体裂缝问题也十分突出，定检中发现有70座大坝存在着较多的裂缝（包括伸缩缝损坏引起渗漏），有些大坝的裂缝危害性较大，其裂缝的存在已直接影响到大坝的安全运行。

（二）大坝补强加固、消除缺陷处理的进展及大坝安全现状

“六五”、“七五”期间，电力主管部门曾对一批问题比较严重的大坝立项实施了重点补强加固。《水电站大坝安全管理暂行办法》颁发以后，不少水电站为准备开展大坝安全定期检查，将大坝补强加固作为重要工作来抓，又解决了一些长期威胁大坝安全运行的重大问题。随着大坝安全定期检查的开展，每座大坝的安全状况都得到了比较系统的、明确的诊断，对影响安全的重大问题了解得更为清楚。根据定检中提出的大坝补强加固与消除缺陷处理的意见和建议，大坝的业主和水电站有针对性做了大量的处理工作，收到了较好的效果。

迄今为止，在被定为险、病坝的9座大坝中，已有3座大坝完成了补强加固工程，已摘除险、病坝帽子或具备摘帽的条件；另有2座大坝正在或部分采取了补强加固措施；有3座大坝虽做了一定的研究和设计工作，但尚未付诸实施；天桥大坝已对威胁电站运行的黄石崖沟洪水问题进行了部分治理，但大坝除险加固问题尚未落实，且天桥大坝已与山西省电力公司解除了代管协议，不再是电力系统的水电站大坝。

各大坝业主和水电站还针对定检专家组提出的意见和建议，重点抓了对正常坝的消除缺陷处理。根据1996年和1997年进行的比较系统的调查结果看，定检中查出的问题和缺陷，有70%以上已经或正在处理。

虽然近年来水电站大坝补强加固和消缺处理工作有了较大的进展，大坝安全状况总体上得到明显的改善。但由于大坝安全的影响因素和运行条件极为复杂，大坝安全状况本身也是一个动态的发展过程，老的问题尚未完全解决又会出现新的问题，且大坝安全问题又十分隐蔽和复杂，问题的暴露往往有一个从量变到质变的过程；因此，大坝安全不可能仅靠一次或数次安全检查或安全鉴定就能一劳永逸，大坝安全工作必须常抓不懈，对此应有清醒的认识。当前，应重点抓好二轮水电站大坝安全定检工作，二轮定检要在首轮定检的基础上适当简化，突出重点，其重点内容是要查找首轮定检未涉及的项目和问题，如泄洪建筑物金属结构和启闭机的安全鉴定，水下结构的检查等；另外，对大坝安全监测系统的检查鉴定和监测资料分析工作也应高度重视。对二轮定检中查出的影响大坝安全的重大隐患和问题，仍应按定检中大坝安全评价意见的要求，限期进行补强加固和消缺处理，使水电站大坝安全永远处于健康和正常状态，确保大坝安全万无一失。

（国家电力公司大坝安全监察中心　叶建群）

水电站大坝安全法规建设

电力管理部门历来十分重视水电站大坝安全法规建设。1987年，原水电站就颁发了《水电站大坝安全管理暂行办法》，这是我国第一部有关大坝安全管理的专门性法规；1988年，原能源部颁发了配套性

法规——《水电站大坝安全检查施行细则》。在这两个法规的推动下，大坝安全定期检查在电力部门各水电站开展起来了。

为了全面推动大坝安全管理工作，1988年和1989年，原能源部颁发了《水电厂防汛管理办法》和《水电基本建设工程防汛管理暂行条例》，1996年，原电力部颁发了《水电站大坝安全注册规定》，1997年，在完成了对《水电站大坝安全管理暂行办法》的修订后，原电力部颁发了《水电站大坝安全管理办法》，同年，又颁发了《水电站大坝安全监测工作管理规定》，1998年，原电力部颁发了《水电建设工程安全鉴定规定》。当前，由于电力管理体制的变化和改革开放的深入，正在对《水电站大坝安全管理办法》和《水电站大坝安全监测工作管理规定》进行修订，并正在制订《水电站大坝补强加固工作管理规定》。

水利水电建设技术标准，是水利水电建设规划、勘测、设计、施工和管理的主要技术依据，是组织现代化生产的重要手段。为了提高我国电力行业大坝安全监测技术标准化水平，1997年，原电力部批准成立了“电力工业部大坝安全监测标准化技术委员会”，1999年，国家经贸委发文，更名为“电力行业大坝安全监测标准化技术委员会”。该标委会挂靠在国家电力公司大坝安全监察中心。标委会成立后，对水电站大坝安全监测技术标准框架进行了研究，并据此申请立项。1997年，立项对SDJ336-89《混凝土大坝安全监测技术规范》进行修订，1998年和1999年，分别对《大坝安全监测自动化技术规范》和《混凝土坝安全监测资料整编规程》的编制进行立项，经国家经贸委审批，现正在编制中。当前，上报申请立项的标准尚有《大坝安全监测系统竣工验收规范》和国标《差动电容式监测仪器（包括差动电容式引张线坐标仪、差动电容式垂线坐标议、差动电容式位移计、差动电容式测缝计、差动电容式静力水准仪、差动电容式量水堰流量仪6项）》。

上述法规和标准的建立，将极大地改善水电站大坝安全管理的法制环境，我国水电站大坝安全管理正逐渐形成有法可依的局面，逐渐走上依法治坝的轨道。

（国家电力公司大坝安全监察中心　魏德荣）

水电站大坝安全注册

1996年原电力工业部颁发了《水电站大坝安全注册规定》（以下简称《规定》），要求电力系统所属水电站大坝均要办理安全注册登记。《规定》根据大坝安全状况及其管理水平，将大坝分为甲、乙、丙三级，实行百分制分项评分考核，经申报和审核后，合格者发给注册登记证，不符合条件者不予注册，并限期整改，每年公布水电站大坝安全注册登记名单。若在规定期限内无正当理由不申报注册登记者，属违章行为，造成大坝事故的，按有关法规处理。《规定》颁发后，立即得到各水电站主管单位和水电站的响应，纷纷创造条件，加快大坝消缺进度，健全规章制度，完善管理措施，配齐管理力量，积极申报大坝安全注册。1997年度共有107座水电站大坝申报注册，经大坝安全监察中心审核并经上级主管单位同意，于1998年公布了1997年度水电站大坝安全注册登记名单，其中定为甲级注册的有97座，乙级注册的有7座，丙级注册的有2座，有一座大坝不符合注册条件，不予注册；1998年又有4座水电站大坝申报注册，经审核和对原已注册的大坝进行复查，于1999年公布了1998年度获准注册的110座水电站大坝安全注册登记名单，其中定级为甲级注册的有100座，乙级注册的有8座，丙级注册的有2座。1999年又有6座水电站大坝申报注册，经审核和对原已注册的大坝进行复查，于2000年公布了1999年度获准注册的114座水电站大坝安全注册登记名单，其中定为甲级注册的有104座，乙级注册的有8座，丙级注册的有2座，另外，有两座大坝未按计划完成定期检查，暂不予注册。

大坝安全注册是对已运行的大坝安全状况及其管理水平的综合考核。一座符合设计标准、坝体性态良好、能正常发挥其各项设计功能的大坝，是大坝安全运行的基础；水电站制订严格的规章制度并得到认真执行，具有足够的加固维护费用，配备有丰富经验的运行管理技术人员，是保证大坝安全运行的必要条件。只有上述条件具备，才能保障水电站大坝安全运行。

水电站大坝安全注册实行动态管理。甲级和乙、丙级注册有不同的有效期，期满前须申请换证。在有效期内，若发生以下情况之一者，予以注册降级：①最后一次定检评定为正常坝，但未能按计划进行消除缺陷处理者；②最后一次定检评定为病坝，但未按计划进行补强加固，资金措施也未落实者；③大坝安全主要监测设施未按更新改造规划实施者；④复查和抽查中，大坝安全注册评分低于原注册等级标准者。注册后若发生以下情况之一者，取消注册登记：①由于管理不善、操作不当，发生重大责任事故者；②定检评为险坝，未采取应急措施和按计划进行除险加固者；③不按计划进行大坝定期检查者；④在复查和抽查中，大坝安全注册评分低于60分者。

原来持有乙、丙级注册登记证，或未取得登记证，或被取消注册登记的水电站大坝，当具备条件时，可随时申报升级或要求注册，大坝安全监察中心将及时受理。

三年多水电站大坝安全注册的实践表明，大多数水电站大坝主管单位和水电站均能按《规定》要求执行，也促进了其水电站大坝的补强加固工作和管理水平的提高，但也有少数水电站主管单位和水电站，没有认真按《规定》要求执行，工作的力度不够，今后大坝安全监察中心将其作为重点，加强督促检查，限期整改。总之，《规定》是我国电力系统在依法管坝的道路上，迈出的关键性一步，也是确保大坝安全行之有效的又一项重要措施。

（国家电力公司大坝安全监察中心　聂广明）

大坝安全管理培训

为做好大坝安全管理工作，必须培养和建立一支具有高度责任感、使命感的高素质的安全管理队伍，以保证大坝安全管理实现标准化、规范化、科学化、制度化的目标。

1999年，国家电力公司发输电运营部下发了发输电发［1999］69号文件《关于举办大坝安全管理人员培训班的通知》，要求对全国电力系统水电厂厂级领导干部进行安全技术业务培训，具体培训工作由国家电力公司大坝安全监察中心组织实施。大坝中心从培训内容、课程设置、教学手段各方面都进行了认真的策划，做了大量的准备工作。大坝中心接受任务的同志用了半年多时间广泛收集国内外有关资料，包括国外一些最著名的大坝失事实例、国内大坝失事及事故案例，剖析其发生溃坝的原因和危害程度，指出大坝失事的不安全隐患，总结防止事故发生的方法和对策，有针对性地编写了有关教材。

经过10个多月的策划和准备，大坝中心于1999年10月25日～12月21日在杭州举办了6期大坝安全管理人员培训班，共有来自全国107座水电厂的厂长、总工计260人参加了培训。学习班安排了《大坝安全管理法规》、《大坝失事及其预防》、《我国水电站大坝事故分析与安全对策》、《大坝安全监测自动化系统》和《大坝安全监测资料分析》5门课程，并安排半天时间观看大坝失事录像。学员们通过学习，切实提高了大坝安全管理的法制观念和忧患意识，提高了管理水平，特别是认识到自己所负大坝安全责任之重大，培训结束回厂后，纷纷针对本厂大坝安全管理的薄弱环节采取有效的管理和监控措施。青铜峡水电厂的领导在参加完培训班回厂后，立即召开高层领导会议，研究加强大坝安全管理的措施，并立即做出二项决定：①由厂领导对大坝安全实施年检制度；②由厂领导亲自过问和关心监测资料分析，每年组织对监测资料进行分析。凤滩水电厂厂长、总工参加培训班后，针对凤滩水电厂库区滑坡问题，做出决策，立即加强对滑坡面的监测，做出补强加固计划。

按照国家电力公司的要求，大坝安全监察中心将举办针对网、省电力公司有关流域机构及其他有关主管领导的大坝安全管理培训班。针对水工分场和观测班的大坝安全管理人员的岗位培训工作也正在积极筹备中。

（国家电力公司大坝安全监察中心　李新春）

大　坝　定　期　检　查

首轮水电站大坝安全定期检查

水电站大坝安全定期检查是对水电站大坝进行全面安全检查、评价的一项重要制度。1985年原水利电力部批准成立了水利电力部水电站大坝安全监察中心，从此我国开始有了大坝安全管理的专职机构。大坝安全监察中心成立以后，在历届部委和国家电力公司的领导下，从1987年开始，对电力系统所属的水电站大坝率先在全国范围内正式开展大坝安全定期检查工作。为了依法管理，大坝中心成立以后即着手建立和健全大坝安全管理有关法规、规定。1987年9月，原水利电力部颁发了《水电站大坝安全管理暂行办法》，1988年8月，原能源部又颁发了《水电站大坝安全检查施行细则》。这些法规的颁布，使大坝安全管理工作开始做到了有法可依，有章可循。与此同时大坝安全监察中心于1987年组织编制了当时已投入运行并归属电力系统的水电站大坝的安全定检工作规划，确定将96座大坝列入首轮定检规划。并选定福建古田一级和江西上犹江两座水电站大坝作为试点，于1987年首先开始工作。从1988年开始，首轮水电站大坝安全定期检查即全面展开。十多年来，经过全国各网、省局和各水电站的共同努力，到1998

年为止，全国首轮水电站大坝安全定检的96座大坝已经全部完成。在完成的96座水电站大坝首轮安全定期检查中，被评为正常坝的有87座，占总数的90.63%；青铜峡、洛东、绿水河、马迹塘、以礼河四级、白渔潭、佛子岭等7座水电站大坝被评为病坝，占总数的7.29%；修文、天桥两座水电站大坝评为险坝，占总数的2.08%。

根据《水电站大坝安全检查施行细则》的规定，首轮大坝安全定检主要内容包括①复查、分析、鉴定大坝在设计、施工、运行各个阶段所采用的数据、资料和报告，并对大坝设计、施工、运行进行全面评价；②对大坝基础、坝体、泄洪设施、对外交通道路、水库等等进行全面现场检查。在以上工作的基础上，对大坝进行安全评价，综合评定大坝的结构性态和安全状况，确定大坝的安全等级，提出大坝安全定期检查报告。

设计复查主要是按照现行规范复查原设计所采用的数据和资料、设计方法及安全度，对设计进行全面复核，评价大坝设计是否安全；施工复查主要是复查施工阶段的主要数据和资料，审议施工方法、质量是否符合设计，施工中出现的一些特殊情况及所带来的不利影响因素对大坝安全的影响，对施工进行全面复查和评价；运行复查主要是全面了解和审查大坝自蓄水和竣工以来的运行情况，以及观测资料和分析成果，了解大坝维修情况及实际工作性态，对大坝安全运行进行评价。

首轮水电站大坝安全定期检查的组织形式主要由主管单位负责和组织。主管单位一般成立定检领导小组，负责领导整个定检工作，同时负责聘请专家，成立定检专家组，水电站还成立定检工作组，开展大坝定检的各项工作。专家组应由对大坝设计、施工和运行具有丰富经验的设计、施工、运行以及高等院校、科研单位相应的人员组成。首轮定检一般要召开三次专家组会议，开展现场检查，编写专题报告，最终专家组提出大坝安全定检报告，由主管单位审查后上报。

通过首轮定检，全面摸清了电力系统所属的水电站的安全状况，取得的主要成效如下：

(1) 基本上掌握了80年代前投入运行的水电站大坝的安全状况，查出了一批病坝、险坝和隐患。查清了大坝运行中的一些重大疑虑，使一些长期以来悬而未决的问题得到了解决；弄清了一些运行中出现的异常情况；对一些严重缺陷的危害程度作出了明确的评价。

(2) 增强了各级主管领导的大坝安全意识，充分认识到大坝安全是关系到国民经济建设和人民生命财产安全、社会稳定的大事。在水电站的运行管理中，把大坝安全作为安全管理中的头等重要大事来抓。

(3) 许多水电站对水电站大坝目前存在的主要问题和一些不安全因素的实际危害程度有了更深的认识。在大坝定检过程或在定检以后，为了改善大坝安全状况，针对大坝存在不同程度的缺陷，将大坝补强加固作为确保大坝安全的重点工作来抓，促进了大坝的消除缺陷处理和补强加固，普遍改善了大坝的安全状况，提高了大坝的安全度。

(4) 在定检工作的推动下，许多水电站针对原有的监测设施，修订或重新拟订了系统的改造方案，有力地推动了监测设施的更新改造和大坝安全监测系统自动化。同时通过定检中的资料分析专题工作，开展观测资料的整理和整编，观测整理分析工作得到了应有的重视，使观测工作逐步纳入制度化和规范化的管理轨道。

(5) 通过定检形成了一支既有丰富的理论知识和实践经验、又熟悉定期检查过程的具有一定权威性的专家队伍，同时也培养和锻炼了一大批具有相应业务能力、又有较强责任心的水工管理技术干部队伍。同时也充实并完善了大坝安全档案，提高了大坝安全管理水平。

(6) 在了解了大坝安全状态的基础上，掌握了大坝运行的规律，保证了大坝长期安全运行，在抗御特大洪水中参与拦洪削峰，减少了下游的损失，充分发挥了社会效益；有些水电站通过定检，经过补强加固提高了运行水位，增发电量，直接提高了水电站的经济效益。

在大坝安全定期检查中，除了少数大坝因存在严重威胁或影响大坝安全的问题而被评为病坝、险坝外，其余的正常坝也不同程度地存在着某些缺陷或不安全因素。根据首轮定期检查中所发现的问题和缺陷统计，可以归纳为以下几类问题：①防洪标准偏低；②混凝土坝存在不同程度的裂缝；③部分坝基的抗滑稳定安全系数偏低；④坝基存在一定的缺陷；⑤坝体局部扬压力或浸润线偏高以及有明显的绕坝渗流现象；⑥坝体抗滑稳定和抗震问题；⑦坝体或泄洪建筑物在结构或强度方面存在的问题；⑧混凝土的低强、老化、冻融、剥蚀和碳化等混凝土性态问题；⑨泄洪建筑物本身及大坝下游的冲刷引起的局部破坏；⑩闸（阀）门、启闭机等水工金属结构的结构、强度和运行中存在的缺陷；⑪近坝库岸或大坝附近存在不稳定山体或岩体；⑫大坝安全监测设施陈旧、失效、缺项；⑬水库淤积；⑭其他综合问题。定检以后，各主管单位和水电站除重点抓了险坝、病坝的治理外，还对大坝存在的各类问题和缺陷进行了处理。截至1999年底，定检中查出的问题和缺陷大部分已经处理或正在处理。但是应该注意的是，大坝安全状况是一个动态变化过程，大坝在各种外界条件的作用下，安全状况会不断发生变化，因此大坝安全管理不能是一劳永逸，还必须认真做好大坝安全定期检查工作。

（国家电力公司大坝安全监察中心 沈家俊）

第二轮水电站大坝安全定期检查进展

（一）规划

电力系统第二轮水电站大坝安全定期检查工作于1997年开始进行，在对青铜峡、枫树坝两座水电站大坝的第二轮定检试点工作经验的基础上，国家电力公司制定了第二轮水电站大坝安全定期检查规划进度，要求在1997年～2003年内完成公司所属（或代管）的86座大坝的第二次定检和33座大坝的首次定检工作，其他一些非国家电力公司系统大坝（包括广东、海南所属大坝及天桥大坝共11座）也一并列入规划中。具体定检规划为1997年5座，1998年21座，1999年20座，2000年22座，2001年18座，2002年20座，2003年24座。

在总结首轮定检和第二轮定检试点工作的基础上，为进一步规范大坝安全定检工作，国家电力公司对第二轮定检工作作了如下规定：

(1) 第二次定检专家组一般由5～7人组成，为保持定检工作的连续性，其中至少有一名首轮定检的专家参加。与水电站大坝建设和管理有直接关系的专家应不超过专家总数的2/3，大坝安全监察中心应派员参加专家组，专家组组成由主管单位和大坝安全监察中心协商确定。

(2) 第二轮定检需对首次定检后的补强加固和更新改造工程进行安全评价，为此，应先期组织补强加固工程的竣工验收，向专家组提供竣工验收资料。

(3) 为确保定检工作质量，定检中的水工金属结构检测、水下检查、监测仪器的检查鉴定和监测设施更新改造及监测资料分析等项目，应委托经确认有资质的法人单位承担。

(4) 水工金属结构检测可参照《水工钢闸门和启闭机安全检测技术规程》（SL101—94）开展工作，具体检测内容及项目由专家组确定。

(5) 为便于专家组进行安全评价，水下检查在专家组的领导下，重点作好关键部位、受损（或怀疑受损）部位的检查，检查报告应有总体描述、受损部位范围及破坏程度等内容。

（二）进展

作为试点，青铜峡、枫树坝两座水电站大坝的第二次定检工作于1997年开始，1998年结束。在此基础上，第二轮定检工作在全国范围内展开。截止到2000年4月，已完成青铜峡、枫树坝、上犹江、乌江渡、葛洲坝大江、石泉、新丰江、潘家口下池、东江、小东江、苦蒿坪、普定、李官、修文、古田一级、百丈漈、镜泊湖、纪村等18座水电站大坝定检，除李官水电站大坝因洪水标准不满足规范要求而被专家组评定为病坝外，其余均评定为正常坝。

截止到2000年4月，共有27座大坝正在进行定检，即富春江、湖南镇、黄坛口、成屏、上标、梅山、沙溪口、范厝、良浅、刘家峡、以礼河一级、西津、太平哨、水东、万安溪、安砂、沙田、盐锅峡、八盘峡、渔子溪一级、渔子溪二级、红岩、拉浪、流溪河、南水、大山口、铁门关、托海等水电站大坝。

2000年计划开展第二轮定检的大坝共22座，除4月底前已开展5座外，将陆续开展珠窝、回龙山、桓仁、陈村、古田三级、罗湾、马迹塘、南河、黄龙滩、狮子滩、百花、西洱河一级、西洱河二级、西洱河三级、西洱河四级、长湖、广蓄等17座水电站大坝的定检工作。

第二轮定检工作的开展，进一步增强了各级领导的大坝安全意识，加深了对大坝安全状态的了解，促进了大坝的补强加固和监测设施的更新改造工作，提高了大坝的安全水平和管理水平。1998年国务院机构改革后，由原电力工业部承担的水电站大坝安全管理方面的行政职能并入国家经贸委，国家经贸委于1999年初授权国家电力公司，明确由大坝安全监察中心对电力系统水电站大坝安全工作进行管理，这体现了政府对大坝安全工作的重视，大坝安全定期检查工作在制度化、规范化和标准的统一性方面将更趋完善。

（国家电力公司大坝安全监察中心 谢宵易）

丰满水电厂大坝首次安全定期检查

丰满水电厂大坝首次安全定期检查，在东北电业管理局、“大坝定检”领导小组领导下，组成以陈道周为组长、宋恩来为副组长的专家组，丰满水电厂和东北勘测设计研究院、大连理工大学、清华大学、武汉水利电力大学、天津大学、中国水利水电科学研究院工程抗震研究中心等单位参加。从1995年初开始到1998年末历经近4年时间，圆满完成预期的各项任务。对丰满大坝安全作出的评价，为丰满大坝今后的安全管理和补强加固提供了依据。

丰满大坝定检开展得比较晚，而且时间拖得长，其主要原因是筑坝的基本资料残缺不全，补充很困难，遗留问题多。另外，自1988年开始的大坝加固工程到1997年末才基本结束。

丰满大坝定检经历了6个阶段，即：①审批"大坝定检"工作计划；②收集整理原始资料；③现场调查；④编写报告；⑤大坝重要问题的审查；⑥定检总报告的编写、审定及上报。从1995年5月第一次专家会议后到1998年11月共进行了4次全体专家组会议和5次专家专题会议。与兄弟厂相比，丰满大坝的定检工作突出了原始资料收集和地质参数、洪水系列、抗震能力等重点问题的审查。

丰满大坝定检共形成技术报告、资料、调查图、照片达58份。为使定检报告和技术资料做到编排统一、格式标准、符合规范、便于阅读和审查，提高技术专题报告和技术参考资料的整体水平，报告编写前曾向各编写单位及人员提出《丰满大坝首次安全定期检查有关资料、报告的编写说明》。考虑到丰满大坝本次报告和资料较多，为了查找和阅读方便在印刷时按定检总报告、定检分报告、专题报告、技术资料、调查资料分为5个层次，将封皮分成5种颜色，统一印刷。

丰满大坝首次安全定期检查基本结论为：丰满大坝稳定总体上基本达到现行规范要求，在坝体结构强度方面，目前虽已部分加固，但整体性仍较差，存在低强混凝土及纵缝等不利影响，大坝结构处于较高应力状态，今后在高水位下遇8度地震的不利条件下，大坝有可能出现局部损伤；对照《水电站大坝安全管理办法》及相应《水电站大坝安全检查施行细则》规定的大坝安全评价标准，丰满大坝虽尚可列为正常坝运行，但存在着一些先天性的缺陷，结构安全度偏低，今后应抓紧研究，采取有效措施，提高安全度，以利于大坝长期运行安全。

（丰满水电厂　高官堂）

青铜峡水电站大坝第二次定检

（一）概况

青铜峡水电站首次大坝安全定期检查于1991年结束，被评定为病坝，评为病坝的主要原因是：①电站坝段的贯穿性裂缝破坏了坝体的整体性；②电站结构补强平压水箱锈蚀，难以长期安全运行。经过6年多的努力，补强加固工作取得了显著成效。根据原电力部和大坝安全监察中心的安排，作为全国第二轮大坝安全定期检查的试点，于1997年1月～12月进行了第二次定检，被评为正常坝。

（二）第二次定检的主要内容

(1) 对大坝补强加固、技术改造工作进行详细检查。检查项目主要有，电站坝段3号胸墙裂缝防渗漏处理、电站坝段平行坝轴线三大条贯穿性裂缝防渗漏和补强处理、24号、25号坝段下F_5、F_6断层补强固结灌浆、电站结构补强平压水箱检查试验与运行维修方案、大坝变形监测系统改造、水情自动测报系统等。

(2) 设计复核。对电站坝段蜗壳及3号胸墙按裂缝及裂缝充水状态进行了结构强度复核；对首轮定检未复核的右岸土坝进行了设计复核。

(3) 金属结构检测。对金属结构及其辅助设施在进行锈蚀、变形、焊缝、材质检查测试的基础上，抽样对泄洪闸、溢流坝、泄水管及机组进水口工作闸门进行结构应力、启闭力、振动情况测试，根据测定的参数按现行规范进行了设计复核。

(4) 大坝观测资料分析及结构正反分析。应用多种方法和模型，分析弄清电站坝段和重力坝的4号、5号、24号、25号、29号坝段向上游位移、33号坝段向下游位移及河西下导墙向河床位移各"疑点"的物理成因，分析大坝工作性态，拟定大坝安全监控指标。

(5) 水下检查。对下游河床护堤进行水下地形测绘，对重点部位进行潜水检查。

（三）第二次定检的结论

经专家组对大坝安全状态的仔细检查和分析研究认为：青铜峡大坝泄洪能力可以宣泄千年一遇以上的洪水；混凝土大坝和右岸土坝抗滑稳定和结构强度，均满足现行规范要求；坝基帷幕工作正常，扬压力系数低于设计值0.35；24号、25号坝段基础断层破碎带已进行了固结灌浆；大坝变形符合一般规律；闸门及启闭机工作正常，强度和变形符合现行规范要求；顺坝轴线方向的三条大裂缝，虽然破坏了大坝的整体性，但经分析核算，不影响大坝的稳定性；电站坝段3号胸墙和蜗壳顶板裂缝，经分析计算，结构强度可满足现行规范要求；经实际检查测试，平压水箱可以继续安全运行。因此专家组认为青铜峡水电站大坝是安全的，评定为正常坝。

（宁夏省电力局　贾恩宏）

大坝安全鉴定

水电建设工程安全鉴定情况

（一）概况

为加强水电工程建设阶段的工程安全管理，提高工程验收工作质量，原电力工业部于1995年开始在十三陵、大广坝、岩滩、李家峡等水电站的工程验收中推行安全鉴定工作。1997年4月原电力工业部颁发了《水电建设工程安全鉴定暂行规定》，明确规定，水电建设工程水库蓄水验收及工程竣工验收前均应进行工程安全鉴定。1998年3月，原电力工业部颁发了《水电建设工程安全鉴定规定》，使安全鉴定工作更加规范化和科学化。1999年2月国家经贸委颁发了《水电工程验收管理暂行规定》，进一步明确了安全鉴定的管理工作。至2000年完成了十三陵、五强溪、漫湾、东风、龙羊峡等19个水电站的竣工安全鉴定，二滩、天生桥一级、李家峡、天荒坪等10个水电站的蓄水安全鉴定见附表。

水电建设工程安全鉴定情况汇总表

序号	水电站名称	装机容量（MW）	坝高（m）	坝型	安全鉴定阶段	完成时间	鉴定单位
1	十三陵	800	75①	混凝土面板坝	蓄水 竣工	1995 1998	水电规划设计总院
2	大广坝	240	55 44	混凝土重力坝 均质土坝	竣工	1996	大坝安全监察中心
3	岩滩	1210	110	混凝土重力坝	竣工	1996	水电规划设计总院
4	李家峡	2000　一期：1600	155	双曲拱坝	蓄水	1997	水电规划设计总院
5	隔河岩	1212	151	单曲混凝土拱坝	竣工	1997	水电规划设计总院
6	松江河小山	160	86.3	混凝土面板坝	蓄水	1997	水电规划设计总院
7	天荒坪	1800	上库72② 下库92	沥青混凝土面板坝 混凝土面板坝	蓄水	1997	水电规划设计总院
8	漫湾	1250	132	混凝土重力坝	竣工	1998	水电规划设计总院
9	水口	1400	101	混凝土重力坝	竣工	1998	业主单位
10	天生桥一级	1200	178	混凝土面板坝	蓄水 竣工	1998 2000	水科院
11	五强溪	1200	87.5	混凝土重力坝	竣工		大坝安全监察中心
12	二滩	3300	240	双曲拱坝	蓄水 竣工	1998 200	水电规划设计总院
13	东风	510	162	双曲拱坝	竣工	1998	水科院
14	铜街子	600	79	混凝土重力坝	竣工	1998	四川电力局
15	凌津滩	270	52	闸坝	蓄水	1998	大坝安全监察中心
16	莲花	550	71.8 47.2	混凝土面板坝 黏土心墙坝	竣工	1998	水电规划设计总院
17	大峡	309.2	72	闸坝	竣工	1998	水电规划设计总院
18	芹山	70	120	混凝土面板坝	蓄水 竣工	1999 2000	水电规划设计总院
19	龙羊峡	1280	178	重力拱坝	竣工	2000	水电规划设计总院
20	铜头	80	75	双曲拱坝	竣工	2000	水电规划设计总院
21	雨城	60	32	闸坝	竣工	2000	水电规划设计总院
22	高坝洲	252	57	混凝土重力坝	蓄水	2000	水电规划设计总院
23	安康	800	128	混凝土重力坝	竣工	2000	水科院
24	宝珠寺	700	132	混凝土重力坝	竣工	2000	水科院
25	棉花滩	600	111	碾压混凝土重力坝	蓄水	2000	水电规划设计总院

① 坝顶至坝趾高差118m，上库钢筋混凝土防渗总面积17.4万m^2。

② 上库沥青混凝土防渗总面积28.6万m^2。

（二）安全鉴定是水电建设工程蓄水验收和竣工验收的必要依据

工程安全鉴定分为蓄水安全鉴定、竣工安全鉴定、专项安全鉴定。蓄水安全鉴定是水库蓄水验收的必要依据，水库蓄水验收前必须进行蓄水安全鉴定；竣工安全鉴定是工程竣工验收的必要依据，工程竣工验收前必须进行竣工安全鉴定；建设过程中，发现工程存在安全隐患时，应针对发生问题的情况和部位（或项目）及时对工程进行专项安全鉴定。

蓄水安全鉴定的范围是大坝及与蓄水安全有关的工程项目，竣工安全鉴定的范围是以大坝为重点的整个枢纽工程，一般不含发电厂的机电工程，但项目法人或验收委员会主任委员单位认为有必要时，也可将该项目纳入鉴定范围。工程安全鉴定的工作重点是，依据国家（行业）规程规范、国家有关部门批准的项目可行性研究报告（或原初步设计）和专题报告、合同文件规定的质量和安全标准，检查设计、施工等方面是否存在影响工程安全的问题，提出工程安全评价意见。对不符合上述规程规范、设计文件、标准并涉及工程安全的问题，应认真分析其对工程安全的影响程度，并作出评价意见和安全措施的建议；对虽符合上述规程规范、设计文件、标准，但权威专家认为存在工程安全问题的，也应对其进行分析和作出评价。

（三）安全鉴定的组织管理和责任

工程安全鉴定工作，由项目法人委托经原电力工业部确认有资格的单位承担，接受委托负责工程安全鉴定的鉴定单位成立专家组开展工作。在特殊情况下，经验收委员会主任委员单位和水电质监总站同意，工程安全鉴定工作由项目法人负责聘请工程建设单位以外的专家，组成专家组进行。鉴定单位和鉴定专家组向验收委员会和水电质监总站负责，独立地开展工作，提出客观、公正、科学的鉴定报告，并对鉴定结论负责。鉴定专家组由有较高专业水平、丰富的工程经验、高级工程师以上职称的人员组成。专家组组长应由权威专家担任。

鉴定专家组的主要工作内容是：①听取建设各方的情况介绍，阅读研究有关安鉴和验收资料并进行现场调查。②检查工程形象面貌是否符合蓄水或竣工要求；检查工程质量（包括设计、施工等）是否存在影响工程安全的问题，对关键部位、出现过质量事故的部位以及专家有怀疑的部位要进行重点检查；检查洪水设计标准、工程泄洪设施的泄洪能力、消能设施的安全可靠性、防洪度汛方案是否符合防洪和度汛安全的要求。③蓄水安全鉴定时，还应检查下闸蓄水封堵方案的可靠性；检查工程地质条件、基础处理、滑坡及其处理、工程防震是否存在不利于建筑物安全的隐患；检查工程监测设施、监测资料及分析成果是否完善并符合要求。④作出工程安全评价，提出安全鉴定报告。水电工程竣工安全鉴定可代替第一次大坝安全定鉴。

（四）水电建设工程安全鉴定工作产生了良好的效果

通过安全鉴定，水电建设工程建设过程中存在的一些有关安全的各种疑虑得到澄清或作出结论，因地质、设计、施工等条件的变化而产生的安全隐患基本上得到了及时纠正和解决，工程中存在的一些有关工程安全的问题得到了业主单位的重视，采取了相应安全措施。水电建设工程安全鉴定，既使建设工程安全得到进一步的复核和鉴定，同时也基本满足了工程建设按期验收的要求，产生了良好的效果。1999 年，水利部参照电力部的做法，在小浪底、江垭、满拉等水利水电工程中开始推行安全鉴定工作。

（水电水利规划设计总院　许蜀蓉）

二滩水电站工程安全鉴定

二滩水电站混凝土双曲拱坝高 240m，水库总库容 58 亿 m^3，地下厂房安装 6 台单机容量为 55 万 kW（共 330 万 kW）的水轮发电机组。电站于 1991 年 9 月正式开工，1998 年 5 月 1 日水库下闸蓄水，1998 年 8 月 18 日第一台机组并网发电。1999 年 12 月电站全部建成投产。

为确保二滩水电站蓄水的工程安全和电站枢纽的长期安全运行，根据原电力工业部 1997 年 4 月颁发的《水电建设工程安全鉴定暂行规定》和 1998 年 3 月颁发的《水电建设工程安全鉴定规定》，二滩水电站在水库蓄水验收前和工程竣工验收前，先后进行了蓄水安全鉴定和竣工安全鉴定，并以此作为工程验收的必要条件和依据。

二滩水电站的蓄水安全鉴定和竣工安全鉴定的负责单位均为中国水电顾问有限公司（原中国水利水电建设工程咨询公司、中国水电水利及新能源发电工程顾问有限公司），系经原电力工业部《关于二滩水电站蓄水验收有关事项的批复》和国家经贸委《关于二滩水电站枢纽工程专项竣工验收有关事项的批复》所确认和授权的。二滩水电站业主二滩水电开发有限责任公司与中国水电顾问有限公司签订了相应的安全鉴定工作协议。中国水电顾问有限公司提出工作大纲，其主要内容是安全鉴定的主要依据、工作任务与工作范围、安全鉴定的要求和内容、所需主要资料和工作安排等，同时组成有大坝安全监察中心参加的安全鉴定专家组开展工作。业主组织设计单位成都勘测设计研究院、监理单位二滩建设咨询工程公司（原二滩工程公司）等参建单位准备并向安鉴专家组提供工作所需的各种报告和资料，配合专家组工作。

（一）蓄水安全鉴定

蓄水安全鉴定的范围是枢纽工程的挡水建筑物、泄水建筑物、两岸边坡及下游消能防护工程和库岸稳定等。蓄水安全鉴定经历了大坝首次挡水安全监测检查和蓄水前安全鉴定两个阶段。

1. 大坝1997年度汛及大坝首次挡水安全监测检查　二滩工程上游围堰按计划于1997年汛前拆除至设计高程，大坝（当时浇筑高度165m）在1997年汛期首次挡水。安全鉴定专家组于汛前5月8日～14日在工地听取了各方面的报告、查阅书面资料、现场调研，经分组讨论研究后提出了《二滩水电站大坝1997年度汛及大坝首次挡水安全监测检查意见》，认为1997年度汛大坝施工期首次挡水满足200年一遇校核洪水标准的规范要求，是安全可靠的。随后编制并提出了蓄水前安全鉴定工作大纲（初稿）。

2. 蓄水前安全鉴定　二滩水电站于1997年11月4日导流洞下闸，由坝身临时导流底孔二次导流。于1998年5月1日临时导流底孔下闸，水库蓄水，当时大坝尚未完建，浇筑高度230m，封拱高度210m。安全鉴定专家组于1997年11月24日～12月5日和1998年2月13日～3月8日两次现场工作，听取业主、设计和监理单位关于工程进度、工程地质、设计、监理和观测资料分析等报告，查阅资料、现场调研，修改工作大纲，拟定安全鉴定报告编写提纲，提出需要补充的工作和资料；通过分专业查阅补充资料和观测成果，抽查施工质检原始资料，组织有关单位讨论，编写并提出安全鉴定报告初稿，与参建各方交换意见。经修改补充完善，于1998年3月底提出了《二滩水电站蓄水前大坝安全鉴定报告》，认为“二滩水电站挡水建筑物、泄水建筑物、两岸边坡及下游消能防护工程的主要设计原则及标准符合规程、规范的规定，并经上级主管部门审批；工程质量检查，总体上满足规程、规范和设计要求；在进一步完善1998年度汛方案并经上级主管部门审批、落实后，可以实现1998年5月1日水库下闸蓄水和1998年度汛的工程安全，为首台机组发电创造条件。”

在此基础上，1998年4月23日完成了二滩水电站蓄水阶段的国家验收。1998年5月1日水库顺利下闸蓄水并安全度汛。

（二）竣工安全鉴定

竣工安全鉴定的范围是以大坝为重点的整个枢纽工程。二滩水电站地下厂房工程于1998年12底基本完工，1999年4月拱坝工程基本完建，6台水轮发电机组于1998年8月18日～1999年12月4日相继并网发电，大坝及枢纽建筑物已经受两个汛期洪水的考验，运行正常。鉴于左岸过木机道土建工程虽已按设计要求建成，但因国家实行天然林保护政策，上游停止砍伐森林不再漂木而停止了过木联运机安装外，6台水轮发电机组的投运也已经国家经贸委授权的机组启动验收委员会检查验收，故二滩水电站竣工安全鉴定不包含过木机道工程和发电厂的机电工程。

中国水电顾问有限公司在完成蓄水安全鉴定的基础上，组织竣工安全鉴定专家组，提出竣工安全鉴定工作大纲和所需资料要求，于2000年3月6日～20日和5月17日～30日两次到现场工作，工作方法和步骤与蓄水前安全鉴定基本相同。2000年6月底完成了《二滩水电站竣工安全鉴定报告》，鉴定结论是：二滩水电站水库1998年5月蓄水，1999年12月全部6台水轮发电机组投入运行，工程形象面貌达到了《水电站基本建设工程验收规程》规定的竣工验收条件；工程前期及建设过程的有关工程文件和资料表明，工程主要设计原则及标准符合规程、规范的规定，并经上级主管部门审批，工程质量符合合同规定及设计要求；工程运行水位已基本达到正常蓄水位，监测成果及现场检查表明，工程运行正常；因此，工程建设质量满足了大坝和其他主体工程安全运行的要求，枢纽工程已经具备了竣工验收的条件。

（二滩水电开发有限责任公司　黄新生　颜福林）

大广坝水电站竣工工程验收质量鉴定

大广坝水电站位于海南省西部东方县境内昌化江中游，坝址距海口市275km，距八所港48km。坝址上游流域面积3 498km^2，总库容15亿m^3。水力发电枢纽由混凝土溢流坝和非溢流坝、电站进水口和压力钢管、地下厂房、尾水隧洞及调压井、地面式开关站等组成。拦河大坝全长5 842m，其中混凝土坝长719m，最大坝高57m；土坝长5 123m，最大坝高44m。电站装机4台，总容量240MW，多年平均发电量为5.2亿kW·h。总灌溉面积99.5万亩。正常蓄水位140.00m。

大广坝水利水电枢纽工程由原国家能源投资公司、水利部与海南省合资共建，部分利用世界银行贷款，是电力部基建项目中首批实行三项制度改革的重点工程之一，工程的设计、施工和安装均采用邀请招标的方式优选。该工程勘测设计工作始于1964年，1987年10月完成初设报告（最终），1989年7月世界银行提出评估报告，1990年6月国家计委批准工程正式开工，1993年12月下闸蓄水，1995年3月4台机组全部投运。

根据原电力部水农建（1995）37号文《关于大广坝水电站工程竣工验收及工程质量鉴定有关问题的通知》，大广坝工程质量鉴定工作由大坝安全监察中心负责组织进行。专家组由14位专家组成，电力部华东勘测设计研究院专家委员会主任委员张发华任组长。同时组织工作组、指挥部、设代处、施工处、监理处、水电站均派主要人员配合专家组工作。鉴定工作从1995年8月开始，1996年4月结束。

大广坝水电站工程质量鉴定试点工作全部在工程现场进行。1995年8月13日～20日，召开专家组第一次会议；1995年9月18日～25日，张发华和林昭2人到现场重点对土坝作了调查；1996年3月7日～14日，张发华等3人到现场了解1995年度汛情况和第二次专家组会议准备情况；1996年4月2日～19日，召开专家组第二次会议。专家通过现场检查、听取介绍、详细查阅资料和重点质询讨论，从勘测、设计、施工和运行各个环节了解和分析工程的主要技术质量问题和工程安全现状，编写完成工程质量鉴定报告和各项专题报告。1996年4月定稿，正式提交建设单位。

工程竣工安全鉴定主要结论是：工程指挥部及参建各方，质量控制严格，各单项工程均经过分部、分项验收。工程自蓄水发电以来，已经历两次强热带风暴，库水位最高曾达137.25m，工程经受了初步考验。监测资料及现场检查表明，主要建筑物情况基本正常，运行安全。专家组一致认为，该工程的质量总体上是好的，可以正常蓄水运行，具备竣工验收条件。

（国家电力公司大坝安全监察中心　王理华）

五强溪水电站工程竣工安全鉴定

五强溪水电站位于湖南省沅陵县境内沅水干流中下游，上游距沅陵县城73km，下游距常德市130km。坝址以上控制流域面积83 800km^2，水库总库容43.5亿m^3，为季调节水库。水力发电枢纽由混凝土实体重力坝、坝后式厂房和三级船闸组成。混凝土实体重力坝最大坝高85.83m，坝顶高程117.50m，坝顶全长717.73m。电站装机5台，总装机容量1 200MW，多年平均发电量53.7亿kW·h。工程以发电为主，兼有防洪、航运等综合效益。

五强溪水电站曾于1980年列入国家计划，并开始进行施工准备，后因种种原因暂停建设，于1986年开始复建，由湖南省和原水利电力部集资建设。1988年10月主体工程正式开工，1994年11月临时通航孔下闸蓄水，同年12月第一台机组并网发电；1995年2月船闸正式通航；1998年工程全部竣工。

根据原电力工业部水电建设工程质量监督总站电水质监［1998］17号文《关于五强溪水电工程竣工安全鉴定的批复》，国家电力公司大坝安全监察中心受五强溪水电建设公司的委托承担五强溪水电站工程竣工安全鉴定工作。国家电力公司大坝安全监察中心成立了以中国工程院院士谭靖夷为顾问、大坝安全监察中心常务副总工程师沈家俊为组长、由16位专家组成的工程竣工安全鉴定专家组，进行五强溪水电站工程竣工安全鉴定工作，同时组织工作组配合专家组工作。鉴定工作从1998年3月开始，1999年8月结束。

五强溪水电站在1995年和1996年连续两年遭遇了大洪水，左、右消力池分别遭受严重破坏。特别是“96.7”洪水，在非常恶劣的运行工况下，右消力池形成了最大深度约40m的冲坑，长约50m，宽约16～25m，冲坑倒悬最上游点离坝趾仅3～4m，虽然采用浇筑水下混凝土方式回填，但能否安全运行，仍为大家所关注。大坝基础渗水量非常大，最大渗水量达3 790～4 330m^3/d。坝体渗漏水量以实测总渗漏量最小值按比例推算达110～330m^3/d。工程较为复杂，因此大坝安全监察中心对五强溪水电站工程竣工安全鉴定工作非常重视。自1998年3月在五强溪工地召开了五强溪水电站工程竣工安全鉴定第一次会议开始，其后的一年多时间里先后召开了工程竣工安全鉴定第二次会议和第三次会议及若干次小范围的专家组会议。专家们为了全面掌握工程实际情况，认真听取工程建设各方的介绍，多次到现场对大坝、厂房、泄水设施、船闸、金属结构、监测设施、左岸高边坡和近坝库岸进行了现场检查，仔细查阅有关资料，进行专业对口的专题讨论，详细了解影响工程安全方面的问题，对一些影响工程安全的重要问题进行了认真的分析讨论。专家组在充分了解工程情况的基础上，认真编写鉴定报告，按计划完成五强溪水电站工程竣工安全鉴定工作。国家电力公司大坝安全监察中心于1999年7月正式提交《五强溪水电站工程竣工安全鉴定报告》。

工程竣工安全鉴定认为：五强溪水电站水力发电枢纽布置紧凑、协调合理；防洪标准符合规范要求，洪水分析及洪水调节成果可信；泄流能力满足防洪调度需要；水库无渗漏之虞，近坝库岸不致产生大规模急剧变形，不影响大坝安全运行，左岸边坡变形已趋稳定，不影响船闸基础的稳定和安全；厂坝基础经处理后能满足建筑物要求，利用的建基面和选用的岩体力学强度指标合适，各建筑物的稳定和应力满足规范要求；大坝、厂房和船闸的基础处理、混凝土工程、闸门及其启闭机等金属结构施工以及安装质量均符合设计和有关规范要求，工程缺陷已作了处理；目前大坝变形性态正常，应力变化规律合理，厂坝基础扬压力小于设计值；消力池冲坑回填水下混凝土已作过补强处理，修复后的左、右消力池均可投入正常运行。综上所述，本工程设计符合规程规范，施工质量合格，工程运行正常，大坝应属正常坝，已具备竣工验收条件。

根据国家电力公司安排，1999年8月30日～31日召开了五强溪水电站枢纽工程专项竣工验收会议，竣工验收委员会同意五强溪水电站枢纽工程通过专项竣工验收。

（国家电力公司大坝安全监察中心　陈学军）

东风水电站工程竣工安全鉴定

根据原电力部《水电建设工程安全鉴定规定》的要求，经水电建设工程质量监督总站同意，1997年12月，乌江水电开发有限责任公司与中国水利水电科学研究院签定了《东风水电站枢纽工程安全鉴定》合同。中国水利水电科学研究院随即组成专家组和工作组。

1997年12月8日～12日，安全鉴定专家组、工作组赴现场召开东风水电站安全鉴定第一次会议。乌江水电开发有限责任公司、贵阳勘测设计研究院、中南勘测设计研究院、中国水利水电第九工程局、东风水电站等单位向专家组介绍了工程设计、施工和运行情况，专家组在工地现场进行了认真查勘后，提出了东风水电站枢纽工程竣工安全鉴定工作大纲。工作大纲中明确了该项安全鉴定工作的范围是以双曲拱坝为重点的整个枢纽工程。

1998年6月15日～21日专家组与工作组赴贵阳和工地现场召开第二次工作会议。在第二次工作会议上，专家组听取了设计复核、施工复查报告的主要结论。在现场查看了混凝土芯样、裂缝、渗水等情况，并分专题对拱坝坝肩稳定、泄水建筑物、混凝土质量、地质与施工、金属结构与机电等开展了认真的讨论。专家组还撰写了安全鉴定报告的详细提纲。

1998年10月上旬，专家组将报告初稿交乌江水电开发有限责任公司及有关单位征求意见，1998年11月定稿，提交建设单位，完成工程的竣工安全鉴定工作。

东风水电站竣工安全鉴定主要结论如下：东风水电站1994年下闸蓄水，近3年来都曾较长时间在正常蓄水位附近运行，枢纽建筑物经过高水位考验，在对坝身中孔裂缝等缺陷处理后，各项原型观测及现场试验资料都表明水电站枢纽运行正常，设计和施工质量是比较好的，大坝处于安全运行状态。各项技术资料也较齐全，已具备竣工验收条件。

通过这次安全鉴定，对东风水电站水工枢纽建筑物作出了科学的安全评价。对大坝的安全现状有了清楚的了解，并充实了大坝的安全档案。对东风水电站大坝存在的主要问题和一些不安全因素有了更深的认识，促进大坝缺陷处理和监测设施的更新改造工作的实施，提高大坝的健康水平和安全管理水平。

工程竣工安全鉴定中发现的缺陷和不安全因素主要有：①大坝右坝肩是处于稳定状态，但安全储备偏小；②中孔裂缝原因已查清，并已作工程处理，效果明显，但仍有些小裂缝未得到处理，也不排除产生新的裂缝的可能；③左坝头上部有局部混凝土质量欠佳，混凝土与基岩接触面也不紧密。

对存在的缺陷根据专家意见采取主要措施：①1999年～2000年对左右坝肩进行灌浆加固，增加幕后排水设施，加强变形和渗流场观测；②2000年3月华东勘测设计研究院和中国水利水电科学研究院在现场完成中孔内壁全封闭试验施工；③1999年～2000年对大坝安全监测设施进行部分更新和改造。

通过一系列的消缺和补强加固工作，使东风水电站大坝的健康水平进一步提高，保证了大坝及其他枢纽建筑物的安全运行。

（东风水电站　于海民）

龙羊峡水电站工程安全鉴定

龙羊峡水电站位于黄河干流上游青海省境内，工程任务以发电为主，兼顾防洪、灌溉等综合利用，电站装机容量为1280MW，多年平均发电量约为60亿kW·h。枢纽工程由混凝土重力拱坝，左、右岸重力墩，左、右岸副坝（混凝土重力坝），泄水建筑物，引水建筑物，坝后主副厂房，下游泄洪消能区等组成。

根据原电力工业部水电建设工程质量监督总结的安排，受青海省电力局委托，中国水利水电建设工程咨询公司承担了龙羊峡水电站工程竣工安全鉴定工作。安全鉴定工作范围是以龙羊峡重力拱坝为重点的整个枢纽工程土建部分和金属结构部分，以及上、下游近坝边坡治理工程等。其任务是为工程竣工验收对工程的安全问题作出综合评价意见。由于龙羊峡地处高震区，坝高库大，大坝的抗震安全性是控制工程安全的关键，因此，在安全鉴定工作中，重力拱坝的抗震安全拟作专题研究。

安全鉴定工作始于1998年11月，于2000年9月结束。其间在青海省电力局和黄河上游水电开发有限责任公司的组织下，经过建设各方（西北勘测设计研究院为设计单位，中国水利水电第四工程局为施工负责单位，龙羊峡水电站为运行单位）及专家组的共同努力，集中3次活动和1次重力拱坝动力分析技术讨论会，通过现场查勘、建设三方的自检和补充自检，专家组梳理问题，阅读工程资料，质询有关问题，并分析研究，交换意见，使安全鉴定工作得以顺利完成。

安全鉴定主要结论如下：基于安全鉴定的评价认为龙羊峡水电站工程总体是安全的，各建筑物工作状态未见明显异常，已具备进行竣工验收的条件，存在问题在运行中需不断解决，以利于工程的健全和安全运行。

存在的主要问题及应采取的措施如下：

（1）目前安全监测系统尚不健全，为此，应尽快建立、恢复、健全相应观测项目。

（2）自施工以来，两岸地下水位长期居高不下，尤其是左岸高出设计水位和库水位较高，对坝肩稳定性极为不利。需继续分析查明原因，寻求并实施降低地下水位有效措施。

（3）泄水建筑物闸门及启闭系统目前运用极少，但都存在不同程度的问题，需安排水力学原型观测对体型设计予以验证，对过流表面不平整度还需调查处理。

（4）坝后裂缝成因及其性质、稳定性尚难确论，存在按现行抗震规范大坝混凝土抗拉强度仍存在不足的问题，因此，仍需加强管理和进行地震观测，并开展相应分析研究工作。

（5）对钢管内壁的锈蚀情况及栏污栅构架需适时进行一次全面检查，恢复并完善引水发电系统的监测。

（龙羊峡发电分公司　曹光明）

西藏满拉水利枢纽工程蓄水安全鉴定

根据水利部水建管［1999］177号文颁布的《水利水电建设工程蓄水安全鉴定暂行办法》的要求，受中国人民武装警察部队水电指挥部委托，水利部水利水电规划设计总院组织专家于1999年6月～8月，对满拉水利枢纽工程进行了蓄水安全鉴定。

满拉水利枢纽工程是西藏“一江两河”开发建设的骨干工程，是国家“八五”期间62项援藏项目中最大的一项工程。该工程位于西藏自治区日喀则地区江孜县的年楚河上，坝址距下游的日喀则市113km，距下游的江孜县城28km。工程以灌溉、发电为主，兼有防洪、旅游等综合效益。水库总库容为1.55亿m^3，装机总容量为20MW，装有四台单机容量为5MW的水轮发电机组，工程按百年一遇洪水设计，2000年一遇洪水校核，并且把坝址上游冰川湖—白湖的可能溃决洪水作为非常洪水进行复核。枢纽由心墙堆石坝、右岸泄洪洞、右岸发电引水系统组成。心墙堆石坝最大坝高76.3m，坝顶高程4261.3m，坝顶宽10m、长287m，上游坝坡1:1.85，下游坝坡1:1.70。河床部位有21～27m厚的卵砾石覆盖层，采用混凝土防渗墙的垂直防渗型式。泄洪洞为无闸门控制的侧槽自由溢流的泄洪洞，侧槽堰顶高程为水库的正常蓄水位4256m，泄洪洞为无压隧洞，分为龙抬头段和下水平段，下水平段与导流洞相结合，导流期间作为导流洞的一部分，泄洪洞全长为443.542m，洞径由进口断面11.0m×10.5m（高×宽）过渡到7.0m×10.5m，断面为城门洞型，采用挑流坎挑流消能，最大泄流量为1168m^3/s。发电引水隧洞为岸塔式进口，底板高程4225m，引水隧洞分为上平段和下平段，中间由一倾角为45°斜管段连接，总长度为996.13m，上平段衬砌断面内径为4.6m，下平段钢板衬砌断面内径3.4m。

满拉水利枢纽工程的建设由水利部委托武警水电指挥部履行该项目主管和建设职责，武警水电指挥部成立武警水电部队西藏工程指挥部负责现场协调管理，水利部东北勘测设计研究院为工程项目设计单位，该院咨询总公司为工程施工监理单位，武警水电第三总队为施工总承包单位，西藏满拉水利枢纽工程管理局为工程生产筹建及今后的运行管理单位。

满拉水利枢纽主体工程于1995年8月26日全面开工，在此之前武警水电三总队已于1994年8月进场着手施工准备工作。1995年7月导流洞贯通，1996年11月截流。

满拉水利枢纽蓄水安全鉴定的工作范围包括枢纽工程的心墙堆石坝、泄洪洞、发电引水隧洞、两岸边坡及下游消能工程等。

安全鉴定专家组在听取项目法人及设计、施工、监理等单位的情况介绍后，集中分析、研究了工程有关资料，并在现场进行了调查，进行了必要的检查和检测，在形成鉴定报告初稿后又与建设各方充分交换了意见，作出了工程安全评价。主要的结论与建议为：

（1）设计单位对满拉水利枢纽区域地质、水库工程地质以及枢纽工程地质条件所作的基本结论是合适的。该地区基本地震烈度为8度，工程设防烈度按8度，符合规范要求。

（2）该工程按百年一遇洪水设计、2000年一遇洪水校核并留有余地，同时又考虑按上游冰湖溃决洪水作为非常洪水校核是合适的。

(3) 根据坝址区地形地质条件及天然建筑材料分布，设计采用土质宽心墙（顶宽4.00m、最大底宽49.18m）堆石坝坝型是恰当的。为充分利用天然砂砾料，降低工程造价，在心墙上游侧与辉绿岩石料坝壳间设一层砂砾石过渡层及一层碎石过渡层，心墙下游侧与坝壳间设两层反滤层及一层碎石过渡层，砂砾石过渡层及两层反滤层均采用天然砂砾料，该心墙堆石坝的断面设计基本合理。坝体稳定、应力变形、渗流以及坝体、坝基沉陷计算基本符合规范要求，坝体应力变形以及渗透稳定计算成果均满足要求。对设计断面的稳定计算成果表明，坝体整体稳定。但在正常蓄水位遇8度地震情况下，上游坝顶局部有安全系数不满足规范要求的表层滑弧，设计采用在4248.5m高程埋设通体阻滑板梁，计算满足稳定要求，考虑到通体板梁影响坝体填筑的整体性，建议改善加固措施。

(4) 大坝4228m高程以下各部位填筑质量质检成果表明，坝体填筑质量已达到设计要求，但心墙填筑在4208m高程以下以干容重1.71g/cm^{3}作为质量最低控制标准，由于心墙土料中含砾量变化较大，黏粒含量偏低，且细粒部分的压实性能差异较大，因而心墙填筑仅用干容重指标是难以控制整体填筑质量的。

(5) 大坝河床基础为卵砾石覆盖层，采用0.8m厚混凝土防渗墙插入基岩，岩基进行帷幕灌浆，施工质量经检查孔压水试验，单位透水率小于5Lu，达到设计要求，但两岸坝肩地质勘探资料不够充分，地下水位变幅较大，尚需补充必要的地质工作，对两岸坝肩绕渗及防渗帷幕线的范围得出确定的结论并实施工程措施之后，方可确定下闸蓄水日期。

(6) 发电引水隧洞下平段在施工中曾发生过三次较大范围塌方，当时仅进行了施工期临时支护，而塌方段空腔情况不明，下闸蓄水前应摸清塌方段情况，提出处理方案并实施。

(7) 现场鉴定时，初步认定泄洪洞出口右岸山体为一边坡不稳定的堆积体，对泄洪洞出口的安全有一定影响，因而应在下闸蓄水前尽快补充地勘工作，查明该堆积体的性状，评价其对泄洪洞出口的影响，并提出处理措施。

(8) 大坝左岸上、下游均有一塌滑体，其近坝边界线分别距坝轴线为200m和165m，估算总体积分别为280万m^{3}和920万m^3，如其塌滑将对大坝及其建筑物的安全造成危害。专家组同意设计单位对塌滑体的评价，即上游塌滑体目前在自然条件下是稳定的，但在水库蓄水后约有48万m^{3}体积的塌滑体处于正常蓄水位之下；在8度地震情况下，可能产生塌滑，应按设计要求在蓄水前设置观测设施，便于运行中对塌滑体观测和预报。下游塌滑体正处于蠕动变形，虽然设计上已考虑了塌滑体对泄洪洞出口的影响，并对塌滑体底部采取了保护措施，但是该塌滑体距坝体及泄洪洞出口较近，应予以高度重视。并尽快恢复被破坏的监测设施，加强观测及观测资料的整理分析，以便对塌滑体的塌滑及时作出预报。

(9) 满拉水利枢纽在汛后下闸蓄水时，需封堵导流洞以便在一个枯水期内将导流洞“龙抬头”改建为泄洪洞，并保证泄洪洞汛期投入运用，为保证在枯水期内库水不超过无闸门控制的泄洪洞进口的侧堰堰顶，要求下闸蓄水时唯一的泄水通道发电引水隧洞能投入使用，并且通过发电机组出力泄放足够的水量，以确保枯水期库水位不超过泄洪洞进口侧堰堰顶。因而下闸蓄水方案应反映导流洞封堵及泄洪洞施工工期的要求、发电引水系统可以安全投入运行的时间安排等内容，建议应全面、系统地作出下闸蓄水方案和具体安排。

（水利部水利水电规划设计总院　马毓淦）

新疆乌鲁瓦提水利枢纽工程蓄水安全鉴定

受新疆乌鲁瓦提水利枢纽工程建设管理局的委托，水利部水利水电规划设计总院于1999年5月～7月组织专家组，对乌鲁瓦提水利枢纽工程进行了蓄水安全鉴定。安全鉴定专家组由以副总工程师司志明为组长的12名专家组成。蓄水安全鉴定范围为拦河坝、泄洪排沙洞、冲沙洞、发电引水洞、溢洪道、金属结构、建筑物基础处理、涉及工程安全的边坡稳定及下游消能防护工程等。

乌鲁瓦提水利枢纽工程是和田河支流喀拉喀什河中游的控制性工程，坝址以上集水面积19983km^2，占流域面积的90%，控制了全河径流量的97%，是一座具有灌溉、发电、改善生态、防洪等综合利用效益的骨干水利水电工程。水库校核洪水位1964.7m以下总库容为3.47亿m^3，正常蓄水位1962m以下库容为3.23亿m^3，调节库容为2.25亿m^3，防洪库容为0.28亿m^3，死库容为0.97亿m^3，为不完全年调节水库。工程建成后，可扩大灌溉面积69万亩，改善灌溉面积113万亩；水电站装机容量为6万kW，保证出力为1.65万kW，多年平均发电量1.97亿kW·h,还可使其下游喀拉喀什河及排孜瓦提两个径流电站年增加有效电量0.45亿kW·h；通过水库调节还可实现和田河平均每年向塔里木河供水10.57亿m^{3}的要求，维护和田河下游绿色走廊的生态环境；可将常遇洪水的洪峰流量削减到500m^3/s，将喀拉喀什河50年一遇洪水的洪峰流量削减至下游河道安全泄量 890m³/s，提高河道防洪能力，减轻洪水灾害。

枢纽工程由拦河坝、右岸开敞式溢洪道、右岸泄洪排沙洞、左岸冲沙洞、发电引水系统、主厂房、副厂房、户内式开关站等建筑物组成。

主、副坝均为混凝土面板砂砾石坝，主坝最大坝高 131.8m，坝顶长度 365m；副坝最大坝高 67m，坝顶长度 108m。主、副坝上游坡度为 1∶1.60，下游“之”形上坝公路间的坝坡为 1∶1.50，坝顶宽度为 12m。

枢纽工程由水利部新疆水利水电勘测设计研究院设计。大坝由陕西省水电工程局和新疆水电工程局共同承建。

主坝混凝土面板砂砾石坝最大坝高居国内同类坝型之首，在世界上列前 5 位。同时泄洪排沙洞、冲沙洞、发电引水洞运行水头也比较高，工程在设计、施工和建设管理方面都有一定的技术难度，特别是由于工程所在地区特殊的气候和自然地理条件，更增加了施工技术和建设管理的难度。工程设计总体上看是成功的，施工质量也是好的。经过安全鉴定专家组的认真工作和研究，主要鉴定结论是：

（1）初步设计审定和技施设计确定的工程等级和设计标准符合现行国家规范要求，建议右岸泄洪排沙洞在校核洪水情况下应参加泄洪，以确保大坝防洪安全运用。

（2）主、副坝技施设计基本合理，施工质量符合设计要求和有关规范规定。主要施工质量问题是混凝土面板裂缝，在采取补强处理后，能够满足工程正常运用要求。施工期的原型监测成果表明，大坝性状良好，未发现异常情况。

（3）枢纽工程地质条件较好，建基面岩石符合设计要求，主要工程地质问题是泄洪排沙洞、冲沙洞和发电引水洞进、出口及厂房的边坡稳定问题，经过工程处理，能够满足建筑物安全运用要求。

（4）泄洪排沙洞、冲沙洞、发电引水洞的选线、布置、设计体型及泄洪排沙洞、冲沙洞的消能形式合理可行。主要施工质量问题是混凝土裂缝、顶拱衬砌厚度不足和脱空现象，以及伸缩缝上水不良、混凝土表面不平整及错台等问题，已采取的补强措施，可以保证质量，满足设计要求。建议在上述三洞进、出口建筑物和边坡布置表面变形观测点，对发电引水洞出口部分的钢管及岔管段可适当布置钢管应力等监测仪器，加强安全监测。

（5）溢洪道的泄洪规模和布置合理，泄洪能力满足设计要求。

（6）各类建筑物的边坡经过稳定性核算后，对不稳定岩体已分别采取了加固措施，可以满足其安全运用要求。建议布设地表和深部变形监测网，并在蓄水前取得初始值。

（7）各类闸门、拦污栅、启闭机和压力钢管等金属结构布置合理，选型适宜，制造和安装质量基本良好，符合设计及施工规范要求，能够满足安全运用的要求。

根据蓄水安全鉴定报告要求，乌鲁瓦提水利枢纽工程在对蓄水前尾留工程和施工缺陷进行处理后，于 1999 年 8 月 22 日正式下闸蓄水，在满足水库下游用水要求的同时，实现了安全度汛，开始发挥效益。

（水利部水利水电规划设计总院　司志明）

大 坝 补 强 加 固

水电站大坝加固维修及其效益

（一）1986 年调查发现水电站大坝的缺陷和隐患

水电站大坝在运行中长期承受着水压力、渗压力等巨大荷载，并不断遭受渗流、溶蚀、冲刷、冻融等损害，随着时间的推移，筑坝材料日趋老化，原来采用的设计洪水和地震烈度可能增大，加之影响大坝安全的缺陷和隐患日益增多，因此，在 1986 年对 104 座水电站大坝进行调查时，发现了下列各类缺陷和隐患（见表 1）：

（1）由于大坝设计时洪水资料短缺，致使原分析的设计洪水偏小，或规划中拟建的上游梯级水电站未能修建，致使 16 座大坝防洪标准偏低。

（2）在 34 座溢流面及坝后遭受冲刷破坏的大坝中，坝高超过 30m 的混凝土坝占大多数。

（3）坝体产生裂缝或渗漏水严重的大坝数量最多，达 63 座，约占调查总数的 60%，其中支墩坝、拱坝等结构单薄的轻型坝，产生裂缝的现象比较普遍，而位于高寒地区遭受冻融损害的混凝土坝，坝体渗漏比较严重。

表1 1986年104座大中型水电站大坝调查统计表 座

大坝的缺陷或隐患分类	混凝土坝（83）			土石坝（21）			合　计
	坝高 70m以上 （29）	坝高 30～70m （36）	坝高 低于30m （18）	坝高 70m以上 （4）	坝高 30～70m （15）	坝高 低于30m （2）	
防洪标准偏低	3	4	2	2	5		16
溢流面及坝后遭受冲刷破坏	10	16	6		2		34
坝体裂缝或渗漏水严重	24	24	4	2	8	1	63
坝基、坝肩存在地质隐患或渗漏异常	21	24	3	1	5		54
近坝区产生滑坡	4	4	6		2	2	18
库区地震	3	1					4

（4）坝基、坝肩存在隐患或渗流异常的大坝数量较多，有54座，个别坝基软弱夹层在渗流作用下产生了泥化软化现象。

（5）有18座大坝的坝址附近和库区产生较大规模的滑坡，有的已威胁到大坝的安全。

（6）在4座库区产生诱发地震的大坝中，有的大坝遭受损坏比较严重。

这次调查表明，相当数量的大坝存在着不可忽视的重大缺陷或隐患，安全状况正常或比较正常的大坝，只占调查总数的10%左右，有22座病险情严重的大坝亟待加固处理。

（二）大坝加固与维修

自20世纪80年代中期开始，电力系统实行水电站大坝安全定期检查制度，在1986年调查的基础上，进一步通过设计复核、施工复查、运行总结和现场检查，认真查找大坝的缺陷和隐患，对其危害程度作出评价判断，同时制定出治理方案及时进行加固维修。至90年代末，大多数大坝已按计划完成了加固维修任务，规模较大的项目有600多项，累计投资约8亿元。93座大坝的主要加固维修项目（见表2），现分述如下。

表2 93座大中型水电站大坝加固维修分项统计表 座

序　号	加固维修项目	混凝土坝（75）			土石坝（18）		合　计
		重力坝 （56）	拱坝 （11）	支墩坝 （8）	土坝 （9）	堆石坝 （9）	
1	坝顶、防浪墙顶、防渗心墙顶加高	7	2	2	4	4	19
2	坝体裂缝处理	16	2	4	1		23
3	坝体、坝基预应力加固	3		1			4
4	坝基防渗补强	12	2	3	3		20
5	坝体防渗、坝面保护	11	1	2	5	3	22
6	溢洪道、泄洪洞、泄洪闸加固、扩建	17	6	3	5	5	36
7	坝后尾水消能防冲加固	16	4		1	2	23
8	边坡防护	10	2	1	2		15
9	监测设施更新改造	39	10	8	8	3	68
10	水工金属结构维修、更新	15	3	4	1		23

（1）修文、百丈漈一级、以礼河一级等19座大坝，经过坝顶、防浪墙顶、防渗心墙顶加高，有的再结合其他措施，达到了防洪标准的要求。修文拱坝坝顶加高了3m后，经复核坝肩抗滑稳定仍有较大裕度，坝体应力基本满足规范要求；以礼河一级土坝在国内首次采用复合土工膜技术对防渗心墙作了加高完善处理，经初步运行考验防渗效果良好。

（2）有23座大坝对裂缝作了较大规模的处理。

其中桓仁、柘溪、湖南镇大坝，从上游面对劈头裂缝封堵处理后，坝体渗漏量明显减少；珠窝大坝将裂缝严重的5个溢流坝面混凝土凿除50cm，用钢筋混凝土全面覆盖，防裂效果较好；青铜峡大坝厂房坝段平行于坝轴线有三大条贯穿性裂缝，和顺水流方向的胸墙裂缝，采用化学材料灌浆封闭处理，防渗止漏效果显著，增强了坝体的整体性。

(3) 为满足坝体抗滑稳定和结构应力的要求，西洱河二级、麻石、丰满、石泉4座大坝采用预应力锚索进行加固处理。其中丰满大坝加固范围最大，包括溢流坝西导流壁、泄洪洞集碴坑边墙、坝基断层和坝体，共完成预应力锚索376根；石泉大坝采用国内最大吨位的岩锚，共设1孔8000kN级、29孔6000kN级预应力锚索，竣工后经观测，符合设计要求。

(4) 在20座对坝基进行防渗补强处理的大坝中，陈村、古田三级、梅山大坝采用化学材料或磨细水泥对坝基帷幕补强灌浆，效果显著；纪村大坝在坝前增设垂直防渗墙，与延长后的水平铺盖相连接，将坝基排水系统前移至防渗墙后部较低位置，并对侧向绕渗作了截排处理，加固后坝基渗漏量减少为0，扬压力水位降至设计值以下，使坝基软弱红层的恶化趋势得到遏制。

(5) 丰满、红石、红枫、红口、大洪河等22座大坝，针对冻融破坏、水流冲刷、施工缺陷、止水失效、材料老化、人为活动等原因引起的坝体渗漏和坝面损坏，采取多种措施进行处理。其中红石大坝先后4期采用水泥和水溶性聚氨酯作为灌浆材料，进行堵、引、排综合治理，使坝体60个渗漏点减至7个，渗漏量明显减少；大洪河土坝结合白蚁防治，采用混凝土板块全面封闭坝坡，使坝面不易生长杂草，断绝白蚁食料。

(6) 在36座对溢洪道、泄洪洞、泄洪闸进行加固维修或扩建的大坝中，百花、红枫、江口大坝新增溢洪道后，泄洪流量达到设计要求；位于黄河上的刘家峡、盐锅峡、八盘峡大坝，针对水流中泥沙含量高，泥沙颗粒多为尖、棱角形，冲蚀严重的情况，采用环氧砂浆、铸石、硅粉砂浆等材料对泄水建筑物进行修补，防冲蚀效果较好；位于西南河道陡峻河流上的南桠河三级、渔子溪二级、映秀湾大坝，采用高强混凝土、C60钢纤维硅粉混凝土和钢板作为修补材料，对抗拒粗大颗粒的冲击磨损，有一定成效。

(7) 有23座大坝进行了坝后尾水消能防冲加固。其中龚嘴、八盘峡、黄坛口大坝抽干积水旱地施工，保证了工程质量；富春江、马迹塘、葛洲坝、西津、长湖、乌江渡、凤滩大坝广泛采用水下浇注不分散混凝土技术，也取得良好效果，富春江、凤滩、乌江渡大坝的消能防冲加固工程，已经过多次较大洪水的泄洪冲刷考验，经检查未发现损坏现象。

(8) 乌江渡、湖南镇、凤滩、盐锅峡等15座大坝的边坡防护工程规模较大。其中乌江渡大坝对上游左侧不稳定体减载处理后，不稳定体变形量大幅度减小，已趋于稳定；湖南镇大坝对左坝头不稳定岩体采取打锚杆、喷混凝土、修挡墙、修抗剪洞和布设排水系统等处理措施，保证了该部位的整体稳定。

(9) 有68座大坝对监测设施进行较大规模的更新改造。其中部分大坝的一些监测项目，开始实施数据自动化采集和集中处理；根据监测技术规范的要求，补齐必备的监测项目和更换陈旧的监测设施，是更新改造的主要内容，在改善观测条件、防止仪器锈蚀损坏方面，也做了大量工作。这些大坝的监测设施，经过更新改造，观测数据的精度有所提高，为评判大坝的运行性态及时提供了可靠信息。

(10) 有23座大坝对水工闸门和启闭设备作了较大规模的维修、改造或更换。其中葛洲坝水工闸门维护修理工程规模最大，该坝用5年时间，对总面积65 000m^{2}的各类闸门，全部进行喷锌防腐处理；西津大坝对强度不符合要求的17扇闸门，用钢板补焊后保证了正常启闭运行；建成于20世纪50年代的佛子岭、响洪甸、梅山、磨子潭大坝、其水工闸门和启闭机因运行多年而严重老化和损坏，已部分进行更换。

(三) 取得的成果

经过10多年的不懈努力，水电站大坝的安全状况得到全面改善，1986年调查和首轮大坝安全定期检查中发现的重大缺陷和隐患，大多数已经消除，被评定为正常坝的数量已达90%，在评为病、险坝的9座大坝中，青铜峡大坝已摘掉病坝帽子，修文、以礼河四级、绿水河3座大坝通过加固维修，已具备脱帽条件。由于水电站大坝能够稳定地按设计方案运行，发电效益得到充分发挥，并取得了巨大的防洪效益。如丰满大坝1995年当库区发生百年一遇大洪水时，与上游白山水库联合调度，控制下泄流量4 600m^3/s，削减洪峰60%，避免第二松花江堤防决口，减灾效益达176.8亿元；陈村大坝库区1996年连续发生大洪水，第一次入库洪峰流量10 850m^3/s时，拦蓄了全部洪量，第二次入库洪峰流量8 600m^3/s，经调蓄下泄流量减少为3 690m^3/s，两次滞洪削峰减灾效益达51.6亿元；柘林大坝在1998年长江大洪水中，多次滞洪削峰，共拦蓄洪水60亿m^3，为保护下游城镇和大片农田，保证京九铁路大动脉的畅通，作出巨大贡献。

（国家电力公司大坝安全监察中心　邢林生）

石泉大坝的补强加固

石泉水电站位于汉江上游陕西省石泉县境内，工程于1975年7月基本建成。石泉大坝为混凝土重力坝，坝顶高程416m，最大坝高65m，坝顶宽16m，全长353m，共有29个坝段，从左到右编号。左、右岸非溢流坝段（1～2号坝段、24～29号坝段）、厂房坝段（3～6号坝段）、小底孔和大底孔坝段（7～11号坝段）均为实体重力坝。8～10号、12～13号坝段为五孔中孔溢流坝段。12～22号坝段为空腹坝段，其中14～22号坝段设四孔表孔。23号坝段设溢洪道。

（一）存在的问题

按规范（SDJ12-78），石泉工程为大（2）型二等枢纽工程，拦河坝应为二级。在1990年结束的第一次大坝安全定期检查中指出以下主要问题：

（1）洪水标准偏低。大坝设计洪水标准为，正常运用洪水重现期100年（洪峰流量21 500m^3/s，上游水位410m），非常运用洪水重现期500年（洪峰流量26 400m^3/s，上游水位413.5m）。规范对二等枢纽工程洪水标准规定为，正常运用洪水重现期100年，非常运用洪水重现期1 000年。石泉洪水复核结果表明：石泉水库经过十多年的运行，由于淤积影响，洪水水位均有所抬高。在千年一遇洪水标准时（洪峰流量28 400m^3/s，上游水位415.12m），库水位较设计洪水位抬高1.62m。

（2）扬压力折减系数偏大。大坝24～27号坝段原设计扬压力折减系数为0.15，实际观测表明，平均折减系数为0.35～0.51，大多数值大于现行规范（SDJ21-78）折减系数不大于0.4的规定。

（3）部分坝段稳定应力超标。对石泉大坝稳定应力分析表明，各种荷载组合时，坝趾压应力均小于允许的压应力，坝踵垂直正应力出现拉应力，并以千年一遇洪水控制，最大拉应力为0.413MPa（24号坝段），一般为0.2MPa左右。各剖面在千年一遇洪水时，坝体上游面最小主压应力均小于规范要求值。

（二）加固方案

（1）按千年一遇洪水校核，其洪水位提高较大，故需复核坝顶高程并进行必要的加高。按规范，千年一遇洪水时坝顶高程应为416.62m。大坝上游侧最高高程为416.12m（人行道），拟采用在人行道上面增加高0.5m砖砌实体防浪墙方案，以满足千年一遇校核洪水时对坝顶高度的要求。

（2）大坝应力问题，经论证采用预应力锚固方案。设计在2～3号、24～28号左、右非溢流坝段共布置30束，单孔张拉吨位5 884kN（600t级），单孔有效吨位5 119kN，总有效张拉吨位153.6MN。3、24、25号坝段布置两排锚索，其余坝段布置一排，排间距2.5m，孔间距3m。锚索孔在坝基以下深度为16～27m。按此计算，坝趾垂直正应力为0.18MPa。

（3）扬压力折减系数问题。按其不大于0.40的规定，应对24～27号坝段进行基础补强措施。对实测折减系数较大的24、25号坝段，利用帷幕前第一排大坝加固锚索孔进行新增高压帷幕灌浆。在原帷幕排水廊道内（24～27号坝段）的排水孔之间增打一个深15m的基岩排水孔，并对原排水孔进行扫孔处理。

（三）加固效果分析

加固工程于1994年6月开工，1995年7月竣工，坝顶加高按设计完成。

（1）预应力锚固。共完成30束预应力锚索，其中600t级29束，800t级1束（25号坝段5号孔，原设计为600t级，后更改为800t级），施工总张拉吨位180MN。锚索孔灌浆分帷幕、固结两种形式。帷幕灌浆206.5m，注入水泥1.2t；固结灌浆464.6m，注入水泥3.7t。锚固工程竣工后，解决了石泉大坝在千年一遇洪水时的应力问题。

（2）排水孔。按设计在24～27号坝段新打排水孔10孔，最大孔深31.6m（27号坝段为1号孔），最小孔深12.6m（24号坝段为5号孔。由于地质原因，未达到设计标准），总孔深204m；扫孔15孔，总孔深348m。

工程竣工后，近几年观测表明，24～27号坝段扬压力折减系数个别孔虽有减少，但仍不能满足规范要求。幕后孔平均最大值0.44（24-3测点），纵向孔平均最大0.70（27-3测点）。故24～27号坝段坝基存在的问题未彻底解决。

（石泉水力发电厂　李万绪）

柘林水电站泄空洞事故检修门槽的修复

1998年2月柘林水电站泄空洞事故检修左孔两侧门槽出现严重损坏。柘林水电站在江西省电力局领导下，进行了大量修复调研，请设计单位进行可行性研究，委托华东勘测设计研究院进行技施设计。其修复的设计方案主要特点如下：

（一）临时挡水闸门非常规的安装方式无损原结构

根据泄空洞结构特点，在进水口末端（即检修门槽上游侧），采用钢丝绳牵拉固定闸门的方式，对称安装两扇临时挡水闸门，形成旱地施工条件，修复水下门槽。牵拉钢丝绳一端通过索具直接与临时闸门的水平吊头吊轴连接，另一端通过合金钢卸扣、可调螺栓与安装在混凝土中（隔）墩上的托架相连。

形成旱地施工条件及整个施工过程，均未对泄空洞原有结构及建筑物产生任何损坏。

（二）钢丝绳、索具系统的处理及调整

（1）为尽量减少临时封堵闸门挡水后位移量，安装前对钢丝绳进行预拉伸，使捻距均匀、减少使用时的蠕变伸长和增大钢丝绳的强度。

（2）经分析计算，确定每根钢丝绳合适的预紧力为30kN。实测最大位移量约为5.8cm，满足位移量<15cm的设计要求。

（3）牵拉钢丝绳受力调整。①用自研制可调力矩力扳手，实现水下钢丝绳受力的调整。②通过控制、调整钢丝绳受力后的垂度，间接测定、调整钢丝绳的预拉力，保证了钢丝绳组中每根钢丝绳受力的均匀性。③为改善调节螺杆的受力条件，便于水下钢丝绳受力调整，在调节螺母与支承面间装设球面万向垫圈。

（三）临时挡水闸门与混凝土洞壁之间的密封措施

（1）在不规则混凝土壁与临时闸门周边，装设空心橡皮水封，以适应洞壁混凝土的不平整性，安装水封前，将洞壁水封范围内的混凝土凹凸不平部位尽量磨平、修补，改善密封条件。通过可调节弧型压板，在水下将水封固定压紧后，达到初始密封状态。

（2）在水封的沿边嵌装特制棉胎心外包棉毯的软性密封条，放水后靠压差自动封堵间隙，形成辅助密封。

（四）对原有建筑物结构的安全保护措施

（1）固定钢丝绳的中墩托架，采用24mm厚钢板按中墩头部半径弯制，其形状，经多次水下测量确定，可均匀地传递受力。

（2）施工时根据对洞体结构验算结果，采用易安装、拆卸、可调整的整体钢架对闸门井胸墙进行加固。

（五）对缺陷检查、修复彻底

形成旱地施工条件后，可方便地对存在的缺陷进行彻底检查与修复。共完成如下修复与补强加固项目：①左孔事故检修门槽旧护角拆除、二期混凝土凿除、新门槽埋件制作、安装、二期混凝土浇筑；②左右孔工作闸门和右孔事故检修闸门的门槽护角板与主轨联接处封焊、护角加装锚杆等加固处理，所有金属表面喷镀锌防腐。

（六）经济与社会效益显著

（1）经济效益。本方案与可行的围堰修复方案比较，可节约投资650万元，节省工期6个月（6个月因围堰施工，限制水库水位，损失的电量达300万kW·h以上）。

（2）社会效益。柘林水库承担下游企事业单位共302个、耕地面积37.6万亩、人口38.46万、316国道、南昌至九江高速公路及京九铁路永修段的防洪任务。泄空洞能在1999年汛期投入正常运用，对于保护下游人民生命财产，起到了重要作用。

（七）泄空洞修复的运行情况

工程竣工后，经过一年多运行，先后于1999年6月29日～7月17日（其间最高库水位64.87m）和9月份、2000年3月等多次关闭事故检修闸门挡水，泄空洞闸门运行均正常。

（江西柘林水电站　陶志亮）

丰满大坝加固工程

（一）大坝加固前存在的主要问题

丰满水电厂大坝自1937年开工建设，至1943年第一台机组发电时只完成了主体工程建设。自1950年开始进行了大规模的续建改建和持续不断的加固工程。但由于大坝施工期的历史原因及所处位置寒冷气候的影响，在1986年8月大坝泄洪时，发生了溢流坝体大面积冲毁的严重破坏，充分暴露了大坝存在着严重的问题，这些问题包括：①冻融、冻胀破坏引起的大坝表面混凝土破损严重，坝体渗漏严重，坝体整体性差；②由于重新核定的抗震标准提高1度，大坝满足不了重新复核的大坝抗震能力；③由于洪水系列的延长，大坝满足不了重新复核的大坝防御万年洪水的标准。

为了提高大坝的耐久性，满足安全发电、防洪等要求，根据原水电部审定的内容，东北勘测设计研究院于1986年9月提出了《丰满大坝加固工程初步设计》报告，提出了系统的补强加固措施。经水电部1987年4月批准，加固工程于1988年4月开工，至1997年底基本完成。

（二）大坝加固的主要工程措施

（1）上下游面外包混凝土，预防冻融、冻胀破坏。对挡水及发电引水坝段的上游面245～266.5m高程，挖除老混凝土厚度0.4m，新浇筑厚1.0m的钢筋混凝土，超出原坝面0.6m。共计防渗面积6 000m^2,新浇筑混凝土24 957m^3。对挡水及发电引水坝段的下游面，自地面以上至原坝顶266.5m高程采用与上游相同的外包钢筋混凝土。溢流面从反弧底部至堰前浇筑了钢筋混凝土，其厚度超出原坝面1.2m。上游面220～245m高程之间浇了1.6万m^{3}的沥青混凝土防渗层。

（2）加高坝体，提高大坝防渗能力。坝顶加高1.2m，即由高程266.5m加高到267.7m。完成混凝土浇筑19 681m^3。

（3）施加预应力锚索，提高坝体抗震性及整体性。对7～49号坝段每个坝体施加预应力锚索5～11根，每根吨位为870～3 060kN，同时对34～36号坝段基础也进行了预应力锚索加固。

（4）坝体帷幕灌浆，减少坝体渗水。对漏水严重的28个坝段，在原帷幕灌浆的位置进行灌浆，共计灌浆13 494m^3。

（5）其他工程措施。对大坝监测设施进行了全面改造，并实现了主要监测系统的自动化监测。结合坝顶加高1.2m，1～10号发电取水口起闭机、溢流坝段门机轨道及相关设施等相应抬高1.2m。

（三）大坝加固的效果

（1）大坝渗水量明显减少，渗水量的减少最多达80%，大大减缓了坝体混凝土溶蚀、冻胀与老化的过程。

（2）大坝加高1.2m后，增加防洪库容7亿m^3，可以满足防御万年一遇洪水标准的要求。

（3）满足了在抗震工况下的大坝抗震要求。

（丰满水电厂　陈昌林）

大坝安全监测

水电站大坝安全监测现状

我国自50年代开始进行大坝安全监测工作，但受当时技术条件和认识的限制，发展较为缓慢。进入70年代，特别是80年代以来，随着现代科学技术的迅猛发展和各级领导的重视，大坝安全监测技术有了长足的进步。不仅成立了专门的管理机构，建立了有关法律法规，而且还投入了大量的人力物力，开发研制了多种类型的监测仪器，对老坝监测设施进行更新改造，并积极稳妥地推进了自动化监测，使我国大坝安全监测技术的总体水平有了一个质的飞跃。

（一）大坝安全监测管理体制

1998年3月电力工业部撤销后，大坝安全管理的政府职能移交给国家经贸委。1999年初，国家经贸委以国经贸厅安全［1999］14号文《关于请国家电力公司承担电力系统水电站大坝安全管理工作的函》，明确由国家电力公司大坝安全监察中心对电力系统的水电站大坝安全工作进行管理。这样，我国水电站大坝安全监测管理形成了由国家电力公司（大坝安全监察中心）、集团（省）公司、水电站构成三级管理模式。大坝安全监察中心履行“规划、监督、指导、服务”的职责。

（二）大坝安全监测法规建设

随着大坝安全管理法制的不断健全和完善，我国相继颁发了《水库大坝安全管理条例》、水电站大坝安全监测工作管理规定》等一系列规范大坝安全监测工作的较全面和系统的法规。其中《水电站大坝安全监测工作管理规定》是我国水电站大坝安全监测第一部有关大坝安全监测工作的法规。随着这些法规文件的颁发、实施，为中国水电站大坝安全监测管理工作逐步走上有法可依、有章可循的轨道。

（三）大坝安全监测规程规范和标准制定

80年代以来，我国先后制订了《混凝土大坝安全监测技术规范（试行）》（SDJ336—89）、《土石坝安全监测技术规范》（SL60—94）、《土坝观测资料整编办法》（SLJ701—80）、《土石坝安全监测资料整编规程》（SL169—96）、《水利水电工程岩土测试仪器系列型谱》（SD124—84）、《土石坝观测仪器系列型谱》（SD314—89）、《混凝土坝监测仪器系列型谱》（SD171—85）、《钢弦式压力传感器》（GB/T13606—92）、“差动电阻式观测仪器的六项国家标准”等一系列大坝安全监测的规程、规范和标准，起到规范与指导大坝安全监测工作的作用。

（四）大坝安全监测仪器和数据自动采集系统

我国从50年代开始研制和生产大坝安全监测仪器，经过几十年，特别是近10余年的不断努力，无论从仪器种类、性能和自动化程度等方面都取得了很大的发展，目前已有差动电阻式、钢弦式、电容式、电感式、步进电机式、电磁差动式、差动变压器式、激光准直等10余种。在实际工程中应用效果较好，具有代表性的主要有电容式和步进电机式垂线坐标仪、引张线仪，真空、大气激光准直系统，电容式、差动变压器式液体静力水准遥测装置，钢弦式、差动变压器式多点变位计，伺服加速度计式钻孔测斜仪，液压平衡式差动电阻式应变计和测缝计，电感式、钢弦式、差动电阻式、压阻式渗压计，应用CCD技术研制的传感器等。

从90年代初开始研究应用GPS技术进行大坝变

形监测，已在部分大坝上得到应用。在应用光纤技术研制新型传感器方面也做了大量的工作，已有一些研制产品，并在工程中试验应用，国外已有较成熟的产品。在利用“渗流热监测”技术来监测坝体、坝基的渗流方面也进行了系统研究，取得了一定的成果。

我国大坝安全监测数据自动采集系统的研究，始于70年代末，80年代有了长足的进步，进入90年代中期以后，随着电子技术、计算机技术、通信技术的发展和国外先进设备的引进，研制出多种型号的大坝安全监测数据自动采集系统，使大坝安全监测的实时性、实用性和可靠性有了显著的提高。国内大坝安全监测数据自动采集系统按采集方式分为集中式、分布式和混合式三类，具有代表性的有DAMS型、DG型、LN1018型等系统。

（五）大坝安全监测资料分析与监控管理系统

我国大坝安全监测资料的定量分析中，针对单个测点测值所建立的统计模型、确定性模型和混合性模型三类常规数学模型得到了广泛的应用。在此基础上又研究和发展了多测点模型和多维模型等，在应用神经网络技术进行大坝安全监测资料分析方面也进行了探索。

近年对监控指标进行了较多研究。大坝应力和扬压力一般以设计值为监控指标。大坝变形监控指标的确定主要有置信区间法、仿真计算法和力学计算法。采用较普遍的置信区间法，以数学模型置信区间的边界为监控线。

大坝安全监测自动化系统，应包括监测仪器（传感器）系统、数据采集系统、数据处理分析监控管理系统三大部分。因此，我国在开发监测仪器和数据自动采集系统的同时，也开展了监控管理系统的研究和开发工作。目前已初步开发的具有决策支持和网络功能的大坝安全监控管理系统，主要包括总控部分、输入系统、输出系统、综合分析推理系统、数据库及其管理系统、方法库及其管理系统、模型库及其管理系统、知识库及其管理系统、图形库及其管理系统、图像库及其管理系统等。它建立在Windows NT的网络平台上，以实时多任务方式运行，能对各监测项目进行实时监控，具有图文声像数据管理、安全评估、分级报警及网络通信等功能。

（六）大坝安全监测设施

1992年由原能源部颁发了《水电站大坝安全监测设施更新改造规划》，开展了首轮水电站大坝安全监测设施更新改造工作。通过8年努力，大部分水电站大坝已完成或正在完成更新改造工作，使这些大坝健全了必要的监测项目，提高了监测精度、稳定性和可靠性，部分大坝还全部或部分实现了自动化监测。经过更新改造后的大坝安全监测设施，对摸清大坝运行规律、及时发现工程隐患、澄清安全疑点发挥了作用，也为大坝定检时进行安全评价提供了科学依据。同时应看到，还有少数规模较小的大坝未设监测设施，在有些已设置大坝安全监测设施的大坝中，虽基本上都设置了必设的变形、渗流等监测项目，但在监测设施的布置合理性、测点设置的必要性、监测精度和方法、监测资料可靠性、监测自动化程度等方面，还存在不少问题。例如，有的大坝变形监测未设校核基点，或测点布置和结构不合理，或监测精度不能满足规范要求，或设备老化、受损，或自动化程度不高，与水电厂实行“无人值班，少人值守”不相称等。另外，部分新建大坝监测项目、测点繁杂，需根据实际运行情况进行优化和完善。

今后水电站大坝安全监测工作重点是：①开发研制新型监测仪器，编制监测自动化技术规范和有关标准，提高监测设施的可靠性、稳定性和实用性；②建立健全大坝安全监测管理法规，把好设计审查、施工监理、竣工验收关；③应用通信技术、自动化技术、网络技术，开发监控管理系统，开展监控指标研究，努力实现大坝安全在线监控和在线管理；④编制第二轮大坝安全监测设施更新改造和监测自动化规划。

（国家电力公司大坝安全监察中心　赵花城）

水电站大坝安全监测自动化

大坝安全监测自动化可以快速、准确获取监测数据，通过计算和分析比较，迅速掌握大坝的运行状态，及时觉察大坝的异常状况，实行大坝安全监控。自动化监测以其精度高、速度快、省工、省力、及时、可调整测次、避免人为误差，且可实现远程监控等优点得到了广泛应用。它已成为加强大坝安全工作和改善水电站运行管理的重要措施。

（一）发展过程

我国大坝安全监测自动化研究始于70年代末。首先着眼于监测数据采集自动化。中国科学院成都计算站与龚嘴水电站联合研制了JCS—1型大坝应变计自动检测及数据处理系统。这是我国的第一套大坝安全监测数据自动采集系统。

1984年南京自动化研究所研制的BNZ—1型自动化检测系统在葛洲坝二江电厂投入运行。该系统首次用微机实现了内部观测仪器高精度、远距离的自动检测和数据的初步处理。

1988年南京自动化研究所研制的BZC—A型大坝内部仪器自动测量和数据处理系统在东江水电站通过鉴定。这表明内部监测仪器的自动采集系统在功能、规模及性能上都有了较大的进步。

1989年南京自动化研究所，根据国家“七五”科技攻关的要求研制成功我国第一套全面自动化的大坝安全监测系统DAMS（集中式监测自动化系统），该系统配有一整套DSIMS大坝安全信息管理软件，具有对应力、变形、渗流量、渗压在内，测点总数在1000点以上的监测系统进行数据自动采集、实时处理、在线监控、离线分析和大坝安全管理等较全面的功能。

与此同时，监测仪器的研制也取得了突破性进展。相继研制成功步进电机式、电容感应式坐标仪、引张线仪、静力水准遥测装置以及激光准直装置、多点变位计、断层活动监测仪等一大批仪器。

截至90年代初，已有近30座大坝安装了一些变形遥测仪器或采用了集中式数据采集系统，实现了部分自动化。但是这些仪器和系统性能差、故障率高，难以长期在水工恶劣环境下可靠稳定运行，致使大部分大坝监测资料不完整、可靠性差，不能作为大坝安全评估的依据。

（二）当前的情况

进入90年代，随着三峡、二滩、小浪底等一批大型特大型水电工程的兴建和已建水电站大坝安全监测设施更新改造步伐的加快，加大了安全监测自动化系统的研制力度。国内监测自动化系统生产厂家主要有国家电力公司电力自动化研究院、水利部水利水文自动化研究所等，他们的代表产品为DAMS型分布式大坝安全监测自动化系统和DG型分布式大坝安全监测自动化系统，分别在葛洲坝、漫湾、五强溪、隔河岩、丹江口、青铜峡、沙溪口以及葛洲坝二江泄水闸、碧口、陈村、百丈漈一级、鲁布革等水电工程中安装使用。这些监测自动化系统在长期稳定性、精度和功能方面有了明显的提高。与此同时，一些水电工程引进了美国基美星公司的2300系列监测自动化系统和新科公司的IDA系统，分别安装在东风、柘溪、白山、洪门、天荒坪、二滩、水口等水电工程中。

随着网络技术的发展和中国电力信息网(CEPnet)的建立，大坝安全监测系统将向监控网络系统发展，就是将水电站的大坝安全监测自动化系统进行网络互连，并增加数据库管理、监测数据的在线和离线分析、反演分析、安全评估、决策支持等功能。这种全国性的、专业性的管理网络有利于实现高水平、高效能的安全管理。这是推进我国大坝安全监控管理的必由之路。

（三）存在的问题

近年来，我国大坝安全监测自动化技术有了长足的进步，但是还不能满足工程实践的要求，还存在以下不足之处，需要不断改进。

（1）至今没有监测自动化系统的设计规范和验收标准。有的自动化系统缺乏全面的规划设计或者直接由仪器厂家设计，设计审查不严，致使有的监测自动化系统难以达到安全监控的目的。

（2）目前建立的自动化系统比较注重监测数据的采集，对数据处理虽配置了数据管理分析软件，但较少考虑大坝安全管理需要的实用性功能，监控模型和报警部分不够完善。

（3）自动化监测仪器（传感器）和系统在产品开发、生产和销售等环节缺乏管理。往往边研制、边安装使用，未经考核就推广使用，质量存在问题，尤其是作为自动化基础的传感器，在长期稳定性、可靠性方面急待提高。

（4）随着科技的快速进步，新型的仪器和系统层出不穷，但不注意仪器设备的规格化、标准化，使得新老型号的仪器设备缺乏兼容性，同时又忽视对老产品的维修服务和备件供应，给用户带来困难。

（5）水电站监测人员的技术素质有待提高。仪器厂家应加强培训，要求他们做好日常的检查维护工作，努力改善系统的工作环境，并能排除一般故障，以保证监测系统长期可靠地运行。

（国家电力公司大坝安全监察中心 王正旭）

水电站大坝监测资料分析

为了监控大坝运行性态的变化，只有对监测资料进行深入的分析研究，才能了解各种因素对大坝的影响程度，掌握大坝的实际性态，找出大坝潜在的问题，指导大坝安全运行。

（一）监测数据处理手段

随着电子计算机应用的普及和推广，监测资料的处理已从传统的手工绘制图表发展到用数据库进行资料管理，用专用软件绘制图表。采用这种先进设备和技术后，大大提高了数据处理和绘图的速度，节省了很多人力和时间，能在较短时间内完成大量监测资料的检验、计算、分析和图表输出。近几年随着计算机网络技术的不断成熟，在监测数据的处理方面已经开始应用网络技术，从以往的单机数据库发展到网络数据库，在处理手段方面又前进了一大步。早期的数据库平台大都采用DOS下的dBase Ⅲ，现已转移到Windows下的Visual FoxPro和Access，网络数据库平台常见的有SQL Server及Sybase。国内有关单位已结合实际工程在上述数据库平台上开发了一些监测资料管理系统，取得了很好的效果。

（二）目前常用的分析方法

早期对监测资料只进行定性分析，主要从监测量的过程线、分布图、相关图、统计表等图表上看规律、找特点，从测值与历史值、设计值等的对比上作出测值正常与否的判断。近一二十年来，除了定性分析外，还在此基础上进一步建立监测量的数学模型，从而定量描述测值变化规律，准确掌握大坝实际性态。

目前常用的定量分析，主要通过建立三大数学模型进行。这三大模型是统计模型、确定性模型和混合模型。它们是国外，特别是意大利、法国等欧洲国家早在60～70年代就提出并广泛使用的方法。我国70年代结合具体工程探索用统计模型定量分析大坝监测资料，80年代研究了确定性模型和混合模型的应用。我国有关学者和工程技术人员在国外成果的基础上，结合水电站大坝安全定期检查工作，改进和完善了这些模型，在一百余座水电站大坝监测资料分析中得到了广泛应用，取得了可喜的成绩。

（三）近期提出的新方法

近几年，对大坝监测资料分析新方法的研究较活跃，主要新成果有：

（1）多测点模型。该模型对同一观测项目（如坝顶水平位移）的若干个测点，建立其效应量与外界因素及测点所处的空间位置之间的关系。与单测点模型相比，该模型的因子个数大为增加，模型构造也更加复杂，能同时反映效应量的时间、空间变化规律。

（2）单测点多维模型。该模型对某一测点的三个方向位移矢量建立统一的数学模型，与单测点模型相比，它更全面地反映了测点效应量的变化规律。

（3）基于神经网络的模型。神经网络模型属于隐式模型，具备自组织、自适应能力。应用神经网络技术所建立的大坝应力、位移等模型，取得了比传统的统计模型更好的效果。

（4）施工期及初期蓄水期监控模型。通过黏弹性及黏弹塑性有限元计算，从力学角度模拟时效分量的变化规律，与水压分量和温度分量的有限元表达式相结合，建立完整的施工期及初期蓄水期监控模型。与常规模型相比，该模型的精度更高，监控效果更好。

（5）大坝性态综合评价技术。提出了一种大坝安全综合评价的树状结构体系，运用模糊综合评判、模糊模式识别、突变理论等，对大坝的监测成果在多个层次上作综合评价。

（6）拟定监控指标方法。在单测点单维模型置信区间法的基础上，提出了多测点模型置信带的分测点拟定方法和单测点多维模型置信带的确定方法。对于监测量今后可能出现的极限值估算，提出了用仿真分析和力学原理确定的方法。前者根据环境量和效应量的长系列实测资料，通过数学模型作大量仿真计算，确定可能不利荷载组合的效应量值；后者根据有关实测资料及大坝承载的力学机理，采用不同的本构关系（如弹性、黏弹性、黏塑性等）通过力学计算确定大坝在不同的安全状态下相应的效应量值。

上述资料分析新方法在特定的大坝上取得了较好的效果，但若要推广应用到其他水电站大坝，应注意以下两点：①大坝的监测成果的代表性及监测精度有待于进一步提高；②方法本身尚需进一步完善。

（国家电力公司大坝安全监察中心　沈海尧）

新安江水电站大坝监测设施更新改造

（一）监测设施更新改造的提出

新安江水电站位于浙江建德市铜官峡谷中。是一座以发电为主，兼顾防洪等综合利用的大型水利水电枢纽工程。大坝为一级建筑物。水库正常高水位为108.0m，相应库容为178.4亿m^3。大坝最大坝高为105m，坝顶长为466.5m，于1959年9月截流。电站装机容量为662.5MW。1960年4月第一台机组并网发电。新安江大坝监测设施包括变形监测、内部观测仪器、渗流监测及水力学观测等四大部分。由于大坝是50年代末建造，限于当时的技术水平和条件，监测布置不十分合理；有些观测方法和观测精度已不能满足现行规范的要求，大坝长期运行中也发现一些缺陷，需待增设监测设施；同时，监测项目多，分布广，观测条件差，不易实现自动化。此外，80年代末，国内一些同类大坝监测设施的更新改造已有成功的经验。为此，新安江大坝监测设施更新改造于1990年开展调研和可行性研究，1992年大坝首次定检后着手规划和设计。

（二）更新改造的设计原则

（1）结合实际，充分利用原有测点和设备适当更改和新增，使系统经济合理。

（2）应满足现行规范《混凝土大坝安全监测技术规范（试行）》（SDJ336—89）的要求。

（3）系统所采用的仪器和设备，首先考虑应用国内成熟的产品。要求低故障，高可靠性。

（4）系统能长期稳定、可靠运行，具有国内先进水平。

（5）总体设计，分期实施，便于二期扩充。

（三）更新改造项目及布置

更新改造项目包括变形监测、内部观测仪器、渗流监测及大坝安全信息管理四大部分。

1. 变形监测

（1）新增坝顶引张线二条。

（2）18号坝段新增正垂1条，并改造正垂10条。

(3) 6号、18号、23号、25号坝段及左岸平洞各新增倒垂一条，并改造倒垂2条。

(4) 右岸坝头挡墙内新增一支水平测距仪。

(5) 为监测厚层页岩及F_3断层变形情况，在3号、10号坝段新增三组坝基多点变位计，变形监测共计88个测点，每个测点都设有遥测传感器，全部接入监测自动化系统。

2. 内部观测仪器　经过对原有内部观测仪器的鉴定和评估，选择了13号坝段基础面坝踵的17只仪器、11号基础面9只仪器以及三组变位计中的三组温度计，共计34个测点接入监测自动化系统。

3. 渗流监测　根据现场实际情况和历年监测资料分析，初步选择24个绕坝渗流观测孔和54个扬压力观测孔进行改造，并在灌浆廊道内增设6个量水堰，上述每个测点都设有遥测传感器，全部接入监测自动化系统。

4. 监测自动化系统　系统包括数据采集自动化和大坝安全信息管理自动化。经充分研究论证，选用了电力自动化研究院大坝所研制的DAMS—Ⅲ型分布系统。该系统由现场监测仪器（传感器）、现场测量控制单元（MCU）、测量转换箱（YKC）、监控主机、管理主机及通信网络构成。监控主机（网络工作站）、管理主机（服务器）设置在紫金滩水工楼中央控制室内，现场MCU与监控主机间采用光纤通信。

（四）更新改造的实施

更新改造工程初步设计工作由华东勘测设计研究院及中国水力发电工程学会大坝安全监测咨询部共同完成，于1994年5月通过审查后由华东勘测设计研究院完成设计补充工作。

工程分二期实施。一期实现变形、内部观测仪器监测自动化和大坝安全信息管理自动化；二期实现渗流、接缝监测自动化。一期工程技施设计工作由华东勘测设计研究院于1996年完成；土建及设备安装工作由新安江水电站工程技术开发公司于1996年5月28日开工至1996年12月底完成；现场设备安装调试工作由电力自动化研究院大坝所于1996年11月～12月底完成。经一年的考核运行，一期工程于1998年4月8日～9日通过了工程竣工验收。二期工程计划于2000年下半年开始实施。

新安江大坝监测设施更新改造一期工程经过近3年运行，监测成果分析表明，系统运行稳定可靠，能反映大坝的实际运行工况；充分体现了更新改造的原则，达到了预期目的；完善了大坝监测设施，提高了观测精度，满足了现行规范要求；减轻了监测人员的劳动强度，提高了工作效率；为二期工程的实施积累了经验。

（新安江水电站　周华文）

大坝安全统计资料

首轮96座大坝安全定期检查评价等级汇总表

完成年份	大坝名称	地　点	坝　　型	大坝级别	最大坝高(m)	水库总库容(亿m^3)	电站装机(MW)	评价等级
1988	古田溪一级	福建古田	混凝土宽缝重力坝	2	71	6.42	62	正常坝
	落坡岭（下苇甸）	北京门头沟区	混凝土重力坝	3	19.5	0.038	30	正常坝
	上犹江	江西上犹	混凝土空腹重力坝	2	67.5	8.22	60	正常坝
	新丰江	广东河源	混凝土单支墩大头坝	1	105	138.96	292.5	正常坝
	枫树坝	广东龙川	混凝土宽缝重力坝	1	95.4	19.40	160	正常坝
1989	陈村	安徽泾县	混凝土重力拱坝	1	76.3	26.41	150	正常坝
	南水	广东乳源	粘土斜墙堆石坝	1	81.3	12.84	75	正常坝
	流溪河	广东从化	混凝土拱坝	2	78	3.78	42	正常坝
1990	西津	广西横县	混凝土宽缝重力坝	2	41	30.0	234.4	正常坝
	石泉	陕西石泉	混凝土重力坝	2	65.0	5.30	135	正常坝
	刘家峡	甘肃永靖	混凝土重力坝	1	147.0	56.61	1225	正常坝
	狮子滩	重庆长寿	堆石坝	2	51.0	10.27	48	正常坝

续表

完成年份	大坝名称	地点	坝型	大坝级别	最大坝高(m)	水库总库容(亿m^3)	电站装机(MW)	评价等级
1991	青铜峡	宁夏青铜峡	混凝土重力坝	2	42.7	0.5	272	病坝
	乌江渡	贵州遵义	混凝土拱型重力坝	1	165	21.4	630	正常坝
	罗湾	江西靖安	混凝土浆砌石重力坝	3	47.2	0.77	18.0	正常坝
	黄坛口	浙江衢州	混凝土重力坝	3	44.0	0.91	30	正常坝
	太平哨	辽宁宽甸	混凝土重力坝	2	44.0	1.83	161	正常坝
	渔子溪一级	四川汶川	钢筋混凝土闸坝	3	27.8	0.004	160	正常坝
	南告	广东陆河	浆砌石重力坝	2	78	0.787	45	正常坝
1992	沙田	湖南汝城	混凝土单曲圆筒拱坝	3	30	0.17	54	正常坝
	黄龙滩	湖北十堰	重力坝	2	107	11.7	170	待批
	梅山	安徽金寨	混凝土连拱坝	1	88.24	22.63	40	正常坝
	麻石	广西融水	混凝土宽缝重力坝	3	33.6	2.85	100	正常坝
	以礼河一级	云南会泽	黏土心墙坝	2	80.5	5.53	16	正常坝
	修文	贵州修文	混凝土溢流单拱坝	3	49	0.117	20	险坝
	珠窝（下马岭）	北京珠窝	混凝土重力坝	3	33.2	0.143	65	正常坝
	安砂	福建永安	混凝土宽缝重力坝	2	92	7.34	115	正常坝
	八盘峡	甘肃兰州	混凝土重力坝	2	33	0.49	180	正常坝
	新安江	浙江建德	混凝土宽缝重力坝	1	105	216.26	662.5	正常坝
	潭岭	广东连州	混凝土重力坝	2	47	1.768	37.5	正常坝
1993	盐锅峡	甘肃永靖	混凝土宽缝重力坝	2	57.2	0.22	402	正常坝
	葛洲坝（二、三江）	湖北宜昌	混凝土重力坝	1	53.8	15.8	965	正常坝
	大洪河	重庆长寿	土坝	2	36.5	3.24	35	正常坝
	云峰	吉林集安	混凝土宽缝重力坝	1	113.75	37.3	400	正常坝
	红岩	贵州修文	混凝土拱坝	3	62.3	0.446	30	正常坝
	池潭	福建泰宁	混凝土宽缝重力坝	2	78	8.53	100	正常坝
	百丈漈一级	浙江文成	黏土心墙土石坝	3	39	0.606	25	正常坝
	白渔滩	湖南衡南	圬工重力坝	3	16.4	2.65	20.5	病坝
	碧口	甘肃文县	壤土心墙土石坝	2	105.3	5.21	300	正常坝
	龚嘴	四川乐山	混凝土重力坝	2	85	3.45	700	正常坝
	长湖	广东英德	混凝土宽缝砂腔重力坝	2	54.0	1.56	72	正常坝
1994	古田溪二级	福建古田	钢筋混凝土平板坝	3	43.5	0.189	130	正常坝
	古田溪三级	福建闽清	钢筋混凝土平板坝	3	43	0.149	33	正常坝
	古田溪四级	福建闽清	混凝土宽缝重力坝	3	43	0.084	34	正常坝
	毛尖山	安徽岳西	黏土心墙土石坝	2	72.7	0.482	25	正常坝
	桓仁	辽宁桓仁	混凝土单支墩大头坝	1	78.5	34.6	222.5	正常坝
	回龙山	辽宁桓仁	混凝土重力坝	2	35	1.2	72	正常坝
	天桥	山西保德、陕西府谷	混凝土重力坝	3	53	0.34	128	险坝
	华安	福建华安	实用宽顶堰	3	34.99	0.1	60	正常坝
	拉浪	广西宜州	混凝土框架填碴重力坝	3	40.1	1.24	51	正常坝
	洛东	广西宜州	混凝土实体及宽缝重力坝	3	46	2.06	40	病坝
	富春江	浙江桐庐	混凝土重力坝	2	47.7	9.2	297.2	正常坝
	湖南镇	浙江衢州	混凝土梯形支墩坝	1	129	20.6	170	正常坝
	南河	湖北谷城	混凝土重力坝	3	50	0.83	24.39	正常坝
	百花	贵州贵阳	钢筋混凝土斜墙堆石坝	2	50.22	2.028	22	正常坝
	船场溪二级	福建南靖	浆砌石重力坝	4	19.6	0.005	25	正常坝
	纪村	安徽泾县	混凝土重力坝	2	22.5	0.003	34	正常坝
	西洱河一级	云南大理	混凝土闸坝	2	12.7	27.7	105	正常坝

续表

完成年份	大坝名称	地　点	坝　　型	大坝级别	最大坝高(m)	水库总库容(亿 m^3)	电站装机(MW)	评价等级
1994	西洱河二级	云南大理	混凝土重力坝	3	37.25	0.003	50	正常坝
	西洱河三级	云南大理	混凝土扶壁式堆碴坝	3	21.7	0.002	50	正常坝
	西洱河四级	云南大理	混凝土重力坝	3	20.3	0.002	50	正常坝
	柘林	江西永修	黏土心墙堆石坝	1	63.5	79.2	180	正常坝
	大化	广西大化	混凝土空腹重力坝	2	74.5	9.64	400	正常坝
	映秀湾	四川汶川	钢筋混凝土闸坝	3	19.9	0.0058	135	正常坝
1995	泉水	广东乳源	混凝土双曲拱坝	3	80	0.222	24	正常坝
	洪门	江西南城	黏土心墙土坝	2	38.7	9.16	37.5	正常坝
	南桠河三级	四川石棉	混凝土闸坝	2	21	0.0007	120	正常坝
	江口	江西新余	均质土坝	2	33.4	8.9	35.2	正常坝
	凤滩	湖南沅陵	混凝土空腹重力拱坝	1	112.5	17.4	400	正常坝
	上硐	重庆长寿	浆砌石重力坝	3	21.0	0.02	10.5	正常坝
	回龙寨	重庆长寿	浆砌石重力坝	3	9.5	0.123	16	正常坝
	下硐	重庆长寿	混凝土重力坝	3	45.5	0.199	30	正常坝
	响洪甸	安徽金寨	混凝土重力拱坝	1	87.5	26.13	40	正常坝
	渔子溪二级	四川汶川	混凝土闸坝	3	31.5	0.00695	160	正常坝
	柘溪	湖南安化	单支墩大头坝	1	104	35.7	447.5	正常坝
	马迹塘	湖南桃江	混凝土重力坝	3	26.8	0.88	55.5	病坝
1996	长潭	广东蕉岭	混凝土空腹重力坝	2	71.3	1.72	90	正常坝
	佛子岭	安徽霍山	混凝土连拱坝	2	75.9	4.87	31	病坝
	窄巷口	贵州修文	混凝土双曲拱坝	3	54.77	0.094	45	正常坝
	红林	贵州修文	混凝土重力坝	3	26.5	0.021	102	正常坝
	白山	吉林桦甸	混凝土重力拱坝	1	149.5	62.55	1500	正常坝
	红石	吉林桦甸	混凝土重力坝	2	46	2.29	200	正常坝
	紧水滩	浙江云和	混凝土双曲拱坝	1	102	13.92	300	正常坝
	石塘	浙江云和	混凝土重力坝	3	38.9	0.83	78	正常坝
	红枫	贵州清镇	堆石坝	2	54.28	7.53	20	正常坝
	太平湾	辽宁宽甸	混凝土重力坝	2	31.5	2.75	190	正常坝
	以礼河二级	云南会泽	混凝土重力坝	3	37.9	0.026	17.5	正常坝
	以礼河三级	云南会泽	均质土坝	3	6.2	0.002	144	正常坝
	以礼河四级	云南会泽	轻型扶壁坝、重力坝	3	17.5	0.003	144	病坝
	绿水河	云南个旧	混凝土重力坝	3	24.5	0.003	65.5	病坝
	六郎洞	云南丘北	溢流重力坝	4	11.6	0.003	25	正常坝
	大寨	云南罗平	钢筋混凝土闸坝	3	15	0.002	53.2	正常坝
1997	牛路岭	海南琼海	混凝土空腹重力坝	2	90.5	6.87	80	正常坝
	磨子潭	安徽霍山	混凝土支墩大头坝	2	82	3.47	16	正常坝
	鲁布革	云南罗平、贵州兴义	风化料心墙堆石坝	1	103.8	1.224	600	正常坝
1998	丰满	吉林省吉林	混凝土重力坝	1	91.7	107.8	1004	正常坝

（国家电力公司大坝安全监察中心　许传桂）

第二轮水电站大坝安全定期检查规划及进展

(一) 第二轮水电站大坝安全定期检查规划

规划进度	大坝名称	主管（代管）单位
1997年（5座）	葛洲坝大江	三峡总公司
	东江	湖南省电力公司
	小东江	湖南省电力公司
	青铜峡	宁夏省电力公司
	枫树坝	广东省电力集团有限公司
1998年（21座）	潘家口下池	华北电力集团公司
	镜泊湖	黑龙江省电力有限公司
	百丈漈一级	浙江省温州电业局
	成屏	浙江省丽水电业局
	上标	浙江省丽水电业局
	沙溪口	福建省电力公司
	梅山	安徽省电力公司
	古田一级	福建省电力公司
	范厝	福建省电力公司
	良浅	福建省电力公司
	上犹江	江西省电力公司
	石泉	陕西省电力公司
	刘家峡	甘肃省电力公司
	太平驿	四川省华能公司
	普定	贵州省黔源电力股份有限公司
	李官	贵州省黔能企业集团公司
	修文	贵州省电力公司
	乌江渡	乌江水电开发公司
	以礼河一级	云南省电力集团有限公司
	西津	广西省电力有限公司
	新丰江	广东省电力集团有限公司
1999年（20座）	落坡岭	华北电力集团公司
	天桥	山西省电力公司
	太平哨	辽宁省电力有限公司
	纪村	安徽省电力公司
	水东	福建省电力公司
	万安溪	福建省电力公司
	安砂	福建省电力公司
	沙田	湖南省电力公司
	黄龙滩	湖北省电力公司
	八盘峡	甘肃省电力公司
	苦蒿坪	四川省电力公司
	红岩	贵州省电力公司
	西洱河一级	云南省电力集团有限公司
	西洱河二级	云南省电力集团有限公司
	西洱河三级	云南省电力集团有限公司
	西洱河四级	云南省电力集团有限公司
	拉浪	广西省电力有限公司

续表

规划进度	大坝名称	主管（代管）单位
1999年（20座）	流溪河	广东省电力集团有限公司
	南水	广东省电力集团有限公司
	广蓄	广东省电力集团有限公司
2000年（22座）	珠窝	华北电力集团公司
	回龙山	辽宁省电力有限公司
	桓仁	辽宁省电力有限公司
	富春江	华东电力集团公司
	湖南镇	浙江省电力公司
	黄坛口	浙江省电力公司
	佛子岭	安徽省电力公司
	古田三级	福建省电力公司
	高砂	福建省电力公司
	罗湾	江西省电力公司
	马迹塘	湖南省电力公司
	南河	湖北省襄樊供电局
	盐锅峡	甘肃省电力公司
	天生桥二级	南方电力联营公司
	狮子滩	重庆市电力公司
	渔子溪一级	四川省电力公司
	耿达	四川省电力公司
	百花	贵州省电力公司
	绿水河	云南省电力集团有限公司
	六朗洞	云南省电力集团有限公司
	洛东	广西省电力有限公司
	长湖	广东省电力集团有限公司
2001年（18座）	云峰	东北公司
	响洪甸	安徽省电力公司
	陈村	安徽省电力公司
	古田二级	福建省电力公司
	古田四级	福建省电力公司
	华安	福建省电力公司
	柘林	江西省电力公司
	柘溪	湖南省电力公司
	碧口	甘肃省电力公司
	龚嘴	四川省电力公司
	窄巷口	贵州省电力公司
	以礼河二级	云南省电力集团有限公司
	以礼河三级	云南省电力集团有限公司
	以礼河四级	云南省电力集团有限公司
	麻石	广西省电力有限公司
	长潭	广东省电力集团有限公司
	青溪	广东省电力集团有限公司
	大广坝	海南省电力有限公司
2002年（20座）	十三陵上池	华北电力集团公司
	太平湾	东北公司
	新安江	华东电力集团公司
	磨子潭	安徽省电力公司
	池潭	福建省电力公司
	隔河岩	清江公司
	葛洲坝（二、三江）	三峡总公司
	洪门	江西省电力公司

续表

规划进度	大坝名称	主管（代管）单位
2002年（20座）	万安	江西省电力公司
	白渔潭	湖南省衡电发展股份有限公司
	大峡	甘肃省电力公司
	大洪河	重庆市电力公司
	映秀湾	四川省电力公司
	南桠河三级	四川省电力公司
	红枫	贵州省电力公司
	红林	贵州省电力公司
	鲁布革	云南省电力集团有限公司
	大寨	云南省电力集团有限公司
	大化	广西省电力有限公司
	牛路岭	海南省电力有限公司
2003年（24座）	白山	东北电力公司
	红石	东北电力公司
	丰满	东北电力公司
	莲花	黑龙江省电力有限公司
	紧水滩	浙江省电力公司
	石塘	浙江省电力公司
	毛尖山	安徽省电力公司
	水口	福建省电力公司
	船场溪二级	福建省电力公司
	东津	江西省电力公司
	江口	江西省电力公司
	凤滩	湖南省电力公司
	五强溪	湖南省电力公司
	安康	陕西省电力公司
	李家峡	西北省电力集团公司
	龙羊峡	青海省电力公司
	上硐	重庆市电力公司
	回龙寨	重庆市电力公司
	下硐	重庆市电力公司
	宝珠寺	四川省电力公司
	铜街子	四川省电力公司
	东风	乌江水电开发公司
	漫湾	云南省电力集团有限公司
	岩滩	广西省电力有限公司

（二）已经完成第二轮定期检查的水电站大坝（2000年6月底为止）

序号	大坝名称	完成时间	评价等级
1	青铜峡	1997	正常坝
2	枫树坝	1997	正常坝
3	葛洲坝大江	1998	正常坝
4	上犹江	1998	正常坝
5	石泉	1998	正常坝
6	乌江渡	1998	正常坝
7	东江	1999	正常坝
8	小东江	1999	正常坝
9	潘家口下池	1999	正常坝
10	普定	1999	正常坝
11	李官	1999	病坝
12	修文	1999	正常坝
13	新丰江	1999	正常坝
14	苦蒿坪	1999	正常坝
15	镜泊湖	2000	正常坝
16	百丈漈一级	2000	正常坝
17	古田一级	2000	正常坝
18	纪村	2000	正常坝
19	流溪河	2000	正常坝

（三）正在开展第二轮定期检查的水电站大坝

序　号	大坝名称	开展年度
1	刘家峡	1998
2	梅山	1998
3	西津	1998
4	成屏	1997
5	上标	1997
6	盐锅峡	1999
7	南水	1999
8	富春江	1999
9	太平哨	1999
10	拉浪	1999
11	沙田	1999
12	沙溪口	1999
13	水东	1999
14	范厝	1999
15	良浅	1999
16	万安溪	1999
17	以礼河一级	1999
18	安砂	1999
19	大山口	1999
20	铁门关	1999
21	托海	1999
22	渔子溪一级	2000
23	渔子溪二级	2000
24	湖南镇	2000
25	黄坛口	2000
26	八盘峡	2000
27	罗湾	2000

（国家电力公司大坝安全监察中心　徐建清）

1999年度水电站大坝安全注册登记汇总表

序号	大坝名称	所属水电站	主管单位	注册等级	有效时间
1	云峰	云峰发电厂	国家电力公司东北公司	甲级	1998年3月～2003年3月
2	白山	白山发电厂	国家电力公司东北公司	甲级	1998年3月～2003年3月
3	红石	白山发电厂	国家电力公司东北公司	甲级	1998年3月～2003年3月
4	桓仁	桓仁发电厂	辽宁省电力有限公司	甲级	1998年3月～2003年3月
5	回龙山	桓仁发电厂	辽宁省电力有限公司	乙级	1998年3月～2001年3月
6	太平哨	太平哨发电厂	辽宁省电力有限公司	甲级	1998年3月～2003年3月
7	太平湾	太平湾发电厂	国家电力公司东北公司	甲级	1998年3月～2003年3月
8	珠窝	北京石景山发电总厂	华北电力集团公司	甲级	1998年3月～2003年3月
9	落坡岭	北京石景山发电总厂	华北电力集团公司	甲级	1998年3月～2003年3月
10	新安江	新安江水力发电厂	华东电力集团公司	甲级	1998年3月～2003年3月
11	富春江	富春江水力发电厂	华东电力集团公司	甲级	1998年3月～2003年3月
12	湖南镇	乌溪江水力发电厂	浙江省电力公司	甲级	1998年3月～2003年3月
13	黄坛口	乌溪江水力发电厂	浙江省电力公司	甲级	1998年3月～2003年3月
14	百丈漈一级	百丈漈水力发电厂	浙江省温州市电业局	甲级	1998年3月～2003年3月
15	紧水滩	紧水滩水力发电厂	浙江省电力公司	甲级	1998年3月～2003年3月
16	石塘	紧水滩水力发电厂	浙江省电力公司	甲级	1998年3月～2003年3月
17	梅山	梅山水电站	安徽电力公司	甲级	1998年3月～2003年3月
18	佛子岭	佛子岭水电站	安徽电力公司	乙级	1998年3月～2001年3月
19	磨子潭	佛子岭水电站	安徽电力公司	甲级	1998年3月～2003年3月
20	响洪甸	响洪甸水电站	安徽电力公司	甲级	1998年3月～2003年3月
21	毛尖山	毛尖山水电站	安徽电力公司	甲级	1998年3月～2003年3月
22	陈村	陈村水电站	安徽电力公司	甲级	1998年3月～2003年3月
23	纪村	陈村水电站	安徽电力公司	甲级	1998年3月～2003年3月
24	古田溪一级	古田溪水力发电厂	福建省电力公司	甲级	1998年3月～2003年3月
25	古田溪二级	古田溪水力发电厂	福建省电力公司	甲级	1998年3月～2003年3月
26	古田溪三级	古田溪水力发电厂	福建省电力公司	甲级	1998年3月～2003年3月
27	古田溪四级	古田溪水力发电厂	福建省电力公司	甲级	1998年3月～2003年3月
28	船场溪	船场溪水力发电厂	福建省电力公司	乙级	1998年3月～2001年3月
29	安砂	安砂水力发电厂	福建省电力公司	甲级	1998年3月～2003年3月
30	华安	华安水力发电厂	福建省电力公司	甲级	1998年3月～2003年3月
31	池潭	池潭水力发电厂	福建省电力公司	甲级	1998年3月～2003年3月
32	沙溪口	沙溪口水力发电厂	福建省电力公司	甲级	1998年3月～2003年3月
33	范厝	范厝水力发电厂	福建省电力公司	甲级	1998年3月～2003年3月
34	良浅	良浅水力发电厂	福建省电力公司	甲级	1998年3月～2003年3月
35	水口	水口水力发电厂	福建省电力公司	甲级	1998年3月～2003年3月
36	水东	水东水力发电厂	福建省电力公司	甲级	1998年3月～2003年3月
37	万安溪	万安溪水力发电厂	福建省电力公司	甲级	1998年3月～2003年3月
38	石泉	石泉水力发电厂	陕西省电力公司	甲级	1998年3月～2003年3月
39	刘家峡	刘家峡水电厂	甘肃省电力公司	甲级	1998年3月～2003年3月
40	盐锅峡	盐锅峡水电厂	甘肃省电力公司	甲级	1998年3月～2003年3月
41	八盘峡	八盘峡水电厂	甘肃省电力公司	甲级	1998年3月～2003年3月
42	碧口	碧口水电厂	甘肃省电力公司	甲级	1998年3月～2003年3月
43	青铜峡	青铜峡水电厂	宁夏电力公司	甲级	1998年3月～2003年3月
44	流溪河	流溪河水电厂	广东省电力集团有限公司	甲级	1998年3月～2003年3月
45	南水	南水水电厂	广东省电力集团有限公司	甲级	1998年3月～2003年3月

续表

序号	大坝名称	所属水电站	主 管 单 位	注册等级	有 效 时 间
46	新丰江	新丰江水电厂	广东省电力集团有限公司	甲级	1998年3月～2003年3月
47	长湖	长湖水电厂	广东省电力集团有限公司	甲级	1998年3月～2003年3月
48	枫树坝	枫树坝水电厂	广东省电力集团有限公司	甲级	1998年3月～2003年3月
49	长潭	长潭水电厂	广东省电力集团有限公司	甲级	1998年3月～2003年3月
50	青溪	青溪水电厂	广东省电力集团有限公司	甲级	1998年3月～2003年3月
51	西津	西津水力发电厂	广西省电力有限公司	甲级	1998年3月～2003年3月
52	洛东	洛东水力发电厂	广西省电力有限公司	丙级	1998年3月～2001年3月
53	拉浪	拉浪水力发电厂	广西省电力有限公司	甲级	1998年3月～2003年3月
54	麻石	麻石水力发电厂	广西省电力有限公司	甲级	1998年3月～2003年3月
55	大化	大化水力发电厂	广西省电力有限公司	甲级	1998年3月～2003年3月
56	岩滩	岩滩水力发电厂	广西省电力有限公司	甲级	1998年3月～2003年3月
57	花溪	贵阳发电厂	贵州省电力公司	甲级	1998年3月～2003年3月
58	红枫	红枫发电总厂	贵州省电力公司	甲级	1998年3月～2003年3月
59	百花	红枫发电总厂	贵州省电力公司	甲级	1998年3月～2003年3月
60	修文	红枫发电总厂	贵州省电力公司	甲级	1998年3月～2003年3月
61	窄巷口	红枫发电总厂	贵州省电力公司	甲级	1998年3月～2003年3月
62	红林	红枫发电总厂	贵州省电力公司	甲级	1998年3月～2003年3月
63	红岩	红枫发电总厂	贵州省电力公司	甲级	1998年3月～2003年3月
64	乌江渡	乌江渡发电厂	贵州省电力公司	甲级	1998年3月～2003年3月
65	天生桥二级	天生桥水力发电总厂	南方电力联营公司	甲级	1998年3月～2003年3月
66	牛路岭	牛路岭水电站	海南省电力公司	乙级	1998年3月～2001年3月
67	大广坝	大广坝水电厂	海南省电力公司	甲级	1998年3月～2003年3月
68	葛洲坝	葛洲坝水力发电厂	长江三峡开发总公司	甲级	1998年3月～2003年3月
69	隔河岩	隔河岩水力发电厂	清江水电开发公司	甲级	1998年3月～2003年3月
70	白渔潭	白渔潭水电站	湖南衡电发展股份有限公司	丙级	1998年3月～2001年3月
71	柘溪	柘溪水电站	湖南省电力公司	甲级	1998年3月～2003年3月
72	花木桥	东江水力发电厂	湖南省电力公司	甲级	1998年3月～2003年3月
73	凤滩	凤滩水力发电厂	湖南省电力公司	甲级	1998年3月～2003年3月
74	马迹塘	马迹塘水力发电厂	湖南省电力公司	乙级	1998年3月～2001年3月
75	上犹江	上犹江水力发电厂	江西省电力公司	甲级	1998年3月～2003年3月
76	洪门	洪门水力发电厂	江西省电力公司	甲级	1998年3月～2003年3月
77	江口	江口水力发电厂	江西省电力公司	甲级	1998年3月～2003年3月
78	柘林	柘林水力发电厂	江西省电力公司	甲级	1998年3月～2003年3月
79	罗湾	罗湾水力发电厂	江西省电力公司	甲级	1998年3月～2003年3月
80	万安	万安水力发电厂	江西省电力公司	甲级	1998年3月～2003年3月
81	苦蒿坪	岷江发电厂龙池水电分厂	四川省电力公司	甲级	1998年3月～2003年3月
82	龚嘴	龚嘴水力发电总厂	四川省电力公司	甲级	1998年3月～2003年3月
83	映秀湾	映秀湾水力发电总厂	四川省电力公司	甲级	1998年3月～2003年3月
84	鱼子溪	映秀湾水力发电总厂	四川省电力公司	甲级	1998年3月～2003年3月
85	南桠河三级	南桠河发电厂	四川省电力公司	甲级	1998年3月～2003年3月
86	耿达	映秀湾水力发电总厂	四川省电力公司	甲级	1998年3月～2003年3月
87	太平驿	四川华能太平驿水电厂	四川华能太平驿水电公司	甲级	1998年3月～2003年3月
88	狮子滩	狮子滩水力发电总厂	重庆市电力公司	甲级	1998年3月～2003年3月
89	上硐	狮子滩水力发电总厂	重庆市电力公司	甲级	1998年3月～2003年3月
90	回龙寨	狮子滩水力发电总厂	重庆市电力公司	甲级	1998年3月～2003年3月
91	下硐	狮子滩水力发电总厂	重庆市电力公司	甲级	1998年3月～2003年3月
92	大洪河	狮子滩水力发电总厂	重庆市电力公司	甲级	1998年3月～2003年3月
93	以礼河一级	以礼河发电厂	云南省电力集团有限公司	甲级	1998年3月～2003年3月
94	以礼河二级	以礼河发电厂	云南省电力集团有限公司	甲级	1998年3月～2003年3月
95	以礼河三级	以礼河发电厂	云南省电力集团有限公司	甲级	1998年3月～2003年3月

续表

序号	大坝名称	所属水电站	主 管 单 位	注册等级	有 效 时 间
96	以礼河四级	以礼河发电厂	云南省电力集团有限公司	乙级	1998年3月～2001年3月
97	西洱河一级	西洱河发电厂	云南省电力集团有限公司	甲级	1998年3月～2003年3月
98	西洱河二级	西洱河发电厂	云南省电力集团有限公司	甲级	1998年3月～2003年3月
99	西洱河三级	西洱河发电厂	云南省电力集团有限公司	甲级	1998年3月～2003年3月
100	西洱河四级	西洱河发电厂	云南省电力集团有限公司	甲级	1998年3月～2003年3月
101	绿水河	绿水河电厂	云南省电力集团有限公司	乙级	1998年3月～2001年3月
102	六朗洞	六浪洞电厂	云南省电力集团有限公司	甲级	1998年3月～2003年3月
103	大寨	大寨电厂	云南省电力集团有限公司	甲级	1998年3月～2003年3月
104	鲁布革	鲁布革发电总厂	云南省电力集团有限公司	甲级	1998年3月～2003年3月
105	漫湾	漫湾发电厂	云南省电力集团有限公司	甲级	1998年12月～2003年12月
106	平地哨	石龙坝发电厂	云南省电力集团有限公司	乙级	1998年12月～2001年12月
107	东津	东津水力发电厂	江西省电力公司	甲级	1998年12月～2003年12月
108	东风	东风发电厂	乌江水电开发公司	甲级	1998年12月～2003年12月
109	十三陵上池	十三陵蓄能电厂	华北电力集团公司	甲级	1999年3月～2004年3月
110	潘家口下池	潘家口蓄能电厂	华北电力集团公司	甲级	1999年12月～2004年12月
111	镜泊湖	牧丹江水力发电总厂	黑龙江省电力公司	甲级	1999年8月～2004年8月
112	莲花	牧丹江水力发电总厂	黑龙江省电力公司	甲级	1999年8月～2004年8月
113	铜街子	龚嘴水力发电厂	四川省电力公司	甲级	1999年12月～2004年12月
114	五强溪	五强溪水电厂	湖南省电力公司	甲级	1999年9月～2004年9月

（国家电力公司大坝安全监察中心　朱锦杰）

1998年～1999年部分水电站大坝补强加固及监测设施更新改造一览表

序号	大坝名称	补强加固工程项目	监测设施更新改造项目
1	珠窝	坝基混凝土补强灌浆；廊道上游混凝土锚筋、预应力锚索加固；溢流面及廊道壁裂缝处理、增设排水设施	增设渗压计、应变计等观测仪器
2	云峰	F_{15}断层处理研究	23号坝段正倒垂实现自动化观测；坝顶增设激光准直系统；扬压力孔扫孔、钻孔；26号、28号坝段挠度观测系统改造
3	丰满	大坝加固工程尾工；溢流闸墩加固和溢流闸门系统更新改造	扬压力自动化和坝基激光准直观测自动化系统改造
4	白山	加强帷幕补充灌浆	渗漏量、坝基廊道倾斜观测自动化；激光测拱坝三维位移系统统一平台及远程控制
5	桓仁	16号～17号坝段裂缝处理	
6	红石	坝面、防浪墙加固；溢流闸墩侧墩二期混凝土、进口门槽二期混凝土漏水处理	内部观测自动化改造；坝顶引张线大修；渗漏量自动化改造
7	新安江	右坝头岸坡坝段、右岸延伸段142平台、F1断层防渗井等部位帷幕补强处理；2号、3号坝段排水孔改造	大坝安全监测自动化系统改造（一期）
8	富春江	尾水渠左岸护坦基础淘空处理加固工程；大坝基础帷幕检查和补强加固	坝顶引张线线体改造；船闸水平位移观测方法改进；改进左岸边坡水平位移监测方法，并与大三角网联测

续表

序号	大坝名称	补强加固工程项目	监测设施更新改造项目
9	湖南镇	右坝肩帷幕加深工程；溢洪道5号弧形闸门大修	大坝安全监测自动化设计通过审查
10	百丈漈一级	连珠坟副坝右坝头防浪墙增补	大坝安全监测自动化系统改造；主坝坝脚量水堰修复完善
11	梅山	溢洪道挡墙加固；9号拱上游闸门轨道更换	14号倒垂观测改造
12	磨子潭		正倒垂观测、大坝内部观测系统改造；完善渗流观测；增设坝顶引张线
13	黄龙滩	堰顶裂缝处理并采用了预防措施；219m混凝土层面锚固和212m、220m高程廊道增设排水孔	
14	马迹塘	溢流深孔区段灌浆及上游深孔水下回填混凝土补强；增设溢流闸孔检修门；闸门大修及拦污排新建	完善监测设施
15	柘溪	大坝迎水面裂缝处理；导流洞堵头漏水，增设新混凝土永久堵头	监测自动化系统增加一条光缆传输系统，对3号支墩挠度观测系统进行两次改造，增设倒垂孔；完善大坝安全信息管理系统
16	五强溪	右消力池灌浆和7道围堰后水下混凝土施工；溢流面修补；左、右消力池表面修补	坝区气温、坝基扬压力及渗漏水实现自动化监测；增设船闸静力水准；高边坡内部变形自动化监测；大坝安全监测信息系统完善
17	万安	大坝下游两岸护坡修复；底孔启闭机房牛腿加固	大坝内部观测与外部观测自动化监测系统；基础廊道渗流渗压观测自动化改造
18	柘林	泄空洞门槽抢修；溢洪道引渠护坡修复	
19	东津	溢洪冲坑处理；山脊梁帷幕灌浆	
20	洪门	主坝F_{23}断层处理；滑坡体补强处理	增加三个测压管和三个渗压计；主坝、滑坡体变形观测自动化改造
21	石泉		扬压力观测自动化改造；增设坝基位移观测自动化系统及正、倒垂自动监测系统
22	安康		增设静力水准系统；绕坝渗流孔恢复；扬压力孔重新钻孔
23	刘家峡	泄水道2号孔修复；机组进水口两台油泵更换；坝顶350t门机、尾水2号80t门机大修；4号机引水钢管道补强化灌；排沙洞斜门后二期混凝土补强加固；坝区渗流及地下水与同位素测试；尾水水下地形测量	大坝安全监测自动化系统设计报告通过审查
24	碧口	尾水区域综合整治；排沙洞洞身化灌处理；3号压力引水钢管化灌处理；拦污栅清淤、2号快速门水封更换	
25	青铜峡	2号、5号机三大条纵向裂缝及3号胸墙裂缝化灌处理；1号机尾水护坦冲坑处理	扬压力及内观自动化观测系统改造
26	狮子滩	7号坝段补强灌浆；大坝溢洪道改造工程	观测孔整治；自动化监测系统完善改造初步设计方案进行了审查

续表

序号	大坝名称	补强加固工程项目	监测设施更新改造项目
27	漫湾	下游河床岸坡加固；泄水建筑物流道修补；左岸灌浆洞、排水洞、观测洞进行钢筋混凝土衬砌处理；坝后水垫塘右护坡冲坑修补	水平位移、挠度、坝基扬压力、左岸绕坝渗流、285支内部观测仪器、厂顶裂缝观测、坝基静力水准观测
28	池潭	大坝廊道、右岸下游导墙补强加固；1号、2号机尾水管壁补强加固；大坝反弧段、右岸等渗漏处理	完善大坝观测系统，包括水平和垂直位移、坝体挠度、扬压力和渗漏量、内部观测
29	水口	22号坝段左边墩及尾水导墙加高；大坝EL34排水沟大修；副厂房、交通洞、中控楼渗漏处理	绕坝渗流观测改为自动化遥测；静力水准接入NARI的DAMS—Ⅲ型自动测量系统；船闸内观系统接入IDA系统；船闸闸室增设倒垂、引张线；增设大坝安全在线监控系统
30	沙溪口	1号机混凝土蜗壳、尾水管裂缝处理	大坝横缝监测系统自动化改造
31	古田三级		建立4条正、倒垂，3条引张线，5套静力水准，垂直位移校核系统及自动监控系统
32	安砂	泄水底孔补气孔混凝土施工层面缝的灌浆；大坝溢洪道冲蚀处理；大坝左岸高边坡防护	大坝安全监测系统各项目的完善、改造均已完成
33	高砂	下游右岸公路路基加固，修筑护坡；厂房渗漏处理；尾水河床开挖	
34	葛洲坝	1号船闸下右Ⅱ裂缝预应力锚索加固及闸室漏水处理	
35	隔河岩	消力池补强加固	增设GPS自动化监测系统；大坝内观自动化改造
36	乌江渡	尾水右岸冲坑加固工程；紫沟护坡工程加固、修补	视准Ⅱ线观测自动化改造；垂线自动化监测系统更新
37	东风	裂缝表面封闭，孔四周打排水孔；两坝肩帷幕补强灌浆及固结补强灌浆	大坝集线箱更新改造；两坝肩观测设施完善
38	新丰江	上游面100～108m高程伸缩缝、裂缝处理；坝腔高程86m以上及14号坝腔裂缝处理；左岸下游面及三角洞渗水处理	垂线观测系统改造；安装扬压力、绕渗监测系统；量水堰实现自动化监测
39	长湖	大坝沥青井、伸缩缝漏水处理；4号～9号坝段流白浆处理	大坝安全监测自动化系统设计通过审查
40	广蓄上库		视准线观测改为交会法观测，并设两倒垂线作为校核工作基点
41	广蓄下库		原视准线观测改为正倒垂法观测
42	大广坝	大坝维护；左、右坝白蚁灭治	

（国家电力公司大坝安全监察中心　王志红）

科技、教育出版与信息研究

15

科学技术研究成果

碾压混凝土高坝筑坝技术研究综述

碾压混凝土高坝筑坝技术研究(96—220)是“九五”国家重点科技攻关项目,攻关的任务和目的是依托龙滩碾压混凝土重力坝(最大坝高216m)和沙牌碾压混凝土拱坝(坝高132m),研究解决200m级高碾压混凝土重力坝和100m以上高碾压混凝土拱坝关键技术,主要包括可用于高碾压混凝土重力坝的设计方法、坝体渗流规律和防渗结构、关键的施工技术和适用的筑坝材料;适用于高碾压混凝土拱坝的坝体分缝设计技术、筑坝材料、混凝土拌和系统、快速施工和现场快速质量检测以及原型观测技术等关键技术。

项目共分2个课题,8个专题。2个课题“200m级高碾压混凝土重力坝研究(96—220—01)”和“100m以上高碾压混凝土拱坝研究(96—220—02)”的课题组长单位是水电水利规划设计总院。参加攻关的有设计、科研、施工、高等院校等23个单位,参加攻关的人数579人,均具有高级技术职称。在国家电力公司和有关单位部署和支持下,于2000年完成,达到了预期目标。项目和8个专题全部通过国家验收。8个专题通过了国电公司组织的科技成果鉴定,达到国内领先、部分国际先进水平的有1个,达到国际先进水平的有2个,达到国际先进、部分国际领先水平的有5个。

项目共取得应用成果63项(未计入研究报告和论文),所取得的重大科技成果可归纳为:2项配套技术(龙滩碾压混凝土重力坝设计配套技术和沙牌碾压混凝土拱坝筑坝配套技术);1项成套设备($200m^3/h$双卧连续强制式碾压混凝土搅拌系统);5项重大成果(大仓面碾压混凝土斜层推铺筑法、高气温和多雨条件下的碾压混凝土施工措施、碾压混凝土拱坝接缝重复灌浆技术,碾压混凝土拱坝埋管降温技术和碾压混凝土拱坝现场快速质量检测技术)。

成果已应用于在建的沙牌碾压混凝土拱坝和拟建的龙滩碾压混凝土重力坝设计中,获得经济效益1.7亿余元,为我国建设碾压混凝土高坝提供了可靠的技术支撑。

(国家电力公司科技环保部　孔令兵
中国水力发电工程学会　李　新)

高坝工程技术研究综述

高坝工程技术研究(96—221)是“九五”国家重点科技攻关项目,攻关的任务和目的是依托清江水布垭高面板堆石坝(坝高233m)、澜沧江小湾电站高混凝土拱坝(坝高292m)和金沙江溪洛渡电站高混凝土拱坝(坝高278m),研究解决200m级混凝土面板堆石坝关键技术、300m级高混凝土拱坝关键技术,并为21世纪水电建设的大发展提供高坝工程建设的技术储备。

项目共分5个课题,21个专题。5个课题中的“快速勘探技术的综合应用(96—221—01)”、“200m级高面板堆石坝研究(96—221—02)”和“300m级高拱坝枢纽设计关键技术研究(96—221—05)”3个课题的课题组长单位是水电水利规划设计总院,“300m级高拱坝抗震技术研究(96—221—03)”和“300m级高拱坝结构问题研究(96—221—04)”2个课题的课题组长单位是中国水利水电科学研究院。参加攻关的有设计、科研、施工、大专院校等35个单位,参加攻关人数1157人,其中具有高级职称的有710余人。在国家电力公司和有关单位的部署和支持下,该项目于2000年完成,达到了预期目标,项目与21个专题全部通过了国家验收。21个专题通过了国家电力公司组织的科技成果鉴定,专题成果达到国际先进水平的有9个,达到国际先进、部分国际领先水平的有10个,达到国际领先水平的有2个。

项目共取得应用成果84项,研究报告及论文292篇。项目所取得的重大成果可归纳为:1项配套技术(200m级高混凝土面板堆石坝筑坝技术);4项重大成果(300m级高拱坝抗震技术,300m级高拱坝结构设计应力标准研究,300m级高拱坝大流量泄洪消能技术和超大型地下洞室群的合理布置及围岩稳定加固技术);6项新技术(用岩体节理三维网络计算机模拟技术进行边坡随机楔体稳定分析、小湾工程施工技术、大型工程地勘资料网络数据库、水库地质灾害信息系统、岩体原位弹性波测试技术应用研究和SDQ—91岩心定向器具)。

成果已应用在所依托的工程设计中,获得综合经济效益约15亿元,为我国建设200m级混凝土面板堆石坝和300m级高拱坝提供了可靠的技术支撑。

（国家电力公司科技环保部 孔令兵
中国水力发电工程学会 李 新）

200m级高碾压混凝土重力坝研究

200m级高碾压混凝土重力坝研究（96—220—01）依托216m高的龙滩碾压混凝土重力坝进行研究，现场试验研究在131m高的江垭碾压混凝土重力坝上进行。

研究所取得的主要成果有：

（1）高碾压混凝土重力坝设计方法的研究，取得了高碾压混凝土重力坝应力计算方法和承载能力、温度应力和防裂措施、高气温及多雨条件下碾压混凝土坝施工技术、碾压混凝土施工层面处理和坝体快速施工等主要成果。

这些成果为坝体设计与施工提供了以下依据：①坝体应力的量化分布状况；②混凝土的配合比与合理密度；③坝体基岩质量分级原则和标准；④坝基应力控制标准；⑤坝体稳定分析；⑥温度控制的方法和裂缝防止措施；⑦在高气温、高湿度、日照、风速等因素影响下，大仓面碾压混凝土施工方法与技术措施；⑧高碾压混凝土坝的施工机械设备配套选型原则及其相应的施工组织方法等等。这些依据对提高高碾压混凝土坝的结构设计质量和坝体施工质量至关重要。

（2）高碾压混凝土重力坝渗流分析研究，取得了如下成果：高碾压混凝土重力坝渗流特性与材料、碾压质量、混凝土强度、抗渗等级等各种因素的关系；现场压水试验设备；坝体、层面、缝面和裂隙的水力等效性；防渗结构设计与论证等。和“八五”攻关成果相比，“八五”攻关对龙滩碾压混凝土重力坝的上游面防渗，主要倾向于采用常态钢筋混凝土防渗措施，但这种结构对如此高碾压混凝土坝施工极为不利，坝体混凝土施工质量难以保证；“九五”重点研究了依靠碾压混凝土本身防渗来取代钢筋混凝土防渗结构，并以江垭碾压混凝土重力坝作为现场试验工程，进行上述各项内容的试验与研究。现江垭大坝已建成，上述各项成果均已得到应用和验证，证明在高坝上依靠碾压混凝土本身防渗是可行的，现龙滩设计也采用了这些成果，解决了龙滩防渗结构设计这一关键问题。

（3）碾压混凝土材料性能和耐久性研究，取得了如下成果：采用优质粉煤灰配制的能降低绝热温升（2.37℃）、提高混凝土防渗和抗裂性能的优化混凝土配合比；能提高层面之间的粘聚力的保塑砂浆进行层面处理；不同水力梯度作用下碾压混凝土的溶蚀和渗透特性及抗渗耐溶措施；高温缓凝减水剂对碾压混凝土凝结时间的影响；可代替粉煤灰的PT（岩粉）掺合料在大朝山碾压混凝土坝的应用等。这些成果从碾压混凝土的基本要素（各种材料及其配比）研究着手，解决了碾压混凝土用于200m级高坝也能满足抗渗耐溶要求和在高气温条件下碾压混凝土也能照常施工的问题。

综上所述，研究成果解决了设计所需的三项关键技术，即可用的材料、合理先进的设计技术、切实可行的施工技术与相应的机械设备选型配套。形成了龙滩碾压混凝土重力坝设计配套技术，为今后类似的高碾压混凝土重力坝设计提供了技术依据。

该专题研究成果经国家电力公司专家组鉴定，总体上达到国际先进水平，部分达到国际领先水平，并于2000年12月15日通过国家科技部的验收。

（水电水利规划设计总院 卢立生）

100m以上高碾压混凝土拱坝研究

100m以上高碾压混凝土拱坝研究（96—220—02）依托沙牌碾压混凝土拱坝下称沙牌拱坝（坝高132m）和“八五”攻关的依托工程普定碾压混凝土拱坝以下称普定拱坝、坝高75m相比，高出57m，上了一个台阶，因此沙牌拱坝筑坝技术研究也是按上一个台阶要求进行的。普定拱坝在当时是世界最高的碾压混凝土拱坝，沙牌拱坝是今日世界上最高的碾压混凝土拱坝。其配套技术研究成果有以下几个方面

（1）拱坝分缝及建坝材料特性研究，取得的成果有：坝体的本构关系和破坏机理；不同于普定拱坝的为更好地释放坝体施工期的温度应力、控制坝体开裂的诱导缝加常规横缝组成的沙牌拱坝分缝方案（普定拱坝只设了诱导缝，但作用不很明显，根据温控试验和分析计算结果，沙牌拱坝增设了2条结构横缝；预制混凝土重力式模板结构型式和先安装后填筑碾压混凝土的成缝技术；降低混凝土温升；不同分缝方式和不同施工进度安排对大坝温度场和应力场的影响；就地取用弹强比小的花岗岩人工骨料研制的高抗裂性碾压混凝土和相应的低脆性延迟微膨胀水泥配方，以及具有高精度的混凝土绝热温升自动控制仪等。

（2）碾压混凝土拱坝快速施工研究，取得的成果有：①结合沙牌工程编制了高碾压混凝土拱坝施工计算机模拟程序；采用计算机动态模拟高碾压混凝土拱坝的施工过程，对于预测、监控施工工期，确定施工措施，逐月施工强度和浇筑顺序等重要指标，以及对

合理的施工方案选择提供了定量的技术依据。②研究提出了真空溜管管带采用超软磨橡胶带，对负压溜槽系统的关键部位下料控制装置改成全封闭的自动弧门，解决了弧门漏浆、漏气及维修困难易磨损等问题，且结构简单，制造工艺性好，开启灵活，维护方便。为测定碾压混凝土下滑速度，设计了一套测速系统，可测定碾压混凝土下滑过程中的线速度。③优化上、下游模板设计，确保了碾压混凝土连续施工；在普定施工工法的基础上制定出本工程的工法，指导沙牌工程施工。④设计并提出满足沙牌工程需要的水泥、粉煤灰净浆配比；优选出满足工程要求的最佳净浆掺量；通过现场施工工艺试验确定了简易可行的铺浆工艺，制定了改性混凝土施工的作业指导书。该研究成果应用于沙牌拱坝改性混凝土施工，扩大了改性混凝土的使用范围，简化了作业工序。⑤提出了提高冬季混凝土出机口温度的方法和措施；比较并选定了泡沫塑料保温被作为保温材料；制定了“沙牌碾压混凝土拱坝冬季施工工艺及措施”，并用于指导工程冬季施工。

(3) 坝体原型观测研究取得了如下成果：①优化了沙牌拱坝原型观测设计方案，在保证系统可靠实用的前提下，使设计经济、合理、施工方便。②提出了施工期监测数据处理分析模型，编制了相关程序。③建立了初次蓄水模型，运行期的全坝梁挠曲线及水平拱的时空分布确定性模型和实时分析坝肩稳定性模型。提出了拱坝、拱座的安全监控指标及突变理论判别坝肩稳定的方法。④提出了适合沙牌工程的数据自动采集系统和通讯接口方案，并建立了原型观测数据管理系统。⑤提出了对仪器的长期可靠运行和提高观测精度具有重要作用的“护管悬挂”的碾压混凝土监测仪器的埋设方法。⑥研制的新型埋入式测缝计直接应用于沙牌高拱坝和其它水利水电工程。

(4) $200m^3/h$双卧轴连续强制式碾压混凝土搅拌系统设备的研究。此系统设备由我国自行设计研制，已用于沙牌工程碾压混凝土生产，从使用效果看，其生产的碾压混凝土优于德国同类产品BHS搅拌机生产的碾压混凝土。此系统从总体上看，除自行设计外，还研制了优于进口拌和机衬板的高抗磨材料衬板、砂含水量测定及砂水自动补偿设备等关键部件。整个搅拌设备呈一字形三阶式布置，即配料、搅拌、出料各为一阶，它们通过进、出料皮带联结成一个整体，采用工业PC机系统+PLC控制台，组成全自动控制系统，从配料装置到搅拌机都采用我们自己研制的产品，系统能按要求生产不同标号的二级配、三级配碾压混凝土，也能生产常态混凝土，生产能力为$100\sim200m^3/h$。

综上所述，研究成果解决了沙牌碾压混凝土拱坝筑坝所需的关键技术问题，即高拱坝的分缝新技术，就地取用弹强比小的花岗岩骨料和研制专用水泥，高拱坝的不同时段、情况多变的具体施工技术和工艺措施，以及原型观测必需埋设的仪器设备和保证埋设质量的工艺措施，形成了沙牌碾压混凝土拱坝筑坝的配套技术，为今后类似的100m以上碾压混凝土拱坝的建筑提供了借鉴。

该专题研究成果经国家电力公司专家组鉴定，总体上达到国际先进水平，部分达到国际领先水平，并于2000年12月15日通过了国家科技部的验收。

(水电水利规划设计总院　卢立生)

快速勘探技术的综合应用

快速勘探技术的综合应用（96—221—01）是国家“九五”重点科技攻关项目“高坝工程技术研究”中的第1个研究课题。共分解为4个研究专题，15个研究子题。专题承担单位分别为长江勘测科学研究所与成都勘测设计研究院，参加攻关研究的单位共18个，参加攻关研究的人数达179人。其研究内容按4个专题分述如下：

1. 遥感技术及其应用研究专题　主要研究内容（即子题）有：遥感与地理信息系统技术集成及应用；深挖高边坡快速地质编录成图技术开发与应用；地下洞室围岩地质编录成图技术开发与应用。

2. 综合物探技术应用研究专题　主要研究内容（即子题）有：地震波CT技术及应用；钻孔彩色电视孔壁成像系统及应用；声波测井技术应用研究；高密度电法勘探；岩体原位弹性波测试技术应用研究。

3. 钻探新技术的开发和应用研究专题　主要内容（即子题）有：冲击式金刚石取心跟管钻进技术研究；适合溪洛渡地层条件的金刚石钻头的研制；岩心岩向新技术研究；新型复合胶无黏土冲洗液研究。

4. 工程地质综合分析技术的开发和应用专题　主要研究内容（即子题）有：工程地质综合分析系列软件；岩体结构的工程特性评价方法；溪洛渡水电站岩体和结构面力学参数取值研究。

以上4个专题的主要研究内容（即15个子题），已于1999年底按合同要求完成了攻关任务。2000年10月各专题研究成果经国家电力公司组织专家鉴定都达到了国际先进水平，并于2000年10月通过国家科技部的验收。

(水电水利规划设计总院　徐苕赛)

200m级高混凝土面板堆石坝研究

200m级高混凝土面板堆石坝研究（96—221—02）是“九五”国家科技攻关“高坝工程技术研究”项目的第2个课题。攻关目标是研究解决200m级高混凝土面板堆石坝的筑坝材料、接缝止水、面板混凝土及计算分析方法等关键技术，为清江水布垭工程选定混凝土面板堆石坝方案提供科学的依据和技术基础，并在我国其他拟建的高面板坝建设中推广应用。

本课题共分为6个专题包括：①水布垭筑坝材料工程特性研究；②水布垭面板坝应力变形分析；③强震区面板坝大型振动台模型试验及动力分析；④面板混凝土抗裂及耐久性研究；⑤适应大变形的接缝止水结构和材料研究；⑥高面板坝的新型监测设备及资料反馈分析。

参加该课题工作的有水电总院、清江公司、水科院、长委会、南科院等15个单位230人。

主要研究成果如下：

（1）筑坝材料研究。通过系统的试验室试验及现场施工性的爆破和碾压试验，充分论证了水布垭堆石料可以满足混凝土面板堆石坝的技术要求，提出了较为符合实际的设计参数和施工工艺措施。其中堆石料现场大型变形压缩试验，堆石料的室内高应力、不同应力途径、加卸载等非常规试验和高水头下周边缝的淤塞自愈的仿真模型试验，在方法上有所创新，理论上有所充实，并有实用意义。

（2）应力变形分析。用$E—B$模型、非线性解耦$K—G$模型、双屈服面弹塑性模型等多种数学模型，进行有限元仿真计算，分析研究水布垭面板坝应力变形规律和减小变形量及其危害的有效工程措施。还对非线解耦$K—G$模型作了改进；采用耦合薄层单元、非线性磨擦接触单元等研究垫层与面板的相互作用。初步探讨了堆石体流变对高面板坝应力变形的影响。计算分析表明，水布垭高面板坝的应力变形与国内外已建工程相比较，都在合理范围以内，可以满足安全和正常运行要求。

（3）强地震区面板坝大型振动台模型试验及动力分析。利用具有世界先进水平的大型三向模拟地震振动台进行了大量二维、三维模型试验，得到模型坝的各项地震反应性状及参数，改进和验证动力分析方法，并对黑泉高面板坝进行动力分析，提出了相应的抗震措施。开发了面板坝三维真非线性有效应力动力分析方法和计算程序，与模型坝振动试验成果基本一致。

（4）面板混凝土抗裂及耐久性研究。从试验和理论分析系统地研究了面板混凝土裂缝产生的机理和多种影响因素；提出了具有高强度、低弹模、低收缩性能的面板混凝土的技术途径；开发了面板抗裂计算方法；提出能满足200m级高面板堆石坝面板混凝土耐久性的要求，从而证明混凝土面板作为200级高堆石坝防渗体是可行的。

（5）适应大变形的接缝止水结构和材料研究。在传统三道周边缝止水结构的基础上，对底部铜止水片进行了试验和理论分析，对缝面止水的结构和材料重点开发和改进，形成适应200m级高面板坝的周边缝新型止水结构和相应的材料。对底部铜止水进行了模型试验和几何大变形的三维数值分析，建立了铜止水型式及尺寸的计算方法。研制和改进的GB和SR两种材料的各项性能，达到和超过了国外IGAS等同类材料的性能。进行了以这两种材料为主组成的止水结构的大型仿真模型试验，都能在缝面沉降10cm、剪切5cm、张开5cm的变形条件下，耐受2.0～2.9MPa的水压下不漏水。还对粉煤灰—反滤层的淤塞自愈型止水结构进行了大型模型试验和计算，可以满足渗透稳定要求。

（6）新型监测设备及资料反馈分析，研制了可遥测、遥控的水平垂直位移计和高精度双向固定测斜仪，实现了全过程的遥测遥控，可用于230m高的面板堆石坝的原型观测。还对天生桥一级、成屏等面板坝的原型观测资料进行了系统整理和反馈分析，对以往常用的统计模型作了改进，探讨了影响高面板坝变形的多种因素。

上述6个专题研究成果经国家电力专家组鉴定，都达到国际先进水平，其中采用实际地震波和多向输入进行面板坝大型振动台试验、止水结构及材料、新型监测设备等成果达到国际领先水平。并于2000年10月通过国家科技部的验收。

（水电水利规划设计总院　孙永娟）

300m级高拱坝抗震技术研究

300m级高拱坝抗震技术研究（96—221—03）是“九五”国家重点科技攻关项目“高坝工程技术研究”的第3个课题。科技攻关是结合我国拟建的高地震烈度区的小湾工程和溪洛渡工程进行的。

修建在高地震烈度区的300m级高拱坝抗震安全性常成为工程设计中重要的控制因素。这类拱坝抗震的主要特点为：①地震时拱向拉应力值很大，引起坝段间伸缩横缝被拉开，形成非线性的非整体结构；②沿坝基河谷各点地震动幅值和相位的显著差异；③地震时拱坝体系能量向远域地基逸散，产生“辐射阻尼”效应更突出；④与坝体毗邻的近域地基内各类地质构造的非线性本构特性以及山体地形等影响更明显；⑤坝肩岩体抗震稳定性分析中与坝体动力耦合影响和山体本身的动力放大效应更为重要；⑥坝体运行30年后坝前淤积可能超过100米，需估计其对坝面动压力影响；⑦现行水工抗震设计规范对250m以上高坝，要求对其抗震安全性作专门研究；⑧由于高坝基频低，抗震设计中反应谱在1Hz左右的谱值影响显著，应慎重研究；⑨需要按坝址随机地震动场研究坝体随机过程反应及其抗震可靠度，与目前规范中采用的把地震动峰值加速度和标准反应谱作为随机变量的分析作比较；⑩需要研究适宜于高拱坝的有效抗震工程措施；⑪应探讨在静态初应力状态下，全级配高坝混凝土的动态抗力特性。以上这些都是工程急需解决而国内外都缺乏先例，需要攻关的关键技术问题，也是当前地震工程学科发展中的前沿课题。

该课题通过“九五”攻关研究，对上述问题的解决取得了显著进展，主要成果包括：①开发研制了一个能概括坝体横缝、坝基不均匀地震动、远域地基辐射阻尼、近域地基地质构造和地形等影响在内的、更接近高拱坝抗震实际状况的时域显式有限元加人工透射边界的波动分析方法和大型实用程序。②采用完全满足横缝接触边界条件和计入沿缝而摩擦滑移的动接触力法进行横缝动态影响的模拟。③提出了能计入与坝体动态耦合和山体动力放大效应的坝肩潜在滑动岩块抗震稳定安全系数时间历程分析方法和实用程序。④研究了把坝体和地基作为离散介质体系进行三维动力分析的拉格朗日不连续变形分析、离散元分析、界面元分析、极限平衡分析等方法，比较了各类方法对小湾拱坝工程分析的结果。⑤初步探讨了以两相介质理论为主的坝前厚淤沙对坝面动压力影响的机理。⑥开发研究了坝址河谷随机地震动场的确定、坝体随机过程反应及抗震可靠度分析方法，并对小湾拱坝比较了其与作为随机变量的现行方法分析结果的差异。⑦基于所开发研制的有限元波动分析方法研究了在坝体上部设置钢筋和减震装置以减小横缝张开度的影响程度和有效性。⑧通过在大型三向地震模拟震动台上对小湾拱坝进行了动力模型试验，验证了坝体横缝影响，在坝体上部设置抗震钢筋或底部设置底缝等计算分析的结果。⑨提出了基于地震危险性分析给出的坝址设计地震加速度峰值，按在有主要贡献的潜在震源、沿主干断裂离坝址最近点确定设定地震的原则，更合理地给出场地相关设计反应谱。⑩对小湾拱坝大体积混凝土进行了在不同静态初应力水平下全级配大试件的弯拉和抗压动态强度试验，并和常规湿筛混凝土小试件结果作了比较，初步探索了其规律性。⑪在上述基础上，提出了规范要求的对250m以上高拱坝抗震安全性进行专门研究的一整套分析和评价方法，并对小湾拱坝作出了抗震安全不会成为影响其立项的技术问题的结论和要采取的抗震工程措施提出初步建议。

此外，还结合溪洛渡拱坝对潜在震源不确定性评价方法、建坝前坝址河谷地震动场分析方法，用地理信息系统研究和预测水库诱发地震的方法等进行了研究。

研究结果为我国300m级高拱坝抗震设计中的关键技术问题的解决提供了科学依据，也有力地推动了高坝抗震学科的发展。研究成果已经在小湾、溪洛渡、龙羊峡等实际高拱坝工程的抗震设计和验收中发挥了作用，取得显著的社会经济效益。目前，研究工作结合实际工程仍在进一步深入进行中。

（中国水利水电科学研究院　陈厚群）

300m级高拱坝结构问题研究

300m级高拱坝结构问题研究（96—221—04）是“九五”国家重点科技攻关项目“高坝工程技术研究”的第4个课题。科技攻关是结合即将兴建的小湾和溪洛渡两座特高混凝土拱坝进行的。小湾拱坝高292m，溪洛渡拱坝高278m，均超过了目前世界最高的格鲁吉亚英古里拱坝（高272m）。本课题包括3个专题：①高拱坝应力控制标准研究；②高拱坝新型合理体型的研究和应用；③高拱坝坝基抗滑稳定研究。现将主要成果分述如下：

（1）用三维有限元法模拟大坝施工和运行过程，系统地分析了常规设计中没有考虑的各项因素对拱坝应力状态的影响，如封拱前坝内温度变化引起的初应力、横缝不抗拉、施工过程、非线性温差等对高拱坝应力的影响。用有限元法和多拱梁法对国内外十余座已建高拱坝进行了详细应力分析，研究了不同计算方法、不同计算软件、不同网格形式对拱坝应力的影响。对国内外已建的66座高拱坝的计算应力、实测应力和变位、应力控制标准、混凝土力学特性、实际运行情况及各国现行拱坝设计规范进行了整理和综合分析，摸清了在拱坝设计中已经考虑的和没有考虑而实际存在的各种因素对高拱坝应力状态的影响，为制定新的拱坝应力控制标准奠定了基础。

（2）现行拱坝应力控制标准存在不少缺点，如应力控制标准与建筑物重要性无关、允许拉应力与混凝土强度无关、不同计算方法和不同计算软件算出的应力数值相差较大，但允许应力值是相同的，缺乏有限元法的应力控制标准等。在总结国内外拱坝建设实践经验的基础上，结合理论分析，提出了一套新的高拱坝应力控制标准，克服了现行拱坝设计规范中的缺点，允许应力与建筑物重要性和混凝土强度挂钩，给出了有限元法、拱梁分载法及不同软件的允许应力，反映了国内外拱坝建设的实践经验和科技进步，计算简单，与已有工程对比，也切实可行。

（3）提出并完善了两种拱坝新体型：混合曲线拱坝和二次曲线拱坝，与现有各种拱坝体型相比，具有明显优势，在允许应力相同条件下，坝体体积可节省10%以上，在体积相同的条件下，最大应力可降低10%以上。经过最近几年的积极推广，混合曲线拱坝已建成的有金龙、奇艺、铜山一级等拱坝，二次曲线拱坝已建成的有下会坑、溪尾、东吴等拱坝，尚有3座在建。由于拱坝体型优化和新体型的推广应用，已建和在建拱坝的累计经验效益达1.89亿元。

（4）完善了拱坝动力优化的数学模型、求解方法和工程应用，首次采用了能量模型。完成了拱坝双目标优化的方法和程序，可同时考虑造价和安全性，并应用于小湾拱坝，对多目标（坝体体积、应力、拉应力区大小、失效概率等）拱坝优化进行了探索，并对小湾拱坝的多目标优化得到了初步成果。

（5）对周边缝、底缝拱坝进行了详细的三维非线性分析，深化了对设缝拱坝的认识，并提出了设缝拱坝的优化模型和程序。

（6）通过大量模型试验和非线性有限元分析，研究了孔口配筋对裂缝开度、深度及拱坝安全度的影响，提出了合理的配筋方式和新的拱坝孔口配筋公式，用钢量可节约25%。

（7）首次提出了地震区高拱坝跨缝配筋的设计准则和计算方法，并结合小湾拱坝进行了分析。

（8）提出了计算拱坝坝肩稳定的三维极限分析方法，这是基于塑性力学上限解的一种新方法，并编制了相应的电算程序，理论基础较扎实，计算功能较强。

（9）建立了小湾水电站坝址区的水文地质模型，提出了密集排水孔的流量结点分配快速计算方法和带有潜水面的干区虚拟流动的不变网格有限元分析方法，研究了地表入渗对边坡稳定不利的暂态孔隙水压力的变化规律，提出了小湾拱坝基础渗控布置方案。

（10）采用弹黏塑性理论、三维刚体弹簧元、刚体极限平衡法等多种分析方法评价小湾和溪洛渡拱坝坝肩在动力和静力条件下的抗滑稳定性，搜索出两岸坝肩最小稳定安全系数的块体；采用三维弹塑性有限元法和大型地质力学模型，考虑坝址区主要断裂构造以及洞塞、井塞、锚固等加固措施，对小湾拱坝加固前后的整体稳定性进行了对比分析，得出加固处理后小湾拱坝的超载能力。

（11）研究了高拱坝沿建基面失稳的破坏机理，采用线性和非线性有限元方法，对小湾拱坝强度、稳定及可能的破坏形式进行了分析，得出了小湾拱坝沿建基面有足够的抗滑安全性的结论。

（12）提出了拱坝封拱温度场的两种优化模型，探讨了小湾拱坝最优封拱温度及实施方法。

（13）提出了对拱坝安全度进行宏观评定的两个新的方法：拱坝应力水平系数和安全水平系数，比目前采用的拱坝柔度系数更为合理。

（14）对提高拱坝混凝土强度等级进行了探索，从坝体应力、温度控制、弹性稳定、抗地震及材料特性等方面进行分析后得出结论：适当提高拱坝混凝土强度等级是可行的，并可带来显著经济效益。

（15）改进了Hoek-Brown岩体强度理论，针对含断续节理岩体强度的各向异性特性，推导出 m、S 的变化规律，并预测了小湾岩体力学参数，研究了含断续节理岩体的破坏机理。

（16）全面、深入地研究了拱圈线型，不同的拱圈线型对坝体混凝土体积的影响可达20%～30%，给出了优选拱圈线型方法和程序。

（17）建立了多裂隙岩体在初始损伤、损伤演化和塑性损伤变形状态下的三维弹塑性损伤本构模型；研究了可以反映锚杆（索）加固机理的损伤岩锚柱单元，并根据能量等效原形和变形相容条件推导了岩锚柱单元的弹性损伤系数及损伤岩锚柱单元对岩体刚度的影响。

（中国水利水电科学研究院　朱伯芳）

300m级高拱坝枢纽关键技术

300m级高拱坝枢纽关键技术（96—221—05）是“九五”国家重点科技攻关项目“高坝工程技术研究”的第5个课题。科技攻关是结合小湾、溪洛渡、锦屏一级工程进行的。在枢纽布置中最为突出的共性问题是高落差、大流量的泄洪与大规模地下厂房和洞室群的布置。结合地形、地质条件，恰当解决泄洪、发电等功能要求，涉及到工程的安全风险性与经济合理性。着重研究了以下两个问题：

1. 高落差、大流量泄洪与消能　高落差、大流量、窄河谷、陡边坡等特征决定了由坝身泄洪是经济的，研究表明，单位泄量（$1m^3/s$）的工程造价仅为隧洞的一半左右。大孔口泄流、空中撞击、水垫塘消能方式，经在二滩水电站实践，证明是安全、可行、消能效率高的泄洪消能方式。小湾、溪洛渡等工程也相继将其作为首选的方案。重点需要解决的关键技术问题，是从坝体结构安全出发，合理确定坝身泄洪分流比。主要影响因素有：坝身开孔对坝体整体安全度、施工进度的影响；水舌落点与对水垫塘的动水冲击力；泄洪时流激对水垫塘的动力响应诱发坝体振动的结构安全；水垫塘衬护结构的安全稳定性；水流空中撞击造成雾雨对消能区两岸边坡稳定性影响等。

根据二滩工程的实践验证，按水垫塘的单位水体消能率和水垫塘最大动水压力分别为 10～14kW/m^3 和 15×9.8kPa（15m 高水柱）控制，小湾和溪洛渡的坝身分流量分别可以达到 15000m^3/s 和30000m^3/s，泄洪功率分别为 3500 万 kW 和 6000 万 kW。

工程建设经验表明，高深峡谷区，泄洪消能宜采取分散泄洪、分区消能的综合途径。

二滩、小湾、溪洛渡的研究还表明，坝身泄流量一般只占总泄量的 60%～70%，尚有近 1/3 的流量需要通过泄洪洞宣泄。因此，隧洞设计面临着 1～2km 甚至更长，流量达 4000m^3/s，流速高达 50m/s，空化、空蚀、补气、掺气减蚀、抗冲以及导流洞改建为何种型式成为泄洪洞等技术难题。

目前，国内外已建并设置了掺气设施的泄洞最大单宽流量未有超过 300m^3/（s·m）的，二滩水电站泄洪洞最大单宽流量为 292m^3/（s·m），泄量 3860m^3/s，小湾即按 300m^3/s·m 的单宽流量，同时考虑到国内外已有运行经验的闸门制造水平，控制泄洪洞的设计。工作闸门尺寸为 11m×12m（宽×高），最大泄量 2954m^3/s 最高流速达 44m/s。

溪洛渡泄洪洞最大单宽流量 268m^3/（s·m），泄量 3756m^3/s，弧形工作闸门尺寸 14m×17m（宽×高）最高流速 44m/s。

关于导流洞改建为泄洪洞问题在小湾工程中研究了水头高达 200m、泄量 1400m^3/s 的旋流竖井消能式的泄洪洞。总消能率约达 90%，以水工模型试验结果看改建是可行的。溪洛渡正在研究水头大于 200m、泄量达 3000m^3/s 的旋流泄洪洞（水流绕洞轴线旋转）。期望目标要达到流速控制在 25m/s 以下，洞内流态稳定、无负压，消能率在 80%以上。

2. 大规模地下厂房和洞室群　大量的工程实践表明，在高拱坝枢纽布置中由于受到峡谷深窄的空间制约，原河床的布置主要泄洪建筑物，引水发电系统布置于岸边地下，无论从设计、施工、运行各角度分析，均具有技术经济合理性。但由于不同地质条件和机电设备、运行条件等因素的影响，使地下厂房和洞室群的布置型式极为复杂。

以溪洛渡水电站为例，装机规模较大为 1200 万 kW，单机容量 75 万 kW 时需装设 16 台机组，分两岸布置。每岸 8 台，主厂房尺寸 414m×32m×75m（长×宽×高）主变压器室 299m×20m×25.5m，尾水调压井 264m×25m×81.5m，除三大洞室外尚有引水洞、尾水洞，电缆竖井、导流洞、泄洪洞、进厂交通洞、施工支洞等总计约 50 条，组成空间布置极为复杂的规模巨大的地下洞室群。经比较采用首部厂房布置型式，即不设上游调压井，总水头损失最小，地下工程量最小。厂房距库岸约 350m、垂直埋深 400m 以上。设计中需要解决的关键技术问题是洞室群的优化布置与合理的支护设计，它是保证洞室稳定、安全的关键。影响其经济合理的主要因素有：8 度强震区地下结构的抗震强度与稳定性；厂房防渗排水设施与渗流控制；地下洞室群的合理施工顺序；洞室群施工系统仿真及进度；施工期通风排烟；非线性岩体中洞室群开挖和加固过程；巨型调压井的结构型式与支护型式等。

（水电水利规划设计总院　王小润）

230m 高混凝土面板坝接缝止水结构模型试验

230m 高混凝土面板堆石坝接缝止水结构、止水材料研究是“九五”国家重点科技攻关项目，并得到了国家自然科学基金会和湖北清江水电开发有限责任公司的资助。结合清江水布垭面板坝周边缝止水材料，经过 4 年研究，取得了一些重要成果。

1.230m 高面板坝周边缝新型表层止水结构研究

（1）提出了将常规周边缝的中部止水移至表层，改为波浪型设计，与表层 GB 嵌缝材料、盖板和橡胶棒一起，形成新型周边缝表层止水结构的设计形式。其创新点在于：波浪型止水带可以通过扁钢、预埋角钢分别与趾板和面板固定在一起，且安装期可以放在面板完成之后，不受面板施工干扰。在新型止水结构中，橡胶棒起支撑作用，表层止水可以单独承受高水头（250m 水头以上）和三向大变位，从而提高了施工的可靠性与运行的安全度。

（2）新型表层止水结构、新型止水材料及配套技术已用于福建穆阳溪芹山面板坝周边缝止水。芹山面板坝，高 120m，周边缝最大可能的剪切位移为 4.5cm，初期蓄水观测结果表明，坝后量水堰的渗水小于5L/s,效果较好。

（3）经过分析与实验证明 10cm 直径的复合橡胶棒、宽 64cm、厚 8mm 的波浪型止水带和盖板和 GB 嵌缝材料一起可以满足水布垭工程的需要；5cm 直径的复合橡胶棒，宽 35cm、厚 8mm 的波浪型止水带和盖板和 GB 嵌缝材料一起可以满足芹山工程的需要。

（4）设计了框架型表层止水结构试验模型，其内腔长 100cm、宽 80cm、高 80cm，可以较好地模拟 80cm 周边缝长以及检验周边缝接头处理工艺，可以准确模拟周边缝张开、沉降和剪切三向变位。

模拟试验表明，周边缝张开 5cm、沉降 10cm、剪切 5cm 和在 290m 水头作用下不会发生渗漏。超载破坏试验时，最高水头达到 340m，模型本身产生水平细微裂缝并沿缝喷水，喷距约 20cm，破坏试验后，新型表层止水结构和止水材料均无破坏，表明新型结构与材料满足水布垭工程要求，且有较大安全储备。

2.230m 高面板坝周边缝常规止水型式模型试验　对常规止水结构进行了试验，得到如下结果：

（1）以盖板、GB 嵌缝材料和底部铜止水作为周边缝的止水，在模拟周边缝张开 5cm、沉陷 10cm、作用水头 260m 的情况下，证明 GB 嵌缝材料流动 1.1m 后，能填满缝腔和所有缝隙，满足工程要求。

（2）常规止水结构，由于表层与底部铜止水联合后才能起到可靠的止水作用，所以在安全性和施工可靠性方面不如新型结构。

3.230m 高面板坝周边缝底部铜止水研究　铜止水是面板坝的基本止水，经过试验与计算分析，得到如下结果：

（1）对周边缝，F 型铜止水优于 W 型铜止水；铜止水的厚度对铜止水的应力和应变的影响比较小，铜片厚度取 1mm 是合适的。

（2）当铜止水承受剪切位移时，对于中间折曲部位鼻子高 $H=72.5$mm、宽 $B=25$mm 的铜止水，靠折曲部位的扭曲变形可以承受 20～25mm 的剪切变位；超过这一边位，焊缝易于发生破坏，如果考虑水压、三向变位，这一数值会更小一些。

（3）F 型铜止水，厚 1mm，折曲部位高 $H=105$mm、宽 $B=30$mm，破坏强度大于 225.0MPa、延伸率大于 30%时，试验表明，铜止水可以承受 50mm 张开、100mm 沉陷和 50mm 剪切而不发生破坏。

（中国水利水电科学研究院　贾金生）

230m 高面板坝周边缝 SR 防渗体系止水结构整体模型试验研究

本项研究属国家“九五”重点科技攻关子题研究项目。1997 年以来，华东院针对清江水布垭 233m 高面板坝周边缝大变形、高水头的止水要求，设计、制作了 5 项高面板坝周边缝整体试验模型，在模拟 230m 高面板坝周边缝的极限条件下进行了三种“SR 塑性止水材料防渗体系止水结构”的模拟试验，取得了连续时间超过 10000h 的 5 项模拟试验成果见下表。

高面板坝周边缝止水整体模型试验成果总汇表

模型编号	止水结构	接缝最大变形(mm)			最高水压(MPa)	连续稳压时间(h)	渗漏量(mL/min)	试验指标
		张开	剪切	沉降				
1	SR-复合橡胶棒-W 形铜片	100	41	41	2.0～2.5	8	0	接缝张开变形：50～100mm； 剪切变形：30～50mm； 沉降变形：30～50mm； 稳定水压：>2.5MPa
2	SR-复合橡胶棒-F 形铜片	100	50	50	2.0～2.8	>10000	0	
3	SR-砂浆垫层	82	55	0	2.7～2.9	>720	0	
4	SR-碎石垫层	50	0	110	3.0～3.1	>480	0	
5	SR-碎石垫层	106	0	0	2.0～2.9	>10000	0	

本试验在模型的规模、模拟接缝变形量、止水结构尺寸、作用水头上，达到了仿真的试验效果。试验成果为解决高面板坝混凝土接缝的防渗可靠性，提供了直观、可靠的实验依据。

根据本项研究成果和“止水可靠、施工方便、造价经济”的原则，建议水布垭 233m 高面板坝周边缝采用 SR 塑性止水材料防渗体系止水结构（见图）：在周边缝缝口采用 SR-3 和 SR-4 塑性止水材料填充、缝中部安装复合橡胶棒、缝底设 F 型止水铜片，在 SR 塑性止水材料表面粘贴 SR 防渗盖片保护，从而构成多层 SR 防渗体系止水结构。

本项成果荣获 1998 年度水电水利规划设计总院科技进步一等奖。

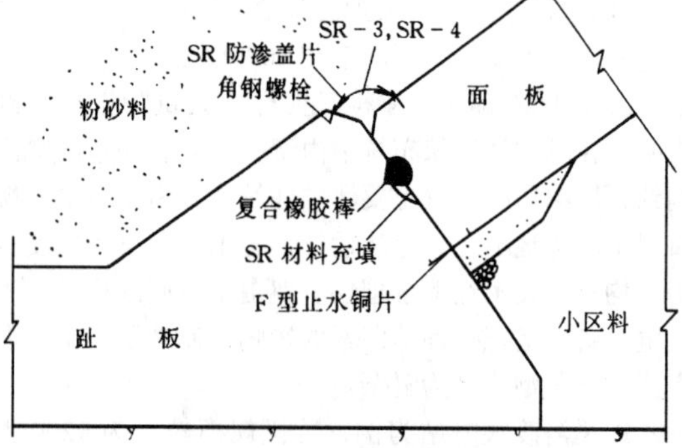

高面板坝周边缝 SR 防渗体系止水结构

（华东勘测设计研究院　谭建平）

PBM 聚合物混凝土的性能和应用

PBM 聚合物混凝土是由 PBM 树脂作为黏合剂和骨料结合而成的混凝土。在聚合物混凝土中，构成连续相的是聚合物，因此聚合物混凝土材料的性能主要由聚合物决定。互穿网络聚合物（IPN）是一种新型的复相聚合物材料，它是两种交联的聚合物相互贯穿而形成的宏观交织网络。由于互穿网络后，两相之间有良好的分散，相界面较大，两相之间发挥很好的协同效应。因此，可以综合均衡各聚合物组分的性能，取长补短，消除各单一聚合物组分性能上的弱点，获得综合性能较为理想的聚合物材料。

PBM 树脂就是在共聚-共混的理论基础上寻找能符合制备聚合物混凝土的一系列聚合物产品，目前已有 PBM-1 至 PBM-7 等品种。它们具有下列的特性：①在室温下可以快速固化，凝固时间可在数分钟至数十分钟内调节。4h 的抗压强度可达 30MPa 以上，足以达到高速公路通车所需要的强度。②可在水下快速固化，24h 内在水下的抗压强度就可超过 30MPa。施工时可以直接通过水层进行浇筑，不须震捣，可自流平，自密实。③综合性能好，其抗压、抗折、抗拉都有很高的强度。如 PBM-1 在 4h 的抗压强度为 28～30MPa，抗折强度为 8～9MPa；1d 的抗压强度为 63～65MPa，抗折强度为 15～16MPa；1 个月的抗压强度为 97～105MPa，抗折强度为 20～22MPa。与老混凝土有良好的黏接强度，一般 1d 的黏接强度可达 30MPa。④由于致密，吸水率非常低，故有很好的抗冻融循环性能。⑤水或氯离子溶液的渗透率很低，所以能抵抗去冰剂中氯离子的腐蚀。⑥耐磨性和坚韧性优越，抗冲击能力强。因此这种聚合物混凝土在混凝土的快速修补、置换或水下处理中有其广泛的用途。

PBM 混凝土的主要用途有以下几个方面：①高速公路、机场等混凝土的快速、高强修补；②水下混凝土如上游坝面水下部分、闸底板、消力池、桥墩、码头等水下部位的快速补强处理和薄层处理；③建筑物的树脂锚固；④灌浆前的封缝、埋管、止浆处理，包括水下或涌水情况下混凝土裂缝、孔穴的封堵和埋管处理；⑤水下金属管道裂缝的密封处理；⑥制作高分子混凝土预制构件，如铁路轨枕、绝缘子、道路窨井盖、雨水箅子、大型机器的底座等；⑦制作防腐蚀设备及排污管道。

PBM 聚合物混凝土的拌制工艺如下：

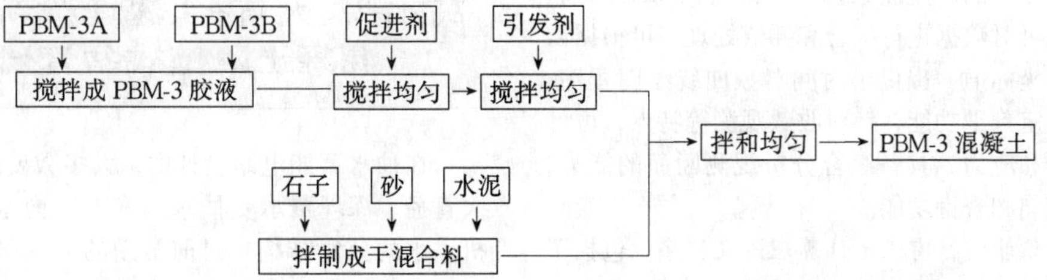

目前 PBM 聚合物在工程中已得到广泛应用，例如：①丹江口大坝坝面水下裂缝化学灌浆前的封缝埋管处理；②江西柘林电厂泄洪放空洞检修闸门门槽水下修复中的应用；③孤石滩水库除险加固工程输水洞进口水下封堵；④响洪甸抽水蓄能工程取水口上游门槽二期混凝土缺陷水下处理；⑤长沙浏阳河大桥围堰快速止水处理；⑥湖南东江水电站 2 号锥管部分钢衬撕裂脱落的修复处理；⑦新安江水电厂 4 号机尾水闸门外底槛的冲刷水下修补；⑧江西江口水电厂 3 号进水口拦污栅下横梁水下修复处理；⑨广州北环高速公路混凝土路面的修补；⑩浙江海宁钱塘江海塘丁坝混凝土快速修补；⑪广东新会过河管裂缝的水下修补，等等。

（华东勘测设计研究院科研所　包银鸿）

抽水蓄能电站地下厂房围岩监测、稳定预测及加固技术研究

1. 概述　抽水蓄能电站地下厂房围岩监测、稳定预测及加固技术是原电力部科学技术司、中电联科技工作部联合下达的科技攻关项目。课题要求紧密结合十三陵抽水蓄能电站地下厂房施工和围岩监测的实际，开展以下 4 个子课题的研究：

(1) 抽水蓄能电站地下厂房围岩监测原理和方法研究；

(2) 原位监测数据采集、资料分析和处理软件包研究；

(3) 地下厂房施工期和运行期围岩稳定性预测软

件系统研究；

(4) 地下厂房围岩加固效果及反馈分析研究。

本课题分别获 1999 年度水电水利规划设计总院、国家电力公司科技进步一等奖和二等奖。

2. 主要研究成果　本课题结合十三陵抽水蓄能电站地下厂房的施工，对地下工程围岩监测、稳定分析及加固技术进行了系统地研究；研究中将岩石力学数值计算、地下工程原型观测和反馈理论有机地结合起来。研究成果主要包括以下内容：

(1) 抽水蓄能电站地下厂房围岩监测原理和方法研究。本课题全面系统地对监测项目确定、仪器选型、埋设技术和观测方法，仪器布置设计，测量结果预估，方案优化进行了研究，提出监测项目的确定以围岩稳定监测项目为主等 5 条原则，仪器选型从防潮、抗震及长期稳定性考虑，应优先选用振弦式类型仪器，且同一工程仪器类型应尽量单一等 6 条原则；埋设技术和观测方法等 8 条原则；观测布置设计既要遵循工程类比与有限元等数值分析结果相结合，又要坚持和工程结构、支护形式紧密结合等 8 条原则；测量结果预估，应综合考虑工程类比与有限元等数值分析结果；方案优化坚持动态原则，并应做好 4 个方面的优化工作。

(2) 原型观测数值处理与分析研究。用 C 语言编写了地下工程围岩监测数据处理系统（MDPS）软件，该软件可对数据进行拟合和插值处理，可根据需要人工改变坐标值，提供了时间对数曲线绘图程序，具备围岩稳定判别功能，针对收敛观测等特点，可计算绝对位移和应力，具备综合分析观测断面的能力，具备数据存储和查询功能。

(3) 三维非线性有限元计算理论及程序。包括了多种本构关系的材料库，具有多种型式的单元库，具有施工过程的模拟功能，建立稳定性判别及广角度的判别准则，建立了分区混合变分原理和分区混合元法对非线性计算过程迭代技术的改进，以及较强的前后处理功能。此外，还对非线性弹塑性材料屈服后的硬化和软化的分析，用干扰能量法进行工程稳定性分析。

(4) 地下厂房反馈理论的深入研究及地下厂房施工和运行期围岩稳定性预测软件系统。以反馈设计原理作为指导思想，以三维弹塑性有限元计算分析和三维位移反分析为基础，进行地下洞室围岩的应力应变分析，模拟开挖和加固施工步骤，及时提供反馈信息，不断检验和调整原有开挖和加固方案，在分析过程中，分阶段逐次位移反分析法，优化推求初始应力场和力学参数，优化开挖顺序和加固方案。三维位移反分析综合应用了逆反分析法和正反分析法，三维弹性、弹塑性有限元计算程序，其模型建立充分反映了反馈分析的效率及操作上简捷方便，程序的数据和功能以关键词为引导，使数据填写方便清晰，后处理图像全部自动化。此外，运用了动态方法做施工顺序优化分析是一种创新。

总之，本课题从理论计算，原型观测布置设计，仪器选型、观测数据处理，围岩稳定性分析及反馈分析出发，首次进行了系统的综合研究，开发了内容丰富、可视化程度高的观测数据处理软件，并建立了具多种本构关系的材料单元库，数值计算判别准则和模拟施工过程的计算模型、综合三维非线性有限元正分析和反分析的围岩稳定性预测软件系统。本研究课题所涉及研究方法和手段体现了国内外同类技术的发展水平。

3. 实施效果　由于本课题紧密结合十三陵抽水蓄能电站地下厂房的施工，并及时提供监测成果，指导施工，对保证施工工期围岩稳定，提高社会经济效益，确保“9511”及时发电起到了重要作用。

只要根据具体工程，将几何边界、地质条件和力学参数作些变动，本课题所有软件均可直接应用于实际工程。本课题所提出的围岩监测设计和方法所遵循的基本原则，对其它同类工程均有参考价值。

（北京勘测设计研究院　齐俊修）

高水头、大直径、深埋藏新型钢筋混凝土隔壁式岔管研究

在抽水蓄能电站设计中，大多数要遇到高水头、大直径、深埋藏承受抽水和发电双向水流、一管多机供水的分岔结构。目前常用的分岔结构型式，如“Y”形、“卜”形、球形分岔结构，只有在单向过流时流态较好，不能保证抽水和发电双向过流时均有较好的流态；同时，由于结构深埋藏，承受较高的外水压力，常规的“Y”形、“卜”形等这种缺省结构，抗外压能力均较差，需要采取较多的工程措施来保证结构的抗外压稳定。此外，在承受高水头的钢岔管的设计中，常用的分岔结构型式，由于结构缺省，受力条件差，往往需要很厚的钢板，给这种岔管的制作、安装带来了很大的困难。因此找到一种结构受力条件好的结构型式，是解决这类问题的一个有效途径。

隔壁式岔管是从球岔演变而来的，它将一个圆形主管根据支管的多少和过流量的大小用隔壁分割为若干扇形管，再将扇形管渐变为圆形支管。一般隔壁式岔管由渐扩管、隔壁管、变形管三部分组成（见图依托工程隔壁式岔管形体图）。据定性分析，这种型式的岔管分岔灵活；结构对称，无缺省，承受内、外水

压力能力强；水流流线接近平行，双向过流条件好。在原能源部科学技术司和中电联科技工作部“电力科学发展基金”的资助下，华东勘测设计研究院和河海大学对这种结构型式进行了深入的研究。研究成果表明，隔壁式岔管将一个圆形主管根据支管多少和过流量大小，用隔壁分割为若干扇形支管，再渐变为圆形支管，布置紧凑，分岔灵活。

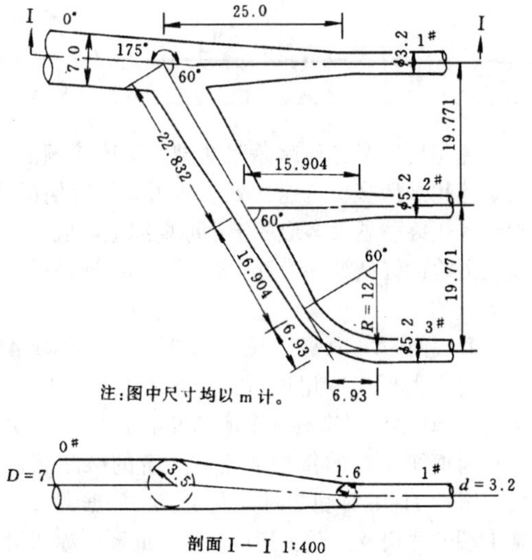

依托工程岔管形体图（1:400）

隔壁式岔管主、支管流向一致，双向水流时流态平顺，抽水和发电工况的水头损失系数相近。在三管同时发电和抽水工况下，因流线平顺、水流碰撞少，综合水头损失系数低于同规模的“Y”形岔管；二管运行时综合水头损失系数比“Y”形岔管相近；一管运行时，由于流线的变化剧烈，水头损失系数比“Y”形岔管大，但由于此时岔管内流速较小，造成的能量损失也相对较小。因此，隔壁式岔管总的水流条件还是比较好的。

结构计算分析表明，对高水头埋藏式岔管，内水压力主要靠围岩承担，内部衬砌的体型对结构的受力影响不大，外水压力往往是设计的控制情况。隔壁式岔管因结构对称、完整、外形无缺省，内部又有隔壁支撑，抗外压能力远远大于普通“Y”形和“卜”形分岔型式。

钢筋混凝土隔壁式岔管在布置、结构和水力学方面较普通“Y”形和“卜”形岔管具有一定的优势，水力学试验表明，若这种结构在依托工程中应用，每个岔管每年可少耗电 23 万 kW·h，经济效益明显，具有应用前景。

（华东勘测设计研究院　张秀丽）

大朝山碾压混凝土新型掺合料（PT）的研究与应用

1. 概况　大朝山水电站是云南省澜沧江中下游河段梯级开发中的第 4 级电站。电站由拦河坝和右岸地下厂房系统组成。拦河坝除进水口坝段外，其余坝段为碾压混凝土重力坝。1997 年 8 月开始碾压混凝土的施工，1998 年 11 月开始碾压混凝土拦河坝的施工，到目前为止，浇筑的碾压混凝土近 80 万 m^3，占碾压混凝土总量的 90%。新型 PT 掺合料的研究和应用是本工程的关键技术问题。该技术问题的研究得到了国家“九五”科技攻关和国家电力公司重点科技研究的支持。

由于大朝山坝址地处滇西南，如混凝土的掺合料采用粉煤灰，供应点（昆明）至坝址的距离在 630km 以上，运输、造价及管理等均存在问题。因此，研究新型的碾压混凝土掺合料替代粉煤灰，对远离粉煤灰供应点的地区建设碾压混凝土坝有其重要经济价值和应用前景。

2. 新型 PT 掺合料的研究和应用

（1）新型掺合料的研究过程。大朝山水电站的碾压混凝土新型掺合料的研究始于 90 年代初期，1992 年提出以凝灰岩粉作为碾压混凝土掺合料的混凝土配合比，其三级配 R_{90}150 号的水泥用量为 79kg/m^3，另加 6kg 硅粉。这种混凝土配合比存在水泥用量偏高（相对于以粉煤灰为掺合料的碾压混凝土）、外加剂用量高（2.5%）等不利条件。其主要原因是所采用的凝灰岩的活性不高。经研究，采用物理和化学等各种手段均无法提高凝灰岩的活性。

根据云南省的矿物资源和专家咨询意见，1993 年底，开始了以磷矿渣和凝灰岩混合作为碾压混凝土掺合料的研究工作。经反复对比，优化试验，于 1995 年底提出了以 PT（P-磷矿渣、T-凝灰岩）掺合料为碾压混凝土掺合料的混凝土配合比，其三级配 R_{90}150 号的水泥用量为 72kg/m^3（后降为 67kg/m^3），掺合料用量为 100kg/m^3，外加剂 0.75%，接近国内采用以粉煤灰为掺合料的碾压混凝土用量水平。随后开始了以应用于工程的现场工艺性试验。

（2）PT 掺合料现场的应用研究。由于对新型 PT 掺合料的相关的一些性能了解不够，对大朝山的气候特点分析不够，同时砂子的石粉含量不高等原因，1997 年 6 月进行的第一次工艺性试验并不令人满意。经第一次工艺性试验后，开始了提高砂子石粉含量的砂石系统改造、外加剂适应现场环境的改性、PT 掺合料质量控制标准的修订等工作。经过系统改进，

1997年8月开始在右岸重力墩进行试验性施工，至1997年底，因此，PT作为碾压混凝土掺合料的碾压混凝土进行大仓面施工的技术认识和技术保证（如初凝时间的控制、VC值的控制、砂子石粉含量和PT掺合料质量波动的配合比微调控制等）。1998年3月至5月通过碾压混凝土拱围堰的施工，摸清了大仓面、高温季节施工的碾压混凝土施工特点，为拦河坝碾压混凝土施工奠定了基础。

（3）PT掺合料的工业性生产。PT掺合料的生产可采用两种方式，一是分别对磷矿渣和凝灰岩磨细后掺混；另一种为两种材料放在一起混磨。前者具有两种材料的细度容易控制，但掺混均匀的难度大；后者存在两种材料的硬度不一致、细度不均匀的问题，但两种材料掺混均匀，便于混凝土生产控制。经研究，当两种材料混磨达到一定的细度（45μm筛余≤20%）时，PT掺合料的28d胶砂强度比和需水量比波动不大。因此，本工程的PT掺合料采用两种材料同比例一起混磨，以细度进行控制的方式进行生产。

（4）PT掺合料按二级粉煤灰的标准进行控制（下限）。其要求是：28d胶砂强度比≥64%，90d胶砂强度比≥72%；需水量比≤103%；细度（45μm筛余）≤20%；原材料的化学成分采取定期抽检的方式进行原材料的控制。

（5）碾压混凝土的主要控制指标。规定为：初凝时间不低于4h；*VC*值为2～5s，宜取低值；高温时段（太阳照射且气温超过25℃）的仓面喷雾，雾区降雨强度＜3mm/h，雾区环境温度不＜25℃，雾区相对湿度＞85%；碾压混凝土从出机口到碾压开始不超过2h；碾压后，热升层层面泛浆率应为100%；混凝土入仓温度超过设计规定温度值的总车数应不得超过10%，且不得超过2℃；碾压混凝土密度＞2500kg/m^3。

3．碾压混凝土的质量

（1）混凝土表面过流。碾压混凝土拱围堰和下游土石过水围堰已安全渡过三个汛期，第一个汛期过流时，碾压混凝土的龄期只有35d，汛后检查，没有大的破坏。

（2）大坝现场检测。具体情况是：①大坝碾压混凝土的强度普遍超强，分析其主要原因为PT掺合料的后期强度较高。②现场压水和取芯情况良好，上游防渗区已达到设计要求，基本未进行处理，并取消了上游的高分子防渗涂料。取芯最大长度超过10m。③现场的各种物理力学试验均达到和超过设计要求的指标，两次原位大型抗剪试验的结果表明，碾压混凝土的热升层和冷升层的f'和c'均超过设计指标。④当碾压混凝土的*VC*值接近0时，仍能进行碾压，且混凝土强度没有明显的降低。

经过长期的试验研究，成功地将PT掺合料作为大朝山拦河坝碾压混凝土和其他部位混凝土的掺合料，各项现场检测资料证明，PT掺合料的各项性能指标接近和达到二级粉煤灰的标准，采用以PT作为掺合料所浇筑的混凝土的各项物理力学指标达到了规范的要求，可以在水电工程中广泛采用。

（北京国电水利电力有限公司　邓毅国）

冰川终碛湖溃决洪水研究

冰川终碛湖又称冰碛阻塞湖，是冰川湖的一种。它是冰川经历多次进退并处于冰川萎缩时期的产物。现代冰川终碛湖大多形成于小冰期冰退阶段，其中有溃决危险的终碛湖多为近100年来小冰期最后一次冰退形成的。

我国西藏境内喜马拉雅山北坡，在高程4500m以上的广大现代冰川地区，分布着众多的冰川终碛湖。自50年代以来有9个冰湖发生了11次溃决。满拉水利枢纽所在的年楚河流域上游的桑旺湖，曾于1954年7月16日晚7时许发生溃决。据调查，当天湖末端的冰川发生两次崩塌，巨大的断裂冰川滑入湖内，湖水陡涨并产生强大的冲击波，终碛垅漫顶溢流，并很快冲蚀出上宽300m、底宽60m的缺口，湖水位骤降40m，约2.5亿m^{3}的水量冲向下游，形成了历史罕见的特大洪水。在桑旺湖出口下游120km的满拉坝址河段，洪峰流量约10000m^3/s，为该河段马朗水文站实测多年平均洪峰流量（105m^3/s）的100倍，洪水冲淹了江孜和日喀则两大城镇，并造成巨大灾害。

东北勘测设计研究院在年楚河满拉水利枢纽工程设计中，对本流域可能产生的冰川终碛湖溃决洪水进行了以下研究工作：

（1）利用美国Landset资源卫星TM卫片及航片，确定流域内冰湖的数量、面积、湖中心的地理坐标，并对其中可能对工程有危害的冰湖量算冰湖的库容，终碛垅迎水、背水坡的坡度，湖末端冰川面积、坡度、厚度，湖出口以下河道坡度等地理参数。

（2）在分析归纳已溃冰湖地理特征的基础上，提出危险冰湖的地理特征和三项判别指标：具有良好的封闭湖盆地形，湖深大于20m，储水量大于100万m^3；终碛垅基本保持原始堆积状态，垅体陡峻，其背水坡的坡度大于20°，垅体高度大于50m，垅体前后有集中的水头落差，且大于10m；湖末端有发育的现代冰川，其面积超过2km^2，冰川坡度大于10°，冰舌距湖边小于500m。

（3）根据9个冰湖溃决前后气象资料的分析，提出促使危险冰湖溃决的气候条件有三个方面：大尺度气候由湿冷转向湿热，湿冷时期冰川得到补给和发展，积蓄了能量；冰湖溃决前夕有集中的降水，如桑旺湖、达门拉咳等冰湖在溃决前都有100～300mm的集中降水；冰湖溃决前有2～3次明显的升温过程，每一次升温过程中高温持续4～5天，此期间冰湖附近日平均气温可达8℃左右。

(4) 提出冰湖溃决的物理图形是一个渐溃过程，即终碛垅漫顶溢流后，首先在薄弱环节冲出缺口，然后不断冲深扩展，达到某一个平衡点，溃决终止。根据这个特点选用美国天气局的土坝失事缺口侵蚀模型(BREACH模型)，该模型可计算人工土坝及由滑坡、泥石流等形成的天然坝的溃决过程。模型中的参数通过遥感资料、实地调查或根据经验选定，并据桑旺湖的调查资料对模型进行了验证计算，结果令人满意。

在满拉水利枢纽工程设计中，东勘院根据上述研究，确定流域内的桑旺湖已不具备再次溃决的可能。但白湖（面积1.38km^2，容积大于5000万m^3）为一典型的危险冰湖，在一定气候条件下完全可能溃决。通过遥感资料和实地考察确定计算参数，白湖溃决洪水成果如下表，并为设计采用。

白湖溃决洪水计算成果表

溃决深度(m)	相应库容(亿m^3)	冰川崩塌排水量(亿m^3)	溃决总水量(亿m^3)	洪峰流量(m^3/s)		峰现时间(h)		满拉坝址大于某流量历时(h)		频率计算成果
				溃口处	满拉坝址	溃口处	满拉坝址	>1000	>1500	$Q_{P=0.01\%}$ (m/s)
30	0.38	0.15	0.53	4260	1820	1.0	6.5	6.5	4.0	780

由于冰湖溃决洪水突发性很强，危害巨大，在设计上考虑建立冰湖动态监测系统。它由白湖、桑旺湖、德西、穷堆和坝前5个遥测站和1个中心站组成，监测水位、雨量、气温的变化，采用海事卫星和超短波通信组网，自报式体制。该系统于1999年9月建成并投入运行。

（东北勘测设计研究院 陈储军）

统 计 表

1998年～2000年水电科技获奖成果

1998年水电科技成果获国家科技进步奖6项，其中一等奖1项，二等奖1项，三等奖4项；获国家电力公司、水利部科技进步奖61项，其中一等奖5项，二等奖12项，三等奖44项。

1999年水电科技成果获国家科技进步奖8项，其中一等奖1项，二等奖2项，三等奖5项；获国家电力公司、水利部科技进步奖44项，其中一等奖2项，二等奖14项，三等奖28项。

2000年水电科技成果获国家科技进步二等奖1项，获国家电力公司科技进步奖8项，其中二等奖3项，三等奖5项。

以上成果获奖名称、等级、单位分别见表1～表4。

表1 获国家科技进步奖的水电科技成果表

序号	成果名称	获奖单位	获奖等级	获奖年份	获奖人员
1	普定碾压混凝土拱坝筑坝新技术	贵阳勘测设计研究院、水利水电第八工程局、水利水电科学研究院、四川联合大学、清华大学、大连理工大学	一	1998	陈宗卿、王柏乐、秦蛟、高家训、黄淑萍、杨志雄、李朝国、甄永严、曾昭扬、赵国藩、刘文彦、张惠玲、杨家修、苗嘉生、陈正作
2	三峡工程多级船闸水力学关键技术	南京水利科学研究院	二	1998	须清华、张瑞凯、宗慕伟、胡亚安、宣国祥、李云、阎诗武、乔文荃、陈泰春

续表

序号	成果名称	获奖单位	获奖等级	获奖年份	获奖人员
3	分布式大坝应力、温度及变形监测系统	南京水利水文自动化研究所、葛洲坝水力发电厂	三	1998	储海宁、朱爱华、徐国龙、裴刚、李旦江
4	拱坝新型体型优化和全过程分析的研究和应用	浙江大学	三	1998	刘国华、汪树玉、张海南、王建江、李富强
5	高强度大体积混凝土材料特性研究	成都勘测设计研究院、大连理工大学、清华大学、河海大学	三	1998	计家荣、赵国藩、周维垣、夏颂佑、徐道远
6	混凝土防渗墙施工及检测技术研究	水利水电基础工程局、地质矿产部勘探技术研究所	三	1998	蒋振中、高钟璞、张杭生、刘纪昌、杨春明
7	长江三峡工程大江截流设计及施工技术研究与工程实践	长江科学院、葛洲坝集团公司、长江勘测规划设计研究院、长江三峡工程开发总公司、长委会水文局、武汉水利电力大学、清华大学、长委会三峡勘测规划设计研究院	一	1999	郑守仁、饶冠生、乔生祥、黄华平、刘力中、陈飞、陈笑霖、周厚贵、杨文俊、王光谦、王世华、蒋乃明、高黛安、蒋养成、柏林
8	三峡船闸输水阀门水力学大比尺模型试验研究	南京水利科学研究院	二	1999	张瑞凯、胡亚安、凌国增、苏有为、陪被珮、严秀俊、阎诗武、严根华、宣国祥
9	拱坝动力非线性分析和试验研究及其工程应用	水利水电科学研究院、昆明勘测设计研究院	二	1999	陈厚群、侯顺载、杜修力、李德玉、胡晓、梁爱虎、魏文凯、王森元、王济
10	广西岩滩水电站工程250t级垂直升船机整体模型试验研究	南京水利科学研究院、广西电力工业勘察设计研究院、广西岩滩水电站工程建设公司	三	1999	包纲鉴、陈锦珍、暴兴汉、陆景孝、谢道铨
11	高土石坝动力分析及抗震工程措施研究	南京水利科学研究院、水利水电科学研究院、四川联合大学、河海大学	三	1999	沈珠江、郦能惠、孔宪京、赵魁芝、李万红
12	水电站用爆破膜代替调压井的过渡过程和工程措施研究	河海大学常州分校、福建省尤溪县青印溪二级水电站、内蒙古自治区红山水库管理局	三	1999	胡沛成、倪福生、黄德草、林文玲、于长剑
13	大体积混凝土有限元配筋设计方法及其应用研究	河海大学、西北勘测设计研究院	三	1999	周氐、吴胜兴、汪基伟、康清梁、巫昌海
14	散粒体地基上土石坝混凝土防渗墙研究	水利水电科学研究院、清华大学、河海大学、河北省水利水电勘测设计院	三	1999	汪闻韶、俞培基、刘杰、濮家骝、殷宗泽
15	混凝土高坝全过程仿真分析及温度应力的研究与应用	水利水电科学研究院	二	2000	朱伯芳、宿平等

（水电水利规划设计总院　李晓新）

表2 1998年获国家电力公司·水利部科技进步奖的水电科技成果表

序号	成果名称	获奖单位	获奖等级	备注
1	长江三峡大江截流施工关键技术研究与工程实践	葛洲坝水利水电工程集团公司、清华大学、武汉水利电力大学	一	应用技术类成果
2	三峡工程大江截流试验研究	长委会长江科学院	一	应用技术类成果※
3	广西岩滩水电站工程250t垂直升船机整体模型试验研究	南京水利科学研究院 广西电力工业勘察设计研究院 广西岩滩水电站工程建设公司	一	应用技术类成果※
4	拱坝系统三维动力分析及抗震措施研究	水利水电科学研究院、昆明勘测设计研究院	一	综合类成果
5	河口海岸泥沙数学模型研究	南京水利科学研究院 南京水文水资源研究所	一	理论性成果※
6	高强度耐水土体固结（HEC）及生产工艺的研究	武汉水利电力大学	二	应用技术类成果
7	高土石坝动力分析及抗震工程措施研究	南京水利科学研究院、大连理工大学、水利水电科学研究院、四川联合大学、河海大学、黄河水利科学研究院	二	应用技术类成果
8	水电站用爆破膜代替调压井的过程和工程措施研究	河海大学常州分校 福建省尤溪县青印溪二级水电站 内蒙古自治区红山水库管理局	二	应用技术类成果※
9	散粒体地基上土石坝混凝土防渗墙研究	水利水电科学研究院 河海大学 河北省水利水电勘测设计院	二	应用技术类成果※
10	万家寨引黄工程大型高扬程耐磨蚀离心泵水力机械的研究	水利水电科学研究院 天津勘测设计研究院	二	应用技术类成果※
11	黄河下游河道演变基本规律	黄委会黄河水利科学研究院 水利水电科学研究院 清华大学 武汉水利电力大学 华北水利水电学院 四川联合大学 南京水利科学研究院	二	应用技术类成果※
12	福建省闽江洪水预警报系统	福建省防汛抗旱指挥部办公室 福建省闽江洪水预警报中心	二	应用技术类成果※
13	三峡工程电站进水口水工模型试验研究技术成果和进水口型式论证	长委会长江科学院 长委会长江勘测规划设计研究院	二	应用技术类成果※
14	黄河口治理与水资源研究	水利水电科学研究院	二	应用技术类成果※
15	中国水利百科全书	中国水利学会 中国水力发电工程学会 原水利电力部科技司 水利电力出版社	二	应用技术类成果※
16	交叉裂隙水流模型实验及渗流应力全耦合分析方法研究	河海大学	二	综合类成果
17	碾压混凝土高重力坝的静、动力安全度分析	武汉水利电力大学	二	综合类成果

续表

序号	成果名称	获奖单位	获奖等级	备注
18	桓仁电厂1号水轮机增容改造研究和真机研究	水利水电科学研究院、桓仁发电厂、东北电力集团公司水电管理部、沈阳铸造研究所	三	应用技术类成果
19	混凝土面板的裂缝及防治	水利水电科学研究院、葛洲坝集团公司施工科学研究所	三	应用技术类成果
20	高水头 *HD* 值压力管道结构研究	北京勘测设计研究院、成都勘测设计研究院、水利部金属结构质量检验中心、北京水电开发公司	三	应用技术类成果
21	青铜峡水电厂水库调度自动化系统工程	青铜峡水电厂、南京水利水文自动化研究所、中国水利水电科学研究院	三	应用技术类成果
22	大广坝浅埋地下厂房的设计与研究	中南勘测设计研究院	三	应用技术类成果
23	五强溪水电站新型联合消能工的研究与应用	中南勘测设计研究院、水利水电科学研究院	三	应用技术类成果
24	五强溪船闸布置、结构体系和设计与研究	中南勘测设计研究院、南京水利科学研究院	三	应用技术类成果
25	清江隔河岩泄洪消能工研究	湖北省清江水电开发有限责任公司、长江水利委员会设计院、葛洲坝集团公司清江施工局	三	应用技术类成果
26	山西省汾河水库泄洪隧洞进水口及淤泥下岩塞爆破	山西水利水电勘测设计研究院	三	应用技术类成果※
27	5000kN/2000kN大型液压启闭机制造	武进液压启闭机厂	三	应用技术类成果※
28	汾河流域上游多库水沙联合优化调度及汾河三库方案优选研究	山西省水利厅 山西水利水电勘测设计研究院 山西省水资源研究所 南京水文水资源研究所	三	应用技术类成果※
29	黄河泥沙冲淤数学模型的应用	黄委会黄河水利科学研究院 清华大学 水利水电科学研究院 武汉水利电力大学 河海大学	三	应用技术类成果※
30	太浦河开通后对黄浦江上游水环境影响及对策研究	上海市水利局 上海市水环境监测中心 太湖流域水资源保护局	三	应用技术类成果※
31	河流推移质运动理论及应用	水利水电科学研究院	三	应用技术类成果※
32	多沙粗沙区水沙变化原因分析及发展趋势预测	黄委会黄河水利科学研究院 黄委会黄河上中游管理局 黄委会水文局 清华大学 南京大学	三	应用技术类成果※
33	JDZ05（02）-1型翻斗式雨量传感器	南京水利水文自动化研究所	三	应用技术类成果※

续表

序号	成果名称	获奖单位	获奖等级	备注
34	南京市防洪减灾地理信息系统	南京市防汛防旱指挥部办公室 水利部水文水资源研究所	三	应用技术类成果※
35	泥沙对黄河水质影响及重点河段水污染控制的研究	黄河水资源保护科学研究所 水利部水质试验研究中心 武汉水利电力大学	三	应用技术类成果※
36	水动力泥沙数值模拟	天津市水利局通讯处	三	应用技术类成果※
37	特大型水上水厂船水处理工艺关键技术的研究及在三峡工程中应用	长委会长江勘测规划设计研究院施工设计处	三	应用技术类成果※
38	系统工程地质导论	长委会综合勘测局	三	应用技术类成果※
39	季节冻土区水工建筑物抗冻技术推广	黑龙江省水利科学研究所	三	应用技术类成果※
40	《泄水建筑物的破坏与防治》	东北勘测设计研究院 西北水利科学研究所 湖南省水电勘测设计院 水利水电科学研究院	三	应用技术类成果※
41	洪泽湖大堤三河上游河坝水下粉喷桩加固软淤坝基技术	淮阴市水利勘测设计研究院 江苏省水利勘测设计研究院	三	应用技术类成果※
42	采用地面摄影测量对三峡高边坡进行地质编录技术的研究	长委会航空摄影测量中心	三	应用技术类成果※
43	岩坡位移对三峡永久船闸大型人字门工作性态影响研究	河海大学	三	应用技术类成果※
44	水闸抗震性能研究	上海市水利工程设计研究院	三	应用技术类成果※
45	边坡安全监控在三峡库区豆芽棚滑坡治理工程中的应用研究	长委会长江科学院	三	应用技术类成果※
46	高桥电站调压井涌浪试验及系统过渡过程计算	水利水电科学研究院	三	应用技术类成果※
47	土坝漫坝风险与设防标准的研究	北京水利水电管理干部学院 北京市水利科学研究所	三	应用技术类成果※
48	通用（多功能）水文数据采集终端	水利部科技推广中心	三	应用技术类成果※
49	洪水保险研究	河海大学 浙江省防汛防旱指挥部	三	应用技术类成果※
50	小型风力提水机械的试验研究	黑龙江省水利科学研究所	三	应用技术类成果※
51	中小型水电站厂房CAD软件包	福建省水利水电勘测设计研究院	三	应用技术类成果
52	《压力钢管制造安装及验收规范》DL5017—93	水利部电力部机电研究所	三	综合类成果
53	已建水电站环境影响研究——以东江水电站为实例	中南勘测设计研究院	三	综合类成果
54	开放系统环境下的交互式监控图形通用开发系统	水利水电科学研究院	三	综合类成果
55	黏土悬浮液明渠流的减阻现象的研究	水利水电科学研究院	三	理论性成果※
56	多指标权重分配模型研究	水利水电科学研究院 武汉水利电力大学	三	理论性成果※

续表

序号	成果名称	获奖单位	获奖等级	备注
57	黄河下游分洪工程调度运用的数值模拟	水利水电科学研究院	三	理论性成果※
58	基于三维弹塑性随机有限元的可靠度计算	河海大学	三	理论性成果※
59	软土流变理论及其在排水预压加固分析中的应用	河海大学	三	理论性成果※
60	正交各向异性弹性平面问题的位移函数及其应用	河海大学土木工程学院力学系	三	理论性成果※
61	三峡梯级水电站群峰作用优化	水利水电科学研究院 长江三峡工程开发总公司技术委员会	三	理论性成果※

注 ※为水利部评选项目。

（水电水利规划设计总院 李晓新
水利部科技推广中心 王 岚）

表3 1999年获国家电力公司、水利部科技进步奖的水电科技成果表

序号	成果名称	获奖单位	获奖等级	备注
1	钢衬钢筋混凝土压力管道设计与非线性分析	水利水电科学研究院	一	应用类技术成果※
2	水文循环的大气过程	南京水文水资源研究所	一	应用类技术成果※
3	抽水蓄能电站地下厂房围岩监测、稳定预测及加固技术	北京勘测设计研究院、中国科学院武汉岩土学研究所、河海大学、成都勘测设计研究院	二	应用技术类成果
4	XHM型斜井滑模系统的研制与实践	中国水利水电第十四工程局、天荒坪抽水蓄能电站工程建设公司	二	应用技术类成果
5	《水工建筑物抗震设计规范》DL5073—1997	中国水利水电科学研究院、昆明勘测设计研究院、西北勘测设计研究院、上海市水利工程设计研究院、大连理工大学、河海大学	二	综合类成果
6	混凝土高坝全过程仿真分析及温度应力的研究与应用	中国水利水电科学研究院	二	应用技术类成果※
7	水库土石坝安全的监测与评价研究	南京水利科学研究院 水利部大坝安全管理中心 广西壮族自治区水利工程管理局 广西壮族自治区桂林水务局	二	应用技术类成果※
8	黄河小浪底水利枢纽进出口高边坡施工期稳定性研究和加固技术	黄委会勘测规划设计研究院 小浪底水利枢纽建设管理局 中国水利水电科学研究院 小浪底工程咨询有限公司	二	应用技术类成果※
9	隔河岩水利枢纽新型重力拱坝设计	长委会长江勘测规划设计研究院	二	应用技术类成果※
10	AMS磁体试件结构安全考核离心试验研究	中国水利水电科学研究院	二	应用技术类成果※
11	水情信息及洪水预报预测业务系统	水利部水利信息中心	二	应用技术类成果※

续表

序号	成果名称	获奖单位	获奖等级	备注
12	全国实时水情计算机广域网系统	水利信息中心	二	应用技术类成果※
13	二滩水电站地下厂房洞群施工期监测时空双系列反馈分析	清华大学	二	应用技术类成果※
14	100，200SP 型新型泥浆泵	中国水利水电科学研究院 山东黄河河务局	二	应用技术类成果※
15	小浪底水利枢纽工程深覆盖层斜心墙堆石坝的地震安全性评价	黄委会黄河水利科学研究院 黄委会勘测规划设计研究院	二	应用技术类成果※
16	电力系统非线性辨识	河海大学	二	综合类成果
17	龙羊峡重力拱坝与基础的综合分析	中国水利水电科学研究院、西北勘测设计研究院	三	应用技术类成果
18	大坝地震安全监测技术研究	中国水利水电科学研究院、龙羊峡水力发电厂	三	应用技术类成果
19	DDT 水轮机调速器液压调节装置	电力自动化研究院、映秀湾水力发电总厂	三	应用技术类成果
20	漫湾水电站深孔弧形闸门充压伸缩式水封研究及应用	昆明勘测设计研究院	三	应用技术类成果
21	滑框倒模技术在水口水电站 2×500t 垂直升船机工程塔楼施工中的应用	中国水利水电第十二工程局	三	应用技术类成果
22	丰满 4 号机组现代化改造	丰满发电厂 东北电力集团公司水电管理部	三	应用技术类成果
23	三峡电站钢衬钢筋混凝土压力管道大比例尺结构模型试验研究	武汉水利电力大学	三	应用技术类成果※
24	黄河小浪底水利枢纽 GIN 法帷幕	黄委会勘测规划设计研究院	三	应用技术类成果※
25	黄河万家寨水利枢纽电站坝段坝内浅埋式压力钢管设计研究	天津水利水电勘测设计研究院	三	应用技术类成果※
26	钢筋混凝土叠合梁斜截面受力性能与计算方法的研究	华北水利水电学院 大连理工大学	三	应用技术类成果※
27	孔外驱动冲击钻机	东北勘测设计研究院	三	应用技术类成果※
28	《泵站设计规范》GB/T50265—97	北京水利水电管理干部学院 水利水电规划设计总院 江苏省水利勘测设计研究院 湖北省水利水电勘测设计院 甘肃省水利水电勘测设计研究院	三	应用技术类成果※
29	GYT 系列高油压中型水轮机调速器	长委会长江科学院	三	应用技术类成果※
30	《长江三峡工程技术丛书》	长江水利委员会	三	应用技术类成果※
31	GJT4-100W 型冲击式水轮机微机调速器研制	长委会长江科学院	三	应用技术类成果※
32	水利水电勘测设计院计划经营管理信息系统	东北勘测设计研究院 水利水电规划设计总院 水电水利规划设计总院	三	应用技术类成果※
33	DKT 型电机控制的微机调速器	长委会长江科学院	三	应用技术类成果※
34	小浪底工程大型定轮闸门滚轮、轨道及基础混凝土结构应力的研究	河海大学 黄委会勘测规划设计院	三	应用技术类成果※
35	饱和砂土瞬态动力学特性与机理分析	西安理工大学	三	应用技术类成果※
36	工程引水隧洞上游段洞围岩稳定及衬砌强度分析	中国水利水电科学研究院、成都勘测设计研究院	三	综合类成果

续表

序号	成果名称	获奖单位	获奖等级	备注
37	《水工建筑物荷载设计规范》DL5077—1997	中南勘测设计研究院、北京勘测设计研究院、西北勘测设计研究院、成都勘测设计研究院、华东勘测设计研究院、上海勘测设计研究院、东北勘测设计研究院	三	综合类成果
38	双曲拱坝施工放样与计算机图形处理	武汉水利电力大学	三	综合类成果
39	耦合棱边有限元法在三维瞬态涡流场计算中的应用	武汉水利电力大学	三	综合类成果
40	《水工建筑物抗冰冻设计规范》SL211—98	东北勘测设计研究院 新疆水利水电勘测设计研究院 黑龙江省水利科学研究院 西北水利科学研究院	三	综合类成果
41	明渠异重流头部运动速度的理论分析	武汉水利电力大学	三	理论性成果※
42	大体积混凝土结构的随机温度徐变应力研究	河海大学 清华大学	三	理论性成果※
43	堆石的力学性质	中国水利水电科学研究院	三	理论性成果※
44	非饱和原状黄土三轴试验方法研究	西北水利科学研究所	三	理论性成果※

注　※为水利部评选项目

（水电水利规划设计院　李晓新）
（水利部科技推广中心　王　岚）

表 4　　2000 年获国家电力公司科技进步奖的水电科技成果表

序号	成果名称	获奖单位	获奖等级	备注
1	西北电网水调中心自动化系统	西北电力调度通信中心，中国水利水电科学研究院自动化研究所	二	应用技术类成果
2	白山大型梯级水电厂远方集中控制计算机监控系统	白山发电厂、中国水利水电科学研究院自动化所，辽宁电力科学研究院电网所	二	应用技术类成果
3	严寒地区混凝土面板堆石坝施工技术研究	中国水利水电第一工程局	二	应用技术类成果
4	广州蓄能水电厂机组稳定性状态监测及跟踪分析系统	广州蓄能水电厂、清华大学、北京奥技异电气技术研究所	三	应用技术类成果
5	用时域法进行人造地震动的谱拟合	中国水利水电科学研究院	三	应用技术类成果
6	抽水蓄能电站经济评价软件(EEPP1.0)	北京勘测设计研究院	三	应用技术类成果
7	东风水电站中孔弧形工作闸门的设计研究	贵阳勘测设计研究院	三	应用技术类成果
8	牵拉式闸门封堵泄空洞进水口旱地修复水下门槽技术	江西柘林水力发电厂、华东勘测设计研究院上海海上救助打捞局大坝公司	三	应用技术类成果

（水电水利规划设计总院　李晓新）

计算机在水电方面的开发应用

三峡工程管理系统

三峡工程管理系统（以下简称 TGPMS），是一个基于项目管理的基本原则，对成本、进度、质量进行综合控制的完整系统。它将项目建设的全体管理者融入一个“人”“机”结合的系统。这一系统是通过基层管理者将全部基础管理的数据汇入计算机，通过计算机系统做到信息共享、信息升值并为管理者和决策者提供高价值的分析与决策信息。这一由全体企业人员参与的“人脑”加“电脑”的管理系统，是任何通用的商业化软件所难以超越的。

三峡工程管理系统是中国三峡总公司拥有完全自主版权的软件产品，它由反映管理科学的管理模型、实现管理模型的软件功能模块和准确及时的数据信息资源三部分构成。

TGPMS 开发的理论基础是信息工程方法，该方法的中心思想是认为数据居于企业管理的核心。数据是稳定的，而管理形式可以多变。另外，在系统建设过程中，用户应自始至终参加。与国内管理信息系统通常按照组织机构划分功能模块不同，对于由不同业务部门使用而业务功能相同的业务过程，系统将其抽象为一种处理过程来描述。TGPMS 根据项目管理的功能将系统分解成 13 个功能域，其中包括成本（计划、实施、控制、反馈）、合同、财务、物资、设备、文档、质量、安全、设计、进度、坝区管理、编码与岗位管理系统。这些功能域既完全反映了各子系统业务功能实现的业务处理过程，又体现了工程管理和控制原则。功能域之间既相互独立又紧密结合，构成了完整的工程管理系统。

三峡工程管理系统的主要子系统功能有如下几个方面：

（1）编码结构管理。整个系统的组织控制和信息交换的基础是由编码体系结构及一系列编码所形成的一个通用框架构成。编码体系将不同的功能域模块之间勾稽成一个整体，其结构一旦形成，将提供整个系统范围内有效的编码库，以支持数据输入校验、修改，模块之间的连接以及作为数据访问安全控制的基础。

（2）岗位管理：提供系统范围内不同功能域中的参与者的信息。定义工程管理岗位、相应人员以及企业组织机构内岗位职责划分的信息。

（3）资金与成本控制。用于建立项目概算和预测并跟踪成本，包括概算管理、合同实际发生成本维护、合同成本预测、价差管理、资金流、单价分析等模块。成本控制从建立工程概算开始，按管理的需要，根据概算建立项目实施控制价体系，根据概算代码结构对于发生的成本进行汇总，资金流模块支持从基建投资计划产生的资金需求、资金来源分析到资金筹措方案的编制等全过程的资金流管理。

（4）计划与进度。系统采用 Primavera Project Planner（P3）软件创建和监控工程进度。在 P3 和 TGPMS 之间有通用的数据传输过程来装载或下载数据，P3 的进度监控信息可以传给 TGPMS、TGPMS 的汇总数据可以传输到 P3，应用到 P3 的进度管理中。

（5）合同管理。控制从招投标、合同签定、合同执行、合同支付到合同验收的全过程。包括招投标管理、合同基本信息维护、合同变更索赔奖罚登录、承包商人力材料设备公共设施计划及消耗、公共设施使用问题及其影响的登记、施工进度、合同支付、合同验收和尾工等模块。通过合同报价单和变更报价单与概算代码相联，跟踪比较合同成本与概算概况。

（6）工程设计管理。管理整个工程的设计工作，包括工程设计计划、预算和进度度量。通过设计工作分解结构（EWBS）分解设计工作，每一个 EWBS 能够进一步分解为用于监督进度的设计工作包。文件图纸或类似的设计成果组成了设计工作包，并分配相应的里程碑，用以跟踪控制设计成果提交的进度。

（7）物资及设备管理。跟踪和控制从物资设备申请、采购、运输和仓储一直到财务结算的全过程，其中包括所有物资设备需求、供应和调拨管理。

（8）工程财务与会计。支持工程价款结算、费用支付等会计业务的全过程，包括支付单处理、会计凭证录入及审核、支票申请、帐务处理、会计帐表生成、合同支付台帐、固定资产管理等模块。通过会计科目与概预算项目或合同支付项的对应，系统提供自动产生会计凭证的功能，并方便地提供对合同预付款、进度款支付、保留金扣款、其它扣款的查询。固定资产管理对工程用固定资产使用和维护及其价值变化的全过程进行追踪。

此外，系统还包括文档管理、质量管理、安全管理、施工区与公共设施管理等子系统。

三峡工程目前所有正在执行的合同已通过TGPMS进行管理，系统已能跟踪所有正在执行合同的支付及已发生的成本和相应概预算情况，系统已应用于大型施工项目的进度计划、物资、设备采购管理，已能实时反映施工质量控制状况，包括质量控制标准、单元划分验收评定、工序质量控制、材料试件检测及每天发生的质量问题等。设计图纸的提交正由系统跟踪记录，此外安全信息如安全事故及伤亡、措施、隐患、检查、会议等也已通过系统进行管理。

（三峡开发总公司信息中心　敖　麟）

计算机在小浪底工程管理中的应用

小浪底工程是国家“八五”重点工程，采用国际招标方式，完全按照FIDIC条款进行管理。该工程具有技术复杂、规模宏大、工期较长等特点，因此对工程的建设管理提出了很高的要求。为了满足工程建设的需要，业主与工程师经过详细的调研和专家咨询，把计算机这一先进技术应用到工程建设中，建立了一套科学、完整、实用的管理系统，在工程建设中发挥了重要作用。

（一）小浪底计算机网络系统

从1993年小浪底建管局成立信息中心、1994年初组建小浪底临时计算机网络系统以来，经过不断的升级和扩充，至今已经建立起符合现代计算机技术和网络技术发展潮流，集先进性、开放性、安全性、易用性、可维护性等于一体的覆盖全局的网络系统。

该网络系统的主服务器由2台HP NetServer LH4 D7103A以及3台COMPAQ Proliant 4500组成，其中1台作为Wab服务器。网络结构采用PDS结构化智能布线系统，操作系统是当前比较流行、功能强大的Windows NT Server。

网络系统的建立，构成了小浪底工程计算机应用的基础。该系统通过防火墙实现了与互联网的连接，并通过拨号进行远程访问服务；建立中心数据库，开发办公自动化系统，实现了资源共享。

（二）“三控”的实施情况

“三控”就是进度控制、质量控制和费用控制，它是实施项目管理关键性的三个方面。小浪底的业主与工程师利用计算机技术在这方面做了成功的尝试。

1. 进度控制　1993年11月，小浪底建管局邀请国内专家召开了“小浪底工程建设项目管理信息系统设计任务书”审查会，确定了引进美国Primavera公司的Primavera Project Planner（P3）软件。P3主要用于工程计划、资源、成本的动态管理与控制。小浪底工程引进的P3网络版是国内第一家在工程项目管理中运行的软件，可容纳10个用户同时进行各自的进度跟踪和控制，用户间可以方便地交换信息。

P3软件在小浪底工程中得到了很好的普及，三个主体标全部采用。三个标编制的网络进度计划作业数目分别达到985、1003和964个，按合同规定每3个月修订一次，以反映工程的实际进展情况，工程师需对每份计划进行审查，以决定是否用于施工。另外，工程师也利用P3编制了自己的控制性计划，作为审查承包商计划、评估索赔事件、内部进度控制的依据。

作为一个专业性的进度控制软件，P3以计划和控制为主线，体现了资源流与资金流的信息集成。对合同约束的边界条件是否合乎要求、资金流是否在允许范围内等，都可方便地得出结论，为工程师进行项目进度控制节约了大量的人力和物力。

2. 质量控制　小浪底工程总的土石方挖填量9199万m^3，混凝土浇筑337万m^3，金属结构3.1万t，质量控制任务相当繁重。为此，工程师专门成立了检测中心，负责对施工质量进行抽检，并对不合格原因进行评估。

在质量控制方面，计算机充分发挥了其精确、自动化的特长。小浪底工程共有4个承包商的拌和站和3个砂石料厂，其称重、配比、温控等工艺流程全部采用微机程控，大大提高了混凝土生产的效率和质量，也为施工调度提供了方便。

质量抽检时，需要对产生的试验数据进行计算、过滤、分析。工程师利用数据库软件编制了一套质量控制子系统，圆满地解决了批量数据的处理问题。正是由于计算机技术在小浪底工程质量控制中发挥了主导作用，才确保了工程质量。1997年截流前，国家计委、水利部对小浪底工程阶段性验收时，给出了工程“总体优良”的极高评价。

3. 费用控制　小浪底工程的预算为347亿元，在费用控制方面，工程师一方面要在每月开具出上月的支付证书，保证进度款的按时支付，另一方面需对费用进行分析、预测，避免建设超出预算。

支付证书的开具采用EXCEL，在工程量的汇总、计算时大量使用其自带的函数功能，并编写了一些宏指令集，在极大地提高工作效率的同时，有效地减少了人为错误的发生，保证资金能够按时到位，这是传统的会计模式所无法比拟的。

在建设费用的分析方面，计划、合同、支付各单位协调配合，采用回归分析法，由EXCEL的宏语言执行分析过程，为工程师月报及各种汇报材料提供科学、中肯的信息。

（三）合同及文件管理

P3、Visual Foxpro、Paradox 及 Expedition 等软件是工程师在合同管理中采用的软件，表现形式是编制的网络计划和一系列数据库软件。

工程师内部编制的车间图管理数据库系统，将数量庞大的车间图审查、批准、发布、存档有效地控制起来，不仅提高了工程师自身的工作效率，同时有效地减少了因图纸误期而引起的合同纠纷，并为各部门提供了方便、快捷的查询方式，保证了图纸能够按时、高质量地制作和供应。

信函处理是工程师的一项重要工作，对于象小浪底工程这样的特大型工程，管理者面对的是大量的文件、图纸、信函、报表、汇总、通知等，需要信息的上送、下达。仅以二标为例，自 1994 年主体开工至现在，工程师共收到承包商来函 1.6 万件，工程师向承包商发函 1.0 万多件。这些信函成为工程管理的法律性文件，是合同处理的基础或依据。在 CIPM 专家的帮助下，编制的文函管理数据库软件使工程师能够有效地对这些文件进行管理、查询。数据库提供的主题词查询、统计等功能也减轻了使用者的工作负担。

随着工程建设走向尾声，工程师的工作重点也由现场转向内业，以应对承包商在工程结束时提出的大量索赔要求。对于 FIDIC 条款下的国际工程，工程师对索赔事件的评估只能以合同为准绳，以事实为依据。因此，这时就需要大量的已发生的现场数据作为反索赔的基础。目前，工程师已经采用 Paradox、Visual Foxpro 等软件建立起了基本完备的、庞大的现场资料系统，在索赔评估中起到了基础性的作用。

（四）办公自动化的实施情况

小浪底建管局从 1999 年初开始抓紧开发办公自动化系统，目前已正式投入运行。该系统充分利用了 Internet/Intranet 技术和 Lotus Notes 群件技术，实现了收文管理、发文管理、档案管理、信息采编、部门信息查询、会议管理、电子邮件、电子刊物等功能，并实现内部 Notes 邮件与 Internet 邮件的自动交换。

从实施情况看，办公自动化促进了建设单位内部的规范管理，大大地提高了工作效率和质量，并在一定程度上节约了费用开支。

（小浪底水利枢纽建设管理局　陈雪峰　谢保嵩）

工程水文 CAD 系统

工程水文 CAD 系统，是依据水利水电工程设计的有关规程规范，并结合实际设计需要开发研制的。

1. 工程水文 CAD 系统主要技术特点

（1）系统中各模块之间在数据交换的结构和接口方面，保持着内在的联系，各模块既可单独启动运行，又能按照用户组织的程序流自动依序执行，连续完成工程水文设计的各项工作。

（2）系统自输入水文资料建立数据库开始，通过还原计算、统计计算、系列分析、插补延长、频率计算、设计成果检验、设计过程线计算及水位流量关系计算等工程水文分析计算的各项功能，绘制输出各环节分析计算的成果图表。

（3）系统中的主要环节根据有关规范要求及实际设计需要，提供多种方法，设置多个接口供用户选择，以求满足解决较复杂问题的需要。

（4）系统采用 AUTOCAD 绘图技术，可在屏幕上进行图形绘制、放大、比选等项工作，打印输出的图表可直接作为设计文件。

（5）系统通过三级菜单控制功能的选择；模块运行中以中文形式显示必要的操作提示。

2. 工程水文 CAD 系统主要功能

（1）建立数据库。采用人机对话方式建立历年实测月平均流量、日平均流量、瞬间洪水过程以及进行工农业用水、水库蓄水变量、水库附加蒸发损失、跨流域引水等项还原计算所需要的数据文件。

（2）还原与统计计算。内容为：①根据洪水与径流设计的不同需要，将实测水文资料按要求进行引用水、水库蓄水变量（含径流计算中的附加蒸发损失）等项还原计算，得出还原后（天然）的流量过程（月平均、日平均、瞬时）。②按设计要求统计出历年（日历年与水文年）、汛期、非汛期径流量以及年最大洪峰、各种时段洪量（几小时至几十天，由用户给定）。

（3）水文系列分析。内容为：①按各种系列长度（顺序、逆序）和设定长度（滑动）3 种编组方式，矩法计算均值、C_V、C_S 及均值和 C_V 值的抽样误差，供用户根据统计参数的变化分析系列的代表性。②根据逐年逐月平均流量计算并绘制差积曲线，供用户比较各段时间里流量的丰、平、枯变化，分析径流系列的代表性。③进行 6 种线型的回归分析并绘制相关图。按相关比最大的原则优选线型。最后由用户选定线型，插补延长系列。

（4）频率计算。内容为：①根据我国有关规范进行各种水文要素的频率计算。对于洪水频率计算，能处理不同量级的历史及实测大洪水。在确定历史和实测大洪水的经验频率时，可考证多个考证期、各种量级洪水的空位，以及不同考证期所给出的经验频率范围等多种情况，同时也容许量值有变幅的洪水加入计算。在矩法初估均值、C_V、C_S 基础上又给出 3 种方式进行参数优选，最后运用绘图技术进行屏幕适线。②依据美国水资源委员会（WRC）发布的“确定洪水频率指南”所阐明的原理，适用于具有10年以上流量观测记录的系列，具有检测和处理特异值、对不完全记录做条件概率调整、提供给定置信水平的置信曲线和不做期望概率调整及做期望概率调整的频率曲线等项功能。

（5）成果合理性检验。通过图表显示设计洪峰地区上对比、本站不同洪水要素和上下游同一洪水要素的统计参数及设计值之间的协调、本站不同时段径流量和上下游相应径流量之间对照检查等9方面内容，供用户对分析计算成果（参数、设计值）作时间和空间上的综合检验和协调。

（6）推求径流及洪水过程。内容为：①根据设计保证率，按水量相近的原则自动优选径流分配典型（或由用户指定典型），以设计径流量为控制，推求给定保证率的径流年内分配过程。②分别设置定时段和变时段两种典型洪水过程的放大计算。为解决同频率控制放大后洪水过程线不衔接现象，采用修改典型及渐变倍比的手法放大过程线，然后再以给定时段洪量与设计洪量之差满足一定精度为控制条件，进行迭代计算，直至满足精度要求为止。由此所得过程线既符合峰量同频率控制要求，又具有连续光滑的形状。

（7）选取水位流量关系。内容为：①根据实测大断面资料和流量成果，采用三参数幂函数（$H=aQ^b+C$）优选水位流量关系。②水位流量关系高水外延计算中，提供$H\sim V$相关和$Q\sim A\sqrt{R}$相关两种方法。

上述工程水文CAD系统1993年8月通过水利水电规划设计总院组织的审查，1993年11月通过水利部组织的鉴定，1994年5月在水利水电设计部门推广使用。

（天津水利水电勘测设计研究院　谢熙曦）

重力坝枢纽布置三维CAD系统

由水利部天津水利水电勘测设计研究院开发的“重力坝枢纽布置三维CAD系统”，是集设计、计算、绘图为一体的大型计算机辅助设计系统，可用于可行性研究阶段和初步设计阶段重力坝方案的枢纽布置、绘图与计算，尤其适用于多方案比较，可大大缩短设计周期，优化设计，提高设计质量。

1．系统运行环境　硬件环境为HP/Apollo，DN系列工程工作站。软件环境为Domain网络，图形软件为DDM5.0以上版本。

2．系统组成及功能

（1）运行控制模块。实现多个用户在同一时刻，在不同的节点上，对不同工程项目的不同设计任务在网络上进行协同工作。

（2）输入模块。输入设计基本数据。

（3）地形地质模块。生成可在任意方向上切取剖面的三维地形、地质模型。

（4）泄水布置模块。用户对不同泄水建筑物（表孔、底孔）进行泄量分配，确定符合需要的孔口尺寸。

（5）坝体建筑物设计模块。用于岩基、软基上的混凝土重力坝设计。包括4种坝段：挡水坝段设计；溢流坝段设计（包括开敞式和胸墙式）；泄水坝段设计（包括有压孔和无压孔）；电站坝段设计（钢管型式有坝内式及背管式）。可按材料力学方法对4种坝段进行断面的稳定分析和应力分析。还可对挡水坝段、溢流坝段进行经济断面优选，构造三维实体。

（6）布置模块。可对直线、折线、弧线及其组合的坝轴线进行主体建筑物的布置（包括各种坝段的位置、建基高程）。

（7）工程量计算模块。主要工程量包括土石方开挖、填方工程量、混凝土工程量。

（8）消能计算模块。可进行挑流、底流消能计算。

（9）图纸信息标注。获得完整的枢纽布置图。

3．系统特点

（1）采用三维CAD的造型技术。生成各种坝段三维实体子模型，对每个子模型可确定不同角度的视图，对上游立面视图、下游立面视图、平面视图经过消隐、标注、组合，可方便得到枢纽布置总平面、立面图或各种坝段平面、立面图。选择不同角度轴侧视图进行渲染，可得到枢纽整体彩色效果图。对任一个三维实体可方便地在任意方向剖切，观看其内部结构，这对设计、审查人员都很直观。使用三维实体计算体积得到的设计工程量是准确的。三维实体模型稍加引伸还可供施工设计阶段的混凝土浇筑设计等多方面运用。

（2）合理组织数据。系统运行中用到的数据概括为两大类：①基本数据。即在整个设计中不变动的数据，如规划设计提供的数据及地质、地形数据。②方案数据。枢纽设计过程总要涉及不同方案的选择，在方案变动时只需要变动局部数据，便可演变为另一新方案，这对提高运行速度极为有效。

（3）友好的人机交互界面。系统注意将自动运行与人工干预相结合。工程设计既要满足规范的要求，又要针对每一具体的工程实际有所独创。软件设计强调程序自动化，使用户感到操作简单方便。系统还提供了多处人工干预点，对运行中产生的中间结果给予设计者认可、修改的机会。用户若不满意可进行局部参数修改，设计人员凭借其丰富的经验，针对工程实际条件，做出有创造性、有特色的设计，充分体现系统的灵活性与适应性。局部的反复，可避免不满意的结果遗留到后面，提高系统运行效率。

(4) 良好的通用性及扩充性。地形、地质模型部分，土石方工程量计算部分，具有良好的通用性。枢纽设计涉及的其他型式的建筑物留有灵活的接口，只要增加相应的模块，即可继续扩充为其他坝型的枢纽设计。

上述系统已用于石漫滩工程的初步设计和陈家庄软基重力坝初步设计；仅用两个月的时间就完成了对三峡工程的初步设计、技施设计等的复核，复核成果经三峡总公司技委会验收鉴定，为三峡工程设计提供了有益的参考意见，达到了缩短设计周期、优化设计、提高设计质量与效率的目的。本项目获 1997 年度水利部科技进步三等奖。

（天津水利水电勘测设计研究院　刘白玲）

水电站厂房 CAD 系统

水电站厂房 CAD 系统是根据 SD335—89《水电站厂房设计规范》及有关规程规范在微机上研制开发的多功能专业应用软件。

水电站厂房 CAD 系统模拟厂房设计过程，充分考虑到工程设计不同阶段的要求和特点，能进行厂房布置设计、厂房主要结构计算、稳定分析、工程量计算以及绘制厂房布置图、施工图。该系统有机电设备数据库和工程数据库，机电设备数据库包括水轮机、发电机、厂内吊车、调速器、油压装置和主变压器等 6 个库，工程数据库汇集了国内已建 70 余座大中型水电站地面厂房设计资料，为设计提供了基础数据和参考信息。

水电站厂房 CAD 系统为全汉化工作环境，全屏幕菜单编辑，表格化输入。人机界面好，操作简便，使用灵活，图形生成快，自动化程度高，具有侦错报错功能，输出的计算书标准化，图纸规范化。

水电站厂房 CAD 系统已在 20 多个设计部门、40 余座水利水电工程厂房设计中得到应用。如西北勘测设计研究院设计的大峡、公伯峡、山口、尼那等水电站，上海勘测设计研究院设计的明台水电站，安徽省水利水电设计院设计的港口湾工程，南宁地区水电设计院设计的左江水电站，天津勘测设计研究院设计的马来西亚里瓦古、大柳树、正义峡等工程，以及三峡水利枢纽电站厂房技术设计复核。这些电站设计水头最低 2.5m，最高 162.0m；单机容量最小 250kW，最大 70 万 kW；单机流量最小 8.5m³/s，最大 966m³/s；转轮直径 D_1 最小 1.0m，最大 10.5m。厂房型式包括河床式、坝后式和引水岸边式。设计阶段既有可行性研究和初步设计，又有招标设计和技施设计。已形成生产力，受到设计人员的普遍欢迎。

在水电站设计过程中，根据规划要求和枢纽布置需要，往往要进行不同厂房型式、不同装机容量和机组台数等多方案的比较。水电站厂房 CAD 系统优点是能够在较短的时间内完成多方案的比较，可提高工效 10～20 倍，修改方便，设计人员便于掌握，在缩短设计周期、提高设计质量、减轻设计劳动强度、优化设计、降低工程造价等方面有显著效益。

水电站厂房 CAD 系统于 1993 年 11 月通过了水利部专家组的鉴定。鉴定认为该系统属于国内首创，达到国际先进水平，可以在水利水电行业内推广应用。该系统 1995 年获原电力部科技进步二等奖，1996 年获国家优秀软件铜奖，1997 年获国家科技进步三等奖。

我国水电资源极其丰富，目前仅开发 10%左右，根据电力发展规划，到 2015 年水电装机容量达到 15000 万 kW，水电建设面临着大发展的形势，水电站厂房 CAD 系统具有广阔的运用前景。

（天津水利水电勘测设计研究院　朱凤娟）

多路灌浆监测仪

为了进一步提高灌浆施工的计算机管理水平，提高检测、显示和记录灌浆施工参数的精确度和科学性，实现灌浆施工过程的集中监测和控制，中国水利水电基础工程局科研所和天津大学自动化工程系在研制和推广应用灌浆自动记录仪的基础上，开发研制成功了 J31-D 型多路灌浆监测仪。

仪器主要由控制微机、A/D 转换板、A/V 转换箱、信号集线箱、压力变送器、流量变送器、信号传输电缆、抗干扰净化电源、打印机及系统软件等组成，见图。灌浆孔段的灌浆压力和注入率分别由压力变送器、流量变送器转换成电流信号，由传输电缆送入 A/V 转换箱转换成电压信号，再由 A/D 板转换成数字信号供微机来完成信号采集处理、实时显示和打印等一系列工作。全过程皆由系统软件和控制程序来实现。监测仪可以装置在控制室里，1 台仪器可以同时管理 4 台～16 台灌浆机的工作，监测范围可达 1000m 距离。可以适用各种灌浆方法和 GIN 灌浆法。仪器带有的灌浆数据处理系统，可以按照《水工建筑物水泥灌浆施工技术规范》的要求，将灌浆原始数据整理为各种二次、三次表格和成果图等竣工资料，从而大大减轻了施工技术人员的繁重劳动，提高了工作效率，同时还可减少差错。

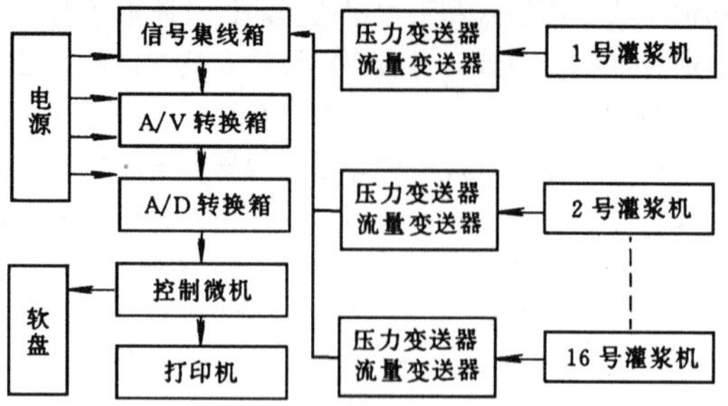

J31-D型多路灌浆监测系统框图

多路监测仪首先在小浪底水利枢纽帷幕灌浆GIN灌浆法中成功应用。灌浆部位在2号洞内，控制室设在洞口外面，距灌浆机组约500m，使用一台J31-D型8路灌浆监测仪。工业控制微机通过信号电缆与洞内各机组的变送器相连接，仪器可以实时显示各灌浆机组灌浆过程中的时间、压力、注入率、注入量等参数，可以调阅任一灌浆孔段的施灌过程数据和曲线，包括灌浆压力和时间（$P—t$）、注入率和时间（$F—t$）、注入量和时间（$V—t$）、可灌性和时间（$F/P—t$）、可灌性和注入水泥量（$F/P—C$）、灌浆压力和注入水泥量（即GIN）共6种过程曲线，打印机能随时将上述图线和表格打印出来。施工技术人员或监理人员根据仪器监测到的各种信息，对各灌浆孔段的施工情况作出判断，发出指令。

监测仪还在小浪底工程其它灌浆项目（包括国际招标项目）以及长江三峡主体建筑物灌浆试验工程、李家峡水电站灌浆工程等推广应用，获得业主、监理、设计、施工人员和国际承包商的广泛好评，这标志着我国的灌浆技术迈上了一个新台阶。

（中国水利水电基础工程局　夏可风）

水文自动测报系统应用软件

当前已开发的水文自动测报系统应用软件（以下简称软件），形式多样，各有千秋，但综合主要功能大体有以下几方面：

（1）遥测信息采集及管理。信息采集是与通信方式和设备相关的，是系统运行的基础。目前这部分软件尽管有些差异，但功能大同小异，主要包括遥测站及其内容设置、动态实时信息显示、告警、信息查询、修改及其各种表格打印输出。此外，软件由原来对信息资源的文件管理方式转为数据库管理，这样不仅使管理安全可靠、效率高，也为资源共享打下了基础。

（2）信息维护与文档管理。这里是指为系统运行中要完成的所有基础工作而设计的各项功能。其主要内容归纳如下：①对信息的误码二次判别、合理性分析以及统计与数据预处理计算，并且利用界面将分析计算中自检出的各种不合理信息实时反馈给用户。②按年度建立数据档案，保证了资料的有序完整，也大大地方便了对历史资料的查询、调用和分析工作。③采用图表结合的方式对水文信息以及工程信息进行检索、修改、删除。图表化使得软件直观、方便、生动，取得良好效果。④采用丰富的界面对遥测站参数、水文预报方案内容、调洪方案和调度方案内容等进行设置、查询、输入、修改和删除。⑤水文资料整编计算以及成果表格打印输出扩展了软件的功能，使得水文工作的测报整编有机地融为一体。⑥日常统计计算及其各种工作报表打印输出，提高了办公的计算机化、自动化水平。⑦水文自动测报实时信息的上网，实现水情信息的共享，为各级决策及时了解水情提供了方便。

（3）水情实时预报。洪水预报作为软件的主体，尽管各系统的预报方案配置有差异，但采用方便实用、直观的、功能齐全、给预报员尽可能多的自由度进行预报操作是软件的共性。归纳软件使用的预报方法主要有以下内容：①河道经验相关要素预报。②降雨径流相关与单位线的流域产汇流预报。③流域水文模型预报。④实时校正辅助预报。⑤采用人机对话与专家知识的支持系统多方案的综合论证进行预报。其中实时校正虽不能作为一个独立的方法，但利用其辅助提高预报精度是软件的一大特征，也充分体现了现代预报的特点，而专家的综合决策就更具科学性。

（4）调度。通常如系统需要，软件都要配置相应的调度模块，但调度的内容不外乎洪水调度（调洪）与兴利调度；兴利调度除常用的静态调度外，也有在各种约束条件下的实时动态优化调度，有助于提高防洪调度的社会效益与经济效益。

近几年来，多媒体技术在水文自动测报系统的软件中应用越来越发广泛，使得软件生动活泼。目前，开发对流域、工程、自动测报系统等进行多媒体演示软件，使水文自动测报更加丰富多彩。

（东北勘测设计研究院　关志成）

水电教育改革与发展

我国水电类高等教育体制的改革与现状

（一）在社会主义计划经济体制下所建立起来的我国水电类高等教育体系

为适应社会主义经济建设对高等人才的需要，在第一个五年计划刚开始实行的1953年10月，中央人民政府政务院制定了《关于修订高等学校领导关系的决定》，强调高等教育部必须与中央人民政府有关业务部门密切配合，有步骤地对全国各高等学校实行统一与集中的领导。《决定》规定：综合性大学由中央高等教育部直接管理；与几个业务部门有关的多科性高等工业学校，高等教育部如果认为有必要可与中央有关部门协商委托其管理；为某一业务部门或主要为某一业务部门培养干部的单科性高等工业学校，可以委托中央有关部门直接管理。1952年至1957年，中央对全国高等学校存在的学校布局、类型结构和科类设置不合理，层次结构不协调以及办学规模小，培养学生数量少等问题，进行了有计划有步骤的院系调整。在院系调整中依据工业部门经济建设对专门人才的急需，并借鉴前苏联发展高等教育为经济建设快速培养对口人才的经验，全国调整并建立了300多所有关地质、矿业、冶金、机械、电力、化工、纺织、轻工、建筑、水利、铁路、航空等类高等工业专门学院，这些学院大多隶属中央工业部门，并按行业要求设置相关专业。在此期间，中央水利电力主管部门先后建立了武汉水利电力大学（原武汉水电学院），河海大学（原华东水利学院）、华北水利水电学院（原北京水利水电学院），70年代和80年代相继建立了葛洲坝水电工程学院、长春水利电力高等专科学校和南昌水利水电高等专科学校。由水利电力主管部门直接管理的这些高等学校和一批综合性大学及一批地方高等院校内设置的水电类专业，共同构建了我国水电高等教育的教育体系。

由中央工业部门管理高等教育的办学体制，适应了计划经济体制下行业经济发展对专门人才的需求，促进了我国高等教育事业的发展。其历史作用是不可磨灭的。但自改革开放以来，随着国家经济体制改革的市场取向，由“条条”逐步转向主要由“块块”来规划和组织国民经济的发展，这样原先由中央工业部门管理高等教育的体制所出现的“条块分割”的问题就日趋严重。例如，由于条块分割导致高校的大量重复建设；部门办学造成单科性院校过多，学校规模小，影响人才培养的质量和不适应现代科学技术的迅猛发展；许多行业包括政府部门干部和工程技术人员来源单一化，主要来自部属高校，形成近亲繁殖；几十个中央部门都管理高校，既造成高等教育管理的高度分散，也影响了政府部门职能的转变。因此，我国高等教育管理体制的改革已是势在必行了。

（二）水电高等教育管理体制的改革

1984年10月，党的十二届三中全会通过了《中共中央关于经济体制改革的决定》，把建立社会主义市场经济体制作为我国经济体制改革的目标。为适应社会主义市场经济体制的新形势，中共中央于1985年5月颁布了《关于教育体制改革的决定》以及1993年2月印发的《中国教育改革和发展纲要》，明确提出了随着中央业务部门职能的转变和政企分开，中央业务部门所属学校要面向社会，其办学体制和管理体制分别不同情况，采取继续由中央部门办、中央部门和地方政府联合办、交给地方政府办、企业集团参与和管理等不同办法，最终实行“中央部门所属高校与地方共建，以地方管理为主”的高等教育管理体制，彻底消除“条块分割”的弊端。

15年来，水利电力主管部门认真组织学习中央的有关决定，统一思想，转变观念，积极探索，寻求水电高等教育管理体制改革的途径。在打破部门办学上，80年代与上海交大、成都科技大学（后并入四川大学）、陕西机械学院（现为西安理工大学）、福州大学等高等学校联合办学，投资近亿元在成都科技大学和陕西机械学院内设立水电学院或水利学院，以满足西部地区水利水电建设对人才的需要。1994年根据第二次全国教育工作会议和《中国教育改革和发展纲要》的精神，原电力部对所属的15所高等学校实行分类管理，部直接管理武汉水电大学和华北电力大学，其他本科院校加入企业集团实行部和企业集团共同领导，以企业集团为主的管理体制，电力高等专科学校由企业集团直接管理。同时扩大电力高校面向社会自主办学的权力。“九五”期间，国家加大了高等教育管理体制改革的力度，并根据改革试点的实践，提出了“共建、调整、合作、合并”的八字方针。遵照国务院的统一部署，国家电力公司党组1999年11月确定了“顺应形势、积极配合、创造条件、平稳过渡”的原则，稳步推进高等教育管理体制改革，决定对公司系统的普通本科院校，按照中央和省两级政府管理新体制的要求，直接或调整合并重组后交由中央或地方政府统筹管理；普通高等专科学校直接或参与合并后交地方政府统筹管理。截至2000年8月，武汉水电大学已合并到武汉大学，由教育部直接领导和管理；葛洲坝水电工程学院和湖北三峡学院合并更名为三峡大学，交湖北省管理；长春水利电力高等专科学校与长春工业高等专科学校及长春建筑高等专科学校合并更名为长春工程学院，交吉林省管理。至此，我国水电高等教育已告别了部门办学的时代，实现了由中央和地方两级政府办学的基本格局。

（三）当前全国设有水电类专业的高等学校

根据1998年国家教育部印发的《普通高等学校本科专业目录》规定，水电本科类有两个专业，即水文与水资源工程和水利水电工程。其中水利水电工程包括原水利水电建筑工程和原水利水电动力工程。目前，我国设有这两个专业的普通高等学校见下表。

当前全国设有水电类专业的高等学校

序号	学校名称	主管部门	所设专业	地址	邮编
1	清华大学	教育部	水利水电工程	北京市海淀区	100084
2	天津大学	教育部	水利水电工程	天津市南开区卫津路	300072
3	武汉大学	教育部	水利水电工程 水文及水资源	武汉市珞珈山	430072
4	四川大学	教育部	水利水电工程	成都市九眼桥	610064 610065
5	大连理工大学	教育部	水利水电工程	大连市凌水河	116024
6	华中理工大学	教育部	水利水电工程	武汉市喻家山	430047
7	华南理工大学	教育部	水利水电工程	广州市天河	510641
8	河海大学	教育部	水利水电工程 水文及水资源	南京市西康路	210024
9	长春工程学院	吉林省	水利水电工程（专）	长春市宽平大路	130012
10	三峡大学	湖北省	水利水电工程 水文及水资源	宜昌市云林路	443002
11	福州大学	福建省	水利水电工程	福州市工业路	350002
12	西安理工大学	陕西省	水利水电工程	西安市国华路	710048
13	太原工业大学	山西省	水利水电工程	太原市迎泽西大街	030024
14	华北水电学院	河南省	水利水电工程	郑州市郑花路	450045
15	山东工业大学	山东省	水利水电工程	济南市经十路	250014
16	郑州工业大学	河南省	水利水电工程	郑州市文化路	450002
17	贵州工业大学	贵州省	水利水电工程	贵阳市蔡家关	550003
18	云南工业大学	云南省	水利水电工程	昆明市环城东路席子营	650051
19	云南农业大学	云南省	水利水电工程	昆明市北郊黑龙潭	650201
20	青海大学	青海省	水利水电工程	西宁市莫家泉湾	810016
21	新疆农业大学	新疆自治区	水利水电工程		
22	西藏农牧大学	西藏自治区	水利水电工程	西藏林芝八一新村	850400
23	江西工业大学	江西省	水利水电工程	南昌市青山湖	330029
24	广西大学	广西自治区	水利水电工程	南宁市西乡塘东路	530004
25	扬州大学	江苏省	水利水电工程（专）	江苏省扬州市	225011

续表

序号	学校名称	主管部门	所设专业	地址	邮编
26	四川工业大学	四川省	水利水电工程	成都市西郊	611744
27	西北农业大学	甘肃省	水利水电工程	陕西省杨陵县	712100
28	南昌水利水电高等专科学校	江西省	水利水电工程（专）	南昌市东湖区北京东路	330029
29	浙江水利水电专科学校	浙江省	水利水电工程（专）	杭州市	310016
30	河北水利专科学校	河北省	水利水电工程（专）	河北省沧州市西环中路	061001
31	黑龙江水利专科学校	黑龙江省	水利水电工程（专）	哈尔滨市	150086
32	漳州职业大学	福建省	水利水电工程（专）	漳州市芗城区胜利西路	363000
33	湖南水利学校	湖南省	水利水电工程（专）	长沙市	
34	广西水电学校	广西自治区	水利水电工程（专）	南宁市	

（周宗铸）

水电行业出版的科技图书与期刊

1998年～2000年正式出版的部分水电图书一览表

书名	作者	出版者	出版年月
潮汐电站	沈祖诒　主编	中国电力出版社	1998.3
复杂坝基与滑坡研究中的新方法	蔡德所	中国电力出版社	1998.1
黄河龙羊峡水电站勘测设计重点技术问题总结　第一卷	西北勘测设计研究院	中国电力出版社	1998.9
世界超级高坝	陈宗梁	中国电力出版社	1998.1
电力工业标准汇编　水电卷　1997	中国电力企业联合会	中国电力出版社	1998.9
中国水力发电年鉴（1995～1997）第五卷	本年鉴编辑部	中国电力出版社	1998.9
21世纪水电开发国际会议论文集	三峡工程开发总公司	中国水利水电出版社	1998.1
北方明珠——莲花水电站工程建设管理文集	黑龙江省水电建设管理局	中国水利水电出版社	1998.9
复杂岩体若干岩石力学问题	周思孟	中国水利水电出版社	1998.7
钢衬钢筋混凝土压力管道设计与非线性分析	董哲仁	中国水利水电出版社	1998.4
隔河岩水电站引水隧洞衬砌　预应力环锚设计与施工	郭德福	中国水利水电出版社	1998.1
工程机械使用手册	水电工程总公司	中国水利水电出版社	1998.7
寒冷地区混凝土面板坝设计与施工	金正浩　党全文等	中国水利水电出版社	1998.11
水利水电法规汇编（1993～1997）	水利部政策研究中心	中国水利水电出版社	1998.7
水利水电建设监理工程师手册　监理细则实例（上、下册）	杨浦生　徐春云	中国水利水电出版社	1998.9
天荒坪抽水蓄能电站特别咨询团咨询报告	天荒坪抽水蓄能电站工程建设公司编译	中国水利水电出版社	1998.10
小浪底国际工程建设	崔学文　主编	中国水利水电出版社	1998.12

续表

书　　名	作　者	出　版　者	出版年月
小水电工程初级指南　第一部分	王海安　译	中国水利水电出版社	1998.8
预应力钢筋混凝土管、预应力钢筒混凝土管制造	陆传荪	中国水利水电出版社	1998.11
葛洲坝工程丛书3　基础设计与处理	曹乐安　主编	中国水利水电出版社	1998.4
葛洲坝工程丛书6　通航建筑物	董士镛　主编	中国水利水电出版社	1998.3
葛洲坝工程丛书8　闸门与启闭机	王既民　主编	中国水利水电出版社	1998.5
葛洲坝工程丛书14　运行与管理	贾鹤全　主编	中国水利水电出版社	1998.6
水利水电建设监理工程师手册　下册　建设监理概论	李新军　主编	中国水利水电出版社	1998.12
系统辨识理论与实践——在水电控制工程中的应用	徐枋同　李永华	中国电力出版社	1999.8
大体积混凝土温度应力与温度控制	朱伯芳	中国电力出版社	1999.3
21世纪水力发电工程科学技术发展战略研讨会论文集	中国水力发电工程学会	中国电力出版社	1999.11
水工水力学原型观测与模型试验	夏毓常　张黎明	中国电力出版社	1999.1
水力发电厂安全性评价	华北电力集团公司安全监察部	中国电力出版社	1999.4
天生桥一级水电站工程建设	刘德禄　主编	中国电力出版社	1999.1
锚固与注浆技术手册	本手册编委会	中国电力出版社	1999.9
长江三峡大江截流工程	本书编委会	中国水利水电出版社	1999.12
大型水轮机现场效率测试技术	单鹰　唐澎等	中国水利水电出版社	1999.1
钢筋混凝土结构计算与设计	翟爱良　郑晓燕　主编	中国水利水电出版社	1999.4
贯流式水电站	沙锡林　主编	中国水利水电出版社	1999.12
截流围堰堤防与施工通航	杨光熙	中国水利水电出版社	1999.12
碾压混凝土的层面结合与渗流	杨华全　任旭华	中国水利水电出版社	1999.9
三峡工程施工技术　一期工程卷	葛洲坝水利水电工程集团公司	中国水利水电出版社	1999.10
水电工程若干技术问题的理论与实践	许文年	中国水利水电出版社	1999.11
水工混凝土建筑物修补技术及应用	黄国兴　陈改新	中国水利水电出版社	1999.3
水力发电工程概预算	陈新元	中国水利水电出版社	1999.6
水利水电工程定额与概预算	陈全会　王修贵等	中国水利水电出版社	1999.8
水流动力荷载与流固相互作用	崔广涛　练继建等	中国水利水电出版社	1999.11
土坝安全与加固	牛运光	中国水利水电出版社	1999.11
土石坝加固技术	张启岳　主编	中国水利水电出版社	1999.11
预应力混凝土结构	王有志　薛云冱等	中国水利水电出版社	1999.2
水工混凝土温控与防裂	龚召熊　主编	中国水利水电出版社	1999.5
水利水电工程质量控制要点	李先镇	中国水利水电出版社	1999.10
三峡工程混凝土原材料研究	储传英　主编	中国水利水电出版社	1999.4
三峡工程泥沙问题	潘庆燊　主编	中国水利水电出版社	1999.4
三峡水工建筑物安全监测与反馈设计	吴中如　主编	中国水利水电出版社	1999.4
通航建筑物应用基础研究	须清华　主编	中国水利水电出版社	1999.4

续表

书　　名	作　者	出　版　者	出版年月
岩石高边坡的变形与稳定	张有天　主编	中国水利水电出版社	1999.4
水工混凝土结构设计手册	周氏　张定国主编	中国水利水电出版社	1999.1
水利水电工程施工组织设计指南（上、下册）	魏璇　主编	中国水利水电出版社	1999.3
岩土工程安全监测手册	二滩水电开发有限责任公司	中国水利水电出版社	1999.8
大坝基础防渗墙	高钟璞	中国电力出版社	2000.2
贯流式水轮发电机组及其选择方法	田树棠	中国电力出版社	2000.5
混凝土拱坝设计	李瓒等	中国电力出版社	2000.9
中国水力发电工程　工程水文卷	本书编委会	中国电力出版社	2000.9
中国水力发电工程　规划经济卷	本书编委会	中国电力出版社	2000.9
中国水力发电工程　工程地质卷	本书编委会	中国电力出版社	2000.9
中国水力发电工程　移民环保卷	本书编委会	中国电力出版社	2000.9
中国水力发电工程　水工卷	本书编委会	中国电力出版社	2000.9
中国水力发电工程　机电卷	本书编委会	中国电力出版社	2000.9
中国水力发电工程　施工卷	本书编委会	中国电力出版社	2000.9
中国水力发电工程　运行管理卷	本书编委会	中国电力出版社	2000.9
中国水力发电工程　摘要本	本书编委会	中国电力出版社	2000.9
中国抽水蓄能电站建设	中国水力发电学会	中国电力出版社	2000.9
中国抽水蓄能电站建设（英文版）	中国水力发电学会	中国电力出版社	2000.9
压力钢管制造安装的实践与探讨	陈继深　谷鸿飞	中国电力出版社	2000.1
水力发电厂安全性评价查评依据	华北电力集团公司安监部	中国电力出版社	2000.9
地质缺陷对坝基及滑坡稳定性影响的研究	许文年　蔡德所	中国水利水电出版社	2000.1
电站与泵站中的水力瞬变与调节	杨开林	中国水利水电出版社	2000.5
双圈环绕无黏结预应力混凝土衬砌施工技术	俞祥荣　主编	中国水利水电出版社	2000.7
水电站钢衬钢筋混凝土压力管道	伍鹤皋　生晓高等	中国水利水电出版社	2000.6
水工设计的理论和方法	王世夏	中国水利水电出版社	2000.7
水轮发电机组的安装与检修	林亚一	中国水利水电出版社	2000.9
土石坝碾压式沥青混凝土心墙施工技术	祁世京　主编	中国水利水电出版社	2000.12
中国大坝 50 年	潘家铮　何璟主编	中国水利水电出版社	2000.9
世界江河与大坝	赵纯厚　朱振宏等	中国水利水电出版社	2000.9

中国水力发电工程学会 1997 年～1998 年优秀论文评选结果

1999 年 10 月中国水力发电工程学会第三届评选工作委员会评定了 1997 年～1998 年在学会主办的学术会议上和在学会主办的刊物上发表的优秀学术论文 34 篇，其中一等奖 2 篇，二等奖 12 篇，三等奖 20 篇。评选结果见下表。

中国水力发电工程学会1997年～1998年优秀论文评选结果表

序号	论文题目	作者	作者单位	推荐单位	评选结果
1	天生桥一级水电站土石过水围堰设计	杨志雄 陈能平 赵增凯	贵阳勘测设计研究院 水电水利规划设计总院	贵州水电学会	一等奖
2	二滩水电站工程拱坝施工技术	戴科夫	中国水电第八工程局	湖南水电学会	一等奖
3	小型水轮发电机组技术改造的设计问题	张玉良 袁　森 顾四行	天津勘测设计研究院	天津水电学会	二等奖
4	二滩水电站水工金属结构设计中的若干问题——泄洪中孔部分	赵辅鑫 魏运明	成都勘测设计研究院	金属结构专委会	二等奖
5	二滩水电站水轮发电机主要参数的选择	李定中	水电水利规划设计总院	电气专委会	二等奖
6	从长江1998年大洪水看中下游防洪工程干支流较大水库水电站的防洪作用	陆钦侃	中国水力发电工程学会	水力发电学报编辑部	二等奖
7	社会主义市场经济与水库经济研究	曾　念	国家开发银行	水库经济专委会	二等奖
8	三峡通航船模便携式自动测控试验系统研究	蔡汝哲 蔡　创	交通部西南水运科学研究所	通航专委会	二等奖
9	冶勒水电站坝基深覆盖层帷幕灌浆试验	蒋晓明 苏旭燕 樊天龙	四川省电力工业局	四川水电学会	二等奖
10	岩滩水电站宽尾墩式消力池联合消能工水力学原型观测	谢省宗	水利水电科学研究院	水力学专委会	二等奖
11	复杂结构大坝的变形“疑点”的物理成因分析	顾冲时 马福恒 吴中如 贾恩宏	河海大学	大坝安全专委会	二等奖
12	设有垫层的水电站蜗壳结构联合承载分析	李胜军 李振富 王日宣	天津大学	抽水蓄能专委会	二等奖
13	温度效应对大体积混凝土结构的损伤开裂分析	肖　明	武汉水利电力大学	湖北水电学会	二等奖
14	二滩水电站高拱坝混凝土施工计算机模拟系统及其应用	范贵华 陈万涛	成都勘测设计研究院	四川水电学会	二等奖
15	岩滩水电站宽尾墩戽式消力池联合消能效果	吴胜光	广西岩滩水电站工程建设公司	广西水电学会	三等奖
16	我省水库汛期防洪调度中汛期分期洪水	程炳元	安徽省水利水电勘测设计院	安徽水电学会	三等奖

续表

序号	论文题目	作者	作者单位	推荐单位	评选结果
17	三河闸弧门支绞保留使用的可行性分析	吴军	江苏省水利勘测设计研究院	金属结构专委会	三等奖
18	河北省小水电可持续发展的条件和对策	宋小岩 郭立	河北省水利厅水电中心	河北水电学会	三等奖
19	龙羊峡水库诱发地震特征	孙洪武 张敏 黄泽荣	青海省地震局	水力发电学报编辑部	三等奖
20	压力隧洞衬砌计算方法	李青麒 何其诚	武汉水利电力大学	水力发电学报编辑部	三等奖
21	几个停建水电工程的回顾	刘颂尧	水规总院	水力发电史料编辑部	三等奖
22	三峡库区城镇迁建基础设施规划与投资	汪小莲 田一德	长江水利委员会库区处	水库经济专委会	三等奖
23	新时期开发性移民工作的探索与实践	陈德政	湖北省清江水电开发公司	水库经济专委会	三等奖
24	水口三级船闸输水系统设计研究	吴爱钇 赵晓琳	华东勘测设计研究院	通航专委会	三等奖
25	四川省水力资源经济可开发量初步研究	艾明建 梁武湖	四川省计委能源处	四川水电学会	三等奖
26	积极参与市场竞争，努力完善项目施工管理	马洪琪	水电第十四工程局	云南水电学会	三等奖
27	水电站水力振动实例分析	周建旭 索丽生 郭锐勤	河海大学水电学院	江苏水电学会	三等奖
28	藕池河水系洪道治理意见	张有兴 姚松云 卢承志	湖南省水电设计院	湖南水电学会	三等奖
29	初选多测点数学模型预置因子集的灰色关联度分析方法	何金平 李珍照	武汉水利电力大学	大坝安全专委会	三等奖
30	真空激光在大坝监测中的应用及效果分析	宋恩来	东北电力集团公司	大坝安全专委会	三等奖
31	加拿大的小水电设备及控制管理技术	程夏蕾	水利部农村电气化研究所	小水电专委会	三等奖
32	浅析漫湾电站效益及滚动开发小湾电站	文宏泽	云南省电力公司	云南水电学会	三等奖
33	李家峡水电站水轮发电机组的安装	陈生荣	水电四局机电安装分局	青海学会	三等奖
34	葛洲坝大江电厂无人值班工程中计算机监控系统的技术改造	朱辰 周茜	电力自动化研究院	自动化专委会	三等奖

（中国水力发电工程学会　陈宗梁）

水利水电系统科技期刊现状

目前，水利水电系统科技期刊共有120余种，其中有国内统一刊号的72种，有内部资料准印证的52种。

近年来，水利水电科技期刊主要围绕贯彻落实科技部国科发财字（1999）614号文“关于落实中办发（1999）30号文件精神调整科技期刊结构的通知”的要求，在加强科技期刊管理、提高科技期刊出版质量等方面做了如下工作：

（1）加强期刊管理。1998年3月水利部办公厅以办函（1998）27号文“关于加强水利系统全国性期刊管理工作的函”，对水利系统期刊管理工作做了规定：水利系统全国性科技类期刊由部科技司归口管理；水利系统全国性社科类期刊由部办公厅归口管理；上述各类水利期刊的日常管理工作委托部信息所负责。1999年10月20日～23日，水利系统在山东青岛召开了第四届全国水利系统期刊管理工作会议。水利系统42家期刊的44名代表参加了会议，会议的主要内容是：传达国家新闻出版署、科技部有关全国报刊结构调整的精神；总结水利系统期刊管理工作及取得的主要成绩；为了减少期刊编辑部的经费压力，使期刊稿酬付费更加标准化、规范化、科学化，代表们在原“水利、电力科技期刊稿酬规定”基础上修改的“水利系统期刊稿酬规定”进行了讨论并通过；为促进水利系统的编辑加强学术交流，提高编辑水平，会上成立了“水利水电期刊编辑分科学会”。

（2）加强培训，提高期刊出版质量。为贯彻国家科委和新闻出版署（1997）051号文“关于开展对科技期刊主编等岗位人员开展岗位培训实施持证上岗制度的通知”精神，1998年5月19日～30日水利部信息研究所与中国电力信息中心在内蒙呼和浩特市联合举办水利、电力科技期刊主编岗位培训班。水利、电力系统60余位主编参加了培训。培训班结合国家有关办刊政策规定和水利、电力行业的特点，邀请国家科委、中国高校学报研究会、水利电力有关领导和专家讲授了科技期刊办刊方针政策、编辑加工、国家标准及出版管理等有关规定。

2000年5月11日～18日水利部信息研究所在北京举办了第二期水利系统期刊主编、编辑岗位培训班。来自水利系统20余位主编和编辑参加了培训。

参加培训后，编辑们普遍认为编辑岗位培训班针对性强，既有党和国家有关方针政策、法律法规的学习，又有实用的编辑业务知识授课，既务虚，又务实，有理论，有实际，有利于提高编辑人员业务素质和编辑水平，收获很大。通过学习，强化了编辑人员对国家有关期刊管理方针政策的理解和认识，掌握了期刊编辑、出版的有关标准和规范，有助于提高期刊编辑质量。特别是通过编辑部之间互相交流办刊和经营方面的经验，认识到科技期刊适应市场经济、面向市场是必然的，实现自我生存、自我发展，促进社会效益与经济效益的结合，是当代编辑的任务，必须加快改革步伐，转变“等靠要”观念，积极探索办刊新路，走学术、经营、效益、发展的道路。

通过期刊整顿，组织期刊审读、系统内评比、举办培训班等措施，水利、电力系统的期刊质量不断提高，在1999年由新闻出版署、科技部联合举办的首届“国家期刊奖”的评比中，水利、电力系统的《中国农村水利水电》、《电力系统自动化》获得了“国家期刊奖”，《中国水利》获提名奖。

（水利部发展研究中心　张　曼　党　力）

有国内统一刊号的水电科技期刊一览表

序号	刊名	主办单位	刊期	刊号	创刊年	负责人	编辑部地址	邮编	电话
1	水力发电	水电水利规划设计总院	月	CN11-1845/TV	1954	马连城	北京市安德路65号	100011	010-82077971
2	水力发电学报	中国水力发电工程学会	季	CN11-2241/TV	1982	张宪宏	清华大学水电系	100084	
3	中国三峡建设	中国长江三峡工程开发总公司	月	CN42-1388/TV	1994	李先镇	湖北省宜昌市东山大道80号	443002	
4	水电站设计	成都勘测设计研究院	季	CN51-1382/TV	1985	郑文正	成都市青羊宫	610072	
5	西北水电	西北勘测设计研究院	季	CN61-1260/TV	1982	吕祖珩	西安市南大街	710001	029-7889472-594
6	福建水力发电	福建省水力发电学会 福建水电勘测设计研究院	半年	CN35-1153/TV	1988	陈一华	福州市东大路158号	350001	0591-7537358-581
7	陕西水力发电	陕西省水力发电学会、西安理工大学	季	CN61-1110/TV	1985	李建中	西安市金花南路5号	710048	029-3239700-2694
8	四川水力发电	四川省水力发电学会	季	CN51-1150/TV	1982	郑文正	成都青羊宫成勘院	610072	028-7319023-3327
9	云南水力发电	云南省水力发电学会	季	CN53-1118/T	1985	吕仕智	昆明市拓东路49号	650011	0871-3012030
10	贵州水力发电	贵州水力发电学会 乌江水电开发有限责任公司	季	CN52-1100/TV	1986	丁贵林	贵阳市新华路9号	550002	0851-5784372
11	水电能源科学	中国水力发电学会、华中理工大学水电能源研究所	季	CN42-1134/TK	1984	冯蓓蓓	湖北省武汉市武昌关山口	430074	027-87542126
12	水利电力机械	郑州机械设计研究院	双月	CN41-1150/TH		高建生	郑州市陇海中路57号	450052	
13	水利电力施工机械	国家电力公司杭州机械设计研究所	季	CN33-1203/TH	1979	李以栓	杭州市教工三路18号	310012	
14	水能技术经济	全国水能技术经济信息网	季	CN43-1203/F	1993	胡葆英	湖南长沙圭塘	410014	
15	大坝观测与土工测试	国家电力公司电力自动化研究院	双月	CN32-1190/TV	1977	吕 刚	南京市蔡家巷24号	210003	025-3429900-2051
16	中国水利	水利部	月	CN11-1374/TV	1950	营幼峰	北京宣武区白广路2条2号	100053	010-63203487

续表

序号	刊名	主办单位	刊期	刊号	创刊年	负责人	编辑部地址	邮编	电话
17	人民黄河	黄河水利委员会	月	CN41-1128/TV	1979	朱兰琴	郑州市顺河路黄委会综合楼12层	450003	0371-6302409
18	人民长江	长江水利委员会	月	CN42-1202/TV	1955	李梅青	武汉汉口解放大道1155号	430010	027-82828680
19	东北水利水电	松辽水利委员会	月	CN22-1097/TV	1983	王俊杰	长春市工农大路10号	130021	0431-5607665
20	海河水利	海河水利委员会	双月	CN12-1064/TV	1982	俞大昌	天津市河东区龙潭路15号	300170	022-24102765
21	人民珠江	珠江水利委员会	双月	CN44-1037/TV	1980	李景堂	广州市天寿路	510611	020-87117933
22	治淮	淮河水利委员会	月	CN34-1030/TV	1952	董开友	安徽蚌埠市凤阳西路	233001	0552-3092308
23	华北水利水电学院学报（自然科学版）	华北水利水电学院	季	CN41-1249/TM	1979	温广红	郑州市郑花路20号	450045	0371-5727655-3614
24	长江科学院院报	长江科学院	双月	CN42-1171/TV	1984	刘大明	武汉汉口赵家条九万方	430010	027-82829904
25	水利水运科学研究	南京水利科学研究院	季	CN32-1125/TV	1979	刘金培	南京市虎距关34号	210024	025-3739178
26	河海大学学报（自然科学版）	河海大学	双月	CN32-1117/TV	1957	郭志平	南京市西康路1号	210098	025-3713777
27	国际泥沙研究（英）	国际泥沙培训中心	季	CN11-2699/P	1986	陈月红	北京市车公庄西路20号	100044	010-68415522
28	水科学进展	南京水文水资源所	季	CN32-1309/P	1990	潘理中	南京市西康路1号	210098	025-3713777
29	水利水电技术	水利部信息研究所	月	CN11-1157/TV	1959	张树泉	北京市德外六铺炕	100011	010-82079807
30	中国农村水利水电	国家灌溉排水委员会农村水电及电气化发展局等	月	CN42-1419/TV	1958	邓淑珍	武昌珞珈山武汉水利电力大学	430072	027-87643133
31	水文	水利部水利信息中心	双月	CN11-1814/TV	1979	陆建华	北京市宣武区白广路2条2号	100053	010-63203486
32	水利水电快报	长江水利委员会	半月	CN42-1142/TV	1980	黄鹤鸣	武汉汉口解放大道1155号	430010	027-82828669

续表

序号	刊名	主办单位	刊期	刊号	创刊年	负责人	编辑部地址	邮编	电话
33	水利建设与管理	水利建设与管理总站	月	CN11-4446/TV	1980	薛占群	北京市100055信箱11分箱	100055	010-63204147
34	水利渔业	水库渔业研究所	双月	CN42-1247/S	1983	陈文祥	武汉武昌卓刀泉小何村86号	430079	027-87803555
35	中国水土保持	黄河水利委员会	月	CN41-1144/TV	1980	黄宝林	郑州市顺河路黄委会综合楼12层	450003	0371-6302338
36	灌溉排水	农田灌溉研究所	季	CN41-1135/S	1982	高　峰	河南新乡东牧村	453003	0373-3375434
37	节水灌溉	中国灌溉排水发展中心、武汉水利电力大学	双月	CN42-1420/TV	1976	燕在华	武昌珞珈山武汉水利电力大学	430072	027-87882212
38	西北水资源与水工程	西北水科所	季	CN61-1201/TV	1986	黄翠芳	陕西咸阳市杨陵区渭惠路23号	712100	0910-3326177
39	水资源保护	水利部水资源司、河海大学	季	CN32-1356/TV	1985	姚　琪	南京市西康路1号	210098	027-3713777-50524
40	水利技术监督	水利部水利水电规划设计总院	双月	CN11-3372/TV	1993	董在志	北京市德外六铺炕	100011	010-62015974
41	水利水电科技进展	河海大学	双月	CN32-1439/TV	1981	郭志平	南京市西康路1号	210098	027-3713777
42	小水电	水利部农村电气化所水电学会小水电专委会	双月	CN33-1127/TV	1984	吴华君	杭州市西湖区教工三路20号	437302	0715-5222452-2224
43	防渗技术	渠库防渗信息网 西北水利科学研究所	季	CN61-1277/TV	1991	罗秀芳	陕西省咸阳市杨陵区渭惠路23号	100044	010-63202266-2507
44	水利水电工程设计	天津勘测设计院、天津水力发电学会	季	CN12-1246/TV	1982	颜济奎	天津市河西区洞庭路	100036	010-68274151
45	水利经济	水利经济研究会、河海大学	双月	CN32-1165/F	1983	徐　明	南京市西康路1号	450003	0371-5930338
46	水土保持科技情报	辽宁水土保持科研所	季	CN21-1159/S	1981	党福江	辽宁省朝阳市	610072	028-7345616
47	中国水利水电文摘	水利部信息研究所	双月	CN11-1374/TV	1993	张　伟	北京市德外六铺炕	100011	010-82079806
48	黄河水利职业技术学院学报	黄河水利职业技术学院	季	CN41-5045/TV	1988	张信科	河南开封市西门大街115号	210029	025-6505496

续表

序号	刊名	主办单位	刊期	刊号	创刊年	负责人	编辑部地址	邮编	电话
49	长江职工大学学报	长江职工大学	季	CN42-5084/TV	1998	穆宏强	湖北省赤壁市陆水路16号	437302	0715-5222452-2224
50	北京水利水电管理干部学院学报	北京水利水电管理干部学院	半年	CN11-3976/D		窦以松	北京市海淀区花园村	100044	010-63202266-2507
51	北京水利	北京水利水电科技中心、北京水利学会	双月	CN11-3766/TV		侯　墉	北京市海淀区翠微路甲3号	100036	010-68274151
52	河南水利	河南省水利厅	双月	CN41-1120/TV		王一石	河南郑州市纬五路11号	450003	0371-5930338
53	四川水利	四川省水利学会、四川省水电厅科技信息中心站	双月	CN51-1155/TV		张文渊	四川成都市外西牧电路7号	610072	028-7345616
54	山西水利	山西省水利学会、山西省水利科学研究所	季	CN14-1184/TV		荣丰涛	山西太原桃园四巷112号	030002	
55	江苏水利	江苏省水利厅、江苏省水利学会	月	CN32-1474/TV		祁正卫	江苏南京市上海路5号	210029	025-6505496
56	水利科技	福建省水利水电厅 福建省水利学会	季	CN35-1115/TV		陈家璋	福建福州市东水路83号	350001	0591-7522866
57	山东水利	山东省水利厅	季	CN37-1358/TV		李　平	山东济南市历山路	250013	0531-6974501
58	陕西水利	陕西省水利厅、陕西省水利学会	双月	CN61-1080/TV		余东勤	陕西西安市尚德路150号	710004	029-7425214-3222
59	河北水利水电技术	河北省水利学会	季	CN13-1177/TV	1982	蔡阿辉	天津市河北区金仲河大街238号	300250	022-28702854
60	广西水利水电	广西省水利科研所	季	CN45-1147/TV		范存义	南宁市建政路12号	530023	0771-5629233
61	广东水电科技	广东省水电厅、广东省水利学会	双月	CN44-1207/TV	1972	张达辉	广州市天寿路	510610	
62	江西水利科技	江西省水利科研所 江西省水利厅情报站	季	CN36-1112/TV	1975	王南海	江西省南昌市北京东路386号	330029	0791-8301745
63	浙江水利科技	浙江省水利水电科研院、科技情报站	季	CN33-1162/TV		吴梨玲	浙江杭州市华家池36号	310020	0571-6045742
64	内蒙古水利	内蒙古自治区水利厅 内蒙古水利学会	季	CN15-1148/TV		冯国华	内蒙呼和浩特市呼伦南路119号	010020	0471-6281827
65	甘肃水利水电技术	甘肃省水利厅	季	CN62-1094/TV	1956	魏　岱	甘肃兰州市平凉路308号	730000	0931-8883314

续表

序号	刊名	主办单位	刊期	刊号	创刊年	负责人	编辑部地址	邮编	电话
66	山西水土保持科技	山西省水土保持科学研究所	季	CN14-1103/TV	1974	田玉龙	山西离石	033001	
67	水利学报	中国水利学会	月	CN11-1882/TV		陈炳新	北京车公庄西路 20 号	100044	010-68415522-6262
68	泥沙研究	中国水利学会	双月	CN11-2532/TV		杜国翰	北京车公庄西路 20 号	100044	010-68415522-6628
69	岩土工程学报	中国水利学会、中国水力发电学会等	双月	CN32-1124/TV	1979	沈珠江	江苏南京市虎踞关 34 号	210024	025-3739178-512
70	河海大学常州分校学报	河海大学常州分校	季	CN32-1591/T	1987	周建方	江苏常州市常澄路 5 号	213022	0519-7522866
71	地下水	水利部农水司、全国地下水信息网等	季	CN61-1096/		李文安	陕西西安市莲湖路 131 号	710003	029-7313447
72	红水河	广西电力工业局	季	CN45-1146/TV	1982	彭文藻	广西南宁市建政路 10 号	530023	0771-5623989

(水利部发展研究中心　党　力　张　曼
中国水力发电工程学会　陈宗梁)

有内部准印证的水电科技期刊一览表

序号	刊名	主办单位	刊期	刊号	创刊年	主编	编辑部地址	邮编	电话
1	水利水电施工	水利水电工程总公司、全国水利水电施工技术信息网	季	鄂内刊字第2349号	1982	周世明	湖北宜昌清波路3号	443002	0717-6714886
2	岷江水电	水利水电第十工程局	季	成字477号		钟永为	四川省都江堰蒲阳路	611830	
3	水电工程技术	水利水电第六工程局	季	辽丹出临国字[1999]第60号	1958	华树春	辽宁省丹东市振兴区人民街60号	490081	0415-6167874
4	葛洲坝水电	葛洲坝集团公司	季	鄂内刊字第0641号		饶世梓	湖北宜昌	443002	
5	中南水力发电	中南勘测设计研究院、湖南省水力发电工程学会	季	湖南省内部期刊准印证379号	1985	孙君森	湖南省长沙圭塘	410014	
6	青海水力发电	青海省水力发电工程学会、中国水利水电第四工程局	季	青海省期刊准印证号Q-055	1982	楚跃生	西宁市互助西路136号	810006	
7	中州水电	水利水电第十一工程局	季	内资（三门峡）02号		王立达	河南省三门峡市	472000	
8	云南水电技术	昆明勘测设计研究院	季	云新出（2000）准印连字022	1972	陈耀忠	昆明市人民东路115号	650051	0871-3162093-2604
9	上海水利水电技术	水利部上海勘测设计研究院	季	上海内部资料（K）第191号	1989	王守德	上海市逸仙路388号	200434	021-65427100-4400
10	上海水利	上海市水利局、上海市水利学会	季	上海内部资料（K）第0231号			上海市铜仁路257号	200040	021-62471297
11	天津水利	天津市水利科技信息中心	季	天津内资准印证99005号		赵连铭	天津市河西区友谊路60号	300061	022-28376644
12	重庆水利	重庆市水利电力局 重庆市水利学会等	双月	渝内字（99）-（202）号		张秀江	重庆市渝中区人民路238-1号	400015	023-63851276

续表

序号	刊名	主办单位	刊期	刊号	创刊年	主编	编辑部地址	邮编	电话
13	安徽水利科技	安徽省水利厅 安徽省水利学会	双月	安徽内部资料准印证 2051 号		王永乐	安徽合肥市九华山路 48 号	230022	0551-3635033-2026
14	河北水利科技	河北省水利科学研究所等	季	河北报刊登记证 301031 号		杜家成	河北石家庄市泰华街 310 号	050051	
15	云南水利水电	云南省水利水电厅 云南省水利学会	季	（云刊）字 105 号		贾良权	昆明市玉华山新北楼 408 室	650021	
16	贵州水利水电	贵州省水电厅、贵州省水利学会	季	黔第 01-K043	1984	胡绍旺	贵阳市西湖巷 32 号	550002	
17	成都水利	成都市水利学会 成都市水产学会	季	四川省内资准印证 02-008 号		陈渭忠	成都市马道街 75 号	610015	028-6634487
18	水利水电勘测设计信息动态	水利部水利水电规划设计总院、国电公司水电水利规划设计总院	双月	（浙）京第 04-1015 号		陈永平	杭州市通江桥	310002	
19	施工组织设计	施工组织建设专委会、水利水电工程设计信息网	季	吉字第 9802038 号		吴承章	长春市工农大路 10 号东北勘测设计院	130021	0431-5607114
20	水利水电测绘	水利水电测绘信息网 长委会综合勘测局	季	湖北省内资准印证 2183 号	1982	姚楚光	武汉市解放大道 1155 号	430010	027-82829556
21	水利水电环境	水电水利规划设计总院、水利水电环境信息网、中国水电工程学会环境保护专委会		川内字第 01-349 号	1983	颜道本	成都市青羊宫浣花路 1 号成勘院内	610072	
22	水利水文自动化	水利部南京水利水文自动化研究所	季	苏新出准印 JS-001027 号	1983	姚永熙	南京中华门外铁心桥	210012	025-2890771-3137
23	水利水电工程地质	长委会勘测局	季	内 253 号	1992	严沛璇	武汉市解放大道 1155 号	430010	
24	水电科技信息	四川省水电厅科技信息中心	月	川内字 01-316 号	1993	陈儒伦	成都市新华东路 401 号	610017	
25	水利施工技术	四川省水利电力工程局	季	内 133 号	1991	何荣凡	四川省资阳市外西街 70 号	641300	
26	疏浚与吹填	机械疏浚专业委员会 水利水电机械疏浚网	季	山东内部资料准印证 1104 号		李国勇	山东德州市水利水电十三工程局	253009	0534-2688784

续表

序号	刊名	主办单位	刊期	刊号	创刊年	主编	编辑部地址	邮编	电话
27	水利规划设计	水利部水利水电规划设计总院	季	京内部资料准印证 99-L0741		刘俊辉	北京市西城区六铺炕	100011	010-62056493
28	水电站机电技术	全国水利水电机电技术信息网等	季	津内部资料准印证第 99037		沈紫坪	天津市蓟县水利部机电研究所	301900	022-29142383-8405
29	泵站技术	全国泵站科技信息网		湖北内部资料准印证第 2167		丘传析	武汉市武昌珞珈山武汉水利电力大学	430072	027-87882212-3106
30	水文水资源	水利部长江水利委员会水文局	季	湖北内部资料准印证第 2231		丘传析	湖北武汉市解放大道 1155 号	430010	027-82829640
31	珠江现代建设	珠江水利委员会勘测设计研究院、珠委科技信息研究所	双月	粤 0 第 1079 号 GD-1226/K	1983	王德志	广州市林和东路沾益直街	510611	020-87117934
32	治黄科技信息	水利部黄河水利委员会	双月	准印证［豫直］0027 号		张万宗	河南郑州市金水路 11 号	450003	0371-6302418
33	防汛与抗旱	国家防汛抗旱总指挥部办公室等	季	京内部资料准印证 99-L0239		陈德坤	北京市白广路 2 条 1 号	100761	
34	勘测设计改革与信息	中国水利水电勘测设计协会	月	京内资准字 99-L0002		李增新	北京德外六铺炕	100011	010-82077976
35	水利职工教育	中国水利教育协会职工教育分会等	季	湖北省内资准印证 2014 号		彭建明	湖北武汉汉口惠济路 44 号		43001002
36	水利经济信息与研究	全国水利经济科技信息网等	季	苏新编 JSXK94-13039		徐 明	江苏南京市西康路 1 号河海大学	210098	025-3713777-50939
37	水利高等教育	中国水利教育协会高等教育分会	季	京内资准字 99-L0398		窦以松	北京西外花园村	100044	010-68421177-2242
38	水土保持科技信息	黄委会水土保持局		［豫直］0112 号			河南郑州市金水路 11 号	450003	
39	国际水力发电（英刊中译本）	西北勘测设计研究院	月	11-1224（Z）	1992	秦 湘	西安市南大街西北勘测设计院	710001	029-780492-594
40	水电工程	水利水电第九工程局	季	黔第 02-K012		刘 颖	贵阳市瑞金北路 48 号	550001	
41	金属结构	中国水力发电工程学会金属结构专委会等	季	湖南省内部期刊准印证 071			长沙市圭塘	410014	

续表

序号	刊　　名	主　办　单　位	刊期	刊　　号	创刊年	主　编	编辑部地址	邮　编	电　　话
42	闽江水电科技	水利水电闽江工程局	半年	福建省内部期刊准印证 8113		王健亮	福州市湖东路 82 号	350003	0591-7834199
43	土石坝工程	水利水电土石坝工程信息网 北京勘测设计研究院	季	北京内刊（2）1931-981753	1984	洪重光	北京市朝阳区定福庄	100024	
44	华东水电技术	国家电力公司华东勘测设计研究院	季	浙内部资料准印证第 98183	1980	蒋效忠	杭州市上塘路	310014	0571-8072824-6418
45	面板堆石坝通讯	中国水力发电工程学会面板堆石坝专委会	季	鄂内刊字第 731 号		傅志安	湖北宜昌樵湖二路 8 号	443002	
46	水利水电勘测设计标准化	水利水电勘测设计标准化信息网	季	Z1993-97	1989	吴　明	北京市朝阳区定福庄	100024	
47	水电勘测设计	国家电力公司贵阳勘测设计研究院	季	黔新出（2000）内资准字 174	1993	庞声宽 王柏乐	贵阳市解放路 78 号	550002	0851-5751760
48	水电科技信息	国家电力公司成都勘测设计研究院	季	四川省内刊准印证 01-168 号	1976	林明烁	四川省成都市青羊宫	610072	028-7319023-3413
49	科技与管理	水利水电第五工程局	半年	川内字第 09-002 号	1989	郝丽雅	四川省广元市宝轮镇	628003	0839-8522560-2232
50	施工技术与管理	武警水电第三总队	半年	乐内印 309 号		王民寿	四川成都市茶店子安蓉路 4 号	610036	028-7541134
51	广西电力建设科技信息	广西电力基建科技信息网等		广西内资准印证 020887 号		杨水陆	广西南宁市建政路 10 号	530023	0771-5623989
52	水电建设	水利水电第七工程局	季	川内字第 12-14 号	1987	潘新星	四川乐山市 17 号信箱科研所	614907	

（水利部发展研究中心　党　力　张　曼
中国水力发电工程学会　陈宗梁）

16 技术法规与标准

技术标准管理

国家经贸委10号令《电力行业标准化管理办法》发布

随着政府机构改革的深化，电力标准化工作作为原电力部行政管理职能之一，移交国家经济贸易委员会（简称经贸委）。为了理顺关系，明确各有关部门职责，便于今后更好地开展电力标准化工作，国家经贸委于1999年6月16日发布了第10号令《电力行业标准化管理办法》（以下简称10号令），原电力工业部1994年3月10日发布的1号令《电力工业部标准化管理办法》（以下简称1号令）于10号令发布之日起废止。

在行文结构上10号令和1号令没有大的区别，10号令所发生的主要改变，集中反映了管理体制改革的进一步深化，主要有以下几个方面。

一、10号令是全行业适用的行政法规

和《电力工业部标准化管理办法》不同，10号令发布的是《电力行业标准化管理办法》。以后，电力标准化工作的范围不仅仅局限在传统的"电力系统"的范围之内，而是面向全行业的企业开展工作。即不论是中央投资企业、地方投资企业、外资企业，或者多元主体投资的合资企业以及上述各种企业所属的事业单位，凡是电力行业的成员都应该按照10号令的规定，参与行业标准化活动。这个变化改变了原来部门管理的格局，符合我国当前经济管理体制改革的总趋势。

二、政府的管理职能在10号令中得以强化，行政单位更为集中

10号令对国家经贸委管理电力标准化职责的规定，包括了《标准化法》赋予国务院有关行政主管部门在行业标准化管理方面的所有职责，凡是能体现行政职能的工作，诸如制订行业政策、审批标准体系、批准规划、计划、组织标准编制、发布标准以及标准化工作的监督协调等等法律赋予的职权，一律规定为国家经贸委的职责，这样做更能体现现阶段我国由政府管理标准化的实际状况，明确区分政府和行业组织的责任，使行为主体和它的行为更加相称，避免工作中可能出现的推诿扯皮现象，有利于提高工作效率。

三、行政机构和办事机构的身份与职责在10号令中界定得更为清楚

10号令第五条明确规定国家经贸委负责电力标准化行政管理工作；第六条规定中国电力企业联合会（简称中电联）负责具体组织管理和日常工作。国家经贸委是主管机构，中电联是办事机构；国家经贸委是政府，中电联是民间组织。后者受委托为前者办事的意思十分明显。中电联不是国家经贸委的附属机构，它在行业标准化工作中的职责不是一种行政职能，只是受政府的委托做一些组织管理性质的事务性工作。这个变化体现了改革的深化过程，是电力行业对标准化管理的一个探索。

四、组建电力行业标准化管理委员会

电力部时期，涉及标准化工作的管理单位比较多，为了使各有关部门都能参与领导决策工作，便于协调各方面的工作关系，采取了领导小组的形式行使电力标准化的管理职能。这个做法适应于当时的历史条件，领导小组在当时起到了很好的作用。撤部以后，领导关系相对简化，原来各有关司局也都失去了政府职能，成为企业的职能或业务部门，因此不能参与政府的管理工作，所以10号令不再采用领导小组的管理模式。针对电力行业当前的实际情况和更好体现民主管理的原则，10号令规定"根据工作需要，设立电力行业标准化管理委员会"。该委员会由技术管理专家和有关方面负责人组成，是协助国家经贸委协调各方面工作关系、研究电力标准化重大事项并提出咨询意见的非行政机构。这是一个非常设机构，主要采取信函和会议的工作方式。设立这个委员会完全是出于民主决策、民主管理的需要，很好地发挥该委员会的作用，必将有助于提高国家经贸委的管理水平。

五、10号令没有关于"标准化技术归口单位"的规定

1号令是在改革过程中产生的，当时电力标准化

的改革刚刚起步，许多工作处于探索阶段。事实上电力标准化的管理早自六七十年代就开始学习国际电工委员会和我国国家标准局的管理模式，逐步在各专业组建标准化技术委员会，吸收电力系统有关专业热衷于标准化事业的资深专家，参与标准编制、宣传等工作。这种组织形式比较适合行业管理。在由部门管理向行业管理的过渡过程中，理顺这些关系需要一定的时间，创造许多条件。因此，1号令中设置“标准化技术归口单位”，指定一些单位作为技术归口单位，承担某些标准的组织管理和技术业务工作。这个规定容易与GB/T 1.1—1993《标准化工作导则第1单元：标准的起草与表述规则第1部分：标准编写的基本规定》第4.2.3.1条规定发生歧义。10号令取消了归口单位，把归口单位的职责移交给标委会，为规范标准化行为创造条件。

六、原电力部有关司局分管的标准化业务，随着电力部的撤销而发生转移

归口办理申报、报批电力工程建设类国家标准计划和电力国家标准，10号令规定统一由国家经贸委负责。同样，电力计量器具检定的相关标准，也列入电力标准范畴之中。此外，1号令将劳动定额、定员列入电力标准范畴，10号令取消了这项规定，原因是劳动定额当属管理标准范畴，不宜纳入行业技术标准之中。

七、增加制修订标准应吸收科技成果的要求

10号令第十八条规定“制订、修订标准应及时吸收成熟的科技成果”。国家、电力行业每年都有大量经费和人力投入进行科技开发，为了保证电力标准的技术水平不致落后于技术发展，应及时把这些成果吸收纳入标准，有利于成果转化为生产力，转化为物质财富，有利于全行业共同享有这些成果，推进全行业技术进步。

八、由于国家标准化管理的发展引出的变化

10号令第二十条规定：采用快速程序制定电力国家标准，应按照原国家技术监督局《关于印发〈采用快速程序制定国家标准的管理规定〉的通知》执行。第二十四条规定：电力行业、事业单位进口列入《进口机电产品标准化管理目录》的产品，应当向有关部门或单位办理标准化管理备案手续。

九、增加关于标准代号的规定

自90年代初，国家标准化主管部门即为行业标准和企业标准规定了代号和代号编制原则，行业管理办法似乎不必重复作出规定。但是考虑到电力执行有关规定的制度仍不够严肃的地方，主要是混淆行标、企标的界限，因此特别予以强调。10号令第二十二条规定强制性电力行业标准的代号为DL，推荐性电力行业标准的代号为DL/T。第二十三条规定电力企业标准的代号Q/＊＊＊。

十、中电联负责办理省级电力公司企业标准的备案

原国家技术监督局《企业标准化管理办法》规定，国务院各部门所属企业的产品标准应向主管部门和企业所在地区的省级标准化行政主管部门备案。电力技术标准中，产品标准的比例不大，绝大多数是方法标准。因此，10号令没有给予区分，要求省级以上电力公司的企标一律在中电联备案，目的是为企业间标准化交流创造一个固定的渠道，同时也为编制行标提供一个资信来源。

10号令的发布充分体现了政府对标准化工作的高度重视，以及坚决做好这项工作的决心。今后，电力行业全体员工应在国家经贸委的领导下，按照10号令的要求，各负其责，齐心协力，共同努力，做好电力行业标准化工作。

（中国电力企业联合会标准化中心　刘俭　许松林）

1998年～2000年水电勘测设计技术标准管理

一、管理体制

1997年原电力工业部撤消，国家电力公司成立，电力行业标准化的政府管理职能改由国家经济贸易委员会（以下简称经贸委）行使。国家经贸委发布了《电力行业标准化管理办法》，该办法规定由中国电力企业联合会（以下简称中电联）具体组织电力标准的制修订和日常管理工作。

根据中电联的安排，决定在水电水利规划设计总院（以下简称总院）组建成立了水电规划设计标准化技术委员会，全面负责水电工程规划设计领域国家标准行业标准的制修订、监督、实施和日常管理工作，领导和指导专业标委会和直属设计院的标准化工作。同时，挂靠在总院的电力行业标准化技术委员会有水电站金属结构及启闭机标委会、水工建筑物设计标委会、水电勘测标委会，以后还将成立机电设计、水电规划、计算机应用、水库移民、工程造价与定额等专业标委会。专业标委会主要负责本专业标准体系的制

定和国家标准、行业标准的技术性审查工作。标准化技术委员会下设规范工作组，负责所承担标准的制修订和颁发后的日常管理工作。这是规范制修订工作的实体，挂靠在总院或设计院，组织机构详见下图。

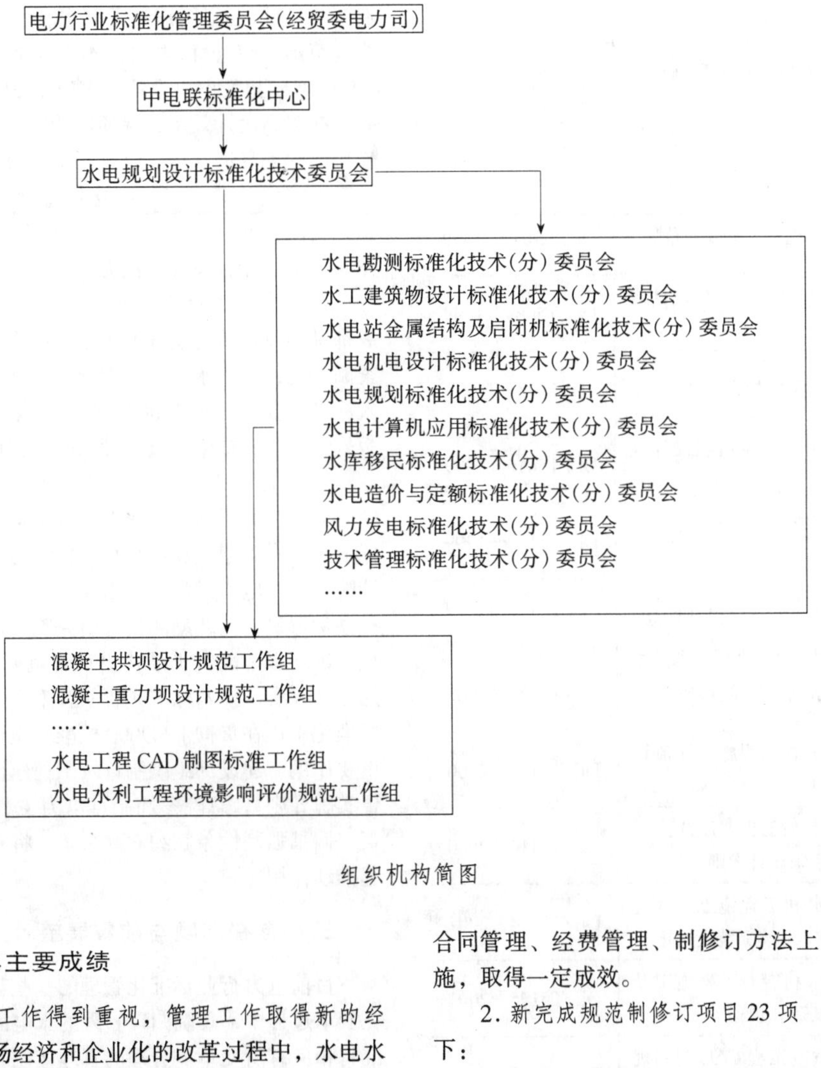

组织机构简图

二、三年主要成绩

1. 标准化工作得到重视，管理工作取得新的经验　在转向市场经济和企业化的改革过程中，水电水利规划设计总院领导十分重视标准化的作用。在经费十分困难的条件下仍然努力支持规范的制修订工作。三年新立项制修订计划项目35项，其中，1998年5项，1999年18项，2000年12项。每年在编修项目约50～60项。三年共投入经费94万元。

为加强规范工作，1997年7月和1999年9月分别召开了水电勘测设计技术标准工作会议，总结经验，表彰先进，研究问题，有力地促进了规范工作的进展。

在管理方面新修订、制订了《水电勘测设计技术标准管理办法》、《水电勘测设计技术标准编写格式规定》、《总院内部技术标准工作程序规定》、《水电勘测设计技术标准体系表讨论稿》，这些文件使水电勘测设计技术标准的管理工作提高了水平。在规范工作的合同管理、经费管理、制修订方法上提出了新的措施，取得一定成效。

2. 新完成规范制修订项目23项　新颁布项目如下：

序号	标准名称	编号
1	水工建筑物抗冰冻设计规范	DL/T5082—1998
2	水利水电工程地质勘察规范	GB50287—1999
3	工程岩体试验方法标准	GB50266—1999
4	水电水利工程围堰设计导则	DL/T5087—1999
5	水电水利工程砂石加工系统设计导则	DL/T5098—1999

续表

序号	标准名称	编号
6	水电水利工程混凝土生产系统设计导则	DL/T5086—1999
7	水电水利工程工程量计算规定	DL/T5088—1999
8	水电水利工程沉沙池设计规范	DL/T5107—1999
9	水电工程水利计算规范	DL/T5105—1999
10	水电水利工程泥沙设计规范	DL/T5089—1999
11	混凝土重力坝设计规范	DL5108—1999
12	混凝土面板堆石坝设计规范	DL/T5016—1999
13	水电水利工程施工地质规程	DL/T5109—1999
14	水工建筑物抗震设计规范	DL5073—2000
15	水利水电工程坑探规程	DL/T5050—2000
16	水电水利工程施工导流设计导则	DL/T5114—2000
17	水电水利工程碾压式土石坝施工组织设计导则	DL/T5116—2000
18	水电水利工程施工压缩空气、供水、供电系统设计导则	DL/T5124—2001
19	水电水利岩石工程施工及岩体测试造孔规程	DL/T5125—2001
20	水力发电工程CAD制图规定	DL/T5127—2001

3. 标准化信息网成绩显著　水利水电勘测设计标准化信息网到1999年已成立十周年，1999年11月在湖南召开了第三届网员代表大会。会议总结了第二届工作，表彰了先进集体和个人，讨论了下一届本网工作方向。会议选举出新的正网长单位北京勘测设计研究院，副网长单位西北勘测设计研究院、天津勘测设计研究院、辽宁省勘测设计研究院、湖南省勘测设计研究院、华东勘测设计研究院、广东省勘测设计研究院。十年来，信息网出版网刊39期，印数近6万册，总计约500万字。向读者提供了大量有关标准编修、标准管理等方面的信息和资料。还编写出版了《水利水电工程勘测设计专业综述——技术标准》、标准化有关文件汇编、标准目录汇编，翻译国外标准，开发技术标准信息管理软件和技术标准全文计算机查询系统，建立本专业领域标准资料库（藏书5500册）。信息网还组织编写了《水利水电勘测设计技术文件范本》，有设计大纲范本113项、设计报告范本5项、水轮机发电机采购标书范本2项，共约500万字。在提高设计效率，保证设计质量方面，起到很好作用，受到普遍欢迎。经过7年的艰苦努力，这项工作基本完成。十年来标准化信息网在传播标准化信息、交流标准化工作经验、普及标准化知识等方面，作了大量工作，发挥了很大作用。

4. 出版水电勘测设计技术标准汇编光盘　组织成都勘测设计研究院开发了水电勘测设计标准计算机查阅系统，出版水电勘测设计技术标准汇编光盘。录入标准233项，约1300万字。光盘有网络版和单机版，给使用者携带、查询带来极大方便。

5. 标准宣贯和实施工作　总院在长沙、海南、昆明分别举办了《水利水电工程结构可靠度设计统一标准》、《水工建筑物荷载规范》学习班，上海勘测设计院、广西电力设计院、山西省水利设计院也在本院举办学习班，西北勘测设计研究院派规范组专家赴西藏宣讲《水工混凝土结构设计规范》。参加培训人员约250人次。技术标准是保证工程设计质量的基础，标准化工作在贯彻ISO9000标准和质量认证过程中起重要作用。建设部组织制订《工程建设强制性标准监督实施导则》，总院参加制订电力工程部分水力发电篇，摘录强制性条款约600余条。将对标准贯彻实施起推动作用。

三、存在问题与前景展望

目前电力行业标准化管理的一些具体管理办法正在变革过程中，总院归口管理的水电勘测设计技术标准将相应有所变革。合理的管理体制、相对稳定的标准化队伍、固定的经费渠道是做好标准化工作的必要条件。人力、经费、进度、质量是管理工作的主要内容，需要有一个责权统一的机构负责。这些都是管理体制改革过程中要研究解决的问题。

水电勘测设计技术标准是电力标准的一部分。1995年颁布的《电力标准体系表》载有标准1428项，其中属水力发电工程内容的有402项。按归口管理体制分为五类：①综合性标准有管理、通用、安全、环保等15项；②勘测设计类133项；③施工、安装及验收类155项；④水电厂生产运行类51项；⑤水电厂设备及技术条件类48项。水电勘测设计技术标准即为上述的第②类。在原水利水电规划设计总院分家以后，对原《水利水电勘测设计技术标准体系》进行了初步清理，结合近期发展需要，新的《水电勘测设计技术标准体系》含标准156项，其中已发布的有119项，分综合、勘测、规划、水库、水工、机电、施工、工程造价、计算机应用等专业标准。这些标准覆盖了水电建设勘测设计工作各专业的主要技术内容，是勘测、设计、工程审查、咨询、评估、工程安全鉴定以及工程施工、验收、运行的基本技术依据，在水电建设和生产管理中发挥着重要作用。在当今科学技术进步飞速发展的时代，标准化体系还需要不断充实完善，标准更新周期需要加快步伐。

（国家电力公司水电规划设计总院　沈义生）

新颁和修订的标准

1998年～2000年新颁水电标准

1998年～2000年发布的电力行业标准及国家标准分别见表1、表2、表3。

表1　　1998年新颁电力标准一览表

序号	标准编号	标准名称	被替代标准编号	批准文号	实施日期
1	GB 17621—1998	大中型水电站水库调度规范			1999.4.1
2	DL/T 5082—1998	水工建筑物抗冰冻设计规范		电力部电综［1998］167号	1998.9.1
3	DL/T 5083—1998	水工隧洞预应力混凝土衬砌锚束施工导则		电力部电综［1998］232号	1998.11.1

表2　　1999年新颁电力标准一览表

序号	标准编号	标准名称	被替代标准编号	批准文号	实施日期
1	GB/T 50266—1999	工程岩体试验方法标准		建设部建标［1999］25号	1999.5.1
2	GB 50287—1999	水利水电工程地质勘察规范		建设部建标［1999］69号	1999.8.1
3	DL/T 5086—1999	水电水利工程混凝土生产系统设计导则		国家经贸委国经贸电力［1999］740号	1999.10.1
4	DL/T 5087—1999	水电水利工程围堰设计导则		国家经贸委国经贸电力［1999］740号	1999.10.1
5	DL/T 5088—1999	水电水利工程工程量计算规定		国家经贸委国经贸电力［1999］740号	1999.10.1
6	DL/T 5089—1999	水电水利工程泥沙设计规范		国家经贸委国经贸电力［1999］740号	1999.10.1
7	DL/T 5090—1999	水力发电厂过电压保护和绝缘配合设计导则		国家经贸委国经贸电力［1999］740号	1999.10.1
8	DL/T 5091—1999	水力发电厂接地设计技术导则		国家经贸委国经贸电力［1999］740号	1999.10.1
9	DL/T 5098—1999	水电水利工程砂石加工系统设计导则		国家经贸委国经贸电力［1999］740号	1999.10.1
10	DL/T 5099—1999	水工建筑物地下开挖工程施工技术规范	SD 212—1983	国家经贸委国经贸电力［1999］740号	1999.10.1
11	DL/T 5100—1999	水工混凝土外加剂技术规程	SD 108—1983	国家经贸委国经贸电力［1999］740号	1999.10.1
12	DL/T 491—1999	大中型水轮发电机静止整流励磁系统及装置运行、检修规程	DL/T 491—1992	国家经贸委国经贸电力［2000］164号	2000.7.1
13	DL/T 709—1999	压力钢管安全检测技术规程		国家经贸委国经贸电力［2000］164号	2000.7.1

续表

序号	标准编号	标准名称	被替代标准编号	批准文号	实施日期
14	DL/T 710—1999	水轮机运行规程		国家经贸委国经贸电力［2000］164号	2000.7.1
15	DL/T 5016—1999	混凝土面板堆石坝设计规范	DL 5016—1993	国家经贸委国经贸电力［2000］164号	2000.7.1
16	DL/T 5102—1999	土工离心模型试验规程		国家经贸委国经贸电力［2000］164号	2000.7.1
17	DL/T 5105—1999	水电工程水利计算规范		国家经贸委国经贸电力［2000］164号	2000.7.1
18	DL/T 5107—1999	水电水利工程沉沙池设计规范		国家经贸委国经贸电力［2000］164号	2000.7.1
19	DL 5108—1999	混凝土重力坝设计规范	SDJ 21—1978，DL/T 5005—1992	国家经贸委国经贸电力［2000］164号	2000.7.1
20	DL/T 5109—1999	水电水利工程施工地质规程	SDJ 18—1978	国家经贸委国经贸电力［2000］164号	2000.7.1

表3　2000年新颁电力标准一览表

序号	标准编号	标准名称	被替代标准编号	批准文号	实施日期
1	DL/T 730—2000	进口水轮发电机（发电/电动机）设备技术规范		国家经贸委国经贸电力［2000］1048号	2001.1.1
2	DL/T 5110—2000	水电水利工程模板施工规范	SDJ 207—1982中“模板工程”部分	国家经贸委国经贸电力［2000］1048号	2001.1.1
3	DL/T 5111—2000	水电水利工程施工监理规范		国家经贸委国经贸电力［2000］1048号	2001.1.1
4	DL/T 5112—2000	水工碾压混凝土施工规范		国家经贸委国经贸电力［2000］1048号	2001.1.1
5	DL/T 5113.8—2000	水电水利基本建设工程单元工程质量等级评定标准（八）水工碾压混凝土工程		国家经贸委国经贸电力［2000］1048号	2001.1.1
6	DL/T 5114—2000	水电水利工程　施工导流设计导则		国家经贸委国经贸电力［2000］1048号	2001.1.1
7	DL/T 5115—2000	混凝土面板堆石坝接缝止水技术规范		国家经贸委国经贸电力［2000］1048号	2001.1.1
8	DL/T 5116—2000	水电水利工程　碾压式土石坝施工组织设计导则		国家经贸委国经贸电力［2000］1048号	2001.1.1
9	DL/T 5117—2000	水下不分散混凝土试验规程		国家经贸委国经贸电力［2000］1048号	2001.1.1
10	DL/T 5123—2000	水电站基本建设工程验收规程	SDJ 275—1988	国家经贸委国经贸电力［2000］1048号	2001.1.1
11	DL/T 5050—2000	水利水电工程坑探规程	DL/T 5050—1996	国家经贸委国经贸电力［2000］1048号	2001.1.1
12	DL 5073—2000	水工建筑物抗震设计规范	DL 5073—1997	国家经贸委国经贸电力［2000］1048号	2001.1.1

（中电联标准化中心　许松林）

1998年～2000年新颁水利标准

一、1998年新颁水利的标准

1998年水利部共颁布了27项行业标准，有5项水利部主管的标准经国家标准化行政主管部门批准发布，详见表1。

表1　　1998年新颁水利标准

序号	标准名称	标准编号	发布单位	发布时间	实施日期	发布文件号
1	取水许可技术考核与管理通则	GB/T 17367—1998	技监局	1998.05.08	1998.12.01	文本中未指明
2	水文基本术语和符号标准	GB/T 50095—1998，替代GBJ95—1986	技监局、建设部	1998.12.11	1999.05.01	建标[1998]251号
3	岩土工程基本术语标准	GB/T 50279—1998	建设部	1998.12.11	1999.06.01	建标[1998]252号
4	堤防工程设计规范	GB 50286—1998，替代SL51—1993	技监局，建设部	1998.10.08	1998.10.15	建标[1998]185号
5	土工合成材料应用技术规范	GB 50290—1998	技监局，建设部	1998.12.22	1999.01.01	建标[1998]260号
6	水利水电量和单位	SL2.1～3—1998，含3个分标准	水利部	1998.06.09	1998.08.01	水科技[1998]225号
7	开发建设项目水土保持方案技术规范	SL204—1998	水利部	1998.02.05	1998.05.01	水科技[1998]47号
8	已成防洪工程经济效益分析计算及评价规范	SL206—1998	水利部	1998.03.11	1998.05.01	水科技[1998]95号
9	节水灌溉技术规范	SL207—1998	水利部	1998.04.04	1998.05.01	水科技[1998]127号
10	河流泥沙测验及颗粒分析仪器	SL/T 208—1998	水利部	1998.03.29	1998.06.01	水科技[1998]107号
11	水文测报装置遥测闸位计	SL/T 209—1998	水利部	1998.03.29	1998.06.01	水科技[1998]107号
12	土石坝养护修理规程	SL210—1998	水利部	1998.12.23	1998.12.23	水国科[1998]557号
13	水工建筑物抗冰冻设计规范	SL211—1998，等同于DL/T 5082—1998	水利部	1998.04.04	1998.07.01	水科技[1998]128号
14	水工预应力锚固设计规范	SL212—1998	水利部	1998.06.04	1998.08.01	水科技[1998]223号
15	水利工程基础信息代码编制规定	SL213—1998	水利部	1998.04.27	1998.08.01	水科技[1998]173号
16	水闸安全鉴定规定	SL214—1998	水利部	1998.06.03	1998.07.01	水科技[1998]222号
17	中华鲟人工繁殖技术规程	SL/T 215—1998	水利部	1998.06.05	1998.06.05	水科技[1998]246号
18	胭脂鱼人工繁殖技术规程	SL/T 216—1998	水利部	1998.06.05	1998.06.05	水科技[1998]245号
19	水库大银鱼移植增殖技术规程	SL/T 217—1998	水利部	1998.06.05	1998.06.05	水科技[1998]247号
20	水库渔业营养类型划分标准	SL 218—1998	水利部	1998.06.05	1998.06.05	水科技[1998]248号
21	水环境监测规范	SL 219—1998，替代SD 127—1984	水利部	1998.07.20	1998.09.01	水科技[1998]290号
22	水中痕量铜、锌、镉、铅的测定——流动注射原子吸收分光光度法	SL/T 220—1998	水利部	1998.07.20	1998.09.01	水科技[1998]291号

续表

序号	标准名称	标准编号	发布单位	发布时间	实施日期	发布文件号
23	中小河流水能开发利用规划导则	SL 221—1998	水利部	1998.07.09	1998.09.01	水科技[1998]271号
24	水库洪水调度考评规定	SL 224—1998	水利部	1999.01.01	1999.01.01	水国科[1999]1号
25	水利水电工程土工合成材料应用技术规范	SL/T 225—1998	水利部	1998.11.10	1998.11.15	水国科[1998]482号
26	水利水电工程金属结构报废标准	SL 226—1998	水利部	1998.12.23	1998.12.23	水国科[1998]558号
27	橡胶坝技术规范	SL 227—1998，替代SLJ03—1988	水利部	1998.12.25	1999.01.01	水国科[1998]556号
28	混凝土面板堆石坝设计规范	SL 228—1998，替代DL5016—1993	水利部	1999.01.16	1999.02.01	水国科[1999]18号
29	混凝土坝养护修理规程	SL 230—1998	水利部	1999.01.19	1999.03.01	水国科[1999]19号
30	聚乙烯(PE)土工膜防渗工程技术规范	SL/T 231—1998	水利部	1999.01.16	1999.03.01	水国科[1999]20号
31	堤防工程施工规范	SL 260—1998，替代SL 51—1993	水利部	1998.10.27	1998.11.01	水国科[1998]454号
32	中国湖泊名称代码	SL 261—1998	水利部	1998.11.02	1998.11.02	水国科[1998]471号

二、1999年新颁水利标准

1999年水利部共颁布了20项行业标准，有2项水利部主管的标准经国家标准化行政主管部门批准发布。详见表2。

表2　　1999年新颁水利标准

序号	标准名称	标准编号	发布单位	发布时间	实施日期	发布文件号
1	土工试验方法标准	GB/T 50123—1999，替代GBJ 123—1988	技监局，建设部	1999.06.10	1999.10.01	建标[1999]148号
2	灌溉与排水工程设计规范	GB 50288—1999，替代SDJ 217—1984	技监局，建设部	1999.03.02	1999.08.01	建标[1999]70号
3	农田排水工程技术规范	SL/T 4—1999，将SL 15—1990纳入此标准	水利部	1999.12.03	2000.01.01	水国科[1999]666号
4	农村水电供电区电力系统设计导则	SL 222—1999	水利部	1999.08.25	1999.09.01	水科技[1999]458号
5	水利水电建设工程验收规程	SL 223—1999，替代SD 184—1986，SDJ 275—1988	水利部	1999.03.19	1999.04.01	水国科[1999]118号
6	动态流量、流速标准装置校验方法	SL/T 232—1999	水利部	1999.01.18	1999.03.01	水国科[1999]22号
7	水工与河工模型常用仪器校验方法	SL/T 233—1999	水利部	1999.01.18	1999.03.01	水国科[1999]21号
8	泵站施工规范	SL 234—1999	水利部	1999.03.23	1999.04.01	水国科[1999]117号

续表

序号	标准名称	标准编号	发布单位	发布时间	实施日期	发布文件号
9	土工合成材料测试规程	SL/T 235—1999	水利部	1999.02.24	1999.04.01	水国科[1999]82号
10	喷灌与微灌工程技术管理规程	SL 236—1999，替代 SD 148—1985	水利部	1999.02.25	1999.04.01	水国科[1999]84号
11	土工试验规程	SL/T 237—1999，替代 SD 128—1984，SD128—1986，SD 128—1987，SDS 01—1979	水利部	1999.03.25	1999.04.15	水国科[1999]139号
12	水资源评价导则	SL/T 238—1999	水利部	1999.04.09	1999.05.15	水国科[1999]169号
13	堤防工程施工质量评定与验收规程(试行)	SL 239—1999	水利部	1999.05.31	1999.06.01	水国科[1999]280号
14	水利水电工程闸门及启闭机、升船机设备管理等级评定标准	SL 240—1999	水利部	1999.11.18	1999.12.01	水国科[1999]629号
15	水利水电建设用起重机技术条件	SL/T 241—1999，替代 SD 160—1985	水利部	1999.09.10	1999.12.01	水国科[1999]483号
16	周期式混凝土搅拌楼(站)	SL/T 242—1999，替代 SD 197—1986、SD 198—1986	水利部	1999.09.10	1999.12.01	水国科[1999]483号
17	水位计通用技术条件	SL/T 243—1999，替代 SD 221—1987	水利部	1999.10.22	1999.12.01	水国科[1999]483号
18	水文缆道机电设备及测验仪器通用技术条件	SL/T 244—1999	水利部	1999.10.22	1999.12.01	水国科[1999]483号
19	水利水电工程地质观测规程	SL 245—1999	水利部	1999.09.22	1999.12.15	水国科[1999]509号
20	灌溉与排水工程技术管理规程	SL/L 246—1999	水利部	1999.12.03	2000.02.01	水国科[1999]665号
21	水工钢闸门系列标准——充水阀	SL/T 248—1999	水利部	1999.12.02	2000.02.01	水国科[1999]658号
22	中国河流名称代码	SL 249—1999	水利部	1999.12.28	2000.01.01	水国科[1999]753号

三、2000年新颁水利标准

2000年发布的水利行业标准及水利部主编的国家标准详见表3。

表3　2000年新颁水利标准

序号	标准编号	标准名称	发布时间	实施日期	替代标准	发布文件号
1	GB/T 18110—2000	小水电站机电设备导则	2000.05.19	2000.08.01		国标公告2000年第6号
2	GB/T 18185—2000	水文仪器可靠性技术要求	2000.08.14	2000.12.01		国标公告2000年第9号
3	SL 229—2000	小型水力发电站自动化设计规定	2000.06.14	2000.07.01	SDJ 337—1989	水国科[2000]224号
4	SL 250—2000	水文情报预报规范	2000.06.14	2000.06.30	SD 138—1985	水国科[2000]225号
5	SL 251—2000	水利水电工程天然建筑材料勘察规程	2000.07.13	2000.08.01	SDJ 17—1978	水国科[2000]284号
6	SL 252—2000	水利水电工程等级划分及洪水标准	2000.07.13	2000.08.01	SDJ 12—1978、SDJ 12—1978(B)与SDJ 217—1987	水国科[2000]283号

续表

序号	标准编号	标准名称	发布时间	实施日期	替代标准	发布文件号
7	SL 253—2000	溢洪道设计规范	2000.07.13	2000.08.01	SDJ 341—1989	水国科[2000]285 号
8	SL 254—2000	泵站技术改造规程	2000.10.11	2000.08.01	SD 141—1985	水国科[2000]456 号
9	SL 255—2000	泵站技术管理规程	2000.10.11	2000.08.01	SD 204—1986 技术管理分册	水国科[2000]458 号
10	SL 256—2000	机井技术规范	2000.08.31	2000.10.01	SD 188—1986	水国科[2000]388 号
11	SL 257—2000	水道观测规范	2000.12.12	2000.12.30		水国科[2000]600 号
12	SL 258—2000	水库大坝安全评价导则	2000.12.29	2001.03.01		水国科[2000]2 号

（水利部　刘咏峰）

学术团体
17

中国水力发电工程学会

1998年～2000年主要学术活动的开展与效果

1998年～2000年中国水力发电工程学会各专业委员会坚持以学术交流为主导，以促进科学技术进步为宗旨，以加快水电建设事业为目的，为促进学科发展和加快水电建设作出了贡献。初步统计，1998年～2000年共开展学术活动58次，参加人数为5161人次，发表论文2423篇。主要学术活动情况及其效果介绍如下。

（一）新投运水电厂机电设备质量问题座谈会

为总结90年代新投运水电厂机电设备质量问题，分析探索产生这些问题的原因，研究采取各种必要措施，迅速改变机组新投产就面临改造的被动局面，国家电力公司安运部和中国水力发电工程学会水电站运行管理专委会于1998年5月14～16日，在四川宝珠寺水电厂联合召开了座谈会。会上，岩滩、水口、五强溪、天生桥二级、宝珠寺等水电厂做了典型发言。国电公司安运部在调查隔河岩等12个水电厂、47台机组投运以来出现的质量问题的基础上，印发了“关于新投产水电机组机电设备状况的调查情况和简要分析”的书面材料，与会代表认真的进行了讨论，认为，机电设备质量问题表现在：机组振动大、范围广、噪声大；水轮机叶片裂纹严重；水轮机主轴密封性能不好造成水导轴承被淹事故；机组推力轴承金属轴瓦温度高，油槽漏油甩油；发电机组部分结构强度刚度不够；机组推力轴承外循环冷却系统振动和噪声大；少数大型变压器制造质量有问题；机组进水口闸门及其他闸门的液压启闭机运行可靠性差等14方面存在问题。认为造成质量问题的原因较复杂，既有设计、制造部门的原因，也有安装运行方面的原因，关键是加强设备全过程管理贯彻不力，抓设备质量落实得不够，各个环节把关不严，管理不善。会议认为，目前应从以下几方面开展工作：①新建水电工程要全面贯彻业主负责制，实行全过程管理。②负责水电站运行和维护检修的人员，在建设和安装期间，要积极主动参与安装调试工作，掌握全过程情况。③参照国外经验，组织真机出厂验收。④加强运行管理。⑤对于共性的机组稳定性和水轮机叶片裂纹问题，要尽快组织专题技术攻关。⑥加强科学管理和信息交流。

（二）水电建设管理专业委员会1998年学术年会

1998年10月7日～11日在杭州召开，交流了多年来水电体制改革科学管理的实践、成绩和问题；探讨了水电开发建设、经营与市场的关系，水电站建设承担防洪等综合任务的作用、效益、相应建设投资如何量化，在政策上如何分担，合理评价电价长期效益在项目竞争中的体现等问题；还探讨了业主如何提高自身管理水平，降低水电建设经营成本、电价的管理措施，以提高水电竞争能力，适应电力市场竞争形势要求。介绍和交流了如何适应电力市场，开发抽水蓄能电站及其在电网运行中的作用及经济效益；学习天荒坪抽水蓄能电站工程建设公司建设管理经验，考察天荒坪工程建设现场；参观新安江、富春江等水电厂。在会上，专委会做了“深化改革，提高水平，开拓市场，务实推进，努力发展水电”的报告。代表们都同意报告中所指出的，水电过去十几年的改革在项目建设实施中已取得了较好的效果，但从发展和更高水平要求，还需在以下几方面作出努力：①工程概算和投资的管理与市场经济不适应；②工程质量与工期的保证是确保项目效益和成本的根本，需常抓不懈；③要真正确立业主对设计方案选择的主导地位；④要不断提高业主对工程建设、造价和经营管理的能力。会议认为：为适应电力市场发展，要多用途多目标开发水电；要研究电价、重视长期经营战略；要开拓市场，加强服务观念，推进水电销路；要努力推动国家水电开发的导向政策等，共同务实推进，发展水电。会议期间还听取了天荒坪抽水蓄能电站工程建设管理经验介绍，国家开发投资公司王文泽总经理对水电发展形势的分析，陈赓仪同志对长江洪水、水电发展前景以及三峡工程建设情况的报告。

（三）全国混凝土面板砂砾石坝学术研讨会

1998年10月18日～21日在湖北兴山县与有关学会联合召开。首先听取了古洞口工程的设计、施工、监理和建设管理的经验介绍，并参观了施工现场。有12位代表围绕混凝土面板砂砾石坝和天生桥一级工程所做的专题报告。还特别邀请了清江水电开发公司有关专家就水布垭工程设计研究进展情况和前期管理工作做专题报告。会议广泛地交流了经验，提出了一些有待深入研究的问题。混凝土面板砂砾石坝设计的核心问题是渗流控制，并强调了垫层在面板堆石坝中的第二道防线作用，对混凝土面板砂砾石坝不论是否设置专门的排水结构物,必须遵循水工设计的“上防下排”的准则。还对几个工程面板裂缝的情况和所采取的处理措施进行了交流。还交流了施工监理、投资控制等管理方面的经验,强调了施工管理在建设优质工程中的重要作用。

(四)大坝安全监测资料分析与信息处理学术研讨会。

1998年10月20日~23日在安徽陈村水电厂召开。交流内容为:河海大学有关于《大坝综合分析和综合评价》、《大坝安全综合评价专家系统》、《佛子岭连拱坝变形‘疑点’的物理成因分析》等的报告;武汉水利电力大学有关于《重力坝水平位移多测点模型结构研究》的报告;中国水利水电科学研究院有关于《大坝安全监测信息管理》的报告并演示了所开发的有关监测分析软件;安徽省电力公司有关于《安徽省水电站大坝安全监测及运行管理》的报告;陈村水电厂有关于《陈村大坝安全监测系统及管理综述》的报告;南京水文所有关于《DC型分布式大坝监测系统的发展和应用经验》和《STC型遥测垂线坐标仪、SNT遥测引张线仪在大坝安全监测中的应用》等的报告;电力自动化研究院介绍了其大坝安全监测和资料分析工作;有关水电厂也介绍了监测方面的情况。以上报告反映了我国大坝安全监测资料分析与信息处理技术研究领域,近年来所取得的一些新成果。

(五)自动化专业委员会1998年学术年会

1998年10月25日~29日在宜昌召开。会议交流的论文报告、材料共63篇。交流的内容涉及水电厂综合自动化改造、水电厂自动化设计、水电厂值班方式改革、梯级水电厂计算机集中监控系统、水电厂计算机监控系统、辅机自动化、自动化元件、励磁、调速、同期、水情测报、水调自动化等。通过交流沟通了在水电自动化方面的新产品、新技术信息。

(六)水库经济专业委员会1999年学术年会

1999年11月6日~8日在昆明召开,参会155人,论文57篇,年会有两个主题。①讨论《大中型水利水电工程建设征地和移民安置条例》修改意思和建议。水库专委会受国家经贸委和国家电力公司的委托,针对条例修改完成了三个课题和一个总的修改意见和建议;水利部对条例作了修改研究,还有很多论文也提出了很好的意见。会议争论的焦点是补偿标准,一种意见认为修改后的条例有些要略高于现行的《土地法》中的标准;另一种意见是绝不能高于《土地法》中的标准。最终意见是应立足于国情并一定要结合水电开发的方针,既要考虑保护移民的权益,又要使水电开发商能够承受,两者都能接受的结合点很重要。围绕条例修改意见,讨论中还有两个较突出的问题,即“后期扶持”是否要继续下去;业主是否需要参与还是参加水库移民管理工作。会议认为,过去通过后期扶持解决了很多困难,应该把已经争取到的来之不易的政策延续下去。而且业主对水库移民安置工作一定要界入管理,可通过严格的协议或者合同进行管理。②水库移民监理。对监理的必要性已有共识,现在是要健全监理机制,要规范化。水库专委会今后开展的课题研究内容为,水库移民监理工作规范化,水库移民验收、标准及机构,在市场经济条件下水库移民补偿费用的使用,水库移民是否要摘帽子及标准和条件。

(七)环境保护专业委员会1999年学术年会

1999年10月22日~28日在昆明召开。会议特邀了中国环境科学研究院王家骥研究员作了题为《关于水利水电工程建设项目生态影响评价的几个重要问题》的学术讲座。学术交流内容涉及生态环境影响评价、水土保持方案编制、施工期环境保护与管理等方面。本次会议突出了生态环境影响评价和水土保持方案编制两个主题。生态影响评价的专题讨论认为生态影响评价是水利水电工程环境影响评价的重要内容,应给予足够重视。在水土保持方案的专题讨论中,认为水土保持是我国生态建设与生态保护的重要内容,特别是出台了《电力建设项目水土保持工作暂行规定》后,水电工程水土保持方案的编制工作已全面开展。与会代表从水土流失防治的责任范围、工程标准、监测内容、移民水土保持、设计阶段等几个方面进行了深入的讨论,取得了共识。这次会议对解决工作中遇到的实际问题将起到指导作用。

(八)抽水蓄能电站工程地质学术会议

1999年10月26日~31日在杭州召开。华东勘测设计研究院、北京勘测设计研究院、广东省水利水电勘测设计院分别就天荒坪、十三陵、广州抽水蓄能电站的地质勘测工作和工程条件作了专题报告。这三个抽水蓄能电站代表了中国抽水蓄能电站工程地质水平,它们都具有规模大、地质条件复杂、技术难点多、勘测内容丰富、技术成果水平高等特点。这些工程除进行了一般常规的地质勘测工作外,还进行了高压渗透试验、水压试验、模拟洞试验、多种方法的岩体应力测试等,取得了丰硕的成果。通过三个工程的实践,积累了丰富的经验。会议期间,有关专家分别作了《抽水蓄能电站工程地质勘察》、《抽水蓄能电站专门工程地质问题研究》、《抽水蓄能电站地质勘察布置原则和新技术的应用》、《抽水蓄能电站设计导则》等报告,还有些同志介绍了有关抽水蓄能电站的前期工作和有关工程地质决策理论的内容等。

(九)水工及水电站建筑物专业委员会1999年学术年会

1999年4月27日~29日在四川都江堰市与有关学会联合召开。会议论文反映了近几年来大型水工建筑物在设计和施工方面的新技术、新材料及已建工程观测、反馈分析的新成果。涉及到三峡、二滩、十三陵、天荒坪、大朝山、水布垭、小浪底、万家寨、莲花等工程。涵盖了以下几方面内容:①水工结构物的综合性先进技术成果和技术特点,如坝基层间剪切断层带处理、厂坝联接、引黄取水口分层取水、低热微膨胀水泥和补偿收缩混凝土,以及抽水蓄能电站上库全库盆混凝土面板和沥青混凝土衬砌防渗技术、面板裂缝、风化料上坝、高压岔管、厂房振动、厂房无集水井布置、斜井施工等。②水工建筑物的许多专项技术,如沥青混凝土心墙设计和德国沥青混凝土施工技术,适应大变形的高面板堆石坝止水结构和材料,三峡船闸安全施工、深孔配筋及压力钢管取消伸缩节等,二滩高拱坝的砂石料系统和大坝混凝土的设计、施工特点,大朝山的凝灰岩粉和磷矿渣掺和料混凝土的品质,混凝土工程的缺陷修补和加固技术,高效外加剂及土工合成材料在三峡、二滩、万家寨、李家峡、王甫洲等工程上的应用,钢蜗壳与外包混凝土联合作用及钢管高强度混凝土叠合柱受力机理研究等。通过广泛交流和总结,对提高我国水工设计和施工水平具有积极意义。

(十)通航专业委员会1999年学术年会

1999年5月24日~29日在武汉和宜昌两地召开。共有57篇论文,论文涉及面十分广泛,包括航运规划、航道治理、枢纽布置、通航建筑物的设计研究,涉及泥沙、船模、通航水力学及计算机应用等各个领域,既有工程应用研究,又有基础理论研究。其中有关三峡工程的论文占总数的40%。这些论文反映了我国通航界在近年来又取得了十分丰硕的成果,有的成果直接解决了许多工程的关键技术问题,具有推广应用价值。在通航领域的学术研究方面又达到一个新的水平。

(十一)电气专业委员会1999年学术交流会

1999年5月18日~21日,电气专业委员会与福建省水电学会联合在厦门召开1999年学术交流会。会议主要研讨高压电力电缆及中压配电装置专题及水轮发电机蒸发冷却技术。通过交流表明,我国的水电电气设计正逐步全面赶上世界先进水平,在巨型水轮发电机(发电电动机)、500kV干式电缆、SF_6发电机断路器、高压配电装置、过电压保护和接地等的选型和设计布置上,已处于世界领先水平。近几年已开发出具有世界水平的长垂直段大电流离相封闭母线及LN—18型SF_6发电机断路器。

(十二)南方十二省(市、区)1999年水电学会联络会

1999年8月10日~13日在贵阳市召开。会上交流的文章有,江西《江西电力工业的发展与抽水蓄能电站的建设》、四川《加快大渡河开发是实现资源优化配置调整电力结构战略的紧迫任务》、湖北《改革促进清江流域水电事业的发展》、云南《谈澜沧江流域滚动开发的几个问题》、贵州《电力市场与贵州水电开发》、广西《龙滩水电工程的进展》、广东《南方互联电网的运行情况及其特点》、湖南《50年湖南省水电建设的成就》、福建《福建水电建设50年》等,这些文章结合各省(市、区)的实际,总结了建国50年以来的成就和水电建设中有关的经验,特别是针对当前电力市场状况提出了水电发展的对策,内容丰富,有很大的现实意义。通过交流一致认为,根据国家对能源资源优化配置,促进全国经济均衡互补地发展的战略,下一个世纪全国联网形成电力市场势在必行,西南能源在全国能源中占举足轻重的地位,随着三峡水电站的建成,全国将以三峡电网为中心,华中电网为枢纽进行调剂、峰谷补偿。南方各省各有优势,可以形成水火互剂的优势。

(十三)水电厂无人值班技术座谈会

水电站运行管理专委会会同自动化专委会于2000年3月3~4日在广州抽水蓄能电站召开了座谈会,参会42人,论文17篇,10位同志作了专题发言。①会议回顾了1994年在太平湾水电厂召开《水电厂“无人值班”(少人值守)专题研讨会》以来的工作,已经有一批水电厂实现了“无人值班”(少人值守),值班方式改革有力地推动着水电厂的技术改造和整个水电厂生产管理体制与管理思路的改革,取得了“减人增效”的初步实际效益,为改变我国水电厂管理落后局面迈出了坚定的一步。②会议展望了今后的发展,目前已有少数条件较好的水电厂正在探索在现有基础上的进一步发展问题。广蓄已在其自身发展条件的基础上向实现无人值班方式迈出了实质性的一步。③会议认为,应更深入、更细致地认真总结广州抽水蓄能电站无人值班的具体设计、运行经验;应该更广泛地调查了解国外许多广泛推行无人值班水电站的国家的经验,为我所用。④会议认为,推进水电厂无人值班的试点工作,是提高我国水电厂生产管理水平和技术水平的客观要求,是我国水电厂向国际一流迈进的许多工作的一个方面。建议各级电力主管部门,能在资金、政策等各方面给以必要的支持,做好组织领导和协调管理工作。有关各运行、设计、科研单位要加强协作,对试点工作中的运行管理、技术改造、工程设计、产品开发以及政策措施等有关问题共同研究解决。

(十四)抽水蓄能专业委员会2000年学术年会

2000年10月17日~20日在上海召开,有100余人参加,发表论文55篇。会议围绕着面向21世纪我国抽水蓄能发展战略这一中心议题,就2010年我国抽水蓄能电站的发展及其合理布局、各种电源调峰性能的技术经济比较、已建水电站蓄能化扩机改造与中小型抽水蓄能电站开发、加快蓄能机组国产化促进抽水蓄能电站建设等几方面,进行了交流和研讨。

(中国水力发电工程学会 叶丽秋)

1998年水利水电地基与基础工程学术交流会

中国水利学会地基与基础工程专业委员会，于1998年5月22日～24日，在三峡工程坝区召开了水利水电地基与基础工程学术交流会。中国水力发电工程学会理事长、中国水利学会地基与基础工程专业委员会高级顾问李鹗鼎，中国水力发电工程学会顾问、中国水利学会副理事长、中国水利学会地基与基础工程专业委员会名誉主任陈赓仪，中国水力发电工程学会副理事长、长江三峡工程开发总公司总经理陆佑楣等领导莅会。从事地基与基础工程的施工、设计、监理、管理和科研等方面的代表174人出席了会议。会议收到近百篇论文，涉及灌浆、防渗墙、高喷灌浆、振冲和预应力锚固等常规和复杂地基处理技术，以及特殊处理技术和补强处理技术，其中97篇论文编入《'98水利水电地基与基础工程学术交流会论文集》。

会议总结了长江三峡、小浪底、二滩、李家峡、万家寨、天生桥二级、天荒坪、凌津滩、五里冲、王甫洲等水电工程基础处理的经验。主要内容如下：

1. 灌浆　已掌握复杂或不良地基的各种灌浆技术和方法，包括"孔口封闭、孔内循环、自上而下、分段灌浆"方法，以及高压灌浆技术、GIN灌浆法等；灌浆浆液多样化，除普通水泥浆液外，还使用稳定浆液、磨细水泥浆液、膏状浆液；采用灌浆自动记录仪和多路灌浆监测仪对灌浆过程进行监测。

2. 防渗墙　除常规的冲击钻机外，在造孔中使用抓斗、冲击正、反循环钻机及双轮铣槽机；在江河堤防工程加固中研制并使用了薄型抓斗、射水成槽机、锯槽机等薄墙施工机具；除传统的普通混凝土外，还采用塑性混凝土和固化灰浆等柔性材料作为墙体材料；采用新的防渗墙槽段接头，即横向槽孔填充塑性混凝土保护下的平板式接头，以及PVC止水带接头。

3. 高压喷射灌浆　高喷灌浆由单一的旋喷灌浆，发展到定喷、摆喷灌浆；高喷工艺中采用冲击式钻机跟管钻进，然后下PVC管护壁，拔出套管，而后在PVC管内进行高喷；高喷技术在大粒径颗粒地层中已取得了进展，高喷板墙深度可达50～60m；高喷技术在二滩、飞来峡等水电工程的围堰防渗中得到成功应用。

4. 振冲加固　在三峡、飞来峡等水电工程中使用了130～150kW的大功率新型振冲器，它们在漂卵石地层中施工时，深度可达17m。

5. 预应力锚固　预锚在加固已建大坝中发挥了重要作用，石泉水电站垂直预锚加固大坝的单束吨位达6MN、8MN；在水利水电工程中已采用无黏结锚索和压力型锚索施工技术。

会议交流的论文反应了近年来我国水利水电地基与基础工程的最新进展和现状，许多论文具有很高的学术和推广应用价值。

（中国水利水电基础工程局　张志良）

1998年～2000年主要学术活动统计表

序号	学术会议	内容提要	地点	日期	人数	论文数	备注
1	新投运水电厂机电设备质量问题座谈会	研究新投运机电设备质量问题	宝珠寺	1998.5.14～16	49	20	
2	水电厂大坝定检消缺工作经验交流会	大坝定检消缺工作经验交流	温州百丈漈	1998.9.23～25	51	13	
3	全国水电厂检修管理改革研讨会	在新形势下，探讨水电厂检修管理模式，推动水电厂的改革	刘家峡	1998.10.12～15	96	27	
4	大坝安全监测资料分析与信息处理学术研讨会	大坝安全监测资料分析与信息处理方面的学术研讨	陈村	1998.10.20～24	35	11	
5	大坝安全监测学术年会暨中青年科技成果报告会	监测专业学术交流，中青年成果交流，论文评优	三亚	1998.11.10～13	111	55	
6	1998年高拱坝泄洪消能技术讨论会	对高拱坝水力学问题进行研讨	成都	1998.5.12～15	45	14	
7	全国混凝土面板砂砾石坝学术研讨会	运行管理经验交流及观测资料分析总结	湖北兴山	1998.10.18～21	88	25	
8	碾压混凝土技术会议	碾压混凝土有关技术研讨	湖南江垭	1998.11.3～5	116	62	

续表

序号	学术会议	内容提要	地点	日期	人数	论文数	备注
9	抽水蓄能专业委员会1998年学术年会	总结经验教训，分析存在问题，探讨加速与优化的建设途径	杭州	1998.11.7～10	96	43	
10	水能规划及动能经济专业委员会1998年学术年会	水能规划及动能经济专业学术交流	四川	1998.11.24～28	50	17	
11	环境保护专业委员会1998年学术年会	有关环保方面学术交流	桂林	1998.12.15～18	60	27	
12	全国水利水电测绘学术交流会	交流测绘专业改革及新技术	天津	1998.10.12～15	82	95	
13	水电建设管理专业委员会1998年学术年会	总结体制改革实践经验，研究水电开发与市场关系	杭州	1998.10.7～11	85	50	
14	水电设计与项目业主管理关系研讨会	理顺设计与项目业主关系、业主在设计管理中的主导作用	厦门	1998.4.15～17	75	12	
15	第十二次疏浚与吹填技术经验交流会	疏浚与吹填技术经验交流	蚌埠	1998.6.15～18	236	34	
16	定额专业委员会学术年会	就加强工程造价的改革、提高概预算编制质量进行交流	宜昌	1998.11.25～29	65	5	
17	计算机专业委员会学术年会	交流信息系统(含电厂自控系统)、计算机网络技术以及CAD技术应用	海口	1998.11.26～30	61	37	
18	水工钢闸门支承型式及其材质选用学术交流会	平面闸门滑动支承、定轮轴瓦以及弧形门支铰轴瓦等学术交流	上海	1998.10.25～28	55	20	
19	水电厂计算机监控系统实用性分析研讨会	交流引进的和我国自行研制的水电厂计算机监控系统运行情况	张家界	1998.5.8～10	41	12	
20	自动化专业委员会1998年学术年会	研讨水电厂计算机监控系统、调速器励磁系统国产化问题	宜昌	1998.10.26～30	127	50	
21	水轮机调速器学术扩大讨论会	交流我国水轮机调速器的研究、制造运行情况	北京	1998.6.29～7.1	70	18	
22	励磁系统专题讨论会	对励磁系统及励磁调速器设备等进行深入的专题讨论	无锡	1998.6.8～11	23	专题	
23	第五次中青年学术交流会	水电水利工程有关科技学术交流	宜昌	1998.3.25～28	150	400	与水利学会合为第七届
24	全国水利水电测绘学术交流会	交流测绘专业改革及新技术	天津	1998.10.12～15	82	95	
25	农村中小水电技术改造学术研讨会	交流农村中小水电技改成果，探讨发展方向	杭州	1998.9.22～25	47	25	
26	抽水蓄能座谈会	访问台湾抽水蓄能电站后在国内研讨抽水蓄能电站的有关问题	北京	1998.3.10	50		
27	水库经济专业委员会1999年学术年会	对“大中型水利水电工程建设征地和移民安置条例”专题讨论	昆明	1999.11.6～8	155	57	

续表

序号	学术会议	内容提要	地点	日期	人数	论文数	备注
28	环境保护专业委员会1999年学术年会	总结水电工程环境影响评价的方法和经验	昆明	1999.10.26～28	32	20	
29	水工及水电站建筑物专业委员会1999年学术年会	交流三峡、二滩、十三陵、天荒坪、大朝山、水布垭、小浪底、万家寨、莲花水电工程的新技术	都江堰	1999.4.27～29	42	31	
30	第九届全国水利水电钻探、岩土工程施工学术交流会	交流工程钻探、岩土工程的新技术、新工艺	宜昌	1999.5.7～9	65	46	
31	抽水蓄能电站工程地质学术会议	抽水蓄能电站工程地质勘察经验交流	杭州	1999.10.26～31	56	46	
32	全国面板坝学术研讨会	砂砾石筑坝技术、岩石爆破技术(洞室爆破取料)等学术交流	温州	1999.11.23～25	133	51	
33	水工水力学专业委员会1999年学术讨论会	河道水力学问题、城市防洪与减灾问题、中小型水电工程建设中的水力学问题、高坝阶梯式新型消能工等的研究与应用	福州	1999.4.6～9	115	65	
34	大坝安全监测信息处理技术研讨会	大坝安全监测资料分析与信息处理的成果与手段交流	北京	1999.12.20～22	24	3	
35	通航专业委员会1999年学术年会	研讨通航领域中各个专业领域的技术问题	武汉	1999.5.24～29	76	57	
36	水电建设管理专业委员会1999年学术年会	总结改革、管理经验,研究市场、提高水电竞争能力	小浪底	1999.9.16～18	95	14	
37	提高水电竞争力专题研讨会	厂网分开后,如何提高水电在电力市场中的竞争能力	昆明	1999.6.6～9	85	25	
38	第十三次疏浚与吹填技术经验交流会	疏浚与吹填技术经验交流	岳阳	1999.11.27～12.1	267	65	
39	冰工程会议	研讨河冰形成、冰塞成因、预报手段,冰与气候环境影响	威海	1999.9.23～26	45	30	
40	电气专业委员会1999年学术年会	高压电力电缆及中压配电装置,特别是发电机断路器、离相封闭母线、高低压开关柜的选型和厂用电设计	厦门	1999.5.18～21	75	50	
41	翻译经验交流会	翻译经验交流	湖州	1999.10.14～16	30	25	
42	水电厂无人值班技术座谈会	回顾了几年来的工作,展望今后的发展,并讨论了《关于无人值班水电厂试点工作的若干意见》(讨论稿)	广州蓄能电厂	2000.3.3～4	42	17	水电站运行管理和自动化两专业委员会合开
43	通航专业委员会航道学术会议	对长江重庆至丰都河段进行了现场踏勘,针对可能存在的碍航问题,从水沙运动机理的角度上、进行了深入细致的讨论和研究		2000.3	15		

续表

序号	学术会议	内容提要	地点	日期	人数	论文数	备注
44	大坝安全监测专业委员会学术年全	对大坝安全监测专业有关问题进行讨论并换届	青岛	2000.8.3～6	133	87	
45	计算机专业委员会学术报告会	对 INTERNET 技术的发展与水利信息化建设、国家防汛信息指挥系统的建设、水电厂自动化与无人值班、WTO 与中国工业的发展等进行学术交流并换届	成都都江堰	2000.9.20～23	75	10	水力发电工程学会和水利学会的两计算机专业委员会合开
46	抽水蓄能专业委员会2000年学术年会	对规划设计、机电设备的调试运行、机组国产化、经济评价和经营管理等进行交流	上海	2000.10.17～20	108	55	
47	水工水力学专业委员会学术年会	高水头泄水建筑物水力学原型观测成果交流	攀枝花	2000.10.18～20	42	29	
48	水电厂在线监测状态检修工作研讨会	就水电厂在线监测状态检修模式及状态维修试点工作等进行了广泛的交流与研讨	北京	2000.10.25～28	110	26	水电站运行管理、自动化两专业委员会与国电公司发输电部合开
49	全国中青年面板坝技术交流会	对面板坝技术进行交流	宜昌	2000.9.24～27	35	10	
50	水工金属结构学术交流会	对水工金属结构专业有关方面进行交流	大连	2000.10.22～27	99	12	
51	水工金属结构专业委员会液压技术交流会	就液压起闭机近几年来在水利水电工程中的应用情况作了回顾、总结了经验和教训	常州	2000.11.6～9	114	8	
52	小水电技术改造研讨会	对小水电技术改造进行研讨	桂林	2000.8.23～28	76	42	
53	电气专业委员会2000年学术年会	高压配电装置和电气专业学术交流	成都	2000.9.11～13	39	64	
54	第十四次疏竣与吹填技术经验交流会	总结交流黄河清淤固堤的实践经验，研究探讨大江大河疏竣清淤的运行机制，为今后的工作提供宝贵的经验	三门峡	2000.9.20～23	218	71	
55	调速器学术会议	就我国水轮机调速器行业近年来在设备研制和理论研究方面所取得的成绩进行交流	宜昌	2000.11.14～18	45	22	
56	第五届全国土工合成材料学术交流会	就土工合成材料有关问题进行交流	宜昌	2000.11.1～6	548	180	
57	水库经济专业委员会课题研讨会	就水库移民安置验收办法及监理制度等课题进行研讨	北京	2000.12.18～19	30	3	
58	特高压输电技术学术交流会	就特高压输电技术进行交流	北京	2000.10	50	16	

（中国水力发电工程学会　叶丽秋）

中国水力发电工程学会分支机构情况表

专委会名称	主任委员	副主任委员	秘书长	专业内容	挂靠单位
水能规划及动能经济专业委员会	晏志勇	陈东平、方春阳、陈云华、张宝声、顾正兴、李义昌、袁定远、郑声安	李世东	水能规划、动能经济	国家电力公司水电水利规划设计总院
水库经济专业委员会	曾　念	晏志勇、赵人骧、董述春、程念高、傅秀堂、姚少华、莫国汉、刘天增、宋协民	董述春(兼)	水库淹没处理、移民安置	国家电力公司水电水利规划设计总院
环境保护专业委员会	童显武	胥树茂、雷体钧、常仲农	顾洪宾	水利水电环境保护	国家电力公司水电水利规划设计总院
水文泥沙专业委员会	何根寿	张启瞬、白荣隆、王锐琛、李幼华、吴孝仁、高东军	朱鉴远	水文、泥沙专业学习和技术交流、培训、咨询	国家电力公司成都勘测设计研究院
地质及勘探专业委员会	郭义华	张性一、吴火才、吴干城、耿大来、陈安重、刘毅平、郭惠丰	张性一(兼)	负责组织水电水利工程地质、测绘、物探、钻探、岩土试验专业的学术交流，承接地质勘察专业技术问题的咨询	国家电力公司水电水利规划设计总院
水工及水电站建筑物专业委员会	刘文雪	许百立、王柏乐、张超然、张有天、王小润、林可冀、袁玖	袁玖(兼)苏虹、鲁一晖	预应力锚固技术、水电站压力管道地下工程、水工结构可靠度	国家电力公司水电水利规划设计总院
水工水力学专业委员会	李桂芬	高安泽、童显武、高季章、林可冀、刘之平、姜树海	刘之平(兼)	水力学、水工水力学、水利水电、水电站、水电工程、水工建筑物	中国水利水电科学研究院水力学研究所
通航专业委员会	张瑞凯	许百立、须清华、钮新强、徐光、潘国平、魏京昌	李云、方庆明、宗慕伟	水电站枢纽通航、通航建筑物、航道治理、其他与通航有关的问题	南京水利科学研究院
碾压混凝土筑坝专业委员会	王圣培	杨运祥、王伯乐、甄永严、孙玉琳、李新	郑桂斌、卢立生、张严明	碾压混凝土筑坝设计、施工、运行以及机械、新材料、新设备、新工艺、新技术、技术培训、技术服务、技术咨询等	安能公司
混凝土面板堆石坝专业委员会	纪云生	董育坚、蒋国澄、童显武、李春敏、傅志安、马洪琪、杨世源、孙永娟、卢立生	卢立生(兼)、孙永娟	面板堆石坝技术推广、交流、培训、咨询；面板堆石坝专著编写；《面板堆石坝工程》杂志编辑出版(内部刊物)；总会交办的其他专业工作	国家电力公司水电水利规划设计总院
施工机械化及施工管理专业委员会	方　松	康世荣		机械化施工、施工管理	中国水利水电工程总公司
工程造价专业委员会	童显武	刘经迪、孙耀增、李治平、张宝声、张津生、陈东平、周尚洁	周尚洁(兼)、方春阳、刘月琦	工程造价	国家电力公司水电水利规划设计总院
电气专业委员会	黄贤鉴	袁达夫、姚宗干、傅元初、方文第	李定中	水电站电气(一次)专业设计、安装及运行技术	国家电力公司水电水利规划设计总院

续表

专委会名称	主任委员	副主任委员	秘书长	专业内容	挂靠单位
自动化专业委员会	王　冰	宋振沪、张德平、顾景芳、周志清、王德宽、岳玄夫	叶钟黎、屠明德、方辉钦	水电厂自动控制、保护	国家电力公司水电水利规划设计总院
水力机械专业委员会	沙锡林	单鹰、史毓珍、林汝长、端润生	王明坦	水轮机、水泵水轮机、水泵；水轮发电机组及其辅助设备	国家电力公司水电水利规划设计总院、水利部水利水电规划设计总院
水工金属结构专业委员会	田泳源		林朝晖	水工金属结构设计、制造、安装和压力钢管制造及安装，还有升船机、船闸、过木机设备等专业	国家电力公司水电水利规划设计总院
水电站运行管理专委会	杨金栋	沈家俊、韩大伟、赵德武、任兆宏、蒲润	杨承沪、余卫国	水电站大坝监测、水电运行、机电设备管理、水库调度、经济运行	国家电力公司发输电部
水电建设管理专业委员会	张学知	张建贤、傅洪生、董述春、孙家康、朱志强、贺恭、汪定国、孙中弼、马怀新、徐尚阁、毛亚杰	张文达	研究交流水电建设管理体制改革，先进建设管理科学方法，提高水电建设管理水平，促进水电建设发展	国家电力公司水电部
计算机应用专业委员会	张　科	王建平、朱伯芳、陈东平、宋敬廷、谢邦泽	张亚力、古林涛	计算机技术应用交流与推广	水利信息中心
土工合成材料专业委员会	陈　环	王正宏、杨灿文	王育人	土工合成材料技术的推广应用与科技进步	河北省水利厅
大坝安全监测专委会	弓正华	施济中、王小润、沈家俊、李珍照	池胡庆	大坝安全监测及安全管理	国家电力公司大坝安全监察中心
机械疏浚专业委员会	张广旗	姚国祥、姚霭彬、王斌、方学田、吴泰来、刘起涛、李长春、周传发	李国勇	机械疏浚	中国水利水电第十三工程局
抽水蓄能专业委员会	曹楚生	李例、刘英、邴凤山、何根寿、罗绍基、邱彬如、叶绍松、盛树仁	姜梦清、韩立	组织本专业的国内外学术交流活动，沟通信息，总结和交流经验，推广先进技术，促进我国抽水蓄能发电技术水平的不断提高；结合工程实际，组织研究与本专业有关的课题，开展技术攻关，并提供咨询服务；组织本专业技术知识的普及活动，宣传该项技术的优越性，推动我国抽水蓄能电站建设的健康发展，接受委托，组织开展抽水蓄能电站的考察和规划选点，积极为工程开发决策提供科学依据，组织开展抽水蓄能电站发展战略和有关方针政策研究探索，并向有关部门提出建议，完成学会委托的其他任务	水利部天津水利水电勘测设计研究院、国家电力公司北京勘测设计研究院

续表

专委会名称	主任委员	副主任委员	秘书长	专业内容	挂靠单位
小水电专业委员会	郑 贤	李 荚	罗高荣、蔡建民、彭志立	小水电水文、规划、水工、机电技术及农村电气化科学技术、有关管理技术	水利部农村电气化研究所
科技翻译工作委员会	晏 勤	郑如刚、孙守义、朱蕴培、高文杰、董汉杰	蒋秀风	开展翻译学术交流，举办培训班，开展和提供翻译、信息、咨询专项服务，为水利电力事业的国际交流和合作做出贡献	中国电力企业联合会
青年工作委员会	高季章	孔令兵、刘清朝	丁留谦	青年科技工作者的学术交流、科学考察等活动	中国水利水电科学研究院
科普工作委员会				编辑出版科普读物、举行科普讲座和夏令营	
《水力发电学报》编辑委员会	张宪宏（主编）	谷兆祺、陈宗梁（副主编）		编辑《水力发电学报》	清华大学水电系
《中国水力发电史料》征集编辑委员会	张铁铮	罗西北、常流、林明华	陆茂竹		原挂靠水利电力信息研究所
《中国水力发电史料》编辑部	王庭济（主编）	唐集尹、陆茂竹（副主编）	姚雪英	编辑出版水力发电史料、专著及组织编写《中国水力发电史》	
《中国水力发电年鉴》编辑部	陈叔康（主编）	陈上奎（副主编）		编辑、出版、发行《中国水力发电年鉴》	水电水利规划设计总院
《水力发电丛书》编审委员会	李鹗鼎	王宏硕、陈望祥	陈叔康		

（中国水力发电工程学会 王 玉）

各省市自治区水力发电工程学会组织情况表

地方学会名称	会员总数	会员分类					办事机构设置	学术机构设置	会刊学报
		教授级高工	高级工程师	工程师	助理工程师	其他			
北京水力发电工程学会	1121	114	759	248			办公室、科普工作委员会	水电站发电运行专业委员会、水电站自动化专业委员会、水工建筑专业委员会、小水电专业委员会	
天津市水力发电工程学会	1733	147	562	682	129	213	秘书处	水工专业委员会、勘测专业委员会、水电成套设备专业委员会、基础处理施工专业委员会、大坝安全监测与管理专业委员会、机电与金属结构专业委员会、动能经济与抽水蓄能专业委员会、青年工作委员会	《水利水电工程设计》(与天津勘测设计研究院合办)

续表

地方学会名称	会员总数	会员分类					办事机构设置	学术机构设置	会刊学报
		教授级高工	高级工程师	工程师	助理工程师	其他			
河北省水力发电工程学会	143		10	114	19		秘书处、咨询服务部		《河北水电简报》(不定期)
山西省水力发电工程学会	662	11	230	296	105	20	秘书处、学术工作委员会、组织工作委员会、咨询工作委员会、科普工作委员会	水文水能专业委员会、水工专业委员会、机电专业委员会、施工概预算专业委员会	《晋电科普》报、《学会工作简讯》、《山西水电》(不定期)
东北地区水力发电工程学会	2753	105	1033	1560	15	40	学会秘书处	水库经济专委会、水能及动能经济专委会、水工专委会运行专委会、机电及金属结构专委会、施工专委会、小水电专委会、青年工作委员会、学报编委会、学术论文评选委员会	《东北水力发电》(内部资料)
上海市水力发电工程学会	260	59	151	21		29	秘书组	中小型水电，潮汐、风能，抽水蓄能3个专业委员会	《上海水利水电技术》
江苏省水力发电工程学会	779	72	349	315	39	4	学会秘书处	科普与学术工作委员会、科技咨询工作委员会、青年工作委员会、组织工作委员会、水工结构专业委员会、水工水力学专业委员会、水力机械及金属结构专业委员会、小水电专业委员会、水电站电气及自动化专业委员会、仪器仪表专业委员会、水能规划及动能经济专业委员会	
浙江省水力发电工程学会	1575	113	449	692	198	123	学会秘书处	水能规划及动能经济、水工及水电站建筑、水电站运行管理、中小水电开发与管理、施工、机电设备、地质勘测与基础处理、计算机应用与信息管理、大坝安全监测等9个专业委员会	
安徽省水力发电工程学会	818	41	236	405	112	24	秘书处	小水电专业委员会、水工及水电站建筑物专业委员会	《安徽省水力发电工程学会通讯》(不定期)
福建省水力发电工程学会	2450	61	571	1077	395	346	学会秘书处	学术工作委员会、科普工作委员会、组织工作委员会、编辑工作委员会、咨询工作委员会、水能规划及动能经济专业委员会、工程勘察专业委员会、水工及水电站建筑专业委员会、水力机械及金属结构专业委员会、水电站电气及自动化专业委员会、施工管理及施工机械专业委员会、水电建设管理专业委员会、水电站运行管理专业委员会、农村电气化专业委员会、水库经济专业委员会	《福建水力发电》(一年二期)、《学会通讯》(一年四期)

续表

地方学会名称	会员总数	会员分类					办事机构设置	学术机构设置	会刊学报
		教授级高工	高级工程师	工程师	助理工程师	其他			
江西省水力发电工程学会	600	32	260	258	42	8	秘书处	水电站水工建筑专业委员会、水电站机电专业委员会、水电站施工专业委员会、水电站运行专业委员会、小水电专业委员会、水库经济专业委员会	《江西省水力发电工程学会简报》
河南省水力发电工程学会	1063	65	350	505	98	45	秘书处、青年工作委员会、评优工作委员会	水能经济专业委员会、水工专业委员会、施工专业委员会、运行专业委员会、电气及自动化专业委员会、地质专业委员会、中小水电专业委员会、水工金属结构专业委员会	《河南省水力发电工程学会简报》(一年四期)
湖北省水力发电工程学会	3327	631	1478	967	251		秘书处及办公室、科技咨询服务部、编辑部及办公室	会刊编辑委员会、水电站电气及自动化专业委员会、水力机械专业委员会、水工及水电站建筑物专业委员会、水工水力学专业委员会、水能规划及动能经济专业委员会、水利水电工程施工专业委员会、水电站运行管理专业委员会	会刊《湖北水力发电》
湖南省水力发电工程学会	2960	450	1200	1310			秘书处、科技咨询服务部、科普与培训工作委员会、技术委员会、会刊编辑委员会	勘测专业委员会、水工及水电站建筑物专业委员会、施工专业委员会、小水电及农村电气化专业委员会、水电站设备专业委员会、水能规划及动能经济专业委员会、库区经济专业委员会、水电站运行管理专业委员会、计算机专业委员会、环境保护专业委员会	《中南水力发电》
广东省水力发电工程学会	1273	27	420	501	317	8	学会秘书处	水能规划专业委员会、水工及水电站建筑专业委员会、水电建设管理及施工专业委员会、水电站运行及自动化专业委员会、评优专业委员会	《广东省水力发电工程学会简报》
广西水力发电工程学会	2662	119	978	1114	221	230	秘书处、学术工作委员会、《红水河》编辑部、咨询工作部、继续教育科普工作部、青年工作委员会	水能技术经济专业委员会、施工机械及管理专业委员会、水工建筑专业委员会、地质勘测专业委员会、水力机械专业委员会、金属结构专业委员会、计算机应用专业委员会、电气及自动化专业委员会、工程经济及定额预算专业委员会、水库经济专业委员会、水电站运行管理专业委员会、环境评估专业委员会、小水电及农村电气化专业委员会	《红水河》

续表

地方学会名称	会员总数	会员分类					办事机构设置	学术机构设置	会刊学报
		教授级高工	高级工程师	工程师	助理工程师	其他			
四川省水力发电工程学会	4689(含重庆市)	286	1297	2462	218	426	学术工作委员会、咨询服务工作委员会、青年工作委员会、学报编辑委员会、水电校基层工作委员会、秘书处	水工及水电站建筑物专业委员会、水能规划及动能经济专业委员会、地质及勘探专业委员会、工程造价及管理专业委员会、施工技术及管理专业委员会、水电站运行管理专业委员会、水工机械及金属结构专业委员会、科普及教育专业委员会	《四川水力发电》(季刊)、《施工技术与管理》(2期/年)、《高原水电》(不定期)、《岷江水电》(不定期)
贵州省水力发电工程学会	1828	98	493	1054	150	33	秘书处、办公室、学术工作委员会、科技咨询服务部、贵州水力发电编委会、科普工作委员会	水能规划及动能经济专业委员会、地质与勘探专业委员会、水工及水电站建筑专业委员会、工程经济专业委员会、水力机械及施工管理专业委员会、施工机械及施工管理专业委员会、水库经济专业委员会、水电站电气及自动化专业委员会、水电站运行管理专业委员会、小水电技术专业委员会	《贵州水力发电》(季刊)
云南省水力发电工程学会	2520	185	922	1088	316	9	秘书处	规划专业委员会、水工专业委员会、地质专业委员会、工程经济专业委员会、机械专业委员会、电气专业委员会、运行专业委员会、施工专业委员会	《云南水力发电》
陕西省水力发电工程学会	2189	178	810	520	681		学会办公室、科技咨询服务部、编委会、科普工作委员会、青年工作委员会、电科普编辑部	水工及水电站建筑物专业委员会、水能规划及动能经济专业委员会、工程地质勘测专业委员会、机电运行专业委员会、小水电专业委员会、水电施工专业委员会、工程经济定额预算专业委员会、通航专业委员会、水电工程消防专业委员会、自动化专业委员会、环保专业委员会	《陕西水力发电》
甘肃省水力发电工程学会	986	32	315	460	133	46	秘书处	水电站功能经济与水库调度、水电厂运行管理、水力机械与金属结构、水电站水工建筑与施工、地质及勘探小水电等5个专业委员会	《甘肃电力技术》
青海省水力发电工程学会	702	23	179	332	168		秘书处	概预算专业委员会、小水电专业委员会、水工专业委员会、水库经济专业委员会	《青海水力发电》

续表

地方学会名称	会员总数	会员分类					办事机构设置	学术机构设置	会刊学报
		教授级高工	高级工程师	工程师	助理工程师	其他			
宁夏水力发电工程学会	350	36	164	132	18		学会秘书处	电气自动化专业委员会、水能动能专业委员会、水工水利学专业委员会、水电站运行专业委员会、水力机械空蚀磨损专业委员会、水电站施工专业委员会、小水电专业委员会	
新疆水力发电工程学会	1300	60	480	450	282	28	秘书组、科技咨询服务中心	水工及水电站建筑专业委员会，水电站电气自动化专业委员会，水力机械及金属结构专业委员会、暖通专业委员会，农村电气化专业委员会，概预算专业委员会，水电站运行管理专业委员会，青年工作专业委员会	《新疆水利水电》
水电十三局会员小组	221	16	111	67	6	21	机械疏浚专业委员会办公室		

（中国水力发电工程学会 王 玉）

中国水力发电工程学会1998年～2000年培训班统计表

序号	培训班名称	举办单位及委托单位	主要内容	举办日期	举办地点	举办天数	参加人数
1	30期水电概预算学习班	长江三峡开发总公司	工程造价	1998年3月25日～5月9日	三峡坝区	45	100
2	31期水电概预算学习班	成都勘测设计研究院	工程造价	1998年10月～11月	成都市	44	115
3	32期水电概预算学习班	广西电力局	工程造价	1998年11月～12月	南宁市	33	108
4	33期水电概预算学习班	三峡开发总公司	工程造价	1999年4月～5月	三峡坝区	45	115
5	34期水电概预算学习班	成都勘测设计研究院	工程造价	1999年10月～11月	成都市	40	120
6	35期水电概预算学习班	水电第七工程局	工程造价	1999年10月～12月	四川郫县	45	66
7	计算机监控系统研讨班	自动化专业委员会等	水电厂计算和监理系统的工程设计技术及运行	1998年3月16日～4月30日	南京	15	30

续表

序号	培训班名称	举办单位及委托单位	主要内容	举办日期	举办地点	举办天数	参加人数
8	计算机监控系统研讨班	自动化专业委员会等	水电厂计算和监控系统的工程设计技术及运行	1998年10月1日～15日	南京	15	30
9	计算机监控系统研讨班	自动化专业委员会等	水电厂计算和监控系统的工程设计技术及运行	1999年7月16日～30日	南京	15	30
10	计算机监控系统研讨班	自动化专业委员会等	水电厂计算和监控系统的工程设计技术及运行	2000年7月	南京	15	30
11	1998年科技翻译经验交流会	翻译工作委员会	介绍经验和宣读论文23篇	1998年11月28日～30日	昆明	3	60
12	英语口语强化班	上海水电翻译协会	全脱产、全日制强化培训	1999年7月12日～8月6日	上海	1个月	40
13	1999年沪浙电力翻译经验交流会	上海协会和浙江电力翻译咨询中心	交流口、笔译工作体会	1999年10月14日～16日	浙江湖洲	3	30
14	国际承包工程招投标英语培训班	翻译工作委员会	提高翻译招投标文件的水平	2000年2季度	宜昌	半个月	30
15	《国家电力公司抽水蓄能电站经济评价暂行办法实施细则》培训班	水能规划及动能经济专委会、水电水利规划设计总院	电力市场与电价理论、国外电力市场与电价、两部制电价、《实施细则》解释案例、软件使用、常规水电站经济评价	1999年5月25日～30日	北京	6	50
16	短路电流计算培训班	电气专业委员会	短路电流计算软件包的应用	1999年3季度	北京	4	20
17	电气主接线可靠性计算培训班	电气专业委员会	电气主接线可靠性计算软件操作及分析应用	1999年3季度	北京	5	25
18	全国大坝安全监测设计与施工研讨班	中国水力发电工程学会大坝安全监测专业委员会监测设计与施工分会、全国大坝安全监测信息网、天津水电学会大坝安全监测与管理专委会	大坝安全监测设计安全监测设施的施工埋设,大坝安全监测设施更新改造的设计与施工	1999年9月5日～11日	黄山市河海大学培训中心	5	87
19	三峡水利枢纽水工建筑物安全监测实施导则研讨班	中国水力发电工程学会大坝安全监测专业委员会、中国长江三峡工程开发总公司建设部	讲解与研讨《三峡水利枢纽水工建筑物安全监测实施导则》及三峡工程安全监测实施情况	1999年3月26日～29日	湖北宜昌三峡工程工地	3	50
20	土工合成材料技术讲座	水利水电干部管理学院	土工合成材料技术	1998年～1999年共4次	北京市车公庄西路	每次3～4天	每次平均45人

续表

序号	培训班名称	举办单位及委托单位	主要内容	举办日期	举办地点	举办天数	参加人数
21	贯标班	水利部科技司综合处	水利水电应用土工合成材料、技术规范、测试规程、堤防工程设计与施工规范	1998年～1999年共12次	分别在呼和浩特、岳阳、常德、福州、哈尔滨、广州、海口、上海、杭州、合肥、武汉、石家庄	每次2～3天	每次约40～85人
22	土工合成材料技术应用研讨会	山东省水利厅(基建处、水科院)	土工合成材料技术应用	2000年3月28日～30日	济南市	3	69
23	碾压混凝土筑坝施工技术	山西省水利工程局	施工新技术	1998年9月	汾河二库工地	10	60
24	碾压混凝土筑坝设计与施工	河西水电开发公司、水电四局龙首项目部	设计与施工	1999年	龙首工地	5	50
25	国际小水电综合培训班	亚太小水电中心、水电学会小水电专业委员会	小水电规划、设计设备选择	1998年4月10日～5月25日	杭州	45	32
26	国际小水电设备培训班	亚太小水电中心、水电学会小水电专业委员会	小水电设备选择技术	1998年6月5日～17日	杭州	14	15
27	小水电技改培训班	中国水力发电学会小水电专业委员会、广西区水力发电工程学会	小水电技术改造技术	2000年7月	桂林	7	60
28	面板堆石坝设计规范研讨班	面板堆石坝专业委员会	宣贯规范、重点讲解、研讨	2000年7月	宜昌	5	50
29	面板堆石坝止水规范研讨班	面板堆石坝专业委员会	宣贯规范、重点讲解、研讨	2000年8月	宜昌	5	50
30	洞室爆破采料技术研讨班	面板堆石坝专业委员会	洞室爆破开采、面板坝坝料的设计和施工新技术	2000年9月	宜昌	4	60

（中国水力发电工程学会 王 玉）

与水电有关学会

中 国 水 利 学 会

一、中国水利学会召开第七次全国会员代表大会

中国水利学会第七次全国会员代表大会于1999年3月30日～4月1日在北京召开。出席本次会议的正式代表212人。大会审议通过了《中国水利学会六届理事会工作报告》，通过了新修改的《中国水利学会章程》；选举产生了七届理事会理事、常务理事、理事长、副理事长、秘书长；大会一致推选水利部部长汪恕诚为中国水利学会名誉理事长。表彰了学会系统先进集体、先进工作者、学会工作积极分子等；大会期间还举行了高层次、综合性的学术报告会。

汪恕诚代表水利部党组向中国水利学会第七次全国会员代表大会的召开表示祝贺，并以专家的身份发表了题目为《实现由工程水利到资源水利的转变做好面向21世纪中国水利这篇大文章》的重要讲话，提出了新时期的治水思路。他还指出，在市场经济体制下，学会要充分发挥自身的优势，紧紧围绕水利行业发展的方向和中心工作，为新世纪的水利事业做出贡献。出席大会的领导还有，中国科协书记处书记宋南平，水利部老领导杨振怀、李伯宁、刘向山、林一山、张季农、黄友若、王继兴、屈健，水利部领导周文智、綦连安、黎安田等。中国水利学会创史人张含英、孙辅世向大会发来贺信。

学会七届理事长朱尔明在大会闭幕式上讲话指出，新一届理事会将高举邓小平理论伟大旗帜，发扬学会“献身、创新、求实、协作”的优良传统，面向新世纪，创造新业绩，为实现党的“十五大”提出宏伟目标而努力奋斗。

二、中国水利学会第七届理事会人员名单

名誉理事长：汪恕诚

理　事　长：朱尔明

副 理 事 长：窦国仁 梁瑞驹 陈厚群 郑守仁
邹觉新 袁国林 高安泽 张国良

常务理事（常务理事以姓氏笔划为序，29人）：

冯广志 朱尔明 仲　刚 刘松深 刘政民
李国英 肖利声 邹觉新 张国良 陈树林
陈厚群 陈效国 陈新强 郑守仁 郑连第
周保中 赵春明 袁国林 索丽生 高安泽
高季章 黄林泉 梁瑞驹 程念高 董哲仁
窦国仁 臧玉祥 廖世洁 滕书堂

（其中，高季章、周保中、程念高、黄林泉为七届二次常务理事会增补）

秘书长：冯广志

副秘书长：黄林泉　任光照　富曾慈
匡尚富　祁建华

理事162名（姓名从略）

三、组织概况

截止到1999年3月召开第七次全国会员代表大会时的统计，中国水利学会拥有93309名个人会员。七届理事会重新调整设置了8个工作委员会，36个专业委员会，新发展团体会员22个（总数24个），归口管理5个国际学术组织中国国家委员会（联络组），同时对31个省级地方水利学会进行业务指导。中国水利学会第七届理事会有理事162人，常务理事29人。

四、国内重点学术活动

1998年5月，中国水利学会配合中国科协举办了“第三届减轻自然灾害学术讨论会”并承担了与大会同期举行的“减轻洪涝灾害学术论坛”。

1998年10月，中国水利学会同中国工程院、中国农学会等单位联合召开“加快黄土高原综合开发促进农业可持续发展学术讨论会”。

1999年，围绕水利部汪恕诚部长在中国水利学会第七次全国会员代表大会上的讲话精神，中国水利学会先后在北京、南京举办了三次“21世纪水利发展战略学术论坛”，共有52位专家发表了见解。

1999年12月，中国水利学会与水利部国际合作与科技司、建设与管理司在江西省南昌联合召开了“全国堤防建设学术研讨会”。水利学会理事长朱尔明、副理事长郑守仁、常务理事董哲仁等出席了会议。

2000年4月，中国水利学会与水利部国际合作与科技司在北京联合召开了“西部大开发水利要先行”学术座谈会，20位来自北京和西部各省区的专家出席了会议。

五、国际民间交流

1998年5月，中国水利学会与国际水文科学协会、国际水资源协会和国际水文计划协会等在武汉水利电力大学联合召开了"水资源量与质可持续管理国际学术讨论会；参加会议的外国专家51人，国内专家50人。

1998年6月，中国水利学会派出4人代表团出席了在加拿大召开的1998年加拿大土木工程学会年会暨盛可持续发展国际讨论会。

1998年12月，中国水利学会同其他单位在香港联合召开了第七届河流泥沙国际学术讨论会暨第二届环境水利国际学术讨论会，会议有32个国家和地区的300名专家出席，中国水利学会名誉理事长杨振怀出席会议并做了题为《世纪之交中国水利与环境问题的认识和建议》的主题报告。

1999年6月，中国水利学会派代表团出席了在加拿大召开的1999年加拿大土木工程学会年会暨可持续发展国际讨论会，在会议上发表2篇论文。

1999年12月，中国水利学会在北京召开了1999年防洪技术国际研讨会，大会收到论文127篇，来自8个国家的地区的148人参加了会议，水利部副部长周文智出席会议并讲话。

1999年，中国水利学会先后派出代表团参加了在西班牙召开的国际灌排大会、在奥地利召开的国际水利工程与研究协会大会、在土耳其召开的国际大坝会议等。

六、海峡两岸水利科技交流

1998年12月，中国水利学会派出23人代表团赴台湾出席在台湾大学召开的第四届海峡两岸水利科技交流研讨会。

1999年，中国水利学会农田水利专业委员会组团赴台湾与台湾省农田水利会共同召开第二届农田水利技术研讨会。

1999年6月，中国水利学会秘书长冯广志在北京会见了台湾技师公会理事长陈国华先生，双方就学会的工作内容、两岸的水利特点进行了交流。

七、重点科普活动与人才举荐

1998年5月到6月，中国水利学会在太原同山西省水利学会联合举办了节水灌溉与农业基本建设研讨班，有50多位专业技术人员参加了培训与研讨。

1998年5月到10月，中国水利学会同重庆市水利学会联合举办了长江三峡库区开发和工程建设研讨班，计有200多位水利技术干部和工程人员参加。

1998年8月，中国水利学会联合北京水利学会和河海大学举办了水利夏令营；1999年继续同北京水利学会共同举办全国青少年水利夏令营（北京营）。

1998年和1999年，中国水利学会分别在全国21所和22所相关院校中评选出1996～1997学年、1997～1998学年水利优秀学生69名和70名，并颁发了证书和奖金。

（中国水利学会　张文雷）

中国电机工程学会

中国电机工程学会几年来，开展了下列工作：

（一）主要工作

（1）第七次全国会员代表大会召开。1999年6月26日～29日在北京召开了中国电机工程学会第七次全国会员代表大会。出席会议的代表共三百多人。在会上宣读了高严总经理的书面发言，第六届理事长张凤祥作第六届理事会工作报告，常务副秘书长曾庆禹作中国电机工程学会章程修改说明报告。

大会以无记名投票方式选举产生了第七届理事会理事。在第一次理事会上选举了常务理事。陆延昌当选为理事长，吴晓华、关志成、郑健超当选为副理事长，郭灏当选为秘书长。通过了张凤祥为名誉理事长和名誉理事名单。

（2）1999年9月23日中国电机工程学会与北京电机工程学会在北京举办了庆祝建国五十周年联谊会。国家电力公司、华北电力集团公司和首都电机工程界的老领导和老专家出席了这次联谊会。

（3）1999年10月，中国电机工程学会主办的《农村电气化》创刊20周年。中国科协主席周光召，国家经贸委副主任石万鹏，水利部部长汪恕诚，科技部副部长韩德乾，国家电力公司副总经理、中国电机工程学会理事长陆延昌等领导分别题词或致信祝贺。

（4）1999年12月14日～15日，中国电机工程学会专业委员会秘书长工作会议在北京召开。会议一致同意《2000年学术活动计划及学会委员会工作思路》。对《学术委员会工作条例》（修改稿）进行了讨论，对学会开始建设中国电机工程学会计算机网页表示肯定。

（5）中国电机工程学会七届二次常务理事会于2000年7月14日～15日在昆明召开。陆延昌理事长主持会议并致开幕词。对1999年工作进行了总结，对2000年的工作作了安排并对学会总部提交的八项议案进行了认真的审议和表决。组成了七届理事会各工作委员会：①组织工作委员会主任委员郑健超；②学术工作委员会主任委员周孝信；③咨询工作委员会主任委员郑企仁；④外事工作委员会主任委员魏光耀；⑤科普工作委员会主任委员黄其励；⑥编辑工作委员会主任委员吴玉生。

（二）外事工作

（1）韩国电气工程师学会访问我会。1999年7月，根据双边友好协议，我会邀请韩国电气工程师学会参加我会第七届全国代表大会并作了韩国电力改革及技术发展的专题报告。两会领导会谈并就以后进一步的合作交流交换了意见。

（2）第五届电气工程国际学术研讨会。1999年8月16日～18日，联合日本、韩国、香港电气工程师学会在香港召开第五届电气工程国际学术研讨会。会议主题为“面向21世纪的可靠有效清洁能源”。主要讨论内容有电力系统、计算机技术、电力电子应用、电气材料以及控制自动化等。录用论文310篇，有360名来自世界20个国家的专家学者参加会议。大会开幕式上，首先介绍了我国电力工业改革及其技术发展。

（3）签订中日发电厂水处理研讨会协议。过去十多年，中日发电厂水处理研讨会不定期召开了五次。与日本东京电力研究所在11月签订中日发电厂水处理研讨会协议，即每两年分别在两国召开一次研讨会交流发电厂水处理方面的技术及经验。协议有效期为五年，五年后根据情况双方协商决定是否继续协议内容。

（4）实时仿真技术研讨会。1999年11月18日，邀请加拿大专家来北京进行电厂实时仿真技术专题讲座。全国各网省电力公司代表50名参加会议。会议分讲座和讨论交流两部分，反映良好。

（5）筹备中国电机工程学会与美国电机电子工程师学会的合作协议，为双方理长的签署做好准备。

（6）中国科协推荐、国家电力公司同意，学会秘书长郭灏当选国际工程师组织联合会中国国家委员、亚太工程组织联合会执行委员、农电委员会主席。

（7）7月18日～20日，中国电机工程学会代表团出席了在茂朱举行的韩国电气学会（KIEE）2000年年会，在7月18日的开幕式上，郑健超副理事长作了题为《Electrification-the bridge to the sustainable energy future》的特邀演讲。会后，代表团参观了灵光核电站、茂朱抽水蓄能电厂、韩国电气研究所(KERI)和晓星集团的高压电气设备制造厂。

（8）2000年7月25日～29日在日本北九州举行由中、日、韩三国电机（电气）工程学会联合发起ICEE（国际电气工程会议）。在开幕式上，中国电机工程学会副理事长郑健超和韩国电气学会、日本电气学会、香港工程师学会的负责人作了主题发言。随后，大会分32个Oral Session和9个Poster Session宣读论文。此外，会议安排了两个Panel Session，内容为新千年的电力技术和电力系统放松管制问题。中国电机工程学会赴ICEE会议代表团团长孙嘉平理事在Panel Session会上发表了题为《世界电力技术发展史及技术传递（Technology Transfer）的作用》的报告。会议评选了优秀论文，清华大学张毅威等六人获奖。会后，代表团访问了日本的“中国电力公司”以及东京电力公司电力研究所。

（9）2000年8月26日～9月2日，CIGRE第38届全体大会在巴黎召开。此次出席大会的代表共2400人左右，我国正式代表共28人，参会论文共八篇（包括与外方合著）。大会分理事会大会、技术委员会会议、各专委会会议、工作组讨论会、技术讨论会及今年首次召开的国家委员会代表会议。在年会上，选举了新任主席及司库。同时，郭灏再次当选理事会理事，并被选为理事会驻技术委员会代表。

（三）科普工作

（1）1999年12月9日～10日，在北京召开了科普工作座谈会。会议认为，电机工程学会要继续发挥科普主力军作用，坚持开展多年来行之有效的科普日常活动。

（2）制订了《中国电机工程学会2000年科普工作设想》。

（3）2000年4月14日陆延昌理事长亲自带队到湖北省巴东县溪丘湾乡开展“电力扶贫、送科技下乡”活动。5月～6月学会秘书长郭灏、副秘书长苏竹荆到四川、甘肃开展活动。

（四）学术工作

（1）1999年12月14日～15日在北京召开各专业委员会秘书长会议，有39人出席了会议，总结了当年的活动开展情况。一年来，学会各级组织开展了多层次、不同形式、内容丰富、主题突出、紧密联系实际的学术活动。据不完全统计，各专业委员会召开工作会议28次，学术研讨会37次（其中国际会议2次)，参加人数达3017人次（其中国外学者87人)，交流学术论文或技术报告1232篇（其中国外论文103篇)，编辑印制论文集几十种，共4000余册。专题报告或讲座17次，参加833人次。学术活动活跃，论文质量明显提高，学术交流取得显著效果。

（2）2000年10月17日～20日中国供电国际会议在上海召开，来自22个国家和地区供电领域的专家、学者、工程技术人员400多名代表参加了会议。国家电力公司副总经理、中国电机工程学会理事长、本次大会主席陆延昌在会上作了题为《依靠技术创新，建设改造城市电网》的报告。欧洲国际供电会议（CIRED）主席 jean-pierreConnerotte 先生担任本届大会名誉主席，并作了主旨报告。出席会议的还有上海市副市长蒋以任、中国电力企业联合会常务副理事长刘宏、中国电机工程学会秘书长郭灏，以及国家经贸委、国家计委、科技部等部门的领导。

（中国电机工程学会秘书处）

中国水利水电勘测设计协会

近几年来，中国水利水电勘测设计协会（以下简称协会），按照协会的章程加强了协会的组织建设，开展了各项活动，较好地发挥了桥梁、纽带作用，促进了水利水电勘测设计行业的改革和发展。

一、协会的组织建设

（1）1995年10月，协会在乌鲁木齐市召开了第六次会员代表大会。会议听取并审议了倪启香理事长代表第五届常务理事会所作的《加强和改进协会工作，为促进水利水电勘测设计行业的改革和发展努力奋斗》的工作报告；听取并审议了宋廷福秘书长代表第五届常务理事会所作的《协会1991年6月1日～1995年6月30日财务收支情况的报告》；审议通过了修订后的《协会章程》。会议根据《协会章程》，选举产生了第六届理事会和常务理事会。选举高雪涛（水利水电规划设计总院）、高安泽（水电水利规划设计总院）为理事长，宋廷福（协会）为常务副理事长，慈常治（辽宁省勘测设计研究院）、张庆堂（西北勘测设计研究院）、郑文正（成都勘测设计研究院）、蔡允明（福建省勘测设计研究院）和郑仁义（珠江水利委员会勘测设计研究）为副理事长，分别兼任华北东北片、西北片、西南片、华东片和中南片片长。经理事长提名，聘任宋廷福为秘书长（兼），郭丁平（水电水利规划设计总院）、吴允平（水利水电规划设计总院）为副秘书长。会议决定，聘请原电力部汪恕诚副部长、水利部朱尔明总工程师和建设部勘察设计司吴奕良司长为名誉理事长。

（2）1999年6月，协会在北京市召开了第七次会员代表大会。会议听取并审议了高安泽理事长代表第六届理事会所作的《进一步完善协会建设，促进水利水电勘测设计行业的改革和发展》的工作报告；听取并审议了宋廷福常务副理事长兼秘书长代表第六届理事会所作的《关于任届期间财务收支情况》的报告和《协会章程（修改意见）》的说明。经会议审议一致通过了《工作报告》和《财务报告》。经大会表决一致通过了《协会章程（修改意见）》会议选举产生了第七届理事会和常务理事会。选举张国良（水利水电规划设计总院）为理事长，童显武（水电水利规划设计总院）、王中礼（协会）、杨凤臣（河北省勘测设计研究院）、张庆堂（西北勘测设计研究院）、段荣国（昆明勘测设计研究院）、蔡允明（福建省勘测设计研究院）、郑仁义（珠江水利委员会勘测设计研究院）为副理事长，王中礼兼任秘书长。经协会七届二次常务理事会研究决定，杨凤臣、张庆堂、段荣国、蔡允明、郑仁义五位副理事长分别兼任华北东北片、西北片、西南片、华东片、中南片片长。

（3）1997年4月，国务院办公厅以国办发［1997］11号文转发了民政部《关于清理整顿社会团体意见的通知》。根据通知精神，协会在水利部、电力部、水利水电规划设计总院、水电水利规划设计总院的领导和支持下，对协会的工作进行回顾和总结，填写了《清理整顿报告书》；请民政部推荐的天正会计师事务所对协会的财务工作进行审计，提出审计报告；取得相关的证明材料，上报主管部门的审定，完成了第一阶段的清理整顿工作。1998年10月，国务院发布了《社会团体登记管理条例》。1998年11月，根据水利部印发的《关于清理整顿社会团体有关问题的通知》，民政部印发的《关于清理整顿社会团体审定和核发证书工作的通知》和民政部制定的《社会团体章程示范文本》，修订《协会章程》，完成了第二阶段的清理整顿工作。1999年3月，经民政部审定，批准中国水利水电勘测设计协会重新登记注册，并在1999年3月4日《中国社会报》的《中华人民共和国民政部社会团体登记公告（第1号)》上向社会公布。协会的领导和挂靠关系，在清理整顿过程中，经过协商，由原电力部、水利部共管，挂靠水电水利规划设计总院、水利水电规划设计总院，改为由水利部主管，挂靠水利水电规划设计总院。

（4）1997年6月12日，经六届三次常务理事会审议批准接收河南黄河勘测设计研究院为团体会员；1999年6月7日，经第七届第一次理事会审议批准接收西藏自治区水利规划勘测设计研究院为团体会员。至此，协会共有团体会员57个单位。

二、协会的主要活动

（1）开展了协会成立10周年的纪念活动。中国水利水电勘测设计协会成立于1985年4月。在召开第六次会员代表大会前夕，在乌鲁木齐市举行了协会成立10周年的纪念活动。会议简要回顾总结了协会成立10周年的建设历程，向历届协会的老领导、老同志表示诚挚的敬意和衷心的感谢，肯定了协会10年来的工作，明确了协会今后的工作方向。

（2）推动会员转换经营机制，努力提高经济实力。水利水电勘测设计单位，长期作为政府职能延伸的事业单位。由于国家控制固定资产投资规模，大多数单位任务不饱满，人员相对过剩。在改革形势的推动下，协会推动各单位转换经营机制，深入贯彻“一业为主，两头延伸，多种经营”的方针，调整结构，优化资源配置，“立足水利水电，跳出水利水电”，全方位开拓市场，不断提高经济效益。从建设部对全国勘察设计单位综合指标前100名名单排序来看，1995年水利水电勘测设计单位占11名，1997年占12名，1998年、1999年占13名，而且名次逐年前移；从有些省（区、市）对勘察设计单位综合指标排序排出的20强、30强、50强的名单中，也有不少水利水电勘测设计单位榜上有名，说明水利水电勘测设计单位的经济实力在不断增强。

（3）规范市场行为，调整行业内部关系。在市场经济不断向前发展过程中，全国勘察设计行业出现了某些不正当竞争。1996年7月，协会六届二次常务理事会根据水利水电勘测设计市场存在的问题，为进一步明确和规范当事人的市场行为，推动行业自律，研究制定了《关于在市场竞争中注意增强自律意识，维护合法权益的若干意见》，作为职业道德建设，协调会员之间和设计单位与项目业主之间在市场竞争中相互关系的一些原则，避免在委托和承接业务过程中出现的不正当竞争，损害各方的合法权益，对工程建设造成不必要的损失。水利部建设司十分重视和肯定这个若干意见，转发各院、各水利（水电）厅（局）和有关建设单位，要求认真领会和贯彻该若干意见精神，检查自己的市场行为，自觉遵守和维护市场秩序，促进水利水电市场的健康发展。

（4）推动各院强化管理，理顺内部生产关系。一是推动实施项目管理。为了同国内外市场接轨，第六届理事会、常务理事会多次研究和交流实施项目管理的问题和经验，配合水利部建设司与上海勘测设计研究院共同研究推行项目管理的实施办法，还针对推行项目管理中存在的问题，整理印发了《关于水利水电勘测设计单位推行项目管理的探讨》供各单位参考。2000年6月～7月间，还在天津勘测设计研究院举办了一期项目经理培训班，邀请建设项目总承包工作委员会的专家讲课，取得了较好的效果。二是推动各院GB/T 19000—ISO9000贯标认证工作。倡导各院建立以质量为核心、文件化的质量保证体系，提高各院的整体管理水平。到目前为止，已有一半以上的会员单位取得了认证证书，增强了本单位在国内外市场的竞争力。三是推动各院进行“三项制度”改革，调动广大职工积极性。近几年，各院先后进行了“三项制度”改革，实行减员增效，下岗分流；打破干部终身制，实行竞争上岗，择优聘任；对职工实行双向选择，签订岗位合同；分配打破“大锅饭”，实行效率优先，兼顾公平；大力培养复合型人才，提高各单位的综合实力。四是推动各院探索对二级单位试点产权制度改革，为全院整体改制奠定基础。

（5）继续编印了会刊和汇编，为会员提供信息。从1995年～1999年，《勘测设计改革与信息》五年共编印刊登各类文章706篇，综合信息648则，信息服务112篇，总篇幅303.7万字。在会刊发行100期的时候，还开展了一次由读者、作者、编者对会刊的全面评价活动，对会刊的作用是肯定的，评价也是较高的。2000年，为给各院深化改革提供政策、法规依据，在1994年编印《勘测设计体制改革有关文件汇编》的基础上，继续编印了1995年～1999年的汇编，选编了各类文件306篇，约145万字，为会员单位提供各类实用信息。

（中国水利水电勘测设计协会　王忠礼　宋廷福）

18 国际合作与交流

利　用　外　资

二滩水电站利用外资的情况和经验

（一）二滩水电站概况

二滩水电站位于四川省攀枝花市境内的雅砻江下游河段上，距雅砻江流入金沙江河口33km，是以发电为主、综合利用的水利水电枢纽工程。水库正常高水位1200m（高程），总库容58亿m^3，有效库容33.7亿m^3。水电站安装6台单机55万kW水轮发电机组，总装机容量330万kW，多年平均发电量170亿kW·h。采用五回500kV出线，经地面开关站进入川渝电网。

二滩水电站工程建设于1991年9月开工，1993年11月河床截流，1998年5月大坝下闸蓄水，1998年8月第一台水轮发电机组并网发电，1999年12月最后一台机组并网发电，工程于2000年上半年全部竣工。

（二）二滩水电站利用外资的情况

根据国家计委1998年4月批准的二滩水电站工程建设调整概算总投资为285.54亿元，其中利用外资10.789亿美元，按1996年底汇率1美元兑换8.3106人民币元，折算为89.66亿元人民币元，占总投资的31.4%。

利用的外资中，向世界银行贷款7.8亿美元，由世界银行提供担保的银团贷款1.5亿美元，国外商业贷款1.5亿美元。向世界银行贷款分两期实施。第一期贷款于1991年启动支付，贷款年利率为7.75%（浮动），承诺费0.75%；第二期贷款于1996年初启动支付，贷款额度4亿美元，贷款期20年，宽限期5年，利率与承诺费同第一期。世界银行担保的银团贷款1.5亿美元（1亿美元加7000万德国马克）于1996年初启动，贷款期15年，宽限期5年，年利率美元为6.9%（浮动），马克为4.3%（浮动），承诺费0.375%，有关管理费及手续费0.875%，世界银行担保费0.05%，世界银行承诺费0.25%。商业贷款1.5亿美元，贷款期10年，年利率7.92%～8.793%。

全部外资从2000年开始还贷，至2015年上半年全部还清。外资贷款的利息，基建期共发生23.1亿人民币元，电站生产期将要支付39.2亿人民币元（按批准的调整概算汇率1美元兑换8.3106人民币元折算）。外资利息除用国外商业贷款外资支付外，其他部分均在每年支付当年利息时用人民币购汇解决。

所贷外资实际使用的情况是，支付Ⅰ标承包商（大坝工程）42184万美元，支付Ⅱ标承包商（地下厂房及其他地下工程）32848万美元，支付国外机电设备采购款19020万美元，支付国外专家咨询费、国外公司承担的专题研究费、人员培训费等2955万美元，支付外资利息10025万美元，支付工程保险费98万美元。以上支付共为10.713亿美元。由于贷入外资有一部分为德国马克，按贷入时汇率换算，全部贷入外资为10.720亿美元。贷入与支付基本平衡。

上述支付的10.713亿美元，包括了汇率损失Ⅰ标904万美元，Ⅱ标4657万美元，国外机电采购－900万美元。由于对Ⅰ标、Ⅱ标和国外机电采购的合同用多种外币支付，而向世界银行贷款只是单一货币——美元。在合同期内，外币间的汇率变动导致多支付美元达4661万美元，例如向Ⅱ标承包商支付的外币规定用德国马克，而德国马克合同中1美元兑换1.8892马克，支付时的汇率大约在1.4～1.75之间变动，仅对Ⅱ标的支付就有4657万美元的汇率差。

1991年6月世界银行亚洲地区办公室中国局工业能源处完成了《对中国二滩水电项目的评估报告（SAR）》，1995年5月世界银行东亚及太平洋地区办公室中国蒙古局工业能源处完成了《对中国二滩水电项目的第二期贷款的评估报告（SAR）》。报告中着重对四川电力市场预测与规划、二滩工程概算、移民安置、环境问题、财务指标和预测、工程效益等作了详细评估，评估的最后部分，要求借款人和二滩公司做到16项保证，其中特别明确二滩公司的回报率1999年不低于当年运行的固定资产重估净值的12%，以后年度不低于15%；1999年保持不低于1.3倍的偿债比率，以后年度不低于1.5倍；债务与权益比在投产期（1998～2000年）不大于80:20，以后年度不大于70:30。

根据当时的测算，评估报告中的要求是可以满足的。

（三）利用外资给二滩水电站带来的效益

（1）有效地缓解了当时内资不足的矛盾。二滩水电站共需285.54亿人民币元，资本金共投入20亿人民币元（国家开发投资公司、四川省投资公司和四川省电力公司各占48%、48%、4%），其余部分265.5亿人民币元均需向银行贷款。在施工高峰期1995年～1998年每年资金需求量很大，利用外资有效地缓解了内资筹资压力。

（2）引进了国际资质优良的承包商和供货商，保证了工期和工程质量。二滩水电站利用世界银行贷款，以国际竞争性招标选择承包商和供货商，引进了先进的施工技术和管理。二滩水电站的大坝和地下厂房土建工程承包商分别是以意大利和德国公司为责任方并有中方施工单位参加的联营体，施工设备先进、配套，形成的施工能力能满足工程需要，施工期共进入国外施工设备和配件价值4亿美元（到岸价加税收），实现了合同要求的每一个重要的里程碑工期，使总工期比批准的原初步设计确定的12.5年（包括准备期2年）缩短了21个月，仅施工期基建利息可减少30亿余人民币元。由于施工组织严密，施工方法和工艺先进，施工设备配套、效率高，因此施工质量得到了保证，混凝土合格率为100%，优良率达85%以上。1996年6月，原电力工业部专家组对二滩水电站工程质量进行全面检查后，在其调查报告中评价："从工程总体质量情况可以看出，混凝土施工质量优于开挖质量，混凝土内部及外部质量都非常令人满意，是国内已建工程中未能达到的"，"拱坝坝体接缝灌浆和坝体冷却施工技术是较为先进的"。

（3）在二滩水电站永久设备采购中，贯彻了技贸结合、引进技术、合作生产、最终达到国产化的方针。在6台55万kW水轮发电机组的国际招标中，引进了55万kW水轮发电机组及其附属设备制造、管理技术，使中外合作生产成为现实，使我国水轮发电机组生产水平由32万kW跃上55万kW新等级。

（4）实现项目管理与国际接轨。

（5）促进公司体制和内部管理机制的转变。

但二滩水电站利用外资仍有很多问题需要进一步总结。例如，到底使用多大额度外资效益最好；使用国外咨询服务如何既能确实保证工程的需要，又能尽可能降低咨询费用；在工程施工合同中研究如何正确处理并量化合同双方的风险分摊的原则和方法等。

（二滩水电开发有限责任公司　李人伦）

天生桥（一级）水电站利用外资情况和经验

（一）电站利用外资情况

1. 外资额度　1986年国家计委批准天生桥（一级）水电站利用日本海外协力基金会（OECF）第三批日元贷款。1991年9月国家计委批复了《天生桥（一级）水电站利用外资可行性研究报告》。之后，批准同意项目使用日元贷款196亿日元。

2. 外资使用情况　①天生桥一级水电站利用日元贷款从1991年～1994年分四个年度签定了贷款协议，分年度贷款协议签订时间和额度详见表1。②按照工程建设进度和采购清单，从1993年～1999年底签订的合同贷款额度见表2。

表1　各年度签定贷款的情况

年度	额度（亿日元）	签订时间	使用终止时间
1991	40.45	1991年10月4日	1998年11月20日
1992	35.00	1992年10月15日	1999年11月9日
1993	54.90	1993年8月25日	2000年9月30日
1994	65.65	1995年1月13日	2001年2月9日
合计	196.00		

表2　1993年～1999年底签定的合同贷款额度

序号	项目	额度（百万日元）	合同额度（百万日元）	备注
1	永久设备	4476	3026	合同额度中包含了基金手续费
2	施工机械	3586	3189	
3	钢　材	2078	1737	
4	建筑工程	7808	7610	
5	工程咨询	1488	1406	
6	预备费	164		
	合计	19600	16968	

（二）使用外资在工程建设中发挥的作用

（1）天生桥（一级）水电站混凝土面板堆石坝高178m，体积1800万m^3（坝体填筑主要利用溢洪道开挖石料），月平均强度50万m^3以上，均为目前世界同类坝型的前列，而国内混凝土面板堆石坝的建设刚起步。因此，电站大坝和溢洪道土建和安装工程通过国际公开招标，选择了由中国江南公司和巴西MJ公司组成的合作联营体——南方水电工程联合有限公司承建。按照《合作经营企业合同》有关条款规定，巴西MJ公司为技术责任方，负责编制大坝和溢洪道工程总体施工计划；提供国外混凝土面板堆石坝先进的施工技术和经验；提供高中级技术人员和管理人员，负责大坝和溢洪道的施工技术和质量管理，解决施工中的技术问题，对中方施工技术人员培训等，使大坝和溢洪道工程的设计、施工质量和工期得到了保证。

（2）利用外资采购了上百台（套）专用的施工机械，在保证电站大坝的施工质量和进度方面起了重要作用。采购了主变压器、调速器、计算机监控系统、

220kVGIS、水轮机转轮等电站永久机电设备，其中，由法国生产的水轮机转轮模型最高效率和加权平均效率比国内产品高，且高效率区比较宽，使电站的发电效益和调峰作用显著增加。

(3) 按照OECF贷款规则，利用外资聘请了工程咨询。还安排包括中国、日本、巴西、澳大利亚和美国专家组成的特别咨询团对工程设计和施工中出现的重大技术问题提供咨询。咨询单位提出了十余份咨询报告，对工程设计和施工管理具有一定的指导作用和参考价值。另外，组织管理、监理、设计和运行等单位到国外就混凝土面板堆石坝设计和施工技术、管理、合同、质量控制、计算机监控技术等专题进行过考察和培训，对提高我方人员综合管理素质起到了积极的作用。

(4) 天生桥（一级）水电站利用日本CECF日元贷款，减少了工程建设资金内资的压力。引进了国外混凝土面板堆石坝先进的设计、施工技术和管理，对保证电站建设质量、进度和造价的有效控制起到了积极的推动作用。

今后要认真总结电站利用外资的有关使用情况和经验教训，研究如何更好地结合国情和工程实际需求，合理确定和安排采购项目、额度和时间，以及在引进国外先进技术和管理的同时兼顾设备国产化等有关问题，以利于今后能更科学、合理地利用外资并进一步提高其投资效益。

（国家电力公司南方分公司　宋正琦）

开 拓 国 际 市 场

中国水利水电工程总公司开拓国际市场

中国水利水电工程总公司（英文简称CWHEC）系统从1998年以来，对外经营工作所取得的成就和经验，可以概括为以下几个方面。

（一）逐步确立了对外经营的指导思想和发展战略

近两年，提出了迎接WTO挑战，实施“走出去”的战略。打好国家电力公司品牌，做好CWHEC文章，整合集团优势，参与国际建筑市场竞争，进一步开拓国际市场，争取在今后几年内进入全国最大对外经营企业前10名行列的战略目标和任务。实践证明，对外经营工作在企业发展战略中定位的逐步明确，有效地促进了对外经营工作的发展。

（二）初步建立了对外经营工作的组织体系和机制

2000年初，经过充分酝酿和协商，中国水利水电工程总公司组织系统力量，模拟有限责任公司形式，在原来国际业务部门的基础上，改组成立了国际公司，代表中国水利水电工程总公司行使对外工程承包经营权，并先后在11个单位设立了直属国际工程部，在9个国家和地区设立了9个经理部、代表处和分公司。2000年5月，为适应国家经济开放和中国水利水电工程总公司对外经营工作发展需要，配合对外工程承包业务的开展，经国家外经贸部批准，中国水利水电工程总公司又获得了技术进出口和商品贸易权。为此，总公司及时设立了事业部性质的专门工作机构——国际贸易部。目前，中国水利水电工程总公司对外经营工作已经建立起比较完备的组织体系和工作机制，以海外事业部为龙头，以系统内11个直属国际工程部和9个驻外机构为延伸的一体化对外经营格局开始形成，为实施“走出去”战略奠定了坚实的组织和制度基础。

（三）培养锻炼了一大批对外经营工作的专门人才

目前，中国水利水电工程总公司已建立起门类齐全、业务精湛、总数近500人的国际经营人才库，其中有相当数量的人员属于技术型与管理型的复合型人才，既善经营、懂法律，又通商务、会外语，有200余人已经充实到对外经营工作的一线岗位上。

（四）开始形成了中国水利水电工程总公司(CWHEC)在国际建筑市场上的品牌

CWHEC的品牌已经在国际市场，特别是在第三世界国家和地区市场上崭露头角。1999年，在国际市场上签约6项，合同总额2.6亿美元，当年完成营业额6404万美元，在全国最大50家外经公司排名中分列第6位和第25位，在美国《工程新闻记录》杂志关于1999年全球最大225家工程承包公司排名中，列第136位。今年以来，我们共做资审50项，全年中标项目7个，新签合同总额可达1.13亿美元，完成营业额6166万美元。我们已经初步实现了巩固亚洲市场，发展非洲市场，进军美洲市场的战略目标，详见下表。

中国水利水电工程总公司 1998 年以来承建工程

序号	国 别	项 目 名 称	合同金额（万美元）	合同签订日期	开工日期	合同工期（月）	营业金额（万美元）	备 注
1	马来西亚	DLIP 吹填工程	518.4	1997.12	1998.03	18	550.00	已完工
2	尼泊尔	逊沙里灌溉工程	2144	1998.08	1998.12	60	1053.60	在建
3	孟加拉	迈各特场地准备工程	2951	1999.03	1999.03	10	3016.00	已完工
4	孟加拉	达卡城市供水工程（3）	300	1999.08	1999.08	24	202.44	在建
5	孟加拉	达卡城市供水工程（6）	1425	1999.11	1999.12	30	797.89	在建
6	乌兹别克斯坦	塔什干机场修复工程	940	1999.09	1999.10	6	1210.00	延期，将完工
7	泰国	科龙泰单碾压混凝土大坝	15700	1999.10	1999.11	60	1990.49	在建，30%股份
8	泰国	梅索碾压混凝土大坝	1500	1999.11	1999.12	30	414.25	在建，45%股份
9	新加坡	南部海岛吹填工程	3372	1999.12	2000.01	30	631.27	在建，45%股份
10	津巴布韦	丹迪引水涵洞	1160	2000.02	2000.02	36	479.20	在建
11	缅甸	孟河水电站工程	1750	2000.06	2000.06	36	328.70	在建
12	缅甸	德畔塞水电站工程	1550	2000.06	2000.06	36	281.90	在建
13	孟加拉	帕可西大桥工程	3364	2000.08	2000.08	35	553.50	在建
14	巴基斯坦	拉瓦尔品地下水道 1	70	2000.11	2000.11	10	15.00	在建
15	巴基斯坦	拉瓦尔品地下水道 3	80	2000.11	2000.11	10		在建
累计金额			36824.4				11524.24	

（五）加深了对国际建筑市场的认识和体会，积累了对外经营工作的一定经验

随着对外经营工作的不断发展，对国际市场的认识和体会日益加深，并且积累了一定的工作经验。这对于实施“走出去”战略，发展国际化经营，是极其宝贵的。

对外经营工作与在国内市场上的竞争有着显著的区别和特点。概括起来，主要有以下几点：

（1）审时度势，全面权衡，灵活把握，作出相应的经营决策。

（2）对外经营工作在人力、物力、财力的投入上不能发生偏差。

（3）清醒认识项目的经济性、技术性对影响项目执行的关系，项目经营就可能成功，市场的开拓就可能告捷。

（4）对有关国际商法的掌握和运用能力。甚至可以说，在一定情况下，掌握和运用国际商法比掌握和运用项目实施的技术和业务能力更重要、更实惠、更迫切。

（5）国际市场竞争的胜负取决于企业的品牌和实力的强弱。

（6）严格履约、以质取胜是企业在国际市场上的立足之本、发展之基、取胜之源。

（中国水利水电工程总公司国际合作部）

中国水利水电第八工程局开拓国际市场

1996 年 1 月，中国水利水电第八工程局（以下简称八局）和东方电气集团公司合作，参与巴基斯坦巴罗塔水电站 C—03 标（厂房工程）的投标，击败众多著名国际承包商，获中第一标，同年 12 月 1 日，江泽民主席访问巴基斯坦时，与业主签订了正式承包合同。这是迄今为止中国公司在国外中标承建的最大水电施工项目（合同金额 2.5 亿美元），也是八局作为国际承包商首次承建的大型国际施工项目。近年来，八局以此为契机，积极拓展国际市场，目前，八局正参与投标的国际工程项目有，马来西亚里瓦古工程、马来西亚 KK 市排污工程、泰晤士河碾压混凝土坝工程、孟加拉国索拉加旺电站场平工程、菲律宾河道疏浚工程、印度水电项目、土耳其水电站安装工程等众多项目。从国内施工单位成长为国际大型工程承包商，八局主要是加强了以下几方面的工作。

（一）确定国际发展战略，建设一支高素质的国际施工队伍

早在 1994 年，八局就根据世界经济一体化的发展趋势、国内水利水电市场僧多粥少的饱和现状及企业长远发展的需要，确立了“走出两门（水电门、国

门），多元经营”的企业经营发展战略，以走出国门拓展国际市场作为企业新的重要经济增长点。为实现这一战略目标，八局加强了国际施工队伍建设。

1995年八局成立国际合作部，由两位副局长分管国际市场拓展与国际工程项目施工管理；以二滩工程作为八局进军国际市场的培训基地，在全局范围内选拔英语水平较高的技术管理骨干，有计划分批进入二滩工地学习培训，同时大量吸收英语水平过六级、具有本科以上学历的相关专业毕业生；实施适度的财政倾斜，为国际合作部配置了以电脑为主体的大量现代化办公设备，实现了国际工程管理网络化、现代化，并投入大量资金购置了高新施工设备。八局已具备了一支装备精良、技术精湛、外语水平和管理水平都能基本上与国际接轨的国际施工队伍。

（二）实施总部支持，增强国际竞争实力

通过建立和完善内部劳务及人才市场、资金市场、物资采购供应市场、设备租赁市场、技术市场，从人、财、物、技术等方面，局总部给予国际合作部等二级机构以支持。如内部资金市场的建立，加强了局内资金的管理和调度，为国际工程等重点项目的资金提供了重要保障；内部技术市场的建立和完善，使工程局强大的技术优势可以在最短的时间内及时解决国际工程施工中急需解决的重大疑难技术问题。通过总部支持，八局国际施工队伍综合竞争实力得到了进一步增强。

（三）学习国外先进经验，学会当好国际承包商

八局学会当好国际承包商，是从二滩工程开始的。在二滩工程施工管理中，严格实行菲迪克(FIDIC)即国际土木工程施工合同条款，全面与国际惯例接轨，这对习惯国内计划经济条件下管理模式的施工队伍来说，冲击是非常强烈的。1991年9月八局一进二滩施工，与二滩联营体主办方IGL公司的激烈碰撞就同时开始了。在进场半年多的时间里，形成规模的罢工就发生了三次，小的冲突几乎每天都有。职工不理解为什么要让外国人到中国来干工程？不习惯菲迪克条款，不知道该向外国人学什么、怎样学。为转变职工思想观念，尽早掌握国际承包商的管理模式，1992年7月，八局提出了二滩工程工作的指导思想：“诚心诚意与外方伙伴合作，以确保二滩水电站按合同建成。在这个过程中，培养一支队伍，学习一套管理方法”。在这一指导思想下，八局自觉地迅速地适应了国际承包商完全按照市场经济运作的管理模式，并在巴罗塔工程建设管理中，成功地将二滩工程的先进管理经验和中国施工企业的优势与巴罗塔工程的具体情况相结合，目前已基本形成了具有自身特色的管理模式和管理方法。

（四）强强联合，积极拓展国际市场

当前，国内外大型水利水电工程由某一施工单位独揽已非常困难，要在激烈的市场竞争特别是国际市场竞争中取胜，实施强强联合的联营合作战略是非常重要的。近年来，八局在开拓国际市场中，按照“强强联合，优势互补，真诚合作，加强团结，平等互利”的原则，积极参与国际市场竞争，取得了明显成效。如在二滩工程中，八局与意大利英波吉洛(IGL)、法国杜美思（DMZ)、大马赛（GTM）等国际知名承包商组成了“二滩联营体”，已成功地完成了二滩大坝主体工程建设；在巴基斯坦巴罗塔工程中，八局与东方电气集团公司组成了“巴罗塔联营体”，目前工程建设正在顺利实施。对已经递交施工建议书的马来西亚沙巴州里洼谷水电站（交钥匙项目），八局正与马来西亚BORNION公司合作；对已经投标等待开标的孟加拉国输变电项目，八局正与湖南输变电公司和巴基斯坦PPC公司合作。通过强强联合，必将进一步扩大八局在国际市场中的占有份额。

（中国水利水电第八工程局）

中国水利水电第十一工程局开拓国际市场

中国水利水电第十一工程局（以下简称十一局）从建局伊始就涉足国际工程合作，并于60年代开始承建援外工程。1963年开始承建并完成了几内亚共和国金康水电站工程。之后，又相继完成了几内亚共和国丁基索水电站的设计和施工，几内亚共和国洛法水电站的考察、勘探与设计任务。70年代末和80年代十一局参与了阿尔巴尼亚毛泽东水电站、毛里塔尼亚黑戈尔灌溉工程和一些其他民用建筑的建设，分包了伊拉克摩苏尔水电站部分工程。所建工程项目的质量都得到当地政府和人民的好评。

随着改革开放的深入发展和向市场经济转化的需要，十一局明确提出了“两个拳头打天下”的发展战略，即一个拳头抓国内工程建设，发展多种经营，另一个拳头积极开拓国际建筑市场。在这一战略思想的指导下，大胆开拓，加大对外投标力度，逐步由经援和劳务输出向参与国际竞争投标、独立承揽和实施项目的转变，并于1989年9月通过国际竞争投标，承建了尼泊尔王国巴格曼迪灌溉工程项目。

1994年十一局以中国水利水电工程总公司的名义进一步步入国际承包市场。6年来，先后中标了尼泊尔伊拉姆水电工程、尼泊尔莫迪水电站厂房及尾水工程、印尼雅蒂鲁霍大坝修复工程、尼泊尔菘莎里三期灌溉工程，以及南亚、泰国科龙泰单碾压混凝土坝等多项工程。最近又中标了尼泊尔堂神公路和赞比亚的凯富峡水电站的修复工程。十一局国外在建工程统计见下表。

中国水利水电第十一工程局承包国外工程统计表

序号	项目名称	工程概况	所在国	合同金额（万美元）	起止年月	状况
1	莫迪水电站厂房工程	半地下式厂房，建筑面积 $3000m^2$	尼泊尔	200	1996.3～2000.5	承包
2	菘莎里灌溉工程	53km主干渠修复工程；15100公顷区域内灌溉及排水系统的改建和灌溉建筑物等。	尼泊尔	2143	1998.9～2002.9	承包
3	科隆泰单碾压混凝土坝	碾压混凝土坝高93m、坝长2700m、体积547万 m^3、副土坝高46m、长350m，体积122万 m^3	泰国	1800（18000×10%）	1999.11～	伙伴参与
4	堂神公路	公路63km	尼泊尔	230	2000.7～2001.7	承包
5	凯富峡电站修复工程	土建、金属结构	赞比亚	407	2000.7～2002.7	承包
	总计			4780		

注 泰国科隆泰单碾压混凝土坝为联合投标项目，十一局股份占10%。

为了加强管理，十一局大力改革了自身的管理体制和组织机构，成立了国际工程部，全面管理国际工程各项业务，并在印尼、尼泊尔和赞比亚设立了代表机构。在工程投标、合同管理、物资采购、现场施工管理等方面已经形成一套国际工程管理制度，锻炼和培养了一批复合型国际工程管理人才。特别在工程索赔方面取得了可喜的成绩，尼泊尔一水电站工程由于地质条件与投标文件差别较大，该项目经理部根据工程的实际情况，充分运用合同赋予承包商的权利向业主提出索赔，最终取得成功。

通过多年国际工程承包实践，有以下几点体会：

（1）建立适应国际工程业务发展需要的管理体制和机构，制定和完善各项管理制度；

（2）培养和造就一批懂工程、懂管理、懂外语的复合性人才是发展国际工程的关键；

（3）合同管理是国际工程成败的关键因素之一，必须给以足够重视；

（4）应重视投标的筛选和前期工作，选择合适的合作伙伴，利用各自的优势，努力降低风险；

（5）加强施工和质量管理，让每个职员清醒地认识到施工质量是企业的信誉和生命，没有质量就没有工程；

（6）重视信息管理，充分利用网络等通信手段，拓宽信息渠道，提高工作效率，提高管理水平。

十几年来参与国际工程施工的经验，十一局对国际市场进行了认真的研究和分析，确定了以尼泊尔和印尼为重点，并逐步向非洲等发展中国家拓展的对外投标格局。同时，采取多元化合作方式，广交朋友，不断开拓新市场。

（中国水利水电第十一工程局　宋东升）

中国水利水电第十三工程局开拓国际市场

中国水利水电第十三工程局（以下简称十三局）是从1987年开始从事国际承包工程施工的。十几年来，相继在巴基斯坦、孟加拉、泰国、坦桑尼亚等国家承接了30余项工程，实现营业额近2.6亿美元。目前仍有多项在建国际工程，合同金额3500万美元。

（一）把握机遇，正确决策，勇于开拓国际工程市场

80年代后期，随着国内市场竞争日趋激烈，十三局领导积极转变思想观念，把目光瞄准国际工程市场，提出了“国内求生存、国外求发展”的经营战略。1987年首次以成建制出劳务的方式，承接国内某公司在巴基斯坦承包的KPOD/DPOD排渠扩建工程。1988年，该公司又中标贾米诺灌渠扩建工程，有意转包给十三局，前提条件是将低价中标、面临亏损的KPOD/DPOD排渠扩建项目由出劳务改为转包，一并交给十三局施工。十三局认为，这是进入国际工程市场的难得机遇，即使条件苛刻、风险很大也干。因此同意以转包方式承接这两项工程。实践证明当时的决策，对十三局闯出国门，进入国际工程市场起到了举足轻重的作用。

1999年，十三局参加孟加拉迈格纳哈特电厂场地平整项目投标，并取得第一标，但名列第二标的韩国某公司，借助他们在孟加拉长期施工的影响，仍不肯放弃与中方的竞争。为增强业主授标信心，同时考虑该项目工期紧，任务量大：如一旦授标给我方后，

再调遣设备，恐怕延误工期。在业主尚未正式授标的情况下，十三局冒着风险，大胆决策，先期将大批关键设备实施调遣，同时加大经营公关力度，促使业主下定决心，向我们授标，十三局如愿以偿打入了孟加拉市场。

（二）坚持信誉第一，树立企业良好形象

十三局最早在巴基斯坦承揽的两个工程项目，单价低，施工难度大，特别是贾米诺工程要在沼泽地段筑堤，一开始业主、咨询和窗口单位都对工程前景感到担忧。十三局视信誉如生命，变压力为动力，优化施工方案，克服重重困难，使两项工程如期竣工，效益略有盈余。一举赢得了业主、咨询和窗口单位的高度赞誉，从而在巴基斯坦站稳了脚跟，以后连续拿到十几项工程。1999 年十三局进入孟加拉市场，靠着科学的管理，过硬的质量和严格的履约能力，树立了良好的信誉，一举打开局面，当年又在该国中标两项总价近 2000 万美元的工程。

（三）重视公关和索赔工作

“干一项工程，交一方朋友”。十三局非常重视与业主、咨询、合作伙伴、工程所在国政府及部门等方方面面的关系，开展积极、灵活的经营公关活动，为工程中标、设备顺利进关、工程实施及结算等，提供了许多便利条件。在项目承建过程中，十三局严格按合同条款办事，注意双方信函的保存，不但用合同条款约束自己，而且充分利用合同条款进行索赔，维护我方正当的利益。尽管国际工程索赔有其特有的复杂性和艰巨性，但十三局这些年来，还是凭借良好的合同意识，适宜的策略和锲而不舍的毅力，在某些国际项目的施工期间，通过索赔取得了一定的经济效益。

（四）抓好项目管理，争创经济效益

十三局在国际工程承包施工时，注意加强成本核算管理工作，实行了全员全过程目标成本控制。在下达生产任务的同时，也下达诸如油料、原材料、配件、外方雇员费用等成本控制目标，对项目实行个人所得费用总额包干和目标成本节奖超罚的经济责任制，经理、副经理和总工任期薪金制。严格的经济责任制和明确的成本核算，增强了项目职工的效益观念，大大降低了施工成本。近年来，十三局承担的国外工程绝大部分是低价中标，由于强化了管理，没有出现亏损项目，且大部分工程盈利率均达到预期目标。

总之，经过十多年国际承包工程的实践，十三局积累了经验，锻炼了队伍，培养造就了一批适应国际工程的人才，密切了与各窗口单位的合作关系，并由初期单一的水利工程施工，逐步拓展到疏浚吹填、工民建、市政供水、公路桥梁等领域，为企业在国际工程市场的持续发展奠定了有力基础。

（中国水利水电第十三工程局 童劲松）

中国水利水电基础工程局开拓国际市场

从 70 年代起，中国水利水电基础工程局（以下简称基础局）就参与国外大中型工程项目的建设。主要的工程项目有，阿尔巴尼亚毛泽东水电站坝基防渗墙（1970）（括号内数字为项目完成年份，以下同）、喀麦隆拉格都水电站主坝基防渗墙（1981）、尼泊尔马相迪水电站引水隧洞固结和回填灌浆（1989）、伊拉克巴士拉船闸灌注桩（1990）、马来西亚槟城供水工程高喷防渗墙和灌浆（1998）、越南清化拜尚堰加固工程防渗墙（1998）等。前二项属于经援项目，其余均属国际工程承包范围。

在当前国外建筑业市场中，土建工程承包商或分包商往往希望寻找专业公司做为伙伴，来完成地基和基础工程，尤其是当遇到不良地质或复杂地基条件时更是如此。因为这类工程需要采用特殊的施工技术、工程措施和专用施工设备。基础局作为专业公司，满足了这种需求，能很好地完成有专业性和复杂性的地基和基础工程。

近年来，基础局为了进一步开拓国际市场，参与国际工程竞争，采取了如下措施：

（1）成立机构。在 1999 年成立了中国水利水电基础工程局国际工程部，作为基础局对外承包工程的管理机构。

（2）利用具有对外工程承包权单位作为窗口，获得工程项目。目前基础局没有自行对外工程承包权，承包的项目多数是从中水公司获得。2000 年 1 月基础局已成为中国水利水电工程总公司国际公司的成员单位，并准备联合其他具有对外承包工程资质的公司，这样更利于开拓国际市场，积累承包国外工程的经验。

（3）培养人才。主要在承接的分包或劳务的国外工程和世界银行贷款的国内工程实践中培养人才，或有计划选送到高校培训，使他们懂得国际工程投标、合同和项目管理，成为复合型人才。

（4）购置新设备。根据以往经验，要搞好国外工程，必须使用地基和基础工程专用设备。近年来，基础局已购置了八台套先进的设备。

国际工程承包方式有总包、分包和劳务，基础局主要采用分包和劳务方式。专业公司一般不可能完整地承接一个项目的全部内容，因而不采取总包方式。分包中，基础局一般分包工程项目中的基础处理工程，对分包工程提供材料、设备和劳务人员，并对此承担责任。采用这种方式基础局可按自己的意愿自主完成单项工程，充分展示自己的能力，并能获取较好的效益。但分包工程作为项目的一部分，同样具有国际工程的特点，即国际性、多元性和风险性，因此需要投入强有力的管理人员和高水平的施工队伍，以确保合同的实施。1990年完成的伊拉克巴士拉船闸工程，总包商是南斯拉夫EP公司，土建分包商是中国冶金建设总公司，分包商将桩基工程再分包给基础局。工程中采用了当时国内尚未应用的意大利产大口径旋挖钻机和国产大口径（均为2m）反循环钻机，较好地完成了任务。1998年完成的越南清化拜尚堰防渗墙工程，也是一个分包工程，该项目为已建工程修补，目的是解决渗漏问题。项目由中水公司总包，基础局分包堰体上游侧的防渗墙的施工。防渗墙内设置钢筋笼，入岩平均厚度4m，最深5m，岩性为辉绿岩，越南雨季水量丰富，槽孔挖掘时常处在高水位情况，难度很大。施工中采用国内尚未应用过的PVC止水带作为墙段接头。基础局不仅在这个工程中取得了丰厚的利润，而且赢得了越方业主的称赞。此后，以越南水利建设咨询第一公司副总经理为团长的代表团，于1999年5月来基础局商谈双方合作承接水利工程基础处理任务。

劳务方式有两种情况，一种是劳务分包，另一种是单纯提供劳务。1998年竣工的马来西亚槟城供水工程高喷防渗墙和灌浆即为第一种情况。供水工程的承包商是中水对外公司，而由基础局提供劳务及部分专用施工设备，要求在合同规定的时限内，按要求完成规定的高喷防渗墙和灌浆的施工，工程用材料、部分设备，以及劳务费和管理费用则由中水公司提供。这种方式既有分包性质，又有劳务性质。当承包商在基础处理工程遇到急需解决的特殊问题，但又不愿将该项目的全部利益转让给劳务提供者时常采用此方式。与单独提供劳务相比，这种方式对基础局来说风险要多些，但获利也可观。1989年完成的尼泊尔马相迪水电站引水隧洞灌浆项目，则是单纯提供劳务（包括技术人员和技工）。这种方式虽然不承担任何风险，但基础局也不可能分享项目所得利润。

（中国水利水电基础工程局　张志良）

华东勘测设计研究院承担伊朗亚苏兹梯级水电站设计工作

亚苏兹梯级水电站位于伊朗西南部的波尔可乐河上。河流全长26.1km，流域面积133km^2，总落差1000m。本流域气候属亚热带地中海气候，多年平均气温13.3℃，多年平均降水量840mm，其中雨季（10月～次年4月）降水占98%，旱季（5月～9月）降雨极少，只占2%。在雨季降水中，降雪占了大部分，每年12月起，高山即开始积雪，至次年春天溶化，历时4～5个月。该流域下游曾设过水文站，有15年实测水位和流量资料。根据实测资料统计，多年平均流量为2.67m^3/s，实测最大洪峰流量为43m^3/s。

该流域地处高山与盆地的过渡带，由东北向西南倾斜。工程区内，地质条件较差，属石灰岩构造。现场查勘可见，山坡和河谷中布满卵石和碎石，厚度大，透水性强，河水不时渗入地下，然后又在下游某个地点流出。整个流域已发现10多个泉眼，大多数泉眼终年有水流出。

流域内交通方便，有公路直通各坝址。

该梯级电站的供电地区为一孤立电网。当时（90年代初）的装机容量仅有11MW，全由柴油发电机供电。电网最高负荷为8MW。预测到2000年，其最高负荷将达22.8MW。

在进行该流域的规划设计时，华东勘测设计研究院（以下简称华东院）尚无对外经营权，该项目的对外窗口单位为浙江省国际经济技术合作公司，根据中国内部两个单位的合作合同，窗口单位负责对外联系和收款，华东院负责完成外部合同规定的各项任务，这些任务包括完成波尔可乐河的流域规划和该河上所有规划水电站的可行性研究报告的编制，负责指导伊朗工程师进行施工图设计并培训伊朗工程师。

自从1989年中伊双方签订合同后，华东院立即派出工程师到现场查勘并收集资料，随后在半年内完成了波尔可乐河的梯级水电站规划。根据该流域落差大、流量小、地质条件差的特点，在规划时，经过多方案比较，选定8级开发，全为引水式水电站，总装机20MW，年发电量1.0074亿kW·h，供电亚苏兹电网，以满足2000年水平的用电需求。8个梯级水电站的主要工程特性见表1。

在规划报告审查后，华东院即开展8个梯级水电站的可行性研究。在可行性研究过程中，有7个伊朗工程师来华，通过合作设计的方式接受培训。1992年8月完成全部水电站的可行性研究报告的编制工作及培训工作，并于1992年底通过伊方审查。接着华东院派出工程师赴伊指导当地工程师开展施工详图设计工作。到目前为止，已完成了合同规定的各项任务，大部分款项也已到位。

这个项目是华东院第一个以合同形式承接的国外项目，从执行的结果看，效果还是比较好的。首先，打开了伊朗的水电设计市场，树立了华东院的信誉。自这个合同完成后，华东院还陆续在伊朗承接了若干项目，目前仍有项目在进行中。其次，锻炼了队伍，

表 1 亚苏兹梯级水电站主要工程特性

梯级序号	1	2	3	4	5	6	7	8	合计
名 称	Khok Goole	Chesh	Khok chesh	po1.1	po1.2	Keric1	Keric2	Keric3	
装机容量（kW）	1300	1100	1500	3380	4320	2500	2500	3000	19600
发电量（万 kW·h）	700	594	810	1529	2039	1440	1348	1614	10074
年利用小时（h）	5385	5400	5400	4523	4719	5760	5392	5380	
平均水头（m）	190	300	80	145	155	100	96	120	
引水渠长度（m）	3480	1070	1130	1725	2314	1900	1440	2340	
压力钢管长度（m）	300	960	150	260	510	250	255	645	
日调节池容积（m^3）				30000					
引水渠流量（m^3/s）	0.94	0.50	1.85	3.12	4.12	3.80	3.50	3.50	

通过与伊朗工程师合作设计，锻炼了一批业务水平高、英语好的设计人员，这批人员能很好地承担涉外设计任务。第三，在中国培训过的伊朗工程师回国后都成为所在地区水利部门或设计院的负责人，这批人成了中伊在水利水电合作的桥梁。

（华东勘测设计研究院 王达邦）

华东勘测设计研究院为苏里南设计输配电工程

苏里南共和国波洛科庞多农村输配电工程位于该国首都帕拉马里博以南约 110km 的波洛科庞多行政区。16 个需供电的村庄大部分分布在苏里南河的左岩。该地区属热带海洋性气候，全年降水量为 1064～3211mm。线路沿线为一般的丘陵地形地貌。线路沿公路一侧架设，公路两侧均被森林覆盖，平均树高约 15m。

该输配电网的电源取自波洛科庞多地区南部属美国铝业公司所有的阿福巴卡水电站，电源频率 60Hz。除在该水电站附近建一座 13.8kV/33kV，2500kVA 的升压站外，还架设 33kV 架空输电线路 19.8km、12kV 架空配电线路 86.6km、220V/127V 低压配电线路 41km，新建 33kV/12kV 的降压站 6 座（容量分别为 50kV·A、315kV·A、630kV·A 和 800kV·A）、12kV/0.22kV 柱上配电站 35 座。

1 座 13.8kV/33kV 升压站和 3 座 33kV/12kV 的降压站均采用中国制造的箱式变电站，升、降压站均为无人值班。13.8kV 为中性点经接地变压器接地的三相三线制系统，33kV 和 12kV 系统均为中性点直接接地的三相三线制系统，220V/127V 为中性点直接接地的三相四线制系统。33kV 和 12kV 系统采用中性点直接接地的三相三线制系统，有利于对居住分散、负荷小的居民点用单相或两相供电。

线路除线路器材和少量钢管杆为中国制造外，其余采用当地产的木电杆。对档距较大、地下水位较高、地质条件较差的地方，采用钢管杆，其余为木电杆。根据当地属多雷区的实际情况，33kV 线路全线架设避雷线。

苏里南波洛科庞多农村输配电工程建设，主要有以下几个特点：

（1）本工程建设在居住人口较多、经济落后且严重缺电的农村，受到苏里南全国人民的瞩目，工程建成后造福于当地人民，这对增进中苏两国人民的友谊具有重大意义；

（2）设计全过程充分体现了设备材料选择的先进、新颖、过关和符合出口标准的要求，选用具有占地面积小、安装方便、使用安全可靠等特点的成套式箱式变电站，非常切合当地缺乏建筑材料的具体情况；

（3）线路设计十分注重因地制宜的原则，3 个电压等级的线路的杆型、水平和垂直档距、导线间的相间距离等均满足线路的架设要求，符合当地的实际情况；

（4）施工周期短，安装质量好，经国内验收组验收，9 个单位工程中有 8 个评为优良，1 个评为合格。

该工程由中国政府提供低息贷款援建，是苏里南政府为了解决波洛科庞多农村大部分村庄的居民用电，安定民心，维护国家稳定而建设的一个政治项目。工程施工采用邀请招标方式。由国家电力公司华东勘测设计研究院设计，江苏金坛国际经济技术合作公司施工，中国友发国际工程咨询公司监理。项目于 1998 年 7 月正式开工，1999 年 4 月 11 日并网送电，比预期工期提前 6 个月完工。工程于 1999 年 5 月 10 日移交苏里南政府，受到苏里南政府和当地人民的高度评价。

（华东勘测设计研究院 来文涛）

昆明勘测设计研究院承担缅甸邦朗水电站设计咨询

缅甸邦朗水电站位于锡唐河支流邦朗河上，距仰光约 400km。水电站正常蓄水位 190m 以下的库容为 6.9 亿 m^3，坝高 130m，装机容量 280MW，多年平均发电量 911GW·h，同时灌溉耕地 2152ha。是缅甸在建的最大水电站。

坝址以上流域面积为 4381km^2。坝址多年平均降雨量 1394mm，多集中在 6 月～9 月，年平均气温 26.8℃。多年平均流量 128m^3/s，千年一遇流量 5000m^3/s，最大可能洪水 10000m^3/s。库区主要分布火成岩，不存在岩溶渗漏，库岸稳定性较好，地震最大峰值加速度为 0.4g～0.6g。坝址主要为花岗岩，有片麻岩条带，左坝肩 165m 高程以上分布千枚岩、砂砾石沉积和玄武岩，两坝肩有数条破碎带，节理面有蚀变。工程区有丰富的土石料和天然的砂砾石。

土心墙堆石坝最大坝高 130m，坝顶长 940m，总填筑量 1295 万 m^3。右岸溢洪道设无控制的溢流堰，堰顶高程与正常蓄水位齐平，堰顶长 170m，最大泄洪量为 10000m^3/s。泄槽总长约 700m，泄槽宽 100～140m，水头 115m，分 4 级跌水消能，泄槽不衬砌。右坝头和溢洪道之间布置水电站进水口，两机一管，后接两条竖井，用混凝土岔管接进地下厂房。主副厂房、主变压器廊道和尾水调压室上室平行布置。主副厂房长约 100m，高约 43m，宽 14.5m；其下游 20m 是主变廊道，内布置 13 台 230kV 单相变压器和尾水闸门启闭设备。从尾水调压室上室用螺旋隧洞接下室。交通隧洞洞口设地面副厂房，坝后设开关站。在一个进水口上方 10m 设旁通隧洞进水口。两条导流隧洞在右岸，高 14m，宽 9.5m，长约 1000m，不衬砌，一条隧洞作尾水隧洞，另一条洞改造成放水隧洞。该水电站已于 1999 年 11 月 27 日截流，工程正在按计划全面施工，预计 2002 年底第一台机组投产。

昆明勘测设计研究院承担设计咨询服务，包括水电站进水口、引水发电系统、旁通隧洞、导流洞进出口建筑物和堵头、底孔、水电站至彬文那的 230kV 线路、彬文那变电站改造、邦朗大桥（60m 跨的上部结构）等的土建、机电和金属结构技施设计。

Norconsult 于 1983 年完成邦朗水电站的招标设计。有如下特点：勘探工程量不大（钻孔 3062m），将主要地质问题控制住了；全工程的混凝土量仅为 68000m^3（包括导流工程 28600m^3）；设计图纸包括了建筑物的全部施工活动，招标工程量清单项目细；建筑物结构设计先进，对工艺要求高。

充分理解原设计意图，是技施设计的前提。如国内多用墙式机墩，邦朗水电站设计为“三点式”机墩，对这种机墩能否采用，进行了专门研究。经结构动静力分析，略加厚楼板，使三个柱、圈梁、楼板和围岩共同受力，柱式机墩是可行的。原设计地下厂房无防渗排水设施，经分析，认为地下厂房边墙附近围岩可能出现塑性区，但又是渗流的出逸面，渗透压力小，对围岩稳定影响也小；围岩的结构面是渗流的通道，若有与地下厂房边墙近平行的断层或软弱夹层存在，它们可能阻水，致使边墙承受大的渗透压力，影响围岩稳定，需在边墙上设排水孔。但这要在施工过程中，视具体情况确定，原设计是合理的。

技施设计既要遵循招标设计的原则，也要避免原设计的不足。导流隧洞底孔施工要延续到洪水期，靠进口混凝土叠梁挡水保护。孔口宽 4.5m，叠梁承受的最大水头 107.5m，中墩仅 1m 厚。经论证，此结构是不安全的。经缅方同意，改为钢叠梁，中墩加厚到 2m。

（昆明勘测设计研究院　杨世源）

国 际 学 术 交 流

中国主办第 20 届国际大坝会议

第 20 届国际大坝会议由水利部、国家电力公司、中国长江三峡工程开发总公司、中国水利学会和中国水力发电工程学会共同主办，北京市政府、国家自然科学基金委员会、中国水利水电科学院、二滩水电开发有限责任公司、小浪底水利枢纽建管局等国内外有关单位对大会给予了多方面的支持。

国际大坝委员会第 68 届执委会和第 20 届大会于 2000 年 9 月 14 日～22 日在北京国际会议中心召开。本次会议由国务院副总理温家宝担任名誉主席，水利部部长汪恕诚担任组委会主席，副主席分别由中国长江三峡工程开发总公司陆佑楣总经理和国家电力公司周大兵副总经理担任。参加会议人员共 1596 人，其中中国代表 550 人；外国代表 774 人，陪同人员 272 人，分别来自 67 个会员国和 2 个非会员国。

本届国际大坝会议依照惯例举办了水利水电技术展览。共有国内外参展商 71 家 277 人参展，其中国外参展商 22 家 66 人，国内参展商 49 家 211 人，展览厅占地 3000m^2，展位 101 个，其中中国水利水电建设成就展览展位 30 个，技术展览展位 71 个。

一、大会的申办与筹备

(1) 中国曾于 1987 年在北京成功地承办了国际大坝会议第 55 届执委会议,同时举办了大坝与地震技术讨论会,赢得了很好的声誉。1991 年由中国水力发电工程学会和中国大坝委员会组织的代表团曾在维也纳召开的第 59 届执委会和第 17 届国际大坝会议上开始争取国际大坝会议在中国召开,经过多年的努力,中国申办第 20 届国际大坝会议的申请在 1995 年第 63 届执委会上以 34 票对 26 票的优势获得通过。此后，为宣传这次会议,1999 年在土耳其召开的国际大坝委员会第 67 届年会上,我国代表就张贴了宣传画,散发会议通知、纪念章和文化衫,播放中国大坝建设的录像带;同时,在国内外多家报纸、期刊上刊发会议消息,《水力发电》、《中国水利》、《中国电业》、《水利学报》、《水力发电学报》、《中国三峡建设》等行业内杂志分别为会议刊登了统一的 2000 年国际大坝会议广告宣传彩页;组委会办公室还向中国水利学会、中国水力发电工程学会所属的地方专业学会及水利部、国家电力公司的直属单位寄发会议通知和宣传画。

(2) 2000 年 7 月 22 日，在北京梅地亚中心举行第 20 届国际大坝会议新闻发布会。发布会由国家电力公司周大兵副总经理主持，水利部汪恕诚部长致新闻发布词，来自有关单位的近 100 名专家学者及新华通讯社、中央电视台、中央人民广播电台、《人民日报》、《光明日报》、德国《世界报》、埃及《中东通讯社》、香港《文汇报》、《大公报》、《澳门日报》等 39 家新闻媒体的 48 名中外记者也应邀出席了发布会。新闻发布会后，中央电视台分别在当日 1 套《晚间新闻》和 4 套《新闻报道》及次日 1 套《早间新闻》栏目中进行了报道和重播；中央人民广播电台在当日《全国新闻联播》及次日《早间新闻》节目中进行了播报；《人民日报》及海外版、《中国日报》、《光明日报》、《经济日报》、《科技日报》、《中国青年报》、《北京青年报》、《中国水利报》、《中国电力报》、《澳门日报》等多家报刊杂志也陆续刊登了此次新闻发布会及第 20 届国际大坝会议的有关消息。

二、国际大坝执委会和专业会议

(一) 筹备会议

2000 年 9 月 14 日，国际大坝委员会 68 届执委会筹备会会议正式开始，上午首先举行了国际大坝委员会官员的会议，会议讨论确定了有关 68 届执委会和第 20 届大会的有关议程。下午召开了国际大坝委员会各专业委员会主席会议，晚上由组委会副主席周大兵主持召开了第 68 届年会的欢迎招待会。

(二) 专业委员会会议

国际大坝委员会共有技术专业委员会 24 个，各个专委会会议于 9 月 15 日分别在国际会议中心的 24 个会场各自进行。各技术专业委员会除分别讨论了即将出版的公报草稿外，有的还安排了下一步的工作计划。大坝登记委员会将于两年后完成新一轮大坝登记，另一些委员会提出将分别召开小型国际讨论会。原来中国大坝委员会只参加 14 个专委会，但是经过重新征求各有关单位意见对委员进行了调整。目前有 18 个专业委员会我国已经报名参加，但需要经过执行会议的批准才能成为正式委员，因此本次会议只作为观察员。尽管有些是作为观察员列席，但这是我国历届参加人数最多的一次。

(三) 技术参观

9 月 16 日上午举行技术参观。以参观十三陵抽水蓄能电站的第一条路线人数最多，为 120 人。第二条线去密云、怀柔。密云水库管理处接待，有 90 人参加，组委会派专人翻译。由于时间过于紧张，原定回程时在怀柔水库停留未能进行。第三条线路的代表参观中国水科院，在会议中心介绍全院情况并散发了有关资料，不少代表对于水科院进行的科研项目深感兴趣。

(四) 三峡工程专题讨论会

9 月 16 日下午召开了三峡工程专题讨论会。讨论会由国际大坝委员会主席霍格先生和副主席张津生主持。国务院三峡建设委员会副主任郭树言介绍了三峡库区移民问题，以及中国政府为确保三峡库区生态环境采取的一系列措施；中国三峡工程总公司副总经理王家柱全面介绍了三峡工程建设的主要科技难题及解决方式；中国三峡工程总公司总经理陆佑楣着重讲述了建设三峡工程的必要性、三峡工程生态环境的影响和资金筹措等问题。来自美国、英国、瑞士、巴基斯坦、韩国、西班牙等国的坝工专家分别就三峡的泥沙问题、建坝策略、地震影响、坝底处理和防洪措施等方面提出问题，潘家铮、张光斗、郭树言、陆佑楣、王家柱等中国专家一一作答。会议开得十分热烈，最后不得不延长了近一个小时。三峡再度成为国际坝工界关注的热点。

(五) 第 68 届执委会议

9 月 17 日，在北京国际会议中心，召开了国际大坝会议第 68 届执委会议，会议由国际大坝委员会主席霍克教授主持，会场按参加国家的字母排序围成一个圈，历届国际大坝委员会的主席、副主席作为嘉宾坐在中央。每个国家的代表在自己国家的名牌和国旗后纵向就座，表决问题以国家为单位，每个国家委员会记作一票，共有65个国家200余名委员代表参加。全国政协副主席钱正英到会并发表致辞。会议选举产生了新一届领导成员，印度大坝委员会主席瓦尔玛（Varma）先生得票超过了英国提名的候选人，当选为国际大坝委员会新任主席；巴西的维奥蒂和西班牙的别尔加分别当选为副主席；会议表决确定了巴西伊瓜苏为第70届年会会址；决定国际大坝委员会不更改名称；讨论了各技术专业委员会成员的更换；听取了德国大坝委员会关于2001年9月在德累斯顿举行69届年会的报告。

（六）面板堆石坝国际研讨会

清华大学张光斗教授致开幕词，随后，国际大坝委员会主席K.Hoeg先生亦作了简短的致辞。为了祝贺美国的J.B.Cooke先生对面板堆石坝的突出贡献，在开幕式中，安排了对Cooke先生祝贺的内容。

开幕式结束后，会议随即进入了特邀发言和论文宣读阶段。上午的特邀发言有，美国的Cooke先生作关于《面板坝发展及面板坝趾板》的报告、中国的蒋国澄教授作关于《中国的面板堆石坝》的报告、哥伦比亚的Marulanda先生作关于《哥伦比亚面板堆石坝》的报告、澳大利亚的Gludici先生作关于《澳大利亚HEC在面板堆石坝上的经验》的报告、巴西的Mori先生作关于《巴西的面板堆石坝》的报告；上午宣读的论文有，中国的魏善淇先生的代表作关于《天生桥一级面板堆石坝》的发言、巴西的Freitas先生作关于《天生桥一级面板堆石坝施工建设》的发言、中国的吴晓铭先生作关于《水布垭面板堆石坝》的发言。

在上午的特邀发言中，蒋国澄教授所作的《中国的面板堆石坝》的报告，从材料、设计、施工等各个方面，全面介绍了中国在面板堆石坝方面15年来的主要进展以及所取得的经验教训，报告内容丰富，资料翔实。同样，澳大利亚的Gludici先生、哥伦比亚的Marulanda先生以及巴西的Mori先生的报告也引起了与会代表的热烈反响。

下午会议的内容全部为论文宣读。会议的主席为澳大利亚的S.Gludici先生和中国的陈祖煜博士。下午前半段宣读的论文有，巴西的Saboya先生作《巴西Xingo面板堆石坝》的发言、中国的杨泽艳先生作《洪家渡面板堆石坝优化设计》的发言、韩国的黄必善先生作《韩国Yongdam面板堆石坝的设计与施工》的发言、中国的徐泽平先生作《乌鲁瓦提砂砾石面板堆石坝》的发言、日本的松本得久先生作《日本面板堆石坝的地震问题》的发言、巴西的Araya先生作《天生桥一级面板堆石坝施工运行性能》的发言、莱索托的Gratwick先生作《Mohale面板堆石坝》的发言、中国的曹克明先生作《白溪面板堆石坝》的发言；下午后半段宣读的论文有，巴西的Budweg先生作《钢纤维面板混凝土》的发言、中国的郝巨涛先生作《新型面板止水结构》的发言、英国的Brown先生作《塞浦路斯Kannaviou面板堆石坝》的发言、中国的杨清先生作《水布垭面板堆石坝设计》的发言、中国的杨光煦先生作《混凝土面板滑移模式及接缝形式》的发言、中国的梁军先生作《混凝土面板石渣坝》的发言。中国水利水电科学研究院的徐泽平全面介绍了中国的乌鲁瓦提砂砾石面板堆石坝的特点，同时还重点介绍了中国水利水电科学研究院在面板堆石坝计算分析上的经验和成就。中国水利水电科学研究院的郝巨涛通过水布垭和芹山面板堆石坝的设计施工实践，介绍了中国水利水电科学研究院提出的面板止水的新型结构形式，其发言也引起了会议代表的较大兴趣。

从这次会议所提交的论文上看，其内容还是相当丰富的，会议论文集收录了来自10个国家的55篇论文，内容涉及了综合、筑坝材料、设计计算、施工控制和运行监测五个主要方面。在选择会议发言者时，也兼顾了各方面的代表性，从内容上看，所宣读的论文也包括了综合、筑坝材料、设计计算、施工控制和运行监测五个主要方面；从坝型上看，除包括了常规的堆石材料面板坝，同时也包括了砂砾石面板堆石坝和混凝土面板石渣坝。

三、第20届国际大坝会议及专题讨论

9月19日～22日召开了第20届国际大坝会议，19日上午举行开幕式，开幕式由中国三峡工程总公司总经理陆佑楣主持，国务院副总理，大会名誉主席温家宝出席并发表讲话。水利部部长汪恕诚、国际大坝委员会主席霍克分别代表组委会和国际大坝委员会在开幕式上发言，北京市副市长岳福洪、中国工程院副院长潘家铮、国家电力公司副总经理周大兵、水利部副部长张基尧出席会议。会后全体代表观看了中央音乐学院和北京舞蹈学院的精彩演出。下午开始大会专题讨论，三天共安排了76、77、78、79四个专题的讨论，每题两个半天。

（一）第76专题《风险分析在大坝安全决策和管理中的应用》

该专题分以下几个主题：

（1）风险的概念，应用概率法进行风险评估，数据库在减少不确定性中的应用；

（2）风险分析在设计和修补决策中的应用；

（3）通过应急计划及其他措施来对风险进行控

制；

(4) 公众对包括生命和环境风险在内的决策准则的接受程度。

该专题分别按4个主题进行了报告与讨论，会议论文集共收录各国代表提交的论文48篇。18位专家、学者报告了他们的研究成果，其中包括一位中国学者。近700位国际大坝界的知名学者参加了报告会。

(二) 第77专题《大坝的效益及有关问题》

该专题分以下几个主题：

(1) 大坝主要效益，包括防洪、发电、粮食生产、供水、航运、旅游及环境改善；

(2) 环境及社会效应的有关管理；

(3) 估算过程和决策，包括价格及效益分析、现金流量折算法、小规模的坝或其他选择的可行性；

(4) 获得舆论支持的方法，包括公众在过程实施、目标确定及对获益集团和投资机构作用的理解等方面的参与。

此专题是代表们讨论的一个热门话题，32个国家向大会提交了72篇报告，20位代表分别就大坝防洪效益、大坝在供水和灌溉方面的作用、工程实例(特别是有调查、观测和分析数据的实例)、大坝建设对环境和社会的影响及泥沙治理等问题进行了主题发言。

(三) 第78专题《大坝与基础的监测》

该专题分以下几个主题：

(1) 监测及监测数据分析系统，有关自动化仪器的工作性态；

(2) 与预估情况的比较及反馈分析；

(3) 监测系统的优化，运行中的实现和不确定性；

(4) 目测与仪器测定的对比及其相对重要性。

该专题会议收录论文85篇，共有27位专家在会上发言，其中中方发言的3位专家，都作了较好的准备，效果很好。本议题讨论的热点问题主要有，安全监测系统的可靠性、不确定因素及系统优化问题。

(四) 第79专题《有闸门的溢洪道及其他控制设施和大坝安全》

该专题分以下几个主题：

(1) 选择水工机械设备的设计准则：

(2) 有闸和无闸溢洪道设施的选择，包括经济性、洪水警报、操作决策、管理职责、操作者培训及自动化运行；

(3) 控制设施的运行、检测、日常检查及试验；

(4) 水工机械运行的工程实例。

该专题共收到来自20个国家的43篇论文，涉及有闸控制与无闸控制的溢洪道的选择及其运行、水工机械设备造型与设计、有闸控制的结构物的运行及其可靠性三方面内容。其中，23篇论文被选为大会发言，发言者从不同角度介绍了本国工程中的闸门和溢洪道的设计、施工、科研及运行经验，内容新颖，报告精彩。2名中国代表的发言受到与会代表的高度评价。

9月22日下午第20届国际大坝会议闭幕。在大会闭幕式上，四个专题的主席都做了总结发言。讲述了该四个专题讨论的收获和尚待解决的问题。大会的几次活动，学术气氛浓厚，发言踊跃，讨论热烈。由于准备充分，内容也很精彩，反映了当前国际坝工界的技术水平，达到了预期的目的。通过交流，也充分展示了我国在大坝建设方面的辉煌成就和先进技术，受到世界各国的关注，为今后进一步开展技术交流，加强国际合作提供了条件。

9月22日晚，第20届国际大坝会议在人民大会堂举行了告别宴会，会前全国人大委员长李鹏会见了出席大坝会议的外国专家代表，并发表讲话、合影留念。

四、会议展览

大会期间，会议同时举办了展览。展览会9月19日上午在大会开幕式后举行了展览会开幕式，开幕式由国家电力公司副总经理周大兵主持。随后，参加第20届国际大坝会议的有关领导及与会代表参观了展览会，气氛非常热烈。在中国水利水电建设成就展览馆，有来自30个单位的参展商展示了大量的大坝模型和图片，充分反映了我国建国50年来的水利水电建设成就，特别是改革开放20年来，我国的大坝建设技术有了突飞猛进的发展，中国的大坝建设在规模、质量、技术等各方面都取得了举世瞩目的成就。三峡和葛洲坝、小浪底、二滩、小湾电站、溪洛渡等水电工程的模型生动地再现了各个工程的总体布局、规模、坝型种类和泄水情况，并提供了大量的技术数据和详细资料，特别是其中的在建和未建项目，其展示的规模超过了以往的历次展览。同时，很多单位做了大量的展板和灯箱，利用文字和图片将各个大坝工程的建设情况和先进的技术进行了详细的介绍。还有3家水利水电出版单位推出了大量有关大坝设计、施工的技术书籍和文献杂志，极大地丰富了大坝建设成就展的内容。

技术展览的71个展位中有外国公司22家，包括巴西大坝委员会、日本前田建设工业株式会社、瑞士大坝工程公司、大坝安全监控公司、门德斯丘利尔公司、挪威大坝委员会等。国内参展单位也非常踊跃，其中有中国水科院、长江科学院、河海大学、四川大学、南京水利科学研究院、淮委水科院、江苏省建科院等科研单位和大学；有水电总公司、中水公司、水电八局、辽宁省水利水电工程局等水电施工单位；还有龙游外加剂厂、广州恩迪公司、南京南瑞集团、成都攀双外加剂厂等厂家，以及其他一些单位。他们通过实物、模型及图片分门别类地展示了自己最先进的技术、先进的仪器和设备，并且举办了多场专业技术讲座，邀请了不少专家到会交流并就相关技术问题展开学术讨论。有不少单位在展览会上就达成了合作的意向性协议。另有来自北京和外地的2500余人参观了展览，一致反映展览会办得很好，内容丰富，科技含量高，确实大大促进了国际合作和交流。

五、技术考察

本次国际大坝会议组委会对技术考察工作做了周密的组织和安排，根据我国大坝和旅游景点的分布情况，挑选确定了17条考察线路，其中会前（A线）6条、会中（B线）3条、会后（C线）8条。后根据中外代表的报名情况，取消了3条线路增加了5条线路，共组织了19条线路，是历届大坝会议中安排技术考察线路最多的，详见下表。由于中国50年大坝建设的巨大成就和中国悠久的历史文化以及优美的风景，吸引了大量的外宾，加之本届会议组委会的努力，报名参加技术考察的人数远远超过了根据以往大会估计的250人·次，达到421人·次，其中去三峡（A1、B1、C1和日本团）参观的共288人，占全部人数的68%，可见，三峡工程在世界同行心目中的巨大影响。参加技术考察的代表中绝大多数是外宾，中方代表仅20多人。

技术考察共安排了39个有代表性的工程，有近年建成或仍在建设的举世瞩目的三峡、小浪底、二滩等特大型现代工程，还有都江堰和灵渠等古代水利工程以及50、60年代早期建成的工程，有黄河上的龙头工程龙羊峡水电站，还有抽水蓄能电站如广蓄和天荒坪抽水蓄能电站等，这些工程比较全面地反映了我国50年来大坝建设的伟大成就。39个工程分布在北京等15个省市自治区，从东北到广东、海南，从浙江沿海到大西北的青海、甘肃等省，涵盖了大半个中国。

技术考察概况一览表

编号	线路	人数	参观工程	旅游接待单位
1	A1（三峡）	82	三峡、葛洲坝、隔河岩	大三峡旅行社
2	A2（陕西）	4	泾惠渠、金盆、石头河	中青旅
3	A4（河北）	5	潘家口、桃林口、温泉堡	江河旅行社
4	A5（云南）	6	漫湾、大朝山、柴石滩	北青旅
5	A6（东北）	13/4	丰满、白山、小山	北青旅
6	B1（三峡）	51	三峡、葛洲坝、隔河岩	大三峡旅行社
7	B3（安徽）	10/6	陈村	凤凰观光公司
8	C1（三峡）	133	三峡、葛洲坝、隔河岩	大三峡旅行社
9	C2（浙江）	16	珊溪、石塘、新安江、天荒坪	华东勘测设计院
10	C4（广西）	13/1	灵渠、天湖、岩滩、大化	中青旅
11	C5（广东、海南）	5	流溪河、广蓄、大广坝	中青旅
12	C6（河南）	8	小浪底、三门峡、故县	小浪底建管局
13	C7（黄河上游）	14/2	龙羊峡、李家峡、刘家峡	北青旅
14	C8（四川）	6	二滩、铜街子、沙牌、都江堰	北青旅
15	D1（西安）	28	—	中青旅
16	D2（三峡）日本团	15	三峡、葛洲坝	大三峡旅行社
17	D3（黄山）	3	—	凤凰观光公司
18	D4（西安）	2	—	中青旅
19	D5（三峡）2日	7		大三峡旅行社
总计	19条线路	421人	39个工程	

（中国水力发电工程学会　张博庭）

1999年国际碾压混凝土筑坝技术研讨会

一、会议概况

由中国水力发电工程学会主办、国际大坝委员会等单位协办的1999年国际碾压混凝土筑坝技术研讨会，于1999年4月21日到25日在成都都江堰市举行。到会人员包括专家、学者、设计、施工、研究人员共274人，其中有外宾70人，分别来自美国、日本、法国、西班牙、英国、德国、巴西、意大利、加拿大、澳大利亚、哥伦比亚、芬兰、伊朗、马来西亚、泰国等15个国家。我国与会代表有204人（包括从台湾来参加会的4人）。

在会议开幕式上，会议组委会主任、水利部部长汪恕诚，四川省副省长敬正书，国家电力公司水电与新能源发展部主任张学知，四川省电力公司总经理石万俭，以及阿坝州和都江堰市等地方领导和原世行专家波来斯、西班牙大坝委员会主席别尔格分别代表有关部门和会议代表发了言。

此会共收到来自12个国家的99篇论文，其中我国作者72篇，国外作者27篇，按照即总论、材料、设计、设备、施工、运行6个方面分别进行了研讨。49篇论文在会上宣读，其中，中国、法国、巴西、西班牙、日本、伊朗等国介绍了本国的已建、在建碾压混凝土坝的经验，英国著名咨询专家德斯坦介绍了世界各国碾压混凝土坝的发展。大会除安排论文宣读外，还安排了介绍当前正建的世界最高的哥伦比亚米埃尔第一重力坝（高182米）、希腊刚完成的普拉塔诺伏利希重力坝（高90米）的情况，另外两家厂家在会上简要介绍了自己的产品。在会场外举办了小型展览会，共有九家参展。

会议期间中外代表们参观了古老的都江堰水利工程，参观了目前世界上最高的、正在施工中的132m高的沙牌碾压混凝土拱坝。代表们对沙牌沙石骨料场回收岩粉设备和试用中的水平连续搅拌机很感兴趣，但对碾压中水泥用量过高认为有问题。

会后安排了两条技术考察路线，A线去了云南大朝山工地，B线参观了三峡、葛洲坝和高坝洲工程。

二、技术交流

会议期间对大家关心的RCC技术问题组织了半天专题讨论会，主要围绕以下四个专题：

（一）碾压混凝土坝上游防渗结构形式

认为用常态混凝土防渗不适宜，不仅施工复杂，分缝困难，而且一旦出现裂缝会向碾压混凝土区伸展，这种做法尤其不适宜于北方寒冷地区。

现在采用的全断面碾压混凝土坝，在认真处理好层面后，通过压水取芯进行抗渗试验，碾压混凝土自身防渗应有足够的能力。一般渗透系数能达到$10^{-6}\sim10^{-8}$m/s，满足了100m水头的抗渗要求，特别是近年来采用的上游面变态混凝土，江垭大坝取芯证实，还可以提高10^{-1}m/s，起到了较好的抗渗作用。

在更高的水头作用下，由于没有实际经验，业主和设计人员目前还没有足够的信心，所以提出要在上游面另加一层防渗结构来确保不漏水。共有以下三类：第一类是用高分子防渗材料喷涂防渗薄层；第二类是用PVC薄膜；第三类用钢筋混凝土板或钢板。高分子防渗材料或涂或铺，虽可达较好的抗渗效果，但其耐久性和抵抗外力破坏，以及随时间的性能变化还不明朗。

钢筋混凝土面板，曾在中国龙门滩大坝和巴西圣核罗大坝上使用过，都出现了不同程度的裂缝，未能达到增强防渗的效果，另外防止裂缝目前也还没有可靠的办法。用钢板防渗，1963年在意大利Alpe Gera曾用过，但因腐蚀造成了相当大的漏水（达1m^3/s），使用PVC膜铺上后已停止漏水。说明需使用阴极保护法抗蚀。

由于有了额外的防渗结构，有可能导致施工者有一个错误概念从而放弃认真进行碾压混凝土施工，造成一些缺陷，则更是得不偿失。因此，在严格碾压混凝土工艺情况下，应该致力于加强层面处理，以确保上游面的防渗。

（二）斜层浇筑法

斜层浇筑法在中国一些高碾压混凝土重力坝上进行了应用，取得了较好的效果，其主要优点如下：

（1）缩小了覆盖仓面，避免了高坝下部面积过大导致覆盖时可能超过初凝时间情况的产生，因此出现冷缝的危险减小；

（2）减小了预冷混凝土的散热面，防止了入仓面混凝土温度升高；

（3）在出现泌水或降雨时，由于有了斜坡易于集中排出；

（4）若向上游倾斜可增加坝体的稳定性，可增大抗剪强度。

缺点如下：

（1）施工方法要求更为严格；

（2）控制斜坡统一，需用激光测定才可靠；

（3）如果出现分离现象，特别是斜坡尾部，在斜坡沿坝轴线前进时，可能出现尾部浆体不足，甚至形成漏水通道，成为弱点。

对于从下游倾向上游的斜坡可以提高坝体的抗剪能力，而且尾部也不至于形成漏水通道，比较可信，但尚未在任何工程中采用。江垭大坝虽在钻孔芯样及压水试验取得了好结果，但是蓄水还没有达到正常水位，宜在水位上升时加强观测。

有的国家代表认为这种新型施工方法宜首先在小坝中试用，取得经验后再在高水头大工程中使用，比较妥当。

（三）碾压混凝土的外加剂

据英国专家德斯坦统计，目前世界各国碾压混凝土采用外加剂约占60%，其中采用复合外加剂的不到10%，绝大多数采用的是缓凝剂，未采用外加剂的原因据说是因为外加剂成本过高。在天气炎热地区，采用高温缓凝减水剂是必要的。

复合外加剂主要用于高坝，不仅要有减水缓凝还要有抗冻要求，以增强其耐久性，在我国普定、江垭、大朝山等大坝上都取得较好的结果，但在国外，还没有显著的成果和结论。

（四）碾压混凝土坝的优越性

碾压混凝土坝以其价廉、施工速度快、工程方法简化等优点被世界许多国家所重视，在28个国家，已有210座此类大坝已建和正建。但选定碾压混凝土坝之前，需和面板堆石坝、其他混凝土拱坝、重力坝进行方案比较。众多发言者认为，在流量大、施工要求时间短时，碾压混凝土坝确有优越性。

至于造价，RCC与CVC的单价成本相比，在中国一般低15%～20%，个别达到30%以上。但是缩短工期方面受影响因素较多，如资金到位、材料准备等都直接影响工期。在巴西，碾压混凝土坝与其他坝型相比在竞争中有更大的优越性。

（中国水力发电工程学会　张博庭）

1999年国际大坝安全及监测技术研讨会

为促进我国和世界其他地区大坝安全管理及监测技术的共同提高，经国家科学技术部批准，由中国水力发电工程学会、长江水利委员会、中国长江三峡工程开发总公司主办，国际大坝委员会、国家电力公司大坝安全监察中心、武汉水利电力大学、水利部大坝安全管理中心、湖北清江水电开发有限责任公司等单位协办的1999年国际大坝安全及监测技术研讨会，于1999年10月19日～22日在中国长江三峡工程工地举行。本次会议共征集、约请到会议论文133篇，其中，国内83篇、国外50篇，代表了当前世界大坝安全管理及监测技术的新水平和新成果。参加会议的代表共142人，分别来自中国、美国、俄罗斯、巴西、英国、法国、西班牙、葡萄牙、澳大利亚、日本、约旦、加拿大、德国等13个国家，其中国外代表39人。会上，中外专家和学者就大坝安全及监测诸多方面的问题进行了交流和讨论，会议期间与会代表参观了三峡工程、葛洲坝和清江隔河岩水电站。会议还同时举办了有中外11个厂商参展的大坝安全监测仪器和设备展览。

会议期间论文分为如下四个专题进行了讨论：

（1）大坝安全的管理和大坝安全准则；

（2）大坝和水工建筑物的监测方法及其经验；

（3）水工建筑物监测理论和大坝安全综合评判；

（4）水工建筑物的监测仪器和大坝安全自动化监测系统。

73位代表在大会上宣读了论文，报告了自己国家在大坝安全工作中的经验，交流了有关大坝安全的最新成果及信息。代表们感到本世纪以来大坝安全工作取得了很快的发展，随着人们对环境保护的重视，各国政府和人民都越来越重视大坝安全工作，很多国家都制订了专门的大坝安全法规。随着信息时代的到来，遥控及数字化技术已经被广泛地应用到大坝的监测分析系统中，使大坝安全的技术水平有了很大的提高。同时，通过广泛地交流，这些先进的大坝安全技术和管理方法，已经被广泛地传播，使当今世界各国的大坝安全管理水平不断提高。

同时代表们还感到尽管取得了长足的进步，大坝安全工作中的问题还应引起重视。一方面在一些欠发达国家由于环境意识不强，还不能用法治手段规范大坝安全工作；由于资金、技术方面的不足，大坝安全的管理水平还较低。另一方面，因为多数大、中型水坝都是建于20世纪，到下个世纪很多大坝将进入老化阶段，大坝安全工作必将会迎来更严重的挑战。因此，各个国家应加强在大坝安全方面的交流，在不断应用高新技术的同时，帮助和引导发展中国家共同提高大坝安全管理水平。

本次会议是由长江水利委员会具体承办的，在会议的筹备和召开过程中，主办及协办单位积极配合作了大量的工作。海外协办单位国际大坝委员会（ICOLD）、美国大坝安全联合会（ASDSO）、巴西COPEL公司、英国BABTIE，以及澳大利亚GEO—ENG等国际组织在南美洲、北美洲、欧洲、澳洲大力宣传了本次会议，为争取国外代表和论文起了重要作用，使会议获得圆满成功。

（中国水力发电工程学会　张博庭）

人物与机构

19

人　物

中国工程院院士全国工程设计大师　曹楚生

曹楚生，1926年生，江苏无锡人。1948年毕业于上海交通大学。大学毕业后，留校任助教。

1951年在“一定要把淮河修好”的号召下，他带领四年级同学参加淮河佛子岭水库工程建设，历任佛子岭连拱坝坝工组长，治淮委员会设计院水工室副主任，水电部北京院、西北院、五局和十三局设计院设总、副总工程师，以及1979年后任水利部天津设计院总工程师等职。同时他还曾兼任天津大学教授、水利部技术委员会、国际咨询公司专家、三峡论证专家组及技术设计三个专题审查专家组中的专家、副组长、组长，小浪底工程技术委员等。此外他曾任中国水利和水力发电学会理事、水工结构专业委员会副主任、抽水蓄能专业委员会主任、国际水资源协会成员、亚洲开发银行注册咨询、世界银行咨询专家。他曾任《水利水电工程》编委会主任、《土木工程学报》、《水力发电》和《中国水力发电年鉴》编委。现任天津大学教授和水利部天津设计院专家委员会主任。

近50年来，他负责设计的水利水电工程主要有：负责佛子岭连拱坝设计，负责磨子潭大头坝和响洪甸重力拱坝设计；60年代黄河上第一座发电的盐锅峡水电站设计；70年代我国第一座大型碾压式堆石坝——碧口大坝设计；80年代潘家口工程设计，其中带宽尾墩的溢流坝属国内首次采用，已获全国优秀设计金奖；90年代建成了我国第一座大型抽水蓄能电站，其中下池左岸挡水坝（1990年）和石漫滩大坝（1997年）设计为我国首批裸露式全断面碾压混凝土坝。以上工程涉及的各种坝型、蓄能电站和碾压混凝土坝等各具特色，在当时都有一定的开创意义和较高的声誉。他工作务实，一直在第一线从事具体的设计工作。对上述各种坝、各类工程设计的探索、创建和发展，做出了显著成绩。他结合工程实践，撰写坝工设计、地震应力、抽水蓄能、坝基稳定和处理等方面的论文共20余篇。他主编了中国大百科全书《水利》卷中《水工建筑物》分支和编写了《中国水利》中《中国坝工》一章。50年代以来，他曾多次出国考察、工作和参加国际会议，他对学习引进高坝技术、地下混凝土墙及高压旋喷地基处理和抽水蓄能等新技术起到了积极作用。他大胆探索、勇于创新，同时对具体结构设计及施工质量严格要求、一丝不苟，他设计的大坝迄今均运行良好，很多已成为著名工程。他是我国水工主要带头人之一，在水工结构设计上作出了创造性的成就，为我国水利水电工程建设作出了显著的贡献。1956年被评为全国农业水利先进生产者和全国先进生产者，1990年被建设部授予全国工程设计大师称号，1999年被选为中国工程院院士。

中国工程院院士　罗绍基

罗绍基，广东省南海市人，1933年12月1日出生，1999年被选为中国工程院院士。

主要经历：1951年9月至1955年8月在清华大学水利系水能利用专业学习，毕业后，历任电力部中南勘测设计院技术员、工程师、设计总工程师、副院长、院长。1985年10月调任原水电部华南电网办公室主任，1988年调广东省电力局任副局长兼任广东抽水蓄能电站联营公司总经理，1998年起任广东抽水蓄能电站联营公司顾问。

主要贡献：70年代，罗绍基同志担任湖南凤滩水电站（装机容量40万kW）设计总工程师，成功地组织设计了我国第一座高112.5m空腹重力拱坝坝内厂房，解决了狭窄河谷厂房布置与大泄洪量的矛盾。为工程节省了投资，其科研成果“混凝土空腹拱坝”获国家科技进步二等奖。

80年代末，罗绍基同志任广东抽水蓄能电站联营公司总经理，主持建设我国第一座，也是世界上装机规模最大的抽水蓄能电站——广州抽水蓄能电站（总装机容量240万kW）。其中一期工程120万kW已于1994年建成，二期工程120万kW于2000年3月全部建成。罗绍基推行的建设管理改革，被原电力部有关领导称为水电建设体制改革的典范。实施的运行管理改革，使电厂获全国第一个“一流水电厂”称号。他倡导的容量租赁经营获成功实践。工程质量获全国建设工程质量最高奖——鲁班奖。工程科技成果“广州抽水蓄能电站关键技术的研究与实践”获国家科技进步二等奖，获广东省和电力部科技进步一等奖。一期工程工期提前一年，每千瓦投资2236元，为国内同期建设大型水电站价格最低。它为广东和九龙两电网服务，使核电安全运行，多发电20%，每年创税6500万元，是广州创汇大户。他作风正派，廉洁奉公，成功培养年轻干部。1995年被评为全国劳动模范。1998年代表全国水电学会率团赴台湾作抽水蓄能技术交流。

罗绍基同志是我国知名的水电专家，退休后仍然担任山东省泰安抽水蓄能电站（100万kW）顾问，云南大朝山水电站（150万kW）专家组专家，安徽桐柏抽水蓄能电站（120万kW）世界银行特别咨询团成员。最近又受国务院三峡建设委员会聘任担任三峡工程质量检查专家组成员。

全国工程设计大师 吴奠清

吴奠清，云南省漾濞县人，1928年12月生。在大理读完中学，于1946年考入云南大学土木系学习。1948年休学，到中学教书两年。解放后复学，于1952年7月毕业，分配到燃料工业部水力发电建设总局工作。接着被选送至北京俄专学习俄语，到哈尔滨工业大学及大连工学院水能利用研究生班学习。1954年6月研究生毕业，回原电力部北京水电设计院工作。

他在江西上犹江水电站初步设计中，任水工组总体布置及坝工小组组长。该电站选定的混凝土重力坝坝内厂房方案，是我国第一个坝内电站。以后，他赴云南以礼河踏勘，任以礼河梯级电站（602工程）设计总工程师助手。作为主要编制人于1955年12月完成了《602工程技术经济补充报告》，经国家建委批准，最终确定了以礼河梯级电站的开发方案。接着担任以礼河三级电站水工组长，于1957年9月完成了我国第一个水头高达629m的水电站的初步设计。1958年2月，随以礼河工程设计转入原电力部昆明水电设计院工作。他先后任以礼河工程水工组长、以礼河三、四级电站设总、设计院驻以礼河工程设计代表组长、以礼河梯级电站设总，参与和领导了我国第一个跨流域开发高水头梯级电站的各阶段设计和施工工作。梯级电站于1972年全部建成，四级电站获国家优秀设计奖。

1972年起，他任鲁布革电站工程设总。及时确定了河段开发规划和电站总体布置方案，1978年完成初步设计，为电站及时上马和引进外资创造了条件。为引进外资，他主持编写了鲁布革工程摘要初步设计中、英文版，提交世界银行评估，两度赴世行选择咨询专家及进行招标文件的审查工作。主持编制了全套国际招标文件。这是我国第一套土建工程国际招标文件，得到世行好评，被称为国内范本。鲁布革电站于1988年建成，获国家级优秀工程地质勘察金质奖和国家级优秀工程设计金质奖。

1978年起，他先后任昆明水电设计院副总工程师、副院长兼副总工程师、院长，并先后兼任云南省澜沧江流域规划委员会常务副主任，部、省联合成立的漫湾水电站工程建设领导小组成员，云南省澜沧江流域综合开发委员会副主任。组织领导了澜沧江中下游河段开发规划及漫湾电站各阶段设计，逐步开展了小湾及糯扎渡两大工程的前期勘测和设计研究工作。昆明院于1984年8月完成了《澜沧江漫湾电站初步设计》，1986年12月完成了《澜沧江中下游河段规划报告》，为加速澜沧江开发打下了良好基础。漫湾电站1985年9月开始施工，云南的水电建设进入了开发大江大河、修建百万千瓦级大型电站的新阶段。

他曾撰写和发表过《关于在砂砾石冲积层中采用粘土水泥灌浆帷幕的几个问题》、《云南水电开发的规划和设想》、《大力开发澜沧江水电资源，实现云电外送》、《鲁布革水电站设计工作的经验和体会》、《水电工程中有关利用外资的问题》、《以礼河梯级水电站设计及实施概要》、《云南水电设计》等十余篇文章；曾翻译过前苏联《调压池水力计算设计规范》及其他俄、英、德水电文献十余篇。

他1982年7月被授予高级工程师职称，1988年5月享受教授级高工待遇，1991年7月国务院发给证书，享受政府特殊津贴，1994年8月建设部授予全国工程设计大师称号。他曾任云南省政协第四、五、六届委员，中国水力发电工程学会第二、三届理事、名誉理事，云南水电学会第一、二、三届副理事长。1994年12月退休，继续担任昆明院咨询、顾问至今。

全国工程设计大师 王三一

王三一，1921年1月生，浙江桐庐人，1953年毕业于清华大学水利系，历任国家电力公司中南勘测设计研究院技术员、工程正副组长、设计正副总工程师、院正副总工程师、高级咨询。职称为教授级高工。

1952年在中国人民志愿军空军第六工程大队时，立二等功；1985年获国家科技进步一等奖；1991年评为有突出贡献专家；1994年获全国工程设计大师称号。

1953年迄今参加和主持设计的已建主要工程有上犹江、白莲河、柘溪、乌江渡、东江、东风、五强溪、大广坝、五里冲等，电站总装机容量达360多万

kW。其中乌江渡、东江、五强溪三工程获国家设计优秀金奖。设计待建大型水电站有龙滩、向家坝、三板溪、虎跳峡等，总装机容量达1800多万kW。在以上设计中，他对解决石灰岩地区防渗、复杂地基高坝稳定、高边坡处理、大跨度地下厂房、高速水流和大单宽流量泄洪消能，高拱坝、高碾压混凝土坝和高面板堆石坝以及枢纽总布置等方面有丰富经验和较高水平并有所创树。

1958年他任白莲河工程组长时，将原心墙坝的沙壳改为花岗岩风化料，建成了当时用风化料做坝壳、坝坡最陡的最高（69m）的土坝。在引水隧洞设计中，提出了地下工程的一个重要设计概念，即在防渗和受力设计中均应将围岩与衬砌视为一个相互影响的整体结构，衬砌按开裂设计。

70年代，任乌江渡水电站工程组长、设计副总工程师。该坝高165m，为当时大陆最高的大坝，坝址的岩溶和构造均极为复杂，高坝的防渗和稳定十分困难，且河谷狭窄、岸坡峻陡、泄洪流量大、水头高，消能和总布置也极为困难。对以上难题，设计中有多项创新和突破，如采用不冲洗夹泥高压水泥灌浆形成防渗帷幕、上重下拱的拱型重力坝坝型、$200m^3/(s·m)$的单宽流量和40m/s高速水流的厂顶溢流和厂前挑流的坝后式厂房，沿狭谷纵向拉开挑流落点的泄洪布置以及采用通气槽掺气防蚀等，经20年来运行证明均十分成功。该工程大坝设计中，他提出坝和地基应作为一个互为影响整体来研究，设计应充分体现对地基的利用、适应和必要的改造，据此选择坝型及相应地基处理措施，使坝传到地基的荷载大致达到左右两岸，使河床有同等抗滑稳定安全度，以较小代价取得较好的整体安全性。

80年代他主管设计的东江水电站，坝高155m，是当时国内最高的薄拱坝，他对坝前断层不处理的研究和决策，以及初期混凝土施工出现的问题，总结提出的混凝土拱坝防裂措施，均获成功应用；所采用的窄缝式溢洪道、坝后背管等也居领先水平。

他主持设计的龙滩水电站，坝高216m，装机540万kW，设计的面板堆石坝和碾压混凝土坝的高度均超过当今世界已建成的两类坝型的高度，该设计具有工期短、可获提前发电的巨大经济效益。两坝型均进行了现场筑坝试验和大量科技攻关工作，为该坝型高坝建设提供了宝贵研究成果。

他在设计中非常注意设计指导思想和第一手资料，他认为设计是一种创造，首先要基于实际有个好的构思，勇于实践，敢于创新。每取得成绩时总常反思不足，他撰写的《乌江渡工程运行十年回顾》论文中极重要的一部份就是反思不足之处并提出可能改进的设想，以求不断前进。

全国工程设计大师　林　昭

林昭，教授级高工，全国工程设计大师，原籍福州市，1929年5月出生于新加坡，1952年毕业于清华大学土木系，同年参加工作，曾在水利部及原水电部北京勘测设计院，原水电部第十一工程局设计院等单位任设计组长、设计总工及院副总工等职务。自1979年至今，在水利部天津勘测设计研究院工作，曾任副总工程师，现任专家委员会副主任，兼任黄河小浪底水利枢纽工程技术委员。

大学毕业后一直从事水利水电工程设计，他前后负责过20多项工程设计，主要为：河北岗南水库、山西汾河水库、河南板桥水库复建、刚果英布鲁水电站、马来西亚槟城供水工程等。其中不少已竣工投产，效益显著。主要成绩：①汾河水库采用水中填土坝，高60m，为当时世界上最高的水中填土坝，施工期坝体填土干密度低，含水量高，影响坝坡稳定，经采取有效措施，成功建成，至今已安全运行40年。②1982年应邀率领中国专家组赴刚果，对瑞士人提交的刚果英布鲁水电站可研报告作出较高水平的评审，得到刚果政府赞赏，改请我国设计，为国家争得荣誉。③河南板桥水库毁于“75.8”大水，损失惨重。在他负责的复建设计中，采用了合理坝型，采取软基上大泄量导流明渠方案和独特的混凝土溢流坝同土坝接头型式等，节省了投资，缩短了工期，1993年经国家验收后，安全运行至今，经济效益显著。1999年获国家第八届优秀工程设计银奖。

他曾主持编制《水利水电工程项目建议书编制暂行规定》和《小型水利水电工程碾压式土石坝设计导则》。

林昭专长土石坝设计，曾参加过国内外数十座土石坝的审查鉴定和技术咨询，解决了许多关键技术问题，节省了不少投资，加快了施工进度。例如：文峪河水库水中填土坝施工期大滑坡处理；新疆克孜尔水库左岸活断层上筑坝的技术措施；石景山火电厂拦灰坝的右坝肩处理；山西册田水库大坝震后裂缝处理；山东引黄济青工程棘洪滩水库利用砾石土筑坝等。近年来多次为小浪底枢纽工程进行技术咨询，对进口高导墙改型，右岸坝基下断层灌浆盖板的处理，大坝斜心墙上游反滤料规格，进口导墙堆石填料以及孔板洞空蚀等技术问题都提出重要建议，节约投资，加快进度，还负责大坝蓄水前的安全鉴定工作。

他多次应邀参加由中国国际工程咨询公司主持的大型水利水电工程国家评估，为国家决策提供依据，主要有：南水北调东线工程、天生桥一级水电站、黄河小浪底水利枢纽、北江飞来峡水利枢纽、东北第二松花江和鸭绿江堤防工程等。受南水北调办公室委托，曾主持过南水北调中线总干渠工程可研报告预审会及专家论证会，指出了许多需要补充完善的关键技术问题。1995年受中信国际合作公司委托，对马来西亚巴昆大型水电站从技术方面作投资风险评估，对中信决策起了重要作用。

曾在部级刊物发表过十多篇技术论文，并为中国大百科全书水利卷撰写有关土石坝的全部条目。

他1991年被批准首批享受政府特殊津贴；1994年获全国工程设计大师称号；1999年被评为“全国归侨侨眷先进个人”。

全国工程设计大师 曹克明

曹克明，1928年5月27日出生于浙江瑞安，1952年毕业于唐山交通大学，1954年毕业于大连大学研究生院。毕业后即参加并一直从事于水利水电工程的设计工作。曾先后在北京水电勘测设计院、昆明勘测设计院、华东勘测设计研究院工作，于1983年任昆明勘测设计院总工程师，1987年任原能源部大坝安全监察中心总工程师。

参加过20个工程项目的设计。1958年开始担任工程项目的设计总工程师工作，并先后以设计总工程师的身份主持了六郎洞水电站，绿水河水电站，以礼河四级小江水电站，西洱河一级、二级、四级水电站，援外工程喀麦隆联合共和国拉格都水电站，天生桥一级水电站，漫湾水电站（项目经理）等九个已建成发电的水电站的设计，其总装机容量约3200MW。此外，还以总工程师身份参与了鲁布革水电站工程的设计。

现为华东勘测设计研究院的高级技术顾问，教授级高级工程师，1994年建设部授予全国工程设计大师称号。现在先后受聘为3个工程的国际特咨团成员，6个工程的技术顾问：世界银行青海西部扶贫工程大坝安全评审小组组长，亚洲开发银行珊溪、赵山渡水利水电工程特别咨询团成员，世界银行桐柏抽水蓄能电站特别咨询团成员；小浪底水利枢纽工程建设技术委员会委员，水布垭水电站工程设计监理特聘专家，白溪水库工程技术顾问，泰安抽水蓄能电站工程顾问，小湾水电站地下工程专家组组长，洪家渡水电建设工程咨询专家等。

过去担任工程顾问（专家）的有7个工程：广州抽水蓄能电站联营公司常年顾问，天荒坪抽水蓄能电站工程建设公司特别技术顾问，天生桥水电站工程的专家组成员，乌鲁瓦提水利枢纽建设指挥部高级顾问，大广坝水利水电工程咨询团成员，成屏水电站工程技术顾问，罗村水电站工程技术顾问等。

此外，参加咨询活动的主要工程还有：大朝山地下厂房的支护方式专题咨询，天生桥一级水电站蓄水安全鉴定，大桥水库枢纽工程蓄水安全鉴定，南水水电站第二次大坝定期检查，引子渡水电站设计咨询等。

由于有参加多项工程设计及咨询的机会，日常重视点滴经验的积累并虚心向他人及前人学习，因此他对常规水电站及抽水蓄能电站设计都有较全面、细致的认识，对水工建筑物的设计有较深入的了解，并对土石坝及地下工程的设计有所专长。曾结合实际工作的体会，在国内、外发表有关土石坝及地下工程方面的论著，计英文论文7篇，中文论文18篇，编著书1本。其中英文论文发表于英刊《水力发电及坝工建设》（International Water Power & Dam Construction）杂志上有3篇，发表于美刊土木工程学报（Journal of the Geotechnical Engrg. Division，ASCE,）上有2篇。

全国工程设计大师 曾宪康

曾宪康，武汉市汉阳县人，出生于1936年5月，1960年毕业于武汉水利电力大学农水工程专业。1960～1962年在福建省水电学校任教师；1962～1970年在福建省九龙江流域规划队任项目负责人、技术员；1970～1979年在福建省华安水电工程指挥部任枢纽组组长、助理工程师；1980年至今在福建省水利水电勘测设计研究院任专业组长、主任工程师、副总工、项目总工、教授级高工等。

历年来负责设计的主要工程项目有：福建省华安水电工程枢纽建筑物（省重点项目，任设计施工负责人）；福建省坑口碾压混凝土坝（国家重点工业性试验项目，任设计项目负责人）；福建南一水库工程（省大型重点工程项目，任设总）；福建省水东水电站（省重点工程，任设总）；福建省雍口水电站（省重点工程、任分管总工）；福建省街面水电站（国家大型水电工程，任设总、分管总工）；福建省湄洲湾南岸供水工程（省重点大型水利工程，任设总、分管总工）；福建省福清闽江调水工程（省重点大型水利工程，任设总、分管总工）；福建省晋江市供水工程（省重点水利工程，任分管总工）；福建省石狮市引水工程（省重点水利工程，任分管总工）；福建省汶潭水电站（省中型水电工程、任分管总工）。

多年来曾宪康在国家级刊物上发表了《坑口碾压混凝土坝设计中的几个技术问题》、《南一水库混凝土重坝取消纵缝的设计与研究》等论文十余篇，并参加撰写了《碾压混凝土坝的设计与施工》一书中的设计篇。

曾获国家科技进步一等奖（1998）、水电部科技进步一等奖（1987）、省科技进步二等奖（1997）、省科技进步三等奖（1998）、省优秀设计二等奖（1997）、福建国际文化经济交流基金（香港）集友科技成就奖（1997）、省优质工程二等奖一次、部优质工程奖一次。获全国工程设计大师（1994）和全国水利学会优秀中青年科技工作者称号（1989）、福建省水电科教基金优秀科技工作者特等奖（1996），获国务院特殊津贴（1992）。

担任下列学术或专业团体职务：原水利电力部碾压混凝土筑坝技术专家组成员、中国水力发电工程学会碾压混凝土筑坝技术专委会委员、中国水利学会碾压混凝土筑坝技术专委会委员、《福建省能源开发与节约》编委会委员、福建省工程咨询总公司专家委员会委员。

全国工程勘察大师　刘克远

刘克远，1934年11月出生，四川省仁寿县人。1955年毕业于东北地质学院水文及工程地质系，同年分配到成都勘测设计研究院工作至今。其中：1956～1979年任院第一地质勘探队技术负责人、副队长，主持千佛岩、铜街子、龚嘴、龙河、二滩等水电站工程地质勘察、岩土工程技术领导工作；1979～1981年任院勘测总队总工程师，1982～1996年任院副总工程师，此后任院技术委员会委员。在此期间除主持二滩水电站工程勘察外，并指导参与瀑布沟、太平驿、锦屏I级、桐子林、福堂、溪洛渡等10余项大、中型工程勘察和岩土工程技术工作。此外，多年来曾参与院外大型水利水电工程审查及重大技术论证，如向家坝、李家峡、小湾、龙滩、大柳树、三峡等工程。参与水利水电多项工程勘察规范、规程等的修编、审查以及一些科研成果的鉴定、研究生论文评审等工作。多次出国技术考察和合作。在有关技术刊物发表和学术交流论著10余篇，并参加了《中国水力发电工程》专著的编写工作。

1986～1990年期间，紧密结合二滩水电工程主持国家“七五”重点科技攻关专题（17—03—03）“高坝坝基岩体稳定性评价及可利用岩体质量的研究”，任专题负责人、科研组组长，负责科研技术路线和方案的制定、组织实施、科研成果的审查以及主持编写科研成果总报告。经部级鉴定认为该项科研成果整体水平已达国际领先，并取得显著经济效益。科研工作进程中于1989年受到国家计委、科委和财政部工作表彰，并颁发荣誉证书。科研组被原能源部、水利部1991年评为勘测设计系统优秀质量管理一等奖。其科研成果分别获1991年能源部科技进步一等奖，1992年国家科技进步一等奖，并分别颁发项目和个人一等奖证书（个人证书号，能源部：9111001—G1，国家：能—1—001—01）。

刘克远在40余年的工作历程中，曾于1979年、1984年分别获成都市先进生产者、先进个人称号；1987年晋升为教授级高级工程师；1991年获国家颁发在“七五”科技攻关中做出“突出贡献”科技人员荣誉证书和奖牌；1992年国务院发给政府特殊津贴；1994年建设部授予“全国工程勘察大师”称号；1998年成都勘测设计研究院为表彰他“在二滩水电站工程勘察中作出突出贡献，成绩卓著”，记大功一次，1999年被院评为“老有所为”先进个人，并分别颁发荣誉证书。

全国工程设计大师　石瑞芳

石瑞芳，浙江省勤县人，1932年6月生，1953年毕业于华东水利学院水工建筑专业，历任北京勘测设计院水工组长，刘家峡水电站设计代表处设计项目负责人，安康水电站设计总工程师，西北勘测设计研究院副院长兼总工程师，院长兼院技术委员会主任，中国水利水电咨询公司西北公司总工程师等职。

石瑞芳同志40多年来一直从事水利水电建设工作，先后参加主持了古田溪一级、上犹江、刘家峡、安康、龙羊峡、李家峡和援外喀麦隆拉格都等大、中型水电站的设计工作，其中刘家峡水电站工程建成后，运行正常，效益显著，1981年获国家优秀设计奖，石瑞芳同志是这个项目设计主要负责人；龙羊峡水电站为黄河上游龙头电站，是我国当时已投入运行的库容量最大、坝高最高的水电站，地质条件极其复杂，石瑞芳同志主持审查了这一被外国专家称之为挑战性工程的技施设计及其各项重大技术问题的审定和决策；他主持领导赴苏考查，研究李家峡水电站坝后式厂房双排机组布置方案，在国内尚属首例，单机容量当时居全国投产机组之首，已建成的李家峡电站运行正常，效益显著。因石瑞芳同志在水电设计领域中的出色成就，先后被聘为中国国际工程咨询公司专家及专家委员会委员，东北电管局大坝安全定检专家，三峡总公司专家及三峡技设审查厂房组组长，新疆乌鲁瓦提工程顾问专家组专家，以及《水力发电学报》等五种刊物的编委、编委副主任和主编，中国水力发电学会理事，陕西省水电学会副理事长等职务。

石瑞芳同志先后撰写20多篇论文，分别刊载在

《水力发电》、《陕西水力发电》、《西北水电》等刊物上，主持和编写过不少设计技术报告、评审报告等，并编著了《刘家峡水电站设计原则和缩短工期的研究分析》、《黄河、刘家峡、盐锅峡、八盘峡水电站的建设经验》、《加快黄河上游水电建设》、《龙羊峡水电站导流规划设计》等文章。用法文翻译了《拉格都水电站设计文件》。

石瑞芳同志1982年晋升为高级工程师，1987年晋升为教授级高级工程师，1988年被授予国家级有突出贡献的中青年专家，1991年被国务院批准为享受政府特殊津贴的专家。

石瑞芳同志知识面广，懂英、法、俄等多门外语，具有系统扎实的水工设计专业基础理论知识和专业技术知识、丰富的水电工程设计实践经验，掌握设计专业领域的国内外设计现状和发展趋势，能解决设计中重大疑难问题，具有全面承担和组织大、中型水电站设计工作的能力。

2000年12月被建设部授予全国工程设计大师称号。

（国电公司水电水利规划设计总院 供稿）

全国工程设计大师 许百立

许百立，江苏省常州市人，1935年4月出生。1956年毕业于华东水利学院水工结构专业，历任上海勘测设计院技术员、工程师、工程设计负责人，闽江工程局勘测设计院工程设计室主任、设计总工程师，华东勘测设计院副院长兼总工程师，水利水电规划设计总院总工程师、副院长、专家委员会主任等职，教授级高工。2001年2月4日病逝。

（一）

许百立从事水利水电工作40多年，从事过古田、青田、洪门、陈村、安砂、水口，以及援外项目等10余座水利水电工程设计，担任过水口、安砂、永安、毕科莫、锦屏二级5座水电站的设计总工程师。在华东院任总工程师期间，主持了天荒坪、紧水滩、沙溪口、滩坑等多项大型水电站、抽水蓄能电站设计，创造性地解决了重大技术关键问题。

（1）50年代设计的古田高坝为我国最早建成的宽缝重力坝之一，比实体重力坝节省混凝土约10%；青田斜心墙堆石坝，坝高140余m，河床覆盖层厚60m，设计采用了两排混凝土防渗墙，两条直径18m泄洪洞和大型地下厂房，在当时国内是无先例的。

（2）60年代设计的洪门水电站压力管道和地下岔管是我国最早采用的大直径埋藏式钢筋混凝土结构之一，为了节省钢材，改变了当时常用的钢板钢筋混凝土衬砌，运行30年情况良好。

（3）70年代主持设计的安砂水电站，坝高92m。重力坝斜缝不灌浆、砂页岩互层基岩采用混凝土防渗墙加帷幕灌浆、施工导流采用木笼围堰叠梁截流措施，技术先进，施工方便，运行可靠，体现了设计的创新性。

（4）80年代初主持设计、现已建成的水口水电站为华东地区最大的水电站，坝高101m，装机140万kW，采用了纵缝不灌浆、大直径压力钢管设软垫层、高水头三级船闸充泄水廊道用突扩方式消能防蚀、47m高围堰采用土工膜防渗和基础塑性混凝土防渗墙以及大坝基础部分采用外掺氧化镁延迟性微膨胀混凝土都属于国内首创，建成后运行情况良好。

（二）

（1）在主持大中型水利水电工程70余项审查中，能把好设计技术质量关，把握住各阶段设计深度和重大关键技术，正确审定工程建设规模、坝址、设计方案、总体布置、建筑物型式和各项技术经济指标。

（2）组织编制和修订60余项技术标准，使水利水电勘测设计技术标准逐步配套齐全。

（3）参加和主持了“七五”“八五”国家科技攻关、行业科技攻关有关项目的评审、鉴定和验收，如混凝土面板堆石坝、碾压混凝土重力坝、碾压混凝土拱坝、高拱坝、高坝泄洪消能、岩质高边坡稳定等项目。

（4）组织和推动本行业的计算机开发和应用，重点抓了CAD和MIS软件的开发，主持了多项软件开发的系统分析大纲讨论会、中间检查会和成果鉴定会。

（三）

对正在施工中的大型工程关键技术问题进行咨询，帮助设计单位和业主解决技术难题。

（1）受聘参加三峡技术审查专家组工作，对有关三峡大坝和船闸方面的单项技术设计提出意见，如三峡厂房坝基深层滑动稳定、大坝泄洪深孔和底孔型式及水力学条件、坝内孔洞应力及配筋、船闸引航道布置、引航道水力条件、船室充泄水消能形式、船闸高边坡稳定等技术设计中的重大问题。

（2）帮助解决小浪底工程施工中技术问题，如进水口消力池边坡稳定及处理措施、消力池出水口水流对岸坡的冲刷影响、地下厂房支护方式、泄洪孔板洞中闸室结构、斜心墙坝基处理、右坝肩岸坡稳定、进水口右导墙结构型式、大坝变形观测等问题。

（3）参加南水北调东、中、西线论证，综合大家讨论意见，提出线路专家组的全面论证意见。

（4）主持专家讨论分析龙羊峡虎山坡滑坡问题，并确定滑坡处理方案。

(5) 主持专家讨论，帮助设计单位解决李家峡复杂地质条件的拱坝坝肩稳定及处理措施；审查确定将原三台坝后、二台地下厂房机组改为五台双排机组坝后厂房布置。

(6) 组织技术讨论，帮助设计单位解决天生桥二级水电站岩溶发育地区长引水隧洞结构衬砌，审查确定了设计原则和工程措施，改变了原设计钢板衬砌、管桥跨越、沉井支墩等方案，采用局部加厚衬砌，以高压灌浆和锚杆支护为主，并设置排水洞，降低外水压力。

(7) 咨询提出羊卓雍湖原设计单条高压钢管采用200多个伸缩节存在的问题，建议将套节改为焊接，使伸缩节减至20个左右，以利于安全运行，减少严寒地区止水渗漏破坏，提高钢管发电的可靠性，被设计院和业主采纳。

(8) 主持专家讨论，帮助设计单位解决桃林口碾压混凝土温控和减少裂缝措施，研究分析桃林口挑流泄洪消能雾化影响。

(9) 主持小浪底、白溪等工程蓄水安全鉴定。

许百立完成的主要报告、论文、著作有：永安工程初步设计报告、赤道几内亚毕科莫水电站初步设计报告、水口水电站初步设计报告、锦屏二级水电站设计招标文件、水利水电工程设计分析计算机软件包(75万字)、普定碾压混凝土拱坝及其科研攻关、水利水电工程可行性研究报告编制规程、水利水电工程初步设计报告编制规程、高坝设计新技术、水利水电工程勘测设计专业综述（Ⅲ水工部分94万字)、水工结构分析及计算机应用（86万字)、地下工程设计理论与实践（2万字）等30多篇（册)。水口水电站初步设计报告获水电部优秀设计奖。2000年12月被建设部授予全国工程设计大师称号。

全国工程设计大师　林可冀

林可冀，湖南省临澧县人，1931年4月出生。1956年毕业于武汉水利电力学院水工建筑系，历任北京勘测设计院工程师、处长、副总工程师、总工程师等职。

林可冀同志1956～1958年参加云南省六郎洞、绿水河等水电站的设计；60年代参加了黄河刘家峡水电站的设计并主持完成了左岸泄水道、泄洪隧洞进水口坝段、引水道压力钢管设计。70年代至80年代，参加汉江安康水电站的设计，任该工程设计总工程师，主持并解决了安康水电站的三大技术难题（泄洪消能、坝基深层抗滑、高边坡稳定)，并获得国家级发明奖一项和部级科技进步奖二项。1986年开始担任北京院院总工程师。在任院总工程师期间，该院进行的主要勘测设计项目有：十三陵、大朝山、汉江上游干流综合利用规划、汉江旬阳初设、汉江喜河水电站初设、华北抽水蓄能选点规划、呼和浩特抽水蓄能电站可行性研究、西龙池抽水蓄能电站可行性研究等大中型工程。作为总工程师，起到了关键的作用。目前受院聘任在大朝山水电站技施设计中行使总工程师的职责。主持完成了国家“九五”科技攻关课题——200m级高碾压混凝土重力坝研究课题中碾压混凝土材料性能和耐久性研究“碾压混凝土新型PT掺合料的研究和应用”。

林可冀同志主编的《水电站引水渠道及前池设计规范》,于1998年3月发布;主持负责完成的安康水电站获九六年度国家优秀工程设计金奖;主持完成的大朝山水电站可行性研究报告获水利水电规划设计总院优秀设计奖;参加设计的刘家峡水电站获七八年度国家优秀设计奖和全国科学大会奖;《宽尾墩消力池联合消能工》获九一年度国家发明三等奖(第二发明人)。

曾获部级科技进步奖：二等奖二次，三等奖一次，四等奖二次；获能源部九一年度电力投产10000MW功臣称号；享受政府特殊津贴专家。

该同志在工作中富于创造性，淡泊名利，善于抓住工程中的关键技术问题，以科学求实、勇于负责的精神作出决策。所取得的宽尾墩消力池联合消能工这一科技成果，具有国际领先水平，该成果已在国内五强溪、岩滩、隔河岩、大朝山、水东、桃林口等许多大中型工程中推广应用，取得巨大的经济效益和社会效益。多年来，长期坚持在水电站工地、生产一线，解决在建工程施工的重大技术问题。

在大朝山水电站建设中，深入实际，凭藉丰富的实践经验，科学分析，大胆创新，解决工程重大技术问题，推动了技术进步，受到业主及施工单位的好评。

除完成院内的工作外，还参加了学会组织的学术交流活动，并受聘为中国国际咨询公司、三峡技术委员会的专家。曾对三峡工程、龙滩、溪洛渡、漫湾、景洪、糯扎渡、百色、凌津滩、小浪底、五强溪、皂市、水东、水布垭等工程进行有关水工和施工方面的技术咨询。1993年曾赴香港受潘衍寿技术咨询公司的邀请，从事香港机场供水的大屿山岛隧道工程的设计。1999年3月受台湾中兴工程顾问社邀请，赴台就有关RCC筑坝技术讲学。

长期以来，从事大型水电工程在建工程的设计工作，具有丰富的实践经验和解决工程重大技术问题的决策能力，为水电建设做出了重大贡献。

2000年12月被建设部授予全国工程设计大师称号。

水电行业机构

水电建设单位一览表

单位名称	地址	电话	邮政编码
二滩水电开发有限责任公司	成都市双林路98号	(028) 2907333	610021
北京华蓄水电开发公司	北京市昌平水关新村5号	(010) 69741927	102200
中国长江三峡工程开发总公司	湖北省宜昌市东山大道80号	(0717) 6738068	443002
国电电力发展股份有限公司	北京市宣武区广安门南滨河路1号	(010) 86362025	100055
广东抽水蓄能电站联营公司	广州市天河区龙口东路28号	(020) 87518168	510630
杂谷脑水电开发有限公司	成都市青羊区十二桥街7号	(028) 7791603	610072
龙滩水电开发有限公司	广西南宁市民主路6号	(0771) 5692222	530023
大朝山水电有限公司	昆明市小菜园江岸小区	(0871) 5168729	650231
国电大渡河流域水电开发有限公司	成都市红星路4段东升街89号	(028) 8413420	610016
小浪底水利枢纽建设管理局	河南省济源市	(0379) 3905227	454681
小三峡水电有限责任公司	兰州市敦煌路157号	(0931) 2954701	730050
澜沧江水电开发有限公司	昆明市拓东路49号云南电力大厦	(0871) 3012913	650011
水口水电开发有限公司	福州市火车站沁园路65号	(0591) 7584180	350013
五凌水电开发有限公司	长沙市赤黄路67号	(0731) 5521206	410007
南电天生桥水电站建设管理局	广西隆林县天生桥镇	(0776) 8460091	533409
天荒坪抽水蓄能电站建设公司	浙江省安吉县88号信箱	(0572) 5041772	313302
华能集团四川分公司	四川省成都市南府街新1号	(028) 6672406	610016
乌江水电开发有限公司	贵阳市新华路9号	(0851) 5784589	550002
黄河上游水电开发公司	西宁市城西区海西路7号	(0971) 6194819	810008
国家开发投资公司	北京阜城门外大街7号	(010) 68095101	100037
国投电力公司	北京阜城门外大街7号	(010) 68095733	100037
贵州黔源电力股份有限公司	贵州贵阳		
琅琊山抽水蓄能电站有限公司	安徽滁州市凤凰路512号	(0550) 3061668	239000
桐柏抽水蓄能电站有限公司	浙江天台县工人西路50号电力大厦	(0576) 3899463	317200
松江河水电厂建设管理处	吉林省抚松县抚松镇南新区	(0439) 6210710	134500
张河湾蓄能电站项目办公室	石家庄市长安东路437号	(0311) 5053440	050031
国家电力公司电源部	北京市府右街137号	(010) 63415093	100031
宝珠寺水电建设管理局	四川省广元市宝轮镇水电路	(0839) 8523033	628003
桂冠电力股份有限公司	广西南宁市民主路望仙坡一里3号	(0771) 5640938	530023
清江水电开发有限公司	湖北宜昌市樵湖二路9号	(0717) 6752345	443503
棉花滩水电有限责任公司	福州市火车站沁园路65号	(0591) 7584100	350013
新疆吉林台水电梯级开发有限公司	乌鲁木齐市建设路5号	(0991) 2921135	830002
南桠河流域水电开发有限责任公司	成都市紫东正街52号	(028) 4442937	610061
泰安抽水蓄能电站有限公司	泰安市东岳大街樱桃园宾馆	(0538) 8410242	271000

(国家电力公司　朱　军)

水利水电设计单位情况一览表

序号	单位名称	主要领导姓名	职工人数		近期承担的主要工程	地址	邮编	电话
			在职	离退				
1	国家电力公司水电水利规划设计总院	程念高 院长 王柏乐 总工	240	200	承担规划设计审查、咨询及行业管理任务等	北京市西城区六铺炕	100011	(010) 62032255
2	水利部水利水电规划设计总院	张国良 院长 曾肇京 副院长兼总工	180	140	承担规划设计审查、咨询及行业管理任务等	北京市西城区六铺炕	100011	(010) 62021158
3	国家电力公司北京勘测设计研究院	陈兴耀 院长 邱彬如 总工 陆正勇 总工	768		华北、山东等地抽水蓄能电站选点，大朝山水电站、十三陵抽水蓄能电站勘测设计等	北京市朝阳区定福庄西街1号	100024	(010) 65765533
4	水利部天津水利水电勘测设计研究院	刘德堂 副院长 王宏赋 总工	1265		引滦入津工程、万家寨水利枢纽、三门峡改造、沙坡头水利枢纽等	天津市河西区洞庭路60号	300222	(022) 28702818
5	水利部东北勘测设计研究院	金正浩 副院长 孙荣博 副院长兼总工	1744	830	黑龙江流域规划、松辽流域防洪规划，北水南调、尼尔基水利枢纽、莲花水电站、满拉水利枢纽设计等	长春市工农大路10号	130021	(0431) 5607271
6	水利部上海勘测设计研究院	王世民 院长 肖贡元 总工	400	215	长江口开发整治规划、宜兴蓄能电站、东庄水利枢纽、棉花滩水电站、沙河抽水蓄能电站等	上海市逸仙路388号	200434	(021) 65424751
7	国家电力公司华东勘测设计研究院	范成贤 院长 蒋效忠 总工	1535	1000	天荒坪、桐柏、泰山抽水蓄能电站，滩坑水电站、三界竹口水电站等	杭州市上塘路	310014	(0571) 8822659
8	国家电力公司中南勘测设计研究院	廖家凯 院长 胡斌 总工	1954	1243	虎跳峡规划，白莲河蓄能，龙滩向家坝、三板溪、碗米坡水电站，乌江渡扩机，三峡永久船闸等工程及工民建筑	长沙市香樟路17号	410014	(0731) 5582633
9	国家电力公司成都勘测设计研究院	胡敦渝 院长 程志华 副院长兼总工	2364	1534	田湾河规划、尼日河规划、锦屏水电站、官地水电站、溪洛渡水电站等	成都市浣花北路1号	610072	(028) 7319023
10	国家电力公司昆明勘测设计研究院	段荣国 院长 傅树红 总工	1560	1236	小湾、大朝山、漫湾、天生桥一级水电站，缅甸邦朗水电站等	昆明市人民东路115号	650051	(0871) 3162093
11	国家电力公司贵阳勘测设计研究院	兰春杰 院长 杨志雄 总工	975	402	洪家渡、索风营、光照水电站，柘林水电站扩机等	贵阳市解放路85号	550002	(0851) 5925974
12	国家电力公司西北勘测设计研究院	郑合顺 院长	2490		拉西瓦、公伯峡水电站，三峡、小浪底、莲花水电站等监理任务，索马里、叙利亚、马来西亚等国外工程	西安市南大街3号	710001	(029) 7281943
13	长江水利委员会，长江勘测规划设计研究院	傅秀堂 院长 徐麟祥 总工	1072	510	三峡工程、南水北调中线工程、水布垭工程、高坝洲工程、亭子口工程、彭水工程，长江防洪规划等	武汉市解放大道1155号	430010	(027) 82828009
14	黄河水利委员会勘测设计研究院	席家治 院长	1803		小浪底工程，南水北调西线规划，西霞院、碛口、甘泽坡水利枢纽、宝泉抽水蓄能电站等	郑州市金水路109号	450003	(0371) 5959236

续表

序号	单位名称	主要领导姓名	职工人数		近期承担的主要工程	地址	邮编	电话
			在职	离退				
15	珠江水利委员会勘测设计研究院	郑仁义 院长 余伟桥 总工	406		珠江出口治理，飞来峡工程，百色、长洲、孟洲坝工程，澳门供水工程	广州市林和东路沾益直街	510611	(020) 87117779
16	淮河水利委员会规划设计院	段红东 院长 何华松 总工	206		淮河流域规划、淮河入海水道、临淮岗控制工程、沂沭泗东调南下工程等	蚌埠市凤阳路41号	233001	(0552) 3092539
17	北京市水利规划设计研究院	吴文桂 院长	335		永定河卢沟桥分洪枢纽、北运河通县北关分洪枢纽、永定河引水渠及工民建工程等	北京市车公庄西路21号	100044	(010) 68424904
18	天津市水利勘测设计院	米春年 院长 魏国楫 总工	238	80	天津市海河干流治理、蓟运河险工治理、天津市防洪堤等	天津市河西区马场道217号	300204	(022) 23287276
19	河北省水利水电勘测设计研究院	杨凤臣 院长	639		黄壁庄、大黑汀、朱庄等水库除险加固工程，引青济秦、引黄入卫、引朱济邢，以及工民建等	天津市河北区金钟河大街238号	300250	(022) 26337947
20	河北省水利水电第二勘测设计研究院	蔡骥利 院长	240		南水北调中线（河北南段），引黄入淀，南水北调东线大浪淀，千顷洼蓄水工程，岗南、安各庄、龙门水库除险加固	石家庄市平安南大街107号	050021	(0311) 6012727
21	山西水利水电勘测设计研究院	李兴旺 常务副院长 张金凯 总工	686		万家寨引黄工程、汾河二库、引沁入汾、浪店水源工程、张峰水库，松塔水库等	太原市迎泽西大街39号	030024	(0351) 6064839
22	内蒙古自治区水利水电勘测设计院	戈峰 院长 王亚东 总工	627	248	全区地下水资源开发利用规划及节水灌溉工程规划，全卓勒及西山湾水利枢纽等	呼和浩特市呼伦南路85号	010020	(0471) 6919820
23	辽宁省水利水电勘测设计研究院	高宇 院长	575	586	白石水库、英那河水库改扩建，盘锦城市防洪、辽河流域防洪规划等	沈阳市和平区光荣街68号	110006	(024) 23228920
24	吉林省水利水电勘测设计研究院	孟庆民 院长 刘圣金 总工	628	322	哈达山水利枢纽，松干防洪、辽源市防洪，鸭绿江和图门江防护工程等	长春市解放大路82号	130021	(0431) 5668561
25	黑龙江省水利水电勘测设计研究院	田壮飞 院长	1083		省内干支流规划，松干及嫩干、哈、齐、牡、佳防洪工程，城市引排水工程等	哈尔滨市清滨路52号	150080	(0451) 6313977
26	黑龙江农垦勘测设计研究院	谢学富 院长 孙原峰 总工	326	158	农场防洪工程，灌区节水改造、太平湖水库除险加固，黑龙江垦区水利工程普查等	黑龙江佳木斯市前进区红星街54号	154002	(0454) 8192088
27	上海市水利工程设计研究院	何刚强 副院长 卢永金 总工	98	29	苏州河综合整治，浦东国际机场排水工程，张家塘泵闸枢纽，东沟水利枢纽等	上海市中山西路763号	200051	(021) 62737537
28	江苏水利勘测设计研究院	陈茂满 院长 张平易 总工	491		淮、长、太湖流域规划，秦淮河整治，望虞河望亭立交，淮河入海水道，泰州引江河等	江苏扬州市江阳中路31号	225009	(0514) 6601086
29	安徽省水利水道勘测设计院	徐亚平 院长	600		淮河、长江整治规划，港口湾水库，驷马山抽水站，怀洪新河，长江干堤加固及国外项目等	合肥市曙光路1号	230022	(0551) 3665155
30	山东省水利勘测设计院	耿福明 院长	583		沂沭泗东调南下工程，引黄入卫工程，棘洪滩泵站及科研项目等	济南市历山路121号	250013	(0531) 6974336
31	山东黄河勘测设计研究院	陈兆伟 院长 杨春林 总工	213	31	济南供水鹊山调蓄水库，济泰高速公路勘察，国那里闸改建，黄河防洪工程等	济南市历下区小园庄47号	250033	(0531) 6987031

续表

序号	单位名称	主要领导姓名	职工人数		近期承担的主要工程	地　址	邮编	电话
			在职	离退				
32	浙江省水利水电勘测设计院	徐成章　院长 徐文志　总工	432		杭嘉湖南排工程，赵山渡引水工程，玉溪水电站，横山水库扩建，盐官下河排涝站及多项国外项目等	杭州市通江桥镇东楼46号	310002	(0571) 6068241
33	江西省水利规划设计院	周绪田　院长	600		赣、抚、信、饶、修五大河流域规划，鄱阳湖治理，长江干堤加固整治等	南昌市北京东路386号	330029	(0791) 8309800
34	福建省水利水电勘测设计研究院	李小榕　院长	560		福建省内河流规划，防洪、排涝、供水工程，塞拉利昂、中非、菲律宾等国外项目	福州市东大路158号	350001	(0591) 7551980
35	湖南省水利水电勘测设计研究院	曾涛　院长 唐荣旭　总工	1093	512	江垭水利枢纽，洞庭湖二期治理及湖区21个城市防洪工程，长江干堤加固，湘、资、沅、澧治理，涔天河水库扩建等	长沙市劳动西路26号	410007	(0731) 5607688
36	湖北省水利水电勘测设计院	陈斌　院长 刘克传　总工	588	269	陡岭子水利水电枢纽，洪湖监利长江干堤整险加固，小溪口水利水电枢纽等	武汉市武昌区武珞路七巷66号	430070	(027) 87275763
37	河南省水利勘测设计院	于合群　院长 张玉萍　总工	657	389	南水北调中线，盘石头水库，白龟山水库加固	郑州市丰产路73号	450008	(0371) 5717106
38	河南黄河勘测设计研究院	张超　院长 曹文中　总工	162	27	温孟滩移民安置工程，黄河大堤加高加固等	郑州市金水路12号	450003	(0371) 6402286
39	广东省水利电力勘测设计研究院	廖竞欧　院长	630	452	北江大堤加固，广州抽水蓄能，东深供水工程，广州市防工程等	广州市荔湾路陈家祠道48号	510170	(020) 81814623
40	广西电力工业勘察设计研究院	杨长宇　院长	701		红水河、郁江、桂江规划，岩滩、贵港、石龙滩等新建、改建项目，国外工程项目等	南宁市建政路10号	530023	(0771) 5623989
41	广西水利电力勘测设计研究院	闫九球　院长	301		百色水利枢纽，荣地水电站，RCC重力坝设计与研究，桂平航运枢纽等	南宁市民主路1—5号	530023	(0771) 5695302
42	海南省水利电力建筑勘测设计院	郑大燕　院长	143		牛路岭水电站及输变电工程，旅游、公路、港口码头、民用建筑等	海口市机场路69号	570203	(0898) 5332959
43	四川省水利水电勘测设计研究院	胡明亮　院长 戴晓文　总工	1355	954	大桥水库、漫水湾水利枢纽、紫坪铺水利枢纽、武都水库、三江水电站、岷江防洪堤等	成都市青羊宫青华路20号	610072	(028) 7318019
44	重庆市水利水电建筑勘测设计研究院	杨贤良　院长	160		合川渭沱电站，重庆市城区防洪规划、水中长期供求计划，铜梁安居电站等	重庆市江北区新建东路59号	400020	(023) 67852918
45	云南省水利水电勘测设计研究院	喻世强　院长 邓东明　总工	358	273	丰坪水库，暮底河水库，青山嘴水库，高桥电站等	昆明市青年路376号	650021	(0871) 316839
46	贵州省水利水电勘测设计研究院	周建国　院长 陈纯伦　总工	510	315	响水水电站，大七孔水电站，五二河水库，遵义灌区工程等	贵阳市宝山南路69号	550002	(0851) 5922013
47	西藏自治区水利规划勘测设计院	白马旺堆副院长	100		该院于1999年4月22日成立	拉萨市当热路8号	850000	(0891) 6341706
48	西藏自治区水利电力勘测设计院	魏坚政　院长 王康柱　总工	124	35	沃卡河一级水电站，巴河雪卡水电站等	拉萨市夺底路15号	850000	(0891) 6335104

续表

序号	单位名称	主要领导姓名	职工人数		近期承担的主要工程	地址	邮编	电话
			在职	离退				
49	陕西省水利电力勘测设计研究院	孙平安 院长 钟家驹 总工	1031	449	金盆水利枢纽，二朗坝水电站，东雷抽黄续建，下板地水利枢纽等	西安市东大街57号	710001	(029)7449749
50	甘肃省水利水电勘测设计研究院	许文海副院长 钟　方 总工	1129	615	河西走廊农业综合开发、引大入秦、九甸峡水利枢纽、龙首水电站，尼傲水电站等	兰州市平凉路308号	730000	(0931)8417121
51	宁夏自治区水利水电勘测设计院	哈岸英 院长	296	100	扬黄1236工程，黄河宁夏段防洪工程，沙坡头水利枢纽，引黄灌区续建配套工程等	银川市胜利南街177号	750004	(0951)4082859
52	青海省水利水电勘测设计研究院	袁　辉 院长 徐祥利 总工	447	231	黑泉水库，大于沟电站，宝泉河一级电站，石头峡水库电站，塔拉滩引水工程等	西宁市园树庄5号	810012	(0911)6144220
53	新疆自治区水利水电勘测设计研究院	于海鸣 院长 张永清 总工	1169	601	乌鲁瓦提水利枢纽，引额济克，引额济乌，察汗乌苏水电站等	乌鲁木齐市黑龙江路19号	830000	(0991)5813854
54	新疆兵团勘测设计院	王江生 院长 张　军 总工	890	630	克拉玛依大农业开发，塔里木河综合治理，前进水库除险加固，400万亩节水灌溉工程等	乌鲁木齐市建设西路16号	830002	(0991)2823056

（水利水电勘测设计协会　王中礼）

水利水电施工单位情况一览表

单位名称	法人代表	1998年～2000年参建主要工程项目	职工人数	地址	邮编	电话
中国水利水电工程总公司	郭建堂	资产总额123亿元，2000年产值110亿元，目前承建三峡、小浪底等大中型水利水电工程20多项及长江干堤工程、九江城防工程、泰国科隆泰单大坝工程、乌兹别克斯坦塔什干国际机场修复工程等	13万	北京西城裕民路4号	100029	(010)62028792
中国水利水电第一工程局	姜戌年	松江河梯级工程、大朝山工程、天荒坪抽水蓄能工程、二滩水电站、三峡永久船闸、丹本高速公路、溧阳水电站、阎王鼻子水电站	11938	吉林省长春市绿园区正阳街13号	130062	(0431)7987316
中国水利水电第二工程局	王岩峰	水科院工程、动力学院工程、万科小区、华天粮库、外交部住宅楼、回龙观住宅楼、水电石油业务楼、中直机关礼堂工程	2063	北京市西城区六铺炕一区	100011	(010)62023344
中国水利水电第三工程局	张治源	三峡、大峡、小浪底、江垭、石泉扩机、大朝山、庙子头水电工程、红岩子电航工程、合—徐高速公路、合—安高速公路、岚皋花坝水电工程、沙铺砻水电工程、宁强天生桥水库、卧龙台水电站、新疆克拉玛依引水渠	14625	陕西省西安市龙首北路西段22号	710016	(029)6261684
中国水利水电第四工程局	郑征宇	李家峡、小浪底、万家寨、龙羊峡虎山坡处理、三峡、青海黑泉水库、福建屏南圆坪水电站、青海尼那水电站、万家寨引黄工程、福清引水工程进水口、甘肃龙首水电站、陕西葫芦头水电站、陕西蔺河口水电站、西宁龙青大厦工程	11524	青海省西宁市互助西路136号	810006	(0971)8149917

续表

单位名称	法人代表	1998年～2000年参建主要工程项目	职工人数	地址	邮编	电话
中国水利水电第五工程局	郭志强	宝珠寺、大桥水库、鱼背山电站、洪雅城东电站、108国道公路工程、綦万公路工程、瓦都水库、马回水电站扩建、大坳水库、天荒坪抽水蓄能电站塌滑体工程、葫芦头水电站工程、陡岭子水利枢纽工程、绵广高速公路、国道301线博雅公路、宣大高速公路、深圳市东部供水工程	10448	四川省成都市一环路东四段八号	610066	(028) 4456155
中国水利水电第六工程局	李维科	小浪底、万家寨、山西引黄国际Ⅰ标工程、丰满三期扩建工程、吉林松山引水溢洪道工程、十三陵抽水蓄能电站工程、桓仁电站土建及安装工程、温州珊溪工程、中条山工程、浪店水源工程、大黑汀水库加固工程、富地营子水库工程、垣曲后河水库宋家湾倒洪吸工程、白山混凝土生产系统	6971	辽宁省丹东市振兴区人民街60号	118002	(0415) 6191612
中国水利水电第七工程局	范集湘	三峡左岸电站厂房、三峡永久船闸二期、三峡98.7混凝土拌和系统、天生桥电站、湖南耒中电站、湖南大源渡工程、东西关水电站船闸工程、重庆江口电站导流洞及砂石系统、茂县铜钟电站	10650	四川省成都市郫县成灌东路349号	611730	(028) 7886411
中国水利水电第八工程局	杨荣强	三峡、大朝山、二滩、凌津滩、湖南洪江、四川沙牌、四川金华、四川红岩子、云南南腊河、湖南山河、湖南湘耒高速公路、耒宜高速公路、九江防洪堤加固、昆明西山红坡引水工程、四川武都引水工程、深圳盛宝住宅楼	14858	湖南省长沙市南大路2号	410007	(0731) 5563840
中国水利水电第九工程局	袁春炎	天生桥（一级）、天生桥（二级）、湖北汉江王甫洲水利枢纽、湖南大源渡航运A标、温州珊溪赵山渡引水、河北丰宁水电站、贵州翁福磷矿、贵州印江导流、京沈高速公路牛牧屯大桥、洪家渡前期、白水河C3标、江西芙蓉大堤大坝段加固、江西棉船洲江岸整治、云南大保高速公路、成南高速公路	6417	贵州省贵阳市瑞金北路48号	550001	(0851) 6851139
中国水利水电第十工程局	文端超	安徽响洪甸电站、马边波罗电站、坛灌窑电站、大桥水库、姚河坝电站、姜射坝电站、铜钟电站、云南螺丝湾电站、洪雅城东电站、冷竹关电站、小关子电站、金河电站、杨村电站、黑土坡电站、越西铁马二级电站、成都三环路公路、武都引水、老挝南累克电站	5540	四川省都江堰市蒲阳路177号	611830	(028) 7133411
中国水利水电第十一工程局	王学鲁	小浪底水利枢纽、三峡船闸二期、山西引黄泵站、伊川电厂黑龙沟水库、王甫州泄水闸工程、后河水库、渑池槐扒提水工程、浙江玉环泄水闸工程、尼泊尔逊沙里工程莫迪水电站工程、伊拉姆水电站工程	7006	河南省三门峡市黄河路中段147号	472000	(0398) 2813325
中国水利水电第十二工程局	张介中	珊溪水利枢纽、宁波临海白溪水库、福建周宁芹山水电站、水口升船机、福建马尾白眉水库、福建三明竹州电站、泉州堤防处理工程、安徽宁国港口湾水库、九江干堤防护工程、上海浦东海堤、沪东造船厂东鼎钢结构工程、上海交大慧谷科技楼、宁波北仑港工程、浙江建德320国道改扩建、浙江青田太鹤大桥	5150	浙江省杭州市环城北路6—6号	310004	(0571) 5195000
中国水利水电第十三工程局	童劲松	济南引黄调蓄水库沉沙条渠工程、济南调蓄水库泵站及输水管线工程、北京水系治理工程、深圳河治理二期工程、新疆引额济克干渠道工程、永定新河防洪渡汛工程、潍坊白浪河特大桥工程、南吴机场高速公路工程、京福高速公路德州减河大桥、濮阳黄河大堤加固工程、巴基斯坦纳拉渠工程、孟加拉迈格纳哈电厂工程、孟加拉达卡市供水工程3号合同、坦桑尼亚塔贝拉供水工程	5189	山东省德州市东风东路88号	253009	(0534) 2628672

续表

单位名称	法人代表	1998年～2000年参建主要工程项目	职工人数	地　址	邮编	电话
中国水利水电第十四工程局	李鹏程	三峡、小浪底、广州抽水蓄能电站、浙江天荒坪抽水蓄能电站、福建棉花滩电站、云南柴石滩水库、大朝山、江苏沙河抽水蓄能、云南徐村电站、茄子山水库、螺丝湾电站、大保公路工程、昆明污水处理厂、福建贡川电站、广西天生桥一级电站	11933	云南省昆明市环城东路159号	650041	(0871) 3335216
中国水利水电闽江工程局	李良顺	棉花滩碾压混凝土重力坝、福建沙县城关电站、周宁芹山电站、连江塘板水库、厦门北溪引水工程、泉州中央直属粮库、浙江萧山机场工程、乌兹别克斯坦塔什干国际机场修复工程	4249	福建省福州市湖东路82号	350003	(0591) 7821294
中国水利水电基础工程局	宗敦峰	病险水库处理：山东曲阜尼山水库岩溶坝基、陕西神木常家沟水库大坝防渗加固、陕西二郎坝天生桥水库坝基及溢洪道进水口防渗、河北大黑汀水库大坝除险加固工程、西藏拉萨市虎头山水库整治防渗处理；水电站防渗工程：浙江嵊州艇湖水利枢纽防渗、赵山渡水利枢纽防渗、四川铜钟电站基础防渗、红岩子电站防渗、冷竹关水电站闸坝基础防渗、天生桥电站引水隧洞不良地质段处理等；堤防防渗工程：广东英德城区防洪体系西岸大桥至南山段防洪堤防渗墙、江西长江干流江岸堤防加固、九江城市防洪大桥堤段除险加固、松江河干流依兰城区段堤防消险加固工程、湖北黄冈市长江干堤长孙堤薄型混凝土防渗墙	2400	天津市武清县杨村镇	301700	(022) 29341551
中国葛洲坝水电集团公司	张野	长江三峡、云南大朝山、湖北清江高坝洲、清江隔河岩航运工程、新疆玛纳斯县石门子水库工程、广东岭澳核电站工程、福建南平峡阳水电站、河北青县至吴桥段高速公路、山东同三线栖莱高速公路、湖北兴山古洞口水电站、湖北利川长顺水电站、浙江温州泽雅水库、江西永安段堤防工程、江苏连云港核电站工程	47831	湖北省宜昌市清波路10号	443002	(0717) 6447448

（中国水利水电工程总公司　冯有维）

武警水电部队情况一览表

单位名称	主要领导人	1997年～2000年担负的主要工程项目	职工人数	地　址	邮编	电话
中国人民武装警察部队水电指挥部	陈方枢 徐国武		270	北京市广安门外水口子村51号	100055	010-63467799
中国人民武装警察部队水电第一总队	何真祥 向贵富	天生桥一级C1标、C3标工程、二级水电站，河北桃林口水库，洪家渡水电站	5551	广西隆林县天生桥	533409	0776-8460192
中国人民武装警察部队水电第二总队	程恩华 蒋真举	福建斑竹电站、江西南车水库、黄山妹滩、新疆风城水库主坝、厦门市政工程、上海房建、珠海红塔厂房、麦德龙商场、长沙长善垸防洪工程、新疆引额济克工程、新疆希尼尔水库主坝	3735	江西新余市赣新西路9号	336525	0790-6443600
中国人民武装警察部队水电第三总队	李创坚 刘洪卫	西藏羊湖电站、满拉水利枢纽、沃卡河一级水电站，新疆引额济克工程，新疆库尔勒城市供水和希尼尔水库工程，新疆风城水库东、北副坝，西藏阿里普兰水电站	2504	四川成都市茶店子横街	610036	028-7511134
中国人民武装警察部队水电三峡工程指挥部	周光奉 张去北	三峡永久船闸一、二期工程、呼市二道洼水库、长江堤防工程、东深引水工程	1385	湖北宜昌市三峡坝区	443000	0717-6738068-5810
中国人民武装警察部队水电学校	岳　曦 李永胜		331	广西柳州市新官塘	545005	0772-3122558

（武警水电指挥部　张津生）

大中型水电厂情况一览表

水电厂名称	装机容量（万kW）	多年平均发电量（亿kW·h）	地址	邮编	法人代表	电话
十三陵蓄能电站	80	12	北京昌平县水关环岛	102200	王宝忠	010-6972337-2001
潘家口蓄能电站	27	2.31	河北迁西县	064309	回金方	0315-5895111
潘家口水电厂	15	3.56	河北省迁西县	064309		
下马岭水电站	6.5	2.22			刘玉成	010-68861177-2187
下苇甸水电站	3	1.2			刘玉成	010-68861177-2184
密云水电厂	8.2	0.8	北京密云县	101512	高晓森	010-69012097
石家庄水电总厂	5.7	0.9908	河北鹿泉市黄壁庄	050224	康金柱	2209541
王快水电厂	2.15	0.3465	河北曲阳县	073104	王淇瑛	4398180
岳城水电厂	1.7	0.0918	河北邯郸市马头镇	056044	董春华	6011588-5142
天桥水电厂	12.8	4.05	山西保德县	036602	张定华	0350-7351119
万家寨水电站	108	27.5	山西偏关县	036412	腾玉军	0350-7645044
白山发电厂（白山 红石）	170	23.926	吉林省桦甸市桦甸大街	132400	路振刚	0432-6705064
丰满发电厂	100.25	20.32	吉林省吉林市	132108	许勇男	0432-4604121
太平湾发电厂	19	7.7	辽宁省丹东市太平湾	118216		0415-2102027
桓仁发电厂	29.45	4.3	辽宁省本溪市桓仁县	117201	卢万林	0414-8864207
云峰发电厂	40	17.5	吉林省集安市	134200	于亚军	0435-6233071
松江河发电厂	16	3.244	吉林省抚松县南新区	134500	沈浩轩	0439-6228011
牡丹江水力发电总厂（莲花、镜泊湖）	61		黑龙江牡丹江市东新安街121号	157000	李敬森	0453-6259514
太平哨发电厂	16.1	4.3	辽宁省丹东市宽甸县	118208	陈焕成	0415-5768758
新安江水电厂	66.25	18.61	浙江省建德县	311608	虞志群	0571-4721471-2212
富春江水电厂	29.72	9.23	浙江省桐庐县富春江镇	311504	丁柏生	4651470
紧水滩水电厂	37.8	6.79	浙江云和县	323603	朱永健	0578-5141249
其中：紧水滩水电站	30	4.90				
石塘水电站	7.8	1.89				
乌溪江水电厂	35.2	6.80	浙江衢州市	324000	厉建宁	0570-3023967
其中：湖南镇水电站	27	5.15				
黄坛口水电站	8.2	1.65				
百丈漈水电厂	3.7	1.32	浙江文成县	325300	蔡定怀	0577-7862412
水口水电厂	140	49.50	福建省闽清县	350800	黄少雄	0591-2323345
沙溪口水电厂	30	9.6	福建省南平市	353001	黄渊旺	0599-8503368
古田水电厂	25.9	10.27	福建古田县半坑亭	352258	谢一工	0593-3881034
安砂水电厂	11.5	6.14	福建省永安市	366000	杨正	0598-3603168

续表

水电厂名称	装机容量(万kW)	多年平均发电量(亿kW·h)	地址	邮编	法人代表	电话
池潭水电厂	10	4.88	福建省泰宁县	354400	王凤峨	0598-7832978
华安水电厂	6.0	3.6	福建华安县	363800	王德仁	0596-7365670
船场溪水电厂	2.5	0.83	福建省南靖县	363600	陈永生	0596-7824969
陈村水电厂	18.4	4.4	安徽省泾县	242508	刘锦章	0563-5022507
佛子岭水电站	5.63	1.2	安徽省霍山县	237272	刁操法	0564-5231030
响洪甸水电站	4	0.81	安徽省金寨县	237335	王玉玖	7315506
梅山水电站	4	1.05	安徽省金寨县	237300	胡来亲	0564-7053229
罗湾水力发电厂	1.9		江西靖安县	330606	刘海荣	0795-4766028
万安水力发电厂	40		江西万安水力发电厂	343800	汤方辉	0796-5704065
柘林水电开发有限责任公司	19.2		江西九江永修县石林镇	330317	黄郁龙	0792-3060278
上犹江水力发电厂	7.2		江西省上犹县陡水镇	341212	吕逢春	0797-8591223
洪门水力发电厂	4.2		江西南城县洪门水力发电厂	344712	张建华	0794-7361111
江口水电厂	3.84		江西新余江口水电厂	336527	黎传谋	0790-6850001
江西东津发电有限责任公司	6		江西修水县	332400		0792-7260820
葛洲坝水电厂	271.5	153.8	湖北宜昌市	443002	毕亚雄	0717-6271334
隔河岩水电厂	121.5	30.4	湖北长阳县	443503	谭少华	0717-6752348
高坝洲水电厂	25.2	8.98	湖北宜都市	443318	王成星	0717-6752345
丹江口水电厂	90	38.3	湖北省丹江口市	441900	王云涛	0719-5372300
黄龙滩水电厂	15	6.94	湖北省十堰市大峡	442005	汤寿山	0719-8586323
白莲河水力发电厂	4.5	0.672	湖北省浠水县	436218	唐建	0713-4826138
富水水力发电厂	3.4	1.176	湖北省阳新县	435206	密志洁	0714-7635265
三门峡水电厂	40	14	河南省三门峡市			
五强溪水电厂	120	53.7	湖南沅陵县	415000	李瑞师	5551550
凌津滩水电厂	15	12.15	湖南桃源县	415000	李瑞师	5551550
柘溪水电厂	44.75	21.74	湖南安化县	413508	刘松茂	933662242
凤滩水电厂	40	20.12	湖南沅陵县	419621	周传和	933672242
东江水电厂	55.5	13.84	湖南资兴市	423403	张勤	933952242
其中：大东江	50	12.3				
小东江	5.5	1.54				
马迹塘水电厂	5.415	2.76	湖南桃江县	413405	黄学华	933712242
沙田水电厂	5.4	2.64	湖南汝城县	424109	刘双南	933954242
新丰江水电厂	29.25	8.27	广东河源市	517021	杜向明	0762-3381651
枫树坝水电厂	15	5.2	广东龙川县	517300	张兴栋	0762-6753344
青溪水电厂	14.4	3.59	广东大埔县	514200	曾火琼	0753-5620318
南水水电厂	7.5	2.92	广东乳源县	510700	陈长大	0751-5288242
长湖水电厂	7.2	2.92	广东英德大站镇	513021	黄德国	0763-2318881

续表

水电厂名称	装机容量（万kW）	多年平均发电量（亿kW·h）	地址	邮编	法人代表	电话
长潭水电厂	6.0	1.3029	广东焦岭县	514100	林大洲	13902788902
流溪河水电厂	4.2	1.467	广东从化市	510956	黄志良	020-87851299
岩滩水电厂	121	56.6	广西大化县岩滩镇	530811	刘静波	0778-5618235-2327
大化水电厂	42.8	21	广西大化县	530800	容党生	0778-5802191
百龙滩水电厂	19.2	9.47	广西马山县百龙镇	530600	容党生	0771-6802102
西津水电厂	23.44	10.93	广西横县	530325	谢培仁	7222441-2308
麻石水电厂	10	4.55	广西融安县河东开发一区	545400	许熙强	0772-5908057
宜州水力发电厂（拉浪、洛东）	11		广西宜州市山谷路84号	546300	韦乃明	3181003
大广坝水电厂	24	5.2	海南东方市	572627	吴让宏	5729215
牛路岭水电厂	8	2.81	海南琼海市	571400	李品洪	0898-2835375
国电大渡河流域水电开发有限公司	130	66.28	成都市红星路东升街89号	610016	章刚柱	028-6724666
其中：龚嘴水电站	70	34.18				
铜街子水电站	60	32.1				
映秀湾水电总厂	45.5	24.7	四川省都汇堰市奎光路429号	611830	胡瑞林	028-7195887
其中：映秀湾水电站	13.5	7.1				
渔子溪水电站	16.0	8.9				
耿达水电站	16.0	8.7				
华能太平驿水电公司	26	17.2	成都市人民南路4段47号华能大厦	610041	尹洪路	028-2945245
华能东西关水电公司	18	9.55	四川武胜县华能东西关水电厂	638491	马积泉	0817-2806088-4041
华能宝兴河电力公司（雨城、铜头、小关子水电厂）	26		四川雅安市沿江北路18号	625000	张伟	0835-2624677
华能康定水电公司（冷竹关水电厂）	12		四川康定县	626003	尹洪路	0836-2855001-6113
华能明台电力公司（明台水电厂）	4.5		四川三台县	621100	田永澜	0816-5331047
宝珠寺水电厂	70	24	四川省广元市宝轮镇	628003		0839-8522144
南桠河发电厂	12	6.5	四川省石棉县	625400		0835-8861888
二滩水电开发有限责任公司二滩水力发电厂	330	170	四川省攀枝花市炳草岗邮五段	617000	马德民	0812-3331903
狮子滩水力发电总厂	13.2	5.4	重庆市长寿县	401529	王开勤	40360420
羊卓雍湖抽水蓄能电厂	9	1.041	西藏拉萨市金珠中路	850000	张轫	0891-6332730-7402
漫湾发电厂	125	63.03	云南省云县漫湾镇	675815	钏毅民	0883-3813360
鲁布革发电总厂	60	28.49	云南省罗平县文笔路	655800	向泽江	0874-8257328
以礼河发电厂	32.15	16	云南省会泽县娜姑镇	654207	王绍奎	0874-5611194
西洱河发电厂	25.5	9.04	云南省大理市苍山路东段	671000	张长生	0872-2125553

续表

水电厂名称	装机容量（万kW）	多年平均发电量（亿kW·h）	地址	邮编	法人代表	电话
绿水河发电厂	6.55	3.082	云南省个旧市蔓耗镇	661600	唐斌	0873-7274511
大寨发电厂	5.32	1.843	云南省罗平县九龙路	655800	肖文祥	0874-8257404
六郎洞发电厂	2.5	1.493	云南省弥勒县江边乡	652307	段建强	0873-6491077
贵州乌江水电开发有限责任公司	114	55.14	贵阳市新华路9号	550002	戴绍良	0851-5784399
其中：乌江渡发电厂	63	30.94	贵州遵义县乌江镇	563000	罗小黔	0852-8603281
东风发电厂	51	24.2	贵州清镇市鸭池河	551408	王汉生	0851-2546039
红枫发电总厂（红枫梯级、普定）	34.45	9.421	贵州清镇市	551417	张荣贵	0851-2554101
天生桥水力发电总厂	252	134.3	贵州省兴义市北京路1号	562400	皇甫学真	0859-3241818
其中：天生桥一级电站	120	52.3				
天生桥二级电站	132	82				
安康水力发电厂	80	19	陕西省安康市马坡岭	725000	雷禄山	0915-3195028
龙羊峡水电厂	128	60	青海共和县	811800		09839-572608
李家峡水电厂	160	59	青海省尖扎县	811900		0973-742708
大峡水电厂	30	14.65	甘肃省白银市兰包路738号	730900		0943-8222414
刘家峡水电厂	131.5	43.69	甘肃省永靖县	731600	胡金荣	0930-8843595
盐锅峡水电厂	44.6	22.8	甘肃省永靖县	731601	胡金	0930-8868101
碧口水电厂	30	10.88	甘肃文县碧口镇	746112	陈步林	0939-5581518
八盘峡水电厂	18	8.2548	兰州市西固区	730094	侯国瑞	0931-2335329
青铜峡水电厂	27.2		宁夏青铜峡市	751601	夏峰	0953-3022570
黄河上游水电开发有限责任公司龙羊峡发电分公司			青海省龙羊峡	811800	李铁证	0974-573112

（各水电厂、电力公司提供　陈上奎　汇编）

大事记

20

一九九八年

1月13日～20日　应台湾中兴工程顾问公司邀请，经电力部台办批准由中国水力发电工程学会组织的考察团一行6人，赴台进行抽水蓄能电站技术考察，由广蓄联营公司总经理罗绍基任团长。考察团在台参观了中兴公司所属科研、设计机构，考察了台湾电力公司及明湖、明潭抽水蓄能发电厂，参观了翡翠水库，双方还进行了多次技术座谈和交流。

1月20日　中国水力发电工程学会在北京举办迎新春座谈会。座谈会主题是“畅谈我国21世纪水电发展前景”。座谈会由理事长李鹗鼎主持。会上汪恕诚、罗西北、张学知、高安泽、高雪涛、曾念、傅元初、李锐、朱伯芳、曹楚生、沙锡林、陈赓仪等同志先后发言，畅谈我国21世纪的水电发展前景及力争到2010年使水电比重达到30%的目标。

1月22日　电力部发布了13项电力行业标准，有关水电的标准有：《水力发电厂自动化设计技术规范》，1998年6月1日起实施；《水利水电工程通信设计技术规程》，自1998年7月1日起实施；《水电站引水渠道及前池设计规范》，自1998年5月1日起实施。

2月10日　电力部规划计划司转发了国家计委批复棉花滩水电站利用外资方案。国家计委同意该电站及其配套送出工程项目利用亚洲开发银行贷款15800万美元，原则同意电力部报送的棉花滩水电站利用外资采购设备材料清单；在满足采购要求的前提下，应优先选用国产设备；工程应加强项目管理工作。

2月10日　天荒坪抽水蓄能电站下水库开始蓄水，放空洞闸阀门正式关闭，大溪河断流。下水库坝高92m，坝顶长233.5m，为钢筋混凝土面板堆石坝，库容877万m^3。

2月10日　电力工业部发出通知，决定对获得1997年度电力工业部科学技术进步奖的115个获奖项目给予奖励并通报表扬。其中水电行业有33项，《岩质高边坡预应力锚固技术研究》等10项获应用性成果二等奖，《N—S方程的数值解和紊流模型》等4项获理论性成果二等奖，其余均为三等奖。

2月17日　《中国三峡工程报》公布三峡工程二期建设目标。1998年～2003年6年中工程建设的具体进度控制是：1998年5月1日实施临时船闸通航；1999年～2002年，进入溢流坝段及其以左坝段和发电厂房、双线五级船闸施工高峰；2002年汛后，二期围堰将拆除，导流明渠截流，完成2台机组安装和双线五级船闸工程，开始三期围堰施工；2003年，三峡水库开始蓄水至135m高程，首批机组投产发电，永久船闸通航。

2月16日～18日　全国电力科技工作会议在北京召开，李鹏、宋健为会议题词。李鹏的题词“实施科教兴电，促进电力发展”；宋健题词“提高科技创新能力，实现电力工业现代化”。会议部署要加快科技进步的总体战略目标和任务，深化科技体制改革，促进产学研结合，加快电力工业科技进步的步伐。

2月18日　电力部发文，同意对湖南省酉水碗米坡水电站可行性研究报告的审查意见。碗米坡水电站位于湖南省保靖县境内，是酉水第四级水电站，下游尾水与凤滩水电站衔接。该工程以发电为主，兼有航运要求。水库正常蓄水位248m，总库容3.28亿m^3，调节库容1.25亿m^3。电站装机容量24万kW，多年平均发电量7.92亿kW·h。本工程按1997年价格水平，总投资为19.76亿元，其中静态总投资15.29亿元。

2月19日　国家电力公司批复，同意湖南电力公司将其所属东江水电厂沙田电站有偿转让给湖南湘能中兴水电开发有限责任公司。

2月20日　国家电力公司印发了《国家电力公司关于对外工程承包及外派劳务业务管理暂行规定》。规定分总则、外经企业的管理、外派劳务、对外承包工程、出国任务的审批、附则等章，共29条。

2月22日　云南漫湾水电厂改制为漫湾发电有限责任公司。漫湾电厂总投资37.89亿元，其中中央投资21.2亿元，地方投资16.69亿元，股权分别为56%与44%。该公司负责对漫湾电厂的资产进行管理，实行董事会领导下的总经理负责制。

2月28日　长江三峡水利枢纽工程临时船闸完成无水调试，并于下午开闸放水，以进行有水调试。该临时船闸为单线一级船闸，长240m，宽24m，槛上最小水深4m，设计年单向通过能力为1100万t，它将主要承担三峡工程二期施工期间长江流量大于2万m^3/s时的通航任务。最大通航流量为4.5万m^3/s。

3月5日　国家计委批复利用亚洲开发银行贷款建设河北省张河湾抽水蓄能电站项目建议书。该电站拟安装4台25万kW的可逆式水轮发电机组，工程静态总投资约为 47.7 亿元，动态总投资约 73.4 亿元，其中利用亚洲开发银行贷款 2.3 亿美元。

3 月 7 日 全国人大代表、广西壮族自治区计委主任杨道喜在九届全国人大一次会议的广西代表团会上，建议国家批准龙滩水电站尽快开工建设。龙滩电站建设意义重大：①有很好的发电效益，近期装机 420 万 kW，远期规划装机 540 万 kW；②对广东、广西的防洪减灾有着重要作用，其防洪库容达 70 亿 m^3；③有利于通航，为当地群众脱贫致富创造条件；④龙滩电站是我国目前申请利用世界银行贷款最多的项目，共 13 亿美元，原列为世界银行 1996 年的贷款项目，后来因为国内配套资金未落实，又改列为世界银行 1998 年或 1999 年的贷款项目。

3 月 10 日 《国家电力公司合同管理办法》正式印发。

3 月 12 日 国内贸易部、机械工业部以内贸成联字［1998］第 7 号文，颁发了《建设工程设备监理管理暂行规定》，从发布之日起执行。

3 月 11 日～14 日 电力部水电水利规划设计管理局会同河南省计委，在新乡主持召开了河南省宝泉抽水蓄能电站可行性研究报告审查会。而后电力工业部于 4 月批准上述可研报告。该电站位于河南省辉县市，距新乡市直线距离 45km，共安装 4 台 30 万 kW 的水泵水轮机组。工程静态投资 40.45 亿元，总投资 64.53 亿元。

3 月 17 日，《中国电力报》载，全国政协九届一次会议召开期间，全国政协委员、九三学社中央副主席闵乃本代表九三学社中央作了题为《实施可持续发展战略，加快我国水电开发步伐》的发言。发言提出加快我国水电开发的十点建议：①加快水电开发的宣传力度；②组建国家电力公司水电开发公司；③建立水电开发基金；④加大水电开发软贷款规模；⑤在国内、国外发行水电建设债券或股票；⑥实行合理的电价政策；⑦免征水电站建设期的所得税；⑧免征水电站及库区耕地占用税、矿产资源税和水资源税；⑨鼓励以合资和入股形式开发中小型水电站；⑩尽快制定水电工程投资由受益方合理分摊的政策法规。

3 月 17 日 中国水利水电工程总公司在北京召开了科技大会，制定《水利水电施工企业科技发展规划》（1998 年～2010 年），部署科技工作任务。在会上，授予何本善等 17 位同志“先进科技工作者”称号，授予徐玉臣等 32 名同志“优秀科技人员”称号，授予朱福祥等 82 名同志“优秀工程技术人员”称号。

3 月 18 日 电力部颁发施行《水电建设工程安全鉴定规定》。规定包括总则、基本要求、组织管理与各方职责、建设期安全鉴定与运行期安全定检的衔接、附则共 5 章 31 条。

3 月 18 日 电力部以电综［1998］251 号文印发了《水电部工程水库移民监理规定》的通知，规定共五章 21 条，自颁布之日起实行。

3 月 19 日 电力部电综［1998］197 号文批复，同意水电水利规划设计总院改组为“中国水电水利及新能源发电工程顾问有限公司”，并批准其章程。水电顾问公司采取国有独资的形式，由国家电力公司出资设立，作为国家公司全资子公司注册。其经营范围是：接受政府部门的委托，组织编制河流（河段）的水电开发规划；水电水利和新能源发电项目的勘测、设计、科研；水电水利和新能源发电项目的招标咨询，工程造价、水库环保、经济与财务评估以及设备采购标书编制和评估咨询；水电水利项目的水库移民规划编制、咨询和移民工程的监理；水电水利和新能源发电项目的工程建设监理和工程总承包等。

3 月 19 日 国家计委批准福建棉花滩水电站工程列入 1998 年基本建设新开工大中型项目计划，并下达 1998 年基本建设投资为 7.07 亿元，其中：开发银行贷款 2.8 亿元，建设银行贷款 1.01 亿元，利用外资 1.37 亿元，福建省电力局自有资金 1.02 亿元，福建省电力局建设专项基金 5640 万元，龙岩市地方机动财力 3060 万元。

3 月 20 日～21 日，中国水利水电工程总公司在京召开优秀项目经理表彰会暨工程项目经验交流会。在会上表彰了 28 名作出突出贡献的项目经理，他们是：谭悦亮、王连军、江育、宋璞、程国银、牟官华、孙兆铭、张邯涛、陈贵如、张彦杰、杨忠、张建文、王杰、陈义海、冉启亮、张付、彭勇、宋桂嵩、金万福、叶建洪、陈华明、赵景涛、耿金富、陈学云、杜文裕、王和兴、吕孟静、徐方才。

3 月 23 日 云南盈江县勐典河一级水电站首台机组发电。该电站由昆明勘测设计研究院负责勘测设计，装机容量 3×6300kW，设计水头 154m，引用流量 $15m^3/s$，保证出力 8647kW，年发电量 1.32 亿 kW·h。电站建设工期 23 个月，比原计划工期提前 7 个月投产。

3 月 24 日 福建棉花滩水电站水库移民监理部揭牌仪式在永定举行。该监理部是水库经济专业委员会受电力部和福建省人民政府的共同委派，根据部、省 3 月 10 日共同发布的《关于福建棉花滩水电站水库移民监理（试点）的通知》组成的。实行移民监理制，将是水库移民管理体制改革的一项重要内容。

3 月 21 日～3 月 24 日 电力工业部水电水利规划设计管理局会同四川省计委、建委共同召开了审查会，通过了官地水电站可行性研究报告。官地水电站位于雅砻江中下游，四川省西昌市和盐源县交界的河段上，是二滩水电站上游的衔接梯级。电站开发的主要任务是发电。枢纽工程主要有混凝土重力坝和地下厂房，最大坝高168m；水库总库容7.54亿m^3，调节库容1.28亿m^3；电站装机容量为180万kW（5×36万kW），年发电量87.13亿kW·h。该工程淹没损失小，仅需迁移人口366人。工程的静态投资为67亿元，动态投资为103亿元。

3月28日 福建省棉花滩水电站大坝主体工程正式动工。这座大坝为全碾压混凝土重力坝，由中国水利水电闽江工程局中标承建，计划2001年竣工。

4月3日 国家电力公司发出《关于全面做好1998年电力防汛工作的通知》。

4月3日 电力部以电水规［1998］306号文，批复二滩水电站工程内外资调整概算。按1991年政策和价格水平，该工程原批准静态投资为63.11亿元人民币和7.77亿美元，总投资为163.01亿元人民币和8.76亿美元。重新核定后调整概算总投资为2855451万元，其中内资1958820万元，外资107890万美元。

4月7日 中国水利水电工程总公司1998年工作会议在深圳召开。国家电力公司副总经理汪恕诚、水电发展局局长张学知到会讲话，水电工程总公司总经理孙玉才作了工作报告。汪恕诚指出水电施工企业在经营活动中要更加注意政府对经济形势的导向和注重市场经济分析，据此研究企业经营方向。领导要有战略意识，注意分析国家宏观经济形势的变化，考虑企业发展的大的决策。孙玉才总结了1997年的工作，提出了1998年主要经济技术指标和对工作总的要求。总公司系统1997年完成企业总产值83.46亿元，全员劳动生产率57000元/人年，完成利润2600万元，职工人均收入8000元/人年。1998年主要指标：企业总产值86亿元，全员劳动生产率60000元/人年，利润2500万元，职工平均收入8500元/人年。

4月7日 国家电力公司印发《国家电力公司科学技术成果鉴定管理办法（试行）》。办法包括总则、鉴定范围、鉴定组织、鉴定程序、鉴定管理、法律责任和附则共7章29条。

4月7日～10日 张光斗、潘家铮、李鹗鼎、陈明致、谭靖夷5位中国科学院院士、中国工程院院士到黄河小浪底工程工地进行考察。

4月10日 全国人大常委会副委员长邹家华在浙江省省长柴松岳陪同下，到天荒坪抽水蓄能电站建设工地进行了考察。

4月24日 隔河岩水电站正式通过国家竣工验收。隔河岩水电站于1987年1月动工，1993年6月第一台机组发电，1994年11月第四台机组投产。验收委员会一致认为，该电站建设工期短、投资省、效益好，工程施工安装质量优良，各项指标均满足设计要求。该电站投产以来，全面发挥了发电、防洪、航运等效益，截至1998年3月，已累计发电111亿kW·h。

4月28日 全国水电开发研讨暨经验交流会在广西北海市召开。会上国家电力公司副总经理汪恕诚透露，经国家电力公司党组最近研究决定，国家电力公司将着手直接参股建设黄河上游、澜沧江、红水河、沅水流域的大型水电站，以带动水电资源的开发。首先参股开发四个大型水电站，即黄河上游的公伯峡水电站（150万kW）、澜沧江上的小湾水电站（420万kW）、红水河上的龙滩水电站（420万kW）、沅水上的三板溪水电站（68万kW）。这四座电站，除公伯峡外，均为流域开发的龙头水电站。此会议是4月28日～29日召开的，国家发展计划委员会、国家经济贸易委员会、国家开发银行、中国电力企业联合会、国家开发投资公司、中国国际工程咨询公司、广西壮族自治区计委等有关部门的同志参加了会议，国家电力公司系统部分电力集团公司、省级电力公司、水电流域开发公司、独立水电开发公司等企业负责人出席会议，参加了研讨和经验交流。

4月26～29日 水电水利规划设计管理局会同四川省计委、省建委、在都江堰市召开了福堂水电站可行性研究报告审查会。福堂水电站为岷江上游沙坝水库的一期工程，为长隧洞引水电站，尾水与下游太平驿水库衔接。电站装机容量36万kW，保证出力13.34万kW，年平均发电量22.7亿kW·h。

4月29日 庆祝五一国际劳动节大会在北京人民大会堂召开，会上宣读了《全国总工会关于颁发1998年“五一劳动奖状”、“五一劳动奖章”的决定》。水电系统获得“五一劳动奖章”的个人有：张功平（中国水利水电闽江工程局福州分局总工程师）、贺恭《中国长江三峡工程开发总公司副总经理）、方凤莲《中国葛洲坝集团公司三峡工程施工指挥部电铲司机）、李克勤（中国水利水电第四工程局万家寨施工局机电大队副中队长）。获得“五一劳动奖状”的班组为黑龙江省牡丹江水力发电总厂莲花水电站；获得“五一劳动奖状”的企业有：湖北省清江水电开发有限公司、中国水利水电第八工程局。

5月1日 长江三峡工程临时船闸正式通航。临时船闸闸室长240m，宽24m，槛上最小通航水深4m。上游引航道长1000m，下游引航道长4200m。上下闸首各有两扇巨大的人字门，每扇人字门宽14.2m，高15.4m，厚1.6m。临时船闸位于三峡工程左岸，可以通过3000t级船队。

5月1日 二滩水电站下闸蓄水。

5月中旬 由中国工程院副院长潘家铮任主任委员的鉴定委员会，对三峡大江截流技术成果进行了严格审查，并且在北京由国家电力公司组成的科技成果鉴定委员会进行了评定，认为总体上达到国际领先水平。其成果主要创新点有三个方面：一是在保持长江通航条件下，安全、快速、优质的实现了大江截流，创造了抛填强度、截流水深和截流流量等世界纪录；二是针对本工程突出的堤头坍塌问题，从岩土力学和水动力学上进行机理研究、稳定分析和影响因素探讨，提出的平抛垫底减少堤头坍塌的施工方案；三是在施工中建立了高效现场管理体系。

5月15日　全国政协副主席钱正英，考察了黄河上游李家峡水电建设工地。

5月16日～17日　国家电力公司安全运行与发输电部和中国水力发电工程学会，在四川宝珠寺电厂联合召开了“新投运水电厂机电设备质量问题”座谈会。国家电力公司向国家经济贸易委员会报送了新投产水电机组机电设备状况调查报告。报告对90年代新投运的水电厂机电设备质量提出存在14个方面的问题，例如：大机组振动大、范围广、振动强烈、噪音大；有些机组水轮机叶片裂纹比较严重；水轮机主轴密封性能不好；机组推力金属轴承瓦温高、油槽漏油等。

5月16日　由水电九局承建的海南省通什毛阳河梯级开发三级电站首台机组并网发电，该电站为径流电站，装机容量为2×5000kW，总投资4700万元。

5月18日　天广直流输电工程线路施工招标仪式在广州举行。天广±500kV高压直流输电工程，是继葛洲坝至上海直流输电工程之后，国内第二条直流输电工程，是将天生桥一、二级水电站的电力和云贵两省的外送电力汇集后进行东送的骨干工程，输送容量180万kW。本工程西起天生桥一级水电站，东至广州市北郊，全长980km，由南方电力公司筹集资本金并组织施工。

5月20日　国家开发银行致函国家发展计划委员会，提出对广东飞来峡水利枢纽工程项目的资金配置意见。该工程位于清远县北江干流上，水库总库容19亿m^3，装机4×3.5万kW，工程动态总投资526216万元。该工程项目法人为广东省飞来峡水利工程总公司。项目资本金为36亿元，其中国家水利投资2亿元，广东对香港供水水费收入安排29.5亿元，广东电力基金2亿元，广州市2亿元，佛山市5000万元；融资16.62亿元，其中利用日本输出入银行贷款8000万美元（折合人民币6.6亿元）。该工程于1994年动工兴建。工程主要功能是为消除北江洪涝灾害。

5月25日　国家电力公司发文，同意暂时保留电规总院和水规总院及直属院的牌子，待直属院公司化改制后，设计院的牌子即自行撤销。有关水电院的名称为：国家电力公司水电水利规划设计总院、国家电力公司西北勘测设计研究院、国家电力公司昆明勘测设计研究院、国家电力公司成都勘测设计研究院、国家电力公司贵阳勘测设计研究院、国家电力公司中南勘测设计研究院、国家电力公司华东勘测设计研究院。

5月25日　《人民日报》（海外版）公布国家发展计划委员会下达的1998年国家重点建设117个项目名单。其中关于水电的项目有：长江三峡水利枢纽、浙江天荒坪抽水蓄能电站、广州抽水蓄能电站二期、云南大朝山水电站、天生桥水电站一级、四川宝珠寺水电站、四川二滩水电站、青海李家峡水电站、黄河小浪底水利枢纽、黄河万家寨水利枢纽、浙江珊溪水利枢纽工程、湖南江垭水利枢纽工程、新疆乌鲁瓦提水利枢纽工程等13项。

5月26日　李家峡水电站3号机并网发电，总工期比原计划提前1个月。

5月26日　国务院办公厅发出通知，国务院决定对三峡工程建设委员会组成人员进行调整。调整后：主任为朱镕基，副主任为吴邦国、郭树言（国务院三峡工程建设委员会办公室主任）、曾培炎（国家发展计划委员会主任）、蒋祝平（湖北省省长）、肖秧（原四川省省长）、蒲海清（重庆市市长）、陆佑楣（中国长江三峡工程开发总公司总经理）、甘宇平（重庆市副市长），委员为陈邦柱等19人。

5月25日～29日　巴西、英国、瑞典、韩国、德国、澳大利亚、意大利等国的驻华使节考察了长江三峡工程和库区移民。

5月29日　国家电力公司以国电财［1998］175号文，批复了四川省电力公司《关于报送南桠河发电厂资产转让可研报告的请示》。南桠河发电厂转让给四川电力股份有限公司，转让价为42615.12万元。

5月29日　国家电力公司以国电财［1998］176号文，批复四川省电力公司《关于报送四川电力股份有限公司兼并磨房沟水力发电厂项目建设书的请示》。四川省电力股份有限公司采取吸收股权方式兼并磨房沟水力发电厂，该电厂经评估后的全部资产，按照上市后的每股净资产比例，折为四川省电力公司在四川电力股份有限公司的股份。

5月底　中国承包商目前在国外承包的最大水电施工项目巴基斯坦巴罗塔水电站工程，厂房施工南库堤坝开始填筑作业。该电站装机145万kW，分为C01、C02、C03三个标，中国水利水电第八工程局与东方电机集团联营体中C03标，为包括南北两个调节水库在内的厂房枢纽工程，标价为2.5亿美元。C03标施工工序复杂，设计开挖强度最高为每月62万m^3，1997年12月创出月开挖强度达100万m^3的纪录。

6月1日 国家电力公司副总经理汪恕诚在农电系统工作会议上谈到电力工业的各方面工作全面转轨的8个变化时，指出：电力工业要从“速度型”逐步转为质量型；建立“厂网分开、竞价上网”的电力市场；水电建设的发展重点将从“大、中、小并举”转为重点建设有调节能力的大型水电站，尤其是流域开发的龙头电站和抽水蓄能电站。

6月1日 新疆克孜河洪水暴涨，直泻喀什水电站，14时20分左右，水库大坝被洪水冲垮，一级、二级、三级水电站停止发电，直接损失约1400万元。喀什一级、二级、三级水电站是保障喀什市及周围地区生产、生活用电的主力电源，总容量为5.39万kW。

6月3日 国家“九五”重点科技攻关项目“100kW岸式波力电站研建”在广东汕尾市正式开工兴建。该项目由中国科学院广州能源研究所承担研建。电站在建设中，将采用波能利用中最为成熟的振荡水柱式新技术，通过与海水连通气室，使波浪能转换为空气动能，然后利用空气涡轮机带动100kW的异步发电机发电，输出电压为400V，可并入10kV高压电网。

6月5日 中国科学院、中国工程院两院公布我国首批资深院士名单（80岁以上的两院院士），中国科学院145名院士、中国工程院30名院士荣获此称号。其中有水利水电行业9名，他们是“严恺、张光斗、李鹗鼎、黄文熙、黄秉维、朱显谟、关君蔚、徐芝纶、钱令希。

6月8日 浙江宁波溪口抽水蓄能电站举行投产发电典礼。该电站于1994年2月动工兴建，由中国水利水电第三工程局承担施工，安装两台单机容量为4万kW的立轴式水泵水轮机—发电电动机组，年发电量1.26亿kW·h，电站概算为3.5亿元人民币。两台机组已分别于1997年12月底和1998年5月15日并网发电。

6月9日 国家电力公司公布1997年度电力部安全文明生产双达标企业名单，54家电力企业榜上有名。其水电企业有十三陵蓄能电厂、红枫发电总厂、岩滩水电厂、水口水电厂、大广坝水电厂等。

6月16日 贵州省乌江洪家渡水电站前期工程开工。电站场内外公路工程由水电第九工程局、水电第八工程局中标承担施工。该电站装机容量为3×18万kW，是乌江梯级电站的“龙头电站”，位于贵州黔西境内，总库容49.25亿m^3，具有多年调节能力。

6月19日 大朝山水电站第一块大坝基础混凝土开盘浇筑。该电站坝高115m，1号～8号坝段为常态混凝土进水口坝段，9号～23号坝段为碾压混凝土挡水坝段。此次开盘浇筑的是第15号坝段。承建大坝主体工程的为“八·三”联营体。

6月19日 黄河上游甘肃大峡水电站最后一台机组正式并网发电。该电站比审定工期提前半年竣工。大峡水电站安装4台7.5万kW机组，总装机容量30万kW。该工程开工于1991年10月，由中国水电第三工程局承担施工，西北勘测设计研究院担任设计。

6月22日 宝珠寺水电站4号机投产发电，至此，该电站4台机组全部投产。宝珠寺水电站，位于四川省广元白龙江上，装机4台，单机容量17.5万kW，总容量为70万kW，年平均发电量23亿kW·h。大坝高132m，水库总库容25.5亿m^3。电站主要用来担负电网的调峰、调频。该工程由中国水电第五工程局总承包承建，于1974年开工，后因故下马，1980年复工，于1991年11月截流，1996年12月29日实现首台机组投产发电。

6月26日 《水利水电工程报》载，由富春江水电设备总厂为广西百龙滩电站研制的3.2万kW灯泡贯流式4号机组制成。百龙滩安装6台3.2万kW灯泡贯流式机组，前3台由日本富士电机公司提供，后3台由富春江水电设备总厂承接制作。

6月25日 三峡工程二期围堰基坑开始抽水。基坑水面约118万m^2，积水800万m^3，安排在9月15日前全部抽干，开始主河床开挖。

6月29日 当今世界规模最大、布置最为集中的消力塘在小浪底水利枢纽工程全部建成。该消力塘位于整个泄洪系统出口，总宽356m，总长210m，最大池深28m，最大泄洪能力可以达到17000m^3/s。

6月30日 国家电力公司将湖北清江水布垭水电站项目建议书，上报国家发展计划委员会。该水电站位于清江中游的巴东县，为世界目前设计最高的面板堆石坝，坝高233m，水库正常蓄水位400m，总库容46.13亿m^3。电站总装机容量160万kW，年平均发电量39.2亿kW·h，保证出力31.0万kW，并增加隔河岩和高坝洲两电厂电量2.37亿kW·h。该工程动态总投资156.5亿元。总工期为：筹建2年，施工期9.5年，计划于2000年开工，2007年7月首台机组投产发电，2008年底4台机组全部投产。工程由湖北省清江水电投资公司与华中电力集团公司各出资50%兴建。

7月1日 福建省上杭县汀江干流上的金山电站2号机组并网发电。该电站由中外合资开发，属低水头河床式电站，装机容量2×2万kW。

7月1日 葛洲坝电厂遭受垃圾危害，被迫多台次停机。连日来，由于长江上游江水猛涨，江水流量陡涨至37000m^3/s，沿江城镇长年堆积在江边的垃圾，受洪水冲刷，随水而下，铺满了葛洲坝机组前的江面，机组拦污栅前垃圾越堆越厚，使拦污栅后水位骤降，多台机组拦污栅前后水位压差超过3m，迫使电厂机组停机10次。

7月1日 《经济日报》组织的“黄河断流万里探源”采访团，登上海拔4500多米的青海玛多县的黄河源头措哇尕泽山。采访团4月15日从山东东营市的黄河入海口出发，进行了75天的采访，行程1.2万多公里，探索黄河断流的原因。黄河之水有三分之二来源于上游地区。近年来，青海境内黄河来水量骤减，省内黄河入水量减少23%，成为黄河出现断流的重要原因，另外无节制、无计划乱引黄河水也是原因之一。

7月4日～9日 朱镕基总理亲临江西、湖北、湖南抗洪抢险第一线，慰问抗洪救灾的干部群众和解放军、武警官兵、并对长江防汛抗灾工作作了部署，要求确保长江大堤万无一失。

7月11日 受长江上游洪峰的影响，长江三峡工程导流明渠于22时起封航。封航时洪峰流量达5万m^3/s。此前于7月10日14时起三峡临时船闸已经封航，因而三峡工程水域已全面停止通航。

7月16日 中共国家电力公司党组发文，决定授予319个单位为1996年至1997年度双文明单位称号，其中属于水电系统的有北京勘测设计研究院、水电十一工程局、龙羊峡水力发电厂、武汉水利电力大学、葛洲坝水力发电厂、广州蓄能水电厂等55个单位。

7月23日 江泽民总书记打电话给国务院副总理、国家防汛抗旱总指挥部总指挥温家宝，要求沿长江各省市特别是武汉市要做好迎战洪峰的准备，抓紧加固堤防，排除内涝，严防死守，确保长江大堤安全，确保武汉等重要城市安全，确保人民生命财产安全。

7月23日 朱镕基总理打电话给湖南省省长杨正午，要求全力以赴进行抗洪斗争，确保人民群众的生命财产安全，确保重点城市、重要交通干线的安全，确保重点堤垸和水库大坝的安全，夺取抗洪抢险的胜利。

7月23日 国家电力公司批复了五强溪水电站工程内外资调整概算总投资。批复后的内外资总投资为806355万元，其中内资为723633万元，外资为20490百万日元。

7月20日～7月24日 由于沅水、资水流域的五强溪、凤滩和柘溪三大水库经过湖南省防汛指挥部的精心调度，有效拦蓄洪水27亿m^3，使洞庭湖在5天时间里降低了大约1m的水位，减少了灾情的扩大。

7月29日 国家电力调度通信中心发布信息，入汛以来，大型水电工程水库充分发挥了拦洪错峰作用。7月22日，凤滩水电厂遭遇50年一遇的洪水，最大入库洪峰流量19300m^3/s，最大出库流量17800m^3/s，削减洪峰7.3%；五强溪水电厂最大入库洪峰流量34000m^3/s，最大出库流量23000m^3/s，削减洪峰32%；柘林水电厂7月25日最大入库洪峰流量7200m^3/s，出库流量仅有1950m^3/s，削减洪峰73%，为下游错峰，保证洞庭湖、鄱阳湖的防洪安全发挥了重要作用。

7月31日 国家电力公司将江苏宜兴（铜官山）抽水蓄能电站利用外资的项目建议书报国家发展计划委员会。该电站拟安装4台单机容量为25万kW的立轴单级可逆混流式水泵水轮机，总容量为100万kW。年平均发电量13.4亿kW·h，年平均抽水电量17.8亿kW·h，电站综合效率为75%。电站静态总投资39.43亿元，动态总投资为60.6亿元。还贷期上网电价为1.282元/kW·h。

8月4日 《人民日报》（海外版）讯：中国利用外资建设水电站项目共23个，总装机容量达1884万kW，利用外资协议额为36.92亿美元。其中全部投产的水电站项目13个，装机容量562.2万kW，利用外资额为14.42亿美元。正在建设尚未投产的水电站项目5个，总装机容量为810万kW，利用外资额为13.96亿美元。

8月6日 中共中央、国务院、中央军委发布了致全国抗洪军民的慰问电。号召在以江泽民同志为核心的党中央领导下，各级党委和政府要进一步组织和动员广大军民继续发扬不怕疲劳、连续作战精神，再接再励，团结奋斗，夺取抗洪救灾斗争的全面胜利。

8月8日～9日 朱镕基总理再次赴湖北长江抗洪第一线，传达了党中央和江总书记最近关于抗洪抢险的指示，并对长江抗洪抢险作出部署，强调严防死守确保长江大堤安全。

8月10日 国家开发银行贷款委员会提出对柘林水电站扩建工程的资金配置意见。柘林水电站现有装机4×4.5万kW，本次扩建2×12万kW发电机组。扩建总投资14.8亿元。项目资金为3.7亿元，融资11.1亿元，申请开发银行贷款3.19亿元，申请中国建设银行贷款2.78亿元。

8月12日 位于四川省攀枝花市雅砻江的二滩水电站首台55万kW机组正式并网试运行。强大的电流通过500kV超高压输变电线路，输往成都地区。二滩电站坝高240m，为溢流式双曲拱坝，库容58亿m^3，地下厂房内安装6台55万kW发电机组，总容量330万kW，静态投资104亿元，动态投资285.5亿元。利用世界银行贷款7.8亿美元，国际财团提供联合融资 1.5 亿美元。该电站为我国建成发电的最大电站，并拥有最大水轮机组，最大坝高。国务院 1987 年正式批准建设二滩电站，1991 年 9 月 4 日主体工程正式开工，1993 年 11 月 26 日大江截流，1998 年 5 月 1 日下闸蓄水。

8 月 13 日 水电十二工程局参与施工的浙江省重点工程——泰顺三插溪水电站并网发电。该水电站总库容 4600 万 m^3，年发电量 1.057 亿 kW·h，总装机容量 4.4 万 kW，是温州地区目前最大的水电站。

8 月 12 日～8 月 13 日 漫湾水电站枢纽工程进行专项验收。国家电力公司水电局副局长毛亚杰主持验收，在进行一系列工作之后，验收组同意枢纽工程通过专项验收。

8 月 13 日～8 月 14 日 中共中央总书记、国家主席、中央军委主席江泽民冒着酷暑赴湖北长江抗洪抢险第一线，看望、慰问、鼓励奋战在抗洪第一线的广大军民，指导抗洪抢险斗争。号召广大军民夺取长江防汛抗洪斗争的最后胜利。

8 月 14 日 李鹏委员长专程前往黑龙江抗洪抢险第一线，察看汛情，看望军民。

8 月 12 日、16 日 长江三峡工程坝区两次达到 61000m^3/s 的洪峰。1988 年进入主汛期以来，三峡坝区连续出现了 8 次大于 50000m^3/s 的洪峰，均安全度过。

8 月 20 日 国家电力公司与中国农业银行签订合作协议。协议规定，中国农业银行承诺，今后 3 年内，将提供 1060 亿元贷款支持农村电网的建设和改造。国家计委已下达 1998 年农村电网建设和改造的第一批项目投资计划，总额为 112 亿元。

8 月 22 日 中国水利水电工程总公司与尼泊尔灌溉局签订合同，由中方中标承建尼泊尔苏莎里——莫阮灌溉工程（Ⅲ期），总合同金额 2142 万美元，折合人民币 1.8 亿元。该工程是尼泊尔最大的灌溉工程，由世界银行贷款。

8 月 23 日 石泉水电站二期扩建工程土建及金属结构合同签订。扩建工程为左岸岸边隧洞引水式水电工程，装机容量 9 万 kW（2×4.5 万 kW），年发电量 1.75 亿 kW·h。机组由东方电机股份有限公司中标制造。由水电三局承担施工任务，计划 2000 年 6 月首台机组发电。总投资 3 亿元。

8 月 23 日 全国政协主席李瑞环在江西、湖南察看赣湘抗洪救灾情况，强调妥善安排灾民生活、抓好灾后防疫。

8 月 25 日～26 日 国家副主席胡锦涛，到黑龙江、吉林察看汛情、灾情，转达党中央、国务院和江泽民总书记对奋战在嫩江、松花江两岸数百万抗洪军民的亲切问候。

8 月 25 日 江泽民主席就迎战长江第七次洪峰的袭击，向抗洪部队发出最新指示，要求高度警惕、充分准备、全力以赴、军民团结，以洪湖地区为重点，严防死守，坚决夺取长江抗洪决战全面胜利。

8 月 25 日 天生桥一级水电站下闸蓄水。

8 月 26 日 葛洲坝集团机电公司汽车驾驶员、共产党员袁铁桥在为荆江抗洪前线抢运石料时不幸以身殉职。9 月 3 日，葛洲坝集团公司党委作出决定，追授袁铁桥同志为集团公司模范共产党员。

8 月 26 日 温家宝副总理在九届全国人大常委会第四次会议上，报告了当前全国抗洪抢险的情况。温家宝说，截至 8 月 22 日初步统计，全国 29 个省、区、市遭受洪害，死亡 3004 人，受害面积 3.18 亿亩，成灾面积 1.96 亿亩，受灾人口 2.23 亿人，倒塌房屋 497 万间，估计直接损失 1666 亿元。全国参加抗洪的干部群众 800 多万人；解放军、武警部队投入抗洪抢险兵力 433.22 万人次。

8 月 28 日 广东飞来峡工程大江截流成功。

9 月 2 日 《经济日报》载，国家新增 1000 亿元国债投向 6 个方面的部分重点项目。其中投向水利的重点项目有：湖南澧水江垭水利枢纽工程，广东北江飞来峡水利枢纽工程，新疆乌鲁瓦提水利枢纽工程，三门峡水库加固工程及长江、黄河、淮河、海河、珠江、太湖、松辽诸流域防洪等工程。1998 年全年水利建设投资达到 358 亿元，比年初计划增长 4 倍。

8 月 28 日～9 月 2 日 朱镕基总理赴东北洪涝灾区考察灾后重建工作，指出要尽快恢复生产，全面开展生产自救。大灾之后，要加大投入，加强水利建设和生态环境建设。彻底根治洪涝灾害，要从江河上游水土保持做起。要下定决心，封山植树，退耕还林。江河中下游地区要高标准全面加固堤防，疏浚河道，清除河障，提高防洪、行洪能力。要抓紧修复损毁的水利工程设施，继续发挥好大型水利枢纽工程调蓄洪水的功能。

8 月 31 日～9 月 3 日 中共中央政治局常委、国务院副总理李岚清先后深入江西、湖南、湖北灾区，检查卫生防病防疫和中小学秋季开学工作。

9 月 3 日～6 日 江泽民总书记赴湖南、江西、黑龙江察看灾情慰问军民，指导抗洪救灾，并发表重要讲话。江总书记指出：搞好水利建设，是关系中华民族生存和发展的长远大计；在加强水利建设中，要坚持全面规划，统筹兼顾，标本兼治，综合治理的原则，实行兴利除害结合、开源节流并重、防洪抗旱并举；加强主要江河的控制性工程建设，提高对洪水的调蓄能力；三峡、小浪底等在建的重点工程要抓紧建设，中小河流也要加快整治。

9月4日　《水利水电工程报》载葛洲坝集团公司中标江苏连云港核电站土石方工程Ⅱ标，中标金额1.05亿元。

9月4日　《水利水电工程报》载，党中央、国务院日前决定，增加财政预算内专项基金用于基础设施建设，其中有254亿元用于水利项目。从1998年8月底至1999年6月30日投资全部完成。第一批计划200亿元已由国家计委分别下达至各有关省市。第二批54亿元，其中安排用于长江干堤1998年汛期出现的险点、险段处理以及重点病险库加固、重点城市防洪等防洪保安工程的投资为43.8亿元。

9月4日～5日　铜街子水电站枢纽工程通过专项竣工验收，正式移交运行管理单位。该电站位于乐山市境内，是大渡河最末一级水电站，装机容量60万kW。工程由成都勘测设计院承担设计，由中国水利水电第七工程局负责施工。于1985年开工，1992年10月首台机组发电，1994年12月4台机组全部投产。工程总投资28.95亿元。截至1998年8月底，已累计发电127亿kW·h。

9月5日　二滩水电站购电合同及并网调度协议在北京签订，二滩水电开发有限责任公司总经理刘俊峰、四川省电力公司总经理石万俭、重庆市电力公司总经理叶明在合同上签字。根据合同和协议，二滩水电公司从1998年8月18日开始向四川省和重庆市电力公司售电3年共169亿kW·h。四川省电力公司和重庆市电力公司每月按时支付电费。

9月7日～12日　朱镕基总理先后到湖北、江西、湖南、重庆和四川考察，具体研究安排灾后重建、治理江河工作。他要求，从现在起长江、黄河中上游地区就要全面停止天然林采伐，恢复生态植被；要大干几年，全面加固长江、黄河干堤，清除河障，疏浚河道，提高防洪、行洪能力；要加大治理洞庭湖、鄱阳湖的力度。

9月11日～12日　黄河上游水电开发会议在银川召开，国家电力公司，西北集团公司，甘肃省、青海省、陕西省、宁夏自治区等9家股东分别在协议书上签字，共同出资设立黄河上游水电开发有限责任公司。以龙羊峡、李家峡水电站为母体电站，对黄河上游龙羊峡至青铜峡河段的水电资源实行滚动开发。首期将开发公伯峡、拉西瓦以及其他条件成熟的水电站。

9月12日　棉花滩水电站实现了大江截流。棉花滩水电站位于福建永定县汀江下游，水库正常蓄水位173m，最大坝高111m，为碾压、混凝土重力坝，水库总库容20.35亿m^3，为不完全年调节。电站装机容量60万kW，年发电量15.2亿kW·h。1995年4月组建福建棉花滩水电站有限责任公司，负责建设电站并规范运作，由国家开发投资公司、福建省电力公司、中闽公司和龙岩水电公司投资建设。

9月15日　吉林松江河梯级水电站松山引水工程截流成功。松江河梯级水电站由小山、双沟、石龙三座电站和松山、三道松江河两个引水工程共五部分组成，总装机容量101万kW，总投资67.13亿元。工程于1993年11月开工，1997年12月小山电站两台8万kW机组发电。松山引水工程1997年6月开工，计划2000年9月通水。松山引水工程大坝高79m，长240.5m。引水工程开凿一条全长12.6km的地下引水隧洞，将漫江水引入小山电站水库。整个工程计划2004年竣工。该工程由水电第一工程局、第六工程局负责施工。

9月15日　长江三峡工程大坝基础开挖全面展开。基坑内850万m^3的积水，经过22台高扬程泵站不分日夜的抽水，于9月12日完成任务，共抽出积水1200万m^3。上下围堰成功经受住了长江8次特大洪峰的考验。

9月16日　西藏甲岗电站通过竣工验收。甲岗电站位于申扎县境内，由浙江省人民政府、国家经贸委共同出资援建，概算总投资9685万元。电站装机3台，单机容量500kW，大坝高程海拔4751.3m。由水电三局负责施工，于1996年进点，1997年11月首台机发电。该工程的建成，结束了申扎县无电的历史。

9月17日　《中国水利报》载丹江口水利枢纽在今年防洪中发挥了重要作用。1998年汛期共拦蓄汉江7000m^3/s以上的洪水5次，其中1万m^3/s以上洪水3次，最大的一次是18300m^3/s，5次共拦蓄洪水总量132亿m^3，这个数字相当于湖北荆江分洪区进洪容量的2.4倍。

9月18日　羊卓雍湖抽水蓄能电站通过国家竣工验收。该电站安装5台机组，总容量11.25万kW，年发电量0.8409亿kW·h。该电站由武警水电三总队、水电第七工程局、水电第十工程局负责施工和安装，于1991年5月开工。

9月22日　江苏沙河抽水蓄能电站正式开工。该电站总装机容量10万kW，采用两台可逆式水泵水轮机，年发电高峰电量1.82亿kW·h，年抽水用电2.44亿kW·h，总投资6.033亿元，建设工期3年零4个月，由水电第十四工程局承建。

9月25日　《电力快讯》载，国家电力公司安运部下达了第二轮水电站大坝安全检查的有关规定。第二轮检查工作完成时间为1997年～2003年，内容包括对86座大坝的二次定检和33座近年来新投运大坝的首决定检。

9月25日　国家电力公司以国电水规［1998］

473号文，批复了白山抽水蓄能泵站工程可行性研究报告审查意见。泵站装机容量为30万kW，静态投资58962万元，总投资77792万元。

9月26日 黑龙江省莲花水电站工程全部竣工，最后一台机组投产发电，该电站装机4台，共55万kW。

9月28日 中共中央、国务院在人民大会堂举行全国抗洪抢险总结表彰大会，有80名来自抗洪抢险第一线的英模代表参加。朱镕基总理主持大会，李鹏、李瑞环、胡锦涛、李岚清等党政领导人参加。江泽民总书记在会上发表了重要讲话。他宣布："现在，抗洪抢险斗争已经取得全面胜利。"他号召全党同志和全国人民都要发扬伟大的抗洪精神，积极工作，开拓前进，努力解决前进中存在的问题，满怀信心地去实现今年改革和发展的目标。

9月29日 水利部和国家电力公司联合印发《电力建设项目水土保持工作暂行规定》。暂行规定共九条。

9月30日 国家重点工程——天荒坪抽水蓄能电站1号30万kW机组并入华东电网正式运行。天荒坪抽水蓄能电站位于浙江省安吉县，装机容量180万kW，于1994年3月开工，总投资70多亿元。电站建成后，将成为华东电网主力调峰和事故备用电厂。该工程由华东勘测设计研究院负责设计，水电第十四工程局、第一工程局、第五工程局承担工程建设。

10月1日 黄河万家寨水利枢纽工程下闸蓄水。万家寨工程于1993年开工，总投资逾60亿元。枢纽拦河大坝长436m，最大坝高105m。水库总库容8.96亿m^3。枢纽的主要任务是供水结合发电调峰，同时兼有防洪防凌作用。工程建成后，可向山西平朔、大同、太原供水12亿m^3，向内蒙古准格尔供水2亿m^3。装机容量108万kW，年发电量27.5亿kW·h。

10月5日 国家电力公司批复了山东泰安抽水蓄能电站可行性研究报告审查意见，要求按此意见开展下一步工作。该电站装机容量100万kW，额定水头220m，年发电量13.382亿kW·h，年抽水电量17.842亿kW·h，工程静态总投资351412万元。

10月6日 中国云南省机械设备进出口公司和缅甸国营电力公司签署建造邦朗电站第一号合同，合同金额1.6亿美元。11月11日又签署第二号合同，合同金额为1000万美元。中方为电站提供成套机电设备、地下厂房的设计和施工指导。该电站位于缅甸中部曼德勒省彬文那，装机容量28万kW。自1989年以来，中方向缅甸出口了总共17座中、小水电站成套设备。

10月7日 水利部部长钮茂生在首都各界报告会上谈到1998年洪涝灾害造成损失最新统计：全国受灾面积达2578万hm^2，成灾面积1585万hm^2，受灾人口2.3亿人，死亡人口3656人，倒塌房屋566万间，各地申报的直接经济损失达2484亿元。

10月8日 《中国水利报》公布水利部1998年优秀工程勘测、优秀工程设计获奖项目。获奖项目共17项，其中金质奖3项，银质奖6项，铜质奖8项。获金质奖的有：隔河岩水利枢纽新型重力拱坝设计，长江三峡大江截流设计，隔河岩水利枢纽工程地质勘察。

10月3日～9日 李鹏委员长、布赫副委员长考察了三峡工程及三峡库区移民安置情况。

10月14日～16日 中国三峡工程总公司在三峡坝区举行了海峡两岸大型技术研讨会。与会的127名水利水电专家分别来自台湾、香港和大陆的工程技术界。专家们对水利水电工程建设与管理、大坝混凝土浇筑技术及施工计划和高边坡稳定技术等三个方面的主要技术难题进行了充分的讨论。

10月19日 国家电力公司向系统各单位颁发了《国家电力公司关于电力基本建设大中型项目开工条件的规定》，共十条。

10月19日 国家电力公司在京召开电视电话会议，总结1998年公司系统的防汛抗洪抢险工作，表彰了抗洪抢险70个先进集体，113个先进个人，其水电系统先进集体22个，先进个人30人。总经理高严到会并讲话，强调要学习英雄模范事迹，以抗洪抢险英模为榜样，掀起学习英模的热潮，促进电力系统的精神文明建设和行业作风建设。

10月20日 国家电力公司副总经理汪恕诚在’98水电国际会议上宣布：进入90年代以来，我国水电装机容量年平均增长343万kW。到1997年底，我国水电总装机容量已达6000万kW，继美国、加拿大之后居世界第三位。我国已经建成或正在建设的大型水电站有58座，其中装机容量在100万kW以上的共有19座。

10月20日 中国水利水电第四工程局庆祝建局40周年。李鹏、钱正英分别为其题词，李鹏的题词是：四十年六斩黄河功不可没，跨世纪开发水电任重道远。钱正英题词是：发扬成绩，再创辉煌。水电第四工程局成立40年来，先后承担建成了刘家峡、盐锅峡、八盘峡、龙羊峡、李家峡一大批水电站，装机容量达698.4万kW。

10月20日～21日 中国电力企业联合会全国代表会议在北京召开。会议推举高严、张绍贤为中电联第三届理事会名誉理事长，选举赵希正为理事长，刘宏为常务副理事长，叶荣泗、钱忠伟、秦中一、吴希荣、乌力吉为副理事长。中电联告别“官”办历史，成为独立社团法人。

10月21日 国家电力公司副总经理汪恕诚、四川岷江水电开发公司总经理王雨顺，在成都签订了成立四川杂谷脑水电开发有限责任公司发起人协议书。杂谷脑河属长江支流岷江水系，流经阿坝州理县、汶川县，水力资源可开发量为60万kW，梯级开发为8级，现已开发3级。国家电力公司出资70%，阿坝州政府出资30%。

10月21日 电力规划设计总院提出河北张河湾抽水蓄能电厂接入系统审查意见。该电站位于井陉县甘陶河上，装机容量100万kW（4×25万kW），年发电量16.65亿kW·h。

10月20日～24日 由中国水力发电学会和国家电力公司共同主办的’98国际水电会议在北京召开。来自11个国家的110名水电界的专家学者参加了会议。会议由中国工程院副院长潘家铮主持。国家电力公司副总经理汪恕诚出席开幕式并讲话。何璟、朱尔明、张光斗等出席了会议。会议围绕中型水电站的发展、抽水蓄能电站的建设技术和已建水电站的扩机增容及技术改造等问题展开探讨。

10月25日 水电第九工程局中标白水河二级水电站厂房枢纽工程。该电站位于贵州安龙县境内，系南盘江支流，天然落差918m，为无坝引水式发电工程，装机容量为3.4万kW。

10月26日 四川省投资集团公司与成都市投资公司就紫坪铺水利枢纽工程正式签订合资合同。紫坪铺工程位于成都市西北60余公里的岷江上游汶川县。设计坝高156m，总库容11.12亿m^3，装机76万kW，年发电量34.17亿kW·h，还有灌溉、供水、防洪、环保、旅游等综合效益。该工程总投资72.68亿元。

10月26日 湖北清江高坝洲水电站二期工程胜利截流。高坝洲水电站位于湖北省宜都市境内，距离清江和长江的汇合口12km，是清江三级开发的最下游一个梯级电站。电站装机容量25.2万kW，年发电8.98亿kW·h，动态总投资30.76亿元。计划1999年10月首台机组发电，2001年竣工。

10月28日 《中国水力发电年鉴》第五卷（1995～1997）首发座谈会在北京中国电力出版社举行。国家电力公司副总经理汪恕诚，水电行业的老领导、老专家陈赓仪、张铁铮、何璟、朱尔明、陆钦侃，以及水电各有关单位的领导、专家共70余人出席了会议。汪恕诚在讲话中肯定了《年鉴》的成绩，并和与会的同志畅谈了当前我国的水电建设情况。

10月29日 西安市黑河金盆水利枢纽工程大坝截流成功。该工程为以给西安城市供水为主，兼有农业灌溉、防洪、发电、美化环境等综合效益的水利工程。黑河水库库容2亿m^3，坝高130m，总工程量土石方开挖1340万m^3、土石方回坝1044万m^3，概算总投资31.68亿元，计划2000年11月大坝下闸蓄水，2001年底第一台机组发电。

10月29日～30日 国家经贸委在山东威海召开电力工作座谈会。会议提出了下一步电力工业改革与发展的基本思路，要求积极稳妥地推进包括省级电力管理体制改革在内的电力工业管理体制改革，全面推进农电管理体制改革，推进网厂分开、竞价上网的改革试点工作。会议认为，电力工业的发展应从主要着眼于量的增加转变到质的提高上来，要加大电力工业结构调整的力度，坚持积极发展水电、优化发展火电、适当发展核电、因地制宜发展新能源、同步发展电网、开发与节约并重、把节约放在首位、高度重视环保的电力发展方针。坚持地区协调发展，东、中、西部优势互补的原则。

10月30日 西电东送第二条大通道——天生桥至广州第二回500kV输电工程广西平果至广东罗洞段建成启动。该工程于1997年10月30日正式开工建设，线路长637km，加上扩建平果、来宾、梧州、罗洞变电站，工程总投资12.25亿元。该线路建成后，送电能力可从目前的73万kW提高到120万kW。

10月31日 湖南湘江大源渡工程下闸蓄水。该工程安装4台3万kW灯泡贯流式机组，总容量12万kW。

11月3日 《中国水利报》载，中国水利水电对外公司1998年首次被美国工程新闻录（ENR）评为1997年世界最大200家国际设计公司，名列第173位。

11月1日～3日 美国土木工程协会代表团65人参观了三峡工地，他们感慨地说，“以前认为修建三峡工程是没有必要的，现在通过实地考察和详细了解，觉得这是势在必行，人心所向，是中国政府高瞻远瞩的具体体现。”“这的确是一片神奇的土地，它孕育着一项伟大的、令世人瞩目的超级工程”。

11月4日 中华人民共和国主席江泽民发布第十一号主席令：免去钮茂生水利部部长职务。任命汪恕诚为水利部长。

11月5日 《中国电力报》载，该报记者采访即将出任水利部部长的汪恕诚，谈到水电发展问题时，汪恕诚认为，实现电力可持续发展以及全国联网的核心问题是发展西部水电，国家电力公司投资的重点应该是西部有调蓄能力的大水电站；同时，在东部地区建设一批抽水蓄能电站；水电发展的关键是市场问题；开发水电一定要坚持“流域、梯级、滚动、综合”开发的方针，由母体电站提供资本金，用资本金滚动开发；新建水电站的电价可把母体电站和新电站捆在一起，出台公司电价，而不是单个电站的还本付息电价，这样既解决了资本金问题，又使水电上网电价得到平抑，这样才能增强水电的竞争力。

11月5日～7日 国务院在重庆市涪陵召开会议，研究部署对口支援三峡库区企业迁建工作。国务院副总理吴邦国在会议上指出，1998年～2003年三峡工程二期移民任务十分艰巨，必须完成移民55万人，迁建工矿企业624家，复建大量基础设施，任务重，时间紧。

11月5日 水利部部长汪恕诚谈到农村水电时指出，全国已经连续7年每年新增水电装机超过300万kW，其中小水电每年新投产都在100万kW左右。小水电电价要有竞争力，一是县电网要尽快改为企业，资产可多元化；二是加强企业管理，减员增效，降低成本，降低电价。

11月7日 四川省南部县红岩子工程截流成功。该工程位于嘉陵江中游，是梯级开发第四级，装机3台，总容量8.7万kW，静态投资6.359亿元，动态投资9.48亿元，预计2000年投产发电。

11月8日 国家开发银行以开行综计［1998］400号文，对四川南桠河水电站一期工程及配套输变电工程贷款予以承诺。电站装机37.2万kW（其中冶勒电站2×12万kW，姚河坝电站3×4.4万kW），工程动态投资为366217万元，国家开发银行承诺贷款133790万元；送变电工程动态总投资为53148万元，国家开发银行承诺贷款39860万元。

11月6日～10日 吴邦国副总理率全国对口支援三峡库区企业迁建工作会议代表考察了三峡库区，并于9日视察了三峡工程建设。

11月8日 南昌水利水电高等专科学校庆祝建校40周年。该校目前拥有普通专科生3200人（包括成教）教职工366人，设有三系两部一中心，共13个专业。

11月10日 黄河李家峡水电站土建工程全部竣工，主坝20个坝段均已达到2185m高程。该电站大坝基础开挖始于1991年10月，1993年4月28日开始主坝混凝土浇筑，历时4年5个月，累计浇筑混凝土151.6914万m^3。

11月10日 四川省白禅寺电航工程截流。该工程位于遂宁市涪江干流上，电站装机容量4.8万kW，年发电量2.6亿kW·h。

11月10日 国家计委以计基础［1998］2261号文，批复了云南大朝山水电站配套500kV及220kV输变电工程可行性研究报告。本工程共建设500kV输变电线路580km，500kV变电容量150万kVA，总投资30.1亿元。其中亚洲开发银行贷款1亿美元，国家开发银行贷款15.78亿元，云南电力公司自有资金6.02亿元。

11月12日 中、泰两国在合作开发澜沧江景洪水电站并向泰国送电事宜上达成了共识，泰国向中国购电谅解备忘录签字仪式在人民大会堂举行。国家电力公司高严、陆延昌，泰国总理府部长萨威、泰驻华大使等出席了签字仪式。景洪水电站位于澜沧江下游，装机容量135万kW，年发电量76.86亿kW·h。

11月13日 雅砻江二滩水电站第2台55万kW水轮发电机组并网发电。继8月12日第1台机组投产后实现年投产两台机组，总容量达110万kW。

11月15日 中国三峡总公司发布信息：三峡工程1993年正式开工至今，资金到位良好。5年按正常施工计划累计到位资金366.5亿元，其中三峡建设基金194.78亿元，开发银行贷款136亿元，三峡企业债券10亿元，利用外资6.48亿元等。

11月中旬 中国国际工程咨询公司在北京召开了《金沙江第一期工程向家坝水电站和溪洛渡水电站综合比选报告》评审会。评审结果为：向家坝和溪洛渡两个水电站是一组紧密相连、效益互补、调节与反调节、不可分割的整体电源工程。在建设排序上通过综合考虑，赞成比选报告先筹建溪洛渡，并建议适时后续建设向家坝电站。

11月22日 湖南省湘江大源渡航电枢纽船闸建成通航。船闸建筑物长3400m，闸室平面为180m×23m，门槛水深3m，一次可通过一顶4艘千吨级轮驳船队，设计年通过能力1200万t。该船闸是国家重点工程和国内首批利用世界银行贷款治理内河航道项目。船闸的建成为大源渡航电枢纽工程年底首台机组发电奠定了基础，也使株洲至衡阳湘江航道从300t级提高到1000t级的通航标准。该工程由水电第八工程局承担建设。

11月24日 《中国三峡工程报》载，1998年度水利部科学技术进步奖揭晓。有61项获奖，其中一等奖4项，二等奖12项，三等奖45项。获一等奖的有《中国长江三峡大江截流试验研究》等。

11月25日～26日 国务院副总理温家宝考察河南治黄工程。谈到黄河治理的三个主要问题时，温家宝指出：第一，关于防洪问题，明年的防汛任务是“两个确保”，确保黄河下游发生22000m^3/s大洪水，大堤不决口，确保小浪底施工安全；第二，关于断流问题，要坚持开源与节流并重的原则，必须以改善生态环境为根本，以节水为关键，进行综合治理；第三，关于生态问题，黄河流域防治水土流失、搞好水保工作、加强生态环境建设是一项重要工作。

11月27日～12月1日 举办的“改革开放20

年来利用外资成果展”显示：20年来，水利行业利用外资额达44亿美元，利用外资兴建了黄河小浪底、辽宁观音阁、湖南江垭、广东飞来峡等一批水利枢纽工程。

12月1日 四川省委、省政府在工程现场召开了二滩水电站暨送出工程总结表彰大会。全国人大副委员长邹家华、全国政协副主席杨汝岱参加了会议。四川省政府对在工程建设中涌现出的方文弟等60位先进模范人物进行了表彰。其中被授予四川省劳动模范的有孙中弼、刘俊峰、蔡新鉴、王音辉、程志华、单荣、方文弟、季尚炯、金跃荣、刘贞云等10人；给叶昶华（美国） 穆勒·威马（巴西）、杜贝（德国）、图森（津巴布韦）4名外国人士颁发了“金顶奖”。

11月26日～28日 从中国电网建设有限公司专家委员会第三次全体会议上获悉，三峡输变电工程前期准备工作已基本结束，明年将进入大规模建设阶段。在2003年前，三峡输变电工程要完成线路4116km，投入变电容量825万kVA，投入直流换流站600万kW，投资总额约350多亿元。1999年将开工建设三峡至常州的±500kV直流输电工程、岗市至长沙的输变电工程等。

11月28日 中国水利水电第一工程局迎来了建局40周年，在吉林口前基地举办了图片展览。水电第一工程局建局40年来，建设了白山、莲花等30座大型水利水电工程，建造了一汽集团工业厂房等20余项民用建筑，并承建了高速公路、港口码头、水源工程、火电厂、热电厂等项目。

12月3日 黄河万家寨水利枢纽工程首台机组正式并网发电。万家寨工程处于山西偏关县、内蒙古准格尔旗交界的黄河北干流上，安装6台18万kW水轮发电机组，总容量108万kW，年发电量27.5亿kW·h。该工程于1993年开始施工准备，1995年大坝开始浇筑混凝土，今年10月1日下闸蓄水，首台机组于11月28日一次性并网发电试运成功。

12月6日 福建棉花滩水电站大坝开始浇筑混凝土。该工程于1998年3月28日开工，9月12日汀江截流成功。闽江工程局在该工程中实现了当年签约，当年开工，当年截流，当年完成坝基开挖，当年开始浇筑大坝混凝土。

12月3日和6日 由水利部投资援建的西藏岗巴县水电站、朗县水电站相继开工建设。这两座水电站是水利部对口援助西藏30个项目中的两个重点项目，装机容量均为800kW，概算投资分别为3840万元和2800万元，计划2000年前竣工发电。

12月8日 葛洲坝大江电厂“无人值班”（少人值守）通过国家电力公司验收，它标志着葛洲坝电厂运行方式全面实现“无人值班”（少人值守），向全国一流水电企业达标迈出了关键的一步。

12月8日 甘肃省黄河干流盐锅峡水电站第10号机（5万kW）正式投产发电。盐锅峡水电站原设计安装10台4.4万kW机组，1975年第8台机组发电后因故停建。1996年6月扩建了9号机组。现在，又扩建了10号机组，使总装机容量达44.6万kW。10号机组由甘肃明珠电力有限公司负责投资、建设、经营。

12月14日～16日 水利部在京举办项目巡视员培训班，决定建立项目巡视检查制度，旨在进一步加强水利工程项目建设的监督管理。水利部选派的44名项目巡视员，都具有30年以上的水利建设实践经验，具有高级或教授级职称，是在全国范围经过严格挑选的优秀建设管理专家。

12月19日～20日 全国江河堤防现场会在湖北荆州市召开，温家宝副总理、汪恕诚部长出席会议并讲话。温家宝指出，要建设高标准高质量堤防，确保1999年安全度汛。汪恕诚要求，水利建设要理清思路，确保重点，首先要正确理解和把握中央15号文件对江河堤防建设标准的要求；其次，要正确看待重点堤防与非重点堤防的辩证关系；第三，当前水利工作一要保重点，二要保质量；第四，要做好退田还湖、移民建镇工作，尽可能采取“退人不退耕”的方案。

12月21日 国家重点工程广州抽水蓄能电站第5号机组并网发电。广蓄第一期工程装机4台共120万kW已于1994年全部竣工，二期工程于1994年9月12日正式开工，与第一期规模相同，亦为120万kW。5号机组的投产，标志着第二期工程已开始发挥效益。

12月21日 湖南沅水干流洪江水电站于日前截流成功。截流最大流速6.8m/s，落差3.8m。洪江水电站是在沅江上开发的第三个电站，位于怀化地区洪江市境内，总投资20亿元，总装机容量为22.5万kW，年发电量9.7亿kW·h，兼有防洪、航运、供水、灌溉、环保等综合效益。该电站于1997年12月经国家计委批准立项，1998年3月动工，计划2001年第一台机组正式发电。

12月21日 国家电力公司发文提出了对太平湾等15座水电站大坝安全定期检查意见：同意将太平湾、红石、紧水滩、石塘、磨子潭、红岩、牛路岭、鲁布革、西洱河一级和二级、以礼河二级和三级、六郎洞、大寨等14座大坝评定为正常坝，绿水河大坝评定为病坝。

12月24日 泰安抽水蓄能电站筹建处同北京勘测设计研究院签订了监理委托合同。该电站装机

4×25万 kW，总工期 6 年 3 个月，总投资 46.6 亿元。

12 月 22 日 《中国水利报》载，成都勘测设计院负责设计的金沙江溪洛渡水利枢纽工程，根据国家环保政策，川西森工不再砍树，金沙江不再漂送木材，取消过木机道设计，为此可节约数亿元资金。

12 月 23 日 甘肃重点工程青石山水电站开工建设。该电站位于甘肃南部临潭县，是洮河流域开发治理规划中的第 11 座电站，属低坝引水式无调节径流电站，装机容量 1.2 万 kW，年发电量 8500 万kW·h，总投资 9978 万元，计划 2001 年建成发电。

12 月 23 日 湖南湘江大源渡航电枢纽工程首台 3 万 kW 机组投产发电。该工程位于湘江中游衡阳市内境内，工程总投资 18.9 亿元，安装 4 台 3 万 kW 灯泡贯流式发电机组，年发电量 5.56 亿 kW·h。

12 月 25 日 凌津滩水电站首台机组并网发电。凌津滩水电站位于湖南桃沅县境内沅水干流上，总装机容量 27 万 kW（9×3 万 kW），年均发电量 12.33 亿 kW·h，总投资 33.57 亿元，其中利用亚洲开发银行贷款 1.16 亿美元。电站于 1994 年开工，1996 年 11 月 20 日大江截流，同年 12 月永久船闸通航，1998 年 12 月 6 日下闸蓄水。该工程由中南勘测设计研究院设计，水电第八工程局担负主体工程施工，由华中电管局和五凌公司出资合建。

12 月 26 日 汉江王甫洲水利枢纽工程截流成功。该工程位于湖北省老河口市近效，是继石泉、安康、丹江口后开发汉江的第四座水电站，以发电为主，兼有航运、灌溉、养殖、旅游等综合效益。电站总装机容量 10.9 万 kW（4×2.725 万 kW），为灯泡贯流式机组，年发电量 5.81 亿 kW·h。工程于 1993 年 10 月动工，于 1995 年 2 月正式开工，由水利部和湖北省共建共管，总投资 20 亿元，计划 1999 年第一季度第一台机组发电，2000 年工程竣工。

12 月 26 日 天生桥至广州 ±500 千伏直流线路工程（广西段）在广西武鸣县开工。该线路全长 960km。

12 月 27 日 天荒坪抽水蓄能电站 2 号 30 万 kW 机组正式投入生产。至此，该电站实现了 1998 年投产两台机组的计划。

12 月 29 日 天生桥一级水电站首台 30 万 kW 机组投产发电，同时天生桥至广州第二期 500kV 输变电工程投入营运。天生桥一级电站位于广西与贵州交界的南盘江上，是红水河十个梯级开发的第一级龙头电站，也是西电东送的重要电源。电站大坝为混凝土面板堆石坝，坝高 178m，水库容量为 102.6 亿 m^3。电站装机容量 120 万 kW，年发电量 52.26 亿 kW·h。工程总投资 103.52 亿元，由国家和粤、桂、黔三省共同出资兴建。

12 月 29 日 国家电力公司总经理高严在天生桥电站首台机组投产总结大会上指出：今后一段时期，国家电力公司将重点抓好电网的建设与经营，继续与云南、广东、广西、贵州四省（区）联合开发龙滩（420 万 kW）、小湾（420 万 kW）、平班电站。到 2000 年将形成 3 条西电东送的大通道，输电能力达到 400 万 kW，其中送广东输电能力达到 350 万 kW。

12 月 30 日 四川涪江金华电航桥工程首台机组并网发电。该工程装机 3 台容量共 4.2 万 kW，工程静态投资 3.5775 亿元，于 1996 年 12 月开工，1998 年 10 月 29 日截流，由水电第八工程局施工。

12 月 28 日～30 日 朱镕基总理考察长江三峡工程时指出，三峡工程是具有世界意义的跨世纪特大型工程，是“千年大计，国运所系”。质量是三峡工程的生命，质量责任重于泰山，任何一点马虎都会遗祸子孙，造成难以挽回的损失。必须采取有力措施，千方百计地确保工程质量。同时，要总结经验，完善政策，妥善安置库区移民，搞好库区生态环境建设。

12 月 31 日 安徽港口湾水库工程开工。该工程位于宁国市境内水阳江上游支流西津河上，水库总容量 9.41 亿 m^3，电站装机 6 万 kW。工程计划于 2001 年竣工。

12 月 31 日 国家电力公司就东方电机厂制造的李家峡水电站水轮机等的制造质量事故发出通知。该厂制造的李家峡 1 号、2 号和 3 号水轮机在整套启动试运行阶段先后出现发电机出线漏水、出线套管冷却水回水总管堵塞和转轮叶片裂纹等设备质量事故，严重影响了工程建设的顺利进行。通知指出，事故的发生，说明该厂没有认真汲取过去的教训，质量意识不强，未能严把设备质量关，致使不合格产品出厂。国家电力公司要求各电力单位加强设备监造工作，严格执行设备订货合同。

12 月 31 日 甘肃省黄河大峡水电站全面竣工。大峡电站装机容量 32.4 万 kW，年发电量 14.65 亿 kW·h。工程于 1991 年 8 月中旬开工，1993 年 11 月 18 日截流，1996 年 11 月 3 日下闸蓄水，当年 11 月 18 日首台机组发电，1998 年 6 月 16 日，最后一台机组投产。该电站由水电第三工程局施工。总体工程质量被甘肃省评为优良。

12 月 31 日 水电投产计划超额完成，共投产 15 台机组，共投产容量 354.75 万 kW。至此，我国水电装机总容量已突破 6400 万 kW。1998 年投产的大、中型电厂机组有二滩、天荒坪电站各 2 台机组，以及广蓄二期、丰满三期、李家峡、天生桥一级、万家寨、凌津滩、宝珠寺、莲花、大峡、小山、大源渡等电站。

1998 年 全国完成发电量 11600 亿 kW·h，比上

年增长2.6%，其中水电量完成1895.94亿kW·h，增长4.5%。国家电力公司实现利润86亿元。

1998年底 我国农村水电装机容量达到2700多万kW，年发电量830多亿kW·h。

（陈上奎编写 郦凤山、毛亚杰、陈叔康、张培基审核）

一九九九年

1月1日 四川电网扩大试行丰枯峰谷电价。即在电价总水平不变的基础上，分别确定各季节和时段的价格，丰水期电价在平水期和基准上，下浮25%（销售电量电价下浮10%），枯水期上浮50%（销售电量电价上浮20%）；上网电量执行峰谷电价，即高峰电价在平段时的基准电价的基础上上浮33.5%（销售电量电价上浮60%），低谷电价下浮50%（销售电量电价下浮60%）。

1月5日 国家林业局、中国三峡工程总公司建设“三峡坝区国家森林公园”协议签字仪式在三峡坝区举行。森林公园经营面积34km^2。

1月6日 国务院办公厅下发有关征收水资源费问题的通知。通知指出：各地方、各部门要继续贯彻执行国办发［1995］27号文件规定，对中央直属水电厂的发电用水和火电厂的循环冷却水暂不征收水资源费。

1月11日 水利部汪恕诚部长在全国水利会议上提出，长江防洪必须坚持蓄泄兼筹，以泄为主的方针，逐步形成以三峡工程为骨干，中下游堤防为基础，其他干支流水库、分蓄洪工程、河道整治工程、水土保持工程等工程措施和非工程措施相结合的科学的现代防洪体系。

1月15日 国家电力公司发出通知，要求各单位认真贯彻落实国办发［1998］146号文件。该文件转发了国 家经贸委1998年11月27日“关于深化电力工业体制改革有关问题的意见”。《意见》要求：①推进厂网分开，引入竞争机制，建立规范有序的电力市场；②坚持政企分开、省为实体的方针，深化省级电力公司的改革；③加快实施全国电网联网，实现资源优化配置；④加快农村电力体制改革；⑤规范国家电力公司向子公司收取资产收益的办法。

1月18日 国家电力公司转发了《国务院批转国家经贸委关于加快农村电力体制改革、加强农村电力管理意见的通知》（国发［1999］第2号文）。

1月18日 ’98三峡债券开始发行。此次发行债券为20亿元人民币，所募集的资金将全部用于三峡工程建设。债券分为三年期与八年期两个品种，各10亿元，被评为AAA级债券。

1月21日 建设部以第65号令发布《建设工程勘察设计市场管理规定》，共7章44条，包括总则、勘察设计业务的委托、勘测设计业务的承接、合同、监督管理、罚则、附则等。

1月22日 建设部以建设［1999］17号文，印发《工程勘察设计单位年检管理办法》。

1月28日 黄河上游水电开发有限责任公司第一次股东会在西安召开，会议确认了股东代表，产生了董事会、监事会，推选了董事长和监事会召集人。

1月30日 云南向老挝供电协议在昆明签署。根据协议，从2001年～2020年，云南电力集团公司将通过一条110千伏供电线路向老挝国家电力公司供电。

1月30日 澜沧江水电开发有限责任公司发起人协议签字仪式在昆明举行。该公司成立后，将对云南境内的澜沧江、金沙江等流域进行滚动开发。该公司由国家电力公司、云南电力集团有限公司、云南省开发投资有限公司、云南红塔实业有限公司出资组建，出资比例分别为29%、31%、28%、12%，注册资本金为10亿元。公司成立后，将首先开发澜沧江上装机容量420万kW（6×70万kW）的小湾电站。

2月2日 云南螺丝湾电站发电。该电站位于金沙江左岸支流硕多岗河上，装机容量6万kW，年发电量2.89亿kW·h，总投资近3亿元。工程于1996年4月开工，由水电第十四工程局、水电第十工程局、葛洲坝集团工程公司承担施工，由昆明勘测设计研究院设计和监理。

2月4日 国家经贸委以国经贸电力［1999］72号文，印发了《水电工程验收管理暂行规定》。《规定》共5章25条。国家经贸委今后将对水电工程验收实行宏观管理，不再直接组织验收机构对工程进行验收。

2月2日～5日 中国水利水电总公司1998年度科技进步奖评出“XHM-7型斜井滑模系统的研制与实践”、“民航成都201飞机修理库工程特大型钢网架提升施工技术”两项被评为一等奖，另外评出二等奖3项，三等奖4项。

2月4日～10日 李鹏委员长到福建省调研。他先后到闽侯县南通供电站和水口电厂、嵩屿电厂进行调查研究。在谈到农村电力问题时，李鹏指出，要加大农电体制改革力度，加强农村电网的技术改造，逐步把农村电价降下来，开拓农村用电市场。

2月11日 映秀湾水电总厂管理信息系统通过四川省电力局验收。

2月12日 三峡大坝和电站厂房二期工程金属结构设备制造合同在宜昌签订，由葛洲坝水电集团机电建设有限公司、郑州水工机械厂、富春江水电设备总厂、夹江水工机械厂、水电第八工程局、湖南水工机械有限公司、武汉冶金设备制造公司等单位中标，总金额6.04亿元。

2月12日 国家计委以计基础［1999］154号文批复原电力部《关于江西柘林水电站扩建工程可行性研究报告的请示》，同意柘林电站扩建2台12万kW机组。按1997年底价格水平测算该工程静态投资5.71亿元，动态总投资7.08亿元。

2月12日 《水利水电工程报》载，普定水电站碾压混凝土拱坝获1998年度国家科进步一等奖。该坝高75m，由贵阳勘测设计研究院设计，水电第八工程局施工，采用碾压混凝土筑坝新技术，节省工程投资1200万元，缩短施工工期1年。

2月11日～13日 四川狮子坪水电站预可行性研究报告通过审查。该电站位于阿坝自治州理县境内杂谷脑河上，水库总库容1.327亿m^3，电站装机容量18万kW，年发电量9.3亿kW·h，工程静态投资15.1613亿元。

2月23日 经国务院同意，国家计委以计基础［1999］182号文印发《关于“九五”后期电力建设结构调整的通知》，《通知》指出：优化发展火电，积极发展水电，适当发展核电，因地制宜发展新能源发电。在水电资源丰富的地区，优先建设水库调节性能好的大、中型水电站。“九五”后两年新开工项目主要安排“以大代小”项目、“水火调节”项目、“电网调峰”项目、“西电东送”项目、中西部地区发展必要的项目、改善大城市供电供热条件和环境质量的项目以及必要的国家利用外资项目。

2月23日 国务院办公厅以国发办［1999］16号文发出通知，要求加强基础设施工程质量管理。通知要求建立和落实工程质量领导责任制；严格执行建设程序，确保建设前期工作质量；健全工程管理制度，整顿建设市场；精心勘测设计，强化施工管理；加大执法和监督力度，把好工程质量关。

2月26日 国家测绘局公布世界第一大峡谷——雅鲁藏布大峡谷精确测绘的数据。大峡谷入口处在西藏米林县派乡转运站，出口处在西藏墨脱县巴昔卡村，全长504.6km，最深处达6009m，平均深度为2268m，江面最窄处为35m。新发现4组瀑布群，其中最宽的藏东巴东瀑布宽117.7m，落差最大的的扎旦姆瀑布群落差达55.96m。

2月28日～3月3日 中国水电水利及新能源发电工程顾问有限公司、云南省计委共同主持召开云南景洪电站可行性研究报告审查会，通过了昆明勘测设计院所作的可行性研究报告。景洪电站位于云南省西双版纳傣族自治州首府景洪市，是在澜沧江中下游河段开发的8个梯级电站中的第六个梯级电站，总装机容量150万kW，年发电量79.31亿kW·h。该电站将由中国与泰国合作开发，其电量的80%将送往泰国，20%送云南电网。8月16日，国家经贸委以电力［1999］28号文正式批复了审查意见。

3月5日 国家电力公司党组决定：任命郭建堂为中国水利水电工程总公司总经理、中共中国水利水电总公司党组成员书记。

3月6日 二滩水电站4号机组（55万kW）正式并网发电。至此，二滩水电站已有3台机组（共165万kW）投入运行。

3月9日 国家电力公司以国电安运［1999］103号文转发国家经贸委办公厅《关于请国家电力公司承担电力系统水电站大坝安全管理工作的函》（国经贸厅安全［1999］14号）。国家经贸委文件明确规定：由国家电力公司的大坝安全监察中心对电力系统水电站大坝安全工作进行管理。

3月10日 中国水电第八工程局因分包的三峡水电机组埋件制造工程质量优良、交货及时被授予美国通用电气1998年最佳供应商奖。

3月10日 昆明勘测设计研究院与缅甸邦朗水电站承建方YMEC公司签订了设计合同，并负责该工程的质量监控。邦朗水电站位于缅甸曼德勒省，装机容量28万kW，年发电量9亿多kW·h，最大坝高130m，水库库容6.9亿m^3。该工程是我国政府的卖方信货项目。

3月8日～11日 出席全国人大、全国政协会议的贵州、广西、云南、青海四省区的党政领导，分别与国家电力公司领导进行会谈，共商加快开发西部地区水电的有关事宜。国家电力公司与贵州省商定，组建乌江水电开发有限责任公司，滚动开发乌江流域；与云南省就共同开发澜沧江小湾水电站（420万kW）有关问题达成一致意见；与青海省就加快开发建设公伯峡水电站（150万kW）有关问题达成了共识；广西自治区政府同意以岩滩水电站作为“母体”电站滚动开发龙滩水电站一期工程（420万kW）。

3月15日 国家电力公司将白山抽水蓄能泵站技术改造可行性研究报告上报至国家经贸委待批。该项目拟分别利用白山、红石两座水库作为上库、下库，安装两台15万kW单级立式离心水泵电动机组，年抽水用电量6.45亿kW·h，可增加白山水电厂年平均发电量5.18亿kW·h。工程静态投资58962万元，总投资77792万元。

3月17日 重庆市江口水电站开工建设。该电站位于武隆县芙蓉江上，装机容量30万kW，静态投资19.2亿元，动态投资27.4亿元，预计建设工期4年零3个月。

3月17日 国家计委以计外资［1999］281号文，批复了国家电力公司《关于投资修复柬埔寨基里隆水电站项目建议书的请示》，同意中国电力技术进出口公司投资修复该电站的建议书。该电站装机2×0.55万kW，总投资1989.76万美元。修复建设所需的全部设备及主要材料由国内采购解决。

3月19日 国家电力公司做出决定，命名云南鲁布革发电厂、漫湾发电厂为“一流水力发电厂”，并颁发奖牌和荣誉证书。

3月19日 湖南耒中水电站开工。该电站位于耒阳市境内，属耒水干流10级开发中的第八级，以发电为主，兼顾通航及供水。电站安装3台单机容量1.35万kW的贯流式发电机组。工程总投标报价为1.2979亿元。

3月22日 国家电力公司以国电水规［1999］144号文批复，同意四川杂谷脑河狮子坪水电站预可研报告审查意见。

3月22日 中国水利水电工程总公司中标孟加拉国满格哈特电厂场地准备工程，在孟加拉国电力局大会议厅举行了合同签字仪式。合同金额为2980万美元。该电站位于孟加拉国首都达卡市东南22km处，采用燃气联合循环发电，装机容量45万kW。

3月25日 浙江紧水滩水电厂47位职工乘班车到电厂上班，当班车行至石塘水电厂库区路段时，遇山体崩落，客车被塌方石流冲击坠入几十米深的水库，18人牺牲，29人生还。

3月25日 美国《时代》周刊记者唐瑞雅采访中国三峡总公司总经理陆佑楣。陆佑楣回答了记者关于三峡工程的防洪效益、质量、资金、泥沙、文物、移民和反腐倡廉等方面的问题。

3月26日 中共中央政治局常委、国家副主席胡锦涛到黄河小浪底水利枢纽工程工地考察。胡锦涛指出，黄河流域的治理开发是一个大课题，是关系我们国家全局的一件大事，与整个国家、整个民族的发展息息相关。工程质量是工程的生命，作为治黄关键性工程的小浪底来讲，应该是质量第一，千年大计。

4月1日 国家电力公司将黄河公伯峡水电站工程项目建议书上报国家计委。该电站正常蓄水位2005m，水库总库容6.2亿m^3，调节库容0.75亿m^3。电站装机容量150万kW，选用5台混流式水轮发电机组，年平均发电量51.4亿kW·h。总投资78.3349亿元，其中静态投资54.9140亿元。由国家电力公司投资26.5%，西北电力集团公司投资35%，青海省电力公司投资21.1%，其余由甘肃、宁夏、陕西等省、区电力公司投资。

4月1日 经国家质量技术监督局批准，《大中型水电站水库调度规范》正式实施。该标准共分8个部分，对大中型水电站水库调度的原则、任务、方法、外部条件和科学管理都作出了明确规定。内容包括洪水调度、发电及其他兴利调度、水文气象情报、库区及下游河道管理等。该标准由国家电力调度通汛中心主持起草并负责解释。

4月2日 美国参众两院议员组成的大型访华团70人参观了三峡工地。陆佑楣总经理就三峡工程的防洪、发电、移民、水库泥沙和工程建设等情况回答了诸位参、众议员的提问。

4月2日～3日 三峡工程建设基金等征收管理工作座谈会在广州召开。1998年三峡基金实际征收58.97亿元，税后上缴50.40亿元，完成年计划100.47%；1999年计划征收59.40亿元，枢纽部分42亿元，电网建设17亿元。

4月7日 北京十三陵抽水蓄能电站通过国家枢纽专项竣工验收。该电站总装机容量80万kW，1995年12月第一台机组投产，1997年6月四台机组全部按期发电。

4月16日 国家计委印发《重大建设项目违规问题举报办法（试行）》。

4月16日～19日 在中国施工企业管理协会年会上，水电第八工程局、葛洲坝水电集团被评为“全国最佳施工企业”，水电第十四工程局被评为“全国受表扬施工企业”，基础工程局被评为“1998年度全国优秀施工企业”，水电十四工程局施工的广州蓄能电站一期被评为“全国用户满意工程”，水电第六工程局局长郑应显、水电第三工程局局长李友仁被评为1998年度“全国优秀施工企业家”。

4月19日 中共中央总书记、国家主席江泽民视察四川二滩水电站，陪同的有吴邦国、曾庆红等。江泽民赞扬二滩工程“确实宏伟，质量又好”，“八年建成，全中国人民值得骄傲”，“这些先进的技术、先进的管理要推广”。

4月23日 中共中央政治局常委、国家副主席胡锦涛，在中国水利水电科学研究院与部分水利专家进行座谈。胡锦涛指出：新中国成立50年尤其是改革开放以来，我国的水利建设事业取得了很大成绩，但是水利基础设施建设任重道远，要进一步认识治理好大江大河、搞好水资源工作的重要性、紧迫性。同时，要加大对中青年领导骨干和技术骨干的培养力度，使其肩负起中国水利建设的历史使命。

4月21日～25日 中国水力发电学会主办的“’99年碾压混凝土筑坝技术国际讨论会”在四川省都江堰市召开。来自世界17个国家的200多位专家、学者参加了会议。水利部部长、大会组委会主任汪恕诚在会上致幕词。目前世界28个国家中已有210多座超过15m高的碾压混凝土大坝建成或在建。我国已建成26座，在建的有14座。

4月28日 国家电力公司系统“全心全意依靠职工办企业暨劳动模范表彰大会”在京召开。291名劳动模范和100个先进集体，38个先进单位和37名优秀领导干部受到国家电力公司、中国水利水电工会表彰。其中水电系统受表彰个人为45人，受表彰单位7个；特等劳模有武汉水利电力大学教授、博士生导师李义天、中南勘测设计研究院张南燕（女）、水电第十四工程局陈恒敬。

4月28日 西北勘测设计研究院所属勘测总队正式更名为工程勘察研究院。

4月29日 庆祝“五一”国际劳动节大会在人民大会堂举行，全国1000名先进个人和300个先进集体分别获得“五一劳动奖章”和“五一劳动奖状”。水电系统葛洲坝水电集团工人广胜霞（女）、长江三峡工程开发总公司干部蒋养成、水电第四工程局机长刘志海获奖。

4月27日～29日 雅砻江锦屏一级水电站预可行性研究报告通过审查。该电站位于四川凉山州境内，装机容量330万kW，年发电量为162.87亿kW·h。混凝土双曲拱坝高305m，水库库容77.6亿m^3，调节库容49.1亿m^3，具有年调节性能。

5月7日 三峡工程左岸电站机组设备监造合同签字仪式在宜昌举行，这是保证三峡机组制造质量达到一流而采取的又一重要举措。法国电力公司和法国检验局组成的联营体获得三峡机组监造资格和监造任务。该机组的17个制造厂家分布在8个国家。

5月8日 国务院副总理温家宝视察了黄河小浪底工程。温家宝说，小浪底工程一定要确保质量，千年大计，质量第一！同时，要用好、管好工程资金，千方百计提高工程效益。陪同视察的有水利部部长汪恕诚、河南省委书记马忠臣、省长李克强等。

5月10日 水利部举行座谈会，庆祝张含英百岁华诞。李鹏委员长题词祝贺：“百年风雨多经历，一生治水赤子心。”钱正英、汪恕诚、杨振怀等参加座谈。张含英1900年5月10日出生于山东菏泽。1925年获美国康奈尔大学土木工程硕士学位。回国后历任黄河水利委员会总工程师、委员长等职。1948年担任北洋大学校长。新中国成立后，担任水利部、水利电力部副部长，并兼任技术委员会主任等职，参与领导全国水利水电建设和科技教育的发展指导工作。

5月8日～10日 湖南凤滩水电站扩建工程可行性研究报告在长沙通过审查。审查会议由中国水电水利及新能源发电工程顾问公司与湖南省计委、建委主持。电站计划扩建2台20万kW机组，扩建容量40万kW，工程投资8.79亿元。

5月17日 国家计委公布了1999年国家重点建设项目名单，共102个，有11项是1999年新增加的。新增的电力项目有5项，水电项目为福建棉花滩水电站。水电方面续建的重点项目有：黄河小浪底、黄河万家寨、浙江珊溪、湖南江垭、新疆乌鲁瓦提5项水利枢纽工程；长江三峡工程及500kV输变电工程、浙江天荒坪蓄能电站、广州蓄能电站二期、云南大朝山水电站、天生桥水电站一级及500kV直流输电工程，四川二滩水电站及500kV输变电工程、青海李家峡水电站等7个电力项目。

5月18日 湖南江垭水电站1.2号两台10万kW机组并网发电。该工程位于慈利县境内的澧水一级支流娄水中游，是国家重点建设项目，由水利部和湖南省出资建设。工程以防洪为主，兼有发电、灌溉、航运、供水、旅游等综合效益。水库总库容18.6亿m^3，其防洪库容8.6亿m^3，水电装机30万kW，年发电量7.56亿kW·h，可灌溉农田8.5万亩。

5月16日～20日 河北张河湾抽水蓄能电站可行性研究报告通过评估。该电站位于河北省井陉县境内，距石家庄市77km，拟安装4台25万kW双向可逆水泵水轮发电机组。

5月19日～20日 国务院在京召开三峡工程移民工作会议。朱镕基总理在会上发表了重要讲话。他指出：三峡工程建设能否顺利进行，关键在移民和搬迁。当前必须实行政策上的两个调整，第一是调整和完善移民政策，第二是调整企业的搬迁政策。坚持以多种形式安置移民的方针，加大搬迁企业结构调整力度。

5月20日 广西百龙滩水电站最后一台机组投产发电。该电站共安装6台灯泡贯流式水轮发电机组，单机容量3.2万kW，总装机容量19.2万kW。

5月21日 《水利水电工程报》载，经西藏自治区机构编制委员会批准，西藏自治区水利规划勘测设计研究院成立。

5月26日 广西大化水电厂2号机组增容改造完成，机组从10万kW增容到11.6万kW。4台机组完成后，共可增容5.6万kW。

5月28日 国家计委批复浙江桐柏抽水蓄能电

站项目建议书。该电站建设规模为120万kW，安装4台30万kW的单级可逆式抽水蓄能发电机组。项目利用世界银行贷款，用于采购设备等。静态投资33.9亿元，动态投资48.7亿元。

5月30日　湖北省“九五”重点建设项目——兴山县古洞口水利枢纽工程下闸蓄水。该工程于1993年3月动工，大坝为面板堆石坝，水库库容1.42亿m^3，电站装机4.5万kW，年发电量1.22亿kW·h，总投资3.99亿元。该工程具有发电、防洪、灌溉、供水、养殖、旅游、环保等多项效益。

5月31日　国家电力公司印发了《云南（景洪水电站）向泰国送电预可行性研究审查意见》。《意见》认为近期内以开发景洪水电站为主，向泰国送电容量按近期120万～160万kW、远期300万kW考虑较为合适，输电电压以±500kV较优。

6月3日～4日　水电水利规划设计总院受浙江省计委的委托，在京召开了滩坑水电站预可行性研究专家咨询论证会。该电站位于青田县境内瓯江支流小溪中游，工程以发电为主，兼有防洪等综合效益。电站装机容量60万kW，年发电量10.35亿kW·h；水库总库容41.5亿m^3，防洪库容3.7亿m^3，调节库容21.2亿m^3。专家们认为，该电站建设条件和经济指标均较好，建议尽快立项建设。

6月2日　二滩水电站3号机组正式并网发电。至此，二滩水电站已投产4台机组，装机容量共计220万kW。

6月5日　“长江源”环保纪念碑揭碑。纪念碑高2.5m，重14t，由江泽民主席题写碑名。纪念碑立于青海省沱沱河岸边，位于东经92°26′25″，北纬34°13′37″。

6月7日　中国水利水电勘测设计协会第七届理事会第一次全体会议在京召开，出席会议的理事和代表56人。会议修改了会章，选举产生了理事和常务理事，总结和安排了工作。选举张国良为理事长，童显武、王中礼、杨凤臣、张庆堂、段荣国、蔡允明、郑仁义为副理事长，王中礼任秘书长。

6月10日　溪洛渡水电站可行性研究阶段勘测设计暨技术咨询委托合同在宜昌签订。中国三峡工程总公司与成都勘测设计研究院、中国水电水利及新能源发电工程顾问有限公司分别签订了委托合同。溪洛渡水电站位于四川省雷波县和云南省永善县境内金沙江上，规划装机容量暂为1200万kW，年发电量573.5亿kW·h。

6月12日　原水电总局党组书记、局长王干国同志病逝，享年75岁。6月17日在八宝山革命公墓举行了遗体告别仪式，全国政协副主席钱正英和水电行业的老领导及生前友好300多人参加了告别仪式。王干国曾任三门峡工程局党委副书记，水电第七工程局党委书记，四川电力局党委书记、局长，水利电力部党组成员，政治部负责人，组织领导了三门峡、龚嘴等大型水利水电工程建设。

6月15日～9月30日　广西推出三个半月的丰水期低谷时段优惠电价，对用电量超过去年同期同时段3%的用户，用电量已实行峰谷电价的每千瓦·时再优惠0.03元，未实行峰谷电价的每千瓦·时优惠0.05元。

6月16日　国家经贸委发布第10号令，公布了《电力行业标准化管理办法》，并从发布之日起正式施行。

6月17日～18日　广西龙滩水电站工程专题研究暨成果评审会议在京举行。18日下午，国家电力公司、广西开发投资有限责任公司、广西电力有限公司和贵州省基本建设投资公司就“龙滩水电开发有限责任公司发起人协议书”举行了签字仪式。

6月18日　20亿元的’98三峡债券在上海证券交易所正式挂牌上市。

6月17日～24日　江泽民总书记第7次考察黄河，从壶口开始，经三门峡、洛阳、郑州、开封、济南、至东营的黄河入海口。在考察期间，江泽民先后视察了三门峡和小浪底水利枢纽工程，6月21日在郑州主持召开了黄河治理开发工作座谈会。他讲话中指出：治理黄河，历来是中华民族兴邦大事。治理黄河水害，利用好黄河水资源，建设好黄河生态环境，对实现我国现代化建设跨世纪发展的宏伟蓝图，具有十分重大的战略意义。

6月23日　国家电力公司印发了《电网规划管理若干规定（试行)》。

6月24日　国家电力公司发出通知，公布了1998年度电力安全文明生产达标企业名单。其中水电企业有：黑龙江牡丹江水力发电总厂、湖南五强溪水电厂、四川宝珠寺电厂、贵州东风发电厂、广东枫树坝水电厂、广东新丰江水电厂等。

6月26日　湖北清江高坝洲水电站投产发电。该电站上距隔河岩电厂50km，下距清江入长江口12km，设计安装3台8.4万kW水轮发电机组，总容量25.2万kW，年发电量8.98亿kW·h，水库总库容5.36亿m^3。它将与隔河岩水电厂实行联合运行，从而提高隔河岩的发电出力。

6月27日　新华社消息，长江三峡工程第一批14台70万kW水轮发电机组，日前已开始在加拿大德国、法国、瑞士、瑞典、挪威、西班牙、巴西和国内17个厂家制造。国内哈尔滨电机厂、东方电机厂分包份额占合同总金额35%左右。

6月28日　国务院决定，任命周大兵、谢松林为国家电力公司副总经理。

7月8日 广东杨溪三级水电站并网发电。该工程是韶能公司与乳源县政府合作开发的项目，1997年11月10日开工建设，装机容量2.5万kW，年平均发电量6585万kW·h，工程动态总投资2.3亿元。

7月9日 贵州乌江水电开发有限责任公司正式成立。公司现拥有乌江渡、东风两座大型水电站，装机总容量114万kW，年上网电量48亿kW·h，总资产达43亿元。近年，公司将有序地对规划中的各梯级电站进行滚动、连续和综合开发。公司目前的任务是，抓紧做好即将正式开工建设的装机容量54万kW的洪家渡水电站前期准备工作。该公司董事长为戴绍良，总经理金泽华。

7月11日 建设部以建设［1999］176号文，印发《关于加强勘察设计质量工作》的通知。

7月19日 中国德祥澜沧江科学探险考察队将一块刻有“澜沧江源”字样的石碑竖立在贡则木杂雪山脚下。科学探险考察队沿着正源扎阿曲河谷，经过10天的艰苦跋涉，到达了澜沧江的河源地拉赛贡玛河最上端——贡则木杂。澜沧江源头位于青海省杂多县，东经94°17′44″，北纬33°43′31″，海拔高度5229m。

7月23日 建设部以建办设［1999］40号文件颁发《关于公布全国第八届优秀工程设计、第六届优秀工程勘察、第五届优秀工程设计软件、第四届优秀工程标准设计获奖项目的通知》。获奖项目中，水利水电工程获优秀工程设计21项，其中金奖4项、银奖8项、铜奖9项；获优秀工程勘察4项，其中金奖1项、银奖1项、铜奖2项；获优秀工程设计软件银奖1项。

7月23日 《水利水电工程报》载，西北勘测设计院承担设计的四川白龙江宝珠寺水电工程，最近被四川省建委评为工程设计最高信誉等级AAA级。

7月23日 《水利水电工程报》载，近日，国家建设部公布了全国首批荣获建筑智能化系统工程设计资质单位名单，在水电勘测设计系统中有：西北勘测设计研究院、昆明勘测设计研究院、中南勘测设计研究院。

7月24日 国家电力公司以国电科［1999］374号文，颁发《国家电力公司科学技术进步奖励办法》(试行)，共6章22条。

7月26日 广东飞来峡水利枢纽电站第一台机组正式并网发电。该电站总装机容量14万kW，安装4台单机容量3.5万kW的灯泡贯流式水轮发电机组，年发电量5.5亿kW·h。工程于1994年10月正式动工。

7月29日 国家计委发出计投资［1999］693号通知，重申要严格执行基本建设程序和审批规定：①严格执行基本建设程序；②严禁越权审批建设项目；③严禁擅自对外签约；④今后对违反基建程序的建设项目，国家计委不予审批；⑤今后对违反基建程序，越权审批和擅自对外签约等造成的不良后果及善后处理，国家计委不予受理。

7月31日 位于云、贵交界的北盘江响水水电站首台机组投产发电。该电站跨越云南省宣威市和贵州省水城县范围，为引水式电站。拦河大坝为砌石双曲拱坝，最大坝高68m，水库总库容830万m^3，电站装机容量10万kW，年发电量6.02亿kW·h。工程于1993年2月动工，由珠江水利委员会、云南省、贵州省三方联合建设，是北盘江梯级开发中的第六个梯级。

8月1日 安徽省响洪甸抽水蓄能电站上水库进水口水下岩塞爆破取得成功，这是国内首次采用气垫式岩塞爆破。

8月5日 青海省距李家峡水电站5.5km的查让山因暴雨发生大面积移动。巨大的滑坡造成330kV李兰线4基塔倾倒，330kV李硝线1基塔倾倒，330kV李兰西1回线和2回线各有6基塔倾倒。李家峡水电站被迫与系统解列，2号、3号机组空转运行，1号机组备用。

8月9日 国家电力公司战略规划部在广州召开了南方四省区2010年目标电网规划协调会。会议提出，要优先开发有调节能力的大型水电站，最大限度地发挥水电在联合电网中的作用，适时加大“西电东送”规模，实现电力资源优化配置。

8月9日 朱镕基总理到黄河小浪底工程工地考察，听取水利部副部长兼小浪底建管局局长张基尧的汇报，并看望了在生产一线的工程建设者。陪同考察的有水利部部长汪恕诚等。

8月9日 国家电力公司以国电科［1999］395号文，向国家环保总局提出了广西平班水电站环境影响报告书预审会的修改意见。

8月10日 黄河万家寨水利枢纽工程单机容量18万kW的2号机组正式并网发电。

8月10日 泰国科隆泰单碾压混凝土大坝项目开标。中国水利水电工程总公司、中国电力技术进出口公司、泰国公司组成的联营体以817.85分成为最高得分者，以最低标价中标。该工程标价为1.84亿美元，承包合同于10月28日签订。

8月10日 中国水利报载，经教育部批准，广东水利电力职业技术学院日前正式成立。该学院前身为1952年建立的广东省水利电力学校。从1999年秋季起，面向本省和邻省招生，开设水利工程、电力工程2个系6个专业。

8月11日 国家电力公司在北京召开了“三板溪水电站建设必要性及电力市场研究报告”评审会。该电站位于沅水上游，计划装机100万kW，保证出力23.5万kW，年发电量24.3亿kW·h，工程总投资70.7亿元，其中利用日元贷款约3亿美元。到会专家认为，三板溪水电站项目经济指标优越，效益显著，建议尽早开发。

8月12日 国家计委以计基础［1999］1010号文，批复了关于利用日元贷款建设湖南沅水一期工程项目洪江、碗米坡水电站可行性研究报告。该报告已经国务院同意。洪江水电站装机容量为22.5万kW（5×4.5万kW），年发电量9.7亿kW·h。碗米坡水电站装机容量24万kW（3×8万kW），年发电量7.92亿kW·h。两电站一期工程静态投资33.8亿元。国家计委同意利用第四批日本海外协力基金贷款176.63亿日元，用于采购贯流式水轮发电机组等设备。

8月12日 国家计委批复建设安徽琅琊山抽水蓄能电站项目建议书，同意部分利用外资。该项目建设规模为60万kW（4×15万kW），为单级可逆式抽水蓄能发电机组。

8月11日～14日 中国水电水利工程顾问公司会同四川省建委、计委在雅安市主持召开了四川华能宝兴河硗碛水电站（装机24万kW）可行性研究报告审查会。会议认为，尽早兴建具有良好调节性的硗碛龙头水库电站是非常必要的。

8月14日～17日 广西平班水电站可行性研究报告通过审查。该电站位于贵州册亨县和广西隆林县交界的南盘江上。工程以发电为主，水库库容2.78亿m^3，安装3台13.5万kW机组，总容量40.5万kW，年发电量16.03亿kW·h。

8月17日 北京ISO9000标准质量体系认证中心向昆明勘测设计研究院颁发了符合ISO9001标准、带有CNAER和英国UKAS标志的国内和国际“质量体系认证证书”。

8月17日 国家电力公司办公厅以办计［1999］56号文，印发了黄河上游水电滚动开发情况汇报会议纪要，要求西北电力集团公司抓紧组建黄河上游水电开发有限责任公司、抓紧龙羊峡和李家峡水电站的改制、抓紧公伯峡水电站的立项报批和前期准备工作。

8月26日 建设部以建设［1999］218号文印发《关于推进大型工程设计单位创建国际型工程公司的指导意见》的通知。《通知》提出：为加快我国勘察设计单位深化体制改革的步伐一应推进一批有条件的大型工程设计单位，用五年左右的时间，创建成为具有设计、采购、建设（简称EPC）总承包能力的国际型工程公司，积极开拓国内、国际工程承包市场。

8月30日 中华人民共和国主席第二十一号令颁布《中华人民共和国招标投标法》，自2000年1月1日起施行。该法共6章：第一章“总则”，第二章“招标”，第三章“投标”，第四章“开标、评标和中标”，第五章“法律则任”，第六章“附则”。

9月6日 国家电力公司以国电财［1999］472号文，批复了西北电力集团公司关于黄河上游水电开发有限责任公司资产重组与财务重组方案的请示报告。批复主要意见为：同意在龙羊峡水电站和李家峡发电有限公司资产重组的基础上，由国家电力公司与西北电力集团公司及青海、陕西、甘肃、宁夏等电力公司组建黄河上游水电开发有限公司（简称黄河水电公司）。

9月7日 为三峡工程设计的水力浮动式转矩平衡重升船机模型在宜昌验收。该升船机，设计加水总重为11800t，最大提升高度113m，承船厢的有效尺寸为120m×18m×3.5m，过船吨位为3000t，这些参数均超越世界水准。

9月10日 国家援藏工程沃卡河一级水电站1号、2号机组投产发电。该电站位于西藏山南桑日县，海拔3700m，装机容量2万kW，年发电量7704万kW·h，总投资8.611亿元，1996年3月开工建设。电站由西北勘测设计院和西藏水电设计院设计，武警水电三总队施工。

9月14日 三峡工程左岸电站高压电气设备采购合同和贷款协议、转贷协议在北京人民大会堂签字。此次招标的15台550kV/840MVA变压器及其附属设备和39个间隔550kV GIS及配套设备由德国西门子输变电集团、瑞士ABB高压技术有限公司中标，由中国保定天威集团和沈阳变压器有限公司、沈阳高压开关厂和西安高压开关厂分包制造。两个合同总金额为20560万美元。

9月16日 中央精神文明建设指导委员会在京召开电话会议，表彰在全国精神文明创建工作中取得突出成绩的先进单位。水电系统获得精神文明先进单位称号的有：黑龙江牡丹江水力发电总厂、浙江紧水滩发电厂、贵州天生桥水力发电总厂、云南漫湾发电厂、宁夏青铜峡水电厂。

9月18日 四川黑土坡水电站2、3号机组并网发电。该电站位于汶川县境内，岷江上游右岸支流寿溪河上，为引水式开发，装机3台，总容量2.4万kW。

9月21日 水利部机关举行《冯寅纪念文集》首发仪式。冯寅于1914年生，1998年逝世，历任北京勘测设计院副总工程师、海河勘测设计院总工程师、水利部副部长、水利部总工程师，指导了密云、潘家口、三门峡改建等数十座水库和引水工程的规划设计工作。

9月22日 四川二滩水电站第五台55万kW机组投产发电。这台机组的主要设备由哈尔滨电机厂制造生产。

9月24日 《电力快讯》刊载，福建闽能水电开发有限公司日前正式挂牌成立。闽能公司是由原福建水口电站工程建设公司改制组建的对省电力公司控股参股的11个已建、在建中型水电项目实施统一管理，统筹规划福建省中型水电项目的开发、投资工作。

9月25日 天荒坪抽水蓄能电站4号机组正式投产发电。

9月28日 中国南方电力联营公司和武警水电指挥部的有关负责同志签订了天生桥二级水电站施工总承包合同。天生桥二级水电站安装6台22万kW机组，总容量132万kW。目前已投产4台机组，5号、6号机组计划在2000年投产发电。

9月30日 四川省射洪县境内的涪江金华水电站（金华电航桥工程）第二、第三台机组投产。该工程装机3×1.4万kW，年发电量2.107亿kW·h，总投资4.79亿元。工程于1996年12月21日开工，1998年12月30日首台机组并网发电。

9月30日 国家电力公司命名32家一流企业，其中水电一流企业有：鲁布革水力发电厂、漫湾水力发电厂。

10月8日 广东省北江飞来峡水利枢纽4台3.5万kW的水轮发电机组全部并网发电。该工程于1994年10月18日正式开工兴建，总投资53亿元。工程有防洪、发电、供水、航运和改善生态环境等综合效益，控制流域面积3.4万km^2，水库总容量19亿m^3，可防御300年一遇洪水。

10月8日 国家电力公司以国电水规［1999］507号文，批复了云南澜沧江糯扎渡水电站的预可行性研报告审查会议意见。该电站正常高水位812m，水头在143～215m之间，安装单机容量10台55万kW机组，总容量550万kW，供云南、广东用电。

10月11日 福建芹山一级水电站水库开始蓄水。穆阳溪梯级水电站分三级开发，总装机容量40万kW，总投资24.24亿元。芹山一级电站装机容量7万kW，1997年5月开工。

10月12日 李鹏委员长第12次来到三峡工程视察。此前于10月11日，他在重庆考察了三峡移民工作。李鹏在听取了陆佑楣总经理等同志汇报后，强调指出，要实现一流工程目标，必须是一流的质量、一流的管理。

10月14日 国家开发银行以开行函［1999］27号，提出山东泰安抽水蓄能电站贷款评审意见。该项目采用4台25万kW双向可逆水泵水轮发电机组。项目总投资为432590万元。项目资本金为129687万元，融资利用日本海外协力基金贷款1.34亿美元；申请中国工商银行贷款76595万元，申请开发银行贷款114890万元。

10月19日 建设部在［1999］254号通知中规定：允许取得监理资质的设计单位对自己设计的工程进行施工监理；设计单位可以按照有关规定申请取得工程监理资格等。

10月20日 原中共中央政治局常委宋平首次考察三峡工程。宋平告诫：三峡工程要万无一失。

10月19日～22日 ’99大坝安全及监测国际研讨会在三峡工程坝区召开。来自中国、美国、加拿大等国内外170多位水利水电工程专家参加会议，共同研讨大坝安全及监测的相关问题。

10月22日 国家电力公司组成验收组，对黑龙江牡丹江水电总厂莲花发电厂实现“无人值班”（少人值守）进行了验收。

10月22日 国家电力公司以国电计［1999］569号文，将浙江桐柏抽水蓄能电站利用外资可行性研究报告上报国家计委。该电站拟安装4台单机容量为30万kW的双向可逆水泵水轮发电机组，总容量120万kW，年发电量21.18亿kW·h。上水库利用已建成的桐柏水库。静态投资31.06亿元，动态投资42.05亿元。其中利用外资2.2416亿美元，由世界银行贷款，主要用于购买主机及其辅助设备等。

10月24日 江泽民题写的“黄河源碑”揭碑仪式在青海省曲麻莱县玛曲曲果举行。碑体与碑座总高度2.9m，重约11t，位于东经95°59′、北纬35°1′53″，海拔4675m。

10月25日 黄河小浪底水利枢纽下闸蓄水标志着水库开始发挥调蓄效益。截至目前，工程已累计完成投资210.5亿元，占总投资的60%。大坝已填筑到23.5m高程以上。至年底水库蓄水位将至205m以上，库容达17亿多m^3。

10月25日～26日 黄河大峡水电站工程通过竣工验收。该工程安装4台7.5万kW机组，于1991年开工，1996年底首台机组投产发电，1998年底工程全部竣工。

10月28日 黄河上游水电开发有限责任公司在西安成立。该公司由国家电力公司、西北电力集团公司及陕西、青海、甘肃、宁夏4省区电力公司和电力建设投资开发公司10方共同出资组建，由中国西北电力集团公司控股，初期注册资金10亿元。该公司将以龙羊峡、李家峡水电站为母体电站，滚动式开发黄河上游水电资源。首先开发公伯峡水电站，其装机容量150万kW。

10月28日～30日 世界动力理事会第二次国际会议在三峡工地举行。来自15个国家的130多位代表出席大会。此次会议交流的主要议题是：发展中国家的水电，世界先进水电开发技术，抽水蓄能电站的开发，泥沙问题，水电开发的环境支持，水电规划和开发中的国际合作，水电工程的融资及投资的法律框架，人力资源和小水电开发。

11月1日 黄河万家寨水利枢纽有限公司与内蒙古电力（集团）公司在呼和浩特正式签订了万家寨水电站并入内蒙古西部电网的并网协议和调度协议。2日，该电站2号18万kW机组将正式并入内蒙古西部电网。按照协议，该电站为内蒙古和山西各提供54万kW的水电容量。

11月2日 吴邦国副总理到三峡工程考察。他强调，三峡工程是中华民族的千秋大业，要一丝不苟，精心施工，确保质量，以世界一流的标准，建设好当今世界最大的水利水电工程。

11月2日 国家电力公司以国电财［1999］601号文，印发了《国家电力公司国有资本金管理办法（试行）》。

11月2日 黑龙江莲花水电站竣工并通过验收。莲花水电站总装机容量55万kW，工程总投资47亿元，单位千瓦造价8540元。电站主体工程于1992年11月13日开工，1996年12月28日首台机组投产发电，1998年9月26日最后一台机组投产发电。

11月8日 富春江水电设备总厂与土耳其达拉曼电站业主再次签订了制造9台单机容量为2685kW贯流式水轮机的合同，合同标底额1200余万元。加上1998年签订制造的6台机组，共15台。

11月8日～9日 水利水电工程造价国际学术交流会在三峡工程坝区召开。会议对工程造价管理方法及原则、工程投资风险分析、上网电价计算原则及如何发挥咨询机构对造价控制的作用等课题进行了研讨。

11月14日 国家电力公司、云南省政府在京召开加快小湾电站建设研讨会。钱正英、姚振炎、令狐安、李嘉廷、牛绍尧、周大兵、潘家铮、张光斗等领导和专家出席了研讨会。与会专家认为，这项工程有利于云南省调整电源结构，有利于促进“西电东送”战略的实施，建议2002年开工建设。小湾电站位于云南省南涧县与凤庆县交界处的澜沧江中游河段，是澜沧江中下游梯级电站的龙头水库。该工程大坝为坝高292m的双曲拱坝，水库库容151.32m^3。计划安装6台70万kW的机组，总容量420万kW，年发电量190亿kW·h，静态总投资186亿元。该电站建成后，可使漫湾、大朝山、景洪三座水电站增加保证出力110万kW。云南小湾电站工程建设前期筹备处已于1996年6月成立。

11月8日 湖南大源渡航电枢纽4台机组全面竣工投产。大源渡航电枢纽是湘江航运二期工程，由世界银行贷款9000万美元。该工程年通航能力1200万t，总装机容量12万kW，年发电量5.38亿kW·h，1995年12月动工，1998年12月首台机组提前发电。

11月15日 国家电力公司以国电规［1999］629号文，将新疆吉林台水电站项目建议书上报国家计委审批。该电站位于伊犁河支流喀什河上，为该河中游的龙头水库。水库大坝高157m，总库容25.3亿m^3。电站安装4台单机容量11.5万kW混流式机组，总容量46万kW，年均发电9.38亿kW·h，静态投资20.8430亿元，2000年元月开始施工准备，9月主体工程开工。

11月18日 金沙江向家坝水电站勘测设计科研及技术咨询合同在湖北宜昌签字，中国三峡工程开发总公司将两项任务分别委托中南勘测设计研究院和中国水电水利及新能源发电工程顾问有限公司承担。合同要求2003年底完成向家坝可行性研究报告。向家坝电站位于云南省富水县和四川省宜宾县交界河上，是金沙江下游河段最后一个梯级，是溪洛渡水电站的反调节电站，初拟装机600万kW，年发电量为310亿kW·h，防洪库容12亿m^3。

11月22日 国家电力公司发文，同意中国水电水利及新能源发电工程顾问有限公司更名事宜，更名后为中国水电顾问有限公司。

11月24日 中南勘测设计研究院举行了建院50周年纪念大会，国家电力公司周大兵副总经理出席了大会。

11月25日 国家经贸委发布《关于优化电力资源配置、促进公开公平调度若干意见》。《意见》明确提出要求：汛期要千方百计多发水电，避免或减少水电厂弃水。要积极推行“以水代火”，由火电厂让出部分电量空间，安排水电厂多发水电，用多发水电所增加的效益，给火电厂以适当的经济补偿。

11月25日 国家电力公司水电发展研讨会在贵阳召开，来自全国各网、省电力公司，流域开发公司，设计、施工、监理等单位的100余位领导和专家参加了会议。国家电力公司副总经理周大兵在会上讲话，指出了水电开发的主要目标、基本思路及规划部署。

11月23日～26日 全国面板堆石坝学术研讨会在浙江温州召开。我国从1985年开始引进这种坝型至1998年底，据不完全统计，已建成面板堆石坝39座，在建35座，已审定待建的20座，其中水布垭水电站大坝高233m。

11月28日 湖北黄龙滩水电站二期扩建工程在武汉通过可行性研究。该工程将扩建机组2台，扩建容量34万kW。

11月30日 龙滩水电站建设投资方在广西南宁签署了龙滩水电开发有限责任公司合资协议书及公司章程。

11月30日 中国水利水电第八工程局在三峡工程金属成品制作中突破1500t，创国内月最高纪录。

12月1日 广西百色水利枢纽动工兴建。该工程位于百色市以西即右江干流上游22km处，是一座以防洪为主，灌溉、发电、航运、供水综合利用的大型水利工程。水库总库容达56亿m^3，电站装机容量为54万kW，年发电量16.9亿kW·h，总投资为70亿元，建设工期6年。

12月2日 李家峡水电站4号机组顺利投产并网发电，这是我国首台蒸发冷却水轮发电机组。该机组是由西北勘测设计研究院承担设计的我国“九五”重点科研攻关项目。

12月3日 天生桥一级水电站第二台30万kW机组投产发电。

12月3日 四川白禅寺水电站首台机组并网发电。该电站位于遂宁市涪江干流，装机3台共4.8万kW，具有发电、航运兼环保等效益。

12月4日 二滩水电站最后一台55万kW机组投产发电。二滩水电站共装有6台55万kW水轮发电机组，总装机容量330万kW，年发电量170亿kW·h。该电站1991年9月主体工程开工，1993年11月大江截流，1998年5月大坝下闸蓄水，同年8月第一台机组发电。

12月4日 武汉水利电力大学建校45周年。45年来，该校为国家总共培养9万多名各类专门人才，共承担科研项目3100多项，其中514项获国家级、省部级奖励和发明奖，获专利授权136项。

12月6日 国家电力公司以国电发［1999］680文批复，同意大坝监察中心审查意见，将丰满水电站大坝评定为正常坝，佛子岭水电站大坝评定为病坝。

12月7日 李家峡水电站主体工程全面竣工，第一期工程4台机组（单机容量40万kW）全部投入运行。该电站为三心圆双曲拱坝，最大坝高165m，大坝弧长414.39m，坝顶海拔高程2185m，正常水位高程为2180m，水库库容16.48亿m^3，设计年平均发电量59亿kW·h。

12月15日 经过一年对黄河水量的统一调度管理，下游的利津水文站1999年断流时间明显减少（共42天），在来水情况非常近似的1996年，同期断流天数达104天。

12月17日 经国务院总理办公会讨论，清江梯级开发龙头水库水布垭工程被正式批准立项。该工程位于巴东境内的清江中游。工程为面板堆石坝，坝高233m。水库总库容47亿m^3，为多年调节。装机容量160万kW，年发电量40.88亿kW·h。工程概算投资156亿元，总工期10年。

12月18日 浙江天荒坪抽水蓄能电站5号30万kW机组投产发电。

12月18日 国家电力公司南方公司在广州成立。国家电力公司总经理高严发表了书面讲话，副总经理赵希正等参加了会议。高严在讲话题中提出要在南方各省（自治区）政府的支持下，加快西南地区红水河、澜沧江、乌江等流域水电开发，加强南方电网建设，推动“西电东送”战略和西部大开发战略的实施。

12月18日 西藏满拉水利枢纽工程首台机组正式并网发电。该枢纽为水利部援藏重点项目，地处年楚河流域上源，以灌溉为主，兼有发电、防洪、旅游等综合效益。水库库容1.55亿m^3，新增灌溉面积25万亩，电站装机2万kW，年平均发电量6100万kW·h。

12月23日 福建芹山水电站1号机组并网发电。芹山电站是穆阳溪开发的龙头电站，位于周宁县境内，水库库容2.65亿m^3，混凝土面板堆石坝，最大坝高120m，装机容量7万kW（2×3.5万kW）。1997年3月开工。

12月24日 湖北小溪口水电站首台机组并网发电。该电站位于建始县清江支流马水河上，装机3台共3万kW。

12月24日 万家寨水电站3号机组投产发电。

12月26日 龙滩水电开发有限公司在广西南宁组成挂牌。该公司由国家电力公司、广西电力有限公司、广西开发投资有限责任公司和贵州基本建设投资公司4个股东方共同出资组建，由国家电力公司控股。公司成立后，首先以下游岩滩水电站为“母体”，滚动开先装机容量540万kW的龙滩水电站。龙滩水电站总投资282亿元（1998年价格水平）。

12月27日 中国工程院向新闻界宣布1999年新当选的113位院士名单，其中水电水利行业的有罗绍基、曹楚生、徐乾清3人。

12月28日 国家重点工程——汉江王甫洲水利枢纽工程下闸蓄水。该工程位于湖北老河口市汉江干流，电站安装4台灯泡贯流式机组，总装机容量10.9万kW，年发电量5.81亿kW·h，工程总投资20.03亿元。

12月29日 国内首台大型垂直升船机在岩滩水电站试运成功。该机由夹江水工机械厂与航天总公司210所联合生产制作。该机自重4000余t，最大提升高度为68.5m，可以一次将250t级铁驳船升降过坝。

12月30日 响水电站1号机投产发电。该电站位于云贵交界的北盘江上游，装机2台共11万kW。

12月30日 湖南凌津滩水电站5号机（3万kW）并网发电。该电站今年连续投产2号、3号、4号、5号共4台班组。

12月30日 国家电力公司公布统计快报，1999年全国发电量达12300亿kW·h，比1998年增长6.2%。其中水电为2112亿kW·h，比上年增长3.4%。全年投产发电机组容量1740万kW。全国发电装机总容量达到2.94亿kW。

12月30日 国家计委以计基础［1999］2387号文发出通知：国务院批准利用外资建设山东泰安抽水蓄能电站可行性研究报告。该电站位于泰安市西郊的泰山西南麓，安装4台25万kW的可逆式抽水蓄能机组，总容量100万kW，年发电量13.38亿kW·h，年抽水用电量17.84kW·h。利用日本贷款1.34亿美元购买4台机组。电站静态投资35.45亿元，动态投资43.26亿元。

12月31日 截至1999年底，中国水利水电工程总公司系统15个工程局、两个制造厂全部通过ISO9000标准体系认证。

12月31日 1999年全国大中型水电投产发电机组36台套、容量600.4万kW，其中国家电力公司系统投产13台机组，计370.4万kW。至此，全国水电总装机已突破7000万kW。1999年，二滩水电站投产4台55万kW机组（共220万kW），创造了单座水电站年投产的最高纪录。

三峡工程1999年混凝土浇筑量创造了世界纪录，月浇筑量达39.56万m^3，年浇筑量454万m^3，分别打破了古比雪夫水电站（月38.9万m^3）和伊泰普水电站（年320万m^3）保持的世界纪录。

（陈上奎编写 郈凤山 毛亚杰 陈叔康 张培基审核）

二〇〇〇年

1月6日 《中国水利报》载，位于四川省都江堰市岷江上游的紫坪铺水利枢纽工程已由水利部上报国家计委审批，该工程水库库容11.2亿m^3，装机容量76万kW，年发电量34.17亿kW·h，可使成都平原的灌溉面积由目前的1000万亩增至1400万亩。工程动态投资72亿元。该工程已进入前期准备阶段。

1月9日 黄河小浪底工程首台机组正式并网发电，水利部部长汪恕诚按下启动按钮。小浪底电站共安装6台30万kW水轮发电机组，总容量180万kW，年发电量51亿kW·h。该工程水库总库容126.5亿m^3，长期有效库容51亿m^3。工程总投资341.46亿元人民币（其中外资11.09亿美元）。工程于1994年9月12日正式开工，1997年10月28日截流，1999年10月25日下闸蓄水。

1月10日 云南小湾水电站进场公路正式开工，由水电第一工程局承担。

1月11日 沅水三板溪水电开发有限责任公司发起人协议书在北京签订，国家电力公司周大兵、何璟及国家计委、国家经贸委、国家开发银行及湖南省、贵州省人民政府的领导出席了签字仪式。三板溪水电站位于沅水龙头位置，设计装机100万kW，年发电量37.48亿kW·h。水库具有多年调节性能。工程静态投资55.6亿多元，设计工期7年，移民3万多人。由国家电力公司、湖南五凌水电开发有限责任公司、贵州省基本建设投资公司三家分别出资35%、60%、5%。

1月12日 黄河公伯峡水电站导流洞支洞工程正式开工。由水电第四工程局承担。

1月12日 1999年度中国水利水电工程总公司科技进步奖评出，“长江三峡上游围堰防渗墙施工技术与工程实践”（中国水利水电基础工程局）、“严寒地区混凝土面板堆石坝施工技术研究”（中国水利水电第一工程局、东北勘测设计研究院、中国水利水电科学研究院）为一等奖。另外评出二等奖4项，三等奖6项，优秀奖3项。

1月13日 国家电力公司发出通知，要求各有关单位开展金沙江一期溪洛渡水电站和向家坝水电站输电系统规划设计工作。

1月16日 水利部决定汉江水利水电（集团）有限责任公司交由长江水利委员会管理。该集团的主体资产是丹江口水利枢纽（电厂、水利枢纽管理处等）。

1月16日 国务院人字［2000］14号文件，任命敬正书、翟浩辉为水利部副部长；免去张春园、朱登铨的水利部副部长职务。

1月20日 嘉陵江桐子壕水电站导流明渠开工建设。该电站位于四川省武胜县境内，为东西关下游的梯级电站，装机容量9万kW（3×3万kW），年发电量5.5亿kW·h，总投资9亿元，由四川省交通厅、华能集团公司、武胜县联合投资兴建，由成都勘测设计研究院设计，导流明渠施工由水电第七工程局中标。

1月22日 党中央、国务院决定，中国三峡工程开发总公司进行干部调整，任命李永安为党组副书记，任命郭涛、杨清为副总经理、党组成员；袁国林、秦中一不再担任副总经理、党组成员。新的领导班子组成还有总经理、党组书记陆佑楣，副总经理、党组成员贺恭、王家柱。

1月22日 湖北"清江流域开发体制研究"成果，在武汉通过国家有关部门委托的专家评审，获准申报国家科技进步奖。由国家和湖北省出资组建的湖北清江开发公司，是国务院批准的我国第一家采用"流域、梯级、滚动、综合"形式进行水电开发的试点单位，在全国首开地方建设大型水电工程先河。

1月28日 由富春江水电设备总厂和日本富士电机株式会社合资组建的富春江富士水电设备有限公司宣布成立。

1月29日 中国水利水电工程总公司在京分别成立国内公司和国际公司，均为总公司的分公司，内部模拟有限责任公司运作，独立核算，以出资额对股东承担责任和义务。

2月1日 湖北省电力公司与清江水电开发有限公司签订了高坝洲水力发电厂并网经济协议。协议规定，高坝洲水力发电厂所发电力全部在湖北省电网消化。湖北省电力公司对该电厂涉及电网安全运行的设备进行管理和监督。

2月13日 贵州省乌江洪家渡水电站两项工程定标，水电第九工程局和水电武警部队组成的宏建公司中标导流洞工程；水电第八工程局和水电第十四工程局组成的148联营体中标砂石混凝土系统工程。

2月17日 国家电力公司以国电计［2000］94号文，向国家计委报送了《关于四川福堂水电站可行性研究报告的请示》。福堂水电站距成都市111km，距都江堰市46km，安装4台9万kW水轮发电机组，总容量36万kW，年发电量22.7亿kW·h。电站为引水式，引水隧洞长19.23km，水库总库容297万m^3。静态投资17.48亿元，动态投资19.45亿元。由四川阿坝州水电总公司、四川郎江集团公司、四川全兴集团公司、四川电力公司、成都勘测设计院合资兴建。

2月19日 《中国电力报》载，葛洲坝水电厂1999年累计发电157.25亿kW·h，超额完成计划2.1%，与上年比，增发电量23亿kW·h。全部电量在网内被各电力公司争购一空，原因是价格优势与合理调度，该厂上网电价为0.102元/kW·h。

2月21日 中国水利水电工程总公司中标津巴布韦丹迪隧洞工程，合同金额1160万美元。

2月23日 小浪底建设管理局与广西右江水利开发有限公司签订《业主建设管理服务协议书》。小浪底工程建设管理全方位与国际接轨，被世界银行誉为国际工程管理的样板。右江工程总投资68亿人民币，其中拟用世界银行贷款4亿美元。

2月23日 山东泰安抽水蓄能电站正式开工兴建。该蓄能电站装机容量100万kW，安装4台25万kW立轴单级混流可逆式水泵水轮发电机组。工程动态投资为43.26亿元，其中利用日本政府贷款1.34亿美元。第一台机组计划2005年投产发电。

2月25日 黄河沙坡头水利枢纽可行性研究报告通过审查。该工程位于宁夏中卫县境内，是一座以灌溉、发电为主的综合利用水利工程。该工程被确定为西部大开发宁夏基础设施建设重点项目，将于年内开工建设。

2月28日 《北京青年报》载，中国科学院遥感应用研究所刘少创利用地理信息系统和卫星遥感技术进行研究后认为：长江的正源是当曲，而不是以前确定的沱沱河。根据"河源惟远"、"水量惟大"两项指标，以两河交汇处的囊极巴陇计算当曲长360.8km，比沱沱河（357.6km）长3.2km，当曲的水量是沱沱河的5～6倍，流域面积是沱沱河的1.8倍。

2月28日 水利部部长汪恕诚在全国水利厅、局长会议上谈到：1999年中小水电投产122万kW，加上小浪底、万家寨、江桠等大型水电站，水利系统投产容量218万kW。

2月29日 云南小湾水电站工程建设筹备处正式挂牌成立。

3月2日 《中国水利报》载：浙江省建德市杨家口水电站职工赖根风在拍卖会上，以80万元竞价买下该电站30年经营使用权。该电站装机400kW，年发电量100万kW·h。

3月6日 国家计委主任曾培炎在九届全国人大三次会议上谈到2000年主要任务时指出，要加强主要江河控制性水利枢纽工程建设，开工建设一批重大工程项目。其中水电工程有：广西龙滩水电站、成都紫坪铺水利枢纽。

3月6日 江西省柘林水电扩建工程开工建设。该电站现有装机18万kW，水库总库容79.2亿m^3。扩建后将增加两台12万kW水轮发电机组，使电站总装机达到42万kW。扩建总投资7.08亿元，每年可提供4亿kW·h电量的调峰能力。两台机组预计分别于2001年和2002年发电。

3月7日 三峡水力发电厂筹建处、三峡——葛洲坝梯级联合调度中心筹建处在宜昌召开第一次办公会议。两厂总装机容量达到近2100万kW。

3月9日 全国政协委员张春园、王恩齐、钱正英、潘家铮、袁国林等联名提出“关于开发西南水电，实施西电东送”的0408号提案，成为全国政协九届三次会议提案协商办理第一案。

3月11日 《中国水利报》载，近日，长江水利委员会在因特网上正式发布了《长江片水资源公报》(长江片包括长江、雅鲁藏布江、藏西诸河、藏南诸河、怒江、澜沧江、红河、伊洛瓦底江等，总面积265万km^2)。长江片1998年降水总量为31789.9亿m^3，为降水丰水年。其中长江流域降水量比常年多11.5%，洪灾严重，长江片1998年水资源总量为19416亿m^3；水资源开发利用率为11.4%。

3月14日 广州抽水蓄能电站8号机移交生产，这标志着装机240万kW、世界最大的抽水蓄能电站全部建成。该工程一期工程竣工决算26.8353亿元，单位kW投资2236元；二期工程总投资30亿元，单位kW投资2500元。

3月19日 《中国电力报》刊载：国务院办公厅转发教育部关于调整国务院部门院校意见，调整名单涉及电力系统院校38所，其中武汉水利电力大学与武汉大学合并；北京电力高等专科学校与北方交通大学合并。华北电力大学继续由国家电力公司管理。

3月22日 武警水电三峡指挥部荣立集体三等功庆功大会在三峡工程坝区举行。立功通令由武警总部颁发，以奖励其在三峡永久船闸施工中的出色表现。

3月23日 广西桂冠电力股票在上海证券交易所上式，公开发行1.1亿股社会公众股，共募集资金6.897亿元，用于百龙滩水电站的建设和大化水电厂技术改造项目。广西桂冠电力股份公司是1992年由广西电力局等单位发起组建的，主要从事水电开发建设，拥有大化和百龙滩两座水电站，1999年装机容量59.2万kW，上网电量25.03亿kW·h，总资产27.25亿元，净资产16.55亿元，实现利润2.24亿元。

3月24日 国电水［2000］161号文，颁发《国家电力公司水电建设项目工程招标和合同管理规定》，该规定共7章56条。

3月24日 国家电力公司颁布《水电建设工程安全文明生产管理规定》，该规定共8章、34条。

3月20日～26日 中国电力代表团访问泰国，双方就推进景洪水电站项目和向泰国的输电工程项目建设进行了会谈，签署了会谈纪要。泰方同意从2013年起向云南景洪水电站购电150万kW。到2017年，泰国将从中国购买300万kW的电力。

3月21日～31日 澜沧江小湾水电站项目建议书评估会在昆明举行。受国家计委委托，中国国际工程咨询公司组织20多位著名水电专家进行了评估。该电站大坝为292m高的混凝土双曲拱坝，水库库容151亿m^3，装机容量420万kW。专家组一致认为，小湾水电站是实施西部大开发战略，推进“西电东送”的主要项目之一，是满足云南国民经济可持续发展用电需求，调整优化电源结构的最优项目。该项工程的项目建议书是可行的，建议尽快批准项目建议书。

4月4日 国家电力公司以国电水［2000］178号文公布，经专家工作组评审，建设部和国家电力公司核批，确认1900人具有水利水电建筑施工企业项目经理资质。

4月9日 《中国电力报》载：为加强对“西电东送”工作的领导和协调，近日国家电力公司成立了“西电东送”领导小组，由高严任组长，赵希正、周大兵、周小谦任副组长。

4月10日 国家计委计投资［2000］397号文，明确了国家85项重点建设项目，其中有关水电项目13个，包括：黄河小浪底水利枢纽、黄河万家寨水利枢纽、浙江珊溪水利枢纽、湖南江垭水利枢纽、新疆乌鲁瓦提水利枢纽（上列5项为水利项目)、福建棉花滩水电站、长江三峡水利枢纽、浙江天荒坪抽水蓄能电站、广州抽水蓄能电站二期、云南大朝山水电站、天生桥水电站一、二级、二滩水电站、大型水电设备制造项目。

4月12日 《经济日报》公布国家计委关于2000年西部地区新开工“十大工程”。其中水利水电项目有：四川省岷江上游紫坪铺水利枢纽工程，以灌溉和供水为主，兼有防洪、发电等功能、动态投资72亿元，水库总库容11亿m^3，电站装机76万kW，年发电34亿kW·h，为都江灌区和成都市增供水量5.5亿m^3；宁夏黄河沙坡头水利枢纽工程，工程总投资13亿元，水库总库容2600万m^3，电站装机12.48万kW，年发电量7亿kW·h，新增和改善灌溉面积115万亩。

4月14日 《电力快讯》总第394期载，白山抽水蓄能泵站技术改造项目可行性研究报告已经国务院批准，国家经贸委以国经贸投资［2000］262号文印发国电公司。该项目拟在白山水电站的基础上安装2台15万kW的单机立式离心水泵，吸收电网负荷低谷时的富余电量向上游抽水。固定资产投资77792万元，建设工期46个月。

4月16日 葛洲坝集团中标云南省元江至磨黑高速公路十三标段，合同金额5.12亿元，中标段长10.768km。这是全国水电行业承接的最大金额的公路项目。

4月18日 湖北王甫洲水电站首台机组并网发电。该电站位于老河口市东郊，丹江口电站下游30km处。电站共安装4台贯流式机组，单机容量2.725万kW，总装机容量10.9万kW。工程总投资19.8亿元。主体工程于1995年2月开工。工程具有发电、航运、灌溉、养殖、旅游等综合效益。

4月19日 随着苏州工业园区华能发电厂2号30万kW机组的投产发电，我国总装机容量突破3亿kW（1987年突破1亿kW，1995年突破2亿kW）。水电装机已达7297万kW，占全国总装机容量的24.4%。

4月20日 高坝洲水电站大坝溢流闸门下闸蓄水。该电站上距隔河岩水电站50km，是清江干流最后一个梯级，是隔河岩水电站的反调节电站。电站安装3台机组，总容量25.2万kW，年发电量8.98亿kW·h，动态总投资30.76亿元。电站已投产两台机组，第三号机组正在进行并网前调试。

4月20日 清华大学土木水利学院成立。

4月20日 云南那兰水电站预可研报告通过审查评估。该电站位于红河州金平县藤条江下游河段，装机容量19.5万kW，年发电量8.47亿kW·h。电站由昆明勘测设计研究院担任设计。

4月21日 《电力快讯》总第395期载：国电水［2000］138号文印发《国家电力公司水电工程建设监理招标投标管理规定（试行）》，规定共6章39条。

4月25日 国家计委以计基础［2000］445号文通知：国务院已批准《国家计委关于审批利用外资建设山西西龙池抽水蓄能电站项目建设书的请示》。该电站位于山西五台县境内；设计安装4台单机容量为30万kW的可逆式抽水蓄能机组，总容量120万kW，年发电量18.05亿kW·h，年抽水电量24.07亿kW·h。电站工程拟利用日本国际协力银行日元贷款2亿美元，用于国际招标采购4台机组。电站工程静态总投资约为44亿元，动态总投资为50亿元（不包括送出工程）。

4月25日 国家计委以计基础［2000］447号文通知：国务院已批准《国家计委关于审批贵州引子渡水电站项目建议书的请示》。该电站位于贵州省平坝县与织金县交界的乌江上游三岔河上，装机36万kW（3×12万kW），年发电量9.78亿kW·h。

4月24日～26日 乌江索风营水电站预可行性研究报告通过审查。该电站位于东风电站下游，水库正常蓄水位837m，装机容量54万kW，年发电量18.37亿kW·h。

4月21日～27日 二滩水电有限责任公司组织国家开发银行、国家开发投资公司、国家电力公司水电开发部、水电水利规划设计总院、四川省投资集团公司等15个单位的专家对雅砻江两河口水电站、锦屏一级水电站进行联合考察。专家们认为："两座电站的开发建设不但具有优良发电、补偿调节、防洪、生态效益，而且对促进西部少数民族地区脱贫致富乃至整个四川省今后十年的经济增长起着重要作用。"锦屏一级电站装机容量330万kW，年发电量162.87亿kW·h；两河口电站装机容量200万kW，年发电量95亿kW·h。

4月28日 新安江水电厂9号机组扩容改造成功。原7.25万kW机组，运行30余年，设备老化，出力不足，从1999年7月停机更换9万kW新机组。

4月29日 全国劳动模范和先进工作者表彰大会在京召开。出席大会的水电行业的劳模和先进工作者有：沈士度、朴玉山、彭启友、张文发、蒋再英（女）、陈飞、熊绍华、李克勤、肖正明、龚哲清、杨志斌、陈国金、魏其尧、冉照忠、肖兰新、杜仁明、田国生、刘振春、郭潇、刘明、潘家铨、刘克传、何江波、唐刊年、陶少刚、巨邦选、杨浦生、骆小筑、卢宗凡等29人。

5月1日 经国务院批准，国家发展计划委员会第3号令发布的《工程建设项目招标范围和规模标准规定》开始施行。

5月3日 国务院办公厅以国办发［2000］34号文印发了《关于国务院有关部门实施招标投标活动行政监督的职责分工的意见》。

5月7日 《中国电力报》刊登，青海将建首座外商独资水电站——黄河直岗拉卡水电站。该电站位于青海省尖扎县与化隆县交界的黄河干流上，上距李家峡水电站7km。拟安装5台发电机组，装机容量19万kW，总投资14.2亿元，由香港真兴实业有限公司联合美国爱依斯（AES）集团有限公司建设、经营。可研报告已上报国家计委审批。

5月10日 国家电力公司发输电运营部通知，十三陵蓄能电厂、江西万安水力发电厂、湖南五强溪水力发电厂三个单位通过验收组验收，已达到"无人值班"（少人值守）的要求。

5月10日 丹江口混凝土坝深水裂缝处理通过专家组验收。1996年，利用水下测量电视测出丹江口大坝21～24坝段113m高程处有一长约112m的水平裂缝，平均缝宽1～2mm，最大缝宽5mm。1998年5月，通过招标，施工单位江苏海洋工程总公司采用华东勘测院科研所研制的水下堵漏灌浆新材料PBM—3聚合物砂浆进行深水处理，1999年5月竣工，使21～24坝段渗漏量由处理前的8.52L/min降至处理后的0.09L/min，消除了丹江口大坝隐患，为国内水下工程修补提供了重要经验。

5月12日 浙江温州珊溪水库大坝下闸蓄水。

5月12日 《水利水电工程报》载：共青团中央、国家电力公司表彰1999年度全国青年文明号。水电工程总公司系统有6个集体获得，水电第七工程局机电安装分局青年突击队、水电第一工程局大朝山水电站地下厂房开挖青年突击队、水电第三工程局第三分局二公司青年突击队、水电第四工程局机电安装发电机安装中队、水电第五工程局昌马施工局水电队、水电第十一工程局二分局小浪底进水口项目部青年突击队。

5月15日 中国国际工程咨询公司专家委员会顾问罗西北写信给朱镕基总理、温家宝副总理，向党中央和国务院呈上建议书，建议尽快恢复水电建设勘测设计事业费和资源勘探费每年约10000万元，以推进西部水电开发促进“西电东送”战略的实施。

5月15日 昆明勘测设计研究院先期垫资开始糯扎渡水电站可行性研究阶段的勘测设计。该电站位于澜沧江下游河段，是实现西电东送云电外送的主要电源点。电站装机容量550万kW，年发电量236.84亿kW·h，坝高260m，水库库容217.5亿m^3，具有多年调节性能，技术经济指标优越，开发条件成熟，争取2005年开工建设。

5月18日 三峡工程机组蜗壳开始安装，4号机组第一节蜗壳顺利吊装到机窝内。4号机组蜗壳共29节，最大直径12.4m，总重量700多t，单节最大重量49t。

5月20日 福建省人民政府与国家电力公司在北京共同宣布，对福建电力局进行公司化改组；对水口水电站进行改制，成立有限责任公司，将福建省参与、尚未界定产权的所有电力项目，全部归并到水口水电站的产权比例上。

5月24日 三峡工程左岸电站水轮发电机组调速系统和励磁系统国际招标在京签订合同，分别由阿尔斯通电力公司和伏依特西门子水电设备公司中标，合同金额分别为1276万美元和1279万美元。

5月25日 我国第一台水电站高坝大型垂直升船机在广西岩滩电站通过工程竣工验收。

6月5日 北京十三陵抽水蓄能电厂获“国家电力公司一流企业”和“首都文明单位”两个荣誉牌匾。

6月6日 李家峡水电厂滤水器室内工业水管阀门破裂喷水，造成机组被迫停机的事故。

6月7日 中泰景洪水电站投资意向书在昆明签字。景洪水电站位于云南景洪市，距泰国北部300km，是澜沧江中下游河段8个梯级电站中的第六级，装机容量150万kW，是中泰合作开发云南水电项目向泰国送电的第一个项目。该电站动态投资100.44亿元，中方投资占30%国电公司、云电公司、云南开发投资公司各占10%）泰国GMS大众电力公司投资占70%，预计2006年开工建设。

6月8日 陈嘉庚奖和中国工程科技奖揭晓。水利水电专家钱正英荣获中国工程科技奖，此次获陈嘉庚奖和中国工程科技奖的科学家和专家分别为8位和11位。

6月15日 国家电力公司以国电规［2000］333号文，将《关于湖北黄龙滩水电站扩机工程项目建议书的请示》报送国家经贸委。黄龙滩电站现装机15万kW（2×7.5万kW），年发电量7.583亿kW·h。计划扩建2台17万kW机组，使电站总容量达到49万kW，年发电量达到10.6亿kW·h，动态总投资55825万元。

6月15日 国家电力公司以国电规［2000］339号文，将《关于重庆市江口水电站工程项目建议书的请示》报送国家计委。江口水电站位于武隆县境内芙蓉江入乌江口2km处。为双曲拱坝，最大坝高141m，总库容4.97亿m^3，调节库容3.02亿m^3。电站装机容量30万kW，年发电量10.58亿kW·h，动态总投资30.0329亿元。

6月20日 四川雅安地区水电初级电气化建设通过验收。这是继广西梧州和云南德宏之后建成的全国第三个水电初级电气化地区。

6月23日 《水利水电工程报》载，中南勘测设计研究院被授予“全国先进工程监理单位”。该奖每四年评选一次，这是该院连续第二次获此殊荣。近年来，该院每年从国内工程建设市场获得的监理项目均在30项以上。相继承担的监理项目有：三峡工程永久船闸土建施工、永久船闸金属结构设备制造及安装，五强溪水电站，凌津滩水电站，洪江水电站，长沙第二电信枢纽大楼，长沙报业中心大楼，大朝山水电站，洪家渡水电站，广州地铁车站等。

6月26日 小浪底大坝填筑到顶，比合同规定工期提前13个月完成坝体填筑任务，这标志着整个小浪底土建工程基本结束。

6月27日 贵州引子渡水电站导流洞开工。

6月27日 浙江温州珊溪水利枢纽首台机组并网发电。该工程为国家重点项目，是防洪发电等综合利用工程。该工程位于飞云江干流中游河段文成县境内，距温州市117km。水库总库容18.24亿m^3，调节库容6.69亿m^3，防洪库容2.12亿m^3。水电站装机容量20万kW，年发电量3.55亿kW·h。珊溪水库于1997年9月开工，至首台机组发电，仅用了两年零9个月。

6月29日 四川杂谷脑水电开发有限责任公司

成立。杂谷脑河位于四川阿坝州境内的东南部，为岷江右岸的一级支流。河道长168km，落差高3092m，水能蕴藏量为85.6万kW，为一库梯级开发，依次为狮子坪、红叶二级、理县、维关、甘堡、薛城、古城，总装机容量为54.35万kW。

6月29日 国家电力公司在武汉召开三峡输变电工程建设工作会议。三峡输变电工程关系到三峡工程的成败，关系到三峡电站经济效益的发挥，关系到全国互联网和“西电东送”的实现。三峡输变电工程静态总投资275.32亿元，交直流线路总长9100km，变电总容量2475万kV·A。于2003年前，要投产500kV交流线路33条、4201km，500kV变电站14座、容量1000万kV·A；直流线路1条、890km，换流站容量600万kW。

7月3日 清江高坝洲水电站3号机组投入商业运行，至此，总装机容量为25.2万kW的高坝洲电站全部建成。加上装机容量120万kW的隔河岩水电站，清江公司由1亿元起家，滚动开发两座电站，目前资产总值已达150亿元，资本金12.5亿元，年发电收入达到60亿元。

7月3日凌晨 葛洲坝水利枢纽遭遇260t和415t两艘铁驳船撞坝事故，致使正在运行的大江泄洪冲沙闸被迫紧急关闭，两艘驳船先后于4时45分和5时25分沉入冲沙闸前沿。

7月3日 国家电力公司发出通知，评定福建水口水力发电厂为“一流水力发电厂”，并颁发奖牌和荣誉证书。

7月3日～6日 国家电力公司华东公司、华中公司、西北公司分别在上海、武汉、西安挂牌成立。邵世伟任华东公司总经理；张学知任华中公司总经理；谢振华任西北公司总经理。

7月11日 国家电力公司东北公司成立松花江水力发电有限公司。松花江公司包括白山、红石、丰满三座水电站，总装机容量257.25万kW。

7月13日 西藏林芝地区各界人士沉痛哀悼在易贡灾后重建中不幸壮烈牺牲的武警水电三总队吕兴业、孙占云和詹晓辉三位烈士。他们是在7月7日执行易贡湖小暴泄冲毁路段的恢复抢险测量任务时，遭遇山体滑坡而献身的。

7月13日 国电电力发展股份有限公司大渡河流域开发有限公司投资协议书签字仪式在成都举行。投资比例：国电电力占51%、四川省投资集团占10%、四川省电力公司占39%。大渡河水能蕴藏量为1772万kW，规划建设17座梯级电站，首先开发的瀑布沟水电站具有控制性水库，装机容量330万kW。

7月14日 国家电力公司在拉萨举行大会，隆重表彰在西藏易贡抢险救灾中作出突出贡献的武警水电三总队。4月9日，西藏波密县易贡湖口发生特大山体滑坡，造成易贡湖水急剧上涨，威胁人民生命财产安全。4月22日，武警水电三总队奉命赴易贡，承担开渠引流的主攻任务，后又参加灾后重建工作。在抢险过程中，武警水电三总队先后有7名同志光荣牺牲。周大兵和西藏领导热地等参加了表彰大会。

7月14日 《电力快讯》总第406期载，国家计委以急计投资［2000］798号文，下达2000年第五批基本建设新开工大中型项目，其中水电项目有：湖南沅水洪江水电站，装机22.5万kW（5×4.5万kW）；湖南碗米坡水电站，装机24万kW（3×8万kW）；四川南桠河梯级水电站一期，装机37.2万kW（2×12万kW+3×4.4万kW）。

7月20日 国家电力公司以国电人资［2000］420文通知：决定在国家电力公司本部设立电源建设部，同时撤销火电建设部、水电与新能源发展部。电源建设部内设综合管理处、水电项目处等6个处室。

7月23日 出版的《财富》杂志公布了2000年度全球企业500强，国家电力公司首次入选，居83位，在我国入选的10家企业中名列第二位。

7月27日 黄河万家寨水利枢纽工程第四台机组（18万kW）投产运行，正式并入山西电网。

7月28日 中国电力技术进出口公司与柬埔寨国家电力公司“关于基里隆一级水电站修复实施协议”和“购电协议”在金边正式签署。柬埔寨总理洪森、国家电力公司副总经理周大兵出席了签字仪式。签字前洪森接见了周大兵。该电站装机1.2万kW，建于60年代，70年代毁于战火。2003年修复后，中方拥有30年的特许营运期。这是国电公司第一个境外BOT项目。

7月31日 西藏满拉水利枢纽工程4号发电机组投产。至此，该枢纽的主体工程全部完成。该工程总装机2万kW，投资13.97亿元，具有发电、防洪、灌溉、养殖、旅游等多项效益，是国家62项援藏工程中最大的项目。

7月31日 国家计委批复《关于投资修复经营柬埔寨基里隆水电站可行性研究报告的请示》。该电站装机容量1.2万kW，年发电量6419万kW·h。总投资1942.86万美元，全部由中电技公司投入，经营期30年，发电由柬方收购，期满后无偿移交柬政府。

8月1日 贵州和广东两省人民政府在贵阳签订了“黔电送粤”协议。协议规定，确保2003年贵州网向广东送电150万～200万kW，2005年向广东送电300万～400万kW。

8月2日 武汉水利电力大学并入武汉大学。

8月3日 广东省政府和云南省政府签署了“云

电送粤”协议书。协议规定：云南省2001年向广东省输送电量汛期为60万kW，枯期为30万kW；2002年汛期和枯期送电均为60万kW；2003年～2010年，汛期送电160万kW，枯期90万kW。2010年以后，随着小湾、糯扎渡等水电站的建成，将加大输电力度。

8月3日 国家电力公司发出《关于落实二滩水电站2000年购电量计划的通知》。通知说，2000年7月31日，国家计委在北京主持召开了二滩水电站电力电量消纳问题协调会议。会议要求四川省、重庆市、国家电力公司和二滩公司妥善解决好二滩水电站的电力电量消纳问题。通知要求：按照二滩电量2000年分配的比例，四川省购电60.42亿kW·h，重庆市购电22.58亿kW·h；四川省电力公司和重庆市电力公司要尽快将2000年计划关停的小火电机组正式安排关停；抓紧开工建设二滩送出及川电外送工程。

8月8日 湖南碗米坡水电站正式开工建设。该电站是沅水梯级开发的第四座电站，装机容量24万kW，年发电量7.92亿kW·h。工程静态投资20.15亿元，计划2001年截流，2002年首台机组发电。

8月13日 石泉水电站二期扩机工程首台机组并网发电。石泉水电站于1975年建成，装机13.5万kW，至2000年8月已累计发电140多亿kW·h，创产值10亿元以上。二期工程增设两台4.5万kW机组，年可发电1.75亿kW·h。工程总投资3亿余元，建设工期26个月。

8月13日 乌江渡水电站扩机增容技改工程开工。扩建工程利用原水库，在大坝左岸修建引发电系统，安装两台25万kW水轮发电机组，使电站总容量达到113万kW。

8月14日 美国《工程新闻记者》网上统计资料显示，中国水利水电工程总公司进入全球最大的225家国际承包商行列，名列第136位。

8月22日 中国三峡工程开发总公司发出通知，决定按专业设立三峡工程质量总监，对三峡工程施工质量行使高层次、权威性的监督。专业质量总监不替代监理工程师的职能，主要在施工现场独立进行质量监督。

8月29日 国家计委以计基础［2000］1323号文，印发了《四川二滩水电站电力电量消纳协调会议纪要》。《纪要》要求尽快完善二滩送出工程，使二滩水电站的发电量在2～3年时间内达到设计目标。要求2000年发电量不少于83亿kW·h；2001年达到120亿kW·h，2002年达到146亿kW·h。

8月30日 福建水口发电有限公司挂牌成立。国电公司总经理高严和福建省省长习近平等领导参加了揭牌仪式。水口发电有限公司是在原水口水电厂产权明晰和公司化改组基础上成立的。水口水电厂总装机容量140万kW，福建电力有限公司拥有64%的股份，福建省占有36%的股份。

9月1日 国家电力公司以国电规［2000］526号文上报国家计委，请示批准建设西藏昌都金河水电站。该电站总装机容量6万kW（4×1.5万kW），年发电量3.67亿kW·h。施工期38个月，静态投资43268.5万元。

9月1日 国家电力公司以国电规［2000］526号文报国家经贸委，请示批准湖南凤滩水电厂扩机工程。凤滩水电厂现装机40万kW，年发电量19.44亿kW·h。建议扩机2×20万kW，年可增加发电量5.45亿kW·h。施工期3年，静态投资7.68亿元。

9月2日 湖北罗田天堂抽水蓄能电站首台机组试运行成功。电站水库总容量1.62亿m^3，装机2×3.5万kW，主要担负湖北省电力系统调峰任务。

9月3日 三峡工地葛洲坝集团公司3号塔带机吊耳断裂，两节长约40m、重约20t的机臂及部分皮带，落至20m以下的混凝土浇筑仓面，造成重大伤亡事故，死亡3人，重伤20人，轻伤11人。该设备为进口设备，每小时设计输送混凝土200m^3，是三峡工地混凝土浇筑施工的重要设备之一，当时处于检修状态。9月28日事故调查领导小组举行第二次信息发布会，经调查分析认为：3号塔带机吊耳焊缝存在严重缺陷，导致皮带机尾部首先断裂，是造成事故的直接原因之一。

9月4日 国务院向国家电力公司派出的监事会进驻国家电力公司，监事会主席为路耀华。监事会向国务院报告，代表国家对国有重点大型企业的国有资产保值增值状况实施监督。

9月4日 铁木尔·达瓦买提副委员长赴宜昌考察了三峡工程。

9月5日 由四川省电力进出口公司作为项目业主控方投资开发的格鲁吉亚卡杜里水电站勘测设计、工程监理合同签字仪式在成都勘测设计研究院举行。电站装机容量2.4万kW。

9月9日 中国水利水电工程总公司中标承拉孟加拉河道整治工程，合同金额为3364万美元。由水电第十三工程局承担施工，工期为3年。

9月12日 国家电力公司召开“西电东送”第二次工作会议，落实国务院确定“十五”期间向广东送电1000万kW的决定，对电源点及输电工程建设作出了具体安排。

9月12日 天生桥一级水电站第三台机组（30万kW）正式并网发电。

9月14日 国家电力公司电源建设部转发了建

设部《关于评选勘察大师、设计大师并同时对优秀勘测设计院长进行表彰的通知。

9月14日～17日 国际大坝委员会第68届年会在北京召开执行会议。会议产生新一届领导成员，印度瓦尔玛（C.V.J.VARMA）当选为新一届国际大坝委员会主席。全国政协副主席钱正英出席会议并致词。

9月18日 国际大坝委员会第68届年会举办的面板堆石坝国际研讨会在京召开。水利水电科学研究院教授蒋国澄作了题为“中国面板堆石坝”的报告。到2000年，我国已建成和在建的面板堆石坝将达80多座，其中坝高在70m以上的44座，坝高在100m以上的19座；已建成的最高坝是天生桥一级水电站大坝，坝高178m；正在准备建设的水布垭水电站大坝高233m，为世界最高的面板堆石坝。

9月18日 中国进出口银行与云南省机械设备进出口公司，在昆明签订了“缅甸邦朗电站出口卖方信贷合同”，贷款10亿元人民币建设该电站。该电站位于缅甸中部曼德勒省，装机容量28万kW，坝高130m，水库库容6.9亿m^3，年发电量1亿kW·h。该工程由昆明勘测设计院承担施工详图设计及工程质量监控。

9月19日 “九五”国家重点图书、大型水电学术专著《中国水力发电工程》首发式在北京国际会议中心举行。汪恕诚、陆佑楣、张基尧、周大兵、潘家铮、陈赓仪、张光斗等领导和专家参加了会议。该书由国家电力公司委托中国水力发电工程学会、水电规划总院、水电工程总公司、电力出版社组织编写，由潘家铮、何璟主编，全国200多名水电专家用3年多时间编写完成，共8卷，550余万字，由中国电力出版社出版。

9月21日 国家电力公司以国电计［2000］562号文，向国家计委报送了《关于山西西龙池抽水蓄能电站利用外资可行性研究报告的请示》。电站位于五台县境内，安装4台30万kW单级竖轴混流可逆式抽水蓄能机组，总容量120万kW，年发电量18.05亿kW·h。电站静态投资43.8438亿元，动态投资50.1345亿元。外资利用日本国际协力银行贷款1.8474亿美元。

9月22日 国家电力公司将刘家峡水电站排沙洞及扩机工程项目建议书报送国家计委。该工程拟建设排沙洞，扩建两台15万kW机组（总容量30万kW）。工程总工期为4年，计划2001年初开工。静态投资为6.7281亿元，动态投资为7.7710亿元。

9月19日～22日 20届国际大坝会议在北京召开，有1500多名中外水利水电建设的知名专家和学者参加了大会。国务院副总理温家宝参加开幕式并讲话。李鹏委员长于22日与部分中外代表进行了座谈。

9月22日 国家电力公司发出通知，命名44个单位为“一流企业”，其中一流水力发电厂有：万安水力发电厂、五强溪水力发电厂、岩滩水力发电厂。

9月26日 辽宁白石水库主体工程建成。该工程位于辽西北票市大凌河干流上，水库总库容16.45亿m^3，水电站安装3台发电机组，总容量9600kW，是一座以防洪、灌溉、供水为主，兼顾发电、养殖等综合利用的水利枢纽工程。

9月29日 《电力快讯》载：国家电力公司以国电电源［2000］509号文，公布了1999年度国家电力公司水电、火电、送变电工程优秀勘测、设计项目名单27项，其中水电项目有5项。水电工程优秀设计项目是：水口水电站（华东勘测设计研究院）、漫湾水电站（昆明勘测设计研究院）、大峡水电站（西北勘测设计研究院）；水电工程优秀勘测项目是：五强溪水电站（中南勘测设计研究院）、漫湾水电站（昆明勘测设计研究院）。

9月30日 云南省省长李嘉廷、国家电力公司总经理高严签署了“西电东送”会谈纪要。按照云南电力发展规划，“十五”期间，云南省将抓紧“三水三火”电源建设，即小湾水电站（420万kW）、糯扎渡水电站（550万kW）、景洪水电站（150万kW）和开远火电厂（60万kW）、曲靖火电厂二期（60万kW）、滇东火电厂（120万kW）。双方建议将上述项目列入国家“十五”规划和“西电东送”项目计划，并争取早日开工建设。

9月30日 国家计委以计办投资［2000］780号文，印发了《国家计委水电前期工作管理暂行办法》。

10月9日 国家电力公司以国电计［2000］600号文，将贵州乌江渡水电站扩建工程可行性研究报告报送国家计委。电站扩建工程计划增加装机容量50万kW（2×25万kW），静态投资7.92亿，总投资8.33亿元，将使电站总装机容量达到113万kW，年发电量40亿kW·h。国家计委以计基础［2000］1781号文批复上述报告，并于11月7日下达开工计划。

10月9日 国家电力公司以国电计［2000］602号文，向国家计委报送了《关于贵州引子渡水电站可行性研究报告的请示》。该电站位于乌江上游三岔河上平坝境内。水库库容4.55亿m^3，调节库容3.22亿m^3，电站安装3台单机容量12万kW的机组，总容量36万kW，年发电量9.78亿kW·h。大坝为面板堆石坝，坝高134.5m。静态投资14.72亿元，总投资15.93亿元。10月27日国家计委以计基础［2000］1782号文批复上述请示，并于11月7日下达开工计划。

10月10日 《中国水利报》报道：新疆和田乌

鲁瓦提水利枢纽工程近日全面竣工。该工程位于和田河支流喀拉喀什河中游河段，工程设计最大坝高138m，总库容3.47亿m^3，可改善灌溉面积113万亩，扩大灌溉面积69万亩，水电站装机为6万kW，总投资14.4亿元。

10月10日 万家寨水利枢纽工程4号机组（18万kW）正式并网发电。

10月11日 中共中央关于制定国民经济和社会发展第十个五年计划的建议指出：电力建设要立足当前，着眼长远，调整电源结构，加强电网建设，推进全国联网。充分利用现有发电能力，发展水电、坑口大机组火电，压缩小火电，适度发展核电。

10月12日 西藏沃卡河一级水电站全面竣工，各方代表在竣工验收书上签字。该电站装机2万kW，年发电量7300万kW·h，总投资84969万元，1996年4月开工，1999年9月10日首批机组发电。

10月12日 高严总经理在国家电力公司召开的学习贯彻党的十五届五中全会精神大会上，谈到“十五”期间调整电源结构时指出，要大力发展水电。在西部大开发战略中，电力工业的首要任务是积极开发西部水电资源，实施西电东送。要重点开发黄河上游、长江中上游及其干支流、红水河、澜沧江中下游和乌江等流域，实行流域梯级滚动开发，力争到2015年左右使我国电源结构中水电比重在目前23.5%的基础上有较大提高。

10月13日 当日11时30分，二滩水电站计算机监控系统出现故障，致使该电站甩负荷100万kW，导致宝珠寺水电厂自动保护动作与系统解列，甩负荷38万kW，造成全省出现大面积短时停电。川渝电网总计损失109万kW负荷。至12时10分，所有地区恢复正常。

10月15日 四川华能冷竹关水电站1号机组充水试运行成功。该电站位于康定境内大渡河支流瓦斯沟上，安装3台单机容量6万kW的机组，总容量18万kW。

10月16日 国家电力公司西北勘测设计研究院庆祝建院50周年。50年来，该院为100多座水利水电工程进行了勘测设计，总容量3000万kW以上，还承担了三峡、小浪底、莲花等多项工程监理工作。

10月19日 国家电力公司，以国电计［2000］628号文上报国家计委《关于湖北清江水布垭水电站可行性研究报告的请示》。水布垭水电站水库总库容45.8亿m^3，调节库容23.8亿m^3。电站装机容量160万kW（4×40万kW），年发电量39.2亿kW·h。大坝为混凝土面板堆石坝，最大坝高233m。静态投资88.99亿元。

10月19日 国家电力公司，以国电计［2000］627号文上报国家计委《关于安徽琅琊山抽水蓄能电站利用外资可行性研究报告的请示》。该蓄能电站装机容量60万kW（4×15万kW），为立轴单级可逆式抽水蓄能机组，年发电量8.56亿kW·h，抽水用电量11.72亿kW·h，综合效率为73%，静态投资19.48亿元。

10月20日 重庆江口水电站截流成功。

10月20日～22日 中国水利水电工程总公司系统首届焊工技术比赛在三峡工程工地举行，来自15个单位的38名选手参加角逐。水电第十二工程局的江舸、水电第八工程局的杨国强和周跃隆荣获前三名，被授予“中国水利水电工程总公司技术能手”称号。

10月24日 国务院办公厅以国办发［2000］71号文，转发了建设部等部门《关于中央所属工程勘察设计单位体制改革实施方案》。方案规定：水电行业的中国水电顾问公司、北京勘测设计研究院、华东勘测设计研究院、中南勘测设计研究院、贵阳勘测设计研究院、昆明勘测设计研究院、成都勘测设计研究院、西北勘测设计研究院已进入国家电力公司；水利行业的上海勘测设计研究院转为科技企业，划归上海市；东北勘测设计研究院、天津勘测设计研究院、长江勘测设计研究院、黄河勘测设计研究院、淮河勘测设计研究院、珠江委员会勘测设计院交由各流域委员会管理。

10月25日 刘家峡水电站泄水道2号孔浮体门水下封堵一次成功，首创国内大坝深水闸门封堵。

10月25日 国务院新闻办公室在京举办三峡工程新闻发布会。郭树言、陆佑楣在回答中外记者提问时说：三峡工程建设资金不会超过1800亿元；三峡电力不送重庆、改送广东；三峡上网电价约在0.24～0.30元/kW·h之间。

10月26日 汉江王甫洲水电站第三台机组（2号机）并网发电。

10月27日 河海大学庆祝建校85周年，其前身为于1915年在南京成立的河海工程专门学校。河海大学现有全日制在校生15000余名，其中博士研究生500名、硕士研究生1300名。学校共为国家培养输送了5万余名高级专门人才。

10月27日 国家电力公司以国电规［2000］662号文，将福建街面水电站工程项目建议书报送国家计委。该水电站位于尤溪县尤溪上游，水库总库容18.24亿m^3，电站装机容量30万kW，年发电量3.6亿kW·h，动态总投资16.50亿元，总工期4～5年。

11月1日 国家电力公司转发《国务院办公厅关于电力工业体制改革有关问题的通知》（10月17日国办发［2000］69号文）。通知提出要按照党中央、国务院的部署，推进电力体制改革。

11月1日 国家计委发出通知：国务院批准洪家渡水电站可行性研究报告。该电站位于贵州省黔西县和织金县交界的乌江干流六冲河下游，电站装机容量54万kW（3×18万kW），年发电量15.49亿kW·h。大坝为钢筋混凝土面板堆石坝，最大坝高179.5m，水库总库容45亿m^3。静态投资42.65亿元，动态投资49.27亿元。国家计委于11月7日下达开工计划。

11月3日 《电力快讯》载：国家计委以计投资［2000］1595号文，下达了2000年水电前期工作费用3000万元，专项安排给水电水利规划设计总院用于水电前期工作。

11月7日 国家发展计划委员会、国家电力公司在贵阳召开华南地区“西电东送”工作会议。会上传达了10月23日朱镕基总理就“西电东送”首批工程开工所作的重要批示。批示指出：“‘西电东送’工程是西部地区大开发的重点骨干项目，必须全力以赴，按时完成，力争到“十五”计划期末新增向广东送电能力1000万kW，这对于开发西部地区电力资源，满足广东经济发展用电需要，提高双方整体经济效益，都有重要作用。‘西电东送’工程开工标志着西部地区大开发拉开序幕，我代表国务院表示祝贺”。

11月8日 刘家峡水电厂5号机技术改造完成投产，净增出力6.6万kW（由26万kW增加至32.6万kW），加上前几年对2、4、3号机的改造，该电站总出力由116万kW增至132万kW。

11月8日 我国首批“西电东送”工程——贵州洪家渡水电站（54万kW）、引子渡水电站（36万kW）、乌江渡水电站扩机工程（2×25万kW），在乌江同时开工。此前“西电东送”开工的工程还有：云南宣威火电厂工程、天生桥水电厂至广东第三回500kV交流输变电工程、云南宝峰至罗平500kV交流输变电工程、万县至三峡500kV交流输变电工程。

11月8日 三峡永久船闸首节人字门吊装就位。人字门单孔两扇重1583.6t，单扇尺寸高37.5m，宽20.5m，厚3m，每扇分12节，最重单节74t，最轻单节60t。

11月8日～10日 江苏宜兴抽水蓄能电站开展国际研讨，邀请国内外专家参加。该电站装机容量100万kW（4×25万kW），已被国家计委列入世界银行2000～2002财年贷款计划。

11月17日 《电力快讯》载：国家电力公司以国电规［2000］640号文，向国家计委报告了《关于沅水三板溪水电站项目建议书的请示》。该电站位于贵州省锦屏县境内沅水上游清水江上，装机容量100万kW（4×25万kW）。水库总库容37.48亿m^3。大坝为混凝土面板堆石坝，最大坝高185.5m。工程静态总投资55.6亿元。

11月21日 四川省重点工程桐子壕航电枢纽主体工程正式开工。该工程位于武胜县境内，属嘉陵江梯级渠化开发规划的第十四个梯级，装机容量7.6万kW。

11月24日 葛洲坝水力发电厂迎来建厂20周年。20年来，电厂累计发电2460亿kW·h，创工业产值194亿元，上缴利税80亿元，上缴三峡工程建设基金31亿元。

11月24日 陕西蔺河口水电站工程截流成功。该电站位于岚皋县境内汉江一级支流上，装机容量7.2万kW，年发电量2.23亿kW·h，总投资58210万元。大坝为碾压混凝土双曲拱坝，最大坝高100m，坝顶长311m。工程于1998年开工。

11月28日 天生桥二级水电站5号机组并网发电。

11月29日 陕西省石泉水电站扩机第二台发电机组并网发电。该电站扩机两台4.5万kW机组，于1998年动工，总投资30069万元。到2000年9月19日首台机组并网发电。

12月4日 新疆乌鲁瓦提水利枢纽工程电站1号、2号机组正式发电。该工程总投资14.3378亿元，水库总库容3.47亿m^3，电站总装机4台，总容量6万kW。工程建成后，可改善灌溉面积69万亩，扩大灌溉面积113万亩。

12月4日 建设部以建设［2000］267号文发出通知，公布2000年度国家级优秀勘察设计评选结果。水电获设计金奖的项目有：水口水电站工程设计（华东院）、东风水电站工程设计（贵阳院、中南院）；获银奖的项目有：漫湾水电站工程设计（昆明院）、黄河大峡水电站工程设计（西北院）；获铜奖的项目有：天生桥一级水电站深孔工作闸门设计（昆明院）。获勘察金奖项目有：东风水电站地质勘察（贵阳院）、五强溪水电站工程勘察（中南院）、漫湾水电站工程勘察（昆明院）。

12月5日 国际小水电中心、国际小水电网、联合国工业发展组织国际小水电中心授牌仪式在杭州市举行。这是联合国工业发展组织在我国设立的第一个国际组织总部和秘书处。

12月6日 建设部以建设［2000］272号文、建设［2000］273号文，公布了全国第三批勘测设计大师名单，授予142名同志全国优秀勘测设计院长荣誉称号。其中水利水电行业勘测设计大师有：林可冀（北京勘测设计研究院）、石瑞芳（西北勘测设计研究院）、许百立（水利规划设计总院）；全国优秀勘测设计院长有：张庆堂（西北勘测设计研究院）、廖家凯

（中南勘测设计研究院）、蔡骥利（河北水利水电第二勘测设计院）、李小榕（福建水利水电勘测设计院）、廖竞欧（广东水利电力勘测设计院），周建国（贵州水利水电勘测设计院）、郑仁义（珠江水利委员会勘测设计院）、王世民（水利部上海勘测设计院）

12月9日 中国电力技术进出口公司承建柬埔寨基里隆一级水电站修复工程，在京举行出口卖方信贷款协议签字仪式。该电站装机容量1.2万kW，70年代毁于战火，修复总投资2000万美元。中国电力技术进出口公司将负责该电站的融资、修复和建设，并在电站建成投入商业运行后享有30年特许营运期，之后将其移交给柬埔寨政府。

12月12日 安康水电厂第一台机组投产发电10周年。截至11月30日，已累计发电186亿kW·h，创工业产值29亿元。

12月12日 万家寨水利枢纽工程最后一台机组（5号）并网发电，至此6台机组（108万kW）全部建成投产，这标志着万家寨主体工程已经完工。

12月17日 福建竹洲水电站首台机组并网发电。该电站位于三明市沙溪河干流上，是梯级开发第二级电站，具有发电、航运、养殖、旅游综合效益。电站共装有3台1.8万kW的灯泡贯流式水轮发电机组，总容量5.4万kW，总投资近4亿元。

12月18日 棉花滩水电站下闸蓄水。该电站装机容量60万kW（4×15万kW），年发电量15.1亿kW·h，由闽江工程局承建，于1998年开工，计划2001年4月首台机组投产发电。

12月18日 四川华能冷竹关水电站两台机组并网发电。该电站位于甘孜州康定瓦斯沟上，为高水头引水式电站，共装机18万kW（3×6万kW），总投资9亿元。

12月18日 中共中央政治局常委、国务院副总理李岚清视察了三峡工程和葛洲坝大江电厂，并听取了葛洲坝电厂领导的汇报。

12月20日 国电大渡河流域水电开发有限公司在成都成立，注册资本15.8亿元，由国电电力和四川省电力公司出资组建。大渡河流域可开发装机容量2400万kW，拟以龚嘴水力发电总厂为母体电站，进行梯级、滚动开发。拟近期开发的瀑布沟水电站装机容量为330万kW。

12月24日 天荒坪抽水蓄能电站6号机（30万kW）投产发电。至此该电站总装机180万kW全部投入运行。

12月25日 小浪底水利枢纽4号机并网发电，正式投入商业运行。

12月25日 天生桥二级水电站最后一台机组6号机投产发电，总装机容量达到132万kW。

12月26日 黄河沙坡头水利枢纽工程正式开工。该工程位于宁夏中卫县境内，最大坝高37.8m，坝顶长370m，总库容0.26亿m^3。河床电站装机4台，单机容量2.9万kW，总容量11.6万kW，为贯流式机组。

12月26日 天生桥至广州±500kV直流输电工程送电。

12月27日 中国水利水电总公司国际经营在建项目达27个，合同总金额达到42365.4万美元，其中2000年新签项目11个，合同金额12317万美元。

12月28日 湖南凌津滩水电站第三台9万kW机组投产发电。至此，该电站总装机容量27万kW全部建成。

12月31日 据不完全统计，2000年全国大中型水电站装机投产共41台、411.5万kW，其中中国水利水电工程总公司系统完成29台，268.7万kW。水电总公司系统2000年完成企业总产值110亿元，全员劳动生产率为8.48万元/人年，新签合同总金额80亿元。

12月31日 桐柏抽蓄能电站主体工程正式动工。该电站位于浙江省天台县境内，总装机120万kW（3×40万kW）。

12月31日 三峡工程全年浇注混凝土542.85万m^3，超额完成年度计划，与1999年完成的458万m^3相比，超过84万多m^3，再一次创造世界纪录。

（陈上奎编写 郈凤山 毛亚杰 陈叔康 张培基审核）

附 录 一

台湾省的水力发电

台湾省的水资源开发利用

台湾省位于亚洲大陆远东的琉球与吕宋列岛的会合处，全岛面积为36000km²，山地和坡地面积占了全岛面积的3/4。主要河流以中央山脉为分水岭，东西分别流入大海。因此，河流短而坡陡，地质条件很差，山、坡冲蚀严重，河流中含沙量很高。但是该地区雨量充沛，年平均雨量达2512mm，水能资源蕴藏量丰富。根据1996年发布的资料，全岛理论水能资源为1172.7万kW，相当于电能1027.31亿kW·h，平均每平方公里电能为327万kW·h。据1942年～1995年内3次普查结果，可开发的水能资源约为504.8万kW，只占理论水能资源的43.0%。3次普查的水能资源结果见表1。

表1　台湾地区历次水能资源的普查结果

项目 次别	技术可开发水能资源蕴藏量					理论蕴藏量	
	流域面积(km²)	已开发(万kW)	开发中(万kW)	尚待开发(万kW)	合计(万kW)	流域面积(km²)	蕴藏量(万kW)
第一次(1942年)	23655	198	404	3358	3960	23655	—
第二次(1959年)	22392	426	193	4096	4715	31575	12037
第三次(1995年)	26879	1593	320	3135	5048	32301	11727

1.台湾省理论水能资源蕴藏量　台湾省对理论水能资源的计算曾用两种方式考虑，即"面性"计算和"线性"计算。"面性"计算方式为，只考虑自然降雨的地面径流量，不计损失，估算该地区与海平面之间的位能，从而得出水能资源量；"线性"计算方法为，根据流域内河流的主流及其支流的平均流量和落差来估算水能资源量。台湾省在考虑可开发水能资源时，是以"线性"计算值为比较值。在普查时，以淡水河等76条河流的资源为主。76条河道的总流域面积为31401.4km²，占全省151条河流总流域面积的95.03%。由径流量算得的理论蕴藏量为1173.7万kW。按区域划分，中部的蕴藏量最丰富，详见表2。

表2　台湾地区76条河流按部位划分的理论水能蕴藏量

区域	河川数(条)	流域面积(km²)	电力蕴藏量		电能蕴藏量	
			装机容量(MW)	单位面积值(MW/km²)	发电量(亿kW·h)	单位面积值(万kW·h/km²)
北部	20	6518.30	1839.74	0.28	161.16	247
中部	14	9345.49	3849.20	0.41	336.40	360
南部	22	8292.37	2385.59	0.29	208.98	252
东北	20	7245.20	3661.79	0.51	320.77	443
总计	76	31401.36	11736.32	0.37	1027.31	327

2.台湾省可开发水能资源蕴藏量　台湾省可开发水能资源的统计，是以76条河流中较重要的30条河流为主进行的。这30条河流的流域面积为26879.2km²，占台湾省151条河流总流域面积的81.4%。根据调查结果统计，可开发的水能资源为504.8万kW，占理论水能资源的43.0%。30条河流的可开发水能资源总量见表3，台湾省对水能资源的开发利用就是以这30条河流为主进行规划的。其总体规划开发情况见表4。

表 3 台湾地区 30 条河流的可开发水能资源总量

区域	河川数（条）	流域面积（km^2）	水能蕴藏量		电能蕴藏量	
			装机容量（MW）	单位面积值（MW/km^2）	发电量（亿 kW·h）	单位面积值（万 kW·h/km^2）
北部	6	5393.31	744.07	0.1380	31.9082	59.18
中部	7	8802.39	2341.15	0.2659	77.1859	87.69
南部	6	6057.57	614.10	0.1014	26.9275	44.45
东北	11	6625.93	1348.94	0.2033	65.4727	100.16
总计	30	26879.20	5048.26	0.1878	201.4943	74.96

表 4 台湾地区 30 条河流可开发的水能资源开发情况

区域				北部	中部	南部	东部	总计
流域面积			km^2	5393.31	8802.39	6057.57	6625.93	26879.20
技术可开发水能资源	电力蕴藏量	总计	MW	744.07	2341.15	614.10	1348.94	5048.26
		已开发	MW	267.60	1074.18	56.46	194.58	1592.82
			%	35.97	45.88	9.19	14.42	31.55
		开发中	MW	0	320.50	0	0	320.50
			%	0	13.69	0	0	6.35
		尚待开发	MW	476.47	946.67	557.64	1154.36	3134.94
			%	64.04	40.43	90.81	85.58	62.10
	电能蕴藏量	总计	亿 kW·h	31.9082	77.1859	26.9275	65.4727	201.4943
		已开发	亿 kW·h	9.2090	29.2440	2.1900	9.8530	50.4960
			%	28.86	37.89	8.13	15.05	25.06
		开发中	亿 kW·h	0	7.4150	0	0	7.4150
			%	0	9.61	0	0	3.68
		尚待开发	亿 kW·h	22.6992	40.5269	24.7375	55.6197	143.5833
			%	71.14	52.50	91.87	84.95	71.26

3. 台湾省已开发利用的水能资源 台湾省的电力事业开始于 1888 年，到 1945 年日本投降时，全台湾省的电力总装机容量只有 32 万 kW，当时水电占 80%左右。后来，随着工农业的迅速发展，能源需求急剧增长，核电、火电、气电纷纷上马，能源结构有了很大的变化，水电所占比重逐年下降，例如，1953 年水电装机容量占全岛电力总装机容量的 85.8%，年发电量占 93.7%；到 1968 年，水电装机容量仅占 37%，年发电量占 39.7%；到 1995 年底，水电装机容量只占 7.1%，即水电只开发了 159.28 万 kW，占可开发水力资源的 31.55%。

由于随着经济发展的需要，火电、核电修建的增多，调峰能力越来越缺乏，因此，到 70 年代后期开始开发抽水蓄能电站。截止到 1997 年底，抽水蓄能电站的总装机容量已达到 260.2 万 kW，占电力总装机容量的 10.1%，大大超过了常规水电的装机容量，而常规水电装机容量的比重已下降到 6.6%。

在已开发的水能资源中，主要有三大部分，一是常规水电站，二是抽水蓄能电站，三是低水头的微型水电站。由于台湾省的河流特性所限，建库发电的工程不多，根据 1985 年的统计，当时已建成大小水电站 41 座，总装机为 159.28 万 kW。到 90 年代末期已建成的 43 座水利水电工程中，专用发电的只有 4 座，其他是以灌溉、供水、发电等为目标开发的综合利用工程。德基水电站是全省最大的水电站，最大库容为 2.32 亿 m^3，总装机容量为 23.4 万 kW。其次是石门水电站，1964 年建成，水库的有效库容为 2.39 亿 m^3，电站装机容量为 2×4.5 万 kW，后来又在一座副坝处装了一台 4.0 万 kW 的水电机组，3 台机组的年发电总量为 4 亿 kW·h。另外，还在翡翠水库、曾文水库建有水电站，装机容量均大于5万kW,而其他水库的水电站装机容量均小于5万kW。

台湾省的抽水蓄能电站是在70年代初期开始建设的,在美国的协助下,先后修建了明潭和明湖两座抽水蓄能电站,总装机容量为260.2万kW。两座电站均以著名的日月潭为上池。明湖抽水蓄能电站装有4台单机容量为25万kW的可逆式机组,发电水头为323m;明潭抽水蓄能电站装有6台单机为26.7万kW的可逆式机组,发电水头为403m,是当时世界上较大的抽水蓄能电站之一。

另外,在一些小型河道上还修建了一些低水头的微型水电站,这些水电站多为自动控制或无人值班的水电站。近年来,台湾省还特别注意早期兴建的水电站的技术改造。

4. 水能资源未来的开发利用　台湾省将水能资源视为与土地、森林、矿产、人口等同的国势资源,尽管可开发的资源不很理想,但仍然列为重要的开发对象。

未来开发利用的目标为,以在河流的中上游修建小型水电站和在下游建设综合利用的水电工程为主。在尚待开发的水资源中,有26%是条件比较优越的,主要分布在太鲁阁、五霸和玉山等公园区域内。计划在今后几年内,多开发这种再生能源——水能资源,以减少煤、油、气及核资源的浪费。其总的目标是区域水资源联合运用,优先兴建小型拦河坝和小型水库,在对环境影响较小的情况下,兴建综合利用的小型水利水电工程。近期优先开发的水电站的标准是计划益本比大于1.3。据1994年12月调查的结果,在经济上可开发的水能资源有259.23万kW,有74处可兴建水电站,合计总装机为216.07万kW,年发电量100.937亿kW·h,详见表5。

表5　30条河流中益本比大于1.3的计划开发的水电站

区域＼项目	计划站数(座)	开发型式(座)	装机容量 MW	年发电量(亿kW·h)	总计划成本(万元)	平均(kW·h/MW)
北部	15	水库式14 引水式1	350.0	15.735	3671.98	4.496
中部	23	水库式6 引水式13 径流式4	470.8	22.555	5114.47	4.791
南部	10	水库式6 引水式2 径流式2	380.9	17.101	2432.77	4.490
东部	26	引水式15 径流式11	959.0	45.546	10578.91	4.749
总计	74	水库式26 引水式31 径流式17	2160.7	100.937	21598.13	4.671

在未来的水能资源开发利用中，抽水蓄能电站占有相当大的比例。根据1996年公布的资料，在30条河流上有11座抽水蓄能电站。总计装机容量为1281万kW，台湾拟在今后开发7座抽蓄电站，其中西欢抽水蓄能电站的发电水头达1136m，其余6座的发电水头为250～678m，水轮机拟采用混流可逆式，发电机为同步半伞式。

（中国水利水电科学研究院　李桂芬）

台湾省抽水蓄能电站综述

（一）台湾省电力系统概况

台湾省于1888年开始兴办电力工业，迄今已有110年的历史。1895年，台湾省被割让给日本人统治，直至1945年日本投降时，电力装机容量32万kW，其中80%为水电。随着经济的发展，台湾省电力发展很快，到1997年底总装机容量已达日本投降时的80倍。到1997年底，台湾地区用电普及率达99.97%，电力系统总装机容量2574万kW，人均1.23kW，年发电量1250亿kW·h，电网最高负荷为2224万kW。用电负荷夏季高、冬季低，夏冬季负荷差为520万kW，夏冬季最大日峰负荷差达820万kW。电源包括核电机组、燃煤机组、燃油机组、燃气机组、水电机组及抽水蓄能机组，各种机组装机容量和发电量所占比重见表1。计划到2006年，装机容量发展到4500万kW。

表1　台湾电力系统电源构成表

机组类别	装机容量（万kW）	装机容量比重（%）	发电量比重（%）
核电机组	514.40	20.0	29.1
燃煤机组	810.00	31.5	37.3
燃油机组	476.50	18.5	19.4
燃气机组	343.80	13.3	7.0
水电机组	168.60	6.6	7.2
抽水蓄能机组	260.2	10.1	
合计	2573.50	100.0	100.0

台湾省的电力目前基本是台湾电力公司独家经营，台湾电力公司（简称台电）是政府控股（占94%）企业，负责电网和电源的规划、建设、运行、经营管理。1997年起台电已开始民营化进程，政府制定的民营化目标是，在5年之内将政府占台电的股份由94%降低到50%以下。近年开始发展独立发电厂，由台电按电网规划提出新建电源的类别、容量、建设地点，向社会招标，由中标的发展商投资建设和

经营，并与台电签订购售电合同。目前，麦寮、长生等独立发电厂已建成投产。

近20年来台湾省电力系统发电容量年平均增长率为6.7%，系统尖峰和平均负荷年增长率分别为8.0%和7.5%，1997年夏天最大峰谷差为820万kW，冬季为560万kW。为解决峰谷电的矛盾，台电于1979年开始兴建第一座明湖抽水蓄能电站，1985年投产；随后又于1987年兴建明潭抽水蓄能电站，1996年完工。正是这些抽水蓄能电站，配合核电，使台湾省电力工业满足了经济发展的需要。

（二）台湾省抽水蓄能电站建设的基本情况

（1）建设规模。明湖、明潭两座抽水蓄能电站的总投资为25亿美元，单位千瓦造价为960.8美元，约为国内水平的2倍。投资主体单一，全部由台湾电力公司出资兴建。曾探讨过造价过高的问题，台电的人员认为是台湾的土建和人工费用较高所致。明湖、明潭的业主均为台湾电力公司；建设单位为电力公司派出的抽蓄工程处；设计监理单位为中兴顾问公司；施工单位为岛内的建筑安装承包商；成套设备几乎全部在国外采购，其中明湖的机组大部分从日本采购，明潭的水轮机由美国VOITH公司提供，发电机由法国ALSTHOM公司提供。

(2)工程概述。明湖、明潭两抽水蓄能电站均利用日月潭作为上池,仅修建岸坡式取水口。两抽水蓄能电站均利用隧洞取水,低压水道采用钢筋混凝土衬砌,斜井和高压管道全部采用钢衬砌。布置型式,明湖抽水蓄能电站为一洞两机,明潭抽水蓄能电站为一洞三机。尾水系统均为一机一洞,全部采用钢筋混凝土衬砌。由于引水隧洞较长,均在斜井首部设有调压井。明湖抽水蓄能电站引水隧洞长2922m,其中高压管道长556m,衬砌洞径7m;尾水隧洞长225m,衬砌洞径5.5m。明潭引水隧洞长3873m,其中高压管道长704m,衬砌洞径6.8m;尾水隧洞长度187m,衬砌洞径5m。两抽水蓄能电站均采用深埋式地下厂房和主变压器室。明湖抽水蓄能电站地下厂房最大尺寸为127.2m×45.5m×21.2m(长×宽×高),明潭抽水蓄能电站地下厂房最大尺寸为156m×46m×21m(长×宽×高)。主要水工建筑物的布置及主机设备参数见表2。

表2　两座抽水蓄能电站主要技术参数对比

	明湖抽水蓄能电站	明潭抽水蓄能电站
开工日期(年．月)	1979.4	1987.9
竣工日期(年．月)	1985.9	1995.6
上池库容(日月潭)(亿 m^3)	1.42	1.42
引水隧洞	(包括钢管)2条，长2922m	2条，约长3900m
尾水隧洞	4条，长225m	6条，长187m
下池库容(万 m^3)	790	1200
下池坝型	混凝土重力坝，高57.5m	混凝土重力坝，高61.5m
装机容量（MW）	4×250	6×267
设计水头（m）	309	380
转速（r/min）	300	400
发电机额定电压(kV)	16.5	16.5
主变压器	屋内特殊三相式280MV·A	屋内特殊三相式300MV·A
开关站	屋外345kVGIS;	屋外345kVGIS
机组制造厂家	日本	水泵水轮机：(美VOITH公司)
		电动发电机：(法阿尔斯通公司)
水泵启动方式	同步电机启动	SFC及背靠启动

表3　明潭抽水蓄能电站1995年～1997年的生产指标

机　组	1号	2号	3号	4号	5号	6号
3年平均运行时间(h/年)	3614	3925	4531	3399	5099	3985
3年平均起停次数(次/年)	589	754	812	678	857	757
1995年机组可用率(%)	90.92	69.23	72.90	66.23	81.47	80.79
1996年机组可用率(%)	26.36	92.72	90.50	93.08	82.56	91.72
1997年机组可用率(%)	92.85	93.44	90.69	90.76	93.62	93.79
1995年发电量(亿kW·h)	21.66					
1996年发电量(亿kW·h)	25.33					
1997年发电量(亿kW·h)	26.22					

从水工建筑物的选点布置来看，利用日月潭作为上池，不仅节约投资，且为风景秀丽的日月潭又增加了两道人为的风景线，构思巧妙，效果显著。不足之处是水道过长且又在砂页岩地区通过，增加了施工难度和工程投资。

（三）台湾明湖、明潭抽水蓄能电站的生产运行管理及维修情况

（1）生产技术指标。明潭抽水蓄能电站1995年

～1997年的生产指标见表3。根据1985年～1997年13年的统计资料，明湖抽水蓄能电站4台机组的平均年运行小时数为4052h，其中发电工况为2445h。而单机年最高运行小时数为5562h，其中发电工况运行小时数达3180h。明湖抽水蓄能电站的4种工况（发电、抽水、发电调相、抽水调相）平均每天运转小时时数11.8h，启停次数2.9次，近5年的平均机组可用率为90.07%。台湾省抽水蓄能机组的年运行小时数远高于系统内其他水力发电机组的年平均运行小时数，这充分反映了电网对它的依赖程度。

（2）机组检修情况。明潭抽水蓄能电站因为6台机组投产时间不长，目前均未进行过大修，计划在投产8～10年时再进行机组大修。机组每年小修1次，时间10天左右，由电厂检修人员承担。在参观明湖抽水蓄能电站时，看到该抽水蓄能电站3号机组正在进行大修，水泵水轮机转轮空蚀情况并不严重，但电动发电机问题较大，正在请原日本厂家来人处理。据反映，因机组年运转小时数较多，约为日本的2.5倍，本应缩短大修周期，而该机组的大修周期又超过了10年，所以3号机组大修时发现的问题较多。其1号、2号、4号机组分别于1996年、1995年、1997年进行了大修；大修工作主要由隶属于台湾电力公司的机务处承担，电站检修人员配合。

（3）两座抽水蓄能电站的管理体制。明湖、明潭两座抽水蓄能电站均为台湾电力公司的直属电站。明湖抽水蓄能电站（又称大观电厂）现有人员134人，负责9台机组的生产运行、维护管理，除4台抽水蓄能机组外，还管理5台单机容量为20MW的常规水电机组。明湖抽水蓄能电站运行人员27人，检修人员50人（负责机组设备的小修维护工作）；另设有水工课，近20人。明潭抽水蓄能电站共126人，除负责6台抽水蓄能机组外，还管理1台常规机组，其中运行课20多人，检修人员近50人，土木课20多人（土木课负责水库防洪观测预报、水工建筑物观测维护等），运行人员实现五值三运转。目前，从台湾电力公司总调中心，均可远方开启两抽水蓄能电站的抽水蓄能机组。从明潭抽水蓄能电站中控室（设在地下厂房外）可远方操作两座抽水蓄能电站的抽水蓄能机组。据两座抽水蓄能电站负责人介绍，目前台湾电力公司已开始考虑将两座抽水蓄能电站合并（因为两厂实际只相距10km左右），达到减人增效的目的；经重新评估，负责大观电厂9台机组，仅用80人即可。我们在参观明潭抽水蓄能电站中控室时看到其电子模拟屏上已留出明湖抽水蓄能电站的位置，计划将来在明潭集中调度。

（4）生产过程中所遇到的一些技术问题。主要有①明潭抽水蓄能电站抽水蓄能机组的启动不成功，绝大多数是在水泵工况，平均每年有70多次水泵工况启动不成功（6台机组），多为变频器或一些自动化元件故障所致。②明潭抽水蓄能电站抽水蓄能机组推力瓦温度偏高，高于合同值，属于设备结构问题，很难彻底解决，最后与制造厂家协商按合同索赔处理。③明潭抽水蓄能电站的水泵启动方式是以SFC启动为主，运转初期水泵启动时谐波较大，对厂内电气设备有冲击，同时造成机组启动成功率偏低；后通过在开关站安装合适的谐波滤波器，成功地解决了高次谐波问题，使机组启动成功率有所提高。

（5）抽水蓄能电站与台电公司的关系。两个抽水蓄能电站直属台湾电力公司；在经济上未实行独立核算，建设所用融资的还贷任务由台电承担。台电对电站实行人、财、物全面管理，每年核定电站的生产成本，同时进行指标考核。这种管理方式很类似于我们前些年各网、省局与其直属厂之间的关系。台湾电力公司对这两个直属的抽水蓄能电站考核的主要指标有发电量、机组运转率（即机组可用率）、机电事故限制次数、资本支出预算执行率、电厂运转维护工作等。各种指标考核均采用评分制。

（四）抽水蓄能电站在台湾电力系统中的作用

自1985年明湖抽水蓄能电站建成以来，抽水蓄能电站在台湾省电力系统中已运行10多年。明湖和明潭抽水蓄能电站在保证电网的安全运行、提高供电质量、降低系统发电综合成本等方面，发挥了重要的作用：

（1）调峰填谷。系统中低谷时有多余电力，高峰时电力不足，抽水蓄能电站利用低谷多余电力抽水蓄能，高峰时放水发电，为保证供电、电网的灵活和经济调度创造了有利条件。

（2）事故备用。抽水蓄能机组开停迅速、调度灵活，在电网中起着重要的事故备用作用。当系统发生事故时，抽水蓄能机组能在很短时间内启动并加载至满负荷，保证系统电力供应。在低谷，抽水蓄能机组抽水运行时，若遇系统中大型机组故障，抽水蓄能机组迅速停机（低周切泵），保护系统安全运行。台电的抽水蓄能机组的负荷率一般为70%～80%，最低为60%，有时还低于60%，保留一定容量作为系统的旋转备用。一般由电站负责开机加载至60%左右的负荷后，交给系统调度中心控制，由调度中心根据负荷及频率变化随时增减负荷。

（3）提高供电质量。抽水蓄能机组反应快，当系统频率过高或过低时，抽水蓄能机组能及时调整系统频率，从而减少低频卸载的数量和次数，提高电网供电质量。

（4）降低系统发电综合成本。台电系统中核电机组稳定作基荷运行，径流式水电站也作基荷运行。燃煤和燃油机组作基荷和腰荷运行。燃气机组、汽轮机组、有调节水库的水电机组和抽水蓄能机组等作为调峰电源。单位电量发电变动成本（以新台币计）为：燃煤机组 0.55 元/（kW·h），燃油机组 1.1 元/（kW·h），联合循环机组 1.5 元/（kW·h），天然气单循环机组 1.8 元/（kW·h），汽轮机 3.5～5 元/（kW·h）。抽水蓄能机组利用低谷时较便宜的剩余电量抽水蓄能，并转化成高峰电量，替代成本较高的燃气机组和汽轮机组发电，从而降低系统发电综合成本。

台湾电力部门根据多年运行的实践得出结论认为，由于抽水蓄能机组启闭迅速，负载变动频率符合性好，可解决电力系统尖峰过剩电力；与火电、核能等机组比较，待机时能量损失小，是目前最好的大容量的电力储蓄和调整设备；抽水蓄能机组与其他电源配合使用可确保电力系统供电的可靠性，并能获得最佳的整体综合经济效益。总之，台湾省电力系统从 70 年代末开始发展抽水蓄能电站，目前已建成的有明湖和明潭两座抽水蓄能电站。已建成抽水蓄能电站总容量 260.2 万 kW，占系统总装机容量的 10.1%，占系统中核电装机容量的 50.9%。在台湾省电力发展规划的指导思想中，抽水蓄能机组容量占系统基荷机组容量的 10%，基荷机组包括核电机组、燃煤机组、燃油机组、径流式水电机组及发电利用小时数较高的联合循环机组。根据台湾全岛到 2006 年装机 4500 万 kW 的规划，还需建设新的抽水蓄能电站，包括在海边建造海水抽水蓄能电站，目前正在进行前期工作。

（中国水力发电工程学会　张博庭）

台湾省坝工建设简述

台湾省建坝的型式多种多样，主要有拱坝、土石坝、混凝土重力坝、拦河闸、橡皮坝。到目前为止，高于 100m 的大坝有 5 座，见表 1。从表 1 中可以看出，德基水库大坝高 181m，是 70 年代台湾省建成的大坝中最高的混凝土双曲拱坝。也是中国建成的最高拱坝。翡翠混凝土拱坝高 122.5m，是台湾第二高拱坝，其他如曾文、石门大坝都是 60 年代～70 年代修建的高土石坝，也是当时中国最高的土石坝。80 年代以后，台湾的高坝不多，其原因除了受地形、地质条件限制、无建设高坝大库的坝址以外，主要还是因人们的环保意识增强，反对建高坝，如多年来论证的美浓水库就迟迟不能修建。所以，近年来台湾主要是修建一些低水头的拦河闸坝，以解决城市供水和农田灌溉以及提供旅游场所等。

表 1　台湾高于 100m 的大坝

序号	坝名	完成年限	河流	最近城市	坝型	坝高（m）	坝长（m）	大坝体积（万 m^3）	库容（亿 m^3）	电站装机容量（万 kW）	备　注
1	德基	1974	大甲溪	台中	混凝土拱坝	181	290	43	2.32	23.4	双曲有边缘缝
2	曾文	1973	曾文河	台南	土石坝	133	402	1290	9.92	5.0	一般土石坝
3	石门	1964	大汉溪	桃园	土石坝	133.0	360	689	3.16	9.0	双曲拱
4	翡翠	1987	北势河	台北	混凝土拱坝	122.5	510	71.0	4.06	7.0	
5	雾社	1959	浊水溪	南投	重力坝	114	226	32.9	1.5	3.0	

1. 拱坝

台湾省早期修建了多座拱坝，除了上述两座高拱坝以外，石门水库的副坝也是拱坝。这些拱坝多数是在外国公司协助下修建的，其中翡翠混凝土拱坝的布置形式和施工方法比较完善。如坝肩和地基处理，采用对夹层软泥进行高压冲洗和混凝土冲填置换的方法，提高了坝基处理的质量，运行后至今未发现任何问题。

翡翠水库于 1979 年立项，1987 年建成。该水库位于新店溪的支流北势河下游，距台北市约 30km，流域面积 303km^2，设计总库容为 4.06 亿 m^3，最大可能降水流量为 10500m^3/s。大坝为双曲拱坝，坝高 122.5m，坝顶长 510m。设计坝顶孔口泄洪，泄洪流量 9870m^3/s。孔口设有 9.3m×14m 的弧型闸门。坝下为水垫塘消能工，塘的尾部设有二道坝。此外，为放空水库和下游用水，在坝的左边设有 3 个中孔，泄量为 47m^3/s，右岸有 1 条溢洪隧洞，是由导流隧洞改建而成，为龙抬头式布置，斜洞的洞径为 9m，水平段洞径变为 10m。总体布置与大陆工程布置相似。

台湾省处于环太平洋地震带地区，地震极其频繁，坝址附近有活动断层。因此拱坝的抗震设计是首要考虑的问题。该坝的最大地震加速度设计值，地表水平加速度为0.2g～0.4g（动力法分析），用静力法分析为0.13g～0.25g，其垂直加速度各按以上数值的6倍考虑。

其他拱坝的布置、设计和施工方法与翡翠拱坝相同，就当时技术水平来说，还是较为先进的。

2. 土石坝

台湾省修建了43座水库，其中大部分是土石坝，而且多为黏土心墙防渗的碾压式土石坝。其坝体设计、布置、施工与大陆的工程相似，有代表性的土石坝有曾文、南化、牡丹等大坝。这些大坝都是心墙碾压式土石坝。

曾文土石坝高133m，坝顶长402m，是台湾省第二座高坝。由于台湾省雨季塌方多，水库淤积严重，为保持水库的库容，周围修建了21座防沙坝，有的防沙坝高达5m。这一措施对延长水库使用时间是有意义的。曾文水库除大坝外还设置了溢洪道和非常溢洪道等建筑物。溢洪道的设计流量为9470m^2/s，堰顶有20.5m×15m的弧型门控制。

南化大坝最大坝高87.5m，坝长509m。牡丹大坝最大坝高65m，坝顶长445.6m，都是心墙碾压土坝，坝型比较简单，是美国垦务局协助修建的。

3. 混凝土重力坝

混凝土重力坝也是台湾省常采用的坝型，绝大多数的重力坝都不是高坝，只有雾社水库（50年代修建的）大坝是当前最高的混凝土重力坝，坝高114m。其设计原则、施工技术没有什么突出的特点，与大陆修建的刘家峡、丹江口等混凝土重力坝类似。此外，还有以日月谭为上库的两座抽水蓄能电站的下库均为混凝土重力坝。

以明湖抽水蓄能电站下池重力坝为例，该坝为非溢流坝剖面设计，坝高58.5m。上游面由坝的一半高程处至底部斜坡为1:0.22，下游面坝坡为1:0.88。坝体内有灌浆廊道和基础排水廊道。为排沙和降低库水值，坝内设置了两个4m×4m的底孔，孔中心线距离为12.5m。此外，为了向下游1座小电站引水，坝的中心部还安置了1条直径为1.5m的引水管道，其溢洪道设在坝的右岸，由于该处河道狭窄，溢洪道是1条224m长的泄槽，设有2扇10m×11.6m的弧型门控制，最大泄量为1800m^3/s。

其他重力坝的体型基本上为标准的重力坝剖面。

4. 拦河闸坝

拦河闸坝基本上是混凝土的。有的闸水头稍高的，在闸底部做一低溢流堰。例如集集共同引水拦河坝是90年代末期修建的，采用常规钢筋混凝土拦河闸。该闸位于浊水溪上，集水面积为2310km^2，总库容为14.48万m^3，坝长545m。浊水溪泥沙很多，有台湾的黄河之称，因而除了拦河坝以外，还修建了沉沙池工程，以改善引水设施和稳定水源，有效分配水量。台湾对该拦河坝给予了极大的重视，其社会效益是消除分水纠纷，供应云林离岛基础工业的用水，增加地下水的补给，减缓地面下沉。

5. 橡皮坝

橡皮坝一般用于拦河坝上，河道两岸端为固定的混凝土堰，中间部分采用橡皮坝。台湾的橡皮坝一般引用日本橡皮坝的设计原则，采用充气式。而例如高屏溪拦河坝，位于高雄县大树乡境内，建坝目的是抬高河道水位，便于在丰水期引水，设计引水流量为35m^3/s，每日向高雄市供水约143万m^3。在深槽部分设了1座216m长的橡皮坝，共6孔，上下游均采用混凝土块砌护，以减少河道冲刷。该坝于1994年动工，1997年建成。目前已形成一个140公顷的水域，是高雄市和屏东县群众的游览场所。

（中国水利水电科学研究院　李桂芬）

台湾省地下工程设计和施工概况

台湾省受地形和地理环境的影响，河流短而坡度陡，虽然雨量充沛，但无建高坝大库的条件，因此，在水利水电工程中，地下工程并不多，在全省高于100m的5座大坝中，多数是坝后式厂房布置，引水隧洞也不是很长。只有以日月潭为上库的明潭和明湖两座抽水蓄能电站是地下厂房，并有较长的引水隧洞工程。但是，在台湾省其他公共工程，如公路、铁路、地下铁道车站等工程中，地下工程比较多，而且其设计、施工技术与水利水电工程差不多，有许多较新的技术。

（一）台湾省水电站地下工程的设计和施工

台湾较大的水电站多为美国和日本等外国协助修建，其地下工程的设计和施工方法基本与大陆采用的相同，只是在施工中特别注意质量和基础处理。现以上述的两座抽水蓄能电站的地下工程为例简介如下。

明潭抽水蓄能电站的地下厂房高46m，宽21m，厂房的围岩为第三纪砂页岩互层，层面有夹泥。在施工中为防止顶拱失稳，在顶拱以上先做了2个廊道，沿顶拱轮廓线再做2个廊道，由廊道内钻孔，用高压水冲洗层面夹泥后再灌浆，灌浆之后，用60～120t的锚索加固，加固后再进行开挖。厂房的两边边墙也是采用类似的方法，其边墙是用10～60t的锚索加固，锚索深入边墙8～15m不等。施工程序是先开挖顶拱，再向下分层开挖，顶拱先开挖中央的导洞，然后再向两侧扩挖。开挖后的岩石层面用钢纤维混凝土加固。

明潭抽水蓄能电站的调压井为竖井式，调压井的内径为14m，井的上部直径为27m，高150.2m；明湖抽水蓄能电站的调压塔则设在压力隧洞的末端，内径12m，采用钢筋混凝土衬砌，衬砌厚度为0.8m。调压塔后为压力钢管斜井，然后接平洞段。

压力钢管的厚度按下式计算：

$$t = \frac{H + D}{2 \cdot \sigma e} + \Delta t$$

式中　t——钢板厚度；

H——设计内水压力（kg/cm^2）；

D——钢管内径（cm）；

σ——板材允许应力（kg/cm^2）；

e——考虑焊接的系数；

Δt——允许腐蚀的厚度（mm），一般不小于1.0mm。

按上式计算的结果不得小于（$D+80$）/400。

钢管抗外压的计算原则为：钢板与回填混凝土的缝隙取0.001D，钢管屈曲破坏的安全系数采用2。为可降低外水压力，沿斜管布置了平行于管线的排水廊道，但钢管抗外压设计时不考虑排水的作用。

引水隧洞有时也要穿越山间小溪，在穿越溪沟时采用轻型钢筋混凝土拱桥上铺钢管的措施处理，考虑到桥面钢管受烈日曝晒，刚开始通水时，温差较大，因此没有伸缩节头。在运行期间曾观测到的最大伸缩变形达40mm。

明潭、明湖两座抽水蓄能电站的钢管工程全部是由奥地利Voest Alpine公司承包的。

（二）其他公共工程中的地下工程

台湾的公路或铁路隧洞的埋深一般为200～400m，有的部位地下水位高，地质松软，施工有一定的难度，采取的方法和措施与水电站的地下工程差不多，只是不考虑内水压力而已，其施工方法如下：

在地铁的地下车站工程中，其车站的跨度都在20m以上，在覆盖层较浅、地下水位很高的松软地区，主要采用盖挖法施工，即先在表层浅开挖，安装地面盖板以迅速恢复交通，然后构筑两侧地下连续墙，之后由上而下的逐层开挖，逐层加横向支撑，挖到设计高程后，再自下而上的进行底板、楼板的施工。

车站的两端均为隧洞，隧洞的内径为5.4m，由于是在松软地区施工，故采用泥土加压平衡式盾构机施工，盾构机多为日本制造。在掘进隧洞的同时，利用盾构机尾部的环片安装机进行环片的安装。为使环片之间不漏水，在接缝内布置2道止水；同时在环与环之间的接缝处还加1层抗压垫片，以防止环间的不均匀承压以保证管片的安全。

在公路的隧洞施工中，主要采用钻爆法和掘进机（TBM）法开挖，要视施工地区的地质条件而定。

为加快施工进度，一般都用TBM掘进机开挖，TBM掘进机是德国WiRTH公司制造的。加上主机后的配套构件，全长248m。施工时在掘进后紧跟着要进行混凝土管片式组装衬砌，管片的厚度为35cm，其内层再现浇30cm的混凝土，两层混凝土之间有防水膜。常用的防水膜由无纺布与2mm厚的PVC板组成。

隧洞开挖时，如遇双线洞同时开工，为了超前探明沿洞线的地质情况，在2条洞之间设置先导坑，坑的直径为4.8m。隧洞都设有通风竖井，竖井之间相距50m，每一处通风井都有进气井和排气井各1座。

在一些地质条件较差的地带，一般采用钻爆法施工，这种方法施工速度较慢，但比较安全可靠，遇事故也容易处理。

在一些岩石破碎的地带，为了保证围岩的稳定，采用管棚法施工，即将直径大于1m的管子打入围岩中，管中灌混凝土，同时采用预应力系统锚杆支护。管长12m，管距0.3～0.5m不等，管棚的搭接长度为3m。为了固定锚杆，采用特制的速凝剂。施工时将速凝剂置入孔底，注入砂浆后，将锚杆插入，锚固剂与砂浆共同起早强作用，一般2h后即可对锚杆施加预应力。这种施工方法造价昂贵，施工不方便，不如大陆水利水电工程中常用的水泥基液早强锚杆锚固剂使用方便。

在下一个世纪内，台湾省的公路将大量增加，其中隧洞、地下铁道和地下车站还会不断增加，其施工方法还会不断改进。但在水利水电工程中，地下厂房或较大的隧洞不会很多，有一些计划的调水工程，隧洞的直径都不是很大。

（中国水利水电科学研究院　李桂芬）

附录二

国外水电发展水平

世界水能资源开发概况

据《国际水力发电与大坝》杂志 1999 年统计资料，全世界理论水能资源蕴藏量为 405000 亿 kW·h/a，技术可开发水能资源为 143200 亿 kW·h/a，经济可开发水能资源为 81000 亿 kW·h/a。截止到 1998 年底，全世界水电总装机容量约为 6.69 亿 kW，年发电量约为 26910 亿 kW·h，开发利用程度约为 18.8%。水电总装机容量在 1000 万 kW 以上的国家共有 18 个，分别是：美国（7540 万 kW）、中国（7297 万 kW，大陆）、加拿大（6567.8 万 kW）、巴西（5451.4 万 kW）、俄罗斯（4394 万 kW）、挪威（2600 万 kW）、法国（2500 万 kW）、印度（2201.7 万 kW）、日本（2127.8 万 kW）、西班牙（1800.7 万 kW）、瑞典（1624.6 万 kW）、意大利（1492.7 万 kW）、委内瑞拉（1302.6 万 kW）、瑞士（1189.9 万 kW）、奥地利（1142 万 kW）、土耳其（1021.5 万 kW）、阿根廷（1011.3 万 kW）、墨西哥（1003.4 万 kW）。世界各国水能资源开发情况见下表。

世界各国水能资源开发情况

国　家	理论水能资源蕴藏量（亿 kW·h/a）	技术可开发水能资源（亿 kW·h/a）	经济可开发水能资源（亿 kW·h/a）	装机容量			发电量			水电开发程度***（%）
				水电装机（万 kW）	电力总装机（万 kW）	水电比重*（%）	水电年发电量（亿 kW·h）	电力年发电量（亿 kW·h）	水电比重**（%）	
非洲										
阿尔及利亚	120	—	—	27.5	600	4.58	8.25	916.67	0.9	1.0
安哥拉	1500	900	650	30.4	35.83	84.85	9	12.00	75	—
贝宁	16.76	<16.76	—	6.74	9.375	71.89	1.7	1.91	89	—
喀麦隆	2940	1150	1030	72.3	80.2	90.15	24.23	24.98	97	2.1
刚果	13970	7740	4192.1	242.6	242.6	100.00	48.35	48.35	100	0.6
科特迪瓦	460	>124	124	61.4	—	—	17	32.69	52	—
埃及	—	500	—	282.5	1700	16.62	108.1	491.36	22	21.6
埃塞俄比亚	6500	>2500	0.15-0.3	37.8	—	—	14	15.56	90	—
加蓬	>800	800	325	16.8	30.6	54.90	8.09	10.79	75	1.0
加纳	—	106	—	107.2	—	—	61	74.39	82	57.5
肯尼亚	>300	300	—	59.85	—	—	33.54	40.90	82	11.2
利比里亚	—	110	—	8.1	—	—	1.75	4.07	43	1.6
马达加斯加	3210	1800	490	10.5	21.9	47.95	4.89	6.52	75	0.3
马拉维	—	60	—	21.85	24.2	90.29	8.58	8.67	99	14.3
马里	—	50	—	5.02	17.4	28.85	2.46	4.56	54	4.9
摩洛哥	—	47	40	117.5	367.2	32.00	23.6	84.29	28	50.2
莫桑比克	500	376.47	—	210.8	231.3	91.14	14.87	16.13	92.2	3.9
纳米比亚	90	86.45	86.45	24	—	—	8.54	8.71	98	9.9
尼日利亚	427.5	324.5	298	193.8	588.8	32.91	59.7	153.08	39	18.4
南非	—	—	—	66.7	4000	1.67	4.91	1636.67	0.3	—
苏丹	—	190	19	24	—	—	9.45	13.31	71	5.0
斯威士兰	38	5.6	3	4.4	—	—	1.92	1.94	99	34.3
坦桑尼亚	0.045	200	17.89	37.7	59.61	63.24	17.48	20.56	85	8.7
突尼斯	10	2.5	1.6	6.43	—	—	1	250	0.4	40.0
乌干达	—	125	—	18.6	—	—	11.3	11.31	99.9	9.0
赞比亚	—	287.53	172.33	167	177.6	94.03	78.21	78.37	99.8	27.2

续表

国　家	理论水能资源蕴藏量(亿 kW·h/a)	技术可开发水能资源(亿 kW·h/a)	经济可开发水能资源(亿 kW·h/a)	装机容量			发电量			水电开发程度***(%)
				水电装机(万 kW)	电力总装机(万 kW)	水电比重*(%)	水电年发电量(亿 kW·h)	电力年发电量(亿 kW·h)	水电比重**(%)	
津巴布韦	185	175	—	75	196.1	38.25	25	85.91	29.1	14.3
亚洲										
阿富汗	—	—	—	29.2	—	—	4.78	7.03	68	—
亚美尼亚	218	75	60	100	320	31.25	15	16.67	90	20.0
阿塞拜疆	435	160	70	84	—	—	17.12	160.00	10.7	10.7
孟加拉国	—	0.0058	—	23	290.8	7.91	7.5	125.00	6	—
不丹	0.2	700	560	35.5	—	—	17.1	17.17	99.6	2.4
中国(大陆)	59221.8	19233	12600	7297	29905.74	24.36	2129	12306.36	17.27	11.1
中国台湾	1027.31	201.49	100.94	168.8	2573.5	6.56	90.22	2255.50	4	44.8
格鲁吉亚	1390	680	320	273	—	65.00	94.16	105.80	89	13.9
印度	26378	6000	—	2201.7	8917.2	24.69	686.09	2744.36	25	11.4
印度尼西亚	21470	4016.5	~400	304.6	—	—	123.9	904.38	13.7	3.1
伊朗	1760	500	500	250	2325.7	10.75	69.08	921.07	7.5	13.8
伊拉克	—	900	670	91	—	—	—	—	—	—
日本	7176	1342	1142.67	2127.8	23500	9.05	894.33	9315.94	9.6	66.6
哈萨克斯坦	1630	620	270	227	1800	12.61	83.2	640	13	13.4
韩国	517.77	263.89	186.03	151.5	4104.2	3.69	28.14	2164.62	1.3	10.7
朝鲜	—	—	—	500		—	200	333.33	60	—
吉尔吉斯斯坦	1625	992	552	294.9	358.65	82.23	109.29	121.43	90	11.0
老挝	2325.64	180	~420	42.3	42.7	99.06	28.14	28.86	97.5	15.6
马来西亚	2300	1230	—	197	—	—	41	401.96	10.2	3.3
蒙古	562	—	—	0.07	70.6	0.10	0.01	—	—	—
缅甸	8466	1295	—	32.8	—	—	15.28	38.20	40	1.2
尼泊尔	7270	1790	147.42	26.2	31.91	82.11	10.55	11.68	90.3	0.6
巴基斯坦	2632.8	0.24	—	482.6	—	—	256.53	596.58	43	—
菲律宾	474.59	203.34	181.84	227.3	1130.5	20.11	49.28	246.40	20	24.2
俄罗斯	28960	16700	6000	4394	21540	20.40	1575	8118.56	19.4	9.4
斯里兰卡	114	82.5	75	113.7	160.1	71.02	34.48	51.46	67	41.8
叙利亚	50	—	45	90	—	—	67.09	149.09	45	—
塔吉克斯坦	5270	2635****	2635	405.4	—	—	161.2	167.92	96	6.1
泰国	—	188.85	180.3	234.2	1780.5	13.15	72	900	8	38.1
土耳其	4330	2150	1230.4	1021.5	2189	46.67	398.16	1020.92	39	18.5
乌兹别克斯坦	880	274	150	171	1158.3	14.76	68.35	461.82	14.8	24.9
土库曼斯坦	239	48	17	1	—	—	0.27	—	—	0.6
越南	3000	1000	800	288.4	490	58.86	121.3	192.54	63	12.1
大洋洲										
澳大利亚	2640	300****	300	750.1	—	—	168.06	1689.05	9.95	56.0
斐济	—	10.89	—	8.41	—	—	4.04	4.67	86.5	37.1
新西兰	1520	770	400	508.7	847.1	60.05	237.3	343.91	69	30.8
欧洲										
阿尔巴尼亚	400	150	63.8	144.5	168.4	85.81	52	60.68	85.7	34.7
奥地利	1500	537****	537	1142	1770	64.52	371	562.12	66	69.1
比利时	6	4	4	10.23	1469.3	0.70	2.9	725.00	0.4	72.5
波斯尼亚-黑塞	688	240	190	162.4	430.5	37.72	89	164.81	54	37.1
保加利亚	264.1	150	120	240.7	1265	19.03	29.97	440.74	6.8	20
白俄罗斯	75	30	25	0.7	—	—	0.2	200	0.1	1
克罗地亚	200	120	105	207.6	364.7	56.92	61.07	138.80	44	50.9

续表

国　家	理论水能资源蕴藏量（亿 kW·h/a）	技术可开发水能资源（亿 kW·h/a）	经济可开发水能资源（亿 kW·h/a）	装机容量			发电量			水电开发程度***（%）
				水电装机（万 kW）	电力总装机（万 kW）	水电比重*（%）	水电年发电量（亿 kW·h）	电力年发电量（亿 kW·h）	水电比重**（%）	
捷克	131	33.84	—	96.65	1507.3	6.41	22.81	633.61	3.6	67.4
丹麦	1.2	—	0.7	1	—	—	0.2	400	0.05	—
芬兰	460	197****	197	287.2	1600	17.95	118.57	741.06	16	60.2
法国	2000	720	715	2500	11400	21.93	698	4985.71	14	96.9
德国	1200	250	200	430.4	11263.3	3.82	172.3	4307.50	4	68.9
希腊	800	150	120	222.7	985.9	22.59	40.71	387.71	10.5	27.1
匈牙利	74.46	45.9	—	5	700	0.71	2.14	428.00	0.5	4.7
冰岛	1870	640	440	91.9	112.9	81.40	52.03	55.83	93.2	8.1
爱尔兰	14	11.8	9.5	22.6	436	5.18	7.25	181.25	4	61.4
意大利	1500	690	540	1492.7	6600	22.62	434.8	2415.56	18	63.0
拉脱维亚	72	40	39	152	210.24	72.30	27.5	39.29	70	68.8
立陶宛	51.29	26.47	15	10.8	—	—	3.8	152	2.5	14.4
卢森堡	1.25	1.2	0.97	3.3	—	—	0.93	93	1	77.5
马其顿	88.63	55	—	43.1	144	29.93	14.42	48.07	30	26.2
摩尔多瓦	21	12	7	6.4	—	—	2.85	—	—	23.8
荷兰	7	2	1.3	3	—	—	0.6	600	0.1	30.0
挪威	5500	1784****	1784	2600	2770	93.86	1150	1156.94	99.4	64.5
波兰	250	120	70	53.5	3339.2	1.60	17	1700	1	14.2
葡萄牙	325	245	198	412.5	912.5	45.21	146.8	396.76	37	59.9
罗马尼亚	700	400	300	580.3	1871.5	31.01	174.2	573.03	30.4	43.6
斯洛伐克	100	73.6	60	242.6	711.4	34.10	43.09	246.23	17.5	58.5
斯洛文尼亚	125	88	61.25	81.1	270.7	29.96	30.47	123.36	24.7	34.6
西班牙	1380	700	410	1800.7	5071.9	35.50	373.55	1925.52	19.4	53.4
瑞典	2000	1300	900	1624.6	3404.4	47.72	683	1453.19	47	52.5
瑞士	1440	410	370	1189.9	1600.9	74.33	347.94	606.17	57.4	84.9
乌克兰	450	235	190	469.3	5270	8.91	100	1785.71	5.6	42.6
英国	—	—	—	136.5	—	—	43.06	8612.00	0.5	—
南斯拉夫联邦	—	270****	270	271.1	995.4	27.24	120.64	354.82	34	44.7
中北美洲										
加拿大	13320	9810	5360	6567.8	11600	56.62	3491.98	5632.23	62	35.6
哥斯达黎加	2230	412	—	115.6	134.4	86.01	33.75	41.93	80.5	8.2
古巴	—	>0.006	—	6	420	1.43	1.08	108.00	1	—
多米尼加共和国	500	90	60	37.5	245.1	15.30	19.93	132.87	15	22.1
萨尔瓦多	74.04	50	17.05	40.5	94.3	42.95	20.45	34.08	60	40.9
洪都拉斯	164.55	—	—	43.7	71.15	61.42	20.96	32.10	65.3	—
墨西哥	1547.26	450.00	350	1003.4	4400	22.80	314.42	1497.24	21	69.9
尼加拉瓜	329.38	95.41	65.52	11.1	45	24.67	3.75	15	25	3.9
巴拿马	261.47	115.77	115.77	55.1	92.2	59.76	30.62	42.53	72	26.4
美国	44850	5285	3760	7540	75000	10.05	3560	34901.96	10.2	67.4
南美洲										
阿根廷	1720	1300	—	1011.3	1901.7	53.18	317.88	1444.91	22	24.5
玻利维亚	1780	1260	500	31.5	89.5	35.20	17.22	30.21	57	1.4
巴西	30204	13000	7635	5451.4	5930	91.93	3210	3375.39	95.1	24.7
智利	2272.5	1622.3	—	390	770	50.65	190.72	334.60	57	11.8
哥伦比亚	10000	2000	1400	788	1060	74.34	370	462.50	80	18.5
厄瓜多尔	1146.3	318.2	159.1	149	250	59.60	67.48	107.11	63	21.2
巴拉圭	1110	850	680	805	—	—	590	591.18	99.8	69.4

续表

国家	理论水能资源蕴藏量(亿 kW·h/a)	技术可开发水能资源(亿 kW·h/a)	经济可开发水能资源(亿 kW·h/a)	装机容量			发电量			水电开发程度***(%)
				水电装机(万 kW)	电力总装机(万 kW)	水电比重*(%)	水电年发电量(亿 kW·h)	电力年发电量(亿 kW·h)	水电比重**(%)	
秘鲁	18115	3951.2	—	255	470	54.26	153	186.59	82	3.9
乌拉圭	320	100	—	153.4	211.6	72.50	63.69	67.76	94	63.7
委内瑞拉	3450	2607.2	1000	1302.6	2058.1	63.29	650	866.67	75	24.9

注　本表数据采用《国际水力发电与大坝》杂志 1999 年年册的统计资料，其中装机容量和发电量一般是 1997 年的数据，中国大陆的数据为 1999 年底数据。

*　水电比重=（水电装机/电力总装机）×100%。

**　水电比重=（水电年发电量/电力年总发电量）×100%。

***　水电开发程度=（水电年发电量/技术可开发水能资源）×100%。

****　采用经济可开发水能资源数据。

（水利部发展研究中心　李培蕾　姜斌）

1998 年～2000 年国外完工和在建的大、中型水电站

工程名称	国家	开工年份	(拟)建成年份	河　流	坝　型	坝高(m)	坝顶长(m)	坝体积(万 m³)	库容(亿 m³)	电站装机容量(万 kW)	目的
拉尔科	智利	1997	(2002)	比奥比奥河	混凝土重力坝	155	370	163.7	8	57	H
普拉罗	智利	—	2000	—	混凝土面板堆石坝	100	—	478	2	—	—
萨尔达尔萨罗瓦尔	印度	1988	在建	纳尔默达河	重力坝	163	1210	670	95	145	—
纳尔默达萨格尔	印度	1985	在建	纳尔默达河	混凝土重力坝	91.4	654	—	97.5	100	HI
纳斯帕贾克	印度	1988	(2001)	萨特莱杰河	混凝土重力坝	67.5	—	—	—	150	—
卡伦（Ⅳ）	伊朗	1997	(2006)	卡伦河	混凝土重力拱坝	222	574.5	240	21.9	100	HC
卡伦（Ⅲ）	伊朗	1997	(2001)	卡伦河	混凝土双曲拱坝	205	388	115	27.5	200/300	HCI
马斯吉德苏莱曼	伊朗	1994	(2001)	卡伦河	黏土心墙堆石坝	177	480	1340	2.28	100/200	H
马伦	伊朗	1987	1998	马伦河	黏土心墙堆石坝	165	345	859	12	14.5	ICH
戈特万德	伊朗	—	1999	卡伦河	土石坝	163	202	—	0.145	—	I
考萨尔	伊朗	—	1998	海尔巴德河	双曲拱坝	138	126	12.4	4.5	—	HIS
加沃山	伊朗	—	(2001)	—	土石坝	136	630	910	5	0.92	
吉尔	伊朗	1993	(2002)	盖拉恰伊杰	重力拱坝	130	416	55.5	14	0.8	ISHC
卡尔黑	伊朗	1992	1999	卡尔黑河	黏土心墙土坝	127	3030	2700	77.95	40	IHC
塔哈姆	伊朗	—	1999	塔哈姆恰伊河	土石坝	123	451	386	0.88	—	HIS
雅尔赫	伊朗	—	1999	沙布尔河	双曲拱坝	107	215	17.3	5.6	—	I
塔利坎坝	伊朗	—	2000	沙阿河	土石坝	100	1000	1000	4.2	8.1	HIC

续表

工程名称	国家	开工年份	(拟)建成年份	河流	坝型	坝高(m)	坝顶长(m)	坝体积(万 m^3)	库容(亿 m^3)	电站装机容量(万 kW)	目的
阿柯普鲁	伊拉克	—	2000	达拉曼河	土石坝	163	689	1320	3.85	11.5	HIC
迪姆坝	伊拉克	—	(2001)	迪姆河	面板堆石坝	135	409.3	—	2.5	3.8	HIS
彻纳尔哲克坝	伊拉克	—	1999	奥尔汉埃利河	土石坝	125	319	510	3.73	12	—
埃韦诺斯	希腊	—	1998	埃韦诺斯河	土石坝	124	640	1400	1.13	—	HS
德里内尔	土耳其	1998	(2004)	乔鲁赫河	混凝土双曲拱坝	247	720	—	19.69	67	H
埃尔梅内克	土耳其	2000	—	格克苏河	拱坝	210	123	270	45.82	30	HC
博亚巴特	土耳其	1997	在建	克孜勒河	重力坝	195	262	230	35.57	52.8	HC
阿柯普鲁	土耳其	—	2000	—	土石坝	168	689	1230	3.85	11.5	—
迪姆	土耳其	—	(2001)	—	混凝土面板堆石坝	135	—	409.3	2.5	—	—
屈尔廷	土耳其	1986	1998	哈西特河	混凝土面板堆石坝	133	—	302.6	1.08	8.5	CH
奥布鲁克	土耳其	—	1999	—	土石坝	125	504	800	6.61	18	—
奇内	土耳其	1999	(2004)	奇内河	碾压混凝土坝	124	290	100	3.8	3.6	HISC
阿塔苏	土耳其	—	(2002)	—	混凝土面板堆石坝	122	—	387.7	0.36	—	—
阿尔维达	捷克斯洛伐克	—	在建	雅穆克河	土石坝	164	700	2100	4.86	—	—
新丸山	日本	—	(2002)	木曾川	重力坝	123	330	122	1.46	21.1	—
月山	日本	1988	(2001)	梵字川	RCC	123	393	116	0.65	0.88	CSH
奥三面	日本	1981	(2001)	三面川	抛物线混凝土拱坝	116	244	23	1.255	34.5	CH
小里川	日本	1979	1998	小里川	碾压混凝土重力坝	114	331	74.7	0.151	0.18	CH
富乡	日本	1992	1999	铜山川	碾压混凝土重力坝	111	252	60	0.52	0.64	CSH
川道川	日本	1967	(2001)	川道河	拱坝	107.5	300	41.7	1.33	1.65	CIH
葛野川	日本	1993	1999	相模川水系土室川	重力坝	105	251	62.1	0.115	160	—
大泷	日本	1962	2000	纪川	重力坝	100	315	90	0.84	1.06	—
阿斯法卢	摩洛哥	—	2000	—	拱坝	112	350	69.5	6.96	35	—
达恰尔埃尔瓦迪	摩洛哥	1997	2000	乌姆赖比阿河	混凝土面板堆石坝	100	—	200	7.4	8.2	IHS
查格亚	秘鲁	—	2000	瓦亚加河	斜墙土石坝	145	240	360	0.6	42	H
塞文奥克斯	美国	—	在建	圣安娜河	斜心墙土石坝	168	808	275	7.39	—	—
巴昆	马来西亚	1996	(2003)	巴卢伊河	混凝土面板堆石坝	205	—	1700	438	240	H
南俄（Ⅲ）	老挝	1998	(2002)	南俄河	混凝土面板堆石坝	220	460	950	13.16	44	H
莫哈莱	莱所托	—	2000	马塞卢	混凝土面板堆石坝	145	—	740	9.38	—	—
圣玛格利特	加拿大	—	(2001)	圣玛格利特河	土石坝	171	380	600	126.34	88.2	—

续表

工程名称	国家	开工年份	(拟)建成年份	河　流	坝　型	坝高(m)	坝顶长(m)	坝体积(万 m^3)	库容(亿 m^3)	电站装机容量(万 kW)	目的
卡姆巴拉金	吉尔吉斯斯坦	1996	(2005)	纳伦河	土石坝	275	560	112	36	190	H
索加莫索	哥伦比亚	—	(2004)	—	混凝土面板堆石坝	190	—	—	1.98	—	—
塞尔卡多	哥伦比亚	—	(2003)	—	混凝土面板堆石坝	120	—	290	1.98	—	—
波尔塞（Ⅱ）	哥伦比亚	1994	1998	波尔塞	碾压混凝土重力坝	118	455	141.5	2.29	39.2	H
圣罗克	菲律宾	1998	(2003)	阿格诺河	土石坝	210	1130	4315	9.9	34.5	IHC
马扎尔	厄瓜多尔	—	(2003)	保特河	混凝土面板堆石坝	171	—	—	—	—	—
布列依	俄罗斯	1976	1998	布列亚河	土石坝	142	740	1820	200	200	HC
基柳依	俄罗斯	1991	1998	基柳依河	重力坝	104	710	189	6.7	46.2	HCI
莱比斯利西特	德国	—	(2001)	利西特河	重力坝	108	385	72	0.458	—	—
塞拉达梅萨	巴西	1986	1998	托坎廷斯河	土石坝	154	1510	1270	544	129.3	H
马查丁霍	巴西	1998	(2003)	佩洛斯塔河	混凝土面板堆石坝	126	800	680	33.39	114	H
伊塔	巴西	1990	1999	乌拉圭河	混凝土面板堆石坝	125	880	930	51	162	HCI
伊塔特比	巴西	—	(2003)	—	混凝土面板堆石坝	100	—	310	16.5	—	—
萨尔图卡西阿斯	巴西	1995	1999	伊瓜苏河	碾压混凝土重力坝	67	1100	100	35.73	124	H
洛斯加拉科雷斯	阿根廷	—	(2002)	圣胡安河	心墙土石坝	155	605	1400	1.97	12.3	HIC
波特雷里约斯坝	阿根廷	—	在建	门多萨河	混凝土面板堆石坝	116	480	640	4.5	15.7	HIS
亚西雷塔	阿根廷	1993	1998	巴拉那河	心墙土石坝	42	—	—	210	414	HNI

注　H—发电；C—防洪；S—供水；I—灌溉；N—航运；F—养鱼。

（水利部发展研究中心　李培蕾）

国外部分国家水电开发政策

（一）美国

近年来美国的水电发展比较缓慢，主要原因是受到管理程序和环境保护等方面的限制。环境保护组织对水电所施加的压力已使得申请水电工程许可证越来越困难，美国联邦能源管理局近年来几乎没有签发新的水电工程许可证，而且对许多已建工程进行更新改造的许可证也经常规定降低其发电能力。美国政府目前正致力于开发可再生能源，其中也包括小水电。尽管美国的水电开发受到限制，但对水电的研究并没有削弱。今后对水电的研究将主要集中在，更新水电设备，特别是水轮机转子；重新评价水电的价值，包括制定有关保护水电的政策、优化水库运行条件等；水电与环境的关系以及减少相互影响的策略和方法；改善水电站运行等方面。

（二）俄罗斯

俄罗斯的水电资源非常丰富，目前开发程度还不到10%，尚有大量的水电资源有待开发，而且俄罗斯的水电开发经验非常丰富。但是，俄罗斯未开发的水能资源主要分布在西伯利亚、中亚和远东地区，开发条件不够理想。为了最大限度地减少对环境的影响和破坏，俄罗斯今后的新水电工程将主要建在边远山区，而不是建在平原地区。这一地理因素将大大推迟俄罗斯的大型水电工程建设，因为这些项目的实施除项目本身需要大量投资外，还需要增加建设输电线路的投资。

（三）印度

数十年来，印度水电装机容量占总装机容量的比重不断下降。在60年代后期，水电比重曾达到46%，但目前已降到25%。究其原因，主要是由于资金缺乏、征地困难、环境许可、移民安置等问题使多数水电工程的进展非常缓慢。印度中央电力局采用英美等国开发的计算机模型进行了全国电力规划，规划表明，为保证在发电中优化利用自然资源和财政资源，水电比重至少应达到40%。为此，规划报告指出，在未来15年将加快水电开发，新增加5800万kW的水电装机容量。另外，印度政府还决定对全国范围内的投运较早现已老化的水电站实施机组更新和扩容改造工作，主要包括改善水电站安全运行条件、提高水电站的可用性和可靠性、延长水电站运行寿命、恢复容量损失、扩大机组容量、减少停机次数和时间等。为了筹集水电开发和改造资金，将采取多种筹资方式，例如下拨水电开发计划专用基金、组成水电联营企业、水电站拥有者自筹资金、投资公司提供贷款、使用国外信贷和赠款、私人投资等。

（四）德国

德国目前水电开发程度已接近70%，是世界上水电开发程度较高的国家，但是水电在国家电力中的比例却较低，只占4%左右。根据德国的能源战略，水电在未来不可能占有较高的比重。虽然可再生能源在德国受到重视，但实际上目前增长最快的是风力发电和太阳能发电。另外，德国的生态和环保意识也限制了水电的开发，许多主要河流规定环保和航运有优先开发权而水电则没有；无论哪一项大的水电开发项目，只有当采用的新技术使环境专家和投资者的意见达成一致时，这一项目才能成功。目前摆在水电部门的发展道路只有两条：一是对旧水电站进行现代化改造以达到新的环境标准；二是建设一些只用在高峰期的水电站。

（五）意大利

意大利在60和70年代分别有过两次水电站的建设高潮，到90年代，意大利还继续兴建了一些多目标工程，但同时还增加了火电建设的投资，因而使水电在全国电力总装机容量中的比重非但没有增加，反而有所下降。意大利政府90年代制订了“国家能源规划”，在电力工业中引入了竞争机制，并使电力生产占全国79%的意大利电力公司进行了改组。这次改组使意大利的水电在1997年分解成为八个地区性的公司。与此同时，独立的电力生产者也出现在意大利的电力市场，私人投资也在不断地进入电力行业。目前意大利的多数水电工程主要是围绕加强水资源管理进行的。另外，许多水电站（特别是在阿尔卑斯山区）的扩容和改造也在进行之中。

（六）土耳其

土耳其的电力需求一直在不断增长。自80年代以来，土耳其的水电发电容量也在稳步增加，目前水电装机容量已增加到1021.5万kW，年发电量近400亿kW·h，约占土耳其总发电量的40%。为了满足日益增长的电力需求，土耳其准备在尽可能短的时间内开发水电资源。为了开发幼发拉底河的水电资源，土耳其政府制定了一项“大安纳托里安计划”，规划建设大坝22座、水电站19座。对于水电项目的建设方式，土耳其政府改变过去由政府单独投资的方式，而采取多种方式集资建设，如BOT（建设—运行—移交）、BO（建设—运行）、BOO（建设—拥有—运行）、TOR（运行权转让）等方式。

（七）日本

日本目前水电总装机容量为4446.2万kW，其中常规水电装机容量为2127.8万kW，抽水蓄能装机容量为2318.4万kW。水电年发电量为894.3亿kW·h，水电开发程度为66.6%，水电比重约为10%。日本的大型水电站址已开发殆尽，今后将主要致力于开发小水电。另外，由于火电和核电的发展，需要建设大型抽水蓄能电站以满足削峰、填谷的要求，因此抽水蓄能电站还将在一定时期内得以发展。

（水利部发展研究中心 姜 斌）

国外水电工程建设与管理

（一）欧洲

欧洲经济可开发的水电蕴藏量为8亿MW·h/a，为目前可开发电量的65%（《水力发电与大坝》，1997年），水电开发程度较高。欧洲拥有良好的水电基础设施和丰富的建坝经验，水电建设历史悠久。但建设大型水电工程、快速发展水电的时期已经过去。目前，水电发展前景依然广阔，但重点是建设小型水电工程、扩建和维修已建水电站。例如，意大利在60年代和70年代修建了一大批水电站，80年代和90年代又建设了一些综合利用工程，目前的主要工作是对水电工程进行有效管理。意大利的很多水电站都需要进行维修和改造，特别是位于阿尔卑斯山区的大坝，这些大坝在恶劣的天气下，受到季节性冻融循环的侵蚀。尽管如此，目前意大利在建的水电站仍有45座，大部分位于南部地区。在土耳其，水电开发潜力较大，目前政府对私人投资建设水电站的兴趣越来越大，正寻求以BOT方式建设和运营规模为18～450MW的44座水电工程，以缓解电力日益紧张的局势。此外，土耳其还制订了一些长远规划，如大安纳托里安（Great Anatolian）计划，预计要在幼发拉底河上建设19座水电站。

目前欧洲水电工程的设计、施工和运行管理有如下发展趋势：

（1）施工组织设计由土建承包商和设备供应商（而不是国际咨询专家）完成，通过现代化的信息手段监控施工进度和费用，进行专业化的项目管理；

（2）水库设计朝小型水库发展；

（3）碾压混凝土坝已成为主要的发展趋势；

（4）采用混凝土面板堆石坝的越来越多；

（5）水轮机转轮趋向于焊接而不是铸造；

（6）运用计算机辅助监控手段降低运行管理成本，提高水电站运行的灵活性。

（二）北美洲

北美洲的美国和加拿大水电开发程度较高，目前已分别开发经济可开发容量的50%和38%。当前对改造水电站、提高水电站出力和现代化管理水平的积极性越来越高。

美国和加拿大的水电建设和管理水平很高，有很多值得借鉴的经验，主要包括如下几个方面：

（1）高度的法制化。美加两国从水电站的规划、设计到建设管理都以立法做保证，这些法律条文往往通过协议加以细化，从而得到很好的执行。

（2）建设管理的一体化。美加两国在进行工程建设和管理中，表现出了建设管理的一体化，实现从工程建设到工程管理有效衔接，建设时期就为管理着想、方便管理。

（3）对艰苦行业的优惠政策。美加两国对野外施工和偏远地区的人员待遇都很优厚。

（4）重视对老水电工程的技术改造。目前美国水电站的业主和经营者面对激烈的市场竞争和来自环境方面的压力，正致力于优化本身的生产组合，提高技术水平，增强竞争力。美国电力研究院（美国电力企业成立的非盈利性机构）也通过提供咨询帮助水电站业主和经营者进行资产重组，推广ISO标准，实现运行管理资源的合理配置。为满足水电站业主和经营者需要使其设备现代化，以保证电站安全运行的要求，美国电力研究院已于1998年开始修订9年前首次出版的《水电站现代化指南》，并且致力于开发诸如“水电站盈利经理”之类的软件，以达到降低成本增加收入的目的。

（三）东南亚和西南亚

亚洲经济上可开发的水电蕴藏量为36亿MW·h/a，目前已装机20%（《水力发电与大坝》，1997年），水电开发潜力巨大。目前，东南亚的老挝、越南、泰国、柬埔寨等国建设水电工程的积极性很高。例如，老挝装机240MW的欣本河水电站1998年完工，装机170MW的会湖（Houay Ho）水电站工程计划在1999年投入运行。越南国家电力公司（EV）和许多地区电力公司都希望继续开发越南的水力资源，包括装机3600MW的全国第二大工程——山萝工程。1997年5月官方开始为耗资35亿～40亿美元的山萝工程引进私人投资进行活动，目前EV已完成项目的初步预可行性研究，该水电站可望在2007年开始运行。在西南亚，因资金短缺和对电力需求的增长吸引了私人企业对水电工程投资，哈萨克斯坦政府已经开始为国有电力项目寻求私有企业的合作，包括两个水电项目。吉尔吉斯斯坦也将向私人投资者开放电力市场，打算开发10个新的水电项目，完成两个在建的水电工程。

（四）非洲和拉美

非洲经济可开发水电蕴藏量为10亿MW·h，目前已装机7%，可见非洲仍有巨大的水电蕴藏量可供开发。目前，南部非洲国家希望继续合作开发本地区的水电资源。12个南非发展委员会（SADC）的成员国已于1996年签署了一项协议，在各国共有的流域内共同合作开发水电。在SADC协议支持的项目中，有莫桑比克装机2040MW的卡布拉巴萨水电站改造工程等。在整个拉美地区，国与国之间、公有制与私有制企业之间的合作在该地区的水电建设中仍将起着重要的作用。巴西、阿根廷和玻利维亚目前正着手新的三国间水电项目的合作，在民间，公有制和私有制的公司正在整个南美寻找开发水电的合作伙伴，拉美地区的政府机构正积极寻求私人投资者参与拟建的和在建的水电工程。如1998年初，巴西电力公司开始征求对加拉比（Garabi）水电项目的建设意见。该公司希望将此项目以BOT方式长期租给私人开发者，预计该水电项目一期工程最早可在2003年投入运行。

（水利部发展研究中心　冉崇辉）

国外土工合成材料在水利水电工程中的应用

土工合成材料是一种新型的工程材料，可广泛应用于水利、水电、矿山、交通、建筑等工程建设的各个领域。近年来土工合成材料发展很快，在国外已被誉为是继钢材、木材、水泥之后的“第四建材”，在岩土与土木工程中大量采用。早在30年代初，国外就已开始使用塑料薄膜对蓄水池进行防渗处理，50年代开始已逐渐广泛用于渠道防渗和土坝上游面防渗层，而土工织物于50年代末也开始用于海岸护坡工程。例如，1958年美国在佛罗里达州大西洋海岸就用聚氯乙烯织物作为护坡垫层，且该垫层至今完好无损。到70年代，特别是由于非织造土工织物的问世，土工合成材料的研究与应用得到了迅速发展，为岩土工程技术的发展开拓了新的天地，提供了新的活力，标志着岩土工程的一场革命。由于土工合成材料具有强度高、柔韧性大、整体性强、耐久性好、施工简便和经济等优点，所以近年来国外将其大量应用于水利水电及其相关工程中，用以解决工程中的反滤、排水、防冲、软基加固、堤岸护坡、边坡稳定、防渗、隔离和加筋等各种问题。实践证明，土工合成材料可以适应各种气候环境、地形和工程条件，并能解决一般技术难以做到的设计和施工问题。国外一些典型工程实例概况见表1。

表1　国外土工合成材料的典型应用实例

工程名称	国家	材料	应用部位	说　明
波维拉土坝	阿尔巴尼亚	土工织物	坝体防渗层	坝高91m，坝顶长130m，是世界上最高的用土工合成材料作为唯一防渗材料的土坝
瓦尔科罗斯土坝	法国	针刺土工织物	上游坝面垫层、下游排水体	以土工织物取代了传统的砂砾滤层，取得了理想的工程效果
博克哈特西堆石坝	奥地利	土工复合材料	混凝土防渗心墙	工程中采用的复合材料为一层土工织物加一层玻璃纤维加筋层再加一层隔离膜，用于心墙滑动层，使心墙压应力减少约25%
帕拉德拉混凝土面板堆石坝	葡萄牙	含沥青的合成橡胶	上游坝坡混凝土面板	修复施工前漏水严重，曾用各种相关措施止漏但效果不大，后采用含沥青橡胶铺面，效果很好，使水库可正常运行
卡斯特雷基尼混凝土坝	意大利	土工织物 土工薄膜	紧靠坝体的库区范围防渗	原紧靠坝体的库区部分渗漏严重，后经用土工织物加土工薄膜在土工织物上覆抛石层进行防渗加固处理后，渗漏问题基本解决，效果良好
拉戈尼罗混凝土重力坝	意大利	复合土工薄膜	上游坝面防渗	原坝体渗漏严重，经用涤纶土工织物与聚氯乙烯薄膜加垫粘合的复合土工膜进行加固处理后，防渗性能良好
荷兰三角洲工程	荷兰	多种土工合成材料	工程相关部位	在宏大的荷兰三角洲工程中采用了各种新技术，其中土工合成材料的应用达到了很高水平，在防渗防冲加固隔离等诸方面均效果显著

长期以来国际上对土工合成材料的分类一直没有统一认识，早期仅分透水的土工织物（Geotextile）和不透水的土工薄膜（Geomembrane）两类材料。随着工程应用的不断增多，工程需求不断推动着土工合成材料的工程性能的提高及应用领域的逐步拓宽，各种具有特殊功能的合成材料大量涌现。为此，近几年在国际上逐渐形成了一种统一看法，即将所有用于岩土工程的材料统称为土工合成材料（Geosynthetics）。此外，为了分辨土工合成材料的各类产品，1992年荷兰的热维尔（W.A.Gevers）等人将土工合成材料细分为了土工织物（Geotextile）、土工薄膜（Geomembrane）、土工格栅（Geogrid）、土工网（Geonet）、土工席垫（Geomat）、土工格室（Geocell）（亦称土工峰窝）、土工复合材料（Geocomposite）、相关产品（Related Products）等8类（见表2），并给出了明确定义及其相关的主要功能。此外，前国际土工合成材料协会主席西罗德（J.P.Giroud）又为土工合成材料产品名称制订了统一图符（见表3），且得到了该协会的认可，从而方便了在实际工作中的应用。

表2 土工合成材料的分类和主要应用范围

材料种类	材料含义	主要应用范围
土工织物（Geotextile）	应用于岩土和土木工程的所有合成或天然纤维制成的透水织物，包括机织、非机织和针织织物	排水，过滤，隔离，加筋，侵蚀控制，防护等
土工格栅（Geogrid）	由于受张力元件联结成规则的网格结构，其开孔面积大于张力元件	加筋
土工席垫（Geomat）	用单纤维黏合成三维透水的聚合物垫，用于在防侵蚀控制中对土壤颗粒、底脚和微小植物的保护	侵蚀控制
土工格室（Geocell）	采用土工织物、土工格栅或土工薄膜条交叉联结成蜂窝或蜘蛛网状的三维结构，应用于岩土和土木工程	侵蚀控制、保土
土工网（Geonet）	由于重叠肋所联结成规则致密的网格，应用于液体和气体的输送	排水、排气、渗漏控制
土工薄膜（Geomembrane）	相对不透水的聚合物薄片，在岩土和土木工程中用作隔截液体和气体的流动	隔截液体和气体
土工复合材料（Geocomposite）	采用至少两种土工合成材料产品经人工集合的复合体	隔截液体和气体、加筋、排水、侵蚀控制
相关产品（Related Products）	除上述土工合成材料的产品外，所有采用合成或天然材料（单一或复合的纤维、线、垫、管、袋和其他形式）所制成的并应用于岩土或土木工程领域中的产品	侵蚀控制、加筋等

表3 土工合成材料的符号和图标

种类	符号	图示	说明	种类	符号	图示	说明
土工薄膜	GMB		土工薄膜(一般)，光面土工薄膜	土工复合材料	GCD	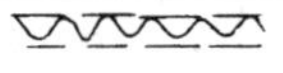	排水土工复合材料(一般)
	GMB_{tx1}	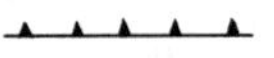	一侧具有纹理的土工薄膜		GCD_{pts}		塑料排水板
	GMB_{tx2}	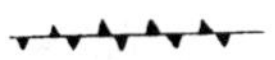	两侧均具有纹理的土工薄膜		GCD_{now}	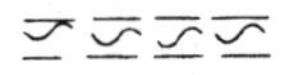	非机织排水
土工织物	GTX		土工织物(一般)		GCD_{gml}		土工席垫排水
	GTX_{wov}		机织土工织物		GCD_{gnt}	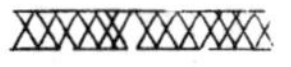	土工网排水
	GTX_{now}		非机织土工织物		$GCO_{gmb.now}$		复合土工薄膜(一侧)
土工织物其他产品	GGD		土工格栅		$GCO_{gmb.gnl}$	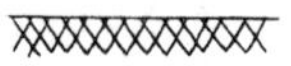	复合土工网
	GFY	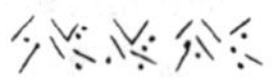	纤维土		GCO_{gtx}		复合土工织物
	GMT		土工席垫				
	GNT	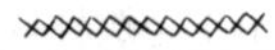	土工网				
	GCL	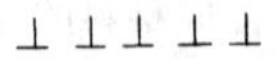	土工格室(土工蜂窝)				

总之，土工合成材料在国外水利水电工程中的应用已相当普遍，且由于其材料性能的不断提高，新型材料不断涌现，应用前景显得更加广阔，各有关国家均纷纷将其使用在新工程建设和老工程维修上。例如，美国虽在将土工合成材料应用于堤岸及渠道防渗方面堪称先驱且目前仍处于领先地位，但在坝工方面

的应用却略逊欧洲，所以它正在努力汲取欧洲有关经验将土工合成材料应用于数量巨大的老坝维修工程上。

（水利部规划设计总院咨询中心　韩　军）

国外水电的可持续开发与展望

20世纪一项最有意义的发展是人类对环境的认识和对环境问题的关注愈来愈深入。人们（包括水电工程的设计者和建设者在内）在关心水电开发所带来的巨大的经济效益和社会效益的同时，也越来越关注水电工程对自然环境和社会环境造成的影响。对于水质、河流水文状况、河道侵蚀和河岸沉积、水生生物及其生态环境、陆生生物及其生态环境、气候和地震活动等自然因素的变化，以及大坝下游安全、水库移民、文化遗迹和自然景观、水域疾病传播等社会因素的变化，人们能客观地面对、分析和评价，并针对这些不利的改变在不断寻求更积极更有效的解决办法。

1987年由联合国发起的世界环境与发展委员会发表了布隆德兰（音译）撰写的题为《我们共同的未来》的报告，提出“可持续发展”的概念，并迅速得到广泛的承认。“可持续发展”意谓着人类不仅需要为未来发展积累足够的人造财富，而且要留有足够数量的自然资源（如土地、水、植物和动物），以保证人类生活水平的不断提高。这份报告认为，人类有能力进行可持续开发，这种开发既能满足当前需要，又不致损害满足未来人类需求所必须具备的能力。按照世界环境与发展委员会的说法，环境可承受的水电开发就是“满足现在需要而又不损害后代满足他们自己需要所必须的能力的开发”。也就是说，水电开发既要实现长期的显著的效益，又不致造成社会和环境所不能承受的破坏，在争取实现最大效益的同时，使之对环境的有利影响最大，不利影响最小，在资源的利用与保护之间取得平衡，这就是可持续水电开发的概念。

近年来，世界银行对技术上可靠、环境上可持续和经济上可行的水电工程在投资上一直予以优先。世界银行认为，大坝建设不但应有利于满足日益增长的发电、灌溉、供水等方面的需要，有利于减轻洪涝和干旱灾害，还必须在环境和安全方面满足严格的要求。当前世界银行对水利水电工程的投资主要集中在以下3个方面：

（1）在环境上可持续发展的新建大坝工程；

（2）为提高已建大坝的安全性而采取的改建措施；

（3）其他一些水力发电、灌溉和供水工程。

国际大坝委员会秘书长J·莱克努（音译）在谈到国际大坝委员会工作重点和面临的挑战时说，在过去的10年间，国际大坝委员会加强了对可持续开发问题的研究和讨论，今后这种研究和讨论仍将继续下去，特别对一些有争议的工程更是如此。尽管筑坝蓄水是一个古老的方法，但实践证明，大坝建设也应成为可持续开发战略的一部分，近年来出现的一些环境方面的新问题只是工业发展与大坝建设共同作用的结果。在第十九届国际大坝会议上，国际大坝委员会新任主席K·赫格（音译）在谈到今后大坝委员会工作重点时表示将“遵循国际大坝委员会在《大坝与环境工作纲领》中提出的方针和建议开展工作”，大坝委员会将围绕如何更好地获得与环境协调的可持续开发以及如何进行大坝的安全评价和改建等主题组织研讨。他说，国际大坝委员会应鼓励所有成员国的国家大坝委员会在实际工作中研究运用《大坝与环境工作纲领》及国际大坝委员会公共关系委员会提出的报告《大坝的效益和相关影响》所确立的指导思想，促进在实际工作中的贯彻实施。

从20世纪90年代开始，美国的资源开发进入了一个综合资源规划和全面质量管理的时期。综合资源规划是一个充分考虑了可持续发展的综合评价系统，它强调充分利用市场机制并建立一个较为公开的由支持方和对立方共同参与的决策过程，重视平衡和协调。这种规划方法具有保持资源的供需管理平衡、决策过程民主、求得费用最低和效益最大等特点，既可满足最低费用目标又不过分牺牲其他目标，同时还考虑了环境、工程、公共卫生、财务、价格、社会经济等多种不确定因素以降低风险。这种规划方法正在推广应用于水利、能源等部门的规划中。

近年来，加拿大对水资源管理工作所进行的重新定位和结构调整也是以可持续发展思想为核心，例如在规划过程中对社会经济和生态学观点给予极大关注以及实施过程更加系统化等。在调整和修改后的水政策中，水被看作是大生态系统中的一个方面，与土地、环境、经济等要素结合起来加以综合考虑。在加拿大，几乎所有各级政府都已认识到，在规划、管理和开发水资源的过程中必须对包括水生和陆生资源在内的整个生态系统给予极大的关注。

俄罗斯新《水法》于1995年11月颁布，这标志着俄罗斯在整个自然—资源—生态系统的管理和立法方面迈出了关键性的一步。新《水法》旨在使在水资源开发、利用和保护活动中存在的生态利益与经济利益合理地结合起来。该法规定，在水资源开发利用时应优先考虑保护人类的生存和健康，如首先保证饮用水和生活用水，防止水污染等。相应地，俄罗斯水管理的战略目标经过调整后主要包括：在保证可持续用水的基础上，为人民和经济建设各部门提供可靠的优质用水；恢复并保持水源地的生态安全，保证水资源的蕴藏量和质量；保护人民生活和经济部门的生产免受不良水质的影响。按照这种要求，在进行水电开发、选择建筑物的设计参数和施工工艺时都必须从可持续发展的角度出发，不论河流状况如何，都应采用最新科学技术，在选择工程方案时要全力注意降低用水风险。

20世纪末，日本提出了面向21世纪日本河流治理策略，目标是将21世纪的日本建成一个健康富裕的生活与美丽的自然环境相协调的充满活力的社会。该策略包括采取流域整体综合治理措施、提高水利设施的可靠性、保证工程与自然环境的协调以形成良好的河流景观和滨水环境等。

挪威对开发水电可能会破坏人与自然环境之间的平衡已有充分认识。挪威修建水库多在山区，很少有移民问题，所以水电开发对野生生物和鱼类等产生的不利影响以及对旅游的破坏和限制就成为一些非政府环保组织反对水电开发的主要原因。因此在挪威，任何开发公司要想取得水电开发的许可必须经过一系列严格的审批程序。而且已经制订了有关的环境保护计划。

国际能源机构（IEA）围绕水电可持续开发的目标已开始实施一项水电与环境研究计划。该计划有挪威、意大利、西班牙、瑞典、日本等国参加，加拿大、法国、美国也对此表示出浓厚兴趣。为实现该计划的主要目标，确定了以下六项任务：

（1）对已建水电工程的环境影响及其减轻措施的效果进行一次国际性调查，重点是对现有大量资料的实例研究，比较各种类型环境影响的成功和不成功的处理方法；

（2）建立与不同地区水电工程主要类型对环境影响有关的国际信息库；

（3）进行水电与其他电能的比较；

（4）全面分析政府和金融机构目前采用的环境影响评价准则，弄清哪些需要修改和补充；

（5）根据各国已采用的准则制订改进环境影响评价的副则，以提出更精确、费用更少、耗时更短的评价方法，提出水电工程的环境管理计划并筹措该计划实施所需费用，确定有关的监测和补偿措施；

（6）对目前减轻不利环境影响、加强有利环境影响的方法进行评价，确定采用这些方法的费用和效益。

在这项研究计划中，需要进行评价的减轻不利影响加强有利影响的措施包括：

（1）鱼类洄游设施；

（2）生态系统可承受的水库建设和管理措施；

（3）建立改进的特殊类型生态环境；

（4）最佳流量要求；

（5）防止土壤侵蚀和河床、水库淤积的办法；

（6）环境监测和安全规划；

（7）减轻水电开发对人类健康、居住区和就业等方面不利影响；

（8）水能资源开发的管理计划；

（9）美化环境的方法和措施。

目前，已有越来越多的国家已将水电开发的环境影响和可持续概念纳入水电开发的战略、政策和规划的整体框架中，以满足综合开发的要求。

（水利部发展研究中心　韩益民）

国外水电工程的风险管理

近年来，随着人们对水电工程引发的环境和安全等问题的关注，水电工程因各种不确定因素引起的风险正日益受到重视，相关的工程风险分析和风险管理也正在成为一项新兴的技术和行业，并逐渐应用于工程实际当中。在今后的几年，国际大坝委员会将大坝安全作为一项工作重点，为确保大坝安全着手进行各种安全评价和改建，对包括大坝安全在内的各种不确定因素进行风险分析和风险管理。世界银行近年来也对技术上可靠、环境上可持续发展和经济上可行的水电工程给予投资优先。美国从90年代起采用的综合资源规划，对工程的环境、技术、公共卫生、财务、价格以及社会经济等多项不确定因素及其产生的风险加以考虑，同时开展了包括风险管理在内的全面综合管理。

水电工程风险分析与其他行业和类型的风险分析类似，从内容上讲必须包括预测人员损失、评估经济损失、计算失事概率3个主要方面。其他内容还有诸如评价社会及政治影响、商业可靠程度、可接受的安全指标等。风险分析程序主要步骤为，详细分析各备选方案，建立事件树，描述所有可能导致失事风险的内在关系，得出事件树中各要素的出现概率。实践证明，在工程决策过程中引进风险分析是必要和有益的。

以大坝安全为例，风险分析主要有：风险确认、风险估算、风险规避、风险评价4个步骤。在风险确认阶段，首先要找出可能导致大坝破坏的主要风险源或事件，可能是外部原因（如洪水、地震等），也可能是内部原因（如管涌等）；然后建立事件树框图，详细描述可能引起大坝破坏的各种事件的模式和逻辑关系。在风险估算阶段，要给出事件树每一分支的条件几率以及各分支所代表的破坏形式之间相互的因果关系，其中还包括估算与每个破坏形式有关的人员和经济损失。在风险规避阶段，找出能够降低大坝破坏风险的工程和非工程措施。风险评价是一个决策过程，通过这一过程判定什么是可以接受的风险水平，哪种方案对降低风险和减少投资效果最好。当每个方案中的破坏几率都很低，为提高大坝安全标准而采取的措施耗资巨大而其他方面的效益又很少，人员损失难以避免时，选择最适宜方案的决策往往很难作出。

根据国外垮坝资料统计，因漫坝、溢洪道损毁、管涌和渗透、滑坡造成的安全失事和垮坝事故占垮坝总数的90%以上，其失事风险可划分为两大类。第一类为可修性失事风险，由于其危害性较小，失事后易修复，影响不大，对其失事后的影响可采取工程措施或通过经济指标加以衡量；第二类为垮坝失事风险，其风险标准应由社会、经济、文化等因素综合确定。另外，从引起垮坝的原因来划分，坝失事风险包括漫坝风险、管涌风险、流土风险、失稳风险、超量开裂风险、地震风险及其他类型的工程技术风险。

在针对垮坝风险而采取的风险管理措施中，美国已制定并开始采用一些新的标准制作垮坝和泄洪可能影响到的下游地区的淹没图。这些标准要求针对每一个高危险和非常危险的坝制作相应的淹没图，并将淹没图纷发至下游相关地区，供他们在洪水预警和疏散计划中使用。负责紧急事务的地方官员可利用那些可能遭受淹没的地区的基本情况、洪水演进预测时间表、淹没图及其他有关信息来制定洪水预警和公众疏散计划。美国垦务局计划在必要的地方采用地理信息系统（GIS）技术绘制淹没图，这些图将以数字形式制作。垦务局认为，数字化淹没图将最大限度地满足所辖地区和紧急事务管理机构对技术信息的需求，因为只有将淹没图数字化才能在GIS和应急信息系统软件中使用，同时还将使有关水坝安全的研究数据处理起来更加容易。

不仅已建成的水电工程存在安全性等方面的风险分析和风险管理问题，在工程建设过程中进行有关风险的分析并采取相应对策也同样重要和必要。譬如，施工导流设计以信息和预测为依据，其中，必然包含不确定性因素，如超标准洪水的发生等。加之一些工程技术因素的作用，使导流风险不可避免，导流标准的确定从本质上讲就是典型的风险决策。通过概率模拟分析，可以正确模拟和评估各种不确定性，得出每一个导流方案对应的风险及其后果，以此判定它们对确定导流标准的影响。因此，在施工导流设计的决策中引入风险决策方法必然较之其他传统方法更科学更合理。

（水利部发展研究中心　韩益民）

国际河流的水电开发

国际河流是涉及两国或两个以上国家的河流，其中穿过两个或两个以上国家的称为跨国河流，分隔两个国家而形成其边界的称为边界河流。全世界共有200多条国际河流，其流域总面积约占世界陆地面积的一半，分布于除大洋洲以外的各大洲。世界上的大河大多是国际河流，如北美洲的哥伦比亚河、圣劳伦斯河、科罗拉多河，南美洲的亚马逊河、拉普拉塔河，亚洲的雅鲁藏布江—希拉马普特拉河、恒河、澜沧江—湄公河、印度河，欧洲的多瑙河、莱茵河，非洲的尼罗河、赞比西河等，而且其中不少河流既是跨国河流又是边界河流。

国际河流是沿岸各国的共同财富，开发国际河流既是本国发展的需要，又是沿岸各国的国际责任，它有赖于相关国家的共同协作。国际河流开发的突出特点是，河流开发涉及两个和两个以上的国家，因此需要解决河流开发中的国际双边与多边关系问题。这些问题主要包括，国际河段水资源开发效益的分享、一国开发可能对另一国造成损失的补偿、河流开发中的主权和管辖权、合作工程的建设和管理、国际合作机构的建立、对河流资源的共同保护等。这些问题通常由相关国家遵循国际法和国际河流法原则签订合作开发条约加以解决。

国际河流的开发程度与河流流域的政治经济状况、沿岸国家关系、对水资源开发利用的需求、条件等因素有关。从世界范围看，多数国际河流都已在开发或利用。欧洲的国际河流开发利用较早，合作开发内容有航运、发电、供水、水污染防治等。

国际河流的水电开发方式与建设其他水资源利用工程类似，一些综合利用工程兼有发电、供水等效益。合作方式基本上是相关国家通过协议合建或由一方承建开发工程，并解决开发过程中的费用和效益分摊及补偿等问题。

在边界河流上由沿岸国共同建设水电站、平等分享电能、平均分摊工程费用，这是经常采用的一种合作开发方式，如多瑙河边界河段上的水电站和南、北美洲一些边界河流上的水电站都属于这一类合作开发工程。罗马尼亚与前南斯拉夫在其边界河流多瑙河上合作建设了铁门水电站和航运枢纽，两国在多瑙河两侧双方境内各建一座容量和装机台数都相同的水电厂，双方平均分享发电量，平均分摊工程投资，水电站作为一个整体统一调度运行；由于前南斯拉夫境内对摩拉瓦河的调节可减少进入铁门水库的泥沙量，故罗马尼亚向前南斯拉夫一次支付2000万美元用于摩拉瓦河调节工程。巴西和巴拉圭在其边界河流巴拉那河上合建的伊泰普水电站采用同样的投资和效益分摊模式，但它只在河床段修建了一座水电站，装18台机组，总装机1260万kW。

也有的国家在其边界河流上通过协议采取分段开发水能资源的方式。葡萄牙和西班牙1927年决定对其边界河流杜罗河进行分段开发，其中，上游河段归葡方开发，下游河段归西班牙开发；葡方在上游河段建成3座梯级水电站，总装机54.6万kW，西班牙在下游河段建成2座梯级水电站，总装机95.8万kW。前苏联和挪威在边界河流帕斯维克河上也采取了分段开发的方式。根据双方1957年签署的协议，前苏联开发该河的上游和下游段，挪威开发中游段；双方各自建设的水电站工程的某些设施位于对方境内，按照协议，双方都为对方免费提供这些设施的建设及运行维护所需的土地使用，并为对方的施工和运行人员过境提供便利；协议同时规定，在水电站的建设过程中，任何可能影响双方利益的变化都应征得对方同意；对挪威建设的中游段水电站和前苏联建设的下游段水电站给对方造成的不可避免的淹没损失双方互不赔偿，而前苏联对其建设的上游段水电站给挪方造成的无法避免的损失给予100万挪威克郎的一次性赔偿，在水电站开始施工时支付。

对于跨国河流上的水电开发来说存在着上下游国家对开发水能资源的利益分享问题。哥伦比亚河流经加拿大和美国，上游在加拿大境内，下游在美国境内，位于加拿大境内河段具有修建大型水库的条件，而其开发也可以增加下游美国河段上径流式水电站的发电效益，同时对美国还将产生防洪效益。两国于1964年达成协议，由加拿大在其境内河段上建麦卡、阿罗、邓肯3座水库，总库容1550万acre·ft（1acre·ft=1233.48m^3），由于这3座水库的调节给下游美国境内径流式水电站带来的发电效益的增加由两国平均分享，同时，美国对其获得的由上述3座水库产生的防洪效益也给予补偿，这两项合计超过3亿美元，供加拿大用于工程建设。

国际河流的水电开发还存在按水系划分开发范围的情况。西班牙和葡萄牙继1927年杜罗河协议后，于1968年再次就两国国际河流的水电开发达成协议。协议规定，葡萄牙享有开发利米亚河等河流国际河段及利米亚河延伸至西班牙境内一定范围的陡坡段的权利，西班牙则享有开发塔霍河等河流国际河段的权利；为利于水电开发的统一规划，还允许西班牙利用葡萄牙境内阿拉维尔河等河流相应的陡坡段。西班牙和葡萄牙两国的国际河流数量多而短小，划分开发范围简化了国际开发中的双边关系，有利于双方充分利用河流的水能资源。

（水利部发展研究中心　韩益民）

国外水电机组现代化改造发展动向

在美国等一些先进的西方国家，由于可开发的新的水电资源愈来愈少，环境保护的要求愈来愈高，现有水电站的一些老机组由于运行时间的增加、电站水文条件的改变，已愈来愈难以适应经济和环境保护对水电站水力机组性能和运行的更高要求，再加上水力设计、电气设计、结构设计、生产技术、自动化技术和管理技术的不断发展，因此采用新技术对已有的水电机组进行现代化改造越来越受到重视。

与建设新水电站相比，通过采用现代先进的技术对老电站进行技术改造，可以通过相对少的投入而较快地得到相对多的产出。通过技术改造，可以在装机高程和尾水条件不变的条件下提高运行效率，增加机组出力，减少空蚀破坏，改善运行特性。对于多泥沙河流上的机组还可减少磨损破坏。改善运行性能能增加用户的收益，而同时又能减少运行和维修费用，从而使电站拥有者降低停机费用并使用户尽快收益。

水电机组现代化改造发展动向主要体现在以下几个方面。

（一）计算机流体动力计算（CFD）技术在水轮机水力设计中的应用

随着大功率计算机的出现，一系列可以数字化解决纳维尔—斯托克斯方程（即黏性流流动方程）的先进的流态模拟技术，使预测水轮机全范围运行特性（即从最佳效率到满负荷，到部分负荷的全部运行范围的运行特性）成为可能。目前，这些方法代表了最尖端的预测复杂的三维流态的技术，考虑了水轮机转动部件与固定部件之间的水流的相互影响（即转轮与导叶之间，转轮与尾水管之间的相互影响），以期获得精确可靠的分析结果。流场分析的结果可以使设计人员了解流态特征，辨明哪些是所需的水流特性，哪些是不需要的水流特性，从而确定其设计是否合理或者还需要做哪些改进。

当然，应用先进的CFD技术，必须要有非常优秀的设计人员、非常丰富的业已经过模型试验台试验的模型转轮资料、CFD结果与模型试验台试验资料两者间多年的比较结果。在国外，像德国伏伊特等公司，已有非常丰富的CFD应用经验，在转轮的开发和应用上起到非常重要的作用。事实上，国外有些公司约有70%的水轮机改造项目已直接采用CFD计算结果，而不进行模型试验，从而可以降低生产成本，缩短改造周期。但模型试验作为转轮水力性能最准确的验证手段，对大中型的多机组水电站仍为用户所采用。

（二）先进的结构设计技术

应用先进的二维、三维有限元分析技术，进行先进的机械设计和应力/振动数值分析、疲劳分析以及通过裂纹延伸计算来确定裂纹检查标准以进行设计稳定性控制。使得水电机组的结构设计更趋合理、经济和可靠。

（三）抗空蚀、可焊性能好的材料以及抗磨涂层的应用

先进的材料技术包括采用高强度的具有抗裂、抗空蚀破坏特性的新型铸件和板材，以及采用特殊材料和涂层以尽可能地减少磨损。

世界一些河流尤其是我国的黄河，泥沙含量较高，导致水轮机的泥沙磨损非常严重，需要经常性的大修，目前一些生产制造厂家将软涂层和硬涂层应用于水轮机的转轮和一些主要过流部件上，可以大大降低水轮机的泥沙磨损，延长大修间隔和机组运行寿命。

（四）弹性塑料瓦

前苏联和国内许多水电站已采用自行研制的弹性塑料瓦对推力轴承进行改造，减少了由于推力瓦温升过高而烧瓦停机事故，减少了运行检修工作量，提高了机组运行可靠性和经济性。

（五）先进的加工制造工艺

转轮铸件和导叶采用先进的精炼铸造技术，铸件的质量得以大大提高。

在转轮的生产制造方面，先进的加工制造工艺包括，焊接结构替代实心铸件，钢板部件组成的转轮的制造，分瓣零件在工地的焊接，采用多轴数控机床进行特殊形状的加工，在特殊工艺中机器人的应用。

在叶片叶型的检测方面，采用先进的测试技术，使得生产过程中叶片的叶型得到控制。

（六）体现环保要求的新型水轮机的开发和应用

在新型水轮机的设计中，采用已开发的水轮机设计方法使得它与过去的水轮机设计相比更加符合环保的要求，包括提高溶解氧量的水轮机设计、减少污染的水轮机的设计和最小河流流量的水轮机的设计，从而改善现有地点的鱼类生存环境。

（七）先进的电气设备

采用改良后的绝缘技术、电气部件设计新技术、改进的电气冷却系统，大大提高了发电机的效率和出力，降低了温升，使电机的平均无故障可用小时成倍提高。

（水利部发展研究中心　姜斌　上海希科公司　何建）

瑞士扩建大狄克桑斯水电站

瑞士的大狄克桑斯水电站建于20世纪60年代。水电站设有3座发电厂房，发电总容量为78万kW。大狄克桑斯水电站的重力坝高285m，至今仍为世界上已建成的混凝土重力坝之首。大坝所形成的水库共蓄能18亿kW·h，约占全瑞士水能资源总量的1/5。这座水电站的建设还包括20余座进水建筑物、总长约100km的引水隧洞和5座泵站。

20世纪90年代初期，为了充分利用大狄克桑斯水库的水量，该水电站业主—西瑞士电力公司与当地的另外两家电力公司联营，对原水电站进行扩容改造。新的工程称为克雷逊—狄克桑斯水电站，建成后可增加水力发电容量126.9万kW，使利用大狄克桑斯水库发电的4座发电厂房的总容量增加到204.9万kW，成为瑞士最大的水电站。建成后的克雷逊—狄克桑斯水电站将创造三项世界水电记录，即总计为1883m的最高发电水头、单机容量为42.3万kW的最大冲击式水轮机、3.57万kV·A的发电机单极视在功率。

克雷逊—狄克桑斯水电站主要建筑物有，在原有的大狄克桑斯重力坝上新建进水口1个、新建全长15.9km的引水隧洞1条，（隧洞内径4.8～5.0m，内水压力2MPa）、新建通向发电厂房的采用钢板衬砌的压力斜井1条（斜井全长超过4000m，总落差为1624m）新建内装3台发电机组地下发电厂房1座（单机容量42.3万kW，水轮机采用5喷嘴的立轴冲击式水轮机）。

值得特别说明的是，这座水电站的压力斜井的水头和长度均居世界之最。

压力斜井使用两台隧洞掘进机分4段施工，4个分段的长度自上而下分别为1233m、925m、814m和1078m，分别利用4条施工支洞，自4个工作面掘进施工。在斜井第二分段和第三分段之间设有水平连接段。

由于这条压力斜井沿线的地质条件很差，岩石破碎，多含地下水和断层，许多地段有糜棱岩分布，因此压力斜井全长采用钢板衬砌，以承担斜井的全部内水压力，外侧则衬砌混凝土以便对钢板起保护作用。钢板衬砌的最大内水压力介于2.65MPa（在顶部）和21.1MPa（在底部）之间。由于受到卷板设备的限制，钢板厚度只能采用60～70mm，所以斜井钢衬绝大部分（约80%）采用了高材质的S890QL钢，其余则采用S690QL钢和标准的StE355钢。整个斜井共使用钢板约11700t，由日本和欧洲的钢厂供货。

压力斜井的钢管内径为3.2m，在工地的预制场，卷制成6～12m长的管节。管节在井下进行焊接。在三家斜井施工单位中，有两家采用涂料焊条，另一家采用全自动和半自动焊接机进行焊接。

斜井钢管的外壁采用混凝土作为保护层。采用了一种特殊的流动性混凝土，在瑞士系首次使用。混凝土拌和料由0/16骨料加抗硫酸侵蚀水泥、硅粉或粉煤灰配制而成，水灰比控制在0.53～0.55。掺用硅粉和粉煤灰可增加混凝土拌和料的塑性、均匀性和强度。这种拌和料在沿斜井流动1000m之后仍可保持其原有的性能。浇筑混凝土时采用直径为30cm的聚氯乙烯导管，浇筑强度一般可达20m^3/h。

克雷逊—狄克桑斯水电站于1992年完成初步设计，1993年夏工程破土动工。1998年10月首批两台机组如期投入运行。按1992年价格水平计算，工程总造价为11.5亿瑞士法郎。

（中国水利水电科学研究院　刘志珍）

内容索引

内 容 索 引

H

J

K

L

M

N

O

P

Q

R

S

T

广西岩滩水力发电厂

岩滩水电厂党政领导班子

（中为厂长刘静波）

岩滩电厂位于红水河中游的大化瑶族自治县境内，是目前广西境内已建成投产的国家特大型电力生产企业，是红水河十大梯级开发中的第五级，是广西电网的第一调峰调频电厂。装机容量为121万kW，年发电量为56.6亿kW·h，在广西主电网乃至华南电网中处于举足轻重的地位。岩滩至全国最大的铝业基地平果铝和岩滩至广西工业重镇柳州市的两回500kV超高压输电线路，是广西 电力工业全面步入大机组、大容量、超高压、现代化时代的象征与标志。号称“世界水上电梯”、垂直升降高度为68.5m、承载能力为1 × 250t级垂直升船机已顺利通航，不仅为岩滩电厂工程建设划上了一个圆满的句号，更为三峡船闸工程施工提供了宝贵的试验依据，也为开发龙滩电站、发展三产开辟水上便捷通道提供了可能。

岩滩电厂工程1984年列为国家重点工程，1985年3月主体工程开工，1987年11月成功截流，1992年9月第一台机组投产发电，1995年6月全部4台机组投入运行，工程竣工。1992年9月投产至2000年12月底止，累计发电360多亿kW·h，按同期广西电量产值7.8元/kW·h计，创造社会产值2800多亿元，是全国水电“五朵金花”中发电量最多的电厂，社会效益和经济效益显著。1999年各项考核指标达到一流水电厂考核标准，全员劳动生产率实际值达306.9万元/人。年（按主业人员计），全员劳动生产定额完成率达344.74%。无人值班（少人值守）通过了国电公司的考评验收。2000年9月被国电公司命名为一流企业，实现了广西电力企业零的突破。

1x250t级垂直升船机通航

岩滩电厂原隶属大化水电总厂管理体制，1995年6月经批准从大化水电总厂划出单独建制。按照精简高效的原则配员和设置机构，实行新型的管理体制。建制初始配员为250多人，1999年电力体制改革后，检修队伍160多人划并，目前在册职工453人，主业从业人员135人，平均年龄35岁，三产人员318人，全厂35岁以下青工占72%，大中专（含中技）以上学历占72.3%，各类高、中、初级专业技术职称人员占57%，是一个队伍年轻、专业技术密集的发电企业。

岩滩电厂从工程施工到运行管理，从发电生产到达标创一流工作，都得到了各级政府特别是广西 电力有限公司党组及其所属各部门的大力支持、指导与帮助，使岩滩电厂在党的建设、安全文明生产、企业管理、达标创一流工作等两个文明建设方面，都取得了显著的成绩。

经过强化管理，岩滩电厂实现了建厂初期提出的“一年打基础，二年见成效，三年达部标，四年向一流企业迈进”的奋斗目标。1996年荣获自治区优秀职工思想政治工作单位，1998年实现国电公司安全文明生产达标企业和双文明单位目标，2000年9月被国电公司命名为一流水电厂。岩滩电厂在西部大开发中开拓创新，百尺竿头，更进一步，向着国际一流水电厂和更高的目标迈进！

厂　　长：刘静波

通信地址：广西大化县岩滩镇

邮　　编：530811

电话号码：0778-5618235-2649

　　　　　0771-3100198

电传：0778-5618235-2649

岩滩电厂全景鸟瞰

阔步前进中的

——三峡工程1998年~2000年

中国长江工程开发总公司（三峡工程业主单位）主要领导合影。总经理：陆佑楣（左三）、副总经理：李永安（左二）、贺恭（右三）王家柱（右二）、郭涛（右一）、杨清（左一）

三峡工程总工期17年：第一阶段(1993年~1997年)为施工准备及一期工程，共5年，以实现大江截流为标志；第二阶段(1998年~2003年)为二期工程，工期6年，以实现水库初期蓄水至高程135m，第一批机组发电和永久船闸通航为标志；第三阶段(2004~2009年)为三期工程，施工期6年，以实现全部机组发电和枢纽工程完建为标志。

三峡工程在我国乃至世界水利水电工程建设史上是一项人类征服大江大河化害为利、造福千秋的宏伟工程。这不仅因其规模特别巨大、效益十分显著，而且因其建设和日后运行中有许多前所未有的世界级难题。诸如泥沙及水库运用、水库诱发地震和库岸稳定、大江截流和深水围堰、永久船闸高边坡稳定、特高强度混凝土浇筑、特大型金属结构、特大容量水轮发电机组，以及世界最大的万吨级升船机等。开工以来，已成功攻克了永久船闸高边坡、大江截流及深水围堰两大难题。1998年~2000年是三峡工程二期工程关键性的3年，3年共浇筑混凝土1118.04万m^3，特别是1999年浇筑458.52万m^3混凝土，2000年浇筑542.85万m^3混凝土，连续两年刷新世界记录，可以说在质量标准高、温控要求严的困难条件下，已破解世界水电史上高强度混凝土浇筑施工的难题。1998年~2000年三峡工程完成的主要工程量见下表。

1998年~2000年三峡水利枢纽完成主要工程量统计表

枢纽主要工程量	1998年	1999年	2000年
土石方开挖(万m^3)	1478.00	497.70	489.52
土石方填筑(万m^3)	265.00	192.72	413.37
混凝土浇筑(万m^3)	118.80	458.52	542.85
金结埋件及安装（t）	0	7188.66	22200.00
机组埋件(t)	0	0	10000.00
固结灌浆及帷幕灌浆(m)	58800	91216.56	95900.00
接缝灌浆（m^2）	0	0	117700.00

宏伟工程

施工建设概述

三峡工程建设引用了最新的管理体制和运行机制，即采用了业主责任制、招标承包制、建设监理制及合同管理制。土建工程及工程材料通过在国内招标，择优选择了最好的施工企业、监理单位及材料供应厂家。

经招标签订合同，进入三峡工程施工现场的主要施工承包企业有：葛洲坝集团公司、三七八联营体、水电武警部队、青云公司、三联公司、铁道部大桥工程局等国内著名、实力较强的施工队伍。一期高峰期施工人数约2.5万人，目前在工地施工的总人数约2.7万人。按邀请招标签订监理合同在现场执行监理任务的有长江水利委员会、国家电力公司中南院、西北院、华东院等组建的三峡工程监理单位。目前，监理总人数已达860人。

部分大型施工设备及永久机电设备通过国际招标，不仅选择最好的设备制造厂商，而且利用出口国信贷和引进国外先进技术。这一方面减轻了三峡工程建设期的资金压力，另一方面对我国大型水轮发电机组制造技术的提高是难得的一次大好机遇。

三峡工程开工8年来，工程所需资金到位情况良好；工程施工进展顺利，施工进度正按批准的总进度计划实施；工程投资控制在审定的设计概算范围内；施工质量总体良好，满足设计要求。在全国人民的关心、支持和全体三峡工程建设者的奋力拼搏下，宏伟的三峡工程正昂首阔步迈向21世纪。

文／李先镇　　摄影／黄正平　马宁

永久船闸施工全貌

左岸电站厂房施工现场

三峡二期工程主体施工现场

为迎接2003年首批机组发电，左岸电厂6号机组机电安装施工正在紧张进行中

永久船闸人字门金结安装

三峡工程二期大坝混凝土浇筑施工正夜以继日地进行着

红水河龙滩水电工程

——新世纪中国的水电明珠

龙滩水电工程是国家西部大开发的十大标志性工程和“西电东送”的战略项目之一。它的开发建设，对于满足广东和广西地区电力增长的需要、优化华南地区电源结构和电力结构、减轻红水河下游及西江两岸地区的洪水威胁、促进广西和贵州少数民族地区经济和社会全面发展，具有巨大的作用。

广西壮族自治区人民政府李兆焯主席(中)在龙滩水电开发有限公司陈飞总经理(右)的陪同下视察龙滩工地

红水河是我国十二大水电基地之一，被誉为水力资源的“富矿”，是水电开发、防洪及航运规划中的重点河流。流域规划十个梯级电站、龙滩水电工程是红水河梯级开发龙头骨干控制性工程。

龙滩水电工程位于红水河上游的天峨县境内，距天峨县城15km。坝址以上流域面积98500km^2、占红水河流域面积的71%，其装机容量占红水河可开发容量的35%~40%，是目前建设仅次于长江三峡的巨型水电工程。龙滩水电工程规划总装机容量540万kW，安装9台60万 kW的水轮发电机组，年均发电量187亿kW·h，相应水库正常蓄水位400m，总库容273亿 m^3，防洪库容70亿m^3，分两期建设。本期建设装机容量420万kW，年均发电量156亿kW·h， 相应水库正常蓄水位375m，总库容162亿m^3，防洪库容50亿m^3，工程建成后，50%以上的电力送往广东。还可使下游沿江两岸和西、北江三角洲的防洪标准从目前的5~10年一遇提高到40~50年一遇，沟通黔、桂两省（区）的航运而具有巨大的效益，并可大大提高下游已建和待建梯级水电站的效益，改善电力系统内其他电源的运行条件。

龙滩水电站坝址

龙滩水电工程主要由大坝、地下发电厂房和通航建筑物三大部分组成。它的建设将创造 三项世界之最：最高的碾压混凝土大坝（最大坝高216.5m，坝顶长836m，坝体混凝土方量 685万m^3）；最大的地下厂房（长388.5m，宽28.5m，高74.5m）；提升高度最高的升船机（全长1700多m，最大提升高度179m。分两级提升，起高度分别为88.5m和90.5m）。

按2000年价格水平测算，龙滩水电工程静态投资为203.7亿元，工程总投资为243亿元，龙滩水电工程由国家电力公司、广西电力有限公司、广西开发投资有限责任公司和贵州省 基本建设投资公司组建的龙滩水电开发有限公司负责建设和管理。将岩滩水电站改制后入股龙滩水电开发有限公发龙滩水电工程，资本金占工程总投资的20%，为48.6亿元，首先由岩滩水电站的发电收入提供，其余部分由上述四方按33%、32%、30%、5%的比例出资。资本金以外的融资194.4亿元，由国家开发银行牵头，与中国建设银行、中国银行和中国农业银行组成的银团提供。

龙滩水电工程水库淹没涉及广西和贵州两省（区）的10个县、47个乡（镇）、232个行政村、847个村民小组，按水库正常蓄水位375m并推算至2008年水平，工程建设需安置人口8.05万人，淹没耕地8.42万亩，移民安置工作由广西和贵州两省（区）政府负责。

龙滩水电工程的施工总进度为：建设工期为9年，从2001年1月至2009年底。2001年7月1日，主体工程开工；2003年11月截流；2007年7月1日第一台机组投产发电；2009年12月31日7台机组投产发电。

龙滩水电工程在国务院、国家计委、国家电力公司和广西、贵州两省（区）人民政府以及社会各界的关怀、关心和支持下，已顺利按目标如期完成工程各项前期准备工作、迎来工程建设的第一个里程碑——主体工程的开工！

（潘炳康 文／图）

57km110kV 施工用线路在建设中

龙滩工程对外交通 81km 二级公路已通车

龙滩工程施工

大朝山水电站是澜沧江中下游紧邻漫湾的第二座大型梯级电站，也是我国西部地区最早实行厂网分开、建管结合的大型独立水电站（厂）之一，装机容量135万kW，动态总投资88.7亿元，电站枢纽由碾压混凝土重力坝、右岸地下厂房和长尾水隧洞组成。

该电站主体工程于1997年8月4日经国家批准正式开工，同年11月10日实现大江截流。现在碾压混凝土大坝已浇筑至坝顶；地下洞室群挖掘、浇筑临近尾声。金属结构已从压力钢管转向闸门安装，地下主厂房内机组安装工程开始步入高峰，下闸蓄水准备及电厂生产筹备正加紧进行，“1.3.2”（即2001年1台、2002年3台、2003年2台机组）发电目标已进入倒计时。

云南大朝山水电有限责任公司（以下简称大朝山责任公司）是大朝山电站的业主单位，负责电站的建筑及运营。该公司1994年11月由国家开发投资公司、云南红塔实业有限责任公司、云南省开发投资公司、云南省电力公司按5:3:1:1的出资比例组建，公司注册资本金17.7亿元。大朝山责任公司是全国率先按《公司法》组建的规范化的大型水电有限责任公司，同时又开创了跨行业吸引企业集团参股大型水电项目的先河。大朝山责任公司在运作中逐步完善三会一层（股东会、董事会、监事会、经营层）法人治理结构，电站建设期间，严格实行项目法人负责制、招标承包制和工程监理制。

大朝山责任公司员工大部分来自原漫湾工程管理局，具有建设百万千瓦级水电站的成功经验。随着国家水电投资管理体制改革的深化和推进，尤其是面临市场经济条件下独立电厂竞价上网的压力，促使公司员工更新观念，整体管理水平也有了大幅提升。责任公司作为电站业主，在各参建主体中积极发挥主导作用，支持、鼓励各参建方采用新技术、新材料、新工艺，通过静态控制、动态管理这一合同主线的思路，牵引和促进设计、施工、监理各方与责任公司设定的电站质量、工期目标对接，以形成大朝山整体效应。有望最终既不超概算，又能如期把大朝山建成一流电站，在国家“西电东送”的大幕刚一掀开时，就能在澜沧江上捧出新世纪的又一轮“小太阳”。

大朝山责任公司第二届经营班子

2000年碾压混凝土大坝开始泄洪

工程总公司

施工中的长江三峡水利枢纽工程，工程建成后总库容393亿m^3,总装机容量1820万kW,单机容量70万kW。

黄河小浪底水利枢纽工程，总装机容量180万kW，总库容 126.5亿m^3，最大坝高154m。

三峡工程电站厂房1-6号机组基础环、座环、蜗壳吊装、焊接现场

广州抽水蓄能电站位于广东省从化县境内，总装机容量为240万kW，是中国第一座高水头、大容量的抽水蓄能电站，是目前世界上最大的抽水蓄能电站。图为电站上水库。

中国水利水电第四工程局

水电四局 局长
郑征宇

水电四局 党委书记
王振南

中国水利水电第四工程局是于1958年10月伴随着当时我国最大的水电站——刘家峡水电站的开工建设而成立的，现有职工12000多人，拥有各类主要施工设备5000多台（套），固定资产6亿元人民币。本局是具备国家工程施工总承包一级资质、取得国家公路施工一级资信的大型综合企业和跨世级质量无投诉示范企业，荣居全国500家最佳经济效益建筑企业第91位，荣居全国堤坝、电站、码头建筑行业100家最大经营规模企业第9位。40多年来，从单一的水电施工企业发展成为拥有雄厚的技术力量、先进的配套设备、科学的监测手段和现代管理的综合性大型企业，集施工、勘测、设计、质控、安装、制造和运输等业务能力于一体，形成了强大的综合实力，不但能独立承担大型水利水电工程施工，而且还涉足高速公路、大跨度桥梁和高层建筑等施工领域。

李鹏同志为水电四局建局四十周年题词

本局以水电建筑为主业，年施工能力为：土石方挖填1000万m^3；混凝土浇筑150万m^3；机组安装120万kW；金属结构制安12000t；预应力锚固500万t·m；200～250m^2断面隧洞成形1000m，可同时承建3座百万千瓦级以上大型水电站，对百米以上的各类混凝土大坝、面板堆石坝具有丰富的施工经验。从60年代至90年代中期，曾先后在黄河上游相继独立建成了位于甘肃境内的盐锅峡、刘家峡、八盘峡和青海境内的龙羊峡、李家峡5座大中型水电站，并参建了甘肃引大入秦工程。

进入市场经济以来，本局凭借雄厚的实力，还分别中标承建了山西万家寨、福建水口、棉花滩、园坪、青海黑泉、广西岩滩、黄河小浪底、长江三峡、重庆江口、山东泰安、宁夏扬黄等大中型水利水电工程或部分工程。

龙羊峡水电站

法人代表：郑征宇
通讯：青海省西宁市互助西路136号
邮编：810006
电话：(0971)8149917 8149918
传真：(0971)8149160

小浪底二号导流洞

李家峡水电站

水口水电站

泗水中兴大桥

中国水电十三局
RD 150

华源水利水电工程咨询公司

华源水利水电工程咨询公司成立于1988年4月，是为水利、电力、工业民用建筑以及机场、道路桥涵、港口码头提供建设监理及工程技术咨询服务的国有企业，是自主经营、自负盈亏的经济法人。公司的宗旨是：坚持社会主义方向，促进科技进步，坚持优质服务，信誉第一，竭诚为国内外水利水电建设服务。

公司成立12年来，已先后同62个水利水电工程项目签订工程咨询或建设监理合同（协议）85项；为38座大中型水电站承担建设监理和工程咨询服务；同4家国外公司签订了咨询和信息协议。

在工程咨询方面：参与多数大型水电工程（含三峡）的咨询，为26座水电站（装机容量共3380.05万kW）进行咨询。公司先后3次被中国水电企业协会评为“优秀咨询单位”；被北京科技咨询协会评为首批“北京科技咨询信誉单位”，经国家计委核定为首批甲级咨询单位（资格证书号：工咨甲9406001）。

在工程建设监理方面，已先后承担22座大中型水电站（装机容量1018.25万kW）的建设监理任务，探索出一些适合中国特点的监理工作方法，对水电建设监理“三控制、两管理、一协调”取得了有益的经验。公司先后被原能源部、建设部、水利部评为甲级监理单位〔资格证书号：建（水电）监资字第96010，建（建）监资字第96129号，水建监资字第99107号〕。1998年经中国企业管理协会审定入选为中国优秀企业数据库（编号110006）。

混凝土双曲拱坝，坝高240m，装机330万kW，（6X55万kW）的二滩水电站，公司承担二、三标金属结构，机电安装监理。

湖北朝阳寺水电站混凝土重力坝，最大坝高69m，电站装机4.5万kW，公司承担全面施工监理。

承担施工全过程技术咨询的贵州东风水电站（混凝土双曲拱坝最大坝高162m，电站总装机51万kW。

工程名称	工程等级	地址	服务类型（参与全部或部分）
水口水电站	大型水电站	福建水口	咨询
广州蓄能水电站	大型水电站	广州从化	咨询
岩滩水电站	大型水电站	广西巴马县	咨询
天生桥一级水电站	大型水电站	广西隆林县	咨询
天生桥二级水电站	大型水电站	广西隆林县	咨询、监理
东风水电站	大型水电站	贵州清镇	咨询、监理
大朝山水电站	大型水电站	云南云县	咨询
漫湾水电站	大型水电站	云南云县	咨询
宝珠寺水电站	大型水电站	四川广元	咨询
潘家口蓄能水电站	大型水电站	河北迁西县	咨询
天荒坪蓄能水电站	大型水电站	浙江安吉县	咨询
长江三峡水利枢纽	大型水电站	湖北宜昌市	咨询
江垭水利工程	大型水电站	湖南慈利	咨询
桃林门水电站	中型水电站	河北青龙县	咨询
李家峡水电站	大型水电站	青海省尖扎县	咨询、监理
莲花水电站	大型水电站	黑龙江林口	咨询
十三陵蓄能水电站	大型水电站	北京市昌平	咨询
铜头水电站	中型水电站	四川芦山县	咨询、监理
二滩水电站	大型水电站	四川攀枝花	咨询、监理
白石窑水电站	中型水电站	广东英德市	咨询、监理
雨城水电站	中型水电站	四川雅安市	咨询、监理
明台水电站	中型水电站	四川三台县	咨询、监理
朝阳寺水电站	中型水电站	湖北咸丰县	咨询、监理
羊卓雍湖水电站	中型水电站	西藏贡嘎	监理
白水峪水电站	中型水电站	湖北谷城县	咨询、监理
龙潭水电站	中型水电站	江西上犹县	咨询、监理
东津水电站	中型水电站	江西修水县	咨询、监理
荣地水电站	中型水电站	广西融水县	监理
小溪口水电站	中型水电站	湖北建始县	咨询、监理
长顺水电站	中型水电站	湖北利川市	咨询、监理
尼那水电站	中型水电站	青海贵德县	监理
四川姚河坝水电站	中型水电站	四川石棉县	咨询、监理
北江防护体系工程	水利工程	广东英德市	咨询、监理
白水河二级水电站	中型水电站	贵州省安龙县	咨询、监理
山东聊城电厂供水工程	中型水电站	山东聊城	咨询、监理
西河水电站	中型水电站		咨询

总经理 陈方枢

党委书记 徐国武

中国安能建设总公司（中国人

地址：北京市广安门外六里桥水口子村51号
电话：010-63467799

现有领导班子成员：

陈方枢　徐国武　李光强

张志瑞　郭从工　梅锦煜

谷安彪　段映东　朱高焱

天生桥一级水电站，装机容量120万kW，大坝为混凝土面板堆石坝，坝高178m，填筑方量近2000万m^3，在建成的同类坝型中，高度居世界第二位，方量为世界第一位。

中国安能建设总公司（武警水电指挥部）是经中华人民共和国原能源部、对外经济贸易部核准，在国家工商行政管理局注册登记的国有大型施工企业。并经中华人民共和国建设部核准为施工总承包一级资质，经中华人民共和国交通部核准为公路一级资信企业。具有独立法人资格和享有对外经营权。是一支以水利水电建设为主，同时还可以承担公路、铁路、民用机场、桥梁、港口、码头、工业与民用建筑、金属结构制作安装和输电线路的架设等工程建设任务。

总公司组建已35年，其前身是我国五十年代建设狮子滩和治淮的骨干队伍。公司现下辖江南水利水电工程公司（武警水电第一总队）、江夏水电工程公司（武警水电第二总队）、安蓉建设总公司（武警水电第三总队）、宜昌安联水利水电有限责任公司（武警水电三峡工程指挥部）、武警水电学校。因工作需要，还设有厦门办事处、深圳办事处和新疆水电工程指挥部等机构。

总公司现有人员1.5万余人，其中有一大批具有现代科学知识、现代管理知识并有丰富实践经验的工程技术人员，在3000余名的工程技术人员中，有高级职称的有400余人，中级职称者达1000余人。

总公司组建35年来，不断发展壮大，现已成为我国水利水电行业中一支技术力量雄厚、装备水平先进、施工能力强的一流建筑施工队伍。总公司装备的各类大中型施工设备，主要是由日本、美国、德国、瑞典等国进口，在国内堪称一流。总公司拥有固定资产10多亿元。总公司在地下工程施工、混凝土面板堆石坝施工技术、碾压混凝土筑坝技术、不良地质基础的化学灌浆技术、高边坡治理技术、保护层爆破技术、大型船闸人字门安装技术、大型水力发电机组及抽水蓄能机组的安装技术等方面都处于国内领先或国际先进水平。

30多年来，中国安能建设总公司共建成大中型水电站30多座，总装机容量达300余万千瓦，主要有四川映秀湾水电站，河北潘家口水库，安徽陈村、纪村，江西万安，广西天生桥一级、二级电站，福建良浅，西藏羊湖、查龙、沃卡水电站，满拉水库等，并在北京、上海、南京、武汉、厦门、南昌、广州、深圳等地承担房建、市政建设、机场等基础设施工程建设，为国家的现代化建设做出了重大的贡献。此外，还在巴基斯坦、菲律宾等国承接了水利水电工程。目前承担的最大水电工程为三峡水利枢纽的永久船闸。公司具有年土石方开挖1500万m^3，混凝土浇筑200万m^3，工业与

民武装警察部队水电指挥部）

邮编：100055
传真：010-63467799 转 8331

天生桥二级水电站，装机 132 万 kW，引水式电站，有 3 条开挖直径达 10.8m、长约 10km 的引水隧洞，厂房高边坡达 380m，属世界第一。

三峡工程永久船闸，为五级双线船闸，总水头高达 113m，规模世界第一。

民用建筑 20 万 m^2，修建一级以上公路 70km，制造、安装金属结构 20000t，安装 100 万 kW 水轮发电机组的施工能力。

中国安能建设总公司决心面向广阔的建筑市场，积极服务于国家及地方的经济建设，不断提高施工技术水平和能力，努力创造物资文明与精神文明的双丰收，为我国社会主义经济建设作出更大贡献。

沃卡水电站，是中国安能建设总公司继羊湖、查龙水电站之后为西藏人民建成的又一电站。

南昌市中山城，是中国安能建设总公司承建的集住宅、商贸、办公、娱乐为一体的 28 层的大型现代化综合楼群，最高 84m，总建筑面积 9 万 m^2。

武警水电三峡工程指挥部

武警水电三峡工程指挥部组建于1993年7月，经国务院、中央军委1997年7月批准正式成为宜昌驻军在三峡工程建设中，承担三峡永久船闸地面工程的建设任务；同时，还担负三峡坝区15.28km²的警卫消防及封闭管理任务。

指挥部拥有价值2亿元的世界先进施工设备，现有施工人员2500余人，各类技术干部400余人，具有高、中级职称的200余人，专业技术士官500余人。

三峡永久船闸是三峡水利枢纽三大主体工程之一，是2003年发电、通航控制性工程，也是当今世界上规模最大、水头最高、技术最复杂的船闸工程，工程开挖量4000多万m³，占三峡工程总开挖量的41%。工程中的直立墙开挖、高边坡锚固、薄衬砌墙混凝土浇筑等，都是世界级难题。从1994年4月17日开工以来，永久船闸每年都提前完成任务，受到业主、设计、监理等单位的称赞，现在船闸开挖已全部完工，进入大规模混凝土浇筑。

这支部队已成为一支组织军事化、管理科学化、装备现代化的优秀施工队伍，是三峡工程建设的主力军之一。

1999年10月12日，李鹏委员长视察武警水电部队承建的三峡永久船闸，指挥长范德铭，政委张去北正在向委员长汇报船闸施工情况

1997年10月30日，政治局常委胡锦涛亲临三峡永久船闸工地及武警水电部队营区视察

永久船闸施工之夜

（以上照片均为廖德真同志拍摄）

三峡永久船闸靠船墩混凝土浇筑质量优良，受到业主、监理设计等单位的高度评价

永久船闸施工全貌

开挖成形的船闸一角。

世界先进的施工设备

法人代表：周光奉

电话：(0717)6738068 转 65802

电传：(0717)6738068 转 64986

通讯地址：湖北省宜昌市八河口

邮编：443133

中国人民武装警察

（江南水利水

总队长：何真祥

总队政治委员：向贵富

总工程师：黄锦波

中国人民武装警察部队水电第一总队（即江南水利水电工程公司），其前身是四川水电工程局，组建于1954年，1966年8月1日整编为中国人民解放军基建工程兵第61支队，1985年1月1日转入中国人民武装警察部队序列。本总队是一支以主营水利水电工程施工，兼营公路、工业与民用建筑工程施工，提供技术服务与劳务、设备租赁与维修等业务，同时还担负处置突发事件、维护社会稳定特殊使命。经上级主管部门批准，在国际工程投标中使用“江南水利水电工程公司”的名称，并以此名称在工商行政管理部门进行了注册登记。本总队下设6个支队、1个基础处理大队和1个修配厂。

本总队现有各类人员7600余人，具有专业职称的工程、经济、会计、统计等人员600多人，其中具有高级职称的有80余人，具有中级职称的有150余人。固定资产22043万元，流动资产78926万元，拥有各种机械设备1460台（套）。现具有年挖填土石方1000万m^3、混凝土浇筑200万m^3，成洞掘进5km，隧洞衬砌6km，金属结构制作安装1200余t的生产能力。能同时承担2个大、中型水利水电工程项目的施工。

本总队自组建以来，先后完成了龙溪河梯级（狮子滩、上硐、回龙寨、下硐）、大洪河、石棉、映秀湾水电站，潘家口水利枢纽一期工程，引滦入陡和引还入陡输水工程，桃林口水利枢纽工程，四川沙牌电站，广东岭澳水库，三峡永久船闸一期开挖，天生桥一级和天生桥二级2个100万KW以上的水电站。目前正在施工的项目有河北盘石头水库、山东泰安抽水蓄能电站以及贵州洪家渡水电站和引子渡水电站、广西龙滩水电站等国家西部开发重点建设项目。

本总队在1954年至1957年间承建的四川狮子滩水电站，是我国的第一座堆石坝。1965年至1971年在岷江上游承建的映秀湾水电站，交付运行近30年来运行状况良好。1975年开工，1984年完工的河北省潘家口水利枢纽一期工程，在本总队全体人员的努力下，实现了比计划工期提前1年截流、提前1年蓄水、提前1年发电的目标，而且工程建设投资比原设计概算节约5000万元。主体工程已经完成的天生桥二级水电站，首台机组比计划

部队水电第一总队

电工程公司)

工期提前1年投产；在该电站的建设中，本总队成功地在喀斯特复杂地质条件下建成了水电行业最长的3条平均长度9.7km，直径8.7～9.8m的隧洞群，成功地处理了世界上最高的高度达(384m)厂后高边坡，取得了丰富的地下工程施工和高边坡治理经验。在三峡永久船闸一期开挖施工中，取得了月开挖155万m^3的好成绩，比合同工期提前8天完成任务。在“亚洲第一、世界第二”的天生桥一级水电站混凝土面板堆石坝填筑施工中，1997年9月创造了同类坝型月填筑118万m^3的世界纪录，培养和造就了一批在全行业具有重大影响的技术专家和施工项目管理人才。

几十年来，本总队荣获多次殊荣，承建的潘家口水利枢纽一期工程被水利部评为“优质工程”，获得了国家颁发的“金质奖章”，被誉为“金奖之师”；1981年7月被基建工程兵授予“第一流的基建队伍，建设四化的光荣尖兵”称号；1982年4月被水电部授予“优秀施工部队”称号；1982年11月被国家经贸委、中华全国总工会授予“全国先进施工企业”称号；1999年4月被中国水利水电质量管理协会评为“电力行业用户满意工程先进单位”。在1994年国务院发展研究中心、管理世界中国企业评价中心、建设部建筑业司举办的“1994年度500家最大建筑业及行业100家企业评价”中，荣列“中国500家最大经营规模建筑业企业”第130位，“中国500家最佳经济效益”（建筑业企业资质一级）第1位，“堤坝、电站、码头建筑业行业100家最大经营规模企业”第14位，“堤坝、电站、码头建筑业行业100家最佳经济效益企业”第1位。

天生桥二级水电站厂房边坡(高380m)综合治理荣获部科技进步二等奖

天生桥二级水电站首部枢纽

天生桥一级水电站，混凝土面板堆石坝高178m，位居同类坝型世界第二位

法人代表：何真祥
资质等级：水利水电工程施工一级
证书编号：D452631051101
详细地址：广西南宁市汇春路北一里5号
联系电话：(0771) 5521596 (0771) 5521608
传真号码：(0771) 5521592
邮政编码：550022

中国人民武装警察部队水电第三总队

（安蓉建设总公司）

总队长　李创坚

政委　刘洪卫

武警水电第三总队（安蓉建设总公司）是一支组织形式军事化、实行企业化管理的施工队伍。该总队自1991年5月成立以来，一直在高寒缺氧的西藏地区承担条件艰苦、技术要求高、施工难度大的水电施工任务，是一支具有雄厚经济技术实力、高度机械化装备且机动性强的基本建设突击队。该总队下辖4个支队，为水利水电建筑施工一级企业，同时具有水电安装、公路工程和工民建二级企业的资质，可承担大中型水利水电工程、公路、码头、工业与民用建筑工程、大型土石方工程、市政工程建设等施工及工程监理等任务。该总队现约有3000人，其中技术人员400余人，有高、中级技术职称的约200人。该总队已建工程有：西藏查龙水电站，羊卓雍湖抽水蓄能电站，沃卡河一级水电站，新疆引额济克大型输水工程，西藏那曲给排水工程，郫彭二级公路和蔺太公路，青海涩－兰－宁管道工程，成都安蓉大厦一、二期工程等；在建的工程项目有：西藏满拉水利枢纽工程，西藏札达水电站，普兰水电站，仲巴水电站，广东木京水电站等水利水电工程，龙泉驿高速公路排水工程，成都五路一桥工程，新疆库尔勒希尼尔水库、库尔勒城市输供水工程，西南高分子复合材料基地，宁夏储备物资管理局一七七处安全改造工程等。该总队还完成了西藏易贡河坝堵开渠引流抢险任务。在这些工程的施工中，该总队充分发挥了安全一方、稳定一方的积极作用。1998年该总队通过了ISO9002国际质量认证。

总工程师：周昭强　　总会计师：范守明　　总经济师：何永佳

总 队 长：李创坚

政　　委：刘洪卫

地　址：四川省成都市茶店子安蓉路6号

邮　编：610036

电　话：(028) 7541134

传　真：(028) 7541134

质量体系认证证书(中文)

质量体系认证证书(英文)

中国水利水电基础工程局

法人代表、局长：宗敦峰

中国水利水电基础工程局始建于1959年，是从事水利、电力、工业民用建筑、铁路、交通、矿山等工程的地基处理及基础工程的国有大型建筑施工企业。

本局辖有5个工程处以及科研所、设计公司、咨询中心、建筑公司；拥有员工2512人，其中高级职称85人，中级职称193人；有各种施工设备1104台套。局机关设在天津市，在山东德州、四川成都设有生产生活基地。

40年来，本局参加了长江三峡、黄河小浪底等众多大中型水利水电工程的地基处理施工，共建造混凝土防渗墙100余道，计140余万 m^2；完成灌浆工程100余万m。此外，还完成了大量的城市高层建筑、地铁、路桥、火电厂以及国外项目的基础工程和一些中小型水利水电工程项目施工等任务，多次获得国家，省、市、自治区的表彰和奖励，赢得业主的好评。近年来，又在长江、珠江、松花江重要堤防除险加固工程中被誉为“水利水电建设基础处理的王牌军”。

三峡工程二期上游围堰防渗墙施工

本局十分重视新技术的研究与开发，完成了国家科技攻关的许多专项课题，不少成果达到国际先进水平，并广泛应用到生产实践中，产生了良好的社会效益和经济效益，获得国家和省部级科学技术进步奖24项，拥有国家专利7项。近年来，本局更注意从国外引进先进技术和设备，大大增强了自己的实力，

本局一贯重合同，守信誉，保质量，保工期。自1997年以来，按照ISO9002国际质量保证标准建立了质量体系，确定了“严格管理，精心施工，技术先进，质量优良”的方针，确保为各界用户、业主提供优良服务。

小浪底水利枢纽主坝坝基灌浆施工

局长（法人代表）：宗敦峰

党委书记：张源智

副局长：张林、陈治先、赵存厚

副局长兼总工：夏可风

地　址：天津市武清县建设北路1号

邮　编：301700

电　话：(022)29341551

传　真：(022)29345523

E-mail：fec@public.tpt.tj.cn

国家电力公司昆明勘测设计研究院

法定代表人：段荣国院长

国家电力公司昆明勘测设计研究院（以下简称昆明院），始建于1957年1月，迄今已有40多年的历史，为国内大型综合勘测设计研究院之一。自1992年全国勘察设计单位综合实力首次评比以来，连年跻身于百强之列，1998年为百强第10名，1999年为第13名。1994年还曾被评为云南勘察设计单位综合实力50强的第1名。

昆明院拥有由国家计委、建设部、国家环保局等分别颁发的工程技术咨询、工程勘察、水电水利勘测设计建筑设计、工程总承包、环境影响评价以及工程监理等各类资质证书35项，其中甲级或一级的22项，并经国家外经贸部批准具有对外开展经济技术合作业务权，能全面承担大、中、小型水电水利、工民建、道路、桥梁、港口、输变电、岩土工程及其他工程的规划、勘察、设计、科研试验、工程监测、环境影响评价、招标文件编制、工程咨询、工程监理和工程总承包等业务。

现有职工近1600人，其中高级职称358人，中级职称395人，助理工程师237人；国家设计大师1人，国家和云南省有突出贡献的专家19人，国家一级注册建筑师4人，一级注册结构工程师14人，国家二级注册建筑师16人。全院配有CAD工作站4套，各类计算机650多台，还拥有地质雷达、激光测距仪、全球卫星定位仪等多种先进设备仪器，用于岩土工程、基础处理的大型施工机械设备，以及用于科学研究和工程检测的试验设备等，共600多台（套）。

昆明院一贯重视质量管理，建立了完善的质量保证体系。在工作中以“质量第一，信誉至上”为宗旨，贯彻“管理科学有效，设计精益求精，技术先进适用，服务及时周到，用户满意信任”的质量方针，优质高效地完成所承担的各项任务。1999年8月通过ISO9001认证，已获得国际(UKAS)和国内(CNACR)认证证书。

红水河梯级电站的”龙头“—天生桥一级水电站

勘测、设计均获国家金奖的鲁布革水电站

澜沧江第一座在大型水电站—漫湾水电站

建院40多年来，昆明院完成了云南全省水力资源普查；完成了澜沧江、南盘江等十多条大中型河流（或河段）的水能开发规划，并正在进行金沙江中游段、怒江等的规划；经昆明院勘测设计的水电站（单站容量1000kW以上）约180座，共2233万kW，其中已建成和正建电站有110多座，共646万kW，为国家和云南省的经济建设做出了卓有成效的贡献。

在勘测设计中，昆明院注重采用国内外先进技术并进行一系列创新，从而为中国水电建设事业先后开创了35项第一，如以礼河一级毛家村水电站土坝高82.5m为我国50年代勘测设计施工的最高土坝；以礼河三、四级水电站钢管道最大设计水头高达730m，直至80年代末尚为我国最高水头的电站；鲁布革水电站(60万kW)，为我国第一个引进外资并实行国际竞争性招标兴建的水电工程，对我国基本建设体制改革产生了重大影响；漫湾水电站(125万kW)，是云南省第一座500m以上混凝土高坝和100万kW以上的大型水电站，现已竣工建成；业已发电并即将竣工的红水河天生桥一级水电站(120万kW)，其混凝土面板堆石坝高178m，目前在我国排第一位，在世界已建工程中居前列；澜沧江上又一座大型水电站大朝山水电站(135万kW)，由我院承担勘测和地质工作，现正在加紧施工建设中；已完成可行性研究并通过审查、评估的小湾水电站(420万kW)，其混凝土双曲拱坝高292m，为世界此类坝型第一高坝，该电站现正在筹建中；已完成可行性研究的澜沧江景洪水电站（150万kW），将引进外资建设，成为泰国从我国购电的第一个合作项目；已完成预可研的糯扎渡水电站（550万kW），是澜沧江梯级电站中装机容量最大的电站。此外，在工业与民用建筑的勘察设计方面，昆明院也具有相当高的水平，如本院新办公楼（地上26层，地下2层）和位于昆明市区中心的27层多功能护国大厦等高层建筑，在昆明市标志性建筑群中均占有一席之地。

通过长期的工程实践以及承担国家级科技攻关专题研究，昆明院在高土石坝、面板堆石坝、大型地下洞室、高水头及大流量泄洪消能、岩质高边坡处理等的实验研究、结构计算、施工方法设计等方面，形成了本院的优势和特长，不少成果属国内、国际领先水平。改革开放以来，有29项勘测设计科研成果获国家级奖，99项获省、部级奖。其中，鲁布革工程获得了国家优秀工程勘察和工程设计两项金质奖；以礼河小江水电站工程获国家优秀设计奖；西洱河三级水电站工程获国家优秀地质勘察银质奖等。

40多年来，昆明院还积极参与国际合作和技术交流，承担了喀麦隆、缅甸、阿尔巴尼亚等欧、亚、非洲10多个国家的水电水利工程的规划、勘察、设计；现正进行缅甸最大的水电站邦朗工程引水发电系统设计咨询和质量监控工作。我院还与美国、加拿大、法国、日本、德国、巴西、挪威、俄罗斯等国的专家、咨询机构、制造厂商在多专业领域内长期进行技术合作与交流。1997年昆明院作为中国国际工程咨询协会的会员单位，完成了在世界银行注册，成为国际FIDIC中国分会的会员单位，此外还加入了国际互联网，从而扩大了与国际上的联系。

昆明院在坚持高标准、严要求搞好物质文明建设的同时，还十分重视精神文明建设，自1992年以来，已连续多年被评为云南省文明单位。

展望未来，昆明勘测设计研究院在院领导班子的领导下，一定能把全院职工更加紧密地团结起来，共同奋斗，抓住我国西部大开发的机遇，进一步解放思想、转变观念、深化改革、改企建制、内抓管理、外进市场、团结拼搏、提高效益，使昆明院的明天更加辉煌。

院领导班子成员合影

自行设计，即将竣工的本院办公写字楼雄姿

通讯地址：昆明市人民东路115号
法定代表人：段荣国（院长，教授级高工、高级经济师）
总机电话：3162093
邮政编码：650051

国家电力公司
贵阳勘测设计研究院（GHIDRI）

法人代表、院长：兰春杰

本院为国家电力公司直属水电勘测设计研究院，成立于1985年，共完成了乌江等30余条河流的水能规划和107座大中小型水电站的规划、勘测、设计，总装机达成7500MW。并在深化改革中，初步形成了专业门类齐全、多功能、全方位开拓市场的格局，具有较强的综合实力，自1995年起连续跻身于全国百强勘测设计研究院的行列。1997年科技档案管理达到“国家一级档案管理”标准；1999年7月通过“GB/T1900-ISO9001”质量体系认证。

本院现有职工1000人，中级职称以上工程技术人员有404人，其中教授级高工18人，高级工程师156人，工程师230人。院下设规划设计部、土建设计部、机电设计部、建筑设计分院、工程建设监理公司、岩土工程公司、科研所、工程承包公司、信息中心、多种经营及服务中心等生产、服务单位。全院资产上亿元，其中各类先进的勘测、试验、科研、设计设备占2800余万元。

40余年来，经过各种艰难复杂的工程实践，特别是南盘江天生桥二级、乌江东风等十几座大中型水电站的建成发电，形成了自己的技术优势：①大中型水库岩溶渗漏防治勘测及处理技术；②高边坡勘测设计及大型滑坡治理技术；③复杂地基条件下的土石过水围堰技术；④复杂地质条件下的长大隧洞及地下洞室群的勘测设计技术；⑤碾压混凝土拱坝的勘测设计及施工技术研究；⑥高薄拱坝的勘测设计技术；⑦高水头大容量发电及输电技术；⑧各类复杂地质基础处理及防渗技术；⑨土石坝防渗灌浆技术；⑩各类水工建筑物原型观测设计及原型观测技术；⑪各类复杂地质情况的物探技术。

2000年11月8日正式开工的乌江引子渡水电站坝址。电站装机容量360MW，钢筋混凝 土面板堆石坝最大坝高130m

法人代表、院长：兰春杰
通信地址：贵州省贵阳市解放路85号
邮政编码：550002
联系电话：0851-5828600
传真号码：0851-5825974
电子信箱：ghidri@public.gy.gz.cn
单位主页：www.ghidri.com.cn

本院历年来获国家和省、部级科技进步奖、优秀勘测设计奖达80项，仅近3年就获省、部级以上的科技进步奖8项，优质工程设计奖8项，其中包括获全国优秀设计金奖的“普定碾压混凝土拱坝设计”和国家科技进步一等奖的“普定碾压混凝拱坝筑坝新技术研究”课题。

近年来，我院依托科技进步，拓展市场空间，目前正承担乌江洪家渡水电站、引子渡水电站、索风营水电站、江西柘林水电站扩建工程、甘肃龙首水电站、新疆呼图壁石门水库、玛纳斯石门子水库等项目的勘测、设计、监理和岩土工程，并将在”十五“期间，在深化改革建立现代企业制度的同时，以依靠技术先进、管理科学、优质服务、信守合同的工作方针，为西部大开发作出自己的贡献。

由本院承担勘测设计任务的江西柁柘林水电站扩建工程厂房高边坡及基坑施工现场

甘肃龙首水电站枢纽施工现场。电站总装机54MW，大坝为碾压混凝土拱坝，是本院以碾压混凝土筑坝技术通过竞争获得的设计项目

乌江索风营水电站坝址。总装机540MW，已列入乌江水电开发公司“十·五”建设项目，是黔电东送的骨干电源点

底图为2000年11月8日正式开工的洪家渡水电站坝址。电站总装机容量600MW、坝高179.5m，钢筋混凝土面板堆石坝，是西电东送的骨干电源点

东方电机股份有限公司

我公司是中国最大的发电设备制造的重点骨干企业之一，为境内上市公司。公司坐落在大西南中心—四川省德阳市，距省会成都市59km，与宝成铁路、108国道相依，交通便利，通信发达。

我公司占地面积470955m²，拥有员工7943人，其中工程院士1人，国家级专家3人，各种高中级专业人员1690人。主要设计制造2.5～700MW水轮发电机组，0.75～600MW汽轮发电机、1000MW核电、0.2～8MW交直流电机和与水电、火电配套的各类控制设备。

我公司通过了ISO9001和ISO10012质量和计量检测体系认证，产品畅销全国各地，并远销北美、东欧、中东及东南亚等十多个国家和地区。其中有目前国内单机容量最大的550MW二滩水轮发电机组和单机容量600MW汽轮发电机，具有自主知识产权并居国际领先水平的400MW李家峡蒸发冷却水轮发电机，目前我国发电设备出口中创汇最多和单机容量最大的105MW叙利亚迪斯林水电机组和单机容量325MW伊朗汽轮发电机。公司生产制造的单机容量40MW响洪甸抽水蓄能机组填补了国内空白。我公司研制的世界上转轮直径最大的长江葛洲坝170MW轴流转桨式水轮发电机组荣获国家科技进步特等奖；黄河龙羊峡320MW水轮发电机组、东方型300MW汽轮发电机双双荣获国家优质产品金奖和中国名牌产品称号。

我公司具有雄厚的科研开发实力，与国外著名公司和国内著名的科研机构和大专院校建立了广泛的技术交流和合作。目前正在进行三峡工程700MW水轮发电机组的制造。

我公司重合同、守信用，将竭诚为国内外用户提供优质产品，为国家民族工业的发展和国家的电力建设作出积极贡献。

出口美国远西营电站6.8MW水轮发电机组

荣获国家优质产品金奖的龙羊峡320MW水轮发电机组

运行中的李家峡水电站一号机组

荣获国家科学进步特等奖的葛洲坝170MW水轮发电机组

地址：四川省德阳市黄河西路13号
电话：(0838)2409377　2410020
传真：(0838)2409048
电子邮件(E-MAIL)：XFC@DFEM.COM.CN
网址(INT)：WWW.DFEM.COM.CN
电挂：3055
邮编：618000

映秀湾水力发电总厂

映秀湾水力发电总厂厂长 胡瑞林

映秀湾水力发电总厂党委书记 王祥庭

映秀湾水力发电总厂位于岷江上游，属四川大型骨干水电厂之一。本厂建于1971年，地处阿坝州汶川县映秀镇，是卧龙四姑娘山及九寨沟、黄龙旅游胜地必经之要冲。境内青峰竞秀，涛声争鸣，电站闸坝星罗棋布，铁塔银线凌空飞跨，堪为川西北高原之明珠。本厂在天府源头都江堰市设有厂部及生活基地，呈一厂两地分布格局。其所辖映秀湾、渔子溪、耿达3座引水式电站及二台山开关站，代管太平驿电站，总装机容量71.5万kW，年均发电量达35亿kW·h，年均工业总产值2.8亿元，拥有固定资产11.36亿元。本厂在长期创业发展进程中，凝聚成“艰苦奋斗，团结奉献、科技兴厂、热爱映电”之企业精神，并以其大批高中级专业技术人才之实力而享誉川西北。其治厂方略以大力实施设备技改、规范管理、提高安全文明生产水平为根本，以积极发展多种经营为思路，以全面提高职工队伍素质为依托，开拓进取、负重自强，两个文明建设比翼齐飞、硕果累累，连年超额完成国家电力生产任务，先后荣获并保持了国家级“安全文明生产达标企业”、“无泄漏工厂”、“省级最佳文明单位”及省局“优秀政工企业”、“四川省节能先进企业”等荣誉称号。目前，本厂职工正为同心同德实现一流企业而不懈努力，力争在新世纪再展风采、再创辉煌。

检修机组设备起吊转子

明珠璀璨耀八闽

福建水口水力发电厂

李鹏委员长等国家、省、市领导视察水口电厂

福建省电力有限公司董事长、总经理 刘顺达

巍然屹立于福建闽江干流中段、闽清县境内的福建水口水电站，是国家“七五”重点建设项目、由国家投资、部分引进世界银行贷款兴建的大型水电工程，是我国华东地区最大的一座常规水电站。该电站工程于1985年立项，1987年3月9日主体工程动工，1989年9月实现大江截流，1993年8月6日首台机组并网发电，最后一台机组于1996年12月投产发电。电站总装机容量140万kW，多年平均发电量约49.5 亿kW.h，水库库容26亿m^3. 电站工程由拦河大坝、发电厂房、220kV开关站、500kV变电所、及可同时通过2×500t级驳船的一线三级船闸和1座升船机等组成。

福建水口水力发电厂于1992年5月11日成立，负责电站7台机组、船闸和升船机的安全运行。水口水电厂承担省网的调峰、调频、事故备用任务，是福建省电网的主力发电厂之一。近年来，水口水电厂在开展安全文明生产达标上水平和争创文明单位以及

法人代表：刘顺达

通讯地址：福建闽清闽江路梅花新村

邮编：350800

电话：0591-2323345

电传：0591-2335446

水口水电厂全景

创建全国电力行业一流水电厂活动中，取得较大成效，经济效益、社会效益显著，为福建省的经济发展提供了可靠的电力资源。水口水电厂是国家特大型企业，建厂以来，始终坚持电力生产“安全第一、预防为主”的方针，坚持依靠科技进步，提高企业综合素质，强化管理，坚持两个文明一起抓，抓住福建电力快速发展的机遇，开拓进取，取得显著成效。1998年6月被原电力工业部正式命名为安全文明生产“达标企业”，2000年7月被国家电力公司命名为“一流水力发电厂”。全厂职工以集体的智慧和辛勤劳动，在深化电力改革中，积极开拓进取，精益求精，将水口水电厂建成一个机构精简、队伍精干、管理科学、设备健康可靠、文明、经济效益显著的社会主义国家一流电力企业。

7台主变压器

整洁明亮的发电主厂房

500kV 变电站

今日西津更风流

西津水力发电厂位于广西横县郁江河畔，离南宁市125km，是一座河床式低水头发电站。兴建于1958年，1964年6月6日投产发电，装机4台，总容量23.44 万kW，年平均发电量为10.9 亿kW·h，是一个以发电为主，兼有航运、防洪、灌溉等综合效益的水电枢纽。

党的十一届三中全会以后，特别是近年来，西津水电厂不断深化企业改革，坚持科学管理，内部挖潜，坚持安全、文明、高效，为社会提供优质电力和优质服务的宗旨，至2000年10月31日止，取得了连续安全生产2320天的好成绩。多年来，西津电厂在抓好安全发供电的同时，重点做好设备的技术更新改造工作，进行了2号机和1号线棒以及发电机转子磁极线圈绝缘和主励磁机线圈的更换；2号、4号转轮叶片更换；1号水轮机组转轮室中环、3号水轮机组中下环更换；2号主变压器更换；220kV 系统Ⅰ、Ⅱ段母线改造；以及大坝安全观测系统和水情测报系统采用自动化、智能化和卫星测报等等。特别是从1997年开始，投资600多万元进行控制监视系统改造，至1999年4月，一个采用分层分布式开放型网络结构，由两个操作员工作站、一个工程师工作站、一个运行培训工作站、一个语音报警装置、一个通讯服务器、四套机组现地控制单元、开关站现地控制单元和厂用电现地控制单元等组成的全厂计算机监控系统全面投入使用，提高了全厂自动化水平。

2000年，西津电厂以建立现代企业制度，实行厂网分开，竞价上网，减人增效，创建一流电力企业为改革目标，以安全生产为基础，以改革为动力，以科学管理为核心，以提高人的基本素质为根本，大力开展“三项制度”改革，有力地促进了两个文明建设向前发展。在获得了部级安全文明生产达标企业，安全生产先进企业等荣誉称号的基础上，2000年又获得（恢复）了部级双文明单位。

丰富多彩的企业文化激励着全厂职工不断向双文明建设高峰迈进

在保证安全发供电的同时，西津电厂大力发展厂办集体企业，成立了运行维修有限公司，并成功地承包了中美合资企业－左江电厂的运行维修工作；开办冶炼厂、西津联营钢厂和多种经营总公司。充分利用矿泉水资源，创办西津矿泉水厂，目前正以多规格瓶装、加仑桶装、散装系列产品上市，满足市场不同层次消费的需要。现在西津水电厂主副业生产蓬勃发展，全体员工在以厂长谢培仁同志为首的厂领导班子的带领下，团结奋进、求实创新，努力向一流电力企业目标迈进。

厂长：谢培仁

谢波 文/图

广西麻石水力发电厂

坚持两个文明一起抓

领导成员左起：潘克统、许熙强、
李昌富、李恒真、李世斌、谢健祥

在广西北部山区的融水县大浪乡的绿水青山之中，有一颗给社会带来动力和给人们送来光明的璀灿明珠，这就是被广西壮族自治区精神文明建设委员会1999年国庆前夕表彰的文明单位—广西麻石水力发电厂。

广西麻石水力发电厂建成于1972年，现有3台水轮发电机组，总装机容量10万kW，职工308人。近年来。在广西电力局党组的正确领导下，以邓小平理论为指导，坚持“两手抓、两手都要硬”的方针，坚持围绕企业中心工作开展精神文明建设，有力地促进了两个文明建设的协调发展。企业连年全面完成或超额完成广西电力局内部考核的各项经济技术指标；安全生产创出历史最好水平，截至1999年5月31日，实现连续安全生产2507天。连续4年成为国家电力公司实现安全生产目标单位；连续5年被广西电力局评为职工思想政治工作先进单位；连续3年被评为广西电力系统双文明单位；连续3年夺得广西电力系统水电组安全生产流动奖杯并永久保存；1998年被评为柳州地区文明单位。

从1972年12月第一台机组试发电到1999年12月底止，累计发电87.39 亿kW·h，创造产值65776.91万元，是建厂时投资的9倍。

在近几年的企业发展过程中，我们深深体会到：企业落实“两手抓、两手都要硬”的方针，领导重视是关键，运行机制是根本，监督考核是保证，活动载体是手段。只有做到领导重视、制度健全、考核到位、载体丰富，才能真正使精神文明建设富有实效，

1、提高认识，领导带头，坚持做到“四到位，即思想认识到位、责任压力到位、组织保证到位、措施落实到位。

2、以人为本，加强对职工的思想道德教育和技术业务培训，使职工队伍的整体素质不断得到提高。

3、建立健全各种规章制度并严格执行，促进创建文明单位工作的开展。

4、加强了文明生产工作、文明生活和环境的绿化美化工作。

5、把创建精神文明单位工作与本企业经济建设工作紧密结合起来。

女职工队伍

广西麻石水力发电厂

广西宜州水力发电厂

厂长韦乃明

党委书记黄宪宁

宜州水力发电厂隶属广西电力有限公司，是龙江河流域梯级开发装机容量最大的水电厂，该厂位于广西 宜州市，成立于1999年12月28日，是由拉浪水力发电厂和洛东水力发电厂合并而成，共5台机组，总装机容量为11万kW，年均发电量4.5 亿kW·h。宜州生活区与洛东生产区相距42km, 与拉浪生产区相距60km洛东、拉浪均为70年代初建厂投产发电。90年代洛东、拉浪两厂曾多年荣获广西电力有限公司（广西电力工业局）安全文明生产单位，多次荣获广西电力有限公司文明单位。

2000年是该厂成立的第一年，按照广西电力有限公司的要求，把宜州水电厂作为广西 电力系统人事制度改革试点单位。该厂在进行结构改革的同时，执行全员竞聘上岗，党政领导齐抓共管，从厂行政副职到中层干部，到一般管理岗位，直到工人岗位，均实行竞聘上岗，整个竞聘答辩人次达800多人次，做到了公平、公开、公正。可以说宜州水电厂执行人事制度改革是成功的。后来，此改革办法得到广西电力系统其他单位采用。

2000年全年发电量4.6955 亿kW·h, 比上年3.8210 亿kW·h增加8744.28 万kW·h,增加22.88%; 提前102天完成广西电力公司下达发电任务。全年实际供电量4.6807 亿kW·h，比上年增加22.93 %，完成全年指标的120.38% 。。厂用电量147.86 万kW·h；厂用电率0.31% 。全年实现总产值3697.780 万元（按1990年不变价计），比上年增加689.956 万元。实现内部电费收入4684.93 万元，实现内部利润201.93 万元，完成广西电力公司下达指标的165.53% 。

厂领导集体左起陈国柱（副厂长）、黄启贵（副厂长）、马建文（工会主席）、黄宪宁（党委书记）、韦乃明（厂长）、韦元吉（纪委书记）、吕小波（副厂长）

2000年，该厂荣获2000年度广西电力有限公司安全文明生产先进单位，荣获2000年度广西电力有限公司文明单位。

该厂在办好发电主业的基础上创办了宜州市金达电化厂、宜州市拉浪电化厂、宜州市乙炔气厂、宜州钢球铸造厂、宜州市佳家乐纯净水厂等多经企业，为社会提供优良服务。

该厂2000年末在职职工425人，从事第三产业68人。

厂长：韦乃明 党委书记：黄宪宁
地址：广西 宜州市山谷路84号 邮编：546300
电话：(0778) 3181003 3181796
传真：(0778)3181411

广西宜州水电厂办公楼

水电站微机自动化系统

SJK-3000 水电站微机监控系统

开放式体系，分层、分布式结构，层次简化，可扩展性强

采用可编程计算机控制器(PCC)，功能强大，系统可靠性高

采用CAN现场总线技术，可靠性高，易于扩展

主站采用Windows多任务操作系统，界面友好，功能丰富，使用方便

系统功能齐全，包括现地控制、当地微机监控和微机远动等功能

适用于不同容量等级和功能要求的水(火)电站，实现电站无人值班、少人值守和安全经济运行

WFB-100、WBH-100 微机型发变组、变压器成套保护

该保护是许继电气公司与清华大学及合肥工业大学联合开发研制的国家“八五”重大技术攻关项目，于一九九六年元月在北京通过专家评审认为达到国际先进水平。该保护具有如下特点：

国内率先采用主从式多CPU并行工作系统结构

具有分散录波功能，可录取50周波采样数据，并进行波形及保护动作特性

采用分散接点启动方式，大大提高可靠性及抗干扰能力

硬件系统无调试环节，调试维护大大简化满足综合自动化系统要求

保护配置齐全，适用于各种大、中、小型发电机变压器组和500kV及以下各种等级变压器保护

许继电气股份有限公司

地址：河南省许昌市建设路178号 传真：(0374)3311706
邮编：461000 http://www.xjec.com
电话：(0374)3212571 3212856 E-mail:webmaster@xjec.com